유스타 토익
BASIC
Reading

위즈덤하우스

유스타 토익
Basic Reading

초판1쇄 발행 2013년 6월 20일
초판7쇄 발행 2015년 8월 17일

지은이 유수연
펴낸이 연준혁

편집인 정보배
책임편집 지 연

펴낸곳 (주)위즈덤하우스 | 출판등록 2000년 5월 23일 제13-1071호
주소 경기도 고양시 일산동구 정발산로 43-20 센트럴프라자 6층
전화 031)936-4000   팩스 031)903-3891
홈페이지 www.wisdomhouse.co.kr

값 18,900원   **ISBN** 978-89-6086-609-6 [13740]

국립중앙도서관 출판시도서목록(CIP)

유스타 토익 : Basic reading / 지은이 : 유수연. -- 고양 : 위즈덤하우스, 2013
    p. ;   cm

본문은 한국어, 영어가 혼합수록됨
ISBN 978-89-6086-609-6 13740 : ₩18900

토익[TOEIC]

740.77-KDC5
420-DDC21   CIP2013008203

유스타 토익
BASIC

유수연 지음

Reading

★STAR TOEIC

위즈덤하우스

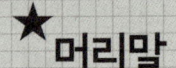

토익을 시작하는 이들을 위해

졸업을 앞둔 대학생과 취업준비생 그리고 현직에서 더 나은 모습을 위해 많은 분들이 지금도 토익에 입문을 하고 있습니다. 하지만 토익을 제대로 이해하고 공부하는 사람은 별로 많지 않습니다.

그동안 우리가 접해왔던 수능영어나 토플은 상위학습을 위한 지식을 습득하는데 필요로 하는 영어였기 때문에 아카데믹한 성향이 강하며, 문장 해석을 위주로 내용을 이해하는 데에 초점을 두었습니다. 하지만 토익은 지금까지 우리가 접해왔던 수험영어의 아카데믹한 성향보다는 실용적인 영어라는 것을 염두에 두시기 바랍니다.

TOEIC은 일상 업무영어입니다.

토익은 영어로 일상 업무처리가 가능한지를 테스트하기 위한 시험이기 때문에 기존의 시험과는 다른 접근 방법이 필요합니다. 토익시험의 핵심은 지식의 습득이나 이해가 아니라 업무상의 의사소통입니다. 토익 자체를 공부라고 생각하지 말고, 영어로 업무를 진행할 때 어떤 상황에서, 어떻게 사용할지를 먼저 생각해봐야 합니다. 거기서 토익시험의 범위와 출제의도를 이해할 수 있고 단기간에 효율적인 토익정복이 가능해지기 때문입니다.

RC는 기본적인 문법과 문장구조 그리고 품사배치에 치중을 하고 있습니다. 단순 해석을 통한 문제풀이보다는 문장의 구조를 파악하면서 정답을 찾아가는 체계적인 사고를 요구합니다. 그렇기 때문에 초보자일수록 기본 문법과 문장의 형태에 더욱 치중하여 공부를 해야 합니다. LC는 무조건 열심히 듣는 것이 중요하진 않습니다. 우선 자주 나오는 상황이나 대화 또는 담화의 형태 등을 눈과 머리로 먼저 공부한 후 귀로 훈련을 해야 합니다.

우리는 대부분 10년 이상 영어공부를 했습니다.

그런 우리가 지금도 영어를 잘 할 수 없는 것은 잘못된 학습 방식을 습관적으로 반복하고 있기 때문입니다. 오랜 기간 동안 토익을 강의하면서 수십만의 학생들을 만나며 느낀 점은 세상에 공부를 못하는 사람은 없다는 것입니다. 우리는 공부를 못하는 것이 아니라 제대로 안 하고 있습니다. 수능식의 영어공부를 아직도 막연하게 반복하고 있다면 이제 그만 할 때가 되었습니다.

유스타토익 BASIC은 여러분과 시작을 함께하는 든든한 교재가 될 것입니다.

토익에 입문하는 많은 사람들이 좀 더 쉽고 빠르게 목표를 달성할 수 있도록 더 많은 책임감을 가지고 내가 가진 모든 것을 이 책에 쏟아 내고자 하였습니다. "유스타토익 BASIC"은 10여 년 동안의 강의 경험에서 얻은 노하우를 초급자분들이 공부하기 쉽도록 정리한 토익 기본서입니다. 토익시험에서 등장하는 꼭 필요한 기본적인 내용들만을 선별하고 토익시험의 유형에 대해 충분히 익숙해질 수 있도록 구성하였습니다.

토익은 단기간에 끝낸다는 각오가 있어야 합니다. 이 책을 통해 최대한 빠르고 효과적으로 토익을 받아들이고, 막연한 목표보다는 단계적으로 구체적인 목표를 잡고 하나씩 달성해 나간다는 생각으로 시작하시기를 권해드립니다.

또한, 토익을 자신의 경쟁력이 될 수 있는 하나의 Qualification이라고 여기고, 반드시 넘어야 하는 관문으로 생각하고 준비하시길 바랍니다. 이 관문을 단기간에 얼마나 효율적으로 남보다 더 경쟁력 있게 넘느냐가 곧 '진정한 경쟁력'이라고 생각합니다.

여러분의 노력이 좀 더 경쟁력 있는 노력이 되기를 희망하며, 취업을 해야하는 어려운 시기에 이 책을 통해 만나게 되는 많은 친구들과 나의 인연이 "토익"이라는 시험을 넘어 계속 발전하는 모습들로 이어질 것이라 믿습니다.

마지막으로, 이 책을 위해 함께 해주신 위즈덤하우스 출판사 관계자분들과 저희 유스타잉글리쉬 어학원의 연구팀에게 감사의 말을 전합니다.

유수연

★ TOEIC이란?

TOEIC(Test Of English for International Communication)이란 영어를 모국어로 사용하지 않는 사람들을 대상으로 국제 업무에 필요한 실용 영어 능력을 평가하는 시험이다. 전 세계 120여개 국가의 기업과 기관에서 승진 또는 해외파견, 인원선발 등의 목적으로 널리 활용되고 있습니다.

1 출제 기준

❶ 영어를 모국어로 사용하는 특정 국가에서만 쓰이는 표현이나 문법, 관용어들은 피한다.

❷ 특정 문화나 특정 직업에만 해당되는 생소한 상황을 피한다.

❸ 여러 나라 사람의 이름을 고르게 등장시킨다.

❹ 다양한 영어 발음과 악센트(미국, 영국, 캐나다, 호주, 뉴질랜드)가 출제된다.

2 출제 범위

❶ General Business(일반 업무): 계약, 협상, 마케팅, 세일즈, 비즈니스 계획, 회의

❷ Manufacturing(제조): 공장 관리, 조립라인, 품질관리

❸ Finance, Budgeting(금융과 예산): 은행, 투자, 세금 회계, 청구

❹ Corporate Development(개발): 연구, 제품 개발

❺ Office Work(사무실 업무): 임원회의, 위원회의, 편지, 메모, 전화, 팩스, e-mail, 사무장비와 가구

❻ Personnel(인사): 구인, 채용, 퇴직, 급여, 승진, 취업 지원과 자기소개

❼ Housing, Corporate Property(주택/기업 부동산): 건축, 설계서, 구입과 임대, 전기와 가스 서비스

❽ Travel(여행): 기차, 비행기, 택시, 버스, 배, 유람선, 티켓, 일정 역과 공항 안내, 자동차 렌트, 호텔 예약, 연기와 취소

3 시험 구성

구성	Part	유형	문항 수	시간	점수
Listening Comprehension	1	사진 묘사(Photograph)	10	45분	495점
	2	질의 응답(Question-Response)	30		
	3	짧은 대화(Short Conversations)	30		
	4	짧은 담화(Short talks)	30		
Reading Comprehension	5	단일문장 완성(Incomplete Sentences)	40	75분	495점
	6	문서상의 문장 완성(Text Completion)	12		
	7	독해(Reading Comprehension) • 단일지문(Single Passage) • 복수지문(Double Passage)	28 20		
Total		7개 파트	200	120분	990점

4 접수 방법

토익시험 신청은 한국 TOEIC 위원회 사이트(www.toeic.co.kr)에서만 접수가 가능하며, 시험접수, 시행일, 성적확인 등의 일정도 확인할 수 있다.

5 토익 시험 시간

시험 당일 시험장에는 오전 9:20까지 입실을 해야하므로 전날 고사장의 위치와 찾아가는 방법을 미리 확인하자. (오전 9:50 이후에는 입실이 불가)

시간	내용	비고
~ AM 9:20 까지	입실	AM 9:50 이후 입실 불가
AM 9:30 ~ 9:45 (15분)	답안지 작성에 관한 Orientation	
AM 9:45 ~ 9:50 (5분)	수험자 휴식시간	
AM 9:50 ~ 10:05 (15분)	신분증 확인 (감독교사)	
AM 10:05 ~ 10:10 (5분)	문제지 배부, 파본확인	
AM 10:10 ~ 10:55 (45분)	듣기평가(L/C)	
AM 10:55 ~ 12:10 (75분)	독해평가(R/C)	정확한 신분확인 및 대리응시 등 부정행위 방지를 위해 독해평가 시간에 2차 신분확인 실시

6 시험장 준비물

❶ 규정신분증: 주민등록증, 운전면허증, 기간 만료 전의 여권, 공무원증
❷ 연필: 볼펜이나 사인펜은 사용 불가능하며, 연필은 뾰족하게 깎는 것보다 뭉뚝하게 깎아서 여유분도 준비한다.
❸ 지우개
❹ 손목시계: 문제풀이 시간을 안배하고 시간을 점검하는데 필요하다.
※ 그 외에 자신만의 오답 노트, 방석, 음료수, 휴지 등을 준비해도 좋다.

7 성적 확인

❶ 시험 성적은 인터넷(www.toeic.co.kr)과 ARS(060-800-0515)로 성적을 확인할 수 있다.
❷ TOEIC 싱적표는 우편으로 받거나 온라인 출력으로 발급 받을 수 있다.
❸ TOEIC 성적은 시험일로부터 2년간 유효하다.

Part 5 단일 문장 완성 Incomplete Sentences

★ Part 5는 하나의 문장을 정확히 이해할 수 있는지를 묻는 파트이다.

비즈니스 커뮤니케이션을 위한 기본 문장을 제대로 이해하고 있는지 묻기 위해 하나의 문장에 빈칸을 두고 그에 알맞은 단어를 넣는 유형이다.

❶ 문제 구성

문항 수	40문항 (101번~140번)
문제 유형	1. 문장 구조와 기본 품사 문제 – 문장의 구조 분석을 통하여 알맞은 품사를 선택하는 문제 2. 문법 문제 – 일상 업무에서 자주 쓸 수 있는 문법 지식을 묻는 문제 3. 어휘 문제 – 일상 업무에서 필요한 어휘를 묻는 문제

❷ 문제 형태

질문은 하나의 마침표(.)로 끝나는 하나의 문장이 주어지고 문장 중에서 빈칸을 만들어 빈칸에 알맞은 단어를 선택하는 문제이다.

Part 6 문서상의 문장 완성 Text completion

★ Part 6는 문서상에서 두 개 이상의 문장을 통해 문맥을 이해하는지를 묻는 파트이다.

실제 사용되는 문서상에서 Part 5 형태와 같이 문장에 빈칸을 만들어놓고 그에 알맞은 단어를 넣는 유형이다. 시험에는 총 4개의 문서가 등장하고 문서당 3문제가 포함되어 있다.

❶ 문제 구성

문항 수	12문항 (141번~152번)
문제 유형	1. Part 5 문제 유형 – 먼저 빈칸이 속해 있는 해당 문장만으로 답을 찾을 수 있는 유형 2. 문맥을 파악해야 하는 문제 유형 – 앞뒤 문장의 내용을 파악해야 하는 유형이다.

❷ 문제 형태

하나의 문서에서 3개의 문제가 등장하며, 기본적인 문법과 내용의 흐름을 파악하기 위해 문서가 통째로 등장하게 된다.

Part 7 독해 Reading Comprehension

▶ Part 7은 전체 문서를 통해 커뮤니케이션이 가능한지를 묻는 총체적인 테스트이다.

앞에서 등장한 Part 5와 6가 커뮤니케이션에 필요한 문서 이해의 기초적인 사항을 묻는 파트였다면 Part 7은 실제로 통용되는 문서를 얼마나 이해할 수 있는지를 총체적으로 테스트한다.

❶ 문제 구성

문항 수	48문항 (153번~200번, 단일지문 28문제, 복수지문 20문제)
문제 유형	1. 문서의 기본적인 정보를 묻는 문제 2. 문서의 구체적인 정보를 묻는 문제 3. 요청/당부/제안/방법 등을 묻는 문제 4. 추론 문제 5. 동의어 문제

❷ 문제 형태

ⓐ 단일지문 유형

문제지에는 일상 비즈니스 상황에서 등장할 만한 편지나 이메일, 공지, 기사 등의 지문과 함께 2~5문제가 함께 제시된다. 이런 식으로 총 9개의 지문이 등장한다.

ⓑ 복수지문 유형

단일지문 유형의 문제와는 달리 상호 연관이 있는 두 개의 지문이 등장하며, 이에 대해 5문제가 제시된다. 이런 식으로 총 4개의 복수지문이 등장한다.

★ RC 각 파트에 대한 보다 구체적인 정보는 파트별 개요 공략법을
(Part 5 ▶ p.22, Part 6 ▶ p.266, Part 7 ▶ p.324) 참고하세요!

Plan A 탄탄한 기본기를 위한 심화학습 과정
60일 완성 코스

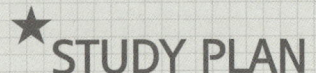 해당 대상

- 기초부터 차근차근, 탄탄한 기본기를 쌓고 싶은 분
- 영어 왕초보와 토익 입문자
- 시험일까지 두 달 이상 여유가 있는 분

☐ Day 1	☐ Day 2	☐ Day 3	☐ Day 4	☐ Day 5	☐ Day 6
PART 5 1 영어의 품사와 성분 (Lesson 1~2)	1 영어의 품사와 성분 (Lesson 3, Practice Test)	2 명사 (Lesson 1~2)	2 명사 (Lesson 3~4)	2 명사 (Lesson 5~6)	2 명사 (Lesson 7~8)

☐ Day 7	☐ Day 8	☐ Day 9	☐ Day 10	☐ Day 11	☐ Day 12
2 명사 (Lesson 9~10)	2 명사 (Lesson 11, Practice Test)	3 대명사 (Lesson 1~2)	3 대명사 (Lesson 3~4)	3 대명사 (Lesson 5~6)	3 대명사 (Lesson 7~8, Practice Test)

☐ Day 13	☐ Day 14	☐ Day 15	☐ Day 16	☐ Day 17	☐ Day 18
4 형용사 (Lesson 1~2)	4 형용사 (Lesson 3~4)	4 형용사 (Lesson 5~6)	4 형용사 (Lesson 7, Practice Test)	5 동사 (Lesson 1~2)	5 동사 (Lesson 3~4)

☐ Day 19	☐ Day 20	☐ Day 21	☐ Day 22	☐ Day 23	☐ Day 24
5 동사 (Lesson 5~6)	5 동사 (Lesson 7~8)	5 동사 (Lesson 9~10)	5 동사 (Lesson 11~12, Practice Test)	6 준동사 (Lesson 1~2)	6 준동사 (Lesson 3~4)

☐ Day 25	☐ Day 26	☐ Day 27	☐ Day 28	☐ Day 29	☐ Day 30
6 준동사 (Lesson 5~6)	6 준동사 (Lesson 7~8, Practice Test)	7 접속사 (Lesson 1~2)	7 접속사 (Lesson 3~4)	7 접속사 (Lesson 5, Practice Test)	8 관계사 (Lesson 1~2)

☐ Day 31	☐ Day 32	☐ Day 33	☐ Day 34	☐ Day 35	☐ Day 36
8 관계사 (Lesson 3~4)	8 관계사 (Lesson 5~6)	8 관계사 (Lesson 7, Practice Test)	9 분사 (Lesson 1~2)	9 분사 (Lesson 3~4)	9 분사 (Lesson 5, Practice Test)

☐ Day 37	☐ Day 38	☐ Day 39	☐ Day 40	☐ Day 41	☐ Day 42
10 부사 (Lesson 1~2)	10 부사 (Lesson 3~4)	10 부사 (Lesson 5, Practice Test)	11 전치사 (Lesson 1~2)	11 전치사 (Lesson 3~4, Practice Test)	12 비교급과 최상급 & 가정법 (Lesson 1~2)

☐ Day 43	☐ Day 44	☐ Day 45	☐ Day 46	☐ Day 47	☐ Day 48
12 비교급과 최상급 & 가정법 (Lesson 3~4, Practice Test)	Final Test	PART 6 1 기본 문법 문제 (Lesson 1)	2 연결어 (Lesson 1~2, Practice Test)	3 대명사와 한정사 (Lesson 1~2, Practice Test)	4 동사와 시제 (Lesson 1~3, Practice Test)

☐ Day 49	☐ Day 50	☐ Day 51	☐ Day 52	☐ Day 53	☐ Day 54
5 비즈니스 관용표현 및 어휘 (Lesson 1~2, Practice Test)	Final Test	PART 7 1 빈출문제 유형 (Lesson 1~2)	1 빈출문제 유형 (Lesson 3~4)	1 빈출문제 유형 (Lesson 5~6)	1 빈출문제 유형 (Lesson 7, Practice Test))

☐ Day 55	☐ Day 56	☐ Day 57	☐ Day 58	☐ Day 59	☐ Day 60
2 지문의 유형 (Lesson 1~2)	2 지문의 유형 (Lesson 3~4)	2 지문의 유형 (Lesson 5~6)	2 지문의 유형 (Lesson 7~8, Practice Test)	Final Test	Actual Test

Plan B 핵심만 쏙쏙! 단기 집중 학습
30일 완성 코스

🏃 해당 대상

- 토익 출제 유형에 익숙한 분
- 영어의 기본기가 중급 이상인 분
- 토익 시험이 코 앞으로 다가온 분

☐ Day 1	☐ Day 2	☐ Day 3	☐ Day 4	☐ Day 5	☐ Day 6
PART 5 1 영어의 품사와 성분 (Lesson 1~3, Practice Test)	2 명사 (Lesson 1~6)	2 명사 (Lesson 7~11, Practice Test)	3 대명사 (Lesson 1~4)	3 대명사 (Lesson 5~8, Practice Test)	4 형용사 (Lesson 1~4)

☐ Day 7	☐ Day 8	☐ Day 9	☐ Day 10	☐ Day 11	☐ Day 12
4 형용사 (Lesson 5~7, Practice Test)	5 동사 (Lesson 1~4)	5 동사 (Lesson 5~8)	5 동사 (Lesson 9~12, Practice Test)	6 준동사 (Lesson 1~4)	6 준동사 (Lesson 5~8, Practice Test)

☐ Day 13	☐ Day 14	☐ Day 15	☐ Day 16	☐ Day 17	☐ Day 18
7 접속사 (Lesson 1~5, Practice Test)	8 관계사 (Lesson 1~4)	8 관계사 (Lesson 5~7, Practice Test)	9 분사 (Lesson 1~5, Practice Test)	10 부사 (Lesson 1~5, Practice Test)	11 전치사 (Lesson 1~4, Practice Test)

☐ Day 19	☐ Day 20	☐ Day 21	☐ Day 22	☐ Day 23	☐ Day 24
12 비교급과 최상급 & 가정법 (Lesson 1~4, Practice Test)	Final Test	**PART 6** 1 기본 문법 문제 2 연결어 (Lesson1~2, Practice Test)	3 대명사와 한정사 (Lesson 1~2, Practice Test)	4 동사와 시제 (Lesson 1~3, Practice Test)	5 비즈니스 관용표현 및 어휘 (Lesson 1~2, Practice Test)

☐ Day 25	☐ Day 26	☐ Day 27	☐ Day 28	☐ Day 29	☐ Day 30
Final Test	**PART 7** 1 빈출문제 유형 (Lesson 1~4)	1 빈출문제 유형 (Lesson 5~7, Practice Test)	2 지문의 유형 (Lesson 1~4)	2 지문의 유형 (Lesson 5~8, Practice Test)	Final Test Actual Test

★ 이 책의 구성 및 학습법

WARMING UP! 파트별 특징 한눈에 보기

본격적인 학습에 앞서 해당 파트의 전반적인 특징을 파악할 수 있도록 각 파트별로 문제 유형과 출제 경향, 학습 방향 및 공략법 등을 소개하였다. 문제만 많이 푼다고 능사가 아니다. 최신 경향과 출제 빈도가 높은 문제 유형들을 미리 숙지하고 시험에 나오는 것부터 야무지게 공부하자.

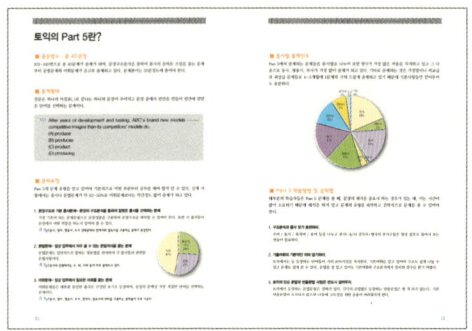

대한민국 No.1 토익강사 유수연이 정리한 실전형 이론!

토익 입문자도 실전에 강해질 권리가 있다! 단순히 문법만 나열한 평범한 기본서가 아니다. 여느 이론서에서 다루지 않은 세심한 문법 설명은 물론 대한민국 최고 토익강사 유수연이 콕콕 집은 출제 포인트와 실전 노하우가 고스란히 담겨 있다.

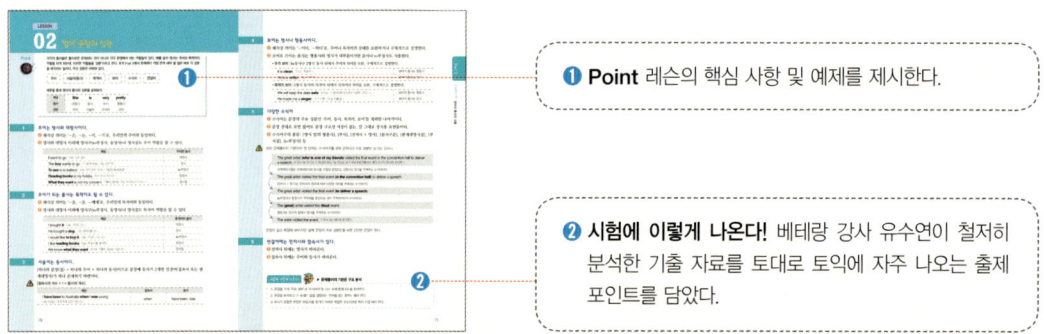

❶ **Point** 레슨의 핵심 사항 및 예제를 제시한다.

❷ **시험에 이렇게 나온다!** 베테랑 강사 유수연이 철저히 분석한 기출 자료를 토대로 토익에 자주 나오는 출제 포인트를 담았다.

≪유스타 토익 BASIC≫ 무료 동영상 강의 제공

쉽고 자세한 설명만으로도 부족함을 느끼는 독자들을 위해 무료 동영상 강의와 저자의 직강을 준비했다. 의지가 약해 혼자 공부하기 힘든 학습자들에게 동영상 강의 활용을 적극 추천한다. 파트별 출제 경향과 핵심 사항들을 명확하게 정리하는 데 도움이 되므로, 동영상 강의를 먼저 보고 나서 책의 설명과 문제풀이로 실력을 쌓거나, 책의 내용을 먼저 숙지한 후 확실하게 정리하는 용도로 활용하면 좋다.

www.u-star.ac
유스타 토익 Basic 무료 동영상 강의 제공
유수연 직강 동영상 강좌(유료)
80여 개 이상의 무료 강좌들과 다양한 토익 자료 제공

문제풀이에도 전략이 있다! 쉬운 문제부터 실전 문제까지 단계별 문제풀이 훈련

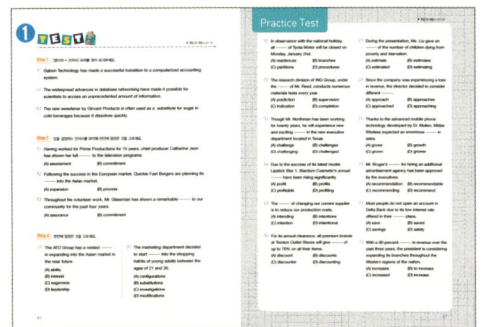 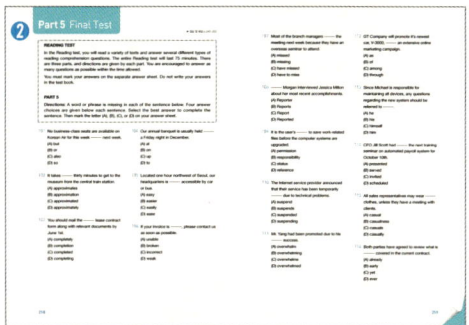

1 문제풀이, 첫걸음부터 제대로 잡아라! 고수들만 아는 문제풀이 순서를 그대로 학습한다!

처음부터 문제 푸는 습관을 잘 들여야 고득점으로 갈 수 있다. TEST 코너에서는 토익 고수들이 문제에 접근하고 풀기까지의 과정을 3단계로 구성하여 훈련할 수 있도록 하였다.

2 토익 입문서 중 최다 문제 수록! 이론과 실전을 한 번에!

이 책은 토익 입문서 중 최다 1,000여 개가 넘는 문제가 수록되어 있다. 본문에서 공부한 내용을 문제를 통해 바로 점검해볼 수 있도록 매 레슨마다 TEST 코너를 구성하였고, 챕터가 끝나면 Practice Test, 파트가 끝나면 Final Test를 통해 다시 한 번 실력을 확인할 수 있다. 뿐만 아니라 RC 전 파트를 실전처럼 풀어볼 수 있는 Actual Test까지 제공하고 있어 이론과 실전을 한 번에 잡을 수 있는 든든한 기본서이다.

해설집이 이 정도는 되어야 진짜 BASIC이지! 이론서만큼 두꺼운 충실한 해설집!

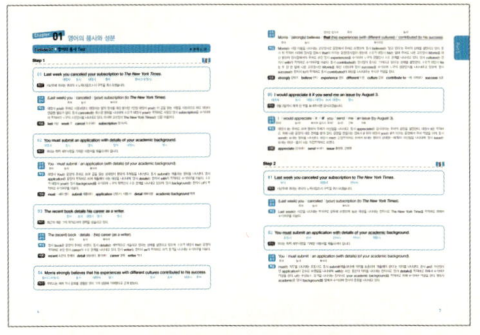

1 문장 구조만 제대로 파악해도 답이 보인다! 모든 문제를 구조 분석했다!

〈유스타 토익 BASIC RC〉의 해설집에는 모든 문제 풀이의 기본인 문장 구조 분석을 한 문제도 빠짐없이 수록하였다. 처음부터 문제 푸는 습관을 잘 들여야 이후에 난이도 높은 문제들도 쉽게 풀 수 있다. 전체 문장의 구조 분석을 통해 문장을 정확하게 이해하는 것은 고득점으로 향하는 지름길이다.

2 문제 찾느라 해설 찾느라 시간 들이지 마세요! 이론서의 모든 문제를 수록한 친절한 해설집!

이론집에 수록된 모든 문제를 해설집에 그대로 옮겼다. 번거롭게 두 권 펼칠 필요없이 해설집만으로도 간편하게 학습이 가능하다. 또한 이론서를 한 번 이상 훑어본 학습자들에게는 해설집을 실전전서로 활용해 공부하는 방법을 추천한다.

PART 5 단일 문장 완성 Incomplete Sentences

PART 6 문서상의 문장 완성 Text Completion

PART 7 독해 Reading Comprehension

유스타 토익
BASIC
Reading

★STAR TOEIC

Part 5

Incomplete Sentences
단일 문장 완성

토익의 Part 5란?

■ 총문항수 : 총 40문항

101~140번으로 총 40문제가 출제가 되며, 문장구조분석을 통하여 품사의 올바른 쓰임을 묻는 문제부터 문법문제와 어휘문제가 골고루 출제되고 있다. 문제풀이는 20분정도에 풀어야 한다.

■ 문제형태

질문은 하나의 마침표(.)로 끝나는 하나의 문장이 주어지고 문장 중에서 빈칸을 만들어 빈칸에 알맞은 단어를 선택하는 문제이다.

> 101 After years of development and testing, ABC's brand new models -------
> competitive images than its competitors' models do.
> (A) produce
> (B) produces
> (C) product
> (D) producing

■ 문제유형

Part 5의 문제 유형을 알고 있어야 기본적으로 어떤 부분부터 공부를 해야 할지 알 수 있다. 실제 시험에서는 품사나 문법문제가 약 52~53%로 어휘문제보다는 약간정도 많이 출제가 되고 있다.

1. 문장구조와 기본 품사문제- 문장의 구조분석을 통하여 알맞은 품사를 선택하는 문제

가장 기본이 되는 문제유형으로 문장성분을 구분하여 문장구조를 파악할 수 있어야 한다. 또한 각 품사들이 문장에서 어떤 역할을 하는지 알아야 풀 수 있다.

☆ Tip! 동사, 명사, 형용사, 부사 선택문제와 전치사와 접속사를 구분하는 문제가 등장한다.

2. 문법문제- 일상 업무에서 자주 쓸 수 있는 문법지식을 묻는 문제

문법문제는 일반적으로 말하는 영문법을 의미하며 각 품사들과 관련된 문법사항이다.

☆ Tip! 동사와 관련해서는 수, 태, 시제 등이 자주 출제되고 있다.

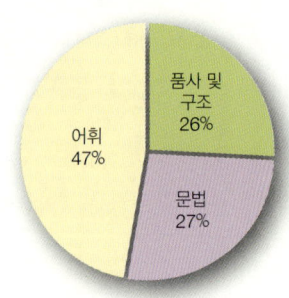

3. 어휘문제- 일상 업무에서 필요한 어휘를 묻는 문제

어휘문제들은 대부분 동일한 품사로 구성된 보기로 등장하며, 문장의 문맥상 가장 적절한 단어를 선택하는 문제이다.

☆ Tip! 동사, 명사, 형용사, 부사, 전치사, 접속사의 의미를 구분하는 문제들이 주로 나온다.

■ 품사별 출제빈도

Part 5에서 출제되는 문제들을 품사별로 나누어 보면 명사가 가장 많은 비율을 자치하고 있고 그 다음으로 동사, 형용사, 부사가 가장 많이 출제가 되고 있다. 기타로 출제되는 것은 가정법이나 비교급과 최상급 문제들로 4~5개월에 1문제씩 극히 드물게 출제되고 있기 때문에 기본사항들만 알아두어도 충분하다.

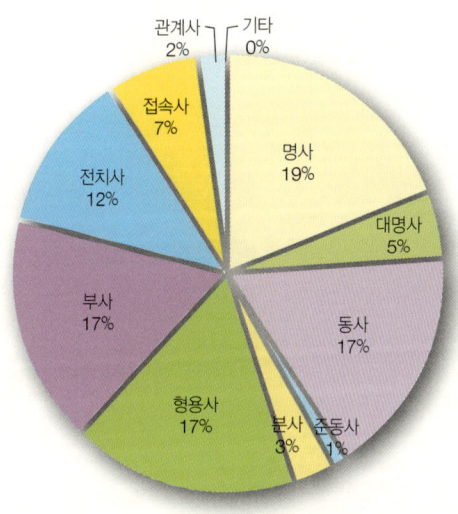

■ Part 5 학습방향 및 공략법

대부분의 학습자들은 Part 5 문제를 풀 때, 문장의 해석을 중요시 하는 경우가 있는 데, 이는 시간이 많이 소요되기 때문에 해석을 하지 말고 문제의 유형을 파악하고 전략적으로 문제를 풀 수 있어야 한다.

1. 구조분석과 품사 찾기 훈련하라.

주어 / 동사 / 목적어 / 보어 등을 나누고 부사(-ly)나 전치사+명사의 부사구들은 항상 괄호로 묶어서 보는 연습이 필요하다.

2. 기출어휘의 기본적인 의미 암기하라.

토익에서는 늘 등장하는 단어들이 거의 90%이상을 차지한다. 기본어휘를 알고 있어야 구조도 쉽게 나눌 수 있고 문제도 쉽게 풀 수 있다. 문법을 잘 알고 있어도 기본어휘와 구조분석에서 밀리면 점수를 받기 어렵다.

3. 토익의 단순 문법과 빈출문법 사항은 반드시 알아두자.

토익에서 등장하는 문법유형은 정해져 있다. 각각의 문법별로 등장하는 빈출문법은 몇 개 되지 않는다. 기본 빈출문법이 숙지되지 않으면 나중에 고득점을 위한 응용이 어려워지게 된다.

CHAPTER
01

영어의 품사와 성분

Point

영어의 모든 문장은 '품사'들로 구성된다. 품사의 종류는 다음과 같다.

| 명사 | 동사 | 대명사 | 형용사 | 부사 | 전치사 | 접속사 | 관사/분사 |

이외에 감탄사를 언급하는 경우도 있다.

1 명사란 사물이나 사람을 지칭하는 것이다.

사물의 특정 이름이 될 수도 있고 종류를 나타낼 수도 있고, 사람의 이름이나 건물 이름, 지명 등이 모두 명사에 속한다.

- 사람 이름: Tom, Jane
- 사물 명칭: camera, table, mountain
- 지명: Seoul, London

2 동사는 주어의 움직임을 보여준다.

하나의 문장에는 반드시 하나 이상의 동사가 있어야 하며, 크게 동작 동사와 상태 동사로 나뉠 수 있다.

- 동작 동사: 주어의 동작, 움직임을 나타내는 동사

  Ex send 보내다   go 가다   build 짓다

- 상태 동사: 움직임 없이 주어의 상태를 나타내는 동사

  Ex have 가지다   seem ~처럼 보이다   be ~이다   like 좋아하다

⚠ can, must같은 조동사나 to부정사, 동명사 등은 동사의 개수에 들어가지 않는다.

3 대명사는 앞의 명사를 대신 받는 것이다.

앞에서 한 번 나온 명사를 다시 언급할 때는 명사를 반복해서 쓰지 않는다. 대신, 받는 품사를 따로 정하여 사용하는데 이를 '대명사'라고 한다. (영어는 앞에 한 번 나온 명사를 다시 쓰는 것, 즉 중복을 싫어한다!)

- 대명사의 격: 대명사는 문장에서의 역할에 따라 격이 나뉜다.

인칭 \ 격	주격	목적격	소유격	소유대명사	재귀대명사
1인칭	I	me	my	mine	myself
3인칭	he	him	his	his	himself

Ex The boy is one of my friends and **he** is a student.   ▶ he가 앞의 The boy를 받는다.
그 남자애는 내 친구 중 하나이고 그는 학생이다.

It is **my** book.   그것은 내 책이다.
주격   소유격

It is **mine**.   그것은 내 것이다.
주격   소유대명사

I like **him**.   나는 그를 좋아한다.
주격   목적격

4 형용사란 명사의 상태를 보여주는 것이다.

❶ 주어와 그 외 명사의 상태를 묘사하는 품사로 주로 명사 앞 또는 be동사 뒤에 나온다.
해석상으로 '~한, ~인'이라는 의미이다.

- 명사 앞: the **funny** story 재미있는 이야기
- 동사 뒤: He is **handsome**. 그는 잘생겼다.

❷ 형용사의 종류로는 상태, 수량, 지시 형용사 등이 있다.

- 상태 형용사: pretty 예쁜　easy 쉬운
- 수량 형용사: many (수가) 많은　much (양이) 많은　little (양, 크기, 규모가) 작은
- 지시 형용사: this 이(런)　that 저(런)

5 부사는 동사나 형용사를 주로 수식한다.

❶ 부사는 명사를 제외한 모든 품사를 수식한다. (자기 아닌 다른 부사를 수식할 수도 있다.)

❷ 부사의 위치는 동사 앞, 형용사 앞, 문장 맨 앞이나 문장 끝 등 비교적 자유롭게 등장한다.

❸ 부사는 문장에서 구조상 없어도 되는 품사이며 자세한 세부 설명을 위해 사용한다.

❹ 부사는 주로 -ly의 형태를 지니며, 해석상으로는 '~하게, ~에서, ~로'의 의미를 갖는다.

- 방법: hard 열심히　easily 쉽게
- 시간: now 지금　recently 최근에
- 상태: surprisingly 놀랍게　happily 행복하게
- 장소: away 떨어진 곳에, 다른 데로

6 전치사란 명사의 자리를 만들어주는 것이다.

❶ 전치사의 기능은 이미 존재하고 있는 문장에 '명사나 대명사를 추가'하는 것이다.
이미 문장 안에 필요한 성분이 모두 있다면 명사나 대명사를 더 이상 쓸 수 없다. 그런데 명사나 대명사를 이용해 추가로 설명하고 싶은 내용이 있다면 전치사를 넣은 후 그 뒤에 명사나 대명사 자리를 만들어줄 수 있다.

❷ 전치사 뒤에는 항상 명사나 대명사가 위치하여 전치사의 목적어가 된다.

❸ [전치사 + 명사]는 문장에서 부사의 역할을 하게 되어 시간, 장소, 방법, 상태 등을 보여준다.

> **Ex** I met him.이라는 문장을 통해 살펴보자.

- 시간을 추가할 때: I met him **in** the morning. 나는 그를 아침에 만났다.
- 장소를 추가할 때: I met him **at** the store. 나는 그를 가게에서 만났다.
- 방법을 추가할 때: I met him **by** phone. 나는 그를 전화통화를 통해 만났다.

7 접속사는 하나의 문장에 또 다른 문장을 연결할 때 사용한다.

❶ 문장과 문장을 연결해주는 연결어를 접속사라고 한다.

❷ 영어에서는 문장 하나당 동사 하나가 존재하기 때문에 접속사가 하나 추가될 때마다 동사도 하나 추가되어 다음과 같은 공식이 성립된다.

 [접속사의 개수 + 1 = 동사의 개수]

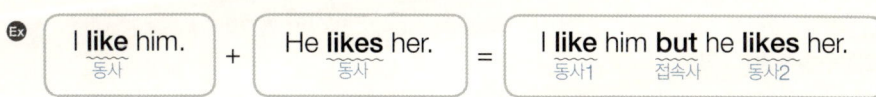

Ex

I **like** him.	+	He **likes** her.	=	I **like** him **but** he **likes** her.
동사		동사		동사1　접속사　동사2

관사는 명사 앞에서 사용된다.

❶ 명사를 사용할 때 영어에서 가장 중요하게 여기는 것은 가산/불가산명사를 구별하는 것이다.

- 가산명사: 셀 수 있는 사물이나 대부분의 사람을 지칭하는 명사, 구체적으로 나눌 수 있는 명사 등
- 불가산명사: 셀 수 없는 명사, 즉 형체가 없거나 나눌 수 없는 명사 등

❷ 관사에는 정관사와 부정관사가 있는데, 각 관사의 쓰임은 가산/불가산명사와 밀접한 관계가 있다.

- 부정관사 a/an: 처음 언급하거나 불특정한 하나의 가산명사를 가리킬 때 사용한다.

	가산명사 단수	(O)
부정관사 a/an +	가산명사 복수	(×)
	불가산명사	(×)

Ex **a** book 책 한 권   **a** chair 의자 한 개   **a** boy 한 명의 소년   **an** idea 하나의 아이디어

- 정관사 the: 이미 언급된 바 있는 대상 혹은 특정 대상을 가리킬 때 사용한다.

	가산명사 단수	(O)
정관사 the +	가산명사 복수	(O)
	불가산명사	(O)

Ex **The** book is mine.   그 책은 내 것이다. ▶ 내 것이라는 특정 대상이 되는 책을 가리킨다.

 우리말에는 관사에 해당하는 품사가 없기 때문에 영어의 가산명사와 불가산명사의 구분, 관사의 쓰임이 어색하고 어렵게 느껴질 수 있다. 하지만 여러 영어 시험에서 중요하게 다루는 영어 문법 사항이므로 항상 의식적으로 확인해두는 습관을 길러야 한다.

분사란 동사가 형용사가 되는 것이다.

동사가 -ing 혹은 -ed로 형태가 변화되어 형용사처럼 사용되는 것을 분사라고 한다.

예문	해석		수식하는 명사와의 관계
rising sun	떠오르는 태양	태양이 떠오르다 (O) 태양을 떠올리다 (×)	-ing 형태의 분사는 수식받는 명사(sun)가 해석상 주어(태양이)가 된다.
a **broken** window	깨진 창문	창문이 깨다 (×) 창문을 깨다 (O)	-ed 형태의 분사는 수식받는 명사(window)가 해석상 목적어(창문을)가 된다.

시험에 이렇게 나온다! ▶ 품사 찾기

1. 토익 시험에서 Part 5의 40~50%를 차지하는 문제는 품사 찾기 문제이다. (20%는 접속사와 전치사에서 출제된다.) 따라서 토익 공부의 첫걸음은 '품사 찾기'이다.
2. 보통 영어에서는 8품사로 구분하지만 토익에서는 분사까지 포함시켜 9품사로 정리하여 연습하는 것이 좋다.
3. 문장 안에 있는 모든 단어는 항상 9개의 품사로 구분할 수 있어야 한다.

Step 1 | 문장에서 명사와 대명사, 동사를 찾아 표시하세요.

01 Last week you canceled your subscription to *The New York Times*.

02 You must submit an application with details of your academic background.

03 The recent book details his career as a writer.

04 Morris strongly believes that his experiences with different cultures contributed to his success.

05 I would appreciate it if you send me an issue by August 3.

Step 2 | 밑줄 친 단어의 품사를 적어보세요.

01 Last week you canceled your subscription to *The New York Times*.

02 You must submit an application with details of your academic background.

03 The recent book details his career as a writer.

04 Morris strongly believes that his experiences with different cultures contributed to his success.

05 I would appreciate it if you send me an issue by August 3.

02 영어 문장의 성분

Point

각각의 품사들은 품사로만 존재하는 것이 아니라 각각 문장에서 하는 역할들이 있다. 예를 들어 명사는 주어와 목적어의 역할을 하게 되는데, 이러한 역할들을 '성분'이라고 한다. 토익 Part 5에서 문제마다 가장 먼저 해야 할 일은 바로 각 성분을 파악하는 일이다. 주요 성분은 아래와 같다.

| 주어 | 서술어(동사) | 목적어 | 보어 | 수식어 | 연결어 |

예문을 통해 영어의 품사와 성분을 살펴보자.

예문	**She**	**is**	**very**	**pretty.**
품사	대명사	동사	부사	형용사
성분	주어	서술어	수식어	보어

1 주어는 명사와 대명사이다.

❶ 해석상 의미는 '~은, ~는, ~이, ~가'로, 우리말의 주어와 동일하다.

❷ 명사와 대명사 이외에 명사구(to부정사, 동명사)나 명사절도 주어 역할을 할 수 있다.

예문	주어의 품사
I want to go. 나는 가고 싶다.	대명사
The **boy** wants to go. 그 남자아이는 가고 싶어 한다.	명사
To see is to believe. 보는 것이 믿는 것이다. (백문이불여일견)	to부정사
Reading books is my hobby. 독서가 내 취미이다.	동명사
What they want is not my concern. 그들이 원하는 것은 내 관심사가 아니다.	명사절

2 주어가 되는 품사는 목적어도 될 수 있다.

❶ 해석상 의미는 '~을, ~을, ~에게'로, 우리말의 목적어와 동일하다.

❷ 명사와 대명사 이외에 명사구(to부정사, 동명사)나 명사절도 목적어 역할을 할 수 있다.

예문	목적어의 품사
I bought **it**. 나는 그것을 샀다.	대명사
He bought a **dog**. 그는 강아지를 샀다.	명사
I would like **to buy it**. 나는 그것을 사고 싶다.	to부정사
I like **reading books**. 나는 책 읽기를 좋아한다.	동명사
We know **what they want**. 우리는 그들이 원하는 것을 안다.	명사절

3 서술어는 동사이다.

[하나의 문장(절) = 하나의 주어 + 하나의 동사]이므로 문장에 동사가 2개면 연결어(접속사 또는 관계대명사)가 하나 존재하기 마련이다.

 [접속사의 개수 + 1 = 동사의 개수]

예문	접속사	동사
I **have been** to Australia **when** I **was** young. 나는 어렸을 때 호주에 갔던 적이 있다.	when	have been, was

4 보어는 명사나 형용사이다.

❶ 해석상 의미는 '~이다, ~하다'로, 주어나 목적어의 상태를 보완하거나 구체적으로 설명한다.

❷ 보어로 쓰이는 품사는 형용사와 명사가 대부분이지만 분사나 to부정사도 사용된다.

• 주격 보어: be동사나 2형식 동사 뒤에서 주어의 의미를 보완, 구체적으로 설명한다.

It is **clean**. 그것은 깨끗하다.	보어의 품사는 형용사
He is a **writer**. 그는 작가이다.	보어의 품사는 명사

• 목적격 보어: 5형식 동사의 목적어 뒤에서 목적어의 의미를 보완, 구체적으로 설명한다.

We will keep the data **safe**. 우리는 그 데이터를 안전하게 보관할 것입니다.	보어의 품사는 형용사
He made me a **singer**. 그가 나를 가수로 만들었다.	보어의 품사는 명사

5 다양한 수식어

❶ 수식어는 문장의 주요 성분인 '주어, 동사, 목적어, 보어'를 제외한 나머지이다.

❷ 문장 전체로 보면 없어도 문장 구조상 지장이 없는, 말 그대로 장식용 표현들이다.

❸ 수식어구의 종류: [명사 앞의 형용사], [부사], [전치사 + 명사], [분사구문], [관계대명사절], [부사절], [to부정사] 등

 모든 문제풀이의 기본이자 첫 단계는 수식어구를 모두 걷어내고 주요 성분만 남기는 것이다.

> The great artist (**who is one of my friends**) visited the final event in the convention hall to deliver a speech. 내 친구 중 하나인 그 위대한 예술가는 연설을 하기 위해 컨벤션홀에서 열린 마지막 행사에 참석했다.
>
> 관계대명사절은 관계대명사와 동사를 포함한 문장으로 선행사인 명사를 꾸며주는 수식어이다.
>
> The great artist visited the final event (**in the convention hall**) to deliver a speech.
>
> [전치사 + 명사]는 전치사의 종류에 따라 다양한 의미를 부여하는 수식어이다.
>
> The great artist visited the final event (**to deliver a speech**).
>
> to부정사나 동명사가 목적어를 동반하는 경우 목적어까지가 수식어이다.
>
> The (**great**) artist visited the (**final**) event.
>
> 형용사는 명사의 앞에서 명사를 꾸며주는 수식어이다.
>
> The artist visited the event. 그 예술가는 행사에 참석했다.

문장이 길고 복잡해 보이지만 실제 문장의 주요 성분만을 보면 간단한 문장이 된다.

6 연결어에는 전치사와 접속사가 있다.

❶ 전치사 뒤에는 명사가 따라온다.

❷ 접속사 뒤에는 주어와 동사가 따라온다.

 시험에 이렇게 나온다!   ▶ **문제풀이의 기본은 구조 분석**

1. 문장을 크게 '주요 성분'과 '수식어구'로 나눈 후에 출제 의도를 파악한다.

2. 문장을 분석하고 난 후에는 답을 결정하는 단어를 찾는 훈련도 해야 한다.

3. 분사가 포함된 문장은 본동사를 찾기가 어려운 복잡한 구조이므로 특히 신경 써야 한다.

▶ 정답 및 해설 p.8~11

Step 1 | 문장의 주요 성분(주어, 동사, 목적어, 보어)을 찾아 표시하세요.

01 The accountant revised the financial report before submitting it to the headquarters.

02 If we receive your resume by the end of this month, we will accept your application.

03 We recently added some exciting features to our website.

04 The recently purchased program made our website more simplified.

05 Renowned professor, Hennery will visit Leeds University on Sunset Street next month to sign copies of the new book.

Step 2 | 연결어와 수식어구들을 찾아 표시하세요.

01 The accountant revised the financial report before submitting it to the headquarters.

02 As long as we receive your resume by the 15th, we will still be able to consider your application.

03 The recently applied system significantly reduced the number of errors in processing multiple tasks.

04 Renowned professor, Hennery will visit Leeds University on Sunset Street next month to sign copies of the new book.

LESSON
03 문제 풀이의 기본

Point
문장 구조간의 유기적 관계를 익혀두면 문장을 구성하는 성분의 파악이 용이해져 문제를 푸는 속도와 정답률이 높아진다.

1 문장에 명사를 추가하기 위해서는 전치사가 필요하다.

Richard Restaurant features various kinds of menus ------- other local restaurants.

(A) unlike
(B) whereas
(C) although
(D) unless

구조분석

Richard Restaurant / features / (various) kinds (of menus) (------- other local restaurants).
　　　주어　　　　　　동사　　　　　　목적어

빈칸의 앞에는 명사 menu가, 뒤에는 한정사 other와 형용사 local의 수식을 받는 명사 restaurants가 위치하고 있다. 명사를 앞뒤로 나열해줄 수 있는 품사는 전치사인데, 보기 중 전치사는 (A) unlike 하나뿐이며 나머지 보기는 모두 접속사이므로 (A)가 정답이 된다.

해석 리차드 레스토랑은 다른 지역 식당들과 달리 여러 종류의 메뉴를 특징으로 삼는다.
어휘 feature ~을 특징으로 삼다　various 다양한　kind 종류　menu 메뉴　local 지역의, 현지의

2 문장에 동사를 추가하려면 접속사나 관계사가 있어야 한다.

------- we receive your resume by the 15th, we will be able to consider your application.

(A) As long as
(B) Despite
(C) Prior to
(D) In order to

구조분석

------- we / receive / (your) resume (by the 15th), // we / will be / able (to consider your application).
접속사 주어1 동사1　　　　목적어　　　　　　주어2 동사2　보어

빈칸 뒤에 주어와 동사(we receive), 쉼표 뒤에 주어와 동사(we will be)가 있으므로 두 개의 문장을 연결할 수 있는 접속사가 필요한 자리이다. (B) Despite와 (C) Prior to는 전치사, (D) In order to는 to부정사이다. 따라서 보기 중 유일한 접속사인 (A) As long as가 정답이 된다.

해석 15일까지 귀하의 이력서를 받으면, 귀하의 지원을 고려해 볼 수 있습니다.
어휘 resume 이력서　be able to + 동사원형 ~할 수 있다　consider 고려하다　application 신청(서), 지원(서)

3 문장에 접속사나 관계사 없이 동사를 추가하기 위해서는 to부정사나 동명사를 넣어야 한다.

Mr. Grey included a few assumptions in his presentation ------- the audience.

(A) convince
(B) to convince
(C) convinced
(D) is convincing

구조분석

Mr. Grey / included / (a few) assumptions (in his presentation) (------- the audience).
　주어　　　동사　　　　　목적어

빈칸에 들어갈 동사 convince의 적절한 형태를 결정하는 문제이다. 문장에 이미 동사 included가 있으므로 접속사나 관계대명사 없이 동사를 추가할 수 없다. 따라서 동사인 (A) convince와 (C) convinced, (D) is convincing은

답이 될 수 없다. 준동사인 (B) to convince가 정답이 된다.

해석 그레이 씨는 청중들을 확신시키기 위해 그의 프레젠테이션에 몇 가지 추정을 포함시켰다.

어휘 include 포함하다   a few 약간의   assumption 추정   presentation 프레젠테이션, 발표   audience 청중, 관중

4 주절의 문장 앞뒤에 한 단어가 추가될 때에는 주로 부사 자리이다.

-------, our motel is currently hiring a receptionist.

(A) Consequently   (B) Consequent to

(C) Consequence of   (D) The consequences

구조분석

(-------), (our) motel / is (currently) hiring / a receptionist.
              주어   동사   목적어

our motel이 주어, is currently hiring이 동사, a receptionist가 목적어로, 빈칸 뒤에 완전한 문장이 오고 있다. 따라서 빈칸은 부사 또는 수식어구가 와야 하므로 정답은 부사인 (A) Consequently가 된다. (B) Consequent to와 (C) Consequence of는 전치사로 끝나므로 뒤에 목적어인 명사가 필요하며, (D) The consequences는 명사로 전치사 없이 단독으로 문장과 연결할 수 없다.

해석 그 결과, 우리 모텔은 현재 접수원을 채용하고 있는 중이다.

어휘 currently 현재   hire 고용하다   receptionist 접수원

5 하나의 문장 안에 동사는 하나뿐이기 때문에 본동사와 분사를 구별해야 한다.

The recently applied system significantly ------- the number of errors.

(A) having reduced   (B) reduce

(C) reducing   (D) reduced

구조분석

The (recently) (applied) system / (significantly) ------- / the number (of errors).
                 주어   동사   목적어

문장의 주어는 system이고 빈칸은 동사 자리이다. 따라서 동사가 아닌 (A) having reduced와 (C) reducing은 답이 될 수 없다. 문장의 주어가 system으로 단수이므로 복수동사인 (B) reduce는 수가 일치하지 않는다. 따라서 정답은 과거동사인 (D) reduced가 된다.

해석 최근에 적용된 시스템은 에러의 발생을 상당히 감소시켰다.

어휘 recently 최근에   apply 적용하다   significantly 상당히, 매우   the number of ~의 숫자   error 실수, 에러

6 문장 안에 몇 개의 절이 있는지(동사의 개수)를 확인하고 문제를 해결해야 한다.

Mr. Han will successfully complete his project this Friday ------- all the data arrives today.

(A) if   (B) in the event of

(C) even   (D) both

구조분석

Mr. Han / will (successfully) complete / (his) project (this Friday) // ------- (all) the data / arrives (today).
주어1   동사1   목적어   접속사   주어2   동사2

빈칸 앞에 주어와 동사(Mr. Han/complete)가 있고, 빈칸 뒤에 주어와 동사(all the data/arrives)가 있으므로 문장과 문장을 연결할 수 있는 접속사가 필요하다. (B) in the event of는 전치사, (C) even은 부사, (D) both는 형용사, 부사, 대명사로 쓰이므로 문장을 연결할 수 없어 모두 답이 될 수 없다. 따라서 접속사인 (A) if가 정답이 된다.

해석 만약 모든 데이터가 오늘 도착한다면, 한 씨는 이번 주 금요일에 그의 프로젝트를 성공적으로 완료할 것이다.

어휘 successfully 성공적으로   complete 완료하다, 마치다   project 프로젝트   data 데이터, 자료   arrive 도착하다

7 **문장의 구성**

하나의 문장은 주요 성분인 [주어 + 동사 + 목적어/보어]와 그 사이의 [수식어들]로 구성되어 있다.

❶ 문장의 주요 성분

| 주어 | + | 동사 | + | 목적어/보어 |

❷ 문장의 주요 성분 사이에 수식어구들이 위치할 수 있다.

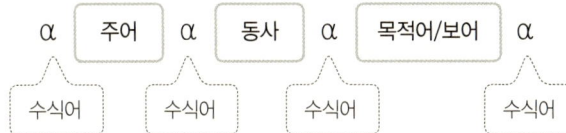

α | 주어 | α | 동사 | α | 목적어/보어 | α

수식어   수식어   수식어   수식어

여기에서 수식어구인 α는 다음과 같다.

❶ 부사
❷ 전치사 + 명사
❸ 전치사 + 동명사 + 목적어
❹ to부정사 + 목적어
❺ 접속사 + 주어 + 동사
❻ 관계대명사 + 동사
❼ 분사

 다음의 문장을 주요 성분과 수식어구로 나누어보자.

> Mr. Brown who is an award-winning novelist visited the final event in the convention hall to deliver a speech.

문장의 구조를 분석해보자.

> **Mr. Brown** (who is an award-winning novelist) / **visited** / **the final event**
>   주어   (관계대명사 + 동사 + 명사)   동사   목적어
> (in the convention hall) (to deliver a speech).
>   (전치사 + 명사)   (to부정사 + 목적어)

❶ 문장의 주어는 Mr. Brown이고 동사는 visited, 목적어는 the final event가 된다.

❷ 관계대명사절(who is an award-winning novelist)은 앞에 있는 주어를 수식하여 '상을 수상한 소설가인'이란 의미가 된다.

❸ 목적어 뒤에 [전치사 + 명사](in the convention hall)는 앞의 명사 event를 수식하여 '컨벤션 홀에서 있는 행사'라는 의미가 된다.

해석 수상자인 소설가 브라운 씨는 연설을 하기 위해 컨벤션 홀에서 있는 마지막 행사에 참석했다.

수동태 문장의 구성

수동태 문장 역시 완전한 문장으로, 다음과 같이 수식어구를 추가할 수 있다.

❶ 수동태 문장의 주요 성분

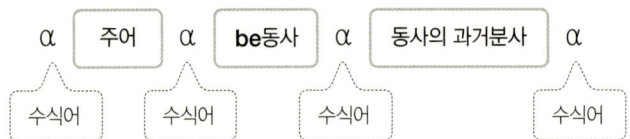

주어 + be동사 + 동사의 과거분사

❷ 문장의 주요 성분 사이에 수식어구들이 위치할 수 있다.

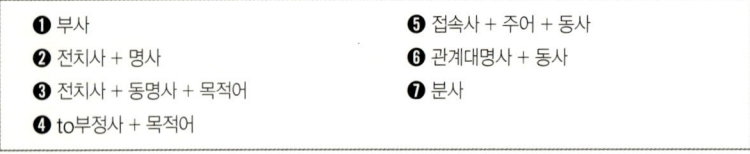

α 주어 α be동사 α 동사의 과거분사 α

수식어 수식어 수식어 수식어

여기에서 수식어구인 α는 다음과 같다.

❶ 부사
❷ 전치사 + 명사
❸ 전치사 + 동명사 + 목적어
❹ to부정사 + 목적어

❺ 접속사 + 주어 + 동사
❻ 관계대명사 + 동사
❼ 분사

 다음의 문장을 주요 성분과 수식어구로 나누어보자.

> As tourism has grown in the downtown area, all the stores were recently renovated in order to meet the increasing demand.

문장의 구조를 분석해보자.

> **As** / tourism / has grown (in the downtown area), // all the stores / were (recently)
> 접속사   주어1   동사1   (전치사 + 명사)   주어2   동사2   (부사)
>
> renovated (in order to meet the increasing demand).
>   (to부정사 + 목적어)

❶ 문장 안에 접속사 As가 있으므로 동사는 동사1(has grown)과 동사2(were renovated)가 있어야 한다.
❷ 동사 has grown(자동사 grow의 현재완료 시제) 뒤에 [전치사 + 명사](in the downtown area)는 수식어구이다.
❸ 수동태 동사인 were renovated 사이에 부사인 recently가 동사를 수식하고 있다.
❹ 문장의 마지막에서 부사구로 '~을 하기 위해'라는 의미로 to부정사가 동사를 수식을 하고 있다.

해석 도심지에 관광산업이 성장하면서 모든 가게들은 늘어나는 수요를 충족시키기 위해 최근에 보수공사를 했다.

Step 1 | 다음 문장에서 [전치사 + 명사]를 제거하고 주어, 동사를 찾아 표시하세요.

01 In his speech at the banquet, Mr. Washington complimented his managers on their leadership.

02 One of our consultants at Bailey Bradbury will talk to you next week.

03 All full time employees at TexCorp can bring their family to company facilities such as the swimming pool and fitness center at no cost.

04 The presidents of the two companies met and agreed to take actions to deal with the current challenges.

05 The main premise of this business seminar is to help managers develop their management skills.

Step 2 | 다음 문장에서 관계대명사절을 제거하고 주어, 동사를 찾아 표시하세요.

01 Loid Mountain, which includes deep valleys and slopes, is one of the most beautiful places in the world.

02 New employees who are not familiar with the layout of each floor should check the floor plan.

03 We hired Ms. Wilson, who used to be an assistant manager at another location, as our new manager.

04 Mr. Fioni, who is planning on retiring at the end of the month, will assume the position as a deputy manager next week.

05 The architect who designed the Seoul Art Center plans to speak this evening.

Practice Test

● 빈칸에 필요한 성분이나 품사를 고르세요.

01 We ------- special discounts every year.
   (A) provide   (B) provision

02 Our ------- will be happy to assist you.
   (A) employ   (B) employees

03 Papers must be submitted ------- the office
   by November 2.
   (A) and   (B) to

04 It is ------- with the company's new phone
   system.
   (A) compatible   (B) compare

05 The weather will be cool, ------- volunteers
   should dress warmly.
   (A) for   (B) so

06 Changes in prices are ------- determined
   by supply and demand.
   (A) large   (B) largely

07 The report that will be e-mailed to the
   shareholders on Monday at 2:00 -------
   Tod Company's acquisition of Intertel
   Technology.
   (A) highlights   (B) to highlight

08 Customers who return defective
   merchandise within 10 days will be
   reimbursed ------- delay.
   (A) unless   (B) without

09 Even though Mr. Jones was an experienced
   public speaker, many of his colleagues felt
   that he delivered his retirement speech
   -------.
   (A) hesitate   (B) hesitantly

10 Deta Airline requests that, as a ticket holder,
   ------- present proof of identification at the
   check-in counter.
   (A) your   (B) you

● 문장의 구조를 재빨리 분석하면서 빈칸에 적절한 품사를 고르세요.

01 To ensure safety, facilities management has proposed the ------- of new maintenance procedures.
(A) implemental
(B) implemented
(C) implementation
(D) implement

02 Mr. Adams never received the email we sent ------- the address we have on file for him is incorrect.
(A) for
(B) because
(C) just
(D) following

03 Although Pemex is best known for its technology in security, it also ------- in large-scale machinery manufacturing.
(A) specializes
(B) specialization
(C) specialty
(D) specializing

04 George Burns, our new intern, received ------- from the head of the sales department.
(A) recommend
(B) recommendation
(C) recommendable
(D) recommended

05 The most recent job announcement by AT&T ------- notes that the supervisor position is open only to current floor managers.
(A) specify
(B) specific
(C) specifying
(D) specifically

06 All the marketing staff members are being required to postpone any holidays ------- the first draft of the proposal is being completed.
(A) while
(B) during
(C) on
(D) at

07 ------- the Internet and other forms of telecommunications, the global market has become much more manageable.
(A) Although
(B) Through
(C) All
(D) Down

08 At a recent international advertisement competition, Ms. Perry Ellis earned the Most Outstanding Innovation Award for ------- originality.
(A) she
(B) herself
(C) hers
(D) her

09 Please indicate whether you believe the applicant meets each of the ------- in the job posting.
(A) qualification
(B) qualify
(C) qualified
(D) qualifications

10 The local department store has a wide selection of ------- pottery and textiles.
(A) authenticate
(B) authentically
(C) authentic
(D) authenticator

CHAPTER

02

명사

01 명사의 역할

Point

명사는 사람이나 사물, 추상적인 개념을 나타내는 단어로, 문장에서 '주어, 목적어, 보어' 역할을 한다. 시험에서는 빈칸이 어디에 위치해 있는가가 문제풀이의 핵심이다.

 Our ------- is taking a rest in the lobby.

(A) teach　　(B) teacher

▶동사 앞자리는 주어 자리이다. 따라서 명사가 와야 한다. teach는 '가르치다'라는 동사이고, teacher는 '선생님'이라는 명사이다.　●우리 선생님은 휴게실에서 쉬고 계십니다.　　　　　　　정답 (B)

1　명사 주어

주어 역할을 하는 명사는 동사 앞에 위치한다.

동사의 종류	문장 형태	예문
자동사	명사 주어 + 자동사	**Peter** stays at home. 피터는 집에 있다.
타동사	명사 주어 + 타동사 + 목적어	**Students** attended the class. 학생들이 수업에 들어갔다.

2　명사 목적어

목적어 역할을 하는 명사는 타동사 또는 전치사 뒤에 위치한다.

명사를 이끄는 품사	문장 형태	예문
타동사	주어 + 타동사 + 명사 목적어	The man explains **the problem**. 그 남자가 문제를 설명합니다.
전치사	전치사 + 명사 목적어	The president is going to meet with **executives**. 사장님이 임원진을 만날 예정입니다.

3　명사 보어

보어 역할을 하는 명사는 2형식 문장에서 동사 다음에, 5형식 문장에서 목적어 다음에 위치한다.

동사의 형식	문장 형태	예문
2형식 자동사	주어 + 자동사(2V) + 명사 보어	Jane is **a student**. 제인은 학생이다.
5형식 타동사	주어 + 타동사(5V) + 목적어 + 명사 보어	She calls her husband "**Honey**." 그녀는 남편을 "허니"라고 부른다.

 시험에서 나오는 보어 자리 문제는 대부분 형용사가 정답이다.

보어 자리에는 명사와 형용사가 모두 가능하지만 명사가 보어 자리에 들어가려면 주어 혹은 목적어와 해당 보어가 동격이어야 한다. 문제로 제출하기엔 내용이 너무 단순하기 때문에 명사가 보어로 들어가는 문제는 흔치 않다.

시험에 이렇게 나온다! ▶ **문제 풀이의 기본**

1. 실제 시험에서의 문장은 수식어구들로 인해 길어진다. 우선 문장에서 수식어구를 괄호로 묶어 분리한 후에 주어와 본동사를 찾아서 문제를 해결해야 한다.

2. 문제는 수식어구에서도 출제될 수 있고 주절에서도 출제될 수 있다.

▶ 정답 및 해설 p.20~22

Step 1 다음 문장에서 명사를 찾아 품사와 성분(주어, 목적어, 보어)을 표시하세요. **Ex** 명사−목적어

01 Preference will be given to new members.

02 The advertising company is seeking sales representatives.

03 He is a general manager of operations for three gyms.

Step 2 문장 구조를 분석하고 빈칸에 필요한 품사와 성분을 찾아, 보기 중 알맞은 것을 고르세요.

01 ------- of the online purchase will be sent to you by e-mail within 24 hours.

    (A) Confirms   (B) Confirmation

02 The consulting firm is looking for new -------.

    (A) locate   (B) locations

03 In order to receive ------- for building access, you must contact the security representatives.

    (A) authorization   (B) authoritative

Step 3 빈칸에 알맞은 것을 고르세요.

01 ------- to the annual party at the Royal Palace Hotel have been sent to all staff members.

    (A) Invitations
    (B) Invitation
    (C) Invite
    (D) Inviting

02 Mr. Stuart of Human Resources says that encouragement and ------- are necessary to build trust among the employees.

    (A) communicate
    (B) communication
    (C) communicated
    (D) communicatively

02 명사의 위치

Point

명사는 앞서 배웠듯이 전치사나 타동사 뒤에 위치하며 '형용사, 관사, 소유격' 등의 꾸밈을 받을 수 있다. 따라서 시험에서는 이러한 수식어구 뒤에 빈칸을 주고 명사를 넣는 문제들이 출제된다. 명사를 꾸며주는 수식어구들이 긴 경우에는 수식어구가 명사 뒤에 위치하기도 한다.

| 수식어(구) | + | 명사 |

---

1 형용사 뒷자리는 명사가 온다.

| 형용사 | + | 명사 |

🅴 I bought a new **hat**. 나는 새 모자를 샀다.

| 부사 | + | 형용사 | + | 명사 |

🅴 He is a very kind **person**. 그는 매우 친절한 사람이다.

2 관사의 뒷자리는 명사가 답이다.

| a / an / the | + | 명사 |

🅴 The **apple** is green. 그 사과는 녹색이다.

| a / an / the | + | (부사) | + | 형용사 | + | 명사 |

🅴 He is a very kind **person**. 그는 매우 친절한 사람이다.

⚠️ 관사와 명사 사이에는 형용사 또는 형용사를 꾸며주는 부사 등의 수식어(구)가 위치할 수 있다.

3 소유격 뒤에는 반드시 명사가 위치한다.

| my / your / his / her / its / our / their | + | 명사 |

🅴 He is my **cousin**. 그는 내 사촌이다.

4 복합명사

명사 뒤에 명사가 오는 경우도 있다. 바로 복합명사인 경우이다! 따라서 빈출 복합명사는 따로 암기해두도록 한다.

account number 계좌번호	advertising company 광고회사
application form 신청서, 지원서	job opening 공석, 일자리
sales representative 영업사원	marketing department 마케팅 부서

5 관계대명사 앞에는 선행사인 명사가 와야 한다.

| 명사 | + | who / which / that ~ |

The business conference <u>which</u> was scheduled for this month was postponed.
　　　　명사(선행사)　　　　　관계대명사

이번 달로 예정됐던 비즈니스 컨퍼런스가 연기되었습니다.

명사의 형태

명사 접미어	명사			
-tion/-sion	condition 조건	information 정보	decision 결정	
-ance/-ence	appearance 외관	circumstance 환경	preference 선호, 우선권	
-ment	announcement 공고, 안내	department 부서	payment 지불	requirement 요구
-ity/-ety	productivity 생산성	flexibility 유연성	authority 권한	capacity 용량
-er/-ee/-or	consumer 소비자	employee 직원	engineer 기술자	manufacturer 제조업자
-ness	kindness 친절함	competitiveness 경쟁력	effectiveness 효율성	
-ant/-ent	applicant 지원자	client 고객	attendant 종업원, 안내원	

명사는 동사나 형용사에 -tion, -ment, -ness, -er/-or, -ance/-ence 등의 접미사가 붙어 만들어진다. 또 membership, pianist, humanism 등과 같이 명사에 -ship, -ist, -ism 등의 접미사가 붙어 또 다른 명사가 만들어지기도 한다.

시험에 이렇게 나온다! ▶ **명사 자리 파악하기**

다음의 자리는 문장에서 주어, 목적어, 보어가 되는 명사가 답!!
❶ 형용사 뒷자리　　❷ 관사 뒷자리　　❸ 소유격 뒷자리　　❹ 복합명사
❺ 관계대명사 앞자리　❻ 전치사 뒷자리　❼ 타동사 뒷자리

Step 1 | 다음 문장에서 명사와 명사 앞에 오는 수식어를 골라 표시하세요.

01 Since the creation of the new system, we have upgraded our features.

02 As long as your warranty is valid, you may receive technical support for free.

03 Thanks to the advanced mobile phone technology developed by Dr. Mullen, Midas Wireless expected an enormous growth in sales.

Step 2 | 문장 구조를 분석하고 빈칸에 필요한 품사와 성분을 찾아, 보기 중 알맞은 것을 고르세요.

01 Mr. Cooper presented a paper at last year's ------- in London.

(A) convene   (B) convention

02 The recent change in ------- can be attributed to the new president.

(A) profitability   (B) profitable

03 Most analysts predict considerable market ------- in Southeast Asia.

(A) grow   (B) growth

Step 3 | 빈칸에 알맞은 것을 고르세요.

01 Citigroup carries a large ------- of quality gardening tools and supplies.

(A) select
(B) selective
(C) selection
(D) selected

02 Every ------- who has applied for the home loan will be advised on their eligibility within the next month.

(A) applying
(B) applied
(C) applicant
(D) application

LESSON

03 명사구와 명사절

Point

❶ 구는 두 개 이상의 단어가 하나의 품사 역할을 한다.

Writing a book is my job. 책을 쓰는 것은 나의 직업이다.
▶'동명사와 목적어'가 합쳐져 주어로써 하나의 명사 역할을 하고 있다.

❷ 절은 [접속사 + 주어 + 동사 ~]가 하나의 품사 역할을 하며 어엿한 문장의 구성 성분이다.

I know that he was here. 나는 그가 여기 있었다는 것을 안다.
▶[접속사 + 주어 + 동사 ~]가 목적어로써 하나의 명사 역할을 하고 있다.

❸ 명사구나 명사절은 문장에서 명사와 동일하게 '주어, 목적어, 보어'의 역할을 하게 된다.

---

1 동명사 vs to부정사: 명사구에는 'to부정사'와 '동명사'가 있다.

❶ **동명사** 지속적인 개념 vs **to부정사** 일시적, 일회성의 개념

He likes **swimming**. 수영을 평소에 좋아한다.

He would like **to read the book**. 그 책을 읽고 싶어 한다.

❷ **동명사** 과거 지향 vs **to부정사** 미래 지향

I remember **seeing her**. 나는 과거에 그녀를 만났던 사실을 기억한다.

I remember **to see her**. 나는 앞으로 그녀를 만나야 할 것을 기억한다.

❸ **동명사** 전치사의 목적어로 가능 vs **to부정사** 전치사의 목적어로 불가능

He is proud of **being smart**. (○) 그는 똑똑한 것을 자랑스러워한다.

He is proud of **to be smart**. (×) ▶ to부정사는 전치사의 목적어가 될 수 없다.

---

2 명사절은 [접속사 + 주어 + 동사]가 합쳐져서 하나의 성분을 만든다.

명사절을 이끄는 접속사	명사절 접속사에 따라오는 문장의 구성 성분
who / what / which	구성 성분이 불완전한 문장이 따라온다.
that / if / whether / how / when / where / why	구성 성분이 완전한 문장이 따라온다.

• **완전한 문장** [주어 + 자동사], [주어 + 동사 + 목적어/보어]가 모두 들어 있어 더 이상 필요한 성분이 없다.

• **불완전한 문장** 위의 성분 중 하나가 빠져 있는 문장을 말한다.

🄴 명사절 주어: **What** you need is a good meal. 당신에게 필요한 것은 맛있는 식사이다.
▶ need의 목적어가 없는 불완전한 문장이 따라옴

🄴 명사절 목적어: I don't know **whether** it is possible. 나는 이것이 가능한지 모르겠다.
▶ [주어 + be + 형용사 보어]가 있는 완전한 문장이 따라옴

🄴 명사절 보어: The problem is **that** he did not come here. 문제는 그가 오지 않았다는 것이다.
▶ [주어 + 자동사]가 있는 완전한 문장이 따라옴

시험에 이렇게 나온다!

1. 수동태는 완전한 문장이다.

2. it이 가주어로 쓰이게 되면 진주어는 뒤에 to부정사나 명사절이 온다.
   It is important **to explain** the procedure to the applicants.
   지원자들에게 절차를 설명하는 것은 중요한 일이다.

3. 보기가 동사일 경우, 빈칸 뒤에 명사가 있으면 빈칸에는 동명사나 to부정사가 답이 된다.

Step 1 | 다음 문장에서 to부정사와 동명사의 문장 성분을 표시하세요.

01 The result remains to be seen.

02 Developing employee manuals is one of the most important tasks for the human resources department.

03 It was important for us to complete the reports before the end of the semester.

Step 2 | 명사절 안의 문장이 완전한 문장인지 불완전한 문장인지 표시하세요.

01 These are the instructions on how we can use the merchandise.

02 Who did it is the question.

03 The question is whether he is right (or not).

Step 3 | 빈칸에 알맞은 것을 고르세요.

01 The manual explains ------- users need to know about this product.

(A) when
(B) where
(C) how
(D) what

02 Wholeprice happily announced ------- Justin Cooper has been named employee of the month.

(A) because
(B) that
(C) what
(D) who

LESSON 04 가산명사

Point

가산명사는 셀 수 있는 명사를 말한다.

❶ 연필이나 컵 등과 같은 명사는 하나, 둘, 셋처럼 수를 셀 수 있다 하여, 셀 수 있는 명사라 한다.

❷ 셀 수 있는 명사를 단수로 표현할 때는 명사 앞에 관사 a, an, the와 함께 쓰인다.

❸ 셀 수 있는 명사를 복수로 표현할 때는 일반적으로 명사 뒤에 -(e)s를 붙인다.

1 가산명사에는 보통명사와 집합명사가 있다.

❶ **보통명사** 연필, 꽃, 컵 등처럼 구체적인 형태나 모양을 가진 사물을 지칭하는 명사

❷ **집합명사** 사람이나 사물의 집합체를 나타내는 명사

dog (보통명사)   book (보통명사)   flower (보통명사)   family (집합명사)

2 가산명사는 절대 단독으로 쓸 수 없다.

가산명사는 반드시 관사와 함께 쓰거나 복수형이 되어야 한다. 일반적으로 가산명사의 단수형은 명사 앞에 하나를 의미하는 관사 a, an 또는 수사 one이 붙으며, 복수형은 명사 뒤에 -(e)s를 붙인다.

I have book. (×)
I have **a** book. (○)
I have book**s**. (○)

〈가산명사 단수형의 표현〉 a, an, one + 셀 수 있는 명사		〈가산명사 복수형의 표현〉 셀 수 있는 명사 + (e)s		
a bag	**a** useful item	bag**s**	many useful item**s**	business**es**

3 고유명사를 제외한 사람명사는 모두 가산명사이다.

❶ 단어의 끝이 -er, -or, -ee, -st, -ent, -ant 등이면 사람명사이다.

❷ 사람명사는 셀 수 있는 명사이므로 단수, 복수형으로 표현할 수 있다.

접미사	사람명사
-er	founder 설립자 member 회원 performer 연주가 writer 작가 producer 제작자
-or	advisor 조언자 contractor 하청업자 contributor 기부자 distributor 배급자. 유통업체
-ee	employee 직원 committee 위원회 attendee 참석자
-ent	resident 거주자 recipient 수취인 president 사장
-ant	applicant 지원자. 신청자 occupant 거주자 participant 참가자
그 외	analyst 분석가 representative 판매사원 critics 비평가 candidate 지원자 technician 기술자

 시험에 이렇게 나온다! ▶ **사람명사와 사물 · 추상명사의 구분**

사람명사는 '행위의 주체'이고, 사물명사 및 추상명사는 '행위의 대상'이다.

사람명사		사물 · 추상명사	
distributor 배급업자	consultant 상담원	distribution 배급. 분배	consultation 상담
developer 개발업자	competitor 경쟁자	development 개발. 발전	competition 경쟁

ⓔ Hundreds of blood (**donors**, donations) were willing to help the wounded from the war.

▶ 정답 및 해설 p.27~29

Step 1 | 다음 문장에서 사람명사를 찾아 표시하세요.

01 Mr. Bure has hired some of the most skilled photographers from Italy for his wedding in July.

02 All of the applicants are expected to arrive at the main office ten minutes earlier.

03 The program developers at JKL Computer Technology are regarded as the most talented experts in the IT industry.

Step 2 | 보기 중 알맞은 것을 고르세요.

01 Candidates must demonstrate a high ------- of expertise.

(A) level   (B) levels

02 Brooke Inc. recently sent this ------- to merge the two companies.

(A) proposal   (B) proposals

03 A few ------- in the office were made by the manager in favor of the employees who have been complaining about slow Internet connections and poor phone signals.

(A) change   (B) changes

Step 3 | 빈칸에 알맞은 것을 고르세요.

01 With the support from his friends and ------- , Mr. Issac was able to smoothly launch his private art exhibition at Gala Hall.

(A) acquainted
(B) acquainting
(C) acquaintance
(D) acquaintances

02 After the first lecture, ------- at the second lecture nearly tripled due to Professor Novak's informative presentation.

(A) attendant
(B) attended
(C) attendee
(D) attendance

LESSON

05 불가산명사

Point

불가산명사는 셀 수 없는 명사를 말한다.

❶ 불가산명사란 눈으로 보거나 만질 수 없는 것을 비롯해 개수를 셀 수 없는 것을 가리키는 명사들의 총체적인 개념이다.

❷ 복수형으로 쓰일 수 없으므로 부정관사와 함께 쓸 수 없으며 단수 취급한다.

❸ 수를 나타내는 형용사의 수식을 받을 수 없다. • many / few + 가산명사

❹ 한정사나 양을 나타내는 형용사의 수식을 받을 수 있다. • this / that + 불가산명사 • much / a little + 불가산명사

1 불가산명사는 크게 추상명사, 고유명사, 물질명사로 나뉠 수 있다.

❶ **추상명사** 머릿속으로 생각할 수 있는 개념, 지식, 감정 등과 관련된 명사를 말한다.

❷ **고유명사** 세상에 단 하나만 존재하는 대상, 사람, 사물 등의 이름을 말한다. 이때 첫 자는 항상 대문자로 쓴다.

❸ **물질명사** 고체, 액체, 기체로 된 물질들을 말하며 형태가 일정하지 않아 셀 수 없다.

love (추상명사)

Earth (고유명사)

sugar (물질명사)

2 물질명사란?

❶ 일정한 형태가 없는 액체, 기체, 고체 등을 나타내는 명사이다. ❿ gold, silver, water, paper 등

❷ 불가산명사이므로 항상 단수 취급하고, 관사가 붙지 않는다.

❸ 수량을 셀 때 '단위'를 나타내는 명사를 사용한다.

  ❿ a **sheet** of paper 종이 한 장   two **pounds** of sugar 설탕 2파운드

3 집합명사는 가산명사로 쓰이는 경우와 불가산명사로 쓰이는 경우를 구별해야 한다.

❶ 집합명사는 사람, 사물의 집합체를 나타낸다.

  ❿ family, crowd, class, public, staff, crew, audience

  • 집단을 한 덩어리로 보는 경우에는 단수/복수 형태를 쓴다.

  • 집단을 집단 구성원의 개개인에 중점을 두는 경우에는 단수 형태로 쓰되 복수 취급한다.

❷ 불가산명사로 쓰이는 집합명사와 그 하위 개념의 가산명사

  • 불가산명사: 총체적인 개념, 대표 성향

  • 가산명사: 특정 개체, 쪼갤 수 있는 단위

집합명사(불가산)	하위 개념의 명사(주로 가산명사로 사용)			
money 금전	price 가격 fee 수수료	cost 경비 fare (운임) 요금	payment 지불	charge 청구요금
furniture 가구	desk 책상	chair 의자	shelf 선반	table 탁자
equipment 장비	camera 카메라	video 비디오	device (목적을 가지고 고안된) 장치	
paper 종이	paper 보고서, 논문	magazine 잡지	book 책	letter 편지
information 정보	detail (하나하나의) 정보	clarification 설명	description 기술, 묘사	

51

Step 1 | 다음 문장에서 셀 수 없는 명사를 찾아 표시하세요.

01 John told me that he recommended Mary.

02 Please give me a piece of information about that company.

03 The rumor has it that he has a lot of money.

Step 2 | 보기 중 알맞은 것을 고르세요.

01 We feel that the warehouse would contain too much unusable -------.

(A) space   (B) spaces

02 If your ------- is missing, you must notify us immediately.

(A) baggages   (B) baggage

03 The manager recommended purchasing some additional -------.

(A) equipment   (B) equipments

Step 3 | 빈칸에 알맞은 것을 고르세요.

01 Members of Homeplus get free ------- to the organization's online career center.

(A) accessing
(B) accessed
(C) access
(D) accesses

02 The law offices in both Tokyo and Shanghai offer free ------- to local residents.

(A) consulted
(B) consults
(C) consultant
(D) consultation

LESSON 06 토익 명사 출제 포인트 정리

1 시험에 자주 출제되는 가산명사

장소 명사	location 위치 place 장소 area 이 부근 site 부지 office 사무실 company 회사 market 시장
언어 행위 명사	request 부탁 complaint 불평 conversation 대화 suggestion 제안 discussion 토론
재료 명사	resource 자원 source 출처 material 재료 ingredient 성분 원료
일반 행위 명사	attempt 시도 effort 노력 idea 아이디어 plan 계획 strategy 전략 problem 문제

 '말'이나 '생각'의 단위는 가산명사이다. (advice 예외)

You have to leave message. (×)

You have to leave **a message**. (○)

메시지를 남겨주셔야 합니다.

2 명사 문제를 풀 때 꼭 확인해야 할 사항들

❶ 주어인 명사와 동사와의 수일치 확인

단수명사에는 단수동사가, 복수명사에는 복수동사가 와야 한다.

ex I set my alarm clock so that **it** (ring, (rings)) at 7 a.m. every day.

난 매일 아침 7시에 울리도록 알람시계를 맞춘다.

▶ 주어가 3인칭 단수이므로 동사도 단수형이 되어야 한다.

❷ 관사 확인

빈칸 앞에 관사의 존재 여부에 따라 단수/복수 가산명사가 올지 불가산명사가 올지 정해진다.

ex We have **a pool** on the fifth floor. 5층에 수영장이 있다.

▶ 부정관사 a 뒤에 단수명사가 왔다.

❸ 수량형용사 확인

명사의 수를 나타내주는 형용사(many, a few, few)는 가산명사와 쓰인다.

양을 나타내주는 형용사(much, a little, little)는 불가산명사와 쓰인다.

ex He gave them ((much), many) **information** through the phone.

그는 전화로 그들에게 많은 정보를 주었다.

▶ 불가산명사인 information(정보) 앞에는 양을 나타내는 much가 와야 한다.

❹ 관련 형용사와 동사 확인

숙어처럼 어울려 쓰이는 형용사나 동사들에 따라 정답이 결정된다.

ex The correct **precautions** should **be taken**. 올바른 예방조치가 취해져야 한다.

▶ take precautions는 '예방조치를 취하다'라는 숙어. 위 문장은 수동태로 목적어(the correct precautions)가 동사 앞으로 나간 형태이다.

❺ 구조상의 연결 확인

전체 문장을 분석하여 구조적으로 적절한 품사와 형태를 정답으로 골라내야 한다.

ex There has been significant ((growth), growing) in the hospitality industry.

접대 서비스업이 상당히 성장했다.

▶ There로 문장이 시작되어 〈There + be + 주어〉의 형태로 '주어가 있다'라는 의미를 갖는 표현이다. 주어의 역할을 하는 명사 growth(성장)가 들어갈 자리이다. growing이 동명사로 쓰이게 되면 형용사의 수식을 받지 않고 부사의 수식을 받는다.

Step 1 | 밑줄 친 가산명사가 단수 혹은 복수가 되어야 하는 근거를 찾아 표시하세요.

01 As a new stage of its development starts, the <u>prospect</u> of enormous growth awaits us.

02 Many <u>accomplishments</u> listed on Mr. Lopez's resume suggest that he would be a valuable addition to our company.

03 One of the <u>aims</u> of the annual board meeting is to review the performance for the year.

Step 2 | 보기 중 알맞은 것을 고르세요.

01 The new president will give a keynote ------- on mobile telecommunication.

   (A) address   (B) addresses

02 The vice-president of Black & White Paintings will be retiring next year after 30 years of ------- to his company.

   (A) service   (B) serving

03 Let me refer you to the August issue of *Business World*, where our survey ------- were published in full.

   (A) result   (B) results

Step 3 | 빈칸에 알맞은 것을 고르세요.

01 Mr. Grant reported to his superior that ------- of the negotiation plan would be revised.

   (A) detail
   (B) details
   (C) detailed
   (D) detailing

02 Thanks to increased consumer interest, computer ------- are experiencing revenue growth.

   (A) retails
   (B) retail
   (C) retailing
   (D) retailers

Part 5

Chapter 02 명사

LESSON 07 관사

Point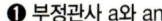

❶ 부정관사 a와 an
- 단수 가산명사의 발음이 자음으로 시작하면 부정관사 a가 붙는다.
  Ex My friend wrote me **a** letter.
- 단수 가산명사의 발음이 모음으로 시작하면 부정관사 an이 붙는다.
  Ex My friend gave me **an** apple.

❷ 정관사 the
- 앞에서 언급한 대상이나 특정한 대상에는 정관사 the를 사용한다.
- 가산명사, 불가산명사 모두 받을 수 있다.
- 정관사는 서수나 최상급 앞에 위치한다.

1 셀 수 있는 명사에는 부정관사 a, an

❶ 단수 가산명사 앞에는 '하나'의 의미를 나타낼 수 있는 부정관사 a나 an이 와야 한다.
  Ex My friend wrote me **a** letter. 내 친구가 나에게 편지를 한 통 썼다.

❷ 복수 가산명사 앞에는 부정관사가 오지 않으며 대신 뒤에 −(e)s가 붙는다.
  Ex My friend wrote letter**s** to me. 내 친구가 나에게 편지들을 썼다.

2 부정관사 a, an의 관용적 표현

as a rule	대체로, 일반적으로	**in an effort to + 동사원형**	~하기 위한 노력의 일환으로
as a result of + 명사	~의 결과로	**in a hurry**	서둘러서

Ex **In an effort to** attract customers, we decided to change our brand image.
고객을 끌기 위해, 우리는 우리의 브랜드 이미지를 바꾸기로 결정하였다.

3 정관사 the는 '가산 단수, 가산 복수, 불가산' 명사 등 모든 명사 앞에 올 수 있다.

❶ 부정관사는 불특정한 대상을 나타내는 반면, 정관사는 이미 언급된 특정한 대상을 나타낸다.
  Ex We had a great time at **the restaurant** yesterday. 우리는 어제 그 식당에서 아주 즐거운 한때를 보냈다.
    ▶ 어제 식사를 한 특정한 레스토랑

❷ 정관사는 부정관사와 달리 수의 의미가 없으므로 단/복수의 가산명사, 불가산명사 모두와 쓰인다.
  Ex I told him **the news**. 내가 그에게 그 소식을 전했다.
    ▶ 정관사 the가 불가산명사 news와 함께 쓰임

❸ 서수 및 형용사의 최상급 앞에는 정관사 the가 필요하다.
  Ex **the first** prize 1등   **the most** convenient location 제일 편리한 위치
    ▶ 서수 앞에 정관사 the   ▶ 최상급 앞에 정관사 the

4 정관사 the의 관용적 표현

the same + 명사	똑같은 ~	**by the end of + 시점**	~말까지
the only + 명사	유일한 ~	**in the middle of + 명사**	한창 ~(인) 중에
at the beginning/end of + 명사	~의 시작/끝에	**around the world**	전 세계의

Ex He has to submit this report **by the end of** this month. 그는 이번 달 말까지 이 보고서를 제출해야 한다.

▶ 정답 및 해설 p.34~36

Step 1 다음 문장에서 관사가 필요한 곳을 찾아 표시하세요.

01 Reports have to be submitted to employer.

02 We should submit report once week.

03 Notebook computer on desk is mine.

Step 1 보기 중 알맞은 것을 고르세요.

01 At the hotel lobby, guests can ask a porter to bring ------- luggage to their room after they check in.

(A) the   (B) a

02 ------- staff remaining in the workplace will complete the task.

(A) A   (B) The

03 ------- equipment is fully refundable for a one-year period from the date of purchase if the return is accompanied by the original receipt.

(A) An   (B) The

Step 1 빈칸에 알맞은 것을 고르세요.

01 This year, Hyundai Motor's revenue grew by $50 million, which represents an ------- of 50 percent over last year.

(A) increase
(B) increased
(C) increases
(D) increasingly

02 Explore Innovation is a famous science museum in Los Angeles with branches in a ------- of major cities in the U.S.

(A) number
(B) numbering
(C) numbered
(D) numbers

LESSON
08 관사를 대신하는 한정사들

Point

관사를 써야 하는 경우에 관사 대신 수량형용사, 소유격 등의 한정사들을 쓸 수도 있다.

❶ 대상의 수나 양을 나타낼 때는 수량 형용사를 이용한다.

❷ 소유 관계를 나타낼 때는 소유격을 이용한다.

1 단수 가산명사 앞에 오는 every와 each

every / each	+	단수 가산명사

Ex While leaving from work, **each room** should be checked by the last person to exit it.
하루 업무가 끝나면 마지막으로 나가는 사람이 각 방을 체킹해 주세요.

⚠️ [each/every + 단수 가산명사]가 주어로 오면 동사도 단수동사가 와야 한다.

2 복수 가산명사 앞에 오는 한정사

these / those a number of / a variety of many / (a) few / several / both 수사 two, three ...	+	복수 가산명사

Ex Mr. Jones has worked in London for **several years**. 존스 씨는 수년째 런던에 근무한다.

⚠️ 수사 one + 단수 가산명사

3 불가산명사 앞에서 양을 보여주는 형용사 much와 (a) little

much / (a) little	+	불가산명사

Ex I wonder how **much money** we have. 우리한테 돈이 얼마나 있는지 궁금해.

4 가산명사 앞에도 불가산명사 앞에도 오는 한정사

some / any / all / most / no	+	복수 가산명사 / 불가산명사

지시형용사 this, that	+	단수 가산명사 / 불가산명사

Ex **Some shoppers** complain that the catalogue does not provide enough detail.
[some + 복수 가산명사] 일부 쇼핑객들은 카달로그가 충분한 설명을 제공하고 있지 않다고 불평을 한다.

I can give you **some information** about the product.
[some + 불가산명사] 제가 그 제품에 대해 정보를 드릴게요.

Ex **This building** was designed by the renowned architect, Daniel Lee.
[this + 단수 가산명사] 이 건물은 유명한 건축가 다니엘 리가 디자인했습니다.

This juice contains no artificial additives.
[this + 불가산명사] 이 주스는 인공 첨가물이 들어 있지 않습니다.

5 소유격 대명사는 모든 명사 앞에 올 수 있다.

소유격	+	모든 명사(가산단복수/불가산명사)

⊕ I would like to invite the staff of **your department** to a dinner party.
[소유격 + 단수 가산명사] 디너 파티에 귀 부서의 직원들을 초대하고 싶습니다.

All staff members should make washing **their hands** before entering the laboratory.
[소유격 + 복수 가산명사] 모든 직원들은 실험실에 들어가기 전에 손을 씻어야 한다.

In order to provide a better service to you, we need **your information**.
[소유격 + 불가산명사] 당신에게 더 나은 서비스를 제공하기 위해 우리는 당신의 정보가 필요합니다.

6 부분/부정대명사는 수일치에 주의해야 한다.

수량형용사는 대명사의 역할을 할 수 있으며 이를 '부분대명사' 또는 '부정대명사'라고 한다.

one / each	+	of	+	복수 가산명사

⊕ **Each of the employees** is required to present ID cards at the entrance.
[each of the + 복수 가산명사] 직원들은 모두 입구에서 신분증을 제시하셔야 합니다.

two / both / many / several / (a) few / a number / a couple	+	of	+	복수 가산명사

⊕ Our director announced that he decided to hire managers from **several of our competitors**.
[several of + 복수 가산명사] 우리 이사는 경쟁사 몇 군데에서 관리자를 채용하기로 했다고 발표했다.

much / (a) little / a great deal	+	of	+	불가산명사

⊕ You can add **a little of sugar** to the flour mixture.
[a little of + 불가산명사] 밀가루 반죽에 설탕을 좀 넣으셔도 됩니다.

all / some / most / any	+	of	+	복수 가산명사 / 불가산명사

⊕ **Most of the employees** are going to attend the meeting next Monday.
[most of the + 복수 가산명사] 직원들은 대부분 다음 주 월요일에 회의에 참석할 것입니다.

Step 1 | 다음 문장에서 관사를 대신하는 한정사를 찾아 표시하세요.

01 One of the responsibilities of this position is to manage the sales department.

02 If you need any help, come visit my office anytime.

03 Every employee was given their own personalized e-mail address by the company.

Step 2 | 보기 중 알맞은 것을 고르세요.

01 Many ------- are participating in the Job Fair.

  (A) graduates   (B) graduate

02 Brooke Inc. recently sent this ------- to merge the two companies.

  (A) proposal   (B) proposals

03 ------- of the houses is different in size.

  (A) Each   (B) Every

Step 3 | 빈칸에 알맞은 것을 고르세요.

01 Doctors have been warning people to avoid sleeping pill overdose because people will place too much ------- upon the sleeping pills.

  (A) reliance
  (B) relies
  (C) reliant
  (D) relied

02 ------- student willing to attend Professor Lee's lecture should sign up by the end of the week.

  (A) Both
  (B) Any
  (C) Few
  (D) All

LESSON

09 무관사 명사와 동명사 명사

Point

❶ 무관사 명사
명사 앞에 관사를 붙이지 않고 관용적으로 쓰이는 표현들은 따로 암기해둔다.
- 수단 전치사 by + 명사
- 의문형용사/관계형용사 whose, which, what + 명사
- [전치사 + 무관사 명사] 형태의 관용어구

❷ 동명사 명사
-ing 형태의 명사는 크게 다음과 같이 세 가지 유형이 있으며, 특별한 경우를 제외하고는 대부분 불가산명사로 취급된다.
- 동사원형에 -ing가 붙은 명사
- 가산명사에 -ing가 붙은 명사
- 같은 어원에서 온 명사의 -ing형 명사

1

관사를 사용하지 않는 경우

❶ 수단의 전치사 by + 관사 + 명사

> **Ex** The manager is planning to attend the conference **by plane**.
> 부장은 비행기로 컨퍼런스에 참석할 계획을 하고 있다.

❷ 의문형용사, 관계형용사 역할을 하는 whose, which, what + 관사 + 명사

> **Ex** The applicant **whose qualification** meets the needs of our account department will be considered for the position.
> 당사 총무부서의 요구에 충족되는 자질을 갖춘 지원자가 그 직책에 고려되고 있습니다.

❸ [전치사 + 무관사 명사] 형태의 관용어구

in detail 상세히	on business 업무차	by mistake 실수로
in case ~하는 경우	on time 정각에	under consideration 고려 중인
on duty 근무 중인	on purpose 고의로	take advantage of + 명사 ~을 이용하다

2

동사원형에 -ing가 붙은 명사

동사원형에 -ing를 붙인 동명사 형태의 명사들은 동사를 명사화한 것이다. 이러한 명사들은 주로 (불가산) 단수명사 취급을 하여 관사를 동반하지 않지만, meeting, building, opening, rating 등의 일부 명사들은 가산명사 취급하여 관사를 붙일 수 있다.

동사	[동사ing]형 명사
train 훈련시키다, 교육시키다	training 훈련, 교육
meet 만나다	meeting 회의, 만남
handle 다루다, 취급하다	handling 취급, 처리
begin 시작하다	beginning 시작

3

가산명사에 -ing가 붙은 명사

가산명사에 -ing를 붙인 명사들은 불가산명사로 취급한다.

가산명사	[가산명사ing]형 명사
a house 집	housing 주택공급
an advertisement 광고	advertising 광고업
a plan 계획	planning 기획
a market 시장	marketing 마케팅, 판매

4

같은 어원의 일반명사와 -ing형 명사

같은 어원에서 온 '명사'와 -ing형 '명사'는 의미상 차이가 있다.

어원	일반명사	-ing형 명사(불가산명사)
fund 자금을 대다	fund 기금, 자금	funding 자금 공급, 융자
seat 앉히다	seat 자리, 좌석	seating 착석, (집합적) 좌석, 좌석 수용력
ship 배송하다	shipment 화물, 선적량	shipping 선적, 배송

시험에 이렇게 나온다! ▶ **본래 품사 우선의 법칙!**

1. 본래 품사 우선의 법칙에 따라 명사와 동명사 중 정답은 명사!

   예외 ❶ 기존 명사와 뜻이 다른 경우   **Ex** train 기차   training 교육, 훈련

   예외 ❷ 빈칸 뒤에 목적어가 있는 경우

2. 다음 가산명사의 행위와 관련된 -ing형 명사들은 불가산명사로 암기해야 한다!

가산명사	불가산명사	가산명사	불가산명사
funds 자금	funding 자금 공급, 융자	a plan 계획	planning 기획
a process (일련의) 과정	processing 처리	an account 계좌	accounting 회계
seat 좌석	seating 착석, (집합적) 좌석	a market 시장	marketing 마케팅, 판매

▶ 정답 및 해설 p.38~40

Step 1 | 다음 문장에서 잘못된 부분을 찾아 바르게 바꾸세요.

01 She wanted to go to the department store by a taxi.

02 Employees are required to behave responsibly, whether on the duty or not.

03 Bright Clean Car Wash offers free cleaning to customers who purchase its promotional car wax and leather cleaner.

Step 2 | 보기 중 알맞은 것을 고르세요.

01 After a thorough review of Dr. Ross's latest paper, some researchers suggested that his new findings were ------- error.

(A) in   (B) in an

02 Financial concerns have prevented the proposed expansion of affordable ------- in the city.

(A) house   (B) housing

03 The head accountant mentioned that our ------- is rising due to the price increase in essential items.

(A) spending   (B) spend

Step 3 | 빈칸에 알맞은 것을 고르세요.

01 The Manchester branch has job ------- in the billing department that need to be filled right away.

(A) open
(B) opens
(C) opened
(D) openings

02 Every tax professional employed by Anderson Consulting holds an advanced degree in -------.

(A) accountant
(B) accounted
(C) accountable
(D) accounting

LESSON

10 명사 어휘 학습법 ❶

A

실제 명사 어휘의 대부분은 사람명사 vs 사물명사

전체 문맥에서 답에 영향을 줄 수 있는 요소를 찾아 빈칸에 필요한 요소가 사람명사인지, 사물명사인지를 판단한다.

Hospital professionals regularly review multiple clinical -------.

(A) journalist   (B) journals   (C) journalists   (D) journalism

구조분석

Hospital professionals / (regularly) review / (multiple clinical) -------.
　　　　주어　　　　　　　　　동사　　　　　　　목적어

빈칸은 동사 review 뒤의 목적어 자리이며, 형용사 multiple과 clinical의 수식을 받는 명사 자리이다. 제시된 보기가 모두 명사인데, 형용사 multiple은 뒤에 복수명사를 수식하므로 불가산명사인 (D) journalism은 우선 탈락한다. journalists와 journals 중에서 사람명사인 journalists(저널리스트, 기자)는 동사 review(검토하다)의 대상이 될 수 없으므로 답이 될 수 없다. 따라서 (B) journals(학술지들)가 정답이다.

해석 병원 전문가들은 정기적으로 다양한 임상의학 학술지를 검토한다.

어휘 hospital 병원 professional 전문가 regularly 정기적으로, 규칙적으로 review 검토하다 multiple 많은, 다수의 clinical 임상의, 치료의 journalist 저널리스트, 기자 journal 학술지 journalism 저널리즘

All ------- sent outside the country must have a registration number.

(A) packager   (B) packages   (C) packaged   (D) package

구조분석

(All) ------- [sent (outside the country)] / must have / a registration number.
　　주어　　　　　　　　　　　　　　　　　　동사　　　　　　목적어

빈칸 뒤의 sent outside the country에서 sent의 목적어가 없으므로 sent는 문장의 동사가 아님을 알 수 있다. 따라서 관계대명사 which are가 생략된 관계대명사절로 앞의 명사를 수식해주는 기능을 하므로 괄호로 묶어서 처리하면, 뒤의 must have가 문장의 동사이고, 빈칸은 동사 앞자리로 주어 자리임을 알 수 있다. 따라서 주어 자리에 올 수 없는 (C) packaged는 우선적으로 제거한다. 수량형용사 all은 불가산명사와 가산복수명사를 수식한다. 보기의 명사인 packager(포장업자)와 package(소포)는 모두 가산 단수명사로, (D) package는 오답이 된다. 또한 빈칸은 뒤에 sent의 수식을 받으므로 보내질 수 있는 것이어야 하므로 사람명사인 packager는 적절하지 않다. 따라서 정답은 복수형 사물명사인 (B) packages이다.

해석 국외로 보내는 소포들은 모두 등록 번호가 있어야 한다.

어휘 registration 등록 packager 포장업자 package 포장(하다), 소포

B

유사 어휘는 가산명사와 불가산명사 그리고 관사 유무로 판단한다.

복합명사 또한 관사 유무를 확인한다.

If the printer becomes jammed, please call us in the technology support center for -------.

(A) assistant   (B) assist   (C) assistance   (D) assisted

구조분석

If the printer / becomes / jammed, // (please) call / us (in the technology support center) (for -------).
접속사 주어1　　동사1　　보어　　　　　동사 (명령문) 목적어

빈칸은 전치사 for의 목적어 자리이므로 명사가 와야 한다. 따라서 명사가 아닌 (B) assist와 (D) assisted는 우선 탈락한다. 보기 중 명사는 (A) assistant(보조자)와 (C) assistance(원조, 도움)인데, assistant는 사람명사로 언제나 가산명사이므로 관사와 함께 쓰이거나 복수형으로 써야 한다. 빈칸 앞에 관사가 보이지 않으므로 단수형 단독으로 쓰일 수 없어 assistant는 오답이 된다. 따라서 정답은 불가산명사인 (C) assistance이다.

해석 프린터에 종이가 걸리면, 도움을 받기 위해 기술 지원 센터에 전화해 주세요.

어휘 printer 프린터, 인쇄기 become ~하게 되다 jam 막다, 걸리다 call 전화하다, 부르다 technology 기술 support 지원(하다) assistant 보조자 assist 돕다 assistance 원조, 도움

C **토익은 비즈니스 업무 내용이 등장하기 때문에 업무 주제별 암기가 중요하다.**

기출어휘들은 반복해서 출제되는 경향이 강하며, 비즈니스 업무상 등장할 수 있는 표현들로 한정되어 있기 때문에 각 단어들이 어떤 내용과 관련하여 등장하는지 각 주제들과 함께 언제 어떤 단어들과 함께 쓰이는지 암기하는 것이 중요하다.

유통관리

The HSBC Group is examining electric and gas resources in the region to revise the energy ------- plan.
(A) distraction
(B) assortment
(C) fragment
(D) distribution

마케팅

Cosmetic companies give away free samples and other ------- to promote new perfume.
(A) details
(B) impressions
(C) incentives
(D) traits

생산관리

Since introducing an incentive pay system, Dexia Group has seen a dramatic increase in employee -------.
(A) occasion
(B) tendency
(C) productivity
(D) approach

인사관리

Most of the company newsletters and websites contain lists of current job -------.
(A) relations
(B) qualities
(C) expressions
(D) vacancies

영업 & 마케팅

In most market-oriented companies, sales representatives have the ------- to travel on short notice to visit potential customers.
(A) flexibility
(B) commission
(C) destination
(D) relativity

상식

When in the headquarters building, please make sure your ------- is visible at all times.
(A) decision
(B) reservation
(C) identification
(D) interruption

연구개발

A variety of possible solutions tested in the ------- were found to produce equivalent results.
(A) study
(B) history
(C) subject
(D) development

▶ 정답 및 해설 p.41~43

LESSON
11 명사 어휘 학습법 ❷

Point

특정 명사와 어울려 쓰이는 전치사는 숙어로 묶어서 따로 암기해 두어야 한다.

1 [명사 + 전치사] 관련숙어

명사 + in	advance in ~에서의 진보 change in ~에서의 변화 confidence in ~에 대한 자신(감) decline in ~에서의 감소 decrease in ~에서의 감소 development in ~에서의 개발	drop in ~에서의 하락 experience in ~에서의 경험 investment in ~에 대한 투자 participation in ~에 대한 참여 reduction in ~에서의 감소 rise in ~에서의 오름/상승세
명사 + to	access to ~에 대한 접근 alternative to ~에 대한 대안 commitment to ~에 대한 헌신/전념/약속 contribution to ~에 대한 공헌/기여 damage to ~에 대한 피해 dedication to ~에 대한 헌신/전념 exposure to ~에 대한 폭로/노출	key to ~에 대한 열쇠/비결 opposition to ~에 대한 반대 objection to ~에 대한 반대 reaction to ~에 대한 반응 resistance to ~에 대한 저항 response to ~에 대한 응답/반응 solution to ~에 대한 해결책
명사 + for	advocate for/of ~의 옹호자 call for ~에 대한 요구 clarification for ~에 대한 설명[해명] competition for ~에 대한 경쟁 concern for ~에 대한 우려 cure for ~에 대한 치료(법) demand for ~에 대한 요구 preference for ~에 대한 선호 process for/of ~에 대한 과정[공정]	qualification for ~에 대한 자격요건 recipes for ~에 대한 조리법 regret for ~에 대한 후회 regulation for ~에 대한 규정 request for ~에 대한 요청 responsibility for ~에 대한 책임 talent for ~에 대한 재능 ticket for ~을 위한 표[입장권]
명사 + on	effect on ~에 대한 효과/실효 emphasis on ~에 대한 강조 impact on ~에 대한 영향	influence on ~에 대한 영향 monopoly on ~에 대한 독점권 tax on ~에 대한 세금

2 [전치사 + 명사 + 전치사] 관련 숙어

in + 명사 + 전치사	in accordance with ~에 일치하여 in addition to ~에 더하여 in charge of ~을 담당하고 있는 in combination with ~와 협력하여 in comparison with ~와 비교하여 in compliance with ~에 순응하여, ~에 따라 in conjunction with ~와 관련하여,~와 함께 in consideration of ~을 고려하여	in excess of ~을 초과하여 in line with 한 줄로 줄을 서서 in observance of ~을 준수하여 in preparation for ~에 대비하여 in view of ~을 고려하여 in search of = in the search for ~을 찾아서, ~을 구해서
전치사 + 명사 + of	as a result of ~의 결과로 at the rate of ~의 비율로 by means of ~을 수단으로 하여 on behalf of ~을 대신해서	with the exception of ~을 예외로 without an exception of ~의 예외 없이 on the recommendation of ~의 추천으로

Step 1 | [명사와 + 전치사] 숙어를 찾아 표시하세요.

01 Gabori Technology has made a successful transition to a computerized accounting system.

02 The widespread advances in database networking have made it possible for scientists to access an unprecedented amount of information.

03 The new sweetener by Girvant Products is often used as a substitute for sugar in cold beverages because it dissolves quickly.

Step 2 | 답을 결정하는 전치사를 파악해 빈칸에 알맞은 것을 고르세요.

01 Having worked for Prime Productions for 15 years, chief producer Catherine Jeon has shown her full ------- to the television programs.

(A) assessment   (B) commitment

02 Following the success in the European market, Quickie Fast Burgers are planning its ------- into the Asian market.

(A) expansion   (B) process

03 Throughout his volunteer work, Mr. Glassman has shown a remarkable ------- to our community for the past four years.

(A) assurance   (B) commitment

Step 3 | 빈칸에 알맞은 것을 고르세요.

01 The ATO Group has a vested ------- in expanding into the Asian market in the near future.

(A) ability
(B) interest
(C) eagerness
(D) leadership

02 The marketing department decided to start ------- into the shopping habits of young adults between the ages of 21 and 30.

(A) configurations
(B) substitutions
(C) investigations
(D) modifications

Practice Test

01 In observance with the national holiday, all ------- of Tyota Motor will be closed on Monday, January 2nd.
(A) residences
(B) branches
(C) partitions
(D) procedures

02 The research division of ING Group, under the ------- of Mr. Reed, conducts numerous materials tests every year.
(A) prediction
(B) supervision
(C) indication
(D) completion

03 Though Mr. Northman has been working for twenty years, he will experience many new and exciting ------- in the new executive department located in Texas.
(A) challenge
(B) challenges
(C) challenging
(D) challenged

04 Due to the success of its latest model, Lipstick Star 1, Stardom Cosmetic's annual ------- have been rising significantly.
(A) profit
(B) profits
(C) profitable
(D) profiting

05 The ------- of changing our current supplier is to reduce our production costs.
(A) intending
(B) intentions
(C) intention
(D) intentional

06 For its annual clearance, all premium brands at Trenton Outlet Stores will give ------- of up to 70% on all their items.
(A) discount
(B) discounts
(C) discounter
(D) discounting

07 During the presentation, Ms. Liu gave an ------- of the number of children dying from poverty and starvation.
(A) estimate
(B) estimates
(C) estimated
(D) estimating

08 Since the company was experiencing a loss in revenue, the director decided to consider different -------.
(A) approach
(B) approaches
(C) approached
(D) approaching

09 Thanks to the advanced mobile phone technology developed by Dr. Mullen, Midas Wireless expected an enormous ------- in sales.
(A) grows
(B) growth
(C) grown
(D) grower

10 Mr. Bruger's ------- for hiring an additional advertisement agency has been approved by the executives.
(A) recommendation
(B) recommendable
(C) recommending
(D) recommend

11 Most people do not open an account in Delta Bank due to its low interest rate offered in their ------- plans.
(A) save
(B) saved
(C) savings
(D) safely

12 With a 30-percent ------- in revenue over the past three years, the president is considering expanding its branches throughout the Western regions of the nation.
(A) increases
(B) to increase
(C) increased
(D) increase

CHAPTER

03

대명사

LESSON 01 대명사 기본

Point

대명사는 앞에 나왔던 명사나 특정 명사를 대신해서 쓰는 말이다.

❶ 대명사의 역할은 앞에 나온 명사를 다시 언급할 때 반복을 피하기 위해서 그 명사를 대신하는 것이다.

❷ 토익에서는 앞에 나온 명사를 대신하는 알맞은 형태의 대명사를 고르는 문제가 자주 출제된다.

❸ 대명사는 명사가 하는 역할을 모두 그대로 받는다. 즉, 주어, 목적어, 보어 자리에 모두 위치할 수 있다.

Ex After I bought **a book**, I lent **it** to my colleague.
나는 그 책을 구입한 후 내 동료에게 빌려주었다.

---

1 대명사의 종류

인칭대명사	I	you	he	she	it	we	they 등	
지시대명사	this	that	these	those	such	so	the same 등	
부정대명사	one	another	other	some	any	all	both	either
	neither	most	many	much	few	little	enough	several 등

2 인칭대명사는 '격, 성, 수일치' 등이 출제 포인트이다.

❶ **격** 대명사가 문장에서 어떠한 성분으로 쓰이는지 구분하는 것
(주격 대명사는 주어 위치에, 목적격 대명사는 목적어 위치에)

❷ **성** 대명사가 지칭하는 대상이 남성, 여성, 혹은 사물인지를 구분하는 것

❸ **수** 대명사가 지칭하는 대상이 단수인지 복수인지 구분하는 것

수	인칭/성		인칭대명사			소유대명사 (~의 것)	재귀대명사 (~자신)
			주격 (~은, ~는)	소유격 (~의)	목적격 (~을)		
단수	1인칭		I	my	me	mine	myself
	2인칭		you	your	you	yours	yourself
	3인칭	남성	he	his	him	his	himself
		여성	she	her	her	hers	herself
		중성	it	its	it	–	itself
복수	1인칭		we	our	us	ours	ourselves
	2인칭		you	your	you	yours	yourselves
	3인칭		they	their	them	theirs	themselves

 시험에 이렇게 나온다! ▶ **인칭대명사의 격에 따른 문장 내 역할**

1. 주격 대명사는 문장의 주어 역할을 하며, 뒤에 동사가 온다. (I, you, he, she, we, they, it 등)

2. 목적격 대명사는 타동사의 목적어나 전치사의 목적어 역할을 한다. (me, you, him, her, us, them, it 등)

3. 소유격 대명사는 형용사의 역할을 하며 뒤에 명사가 온다. (my, your, his, her, our, their, its 등)

Step 1 | 다음 대명사가 받은 명사를 찾아 표시하세요.

01 We hired a manager and <u>he</u> was here to see you.

02 Supervisors were asked to manage <u>their</u> teams.

03 <u>It</u> is not important that he was late for the meeting.

Step 2 | 보기 중 빈칸에 적절한 대명사를 고르세요.

01 I know that ------- was in the room.

(A) she   (B) we

02 She and ------- were going to attend the conference.

(A) I   (B) us

03 Rafael really wanted those custom-made shirts, but after considering the price,
   he decided against buying -------.

(A) they   (B) them

Step 3 | 빈칸에 알맞은 것을 고르세요.

01 As a salesman, ------- need to
   deal with more clients and gain
   interpersonal relationships with them.

(A) you
(B) yours
(C) your
(D) yourself

02 You should receive the booklets
   by tomorrow and review -------
   thoroughly.

(A) theirs
(B) them
(C) they
(D) their

02 대명사의 격과 위치

Point

❶ 빈칸의 문장 성분이 무엇인지 파악해 적절한 격을 확인한다.
❷ 대명사와 서술어가 일치하는지 확인한다. (인칭, 성, 수)

1 주격 대명사는 동사 앞 주어 자리에서 주어의 역할을 한다.

주격 대명사 + 동사의 수	be동사 예문	do동사 예문	일반동사 예문
I + 단수동사	I am	I do	I meet John.
We + 복수동사	We are	We do	We meet John.
You + 복수동사	You are	You do	You meet John.
It + 단수동사	It is	It does	It begins at noon.
He/She + 단수동사	He is	He does	He meets John.
	She is	She does	She meets John.
They + 복수동사	They are	They do	They meet John.

 1인칭과 2인칭은 단수 취급을 하여 be동사는 단수로 am이나 are를 쓰고 do동사와 일반동사는 복수동사 형태로 쓴다.

2 목적격 대명사는 동사 혹은 전치사 뒤 목적어 자리에서 목적어의 역할을 한다.

❶ 동사의 목적어 자리

타동사 + 목적격 대명사

🅴🆇 If you want the book, I will **give it** to you. 그 책을 원하면 너한테 줄게.
▶ the book을 대신하는 목적격 대명사 it

❷ 전치사의 목적어

전치사 **for / of / in / with** 등 + 목적격 대명사

🅴🆇 This problem is difficult **for me.** 내겐 이 문제가 어려워.
▶ for의 목적어로 목적격 대명사 me

3 소유격 대명사는 형용사처럼 명사 앞에 위치하여, 그 명사의 소유를 나타낸다.

my name

his sister

her book

our friends   your picture   their house

Ex He accepted **your proposal**. 그는 당신 제안서를 받아들였습니다.

> ▶ '제안서가 당신의 것'이라는 소유의 의미를 갖는다.

Ex She plans to stay with **their home**. 그녀는 그들의 집에 머물 계획입니다.

> ▶ '집이 그들의 것'이라는 소유의 의미를 갖는다.

4 **소유를 표시하는 방법**

❶ **사물이나 장소에 대한 소유의 전치사 of**

 Ex He is watching the window **of the house**. 그는 그 집의 창문을 지켜보고 있다.

❷ **사람에 대한 소유를 나타낼 때는 [사람명사 + 's]**

 Ex I will stay at **Mr. Jone's house**. 나는 존 씨의 집에 머무를 것이다.

❸ **소유격에 own을 함께 쓰면 소유의 의미를 더 강조한다.**

 Ex I'm glad to be returning to **my own country**. 고국으로 돌아오게 되어 기쁩니다.

시험에 이렇게 나온다!   ▶ **대명사의 격과 위치 문제 풀이 상식**

1. 동사 앞은 주격이다.

2. 동사 뒤는 목적격이다

3. 명사 앞은 소유격 자리이다.

4. 주격의 경우는 동사가 단수인지 복수인지를 잘 살펴야 한다.

4. 동사와 명사 사이에는 소유격이 온다.

5. 소유격 뒤에는 관사를 쓸 수 없으며 단/복수 명사 모두 받을 수 있다.

Step 1 밑줄 친 대명사의 격을 표시하세요.

01 The new service now allows <u>us</u> to do so.

02 We hope to send <u>your</u> tax documents to you by the end of the week.

03 Please e-mail the following information to <u>her</u> by noon today.

Step 2 보기 중 빈칸에 적절한 격을 찾으세요.

01 If ------- office has them, please let Andrea Fox know immediately.

(A) you   (B) your

02 I know that ------- were in the room when he entered the room.

(A) they   (B) their

03 Several companies in the Southern area need a security system for ------- facilities.

(A) them   (B) their

Step 3 빈칸에 알맞은 것을 고르세요.

01 Any employees interested in a flexible work schedule must contact ------- supervisor to discuss the various options.

(A) theirs
(B) them
(C) their
(D) they

02 All Airline companies request that, as a ticket holder, ------- present proof of identification.

(A) yours
(B) your
(C) yourself
(D) you

LESSON

03 소유대명사 & 재귀대명사

Point

❶ **소유대명사:** mine / yours / his / hers / ours / theirs

❷ **재귀대명사:** myself / yourself / himself / herself / itself / yourselves / ourselves / themselves

• 재귀대명사는 문장에서 목적어 역할과 부사 역할을 한다.
• 재귀대명사와 관련된 관용표현을 알아야 한다.

1 소유대명사

❶ 소유격 대명사 & 소유대명사

소유대명사는 본래 [소유격 + 명사]의 의미, 즉 명사를 포함한 개념이므로 뒤에 명사를 붙이지 않는다.

소유격 (my / your / his / her / our / their) + 명사	소유대명사 (mine / yours / his / hers / ours / theirs)
Is this **your pen**? 이거 네 펜이니?	Is this **yours**? (yours = your pen) 이것이 네 거니?

❷ 소유대명사의 자리

소유대명사는 주어, 목적어, 보어 자리에 위치할 수 있다.

대명사의 자리	예문
주어	Lily designed a lot of dresses. **Hers** are very nice. (hers = her dresses) 릴리는 옷을 많이 디자인했다. 그녀가 디자인한 드레스는 매우 예쁘다.
목적어	I often bake breads. My children like **mine**. (mine = my bread) 나는 빵을 자주 굽는다. 우리 아이들은 내가 구운 빵을 좋아한다.
보어	That laptop computer is **his**. (his = his laptop computer) 저 노트북은 그의 것이다.

 소유대명사로 소유의 의미를 나타내기

소유격 대명사가 명사를 수식하듯이, 전치사 [of + 소유대명사]도 소유의 의미를 나타낼 수 있다.

소유격	of + 소유대명사
my friend 나의 (친한) 친구	a friend **of mine** 나의 친구들 중의 한 명
▶ 명사에 관사가 없다.	▶ 명사에 관사가 붙는다.

2 재귀대명사

❶ 재귀적 용법 (목적어 기능)

서술어가 주어 자신에게 영향을 미쳐 주어와 목적어가 의미상 동일할 경우, 목적어로 재귀대명사를 사용한다. 이때 재귀대명사는 목적어 대신 사용된 것이므로 생략할 수 없다.

[재귀대명사] 의미상 주어 = 목적어	[목적격 대명사] 의미상 주어 ≠ 목적어
He watches **himself**.	There are a lot of children in the playground and **she** watches **them**.
▶ He = himself (주어 = 목적어)	▶ She ≠ the children (= them) (주어 ≠ 목적어)
그는 자기 자신을 바라본다.	운동장에는 많은 아이들이 있고 그녀는 그들을 바라보고 있다.

❷ 강조 용법 (부사 기능)

명사나 대명사 뒤, 완전한 문장의 끝에서 '직접, 스스로'라는 부사어로 강조의 의미를 주기 위해 재귀대명사를 사용할 수 있다. 이때 재귀대명사는 생략이 가능하다.

🔘 He completed all assignments **himself**. 그는 스스로 모든 과제를 끝마쳤다.

❸ 재귀대명사의 관용표현

by oneself 혼자서	for oneself 혼자 힘으로	of itself 저절로

Step 1 | 다음 문장에서 재귀대명사가 어떤 용법으로 쓰였는지 파악하세요.

01 All employees should take care of <u>themselves</u> in case of a fire.

02 Jane can't do all the work <u>herself</u> in an office like this.

03 Mr. Long had to finish his report by <u>himself</u>.

Step 2 | 보기 중 알맞은 것을 고르세요.

01 We will position ------- as the premium SUV in the imported car market.

(A) us   (B) ours

02 Her work style is similar to ------.

(A) my   (B) mine

03 I will send you an itinerary to ------- e-mail account.

(A) your   (B) yours

Step 3 | 빈칸에 알맞은 것을 고르세요.

01 We're worried that ------- might be more difficult to use than most other products in spite of our compatibility.

(A) us
(B) ours
(C) our
(D) ourselves

02 Since all the staff were occupied with another task, Ms. Ramos had to watch the clip -------.

(A) her
(B) hers
(C) herself
(D) her own

LESSON 04 지시대명사

Point

❶ this/these, that/those는 지시형용사로도 쓰이고 지시대명사로도 쓰인다.

❷ that/those는 비교구문에서 비교 내용이 되는 명사의 중복을 피하고자 할 때 that/those of ~의 형태로도 활용된다.

❸ those는 뒤에 전치사구나 관계대명사 who절을 동반해 '~하는 사람들'이란 의미로도 쓰인다.

1 지시형용사와 지시대명사의 구분

❶ **지시형용사** 지시형용사는 형용사이므로 명사 앞에 온다.

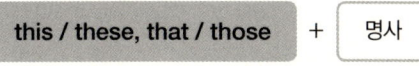

| this / these, that / those | + 명사 |

this + 단수명사	this book 이 책
these + 복수명사	these books 이 책들
that + 단수명사	that book 저 책
those + 복수명사	those books 저 책들

❷ **지시대명사** 지시대명사는 대명사이므로 명사 자리에 온다.

| this / these, that / those | + 동사 |

this + 단수동사	This is very expensive. 이것은 매우 비싸다.
these + 복수동사	These are very expensive. 이것들은 매우 비싸다.
that + 단수동사	That is very expensive. 저것은 매우 비싸다.
those + 복수동사	Those are very expensive. 저것들은 매우 비싸다.

2 비교구문에서 사용되는 지시대명사

앞에서 언급된 명사를 받는 역할을 하는데, 비교 내용이 되는 명사의 중복을 피하기 위해 사용된다. (단, 지시대명사 this, these는 비교 내용이 되는 명사를 받는 역할을 하지 못한다는 점에 주의한다.)

| that / those | + of |

ⓔ Mr. Jone's **work** is much better than **that of his friends**. (단수)

= work of his friends = his friends' work

존 씨가 한 일이 그의 친구들이 한 일보다 훨씬 낫다.

ⓔ Our company's **profits** are higher than **those of others**. (복수)

= profits of others = other company's profits

우리 회사의 이윤이 다른 회사의 이윤보다 더 높다.

 앞의 비교 내용이 단수이면 that, 복수이면 those!

'~하는 사람들'을 지칭하는 지시대명사 those

those 뒤에는 관계사절 혹은 전치사구가 와서 특정 사람들을 한정짓는다.

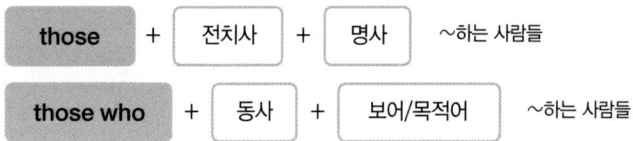

ⓔ Only **those with** parking permits are allowed to park near the company building.

= Only **those who** hold parking permits are allowed to park near the company building.

주차 허가증을 소지한 사람들만 사옥 근처에 주차할 수 있습니다.

 관계사의 선행사가 될 수 있는 대명사는 정해져 있다. those, -one(someone, anyone 등)

일반 대명사는 관계사의 선행사가 될 수 없다. ⓔ they who ~ (X)

Step 1 | 다음 문장에서 those의 역할은 무엇인가요?

01 <u>Those</u> employees working in an assembly area must wear protective gear.

02 <u>Those</u> who need it should call us today.

03 Only <u>those</u> with an invitation are allowed to participate.

Step 2 | 보기 중 알맞은 것을 고르세요.

01 ------- who are planning to go away for vacation need to take a look at the special offers.

(A) Those   (B) Themselves

02 The regional circumstances are similar to ------- of the 1970's.

(A) those   (B) that

03 Mr. Jone's performance is much better than ------- of his associates.

(A) that   (B) those

Step 3 | 빈칸에 알맞은 것을 고르세요.

01 Only ------- with the approval from the CEO could apply for a managerial position in the main headquarters.

(A) this
(B) which
(C) whose
(D) those

02 This year's sales figures from furniture businesses are similar to ------- of the preceding two years.

(A) those
(B) that
(C) them
(D) this

05 대명사 it & 부정대명사 one

Point

❶ **대명사 it**
- 단수 사물명사를 대신할 때뿐 아니라 '비인칭 주어, 가주어 및 가목적어, 강조 구문' 등으로도 활용되며 이때의 it은 따로 해석하지 않는다.

❷ **부정대명사 one**
- one은 수사로도 쓰이며, 불특정한 명사를 대신 받을 때에도 사용된다.
- 명사를 대신하는 대명사 it은 특정 명사를 지칭하며, 부정대명사 one은 불특정한 명사를 지칭하는 대명사라는 차이점을 구별해야 한다.

1 대명사 it

❶ **비인칭 주어 it**

날짜, 거리, 날씨, 시간, 상황 등의 비인칭 주어로 it을 쓴다.

Ex **It**'s three o'clock. 3시입니다.

❷ **가주어, 가목적어 it**

주어나 목적어가 to부정사, 동명사, 명사구, 또는 명사절인 경우, 즉 구나 절로 이루어졌을 때 주어나 목적어 자리에 가짜 it을 위치시키고, 진짜 주어나 목적어는 뒤로 보낸다.

Ex **It** is wrong to tell a lie. [가주어]
거짓말을 하는 것은 잘못된 것이다.

To make **it** easier to select the right paint, they offer free samples. [가목적어]
알맞은 페인트를 선택하는 것을 더 쉽게 하기위해 그들은 무료샘플을 제공한다.

❸ **It ~ that 강조 구문**

문장 중에서 주어, 목적어, 부사(구)를 강조하고 싶을 때 사용한다.

Ex **It** was Lynn **that[who]** I met a few days ago. 내가 며칠 전에 만난 사람은 바로 린이었다.

 사람을 강조할 때는 that 대신 who를 써도 된다.

2 부정대명사 one

❶ **일반적인 사람, 사물을 가리키는 대명사로 쓰인다.**

Ex **One** must not neglect their duty. 누구나 사람은 자기 의무를 소홀히 해서는 안 된다.

❷ **대명사 it vs 부정대명사 one**

- 대명사 it은 앞에서 언급된 특정한 단수명사, 바로 그 동일한 대상을 지칭할 때 사용한다.
- 반면 부정대명사 one은 앞서 언급된 명사와 같은 종류이지만 다른 개체일 때 사용된다.

Ex I like my current **job** more than the old **one**. 나는 예전 직장보다 현재 직장이 더 좋다.
  ▶ 여기서 언급한 one은 앞에서 말한 job을 받지만, 현재의 직장이 아닌 예전 직장을 말한다.

He bought a **tablet computer** yesterday. 그는 어제 태블릿 컴퓨터를 한 대 샀다.	▶ 대명사가 받을 대상 tablet computer
It was made by Apple. 그것은 애플사에서 만들었다.	▶ 대명사 it은 위에서 언급한 그가 산 태블릿 컴퓨터를 의미한다.
I also have **one**, but it was made by Samsung. 나도 태블릿 컴퓨터를 한 대 가지고 있는데, 그것은 삼성에서 만든 것이다.	▶ 부정대명사 one은 '태블릿 컴퓨터'이지만, 접속사 but 다음에서 삼성에서 만든 것임을 보충설명해주는 것처럼 그가 산 태블릿 컴퓨터와는 다른 태블릿 컴퓨터임을 의미한다.

Step 1 | 다음 문장에서 대명사 it의 용법은 무엇인가요?

01 It is snowing outside.

02 I found it easy to explain.

03 It was the manager that completely reorganized the company.

Step 2 | 보기 중 알맞은 것을 고르세요.

01 ------- is natural that all employees who stop procrastinating become more productive.

(A) It   (B) That

02 The new package is affordable and ------- also comes with useful guides at no additional cost.

(A) it   (B) they

03 Before signing the final contract, you should review ------- thoroughly.

(A) it   (B) them

Step 3 | 빈칸에 알맞은 것을 고르세요.

01 Travelers who don't have a local map can get ------- in the hotel lobby.

(A) them
(B) hers
(C) it
(D) one

02 One reason for the rapid growth of Perth is that ------- offers outstanding resources for tourism.

(A) it
(B) there
(C) they
(D) here

06 부정대명사 ❶

Point

부정대명사 one, another, some, the other, the others, others는 2개 이상의 대상을 나열하며 그 특징을 설명할 때 쓰인다.

1 정해진 2개 중 하나는 one, 다른 하나는 the other

one

the other

I have two balls. **One** is yellow and **the other** is red.

나는 공이 두 개 있다. 하나는 노랑색, 다른 하나는 빨강색이다.

2 정해진 3개 중 하나는 one, 또 다른 하나는 another, 마지막 남은 하나는 the other

one

another

the other

I have three balls. **One** is yellow, **another** is blue, and **the other** is red.

나는 공이 세 개 있다. 하나는 노랑색, 또 다른 하나는 파랑색, 나머지 하나는 빨강색이다.

3 4개 이상의 복수 대상 중 하나는 one, 또 다른 하나는 another, 나머지들 전부는 the others

one

another

the others

I have five balls. **One** is yellow, **another** is blue, and **the others** are purple.

나는 공이 다섯 개 있다. 하나는 노랑색, 또 다른 하나는 파랑색, 나머지들 전부는 보라색이다.

4 선택 범위가 주어지지 않은 막연히 많은 대상 중에서 일부는 some, 다른 일부들은 others

some

others

I have a lot of balls; **some** are purple, **others** are colorful.
나는 공이 많이 있는데, 일부는 보라색이고, 일부는 색이 다양하다.

5 선택 범위가 주어지지 않은 막연히 많은 대상 중에서 일부는 some, 나머지 전부는 the others

some

the others

I have lots of balls; **some** are colorful, **the others** are blue.
나는 공이 많이 있는데, 일부는 다양한 색이고, 나머지는 전부 파랑색이다.

시험에 이렇게 나온다! ▶ 부정대명사와 부정형용사 구별

	대명사	형용사
one / another / the other	○	○
other	×	○
others / the others / each other / one another	○	×

Step 1 | 밑줄 친 단어의 품사를 쓰세요.

01 The NJ transit is the most economic means of transportation, but <u>others</u> are also efficient as well.

02 <u>Other</u> products have not been as profitable as we expected.

03 <u>All</u> are present.

Step 2 | 보기 중 알맞은 것을 고르세요.

01 Of the three options that are provided, two are not available to us, while ------- is acceptable within our budget.

(A) the other   (B) others

02 Monthly Bowling Night Out is a productive way to help employees relieve their stress and build strong relationships with -------.

(A) one another   (B) the other

03 Cathy has already bought two pairs of shoes and now she is talking about buying ------- pair.

(A) other   (B) another

Step 3 | 빈칸에 알맞은 것을 고르세요.

01 We are not sure which factory to buy as we are looking at one in Louisiana and ------- in North Carolina.

(A) other
(B) another
(C) one another
(D) each other

02 While Kass Manufacturing is downsizing, ------- within the industry are expanding in anticipation of future growth.

(A) the other
(B) other
(C) others
(D) another

LESSON 07 부정대명사 ❷

Point

❶ all, some, any, many, much, most 등은 수량형용사로도 쓰이고, 부정대명사로도 쓰인다.

❷ all, most, some, any 등의 부정대명사는 뒤에 [of + the / this / that / 소유격 + 명사]와 구문을 이루어 '전체 중 일부' 또는 '전부'를 나타낸다.

1 지시형용사, 수량형용사, 수사는 대명사 역할도 한다.

❶ 수량형용사는 수일치를 잘 맞춰주어야 한다.

❷ 수량형용사는 뒤에 명사를 생략하면 부정대명사의 역할을 하며, 생략된 명사에 따라 단수, 복수가 결정된다.

수량형용사		부정대명사의 수일치		
수량형용사	수식하는 명사	수량형용사		부정대명사
all / some / any / most +	복수 가산명사 불가산명사	**most** people are **most** information is	=	**most** are **most** is
many / a few / few +	복수 가산명사	**few** students are	=	**few** are
much / a little / little +	불가산명사	**much** water is	=	**much** is

Ex all the books (○)
　　all the book (×)
　　▶ all은 단수 가산명사 수식 불가

Ex a few books (○)
　　much books (×)
　　▶ much는 가산명사 수식 불가

2 부분대명사 all, most, some, any 등의 용법

❶ | all / some / any / most | + | of | + | 복수 가산명사 / 불가산명사 |

Ex **All of the information** is here. 그 정보는 전부 여기 있습니다.
　　All of the tables are arranged. 테이블이 모두 배치되었습니다.

❷ | many / a few / few | + | of | + | 복수 가산명사 | + | 복수동사 |

Ex **Many of the computers** need to be fixed. 컴퓨터 상당수가 수리가 필요합니다.

❸ | much / a little / little | + | of | + | 불가산명사 | + | 단수동사 |

Ex **Much of the water** is polluted. 많은 물이 오염되었습니다.

❹ | one / each | + | of | + | 복수 가산명사 | + | 단수동사 |

Ex **One of the most interesting topics** for me was their history.
나에게 가장 흥미 있는 주제들 중의 하나는 그들의 역사이다.

3 **부정대명사 some, any의 용법**

❶ 부정형용사 + 명사

some	+	복수 가산명사 / 불가산명사
any	+	가산명사 / 불가산명사

❷ 부정대명사 + (of)

some	+	(of)	+	(한정사)	+	(복수 가산명사 / 불가산명사)
any	+	(of)	+	(한정사)	+	(가산명사 / 불가산명사)

❸ 부정대명사 + 동사

some	+	(복수 가산명사 / 불가산명사)	+	동사(생략된 명사와 수일치)
any	+	(가산명사 / 불가산명사)	+	동사(생략된 명사와 수일치)

 any는 보통 의문문이나 부정문에서 사용된다.

 시험에 이렇게 나온다! ▶ **부정대명사 + of + 목적격 대명사**

부정대명사 all of, most of, some of, any of 다음 명사 대신 대명사가 위치할 경우. 전치사 of가 있으므로 전치사에 대한 목적어로 대명사는 반드시 목적격 대명사가 와야 한다.

Ex **Most of us** finished our new employee training program.
우리 대부분은 신입사원 연수 프로그램을 끝마쳤습니다.

Some of them were damaged during the delivery process.
그것들 중 일부는 배송 중에 파손되었습니다.

Step 1 │ 수일치를 고려하여 보기 중 알맞은 것을 고르세요.

01 Many companies recently have decided to recruit executives from several of their major -------.

(A) competitors   (B) competitor

02 ------- of the cars are test-driven before they are shipped out to dealers all across the country.

(A) Many   (B) Much

03 Each of our ------- has received guidelines to read before the tour of the facilities.

(A) employees   (B) employee

Step 2 │ 보기 중 알맞은 것을 고르세요.

01 We do not have ------- of the equipment you requested.

(A) any   (B) some

02 Mr. Matthew's decision to retire did not have ------- to do with his health.

(A) something   (B) anything

03 ------- who is interested in the event must contact Mr. Melder by next Friday.

(A) Anyone   (B) Those

Step 3 │ 빈칸에 알맞은 것을 고르세요.

01 U.S. Postal Services offered contract renewals to all its employees, and ------- have already agreed to them.

(A) much
(B) most
(C) each
(D) everyone

02 Before the departure, station staff must ensure that ------- of the tickets is collected from the passengers.

(A) every
(B) all
(C) each
(D) much

08 대명사 문제 풀이 비법

1 문장 중의 어떤 명사를 대신하는지 찾아서 그에 맞는 대명사를 찾는다.

> All employees are asked to take care of ------- in case of a fire.
> (A) themselves
> (B) himself

빈칸이 대신해야 하는 명사는 all employees이므로 3인칭 복수 형태의 목적격 대명사 (A)가 정답이다.

해석 모든 직원들은 불이 났을 경우 스스로를 챙기라는 지시를 받았다.

> John has started ------- own business.
> (A) his
> (B) her

빈칸은 남자 이름 John을 대신해야 하므로 남성을 지칭하는 3인칭 단수 형태의 소유격 대명사 (A)가 정답이다.

해석 존은 자기 사업을 시작했다.

2 세 가지 요소(격, 성, 수일치)를 고려하여 빈칸 앞뒤의 요소를 분석해야 한다.

> ------- was one of my friends.
> (A) Her
> (B) It
> (C) They
> (D) He

빈칸은 주어 자리이므로 명사의 품사를 갖는 보기를 골라야 한다. 따라서 소유격인 (A)는 불가. 빈칸이 받아야 하는 대상인 one은 단수이므로 복수의 대상을 받는 (C)도 불가. 대상인 one은 친구, 즉 사람을 받으므로 사물을 받는 (B)도 불가. 따라서 남자 사람을 지칭하는 3인칭 단수 형태의 주격 대명사 (D)가 정답이다.

해석 그는 내 친구 중 하나이다.

3 소유대명사가 대신하는 대상이 사물인지 사람인지 판단할 수 있어야 한다.

> Our price is higher than -------.
> (A) you
> (B) yours
> (C) your
> (D) yourself

위 문장에서 yours 대신에 you를 쓰면 가격(our price)과 사람(you)을 비교한 것이 된다. 가격과 사람은 비교 대상이 되지 않으므로 빈칸에는 (B) yours(= your price)가 와야 한다.

해석 당사의 가격은 귀사의 가격보다 높습니다.

4　형용사의 앞자리는? 형용사 뒤에 명사가 있다면, 명사를 수식해주는 소유격 대명사가 정답!

> Julie has finished ------- excellent report.
> (A) her
> (B) herself

빈칸 앞에는 동사가, 빈칸 뒤에는 끝마치는 대상, 즉 목적어인 보고서가 위치하고 있다. 따라서 부사 위치라고 생각하고 재귀대명사를 정답으로 고를 수 있다. 하지만 이 문제의 경우 문맥상 report를 수식해줄 수 있는 소유격 대명사가 빈칸에 위치해야 하므로 (A)가 정답이 된다.

[해석] 줄리는 그녀의 훌륭한 보고서를 끝냈다.

5　문장 안에서 전체 문맥을 논리적으로 연결할 수 있어야 한다.

> The new product requires ------- repairs.
> (A) some
> (B) few
> (C) a few
> (D) any

some을 쓰면 수리할 데가 좀 있다는 의미인데 새로운 제품이 수리할 게 있다는 것은 문맥에 맞지 않는다. 따라서 (B) few가 문맥상 답이 된다.

[해석] 신제품은 수리가 거의 필요 없다.

▶ 정답 및 해설 p.66~69

01 If you want me to support ------- idea, I need more information about it.
(A) your
(B) yours
(C) you
(D) yourself

02 We know ------- was not here.
(A) he
(B) him
(C) his
(D) himself

03 The members of their group have all been selected, but Mr. Foreman may join -------.
(A) they
(B) their
(C) them
(D) themselves

04 The new employee's work performance proved to be superior to ------- of any other employee in the company.
(A) it
(B) that
(C) those
(D) their

05 The appointment of the new account executive was approved by the CEO -------.
(A) himself
(B) him
(C) his
(D) he

06 Sometimes it is easier for Ms. White to talk to the American office ------- rather than delegate the task to someone else.
(A) her
(B) hers
(C) she
(D) herself

07 These days ------- is well known that the profit ratio is sufficient to describe the problem.
(A) which
(B) that
(C) what
(D) it

08 We are sorry that we do not have ------- of the equipment you ordered in stock at the moment.
(A) any
(B) another
(C) one
(D) many

09 This economic forecast predicted that most companies will be reducing ------- labour costs.
(A) they
(B) them
(C) their
(D) themselves

10 The board members of this company are getting on in age but ------- them possess a very sharp business mind.
(A) the most
(B) almost
(C) most of
(D) mostly

11 Through her outstanding performance, Mrs. Robin has shown ------- to be a valuable asset to our firm.
(A) she
(B) her
(C) herself
(D) hers

12 For the employee appreciation dinner, Ms. Finlay set up buffet tables for employees to help ------- to a variety of dishes.
(A) they
(B) themselves
(C) theirs
(D) their

READING
Part 5

CHAPTER
04

형용사

01 형용사의 위치 ❶

형용사는 명사를 꾸며주는 품사이다. 따라서 형용사의 기본적인 위치는 바로 명사 앞이다. 따라서 시험에서는 동사와 목적어 명사 사이 또는 관사/소유격/전치사/부사와 명사 사이에 빈칸을 주고 형용사를 넣는 문제들이 출제된다.

1

명사의 앞은 형용사 자리이다.

형용사는 명사 앞에서 명사를 수식하는 역할을 한다.

❶ 관사 + 형용사 + 명사   an **active** program 쓰이고 있는 프로그램

❷ 소유격 + 형용사 + 명사   its **strategic** growth 그것의 전략적인 증대

❸ 부사 + 형용사 + 명사   particularly **small** companies 특히 소규모의 회사

❹ 타동사 + 형용사 + 명사   have **technical** problems 기술적인 문제가 있다

❺ 동명사 + 형용사 + 명사   changing **political** conditions 정치적인 조건을 변경하기

❻ to부정사 + 형용사 + 명사   to develop **new** processes 새로운 공정들을 개발하기 위해

❼ 전치사 + 형용사 + 명사   of **professional** ethics 직업윤리의

❽ 관사 + 형용사 + and + 형용사 + 명사   a **meaningful** and **informative** dialogue
의미 있고 유용한 대담

2

동사와 목적어인 명사 사이에는 항상 형용사만 올 수 있다. 부사는 올 수 없다.

> Before we release our new product, we need to conduct (additional, additionally)
> research into the domestic market.

빈칸은 명사 research 앞에서 이를 수식하는 자리로 research를 수식하는 형용사(additional)가 들어가야 적절하다. 부사는 명사를 수식하는 위치에 올 수 없다.

해석 우리는 신제품을 출시하기 전에 국내 시장에 대해 추가 조사를 할 필요가 있다.

시험에 이렇게 나온다! ▶ **형용사의 위치 다시보기**

1. 동사(구) + 형용사 + 명사
   ❶ 동사 + 형용사 + 명사
   ❷ to부정사 + 형용사 + 명사
   ❸ 동명사 + 형용사 + 명사
2. 다음의 어순을 기억하자!
   • 관사/소유격/지시형용사 + 부사 + 형용사 + 명사

Step 1 | 문장의 구조를 고려하여 밑줄 친 형용사 자리의 위치의 근거를 찾으세요.

01 Scientists from <u>various</u> laboratories will come together to discuss ways to prevent global warming.

02 If you plan to become a successful architect, you must possess <u>extensive</u> knowledge in visual arts.

03 The police department is taking <u>significant</u> measures to lower the crime rate in downtown Queens.

Step 2 | 보기 중 알맞은 것을 고르세요.

01 The CEO wanted to capture the essence of ------- industrial revolution when deciding how to decorate his office.

(A) it   (B) the

02 Before we release our new product, we need to conduct ------- research into the domestic market.

(A) additional   (B) additionally

03 The Hansol KP-600 cell phone is the most ------- model on the market these days, because it has a lot more functions than other phones.

(A) competitor   (B) competitive

Step 3 | 빈칸에 알맞은 것을 고르세요.

01 Wal Mart Stores offers ------- prices on the most popular brands of home furniture.

(A) excellent
(B) excellently
(C) excellence
(D) excellency

02 Volkswagens's recent report mentions the ------- measures undertaken by the new president.

(A) innovatively
(B) innovative
(C) innovate
(D) innovator

02 형용사의 위치 ❷

Point

형용사의 또 다른 위치는 바로 보어 자리이다.

보어 자리에서 각각 문장의 주어 또는 목적어인 명사를 보충 설명해주게 된다.

- 주어 + be동사/2형식동사 + 형용사 보어
- 주어 + make/keep/find + 목적어 + 형용사 보어

1

be동사와 2형식 동사 뒤에는 형용사가 온다.

❶ 형용사는 be동사나 2형식 동사 뒤에서 주격 보어의 역할을 한다.

> The children are (creativity, creative).

be동사 뒤는 주격 보어 자리인데, 주격 보어는 형용사 혹은 명사이다. 그런데 주격 보어가 명사가 되기 위해서는 이 명사와 주어가 동격이 되어야 하는 까다로운 조건을 충족시켜야 한다. 사람명사인 children과 추상명사인 creativity 는 동격이 될 수 없으므로 creative가 정답이며, 같은 맥락으로 2형식 동사 뒤에는 형용사가 정답이 될 확률이 절대적 으로 높다.

해석 아이들은 창의적이다.

❷ be동사 뒤에 명사 없이 형용사로만 끝나는 경우 형용사 앞자리는 항상 부사이다.

be	+	부사/형용사	+	형용사	+	명사

명사로 끝날 경우 형용사 앞자리는 부사 혹은 형용사

be	+	**부사**	+	형용사

형용사로 끝날 경우 형용사 앞자리는 무조건 부사

> Personal information must be (strict, strictly) confidential.
> Personal information must be strictly (confidential, confidentially).

be동사 뒤는 주격 보어 자리로, 형용사 confidential이 적절하며 형용사 앞에는 부사 strictly가 와서 confidential을 꾸며준다.

해석 개인정보는 철저히 기밀에 붙여야 한다.

❸ 대표적인 2형식 동사

be, become, remain, stay, keep, turn, grow

2

5형식 동사의 보어에는 형용사가 온다.

❶ 주어 + 동사 + 목적어 + 형용사

형용사는 5형식 동사의 목적어 뒤에서 목적격 보어의 역할을 한다.

When purchasing mail-order products, please **make** all checks **payable** to Smith Industries Inc. 통신판매 제품을 구입할 때는 수표의 수취인을 모두 스미스 인더스트리사로 기입하셔야 합니다.

❷ 대표적인 5형식 동사

make, keep, find, consider, leave

3 **기타 형용사 자리**

❶ It is + 형용사 + that ~

　🔵 It is <u>interesting</u> that Asian customers are willing to pay more for the promise a brand brings to the purchase. 제조업체에서 어떤 상표를 단 물건을 사면 어떻게 된다고 약속을 하면 아시아 소비자들은 그 물건을 돈을 더 주고라도 산다는 사실은 흥미롭다.

❷ It is + 형용사 + to부정사

　🔵 It is <u>difficult</u> for us to master English. 우리들이 영어를 마스터하는 것은 어렵다.

❸ 주어 + be + 형용사 + that ~

　🔵 I am <u>sure</u> that the door is securely closed. 문은 꼭 닫혀 있다고 확신한다.

 중요한 것은 be동사 뒤에 형용사가 온다는 것이다.

시험에 이렇게 나온다! ▶ **형용사 문제 풀이의 기본**

먼저 주어와 동사를 찾은 후에 [전치사 + 명사]는 제거하고 문제를 해결한다.

예제 1. She was ------- (in the last summer).
　　(A) busy　(B) busily

　　2. The report was extremely ------- (of our process) (of building the new factory) (near the lake).
　　(A) critic　(B) critical

해석 1. 그녀는 (지난 여름에) 바빴다.　2. 그 보고서는 (호수 근처에) (새 공장을 짓는) (과정에) 매우 비판적이었다.
정답 1. (A)　2.(B)

▶ 정답 및 해설 p.72~74

Step 1 | 문장의 구조를 고려하여 밑줄 친 형용사 자리의 위치의 근거를 찾으세요.

01 The plant will not be operational.

02 We have technical problems.

03 A variety of events make the game interesting.

Step 2 | 보기 중 알맞은 것을 고르세요.

01 After three months of training, the new employees have become very ------- with the company policies.

(A) familiar   (B) familiarly

02 The non-profit organization NFO is ------- for the support of local businesses.

(A) vital   (B) vitality

03 As long as the employees remain -------, we should be able to achieve all of our monthly goals.

(A) productive   (B) production

Step 3 | 빈칸에 알맞은 것을 고르세요.

01 Mr. Dixon advised me that it is not ------- to aggressively discuss salary negotiation even after a firm offers a good job position.

(A) appropriateness
(B) appropriate
(C) appropriately
(D) most appropriately

02 Personal information at Allianz is strictly ------- and can be released only with the employee's authorization.

(A) confidentiality
(B) confiding
(C) confidence
(D) confidential

LESSON

03 형용사와 부사 구별하기

Point

형용사는 명사를 수식하고 보충 설명해주는 반면, 부사는 명사를 제외한 모든 품사를 수식하고 보충 설명할 수 있다. 심지어는 자기 아닌 다른 부사도 수식할 수 있으며 문장 전체도 수식할 수 있다. 따라서 부사는 수식하고자 하는 품사의 근처에 위치하게 된다.

1 부사는 주어와 동사 사이에 온다.

| 주어 | + | 부사 | + | 동사 |

Ex The price of a pack of cigarettes **directly** reflects the cost of tobacco on the open market. 담배 한 갑 값은 공개 시장에서의 담뱃잎 가격을 직접적으로 반영한다.

2 부사는 형용사 앞자리에 온다.

| 관사 | + | 부사 | + | 형용사 | + | 명사 |

| be동사 | + | 부사 | + | 형용사 |

Ex The last day's match was **extremely** exciting.
마지막 날 시합은 매우 흥미진진했다.

3 부사는 완전한 문장의 앞뒤에 온다.

| 부사 | + | 완전한 문장 |

| 완전한 문장 | + | 부사 |

Ex **Luckily**, I won a ticket to go on a safari tour.
운 좋게도, 나는 사파리 투어를 할 수 있는 티켓을 얻었다.

4 부사는 동사구 사이에 위치한다.

| be | + | 부사 | + | p.p. |

| be | + | 부사 | + | -ing |

| have | + | 부사 | + | p.p. |

| 조동사 | + | 부사 | + | 본동사 |

| 자동사 | + | 부사 | + | 전치사 |

Ex The new system was **clearly** created to improve productivity among employees.
그 새로운 시스템은 분명히 직원들의 생산성을 향상시키기 위해 만들어졌다.

Ex They cannot **possibly** be expected to finish the project by the deadline.
그들이 마감일까지 그 프로젝트를 마칠 수 있을 거라고 도저히 기대하지 않는다.

5 다른 부사(구/절)를 꾸며주는 부사(구/절)

ⓔ Although Mr. Carter was known for being patient, his recent decision was made **rather** quickly. 카터 씨는 참을성이 많은 사람으로 알려져 있지만, 그는 최근에 상당히 빨리 결정을 내렸다.

ⓔ I am going to leave early **on Saturday morning**. 토요일 아침 일찍 떠날 것이다.

6 수사를 수식하는 부사

about, around, almost, nearly, approximately	+	수사

 전치사인 about, around 등은 수사 앞에서는 부사이다.

ⓔ The meeting lasted **nearly** three hours. 그 회의는 거의 세 시간 가량 계속되었다.

ⓔ It will take **about** two weeks. 그것은 약 3주 정도 걸릴 것이다.

 시험에 이렇게 나온다!

1. 같은 종류의 형용사들을 나열할 때는 and로 연결해야 한다.

sexy mild shampoo (X)
▶ 상태형용사는 and 없이 나열할 수 없다.

sexy and mild shampoo (O)
▶ 등위접속사 and로 같은 종류의 형용사를 나열할 수 있다.

[예제] We provide a ------- and secure environment for processing personal employee information.
　　　(A) reliable　　(B) rely

[해석] 직원의 개인 정보를 처리하는 데 있어 당사는 신뢰할 만하고 안전한 환경을 제공합니다.
[정답] (A)

2. 명사 앞에 수식어구가 2개인 경우

부사	+	상태형용사(good, bad, hot)	+	명사

형용사	+	종류형용사(medical, economic, Korean)	+	명사

ⓔ financially sound conditions ＝ sound financial conditions 건전한 재정 상태

Step 1 | 문장의 구조를 고려하여 밑줄 친 부사 자리의 위치의 근거를 찾으세요.

01 The French company was initially surprised when it entered the American market because it was so <u>highly</u> competitive.

02 More <u>importantly</u>, we need to catch up with our competitors who have a big lead over us in the book market.

03 Ms. Chow is due to arrive at <u>approximately</u> ten o'clock tomorrow morning.

Step 2 | 보기 중 알맞은 것을 고르세요.

01 These tools are lightweight, highly ------- and competitively priced.

(A) maneuverable   (B) maneuverability

02 Leaves should be placed away from the road in order to be ------- accessible to the pick-up crew.

(A) easy   (B) easily

03 In response to ------- visits from tourists, Rommel Hotel is offering a free transportation service from the airport to the hotel.

(A) frequently   (B) frequent

Step 3 | 빈칸에 알맞은 것을 고르세요.

01 Mr. Anderson was originally going to see the play but the tickets were too -------.

(A) expense
(B) expensive
(C) expensively
(D) expensiveness

02 Many scientists are trying to develop new energy sources that are effective, safe and ------- profitable.

(A) economics
(B) more economical
(C) economic
(D) economically

04 형용사의 종류

Point

형용사는 그 의미와 쓰임에 따라 지시형용사/소유형용사/수량형용사/서수/기수/성질형용사가 있으며,
이렇게 서로 다른 종류의 형용사들을 한 번에 나열할 때는 배열하는 순서가 정해져 있으므로 주의해야 한다.

1 형용사의 종류와 순서

❶ **형용사는 다음 순서대로 배치한다.**

형용사들을 나열할 때는 각 형용사의 종류별로 하나씩만 쓸 수 있다.

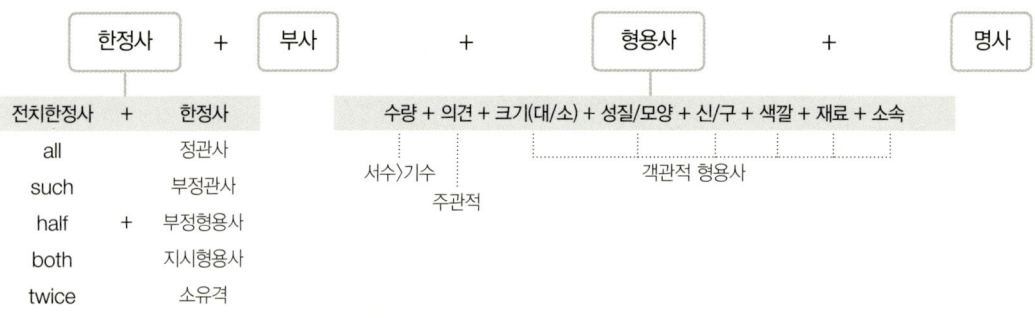

| 한정사 | + | 부사 | + | | 형용사 | | + | 명사 |

전치한정사 + 한정사 　　　　　수량 + 의견 + 크기(대/소) + 성질/모양 + 신/구 + 색깔 + 재료 + 소속

all 　　　　　정관사
such 　　　　부정관사 　　　서수>기수 　　　　　　　　　객관적 형용사
half 　　+　 부정형용사 　　　　　　주관적
both 　　　　지시형용사
twice 　　　소유격

We need to purchase a (large, largely) round red wooden table.

일반적으로 형용사를 수식하는 것은 부사이지만 수식하는 형용사의 종류가 다를 경우에는 부사가 아닌 형용사를 써서
'크고 둥근 ~ 테이블'이라는 의미가 되어야 하므로 정답은 large이다.

해석 우리는 크고 둥근 빨간 나무 테이블을 사야 한다.

❷ **형용사의 종류**

형용사의 종류	쓰임	예
지시형용사	사람이나 사물을 지칭	this, that, these, those
소유형용사	소유격	my, your, her, his, our, their
수량형용사	수나 양을 표현	some, any, little/few, many/much, each, every, half, all, both, double
서수 + 기수	사물의 수량이나 순서	one, two, first, thirteenth, once, double, last, next
성질형용사	사람이나 사물의 특성	pretty, right, fat

---

two (next, following) weeks

한정사인 next는 수량을 나타내는 형용사인 기수 two 뒤에 위치할 수 없으므로 일반형용사인 following이 정답이다.

해석 다음 2주

2 한정사 앞에는 형용사가 올 수 없다. 한정사 앞에는 부사가 온다.

Lineage is (absolute, absolutely) the best video game ever.

관사 앞에는 형용사가 올 수 없으므로 빈칸에는 부사인 sbsolutely가 위치해야 한다.

해석 리니지는 확실히 지금까지 나온 것 중 가장 인기 있는 비디오 게임이다.

3 수량형용사는 명사의 역할을 하는 대명사의 기능도 있다.

🔵 **Many / Much like it.** 많은 사람들이 이것을 좋아한다.

= Many people

4 명사에 -ly를 붙여서 만든 형용사

[형용사 + -ly]는 부사이지만, [명사 + -ly]는 형용사로 be동사 뒤나 명사 앞에 올 수 있다.

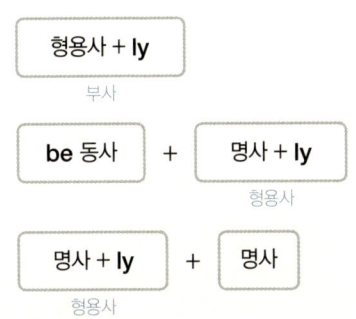

형용사 + ly
부사

be 동사	+	명사 + ly
		형용사

명사 + ly	+	명사
형용사		

monthly 매달의	friendly 친절한
costly 값비싼	timely 시기가 적절한

 시험에 이렇게 나온다! ▶ 형용사의 형태

접미사	의미	형용사	
-able, -ible	가능	avaliable 이용 가능한	edible 먹을 수 있는
-fic, -ive, -ory	능동, 소유	terrific 무서운	satisfactory 만족스러운
-ful, -y, -ous, -lent	풍부한, 가득한	successful 성공적인	famous 유명한
-al , -ic	~의(관련)	formal 공식적인	historic 역사적인
-ant, -tic	~특징(을 가진)	reliant 의존하는	energetic 열정적인

Step 1 | 밑줄 친 형용사들이 어떤 순서로 배치되었는지 설명하세요.

01 Sales manager Gregory Gallas is willing to take risks yet maintains a <u>steady economic</u> progress.

02 To celebrate its opening day, Dana's Diner is offering desserts to its customers with absolutely <u>no additional</u> charge.

03 Mr. Quinn is confident that he will receive assurance from <u>his commercial</u> contacts.

Step 2 | 보기 중 알맞은 것을 고르세요.

01 Hewitt-Park decided to add cameras and other digital appliances to its ------- product line.

(A) now   (B) current

02 Of the 450 applicants who applied this month, ------- had more credentials than Villarreal.

(A) few   (B) little

03 Profit forecasts were down sharply from those ------- forecasts, due to high fuel costs.

(A) original   (B) originally

Step 3 | 빈칸에 알맞은 것을 고르세요.

01 If any employee needs private health insurance, they should inform Human Resources in a ------- manner.

(A) timed
(B) timely
(C) timing
(D) time

02 ------- employee interested in participating in this week's training session should contact Mr. Perze on extension 1543.

(A) Both
(B) Any
(C) Few
(D) All

LESSON

05 사람형용사 vs 사물형용사

Point

토익에서 형용사 어휘 문제는 어원이 동일해도 사람을 수식하느냐 사물을 수식하느냐에 따라 답이 다른 유사 형용사 어휘 문제가 자주 출제된다.

사람형용사	사물형용사
considerate 사려 깊은	considerable 상당한, 중요한
understanding 이해심이 많은	understandable 이해할 수 있는
argumentative 따지기 좋아하는	arguable 논쟁의 여지가 있는
respectable 존경받을 만한	respective 각각의

예제

I am ------- that he will attend the meeting.

(A) complete   (B) confident   (C) obvious   (D) definite

▶ 보기가 모두 '확실한'이라는 의미이지만 사람명사를 수식하는 형용사인 (B)가 정답이다.
● 저는 그가 미팅에 참석할 것임을 확신합니다.

정답 (B)

---

1 ## 사람을 주로 수식하는 형용사

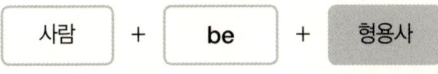

| 사람 | + | be | + | 형용사 |

anxious 갈망하는	keen / eager 열망하는	reluctant ~하기를 꺼려 하는
willing 기꺼이 ~하려 하는	generous 관대한	polite 예의바른

---

2 ## 감정동사의 분사형용사

① 사람만 주어로 받는 형용사

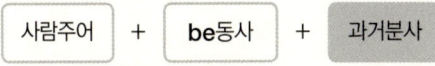

| 사람주어 | + | be동사 | + | 과거분사 |

interested 흥미 있는, 관심있는	pleased 기쁜	embarrassed 부끄러운, 당혹스런
disappointed 실망한	satisfied 만족한	surprised 놀란
excited 흥분된	impressed 깊은 인상을 받은, 감동한	

Ex We were all **excited** at the arena. 경기장에서 우리 모두 흥분했다.

② 사물만 주어로 받는 형용사

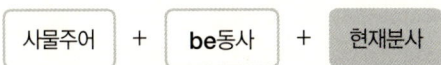

| 사물주어 | + | be동사 | + | 현재분사 |

interesting 흥미로운, 재미있는	entertaining 즐겁게 해주는	embarrassing 당혹스럽게 하는
disappointing 실망스러운	satisfying 만족시키는	surprising 놀라운
exciting 흥분시키는	fascinating 흥미로운	

Ex His exam results were **disappointing**. 그의 시험 결과는 실망스러웠다.

형용사 어휘 문제는 문장 중에 답을 결정하는 단어를 찾아야 한다.

The ------- atmosphere at Tapas makes it popular.	
(A) pleasant	시간, 경험, 분위기 등
(B) tender	빵, 질감 등
(C) confident	사람
(D) fragile	물건, 소포, 깨지는 것 등

형용사가 수식하는 대상은 atmosphere, 즉 '분위기'이므로 이를 꾸며주는 적절한 형용사인 (A)가 정답이다.

해석 유쾌한 분위기 때문에 타파스는 인기가 있다.

 시험에 이렇게 나온다! ▶ 형용사의 형태

1. enough의 위치
   ❶ 명사 앞 ❷ 형용사 뒤 ❸ 동사 뒤 ❹ to부정사 앞

   Ex We have <u>enough time</u> to prepare the event. 우리는 그 행사를 준비하는 데 시간이 충분히 있다.
   It's not <u>efficient enough</u> to meet our expectation. 우리의 기대에 부응하기에는 충분히 효율적이지 않다.

2. 형용사의 역할을 대신해주는 수식어구들
   ❶ 분사형용사   **Ex** a **broken** fax machine. 고장 난 팩스기
   ❷ 전치사 + 추상명사   **Ex** **of importance** = important 중요한
   ❸ 소유격   **Ex** The review is in **today's** paper. 그 논평은 오늘 신문에 실렸다.

Step 1 | 사람 수식 형용사와 사물 수식 형용사를 구분해 빈칸에 알맞은 것을 고르세요.

01 He is a ------- man.

(A) considerable   (B) considerate

02 The Customer Service department received a bonus for their ------- work.

(A) excellent   (B) interested

03 Sales in the Southern region have been ------- this year.

(A) disappointed   (B) disappointing

Step 2 | 보기 중 알맞은 것을 고르세요.

01 PDSVA provides a secure storage service of ------- documents.

(A) confident   (B) confidential

02 Mr. Thompson's speech is always a pleasure to listen to because he frequently describes some of his ------- experiences from the past.

(A) fascinating   (B) fascinated

03 Our executive director was ------- to hear that Dr. Grey joined our company to co-develop a new source of energy.

(A) convenient   (B) pleased

Step 3 | 빈칸에 알맞은 것을 고르세요.

01 Nestled in the pristine Alpine Ranges, Craig Hill Corporate Lodge is a ------- setting for corporate venues and retreats.

(A) perfect
(B) perfectly
(C) perfectness
(D) perfection

02 The process of the development of the new product design shown in the presentation was clear and -------.

(A) understand
(B) understanding
(C) understandably
(D) understandable

06 주의해야 할 수량형용사

Point

수량형용사는 뒤에 따라오는 명사의 수에 일치해야 한다.

1 수량형용사와 명사의 수일치

각 수량형용사가 어떤 명사를 수식할 수 있는지 알아야 한다.

수량형용사	단수 가산명사	복수 가산명사	불가산명사
every / each / one	O	X	X
any	O	O	O
the other	O	O	X
many / numerous / a number of / few / a few / fewer / multiple / several / various / a variety of / both / 수사	X	O	X
much / a great deal of / little / a little / less	X	X	O
a lot of / lots of / plenty of / all / most / some / enough / other	X	O	O
another	O	X	X
each of / one of	X	O	X

2 부분대명사

| 수량형용사 | + | of | + | 특정 명사 |

❶ 특정 명사라 함은 정관사 the, 지시형용사, 소유격 등을 동반한 명사이다.

❷ 뒤에 위치한 특정 명사의 수에 따라 수량형용사를 선택한다.

Ex **a few of** the tables 탁자들 몇 개   [a few of + 복수 가산명사]

    a little of your coffee 네 커피 조금   [a little of + 불가산명사]

 [주의] each of (O) every of (X)

3 지시형용사, 수량형용사, 소유격은 관사를 대신한다.

I bought (every, single) book in this series.

가산명사 book이 단수로 쓰였으므로 관사를 필요로 한다. 수량형용사 every는 관사를 대신할 수 있으며 단수명사를 수식하는 것이 가능하므로 every가 정답이다. 일반 형용사가 정답이 되기 위해서는 관사가 추가로 필요하다.

해석 나는 이 시리즈의 전 권을 샀다.

4 **보기에 형용사와 분사형용사가 있다면 형용사가 정답이다.**

❶ **본래 품사 우선의 원칙** be동사 뒷자리, 명사 앞자리 등 형용사 자리에는 본래의 형용사가 우선된다.

❷ **예외적으로 분사형용사가 답이 되는 경우**

  • 형용사의 형태가 따로 없는 경우 ⓔⓧ interesting
  • 형용사에 동사의 뜻이 추가될 때 ⓔⓧ broken

Ally's Clothing Co. has hired (diverse, diversified) people from all over the world.

동사 다음에 오는 명사를 수식하는 형용사의 자리이다. diverse(다양한)는 people, nature, color, trees 등을 수식하며, diversified(인위적인 과정을 거쳐서 다각화된)는 product, service 등을 수식한다. 문맥상 정답은 diverse이다.

해석 앨리 의류 회사는 전 세계에서 온 다양한 인재들을 채용한다.

시험에 이렇게 나온다! ▶ most / most of / mostly / almost

1. **[most + 복수 가산명사 / 불가산명사]** 대부분의 ~
   ⓔⓧ **Most people** enjoy being in a speeding car. 대부분의 사람들이 차의 속도감을 즐긴다.

2. **[the most + 형용사]** 가장 ~한
   ⓔⓧ Soccer is one of the **most popular** sports. 축구는 가장 인기 있는 스포츠 중 하나이다.

3. **[most of + 특정 명사]** ~의 대부분
   of 뒤의 명사와 동사를 수일치시킨다.
   ⓔⓧ I invited all of my students to the party, and **most of them** came to the party.
   파티에 우리 학생들을 모두 초대했는데, 그들 대부분이 파티에 왔다.

4. **mostly** (부사) 대부분
   명사를 직접 수식하는 부사이다.
   ⓔⓧ They are **mostly men**. 대부분이 남자들이다.

5. **almost** (부사) 거의
   부사 almost는 명사를 수식하지 못하며 수사나 수량형용사 앞에 온다.
   ⓔⓧ **Almost all** the users control their computers by using this.
   거의 모든 사용자들이 이것을 써서 컴퓨터를 컨트롤한다.

Step 1 | 빈칸에 알맞은 수량의 형용사를 고르세요.

01 As one of the leading online malls, Mona only offers coupons instead of ------- discounts to its online customers.

(A) other   (B) another

02 Please share ------- your concerns with your doctor.

(A) each   (B) all

03 ------- of his former supervisors provided very favorable recommendations.

(A) Those   (B) Both

Step 2 | 보기 중 알맞은 것을 고르세요.

01 ------- of the new employees has received guidelines to read before the tour of the facilities.

(A) Most   (B) Each

02 You are asked to finish reviewing ------- of the contract terms before submitting the final version.

(A) all   (B) every

03 ------- the museum members receive 50% discounts on special exhibitions.

(A) Most   (B) Most of

Step 3 | 빈칸에 알맞은 것을 고르세요.

01 The most popular photocopier on the market contains ------- of the innovative features including fast copying and quiet functioning.

(A) some
(B) much
(C) little
(D) every

02 A recent consumers' report has shown that ------- customer feels confident about the economy.

(A) other
(B) only
(C) even
(D) each

LESSON 07 외워두어야 할 형용사 관용표현

Point 토익에서 출제되는 형용사 어휘 문제는 사람 수식과 사물 수식을 구별하는 것과 [be + 형용사 + 전치사] 숙어 문제가 대부분이다.

1 be동사 + 형용사 + for

be famous for ~로 유명하다	be honored for ~에 대해 표창을 받다
be responsible for ~에 책임이 있다	be ideal for ~에 이상적이다
be eligible for ~에 자격이 있다	be suitable for ~에 적합하다
be necessary for ~에 필요하다	be valid for ~에 유효하다, 타당하다

2 be동사 + 형용사 + of

be afraid of ~을 두려워하다	be confident of ~에 자신 있다
be full of ~로 가득 차다	be aware of ~을 인식하다, 알다
be critical of ~을 비난하다, 비평하다	be capable of ~에 유능하다

3 be동사 + 형용사 + with

be associated with ~과 연계하다	be compatible with ~에 부합하다, 호환되다
be complete with ~을 갖추다, 완비하다	be consistent with ~과 조화를 이루다
be comparable with ~과 비교하다	be pleased with ~에 기쁘다

4 be동사 + 형용사 + to

be accessible to ~에 접근 가능하다	be beneficial to ~에 이득이 되다
be accustomed to ~에 익숙하다	be adjacent to ~에 인접하다
be comparable to ~에 필적할 만하다	be attractive to ~에게 매력적으로 느껴지다
be devoted to ~에 헌신하다	be entitled to ~할 자격이 있다

5 be동사 + 형용사 + to부정사

be able to do ~할 수 있다	be eligible to do ~할 자격이 있다
be willing to do 기꺼이 ~하려 하다	be supposed to do ~하기로 되어 있다
be entitled to do ~할 자격이 있다	be difficult to do ~하기 어렵다
be likely to do ~하기 쉽다	be pleased to do ~해서 기분이 좋다

시험에 이렇게 나온다! ▶ every/another + 수사 + 복수명사

1. [every + 수사 + 복수명사] ~마다 (반복)
   - Ex I visit her house <u>every two weeks</u>. 나는 2주마다 그녀의 집을 방문한다.

2. [another + 수사 + 복수명사] 다시, 또, 다음 (추가)
   - Ex I have to read <u>another seven books</u>. 책 7권을 더 읽어야 해.

★ [each of + 한정사 + 복수명사/대명사]
every of them (X)   <u>every one of</u> **them** (O)   <u>each of</u> **them** (O)   <u>each one of</u> **them** (O)

Step 1 | 다음 문장에서 숙어를 찾아 표시하세요.

01 Before becoming known for his novels, writer Jack Howell was famous for narrative poems.

02 All of our designs are compliant with both our specifications and all industry safety standards.

03 It would be advisable to conduct further research before you make any decision.

Step 2 | 보기 중 알맞은 것을 고르세요.

01 The Research and Development department is ------- that the new cuddly toy will be a hit this Christmas.

   (A) optimistic   (B) optimistically

02 While Ms. Ferdinand was organizing a team, Mr. Baldwin was ------- for contacting the clients.

   (A) responsible   (B) powerful

03 The penthouse of Hotel El Dorado is ------- for its spectacular view of the sea.

   (A) actual   (B) notable

Step 3 | 빈칸에 알맞은 것을 고르세요.

01 Any server who has worked at ABC Restaurant for more than five years is ------- to apply for the manager position.

   (A) eligible
   (B) possible
   (C) measured
   (D) controlled

02 Due to the government's recent policy changes, the manufacturing company is no longer ------- to cope with current market demand.

   (A) able
   (B) eligible
   (C) capable
   (D) probably

Practice Test

01 Ms. Graham hired a new assistant who is
------- with translation.
(A) proficiently   (B) proficiencies
(C) proficiency   (D) proficient

02 The company lowered its production cost so
that the new sleeping pill could be ------- to
everyone.
(A) affordable   (B) affording
(C) affords   (D) afford

03 Keller Furniture Company is planning to
renovate the ------- factory on Church
Street.
(A) vacant   (B) vacantly
(C) vacate   (D) vacancy

04 Please give us a ------- introduction of
yourself before we start the actual interview
for the managerial position.
(A) briefed   (B) briefing
(C) briefly   (D) brief

05 Robin Raymond is currently learning acting
to become a cast of an ------- role in an
action movie.
(A) excite   (B) exciting
(C) excited   (D) excitably

06 Jeremy has worked in the London branch
for ------- years and is a valued employee of
the company.
(A) a lot   (B) various
(C) several   (D) some of

07 During the governor's speech, both firemen
and the police officers should be ready for
any incidents at ------- times.
(A) every   (B) all
(C) much   (D) any

08 Starks is the ------- distributor of home
appliances for the Southern and Western
states of the U.S.A.
(A) leading   (B) leader
(C) leadership   (D) leads

09 After you return from the bus tour, you can
spend a few hours on a ------- shore.
(A) next   (B) nearby
(C) closest   (D) brief

10 Our homepage can be translated into many
languages to attract a ------- group of
clients.
(A) diverse   (B) diversity
(C) diversely   (D) diversify

11 The new changes to the facility will cut
approximately $5 million from the company's
------- annual production costs.
(A) total   (B) totaling
(C) totals   (D) totaled

12 Your visit to Korea would not be -------
without a tour of the National Museum.
(A) completion   (B) completing
(C) completes   (D) complete

CHAPTER

05

동사

Point

❶ 하나의 문장에서 본동사의 개수는 하나

> **Ex** The warranty for this model **expired** three months ago.
> 이 모델의 보증 기간은 3개월 전에 만료되었습니다.

❷ 동사의 개수 = 접속사의 수 + 1

> **Ex** Ms. Lee **completed** these courses that she **needed** for a nursing certification.
> 이 씨는 간호사 자격증에 필요한 이 과정들을 완료했습니다.

1 능동태와 수동태

❶ 능동태는 주어가 '직접 ~하다'라는 의미이다.

> **Ex** We will **build** a house. 우리가 집을 지을 것이다.

❷ 수동태는 주어가 행위의 주체가 아니라 '외부에 의해 ~하게 된다'라는 의미이다.

> **Ex** The house **was built** (by us). 집이 (우리에 의해) 지어졌다.

2 동사의 형식

동사는 목적어의 유무로 구분하는데 목적어가 있는 동사는 타동사, 목적어가 없는 동사는 자동사이다.

1형식	주어 (S) + 동사 (1V)			자동사 목적어를 가지지 않는 동사들
2형식	주어 (S) + 동사 (2V) +	주격보어 (C)		
3형식	주어 (S) + 동사 (3V) +	목적어 (O) ~을		타동사 목적어를 가지는 동사들
4형식	주어 (S) + 동사 (4V) +	간접목적어 (IO) ~에게 +	직접목적어 (DO) ~을	
5형식	주어 (S) + 동사 (5V) +	목적어 (O)	목적격 보어 (OC)	

시험에 이렇게 나온다! ▶ **자동사 vs 타동사 구별**

같은 의미라도 [자동사+(전치사)] vs [타동사 + 목적어(명사, 명사상당어구)]로 구별할 수 있다.

우리는 마지막 목적지에 도착했다.

[자동사] We **arrived in** our final destination.
[타동사] We **reached** our final destination.

나는 그 행사에 참석해야 한다.

[자동사] I need to **participate in** the event.
[타동사] I need to **attend** the event.

Step 1 | 다음 문장에서 동사를 찾아 표시하세요.

01 They work eight hours on weekdays.

02 He knows how to drive a car.

03 He studied hard when he was in high school.

Step 2 | 보기 중 알맞은 것을 고르세요.

01 These letters of recommendation ------- not approved unless they have been signed by your supervisor.

(A) are   (B) being

02 Our secretary, Christine Murray, ------- all incoming calls from 9 AM to 6 PM.

(A) answers   (B) responds

03 The company will ------- all employees to attend the meeting.

(A) be asked   (B) ask

Step 3 | 빈칸에 알맞은 것을 고르세요.

01 The price of a home inspection ------- both labor and maintenance costs.

(A) includes
(B) including
(C) include
(D) is included

02 The final contract details ------- to our offices in Hongkong yesterday.

(A) were sent
(B) to send
(C) send
(D) sending

02 자동사 vs 타동사

Point

❶ 자동사
- 자동사는 목적어 없이 단독으로 문장을 완성한다.
- 일부 자동사는 전치사와 함께 쓰여 전치사의 목적어로 명사를 가져와 타동사와 유사하게 사용된다.

❷ 타동사
- 타동사는 항상 목적어와 함께 쓰인다. 3형식 동사는 목적어가 1개, 4형식 동사는 목적어가 2개이다.

1 자동사는 수동태로 쓸 수 없다.

• 대표적인 자동사

arrive	depart	leave	speak	talk
be	become	get	smell	feel
happen	occur	result	prove	remain

🅴🆇 He **arrived**. (○)   He was arrived. (×)
그는 도착했다.

2 타동사의 목적어는 명사 혹은 명사 상당어구(to부정사구, 동명사구, 명사절)이다.

주어 + 타동사 + 명사 목적어	We guarantee **the quality** of our products. 우리는 저희 제품의 품질을 보장합니다.
주어 + 타동사 + to부정사구	We decided **to conduct an online survey**. 우리는 온라인 설문조사를 실시하기로 결정했다.
주어 + 타동사 + 동명사구	She finished **writing the statement**. 그녀는 연설문 작성을 끝냈다.
주어 + 타동사 + that절	I hope **that you can visit us next week**. 나는 네가 다음 주에 우리한테 와주었으면 좋겠어.

3 타동사는 수동태로 쓸 수 있다.

타동사는 목적어를 주어 자리에 위치시키고 동사를 [be + p.p.] 형태로 바꾸어 수동태로 쓰는 것이 가능하다.

[능동태] The board of directors **appointed** him as a new president.

 이사회는 그를 신임사장으로 임명했다.

[수동태] He **was appointed** by the board of directors as a new president.

 목적어를 하나만 받는 3형식 동사가 수동태가 되면, 목적어가 주어 위치로 이동하기 때문에 따로 목적어를 받지 않는다.

시험에 이렇게 나온다! ▶ 동사원형을 사용하는 경우

1. 조동사 + 동사원형
2. 부정 명령문의 Don't + 동사원형
3. 명령문 Please + 동사원형
4. 주장/요구/제안/충고의 동사 + that + 주어 + (should) + 동사원형
5. It is + 필요/당위성 형용사 + that + (should) + 동사원형
6. 시간과 조건의 의미를 나타내는 접속사의 종속절에서는 현재 시제가 미래의 의미를 대신한다.

Step 1 | 다음 문장에서 자동사를 찾아 표시하세요.

01 I go to church on weekends.

02 He will come to my house.

03 Whatever may happen, I will not change my mind.

Step 2 | 보기 중 알맞은 것을 고르세요.

01 The international conference will ------- in Seoul over the weekend.

(A) take place　　　　　　(B) be taken place

02 When the clients ------- the conference center, the president's welcoming speech had just finished.

(A) arrived　　　　　　(B) reached

03 Financial companies ------- for qualified candidates are experiencing many problems.

(A) looking　　　　　　(B) expecting

Step 3 | 빈칸에 알맞은 것을 고르세요.

01 Employees at the Hilton Hotel ------- on rotating shifts to provide 24-hour room service.

(A) work
(B) workers
(C) working
(D) works

02 The shipment of new items and seasonal products should ------- early tomorrow before the store opens.

(A) arriving
(B) arrival
(C) arrive
(D) arrived

117

LESSON 03 동사 문제 풀이 순서

Point

❶ 구조 분석: 주어와 본동사 찾기

❷ 구조 분석을 토대로 빈칸이 동사 자리인지 확인하기

❸ 수일치: 주어가 단수인지, 복수인지 확인하기

❹ 보기에 제시된 동사가 자동사인지 타동사인지 확인하기

❺ 태: 빈칸 뒤에 목적어의 유무 확인하기

❻ 시제: 시간부사나 접속사로 동사의 시제 파악하기

---

1 자동사와 타동사의 기본 개념

❶ 하나의 문장에는 하나의 동사만 존재한다.

❷ 자동사는 목적어를 가지지 않는다.

❸ 타동사는 목적어를 갖는다.

목적어 유무	자동사인 경우		타동사인 경우	
	○	×	○	×
능동태/수동태 확인	자동사 + 전치사 (능동)	자동사 (능동)	타동사 (능동)	타동사 (수동: be + p.p.)

2 조동사는 동사가 아니다.

❶ 조동사: can, will, may, shall, must 등

❷ 조동사는 동사 앞에서 시제를 나타내거나 의문문, 부정문을 만든다. 조동사 뒤의 동사는 동사원형의 형태로 쓰인다.

> Our consultants should ------- company clients with a smile and a welcome greeting.
>
> (A) to acknowledge (B) acknowledging (C) acknowledge (D) acknowledged

빈칸은 조동사 should의 뒷자리이므로 동사원형인 (C)가 정답이다.

해석 우리 컨설턴트들은 미소와 환영 인사로 회사 고객들을 맞이해야 합니다.

정답 (C)

 조동사에는 다음과 같은 '일반 조동사'도 존재한다.

일반 조동사	기능
be동사	be + -ing [진행 시제] be + p.p. [수동태]
have동사	have + p.p. [완료 시제]
do동사	의문문(do, does, did), 부정문, 강조 구문

시험에 이렇게 나온다! ▶ 동사 문제 풀이 단계

1. 본동사 찾기 + 수일치 확인하기

2. 자/타동사 확인 + 목적어 확인 ⇨ 태 지정

3. 시제 확인하기

Step 1 다음 문장에서 타동사와 목적어를 찾아 표시하세요.

01 I submit the proposals.

02 He gives a presentation.

03 His advice supported my decision to go abroad.

Step 2 보기 중 알맞은 것을 고르세요.

01 Students are required to ------- a term paper.

(A) submit   (B) submit with

02 The number of sales of our brand new mp3 player is ------- to exceed that of its previous model.

(A) expect   (B) expected

03 The policy requires new employees to ------- the orientation program.

(A) register   (B) enroll

Step 3 빈칸에 알맞은 것을 고르세요.

01 We offer all our customers a special service plan that ------- the life of the warranty by an additional two years.

(A) extend
(B) extends
(C) extended
(D) extending

02 When Henderson Enterprises ------- its auto-mobile division, a number of senior managers were let go.

(A) was restructured
(B) restructures
(C) was restructuring
(D) to restructure

04 자동사

Point

> 자동사에는 1형식 완전자동사와 2형식 불완전자동사가 존재한다.

1 · 1형식 완전자동사

| 주어 | + | 자동사 |

❶ 주어 + 1형식 완전자동사

> Ex The interest rates will <u>rise</u>. 금리는 오를 것이다.

❷ 주어 + 1형식 완전자동사 + 수식어구[부사]

> Ex He <u>speaks</u> loudly. 그는 큰 소리로 말한다.

❸ 주어 + 1형식 완전자동사 + 수식어구[전치사 + 명사]

> Ex Mr. Lee <u>applied</u> for a job. 이 씨는 일자리에 지원했다.

• 1형식 완전자동사

arrive 도착하다	**rise** 떠오르다	**speak / talk** 말하다	**live** 살다	**travel** 여행하다
exist 존재하다	**look** 보다	**work** 일하다	**come** 오다	**react** 반응하다
stay 머무르다	**go** 가다	**begin** 시작하다	**reside** 거주하다	**take place** 일어나다

2 · 2형식 불완전자동사

| 주어 | + | 자동사 | + | 보어 |

❶ 주어 + 2형식 불완전자동사 + 명사(구, 절) 보어 주어와 명사가 동격이다.

> Ex Mr. Kim **is** a hotel manager. 김 씨는 호텔 매니저이다.
>> ▶ Mr. Kim = a hotel manager

❷ 주어 + 2형식 불완전자동사 + 형용사(구) 보어 형용사가 주어의 상태나 성격 등을 보충 설명한다.

> Ex Mr. Kim **is** diligent. 김 씨는 부지런하다.
>> ▶ 형용사 diligent가 주어 Mr. Kim의 성향에 대해 설명해주고 있다.

• 2형식 불완전자동사

2형식 동사의 종류	의미	빈출 동사
be동사류 (상태, 유지)	~이다, ~한 상태이다	**be, keep, remain, stay, last**
상태의 변화를 나타내는 동사	~되다	**become, get, turn, grow**
의견, 판단의 동사	~인 것 같다, ~처럼 보이다	**seem, appear**
지각동사	~한 맛/냄새/소리/느낌이다	**taste, smell, sound, feel, look**
판명, 입증의 동사	~인 것으로 판명 나다	**prove, turn out**

 다음의 2형식 동사들은 to부정사를 보어로 취할 수 있는 빈출 동사이다.

be	remain	seem	turn out	prove

> Ex He **seemed to** have confidence in his analysis. 그는 그의 분석에 확신을 가지고 있는 것 같았다.

Step 1 | 다음 문장에서 동사를 찾아 동사의 종류(1형식/2형식)를 구별하세요.

01 The sun rises in the East.

02 He is a vice president.

03 Everyone seems quite busy except us.

Step 2 | 보기 중 알맞은 것을 고르세요.

01 Anyone with an interest in board games may ------- in all related activities in the basement of the Frieze Building.

(A) participate   (B) attend

02 The seventh annual International Business Meeting will be ------- in Vienna, Austria, on November 21-25, 2020.

(A) remained   (B) held

03 Since computers ------- out-of-date so rapidly, many users are spending a lot of money on upgrading them.

(A) become   (B) are become

Step 3 | 빈칸에 알맞은 것을 고르세요.

01 Although Panasonic is best known for its electronic devices, it also ------- in large-scale machinery manufacturing.

(A) specializes
(B) specialization
(C) specialty
(D) specializing

02 Although Leaders Realm has doubled its profit compared to last year, the salaries of its sales staff members ------- the same as last year.

(A) is remaining
(B) have remained
(C) to remain
(D) were remained

Point

- 3형식 타동사는 목적어를 취하는 동사로 뒤에는 명사 및 명사 상당어구에 해당하는 목적어가 와야 한다.
- 단, 수동태가 되면 3형식 타동사 뒤에 있던 목적어는 주어 자리로 옮겨가기 때문에 목적어가 없게 된다.

1

3형식 타동사

| 주어 | + | 타동사 | + | 목적어 |

타동사가 있는 문장은 주어와 동사 그리고 그 동작에 영향을 받는 목적어를 필요로 한다. 3형식 타동사의 목적어로는 명사와 명사 상당어구인 to부정사, 동명사, 명사절 등이 오며, 목적어 다음에 수식어구가 오기도 한다.

❶ | 주어 | + | 3형식 타동사 | + | 명사 목적어 |

 Ex He already **reviewed** the fiscal report.
   그는 이미 재무보고서를 검토했다.

❷ | 주어 | + | 3형식 타동사 | + | 명사 목적어 | + | 수식어구(전치사 + 명사) |

 Ex This letter **advertises** the opening of a new store.
   이 편지는 새로운 상점 개업을 광고한다.

❸ | 주어 | + | 3형식 타동사 | + | to부정사 목적어 |

 Ex Mr. Shaw has **decided** to leave the company.
   쇼 씨는 회사를 떠나기로 결정했다.

❹ | 주어 | + | 3형식 타동사 | + | 동명사 목적어 |

 Ex Walter **suggested** having a five-minute break.
   월터 씨는 5분의 휴식시간을 갖자고 제안했다.

❺ | 주어 | + | 3형식 타동사 | + | 명사절 |

 Ex Mrs. McKenzie **said** that she was going to be out of office tomorrow due to several meetings. 맥킨지 씨는 몇 차례 회의가 있기 때문에 내일 사무실을 비우게 될 것이라고 말했다.

• 빈출 3형식 타동사

| **attend** 참석하다 | **indicate** 나타내다 | **review** 검토하다 | **show** 보여주다 |
| **provide** 제공하다 | **submit** 제출하다 | **receive** 받다 | **discuss** 토론하다, 논의하다 |

2

3형식 타동사는 수동태가 가능하다.

3형식 타동사는 전치사 없이 바로 목적어를 가지는데, 3형식 타동사의 수동태는 목적어 없이 문장이 끝나거나 전치사를 받기도 하므로 자동사와 혼동하지 않도록 주의하자.

💬 The customer service department **handles** customer's requests.

→ Customer's requests are **handled** (by the customer service department).

고객 서비스부는 고객의 요구를 다룹니다.

시험에 이렇게 나온다! ▶ 의미가 유사한 자동사와 타동사

자동사 + (전치사)	타동사	의미	자동사 + (전치사)	타동사	의미
speak/talk to	say / tell / discuss	말하다	result in	cause	야기하다
consist of	compose	구성하다	grow	expand	커지다
arrive at / in	reach	도달하다	stop at	visit	방문하다
look at	see	보다	rise	raise	오르다
look for	search	찾다	listen to	hear	듣다
look over	review	검토하다	decrease / fall	reduce / cut	감소하다
respond to	answer	응답하다	surge	boost	급증하다
participate in	attend	참석하다	proceed	forward	나아가다

Step 1 | 다음 문장에서 동사의 쓰임에 유의하여 오류를 찾아 표시하세요.

01 We will discuss about the difficult issue next time.

02 He disclosed about the secret to his friend.

03 Starting next week, all employees at Tula Inc. are eligible to attend in yoga classes.

Step 2 | 보기 중 알맞은 것을 고르세요.

01 You ------- your account.

(A) access   (B) approach

02 He ------- a question about employment.

(A) raised   (B) rose

03 The team ------- of ten experts.

(A) consisted   (B) composed

Step 3 | 빈칸에 알맞은 것을 고르세요.

01 Our marketing expert ------- her new analysis in last month's issue of *Asian Market Trends*.

(A) present
(B) will present
(C) was presented
(D) presented

02 Most economists ------- that natural disasters occurring in the Southeastern regions of Asia will drop Asia's overall currency value.

(A) prediction
(B) predicted
(C) predictable
(D) are predicted

LESSON 06 타동사 ❷ 3형식 타동사의 목적어

Point

3형식 타동사 중에는 to부정사와 동명사 둘 중 하나만 특정해서 목적어로 갖는 동사들이 있다. 이런 동사들은 따로 암기해 두어야 한다.

1 미래, 요구, 명령 등의 의미를 갖는 3형식 타동사들은 to부정사 목적어를 갖는다.

• to부정사를 목적어로 받는 3형식 타동사

want to부정사 ~하기를 원하다	**hope to**부정사 ~하기를 희망하다
decide to부정사 ~하기로 결정하다	**promise to**부정사 ~하기로 약속하다
fail to부정사 ~하기를 실패하다	**ask to**부정사 ~하기를 요청하다

2 과거, 완료, 중단, 연기, 부정의 의미를 갖는 3형식 타동사들은 동명사를 목적어로 갖는다.

• 동명사를 목적어로 받는 3형식 타동사

enjoy 동사ing ~하는 것을 즐기다	**mind 동사ing** ~하는 것을 꺼려하다
suggest 동사ing ~하는 것을 제안하다	**deny 동사ing** ~한 것을 부인하다
finish 동사ing ~하는 것을 끝내다	**delay 동사ing** ~하는 것을 미루다
consider 동사ing ~하는 것을 고려하다	**discontinue 동사ing** ~하는 것을 중지하다
quit 동사ing ~하는 것을 그만두다	

3 3형식 타동사 중 사람의 감정을 나타내는 동사들을 감정동사라 부른다.

• 감정동사(감정유발 타동사)

amaze 놀라게 하다	**tire** 피곤하게 하다	**entertain** 즐겁게 해주다
confuse 혼란스럽게 하다	**delight / please** 크게 기쁘게 하다	**depress** 낙담시키다
disappoint 실망시키다	**embarrass** 난처하게 하다	**exhaust / tire** 지치게 하다
fascinate 매혹시키다	**impress** 깊은 인상을 주다. 감명을 주다	**interest** 흥미를 갖게 하다
trouble 괴롭히다	**motivate** 동기를 부여하다	**overwhelm** 압도하다
surprise 깜짝 놀라게 하다		

⚠️ 감정동사는 주어가 사람인지 사물인지에 따라 능동형 혹은 수동형으로 사용할지를 결정한다.

• 사람주어 〈 감정을 느끼는 주체: 수동태
  Ex I am **interested** in the full-time position. 나는 그 정규직에 관심이 있다.

• 사물주어 〈 감정을 느끼게 하는 원인: 능동태
  Ex **This novel** is very **interesting** to me. 이 소설은 매우 재미있습니다.

Step 1 | 동사의 목적어가 to부정사인지 동명사인지 고르세요.

01 He has not yet finished ------- the research.

(A) to conduct   (B) conducting

02 Would you mind ------- off the light?

(A) to turn   (B) turning

03 Mr. Shaw has decided ------- the company at the end of next month.

(A) to leave   (B) leaving

Step 2 | 보기 중 알맞은 것을 고르세요.

01 The news is so -------.

(A) worrying   (B) worried

02 He is ------- in the work.

(A) interested   (B) interesting

03 Employees at Thyssen Krupp were ------- when they received less funding than last year.

(A) disappointing   (B) disappointed

Step 3 | 빈칸에 알맞은 것을 고르세요.

01 Engineers are expected to ------- the malfunctions of the newly developed software completely and flawlessly.

(A) arrive
(B) address
(C) satisfy
(D) become

02 Stores in the Southern region are reporting that our brand of smart televisions ------- very well right now.

(A) selling
(B) sold
(C) is selling
(D) are sold

07 타동사 ❸ 4형식 수여동사

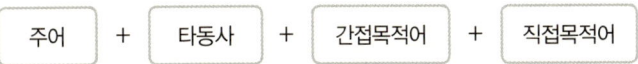

Point

❶ 4형식 동사는 목적어를 두 개 가지는 타동사이다.

❷ 4형식 동사는 주로 '~을 …에게 주다/받다'라는 의미를 갖는다.

1 4형식 수여동사

주어	+	타동사	+	간접목적어	+	직접목적어

❶ **간접목적어** '~에게'에 해당하는 목적어로 4형식 동사 바로 뒤에 나온다.

❷ **직접목적어** '~을'에 해당하는 목적어로 간접목적어 뒤에 나온다.

Ⓔ The manager **granted** Mr. Jones a raise.　매니저는 존스 씨에게 급여 인상을 해 주었다.

2 토익 빈출 4형식 수여동사

• **4형식 수여 동사**

bring 가져다주다	**give** 주다	**lend** 빌려주다	**offer** 제공하다
pay 지불하다	**grant** 수여하다	**award** 수여하다	**send** 보내주다

Ⓔ We would like to **offer** you a great opportunity.　우리는 당신에게 최고의 기회를 제공하고 싶습니다.

The bank will **lend** us the money.　은행은 우리에게 돈을 빌려줄 것이다.

3 4형식 문장을 3형식 문장으로 바꾸기

4형식 수여동사는 다음과 같이 전치사를 활용해 3형식으로 문장을 바꿀 수 있다.

• [4형식]

주어	+	동사	+	간접목적어	+	직접목적어

• [3형식]

주어	+	동사	+	직접목적어	+	전치사	+	간접목적어

Ⓔ You **sent** me your resume. [4형식] → You **sent** your resume **to** me. [3형식]

당신은 나에게 이력서를 보내주었다.

4 4형식 문장을 3형식 문장으로 바꿀 때 사용되는 전치사 to, for, of

4형식 문장을 3형식 문장으로 전환할 때 간접목적어를 목적어로 받는 대표적인 전치사는 to, for, of 이다. 이 중 가장 많이 쓰이는 전치사는 to이다.

• [4형식 → 3형식] 전환에 전치사 to를 이용하는 수여동사

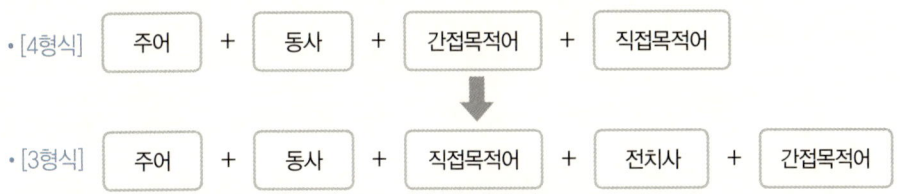

give 주다	**send** 보내다	**tell** 말하다	**show** 보여주다
teach 가르쳐주다	**bring** 가져오다	**lend** 빌려주다	**offer** 제공, 제안하다

Ⓔ We **offer** customers special discounts.　우리는 고객들에게 특별 할인을 제공한다.

　→ We **offer** special discounts **to** customers.

▶ 정답 및 해설 p.103~105

Step 1 | 다음 문장에서 수여동사와 간접목적어, 직접목적어를 찾아보세요.

01 The CEO gave his employee a document.

02 Tetra Magazines now offers all one-year subscribers a 25% discount .

03 Before Mr. Farmer decided to move out, he gave one of his closest colleagues some old furniture.

Step 2 | 보기 중 알맞은 것을 고르세요.

01 EG Furniture ------- us a 10% discount.

(A) offered　　　　　　　(B) provided

02 He gave some money ------- me.

(A) to　　　　　　　(B) from

03 One Cup now ------- free WiFi in some of its main stores, and they are planning to offer the service nationwide by summer.

(A) offers　　　　　　　(B) suggests

Step 3 | 빈칸에 알맞은 것을 고르세요.

01 The new laser key ------- laboratory staff to enter the main door and also record their time of entry simultaneously.

(A) allows
(B) gives
(C) respond
(D) say

02 Valero Energy has decided to ------- its employees a special benefit package as an incentive.

(A) grant
(B) require
(C) suggest
(D) ensure

LESSON

08 사람 목적어만 취하는 동사 & 5형식 동사

Point

❶ '~에게 말하다/알리다'류의 3형식 동사 뒤에는 사람 목적어만 올 수 있다.

❷ 5형식 동사는 목적어와 목적보어를 갖는 동사이다.

❸ make, have, let이 '목적어에게 ~하도록 시키다'는 의미로 쓰일 때는 목적보어 자리에 동사원형이나 과거분사 또는 to부정사가 오게 된다.

1 사람만을 목적어로 취하는 3형식 동사들

| '~에게 말하다, 알리다' 류의 3형식 동사 | + | 사람 목적어 |

대부분의 3형식 동사들은 사물을 목적어로 취한다. 하지만 다음의 동사들은 사람을 목적어로 취한다.

동사	목적어	수식어구	의미
tell	사람	about + 명사 to부정사 that 주어 + 동사	~에게 명사에 대해 말하다 ~에게 ~하라고 말하다 ~에게 주어가 ~하다라고 말하다
notify inform remind assure advise	사람	of + 명사 that + 주어 + 동사	~에게 ~을 통보하다 ~에게 ~을 알리다 ~에게 ~을 상기시키다 ~에게 ~을 확신시키다 ~에게 ~을 알리다, 충고하다

🔲 I will **inform** the news. (×)

▶ 사물 목적어를 바로 받을 수 없다.

I will **inform** you. (○)

▶ 사람 목적어를 바로 받을 수 있다.

I will **inform** you **of** any changes. (○)

▶ 수식어구를 이용해 사물 목적어를 가져올 수 있다.

 동사 뒤에 사람 목적어를 받았다고 해서 4형식으로 혼동하지 않도록 주의하자.

2 5형식 동사

| 주어 | + | 타동사 | + | 목적어 | + | 목적보어 |

5형식 동사는 목적어를 보충 설명하기 위해 목적보어를 필요로 한다. 목적보어로는 명사, 형용사, to부정사, 분사 등이 올 수 있다.

🔲 People **elected** her mayor of the city. 사람들은 그녀를 그 도시의 시장으로 선출했다.

　주어　　5형식 동사　목적어　　　목적보어

▶ 명사 목적보어는 목적어와 동격이다. (her = mayor of the city)

🔲 We do not **allow** tourists to take pictures. 우리는 관광객들이 사진을 찍는 것을 허용하지 않는다.

　　　　　　　목적어　　　목적보어(to부정사)

3 토익 빈출 5형식 동사

동사 + 목적어 + 보어			보어의 품사	의미
appoint	A	B	명사	A를 B로 임명하다
elect	A	B	명사	A를 B로 선출하다
find	A	B	형용사	A가 B함을 깨닫다
keep	A	B	형용사	A를 B하게 유지시키다
allow	A	to V	to부정사	A가 ~하도록 허락하다
expect	A	to V	to부정사	A가 ~할 거라 기대하다

4 사역동사 make, have, let

사역동사는 '목적어에게 ~하도록 시키다'는 의미로 쓰이며, 목적보어로 동사원형, 과거분사, to부정사 등을 받는다.

❶ | 주어 | + | 사역동사 | + | 목적어 | + | 동사원형 | + | 목적어 |

목적어가 스스로 ~하게 하다 (능동)

Ex He **made/had/let** me **take** a business trip. 그는 내가 출장을 가도록 했다.
　　　　　　　　　　　　동사원형

❷ | 주어 | + | 사역동사 | + | 목적어 | + | 과거분사(**-ed**) |

목적어가 ~하도록 만들다 (수동)

Ex He **made/had** me **confused**. 그는 나를 혼란스럽게 만들었다.
　　　　　　　　　　과거분사

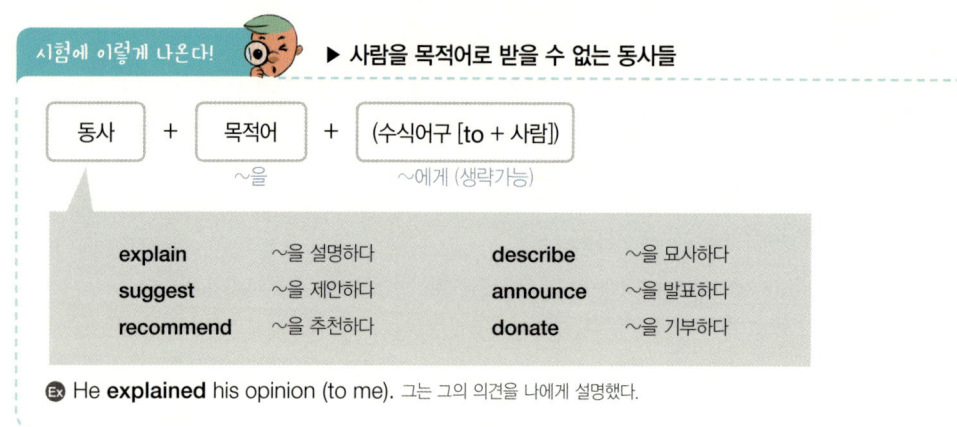

시험에 이렇게 나온다! ▶ 사람을 목적어로 받을 수 없는 동사들

| 동사 | + | 목적어 | + | (수식어구 [to + 사람]) |

~을　　　　　~에게 (생략가능)

explain	~을 설명하다	describe	~을 묘사하다
suggest	~을 제안하다	announce	~을 발표하다
recommend	~을 추천하다	donate	~을 기부하다

Ex He **explained** his opinion (to me). 그는 그의 의견을 나에게 설명했다.

Step 1 | 다음 문장에서 5형식 동사와 목적보어를 찾아 표시하세요.

01 People elected him mayor of the city.

02 Environmental experts says that this spring's favorable weather conditions will help the plants grow.

03 Taking a lot of phone calls made my day much more difficult.

Step 2 | 보기 중 알맞은 것을 고르세요.

01 Clients ------- that the law offices of Peck will be closed on Monday for the holiday.

   (A) reminded   (B) are reminded

02 Please let Mr. Manuel's secretary know when you get there so she can ------- him of your arrival.

   (A) speak   (B) notify

03 Please be ------- that our company has done and will continue to do everything to make sure that our products are safe for children.

   (A) assured   (B) decided

Step 3 | 빈칸에 알맞은 것을 고르세요.

01 Receiving the awards is ------- a great accomplishment to us.

   (A) considered
   (B) regarded
   (C) respected
   (D) expected

02 Any employee wishing to enroll in company-sponsored English language classes in March must let their supervisor ------- before February 15th.

   (A) to know
   (B) knowing
   (C) know
   (D) be known

09 동사의 수일치와 태

❶ 동사의 수일치
동사는 문장의 주어와 수를 일치시켜야 한다.

❷ 동사별 수동태 구조
목적어를 취하는 3형식, 4형식, 5형식 타동사만 수동태를 만들 수 있으며, 각 타동사의 종류에 따라 수동태의 모양이 다음과 같은 특징을 띤다.

- 3형식 타동사의 수동태: 동사 뒤에 목적어가 없다.
- 4형식 타동사의 수동태: 동사 뒤에 목적어가 한 개 나온다.
- 5형식 타동사의 수동태: 동사 뒤에 목적보어가 나온다.

---

1 명사가 아닌 주어(to부정사구/동명사구/명사절)는 단수 취급한다.

❶ | to부정사구 주어 | + | 단수 동사 |

ᴱˣ To check the expiration date is important. 마감 기한을 확인하는 것이 중요하다.
　　　　to부정사구 + 단수 동사

❷ | 동명사구 주어 | + | 단수 동사 |

ᴱˣ Seeing is believing. 보는 것이 믿는 것이다.
동명사 주어 + 단수 동사

❸ | 명사절 주어 | + | 단수 동사 |

ᴱˣ Whether they will attend the party or not is unsure. 그들이 파티에 참석할지 아닐지는 확실하지 않다.
　　　　명사절 주어 + 단수 동사

2 관계사절의 수일치

선행명사를 가지며 접속사 역할을 하는 관계대명사가 특히 주어 역할을 할 때, 동사를 필요로 한다. 이때 주격 관계대명사 다음 동사의 수는 관계대명사 앞에 위치한 선행명사에 일치시킨다.

> All students who (are, is) interested in taking part in Job Fair (are, is) supposed to submit the application form by today.

선행사인 students는 복수명사이므로 첫 번째 빈칸은 복수동사인 are가 정답이 된다. 두 번째 빈칸은 students가 주어인 주절의 동사이므로 역시 복수동사인 are가 정답이 된다.

해석 취업 박람회에 관심이 있는 학생들은 모두 오늘까지 신청서를 제출해야 합니다.

3 타동사의 수동태

3형식 이상의 타동사만 수동태 문장으로 바꿀 수 있다. 수동태는 주어가 동사의 행위를 하는 것이 아니라 동사의 행위를 당하는 것이다.

• 수동태 문장 만드는 법

❶ 능동태의 목적어를	→	수동태의 주어로 이동
❷ 능동태의 동사를	→	[be + p.p.] 형태로 변화
❸ 능동태의 주어를	→	[by + 동작의 주체]로 변화

He **repaired** the dishwasher.　　　　　[능동태]
주어　　동사　　　　목적어

그는 식기세척기를 수리했다.

The dishwasher **was repaired** by him.　　[수동태]
　　주어　　　　　　동사[be p.p.]　(by + 동작의 주체)

식기세척기는 그에 의해 수리되어졌다.

 시험에 이렇게 나온다! ▶ 혼동하기 쉬운 수동태

1. 4형식 문장의 수동태
• 목적어가 두 개이므로 두 개의 수동태를 만들 수 있다.
• 단, 직접목적어를 주어로 하여 수동태를 만들 때는 간접목적어 앞에 전치사 to를 붙인다.
Ex She **gave** the mayor some money. = The mayor **was given** some money by her. [간접목적어를 주어로]
　　= Some money **was given** to the mayor by her. [직접목적어를 주어로]

2. 5형식 문장의 수동태
• 목적격 보어는 그대로 문장 뒤에 두어 수동태를 만든다. 이때 목적보어로는 형용사, 명사, to부정사, 현재분사(-ing), 과거분사(-ed) 등이 온다.
Ex We **elected** him captain of the team. = He **was elected** captain of the team by us.
Ex We **expect** visitors to wear a name tag at all times while at the factory.
　　= Visitors **are expected** to wear a name tag at all times while at the factory.

Step 1 | 다음 문장에서 주어와 동사를 찾아 표시하세요.

01 Submitting the reports by the deadline is important.

02 Residents who have pets are completely responsible for the actions of their animals.

03 GE Furniture has a new line of cabinets designed for customers who use small offices.

Step 2 | 보기 중 알맞은 것을 고르세요.

01 The programs of this workshop should ------- by the organizer.

(A) be checked   (B) check

02 Professor Grant at the research department ------- for giving lectures which inspire the students.

(A) is known   (B) know

03 Most cities have similar rules that ------- the amount of a fine for drunk driving.

(A) determine   (B) are determined

Step 3 | 빈칸에 알맞은 것을 고르세요.

01 Applicants for positions in the factory ------- to possess at least a labor certificate.

(A) require
(B) requires
(C) are required
(D) has required

02 One volunteer who will be working on Saturday ------- a letter yesterday detailing his responsibilities by the hospital administrator.

(A) was sending
(B) would send
(C) will be sent
(D) was sent

LESSON

10 시제

Point

시제의 종류		능동태	수동태
단순	과거	was/were/동사의 과거형	was/were + p.p.
	현재	is/are/동사의 현재형	is/are + p.p.
	미래	will + 동사원형	will be + p.p.
진행	과거진행	was/were + v-ing	was/were + being p.p.
	현재진행	is/are + v-ing	is/are + being p.p.
	미래진행	will be + v-ing	will being p.p.
완료	과거완료	had p.p.	had been p.p.
	현재완료	have/has p.p.	have/has been p.p.
	미래완료	will have p.p.	will have + been p.p.
완료진행	과거완료 진행	had been + 동사ing	had been + being p.p.
	현재완료 진행	have/has been + 동사ing	have/has been + being p.p.
	미래완료 진행	will have been + 동사ing	will have been + being p.p.

1 동사의 시제를 결정하는 요소 3가지

❶ **시간을 나타내는 부사(구)** 문장에서 과거, 현재, 미래를 결정하는 가장 기본적인 근거는 적절한 부사(구)를 찾는 것이다.

❷ **시간을 나타내는 접속사** 종속절과 주절의 관계에서 시간을 나타내는 접속사를 통해 시제를 결정한다.

❸ **동사 + 접속사 + 동사** 한 문장 안에 접속사를 사이에 두고 동사가 2개일 경우, 두 동사 중 하나의 동사가 시제를 결정하는 힌트가 된다. 보통은 주절과 접속사가 이끄는 절의 동사는 시제일치를 기본으로 한다.

2 현재 시제

❶ **주기적이고 일상적인, 반복적인 일** 주로 빈도부사와 함께 나온다.

   Ex I **teach** business English every day. 나는 매일 비즈니스 영어를 가르친다.

❷ **일정기간 지속적으로 발생하는 경우**

   Ex The Han River **flows** into the Yellow Sea. 한강은 황해로 흐른다.

❸ **확정된 미래를 나타낼 때**

   Ex The plane **leaves** Seoul at 11:30. 그 비행기는 서울에서 11:30분에 출발할 것이다.

❹ **시간/조건 부사절에서는 현재 시제가 미래 시제를 대신한다.** 주절의 시제가 미래일 때 시간 부사절에는 미래형을 쓸 수 없기에 현재나 현재완료 시제로 미래의 의미를 대신한다.

   Ex After the expense claim form (will complete, has been completed), please submit it to the secretary within 14 days upon returning from travel.
   비용 청구서를 작성한 후에, 그것을 출장에서 돌아온 후 14일 이내에 비서에게 제출해 주십시오.

시험에 이렇게 나온다! ▶ **현재 시제와 함께 자주 쓰이는 부사들**

• '보통, 대개, 늘'의 의미를 가진 부사들 usually 보통 commonly 보통 often 자주 always 늘
• '지금'의 의미를 가진 부사들 now 지금 currently 현재 presently 현재 these days 요즘
• '매~'의 의미를 가진 부사들 every day 매일 every month 매달 every year 매년

   Ex Our restaurant **receives** fresh produce **every day** from local farms.
   우리 레스토랑은 지역 농장에서 매일 신선한 농산물들을 공급받습니다.

Step 1 | 다음 문장에서 현재 시제와 시간 부사(구)를 찾아 표시하세요.

01 I buy a book once a week.

02 A 20% discount applies only to customers purchasing items online today.

03 Dr. Lam orders office supplies at the end of every month.

Step 2 | 보기 중 알맞은 것을 고르세요.

01 Our purchasing department ------- office supplies every Friday, so all staff are asked to notify the purchasing manager of their needs by Thursday.

(A) ordered   (B) orders

02 Personnel records of employees ------- not allowed to be distributed without authorization.

(A) are   (B) was

03 The new company policy ------- employees from using computers for personal reasons during office hours.

(A) restricts   (B) will be restricted

Step 3 | 빈칸에 알맞은 것을 고르세요.

01 The seminar information packets will be mailed to all attendees two days before the conference -------.

(A) began
(B) begins
(C) beginning
(D) begin

02 Directors had hoped that the hiring of a new general manager ------- AXA's overall productivity.

(A) would improve
(B) has been improving
(C) will be improved
(D) has been improved

LESSON

11 완료 시제

Point

❶ 완료 시제는 어떤 시점까지 동작이나 상태가 계속되거나 완료됨을 나타낼 때 쓰이는 시제이다.

❷ 완료 시제의 종류에는 현재완료(have + p.p.), 과거완료(had + p.p.), 미래완료(will have + p.p.)가 있다.

❸ 각 완료 시제별로 자주 어울려 쓰는 부사나 접속사절이 있으므로, 이러한 부분은 따로 익혀두는 것이 토익에 도움이 된다.

1 현재완료는 have + p.p.

- 현재완료는 주로 과거의 어느 특정 시점부터 현재까지 동작이나 상태가 계속된다는 의미로 사용된다.

- 주절의 시제가 현재완료 have/has p.p.의 형태이면, 부사절에서는 since와 함께 과거 시점을 나타내는 시제(in the past year, for 3 years 등)가 제시된다.

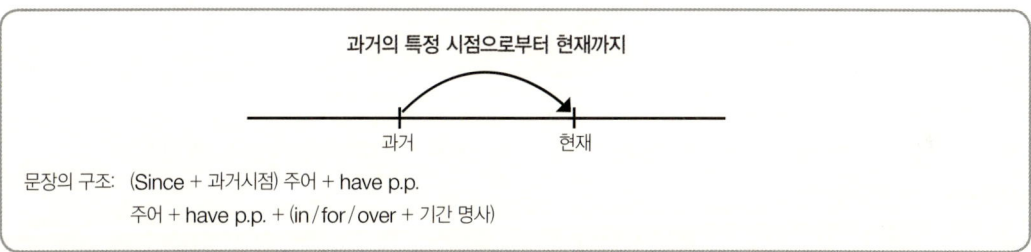

과거의 특정 시점으로부터 현재까지

과거　　　현재

문장의 구조: (Since + 과거시점) 주어 + have p.p.

주어 + have p.p. + (in/for/over + 기간 명사)

현재완료와 어울리는 부사(구)
[경험] before 전에   ever 한 적이 있다   never 전혀 ~하지 않았다   once 한번
[완료] already 이미   just 방금, 막   yet 아직   by ~까지
[계속] for + 기간 명사 ~동안, 째   since + 과거 시점 ~이래로
in/for/during/over the past/last 4 years 지난 4년간   since then 그때 이래, 그때부터 in recent years/days/weeks 최근 몇 년/일/주간　　　these days 요즘

Ex The sales figures **have increased** for the past three years. 지난 3년간 판매수치가 계속 증가했다.

2 과거완료는 had + p.p.

- 과거완료는 과거보다 이전을 나타내는 대과거부터 특정 시점의 과거까지의 의미를 나타낼 때 사용된다.

- 과거완료는 전치사나 시간의 부사절 접속사 다음에 과거 시점이 제시되어야 과거완료가 쓰일 수 있다

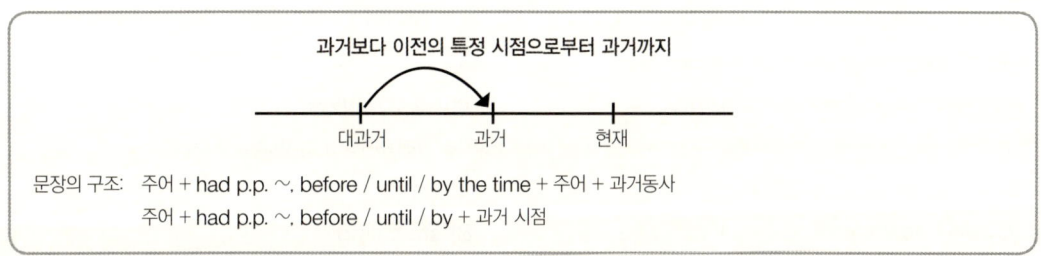

과거보다 이전의 특정 시점으로부터 과거까지

대과거　　　과거　　　현재

문장의 구조: 주어 + had p.p. ~. before / until / by the time + 주어 + 과거동사

주어 + had p.p. ~. before / until / by + 과거 시점

3 미래완료는 will have + p.p.

- 미래완료 시제는 미래의 어느 시점까지 동작이나 상태가 완료됨을 나타낼 것이므로 시간의 전치사 by 또는 종속접속사 by the time과 자주 쓰인다.

Ex He **will have left** by the time you come back. 네가 돌아 올 때쯤이면 그는 떠났을 것이다.

▶ 정답 및 해설 p.112~115

Step 1 | 다음 문장에서 완료 시제와 시간 부사(구)를 찾아 표시하세요.

01 Ms. Button has worked in this company for 15 years.

02 The band had begun practicing for the performance even before the conductor arrived in the concert hall.

03 By the time the police arrived at the crime scene, the bank robbers had disappeared.

Step 2 | 보기 중 알맞은 것을 고르세요.

01 Mr. Parker, the director, has already ------- to boost the corporation's profits by 20 percent within a year.

(A) promised (B) promise

02 Ms. Park ------- employed by the same company in many different capacities over the last 20 years.

(A) has been (B) is

03 Before Mr. Banks was promoted to regional manager last year, he ------- in the Philadelphia branch for over four years.

(A) had been worked (B) had worked

Step 3 | 빈칸에 알맞은 것을 고르세요.

01 Since its founding ten years ago, ABC Restaurant Chains ------- employee satisfaction to be a top priority.

(A) has considered
(B) considering
(C) will consider
(D) is considered

02 The human resources department reported that most sales representatives ------- to routinely mail reminder cards to clients.

(A) fail
(B) are failing
(C) failure
(D) had failed

LESSON 12 진행형 시제

❶ 진행형 시제는 어느 시점에서 동작이나 상태가 진행 중임을 나타낸다.

❷ 진행형 시제의 종류에는 크게 단순 진행형(be동사 + 동사-ing)과 완료 진행형(have동사 + been + 동사-ing)이 있으며, 이들은 각각 과거/현재/미래로 나뉘어 쓸 수 있다.

1 과거 진행

• 과거의 어느 시점에서 진행되고 있는 일은 '~하고 있었다'라는 의미로 과거 진행형으로 표현한다.

• 동사 형태

| was/were | + | 동사-ing |

🔴 They **were working** last night. 지난밤에 그들은 일을 하고 있었다.

2 현재 진행

• 현재의 어느 시점에서 진행되고 있음을 나타낼 때는 '~하고 있는 중이다'라는 뜻이다. 또한 가까운 미래를 나타낼 때 '~할 것이다, ~할 예정이다'라는 의미를 현재 진행형으로 표현한다.

• 동사 형태

| is/are | + | 동사-ing |

🔴Ex1 They **are working** now. 그들은 지금 일을 하고 있다. [현재 동작이 진행되고 있음을 표현]

🔴Ex2 We **are leaving** here next week. 다음 주에 우리는 여기를 떠날 것이다. [가까운 미래]

3 미래 진행

• 미래의 어느 시점에서 '~하고 있을 것이다'라는 의미를 미래 진행형으로 표현한다.

• 동사 형태

| will be | + | 동사-ing |

🔴 They **will be working** tomorrow. 그들은 내일 일을 하고 있을 것이다.

4 과거완료 진행

• 과거 어느 특정 시점보다 더 이전부터 과거의 특정 시점까지 계속 동작이 진행되고 있음을 나타낸다. '(이전 과거에서부터 특정 과거 시점까지 계속) ~해 왔었다'라는 의미이다.

• 동사 형태:

| had been | + | 동사-ing |

🔴 He **had been waiting** for two hours when she came.
그는 그녀가 올 때까지 두 시간 동안 기다리고 있었다.

5 **현재완료 진행**

- 과거의 어느 특정 시점부터 현재까지 계속 진행중인 동작을 표현한다. '(과거의 어느 시점에서부터 현재까지 계속) ~해오고 있다'라는 의미이다.

- 동사 형태

| have/has been | + | 동사ing |

ⓔ Ms. Kim **has been teaching** at the school since last year.
김 씨는 작년 이후 계속 그 학교에서 가르치고 있다.

6 **미래완료 진행**

- 미래의 어느 시점에서 동작이 진행되고 있다는 의미와 함께 완료의 개념까지를 포함한다. '(미래에 어느 시점까지) ~해오고 있을 것이다'라는 의미이다.

- 동사 형태

| will have been | + | 동사ing |

ⓔ By this time next year, she **will have been teaching** at the school for 3 years.
내년이 이맘때가 되면, 그녀는 그 학교에서 3년 동안 가르치고 있는 셈이 될 것이다.

시험에 이렇게 나온다! ▶ 상태, 소유, 지각, 감정, 인식의 동사들은 진행 시제를 사용하지 않는다!

상태	remain, resemble, exist, appear
소유	belong to, possess, have
지각	feel, smell, sound
감정	love, want, need
인식	know, remember

ⓔ She **is belonging** to a dance club. (X)

She **belongs** to a dance club. (O) 그녀는 댄스 클럽에 속해 있다.

동작의 주체인 그녀가 그녀의 의지로 속해지고 있다는 것이 아닌, 댄스 클럽에 속해 있다는 상태를 언급한 것이므로 진행형 시제로 표현할 수 없다.

▶ 정답 및 해설 p.115~117

Step 1 | 다음 문장에서 진행 시제를 찾아 어떤 진행 시제인지 표시하세요.

01 He had been watching television when I arrived.

02 They have been talking to each other.

03 It will have been raining for a week tomorrow.

Step 2 | 보기 중 알맞은 것을 고르세요.

01 At the moment, my secretary is ------- the address of the Hilton Hotel in Paris.

    (A) locating   (B) located

02 Dr. Tokioka finished his research while he ------- dinner at his lab.

    (A) was having   (B) has

03 As of next month, Mr. Okawa will ------- at Twins Co. for thirty-two years.

    (A) work   (B) have been working

Step 3 | 빈칸에 알맞은 것을 고르세요.

01 The Financial Experts Association ------- its annual fund-raising party later today.

    (A) held
    (B) is holding
    (C) will be held
    (D) had been holding

02 During the next holiday season, the library ------- closing at 4 p.m for five days.

    (A) was
    (B) are
    (C) has been
    (D) will be

Practice Test

▶ 정답 및 해설 p.117~120

01 The last person leaving the storage room in the evening should take some time to ------- around to make sure that nothing is on the floor.
(A) look
(B) see
(C) watch
(D) view

02 All seminars sponsored by the GI Clothing Co. are ------- on women's apparel.
(A) published
(B) focused
(C) explained
(D) progressed

03 Regarding the acquisition, all details will be ------- for in the report.
(A) accounted
(B) explained
(C) told
(D) informed

04 We must establish, ------- and maintain procedure to monitor and measure key characteristics of our operations and business activities.
(A) install
(B) implement
(C) notify
(D) fulfill

05 Our supervisor, Mr. Spiegel, ------- employees to take a 30 minute break after 4 p.m.
(A) brings
(B) allows
(C) speaks
(D) offers

06 Some people are against building a new chemical factory in their town, but many people are for it, because it ------- jobs.
(A) results
(B) creates
(C) interests
(D) appears

07 Having worked at Juventus Bank for ten years, Alessandro Del Toro finally ------- the branch manager.
(A) competed
(B) became
(C) continued
(D) thought

08 The offices of Hotel Primo ------- in the central building of Harbor.
(A) locate
(B) locating
(C) to locate
(D) are located

09 These letters of recommendation are not ------- unless you receive a signature from your supervisor.
(A) approve
(B) approved
(C) approving
(D) approves

10 Before you operate any computer devices for the first time, please ------- yourself with the guidelines in the manual.
(A) familiarity
(B) familiarize
(C) familiarizing
(D) familiarly

11 All of these individuals have been ------- to enforce the rules and regulations and they are authorized to take steps as necessary.
(A) agreed
(B) instructed
(C) intended
(D) decided

12 He ------------me that it would not happen again.
(A) assure
(B) assures
(C) assured
(D) is assured

CHAPTER

06

준동사

LESSON

01 준동사

Point

❶ 준동사는 동사가 변형되어 동사 이외의 역할을 하는 것을 말한다.

❷ to부정사와 동명사, 분사가 준동사에 속한다.

1 준동사란?

❶ 준동사의 종류: to부정사, 동명사, 분사

❷ 준동사는 동사 이외의 역할을 하므로 동사의 개수에 포함하지 않는다.

2 준동사와 동사의 공통점

❶ 목적어나 보어를 갖는다.

❷ 태(능동태, 수동태)와 시제가 있다.

3 to부정사의 역할

❶ 품사가 정해지지 않았다는 의미의 부정사는 [to+동사원형]의 형태로 쓰여 to부정사라고 부른다.

❷ to부정사는 동사에서 변형되었으나, 동사의 특성만 가질 뿐 동사의 역할을 하지 않고 문장에서 명사, 형용사, 부사의 역할을 한다.

명사 역할	주어	**To make** a reservation by phone is necessary before you leave. 떠나기 전에 전화로 예약을 하는 것이 필수적이다.
	목적어	We want **to make** a reservation in advance. 우리는 미리 예약을 하길 원합니다.
	보어	My duty is **to make** a hotel reservation for the conference. 내 임무는 컨퍼런스를 위한 호텔 예약을 하는 것입니다.
형용사 역할	명사 수식	We made a decision **to reduce** operating costs. 우리는 운영 자금을 줄여야 한다는 결정을 내렸다.
부사 역할	문장 수식	**To make a hotel reservation,** please complete the online reservation form. 호텔방을 예약하기 위해, 온라인 예약 신청서를 작성해주세요.

시험에 이렇게 나온다! ▶ **to부정사 + 목적어/보어**

to부정사는 원래 동사의 종류에 따라 목적어 혹은 보어를 받는다.

1. to부정사[to + 타동사] + 목적어

   Ex I would like **to arrange an appointment** to see a doctor.

   저는 의사의 진찰을 받기 위해 약속을 잡기를 원합니다.

2. to부정사[to + 2형식 자동사] + 주격 보어

   Ex He hopes **to be a movie director**. 그는 영화 감독이 되길 희망한다.

Step 1 | 다음 문장에서 to부정사가 어떤 역할을 하는지 찾아 표시하세요.

01 Van Youth wants <u>to reduce</u> its risk by creating a new product line of affordable clothes for teenagers.

02 <u>To promote</u> research in genetic research, Medi-Wise Pharmaceuticals was given a grant from the federal government.

03 He seems <u>to be</u> a teacher.

Step 2 | 보기 중 알맞은 것을 고르세요.

01 He was disappointed ------- that he was not being considered for the job.

(A) to learn   (B) learn

02 The purpose of the workshop is ------- employees with information about effective time-management practices.

(A) to provide   (B) provision

03 Tyron Motor Company is supposed ------- plans to eliminate 12,000 jobs and shut down four manufacturing factories next month.

(A) to announce   (B) announcing

Step 3 | 빈칸에 알맞은 것을 고르세요.

01 Due to the recent economic recession, many manufacturers seized the opportunity to ------- into overseas markets.

(A) expand
(B) expending
(C) expansion
(D) expanse

02 Customer service managers are required ------- about every complaint received.

(A) inform
(B) informing
(C) has informed
(D) to be informed

02 to부정사의 특징

❶ to부정사는 동사처럼 태를 갖는다.

❷ to부정사는 동사처럼 시제를 갖는다.

1 to부정사와 태

❶ **to부정사의 능동 [to + 동사원형]** to부정사의 능동태는 동사와 마찬가지로 목적어를 받는다.

Ex We need **to meet the deadline**. 우리는 마감기한을 맞출 필요가 있다.

❷ **to부정사의 수동 [to + be + p.p.]** to부정사의 수동태는 동사와 마찬가지로 목적어를 받지 못한다.

Ex The assignments need **to be done** on time. 업무를 제시간에 완료하는 것이 필요하다.

2 to부정사의 의미상 주어

문장의 주어와 to부정사의 의미상의 주어가 다를 경우, to부정사의 의미상의 주어는 일반적으로 [for + 목적어(명사 or 목적격 대명사)]로 나타낸다.

Ex **It** is not easy **for us** to master a foreign language. 우리가 외국어를 습득하는 것은 쉽지 않다.

▶ 문장의 주어 it과 to부정사의 의미상의 주어 we(us)가 서로 다르므로 전치사 for를 이용하여 목적격 대명사 us를 받은 형태로 to 부정사의 의미상의 주어를 나타낼 수 있다.

3 to부정사를 목적어로 가지는 동사

❶ to부정사가 목적어 역할을 하는 경우에는 특정한 동사들과 함께 쓰인다.

❷ to부정사를 목적어로 가지는 동사들은 주로 계획하다, 제안하다, 요청하다, 희망하다 등 앞으로의 일(미래)을 의미하는 동사들이다.

• to부정사를 목적어로 받는 동사들

바라다, 희망하다	want 원하다 would like 원하다	hope 희망하다 expect 기대하다	wish 바라다 prefer 선호하다	need 필요하다
계획하다, 의도하다	plan 계획하다 attempt 시도하다	intend 의도하다 promise 약속하다	aim 목표로 하다 swear 맹세하다	decide 결정하다
요청하다, 요구하다	ask 요청하다	seek 찾다	demand 요구하다	offer 제안하다
동의하다	agree 동의하다	consent 승낙하다		
기타	fail 실패하다	refuse 거부하다, 거절하다		

Ex We are **expecting** to complete this report ahead of schedule.

우리는 이 보고서를 예정보다 일찍 끝낼 것으로 예상하고 있다.

시험에 이렇게 나온다! ▶ to부정사를 동반하는 명사들

ability 능력	aim/goal 목표	attempt 시도	decision 결정
duty 의무	effort 노력	intention 의도	mission 임무
plan 계획	policy 규정	purpose 목적	task 임무

Ex We have a **plan to** improve our current data recording system.

우리는 우리의 현재 데이터 기록 시스템을 개선하려는 계획을 가지고 있다.

 **TEST**

Step 1 | 다음 문장에서 to부정사와 이 to부정사를 목적어로 갖는 동사를 찾아 표시하세요.

01 While we were browsing the home shopping catalog, my sister and I decided to purchase some items on sale.

02 You are invited to attend the second annual conference for licensed software engineers at the Ritz Hotel.

03 Please take the time to review the report thoroughly as it includes imperative details about the meeting.

Step 2 | 보기 중 알맞은 것을 고르세요.

01 We ------- to find a solution to the technical problems.

    (A) failed   (B) considered

02 In an effort ------- sales, manufacturers have capitalized on growing consumer interest in health and well being and have started to invest in new products containing natural ingredients.

    (A) to improve   (B) improving

03 It is important ------- to complete the reports before the end of the semester.

    (A) for us   (B) to us

Step 3 | 빈칸에 알맞은 것을 고르세요.

01 ------- ensure the distribution of price change updates, please send all relevant information to all the branch offices.

    (A) Because
    (B) Due to
    (C) In order to
    (D) By means of

02 Usually, it takes five days for any refund or exchange -------.

    (A) has processed
    (B) should process
    (C) is processing
    (D) to be processed

Point

❶ to부정사는 형용사로 2형식 동사의 뒤에서 주격 보어 역할을 한다.

❷ to부정사는 형용사로 5형식 동사의 목적어 뒤에서 목적격 보어 역할을 한다.

1 2형식 동사의 주격 보어로 쓰이는 to부정사

be, seem, appear, remain	+	to부정사 보어

🅔 The goal of this course is to enhance communication skills.

이 과정의 목표는 의사소통 기술을 향상시키는 것이다.

▶ 주어(The goal)와 주격 보어(to enhance communication skills)가 동격이 된다.

 2형식 동사의 주격 보어로 쓰인 to부정사의 관용적 표현

🅔 It **remains to be seen** whether he will come back or not.

그가 돌아올지 아닐지는 두고 볼 일이다.

2 5형식 동사의 목적격 보어로 쓰이는 to부정사

❶ 5형식 동사 + 목적어 + to부정사

• **advise** + 목적어 + to부정사	목적어가 ～하도록 조언하다
• **allow/permit** + 목적어 + to부정사	목적어가 ～하도록 허가하다
• **ask/require** + 목적어 + to부정사	목적어가 ～하도록 요청하다
• **cause** + 목적어 + to부정사	목적어가 ～하도록 야기하다
• **enable** + 목적어 + to부정사	목적어가 ～하는 것을 가능하게 하다
• **encourage** + 목적어 + to부정사	목적어가 ～하도록 격려하다
• **expect** + 목적어 + to부정사	목적어가 ～하는 것을 기대하다
• **force/urge** + 목적어 + to부정사	목적어가 ～하도록 강요하다

🅔 A smartphone **enables** us to contact you anywhere in the world.

스마트폰은 우리로 하여금 당신이 전 세계 어느 곳에 있든 연락할 수 있게 해준다.

 5형식 동사와 목적보어인 to부정사는 [5형식 동사 + 목적어 + to부정사]의 형태이며, 이것의 수동태인 [be + p.p. + to부정사]의 형태로 바꾼 표현도 시험에 자주 출제된다.

❷ 5형식 동사의 수동태[be + p.p.] + to부정사

• be + advised + to부정사	~하라고 충고 받다
• be + allowed + to부정사	~하도록 허락을 받다
• be + expected + to부정사	~하리라 예상되다
• be + enabled + to부정사	~할 수 있게 되다
• be + encouraged + to부정사	~하라는 격려를 받다, ~하라고 권고받다
• be + inclined + to부정사	~하는 경향이 있다

❸ 사역동사[make/have/let] + 목적어 + 원형 부정사

• [to + 동사원형]의 형태에서 to를 제외하고 동사원형만 남긴 것이 원형 부정사이다.

• 5형식 동사인 사역동사, 지각동사가 쓰인 문장에서 능동의 의미일 때 목적보어에 원형 부정사 (동사원형)를 위치시키며 수동 관계일 경우 p.p. 형태를 쓴다.

Ex The supervisor **made employees follow** company polices.
상사는 직원들에게 회사 정책을 따르도록 하였다.

시험에 이렇게 나온다! ▶ to부정사와 관련된 관용표현들

• be likely + to부정사	~할 것 같다
• feel free + to부정사	마음대로 ~하다, 거리낌 없이 ~하다
• have no choice but + to부정사	~하지 않을 수 없다
• in an effort + to부정사	~하기 위한 노력으로
• in order + to부정사	~하기 위해서
• so as + to부정사	~하기 위해서
• too + 형용사/부사 + to부정사	~하기에 너무 …한
• used + to부정사	전에는 ~을 했다
Cf be/get used to + -ing	Cf ~하는 데 익숙해지다
• would like + to부정사	~하고 싶다
• 형용사/부사 + enough + to부정사	~하기에 충분한

▶ 정답 및 해설 p.125~128

Step 1 | 다음 문장에서 to부정사를 동반하는 명사나 동사를 찾아 표시하세요.

01 The purpose of the workshop is to provide employees with information about effective time-management practices.

02 The corporate policy requires its senior managers to act in the best interest of the company.

03 You are invited to attend the second annual conference for game software developers.

Step 2 | 보기 중 알맞은 것을 고르세요.

01 Put the documents ------- filed on top of the filing cabinet in the corner of Mr. Wong's office.

(A) are (B) to be

02 All executives are provided with their own personal ID to allow them ------- confidential data.

(A) to access (B) access

03 The Macy Department Store will be closing tomorrow to ------- its staff to take a special day off.

(A) allow (B) let

Step 3 | 빈칸에 알맞은 것을 고르세요.

01 The City Chorus is scheduled ------- at the dedication of the new library building.

(A) is performing
(B) will perform
(C) to perform
(D) performance

02 One of the marketing representatives of York Enterprise, Ms. Salgado, is prepared ------- her presentation after everyone is inside the conference room.

(A) begin
(B) began
(C) beginning
(D) to begin

LESSON
04 to부정사의 부사적 용법

Point

to부정사는 부사처럼 동사, 형용사 혹은 절을 수식할 수 있다.

1 문장을 수식하는 to부정사의 부사적 용법

❶ 주절 앞에서 문장 전체를 수식하는 경우

  ㉢ **To get the new identification card**, all staff should visit the security office.
  새로운 신분증을 받기 위해서, 전 직원들은 보안 사무실을 방문해야 합니다.

❷ 문장 끝에서 수식어구로 문장을 수식해주는 경우

  ㉢ All staff should visit the security office **to get the new identification card**.
  전 직원들은 새로운 신분증을 받기 위해서 보안 사무실을 방문해야 합니다.

2 [be + 형용사 + to부정사]

be able to부정사 ~할 수 있다	be intended to부정사 ~할 의도이다
be about to부정사 막 ~하려 하다	be likely to부정사 ~할 가능성이 있다
be anxious to부정사 ~하기를 갈망하다	be pleased to부정사 ~하게 되어 기쁘다
be available to부정사 ~하는 것이 가능하다	be reluctant to부정사 ~하는 것을 꺼리다
be delighted to부정사 ~하게 되어 기쁘다	be scheduled to부정사 ~하기로 예정되어 있다
be difficult to부정사 ~하는 것은 어렵다	be supposed to부정사 ~하기로 되어 있다
be eligible to부정사 ~할 자격이 있다	be sure to부정사 반드시 ~하다
be entitled to부정사 ~할 자격이 있다	be willing to부정사 기꺼이 ~하다

㉢ Mr. Brown **is ready to** leave for a business trip on Tuesday.
브라운 씨는 화요일에 출장을 갈 준비가 되어 있다.

3 to부정사 vs 전치사 to

to부정사 [to + 동사원형 + (목적어)]	전치사 to [to + 명사/동명사]
In order to sell new products, our manager is encouraged to display them near the counter. 신제품을 팔기 위해, 매니저에게 카운터 근처에 상품을 진열할 것을 권하였다.	**In addition to** offering special discounts, we also provide free delivery service in September. 9월에 특별 할인을 제공하는 것 외에도, 우리는 무료 배송 서비스도 제공합니다.

• 동사 + 전치사 to + 동명사

be dedicated to -ing ~에 몰두하다, 헌신하다	be opposed to -ing ~에 반대하다
be subject to -ing ~하기 쉽다	look forward to -ing ~하기를 고대하다
be used/accustomed to -ing ~하는 데 익숙하다	

 be used to

be used to + 동사원형 [to + 동사원형 = to부정사]	The computer **is used to store** data. 컴퓨터는 자료를 저장하는 데 사용된다.
used to + 동사원형 [used to = 조동사]]	I **used to go** to work at 8 a.m. 나는 아침 8시에 출근하곤 했다.
사람주어 + be/get used to -ing [-ing = 동명사]	He **is used to handling** the computer. 그는 컴퓨터를 다루는 데 익숙하다.

▶ 정답 및 해설 p.128~130

Step 1 | 다음 문장에서 to부정사의 역할(품사)을 찾으세요.

01 Many companies have joined together to promote the enforcement of copyrights.

02 To celebrate its 10th anniversary, the company will organize a big party for this weekend.

03 This restaurant reserves the right to refuse entrance to prospective customers who are not wearing a tie and jacket.

Step 2 | 보기 중 알맞은 것을 고르세요.

01 ------- maintain a clean office, Mr. Cena advised all employees to not bring foods that are easy to spill.

(A) In order to   (B) In regard to

02 Tyron Motor Company is supposed ------- plans to eliminate 12,000 jobs and shut down four manufacturing factories next month.

(A) to announce   (B) announcing

03 Trevor Adams is used to ------- overtime since he was promoted three years ago to Managing Director.

(A) working   (B) work

Step 3 | 빈칸에 알맞은 것을 고르세요.

01 To ------- an advertisement in the Weekly Economic Magazine, email your application and details to: ads@ weeklyeconomic.com.

(A) placed
(B) placing
(C) placement
(D) place

02 The president of The University of New Orleans would like ------- the founder of Tron Electronics, Mr. Flynn to the graduation speech.

(A) to invite
(B) invitation
(C) invitingly
(D) invited

LESSON

05 동명사

Point

❶ 동명사란 동사에 -ing를 붙여서 명사의 역할을 하는 것을 말한다.

❷ 동명사는 문장에서 주어, 목적어, 보어로 사용된다.

❸ 동명사는 동사적 특징을 그대로 가지고 있으므로, 필요에 따라 목적어나 보어를 동반할 수도 있고, 의미상 주어를 가질 수도 있다.

1 동명사의 역할

• 동명사란 동사에 -ing를 붙여서 명사의 역할을 하는 것을 말한다.

• 문장에서 주어, 목적어, 보어로 사용된다.

❶ **주어 역할**

Playing the game is exciting. 게임을 하는 것은 흥미진진하다.

❷ **목적어 역할**

He enjoys **joining the party**. 그는 파티에 참여하는 것을 즐긴다.

She is interested in **designing clothing**. 그녀는 옷을 디자인하는 데에 관심이 있다.

❸ **보어 역할**

Ms. Peggy's responsibility is **managing the store**. 페기 씨의 임무는 상점을 관리하는 것이다.

2 동사처럼 목적어와 보어를 가지는 동명사

동명사도 동사적 특징을 가지고 있으므로 목적어나 보어를 동반한다.

❶ **타동사의 동명사 + 목적어**

We are looking forward to **receiving** your suggestions.

우리는 당신의 의견을 받기를 고대하고 있습니다.

❷ **자동사의 동명사 + 전치사 + 목적어**

We are looking forward to **working** with you. 우리는 당신과 함께 일하기를 고대하고 있습니다.

❸ **5형식 타동사의 동명사 + 목적어 + 보어**

Our consultant recommended **keeping** customers satisfied.

우리의 컨설턴트는 고객들을 지속적으로 만족시키라고 권유했다.

3 동명사의 의미상의 주어

동명사의 의미상 주어는 동명사 앞에 소유격 대명사 또는 명사에 's를 넣어 소유격의 형태로 의미상의 주어를 나타낸다.

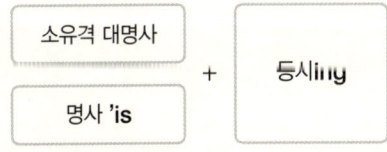

소유격 대명사
명사 's
+ 동사ing

Your notifying us of errors helps us revise our manuscripts.

당신이 우리에게 오류를 알려주면 원고를 수정하는 데 도움이 됩니다.

정답 및 해설 p.131~133

Step 1 | 다음 문장에서 동명사의 역할은 무엇인가요?

01 Helping job-seekers is the best way to increase the employment rate in Quebec.

02 Effective sales people are very good at persuading customers to purchase products by helping customers recognize their need for the product.

03 Developing a loyal customer base is necessary to ensure long-term growth for every company.

Step 2 | 보기 중 알맞은 것을 고르세요.

01 Our main engineer recommended ------- steel frames to build sturdier automobiles.

(A) develop   (B) developing

02 After ------- from lunch, we will be holding the monthly staff meeting.

(A) to return   (B) returning

03 ------- the reports by the deadline is required.

(A) Submitting   (B) Submission

Step 3 | 빈칸에 알맞은 것을 고르세요.

01 He has a chance of ------- as the director of public relations.

(A) appointing
(B) appoint
(C) to appoint
(D) being appointed

02 It is necessary to create a handbook to assist graduating students who have difficulty in ------- a career path.

(A) choose
(B) chooses
(C) choosing
(D) chosen

LESSON 06 동명사 주어 & 동명사 목적어

Point

❶ 동명사가 주어 자리에 오면 동사는 단수로 받아야 한다.

❷ to부정사와 동명사 중 유독 동명사만 목적어로 취하는 동사들이 있으므로, 이들은 따로 암기해 두어야 한다.

1 동명사 주어의 수일치

동명사 주어는 단수 동사로 수를 일치시켜 준다.

Ex **Starting a business** always **involves** a lot of risks. 사업을 시작하는 것은 항상 많은 위험을 가지고 있다.

2 동명사를 목적어로 가지는 동사

동명사를 목적어로 취하는 동사들은 대개 제안, 권유, 중단, 지속 등의 의미를 갖는다.

제안하다, 추천하다		연기하다	
suggest 동사ing	~하는 것을 제안하다	delay 동사ing	~하는 것을 연기하다
propose 동사ing	~하는 것을 제안하다	postpone 동사ing	~하는 것을 연기하다
recommend 동사ing	~하는 것을 추천하다	포함하다	
끝내다, 그만두다		involve 동사ing	~하는 것을 포함하다
finish 동사ing	~하는 것을 끝내다	include 동사ing	~하는 것을 포함하다
stop 동사ing	~하는 것을 멈추다	기타	
discontinue 동사ing	~하는 것을 중단하다	discuss 동사ing	~하는 것을 논의하다
싫어하다, 피하다		consider 동사ing	~하는 것을 고려하다
mind 동사ing	~하는 것을 꺼리다	deny 동사ing	~했다는 것을 부인하다
dislike 동사ing	~하는 것을 싫어하다	감사하다	
avoid 동사ing	~하는 것을 피하다	appreciate 동사ing	~한 것을 감사하다

Ex TM Motors Co. is **considering merging** with EM Cars.

TM 자동차 회사는 EM 자동차 회사와 합병하는 것을 고려한다.

Our company decided to **discontinue manufacturing** this film.

우리 회사는 이 필름을 제조하는 것을 중단하기로 결정했다.

3 to부정사와 동명사 모두를 목적어로 취하는 동사들

❶ 목적어 자리에 누가 오느냐에 따라 의미가 변하는 동사

3형식 타동사	to부정사 목적어일 때의 의미	동명사 목적어일 때의 의미
forget	(앞으로 ~할 것을) 잊다	(과거에 ~했던 것을) 잊다
remember	(앞으로 ~할 것을) 기억하다	(과거에 ~했던 것을) 기억하다
stop	(~하기 위해) 멈추다	(~하던 것을) 멈추다
try	(~하려고) 애쓰다	(시험삼아) ~해보다

❷ 목적어 자리에 누가 오느냐에 따라 의미가 변하지 않는 동사

3형식 타동사	to부정사 목적어일 때의 의미	동명사 목적어일 때의 의미
begin	to부정사 하는 것을 시작하다	-ing 하는 것을 시작하다
start	to부정사 하는 것을 시작하다	-ing 하는 것을 시작하다
like	to부정사 하는 것을 좋아하다	-ing 하는 것을 좋아하다

▶ 정답 및 해설 p.133~135

Step 1 | 다음 문장에서 동명사를 목적어로 취하는 동사를 찾아 표시하세요.

01 Altamonte Mall management has suggested closing later during the week.

02 As labor costs continue to rise, experts are advising small business owners to consider renegotiating their agreements.

03 Adidas has announced that it is going to discontinue making the Tracy McGrady shoe as sales have been weaker than expected.

Step 2 | 보기 중 알맞은 것을 고르세요.

01 ------- us of your travel schedule helps us better prepare for your needs during the holiday.

(A) Your notifying   (B) You are notifying

02 Even though the meeting is on Wednesday afternoon, we have yet to finish ------- the data gathered by our researchers.

(A) calculating   (B) to calculate

03 One of the reasons that electric cars are not as popular as gasoline-powered vehicles is that ------- their batteries takes a good 12 hours.

(A) recharger   (B) recharging

Step 3 | 빈칸에 알맞은 것을 고르세요.

01 A night manager's duties include ------- every customer record with request notes.

(A) confirmation
(B) confirms
(C) confirming
(D) confirmed

02 LG Electronics has launched a new model 202 aimed at ------- teenagers to trade in their old phones for new ones.

(A) to encourage
(B) encouraging
(C) encourages
(D) encourage

LESSON

07 전치사와 동명사

❶ 동명사는 명사의 일종이므로 전치사 뒤에 올 수 있다.

❷ [동사 + 전치사 + -ing] 및 [동사 + 목적어 + 전치사 + -ing] 형태의 관용표현은 따로 암기해 두도록 한다.

1 전치사의 목적어인 동명사

동명사(구)는 그 품사가 명사이므로 전치사의 목적어 자리에 위치할 수 있다.

┌─────────┐   ┌─────────┐
│ 전치사 │ + │ 동사ing │
└─────────┘   └─────────┘
                전치사의 목적어

ⓔ We can save energy **by using** recycled products.

우리는 재활용품을 사용함으로써 에너지를 절약할 수 있다.

2 전치사의 목적어로 동명사를 가지고 오는 동사들

┌─────────┐   ┌─────────┐   ┌─────────┐
│ 동사구 │ + │ 전치사 │ + │ 동사ing │
└─────────┘   └─────────┘   └─────────┘

❶ 전치사 in
- be busy (in) 동사ing ∼하느라 바쁘다
- have trouble (in) 동사ing ∼하는 데 어려움을 겪다

❷ 전치사 to
- look forward to 동사ing/명사 ∼을 고대하다, 기대하다
- object to 동사ing/명사 = be opposed to 동사ing ∼에 반대하다

❸ 전치사 of
- be aware of 동사ing ∼하는 것을 알다
- be sure of 동사ing ∼하는 것을 확신하다

❹ 전치사 from
- refrain from 동사ing ∼하는 것을 삼가다

❺ 전치사 at/in
- be skilled at/in 동사ing ∼에 능숙하다

ⓔ We are **having trouble (in) finding** appropriate materials for remodeling.

우리는 리모델링을 위한 적절한 자재를 찾는 데 어려움을 겪고 있다.

목적어 뒤에 [전치사 + 동명사]의 구조를 가지고 오는 동사들

'막다, 금지하다, 방해하다' 등의 의미를 가진 동사(prevent, prohibit, keep, stop 등)들

동사 + 목적어 + 전치사 + 동사ing

❶ 전치사 for

- blame + 목적어 + for 동사ing (목적어)가 ～하는 것을 비난하다
- thank + 목적어 + for 동사ing (목적어)가 ～하는 것을 감사하다

❷ 전치사 from

- discourage + 목적어 + from 동사ing (목적어)가 ～하는 것을 단념시키다
- ban/prohibit/prevent + 목적어 + from 동사ing (목적어)가 ～하는 것을 금지하다
- stop + 목적어 + from 동사ing (목적어)가 ～하는 것을 멈추게 하다

❸ 전치사 of

- accuse + 목적어 + of 동사ing (목적어)가 ～하는 것을 비난하다

❹ 전치사 on

- congratulate + 목적어 + on 동사ing (목적어)가 ～하는 것을 축하하다

❺ 전치사 against

- warn + 목적어 + against 동사ing (목적어)가 ～하는 것에 대해 경고하다

Ex **Thank you for applying** for a job with our company. 우리 회사에 지원해 주셔서 감사합니다.

시험에 이렇게 나온다! ▶ **동명사 vs 형용사**

1. **[------- + 관사 + 명사]** 빈칸의 뒤에 관사와 명사가 위치한다면, 빈칸은 동명사 자리이다.

   예제 You should join me in (extendable, (extending)) a very warm welcome to our new clients.

   해설 형용사는 관사 앞에 위치할 수 없으며, 전치사 in의 목적어인 동명사가 a very warm welcome을 자신의 목적어로 받으므로 extending이 정답이 된다.

   해석 우리 고객들을 아주 따뜻이 맞이하는 데 당신도 저와 함께 하시기를 바랍니다.

2. **[관사 + ------- + 명사]** 빈칸이 관사와 명사의 사이에 위치한다면, 빈칸은 형용사 자리이다.

   예제 Because fossil fuels are being exhausted, we need an ((alternative), alternating) source of energy.

   해설 동명사는 관사의 수식을 받을 수 없으므로 정답이 될 수 없다. 여기서는 관사와 형용사 모두 명사 source를 수식해주므로 alternative가 정답이다.

   해석 화석 연료가 바닥나고 있는 실정이므로, 우리는 대체 에너지원이 필요하다.

Step 1 | 다음 문장에서 [동사 + (전치사) + 동명사] 숙어를 찾아 표시하세요.

01 A number of unexpected hindrances are preventing the negotiation with British Telecom from occurring.

02 Todd Porter told his immediate supervisor that he would not mind working every Sunday on the assembly line starting from next month.

03 She is accustomed to adapting quickly to new standards and policies.

Step 2 | 보기 중 알맞은 것을 고르세요.

01 To a lot of editors, e-mail represents being able to work from home as opposed to ------- to an office.

(A) go   (B) going

02 Mr. Bridges had already decided to work for Silverman and Sachs before ------- to the terms and conditions listed in the contract.

(A) agree   (B) agreeing

03 Contact the customer service department for instructions on ------- a password.

(A) creation   (B) creating

Step 3 | 빈칸에 알맞은 것을 고르세요.

01 All visitors must wear the protective gear prior to ------- into the factory.

(A) proceed
(B) proceeds
(C) proceeded
(D) proceeding

02 After ------- a great deal of sales experience at H&M Clothing, Morgan accepted a position with Marks & Janes.

(A) acquiring
(B) acquired
(C) acquire
(D) to acquire

08 명사 vs 동명사

명사 자리의 보기에 명사와 동명사가 제시되었다면, 본래 품사인 명사가 답이 되는 것을 원칙으로 한다.

1 명사 자리 문제에서 동명사가 답이 되는 경우

명사 자리에서 명사와 동명사중 동명사를 정답으로 골라야 하는 예외의 경우는 다음과 같다.

① 뒤에 목적어를 수반한 경우

타동사의 동명사는 자신의 목적어를 가지고 다닌다.

② 명사와 동명사의 뜻이 다른 경우

명사	-ing형 명사	명사	-ing형 명사
account 계좌	**accounting** 회계	**purchase** 구매	**purchasing** 구매 행위
funds 자금 조달	**funding** 자금 지원	**staff** 직원	**staffing** 직원 배치
house 집	**housing** 주거, 주택공급	**seat** 좌석	**seating** 좌석(집합적)
market 시장	**marketing** 마케팅	**ticket** 티켓	**ticketing** 발권
plan 계획	**planning** 계획 세우기	**urge** 충동	**urging** 요청, 간청
process 과정	**processing** 처리	**book** 책	**booking** 예약

 이때 명사는 대부분 가산명사이고 동명사는 해당 행위에 해당하는 불가산명사이다.

③ 기존의 명사가 없고 동명사만이 명사의 기능을 하는 경우(-ing 형태의 명사만 존재)

beginning 시작	**belongings** 소유물	**building** 건물
painting 그림	**surroundings** 주변, 환경	**opening** 빈자리, 공석

Because of careful (plan, (planning)) the renovation on the old historic community center will be completed three months ahead of schedule.

plan은 '계획'이라는 뜻의 가산명사이고, planning은 '기획 (행위)'이라는 뜻의 불가산명사이다. careful 앞에 관사가 없으므로 planning을 선택해야 한다.

해석 신중한 기획으로 인해 오래된 역사적인 지역사회 센터 개조 공사는 예정보다 3개월 이전에 완료될 것이다.

2 보기에 명사와 동명사가 제시되었을 때 접근 방법

The book needs to go through a ((revision), revising).

⇨ 빈칸 뒤에 목적어: 없음
⇨ 빈칸 앞에 관사: 있음
⇨ 동명사를 답으로 골라야 할 이유가 없으므로 본래 품사인 명사 revision이 정답.

I need help for (revision, (revising)) my projection.

⇨ 빈칸 뒤에 목적어: 있음
⇨ 빈칸 앞에 관사: 없음
⇨ 빈칸 뒤에 목적어가 위치하며, 관사의 수식을 받지 않으므로 불가산명사인 동명사가 정답.

Step 1 | 다음 문장에서 동명사가 위치한 근거를 찾아 표시하세요.

01 Our marketing team is looking forward to finding more functional options to the newly launched software.

02 By implementing state-of-the-art technologies, the Orla Motor Company has shown its commitment to lowering the fuel consumption of all its car models.

03 The Manchester branch has a job opening in the billing department that needs to be filled right away.

Step 2 | 보기 중 알맞은 것을 고르세요.

01 I saw the ------- in the newspaper.

(A) advertisement   (B) advertising

02 He runs an ------- agency.

(A) advertisement   (B) advertising

03 Due to careful --------, the construction of the new office building in Scranton will be completed sooner than expected.

(A) plan   (B) planning

Step 3 | 빈칸에 알맞은 것을 고르세요.

01 ------- the effects of a technological innovation is far from easy, as the effects are not always clear.

(A) Researchers
(B) Research
(C) Researching
(D) Researched

02 Please choose the color after ------- on the types of textiles you want for your cardigan.

(A) decide
(B) decision
(C) decided
(D) deciding

Practice Test

▶ 정답 및 해설 p.140~144

01 Because the publisher expects the first edition of the book ------- out, he is planning to print a second edition.
(A) sell
(B) have sold
(C) sells
(D) to sell

02 Our marketing team is looking forward to ------- more functional options to the newly launched software.
(A) find
(B) found
(C) finding
(D) be found

03 James Rivers has called all of his clients ------- find out that most of them signed contracts with other investors.
(A) so as
(B) only to
(C) even though
(D) in order that

04 We are dedicated to ------- our consumers' expectations by offering affordable prices for methods to increase their business brand power in an overly saturated market.
(A) exceed
(B) exceeding
(C) exceeds
(D) exceeded

05 The committee has not finished ------- the investigation about the complaints.
(A) to conduct
(B) conducting
(C) conduct
(D) to be conducted

06 As long as there are no objections, Sam Flint will be the next person ------- William Flint as chief executive officer.
(A) successor
(B) successive
(C) succession
(D) to succeed

07 The Macy Department Store will be closing tomorrow to ------- its staff to take a special day off.
(A) allow
(B) prohibit
(C) make
(D) let

08 The bill needs to be paid within 14 days of ------- this statement; if not, legal action will be taken.
(A) receive
(B) receiving
(C) reception
(D) to receipt

09 ------- increase the popularity of the new cologne, Thomas Westwood has recently made a one-year contract with Don Fashion Magazine to post two full pages of its advertisement in the next twelve issues.
(A) As far as
(B) In order to
(C) Consequently
(D) Furthermore

10 I am writing for ------- that Mr. Jamison has received the financial estimates regarding the Dennison building project.
(A) confirm
(B) confirmation
(C) confirming
(D) to confirm

11 Our sales representatives are looking forward to attending the new advertising strategy conference and to ------- local trends with the other attendees.
(A) share
(B) shares
(C) sharing
(D) be shared

12 The supervisor asked the head engineer to come to his office ------- find out about the progress of their current project.
(A) can
(B) to
(C) so
(D) will

CHAPTER
07

접속사

LESSON 01 접속사는 연결어다!

Point

❶ 동사가 하나 들어간 문장을 '절'이라고 한다.
  (명령문 등의 경우는 주어 없이도 문장이 가능하므로 문장의 기준은 주어가 아니라 동사.)
❷ 2개 이상의 절을 가진 문장에서 중심이 되는 절을 '주절'이라고 한다.
❸ 주절을 제외한 나머지 '종속절'에는 대등절, 명사절, 부사절, 형용사절 등의 이름이 붙는다.

---

1 접속사/관계사의 개수 + 1 = 동사의 개수

한 문장에서 본동사의 개수는 하나이다. 하지만 접속사가 있으면 동사의 개수가 늘어난다.

Ex I **like** her **because** she **is** talented. [접속사 because 1개 + 1 = 동사 2개]
나는 그녀가 재능이 있기 때문에 좋아한다.

2 두 문장의 대등한 연결

두 개의 문장이 나란히 연결되어 있는 문장을 대등절이라고 하는데, 이를 연결하는 접속사에는 '등위접속사'와 '상관접속사'가 있다. 두 개의 문장을 연결할 때 동일한 부분을 생략하여 동일한 품사를 연결하는 역할을 한다.

Ex He bought a table **and** he bought a chair. = He bought a table **and** a chair.
그는 테이블과 의자를 샀다.

3 하나의 문장 안에 다른 문장이 들어 있는 절

❶ **명사절** 주어나 목적어, 보어 역할을 하는 [접속사 + 주어 + 동사]절

Ex **That** he knows her is obvious. 그가 그녀를 안다는 것은 명백해요.
▶ 접속사 that이 이끄는 절(that he knows her)이 전체 문장의 주어 역할을 하고 있다.

❷ **부사절** 전체 문장의 앞뒤 혹은 중간의 부사 자리에 들어가는 [접속사 + 주어 + 동사]절

Ex **Since** she retired, we have been busy training her replacement.
그녀가 은퇴한 이후로, 우리는 그녀의 후임자를 교육시키느라 분주했다.
▶ 접속사 since가 이끄는 절(since she retired)은 주절의 구성 요소에 포함되지 않으므로 구조상 없어도 문제가 되지 않는다.

❸ **형용사절** 문장 내의 명사(선행사)를 수식해주는 절을 '형용사절(관계대명사절)'이라고 한다.

Ex She likes the book **which** was written by John. 그녀는 존이 쓴 책을 좋아한다.
▶ 관계대명사 which가 이끄는 절(which was written by John)이 명사 book을 꾸며주고 있다.

시험에 이렇게 나온다! ▶ **접속사 vs 전치사 구별하기**

의미	접속사 (하나의 문장에 문장을 추가할 때)	전치사 (하나의 문장에 명사를 추가할 때)
[양보] ~에도 불구하고, 비록 ~일지라도	although, (even) though, while	despite, in spite of
[이유, 원인] ~때문에	because, since, as	because of, due to, owing to
[예외] ~을 제외하고	except that	aside from, except (for), excluding, excepting
[시간] ~동안에	while	for, during

★ as, since 등은 접속사, 전치사 둘 다 가능하다. (단, since가 전치사로 쓰인 경우에는 '~이래로'라는 뜻이 된다.)

Step 1 | 다음 문장에서 추가된 절(종속절)을 찾아 표시하세요.

01 I need what you have.

02 When I saw the manager, he was about to leave.

03 There is a road block on Maple Avenue, so police have advised drivers to use Peacewood Street instead.

Step 2 | 보기 중 알맞은 것을 고르세요.

01 ------- the new movie directed by Gillian Moore was expected to hit the box office, most critics gave it a bad rating.

(A) Although　　　　　　(B) Despite

02 If you have received the bill, ------- you have not received the accompanying statement, please contact the Customer Service department.

(A) also　　　　　　(B) but

03 There is still a high demand for automobiles ------- gas prices have been increasing steadily.

(A) in spite of　　　　　　(B) though

Step 3 | 빈칸에 알맞은 것을 고르세요.

01 Tesco will not disclose a customer's information ------- official permission is given.

(A) despite
(B) without
(C) against
(D) unless

02 Last year's production costs exceeded the budget, ------- profit was better than expected because of an increase in sales.

(A) but
(B) next
(C) likewise
(D) instead

02 등위접속사 & 상관접속사

Point

❶ 등위접속사는 [단어와 단어], [구와 구], [절과 절]을 대등하게 연결한다.

❷ 상관접속사는 '서로 관계가 있는' 두 단어 이상이 하나의 짝을 지어다니며 접속사 역할을 한다.

1

등위접속사

순접 기능의 등위접속사	and 첨가(그리고), 시간 순서(그리고 나서) so 결과(그래서, 그러므로)
역접 기능의 등위접속사	but, yet 대조(그러나, 하지만)
기타 기능의 등위접속사	or 선택

❶ 등위접속사는 문두에 나올 수 없다.

❷ 등위접속사가 연결하는 구조 중 동일한 부분은 생략이 가능하다.

　(so는 예외적으로 동일 구조의 생략이 불가능하다. 즉, 완전한 문장을 이끌어야 한다.)

　🅔 She was happy, **so** kept smiling. (×)

　　 She was happy, **so** she kept smiling. (○) 　그녀는 행복해서 계속 미소를 지었다.

❸ 같은 성분이 둘 이상 연결될 경우에는 콤마(,)로 연결하며 마지막 단어 앞에만 등위접속사를 써준다.

　🅔 a young, energetic and experienced employee. 젊고, 열정적이며, 경험 많은 직원

2

상관접속사

both A and B A, B 둘 다	**neither A nor B** A, B 둘 다 아닌
either A or B A, B 둘 중 하나	**not A but B = only B, not A** A가 아닌 B
not only A but (also) B = B as well as A A뿐만 아니라 B 역시 (also는 부사로, 생략 가능)	

⚠ 함께 쓰이는 either, neither, both 등은 품사가 부사이며 or, nor, and, but은 접속사이다.

❶ 상관접속사는 둘 이상의 단어로 이루어져 있고, 이 두 단어들은 반드시 붙어 다닌다.

　🅔 I like **both** cats **and** dogs. 나는 고양이와 강아지를 모두 좋아한다.

❷ either, neither, both 뒤에는 모든 품사가 올 수 있지만 or, nor, and의 뒤에는 동일 성분들이 배치되어야 한다. (or, nor, and의 뒤에 위치한 동일한 단어는 생략할 수 있다.)

　🅔 He is **either** smart **or** (he is) stupid. 그는 똑똑하거나 멍청하다.

❸ neither A nor B = not/never A nor B ▶ neither 자리에 다른 부정 부사어를 대체할 수 있다.

 시험에 이렇게 나온다!   ▶ **so의 다양한 쓰임들**

❶ [so + 형용사/부사 + (that) + 주어 + 동사] 너무 ~해서 …하다

　🅔 He spoke so quietly (that) we could hardly hear him.

　　 그가 너무 조용히 얘기해서 우리는 그의 말을 거의 들을 수 없었다.

❷ [so as to + 동사원형 / so that + 주어 + 동사 = in order that + 주어 + 동사] ~위해서(목적 / 결과)

　🅔 We started a training program so that our employees can increase their efficiency.

　　 우리는 직원들의 효율성을 올리기 위해 훈련 프로그램을 시작하였다.

❸ [so + 형용사 + a/an + 명사] 매우 ~한

▶ 정답 및 해설 p.146~149

Step 1 | 다음 문장에서 상관접속사의 짝을 찾아 표시하세요.

01 Cars with a good rating either have good fuel efficiency or have great basic features.

02 At TFF Bank, it is possible to both create and activate your account on the same day.

03 The marketing campaign did not work well, not only because of the complex advertisements but also because of the lack of a clear message.

Step 2 | 보기 중 알맞은 것을 고르세요.

01 Mr. Dockers is in the process of finding ------- a wholesale warehouse or a distributor.

(A) either   (B) both

02 There is a road block on Maple Avenue, ------- police have advised drivers to use Peacewood Street instead.

(A) nor   (B) so

03 Guests may explore the desert around Santana Resort in a vehicle ------- take a guided tour riding on a camel.

(A) so   (B) or

Step 3 | 빈칸에 알맞은 것을 고르세요.

01 The accountant position we need to fill will be advertised ------- on our Web site and in newspapers.

(A) either
(B) yet
(C) whether
(D) both

02 Customers may purchase a total of 10 items ------- 3 promotional packages from each store in the shopping mall.

(A) just as
(B) than
(C) and
(D) so

03 명사절을 이끄는 접속사

1 명사절을 이끄는 접속사

명사절을 이끄는 접속사는 의문사(when, where, how, why, who, what)와 that, if, whether 3개의 접속사이다.

명사절 접속사	뒤따라오는 구조
that, if, whether, when, where, how, why	+ 완전한 문장
what, who, (whom), which	+ 불완전한 문장(주어 혹은 목적어가 없는 문장)

ⓔⓧ **Who** did it is the question. 그것을 누가 했는지가 의문이야.
▶ 접속사 who 뒤에 주어가 빠진 불완전한 절이 따라왔다.

I don't know **if** she has that book. 그녀가 그 책을 가지고 있는지 모르겠다.
▶ 접속사 if 뒤에는 완전한 절이 따라온다.

2 how의 두 가지 용법

❶ how 뒤에 '방법(어떻게)'에 대한 내용이 나오면 [how + 주어 + 동사 + 목적어]의 완전한 문장이 온다.

ⓔⓧ These are the instructions on **how** we can use the merchandise.
이것은 우리가 이 제품을 어떻게 이용할 수 있는지에 대한 안내서이다.

❷ how 뒤에 '상태(얼마나)' 등의 형용사/부사가 나오면 [how + 형용사/부사 + 주어 + 동사]의 문장이 온다.

ⓔⓧ I don't know **how** much it is. 나는 이게 얼마인지 모른다.

6 that의 용법을 구별하라

❶ 전체 문장 안에서 주어, 목적어, 보어의 역할을 하며, that 뒤에 완전한 문장을 동반한다.

ⓔⓧ **That** she is competent is unbelievable. 그녀가 유능하다는 것을 믿을 수 없어.
▶ that절이 전체 문장의 주어 역할을 하고 있다.

He insisted (**that**) I should come. 그는 내가 와야 한다고 주장했어요.
▶ that절이 전체 문장의 목적어 역할을 하고 있다. that이 이끄는 절이 목적어 역할을 할 때는 that은 생략이 가능하다.

❷ 명사 뒤에 오는 that은 형용사절을 이끄는 관계대명사로, that 뒤에 불완전한 문장이 따른다. 이때의 that은 관계대명사로 앞의 명사를 꾸며준다.

ⓔⓧ There are some trends **that** reflect the current market situation.
현재의 시장 상황을 보여주는 몇몇 트렌드가 있다.

시험에 이렇게 나온다! ▶ when과 where는 명사절과 부사절로 쓸 수 있다!

why와 how는 명사절만 이끌고, when과 where는 명사절과 부사절을 모두 이끌 수 있다.

예제 It is fortunate that Broker Inc. bought technology stocks ------- the price was low.
(A) why　(B) when　(C) which　(D) what

해설 빈칸 앞에서 전체 문장의 주어 역할을 하는 that절을 보면 이미 [동사 + 목적어]의 완전한 형태를 갖추고 있다. 완전한 형태에서 절이 추가로 들어오려면 와도 그만, 안 와도 그만인 부사절이 추가되어야 한다. 보기 중에서 명사절 접속사가 될 수 있으나, 부사절로도 쓰일 수 있는 것은 when뿐이므로 (B)가 정답이다.

해석 브로커 주식회사가 기술주 가격이 내렸을 때 주식을 사둔 것은 행운이다.

Step 1 | 다음 문장에서 밑줄 친 명사절의 역할을 설명하세요.

01 All the employees know <u>that</u> the company will make some of the workers redundant.

02 <u>What</u> is so memorable about the trip to Egypt is the mysteriousness and the greatness of the pyramids.

03 It is important <u>that</u> the advertising be written in accordance with the company's policy.

Step 2 | 보기 중 알맞은 것을 고르세요.

01 MMT Tech will give us a call regarding ------- much we have to pay.

(A) how   (B) whom

02 There are some questions as to ------- Colin Holfield will be eligible to play in the tournament.

(A) whether   (B) so

03 The survey indicates ------- the public's demand has been rising over the past couple of months.

(A) what   (B) that

Step 3 | 빈칸에 알맞은 것을 고르세요.

01 We have not determined ------- the anniversary party will be held at the Hilton Hotel or in Herry Park.

(A) regarding
(B) either
(C) nearby
(D) whether

02 All the sales representatives should return the application form to human resources by tomorrow, ------- they plan to attend the marketing seminar.

(A) whether or not
(B) in addition to
(C) in spite of
(D) regardless of

04 부사절을 이끄는 접속사

Point

❶ 부사절은 주로 문장의 맨 앞이나 뒤에 위치한다.

❷ 모든 부사 위치에는 부사절이 올 수 있다.

❸ 부사절은 주로 쉼표로 주절과 분리한다.

1 부사절의 특징

❶ 부사절은 주절의 앞과 뒤에 모두 올 수 있다.

> ㉯ Everyone likes her **because** she is kind. 그녀는 친절해서 모두가 그녀를 좋아한다.
> **When** I saw the manager, he was about to leave. 내가 관리자를 봤을 때 그는 막 나가려던 참이었다.

❷ 접속사 뒤에 따라오는 문장(종속절)을 생략해도 주절인 전체 문장에는 영향을 주지 않는다.

> ㉯ The conference room, **although** the building was built in the 19th century, is equipped with microphones, a sound system and an LCD projector.
> ⇨ The conference room is equipped with microphones, a sound system and an LCD projector. (비록 이 건물이 19세기에 지어졌다고 해도) 그 회의실은 마이크와 음향시설, LCD 프로젝터 등의 장비가 갖추어져 있다.

❸ 부사절을 제외한 주절은 항상 완전한 문장이지만, 부사절 안에도 완전한 문장이 동반된다.

> ㉯ Although the building was built in the 19th century, ~ [부사절 접속사 + 완전한 문장]

2 부사절의 종류

❶ 양보 부사절 접속사는 예상치 못한 결과나 기대와 반대되는 내용을 나타낼 때 쓴다.

although, though, even though/if 비록 ~일지라도	whereas, while ~한 반면에

> ㉯ **While** I like the design, he likes the color of the product.
> 나는 그 제품의 디자인을 좋아하는 반면 그는 그 제품의 색을 좋아한다.

❷ 시간 부사절에서는 현재 시제가 미래를 대신한다.

when ~할 때(동시 발생), ~한다면(조건)	after ~한 후에
once 일단 ~하면	since ~한 이래로
until/till ~할 때까지	before ~하기 전에
while ~하는 동안에	as ~할 때, ~하면서, ~함에 따라
as soon as = immediately after ~하자마자	

> ㉯ We will let you know before we will leave. (×)
> We **will let** you know **before** we leave. (○) 우리가 떠나기 전에 알려주겠다.

❸ 원인과 목적의 접속사

이유/원인 부사절의 접속사	because / since / as / in that / now that	~이기 때문에
목적 부사절의 접속사	that / so that / in order that	~하기 위해서, ~하도록

> ㉯ She works hard **in order that** she can get a promotion. 그녀는 승진을 위해서 열심히 일한다.

Step 1 다음 문장에서 주절과 부사절을 구별해 보세요.

01 As the company grew, its market share increased as well.

02 When the presentation has ended, you can ask any questions.

03 The research team left for the meeting, although they had not been informed of the schedule.

Step 2 보기 중 알맞은 것을 고르세요.

01 The laborers are still expected to work from 10 A.M. to 5 P.M. ------- the new machine is being installed.

(A) during   (B) while

02 ------- the economy is recently showing an upward trend, experts expect that it will recover by the end of this year.

(A) Because   (B) What

03 ------- the conference is over, staff from the accounting department will submit all reports by the end of the day.

(A) Who   (B) When

Step 3 빈칸에 알맞은 것을 고르세요.

01 The dispatching department has received your request and will inform you ------- the documents are ready.

(A) but
(B) so
(C) than
(D) onco

02 Please take an alternative way ------- the Central City Street repairs began last week.

(A) how
(B) yet
(C) before
(D) since

05 접속사 뒤에 주어가 없는 경우

Point

빈칸 뒤에 주어가 없는 경우에도 주어진 빈칸이 접속사 자리일 수 있다. 따라서 각 접속사별로 어떤 경우에 주어가 생략되며, 주어가 생략될 경우 접속사 뒤에 따라 나오는 어구의 형태가 어떠한지를 알고 있어야 한다.

1 접속사 뒤에 주어가 없는 경우

❶ 등위접속사와 상관접속사

등위접속사는 동일한 부분을 생략할 수 있기 때문에 뒤에 주어가 생략되어도 동사가 그대로 존재한다.

Ex I will go there **and I will see** you.
⇨ I will go there **and see** you.
내가 거기 가서 널 만날 것이다.

❷ 관계대명사

주격 관계대명사는 스스로 주어 역할을 하므로 주어가 없이 동사가 나온다.
그런데 주어 역할을 하는 주격 관계대명사 자체가 생략된다면? 관계대명사 뒤에 동사 대신 분사를 쓴다.

Ex There is a boy **who is reading** a book. 주격 관계대명사는 자신이 주어다.
⇨ There is a boy **reading** a book. 책을 읽고 있는 한 소년이 있다.

❸ 명사절 접속사

명사절 접속사(의문사) 뒤에 주어가 생략되고 [의문사 + to부정사]가 된다.

Ex I don't know **what I should** do.
⇨ I don't know **what to** do. 나는 뭘 해야 할지 모른다.

❹ 부사절 접속사

종속접속사 뒤에서 주어가 생략되면 동사는 분사가 된다.

Ex Our company increased the overall cost **while our company cut** down the labor cost.
⇨ Our company increased the overall cost **while cutting** down the labor cost.
우리 회사는 인건비를 줄이는 한편 총비용을 늘렸다.

2 접속부사

❶ 접속부사는 앞 문장의 내용을 부가적으로 설명하는 기능을 가진 '부사'이다.
❷ 접속부사의 위치는 연속적인 두 개의 문장 중 두 번째 문장의 앞, 중간, 끝 어디에나 위치할 수 있다. 그러나 첫 번째 문장, 즉 문두에는 위치할 수 없다.

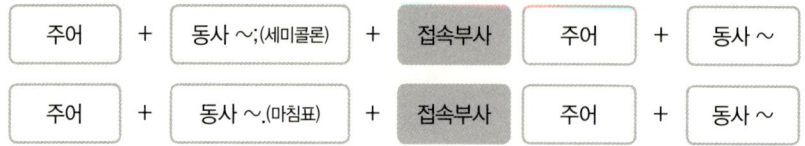

| 주어 | + | 동사 ~;(세미콜론) | + | 접속부사 | 주어 | + | 동사 ~ |

| 주어 | + | 동사 ~.(마침표) | + | 접속부사 | 주어 | + | 동사 ~ |

접속부사와 접속사

의 미	접속부사	접속사
~하지 않으면	otherwise	unless
그러나	however, in contrast , nevertheless	but / although
그러므로	therefore, accordingly, consequently, hence, thus, as a result, finally	so
더욱이, 게다가	besides, furthermore, moreover, above all, in addition	and
사실상	indeed, in fact	
그 다음에	then, thereafter, afterwards	

시험에 이렇게 나온다! ▶ 각 접속사의 쓰임

❶ 부사절 접속사
Although he went to the store, he did not buy anything.

❷ 능뒤접속사
He went to the store, **but** he did not buy anything.

❸ 접속부사
He went to the store; **however**, he did not buy anything.
그는 가게로 갔지만 아무것도 사지 않았다.

173

Step 1 | 다음 문장에서 접속사의 종류와 주어가 없는 동사의 형태를 구별해 보세요.

01 The assistant manager wrote a memo while answering the phone.

02 You must wear a helmet and carry one flashlight when entering the mines.

03 Tara Software employees can choose whether to work in the offices or at home.

Step 2 | 보기 중 알맞은 것을 고르세요.

01 ------- contacting a bank representative for any assistance, be sure to have your account number with you.

(A) During   (B) When

02 Those workers who didn't register this morning are required to do so now ; ------- , you will not get paid for the full day.

(A) otherwise   (B) therefore

03 The car endorsement will not be legitimate ------- signed by both the seller and the buyer.

(A) without   (B) until

Step 3 | 빈칸에 알맞은 것을 고르세요.

01 ------- preparing to make a speech to the public, check that the audio system is working properly.

(A) How
(B) When
(C) During
(D) Since

02 ------- Elizabeth has been writing articles for five years, she has only been working as a journalist for a short time.

(A) Although
(B) Despite
(C) However
(D) But

Practice Test

▶ 정답 및 해설 p.156~160

01 ------- Mr. Lopez is able to adjust his
    presentation, the departure date will be
    rescheduled for May 10.
    (A) Assuming   (B) Excluding
    (C) Otherwise   (D) Furthermore

02 The professor is considering changing his
    curriculum ------- students will write only
    one essay instead of two.
    (A) unless   (B) so that
    (C) as though   (D) either

03 All staff members must not leave the
    building ------- all the computers have been
    turned off.
    (A) prior   (B) with
    (C) until   (D) even

04 We have received your request for a refund,
    ------- can't process it unless you send the
    online receipt.
    (A) although   (B) but
    (C) unless   (D) nor

05 It is neither efficient ------- wise for Joey
    Electronics to spend more money on
    advertising.
    (A) nor   (B) but
    (C) or   (D) both

06 Applying for a membership can be done by
    both phone ------- internet.
    (A) and   (B) either
    (C) nor   (D) or

07 Angela Andrews was hired as the new editor
    ------- she was the most qualified applicant.
    (A) for   (B) because
    (C) just   (D) following

08 The policy requires that all candidates
    bring a copy of ------- their passport or
    identification card.
    (A) either   (B) both
    (C) neither   (D) still

09 ------- Mr. Hillman is not returning this week,
    he will send us an e-mail regarding the deal.
    (A) Although   (B) Therefore
    (C) Whether   (D) Moreover

10 Employees in the game developing industry
    often talk about ------- well it suits those
    who enjoy playing new games.
    (A) only   (B) there
    (C) most   (D) how

11 The theatre will be closed to everyone
    ------- the whole building is being renovated.
    (A) because   (B) however
    (C) as if   (D) while

12 We will initiate this operation ------- we
    receive approval from the technical manager.
    (A) as soon as   (B) along with
    (C) as well as   (D) whether

CHAPTER

08

관계사

01 관계사절은 명사를 수식하는 형용사

❶ 관계사란 두 개의 문장을 연결하는 것이다.
❷ 선행사는 관계사 앞에 위치하여 관계사절의 수식을 받는 명사이다.

1 관계사 이해를 위한 선행학습

❶ **'관계'의 의미** 관계란 둘 이상의 대상을 서로 연결시켜준다는 의미로 영어에서는 문장과 문장을 연결해준다는 뜻이다.

❷ **선행사** '앞서서 행하는 말'이란 의미의 선행사는 일반적으로 관계사(관계대명사, 관계형용사, 관계부사) 앞에 위치하는 명사를 지칭한다. 선행사는 관계사 앞에서 관계사의 수식을 받는 대상이 된다.

2 관계사란?

관계사는 두 문장을 하나로 연결하는 접속사의 역할을 한다. 관계사 앞에는 일반적으로 선행사라 불리는 명사가 위치하며, 관계사절은 이 선행사를 수식해주는 역할을 하기 때문에 형용사절이라 부르기도 한다.

3 관계사절 만들기

1	I met the manager. + The manager is in charge of room service. 나는 매니저를 만났다. + 그 매니저는 룸서비스 담당이다.	최초 두 개의 문장이 존재한다.
2	I met the manager **and the manager** is in charge of room service. 나는 매니저를 만났고 그 매니저는 룸서비스 담당이다.	두 문장을 접속사 and로 연결한다.
3	I met the manager **and he** is in charge of room service. 나는 매니저를 만났고 그는 룸서비스 담당이다.	동일한 명사 the manager 중 뒤의 명사를 대명사 he로 바꾼다.
4	I met the manager **who** is in charge of room service. 나는 룸서비스 담당인 매니저를 만났다.	접속사 and와 중복된 대상을 받는 대명사 he를 관계대명사 who로 바꾼다.

❶ 관계사는 접속사와 앞에서 이미 언급된 명사를 하나로 합친 것이다.

and he = who

❷ 따라서 관계사가 하나 있을 때마다 동사의 개수가 늘어난다.

접속사/관계사의 개수 + 1 = 동사의 개수

Ex I met the manager **who** is in charge of room service.

　　　동사1　　　　　　　　동사2

▶ 정답 및 해설 p.160~162

Step 1 | 다음 문장에서 명사절, 부사절, 형용사절을 찾아보세요.

01 All the employees know that the company will make some of the workers redundant.

02 Although Alstra has seen a 14% decline in revenues, its profits have remained the same.

03 Ms. Walsh received a call from an aircraft mechanic, and he said that Ms. Walsh's items which were lost during the flight have been found.

Step 2 | 보기 중 알맞은 것을 고르세요.

01 At the Kings Hotel, special pillows and beds are available on request for ------- with allergy issues.

(A) those   (B) whose

02 We will send an e-mail to remind them when the library books ------- they have borrowed should be returned.

(A) that   (B) because

03 There are some questions as to ------- Colin Holfield will be eligible to play in the tournament.

(A) whether   (B) so

Step 3 | 빈칸에 알맞은 것을 고르세요.

01 Sports drinks ------- are often used to replenish energy levels, are a great help to athletes.

(A) which
(B) they
(C) because
(D) who

02 Specialists ------- are actively involved in research and development are great assets to our company.

(A) which
(B) who
(C) and
(D) although

02 관계사의 특징

❶ 관계대명사는 [접속사 + 대명사], 관계형용사는 [접속사 + 형용사], 관계부사는 [접속사 + 부사]의 역할을 한다.
❷ 관계대명사는 앞의 선행명사를 수식한다.

1 관계사의 특징

❶ **[관계사 = 접속사 + 대명사/형용사/부사]** 관계사는 문장과 문장을 연결해주는 접속사의 역할뿐만 아니라 그 쓰임에 따라 대명사, 형용사, 부사의 역할도 수행한다.

> **Ex** I saw the boy **and he** played basketball.
> → I saw the boy **who** played basketball. 나는 농구를 하고 있던 소년을 보았다.
> ▶ 관계대명사 who가 접속사 and와 대명사 he의 역할을 동시에 하고 있다.

❷ **관계대명사의 후치 수식** 기본적인 형용사는 일반적으로 명사 앞에 위치하여 명사를 수식한다. 하지만 명사를 수식하는 수식어가 길어지게 되면 명사 뒤에 위치하여 앞의 명사를 수식한다. 형용사절인 관계사절도 길이가 길기 때문에 명사 뒤에 위치하여 앞의 선행사를 수식한다.

• 명사를 수식하는 형용사의 경우: 형용사가 앞에 위치하여 뒤의 명사를 수식

I gave the blue shirt to my friend. 나는 내 친구에게 파란색 셔츠를 주었다.

• 명사를 수식하는 관계사절의 경우: 관계사절이 뒤에 위치하여 앞의 명사를 수식

I gave the shirt to my friend. + I bought the shirt yesterday.

I gave the shirt which I bought yesterday to my friend.

나는 내가 어제 산 셔츠를 내 친구에게 주었다.

2 관계사의 종류

관계사의 종류	역할	관계사
관계대명사	접속사 + 대명사	who / (whom) / what / which / that
관계형용사	접속사 + 형용사	whose / which / what
관계부사	접속사 + 부사	when / where / why / how

시험에 이렇게 나온다! ▶ 관계사 문제에서 꼭 확인할 것!

1. **선행사의 일치:** 선행사가 사람인지 사물인지에 따라 관계사를 결정한다.
   > **Ex** I will give you a book (**which**, ~~who~~) is written in easy English. 쉬운 영어로 쓰인 책을 드리겠습니다.

2. **격의 일치:** 관계사의 자리에 어떤 성분이 필요한지에 따라 관계사의 격을 결정한다.
   > **Ex** He wants to marry a woman (**who**, ~~whom~~) truly loves him.
   > 그는 그를 진정으로 사랑하는 여자와 결혼하고 싶어 한다.

3. **수의 일치:** 선행사가 복수인지 단수인지에 따라 관계대명사 뒤에 나오는 동사의 수가 결정된다.
   > **Ex** They want retail clerks and managers who (**are**, is) competent and enthusiastic.
   > 그들은 유능하고 열정적인 판매직원 및 관리자를 원한다.

4. **시제와 태의 일치:** 관계대명사 앞뒤 문장의 시제 및 태를 잘 살펴보고 동사의 형태를 결정한다.
   > **Ex** The keyboard is designed for people who (**handle**, ~~were handled~~) a mouse or other device
   > while typing. 그 키보드는 타이핑하면서 마우스나 다른 장치를 다루는 사람들을 위해 고안되었다.

Step 1 | 다음 문장에서 수식받는 명사와 이를 수식하는 관계대명사를 찾아 표시하세요.

01 The scientist who invented this year's most notable discovery was awarded the Nobel Peace Prize.

02 Flaxo developed a new contact lens for people who experience eye dryness in a matter of a few hours.

03 Edinburgh University Library has rare book collections which are internationally renowned.

Step 2 | 보기 중 알맞은 것을 고르세요.

01 If our server detects a number of errors, it can automatically call in a ------- who can show up at the customers site.

(A) technician   (B) technology

02 Please review all of the following conditions ------- were included in the contract.

(A) that   (B) there

03 The survey indicates ------- the public's demand has been rising over the past couple of months.

(A) what   (B) that

Step 3 | 빈칸에 알맞은 것을 고르세요.

01 Factory employees ------- wish to interview for internal promotions must submit an application this week.

(A) which
(B) whose
(C) what
(D) who

02 Drew Industry will be building one more factory in Detroit, ------- will enable the company to expedite the process of manufacturing.

(A) there
(B) which
(C) what
(D) then

03 관계대명사의 종류

Point

❶ 관계대명사에는 who, whose, whom, which, that이 있다.

❷ 관계대명사는 접속사와 대명사의 역할을 모두 하므로, 뒤에 대명사가 빠진 불완전한 절이 온다.

1 관계대명사는 불완전한 문장을 이끈다.

❶ 관계대명사는 접속사와 대명사의 역할을 하는 관계사이다.

❷ 관계대명사 + 불완전한 절

> **Ex** I met **the manager**. **The manager** is in charge of room service.
>
> = I met **the manager who** is in charge of room service. 나는 룸서비스 담당 매니저를 만났다.
>
> ▶ 관계대명사 who는 두 문장을 연결하는 접속사 역할과 the manager를 대신하는 대명사(he) 역할을 한다.
>
> ▶ 따라서 관계대명사 who 뒤의 절은 주어 he가 없는 불완전한 절이 된다.

2 관계대명사의 격

관계대명사의 종류	선행사	주격	소유격	목적격
who	사람	who	whose	whom
which	사물	which	whose / of which	which
that	사람 & 사물	that	x	that

⚠ 관계대명사 what은 선행사가 없다. (자기 자신이 선행사를 포함한다.)

❶ **주격 관계대명사** 관계사절 안에 주어가 없고 관계대명사가 주어 역할을 한다.

> **Ex** I know **the man**. + **The man** is standing in the lobby. 나는 그 남자를 안다. 그 남자는 로비에 서 있다.
>
> = I know **the man who** is standing in the lobby. 나는 로비에 서 있는 남자를 안다.
>
> ▶ 관계대명사 who가 이끄는 절이 선행사 the man을 수식하고 있으며, 관계대명사 who는 접속사의 역할과 대명사 he(the man)의 역할, 즉 주어의 역할을 동시에 하므로 who 이후의 문장은 주어가 없는 불완전한 문장이다.

❷ **목적격 관계대명사** 관계사절에 목적어가 없고 관계대명사가 목적어 역할을 한다.

> **Ex** I know **the man**. + You met **the man**. 나는 그 남자를 안다. 넌 그 남자를 만났었다.
>
> = I know **the man that** you met. 나는 네가 만났던 그 남자를 안다.
>
> ▶ 관계대명사 that이 이끄는 절이 선행사 the man을 수식하고 있으며, 관계대명사 that은 접속사의 역할과 대명사 he(the man)의 역할, 즉 목적어의 역할을 동시에 하므로 that 이후의 문장은 목적어가 없는 불완전한 문장이다.

❸ **소유격 관계대명사** 관계사절에서 소유격의 역할을 하는 관계대명사가 주어를 받으므로, 주어 앞에 관사가 올 수 없어 무관사 명사가 위치하게 된다. [선행사 + 소유격 관계대명사 + 무관사 명사]

> **Ex** I know **the man**. + **The man's** name is Randy. 나는 그 남자를 안다. 그 남자의 이름은 랜디이다.
>
> = I know **the man whose** name is Randy. 나는 이름이 랜디인 남자를 안다.
>
> ▶ 관계대명사 whose가 이끄는 절이 선행사 the man을 수식하고 있으며 관계대명사 whose는 접속사의 역할과 소유격 대명사 his(the man's)의 역할을 동시에 하고 있으므로 whose 뒤의 주어 name은 관사가 없다는 것을 알 수 있다.

 시험에 이렇게 나온다! ▶ 관계대명사가 끌고오는 불완전한 절

- 주격 관계대명사 + 주어가 없는 불완전한 절
- 목적격 관계대명사 + 목적어가 없는 불완전한 절
- 소유격 관계대명사 + 소유격 관계대명사가 수식하는 명사에 관사가 없는 불완전한 절

Step 1 | 다음 문장에서 관계대명사를 찾아 격을 표시하세요.

01 Ms. Federov has acquired the list of passengers who are required to return back to the security office for additional investigations.

02 She has a house whose garden is beautiful.

03 The coat which she bought 5 years ago is worn out.

Step 2 | 보기 중 알맞은 것을 고르세요.

01 Ms. Dockers is one of the three applicants ------- work experience is more than ten years in the insurance field.

(A) whose   (B) who

02 Please come to the post office by 3 P.M. and pick up the special delivery ------- you ordered.

(A) that   (B) what

03 Some of the scientists working for B Concept Corp. were several ------- participated in developing an anti-aging serum for Beau Cosmetics.

(A) who   (B) where

Step 3 | 빈칸에 알맞은 것을 고르세요.

01 Ms. Federov has acquired the list of passengers ------- are required to return back to the security office for additional investigations.

(A) whose
(B) who
(C) where
(D) when

02 It is essential for people ------- work in the area of customer service to have a basic understanding of operations management.

(A) someone
(B) whose
(C) they
(D) who

04 주격 vs 목적격 관계대명사

Point

주격 관계대명사	목적격 관계대명사
• 선행사가 사람이면 주격 관계대명사 who를 사용한다.	• 선행사가 사람이면 목적격 관계대명사 whom. who를 사용한다.
• 선행사가 사물이면 주격 관계대명사 which를 사용한다.	• 선행사가 사물이면 목적격 관계대명사 which를 사용한다.
• that은 사물, 사람 선행사를 모두 취할 수 있다.	• that은 사물, 사람 선행사를 모두 취할 수 있다.
• 주격 관계대명사 뒤에는 반드시 동사가 위치한다.	• 목적격 관계대명사는 생략이 가능하다.

1 주격 관계대명사

❶ 사람 선행사를 받는 주격 관계대명사 who와 that

> **Ex** **The man who** is cleaning the garden is my father. 정원을 청소하고 있는 그 남자는 우리 아버지이다.
>> ▶ 선행사인 The man은 사람이므로 주격 관계대명사로 who를 사용한다. (that도 가능)

❷ 사물 선행사를 받는 주격 관계대명사 which와 that

> **Ex** I met her at **the meeting which** was held last week. 나는 지난주에 열린 회의에서 그녀를 만났다.
>> ▶ 선행사인 the meeting은 사물이므로 주격 관계대명사로 which를 사용한다. (that도 가능)

2 목적격 관계대명사

목적격 관계대명사는 생략이 가능하다.

❶ 사람 선행사를 받는 목적격 관계대명사 whom과 who, that

> **Ex** **The speaker (whom)** we invited is giving a speech at the conference.
> 우리가 초대한 연사가 회의에서 연설을 하고 있다.
>> ▶ 선행사인 The speaker는 사람이므로 목적격 관계대명사로 whom을 사용한다. (who나 that도 가능)

❷ 사물 선행사를 받는 목적격 관계대명사 which와 that

> **Ex** **The seminar (which)** I attended last Tuesday was very informative.
> 내가 지난 화요일에 참석했던 세미나는 매우 유용했다.
>> ▶ 선행사인 The seminar는 사물이므로 목적격 관계대명사로 which를 사용한다. (that도 가능)

시험에 이렇게 나온다! ▶ 관계대명사의 선행사가 되는 대명사

일반적인 대명사(they, it 등)는 선행사가 될 수 없지만 those와 -one(the one, someone, anyone 등)은 선행사 역할을 한다.

Ex (Them, (Those)) who demonstrate the ability to work collaboratively in teams will be promoted.
팀에서 협력해 일을 해내는 능력을 보여주는 사람들은 승진될 것입니다.

(They, (Anyone)) who is interested in joining the volunteer program must fill out this form.
자원봉사 프로그램에 참여하는 데 관심 있는 사람은 이 양식을 작성하셔야 합니다.

> **예제** For ------- who want to attend the meeting on conflict management in the workplace,
> please sign up at the front desk before you leave for the weekend.
> (A) ones (B) those (C) they (D) who
>
> **해설** 주격 관계대명사 who 앞은 선행사 자리로 사람명사가 필요하다. ones는 앞에 나온 같은 종류의 다른 명사를 받는 대명사로 오답. they는 인칭대명사로 선행사의 역할을 할 수 없다. meeting에 참가하고 싶은 사람들을 나타내는 (B) those가 답이 된다.
>
> **해석** 직장 내 분쟁해결을 위한 회의에 참석하고 싶은 사람들은 주말을 즐기러 퇴근하기 전에 안내 데스크에서 등록하세요.

▶ 정답 및 해설 p.168~170

Step 1 다음 문장에서 어떤 목적격 관계대명사가 어디에 생략되었는지 찾아 써보세요.

01 Here is the report you asked for.

02 He finally announced the news everyone was waiting for.

03 It is the company's policy that all employees at the factory keep a record of the hours they work.

Step 2 보기 중 알맞은 것을 고르세요.

01 I like the book ------- recently wrote.

(A) he   (B) which

02 The amount you ------- depends on which plan you choose.

(A) save   (B) saving

03 In your email, please find enclosed the information about the seminar ------- you requested.

(A) what   (B) that

Step 3 빈칸에 알맞은 것을 고르세요.

01 A free concert ticket is available to anyone who ------- insurance online before July 1.

(A) purchase
(B) to purchase
(C) purchases
(D) purchasing

02 Please come to the post office by 3 P.M. and pick up the special delivery ------- you ordered.

(A) then
(B) what
(C) when
(D) that

05 소유격 관계대명사와 that

Point

❶ 소유격 관계대명사
- 소유격 관계대명사 whose는 사람, 사물 선행사를 모두 취할 수 있다.
- whose 뒤에는 무관사 명사가 온다.

❷ 만능 접속사 that
- that은 관계대명사로 쓰여 형용사절을 이끌 수 있다.
- that은 일반 접속사로 쓰여 명사절 및 부사절도 이끌 수 있다.

---

1 소유격 관계대명사 whose

소유격 관계대명사는 선행사가 사람이든 사물이든 관계없이 관계대명사 whose를 사용한다.

Ex This is a book for **students**. + **The students'** first language is not Korean.

= This is a book for **students whose** first language is not Korean.

이것은 모국어가 한국어가 아닌 학생들을 위한 책이다.

▶ 선행사인 students는 사람명사이며, 이때의 소유격 관계대명사는 whose이다.

My wife wants to live in **the house**. + **The house's** roof is white.

= My wife wants to live in **the house whose** roof is white.

내 아내는 지붕이 하얀 집에서 살기를 원한다.

▶ 선행사인 the house는 사물명사인데, 이 경우에도 소유격 관계대명사는 whose를 사용한다.

---

2 that은 명사절, 부사절, 형용사절이 모두 존재한다.

❶ 명사절 명사절의 that은 전체 문장의 주어나 목적어, 보어 역할을 한다.

Ex They told us **that** their company would offer us a 10-percent discount.

간접목적어 　　　　　　　　　　　 직접목적어

그들은 우리에게 자기 회사에서 10% 할인해 주겠다고 말했다.

▶ that절이 동사 told의 직접목적어로 쓰였다.

❷ 부사절 so ~ that 구문이나 now that 구문에서 that절은 부사절이다.

- in that 주어 + 동사 ~라는 점에서
- so ~ that 주어 + 동사 너무 ~해서 …하다
- in order that 주어 + 동사 ~하기 위해서
- now that 주어 + 동사 ~이니까

❸ 형용사절 명사 뒤의 that절은 관계대명사절, 즉 앞의 선행사를 수식하는 형용사절이다.

- 사람/사물 선행사에 관계없이 관계대명사 who나 which 대신에 that을 사용할 수 있다.
- 선행사가 최상급이나 서수, the one 등으로 수식되는 경우에 that을 사용한다.

Ex It is **the best performance that** I have ever seen. 이것이 내가 여지껏 본 중 제일 괜찮은 공연이다.

최상급

- 콤마 뒤에는 관계대명사 that을 쓸 수 없다.

  Ex He bought the coffee machine**,** (that, (which)) was very expensive.
  그는 커피머신을 샀는데, 그것은 아주 비쌌다.

- 전치사 다음에는 관계대명사 that이 올 수 없다.

  Ex This is the house **at** (that, (which)) I stayed.
  　　　　　　전치사

  = This is the house **that** I stayed **at**. 이곳은 내가 머물렀던 집이다.

시험에 이렇게 나온다!　　▶ **완전한 절을 받는 what**

1. 불완전한 절을 받는 what

| 관계대명사 what / 의문사 what | + | 불완전한 절 |

관계대명사 what은 선행사를 가지지 않으며, 불완전한 절과 함께 문장에서 명사절로 쓰인다. 따라서 문장 안에서 주어, 목적어, 보어 역할을 할 수 있다.

Ex **What** I have experienced is never forgotten.　내가 경험한 것을 결코 잊을 수 없다.

　▶ 관계대명사 what이 이끄는 절은 전체 문장의 주어 역할을 함과 동시에 목적어가 없는 불완전한 문장이다.

2. 완전한 절을 받는 what

| 관계형용사 what / 의문형용사 what | + | 완전한 절 |

관계형용사 what은 이름에서 알 수 있듯이 형용사의 역할을 하므로 what이 이끄는 절 안에서 구성 요소간 순서가 바뀔 수는 있지만 완전한 문장을 이룬다. 이때 what 뒤에 나오는 명사는 관사를 쓰지 않는다.

Ex I want to know **what** project he'll do this semester. 나는 그가 이번 학기에 어떤 프로젝트를 맡을지 궁금하다.

　▶ 관계형용사 what은 project를 수식하고 있으며, project는 what이 이끄는 문장의 목적어로, 구성 요소가 나열된 순서는 바뀌었으나 완전한 문장으로 볼 수 있다.

Step 1 | 다음 문장에서 that의 용법은 무엇인가요?

01 The renowned broker, William Klein, always picks the right stocks that rise steadily and safely.

02 The executive board decided that the new data system is much more efficient.

03 We should know how that company developed the new solution.

Step 2 | 보기 중 알맞은 것을 고르세요.

01 Asian countries ------- domestic economies are stagnant are at risk of falling into recession if the current price of oil rises by more than 20 percent.

(A) that   (B) whose

02 We are looking for a number of volunteers for the event, ------- may be suitable for pet owners.

(A) which   (B) that

03 The guidebook explains in more detail ------- you will experience once you land on the beautiful islands of the Philippines.

(A) which   (B) what

Step 3 | 빈칸에 알맞은 것을 고르세요.

01 The City Center Gallery is sponsoring local artists, ------- paintings will be on display from this summer.

(A) which
(B) their
(C) whose
(D) that

02 The instruction brochure shows ------- passengers must do in case of an emergency landing.

(A) which
(B) that
(C) whose
(D) what

LESSON 06 전치사와 관계대명사

Point

❶ 목적격 관계대명사
- 전치사에 대한 목적격 관계대명사 which가 쓰인 문장에서는 전치사를 관계사절 안에 위치시켜도 되고, 관계대명사 앞으로 위치시켜도 된다.
- 관계대명사 that 앞에는 전치사가 올 수 없다.
- 부분 부정대명사의 전치사 of 다음에 오는 관계대명사는 목적격 관계대명사이다.

❷ 관계부사
- 전치사 + 관계대명사 = 관계부사
- 관계대명사는 불완전한 절을 이끌고, 관계부사는 완전한 절을 이끈다.

1 전치사의 목적어가 되는 목적격 관계대명사

관계사절 안에 있는 전치사의 목적어가 선행사와 동일할 경우, 전치사는 관계대명사 앞으로 이동할 수 있다.

🅔 **The news** was interesting. + Barbara talked **about the news** last night.
= **The news which** Barbara talked **about** last night was interesting.
= **The news about which** Barbara talked last night was interesting.

　　　지난밤 바브라가 이야기한 그 소식은 흥미로웠다.

2 관계부사절 만들기

┌─────────┐ ＋ ┌─────────────┐
│ 전치사 │   │ 관계대명사 │
└─────────┘   └─────────────┘

[전치사 + 관계대명사]는 장소나 시간, 이유, 방법 등을 나타내므로 각 의미에 적당한 관계부사로 바꿀 수 있다.

❶ I remember **the day**. + We met at **the day**. 나는 그 날을 기억한다. 우리는 그 날에 만났다.	▶ 최초 두 개의 문장이 존재한다.
❷ I remember **the day and** we met at **the day**. 나는 그 날을 기억하고, 우리는 그 날 만났다.	▶ 두 문장을 접속사 and로 연결한다.
❸ I remember **the day which** we met **at**. 나는 우리가 만난 그 날을 기억한다.	▶ 접속사 and와 중복된 대상인 the day를 목적격 관계대명사 which로 바꾼다.
❹ I remember **the day at which** we met. 나는 우리가 만난 그 날을 기억한다.	▶ 전치사의 목적어와 선행사가 동일하므로 전치사를 목적격 관계대명사 앞으로 옮길 수 있다.
❺ I remember **the day when** we met. 나는 우리가 만난 그 날을 기억한다.	▶ [전치사 at + 목적격 관계대명사 which]는 관계부사 when과 동일하다.

Ex It is **the city where** he lives. ▶ [관계부사 + 완전한 문장]

= It is **the city in which** he lives. ▶ [전치사 + 관계대명사 + 완전한 문장]

= It is **the city which** he lives **in**. ▶ [관계대명사 + 불완전한 문장(전치사의 목적어가 없다)]

그곳이 그가 사는 도시이다.

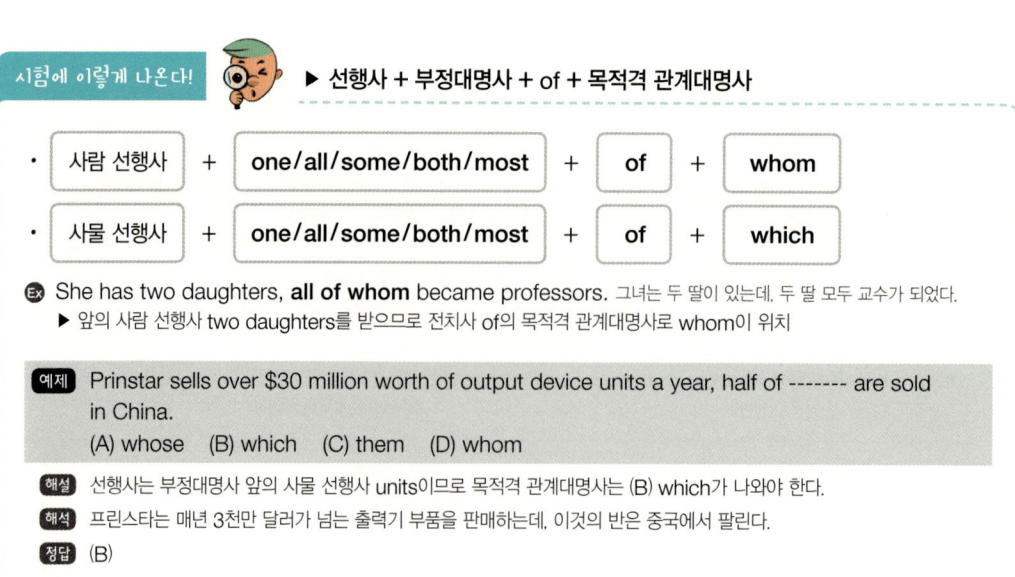

시험에 이렇게 나온다! ▶ 선행사 + 부정대명사 + of + 목적격 관계대명사

| 사람 선행사 | + | one / all / some / both / most | + | of | + | whom |

| 사물 선행사 | + | one / all / some / both / most | + | of | + | which |

Ex She has two daughters, **all of whom** became professors. 그녀는 두 딸이 있는데, 두 딸 모두 교수가 되었다.

　　▶ 앞의 사람 선행사 two daughters를 받으므로 전치사 of의 목적격 관계대명사로 whom이 위치

예제　Prinstar sells over $30 million worth of output device units a year, half of ------- are sold in China.

(A) whose　(B) which　(C) them　(D) whom

해설　선행사는 부정대명사 앞의 사물 선행사 units이므로 목적격 관계대명사는 (B) which가 나와야 한다.

해석　프린스타는 매년 3천만 달러가 넘는 출력기 부품을 판매하는데, 이것의 반은 중국에서 팔린다.

정답　(B)

 TEST

Step 1 다음 문장에서 [전치사 + 관계대명사]를 찾아 관계부사로 바꾸세요.

01 The land on which our company wanted to construct a distribution center has been sold.

02 Multinational companies must be mindful of the values of each culture in which they market their products so as not to upset potential clients.

03 I remember the time at which I was speechless.

Step 2 보기 중 알맞은 것을 고르세요.

01 The Motor Show, ------- annually demonstrates the newest concept cars, draws over ten thousand attendees.

(A) where   (B) which

02 The company has decided to recruit seven new employees next year, all of ------- are expected to be female.

(A) them   (B) whom

03 Returned items should be brought to the customer service office ------- a representative will assist you with your request.

(A) where   (B) which

Step 3 빈칸에 알맞은 것을 고르세요.

01 It was very kind of you to drive us to see all of the sights, especially the newly rebuilt building, ------- we found to be an impressive architectural work.

(A) which
(B) in which
(C) where
(D) that

02 We will have to travel to the health center ------- the natives are being treated.

(A) on
(B) where
(C) which
(D) that

07 관계부사와 관계대명사의 생략

Point

❶ 선행사와 관계부사
- 선행사가 시간을 나타낼 때는 관계부사 when을, 장소를 나타낼 때는 관계부사 where를, 이유를 나타낼 때는 관계부사 why를, 방법을 나타낼 때는 관계부사 how를 사용한다.

❷ 관계대명사의 생략
- 목적격 관계대명사는 생략할 수 있다.
- 주격 관계대명사와 be동사가 생략되면 남은 동사가 분사로 변화하여 선행사를 수식하는 분사구문이 만들어진다.

1 선행사와 관계부사

관계부사의 선행사	관계부사	전치사 + 관계대명사
the time	when	at / on / in + which
the place	where	at / on / in + which
the reason	why	for + which
the way	how	in / by + which

Ex It is the city **where** he lives.
= It is the city **in which** he lives.
= It is the city **which** he lives **in**.
그곳이 그가 사는 도시이다.

2 주의해야 할 관계부사 how

일반적으로 관계부사는 선행사를 동반하지만, 관계부사 how는 선행사 the way와 함께 쓸 수 없다.

Ex Please tell me **the way** I can get to the National Bank.
= Please tell me **how** I can get to the National Bank. 국립은행으로 가는 방법을 알려주세요.
≠ Please tell me the way how I can get to the National Bank. (×)

3 관계대명사의 생략

❶ 목적격 관계대명사의 생략

선행사와 관계대명사절의 주어 사이에 위치하는 목적격 관계대명사 whom, who, which, that은 생략될 수 있다.

Ex We received the products (**that**) we ordered online last week.
우리는 지난주에 온라인으로 주문했던 물건을 받았다.

❷ [주격 관계대명사 + (be동사)]의 생략

[주격 관계대명사 + (be동사)]가 생략되면 남은 동사는 과거분사 혹은 현재분사로 변형되어 선행사를 수식해주는 분사구문을 형성한다.

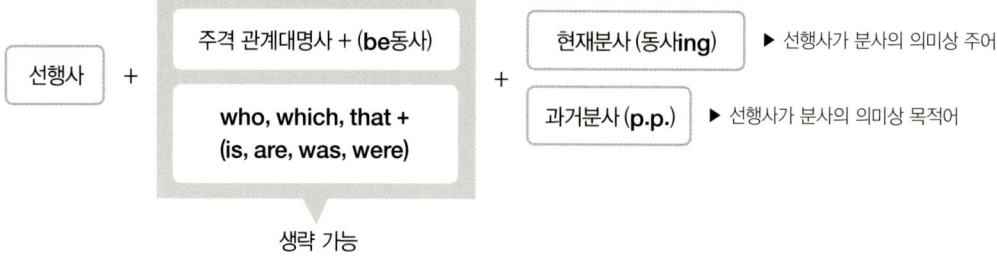

Ex Anyone **who is interested** in software security is welcome to attend the conference.

= Anyone **interested** in software security is welcome to attend the conference.

소프트웨어 보안에 관하여 관심이 있는 사람은 누구나 컨퍼런스에 참여하는 것을 환영한다.

▶ 주격 관계대명사 who와 연속된 be동사인 is가 생략되었고, 동사는 p.p. 형태로 과거분사 구문이 성립되어, 분사구문이 선행사 Anyone을 수식해준다.

시험에 이렇게 나온다! ▶ 관계대명사가 생략된 경우의 문제 풀이 순서

예제 Applicants should note that any false information ------- in this loan application can be subject to a hefty fine.

(A) gave
(B) given
(C) had given
(D) was given

해설 Step1. 선택 문항을 먼저 본다.

보기는 모두 동사 give에서 시제 및 태에 변화를 준 것들이다. give는 수여동사로 [give + 간접목적어 + 직접목적어]의 형태로 쓰인다는 것을 알고 있어야 한다. 각각의 보기는 (A) 과거 시제 (B) 과거분사 (C) 과거완료 시제 (D) 과거 수동태이다.

Step2. 문제를 본다.

빈칸 앞에는 명사 information이 있으며 뒤에는 부사구 in this loan application이 존재한다. 문장에서 본동사는 2개 (note, be)이며 접속사는 1개(that)이므로 빈칸에 더 이상의 동사가 들어갈 수 없다. 보기 중 본동사가 아닌 것은 과거분사 given뿐이므로 정답이 된다.

Step3.

이 문제에서 given은 과거분사로 명사 information을 수식해준다. 과거분사는 수식해주는 대상을 의미상의 목적어로 받는다는 것을 기억하자.

해석 신청자들은 대출 신청서에 기재된 정보가 조금이라도 잘못된 점이 있으면 고액의 벌금을 물 수 있다는 사실을 명심하셔야 합니다.

정답 (B)

Step 1 | 다음 문장에서 관계대명사, 관계부사, 관계형용사를 구별하세요.

01 He gave me the book which he likes.

02 He told me which book he likes.

03 The company where I work is very large.

Step 2 | 보기 중 알맞은 것을 고르세요.

01 Financial News Network announced today that it will be sold to a joint venture ------- by Dow Jones and Westinghouse Broadcasting.

(A) creates   (B) created

02 The machines ------- to make different designs in response to the rapidly-changing demands of fashion will be delivered to the factory next week.

(A) programmed   (B) is programmed

03 *The Ford Report*, established in 1988, gives you the latest issues on management and marketing ------- the hospitality industry.

(A) affecting   (B) affects

Step 3 | 빈칸에 알맞은 것을 고르세요.

01 Most of our factories can be found on the main road ------- motels and hotels were once located.

(A) near
(B) beside
(C) where
(D) until

02 We have had a great number of calls regarding our national advertising campaign from people who ------- in our products, which makes us excited about the future.

(A) is interested
(B) are interested
(C) interested
(D) interesting

Practice Test

01 Ms. Robinson is an award-winning romantic-fiction writer ------- work has been translated into four different languages.
(A) what
(B) who
(C) which
(D) whose

02 Because of a Federal Aviation Administration computer glitch, 15 flights ------- in New Orleans have been cancelled and dozens of others have been delayed.
(A) origin
(B) originate
(C) will originate
(D) originating

03 The school district tries to hire employees from diverse backgrounds, but they now have only 10 teachers, all of ------- are men.
(A) what
(B) this
(C) their
(D) whom

04 Please press the blue button ------- you need any assistance from a flight attendant.
(A) which
(B) when
(C) in case
(D) in order that

05 Volunteers ------- wish to help children in Geneva Nursing Home should call our office or visit in person.
(A) they
(B) whose
(C) who
(D) themselves

06 Our new interns need further training for their new position, ------- they will be responsible for daily works.
(A) in which
(B) together with
(C) not only
(D) instead of

07 Only those orders ------- are completed will be shipped every morning.
(A) who
(B) what
(C) that
(D) ones

08 In some industries, the employment base has relied on local schools, ------- are trying to recruit graduates.
(A) where
(B) and
(C) but
(D) which

09 The extended city bus line, ------- has been running, serves every major universities' stations.
(A) who
(B) what
(C) where
(D) which

10 Jonathan Lee, once a teacher, has recently published a novel, ------- will appear in stores next year.
(A) who
(B) that
(C) which
(D) where

11 The human resources department has announced a new staffing decision policy ------- will begin next week.
(A) that
(B) such
(C) when
(D) until

12 Most candidates ------- applied for the sales position felt that they need a private car.
(A) which
(B) whom
(C) what
(D) who

CHAPTER
09

분사

LESSON

01 분사의 기본

Point

❶ 분사는 동사원형을 -ing형 혹은 p.p.형으로 변화시켜, 명사를 꾸며주는 형용사 혹은 문장을 꾸며주는 부사 역할을 하는 것을 말한다.

❷ 동사원형이 -ing형으로 변화한 분사는 현재분사, 동사원형이 p.p.형으로 변화한 분사는 과거분사이다.

---

1 분사의 자리

❶ 명사 앞 형용사 자리

> Ex an **experienced** designer 경험이 많은 디자이너

❷ 2형식 동사 뒤의 보어 자리

> Ex It was **exciting**. 흥미진진했다.

❸ 5형식 동사 뒤의 목적격 보어 자리

> Ex I found the work **exhausting**. 일이 지친다는 것을 알았다.

❹ 명사 뒤에서 명사를 수식하는 경우

> Ex a survey **conducted** by an polling firm 여론조사 회사에 의해 실시된 설문조사

❺ 문장 앞뒤에서 문장을 수식하는 부사구

> Ex **Being** the CEO, Mr. Kim has access to confidential reports.
> CEO이기 때문에 미스터 김은 기밀 리포트를 볼 수 있는 권한을 가지고 있다.

---

2 분사의 종류

동사에서 변형된 분사는 두 가지 형태로 나누어지는데, 동사원형에 -ing를 붙이면 현재분사가 되고, 동사원형에 -ed를 붙이면 과거분사가 된다.

종류	현재분사	과거분사
예문	working machine 작동하는 기계	fixed machine 수리된 기계
형태	동사 + -ing	V + -ed
	work + -ing = working	fix + -ed = fixed
의미	기계가 작동한다 [능동]	기계는 (사람에 의해) 수리되었다 [수동]
	기계가 작동을 하고 있다 [진행]	기계는 수리가 되었다 [완료]
역할	형용사	형용사

시험에 이렇게 나온다! ▶ **자동사는 현재분사만 가능하다!**

자동사는 목적어를 가지지 못하는 동사이다. 분사 중 과거분사는 수식받는 명사를 의미상의 목적어로 갖는데, 자동사는 목적어를 받을 수 없으므로 능동의 의미를 갖는 [동사 + -ing] 형태인 현재분사만 가능하다.

> Ex **rising** sun 떠오르는 태양
> ▶ 자동사 rise는 현재분사 rising만 가능하고, 과거분사 형태로는 쓰이지 않는다.

198

▶ 정답 및 해설 p.182~184

Step 1 | 다음 문장에서 분사를 찾아보세요.

01 SK Telecom, serving all the major cities, announced its merger.

02 I am looking at the landing flight.

03 We need the revised books.

Step 2 | 보기 중 알맞은 것을 고르세요.

01 Employees ------- in the office after 5 p.m. are advised to inform their supervisor.

(A) remain   (B) remaining

02 Kensington Inc. hired a local property company to search potential sites for the ------- distribution center.

(A) proposed   (B) propose

03 Travelers ------- local hotels complain that they need more parking spaces.

(A) use   (B) using

Step 3 | 빈칸에 알맞은 것을 고르세요.

01 Policy makers intend to implement a number of new school programs ------- on the physical sciences.

(A) focus
(B) focusing
(C) will focus
(D) have focused

02 Employees ------- reimbursement for their business trip need to submit an application form to Mr. Jackson.

(A) seek
(B) seeks
(C) will seek
(D) seeking

LESSON 02 분사 형용사

Point 분사 형용사는 일반 형용사와 마찬가지로, 명사 앞에서 명사를 수식할 수도 있고, 문장의 보어 역할을 할 수도 있다.

1 명사 앞에서 명사를 수식하는 분사 형용사

[분사 + 명사]의 형태로 명사를 꾸며주는 형용사 역할을 한다.

Ex an **interesting** movie 재미있는 영화
- ▶ 현재분사인 interesting이 명사 movie를 수식해주고 있다.

2 보어의 역할을 하는 분사 형용사

❶ 2형식 동사 뒤의 주격 보어

Ex The girl is **happy**. 그 소녀는 행복하다.
- ▶ 형용사 happy가 be동사 뒤에서 The girl을 꾸며주고 있다.

Ex The girl is **delighted**. 그 소녀는 기쁘다
- ▶ 분사 형용사 delighted가 be동사 뒤에서 The girl을 꾸며주고 있다.

❷ 5형식 동사 목적어 뒤의 목적격 보어

Ex As we change the plan, we will keep you **informed**.

계획을 변경하게 되면 알려드리겠습니다.
- ▶ 5형식 동사 keep의 목적어인 you 뒤에서 분사 형용사 informed가 목적격 보어로서 목적어를 수식하여 '정보를 알고 있는 상태로 유지시켜 준다'는 의미가 성립된다.

3 본래 형용사 vs 분사 형용사

같은 동사에서 파생된 본래의 형용사가 존재하면서 다른 의미의 분사 형용사를 갖는 경우도 있다.

본래 형용사	현재분사 형용사	과거분사 형용사
considerate 사려 깊은 **considerable** 상당한, 많은	**considering** ~을 고려하여	**considered** 고려된
informative 유익한	**informing** 알리는	**informed** 알고 있는, 정통한
impressive 인상적인	**impressing** 감동시키는	**impressed** 감명을 받은
understandable 이해할 만한, 당연한	**understanding** 이해심이 많은	**understood** 이해된

 considering은 전치사(~을 고려하면)로 많이 쓰인다.

 시험에 이렇게 나온다! ▶ **형용사와 분사 형용사가 보기에 동시에 제시된 경우**

1. 본래 품사 우선의 원칙에 근거하여 형용사가 답이 되는 경우가 확률적으로 높다.

   Ex The movie was not (impressive, impressed).
   - ▶ 영화는 감명 깊지 않았다는 의미로 형용사인 impressive(인상적인, 감명 깊은)가 정답.

2. 수식해주는 형용사 자리와 수식받는 명사 자리와의 의미 관계를 고려한다.

   Ex Most people who have seen the movie were not (impressive, impressed).
   - ▶ 감정동사의 분사가 사람명사를 수식할 때에는 과거분사를 써야 하므로 impressed가 정답.

★ **본래 품사 우선의 원칙**: 하나의 품사 자리에 동일한 역할을 하는 보기가 두 개 제시되었다면, 둘 중 태생 자체가 본래 그 품사인 쪽이 우세하다는 원칙이다. 예를 들면, 형용사 역할을 할 수 있는 형용사와 분사가 보기에 제시되었다면 본래 품사인 형용사가 정답이 될 가능성이 높다.

200

Step 1 | 다음 문장에서 분사 형용사를 찾아보세요.

01 Growing traffic in cargo and passengers has led to an expansion of the train station.

02 The concert in Times Square was interesting.

03 The manager of the sales department found the results of the last promotion amazing.

Step 2 | 보기 중 알맞은 것을 고르세요.

01 Within the first three seconds, you make a ------- impression on the other person.

(A) lasting   (B) last

02 The Southern Island Inn offers free parking to all guests ------- longer than two days.

(A) will stay   (B) staying

03 He was awarded as the most ------- employee of the month.

(A) cooperative   (B) cooperating

Step 3 | 빈칸에 알맞은 것을 고르세요.

01 According to an article ------- in The Weekly newspaper, trips to Asia during the last holiday season increased.

(A) publishing
(B) publish
(C) published
(D) to publish

02 In addition to providing ------- support to local charities, we encourage our employees to give something back to their communities through a variety of volunteer programs.

(A) finance
(B) fianced
(C) financial
(D) finances

LESSON

03 관계대명사 생략 현재분사 & 과거분사

Point

❶ 주격 관계대명사절에서 관계대명사가 생략되면 동사의 형태가 분사로 바뀌게 된다.

❷ 선행사가 동작을 하는 주체일 때는 현재분사로, 동작을 받는 대상일 때는 과거분사로 바뀐다.

---

1 현재분사 & 과거분사

- 분사가 수식하는 명사와 어떠한 관계인지에 따라 현재분사를 쓸지 과거분사를 쓸지가 결정된다.
- 수식하는 명사와의 관계가 '(명사)가 ~ 하다'라는 능동의 의미, 즉 명사가 행위의 주체가 되면 현재분사가 오며, '(명사)를 ~하게 하다'라는 수동의 의미, 즉 명사가 목적의 의미를 나타내거나 완료의 의미를 나타내면 과거분사가 온다.

종류	현재분사	과거분사
형태	동사원형(V) + -ing	동사원형(V) + -ed
의미	[능동] (명사[주체]가) (분사의 동작)을 하다 [진행] (명사)가 ~하고 있다 • 수식받는 명사가 분사의 의미상 주어	[수동] (명사[주체]가) (분사의 동작)을 받게 하다 [완료] (명사)를 ~했다 • 수식받는 명사가 분사의 의미상 목적어
변형 과정 (관계사절이 분사 구문으로 바뀔 때)	❶ 주격 관계대명사 + (be동사) 생략 ❷ 동사의 원형 + -ing	❶ 주격 관계대명사 생략 ❷ [be + p.p.] + 동사ing = [being + p.p.] ❸ being이 생략되면 p.p. 형태만 남음

2 현재분사와 명사

능동의 의미: 명사가 분사의 동작을 하다

⓮ This is the instruction for **customers.** + **Customers use** our equipment.

⇩

This is the instruction for **customers** who **use** our equipment.

▶ use의 주어는 선행사 customers

⇩

This is the instruction for **customers using** our equipment.

▶ 현재분사 using의 의미상 주어는 customers

이것은 우리의 장비를 이용하는 고객들을 위한 설명서이다.

3 과거분사와 명사

수동의 의미: 명사가 분사의 동작을 받는다

⓮ I read **the article.** + The **article was featured** in the magazine.

⇩

I read **the article** which **was featured** in the magazine.

▶ 수동태의 주어인 선행사 the article은 의미상으로 목적어

⇩

I read **the article being featured** in the magazine. ▶ 분사구문 변형 과정에서 being은 생략된다

⇩

I read **the article featured** in the magazine. ▶ 과거분사 featured의 의미상 목적어는 the article

나는 잡지에 나온 기사를 읽었다.

4 **[관사/소유격 + ------- + 명사] 형태에서는 주로 과거분사가 답이 된다.**

보기에 제시된 동사가 타동사일 경우 [관사/소유격 + ------- + 명사]의 형용사 자리에는 주로 과거 분사가 답이 된다.

관사 / 소유격 + 과거분사 + 명사

> Sue showed up at the billiard tournament holding her three-piece pool cue with its
> (customizing, **customized**) leather grip.

with its leather grip which was customized에서 관계사와 be동사가 생략된 분사 형용사가 명사 앞에 위치한 형태이다. 정답은 customized이다.

해석 수는 맞춤 가죽 손잡이가 달린 자신의 3단 분리 큐를 들고 당구 대회에 나타났다.

시험에 이렇게 나온다! ▶ 동사ing 형태의 현재분사와 동명사

현재분사	동명사
소유격/관사 + 동사ing(현재) + 명사	동사ing(동사) + 소유격/관사 + 명사
an **interesting** book 재미있는 책	**reading** a book 책을 읽는 것

Ex the process of (established, establishing) a new set of guidelines

해설 빈칸의 위치가 전치사 of 다음이므로 동명사인 establishing이 답이 된다.

해석 새로운 가이드라인을 만드는 절차[과정]

Step 1 | 다음 문장에서 분사를 찾아 표시하고 생략된 구조를 써보세요.

01 Any individual involved in a legal case is advised to talk with our legal consultant.

02 The brochure detailing our services will be provided to customers next month.

03 A revised schedule has been proposed as an alternative to the one currently in place.

Step 2 | 보기 중 알맞은 것을 고르세요.

01 Productivity has improved among those workers ------- special bonuses.

(A) given   (B) were given

02 The idea ------- by one of our representatives to reduce unnecessary fees at the station has been well received.

(A) suggesting   (B) suggested

03 Central Trains apologizes for any inconvenience ------- by the ongoing renovations to the station.

(A) causing   (B) caused

Step 3 | 빈칸에 알맞은 것을 고르세요.

01 Because of his experience ------- workers in assembly lines, Mr. Lopez has been appointed to oversee the operation.

(A) supervisor
(B) supervising
(C) supervise
(D) supervised

02 All of our employees were given the expansion project of ------- the perfect menu for local residents.

(A) find
(B) finds
(C) finding
(D) found

LESSON 04 부사절 접속사가 생략된 분사구

Point

❶ 관계대명사가 생략된 분사(구)는 주로 형용사 역할을 한다.
❷ 접속사가 생략된 분사(구)는 부사 역할을 한다.

1 분사구문 만들기 3단계

접속사 뒤에는 주어와 동사가 온다. 그러나 접속사 뒤에 주어가 없다면 동사도 올 수 없다. 이때 동사는 분사가 된다.

❶ **부사절의 접속사 생략**

❷ **주절의 주어를 생략** (이때 주어는 주절과 동일해야 한다.)

❸ **부사절의 동사를 분사로 변형** (접속사는 되살릴 수 있다.)

최초 문장	**When** you finish the report, you can leave work.	
1단계	**you** finish the report, **you** can leave work.	▶ 종속절의 접속사(when) 생략
2단계	**finish** the report, you can leave work.	▶ 주절과 동일한 주어(you) 생략
3단계	**Finishing** the report, you can leave work.	▶ 동사(finish)를 분사로 변형
★	**When finishing** the report, you can leave work.	▶ 접속사(When)는 되살려도 무관
★	You can leave work, **finishing the report**.	▶ 분사구문은 문장 앞뒤에 다 올 수 있음

 1단계와 2단계의 문장은 완성된 문장이 아니다.

2 부사절 접속사의 생략 – 현재분사 vs 과거분사

❶ **타동사의 현재분사(능동) 뒤에는 목적어가 온다.**

After the manager **reviews the project**, the manager will implement the project.
그 프로젝트가 매니저에 의해 검토 된 후에, 프로젝트가 시행될 것입니다.

⇨ (After) **Reviewing the project**, the manager will implement the project.
　　　　　　　　목적어

❷ **타동사의 과거분사(수동) 뒤에는 명사가 올 수 없다.**

After the project **is reviewed** by the manager, the project will be implemented.
⇨ (After) **Being reviewed** by the manager, the project will be implemented.

 시험에 이렇게 나온다! ▶ **부사절 접속사의 생략**

생략된 것이 없는 부사절	[부사절 접속사 + 주어 + 동사], + [주어 + 동사]
	부사절　　　　　　　　주절
주절과 동일한 주어가 생략	[부사절 접속사 + 분사], + [주어 + 동사]
부사절 접속사와 동일 주어 생략	[분사(구)], + [주어 + 동사]

▶ 정답 및 해설 p.189~192

Step 1 | 다음 문장에서 생략된 접속사나 주어를 써보세요.

01 Finishing his project, he was off to have dinner outside.

02 After checking all the details, Mr. Shin approved the proposal.

03 When delivered, the invoice was handed over to the manager.

Step 2 | 보기 중 알맞은 것을 고르세요.

01 ------- heard the conditions of the mergers, the president of DBC Corporation could no longer consider the offer.

   (A) Having   (B) Had

02 After ------- from university, he went to Mexico for a short vacation.

   (A) graduating   (B) graduate

03 As ------- in the meeting this morning, they will arrive at your office at noon on Friday, June 29th.

   (A) discussing   (B) discussed

Step 3 | 빈칸에 알맞은 것을 고르세요.

01 The approval submitted by Seoul Construction Association lacks one required signature, ------- it invalid.

   (A) will render
   (B) has rendered
   (C) rendered
   (D) rendering

02 After ------- the brochures for the new year, be sure to send them to all the local distributors.

   (A) designed
   (B) designs
   (C) designing
   (D) to design

LESSON
05 분사의 특징

Point

분사는 동사에서 변형된 것이기에 동사의 특성을 갖고 있다.

1 분사는 동사처럼 목적어 또는 보어를 가질 수 있다.

Ex I met a woman **teaching English**. 나는 영어를 가르치는 여자를 만났다.
목적어

▶ 분사 teaching은 자신의 목적어로 English를 받았다.

2 분사는 동사처럼 부사의 수식을 받을 수 있다.

Ex We were **very pleased** with your service. 우리는 당신의 서비스에 매우 만족했습니다.
부사

▶ 부사 very가 분사 pleased를 수식하고 있다.

3 분사에도 태와 시제가 있다.

❶ 수동태(be + p.p.)인 종속절이 분사구문이 되면 분사구문도 수동태의 형태를 가진다. 또한 수동분사 뒤에는 목적어가 오지 않는다.

❷ 종속절의 시제가 주절의 시제보다 한 시제 앞설 때는 완료분사구문을 쓴다.

Ex **As the book had been written** by Dr. Lee, the book attracted the attention of many people. 그 책은 이 박사가 쓴 책이기 때문에, 많은 사람들의 관심을 받았다. (책을 쓴 것이 먼저)

= **Having been written** by Dr. Lee, the book attracted many people.

= (Having been) **Written** by Dr. Lee, the book attracted many people.

▶ 수동분사 앞의 being이나 having been은 생략이 가능하다.

4 감정동사 분사

❶ 분사의 수식을 받는 명사가 사물명사이면 감정동사에 -ing를 붙인 현재분사가 온다.

• 사물 수식 감정동사 분사
I heard the **surprising** stories.

▶ 사물 stories를 수식하는 감정동사 surprise는 현재분사가 된다.

❷ 분사의 수식을 받는 명사가 사람명사이면 감정동사에 -ed를 붙인 과거분사가 온다.

• 사람 수식 감정동사 분사
I was **surprised** by the story.

▶ 사람 I를 수식하는 감정동사 surprise는 과거분사가 된다.

③ 감정동사의 종류

감정 유발 타동사	감정동사 -ing (현재분사)		감정동사 -ed (과거분사)	
please	pleasing	즐겁게 하는	pleased	즐거운
interest	interesting	흥미롭게 하는	interested	흥미가 있는
satisfy	satisfying	만족시키는	satisfied	만족한
disappoint	disappointing	실망시키는	disappointed	실망한
frustrate	frustrating	좌절시키는	frustrated	좌절한
exhaust	exhausting	지치게 하는	exhausted	지친

시험에 이렇게 나온다! ▶ 분사의 자리

(접속사 + 주어) + 동사, 주어 + 동사 ⇨ 분사, 주어 + 동사	명사 + (주격 관계대명사) + 동사 ⇨ 명사 + 분사
❶ 분사 뒤에 목적어가 위치하면 현재분사	❶ 선행사가 분사의 의미상 주어이면 현재분사
❷ 분사 뒤에 목적어가 없으면 과거분사	❷ 선행사가 분사의 의미상 목적어이면 과거분사

❶ [N + ------- + N] 양쪽에 명사가 있을 때 빈칸은 -ing 자리
❷ [the + ------- + N] 한 쪽에 명사가 있을 때 빈칸은 p.p. 자리
❸ [the + ------- + N] 자동사 보기, 한 쪽에 명사가 있을 때 빈칸은 -ing 자리
❹ [the + ------- + 사람] 감정동사 보기, 사람을 수식할 때 빈칸은 p.p. 자리
❺ [the + ------- + 사물] 감정동사 보기, 사물을 수식할 때 빈칸은 -ing 자리

★ 자동사가 분사가 되면 무조건 현재분사다.

Step 1 | 다음 문장에서 감정동사의 분사와 수식받는 명사를 찾아보세요.

01 Mr. Adams decided to delete some of the images of his 3D graphics because he believed they would be too distracting.

02 Those employees interested in this training program must resister in advance.

03 I was fascinated by the concert in Times Square.

Step 2 | 보기 중 알맞은 것을 고르세요.

01 The decrease in tourism could have ------- consequences for the local economy.

(A) worrying   (B) worried

02 The intern will deliver the ------- product to the supervisor by Friday.

(A) finished   (B) finishing

03 When ------- cash from an ATM, be aware of your surroundings to prevent a sudden and unexpected assault.

(A) withdrawing   (B) withdrawn

Step 3 | 빈칸에 알맞은 것을 고르세요.

01 Kellogg Business School will hold an orientation session on May 1 for anyone ------- in registering for the next semester.

(A) interested
(B) interest
(C) interesting
(D) to interest

02 National Environmental Organization recruits local volunteers to restore historical attractions ------- for a long time.

(A) deteriorated
(B) to deteriorate
(C) deteriorate
(D) deteriorates

Practice Test

▶ 정답 및 해설 p.194~198

01 Please place your payment in the ------- pre-paid postage envelope and return it by September 20.
(A) enclosure (B) enclosed
(C) enclosing (D) enclose

02 The new editor ------- our department next month has excellent training and many years of experience.
(A) joins (B) joining
(C) will join (D) will be joining

03 Company policy states that client's personal information may not be released without ------- consent.
(A) writing (B) written
(C) write (D) wrote

04 The board of directors has decided to implement a new service to keep customers --------.
(A) satisfaction (B) satisfy
(C) satisfyingly (D) satisfied

05 ------- in the heart of Seoul, the Central Tourist Center promotes the understanding of contemporary cultures.
(A) Located (B) Locating
(C) Locates (D) Locate

06 Because sales in the Southern region have been ------- this quarter, we are seeking new distributors.
(A) disappoint (B) disappointed
(C) disappointing (D) disappointment

07 The Shopping mall offers free parking to customers ------- less than one hour.
(A) will stay (B) staying
(C) have stayed (D) stayed

08 Citing a survey ------- by an independent polling agency, Local Times reported that 60 percent of residents were against constructing a new shopping mall.
(A) conduct (B) conductor
(C) conducted (D) conducting

09 After ------- asked to find a solution for the system error, GI Web Agency installed a new security program.
(A) was (B) been
(C) were (D) being

10 The special offer is not valid on items ------- previous to the publication of this advertisement.
(A) purchase (B) purchaser
(C) purchased (D) purchasing

11 When ------- your payment, be sure to include the bottom portion of your invoice.
(A) mail (B) mails
(C) mailing (D) mailed

12 Daniel Melder has been voted the most ------- member of our new sales group this year.
(A) promise (B) promised
(C) promises (D) promising

CHAPTER
10

부사

01 부사의 기본

Point

❶ 부사는 일반적으로 [형용사 + -ly]의 형태를 가진다.

❷ 부사는 꾸며주는 역할을 하는 수식어이다.

❸ 부사는 기본적으로 동사를 수식하며 그 외 형용사, 구, 절 등을 수식할 수 있다.

❹ 부사는 수식어이므로 문장에서 부사가 없더라도 완전한 문장이 된다.

❺ 부사는 의미와 위치가 가장 중요하다.

1

부사의 형태

❶ **형용사 + -ly = 부사**

일반적인 형용사에 −ly를 붙이면 부사가 된다.

quick 빠른 + -ly = **quickly** 빠르게

proper 적절한 + -ly = **properly** 적절하게

probable 있음직한 + -ly = **probably** 아마도

 명사 + -ly = 형용사 **Ex** timely, costly, lovely, friendly

❷ **그 이외의 부사의 형태**

- -ll + -ly

  Ex full 가득한 + -ly = **fully** 가득하게

- -e + -ly

  Ex simple 간단한 + -ly = **simply** 간단하게

- -ic + -ly

  Ex economic 경제에 관한 + -ly = **economically** 경제에 관해서

- -y + -ly

  Ex easy 쉬운 + -ly = **easily** 쉽게

❸ **형용사와 형태가 같은 부사는 수식하는 대상과 구조상의 위치로 확인한다.**

	형용사의 뜻	부사의 뜻
far	먼	멀리에, 먼 곳으로
fast	빠른	빨리
great	(크기, 양, 등이) 많은, 큰	아주, 잘
hard	단단한, 어려운	열심히
high	(높이) 높은	높게, 높이
long	(길이, 거리 등) 긴	오래, 오랫동안

[형용사 hard]　He asked me a **hard problem**. 그는 나에게 어려운 문제를 물어보았다.

▶ 명사 problem을 수식하는 형용사 hard

[부사 hard]　He **studied hard** to get good scores. 그는 좋은 점수를 받기 위해 열심히 공부했다.

▶ 동사 studied를 수식하는 부사 hard

2 **부사의 역할**

❶ 동사 수식

🅔 We are willing to **promptly** respond to your requests.

> 저희는 기꺼이 당신의 요청에 즉시 답변하도록 할 것입니다.

❷ 형용사 수식

🅔 Today, we are going to learn a **very** useful expression.

> 오늘 우리는 매우 유용한 표현을 배울 것입니다.

❸ 부사 수식

🅔 She speaks english **very** well.

> 그녀는 영어를 매우 잘한다.

❹ 구 수식

🅔 They decided to leave **early** in the morning.

> 그들은 아침 일찍 떠나기로 결정했다.

❺ 절 수식

🅔 We succeed **only** when our clients are satisfied.

> 고객들이 만족해야만 우리가 성공합니다.

❻ 문장 전체 수식

🅔 **Fortunately**, I had the chance to visit New York.

> 운 좋게도, 나는 뉴욕을 방문할 기회를 가졌다.

시험에 이렇게 나온다! ▶ **비교 구문 사이에 들어가는 부사 패턴**

원급 비교의 표현인 as ... as ~(~만큼 …하다)와 more ... than ~(~보다 더 …하다)이라는 비교급 표현에는 형용사와 부사 둘 다 쓸 수 있다. 이때 빈칸에 들어갈 품사를 찾는 방법은 다음과 같다.

❶ as ~ as, more ~ (than)를 빼더라도 완전한 문장이 성립되면 부사가 들어갈 자리이다.

❷ as ~ as, more ~ (than)를 뺐을 때 be동사 또는 5형식 문장의 보어가 필요하다면 형용사가 들어갈 자리이다.

🅔 In case of an emergency, please vacate the building as (rapid, (rapidly)) as possible.

> 비상사태가 발생한 경우에는 가능한 빨리 건물을 빠져나가시기 바랍니다.

> ▶ as ~이하가 없더라도 please vacate the building으로 완전한 문장이 된다. 그러므로 부사 rapidly가 들어간다.

🅔 The manager has asked new employees to become more ((familiar), familiarly) with company policies.

> 그 매니저는 신입직원들에게 회사의 정책에 더 익숙해지라고 요구했다.

> ▶ more가 없으면 빈칸은 동사 become의 보어가 되어야 하므로 형용사 familiar가 들어가야 한다.

Step 1 | 괄호 안에 제시된 형용사를 빈칸에 알맞은 부사 형태로 고쳐 쓰세요.

01 We will ------- answer your questions. (prompt)

02 Thanks to the new sorting software, all online applications were processed -------.
(easy)

03 Green Software Inc. developed a DVD burner that is ------- compatible with any DVD
formats. (universal)

Step 2 | 보기 중 알맞은 것을 고르세요.

01 Education officials say the TOEIC test will be ------- monitored to prevent cheating.

(A) close   (B) closely

02 The manager ------- solved the personal conflict between the two employees.

(A) effective   (B) effectively

03 Keynote speaker Earnest Butler will address the banquet attendees ------- after
dessert is served.

(A) shorten   (B) shortly

Step 3 | 빈칸에 알맞은 것을 고르세요.

01 GM Appliance has long been a leader
in training workers to produce goods
more ------- .

(A) efficiently
(B) efficiencies
(C) efficient
(D) efficiency

02 Many customers at K-Mart are willing
to pay a premium for food that is
produced -------.

(A) locality
(B) locals
(C) local
(D) locally

214

LESSON
02 부사의 자리

❶ 빈칸이 없어도 완전한 문장이 된다면 부사가 들어간다.
❷ 부사가 수식하는 대상은 형용사, 부사, 동사, 구, 절이다.
❸ 부사는 수식하는 대상에 따라 위치가 정해져 있기 때문에 각 패턴들을 익혀두는 것이 중요하다.

1 형용사와 부사 수식

❶ | 관사/소유격 | + | 부사 | + | 형용사 | + | 명사 |

It was a **highly successful** performance. 그것은 매우 성공적인 공연 이었다

▶ 부사는 형용사를, 형용사는 명사를 수식하는 일련의 품사의 배열 순서를 기억하자.

❷ | 부사 | + | 부사 |

The new program will help us work **quite efficiently**.
새로운 프로그램은 우리가 상당히 효율적으로 일을 하는 데 도움을 줄 것이다.

▶ 부사는 또 다른 부사를 수식한다.

2 동사를 수식하는 부사

기본적으로 부사는 동사의 앞과 뒤에서 수식을 하게 되는데, 타동사의 경우에는 타동사와 목적어 사이에는 절대 부사가 올 수 없다는 것을 명심하자.

❶ 자동사를 수식하는 부사

| 부사 | + | 자동사 | + | 부사 | + | 전치사 |

❷ 타동사를 수식하는 부사

| 부사 | + | 타동사 | + | 목적어 | + | 부사 |

❸ be동사를 수식하는 부사

| be동사 | + | 부사 | + | 과거분사(-ed)/현재분사(-ing) |

❹ 조동사를 수식하는 부사

| 조동사(can/will/do/does/did) | + | 부사 | + | 동사원형 |

| 조동사(have/has/had) | + | 부사 | + | 과거분사(-ed) | ▶ 완료 시제 |

❺ 준동사를 수식하는 부사

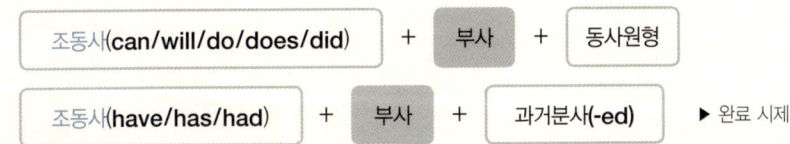
| 부사 | + | 동명사 | ▶ 부사는 동사의 특징을 가진 동명사 수식

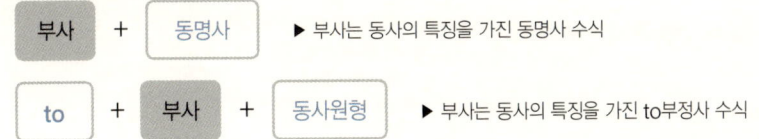
| to | + | 부사 | + | 동사원형 | ▶ 부사는 동사의 특징을 가진 to부정사 수식

Ex Oil prices increase **sharply**.

유가가 급격히 올랐다.

Ex We **always** handle customers' requests **carefully**.

우리는 항상 고객의 요구사항들을 주의 깊게 다룬다.

Ex They have **already** discussed this problem.

그들은 이미 이 문제에 대해 논의하였다.

Ex Our hotel is **fully** equipped with the newest facilities.

우리 호텔은 최신 시설을 완벽하게 갖추고 있다.

문장 전체를 수식하는 부사

완전한 문장의 맨 앞이나 맨 뒤에서 문장 전체를 수식하는 부사를 문장부사라고 한다.

❶ 문장 앞에서 수식

| 부사, | 주어 | + | 동사 | + | (목적어) |

❷ 문장 뒤에서 수식

| 주어 | + | 동사 | + | (목적어) | + | 부사 |

⚠ 콤마의 위치에 주의한다.

Ex **Recently**, he has been transferred to the Seoul branch office of his company.

최근에 그는 회사의 서울 지점으로 전근했다.

Ex He will certainly return to our town. = **Certainly**, he will return to our town.

그는 확실히 우리 마을로 돌아 올 것이다.

시험에 이렇게 나온다! ▶ **형용사 vs 부사**

[형용사 + 명사]의 구조 앞에 빈칸이 있을 경우 빈칸에는 형용사나 부사 둘 다 올 수 있으므로 빈칸 뒤의 형용사를 주의 깊게 살펴야 한다.

❶ 부사 + 형용사 + 명사 명사의 상태를 나타내는 형용사 앞은 부사!

　　Ex a **quite**(부사) excellent speech 아주 훌륭한 연설

　　　▶ excellent(훌륭한)은 명사 speech의 상태를 나타내는 형용사

❷ 형용사 + 형용사 + 명사 명사의 종류를 나타내는 형용사 앞은 형용사!

　　Ex a **great**(형용사) political speech 아주 위대한 정치적인 연설

　　　▶ political(정치적인)은 명사 speech의 종류를 나타내는 형용사

Step 1 | 다음 문장에서 부사와 수식받는 대상을 찾으세요.

01 The researchers found that the new electric cigarette was as equally detrimental as normal cigarettes to men's health.

02 They need to consider these cases separately.

03 The new lotion developed by Skin Therapy is especially effective on sensitive skin.

Step 2 | 보기 중 알맞은 것을 고르세요.

01 An amateur film director ------- posted an independent movie online to check viewer's response.

(A) purposing   (B) purposely

02 The presentation that will introduce some effective methods of doing customer service will start ------- at 10 A.M.

(A) inwardly   (B) promptly

03 An ------- large quantity of black beans has been imported worldwide after Dr. Ricci said that black beans help fight against cancer.

(A) increasing   (B) increasingly

Step 3 | 빈칸에 알맞은 것을 고르세요.

01 Fans of singer Barry ------- await the release of her latest album, which will be out in early June.

(A) eager
(B) eagerly
(C) eagering
(D) eagerness

02 Mr. Park began his career as a shopkeeper at ABC Mart, but he has since become a ------- renowned businessman.

(A) nation
(B) nationally
(C) national
(D) nationalizing

03 부사의 종류

다양한 부사의 종류별 쓰임새를 알아두어야 문맥상 알맞은 부사를 고르는 문제에 대비할 수 있다.

1 부사의 종류

부사는 여러 가지로 구분할 수 있는데 가장 일반적인 방법은 의미에 따라 구분하는 것이다.

시간부사	already 이미, 벌써 still 아직, 여전히 ever 경험	now 지금 yesterday 어제	then 그때 once 한때	soon 곧 ago 전에
빈도부사	often 종종, 흔히 sometimes 때때로	usually 보통, 대개 ever 언제나	once 한 번 hardly 거의 ~않다	always 항상
강조부사	merely/only 단지 even 심지어	simply 단지, 간단하게 very 매우	just 단지, 정확하게 much 매우, 훨씬	exactly 정확하게
정도부사	enough 충분히 well 잘	too 매우 completely 완전히	quite 상당히, 꽤 extremely 극도로	little 조금 significantly 상당히
장소, 위치, 방향의 부사	near 근처에, 가까이 there 저기	around 주변에, 근처에 anywhere 어디에라도	aside 곁에, 옆에	here 여기
상태, 방법의 부사	hard 몹시, 심하게 politely 공손하게 safely 안전하게	fast 빠르게 easily 쉽게	well 잘 quickly 빠르게	skillfully 능숙하게 slowly 느리게

2 비교급과 최상급을 수식하는 강조부사

원급, 비교급, 최상급에서 비교의 정도가 어떠한지 수식하는 부사들이 있다.

❶ 원급 강조부사 (~만큼 딱 …하다)

> very, as, so, too, just

Ex This sample is **just** as small as that sample.
이 샘플은 저 샘플만큼 딱 작다.

❷ 비교급 강조부사 (훨씬 더 ~하다)

> much, even, still, a lot, (by) far

Ex This sample is **much** smaller than her sample.
이 샘플은 그녀의 샘플보다 훨씬 더 작다.

❸ 최상급을 강조하는 부사 (가장 최고로 ~하다)

> much, by far, ever, the very, the single(유일한)

Ex This sample is the **very** smallest of all.
이 샘플은 모든 샘플 중에 가장 작다.

3 증가나 감소를 의미하는 동사와 함께 쓰이는 부사

다음은 주로 증가나 상승, 감소나 하락의 의미를 가진 동사들을 수식하는 부사들이다.

상당히	considerably, substantially, significantly
대단히, 매우	greatly
급격하게	sharply, dramatically
두드러지게	remarkably, noticeably
빠르게	quickly, rapidly
꾸준히 점진적으로	steadily, gradually
약간	slightly

• 증가 감소 동사

increase	rise	enlarge	surge	soar
advance	develop	rocket	decrease	decline
reduce	fall	shrink		

Ex Online sales have **increased dramatically** over the last year.
온라인 매출이 지난해 급격히 증가하였다.

시험에 이렇게 나온다! ▶ 접속부사는 부사!

의미	접속부사	의미	접속부사
~임에도 불구하고	nonetheless, nevertheless, however	따라서, 결과적으로	thus, consequently, therefore
그때에	then	그런데	by the way
그 후에, 그 뒤에	subsequently, afterward, afterwards	더욱이, 게다가	in addition, besides, moreover, furthermore, as well

Ex We are happy to let you know that your application has been accepted. **Accordingly**, $30,000 will be deposited directly into your account by noon tomorrow.

원인 우리는 당신의 신청서가 승인되었음을 알리게 되어 기쁩니다.

결과 그에 따라 내일 정오까지 당신의 계좌로 3만 달러가 입금될 것입니다.

Step 1 | 다음 문장에서 부사를 찾고 어떤 종류의 부사인지 파악해 보세요.

01 It can be anywhere in the room.

02 Kenneth Coleman's new shoe polisher can be applied only on leather.

03 Investment projects at Karl Travel often change considerably after they are reviewed by the committee.

Step 2 | 보기 중 알맞은 것을 고르세요.

01 General Tao's Chinese Restaurant has expanded ------- in all parts of Asia except for cities in India.

(A) everywhere   (B) forward

02 According to the recently released report, the value of the nation's currency fell ------- during the recession.

(A) sharp   (B) sharply

03 After acquiring Blue Oil, Grand Gas is ------- larger than PB Oil Company, which is one of the most prominent oil companies domestically.

(A) more   (B) even

Step 3 | 빈칸에 알맞은 것을 고르세요.

01 This new machine is considered as ------- as the old one.

(A) efficiently
(B) efficient
(C) efficiency
(D) efficiencies

02 Our company spends a great deal of time and effort in improving our service system. --------, we are committed to high quality service and customer satisfaction.

(A) Consequently
(B) Instead
(C) Similarly
(D) However

LESSON
04 특정 시제와 숫자 수식 부사

1 ## 시제와 부사

❶ 현재 시제와 잘 어울리는 부사

generally 일반적으로	usually 보통	commonly 일반적으로
frequently 빈번하게	currently 현재	

Ex. I **usually** go jogging in the morning. 나는 보통 아침에 조깅하러 간다.

❷ 과거 시제와 잘 어울리는 부사

ago 전에	yesterday 어제	recently 최근에
originally 원래, 처음에는	initially 처음에, 시초에	formerly 이전에
previously 이전에		

Ex. I went jogging **yesterday morning**. 나는 어제 아침 조깅하러 갔다

❸ 미래 시제와 잘 어울리는 부사

soon/shortly 곧	immediately 즉시	tomorrow 내일
probably 아마도	next year 내년	

Ex. I will go jogging **tomorrow morning**. 나는 내일 아침 조깅하러 갈 것이다

❹ 현재완료 시제와 잘 어울리는 부사

already 이미	yet 아직	once 한때
ever 언제나	since ~이래로	lately/recently 최근에

Ex. Initial projections have **already** been exceeded. 초기 전망치는 이미 초과했다.

2 ## 숫자 수식 부사

명확하지 않은 수치를 표현할 때 수사(하나, 둘, 셋 등) 앞에서 그 모호한 수를 표현하기 위해 숫자 수식 부사들을 사용한다.

의미	숫자 형용사를 꾸며주는 부사	의미	숫자 형용사를 꾸며주는 부사
거의	almost, nearly, about	최대한	up to, a maximum of
대략	approximately, roughly, around	~만큼	as many as, as much as
겨우	only, just, merely, at most, at the most, no more than,	~보다 많은	over, more than
최소한, 적어도	at least, a minimum of	~보다 적은	under, less than

Ex. The seminar should be **approximately** two hours long.
발표는 대략 2시간 동안 진행 될 것이다.

Ex. Today, you can save **up to** 50% off all merchandise at Walden Department Store.
오늘 월든 백화점에서 전 상품에 대하여 최대 50%까지 할인을 받을 수 있습니다.

most, almost, mostly

❶ most 가장

부사 most는 일반적으로 형용사나 부사의 최상급을 수식하는 부사로 사용된다.

> **Ex** The **most** important thing in my life is my family.
> 내 인생에서 가장 중요한 것은 나의 가족이다.

❷ almost 거의

주로 숫자 앞에서 수의 정도를 수식해주는 부사로 쓰인다. 대명사 all 앞에서 '모든'을 수식해주는 부사로도 쓰인다.

> **Ex** It takes **almost** 2 hours. 거의 2시간 걸린다.
>
> **Almost** all students in our school are studying very hard.
> 우리 학교의 거의 모든 학생들은 열심히 공부한다.

❸ mostly 주로, 대체로

mostly는 부사로 동사를 수식하지만 대다수를 보여주는 명사 또는 명사구를 수식하기도 한다.

> **Ex** They are **mostly** students. 그들은 대부분 학생이다.
>
> Your body is **mostly** made of water. 당신의 몸은 주로 물로 구성되어 있습니다.

시험에 이렇게 나온다! ▶ **most**의 다양한 쓰임 보기

❶ 형용사 many와 much의 최상급 most: many/much(원급) – more(비교급) – most(최상급)

❷ 최상급 most
  • 형용사의 최상급 [the most + 형용사]: the most beautiful girl 가장 아름다운 소녀
  • 부사의 최상급 [most + 부사]: most slowly 가장 느리게

❸ 부분대명사 [most of + 특정 명사]: most of the children 그 아이들 대부분

❹ 일반 형용사 [most + 명사]: most people 대부분의 사람들

Step 1 | 다음 문장에서 부사와 부사가 수식하는 동사의 시제를 찾아보세요.

01 The Cardinal Food Market is currently offering discounted rates to first-time customers.

02 The design team has already started drawing a rough sketch of the car yesterday.

03 Although Ms. Blair has been to London once, this will be the first opportunity to attend a fashion show.

Step 2 | 보기 중 알맞은 것을 고르세요.

01 We have ------- moved to another area, so please contact us using the new mailing address above.

(A) recently   (B) currently

02 ------- 30 percent of college freshmen nationwide must enroll in at least one remedial course because they are not prepared for college-level work in a particular subject.

(A) Nearly   (B) Justly

03 We ------- produced the model.

(A) once   (B) ever

Step 3 | 빈칸에 알맞은 것을 고르세요.

01 Paper and cartridges are ------- stored in the first cabinet next to the corner.

(A) usually
(B) relatively
(C) slightly
(D) vaguely

02 After ------- six months of renovations, Fourteenth Street Train Station will resume operations on Thursday.

(A) again
(B) rarely
(C) almost
(D) seldom

05 주의해야 할 부사

Point

토익에 빈출하는 부정 부사 및 유사 의미 부사, 어원이 같은 일반부사 및 –ly형 부사는 따로 정리해 그 의미와 특징을 파악해 두도록 한다.

1 부정부사

❶ 부정부사는 부정어와 함께 쓰지 않는다.

부정부사들은 부사 자체가 부정의 의미를 가지고 있으므로, 부정의 의미를 나타낼 경우 부정어인 not, never 등과 함께 사용하지 않는다.

barely	간신히, 가까스로	seldom	좀처럼 ~않다, 드물게
hardly	거의 ~아니다	scarcely	거의, 가까스로, 겨우
rarely	드물게, 좀처럼 ~않다	neither (A nor B)	(둘 중) 어느 것도 아니다

Ex I could **hardly** believe it when I heard the news today.
오늘 내가 그 소식을 들었을 때 나는 그것을 거의 믿을 수 없었다.

❷ 부정부사의 도치

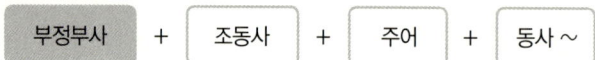

부정부사가 문장의 앞부분에 위치하면 어순이 [주어 + 동사]에서 [동사 + 주어]로 도치된다.

[원래 문장] Snow **rarely** falls in the coastal areas of the North Island.
[도치 문장] **Rarely** does snow fall in the coastal areas of the North Island.
노스 아일랜드의 해안 지역에는 눈이 거의 내리지 않는다.

2 유사 의미 부사

❶ still 여전히

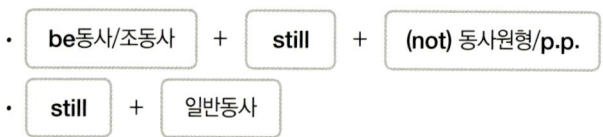

Ex The contract is **still** valid. 그 계약은 아직 유효하다.

▶ 어떠한 일이나 상태가 변화 없이 여전히 지속되는 나타내며, 주로 현재, 현재진행시제에서 사용된다. 특히 still이 부정문에 쓰일 경우 부정어 앞에 위치함에 주의!

❷ yet (부정문) 아직 ~않다 (의문문) 벌써

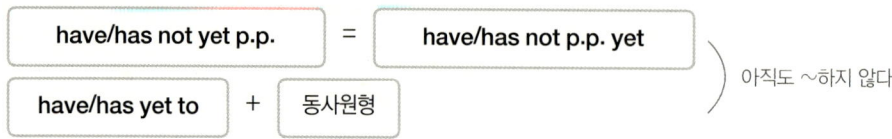

아직도 ~하지 않다

Ex The process **has yet to** be complete. 과정이 아직 끝나지 않았다.

▶ 일이나 사건이 아직 진행되기 전, 혹은 앞으로 일어날 일에 대해서 아직 일어나지 않은 것을 나타낼 때 사용하며, 주로 have/has yet to(아직 ~하지 못했다)의 형태로 출제된다.

Ex The board of directors **has not yet** responded. 이사회는 아직 답변을 하지 않았다.

3 **어원이 같은 일반부사 vs -ly형 부사**

일반부사와 -ly형태의 부사는 같은 어원을 갖고 있더라도 그 의미가 달라진다.

free	무료로	**freely**	자유로이, 마음대로
great	잘, 훌륭하게	**greatly**	크게, 대단히, 매우
hard	열심히, 단단히	**hardly**	거의 ~아니다
high	높게, 높이	**highly**	매우
late	늦게	**lately**	요즈음, 최근
near	가까이	**nearly**	거의, 대략
right	바르게, 옳게	**rightly**	올바르게, 정당하게
sharp	날카롭게, 정각에	**sharply**	심하게

[부사 high]   Parents should encourage their children to aim **high**.
부모들은 아이들이 목표를 높게 가질 수 있도록 장려해야 한다.

[부사 highly]   It is a **highly** effective solution to air pollution.
이것은 대기오염을 매우 효과적으로 해결할 수 있는 방법이다.

시험에 이렇게 나온다! ▶ **주의해야 할 시간부사**

1. 시간명사 + **ago** = 시간부사구

   I met him 3 years. (×)
   I met him **3 years ago**. (○) 나는 3년 전에 그를 만났다.

2. 시간명사 + **after/before** + 절/명사

   I met him 3 days. (×)
   I met him **3 days after you left**. (○) 나는 네가 떠나고 3일 뒤에 그를 만났다.
   I met him **3 days before the ceremony**. (○) 나는 그 기념일 3일 전에 그를 만났다.

3. 그 외 알아두어야 할 시간부사구

   You should make a reservation a week **in advance**. 일주일 전에 미리 예약을 해야 합니다.

Step 1 다음 문장에서 부사를 찾고 어떤 종류의 부사인지 파악해 보세요.

01 She could barely sleep that night because her neighbor was playing the guitar for the entire night.

02 While Sarah's promotion to chief editor took place two months ago, her previous position has yet to be filled.

03 The company has still not released the annual sales figures for last year.

Step 2 보기 중 알맞은 것을 고르세요.

01 The new printer arrived yesterday, but it has not been connected to the computers -------.

(A) still   (B) yet

02 Unfortunately, the engineers could ------- find any defects on the returned vehicle.

(A) hardly   (B) hard

03 The downtown merchants have agreed to stay open ------- during the month of December.

(A) late   (B) lately

Step 3 빈칸에 알맞은 것을 고르세요.

01 Kim's design for the community center was ------- regarded by all members of our department.

(A) high
(B) highly
(C) highest
(D) higher

02 Any vacation time in excess of three days must be requested at least a month ------- .

(A) in advance
(B) initially
(C) behind
(D) ago

Practice Test

▶ 정답 및 해설 p.210~214

01 The refund will ------- be transferred to your
   account within two business days.
   (A) automatic   (B) automaticity
   (C) automated   (D) automatically

02 In order to improve customer satisfaction,
   the director decided to hire ------- qualified
   staff.
   (A) highly   (B) hopefully
   (C) probably   (D) rarely

03 Last year's International Trade Show which
   was held in Tokyo was ------- attended by
   media staff.
   (A) well   (B) quite
   (C) many   (D) some

04 After suffering from stomach trouble last
   year, Mr. Lopez visits his physician -------
   to get health check-ups.
   (A) frequency   (B) frequent
   (C) frequently   (D) frequented

05 After the installation of the internal
   communication system, employees will
   ------- be able to access the files in their
   computers during their business trips.
   (A) soon   (B) yet
   (C) ever   (D) once

06 We have to develop a new advertising
   strategy in order for our new service to
   reach our target market more -------.
   (A) easy   (B) easily
   (C) easier   (D) eased

07 After ------- reviewing all of the resumes, the
   human resources department decided to
   schedule interviews next week.
   (A) carefully   (B) to care
   (C) most careful   (D) careful

08 ------- those with related diplomas are
   eligible to apply for a full-time job at our
   department.
   (A) Almost   (B) Only
   (C) Entirely   (D) Neither

09 Our beverage research team ------- added
   vanilla flavoring to our drink to make them
   easier for women to take.
   (A) lately   (B) hardly
   (C) recently   (D) shortly

10 H&P Co. has decided to switch its suppliers
   as Paramount Inc. has been ------- late in
   filling its orders.
   (A) steadily   (B) sensibly
   (C) exactly   (D) consistently

11 The news about recent economic recessions
   has been ------- widespread among the
   public.
   (A) exactly   (B) directly
   (C) fairly   (D) quickly

12 Hotel Lampert is ------- located near the
   Hillside Beach and thus has a spectacular
   view of the sea.
   (A) convenient   (B) conveniently
   (C) convenience   (D) conveniences

CHAPTER

11

전치사

above ~바로 위에(↔ below ~바로 아래에)

↑ above
―――――――――――――
↓ below

[above/below + 기준(expectation, standard, average 등)] ~초과/미만

above my expectation 기대치 이상

across

① 전반에 걸쳐서(= throughout)

　across the industry 그 업종 전반에 걸쳐

② [공간] ~을 건너서

　across the road 길 건너

주의 장소명사를 동반하는 전치사

along ~을 따라서　　around ~의 주변

near ~근처에　　next to ~옆에

among

① ~중의 하나/여럿(= one of ~/some of ~)

　My company is **one of** those buildings.
　One of those buildings is my company.
　Among those buildings is my company.
　저 건물들 중의 하나가 우리 회사이다.

② ~사이에서(= from)

　choose **from** them = choose **among** them

③ 서로서로, 끼리끼리

④ ~안에서(= within)

amid 한창 ~인 와중에 / ~의 한복판에

at

① 특정 행위가 발생한 시점[시간]/지점[공간]

　at the time 그 당시에　**at** the company 회사에

② 시간/온도/속도/가격/비율

　at the price of 500 won 500원의 가격으로

　at the 500 km/h 시속 500km의 속도로

　at the 50℃ 500도의 온도로

③ [at + 좁은 공간], [in + 넓은 공간]

opposite [기준점] ~의 반대편에(= across from)

opposite the building 그 건물 맞은편

barring [미래, 가정] ~을 제외하면

The market will be stable **barring** some change.
약간의 변화를 제외하고 시장은 안정이 될 것이다.

---

against ~에 반대하는(↔ for)

단독으로 출제되지 않고 동사 숙어로 출제된다.

decide **against** ~하지 않기로 결정하다

advise **against** ~하지 말라고 충고하다

lean **against** ~에 기대다

vote **against** ~에 반대투표하다

compete **against** ~과 경쟁하다

be **against** ~에 반대하다/위배하다/대항하다/맞서다

about

① [주제] ~에 관하여(= concerning/regarding/over/on)

② [숙어] be **about** to do 막 ~하려는 참이다

as [지위/자격의 동격] ~로, ~로서

work **as** a physician in a private practice
개인 병원의 내과의사로 일하다

from

① [이동의 출발점, 출처] ~에서, ~로부터

　start **from** ~에서 출발하다　**from** A to B A에서 B까지

② [상태 변화] be made **from** ~로 만들다

③ ['금지하다' 동사 + 목적어 + **from** -ing] ~가 …하는 것을 막다

④ [동사 숙어] benefit **from** ~에서 혜택을 받다

for

① [용도, 목적] ~을 위해

② [for + 기간] ~동안　**for** seven days 7일 동안

③ [교환] I bought it **for** $100. 그것을 100달러에 샀다.

④ [be + 과거분사 + for + 이유] ~ 때문에 …하다

　be blamed/awarded/known/noted/promoted **for** + 이유

　I was awarded **for** the design.
　그 디자인 때문에 상을 받았다.

⑤ for -ing = as a result of

⑥ ~에 찬성하는(↔ against)

during

① [특정 기간, 특정 행위, 특정 사건] ~동안

② [during + 기간명사] (○)　[during + 동명사] (×)

③ They slept **during** in the flight.
　그들은 비행기를 타고 오는 동안에 잤다.

into

단독으로 쓰이는 경우는 거의 없고 주로 동사 숙어로 출제된다.

① [divide/pour/insert/cut + 목적어 + **into**]

　(목적어)를 ~로 나누다/~안에 붓다/~안에 삽입하다/~로 자르다

② [변화/확장/이동의 동사(expand, evolve) + **into**]

in

① [기간] ~후에

The book will be released **in** two months.
그 책은 2개월 후에 출판될 것이다.

② [기간] ~만에, ~사이에

the first winner **in** the last five years
지난 5년 만에 최초의 우승자

③ [분야, 관련] 증가/감소/진보/경력 + in + 분야

an increase **in** sales 판매의 증가

④ [색상] **in** blue 파란색
⑤ [독립된 공간] **in** the room. **in** the envelope
⑥ [숙어] be interested **in** ~에 관심[흥미]이 있다

be involved **in** ~에 관여하다

⑦ [업종, 분야]

on ~에

① [특정 요일/날짜] **on** February 12 2월 12일에
② [장소]
③ [주제, 대상] ~에 관해

upon ~에

① **on** request = **upon** request 요청 시에
② depend **on** = depend **upon** ~에 따라 좌우되다

like ~와 같은(↔ unlike ~와 달리)

by

① [시간 완료] **by** the end of this year 올해 말까지는

 [동작 완료/1회성 동작 + by]
[상태 지속/진행 + until]

② [원인/방법] **by** -ing ~함으로써

We learn **by** writing. 우리는 쓰면서 배운다.

③ [주체] published **by** company 그 회사에서 출판된
④ [장소/위치] Come and sit **by** me. 내 옆에 와서 앉아라.
⑤ [정도/비율] miss **by** minute 1분 차이로 놓치다
⑥ [수단/방법] **by** land 육로로 **by** machine 기계로 만든

beside [장소] ~옆에

besides [추가] 게다가, ~이외에 또(= as well as)

since + 과거 기준시점 ~이래로

'~때문에'일 때는 접속사로 뒤에 문장이 온다.

behind

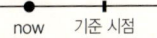
now   기준 시점

① 기준 시점보다 늦어진 **behind** (the) schedule 일정에 늦어진
② lag/fall **behind** (일정 등이) 뒤처지다
③ [중심] a mastermind **behind** of ~의 주모자, 중심
④ [장소] ~뒤에 **behind** the wall 벽 뒤에

beyond

① [긍정] ~이상의 **beyond** our expectation 기대치 이상
② [부정] 능력 밖의 **beyond** our capacity/ability/experience
할 수 없음, 모름
③ The problem was **beyond** what I thought.
생각지 못한 문제였다.
④ next year and **beyond** 내년 그리고 그 후

beneath

up ←   → down
종로1가   종로5가

beneath the ground
(바로) 아래[밑]에

below 바로 밑

밑에 전체: under

including

~을 포함한(↔ excluding ~을 제외한(= aside from))

including a tip 팁을 포함해서

except 전체 중 일부

① except + 명사
② except + to부정사
③ except + 전치사 + 명사
④ except + 접속사 + 주어 + 동사 + 목적어

전체

except

★ 출제포인트
① except는 문두에 올 수 없다.
② except for는 문장에서 위치가 자유롭다.
③ make an **exception** 예외로 하다
with(out) **exceptions** 예외로[예외 없이]

following

① [전치사] ~이후에(= after)
② [형용사] 다음의(= next): in the **following** week
③ [명사] The **following** is my address. 다음이 내 주소이다.

of

① [구성요소] consist **of**. be made **of**...
② [동격] The price **of** 500 won 500원이라는 가격
③ research/production/development/sales/promotion/
distribution/withdrawal + **of** + 제품
제품의 연구/생산/개발/판매/홍보/유통/철수
④ 〈of + 추상명사 = 형용사〉 **of** importance = important

over

① 〈over + 장소〉 ~너머
② [주제/대상] ~에 대해: (= on/about)
③ advantage **over** ~에 비해 이익
choose A **over** B B에 비해 A를 선택하다
④ 숫자 앞에서는 부사: for **over** two years 2년이 넘도록

through

① [장소] 통과의 개념

② [방법, 수단]

주의 수단, 방법의 전치사

- [by + 무관사 대표 명사] **by** car 자동차로
- [with + 구체적인 명사] **with** this pen 이 펜을 써서

  소유격, 지시형용사, the로 한정
- [through + 추상명사(network/experience/knowhow/
  the Internet)] ~을 통해

throughout

① [장소] 곳곳에, 사방에

  search **throughout** the office 사무실 구석구석을 찾다

② [시간] ~내내, 줄곧

  throughout my life 내 일생을 통하여[내내]

to

① 이동 방향 제시

② ~에게 [to + 사람(대상)]

  ~로 [to + 장소]

  ~까지 [to + 목표]

toward ~을 향해서(방향성)

① [목표치/목적지]

② 이동/방향의 동사와 함께

③ **toward** the end of this month 이 달 말쯤

under

① ~중인 **under** consideration 고려 중인

  under warranty 보증기간 중인

② ~하에 **under** such conditions 그런 조건하에서

  under different circumstances 다른 상황일 때

within (기간/법/장소/공간/규칙/숫자 등의 범위) 내에서

act **within** the regulations 규칙 내에서 행동하다

within the next month 다음 달 내에

without

① do **without** help 도움 없이 해내다

  do **without** -ing ~하지 않고 하다

② 부족/결핍

with

① [동반, 동행] ~과 함께

② [수단, 방법] ~으로

③ [자격, 경력, 조건] ~을 가지고

  with ten years' experience 10년간의 경력을 가지고

Step 1 다음 문장에서 전치사를 찾아 의미를 써보세요.

01 During the meeting, Mr. Parsons told employees to return from their lunch break by 3 P.M.

02 Since the economic depression, many liquor stores in the Southern part of Italy have closed down.

03 Safety equipment must be worn at the excavation site at all times.

04 Clients will be visiting our offices on August 12 to meet the marketing director.

05 Our manager, Mr. Hillman, has been working for Sioux Manufacturer for over fifteen years.

Step 2 보기 중 알맞은 것을 고르세요.

01 ------- the financial issues, Mr. Walton decided to commence with the development of the new lens design.

(A) Despite   (B) Unless

02 There is going to be a staff meeting this Thursday ------- the training workshops starting in December.

(A) during   (B) about

03 AFC Insurance has been in business ------- five years ago.

(A) for   (B) since

Step 3 빈칸에 알맞은 것을 고르세요.

01 ------- 1995 , Orlando Brando has built its reputation by making high-quality dress shoes exclusively for men.

(A) Before
(B) Since
(C) On
(D) By

02 Mr. Gray makes regular appointments ------- a doctor because of his high blood pressure.

(A) until
(B) around
(C) above
(D) with

02 전치사와 명사

Point

전치사를 포함한 관용표현들은 반드시 암기해 두도록 한다. 먼저 특정 명사와 어울려 다니는 특정 전치사 관용표현부터 죽 정리해보자.

1 [명사 + 전치사] 암기 리스트

❶ [명사 + in]

advance in ~에서의 진보	change in ~에서의 변화
confidence in ~에 대한 신뢰	decline in ~에서의 감소
decrease in ~에서의 감소	development in ~에서의 개발
drop in ~에서의 하락	experience in ~에서의 경험
investment in ~에 대한 투자	participation in ~에 대한 참여
reduction in ~에서의 감소	rise in ~에서의 오름, 상승세

❷ [명사 + to]

access to ~에 대한 접근, 접속	alternative to ~에 대한 대안
commitment to ~에 대한 헌신, 전념, 약속	contribution to ~에 대한 공헌/기여
damage to ~에 대한 피해, 손상	dedication to ~에 대한 헌신, 전념
exposure to ~에 대한 폭로, 노출	key to ~에 대한 열쇠, 비결
opposition to ~에 대한 반대	reaction to ~에 대한 반응
resistance to ~에 대한 저항	solution to ~에 대한 해결책

❸ [명사 + for]

advocate for/of ~의 옹호자	call for ~에 대한 요구
clarification for ~에 대한 설명, 해명	competition for ~에 대한 경쟁
concern for ~에 대한 우려	cure for ~에 대한 치료법
demand for ~에 대한 요구	preference for ~에 대한 선호
process for/of ~에 대한 과정	qualification for ~에 대한 자격요건
recipe for ~에 대한 조리법	regret for ~에 대한 후회
regulation for ~에 대한 규정	request for ~에 대한 요청
responsibility for ~에 대한 책임	talent for ~에 대한 재능
ticket for ~을 위한 표, 입장권	

❹ [명사 + about/concerning/regarding]

advice about/on ~에 대한 조언, 충고	discussion about ~에 대한 토론
decision about/on ~에 대한 결정	information about/regarding/on ~에 대한 정보
question about/concerning ~에 대한 질문	disappointment regarding ~에 대한 실망
speculation about/on ~에 대한 심사숙고	dispute over/about/on ~에 대한 논쟁
concern over/about/for ~에 대한 걱정, 우려	

❺ [명사 + on]

effect on ~에 대한 영향, 효과	emphasis on ~에 대한 강조
impact on ~에 대한 영향, 충격	influence on ~에 대한 영향
monopoly on ~에 대한 독점권	tax on ~에 대한 세금

❻ [명사 + between]

difference between ~사이의 차이점	gap between ~사이의 차이
relation between ~사이의 관계	correlation between ~사이의 상관관계
match between ~사이의 경기	

❼ [명사 + from]

approval from ~로부터 승인	permission from ~로 부터 허락, 허가
feedback from ~로 부터 피드백, 조언	

❽ [명사 + of]

showing of ~의 전시회	advocate of ~의 대변자
source of ~의 근본, 원천, 원인	cause of ~의 원인
part of ~의 부분	knowledge of ~의 대한 지식

❾ [명사 + with]

problem with ~에서의 문제	interview with ~와의 면접

2 [전치사 + 명사] 암기 리스트

❶ [in + 명사]

in advance 미리	in place 제자리에
in time 시간 안에	

❷ [on + 명사]

on time 정각에	on schedule 일정대로
on purpose 고의적으로	

❸ [at + 명사]

at no cost 공짜로	at a discount 할인하여
at reasonable price 저렴한 가격에	at risk 위험한 상태에
at the end of this month 이달 말쯤	

❹ [for + 명사]

for free 공짜로	for example 예를 들어
for instance 예를 들어	

❺ [in + 명사]

in conclusion 결론적으로	in confidence 비밀로
in duplicate 두 통의	in writing 서면으로
in effect 효력 있는, 사실상	in third 세 번째로
in motion 움직이고 있는	in advance 미리, 먼저
in detail 자세히	in place 적소에, 적당한
in error 잘못되어	

❻ [under + 명사]

under construction 공사 중	under pressure 압력을 받는
under way 진행 중인	under warranty 보증기간 중인
under development 개발 중인	under consideration 고려중인
under control 관리를 받는, 통제 하에 있는	under supervision 관리 하에
under direction 감독을 받는	

❼ [(up)on + 명사]

(up)on delivery 배달 시에	(up)on request 신청하는 대로

❽ [out of + 명사]

out of order 고장이 난	out of print 절판이 된
out of stock 재고가 떨어진	

❾ [to + 명사]

(much) to one's surprise (아주) 놀랍게도

❿ [without + 명사]

without doubt 의심할 필요 없이	without consent 동의 없이
without permission 허락 없이	

⓫ [beyond + 명사]

beyond repair 수리할 수 없는	beyond the control 통제 불가능한
beyond the expectation 예상을 뛰어넘는	

[전치사 + 명사] 암기리스트

❶ [in + 명사 + 전치사]

in accordance with ~에 일치하여	in excess of ~을 초과하여
in addition to ~에 더하여	in conjunction with ~와 관련하여,~와 함께
in charge of ~을 담당하고 있는	in observance of ~을 준수하여
in combination with ~와 협력하여	in preparation for ~에 대비하여
in comparison with ~와 비교하여	in view of ~을 고려하여
in compliance with ~에 순응하여, ~에 따라	in search of ~을 찾아서, ~을 추구해서
in consideration of ~을 고려하여	

❷ [전치사 + 명사 + of]

as a result of ~의 결과로	with the exception of ~을 예외로
at the rate of ~의 비율로	without an exception of 예외 없이
by means of ~을 수단으로 하여	on the recommendation of ~의 추천으로
on behalf of ~을 대신해서	

Step 1 다음 문장에서 전치사와 짝을 이룰 수 있는 명사(구)를 찾아 표시하세요.

01 The plan to build the world's tallest tower in the center of Montreal has been under consideration for three months.

02 In the event of an emergency, please call 119 and stay close to the victim until an ambulance arrives on site.

03 The management decided to repair the lobby and the main office instead of renovating the whole building.

Step 2 다음 보기 중 알맞은 것을 고르세요.

01 The announcement for the best television advertisement award will be made ------- dinner time.

(A) for   (B) during

02 The lack ------- motivation among employees slowed down the production process of the whole factory.

(A) of   (B) with

03 The cargo train passes through five stops ------- Jacksonville and Pepper City.

(A) between   (B) among

Step 3 빈칸에 알맞은 것을 고르세요.

01 No one ------- for Mr. Phillips is allowed to leave the building during office hours without the approval of a supervisor.

(A) except
(B) nevertheless
(C) regarding
(D) since

02 The hotel asks all guests to check in ------- arrival.

(A) on
(B) ever
(C) as
(D) into

03 전치사와 동사

Point

[동사 + 전치사] 관용표현 문제는 앞에 있는 동사가 뒤에 있는 전치사의 힌트를 가지고 있다.

1 [자동사 + 전치사] 암기 리스트

❶ [자동사 + to]

adapt to = adjust to ~에 적응하다	object to = be opposed to ~에 반대하다
adhere to ~을 준수하다	refer to ~을 참조하다
answer to = answer ~에 대답하다	react to + 사물 ~에 반응하다
contribute A to B A를 B에 기여[공헌]하다	consent to/with = agree to/with ~에 동의하다
belong to ~에 속하다	lead to = cause ~결과를 초래하다
talk to = reply to = respond to ~에 응답하다	stick/adhere/cling to ~을 고수하다, ~에 매달리다
subscribe to ~을 정기구독하다	

❷ [자동사 + of]

approve of ~을 승인하다 (타동사도 가능)	think of ~을 생각하다
consist of ~로 구성되다	dream of ~을 꿈꾸다
= be made up of = compose	dispose of ~을 처분하다
= be composed/comprised of	take care of ~을 처리하다, ~을 보살피다

❸ [자동사 + from]

refrain from + (동)명사 ~을 자제하다, 삼가다	benefit from ~로부터 이익을 보다
suffer from ~로부터 고통을 받다	differ from/in ~와 다르다, ~에서 다르다

❹ [자동사 + for]

account for ~을 설명하다, ~만큼을 차지하다	compensate + (사람) + for (~에게) ~에 대해 피해/손실을 보상하다
look for ~을 찾다	put in for = sign up for ~을 신청하다, 등록하다
ask for = require ~을 요청[요구]하다	make up for ~을 보상하다
call for ~을 요청[요구]하다	compete with/against + 대상 ~와 경쟁하다
care for ~을 돌보다	check for ~을 확인하다
wait for = await ~을 기다리다	apply for ~에 지원하다

❺ [자동사 + on]

agree on + 사물 ~에 대해 동의하다	count/depend/rely/rest on[upon] ~에게 의존[의지]하다
❿ agree with + 사람 ~에게 동의하다	= be dependent/contingent on[upon]
impact on + 사물 ~에 영향을 끼치다	concentrate/focus on ~에 집중하다
= have an impact/effect/influence on + 사물	collaborate on + 사물 ~에 대해서 공동으로 일하다
report (on) + 사물 ~을 보도하다	❿ collaborate with + 사람 ~와 공동으로 일하다
comment on ~에 대해 논평하다, 견해를 밝히다	insist on ~을 주장하다

⑥ [자동사 + in/into]

break into ~로 침입하다	participate in ~에 참여하다
send in = submit ~을 제출하다	= take part in = join
fill in/out ~을 작성하다	stop by/in ~에 들르다
engage in + 일/분야 ~에 관여하다, 종사하다	look into 조사하다
enroll in ~에 등록하다	result in + 결과 (결국) ~을 하게 되다
inquire into + 사물 ~을 조사하다	**cf** result from + 원인 ~로 인해 발생하다
cf inquire about + 사물/내용 ~에 대해 문의하다	succeed in + (동)명사 ~에서 성공하다
expand into ~로 진출하다	**cf** succeed to + (사물) ~을 계승하다, 상속받다

⑦ [자동사 + at]

aim at ~을 목적으로 하다	look at ~을 보다

⑧ [자동사 + with]

assist with + 사람 ~을 돕다	cope with ~을 극복하다 = overcome
comply with + 규정 = conform to + 규정 ~을 따르다	deal with ~을 다루다, 처리하다 = handle = manage
compete with/for ~와 경쟁하다, ~에 대해 경쟁하다	interfere with ~을 방해하다
contend with ~와 다투다, 싸우다	experiment with ~을 실험하다
cooperate with + 사람 + on/for ~에 대해 …와 협동하다	put up with ~을 참다

2 [타동사 + 목적어 + 전치사] 암기 리스트

❶ [타동사 + 목적어 + of]

keep track of ~에 뒤처지지 않다	make a point of -ing 반드시 ~하다
take advantage of ~을 이용하다	make a choice of ~을 선택하다
make use of ~을 이용하다	clear A of B A에서 B를 치우다
deprive A of B A에게 B를 빼앗다	inform/notify A of/about B A에게 B에 대해 알리다, 통지하다
warn A of B A에게 B에 대해서 경고하다	remind A of B A에게 B를 상기시키다

❷ [타동사 + 목적어 + from]

collect/obtain A from B A를 B로부터 모으다/가져오다
obtain A from B B로부터 A를 얻다
prevent/stop/keep/hinder A from B A가 B를 못하게 하다

❸ [타동사 + 목적어 + with]

furnish A with B A에게 B를 제공하다	supply A with B A에게 B를 제공하다
drape A with B A를 B로 덮다	equip A with B A에게 B를 갖추게 하다
= be draped with	= be equipped with
replace A with B A를 B로 대체하다, 교체하다	include A with B A를 B에 포함시키다
= be replaced with	= be included with
familiarize A with B A를 B에 익숙해지게 하다	make an agreement with ~와 계약을 맺다
provide A with B = provide B to A A에게 B를 제공하다	mix A with B A와 B를 섞다
compare A with B A와 B를 비교하다	present A with B A에게 B를 제시하다, 선사하다
= be compared with	

❹ [타동사 + 목적어 + for]

make a reservation for ~에 대한 예약을 하다
make arrangements/preparations for ~을 준비하다
check A for B B의 여부를 알기 위해 A를 확인하다
exchange A for B A와 B를 교환하다 (A를 주고 B를 받다)
compensate A for B = be compensated for A에게 B에 대해 보상하다
reimburse A for B = be reimbursed for A에게 B에 대해 상환하다

❺ [타동사 + 목적어 + 전치사]

congratulate A on B B에 대해 A를 축하하다
impose A on B A를 B에 부과하다
brief A on B A에게 B를 요약해주다
divide A into B A를 B로 나누다
= be divided into

spend A on B A를 B에 대해 쓰다
tell A about B A에게 B에 대해 알리다
put/insert/place an advertisement in/on ~에 광고를 내다
have an effect/impact/influence on ~에 영향을 미치다
cite/consider/regard/deem A as B A를 B로 간주하다

❻ [be동사 + 과거분사 + 전치사]

be pleased with ~에 기쁘다
be filled with ~으로 가득 채워져 있다
be satisfied with ~에 만족하다
be covered with ~으로 덮여 있다
be delighted with ~에 기뻐하다
be concerned with ~에 관련되어 있다
be amused with ~에 즐거워하다
be disappointed with ~에 실망하다
be contented with ~에 만족하다
be gratified with ~에 만족해하다
be bored with ~에 지겨워[지루해]하다
be acquainted with ~을 알고 있다
be shocked at / be alarmed at / be astonished at / be amazed at / be surprised at / be frightened at ~에 깜짝 놀라다

be devoted to ~에 전념하다
be exposed to ~에 노출되다
be engaged in ~에 종사하고 있다
be interested in ~에 관심이 있다
be absorbed in ~에 몰두하다
be involved in ~에 관련되다
be composed of ~로 구성되다
be worried/concerned about ~을 걱정하다
be convinced of ~을 확신하다
be derived from ~에서 유래하다
be known as ~로서 알려지다
be known for ~으로 유명하다
be known to ~에게 알려지다
be known by ~에 의해 알려지다

Step 1 | 다음 문장에서 전치사를 표시하고 쓰임을 써보세요.

01 We were informed by Mr. Park that our top priority is to increase overall customer satisfaction.

02 After we review the conditions in the contract, an e-mail will be sent to Mr. Martin.

03 You will receive a 25% discount coupon by applying for membership either online or at any of our stores.

Step 2 | 보기 중 알맞은 것을 고르세요.

01 Now that Mr. Hancock is retiring, Ms. Wright will be ------- of the marketing department.

(A) in charge   (B) in place

02 It will not arrive ------- 3 p.m.

(A) by   (B) until

03 Once you walk ------- the post office, you will see Kim's Restaurant at the end of the corner.

(A) down   (B) past

Step 3 | 빈칸에 알맞은 것을 고르세요.

01 In recognition of Benson Industries' success in the past year, the company will reward employees ------- performance bonuses.

(A) of
(B) for
(C) with
(D) to

02 Details about this year's advertising campaign will be provided ------- the marketing director.

(A) as
(B) of
(C) for
(D) with

LESSON 04 전치사와 형용사

Point [be동사 + 형용사 + 전치사] 관용표현 문제는 앞에 있는 형용사가 뒤에 있는 전치사의 힌트를 가지고 있다.

1 [be + 형용사 + 전치사] 암기 리스트

❶ [be동사 + 형용사 + for]

be accountable for ~에 책임이 있다	be famous for ~로 유명하다
be noted for ~로 유명하다	be adequate for ~에 적합하다
be honored for ~에 대해 표창을 받다	be responsible for ~에 책임이 있다
be convenient for ~에 편리하다	be ideal for ~에 이상적이다
be sufficient for ~에 충분하다	be eager for ~을 고대하다
be inadequate for ~에 부적합하다	be suitable for ~에 적합하다
be eligible for ~에 자격이 있다	be necessary for ~에 필요하다
be valid for ~에 유효하다, 타당하다	

❷ [be동사 + 형용사 + to]

be accessible to ~에 접근 가능하다	be beneficial to ~에 이득이 되다
be equal to ~과 동등하다	be accustomed to ~에 익숙하다
be close to ~에 가깝다	be equivalent to ~에 상응하다, 같다
be adjacent to ~에 인접하다	be comparable to ~에 필적할 만하다
be exposed to ~에 노출되다	be affordable to ~에 감당할 수 있다
be comprehensible to ~가 알기 쉽다	be harmful to ~에 해롭다
be attractive to ~에 매력적이다	be devoted to ~에 헌신하다
be integral to ~에 필수적이다	be available to ~에 이용 가능하다
be entitled to ~할 자격이 있다	be liable to ~에 책임이 있는

❸ [be동사 + 형용사 + with]

be associated with ~와 연계하다	be compatible with ~에 부합하다, 호환되다
be correspondent with ~에 일치하다	be complete with ~을 갖추다, 완비하다
be consistent with ~와 조화를 이루다	be faced with ~에 직면하다
be comparable with ~에 비교하다	be consonant with ~와 일치하다
be pleased with ~에 기쁘다	

❹ [be동사 + 형용사 + of]

be afraid of ~을 두려워하다	be cognizant of ~을 알다
be desirous of ~을 갈망하다	be appreciative of ~에 감사하다
be confident of ~에 자신 있다	be full of ~으로 가득 차다
be aware of ~을 인식하다, 알다	be conscious of ~을 인식하다
be incapable of ~할 능력이 없다	be capable of ~에 유능하다
be critical of ~을 비난하다, 꾸짖다	be indicative of ~을 나타내다, 표시하다

Step 1 | 다음 문장에서 전치사와 관련된 숙어를 찾아 의미를 써보세요.

01 KM Bank's Internet services will be unavailable to customers from 8:00 PM to 9:00 AM on Sunday.

02 To be eligible for a position with Karl Consulting, candidates must have a university degree in business.

03 Customers need to check whether newly purchased programs are compatible with their existing systems.

Step 2 | 보기 중 알맞은 것을 고르세요.

01 Business analysts believe that the upward trend in spending is likely ------- continue until the end of the year.

(A) to   (B) with

02 Each customer's eligibility for the special financing plan is subject ------- credit approval.

(A) about   (B) to

03 We must remain aware ------- rapidly changing technology or face a decrease in company profits in the long run.

(A) of   (B) on

Step 3 | 빈칸에 알맞은 것을 고르세요.

01 The managing director was concerned ------- the current decrease in sales, so he arranged for a meeting this Friday.

(A) of
(B) through
(C) about
(D) in

02 Customers who visit our newly opened restaurant today will be exempt ------- paying service charges.

(A) to
(B) of
(C) from
(D) with

▶ 정답 및 해설 p.224~227

01 To receive a refund, merchandise should be returned ------- 30 days of purchase.
(A) within
(B) when
(C) unless
(D) always

02 The use of spare parts ------- a third party supplier will void the warranty on this vehicle.
(A) over
(B) behind
(C) out of
(D) from

03 ------- the meeting on effective communications, the marketing director discussed the advantage of the newly developed marketing tool for our service.
(A) Although
(B) When
(C) During
(D) Afterward

04 Because of its proximity ------- major tourist attractions, the Royal Hotel is often fully booked.
(A) next to
(B) near
(C) to
(D) by

05 ------- most of the previous models, the all new Fire Star comes with three different types of engines.
(A) Despite
(B) Unlike
(C) Aside
(D) Except

06 ------- all the advice Mr. Moyes received, he believes the Central Convention Center would be the most ideal place for the conference.
(A) In
(B) Of
(C) At
(D) Out

07 ------- his contract with KT Electronics, James Eugene, a famous sports star, will be appearing in two new advertisements for KT products.
(A) Only if
(B) In case
(C) Now that
(D) According to

08 All visitors are required to read and observe the instructions posted ------- the museum entrance.
(A) from
(B) of
(C) beside
(D) with

09 TFF National Bank offers the same interest rate ------- the Bank of Pennsylvania.
(A) with
(B) that
(C) along
(D) as

10 You will not be given access to enter the laboratory ------- approval from your supervisor.
(A) into
(B) until
(C) among
(D) without

11 The head director wanted Dr. Zhang to give a demonstration ------- the new product.
(A) along
(B) during
(C) of
(D) into

12 There are about seven hotels ------- a ten mile radius of Berlin International Airport.
(A) across
(B) within
(C) in front of
(D) nearby

CHAPTER

12

비교급과 최상급 & 가정법

LESSON

01 비교급과 최상급

Point

❶ 원래의 형용사나 부사는 원급이라고 한다. 비교급과 최상급을 쓸 수 있는 품사는 형용사와 부사이다.

❷ 비교급은 (more) -er를 붙여서 쓰며, 보통 둘 사이에서 '~보다 더 ~하다'라는 의미로 쓰인다.

❸ 최상급은 the (most) -est를 붙여서 쓰며, 셋 이상의 여러 대상 또는 범주에서 '(~중에서) 가장 ~하다'라는 의미로 쓰인다.

1 형용사의 비교급과 최상급

	원급	비교급	최상급
	형용사의 원래 형태	형용사의 원급(1~2음절) + -er more + 형용사의 원급(2~3음절)	the + 형용사의 원급(1~2음절) + -est the most + 형용사의 원급(2~3음절)
형용사	small 작은	smaller 더 작은	the smallest 가장 작은
	easy 쉬운	easier 더 쉬운	the easiest 가장 쉬운
	famous 유명한	more famous 더 유명한	the most famous 가장 유명한

➤ Buying new computers would be **cheaper than** repairing them.

컴퓨터를 수리하는 것보다 새로 사는 것이 더 쌀 것이다.

This is **the most expensive** computer in our store. 이것은 우리 가게에서 가장 비싼 컴퓨터이다.

2 부사의 비교급과 최상급

	원급(부사의 원래 형태)	비교급(more + 부사)	최상급(most + 부사)
부사	quickly 빠르게	more quickly 더 빠르게	most quickly 가장 빠르게
	strictly 엄격하게	more strictly 더 엄격하게	most strictly 가장 엄격하게

➤ This campaign can help people use energy **more efficiently**.

이 캠페인은 사람들이 에너지를 보다 더 효율적으로 사용하도록 도와줄 것이다.

The employee of the year award is given to the employee who works **most effectively**.

올해의 직원상은 가장 효율적으로 일한 직원에게 주어진다.

3 주의해야 할 비교급과 최상급

비교급과 최상급의 형태가 불규칙적으로 변하는 단어들은 반드시 알아두자.

원급	비교급	최상급
good (형) 좋은 / well (부) 잘, 만족스럽게	better (형) 더 좋은 / (부) 더 잘	best (형) 가장 좋은 / (부) 가장 잘
bad (형) 나쁜	worse (형) 더 나쁜	worst (형) 가장 나쁜
many (형) 수가 많은 / much (형) 양이 많은	more (형) 더 많은	most (형) 가장 많은

시험에 이렇게 나온다! ▶ 비교급 강조부사

1. 원급 강조부사: very, so, too, just

   This house is **just** as nice as that house. 이 집은 저 집만큼 딱 좋다.

2. 비교급 강조부사: much, even, still, far, by far, a lot

   This vacation was **much** better than I expected. 이번 휴가는 예상했던 것보다 훨씬 더 좋았습니다.

3. 최상급 강조부사: much, quite, by far

   Hao is **by far** the best Chinese restaurant we have ever tried in the city.

   하오는 이 도시에서 우리가 가봤던 음식점들 중에서 가장 최고의 중국 요리 전문점이다.

Step 1 | 다음의 문장에서 비교급과 최상급 표현을 찾아보세요.

01 Today is colder than yesterday.

02 Designing our new computer chips has been the most challenging.

03 The new machines will enable factory workers to complete tasks much more efficiently.

Step 2 | 다음 보기 중에 알맞은 것을 고르세요.

01 Today's ever changing business environment requires us to learn new skills ------- than we had to in the past.

(A) more quickly   (B) quicker

02 EllynCom International's new mobile phone service plan has ------- expensive rates than competing plans.

(A) lesser   (B) less

03 The Sweet 16 Magazine is ------- the best selling magazine among teenage girls.

(A) so   (B) by far

Step 3 | 빈칸에 알맞은 것을 고르세요.

01 The equipment can mix materials ------- when the blades are sharp than when they are dull.

(A) rapid
(B) more rapidly
(C) rapidly
(D) most rapid

02 Among our recognized staff, Mr. Jackson is one of the most ------- workers who brings a positive vibe to the whole office environment.

(A) distinctive
(B) distinctively
(C) distinction
(D) distinctiveness

02 비교급 표현

Point

비교급에서 꼭 알아두어야 할 것
❶ 비교급은 (more) -er를 붙여서 쓰며, 보통 둘을 비교할 때 쓴다.
❷ 비교급을 이용한 비교표현은 '(특정 비교 대상)~ 보다 더하거나 덜하다'는 의미이다.
❸ 비교급 관용표현은 반드시 암기하라.

---

1 비교급 + than

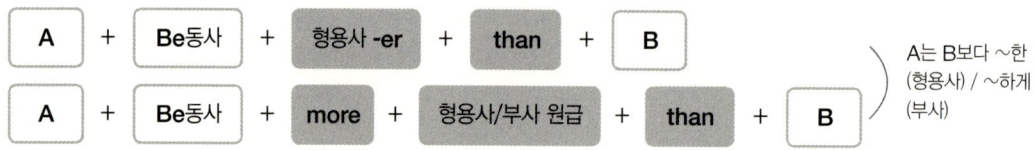

ⓔ This book is **more** difficult than that book.
이 책은 저 책보다 어렵다.

---

2 비교급 관용표현

more than ~보다 더	**no longer** 더 이상 아닌 = not ~ any longer
less than ~보다 덜	**more or less** 다소, 어느 정도
no more than 단지, 겨우 = only	**sooner or later** 조만간
not more than 많아야, 기껏해야 = at most	**more and more** 점점 더
no less than ~만큼이나 = as many/much as	**A rather than B** B라기 보다는 오히려 A
not less than 적어도 = at least	**more than expected** 기대 이상으로
A superior to B A가 B보다 우수한	**A senior to B** A가 B보다 손위인

ⓔ The convention center can accommodate **more than** 850 guests.
그 컨벤션 센터는 850명이 넘는 손님들을 수용할 수 있다.

You should submit the application **no later than** June 12.
당신은 늦어도 6월 12일까지는 신청서를 제출해야 합니다.

---

3 비교급에 the를 사용하는 경우

일반적으로 비교급에는 the를 사용하지 않지만 the를 쓰는 경우가 있으므로 주의해야 한다.

❶ 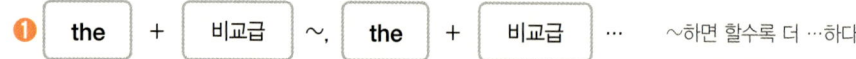 ~하면 할수록 더 …하다

ⓔ **The more** we want to learn, **the more** we can understand.
우리가 더 많이 배우기를 원한다면, 더 많은 것을 이해할 수 있다.

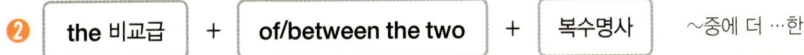

❷ | the 비교급 | + | of/between the two | + | 복수명사 | ～중에 더 …한

💬 Mr. Jones is **the more** appropriate person for the job **between the two applicants**.
존스 씨가 두 지원자 중에서 그 일에 더 적합하다.

Of/Between the two applicants, Mr. Jones is **the more** appropriate person for the job. 두 지원자 중에서 존스 씨가 그 일에 더 적합하다.

시험에 이렇게 나온다! ▶ **원급을 이용한 [as + 원급 + as] 비교 표현**

원급을 이용한 비교 표현은 '(특정 비교대상)만큼 ～하다'라는 의미이다.

1. | as | + | 형용사/부사 | + | as | ～ ～와 같이 …한/하게

   We work **as hard as** any other team in the company.
   우리는 회사에 다른 어떤 팀만큼이나 열심히 일한다.
   ▶ as ~ as 사이에 부사인 hard가 들어가서 '～만큼 열심히 …하다'라는 의미이다. 자주 쓰이는 as ~ as의 관용표현에는 as soon as possible(가능한 빨리), as long as(～하는 한) 등이 있다.

2. | as | + | many/much | + | 명사 | + | as | ～ ～만큼 많은

   He has **as many medals as** she (has). 그는 그녀만큼 많은 메달을 가지고 있다.
   ▶ as ~ as 사이에 수량형용사 many와 복수명사 medals가 와서 '～만큼 많은 메달'이라는 의미가 된다.

3. | the same | + | 명사 | + | as | + | 명사/목적격 대명사/절 | ～와 같은 …

   She uses **the same perfume as** I use. 그녀는 내가 사용하는 것과 같은 향수를 사용한다.
   ▶ the same ~ as 사이에 명사 perfume이 오고, as 다음에 주어(I)와 동사(use)가 연결된 절이 나와서 '내가 사용하는 것과 같은 향수'라는 의미가 된다.

▶ 정답 및 해설 p.230~232

Step 1 | 다음의 문장에서 비교급과 관련된 표현에 표시해 보세요.

01 You cannot borrow more than five books at once in this library.

02 Prospective buyers did not find the property as attractive as they had expected.

03 The older we grow, the more cautious we become.

Step 2 | 보기 중 알맞은 것을 고르세요.

01 The insulation that arrived yesterday was 10 percent thinner ------- that required by the building code.

(A) than   (B) there

02 The richer the fruit color, the ------- it is for you.

(A) healthy   (B) healthier

03 Due to increased demand, we found ways to deliver orders ------- than last year.

(A) fast   (B) faster

Step 3 | 빈칸에 알맞은 것을 고르세요.

01 Advances in digital photography have made it ------- than ever to keep Cityscaping Imaging's laboratory stocked with up-to-date equipment.

(A) harden
(B) harder
(C) hardly
(D) hard

02 The components used in the new model are the ------- as the ones used to create the previous model.

(A) same
(B) equal
(C) repeat
(D) fewest

LESSON
03 최상급 표현

Point

최상급에서 꼭 알아야 할 것

❶ 최상급은 the (most) -est를 붙여서 쓰며, 셋 이상의 여러 대상 또는 범주에서 '(~중에서) 가장 ~하다'라는 의미로 쓰인다.
❷ 최상급 구문에서 비교의 대상이나 범위를 나타낼 때 전치사 of, in, on 등이 함께 쓰인다.
❸ 부사의 최상급은 일반적으로 the를 붙이지 않는다.

---

1 the + 최상급 + 범위/대상

최상급 구문에서는 전치사 of, in, on과 집단, 그룹, 장소 등의 명사가 함께 쓰여, 다수의 대상들을 나타낸다.

❶ | the | + | 최상급 | + | 전치사 of/among | + | 복수명사 | ~중에서 가장 …한

EX Ms. Lee is **the most** diligent employee **of the entire department**.
이 씨는 부서 전체에서 가장 부지런한 직원이다.

❷ | the | + | 최상급 | + | 전치사 in | + | 장소명사/범위명사 | ~에서 가장 …한

EX Mary is **the most** capable **in our company**.
메리는 우리 회사에서 가장 유능한 직원이다.

❸ | the | + | 최상급 | + | 전치사 on | + | 장소명사/범위명사 | ~에서 가장 …한

EX Smartphone is **the most** innovative item **on the world market** today.
스마트폰은 오늘날 세계시장에서 가장 혁신적인 제품이다.

---

2 경험의 최상급

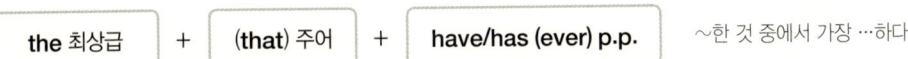

| the 최상급 | + | (that) 주어 | + | have/has (ever) p.p. | ~한 것 중에서 가장 …하다

비교의 대상이나 범위뿐만 아니라 경험에서도 가장 ~한 것이라는 의미로 최상급을 쓸 수 있다. 최상급 뒤에 that절의 시제가 현재완료 시제이면 과거부터 지금까지의 경험 중에서 '가장 ~하다'라는 의미로 최상급의 의미를 나타낸다.

It is **the most** beautiful place **(that) I have ever seen**.
이곳은 내가 본 것 중에서 가장 아름다운 곳이다.

---

3 the + 서수 + 최상급

[the second/third… + 최상급]의 형태로 '~에서 ~번째로 ~하다'라는 의미를 나타낸다.

EX Mount Everest is **the second highest** in the world.
　　　　　　　　　　　　　　　서수　　　　최상급

에베레스트 산은 세계에서 두 번째로 가장 높다.
▶ the와 highest의 최상급 사이에 있는 서수 second는 세계에서 두 번째로 높다는 것을 나타낸다.

그 외 최상급에서 꼭 알아야 할 것

❶ 소유격이 나오는 경우 the를 쓰지 않는다.

> **Ex** Steve is **my best** mentor. 스티브는 나의 최고의 멘토입니다.
>   소유격
>
> ▶ 최상급 best 앞에 소유격 my가 위치하고 있기 때문에 the를 사용하지 않고 최상급을 나타낸다.

❷ 부사의 최상급에는 일반적으로 the를 붙이지 않는다.

> **Ex** Steve works **hardest** in our team. 우리 팀에서 스티브가 가장 일을 열심히 한다.
>   부사의 최상급
>
> ▶ 부사 hard의 최상급인 hardest 앞에는 the를 사용하지 않고 최상급을 나타낸다.

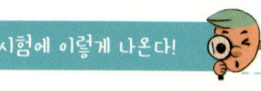 ▶ **최상급의 다른 표현들**

1. 원급을 이용한 최상급 표현

| as | + | 원급 | + | as possible | 가능한 한 ~한/하게 |

| No/Nothing(부정어) ~ | + | so/as | + | 원급 | + | as | + | 비교대상 | ~만큼 …한 것은 없다 |

> **Ex** **Nothing** is **as** important **as** health. 건강만큼 중요한 것은 없다.

2. 비교급으로 최상급 표현

| No/Nothing(부정어) ~ | + | 비교급 | + | than | + | 비교대상 |

| 비교대상 ~ | + | 비교급 | + | than | + | any other | + | 단수명사 |

| 비교대상 ~ | + | 비교급 | + | than | + | all the other | + | 복수명사 |

> **Ex** My family is **more** important **than any other** thing in my life.
> 내 인생에서 가족은 다른 어떠한 것보다 더 중요하다.
>
> **Nothing** is **more** important **than** my family in my life. 내 인생에서 가족보다 더 중요한 것은 없다.

▶ 정답 및 해설 p.232~234

Step 1 | 다음의 문장에서 최상급과 관련된 표현을 찾아 표시하세요.

01 In the current economic environment, buying property is considered the safest way to invest money.

02 Of the ten candidates that the manager interviewed, Mr. Jam is the most qualified.

03 The Maid of the Caribbean, the newest member of our fleet, is the second largest cruise ship in the Caribbean.

Step 2 | 보기 중 알맞은 것을 고르세요.

01 Ms. Potter's ------- novel will be on sale in bookstores in September.

(A) late   (B) latest

02 Dr. White is the one with the most ------- knowledge on child psychology.

(A) extensive   (B) extensively

03 Southwear Industries makes the ------- hand-stitched leather wallets of any manufacturer.

(A) finest   (B) finer

Step 3 | 빈칸에 알맞은 것을 고르세요.

01 The Nuevister Cadet 55T is being advertised as the ------- laptop computer available in stores today.

(A) faster
(B) fastest
(C) fast
(D) fastness

02 Our new online marketing promotion will boost profits faster than any ------- strategy.

(A) other
(B) extra
(C) further
(D) added

04 가정법

가정법이란?

- 가정이란 현재나 과거, 더 이전 과거인 대과거 중에서 어느 기준 시점에서 이미 일어난 사실이나 일어날 일에 대한 사실이나 상황에 반대되는 생각을 의미하며, 이를 표현한 것이 가정법이다.
- If절과 주절의 시제에 주의하라.

1 가정법 구문

❶ 가정법 과거

If + 주어 + 과거 동사 ~	+	주어 + would/should/could/might + 동사원형

▶ 현재 사실의 반대를 의미하며, '(현재) ~라면, (현재) …할 텐데'라는 의미가 된다.

❷ 가정법 과거완료

If + 주어 + had + 과거분사 ~	+	주어 + would/should/could/might + have + 과거분사

▶ 과거 사실의 반대를 의미하며, '(과거)에 ~했다면, (과거)에 …했을 텐데'라는 의미이다.

❸ 가정법 미래

If + 주어 + should + 동사원형 ~,	+	주어 + will/would/can + 동사원형
		please + 동사원형 ~ [명령문]

▶ 미래에 일어날 가능성이 거의 없거나 미래에 대한 강한 의구심을 나타낼 때 '만약 ~해야 한다면, …할 것이다 / 만약 ~한다면, …해라'라는 의미이다.

❸ 가정법 현재 (조건절)

If + 주어 + 현재 시제(동사원형) ~,	+	주어 + will/shall/can/may + 동사원형
		please + 동사원형 ~ [명령문]
		주어 + 현재동사

▶ 현재나 미래의 일이나 상황을 단순히 추측하고, 기대하거나, 단순하게 일어날 가능성이 있는 경우에만 사용한다. '(어떠한 조건)이면, ~할 것이다/~이다'라는 의미를 갖는다.

2 혼합가정법 구문

- 과거 사실 혹은 과거에 일어난 상황에 대한 가정이 현재까지 계속 미칠 경우 혼합가정법으로 표현한다.
- '(과거에) ~했다면, (현재에) 지금 …할 텐데'라는 의미를 갖는다.

가정법 과거완료의 If절   가정법 과거의 주절

If + 주어 + had + 과거분사 ~	+	주어 + would/should/could/might + 동사원형

3 가정법 도치구문

가정법 구문에서 접속사 if를 생략하고 동사와 주어, 조동사와 주어를 도치시킬 수 있다.

If + 주어 + **were**/과거동사	→	**Were**/과거동사 + 주어 ~
If + 주어 + **had p.p.**	→	**Had** + 주어 + p.p. ~
If + 주어 + **should** + 동사원형	→	**Should** + 주어 + 동사원형

• **Should** the train arrive on time, we will not be late. 기차가 제시간에만 온다면, 우리는 늦지 않을 것이다.
  = **If** the train **should** arrive on time, we will not be late.

시험에 이렇게 나온다! ▶ that절에서 should를 생략한 동사원형이 나오는 경우

1. 주장/제안/요구/명령의 동사 + that + 주어 + 동사원형

ask, demand, insist, suggest, recommend, require, advise	+	that + 주어 + (should) + 동사원형

• She **insists** that she **(should) help** the patient. 그녀는 자신이 그 환자를 도와야 한다고 주장한다.

2. It is + 이성적/감성적 판단의 형용사 + that + 주어 + 동사원형

imperative, important, essential, necessary, vital, mandatory	+	that + 주어 + (should) + 동사원형

• It is **mandatory** that all new employees **(should) be** present at the orientation scheduled next Friday. 모든 신입사원은 다음 금요일에 예정된 오리엔테이션에 참석해야만 한다.

▶ 정답 및 해설 p.234~237

Step 1 | 다음 문장에서 가정법의 시제와 의미를 써보세요.

01 If we missed the train, we would be late for the meeting.

02 If we had missed the train, we would have been late for the meeting.

03 If you should have any questions or concerns, please do not hesitate to contact me at your convenience.

04 If the weather is rainy, he usually stays at home.

05 If you had not helped me, I could not return to Korea now.

Step 2 | 보기 중 알맞은 것을 고르세요.

01 If we ------- the trouble to recycle more, we would have fewer landfills.

   (A) has taken   (B) took

02 If its proposal ------- more detailed, Doyle Inc. would be our only supplier.

   (A) has been   (B) had been

03 ------- I known your requests, I would have taken care of it.

   (A) If   (B) Had

Step 3 | 빈칸에 알맞은 것을 고르세요.

01 If the computer malfunction had not been repaired so quickly, we ------- the necessary support.

   (A) are not receiving
   (B) will not receive
   (C) would not have received
   (D) cannot receive

02 Mr. Robin requested that the auditor ------- the impact of faulty accounting procedures.

   (A) analyzed
   (B) analysis
   (C) analyze
   (D) analyzing

Practice Test

01 Finding short-term housing on his own for business purchases was ------- than he had expected.
(A) difficult
(B) difficulty
(C) more difficult
(D) much difficulty

02 Of all the applicants, Kevin Lomax has the most ------- educational background and work experience.
(A) impressively
(B) impressive
(C) impress
(D) impressiveness

03 Fast Food Restaurant McGrady's introduced the self-service kiosk system to make orders even more ------- to customers.
(A) access
(B) accesses
(C) accessible
(D) accessibly

04 This year's growth in EMK International's sales will allow the company to invest ------- in equipment.
(A) more
(B) ever
(C) best
(D) any

05 If the office manager ------- that the fax machine was not working properly, she could have called the repair company earlier.
(A) is told
(B) told
(C) had been told
(D) will tell

06 According to Business Daily, Newman & Marcos holds more clients ------- any other investment company.
(A) as
(B) while
(C) than
(D) whether

07 Our newest consultant Robert Stern is a Haverford graduate whom we expect to become a very ------- employee.
(A) valuably
(B) valuable
(C) valuing
(D) value

08 Since the interview for the sales position started promptly at 8 A.M., Ms. Jameson had to arrive at work ------- than usual.
(A) early
(B) earlier
(C) earliest
(D) earliness

09 ------- you are planning on getting car insurance, Mr. O'neil can help you find appropriate deals to suit your needs.
(A) That
(B) So
(C) If
(D) Due to

10 If you ------- to reserve a conference room, please see Ms. Lopez at the front desk.
(A) have liked
(B) were liked
(C) would like
(D) had liked

11 ------- we not implemented significant reforms over the past two years, our company would have suffered from severe fiscal pressures.
(A) Have
(B) Had
(C) Having
(D) Should

12 Enclosed in the letter was a request that it ------- along with the original policy document.
(A) be returned
(B) will be returned
(C) was returned
(D) is returned

Part 5 Final Test

▶ 정답 및 해설 p.240~252

READING TEST

In the Reading test, you will read a variety of texts and answer several different types of reading comprehension questions. The entire Reading test will last 75 minutes. There are three parts, and directions are given by each part. You are encouraged to answer as many questions as possible within the time allowed.

You must mark your answers on the separate answer sheet. Do not write your answers in the test book.

PART 5

Directions: A word or phrase is missing in each of the sentence below. Four answer choices are given below each sentence. Select the best answer to complete the sentence. Then mark the letter (A), (B), (C), or (D) on your answer sheet.

101 No business-class seats are available on Korean Air for this week ------- next week.
(A) but
(B) or
(C) also
(D) so

102 It takes ------- thirty minutes to get to the museum from the central train station.
(A) approximates
(B) approximation
(C) approximated
(D) approximately

103 You should mail the ------- lease contract form along with relevant documents by June 1st.
(A) completely
(B) completion
(C) completed
(D) completing

104 Our annual banquet is usually held ------- a Friday night in December.
(A) at
(B) on
(C) up
(D) to

105 Located one hour northwest of Seoul, our headquarters is ------- accessible by car or bus.
(A) easy
(B) easier
(C) easily
(D) ease

106 If your invoice is -------, please contact us as soon as possible.
(A) unable
(B) broken
(C) incorrect
(D) weak

107 Most of the branch managers ------- the meeting next week because they have an overseas seminar to attend.
(A) missed
(B) missing
(C) have missed
(D) have to miss

108 ------- Morgan interviewed Jessica Milton about her most recent accomplishments.
(A) Reporter
(B) Reports
(C) Report
(D) Reported

109 It is the user's ------- to save work-related files before the computer systems are upgraded.
(A) permission
(B) responsibility
(C) status
(D) reference

110 The Internet service provider announced that their service has been temporarily ------- due to technical problems.
(A) suspend
(B) suspends
(C) suspended
(D) suspending

111 Mr. Yang had been promoted due to his ------- success.
(A) overwhelm
(B) overwhelming
(C) overwhelms
(D) overwhelmed

112 GT Company will promote it's newest car, V-3000, ------- an extensive online marketing campaign.
(A) as
(B) of
(C) among
(D) through

113 Since Michael is responsible for maintaining all devices, any questions regarding the new system should be referred to -------.
(A) he
(B) his
(C) himself
(D) him

114 CFO Jill Scott had ------- the next training seminar on automated payroll system for October 10th.
(A) presented
(B) served
(C) invited
(D) scheduled

115 All sales representatives may wear ------- clothes, unless they have a meeting with clients.
(A) casual
(B) casualness
(C) casuals
(D) casually

116 Both parties have agreed to review what is ------- covered in the current contract.
(A) already
(B) early
(C) yet
(D) ever

117 Because the manager is -------
experienced in international and local
markets, he has become an important
asset in the company.
(A) equal
(B) equally
(C) equaled
(D) equals

118 Seri Company workers may obtain
discounted prices at most local stores by
showing ------- of employment.
(A) print
(B) change
(C) goal
(D) proof

119 The supervisors of Asian Factory ------- to
increase production of the newly launched
computers by 50 percent.
(A) were told
(B) told
(C) are telling
(D) will tell

120 After ten years of service at Wendy's
Restaurant chain, Lillian has been -------
given the best employee award.
(A) lastly
(B) especially
(C) finally
(D) promptly

121 ------- available to work overtime on the
weekends should e-mail the supervisor.
(A) Yourself
(B) Whoever
(C) Another
(D) Anyone

122 The 2013 Chicago Motor show -------
of more than 100 international car
manufacturers.
(A) spreads
(B) consists
(C) includes
(D) cooperates

123 Complimentary maps provided in rental
cars will help drivers navigate ------- major
streets by directing them to alternate
routes.
(A) around
(B) of
(C) plus
(D) than

124 Due to the unexpected delay, we asked
the research department to postpone the
meeting until ------- in the week.
(A) that
(B) later
(C) past
(D) after

125 The employee handbook describes
procedures for ------- ways of handling
customer complaints.
(A) relative
(B) following
(C) various
(D) developing

126 The city council decided to offer foreign
companies numerous tax incentives, as
------- companies are vital to the local
economy.
(A) whose
(B) theirs
(C) these
(D) ours

127 Our national wide retail ------- will provide our customers with high quality service.
(A) locations
(B) executives
(C) meetings
(D) expertise

128 As Exxon has developed an integrated system, it has become increasingly ------- both locally and nationally.
(A) visibility
(B) vision
(C) visible
(D) visions

129 All financial experts are asked to submit their analysis reports on time ------- the short deadline.
(A) how much
(B) besides
(C) even though
(D) despite

130 Mr. Brown has been named the construction site ------- while Mr. Allen is away on leave.
(A) supervisory
(B) supervision
(C) supervise
(D) supervisor

131 The questionnaire regarding the advertisement should be handed in today ------- they plan to present the result at tomorrow's meeting.
(A) whether or not
(B) in addition to
(C) in spite of
(D) regardless of

132 Bank of America Corp. ------- appreciated your cooperation on the recent acquisition.
(A) deeply
(B) carefully
(C) annually
(D) roughly

133 If you are interested in our service, our financial planning ------- will contact you at your convenience.
(A) consultant
(B) consultation
(C) consulting
(D) consulted

134 The new way of monitoring stocks ------- time, which contributes to our overall efficiency.
(A) resents
(B) retrieves
(C) resumes
(D) reduces

135 Although we arrived on time, it was so crowded that we had to wait ------- an hour to be seated.
(A) briefly
(B) nearly
(C) lately
(D) previously

136 The trial products made some ------- contributions to the development of our new models.
(A) valuations
(B) value
(C) valuable
(D) valuably

137 If you restarted your computer and it
------- to malfunction, contact our service
representatives.
(A) had continued
(B) continuing
(C) will continue
(D) continues

138 Using ------- layers of packaging causes
many problems which can be avoided in
advance.
(A) reluctant
(B) sensitive
(C) persistent
(D) excessive

139 In order to increase sales, we have to
pay ------- attention to functionality as to
design.
(A) as much
(B) so many
(C) the most
(D) more than

140 All the necessary information regarding
business travel expenses and
reimbursements is ------- outlined in the
handbook.
(A) markedly
(B) intangibly
(C) explicitly
(D) jointly

MEMO

유스타 토익
BASIC
Reading

★STAR TOEIC

Part 6

Text Completion
문서상의 문장 완성

토익의 Part 6란?

■ 문항 수: 총 12문항

141번부터 152번으로 총 12문제가 출제되며, Part 5와 같이 4개의 보기가 등장하지만 문장이 아닌 하나의 문서 안에서 3문제씩 출제된다. 따라서 총 4개의 문서에 12문제가 등장하게 된다. 하나의 문서에는 구조 분석을 통한 품사 문제와 문법 그리고 어휘 문제들이 복합적으로 등장한다. 대략 6분에서 8분 사이에 12문제를 모두 풀어야 한다.

■ 문제 형태

하나의 문서에서 3개의 문제가 아래와 같이 등장하며, 기본적인 문법 지식과 내용의 흐름을 파악하는 능력을 측정하기 위해 문서가 통째로 등장하게 된다.

Questions 141-143 refer to the following article.

LONDON (August 10) - Chin Chen Apparel, a popular Chinese clothing manufacturer, will soon ------- its fashions in Europe.

141. (A) reduce
(B) design
(C) recall
(D) market

According to an interview with the EU Apparel News, the company's president, Robert Chen, reported that the first shipment of the company's latest sportswear and accessories will leave China in a few weeks. They will be available to European ------- as early as September.

142. (A) consuming
(B) consumable
(C) consumers
(D) consumed

Mr. Chen attributed Chin Chen's business move to a ------- demand for sportswear

143. (A) controlling
(B) rising
(C) questionable
(D) long-standing

in Europe. "The recent trend is that more and more people here are wearing casual clothing and this is exactly what our company will provide."

■ 문제유형

Part 6는 크게 Part 5와 같이 빈칸이 속해 있는 문장만으로 풀 수 있는 Part 5 유형의 문제와 앞뒤 문장의 내용을 확인해서 풀어야 하는 문맥 파악형 문제가 출제된다.

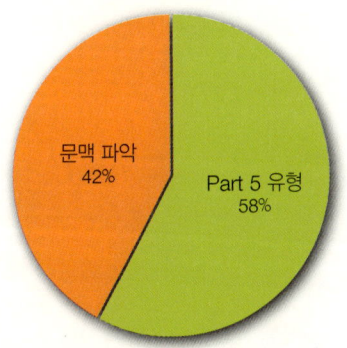

1. Part 5 문제 유형 – 빈칸이 속해 있는 해당 문장만으로 답을 찾을 수 있는 문제

모든 문제는 1차적으로 Part 5와 같은 방식으로 접근하여 문제를 풀어야 한다. 또한 출제되는 문제의 종류 역시 Part 5와 마찬가지로 품사, 문법, 어휘 문제들이 출제되기 때문에 Part 5를 충실히 다져놓아야 Part 6 문제를 쉽게 풀 수 있다.

2. 문맥 파악형 – 앞뒤 문장의 내용을 파악해야 하는 문제

정답을 결정하는 단서가 앞 문장이나 다음 문장에 나오는 유형으로 보통은 앞뒤 문장에서 답을 찾을 수 있으며, 종종 문서의 날짜나 시간 등을 통해 답을 찾을 수 있다.

■ Part 6 학습 방향 및 공략법

Part 5 선행학습을 충실히 한 후에 공부하라!

Part 6는 Part 5를 기초로 하여 등장하는 문제이기 때문에 Part 5 학습이 충분하지 않으면 고득점을 얻기가 쉽지 않다. 대략 60%의 문제들은 Part 5와 동일한 유형으로 출제되고 있기 때문이다.

빈출 유형 문제를 집중적으로 학습하라!

Part 6에서 자주 출제되는 문제들은 구조분석과 품사배열 그리고 전치사구, 부사어구 또는 (접속)부사, 접속사 등과 같이 앞뒤 문장의 내용을 연결할 수 있는 연결어와 동사의 시제, 그리고 대명사, 어휘 문제들이 단골로 출제되고 있으므로 이러한 문제들을 중심으로 공부해야 한다.

CHAPTER

01

기본 문법 문제

01 적절한 품사 찾기

Point

구조 분석을 통한 품사 파악 및 문법 적용

문장이 지문의 형태로 바뀌었을 뿐 Part 6에서 등장하는 문제들은 대부분 Part 5와 같다고 볼 수 있다. 구조 분석과 품사 배열 그리고 수식 관계나 관련 문법들을 복합적으로 고려해야 한다.

1 Part 6 기본문법 문제 이렇게 나온다!

❶ 빈칸 앞뒤의 품사들을 연결할 수 있는 문제
❷ 구조 분석상 주성분이 빠져 있는 문제
❸ 관련 문법 사항을 안고 있는 문제

2 이렇게 풀어라! 문제풀이 전략

예제 1

In the conference last week, the lead architect announced that during the sports complex project, we realized how productive our cooperation could be. Besides, he explained that the two companies contributed ------- ideas to each other's plans for the interior design.

    (A) significance
    (B) significancy
    (C) significant
    (D) significantly

Point
❶ 빈칸이 들어간 that절 뒤의 문장만 괄호로 묶는다.
❷ 괄호 안 문장의 구조를 분석한다. 이때 주어나 본동사 등 뼈대만 분석하고 [전치사 + 명사] 등의 수식어구는 삭제한다.

the two companies / contributed / ------- ideas / (to each other's plans for the interior design).
    주어   동사   목적어

❸ 보기의 품사들을 파악한다. 보기에 등장한 단어들은 하나의 어휘에서 품사만 달리하고 있다.
  (A) 명사 (B) 명사 (C) 형용사 (D) 부사
❹ 관련 문법을 적용하여 빈칸 앞뒤의 품사들을 연결할 수 있는 품사를 찾는다.
    [주어 + 동사 + ------- + 명사]에서 빈칸은 명사(목적어)를 수식할 형용사 자리이다. 따라서 (C)가 정답이다.

해석 지난주 회의에서, 그 수석 건축가는 스포츠 복합건물 프로젝트 기간 동안 우리의 협력이 얼마나 생산적이었는지를 알게 되었다고 말했다. 덧붙여 그는 두 회사가 인테리어 디자인을 위한 서로의 계획에 중요한 아이디어들을 공유했다고 설명했다.

예제 2

From: John Adams
To: All employees
Sent: Wednesday, June 4
Subject: Office supplies and repair

Hi, everyone,

I am writing to let you know that the deadline for ------- office supplies such as paper,

    (A) order
    (B) orders
    (C) ordering
    (D) ordered

folders and toner cartridges is July 1. Also, please note that for any maintenance services which you require, you need to fill out a form.

Point ❶ 빈칸이 들어간 that절 뒤의 문장만 괄호로 묶는다.

❷ 괄호 안 문장의 구조를 분석한다.

the deadline (for ------- office supplies) (such as paper, folders and toner cartridges) / is / July 1.
　　주어　　　　(전치사 + ------- + 명사)　　　　　　　　　　　　　　　　　　　동사　보어

❸ 보기의 품사들을 파악한다. 보기에 등장한 단어들은 하나의 어휘에서 형태만 다르다.

(A) 명사/동사 (B) 동사/명사 (C) 동명사/분사 (D) 과거동사/분사

❹ 관련 문법을 적용하여 빈칸 앞뒤의 품사들을 연결할 수 있는 품사를 찾는다.

빈칸 앞에는 전치사가 있다. 전치사의 뒷자리는 명사이다. 빈칸 뒤에는 명사(목적어)가 있다. 목적어를 취할 수 있는 품사는 동사이다. 그러므로 [전치사 + ------- + 명사]에서 명사와 동사의 역할을 모두 할 수 있는 동명사 (C)가 답이 된다.

해석 발신: 존 아담스

수신: 전 직원

날짜: 6월 4일 수요일

제목: 사무용품 및 수리

안녕하십니까, 여러분.

직원 여러분께 용지, 폴더, 토너 카트리지와 같은 사무용품 주문 마감기한이 7월 1일이라는 점을 알려드리고자 이 메일을 보냅니다. 또한, 수리 서비스를 받으시려면 양식을 작성하셔야 한다는 것을 유념해 주시기 바랍니다.

예제 3

October 23, 2012, 9:02 A.M.

by Richard

The Racine Art Museum, located at 441 Main St., has announced the opening of two new exhibitions -------- will continue through Feb. 3. They are "Creator and Character: Artists Interpret

(A) what
(B) each
(C) how
(D) that

James Joyce" and "Collection Focus: Rosita Johanson."

Active early in the 20th century, Irish novelist and poet James Joyce has been a highly influential and compelling figure for other creative minds. The exhibit features works that focus on Joyce as the main subject.

Point ❶ 빈칸이 들어간 문장의 시작과 끝을 괄호로 묶는다.

❷ 괄호 안 문장의 구조를 분석하고 보기의 품사들을 파악한다.

The Racine Art Museum, (located at 441 Main St.), / has announced / the opening
　　　　　주어　　　　　　　　　　　　　　　　　　　　　동사1　　　　목적어

(of two new exhibitions) ------- will continue (through Feb. 3).
　　　　　　　　　　　　　　　동사2

❸ 관련 문법을 적용하여 빈칸 앞뒤의 품사들을 연결할 수 있는 품사를 찾는다.

(B) each가 오면 접속사가 없이 동사가 2개가 되기 때문에 each는 답에서 제외된다. (C) how는 뒤에 완전한 문장이 와야 하는데 빈칸 뒤에는 주어가 없으므로 탈락. (A) what은 앞에 선행사가 올 수 없기 때문에 답이 될 수 없다. 빈칸 앞에 선행사가 있고 뒤에는 주어가 없기 때문에 답은 불완전한 문장을 이끌 수 있는 관계대명사의 주격 (D) that이다.

해석 2012년 10월 23일 오전 9시 2분

작성 리차드

메인 가 441번지에 있는 레이신 미술 박물관은 2월 3일까지 계속될 새로운 두 전시회의 개관을 발표했다. 그들은 "창작자와 인물: 예술가들이 제임스 조이스를 해석하다"와 "수집품의 초점: 로지타 죠핸슨"이다.

20세기 초기에 활동했던 아일랜드 소설가이자 시인인 제임스 조이스는 다른 창조적 지성인들에게 대단히 큰 영향력을 미친 주목할 만한 인물이다. 이 전시회는 조이스를 주제로 초점을 맞춘 작품들로 구성이 된다.

▶ 정답 및 해설 p.254~256

Step 1 | 빈칸에 적절한 품사를 고르세요.

01 Staff will obtain ------- from the Director's Office before seeking advice or legal representation from the Attorney General's Office.

(A) approve   (B) approval

02 The department expects travel expenses to be submitted for reimbursement ------- two weeks after returning from a trip.

(A) while   (B) within

Step 2 | 보기 중 빈칸에 알맞은 것을 고르세요.

01
Stains from chewing gum must be frozen. After 5 minutes, scrape off with a blunt object. Then apply methyl spirits to the spot and allow to dry. For ------- of stains

(A) removal
(B) remove

from fat or oil, use a special solution for dry cleaning.

02
Over the years, the hospital has evolved into a comprehensive system ------- to

(A) equipment
(B) equipped

meet the needs of the growing community.

Step 3 | 실전 형태의 다음 문제에서 빈칸에 알맞은 것을 고르세요.

To: Brisbane Office Staff <allstaff@promter.com.au>
From: Diana Fontaine, Director of IT <fontaine@promter.com.au>
Date: March 12.
Re: E-mail System
Attachment: E-mail training.txt

As you know, we will be replacing our current e-mail system on April 14. The attached document explains how to use the new system and highlights differences between the new system and the present one. Please review this document to ensure that the transition goes as ------- as possible.
(A) smoothing
(B) smoother
(C) smoothest
(D) smoothly

Practice Test

▶ 정답 및 해설 p.256~258

Questions 01-03 refer to the following letter.

Dear Mr. Anderson,

I have written to you several times over the past three months requesting an explanation on why you have failed ------- your account with us current. The total amount due is now $ 7,000.

        01 (A) to bring
             (B) bringing
             (C) bring
             (D) brought

By ignoring these requests, you are damaging the excellent credit record you had previously maintained with our company. -------, you are incurring additional expenses from us.

        02 (A) In addition
             (B) For instance
             (C) Otherwise
             (D) Although

Unless I hear from you within the next ten days, I will have no other choice but to turn your account over for -------.

        03 (A) collect
             (B) collection
             (C) collecting
             (D) collected

I am sorry that we must take such drastic action but I am afraid you leave us no alternative. You can preserve your credit rating by remitting your check today for the amount stated above.

Questions 04-06 refer to the following letter.

Dear Ms. Green,

Thank you for the recent opportunity of serving you in our Installment Loan Department. The coupon book ------- is provided for your convenience in making payments on your

04 (A) enclose
   (B) encloses
   (C) enclosed
   (D) enclosing

note. It will furnish you with a record of payments. We are certain that you will appreciate the convenience afforded by this book.

Please make all payments directly to us. They may be made at any teller's window, including the drive-in, or payments may be made by mail. Checks or money orders should be made ------- to HSBC bank.

05 (A) pay
   (B) payment
   (C) payable
   (D) payably

Please let us know if we can be of ------- to you in any of the other numerous

06 (A) assist
   (B) assisted
   (C) assistant
   (D) assistance

banking services that we offer including checking accounts, savings accounts, trust department and investment counseling.

Please feel free to drop in anytime at your convenience to discuss your needs further with our staff.

CHAPTER

02

연결어

01 구조로 찾기

Point

연결어란?

1. Part 6에서는 접속사, 접속부사, 전치사(구) 등의 연결어가 자주 출제된다.

2. 접속사, 접속부사, 전치사(구)가 보기에 같이 등장했을 때, 어떤 것이 들어갈 자리인지 구조를 파악하는 것이 첫 번째 과제이다.

1 접속사

접속사는 문장과 문장을 연결하는 기능을 하며, 접속사가 하나 추가될 때마다 동사가 하나 추가된다.

| 주어 1 | + | 동사 1 | + | 접속사 | + | 주어 2 | + | 동사 2 |

Although he went to the store, he did not buy anything.

그는 그 가게에 갔지만 아무것도 사지 않았다.

2 접속부사 또는 문장 연결부사

❶ 접속부사는 부사라는 것을 명심하라.

앞뒤 문장을 의미상으로는 연결할 수 있지만 문법적으로는 두 문장을 연결하는 접속사로 쓸 수 없다.

❷ 접속부사는 앞 문장의 내용을 부가 설명하는 '부사'로 문장과 문장을 연결할 수 없다.

또한 연속적인 두 개의 문장 중 두 번째 문장의 앞, 중간, 끝 어디에나 위치할 수 있으나 첫 번째 문장 앞에는 쓰일 수 없다.

| 주어 | + | 동사 ~ | + | . (접속)부사(,)
; (접속)부사(,) | + | 주어 | + | 동사 ~ |

| 주어 | + | 동사 ~ | + | (,)접속사 | + | (접속)부사(,) | + | 주어 | + | 동사 ~ |

The antenna costs $10. **However**, we will give you a 30% discount if you have your friends enroll in our subscription.

안테나 비용은 10달러입니다. 그러나 친구들을 가입시키면 30퍼센트 할인해 드립니다.

Important features of the new system will be demonstrated during the training sessions; **Thus**, attendance is mandatory for all employees.

새로운 시스템의 주요 특징들은 교육 기간 동안 보여드릴 것입니다. 그러므로 전 직원들은 의무적으로 참석해 주십시오.

3 전치사

전치사는 완전한 문장 앞뒤에 명사/대명사를 추가하는 기능을 하며, [전치사 + 명사]는 문장에서 부사의 역할을 하게 된다.

| 주어 | + | 동사 | + | 목적어 | + | (전치사 + 명사) |

| (전치사 + 명사) | + | 주어 | + | 동사 | + | 목적어 |

As a result, we would like to cancel our current tour package.

따라서 우리는 현재 우리의 여행 패키지를 취소하고 싶습니다.

이렇게 풀어라! 문제풀이 전략

Dear all subscribers!

It is our pleasure to offer you the opportunity to renew your subscription to Business Week magazine at the special annual rate of only $100. Upon renewal, you will receive a new year calender absolutely free! Please note that payment is required upon receipt of your invoice. -------, your renewal term will not begin until your current subscription period expires.

    (A) However

    (B) Unless

    (C) despite

    (D) After

Point 문장의 구조를 분석하고 보기의 품사들을 파악한다.

빈칸 앞에 마침표가 없다면 앞뒤의 문장을 연결하는 접속사가 답이 된다.

앞 문장이 끝난 후에 마침표가 있기 때문에 문장을 연결하는 접속사가 아니라 의미만 연결하는 접속부사가 필요하다. 접속부사는 품사가 부사이다.

빈칸 뒤에 문장(주어 + 동사)이 나오고 있으므로 전치사는 답이 될 수 없다.

(A) However는 (접속)부사,

(B) Unless는 접속사,

(C) Despite는 전치사,

(D) After은 접속사 또는 전치사로 쓰인다.

구조상 해당 빈칸에 적절한 정답은 (A) However가 된다.

해석 정기구독자 여러분!

《비즈니스 위크》지를 단돈 100달러라는 특가에 1년 정기구독을 갱신할 수 있는 기회를 드리게 되어 기쁘게 생각합니다. 갱신하시면 새해 달력을 무료로 받아보실 수 있습니다! 송장을 받으시면 구독료를 지불하셔야 합니다. 하지만, 갱신 기간은 현재의 정기구독 기간이 만료되면서부터 시작됩니다.

시험에 이렇게 나온다! ▶ however는 접속사?

however는 접속부사로도 쓰이지만 복합관계부사로 쓰일 때는 접속사이며 문두에도 쓰일 수 있다.

| however | + | 형용사/부사 | + | 주어 | + | 동사, 주어 | + | 동사 |

접속사이므로 문장과 문장을 연결하는 기능이 있다. '아무리 ~하더라도(no matter how)'라는 의미를 갖는다.

  Ex **However** hard you may try, he'll not be easily persuaded.

    = No matter how hard you may try, he'll not be easily persuaded.

    = Although you try hard, he will not be easily persuaded.

      네가 아무리 열심히 노력해도, 그는 쉽게 설득당하지 않을 것이다.

Step 1 | 다음 문장 중에서 문장을 연결하는 접속사와 접속부사, 전치사구를 찾아 각각 표시하세요.

01 I am writing to cancel my subscription to your magazine. Although the articles are always interesting and well enlightening, I no longer have the time to enjoy them; in fact, most of last year's issues have been still unread.

02 Although various restaurant and shop signs look like billboards, these advertisements do not draw attention. Instead, they are affixed to the entrance floor of major buildings and subway stations.

Step 2 | 접속사와 접속부사 중 빈칸에 적절한 것을 고르세요.

01 Anyone who didn't fill out the registration form this morning is required to do so now; -------, you will not get paid.

(A) unless   (B) otherwise

02 ------- the accountant has more than ten years' experience, he has only been working as a senior accountant for a short time.

(A) Although   (B) However

Step 3 | 실전 형태의 다음 문제에서 빈칸에 알맞은 것을 고르세요.

To whom it may concern:

On May 15 I took Flight #2011 from Seoul, Korea to Toronto, Canada. The flight itself was satisfactory. -------, when I arrived, I found my luggage was not put on the plane and
        (A) In fact
        (B) As a matter of fact
        (C) However
        (D) Instead of

I still have not received my luggage.

LESSON

02 의미로 찾기

·Point

연결어의 의미

1. 보기에 제시된 연결어들의 의미를 파악한다.
2. 앞뒤 문장의 의미 관계, 논리상의 흐름을 확인한다.

---

1 기대치의 반대나 반전, 대조되는 상황을 나타내는 연결어

- **(접속)부사**

  however 그러나, 어쨌든 by the way 그건 그렇고 nevertheless / nonetheless 그럼에도 불구하고 contrarily 반대로

- **접속사**

  but 그러나 while / whereas ~이긴 하지만 although ~에도 불구하고, 비록 ~지만

- **전치사(구)**

  on the contrary 그와는 반대로 on the other hand 반면에 in spite of / despite ~임에도 불구하고

---

2 원인과 결과를 나타내는 연결어

- **(접속)부사**

  therefore / thus 그래서, 그러므로 as a result / consequently 결과적으로 so 그래서*접속사로도 쓰임 then 그러면

- **접속사**

  and 그래서 so that 그래서~하다 because / since ~때문에 now that 이제는~이기 때문에

- **전치사(구)**

  because of / as a result of / on account of / due to / owing to ~ 때문에 thanks to ~덕분에

---

3 또 다른 사항이나 사물을 추가하는 연결어

- **(접속)부사**

  besides 게다가 also 또한 as well 뿐만 아니라~도 moreover / furthermore 더욱이, 게다가 in addition 게다가

- **접속사**

  and 그리고

- **전치사(구)**

  in addition to 게다가, ~에 더하여

---

4 조건이나 가정, 반대상황을 제시하는 연결어

- **(접속)부사**

  if not 그렇지 않으면 if so 그렇다면 if only 오직 ~할 때만 otherwise 만약 그렇지 않으면

- **접속사**

  if / providing / provided (that) 만약~라면 in case (that) / in the event (that) ~한 경우에 given that / considering that ~을 고려한다면 unless / or else 그렇지 않다면 supposing / assuming that ~라는 가정하에

- **전치사(구)**

  in case of / in the event of ~한 경우에는 barring ~이 발생하지 않는다면 without ~이 없었다면 except ~을 제외한다면

시간의 흐름이나 일의 순서를 설명하는 연결어

• (접속)부사	afterward(s) / thereafter / after that ~후에 (and) then 그리고 나서, 그리고 initially 처음에, 초기에 later 나중에 simultaneously 동시에 at once / at one time 한번에 up until now 지금까지 since then 그 이래로
• 접속사	when ~할 때 since ~이래로 계속 after 후에 before ~전에 until ~까지 while ~하는 동안에 once 일단 ~하면
• 전치사(구)	at the same time 동시에 starting / beginning ~부터 시작하는 prior to ~전에 following 다음에, ~후에 during ~하는 동안

이렇게 풀어라! 문제풀이 전략

Starting on Monday, November 1, the parking facilities will be closed for two weeks for renovations. The hours and parking spaces might be somewhat limited. -------, we ensure

(A) In fact
(B) Similarly
(C) However
(D) For example

that the upgrades to the facilities will be well worth the temporary inconvenience. Thank you for your cooperation.

Point 보기의 품사들이 동일한 경우에는 앞뒤 문맥을 논리적으로 연결하는 답을 찾는다.
앞 문장이 끝난 후에 마침표와 빈칸이 연결되고 뒤에 문장이 나오고 있으므로 의미상 앞뒤 문맥을 연결할 수 있는 (접속)부사 자리이다.
(A) In fact(사실상)는 앞의 내용에 대해 부연 설명을 덧붙여 추가설명을 할 때 쓴다.
(B) Similarly(이와 유사하게)는 유사한 상황을 언급할 때 쓰며,
(C) However(그러나, 어쨌든)는 전환, 대조되는 상황에서,
(D) For example(예를 들어)은 앞의 내용과 관련된 실례를 들 때 쓴다.
문맥상 시간과 주차공간에 다소 제약이 있겠지만 시설을 개선하는 것은 일시적인 불편함을 감수할 만하다는 내용이다. 따라서 문맥상 전환, 대조되는 상황을 연결하는 (C) However가 정답이 된다.

해석 11월 1일 월요일부터, 보수공사로 인해 2주 동안 주차장이 폐쇄됩니다. 주차 시간과 공간은 다소 제한될 수 있습니다. 하지만, 주차시설 개조는 일시적인 불편함을 감수할 만한 가치가 있다고 보장합니다. 협조해 주셔서 감사합니다.

시험에 이렇게 나온다! ▶ 빈출 **연결어**

1. instead, alternatively는 '~ 대신에'라는 뜻으로 다른 것을 선택하는 경우 사용하는 (접속)부사이다.
   instead of, in place of, rather than은 '(차라리) ~대신에'라는 뜻의 전치사이다.

2. 기타 연결어

   for instance / for example 예를 들어 like / such as ~와 같이, ~처럼 accordingly 그에 따라서
   as always 늘 그렇듯이 likewise 유사하게, 마찬가지로 in other words / namely 즉, 다시 말해서
   indeed / particularly / especially 정말, 특히 in fact 사실

Step 1 | 다음 문장 중에서 문장을 연결하는 연결어에 표시하고 두 문장의 관계를 설명하세요.

01 We regret to inform you that the musical performance in the Palace Theater scheduled for Saturday, January 5th, has just been canceled, and it will not be rescheduled. We are sorry for this unexpected change. You purchased two tickets for this date. Therefore, you are entitled to a full refund or comparably priced tickets for a future event at the Palace Theater.

02 The regional sales team has been recognized for outstanding service while regularly surpassing sales targets. For instance, the team has already exceeded this year's goal by 50 percent.

Step 2 | 보기 중 빈칸에 알맞은 것을 고르세요.

01
The newly renovated gym should be operational by next month. While work is in progress, current members are asked not to use the front entrance. -------, you should use the back entrance.
(A) Instead   (B) For example

02
Ski Tour in Colorado !
Are you a ski bum? You can master a high level course at our ski centers on the Rocky Mountain. Then take a short ski trip to areas where you can travel down Dale Glad, famous for its scenic landscape.
------, skiing gives you a whole new world to observe and enjoy.
(A) In short   (B) Nevertheless

Step 3 | 실전 형태의 다음 문제에서 빈칸에 알맞은 것을 고르세요.

New Italian restaurant open!

Coco Food Chains is pleased to announce the grand opening of a new Italian restaurant, Chef's Place, featuring traditional European foods. The restaurant will be open to the general public from this weekend. ------, a special promotional event for the grand opening will be held
(A) Specifically
(B) Instead
(C) In addition
(D) As a result
on Saturday evening, December 7.

Further information can be found at www.cocofood.com.

Questions 01-03 refer to the following article.

Dec. 7, 2012 - Nexen shareholders approved the deal in September, but it needed final backing from Ottawa. The sale has proved controversial in Canada, ------- concerns

01 (A) although
(B) amid
(C) and
(D) which

that it will give China too much influence over Canada's oil industry.

It is China's largest foreign takeover. Canadian Prime Minister Stephen Harper said "Foreign state control of oil sands development has reached the point ------- further such

02 (A) which
(B) what
(C) at which
(D) for which

foreign state control would not be of net benefit to Canada. ------- , the Minister will find

03 (A) Because
(B) Unless
(C) Therefore
(D) Otherwise

the acquisition of control of a Canadian oil sands business by a foreign state-owned enterprise to be of net benefit only in an exceptional circumstance."

In a separate announcement, the Canadian government also cleared the takeover of gas producer Progress Energy Resources by Malaysian firm Petronas for $5.5 bn.

March 5. 2013

Dr. Sandra Wofford, President Whiddier College
333 Whiddier Avenue
Tulsa, Oklahoma 74150

Dear Dr. Wofford:

Because we appreciate Whiddier College and the many opportunities you have provided to deserving students over the years, we at Infotech have supported the college in many ways. Thank you for considering our grounds for your graduation ceremony.

Our company-wide sales meetings will be held during the weeks of May 29th and June 5th. We will host over 200 sales representatives and their families, and activities will take place at ------- our corporate campus and the Ramada Renaissance.

04 (A) both
    (B) either
    (C) between
    (D) other

-------, we will be unable to devote an adequate support staff for your graduation.

05 (A) In fact
    (B) However
    (C) Therefore
    (D) Otherwise

My assistant, Roberta Seagers, suggests you contact the Municipal Botanical Gardens as a possible graduation site. She recommends calling Jerry Kane (555-5555), director of public relations. If we can help in any other way with your graduation, please let us know. -------- our annual meeting will most likely prohibit us from ever hosting a graduation,

06 (A) So
    (B) Even though
    (C) Despite
    (D) That

we remain firm in our commitment to you, President Wofford, and to the fine students you represent. We will continue to be a corporate partner to Whiddier College.

Sincerely,

May Yee Kwan
Public Relations Director

CHAPTER
03

대명사와 한정사

01 대명사

Point

Part 6의 대명사 문제는 단순히 대명사의 종류나 격, 수를 물어보는 문제를 포함하여, 지문 내에서 언급되었던 내용이나 대상을 정확하게 파악하고 있는지를 묻는 문제가 출제된다.

1 Part 6 대명사 문제 이렇게 나온다!

❶ 빈칸의 위치에 따라 대명사의 격(주격, 목적격, 소유격 등)을 선택하는 문제

❷ 앞에서 등장한 대상을 지칭할 수 있는 대명사의 종류를 선택하는 문제

❸ 선행하는 명사의 수와 동사의 수를 확인하는 문제

2 이렇게 풀어라! 문제풀이 전략

❶ 구조 분석을 통해서 빈칸에 필요한 대명사의 격을 확인한다. (명사 앞은 소유격)

> **Ex** **His/**He̶ assistant is able to answer all relevant inquiries.
>
> 그의 비서는 모든 관련된 질문들에 대답할 수 있다.
>
> ⇨ 명사 앞자리이므로 형용사 역할을 하는 소유격이 와야 한다.

❷ 대명사를 선택할 때는 빈칸이 앞의 문장들의 어떤 명사를 지칭하는지 확인하고 앞에서 언급한 명사가 [사람 vs. 사물], [남자 vs. 여자], [단수 vs. 복수]인지 확인한다.

> **Ex** Recycling used boxes is easy. Simply take (**them** / it̶) to any office supply store.
>
> 다 쓴 박스들을 재활용하는 것은 간단합니다. 아무 사무용품점에라도 가져가기만 하면 됩니다.
>
> ▶ 동사 take의 뒷자리로 목적격이 와야 하며, 앞 문장에서 언급한 가산 복수명사 boxes를 대신하는 대명사이므로 3인칭 복수(사람, 사물 모두) 대명사 they의 목적격인 them이 정답이 된다.

> **Ex** During the renovation period, Mr. Miles Davis will supervise all safety issues. So please direct any questions about the renovation to (**him** / her̶).
>
> 수리 기간 동안, 마일즈 데이비스 씨가 안전 관련 업무를 총괄합니다. 그러므로 수리에 관한 모든 질문은 그에게 직접 하시기 바랍니다.
>
> ▶ 대명사는 질문을 할 수 있는 대상이 되므로 앞 문장에서 언급한 Mr. Miles Davis를 대신하고 있음을 알 수 있다. 따라서 인칭대명사의 목적격인 him이 정답이 된다.

❸ 정해져 있지 않은 막연한 범위의 사람, 사물, 수량을 가리키는 '부정대명사'는 앞에서 선행사가 되는 명사와 빈칸 뒤의 동사를 확인하여 수일치를 따져봐야 한다.

> **Ex** This task is particularly demanding because of a variety of woods used, **each** of which requires a special technique.
>
> 이 작업은 특별한 기술이 필요한 다양한 종류의 목재가 사용되기 때문에 특히 힘든 작업입니다.
>
> ▶ 동사가 requires로 단수동사이므로 주어가 되는 부분대명사는 단수명사를 대신하는 each가 된다.

> **Ex** There will be two presentations; one on Monday at noon and the other on Tuesday at 1 p.m. **Both** will be held in Room 200.
>
> 두 차례의 발표회가 준비되어 있습니다; 하나는 월요일 정오에, 다른 하나는 화요일 오후 1시에 열립니다. 두 번 다 200호실에서 열립니다.
>
> ▶ 대명사가 가리키는 것은 앞 문장에서 언급한 two presentations이다. 따라서 '둘 다'를 의미하는 Both가 적절한 대명사가 된다.

예제

Given that Ms. Mandison has more than 30 years experience in working as a professional sculptor, I am taking away a great deal of knowledge from the time I spent assisting her. It has been a great honor for ------- to have worked with her as an intern in the Florida Arts

(A) her
(B) him
(C) me
(D) you

Association.

Point ❶ 문장의 구조분석과 대명사의 격을 확인한다.

빈칸은 전치사 for의 뒷자리로 대명사의 목적격이 필요하다. 보기의 인칭대명사 모두 목적격이므로 빈칸에 올 수 있다.

❷ 빈칸이 문맥상 앞에 언급된 어떤 대상을 지칭하는지 답의 근거를 논리적으로 확인한다.

글에서 언급된 사람은 작성자인 I와 Ms. Mandison이다. 내가 Ms. Mandison인 그녀(she)와 일을 했던 것이 영광이라는 의미로 대명사 (C) me가 정답이 된다.

해석 맨디슨 씨가 전문 조각가로서의 경력이 30년이 넘는다는 것을 고려해보면 저는 그녀를 보조했던 때부터 엄청나게 많은 지식을 얻고 있는 것입니다. 플로리다 미술 협회에서 인턴으로 그녀와 일을 했던 것은 나에게 너무나 큰 영광이었습니다.

Step 1 | 밑줄 친 대명사가 가리키는 명사를 찾아 표시하세요.

01 Include your name, address, and phone number. <u>These</u> should be at the top of the first page. If you are uncomfortable listing your home phone number, it is not necessary to include it.

02 Sponsorships are still available at the $50,000 Presenting level. You can download the Sponsorship Form and we will contact you promptly once we receive <u>it</u>. If you have any questions about our Gala or sponsorship opportunities, please contact Jennifer McMahon or call (407) 650-7990

Step 2 | 보기 중 빈칸에 알맞은 것을 고르세요.

01

This house has fared far better than its neighbors. The house was recently restored by a new homeowner, a master builder -------, who restored and painted the clapboard
(A) itself   (B) himself
siding and porch outside, and did a great renovation inside. The house was featured on this year's Clinton Hill House Tour.

02

To: All organizations funded by Student Activity Fees
From: Nicole Hector-Hutchinson, College Association Director
Re: CA Meeting Dates

The College Association meeting dates for the Summer, Fall and Spring academic year 2012-2013 are listed below. ------- of these meetings are on Wednesdays.
(A) Every   (B) All

Meetings are scheduled from 1-3 p.m. in room 1130 East. Also listed are the dates on which the materials submitted for review at each particular meeting is due in the CA office. Documents are due by 12:00 noon on the specified dates.

Step 3 | 실전 형태의 다음 문제에서 빈칸에 알맞은 것을 고르세요.

When writing a blog it is very important to post often. Blogs are very friendly search engines and ------- with high quality content soon rise in search engine rankings.
(A) both
(B) those
(C) whose
(D) this
It is fine to write a good blog, but how can you monetize it? You add links to your affiliate sites and you add an advertising service like Google Adsense, or one of the various CPA programs.

LESSON

02 한정사

Point

한정사 + 명사

지시형용사나 수량형용사는 관사, 소유격 대명사 등과 함께 뒤에 있는 명사를 수식하여 한정하는 역할을 하게 되는데, 이를 한정사라고 한다. 따라서 한정사는 수식하는 뒤의 명사와의 관계를 검토하면서 답을 찾아야 한다. 또한, [한정사 + 명사]가 문맥상 앞에서 언급된 어떤 대상을 가리키는지 확인해야 한다.

1 ### Part 6 한정사 문제 이렇게 나온다!

❶ 명사 앞에 올 수 있는 수·양의 형용사, 지시형용사, 관사 등의 한정사를 선택하는 문제

❷ 형용사나 한정사 뒤에 오는 관련 명사 어휘를 문법적 요소를 감안하여 선택하는 문제

2 ### 이렇게 풀어라! 문제풀이 전략

❶ 한정사를 선택할 때는 수식을 받는 뒤의 명사가 가산인지 불가산인지, 단수인지 복수인지를 확인한다.

> 🅴🅷 Our new system requires that (**every** / 싸) user have a four-digit access code.
>
> 우리의 새로운 시스템에서는 모든 사용자가 네 자리의 접속 암호를 가지고 있어야 한다.
>
> ▶ user(사용자)는 사람명사로 가산명사인데 단수 형태이므로 단수명사를 수식하는 형용사 every가 적절하다. 같은 뜻인 all은 가산명사를 수식하는 경우 복수명사만을 수식하므로 all users의 형태가 되어야 한다. 따라서 all은 답이 될 수 없다.

❷ 한정사가 수식하는 명사 어휘를 선택할 때는 위의 문장에서 한정사가 가리키는 명사를 확인하고, 연관성이 있는 대표명사를 선택한다.

> 🅴🅷 We would like to give our appreciation to you for purchasing a microwave and a coffee-maker from our store. As previously mentioned, (**these** / this) items will be shipped in two days.
>
> 저희 매장에서 전자레인지와 커피메이커를 구매해 주셔서 감사합니다. 전에 말씀드렸듯이, 이 제품들은 이틀 후 배송될 예정입니다.
>
> ▶ 지시형용사 these는 this의 복수형으로 뒤의 복수명사를 수식한다. these가 가리키는 명사는 앞에서 언급된 a microwave and a coffee-maker이며, 뒤에 있는 복수명사 items(구매물품)를 수식한다.

one, another, the other, every, each, any, either, neither 등	+	단수 가산명사
other, all, most, some, any, both, many, (a) few 등	+	복수 가산명사
other, all, most, some, any, a lot of, (a) little 등	+	불가산명사
this, that	+	단수 가산명사 / 불가산명사
these, those	+	복수 가산명사

형용사들의 수식관계, 위치, 배열 순서들을 주의한다!

Ex The Korea-based company currently operates twelve (**other** / ~~the~~) plants in locations across Asia.

한국에 본사를 둔 그 회사는 현재 아시아 전역에서 12개의 공장을 더 운영하고 있다.

▶ other는 가산과 불가산명사를 모두 수식할 수 있지만, 가산명사를 수식하는 경우 복수명사만을 수식할 수 있다. 한편, 수식하는 명사가 plant로 가산명사의 단수형이었다면 another(또 다른 하나의)가 답이 된다. the가 답이 되기 위해서는 'the 숫자 + 명사' 순서로 배열되어야 한다.

Rule changes

Please ensure you have read the rules as they have been newly written. Although most of them are new, ------- rules have not changed!

(A) every

(B) some

(C) each

(D) both

Please take the time to read them carefully.

Point ❶ 문장의 시작과 끝을 분석하여 필요한 품사와 수식관계를 파악한다.

------- rules / have not changed.

빈칸은 뒤에 나온 명사 rules를 수식하는 형용사 자리이다. 보기는 모두 형용사 역할을 할 수 있는 한정사들로 구성되어 있다.

❷ 문법적인 답의 근거를 확인한다.

빈칸 뒤에는 복수명사가 있다. (A) every는 일반적으로 복수명사를 수식할 수 없으므로 정답에서 제외한다. (C) each 역시 뒤에 단수명사를 받으므로 오답이 된다. 앞의 문맥에서 정책을 변경했다는 내용이 제시되어 있고, 그 중 변경되지 않는 '일부'를 나타내고 있으므로 (B) some이 정답이 된다. (D) both는 '둘 다'라는 의미로 앞 문장에서 두 개의 대상(two, A and B 등)이 있을 경우에만 답이 된다.

해석 규칙변경

규칙들이 새롭게 작성되었으니 반드시 검토하시기 바랍니다. 대부분이 새로운 것이지만 일부 규칙들은 바뀌지 않았습니다. 시간을 들여서 꼼꼼하게 읽어주시기 바랍니다.

시험에 이렇게 나온다! ▶ such + 명사

[such + 명사]는 앞에서 언급한 명사나 전체 내용(~한 무엇)을 가리킨다.

Ex As we shift over to these new systems, some technological errors may occur. Please direct **such** problems to the security office immediately.

저희가 이 새로운 시스템으로 전환했기 때문에, 몇 가지 기술적인 에러가 발생할 수 있습니다. 이러한 문제는 즉시 보안 사무실로 알려주시기 바랍니다.

▶ 앞에서 언급한 내용인 some technological errors may occur를 지시형용사 such가 다시 받고 있다.

Step 1 | 다음 [한정사 + 명사]와 연관된 단어 또는 문장을 찾아 표시하세요.

01 Each doctor will be given an office with a couch, lamps, monitors, a computer and other equipment.

02 John Pollock's Thinking about Acting is on the topics of pleasure, desire, and preference, and these topics are the ones on which this paper focuses. I argue that it has at least one substantial strength and at least one substantial weakness.

Step 2 | 주어진 보기 중 빈칸에 알맞은 것을 고르시오.

01

We collect personal information to process transactions when using the Paydibs Service, to provide service and administer our business. The type of personal information we collect when using the Paydibs Service may include contact information, like your full name, address, email, phone number or ------- information we may collect with your

(A) such other

(B) another

consent or as permitted or required by the law. For certain optional transactions, we may also collect financial information such as credit or debit card details.

02

You're moving on from your current job and have been asked to train your -------.

(A) attendant

(B) replacement

Regardless of the circumstances which prompted your decision to leave, he deserves a thorough and helpful training experience. Give him the tools to succeed and the information he needs to rapidly and effectively fit in at the job you are leaving.

Step 3 | 실전 형태의 다음 문제에서 빈칸에 알맞은 것을 고르세요.

We combine vintage styles with current ones to make the fashion-conscious consumers look fresh and new. They are handcrafted with beautiful embroidery on wool, cotton, silk and ------- fabrics which go with any apparel.

(A) too

(B) so

(C) both

(D) other

Questions 01-03 refer to the following letter.

May 7, 1999

Ms. Kate DeCicco
472 Bellville Way
Biloxi, MS 39530

Dear Ms. DeCicco:

We appreciate your application for the position of tax accountant. Your academic record and previous accounting experience indicate your willingness to work hard. ------- of us who had

01 (A) That
(B) These
(C) Those
(D) One

the opportunity to talk with you on ------- visit believe you have much to offer the right firm.

02 (A) you
(B) your
(C) yours
(D) yourself

Because there were over thirty applicants for this position, the selection process was quite difficult. However, after ------- consideration, we have decided to hire an applicant with over

03 (A) a lot
(B) so
(C) too
(D) much

ten years' experience in tax accounting.

Thank you for your interest in our organization. Your resume and credentials show you to be a deserving candidate. And your ability to communicate effectively will certainly help you achieve an excellent position in a recognized accounting firm.

Sincerely,

Marvin R. Fichter
Human Resources Director

Questions 04-06 refer to the following article.

China's Central Economic Work Conference Preview
BY Michelle FlorCruz

December 10, 2012 - China's top government officials and economic policy makers are meeting soon for a conference that will set the target growth rate for the world's second-biggest economy. The Central Economic Work Conference, expected to be held Wednesday through Friday, will set economic policy .

China has yet to release the official dates of the mid-December meeting, which will not be public. According to various reports, China will keep the growth target at 7.5 percent for 2013, the same as 2012.

Though some may see China's ------- consecutive year with a 7.5 percent growth rate as

04 (A) two
   (B) several
   (C) many
   (D) second

a sign of a suffering economy, many policy makers and economists are seeing it as a necessary step toward economic stability.

Wei Yao, an economist with Societe Generale, said that "top leaders sounded more confident in growth momentum, and emphasized the importance of the quality of growth."

China's GDP relies heavily on investment, government spending and export. Yet China ------- relies purely on exports to boost its GDP. China's annual economic growth slipped to

05 (A) any longer
   (B) any more
   (C) no longer
   (D) not longer

7.4 percent in the third quarter, slowing for seven quarters in a row and leaving the economy on course for its weakest showing since 1999. November's disappointing export figures, down 38.6 percent from October, serve as ------- reminder that China cannot export its way out of the slump.

06 (A) another
   (B) other
   (C) others
   (D) the other

The government is aiming to keep its 7.5 percent target for 2013 by fostering internal demand to offset the current weak demand for exports.

CHAPTER

04

동사와 시제

01 동사

동사 문제는 복합적으로 출제된다!

Part 6에서 동사 활용 문제는 문서의 목적 또는 일, 상황의 전개에 적합한 동사의 형태를 묻는다. 기본적으로 동사의 수, 태, 시제 등과 관련된 문제들인데, 특히 시제의 경우에는 문서의 의도와 앞뒤 문장들의 문맥을 확인해야 풀 수 있는 문제들이 등장한다.

1

Part 6 동사 문제 이렇게 나온다!

❶ 전반부에서는 문서를 작성하는 주제와 의도, (배경) 상황 전개 등을 설명하는 동사를 묻는다. 이미 진행된 일인지(과거) 아니면 앞으로 진행될 일인지(미래) 등을 확인하고 답해야 한다.

❷ 후반부에서는 상대에게 제안 또는 요청할 때 사용되는 동사의 시제에 대한 문제이다. 요구는 미래 시제, 확정된 미래는 미래 시제와 현재 시제 모두 쓸 수 있다.

❸ 편지의 경우 먼저 온 편지에 대한 답장인지(과거), 제안의 편지인지(미래) 등의 상황 파악을 먼저 해야 한다.

2

이렇게 풀어라! 문제풀이 전략

❶ [동사의 개수 → 본동사 여부 → 수일치 → 태확인 → 시제] 순으로 일관되게 풀어야 한다.

  ❶ 동사의 개수를 파악하여 본동사 여부를 확인한다.

  ❷ 주어와의 수일치를 확인한다.

  ❸ 태를 검토한다.

  ❹ 시제를 검토한다.

❷ 특정 사건에 대한 시제를 찾는 문제는 다른 동사들의 시제들을 모두 살펴 발생 순서를 따져보아야 답이 나온다.

  ❶ 해당 문장 안의 시간 부사어구를 확인한다.

  ❷ 다른 동사의 시제 및 지문에 제시된 날짜와의 관계를 파악한다.

    전체 지문 안의 다른 동사들의 시제 및 접속사 관계를 통해 발생 순서를 파악한다.

    편지나 기사가 쓰여진 날짜나, 지문 내에 등장한 날짜와 해당 동사의 발생 시점의 시간상의 관계를 파악한다.

  ❸ 앞뒤 문맥에 따른 논리적 흐름을 파악한다.

    시제를 파악할 수 있는 별도의 장치가 없는 경우, 앞의 내용을 토대로 하여 논리적인 시간의 흐름을 유추해야 한다. 이때 본문의 내용 중 답을 결정짓는 부분을 확인해야 한다.

❹ 문장 중에 답을 결정하는 단어나 관련 문법이 적용되는지 여부를 확인한다.

특히, 명령, 요구, 제안 등의 동사 뒤에 오는 that절 안에는 should가 생략되어 동사원형이 나온다.

Ex They suggested that everyone **be** here tomorrow. 그들은 모두가 내일 여기에 와야 한다고 했다.

예제 1

November 12th, 2012 - KDFW-TV announced a new vice president, Robin Whitmeyer, who most recently was news director at WSOC-TV in Charlotte, N.C. Effective Monday, December 9th, she ------- all editorial, business and administrative functions of the news

        (A) to oversee

        (B) will oversee

        (C) had been overseen

        (D) has overseen

department for KDFW FOX 4, reporting directly to Saunders.

In making the announcement, Saunders stated, "Robin brings an extensive news and management background to the FOX 4 newsroom and the Dallas-Fort Worth market. We are thrilled that she will be joining KDFW."

Point ❶ 빈칸이 있는 문장의 시작과 끝을 잡아 주요 성분들만 구조 분석을 한다.

(Effective Monday, December 9th), she / ------- / all editorial, business and administrative functions (of the news department) (for KDFW FOX 4), (reporting directly to Saunders.)

❷ 문장의 구조와 동사의 수, 태, 시제를 확인한다.

빈칸은 she를 주어로 하고 all editorial, business and administrative functions를 목적어로 취하는 본동사 자리이다. 우선 준동사인 (A) to oversee를 제거한다. 빈칸 뒤에 목적어인 all editorial, business and administrative functions가 있으므로 능동태가 되어야 한다. 따라서 수동태인 (C) had been overseen도 오답이 된다.

❸ 문서가 작성된 날짜 등 시제와 관련된 정보를 모두 찾아 발생 순서를 파악한다.

미래 시제인 (B) will oversee와 현재완료 시제인 (D) has overseen 중에서 어떤 시제를 써야 적절할지 시제를 검토한다.

빈칸이 있는 문장에 December 9th가 있고 기사의 날짜가 November 12th인 것으로 보아 기사의 작성 시점인 11월 12일에서 12월 9일은 미래의 시간이므로 12월 9일부로 감독하게 될 것이라는 미래 시제 (B) will oversee가 정답이 된다.

해석 2012년 11월 12일 – KDFW-TV는 최근까지 노스 캐롤라이나 주, 샬롯 시의 WSOC-TV에서 보도국장이었던 로빈 위트메이어를 새로운 부사장으로 임명했다고 발표했다. 12월 9일 월요일부터, 그녀는 손더스씨에게 직접적으로 보고하면서, KDFW FOX 4 보도국의 모든 편집, 사업, 행정적인 기능을 감독할 것이다.

손더스 씨는 이 사실을 발표하면서 다음과 같이 언급했다. "로빈 씨는 광범위한 뉴스와 관리 경험을 Fox 4 보도국과 댈러스–포트 워스 시장에 가져다 줄 것입니다. 우리는 그녀가 KDFW에 합류한다는 사실에 매우 흥분됩니다."

KONASEEMA TOURISM offers a fine range of tour package specials and budget saving vacation deals that features the latest and hottest travel bargains in the market. Each of our tour packages ------- transportation, accommodation, meals, guided tours and more and

(A) will be included

(B) used to include

(C) included

(D) includes

offers great value to both independent or group travellers.

Point ❶ 문장의 구조와 동사의 수, 태, 시제를 확인한다.

Each (of our tour packages) / ------- / transportation, ~

빈칸은 단수 주어 Each를 받는 단수동사가 들어갈 자리이다. 빈칸 뒤에 목적어가 있기 때문에 수동태동사인 (A) will be included는 답이 될 수 없다. (B) used to include와 (C) included, (D) includes 중에서 답을 골라야 한다.

❷ 앞뒤 문맥과 다른 동사의 시제를 확인해서 시간 순서를 파악하다.

앞뒤 문장의 동사들이 모두 현재 시제(offers, features)이며, 여행 상품에 대한 설명을 하고 있으므로, 과거의 습관을 의미하는 (B) used to include(예전에는 포함했다)와 과거 시제 (C) included는 적절하지 않다. 상품이나 서비스의 특성을 설명하는 현재 시제 (D) includes가 정답이다.

해석 코나시마 관광은 다양한 범위의 여행 패키지 할인과, 가장 최신의 인기 있는 여행 상품으로 구성된 예산 절감을 위한 휴가상품을 제공합니다. 저희 여행 상품들은 각각 교통, 숙박, 식사, 가이드 관광 및 기타 서비스를 포함하며, 개인이나 단체 여행객 모두에게 합리적인 가격을 제공합니다.

▶ 정답 및 해설 p.276~278

Step 1 | 밑줄 친 동사를 적절한 형태로 고치세요.

01 Steve Allen, director of Homeland Security and Emergency Management in Berkeley County, said the office is trying to survey local businesses on the damage <u>cause</u> by the loss of power resulting from the storm.

02 Standard postage and packing on all UK orders is charged at a flat rate of £5.95. We aim to dispatch orders received by 12 P.M. on the same working day. Any orders received after that time <u>process</u> the next working day.

Step 2 | 보기 중 빈칸에 알맞은 것을 고르세요.

01
February, 2012

Dear OTNA Member:

Our next OTNA meeting ------- Wednesday, March 21st.
               (A) has been held
               (B) will be held

The OTNA will host a presentation on Torrance History—Celebrating 100 Years. In honor of the City's Centennial, OTNA is partnering with the Torrance Historical Society to present 100 years of history. The meeting will start at 7:30 pm and we'll wrap-up by 9 pm.

02
Position: WEB ANALYST

You will own web analytics for a newly designed, world-class website. With your leadership, keen analytical mind and passion for the technical mastery of today's online tools, you will drive the direction of our web strategy and creative development. We want to hear what you have to say. As our Web Analyst, you ------ directly to the Web Director.
               (A) will report
               (B) were reported

Step 3 | 실전 형태의 다음 문제에서 빈칸에 알맞은 것을 고르세요.

The committee, known by the acronym COPAC, said it has handed over its report to the Management Committee. Mr. Becker explained that the third section of the report contains areas where recommendations for changes to the draft -------.
               (A) made
               (B) are making
               (C) will be made
               (D) were made

02 과거 관련 시제

Point

과거 시제와 현재완료 시제

과거에 발생한 단순한 사실은 주로 과거 시제로 표현하며, 과거에 발생한 일이 현재까지 영향을 미칠 때는 과거의 사실이더라도 현재완료 시제로 표현한다.

1 시제 문제를 풀 때 꼭 확인해야 할 사항

❶ 빈칸을 포함한 문장에서 과거의 시간을 알 수 있는 시점 부사를 확인한다.

❷ 앞뒤 문장의 동사 시제를 통해서 일이나 사건 발생의 전후 사실을 확인한다.

❸ 문서상에서 시점의 전후를 파악하는 기준이 되는 작성일 등의 정보를 이용한다.

2 과거에 발생한 사실을 말할 때 쓰는 시제

❶ **과거 시제 (-ed 규칙/불규칙 동사 과거형)**

과거의 특정 시점에서 발생한 특정한 동작, 행위 발생, 사실과 상태 등을 말한다. 과거에 발생한 시점은 일반적으로 과거 시간 부사로 명시해 주지만, 문서에서는 내용 전개상 과거라도 문장마다 매번 과거 시간 부사를 쓸 필요가 없다. 따라서 문서 형태인 Part 6 문제를 풀 때는 앞뒤 문장들의 나머지 동사들의 시제를 꼭 확인해야 한다.

ⓔ On May 25, ABC Computer Repairs inspected the computers at Design Team. We (**looked** / ~~look~~) into computer performance and searched for any errors.

5월 25일에, ABC 컴퓨터 수리 사가 디자인 팀 사의 컴퓨터를 검사했습니다. 우리는 컴퓨터 성능을 살펴보고, 에러가 없는지 조사했습니다.

▶ 문두의 날짜로는 어느 시점인지 알 수 없으므로 다른 동사의 시제를 살펴보면, 컴퓨터 성능을 조사하는 것(looked into)과 에러를 찾는 것(searched)은 모두 컴퓨터를 검사한(inspected) 내용이 되므로 모두 같은 시점임을 알 수 있다. 따라서 과거 시제가 되어야 한다.

❷ **현재완료 시제 (have/has + p.p.)**

과거의 경험을 나타내거나 과거부터 현재(또는 최근)까지 특정 기간 동안 발생하여 완료된 사실을 말할 때 쓴다. 보통 과거부터 현재(또는 최근)까지의 기간을 의미하는 시간 부사어구와 함께 나오지만, 이러한 시간 부사어구가 없을 경우에는 과거 시제와 동일하게 쓸 수 있다.

ⓔ Everyone who (~~joins~~ / **has joined**) the Private Lotte Membership Club since last year is invited to attend next week's new-member orientation.

지난달 이래로 프라이비트 롯데 회원 클럽에 가입한 사람들은 모두 다음 주의 신규 멤버들을 위한 오리엔테이션에 초대됩니다.

▶ [since + 과거 시점]이 포함된 절에는 현재완료 시제가 와야 한다. 또한 현재 시제는 지속적이거나 주기적으로 발생하는 경우에 쓰이는데 회원 가입은 일회성으로 발생하는 특정 행위이기 때문에 특정 시제인 과거 시제나 현재완료 등의 시제가 와야 한다.

❸ **과거완료 시제 (had + p.p.)**

과거의 사실보다 먼저 일어난 일을 표현할 때는 과거완료 시제를 쓴다. 아래 문장 중에는 과거의 특정 시점이 나온다.

ⓔ We sincerely regret that the suite that you **had reserved** was occupied at the time of your arrival.

도착하셨을 때 예약하신 스위트룸이 사용 중이었던 것에 대해 진심으로 사과드립니다.

▶ 예약을 한 것은 특정 과거 시점인 '당신이 도착했을 때(at the time of your arrival)'보다 이전 사건이므로 과거완료 시제를 쓰게 된다.

Step 1 │ 밑줄 친 동사의 시제를 결정하는 근거가 되는 것을 찾아 표시하세요.

01 Last week, all sales representatives <u>obtained</u> the necessary permissions to use customer information for our upcoming presentation.

02 In order to purchase suitable items in time for the event, I suggest that all contributions to the gift fund <u>be made</u> by Friday, August 10.

Step 2 │ 보기 중 빈칸에 알맞은 것을 고르세요.

01
LETTER OF INQUIRY
Associated Bank
123 Adams Street
Green Bay, WI 54303

Dear Ms. Lowery:

During the Fall Job and Internship Fair at the University of Wisconsin, Green Bay, I had the opportunity to visit with Stella Burke, your College Recruiting Manager. She ------- that

(A) will suggest   (B) suggested

I contact you directly to receive more information about your summer internship program.

02
Dear DiGi customers,

We are pleased to announce that the DiGi website is up and running again! We understand that customers had been unable to access the website and its associated online services; the site is now back online and can be accessed from all Internet Service Provider (ISP) networks. We regret any inconvenience -------, and will continue to be vigilant in monitoring

(A) caused   (B) will cause

our systems to prevent a similar occurrence.

Step 3 │ 실전 형태의 다음 문제에서 빈칸에 알맞은 것을 고르세요.

Sept. 06, 2012

Opening remarks
by NATO Secretary General Anders Fogh Rasmussen at the joint press conference

My visit to Armenia shows that NATO is and will remain committed to the South Caucasus region. And we highly value the relationship we ------- with Armenia over the years.

(A) were developed
(B) had been developed
(C) will develop
(D) have developed

We appreciate your constant support for our mission in Afghanistan. Last year, you had more than doubled your contribution to ISAF. And recently, you have once again joined our operation in Kosovo. Your troops and your trainers are doing a great job, and you can be proud of their professionalism.

03 현재와 미래 관련 시제

Point

현재 시제와 미래 시제 대용 동사

시험에서 가장 난이도 있게 등장하는 시제는 현재 시제이다. 또한 미래 시제를 대신할 수 있는 미래 대용 시제에 대해서도 꼭 알아두도록 하자.

1 현재 시제 & 현재진행 시제

❶ 현재 시제

- 계약서, 품질보증서 등 강제성을 가진 사항이나 규칙, 규정 등은 과거, 현재, 미래에 항상 적용되는 사항이므로 현재 시제를 쓴다.
- 현재의 상태, 사실 등을 설명하거나 과거, 현재, 미래에 걸친 일상적인 업무 내용이나 주기적으로 지속되거나 반복되는 일이나 행동을 설명하는 경우에는 현재 시제로 나타낸다.
- 제품이나 서비스, 문서 등의 사실, 상태, 특징 등을 설명하는 경우 이미 문서에 적혀 있는 내용은 바뀔 수 없는 사실이기 때문에 현재 시제를 쓴다.
- 계약서의 내용이나 확정된 미래의 사실, 일정, 계획 등은 현재 시제를 쓸 수 있다.

  Ex He **works** for HSBC bank in the UK. 그는 영국에 있는 HSBC 은행에서 일한다.

❷ 현재진행 시제

현재 특정한 일이나 행위가 진행되고 있음을 나타내는 경우나 편지나 문서의 도입부에서 목적을 말할 때 쓴다. 또한 현재진행형은 곧 있을 미래를 의미하기도 한다.

  Ex We **are seeking** entry level accountants for our branch office.
  우리는 (현재) 지점에서 일할 신입 회계사를 구하고 있습니다.

  We **are writing** to let you know about a problem that many of our customers have experienced. 많은 고객들이 겪은 문제점을 알리고자 이 편지를 씁니다.

2 미래에 발생할 일을 설명하는 시제

❶ 미래 시제 (will + 동사원형)

미래 시제는 아직 발생하지 않은 단순한 미래의 일을 나타낼 때 쓰며, 주어의 의지를 나타낼 때도 쓴다.

  Ex Please be aware that the orientation for new employees **will take place** on Monday, September 1. All recently hired staff are required to attend.
  9월 1일 월요일에 신입사원을 위한 오리엔테이션이 열리는 것을 알려드리고자 합니다. 최근에 채용된 직원은 모두 참석해야 합니다.
  ▶ 뒷 문장의 모든 신입사원이 참석해야 한다(are required to attend)는 의무를 나타내는 내용을 통해 오리엔테이션이 앞으로 있을 행사라는 것을 알 수 있으므로 미래 시제를 쓴다.

❷ 미래진행 시제 (will be + 동사-ing)

계획된 미래의 구체적인 일정이나 계획을 말할 때 쓴다. 특정 미래 시점, 장소 등의 구체적인 일정과 함께 사용된다.

  Ex A retirement party **will be being held** for Jonathan Lee on Saturday, November 24.
  11월 24일 토요일에 조내선 리 씨의 은퇴기념 파티가 열립니다.
  ▶ 미래에 예정된 은퇴기념 파티의 구체적인 계획을 나타내므로 미래진행 시제기 쓰였디.

❸ 미래완료 시제 (will have + p.p.)

미래의 특정 시점까지 행위나 동작, 상태, 상황이 완료되는 경우나 경험 등을 나타낼 때 쓰인다.

반드시 완료 시점을 보여주는 미래 부사(절) 등과 함께 쓰인다.

ex By the time we complete the project next Monday, our team **will have worked** for the Anderson Publishing company for twenty months.

다음 주 월요일 우리가 프로젝트를 끝낼 때쯤이면, 우리 팀이 앤더슨 출판사에서 20개월째 근무하게 된다.

▶ 미래의 특정 기준 시점이 되는 시간 접속사 by the time이 이끄는 절의 시제가 현재이면, 주절의 시제는 미래 완료가 된다.

Part 6

Chapter 04 동사와 시제

 시험에 이렇게 나온다!   ▶ **미래 대용 동사 표현**

- is/are expected + to부정사 ~하기를 예상하다, 기대하다
- is/are supposed + to부정사 ~하기로 되어 있다
- is/are scheduled + to부정사 ~할 예정이다
  - ▶ 앞으로 예정되어 있는 일에 대한 내용이므로 의미상 미래를 나타낸다.
- is/are willing + to부정사 기꺼이 ~을 하다
- is/are about + to부정사 막 ~하려고 하다
- is/are going + to부정사 ~할 것이다
  - ▶ 주어의 의지나 곧 있을 미래의 일을 나타내는 관용적인 동사 표현이다.

303

▶ 정답 및 해설 p.281~282

Step 1 밑줄 친 동사가 현재 시제로 쓰인 근거를 찾아 표시하세요.

01 This weekly magazine <u>contains</u> a variety of articles about regional events.

02 Your contract <u>expires</u> on December 31st.

Step 2 보기 중 빈칸에 알맞은 것을 고르세요.

01

Cesar Almacen, 45, is a shoe repairman at the Rizal Park in Davao City. Every day, he ------- or shines shoes at the park. He has been doing this for at least 20 years already.
(A) has repaired
(B) repairs

02

When the facility is opened in the morning, everything should be in a state of readiness. Rooms should be of a comfortable temperature, well-organized, pleasantly illuminated, and spotless. The receptionist will also check the answering service or machine for any telephone messages. At the close of the day, each room ------- to make certain all
　　　　　　　　　　　　　　　　　　(A) has been checked
　　　　　　　　　　　　　　　　　　(B) should be checked
equipment is shut down and doors and windows are secured.

Step 3 실전 형태의 다음 문제에서 빈칸에 알맞은 것을 고르세요.

October 10.

Billy Graham, General Manager
ABC Consulting Co.
165 Dolphin Street
Brisbane, Australia

Your company is one of our most important partners, and we would like to share some news with you. We ------- the brand logo of our company. Beginning on October 31, you can find
　　　　　　(A) are modifying
　　　　　　(B) had modified
　　　　　　(C) would have modified
　　　　　　(D) were modifying
our new logos on all of our products.

Practice Test

Questions 01-03 refer to the following email.

TO: Alisha Olson, Manager
FROM: Donald Hernandez, Assistant Manager
DATE: December 15, 2012
SUBJECT: Desktop Publishing Program

On October 19th, 2012, you requested an investigation into the possibility of switching suppliers for AG Inn's publicity materials from an outside company to an in-house desktop publishing software program. Pursuant to this request, I ------- a proposal on October 27th.

01 (A) will submit
   (B) submit
   (C) submitted
   (D) had submitted

I am pleased to report that all research has been completed as planned. A conclusion has been reached and I ------- the resulting recommendation in the final section of the attached

02 (A) was given
   (B) have given
   (C) have been given
   (D) would have given

report, Desktop Publishing Software: A Comparative Analysis.

Thank you for allowing me to work on this project. I have found it very ------- as well as

03 (A) interest
   (B) interests
   (C) interested
   (D) interesting

informational. If you have any questions or comments regarding this project, I would be happy to discuss them with you. I would also appreciate the opportunity to conduct research for you in other areas. You may reach me on (050) 555-1254, or email me at dhernandez@ kion.com.

Questions 04-06 refer to the following article.

Jan 24, 2012 - Investors welcomed Apple's record earnings late Tuesday by pushing the company's shares up eight percent Wednesday, moving it ahead of Exxon as the world's most valuable company.

Apple Inc.'s market capitalization sat at $422 billion on Wednesday after the company ------- first quarter earnings on Tuesday of $13 billion.

04 (A) will report
   (B) report
   (C) reports
   (D) reported

Analysts had predicted the world's largest technology company ------- a $10.04 dividend

05 (A) will report
   (B) will have reported
   (C) will be reporting
   (D) would report

per share and revenue of $38 billion.

Apple also saw massive sales of its new iPhone 4S, launched in mid-October, with total iPhone sales of $37 million, which was even higher than -------. The result may make Apple

06 (A) expect
   (B) have expected
   (C) had expected
   (D) expected

the world's largest maker of smartphones. Samsung Electronics, which held that position for most of last year, has said it expects to report shipping of about $35 million worth of smartphones in the October to December quarter.

CHAPTER
05

비즈니스 관용표현 및 어휘

01 비즈니스 문서상의 관용표현

Point

문서에 자주 쓰는 빈출 관용표현은 암기하라!

- 비즈니스 문서에서 도입부나 후반부에 주로 등장하는 관용적인 표현을 활용한 문제가 출제된다.
- 비즈니스 문서는 일반적으로 도입부에서 글을 쓰게 된 목적과 배경을 설명하고, 문서의 마지막 부분에서는 앞의 내용을 정리하거나 제안, 요청, 부탁과 함께 마무리 인사를 하게 된다.

1 도입부에서 목적이나 배경을 나타내는 표현

- I'm writing[sending] to + 동사원형 ~하기 위해서 이렇게 편지를/이메일을 씁니다
- This is a reminder that ~ 이것은 ~을 상기시켜 주기 위한 것입니다
- This is to + 동사원형 ~하기 위해 이렇게 편지를/이메일을 보냅니다
- Please note that ~ (= be advised that ~) ~하는 것을 유념하시기 바랍니다
- In response to your letter/call 당신의 편지/전화에 대한 회신으로
- We are pleased/happy/delighted to + 동사원형 ~하게 되어 기쁩니다
- It is my pleasure to + 동사원형 ~하게 되어 기쁩니다

2 후반부에서 감사 인사 또는 제안, 요청을 나타내는 표현

- Thank you for + -ing / Thank you for your + 명사 ~해주셔서 감사합니다
- We appreciate for ~ ~에 대해 감사드립니다
- We apologize for ~ ~에 대해 사과드립니다
- I look forward to + 동사-ing ~하기를 고대합니다
- I hope that ~ ~하기를 희망합니다
- We would be happy to + 동사원형 ~하면 기쁘겠습니다
- If 주어 + 동사, please + 동사원형 ~한다면 …하시기 바랍니다
- (In order) to + 동사원형, please + 동사원형 / For + 명사, please + 동사원형 ~하기 위해 …하시기 바랍니다

시험에 이렇게 나온다! ▶ Enclose/Attached/Included is ~

토익에서 자주 등장하는 도치 문장으로, 편지나 문서와 함께 동봉/첨부/포함하는 내용이 있음을 알릴 때 자주 쓰이는 표현이다.

- ⓔⓧ **Enclosed is** a list of those companies. 그 회사들의 목록을 동봉했습니다.
- ⓔⓧ **Attached is** a document detailing the many benefits of membership in our association.
  우리 협회 회원이 다양한 혜택에 관한 세부사항이 담긴 문서를 첨부하였습니다.

Step 1 다음 밑줄 친 단어를 적절한 형태로 고치세요.

01 It is my pleasure <u>inform</u> you that as of December 1st, Carrier Fisher will be the new manager in your region.

02 Thank you for <u>choose</u> Southern Bank to serve your financial needs.

03 We look forward <u>see</u> more of your work on display at Art Rebellion in 2013.

Step 2 두 보기 중 빈칸에 알맞은 것을 고르세요.

01

Mark Your Calendars Now for the 47th Annual Conference—Register Today to Receive the Early Bird Discount and Special Discount Pricing.

It's not too soon to begin planning for the NAEPC's 47th Annual Conference to be held from November 17-19 at the Hyatt Regency Mission Bay Spa & Marina in beautiful San Diego, California.

Register today to receive the early bird discount (valid through August 31, 2010).

For more ------- about the conference and special discount pricing, please visit our website
   (A) details (B) issues
at http://www.naepc.org/convention.web.

02

Oct. 14th, 2010 - ZTE Corporation of China will soon ------- a new model of their own
            (A) recall (B) market
ZTE Light Android OS 2.1 Tablet.

Step 3 실전 형태의 다음 문제에서 빈칸에 알맞은 것을 고르세요.

Dear Javier,

Thank you for the offer of the position as a Sales Recruiter with Excel Corporation. After extensively considering my job offers, I have chosen to accept a position with another company. It was a difficult decision because your company has such a high reputation in the market, but location was the deciding factor. Thanks again for your -------.

        (A) payment
        (B) consideration
        (C) inquiry
        (D) schedule

Sincerely,

Ernie

Part 6

Chapter 05 비즈니스 관용표현 및 어휘

02 복합성 어휘 문제

Point

어휘 문제는 구조와 문법 그리고 문맥을 확인하라!

Part 5와 구별되는 점은 빈칸이 있는 문장만으로 답을 찾을 수 있는 것이 아니라, 앞뒤 문맥과 전체 지문의 내용을 파악해서 논리적으로 내용이 연결되는 어휘를 선택해야 한다는 데 있다.

1

품사별 특징을 이용하는 문제

예제 1

How Can I Renew a book?

Log in to your Get It For Me account. Under the View section, click Checked Out Items and click on the transaction number of the request you want to renew. At the top, left corner of the form, click Renew Request in red. Please renew the item before the due date. A two-week renewal will be automatically granted unless we hear otherwise from the lending library. If a renewal is denied by the lending library, we will ------- you via email and let you

    (A) reply
    (B) answer
    (C) announce
    (D) notify

know the new due date of the loan.

Point
❶ 빈칸이 들어간 문장을 괄호로 묶는다.
❷ 괄호 안 문장의 구조를 분석한다.

    If a renewal / is / denied (by the lending library), // we / will ------- / you (via email) //
    접속사　주어1　동사1　주어2　　　　　　　　　　　　　　　　주어2　동사2　목적어

    and / let / you / know / the new due date (of the loan).
    등위접속사　동사3　목적어　목적보어

❸ 이런 경우, ⓐ 자동사/타동사 ⓑ 몇 형식 동사 ⓒ 수여동사나 사람 목적어를 취하는 동사 ⓓ 관련 목적어 ⓔ 관련 전치사 등과 같은 각 동사의 특성을 파악하여 오답을 먼저 소거한다.

❹ 빈칸에 들어갈 동사는 인칭대명사 you를 목적어로 취하고 있다. 따라서 목적어를 취할 수 없는 자동사 (A) reply는 우선 탈락한다. you는 사람이므로 빈칸은 사람 목적어를 취하는 동사가 와야 하는데, 보기 중 사람을 목적어로 받을 수 있는 동사는 (D) notify가 유일하다. 연장이 거부된다면 당신에게 '알려주겠다'는 내용이 의미상으로도 적절하므로 앞뒤 문맥을 파악하여 의미상 적절한 어휘로도 정답은 (D) notify가 된다.

해석 책을 어떻게 연장할 수 있나요?
Get It For Me 사이트에 로그인하세요. View 섹션 아래에 Checked Out Items를 클릭한 다음 여러분이 연장하고자 하는 도서의 처리 번호를 클릭하세요. 그 다음에는 양식 상단의 왼쪽에 빨강색으로 된 Renew Request를 클릭하시면 됩니다. 만기일 전에 갱신하시기 바랍니다. 그러면 대출해준 도서관으로부터 별다른 통보가 없는 한 자동적으로 2주 연장이 승인될 것입니다. 대출해준 도서관에서 연장을 거절할 경우 저희는 이메일로 여러분에게 알려드릴 것이며, 반납 일자를 새로 알려드릴 것입니다.

어휘 renew 연장하다　account 계정　transaction 처리　due date 만기일　renewal 갱신　automatically 자동적으로 grant 승인하다　deny 거절하다　via email 이메일로　let + 사람 + know ~에게 알려주다　loan 대출

예제 2

Does your floor need anything more?

Visit MJ Flooring Center & Design today for a complimentary interior design -------.

(A) activity

(B) consultation

(C) instructor

(D) machine

One of our highly trained staff will meet with you to discuss what you need.
Serving San Diego since 2004, MJ Flooring consistently offers good quality and competitive pricing on all of their floor coverings. Twenty-six-year flooring expert and store owner Myles Massa also emphasized their affordable payment options as another reason for benefit of choosing his company.

Point ❶ 빈칸이 들어간 문장을 괄호로 묶는다.

❷ 괄호 안 문장의 구조를 분석한다.

Visit / MJ Flooring Center & Design (today) (for a complimentary interior design -------).
동사　　　　목적어　　　　　　　(부사)　(전치사 + 관사 + 형용사 + 형용사 + 명사 + -------)

❸ 보기가 모두 의미가 다른 명사 어휘로 구성되어 있다. 이런 경우, ⓐ 가산명사 vs 불가산명사 ⓑ 사람명사 vs 사물명사 vs 추상명사 여부를 고려해야 하며, ⓒ 관련 동사나 관련 형용사와의 관계도 확인해야 한다.

❹ 빈칸은 형용사 complimentary(무료의)의 수식을 받으며 design과 복합명사를 이루고 있다. 무료라는 말은 서비스나 상품에 어울리므로 사람명사인 (C) instructor는 적절하지 않다. 나머지 보기는 모두 design과 어울리는 것처럼 보이지만, 뒤 문장에서 직원 중의 한 명이 당신을 만나서 당신이 필요한 것에 대해 논의할 것이라는 내용이 나오고 있으므로 의미상 논리 전개에 어울리는 정답은 (B) consultation(상담)이 된다. 앞뒤에서 언급된 단어나 문장을 포괄할 수 있는 대표 단어가 답으로 제시되는 경우가 많다는 것을 기억하자.

해석 바닥에 더 필요한 것 없으세요?
무료 실내디자인 상담을 위해 오늘 MJ 바닥 센터 앤 디자인을 방문하시기 바랍니다.
잘 교육받은 저희 직원이 고객님께서 필요한 것에 대해 논의를 하기 위해 고객님을 만날 것입니다.
2004년부터 샌디에이고에서 서비스를 제공하면서 MJ 바닥은 모든 바닥재들에 대해 지속적으로 좋은 품질과 경쟁력이 있는 가격을 제공하고 있습니다. 26년 경력의 바닥전문가이자 점주인 마일즈 매서는 소비자들이 자신의 회사를 선택하는 또 다른 이유는 저렴한 지불 옵션들이라고 강조했습니다.

어휘 complimentary 무료의　consistently 지속적으로　covering 깔개　expert 전문가　emphasize 강조하다
affordable 가격이 알맞은　benefit 혜택　instructor 강사

Dear Mr. Greene,

A mutual acquaintance of ours, Lion Peng, mentioned recently that Greene Plumbing Supplies is looking for a regional sales director, and she encouraged me to contact you. Lion noted that the job requirements closely match my qualifications.

I am very interested in working for ------- a well-established and respected company as

(A) almost

(B) such

(C) too

(D) certain

Greene Plumbing Supplies. Please find my resume enclosed.

Given my previous experience as an associate sales director, I believe I would be a strong asset to your business. I will call you next week to inquire about the possibility of an interview.

Thank you for your consideration.

Sincerely,

Matthew Taylor

Point
❶ 빈칸이 들어간 문장을 괄호로 묶는다.

❷ 괄호 안 문장의 구조를 분석한다.

I / am / (very) interested (in working) (for ------- a well-established and respected company)
주어 동사　　　　　보어　　　　　　　　전치사구(전치사 + 한정사 + 명사)

(as Greene Plumbing Supplies.)
(전치사 + 명사)

❸ 빈칸 앞에 전치사, 뒤에 부정관사를 포함한 명사가 나오고 있다. 보기 중에 동명사가 있다면 쉽게 답을 찾을 수 있겠지만 보기가 모두 부사나 형용사로 구성되어 있다. almost나 too는 well의 자리에 있어야 하며 certain의 경우 관사 뒤에 위치한다. 기본적으로 형용사는 관사 뒤에서 명사를 수식하지만 such와 같은 한정사(형용사)는 관사 앞에서 사용할 수 있다. [such + a + (형용사) + 명사]의 구조를 꼭 알아두자.

해석 그린 씨에게,

저희가 함께 알고 있는 친구인 라이언 펑 씨가 최근에 그린 플러밍 서플라이스 사가 지역 영업 담당 이사를 찾고 있다고 얘기했습니다. 그리고 그녀는 저에게 당신한테 연락을 해보라고 권유를 했습니다. 라이언은 그 일의 자격요건이 저의 자격과 상당히 근접하다고 했습니다.

저는 그린 플러밍 서플라이스 사 같은 견실하고 존경받는 회사에서 일하고 싶습니다. 동봉한 제 이력서를 검토해 주시면 감사하겠습니다.

영업 부책임자로서의 이전 경력을 감안해 볼 때 저는 귀사의 사업에 강력한 자산이 될 것입니다. 인터뷰의 가능성 여부에 대해서 문의하고자 다음 주에 전화를 드리겠습니다.

검토해 주셔서 감사합니다.

충심으로,

매튜 테일러

어휘 mutual 상호의, 공동의, 함께 알고 있는　acquaintance 지인, 친구　mention 언급하다, 말하다　encourage 권유하다, ~을 하도록 하다　contact 연락하다　job requirement 업무 자격요건　match 일치하다, 어울리다　well-established 견실한　respected 존경받는　enclose 동봉하다　inquire 문의하다

상식, 판단, 논리적 언어 능력의 문제

예제 4

Dear Edmond,

I am pleased that you have agreed to appear on my music show "Fun and Fun Music."
You should arrange to arrive at the studio by 11:30 am on Thursday, April 24. As you know, our show which includes interviewing a guest, will be broadcast live from 12:00 pm to 2:00 pm.

We will review details pertaining to your appearance prior to the show. To help you prepare, I have attached a document that provides interview guidelines and procedures, as well as ------- to the studio. We are all looking forward to meeting you.

(A) directions
(B) concepts
(C) resources
(D) programs

Sincerely,
Helen Blair

Point ❶ 빈칸이 들어간 문장을 괄호로 묶는다.

❷ 괄호 안 문장의 구조를 분석한다.

I / have attached / a document [**that** provides / interview / guidelines and procedures,
주어   동사   [관계사절]

as well as ------- (to the studio)].
상관 접속사

❸ 빈칸 앞의 as well as는 추가의 의미를 가지고 있기 때문에 문장의 앞에서 가이드라인(guidelines)과 절차(procedures)와 함께 서류에 나타날 수 있는 것이 나와야 한다. 문맥상으로 보면 찾아오는 길(directions)도 가능하고 컨셉(concepts)도 가능한 것 같지만 빈칸 뒤의 to the studio라는 문구로 보아 스튜디오로 찾아오는 길을 의미해야 문맥의 논리에 맞기 때문에 정답은 (A) directions가 된다. 전치사 to와 같이 쓰이는 이동이나 방향의 의미가 답이 되어야 한다. [directions to + 장소]의 표현을 알아두자.

해석 에드몬드 씨께,

저는 당신이 저희 음악쇼 편 앤 편 뮤직에 출연하시는 것을 동의해 주셔서 기쁩니다. 당신은 4월 24일 목요일 오전 11시 30분까지 저희 스튜디오에 도착하셔야 합니다. 당신도 아시겠지만 초대 손님의 인터뷰를 포함해서 저희 쇼는 오후 12시부터 2시까지 생방송으로 진행됩니다.

저희는 쇼가 시작하기 전에 세부 내용을 검토할 것입니다. 준비하시는 것을 돕기 위해 스튜디오에 오시는 길뿐만 아니라 인터뷰 가이드라인과 진행 절차를 알 수 있도록 서류를 첨부하였습니다. 저희는 모두 당신을 뵙기를 기대하고 있습니다.

충심으로,

헬렌 블에어 드림

어휘 **appear** 출현하다, 나타나다 **include** 포함하다 **broadcast** 방송을 하다 **review** 검토하다 **prior to** ~ 이전에 **prepare** 준비하다 **attach** 첨부하다 **procedure** 절차

예제 5

Dear Mr. Brown,

Thank you for ------- our convention center as the location for your upcoming anniversary

(A) choosing

(B) considering

(C) featuring

(D) recognizing

party.

Since you have a number of special requests, I recommend that we discuss all of your needs in person. Please let me know of a date and time to meet that is convenient for you. During our meeting I will discuss with you the many options that we offer, give a tour of our facilities and provide a free tasting of the dishes on offer from our award-winning restaurant.

Should you select our center for your event, all the staff will be sure to accommodate your individual needs and surpass all expectations.

Sincerely,

Stacy Carlton

Point ❶ 빈칸이 들어간 문장을 괄호로 묶는다.

❷ 괄호 안 문장의 구조를 분석한다.

Thank / you (for ------- our convention center) (as the location for your upcoming anniversary
동사   목적어   (전치사 + ------- + 명사)

party).

❸ 편지의 첫머리에서 '~한 것에 대해 감사하다'는 의미로 Thank you for ------- 뒤에 자신의 업체를 언급하고 있다. 이 문장만 단독으로 보면 보기의 choosing(선택해 주셔서)과 considering(고려해 주셔서), featuring(잡지, 지면 등에 실어주셔서), recognizing(인정해 주셔서)이 빈칸에 모두 들어갈 수 있다. 하지만 뒤에 이어지는 문맥을 보면 편지를 받는 사람이 아직 업체를 선택하지 않은 상황에서 자신의 업체를 선정하도록 하기 위해 여러 가지 옵션 등을 제시할 수 있으니 만나자고 제안을 하고 있다. 또 마지막 문장에서 저희 센터를 선택해 주신다면(Should you select our center for your event)이라는 내용으로 보아 아직 선택을 하지 않았지만 고려해 주셔서 감사하다는 의미가 되어야 적절하겠다. 따라서 정답은 (B) considering이다.

해석 브라운 씨에게.

앞으로 치러질 귀하의 창립 기념 파티를 위한 장소로 저희 컨벤션 센터를 고려하고 계신 것에 대해 감사드립니다.

귀하께서는 특별한 요구사항이 많으신 관계로 직접 만나뵙고 모든 요구사항에 대해 논의를 하는 것이 좋을 듯합니다. 귀하께서 만나기 편한 날짜와 시간을 말씀해 주십시오. 저희가 만날 때 저희가 제안드릴 수 있는 여러 가지 옵션을 검토하시고 저희 시설도 둘러보시기 바랍니다. 그리고 수상 경험이 있는 저희 식당의 음식들을 무료로 맛보실 수 있게 해드리겠습니다.

귀하의 행사를 위해 저희 센터를 선택하신다면 전직원들이 반드시 귀하의 개별적인 요구사항을 모두 수용하고 기대 이상이 되도록 하겠습니다.

충심으로,

스테이시 칼튼

어휘 location 장소, 위치 request 요구, 요청 (사항) recommend 제안하다, 추천하다 discuss ~을 논의하다 in person 직접 (대면하여) convenient 편리한 option 옵션, 선택사항 provide 제공하다 dish 음식, 접시 select 선택하다 accommodate 수용하다, 받아들이다 surpass 초과하다, 넘어서다

▶ 정답 및 해설 p.288~290

Step 1 | 밑줄 친 단어에 영향을 주는 내용을 찾아 설명하세요.

Merger Attracts National Attention

Wellington (May, 15) - Business analysts are watching the <u>recent</u> merger of Saxelby Biomedical and Carri Pharm, two of the country's largest pharmaceutical firms.

Rather than downsizing as industry insiders expected, the newly formed organization, Saxelby-Carri pharmaceutical, has plans to expand.

Step 2 | 보기 중 빈칸에 알맞은 것을 고르세요.

01

The most efficient way to do this is through our website, or you can fill out a paper form available from my office. ------- cannot be processed until this documentation has been

(A) Materials

received.   (B) Requests

A service technician will then contact you to schedule a repair or, if needed, a replacement.

02

As most of you know, Sherry Javis is retiring after a long career as production manager for Dazzling Dress Design. A party in honor of her many contributions to the company will be held on Friday, July 6, at 5 P.M. in the main conference room.

In a previous memo, I solicited suggestions for the ------- gift for the occasion.

(A) parting   (B) invitational

Step 3 | 실전 형태의 다음 문제에서 빈칸에 알맞은 것을 고르세요.

Dear Mr. Dutton,

Based on your recent letter of inquiry, we would like to set up an interview for a position with our firm. Your letter indicates that you are seeking an immediate full-time job as a legal assistant. We would like to consider you for a summer internship. The program, which runs from June 15 through August 15, is designed to increase legal research skills through training and practical experience. Successful participants are often offered ------- positions upon

(A) persistent
(B) durable
(C) habitual
(D) permanent

program completion. We urge you to consider this opportunity. Should you wish to pursue an internship, please respond to me by e-mail at your earliest convenience.

Nancy Liu
Perverell Associates

Practice Test

▶ 정답 및 해설 p.290~293

Questions 01-03 refer to the following letter.

Ms. Jane Doe
Partner-In-Charge
Big Public Accounting, Inc.
123 N. Michigan Ave.
Chicago, IL 12345

Ms. Doe:

I ------- to you by Mr. Dave Zebecki, a partner with your New York office,

01 (A) refer
   (B) referred
   (C) have referred
   (D) was referred

who ------- me that the Chicago office of Big Public Accounting is actively seeking to hire

02 (A) explained
   (B) suggested
   (C) informed
   (D) requested

quality individuals for your Auditor Development Program.

I have more than two years of accounting experience, including interning as an auditor last year with the New York City office of Ernst & Young. I will be receiving my BBA this May from Illinois State University, graduating Magna Cum Laude. I am confident that my combination of practical work experience and solid educational experience has prepared me for making an immediate ------- to Big Public Accounting.

03 (A) motivation
   (B) contribution
   (C) asset
   (D) success

Having interned with a leading firm in the public accounting field, I understand the level of professionalism and communication required for long-term success in the field. My background and professional approach to business will provide your office with a highly productive auditor upon completion of your Development Program.

I will be in the Chicago area the week of March 16. Please call me on 217-222-3456 to arrange a convenient time when we may meet to further discuss my background in relation to your needs. If I have not heard from you by March 9, I will contact your office to inquire as to a potential meeting date and time. I look forward to meeting you in the near future.

Sincerely,

Tracy Q. Graduate

Questions 04-06 refer to the following announcement.

Customer service officer, Ref: 555JA

We are a large pharmaceutical company looking for a customer service representative to join our administration team. This role would be suitable for a ------- customer service representative,

04 (A) qualified
(B) processed
(C) apparent
(D) potential

preferably someone who has previously worked in a pharmaceutical or medical -------.

05 (A) condition
(B) conditions
(C) environment
(D) environments

As the customer service representative, you will:
Meet and greet clients and customers.
Respond to internal and external enquiries via email, phone and face-to-face.
Manage customer order entries.
Manage and update client accounts.
Update client databases.
Perform general administration tasks.
Support other departments.

We are looking for someone who is friendly, hardworking and thrives in a fast-paced environment.

The successful candidate will also have:
Excellent communication skills.
A warm, approachable manner.
At least two years experience in a customer service position.
Extensive experience using MS office software.

------- this position be of interest, please email a current resume to Lionel Miller

06 (A) If
(B) That
(C) What
(D) Should

at lionel.millier@email.com, or mail it to Karp Pharmaceuticals, 100 Green Street, Terrace Hill CA, 5666.

Part 6 Final Test

▶ 정답 및 해설 p.293~298

PART 6

Directions: Read the texts that follow. A word or phrase is missing in some of the sentences. Four answer choices are given below each of the sentences. Select the best answer to complete the text. Then mark the letter (A), (B), (C), or (D) on the answer sheet.

Questions 141-143 refer to the following memo.

Attention all employees

The board of directors announced that they have decided to ------- the company dress code.

141 (A) discuss
(B) abolish
(C) survey
(D) revise

Starting next month, employees will now be required to wear new T-shirts imprinted with the company name and logo.

All employees will receive one T-shirt free of charge and will be expected to wear it during their work shifts. ------- shirts may be purchased for $12.00 each.

142 (A) Additional
(B) Previous
(C) Another
(D) Striped

Please find an order form attached on which you are asked to indicate the size you require. Enclose payment if applicable. All orders should be submitted to Jessie Lopez in the purchasing office by no ------- than Thursday, April 15.

143 (A) lately
(B) later
(C) latest
(D) late

Questions 144-146 refer to the following e-mail.

To: Janet Miller
From: International Association of Construction
Date: May 6
Subject: Thank you for joining our membership
Attached: Benefits of our membership

Dear Ms. Miller,

Thank you for your decision to join the International Association of Construction. Our
organization ------- the health and safety of the worldwide construction community through a

144 (A) would be supporting
    (B) having supported
    (C) supported
    (D) supports

variety of programs and services.

Our ------- mission is to improve construction environments by advocating high safety

145 (A) frequent
    (B) early
    (C) primary
    (D) previous

standards in the industry.

We also provide professionally developed materials for new and experienced construction
workers on our website which features up-to-date information on safety regulations and laws.

Attached is a document detailing the many benefits of -------- in our association. We look

146 (A) trade
    (B) profit
    (C) application
    (D) membership

forward to helping you become a better, safer construction professional.

International Association of Construction

Questions 147-149 refer to the following letter.

Dear Mr. Cohen:

Thank you for using Silver Bank.

You may have heard the recent news that Silver Bank and Hans Financial Co. have joined together to better serve you. As of July 1, the two financial companies -------. We are now

147 (A) will merge
(B) can merge
(C) being merged
(D) have merged

operating under the name, Han-Silver Bank. There will be no immediate changes to your accounts. -------, you can expect a variety of products to become available to you. We

148 (A) In short
(B) However
(C) For instance
(D) Therefore

encourage you to review the enclosed brochure highlighting some of our new -------. To learn

149 (A) policies
(B) staff
(C) locations
(D) offerings

more about any of these products, find one of our local branches nearest you or visit our website (www.HSbank.com).

Thank you for the opportunity to continue serving you.

Sincerely,

Max Butler
Managing Director

Questions 150-152 refer to the following article.

LONDON (August 10) - Chin Chen Apparel, a popular Chinese clothing manufacturer, will soon ------- its fashions in Europe.

150 (A) reduce
(B) design
(C) recall
(D) market

According to an interview with the EU Apparel News, the company's president, Robert Chen, reported that the first shipment of the company's latest sportswear and accessories will leave China in a few weeks. They will be available to European ------- as early as September.

151 (A) consuming
(B) consumable
(C) consumers
(D) consumed

Mr. Chen attributed Chin Chen's business move to a ------- demand for sportswear in Europe.

152 (A) controlling
(B) rising
(C) questionable
(D) long-standing

"The recent trend is that more and more people here are wearing casual clothing and this is exactly what our company will provide."

유스타 토익
BASIC
Reading

★STAR TOEIC

Part 7

Reading Comprehension
독해

토익의 Part 7이란?

■ 문항 수: 총 48문항 (단일지문 28문제, 복수지문 20문제)

153번부터 200번까지 총 48문항이 출제되며 단일지문 28문제, 복수지문 20문제로 구성되어 있다. 단일지문의 경우에는 하나의 지문에 2~5문제로 구성되어 있으며 총 9개의 지문이 등장한다. 복수지문의 경우에는 5문제씩 구성이 되어 있으며 4개의 복수지문이 등장한다. 대략 45에서 50분 사이에 48문제를 모두 풀어야 한다.

■ 문제 형태

A. 단일지문 유형

문제지에는 일상 비즈니스 상황에서 등장할 만한 편지나 이메일, 공지, 기사 등의 지문과 함께 2~5문제가 함께 제시된다. 이런 식으로 총 9개의 지문이 등장한다.

Questions 155-156 refer to the following article.

Increase in Sales: Redline Motors

Detroit, MI, March 5 - Redline Motors released its annual sales number for its automobile lines. Compared to last year, the report showed that the sales for this year increased by 4.5 percent. This increase is almost more than double the rate which industry experts had expected (2.2 percent). However, it is still not high enough for a company that showed a steady 7.0 percent increase in sales merely four years ago. Company directors remain positive; they showed their confidence in failure sales by announcing that Redline Motors is in preparation to increase its production of automobiles during the next four years.

155 How much were sales expected to increase for the year?
(A) 2.2 percent
(B) 4.5 percent
(B) 6.7 percent
(D) 7.0 percent

156 What is stated about the company directors?
(A) They are disappointed with the size of the increase.
(B) They are confident about the accuracy of the report.
(C) They want to make more automobiles over a four-year period.
(D) They plan to build a new manufacturing plant in Detroit.

B. 복수지문 유형

단일지문 유형의 문제와는 달리 상호 연관이 있는 두 개의 지문이 등장하며, 이에 대해 5문제가 제시된다. 이런 식으로 총 4개의 복수지문이 등장한다.

Questions 186-190 refer to the following memo and e-mail.

DALTON TECHNOLOGY

From: Dino Hardy, Human Resources
To: Gale Medna, Administrative office
Date: February 6
Subject: New employee orientation

As you know it is time to prepare materials for our upcoming new employee orientation. You can obtain most of the supplies listed below from our regular supplier. However, please remember that Office Max has informed us that the planners with our logo printed on them are not available from them at this time.

From: gmedna@daltontechnology.com
To: alopez@daltontechnology.com
Date:February 7, 13:20
Subject: Order for the upcoming orientation

Dear Mrs. Lopez,

Dino Hardy is ordering the supplies he needs for the new employee orientation.
Attached is a copy of his purchase order. I have already ordered the preapproved items from Office Max.

.
· 중략
.

Sincerely,

Gale Medna

---

186 Why was the memo written?
(A) To provide the information of a new vendor
(B) To request supplies for an event
(C) To describe a series of events
(D) To suggest changes for the design of a logo

187 Who has asked for notification of a delivery date?
(A) Mr. Hardy
(B) Ms. Medna
(C) Mrs. Lopez
(D) Ms. Cohen

188 What is the purpose of the e-mail?
(A) To reserve a seminar room
(B) To confirm a recent order
(C) To recommend for a new position
(D) To request approval for a purchase

189 What is suggested about Office Max?
(A) Their customer service manager is Ms. Cohen.
(B) Their prices have increased significantly since last year.
(C) They are no longer setting some items.
(D) They will deliver some of the items after February 20.

190 What will be purchased from Richter Office Supply Co.?
(A) Note pads
(B) Packs of pens
(C) Binder clips
(D) Planners

■ 문제 유형

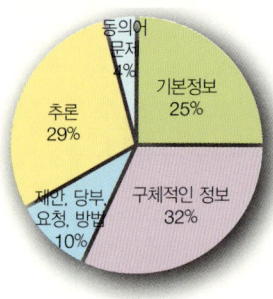

1. 문서의 기본적인 정보를 묻는 문제

❶ 목적, 주제를 묻는 문제는 주로 지문의 전반부에서 확인이 가능하므로 지문의 1~3문장만으로도 풀 수 있다.

❷ 발신자 및 발신자와 관련된 정보를 묻는 문제는 문서를 작성하거나 받는 사람에 대한 정보로, 업종 등을 묻기도 한다. 주로 문서 전반부의 레터헤드나 문서 마지막의 서명란을 확인하면 된다.

2. 문서의 구체적인 정보를 묻는 문제

❶ 구체적인 시간, 장소, 사람, 행위 등을 묻는 문제로, 질문에서 언급된 내용(키워드)을 지문에서 확인해야 한다. 또한 과거에 대한 정보는 전반부, 미래에 대한 정보는 후반부에서 찾을 수 있다는 것도 알아두자.

❷ 복수지문 문제에서 출제되는 연관 정보를 확인하는 문제는 질문의 내용은 하나의 지문에 있으며 정답은 다른 지문에 있으므로 두 지문에서 연관된 부분을 확인하여 답을 선택해야 한다.

3. 요청/당부/제안/방법 등을 묻는 문제

문서를 읽은 후에 앞으로 어떻게 해야 하는지에 대한 당부, 요청, 제안, 수단, 방법과 관련된 내용은 주로 문서의 후반부에 등장하는 내용이므로 지문의 후반부에서 답을 확인할 수 있다.

4. 추론 문제

[(NOT) mentioned/indicated/suggested about + 사람/사물] 형태의 문제로 키워드로 등장한 사람이나 사물에 관련된 보기의 내용을 지문에서 꼼꼼히 찾아서 하나씩 소거해가면서 풀어야 한다.

5. 동의어 문제

지문에 등장한 특정 단어와 문맥상 유사한 의미로 쓸 수 있는 단어를 선택하는 문제이다. 자칫 단어의 의미로만 답을 찾으려고 한다면 정답을 잘못 선택할 수 있으므로 반드시 해당 문장에서 어떤 의미로 쓰였는지를 확인해야 한다.

■ 빈출 지문 유형

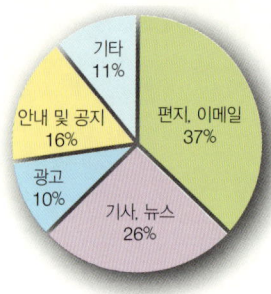

Part 7에서 가장 많이 출제되는 지문의 유형은 편지나 이메일이며, 주로 업무와 관련한 서신이다. 또한 기사나 뉴스 등이 다양한 주제들로 등장하며, 광고에서는 구인광고, 일반제품이나 서비스 광고, 업체 광고, 할인광고가 자주 등장하게 된다. 기타 지문 유형으로는 특정한 서식이나 양식을 가진 다양한 표나 문서들이 등장하기 때문에 지문의 유형이나 종류에도 익숙해지는 것이 필요하다.

■ Part 7 학습 방향 및 공략법

1. 빈출 문제의 유형을 파악하고 해당하는 정보가 어디쯤에 나올지를 예상하라.

Part 7은 문제의 의도에 따라 해당하는 정보의 위치 파악만으로 쉽게 정답을 찾을 수 있는 문제가 있고 그렇지 않고 해당하는 내용(키워드)들을 검색하여 보기를 확인하며 답을 찾아야 하는 경우가 있다.

초급자의 경우에는 먼저 질문에 해당하는 정보의 위치를 파악하는 것이 중요하다.

▶ 문서의 주제나 목적, 발신자, 수신자, 대상과 관련된 기본적인 정보는 주로 전반부에서 등장한다.

▶ 문서를 받고 어떻게 대응할 것인지에 대한 정보, 즉 글을 쓴 사람이 요청하거나 당부 또는 제안하는 내용은 후반부에서 등장한다.

2. 대략적인 문서의 내용을 파악하고 키워드의 내용을 찾는 연습을 하라.

지문의 첫 줄 또는 제목을 확인하라. 문서의 종류 및 용도, 기본 주제를 파악할 수 있고 이것만으로도 문제풀이에 아주 큰 힌트가 된다. 단순히 지문의 종류를 확인하는 것이 아니라 어떤 류의 지문이냐에 따라서 전반부와 중반부 그리고 후반부의 내용이 결정되기 때문이다.

또한 단락별로 첫 번째 문장을 확인하라. 해당 단락이 어떤 내용을 주로 다루려고 이야기를 시작하는지를 쉽게 확인할 수 있다.

3. 등장하는 빈출 지문의 종류에 대한 사전지식을 갖추어라.

기본적으로 비즈니스 문서는 일정 정도 동일한 포맷이나 흐름을 가지기 때문에 각각의 지문들에 대한 사전지식을 가지고 있어야 한다. 시험에 등장하는 대표적인 유형은 크게 5가지로 letter (email), advertisement, information & notice, news report & article, form 등이 있다. 또한 각 지문 유형별로 자주 등장하는 빈출 문제가 있으므로 각각의 유형별로 글을 쓰는 전개방식을 알아두면 답을 찾는 데 많은 도움이 된다.

4. 정답 보기에는 지문과 같은 표현이 쓰이기도 하지만 대부분 유사 표현을 쓴다.

지문에서 질문의 내용(키워드)이 등장하는 위치를 확인하고 나면, 해당 단락이나 문장에서 보기에 등장한 표현과 동일 어휘나 패러프레이징이 되어 있는 유사 의미의 어휘나 표현들을 찾아야 한다. 패러프레이징이란 다른 말로 바꾸어 표현하는 것으로, 어려운 단어를 이용한 유사 표현들이 나오는 것은 아니므로, 쉽게 생각하고 접근하는 좋다. 특히 Part 5에서 빈출되는 유사 표현들을 놓치지 않고 꼼꼼하게 공부한 사람이라면 큰 어려움은 없을 것이다.

5. 비즈니스 문서에서 자주 나오는 표현이나 구문을 알아두자.

지문 유형별로 자주 사용되는 표현이나 구문이 있다. 즉, 지문 서두에서 흔히 등장하는 문서의 목적이나 주제, 문서를 작성하게 된 원인이나 배경 설명 등에는 자주 쓰이는 구문 또는 표현이 있다. 또, 지문 후반부에서 글을 읽는 사람에게 어떻게 하라고 제안하거나 요구, 요청하는 경우에도 지문 특성별로 자주 쓰이는 구문 및 표현이 있다. 따라서 이러한 빈출 표현 및 구문들을 지문 유형별로 정리해서 알아두면 실전에서 쉽고 빠르게 답을 찾을 수 있어 문제 푸는 시간을 벌 수 있다.

CHAPTER

01

빈출문제 유형

01 주제나 목적을 묻는 문제

Point

Part 7에서 가장 자주 등장하는 문제 유형은 문서가 왜 작성된 것인지, 글의 목적이나 주제 등을 묻는 문제이다. 이러한 문제에 대한 단서는 대개 지문의 첫 번째 단락에서 글을 쓰게 된 배경과 함께 등장하며, 주로 처음 1~2문장에서 확인할 수 있다.

1 주제나 목적을 묻는 질문 유형

- What is the **purpose** of the letter? 이 편지의 목적은 무엇인가?
- **Why** did Mr. Brained **write** this announcement? 브레인드 씨는 왜 이 공지를 썼는가?
- **What** is the information **about**? 이 정보는 무엇에 관한 것인가?
- **What** is the coupon **for**? 이 쿠폰은 무엇에 사용하는 것인가?

2 이렇게 풀어라! 문제풀이 전략 ▶ 해석 해설집 p.300

To:	Andy Washington <awashington@demountservices.com>
From:	Tyler Linden <tylerlinden@ursulacorp.com>
Date:	June 7
Subject:	Regards to Invoice

Dear Mr. Washington,

I am writing this e-mail to point out an error on the invoice I received today for the floor care services done at Ursula Incorporated. The invoice number is 551328. It seems that you overcharged us by the amount of $80.00. The 15´ X 22´ area was scheduled to be treated like all other floors on the 29th, but the room was occupied when the workers were here. I asked the repair personnel to tell all workers to delay the date for cleaning the room to another date. After I find out the dates of when the room will not be in use, I will give you a specific date when the cleaning can take place. Please send me a revised invoice for the service we received in May so that we can make the payment right away.

Tyler Linden
Ursula Incorporated

❷ 주제나 목적은 글의 전반부를 확인하라.
글을 쓴 목적이나 주제는 문서의 도입부에 등장하는 경우가 대부분이다. 여기서도 I am writing ~ 이하에서 주제나 목적을 확인할 수 있다.

What is the purpose of the e-mail?

(A) To dispute a charge on a bill

(B) To request that a carpet be repaired

(C) To complain that a work crew arrived late

(D) To ask for a discount on future services

❶ 문제 파악: 이메일의 목적
이메일을 쓴 목적을 묻는 질문이다.

❸ 본문의 내용과 질문의 보기들을 확인하라.
지문의 전반부인 I am writing this e-mail to point out an error on the invoice ~(송장에 오류 사항이 있다는 것을 말씀드리기 위해 이 이메일을 보냅니다)에서 송장의 잘못된 점을 지적하기 위해 메일을 쓴 것임을 확인할 수 있다. 또한 It seems that ~ 이하의 문장에서 송장에 금액이 과다하게 부과되었다는 것을 알 수 있으므로 정답은 (A) 청구서에 부과된 요금에 이의를 제기하기 위해서 보냈다는 것을 알 수 있다.

주제나 목적을 말하는 빈출 문장

- **I'm writing to** inform you to resign as an assistant.
  비서를 그만두겠다는 것을 알려드리고자 이 글을 씁니다.

- **We would like to** inform all our valued customers about some new development.
  저희의 소중한 고객님들께 모두 당사의 새롭게 개선된 사항에 대해 몇 가지 알려드리고자 합니다.

- **We are pleased to** offer you a position as a senior engineer.
  저희는 귀하에게 수석 엔지니어의 자리를 제공하게 되어 기쁘게 생각합니다.

Step 1 | 다음 이메일의 목적을 알 수 있는 문장을 찾으세요.

Dear All Employees,

(A) I would like to inform you that Janet Clarence has been summoned to our Chelsea branch as the director of human resources. (B) Before her transfer to England, Ms. Clarence had been the acting assistant director of human resources in KTBM's Athens branch for two years. (C) She has given a promising performance there where she developed and implemented more efficient recruitment procedures which are currently used in all KTBM branches. (D) Also, she managed to create an employee-development program that enabled the organization to simplify the job-training process for new employees.

Step 2 | 실전처럼 문제를 풀어보세요.

Question 01 refers to the following advertisement.

Better Price and Better Travel with Sedna

Sedna Airlines now adds new affordable flying options for our frequently used international flights. From our website at www.sednaairlines.com, you may view the complete listing of round-trip and one-way fares that are included in this promotion. These flights must be reserved online and travels must be completed within two months of purchase. These offers cannot be used in combination with other international flights of Sedna Airlines.

SEDNA AIRLINES

01 What is the purpose of the advertisement?
   (A) To introduce a new promotion
   (B) To publicize new domestic fares
   (C) To announce new domestic flying options
   (D) To list new flight destinations

LESSON

02 발신자와 수신자에 관한 정보를 묻는 문제

Point

문서의 발신자 및 수신자, 목적하는 대상, 작성한 사람의 업무, 직업이나 회사의 업종을 묻는 문제이다. 특정 서식에서 등장하는 수신인, 발신인에 대한 정보를 확인하거나, 본문에서 질문의 키워드로 등장한 사람 또는 회사의 이름을 찾아 관련된 업무나 업종을 확인해야 한다.

1

발신자와 수신자에 관한 정보를 묻는 질문 유형

- **Who** is this notice **from**? 누가 이 공지를 작성했는가?
- **For whom** is the letter **intended**? 이 편지는 누구에게 보내려고 쓴 것인가?
- **What type of company** produced this flyer? 어떤 회사가 이 광고지를 작성했는가?
- **Who** most likely is **Mr. Kang**? 강 씨는 누구인가?

2

이렇게 풀어라! 문제풀이 전략 ▶ 해석 해설집 p.302

To:	Dan Cole
From:	Ingrid Stiller
Date:	June 2
Subject:	June 10 Installation

Dear Dr. Cole,

As we discussed during the meeting a few days ago, all medical centers need a reliable power source. I believe that our solar panel system could provide you with a superior energy source. In fact, you will realize that it is more cost-efficient and at the same time, environmentally friendly. I would also like to mention that we are going to install the system during off hours, so you wouldn't have to expect any inconvenience it may cause.

Yours sincerely,

Ingrid Stiller
Sales Director

❸ 발신자와 관련된 정보는 I/We가 포함된 문장에서 찾는다.

해석 저희의 태양열 패널 시스템이 보다 우수한 에너지원을 공급할 수 있을 것이라고 생각합니다.

❷ 이메일 발신자와 작성자 확인

이메일의 발신처(From)와 맨 아래 서명 부분에서 Ms. Stiller가 '발신인'임을 확인할 수 있다.

For what type of business does Ms. Stiller most likely work?

(A) A maintenance service

(B) An energy company

(C) A medical staffing firm

(D) An Internet service provider

❶ 문제 파악: 발신자(사람 이름) 관련 질문
Ms. Stiller가 어떤 업체에서 일을 하는지를 묻는 질문이다.

❹ 본문의 내용과 질문의 보기들을 확인하라.

문서의 내용에서 작성자나 발신자는 I/We로 표현되는데, 두 번째 줄의 I believe that our solar panel system could provide you with a superior energy source.(우리의 태양열 패널 시스템이 보다 우수한 에너지를 공급할 수 있을 것이라고 생각합니다.)에서 발신인이 에너지를 공급하는 회사에서 근무한다는 것을 확인할 수 있다.

Step 1 다음의 광고에서 A Happy Home이라는 업체가 어떤 일을 하는지 알 수 있는 문장을 찾으세요.

A Happy Home
Invites you
(A) **To Spoil Your Family**

(B) Let us help you redesign your home, add space, and feel great!

- (C) Redecorate every room with the newest fashions.
- Our specialists help you coordinate your wallpaper, carpet, and furniture.
- Prices as low as $500 per room and 20% off for 3 or more rooms.
- (D) You don't want to leave your home? Don't worry, we'll come to you.
- All the work is done by A Happy Home; you don't have to lift a finger!

This Month's Special

Order a total home makeover and we'll give you a brand-new
Closet Organizer FREE!

3273 Tulsa Rd. Jacksonville, 10723, 806-786-9844

Step 2 실전처럼 문제를 풀어보세요.

Question 01 refers to the following letter.

Dear editor,

I have been an avid reader who follows the recipes in *Home Dishes*. Whenever I tried making the dishes on my own, they usually ended up tasting good. However, I realized that the fish menu on the August issue was too salty when I followed the recipe a few days ago. It seems that there could be a typo on your August issue. The instruction said that I put 20 mL of salt. I actually tried the recipe again yesterday with putting less salt. I put about 10 mL of salt, and the fish turned out to taste better this time. I would also like to mention that I increased the heating time from 15 to 25 minutes while using a slightly lower temperature. This allowed the vegetables to become a better match to the fish, resulting in a greater taste.

Sincerely,
Sarah Kelly

---

01 What is indicated about Ms. Kelly?

(A) She would like to write an article for *Home Dishes*.

(B) She prefers salty foods.

(C) She subscribed to several cooking magazines.

(D) She has made the vegetables and fish dish more than once.

03 구체적인 정보를 묻는 문제

Point

언제, 어디서, 무엇을 등과 같은 구체적인 사항을 묻는 질문은 주로 의문사의 형태로 출제되며, 질문에 등장한 키워드를 지문에서 찾아서 관련 내용을 질문의 보기와 비교해야 한다. 이때, 지문에 나오는 표현이 그대로 보기에 등장하는 것이 아니라 패러프레이징 되는 경우가 대부분이므로, 내용을 파악하여 유사한 의미의 정답을 골라내야 한다.

1 구체적인 정보를 묻는 질문 유형

- **What event** will be held on **Thursday**? 목요일에 어떤 행사가 열리는가?
- **When** was the seminar **originally scheduled** to be held? 세미나는 원래 언제 열릴 예정이었나?
- For **what** has **Garden Mart** received **awards**? 가든 마트는 무엇 때문에 상을 받았는가?
- **How long** did **James Dean work at Simon Electronics Inc.**?
  제임스 딘은 사이몬 전자에서 얼마나 오래 근무했는가?

2 이렇게 풀어라! 문제풀이 전략 ▶ 해석 해설집 p.304~305

February 24

Kolstad Norway
Customer Service Department

Dear Customer Service,

Last year on August 5, I ordered a Kolstad refrigerator, the Z-501. As you are all aware, the product normally comes with a one-year limited warranty.

About two weeks ago, the refrigerator seemed to be making a strange noise, so I called in a technician on February 12 (invoice: 553NM9). The technician was able to find some flaws with the compressor and stated that parts needed to be replaced. Apparently, the compressor was not capable of holding the designated temperature to assure freshness of the contents inside. The repair was promised to be completed in under five days, but it ended up taking ten days. As a result, approximately $200 worth of food has been spoiled. On top of that, I received a bill yesterday requesting payment for the cost of the compressor and labor.

As far as I am concerned, the one-year limited warranty includes both parts and labor. Not only that the bill should be canceled, but I believe that Kolstad must also be responsible for the food waste caused by late repairs. Please respond immediately upon receiving this mail.

Sincerely,

Miriam Pecker

❷ 키워드와 시간을 확인하라.
도입부에서 냉장고를 샀다는 내용이 먼저 언급된 뒤, 두 번째 단락에서 2주 전 2월 12일에 냉장고의 이상을 감지하고 기술자를 불렀다는 내용이 이어진다.

When did Ms. Pecker learn that the refrigerator required repair?
(A) On February 10
(B) On February 12
(C) On February 24
(D) On March 2

❶ 문제 파악: 특정 사건이 발생한 시간 질문
When did / Pecker / learn / required repair에서 Pecker가 언제 수리가 필요한지 알았는가를 묻는 질문이라는 것을 알 수 있다.

Step 1 업무 경력(work experience)에 대해서 작성하려면 누구에게 이야기하면 되는지 알 수 있는 문장을 찾으세요.

	Job fair *We wish that everyone can join SIT's (Seymore Institute of Technology) fifth annual job fair workshop! This year's featured presentations and lectures are as follows:*	
10:15 A.M. ~ 11:30 A.M.	(A) **Session 1: "Slowly Building your Career from Day 1"**	Lana Apples Codirector. SIT Career Development Team
11:30 A.M. ~ 12:30 P.M.	(B) **Session 2: "For a Perfect Resume and Cover Letter"**	Jacob Grant Codirector. SIT Career Development Team
12:30 P.M. ~ 1:30 P.M.	(C) **Session 3: "Tips for successful Interviews"**	Philip Nunez, (guest lecturer) Professor of Business Communications, Waters School of Business
2:30 P.M. ~ 4:00 P.M.	(D) **Session 4: "Where are your Sources?"**	Sabrina Keys CEO, Truman&Bach Corp.

As with our previous workshops, this year's job fair is free. A light meal will be served between Session 3 and Session 4.

Step 2 실전처럼 문제를 풀어보세요.

Question 01 refers to the following email.

From:	Drew Kilmer, Operations Manager
To:	All Employees
Date:	January 27
Subject:	Energy Use

The company has recently announced plans on saving energy in our everyday workplace. By cutting down on unnecessary energy use, we predict that we could reduce our annual operations expense by 20 percent. By doing this, we will be able to invest more funds for other company necessities such as replacing old office equipment and upgrading the entire computer system.

Based on a study conducted by members of our research department, we have developed two ways of being more efficient in our use of energy. They are as follows:

1. When an office room is vacant, turn off all lights in the room. As for the lights in the hallways, if you are the last one to leave the office, please turn off the lights before leaving the premises.

2. Do NOT forget to turn off the computers at the end of each day. Also, it is best you turn off the computers if you are expecting to spend a long period of time outside the office during the day.

We are grateful for your cooperation. If you have any questions about following the new procedures, contact Ji Hae Park, the human resources manager. If you wish to find out more about the analysis used to create the procedures, you may contact Dominic Edwards, who led the study.

Thank you.

Drew Kilmer

01 In what department does Mr. Edwards work?

    (A) Maintenance   (B) Accounting   (C) Research   (D) Human resources

LESSON

04 미래 상황 또는 요청/당부/제안/방법을 묻는 문제

Point

❶ 미래 상황을 묻는 질문은 일반적으로 구체적인 시간 부사어구와 함께 등장한다.

❷ 요청, 제안 등을 묻는 질문은 문서를 읽고 다음 행동을 어떻게 제시했는지, 특정 행위를 위한 수단이나 방법이 무엇인지를 묻는다.

미래 상황 또는 요청사항은 글의 후반부에 나온다!

---

1 미래 상황 또는 요청/당부/제안/방법을 묻는 질문 유형

- **What** does Mr. Long **suggest** that Ms. Kim **do**? 롱 씨는 김 씨가 무엇을 하도록 제안하는가?
- **How should** an application be **submitted**? 신청서는 어떻게 제출되어야 하는가?
- **What** does Mr. Blake tell Ms. Coach **to do**? 블레이크 씨는 코치 씨에게 어떻게 하라고 말하는가?
- According to the information, **what will happen** on **December 11**?
  정보에 따르면, 12월 11일에 무슨 일이 일어날 것인가?

---

2 이렇게 풀어라! 문제풀이 전략 ▶ 해석 해설집 p.307~308

Best Sales Employee Awards Ceremony

Join us on this wonderful evening to honor an outstanding salesperson of Wingslide Motors. We are pleased to announce Megan Buchner as this year's Best Sales Employee. She recorded the highest in sales and her overall contribution and dedication to our company has been noteworthy.

Sunday, December 7
Hotel Baroque, 115 Antiga Road

Dinner will begin at 6:30 P.M.
Award ceremony will begin at 8:00 P.M.

To put your name on the list, please e-mail our marketing director Jenna Paxon at jenpaxon@wingslidemotors.com by no later than November 17. After confirming your participation, Ms. Paxon will send you free tickets via mail.

What are recipients of the invitation asked to do?

(A) Purchase tickets by December 7

(B) Visit the company's website

(C) Contact a hotel staff member

(D) E-mail a company employee

❷ 지문의 후반부를 확인하라.
- 요청 사항은 대개 글의 후반부에 위치하므로, 후반부에서 관련 표현을 찾는다.
- 〈Please + 동사원형〉은 상대방에게 부탁이나 요청을 할 때 쓰는 표현이다.

해석 당신의 이름을 명단에 올리기 위해서, 우리 회사 마케팅 부장인 제너 팩슨 씨에게 늦어도 11월 17일 까지 이메일을 보내 주시기 바랍니다.

❶ 문제 파악: 요구, 요청의 질문
초대장을 받은 사람이 요청받은 사항을 묻는 질문이다.

❸ 본문의 내용과 질문의 보기들을 확인하라.
please e-mail our marketing director는 '회사 직원에게 이메일을 보내라'는 의미로 보기 중에 (D) E-mail a company employee가 정답이 된다.

---

3 요청/당부/제안 빈출 표현

- **(Please) + 동사원형** ~하세요
- **You should/must/have to + 동사원형** ~해야 합니다
- **You are asked/requested/instructed/invited to + 동사원형** ~해야 합니다
- **We recommend/suggest/ask/require you to + 동사원형**
  우리는 당신이 ~하실 것을 권합니다/요청합니다

▶ 정답 및 해설 p.307~310

Step 1 | 12월 11일에 무슨 일이 있을지 알 수 있는 문장을 찾으세요.

Woodbury Water Services Company	For any inquiries, please call (212) 700-0109	
Service Information Peter Danish 311 Demi Square Woodbury, NY 10917 **Account Number:** 1503096782	**Account Summary** Previous balance ....$55.00 Payment received ....55.00 Late-payment fee ....10.00 Current charges ....60.00 Total balance $70.00	**Billing Information** (A) Service Dates November 1 - November 31

		(B) Due Date January 2	**Please Pay** $70.00

Current Charges		Payment Information
Service	**Amount**	(C) Please send your check to the address provided below or pay online at www.woodburywaters.com *Do not send cash.
Water usage	$45.00	
Monthly service fee	15.00	
Total charges	$60.00	

Important Notice	Woodbury Water Services Company
• (D) The water service at Demi Square will **stop** temporarily due to routine inspections on **December 11**. We apologize for any trouble this may cause you. Thank you for your understanding.	**Woodbury Water Services Company** **P.O. Box 1548** **Woodbury NY, 10915** **WWSC**

Step 2 | 실전처럼 문제를 풀어보세요.

Question 01 refers to the following e-mail.

To:	customerservice@hamaanpcinsurance.com
From:	marytodd@watersfinancial.com
Date:	May 21
Subject:	Policy Number 300 574 00649

My laptop computer has been experiencing slowdowns lately and I would like to file a claim. I actually misplaced the paper which outlined the insurance terms that came along with the Premium Package I purchased last year, so I am not well-versed with the entire insurance coverage. I tried calling your claims department last week a number of times, but I ended up getting a recorded message indicating that your claim department contact number was no longer available.

Allow me to describe what happened. It was about two weeks ago when my laptop had started overheating. Ever since this incident, the computer took noticeably longer while it is turning on and when accessing files. Most importantly, the screen is not functioning right, and all I can see is a blue screen. Are these types of problems covered under the Premium Package? Please give me a call about this matter and tell me how much I will be reimbursed. Also, please do not forget to send me the terms of my current insurance plan by either fax or e-mail. Thank you.

Mary Todd

01 What does Ms. Todd request?
(A) A new laptop
(B) A copy of a lost document
(C) A confirmation number
(D) An upgrade to a new plan

LESSON

05 추론 문제

Point

추론 문제는 주로 (NOT) true, suggested, mentioned, indicated라는 말이 등장하고, about이나 in 뒤에 대상이 되는 키워드나 지문의 종류가 나온다. 보기의 내용을 먼저 한두 단어의 키워드로 정리한 뒤 지문으로 올라가서 각각의 보기와 비교해야 한다. 특히, NOT-question 유형의 경우는 보기에서 키워드를 잡고, 지문에서 보기의 내용을 찾아 언급된 내용을 오답으로 소거해 나가는 방법으로 정답을 찾아야 한다.

1

추론 문제 질문 유형

- **What** is **suggested about** Red Star Hotel? 레드 스타 호텔에 대해 무엇을 알 수 있는가?
- **What** does the letter **imply**? 편지는 무엇을 나타내고 있는가?
- **What** is **indicated about** the exhibition? 전시회에 대해서 나타내고 있는 것은 무엇인가?
- **What** is **NOT mentioned about** Ms. Aoyama? 아오야마 씨에 대해 언급되지 않은 것은 무엇인가?

2

이렇게 풀어라! 문제풀이 전략 ▶ 해석 해설집 p.310

HELP WANTED

Job Title: Front Desk Assistant

Working Hours: Full Time

Job description: (D) This position is suitable for any individual who presents a kind, helpful, and professional image. The main duties of a front desk assistant is to greet and register our guests, obtain payment information, and assign them to their rooms. (A) One must also be responsible for recording daily receipt logs and preparing checks and cash which need to be deposited in the bank. The ideal applicant is required to have completed basic courses in hospitality management. (C) One must be fluent in English and at least one Asian language. If you meet the conditions, please send your resume and a cover letter to amandalogan@marshall.com. If you wish to speak directly to Ms. Logan about the position, please visit our office at 2200 Linden Drive at any time between 1 PM and 6 PM, Monday to Friday. Our lines are usually busy handling customers, so do NOT call us, please.

What is NOT indicated as a requirement for the position?

(A) Knowing how to record financial transactions

(B) Expertise in coordinating transportation

(C) Ability to use more than one language

(D) Having a businesslike appearance

---

❸ 지문에서 해당 내용을 찾아 보기와 비교한다.

지문으로 올라가, 자격 요건이 언급된 부분을 찾아서 각각의 보기의 내용과 비교한 뒤, 언급된 것이나 사실인 것은 오답으로 소거한다.

해석 (A) 매일 영수증을 기록하고, 은행에 예금할 수표와 현금을 준비하는 업무도 하게 된다. (C) 영어와 최소한 하나 이상의 아시아 국가 언어에 능통해야 한다. (D) 친절하고 호의적이고, 전문적인 이미지를 가진 사람에게 적합하다.

❶ 문제 파악: 키워드는 자격 요건

구인광고에서 자격 요건으로 언급된 것을 보기에서 소거하면 언급되지 않은 것만 남는다.

❷ 보기의 키워드 정리

보기의 키워드를 한두 단어로 정리한다.

---

❹ 보기 중 지문에 언급된 내용은 소거하고 남은 답을 선택한다.

자격 요건은 주로 '~을 할 줄 알아야 한다'는 의미로 표현되는데, (B)의 transportation과 관련된 내용은 언급되지 않았기 때문에 답은 (B)가 된다.

▶ 정답 및 해설 p.310~313

Step 1 | 커피 메이커의 단점을 알 수 있는 문장을 찾으세요.

Customer Reviews

COFFEE Machines & Appliances
Open Clouds D5-001

(A) I purchased an Open Clouds D5-001 coffee machine about a month ago, and I have to admit that I am overall very satisfied with its brilliant performance so far. I consider that this was one of my smartest purchases which I have made in recent years.

(B) I noticed; after buying the Open Clouds D5-001, that it comes with a built-in grinder. This mechanism enables the user to grind coffee beans into powder form, and this is the key which allows the machine to brew fine coffee every single time. I would also like to mention that there is also a device which reduces the noise made from grinding. (C) As opposed to the coffee machines in the past, the Open Clouds D5-001 is fairly easy to disassemble and clean. Putting them back in one piece was simple and it only took me about two minutes to do so. When you buy this coffee maker, you will also realize that it also comes with written guidelines that gives users some valuable tips on how to use the machine to its greatest extent.

(D) The machine itself is nearly perfect, but there is one concern. Compared to other coffee makers, the Open Clouds D5-001 is quite pricy. It is at least $200 more expensive than those of other brands. Honestly, I might not have made this purchase if it wasn't for my cousin who was impressed with its capabilities after she bought it earlier this year. Now that I don't have a single regret for purchasing this wondering item, I strongly suggest that you buy an Open Clouds D5-001 for all your coffee needs!

Step 2 | 실전처럼 문제를 풀어보세요.

Question 01 refers to the following e-mail.

Tenth Annual Geneva Automobile Trade Fair
Creating Fuel-Efficient Vehicles of the Twenty-first Century

The Tenth Annual Geneva Automobile Trade Fair will take place at the Caesar Center in Geneva, Italy, from February 13 to 14.

Featured speakers:
February 13, 3:00 P.M. Bernard Willheim, Head Engineer, Motorsport Performance Team
▸ The efficiency of diesel and electric engines
February 14, 3:30 P.M. Henry Slater, CEO, Canary Motors
▸ The prospect for hydro-fueled automobiles

- More than 30 companies from 17 countries have already secured booths to take part in the fair. Sample company products and related information will be available in the main lobby of the center.
- A museum tour will be offered for those who are interested in the history of engine development process in the Geneva Museum of Autos.
- More than 7,000 people attended last year's event held in Frankfurt, Germany. The number of attendees has been growing every year. To guarantee admittance to the event, please register by January 11. For more information about the trade fair and the museum, visit the Geneva Automobile Trade Fair Web site at www.genevatradefair.com.

01 What is NOT mentioned as a feature of the event?

(A) Question-and-answer sessions with panels of experts

(B) Displays of products and information

(C) Guided tours at a museum

(D) Booths hosted by organizations from many countries

LESSON

06 유사 어휘 문제

Point

지문에 언급된 어휘와 가장 의미가 가까운 단어를 묻는 유사 어휘 문제는, 평균 1~2문제가 출제된다. 질문에 등장하는 어휘는 대부분 보기에 나타난 의미를 모두 가지고 있는 다의어인 경우가 대부분이므로, 해당 문장이나 문맥 속에서 어떤 의미로 쓰였는지 파악해서 정답을 골라야 한다.

1

유사 어휘 문제 질문 유형

- In the letter, the **word** 'astounded' in paragraph 1, line 3, **is closest in meaning to**:
  편지에서 첫 번째 문단, 세 번째 줄의 astounded와 의미가 가장 유사한 것은?

- The **word** 'located' in paragraph 3, line 2, **is closest in meaning to**:
  세 번째 문단, 두 번째 줄의 located와 의미가 가장 유사한 것은?

2

이렇게 풀어라! 문제풀이 전략   ▶ 해석 해설집 p.313

Dear Ms. Ginger,

I first want to thank you for giving me such a great tour of Classic Windsor Apartment Complex. The building itself was amazingly beautiful, the facilities seemed fairly new, and I especially liked its great location. I considered your recommendation of the room with the ocean view and extra storage space, but I decided to take the one with the balcony instead. I liked the fact that it had an outdoor, hardwood balcony that **overlooks** the park.

Given that the my stay in Skippertown depends on the length of my overseas business, I have decided not to bring any of my furniture from Taipei since I don't think I will be staying here for a long period of time. It would be best if I could move in on the 14th of August. Once we arrange a time, I will stop by your office to complete the paperwork and sign up for a parking space. I will also have my deposit prepared as well.

John Madden

❷ 문장에서 의미 파악하기
질문에 명시된 위치에 따라 지문에서 해당 단어가 나온 문장을 찾아서, 그 단어가 문맥 속에서 어떤 의미로 쓰였는지 파악한다.

해석 저는 그것이 공원이 내려다보이는 목재로 된 실외 발코니가 있다는 점이 마음에 들었습니다.

In the e-mail, the word "overlooks" in paragraph 1, line 7, is closest in the meaning to:

(A) forgets about

(B) provides a view of

(C) gives an excuse for

(D) inspects inside

❶ 문제 파악: 단어 위치 확인
overlooks와 유사한 의미를 가진 단어를 찾는 유사 어휘 문제이다.

❸ 보기에서 유사한 의미로 쓰이는 단어 찾기
공원이 내려다보이는 실외 발코니가 있다는 것이 마음에 들었다는 의미이기 때문에 overlooks 대신 provides a view of가 들어가도 같은 뜻이 되므로 정답은 (B)가 된다.

▶ 정답 및 해설 p.313~315

Step 1 | 아래의 밑줄 친 문장에서 turn out의 의미에 주의하여 해석하세요.

Salt Lake City (June 8) - Bayern Automobiles celebrated the official opening of the company's new factory in the United States. The factory was completely built in Segundo, Utah recently. Located about 30 miles south of Salt Lake City, the factory has currently hired 75 workers. However, factory manager Michael Hoover said that he intends to create 40 more job openings by September. During the opening ceremony, Mr. Hoover said, "It's not a common practice to <u>hire and train such a large group of people at the same time, but, once the factory reaches its full production, we estimate that it turns out 3,000 automobiles every month.</u>"

Most of the 75 positions were filled by local residents who were once employed in Colossus Steels, a metal company that had closed several facilities a few months ago, including the one in Brian Olsen's hometown. He said, "Most of the workers in Mormon Town, including myself, were worried until we heard about the job hiring at Bayern Automobiles."

Olsen also spread the word to his former coworkers. Among the coworkers is included his niece of nearby Burlington, Linda Benson. When she applied for a job at Bayern Automobiles, not only she was hired, but she even received a better offer. "I thought I was going to do the same duties as my previous job, but after I successfully completed my training, they asked me whether I would like to teach other new employees on how to operate the machines!"

Ms. Benson believes that attending school between jobs paid off. "I realized that education could always give me an edge, so I decided to take some morning and evening courses in machinery in Salt Lake City," she said.

Olsen and Benson were among the 300 guests who were invited to attend the factory's grand opening. Some of the notable individuals from the guest list included the CEO of Bayern Automobiles, Derek Becker, state senator Harrison Chomsky, and mayor Mary Worthington.

Step 2 | 실전처럼 문제를 풀어보세요.

Question 01 refers to the following e-mail.

To:	Isabella <bellegloria@elecmail.com>
From:	Clark Liu <clarkliu@spectrum.com>
Date:	May 23
Subject:	Update

Dear Ms. Gloria,

I am with you on choosing brown and blue for your kitchen and bedrooms. However, I am a little worried about the choice you've made with your bathroom. Green is a typical color which most customers are not satisfied with long term. It would be better to reconsider and let me know again.

With the exception of #B51 Metallic Black, I could prepare all the other colors on your list. Magnifico has recently stopped producing that color. However, there is a same color shade made by The Avant. The product number is #B106, so you might want to take a look at it. Also, to answer your question, the painting job should be able to start on June 5, and this will be more than enough time for the job to be completed before the 27th, leaving your apartment in good shape.

Best Regards,

Clark Liu, Color Counselor
Spectrum Interiors

01 In the e-mail, the word "shape" in paragraph 2, line 5, is closest in meaning to:

    (A) pattern   (B) figure   (C) plan   (D) condition

LESSON 07 두 개 지문의 연관된 정보를 확인해야 하는 문제

Point

복수 지문에 연관된 정보를 찾아라!

복수 지문(double passages)을 연계해서 풀어야 하는 문제는 보통 1~2개가 출제된다. 우선, 두 지문의 유형과 관계를 파악한 뒤, 질문에 나온 키워드가 등장하는 지문에서 해당 내용을 파악한다. 하나의 지문에서 정답을 확인할 수 없는 경우, 연관된 또 다른 키워드를 찾아서 다른 지문에서 그 연관 키워드를 중심으로 정답을 찾도록 한다.

이렇게 풀어라! 문제풀이 전략 ▶ 해석 해설집 p.316~317

Pencil Ink Publishing

Presents

Grace Knight's "Silver Butterflies" National Book Tour Events

Midwest Region - July

Tuesday, July 7, 5:30 pm

Merlin Bookshop—801 Dove St., Detroit MI, 46102

A 30-minute presentation will be given by Ms. Knight at 5:00 p.m. Reading session and book signing start at 5:30 p.m. Admittance by invitation only.

Thursday, July 9, 4:00 pm

Black Books—6221 Mayweather Dr., Madison WI, 53701

Reading session will begin at 4:00 p.m., and it will be followed by book signing at 5 p.m. Ms. Knight will NOT be available for answering questions for this presentation due to personal reasons.

Dear Mr. Guards,

I would like to give my thanks to Pencil Ink Publishing for inviting me to the book tour held in Detroit. It was also great to participate in the private reception after the book signing. I was excited to meet one of today's most acclaimed writers and to talk with her in person. I told her that I have been planning on using "Silver Butterflies" in my American philosophy course for the fall semester. Unfortunately, she couldn't spend the entire time with me, and therefore she suggested I send her a list of questions for her to answer for me after the end of her book tour in the Midwest regions. Attached are the questions. Also, I was wondering whether Ms. Knight could visit my class to give a short presentation for the students. I figured that this could be a great opportunity for students to learn a great deal of American philosophy and literature as well. Thank you in advance.

Sincerely,

Jasmine Lawrence

When did Ms. Lawrence meet Ms. Knight?

(A) On July 7　　(B) On July 9　　(C) On July 15　　(D) On July 24

❶ 두 지문의 유형 및 관계 파악

첫 번째 문서는 출판사에서 주최하는 행사 일정(schedule)이고 두 번째 편지는 행사에 참석한 사람이 출판사에 보내는 메일이다. 두 지문의 관계는 보통 제목이나 글을 쓴 목적에서 확인할 수 있다.

❹ 다른 지문에서 연관된 정보 찾기

일단 첫 번째 지문을 통해 '실버 버터플라이스'를 집필한 작가가 Grace Knight임을 확인할 수 있다. 두 번째 메일에서 찾은 단서인 book tour held in Detroit를 가지고 첫 번째 지문에서 날짜와 관련된 정보를 찾는다.

⇨ 첫 번째 일정에서 Detroit에서 열리는 행사가 July 7이라는 사실을 확인할 수 있으므로 정답은 (A)가 된다.

❸ 지문에서 해당 키워드와 내용 찾기

두 번째 메일의 발신자가 Lawrence이므로 두 번째 지문에서 해당 내용을 찾는다.

⇨ 1~4번째 문장을 보면 Detroit에서 열린 북 투어에서 '실버 버터플라이스'를 집필한 작가를 만났다는 내용이 나오고 있으나, 질문에서 묻고 있는 날짜에 대한 정보는 확인할 수 없으므로, 위의 지문으로 이동한다.

❷ 질문의 키워드를 확인하라.

Lawrence 씨가 Knight 씨를 언제 만났는지 묻는 질문으로 해당 이름이 있는 두 번째 지문부터 확인해야 한다.

Step 1 | 실전처럼 문제를 풀어보세요.

Question 01 refers to the following advertisement and e-mail.

Join today and shape up your body at a
Thonet Fitness Club!
Sign up online at www.thonetfitness.com
Visit one of our four locations in the City of Pikeland:
Dea Park, Sigmund Avenue, Sunset Drive, and Baro Park

As of March, we are currently offering discounts for all new members!

	Individual	Family
1 month	$30	$50
3 months	$20 per month	$40 per month
1 year	$15 per month	$30 per month

You will receive a coupon for Atlas Sport Shop if you sign up for a family plan before the 31st of March.

20% off coupon with the 3-month package
50% off coupon with the 1-year package

We at Thonet Fitness Club guarantee a perfect environment for your workout with our advanced equipment and reliable staff. We are committed to you and your family's fitness and satisfaction.

*Fitness classes are not included in the price stated above.

From:	Bart Swagger
To:	Denise Chambers
Date:	March 3
Subject:	Thank you for joining Thonet!
Attachment:	Confirmation

Dear Ms. Chambers,

Thank you for registering to be a member of Thonet Fitness Club. Your online payment has been received and processed. As a member of our club, you and your family are entitled to use all of our facilities, including gym, tracks, and swimming pools. Your membership also comes with one free personal training session from one of our fitness coaches and two-week free access to our pilates and yoga classes.

As a March promotion, a 20% discount coupon which you can use at Atlas Sport Shop will be sent to your mailbox within the next three days. Also, all Thonet members may receive 10% off of any items you purchase from Atlas Sport Shop. To receive a discount, please present your Thonet membership to one of the cashiers at Atlas Sports Shop when making a purchase. The shop is located a block away from our Dea Park location.

Please print out the confirmation attached to this e-mail, and bring it to any of our four locations to have your Thonet membership cards issued for you and your entire family. If you have any additional questions about Thonet Fitness Club, please contact us on 221) 557-9991 or visit our website at www.thonetfitness.com. Have a nice day.

Sincerely,

Bart Swagger, Thonet Fitness Club Representative

01 How much will Ms. Charmbers pay per month?
    (A) $15   (B) $20   (C) $30   (D) $40

CHAPTER

02

지문의 유형

01 이메일 및 편지

Point

토익에 등장하는 이메일/편지/팩스는 일상 업무에서 발생할 수 있는 사건들을 주제로 다루며, 주로 회사와 특정 개인이나 고객, 또는 회사와 회사 간의 서신이 주를 이룬다. Part 7에서 가장 많이 등장하는 지문 중의 하나로 Part 7의 기준이 되는 문제들이라고 볼 수 있다. 먼저 이러한 편지나 이메일을 작성하는 순서에 대해서 알아야 하며, 문제를 풀기 위해서는 보낸 사람과 받는 사람의 정보를 확인하고 해당 글을 작성한 이유, 요청사항 등을 파악하는 것이 중요하다.

회람(memo) 역시 편지나 이메일과 함께 자주 등장하는 커뮤니케이션 수단이라는 것도 알아두자.

1 주로 등장하는 내용

주문(ordering), 지원(applying), 문의(inquiring), 요청(requesting), 초청(inviting) 또는 이에 대한 회답으로 수락(accepting), 동의(agreement), 거절(declining), 감사(thanks), 평가(review) 등의 내용이 주로 등장하게 된다.

2 빈출질문 유형

❶ 글을 쓴 목적이나 이유를 묻는 질문

- **Why** was the letter **written**? 이 편지를 작성한 이유는?
- What is the (main) **purpose** of this letter? 이 편지를 작성한 목적은 무엇인가?
- **Why** did Mr. Brainerd **write** this letter? 브레이너드 씨는 왜 이 편지를 썼는가?

❷ 발신/수신인과 관련된 정보를 묻는 질문

- **For what department** does Nadine **work**? 내딘은 어떤 부서에서 근무하고 있나?
- **For whom** is the memo most likely **intended**? 이 회람은 누가 보라고 작성한 것 같은가?

❸ 구체적인 정보(키워드)를 묻는 질문

- **What** is **attached** to the e-mail? 이 이메일에 첨부된 것은 무엇인가?
- **When** did the **customer** initially place the **order**? 고객이 처음 주문한 때는 언제인가?
- **What** does the invitation **NOT offer** to guests?
  초대장에서 손님에게 제공한다고 되어 있지 않은 것은 무엇인가?
- **What** is **indicated about** Ms. Morris? 모리스 씨에 대해서 언급된 것은 무엇인가?
- **Who** will **meet** in room 85 after lunch? 누가 점심식사 후에 85호실에서 만날 것인가?

❹ 요청, 제안, 수단, 방법을 묻는 질문

- **Who should** be **contacted** for more information?
  더 자세한 정보를 얻으려면 누구에게 연락해야 하나?
- **What** does Mr. Rawlings **suggest** that Ms. Larson **do**?
  롤링스 씨는 라슨 씨에게 어떻게 하라고 말하나?
- **What should** employees **do** if they need to change a seminar room?
  세미나실을 바꾸려면 직원들은 어떻게 해야 하나?
- **What** is Ms. Potter **instructed to** bring to the information desk?
  포터 씨는 안내 데스크에 무엇을 가져가라는 지시를 받고 있나?
- **How** can staff members **learn about** special travel discounts?
  직원들이 출장 특별 할인에 대해서 알 수 있는 방법은?

이렇게 풀어라! 문제풀이 전략

Questions 1-3 refer to the following e-mail.

To:	All Employees of the Sales Department
From:	Nina Vasquez <ninavasquez@tnbcompany.com>
Date:	Wednesday, April 17
Subject:	Employee Handbook
Attachment:	Important Updates

Dear employees,

The T&B Company employee handbook has been revised. This updated information has been posted on the employee Web site. Click on "Staff Information" to view the entire information. Also, I have attached a file of this document in this e-mail. I advise all employees to spend some time reviewing the file and focusing on the highlighted areas, as they contain the recently made changes.

On next Friday's meeting, I myself and Ms. Lights from the human resources department will be addressing all changes to our policies which could affect the sales department. After we explain them in great detail, you may ask us any questions regarding the changes. If you wish to know more about the policy updates, we recommend that you take a copy of the handbook and consult your supervisors.

Thank you,

Nina Vasquez
Head Sales Manager, Sales Division

01 What is the purpose of the e-mail?

(A) To announce that a new human resources director has been hired

(B) To ask employees to familiarize themselves with updated regulations

(C) To urge employees to copy important documents

(D) To inform employees about the location of an upcoming meeting

02 According to the e-mail, what will happen next week?

(A) Information posted on the employee Web site will be updated.

(B) Employees will be asked to make changes to the company handbook.

(C) A new division director will be introduced.

(D) Employees of the sales division will attend a meeting.

03 Why are recipients of the e-mail advised to contact their managers?

(A) To provide feedback on a presentation by Ms. Vasquez

(B) To set up a meeting with Ms. Lights

(C) To learn more about policy changes

(D) To obtain a copy of the handbook

❶ 편지 및 이메일 유형 지문 분석

To:	All Employees of the Sales Department
From:	Nina Vasquez <ninavasquez@tnbcompany.com>
Date:	Wednesday, April 17
Subject:	Employee Handbook
Attachment:	Important Updates

수신인과 발신인 및 주제, 날짜, 첨부 파일

Dear employees,

The T&B Company employee handbook has been revised. This updated information has been posted on the employee Web site. Click on "Staff Information" to view the entire information. Also, I have attached a file of this document in this e-mail. **01** I advise all employees to spend some time reviewing the file and focusing on the highlighted areas, as they contain the recently made changes.

글을 쓴 배경 및 목적

02 On next Friday's meeting, I myself and Ms. Lights from the human resources department will be addressing all changes to our policies which could affect the sales department. After we explain them in great detail, you may ask us any questions regarding the changes. **03** If you wish to know more about the policy updates, we recommend that you take a copy of the handbook and consult your supervisors.

세부사항

제안 및 당부

Thank you,

Nina Vasquez
Head Sales Manager, Sales Division

작성자 및 직책

수신: 판매부서 전 직원
발신: 니나 바스퀘즈 〈ninavasquez@tnbcompany.com〉
날짜: 4월 17일, 수요일
제목: 직원 안내서
첨부: 중요 업데이트

직원들에게

T&B사 직원 안내서가 수정되었습니다. 이번 업데이트 된 정보는 직원 홈페이지에 게시되었습니다. 정보를 모두 보시려면 '직원 안내'를 클릭해 주세요. 또한 이 메일에 그 정보가 게재된 파일을 하나 첨부하였습니다. (01) 직원들은 모두 시간을 내서 이 첨부 파일을 검토하시기 바랍니다. 강조한 부분은 최근에 변경된 사항을 포함하고 있으니 특히 그 부분에 신경을 써주시기 바랍니다.

(02) 다음 금요일 회의에서, 저와 인사부의 라이츠 씨가 판매 부서에 영향을 줄 수 있는, 변경된 정책에 대해 설명해드릴 것입니다. 그 사항들에 대해 상세하게 설명한 후, 변경 사항들에 관한 질문을 받도록 할 예정입니다. (03) 수정된 정책에 대해 더 알고 싶은 분은 직원 안내서를 가져가서, 본인의 상사와 이야기해 보실 것을 권합니다.

감사합니다.

니나 바스퀘즈
판매 부장

어휘 employee handbook 직원 안내서 revise 수정하다 update 갱신하다 post on ~에 게재하다 attach 첨부하다 advise 조언하다 review 검토하다 focus on ~에 초점을 맞추다, 집중하다 highlight 강조하다, (텍스트, 화면 등에) 강조 표시를 하다 human resources department 인사부서 address ~에 대해 언급하다 explain 설명하다 in detail 상세하게 regarding ~에 관하여 recommend 추천하다 consult 상의하다, 상담하다

❷ 문제풀이 비법

1. 이메일의 목적을 묻는 문제이다.

01 **What** is the **purpose** of the **e-mail**?

　(A) To announce that a new human resources director has been hired

　(B) To ask employees to familiarize themselves with updated regulations

　(C) To urge employees to copy important documents

　(D) To inform employees about the location of an upcoming meeting

이메일의 목적은 무엇인가?

(A) 새로운 인사 부장이 고용되었음을 알리기 위해

(B) 수정된 규정을 직원들이 숙지하도록 요청하기 위해

(C) 중요한 서류를 복사할 것을 직원에게 재촉하기 위해

(D) 다가올 회의의 장소에 대해 직원들에게 알리기 위해

> **key** 주제나 목적을 묻는 질문은 일반적으로 지문의 도입부에 정답의 단서가 제시된다.

> **해설** 이메일의 도입부에서 먼저, 회사 직원 안내서가 수정되었음을 알리고(The T&B Company employee handbook has been revised), 첫 단락의 마지막 문장(I advise all employees to spend some time reviewing the file and focusing on the highlighted areas, as they contain the recently made changes)을 통해 직원들이 변경된 사항을 숙지해주기를 언급하고 있으므로, 이를 패러프레이징해 표현한 (B)가 정답이다.

2. 키워드를 이용한 구체적인 정보를 묻는 문제이다.

02 According to the e-mail, **what will** happen **next week**?

　(A) Information posted on the employee Web site will be updated.

　(B) Employees will be asked to make changes to the company handbook.

　(C) A new division director will be introduced.

　(D) Employees of the sales division will attend a meeting.

이메일에 의하면, 다음 주에 어떤 일이 있을 예정인가?

(A) 직원 웹사이트에 게시된 공지가 수정될 예정이다.

(B) 직원들은 회사 직원 안내서를 변경하라는 요청을 받을 것이다.

(C) 새로운 부서장이 소개될 것이다.

(D) 영업부서 직원들이 회의에 참석할 예정이다.

> **key** 다음 주에 일어날 일이 무엇인지, 세부 사항을 묻는 질문이므로, 질문의 키워드인 next week와 관련된 표현에서 정답의 단서가 제시된다.

> **해설** 이 메일의 두 번째 단락 첫 번째 줄에서, On next Friday's meeting(다음 주 금요일 회의)을 언급하고 있고, 회의에서 인사부 직원이 영업부서에 관련된 사항을 설명해줄 것이라고 말하고 있으므로, 정답은 (D)임을 알 수 있다.

3. 제안이나 요청 사항을 묻는 문제이다.

03 **Why** are **recipients** of the e-mail advised to **contact** their **managers**?

　(A) To provide feedback on a presentation by Ms. Vasquez

　(B) To set up a meeting with Ms. Lights

　(C) To learn more about policy changes

　(D) To obtain a copy of the handbook

왜 메일을 받는 사람들에게 상사에게 연락하라고 말하는가?

(A) 바스퀘즈 씨의 발표에 의견을 제공하기 위해

(B) 라이츠 씨와의 회의를 준비하기 위해

(C) 정책 변화에 대하여 좀 더 알기 위해

(D) 직원 안내서를 한 부 얻기 위해

> **key** 제안하거나 요구하는 내용들은 주로 문서의 후반부에 등장한다.

> **해설** 왜 상사에게 연락하라고 하는지 세부 사항을 묻고 있으므로, 질문의 키워드인 contact their managers와 관련된 문장을 찾는다. 이메일 두 번째 단락 마지막 문장에서 변경된 정책에 대해 더 알기를 원한다면 직원 안내서를 가지고 상사와 이야기해볼 것을(we recommend that you take a copy of the handbook and consult your supervisors) 추천하고 있으므로 정답은 (C)이다.

> **어휘** hire 고용하다　familiarize A with B A가 B를 숙지하도록 만들다　regulation 규정　urge 촉구하다　copy 복사하다　location 장소, 위치　upcoming 다가오는　division 부서　introduce 소개하다　sales division 판매부서　attend 참석하다　provide 제공하다　feedback 의견, 피드백　set up 준비하다　learn 배우다, 알다　obtain 얻다

02 공지 및 안내문

Point

공지나 안내문의 경우에는 전달하고자 하는 내용이 정확하므로 제목 등을 큰 글씨로 쓴다. 이러한 제목들을 통해서 문서의 기본적인 정보를 쉽게 확인할 수 있다.

토익에 등장하는 안내나 공지는 특정 다수 또는 불특정 다수를 대상으로 특정 정보를 알려주기 위한 것이다. 주로 사내 게시판이나 공공시설 또는 잡지, 신문지상에서 접할 수 있는 내용들이 주를 이룬다.

1 주로 등장하는 내용

사내 모임(gathering)이나 행사(event), 회사의 규정(regulations) 및 방침(policy), 일정 변경 (modification, alteration) 등을 공지하는 것뿐만 아니라 일상생활의 주의사항(precaution, direction) 등을 알리는 내용들이 등장한다.

2 빈출질문 유형

❶ 주제나 목적 또는 출처, 발신, 수신인을 묻는 질문

- What is the **purpose** of the event? 행사의 목적은 무엇인가?
- **Where** would the **information** most likely be **found**? 이런 정보는 어디에서 볼 수 있을 것 같은가?
- **What** is the notice **mainly about**? 이 공지는 주로 무엇에 관한 것인가?
- **To whom** is the notice **addressed**? 이 공지는 누구를 대상으로 하는 것인가?

❷ 공지 및 전달 사항과 관련한 구체적인 사실 확인 문제

- **What will happen** on **November 25**? 11월 25일에는 무슨 일이 일어날 것인가?
- **What problem** does Frank mention? 프랭크는 무슨 문제를 언급하고 있나?
- **What is suggested** as a way to make equipment last longer?
  장비의 수명을 연장할 수 있는 방법으로 제시되고 있는 것은?
- According to the memo, **why** has the new policy been **adopted**?
  회람에 의하면, 새로운 방침이 채택된 이유는?
- According to the notice, **where** can a company **donate office supplies**?
  공지문에 의하면 회사가 사무용품을 기부할 수 있는 곳은?

❸ 추가적인 요청이나 당부 또는 제안 사항을 묻는 문제

- **What** are hotel employees **instructed to do**? 호텔 직원들은 어떻게 하라는 지시를 받고 있나?
- **What** are customers **asked to do**? 고객들은 어떻게 하라는 요청을 받고 있나?
- **What happens if** the owner does **not** make the **required modifications**?
  주인이 요청을 받은 개조를 하지 않는 경우에는 어떤 일이 벌어질까?
- **What should** the employees **do** after reading this notice?
  이 공지문을 읽은 후에 직원들은 어떻게 해야 하나?
- **Why should** employees **go** to the seminar room on **February 15**?
  직원들은 2월 15일에 왜 세미나실에 가야 하나?

이렇게 풀어라! 문제풀이 전략

Questions 1-3 refer to the following information.

The Music Inside
Submission Guidelines

Music Inside Monthly accepts unsolicited manuscripts for our publication. We advise all of you to become familiar with the contents from our latest issue in order to match our style and preference. Your manuscripts must not have been used in other publications before. They must all be between 500 and 1,700 words, and please make sure that they are double spaced. Please note that handwritten manuscripts will be exempt from consideration.

You can send in your manuscripts either by electronic or regular mail. Make sure you include information about your preferred means of contact. For any reason, should you need your manuscripts back, make sure you include a self-addressed pre-paid postage envelope when you submit your manuscripts. We usually respond to your submissions within four to six weeks after receiving them. Please send your manuscripts to the address provided below:

Peter Ryan, Head Editor
Music Inside Monthly
1557 Carenton Road
Detroit MI, 47011
U.S.A
E-mail: peteryan@mgmonthly.com

Depending on the length of your manuscripts, accepted individuals will be paid between the amount of $400 and $1,000. Your payment will be transacted to your account five days after your manuscript is accepted.

---

01 What does the information suggest will help an author get a manuscript published?

(A) Getting advance approval of an idea

(B) Reading the most recent issue of the magazine

(C) Writing on the suggested monthly theme

(D) Writing a shorter article

02 What must be included with all submissions to *Music Inside Monthly*?

(A) A cover letter listing previous publications

(B) Details on how best to reach the author

(C) A self-addressed, pre-paid postage envelope

(D) Two copies of the manuscript

03 What is stated about manuscripts selected for publication?

(A) They may have previously appeared in print.

(B) They must be less than 1,500 words.

(C) They are paid for based on length.

(D) They will be published in the next issue.

The Music Inside
Submission Guidelines

Music Inside Monthly accepts unsolicited manuscripts for our publication. **01** We advise all of you to become familiar with the contents from our latest issue in order to match our style and preference. Your manuscripts must not have been used in other publications before. They must all be between 500 and 1,700 words, and please make sure that they are double spaced. Please note that handwritten manuscripts will be exempt from consideration.

You can send in your manuscripts either by electronic or regular mail. **02** Make sure you include information about your preferred means of contact. For any reason, should you need your manuscripts back, make sure you include a self-addressed pre-paid postage envelope when you submit your manuscripts. We usually respond to your submissions within four to six weeks after receiving them. Please send your manuscripts to the address provided below:

Peter Ryan, Head Editor

Music Inside Monthly

1557 Carenton Road

Detroit MI, 47011

U.S.A

E-mail: peteryan@mgmonthly.com

03 Depending on the length of your manuscripts, accepted individuals will be paid between the amount of $400 and $1,000. Your payment will be transacted to your account five days after your manuscript is accepted.

제목
(주제/목적)

공지의 목적
및 세부 전달 사항
(원고 요건)

추가 전달 사항
및 당부/제안
(제출 방법)

미래 (포상 내용)

뮤직 인사이드
원고 제출 안내

《월간지 뮤직 인사이드》가 출판 원고를 받습니다. (01) 저희는 여러분 모두에게 저희 최신 간행물을 통해 원고 내용과 친숙해지고 저희의 스타일과 선호하는 바를 알아내시길 권고합니다. 귀하의 원고는 이전에 다른 출판사에서 사용된 적이 없는 것이어야 합니다. 그것은 500에서 1700자 사이로 작성되어야 하고, 행간은 더블 스페이스여야 합니다. 자필 원고는 고려 대상에서 제외된다는 점에 유의하여 주십시오.

귀하는 원고를 전자우편이나 보통우편으로 보내실 수 있습니다. (02) 귀하가 선호하는 연락수단에 관한 정보를 포함하였는지 확인해 주세요. 어떤 목적으로든 귀하가 원고를 돌려받길 원한다면 귀하가 원고를 보낼 때 우편요금이 지불된 반신용 봉투를 동봉하셔야 합니다. 저희는 보통 귀하의 제출에 대해 원고 수신 후 4주 내지 6주 안에 응답을 드립니다. 아래 제시된 주소로 보내주세요.

미국, 우편번호 47011
미시간 주 디트로이트 시
카렌튼 가 1557번지
월간지 뮤직 인사이드
편집장 피터 라이언
이메일: peteryan@mgmonthly.com

(03) 원고가 채택된 분에게는 원고의 길이에 따라 400에서 1000달러 사이의 원고료를 지불할 것입니다. 원고료는 원고가 채택된 후 5일 안에 귀하의 계좌로 송금됩니다.

어휘 submission 제출 unsolicited 청하지 않은 manuscript 원고 publication 출판, 발행 familiar with ~에 친숙한, 익숙한 preference 선호, 애호 double space 한 행씩 띄어 타자하다 handwritten 손으로 쓴 exempt 면제되는 consideration 고려 사항 self-addressed 주소가 자기 이름 앞으로 된, 반신용의 postage 우편 요금, 우송료 envelope 봉투 below 아래에 depend on ~에 달려 있다, 좌우되다 length 길이 accept 받아들이다 amount 총액, 액수 transact 송금하다 account 계좌

❷ 문제풀이 비법

1. 키워드를 이용한 구체적인 정보를 묻는 문제이다.

---

01 **What** does the information **suggest** will help an author get a **manuscript published**?

(A) Getting advance approval of an idea

(B) Reading the most recent issue of the magazine

(C) Writing on the suggested monthly theme

(D) Writing a shorter article

저자의 원고가 채택될 수 있는 기회를 얻는 데 도움이 될 것이라고 권고한 정보는 무엇인가?

(A) 아이디어에 대한 사전 승인 받기

(B) 잡지의 가장 최근 간행물 읽기

(C) 제안된 월간 주제에 대해 쓰기

(D) 짧은 기사 쓰기

Key 원고 발행을 위해 도움이 되는 정보로 권고한 내용이 무엇인지 구체적인 사항을 묻는 문제이다. 질문의 키워드는 suggest이다.

해설 두 번째 문장(We advise all of you ~)에서 최신 간행물을 통해 스타일과 선호하는 것을 알아내라고 했으므로 정답은 (B)이다. 지문에서는 질문의 키워드 suggest가 advise로 패러프레이징 되었음에 주의하자.

2. 키워드를 이용한 구체적인 정보를 묻는 문제이다.

---

02 **What** must be **included** with all **submissions** to *Music Inside Monthly*?

(A) A cover letter listing previous publications

(B) Details on how best to reach the author

(C) A self-addressed, pre-paid postage envelope

(D) Two copies of the manuscript

《월간지 뮤직 인사이드》에 제출하는 원고에 모두 포함되어야 하는 사항은?

(A) 이전에 출판된 원고를 명시한 자기소개서

(B) 어떻게 연락을 해야 좋은지에 대한 세부사항

(C) 우편요금이 지불된 반신용 봉투

(D) 원고 사본 두 부

Key 월간지 Music Inside에 원고를 제출할 때 함께 보내야 하는 것이 무엇인지 그 구체적인 사항을 묻고 있다. 질문의 키워드는 include이다.

해설 두 번째 단락의 두 번째 문장(Make sure you include information about your preferred means of contact)에서 원고를 발송하는 방법에 대한 설명을 하며 선호하는 연락수단을 반드시 기재하라고 언급되어 있으므로 정답은 (B)이다.

3. 키워드를 이용한 구체적인 정보를 묻는 문제이다.

---

03 **What** is stated about **manuscripts selected** for publication?

(A) They may have previously appeared in print.

(B) They must be less than 1,500 words.

(C) They are paid for based on length.

(D) They will be published in the next issue.

출판용으로 채택된 원고들에 대해 언급된 것은?

(A) 사전에 게재된 것도 괜찮다.

(B) 1500자 미만이어야 한다.

(C) 원고 길이에 따라 원고료가 지급된다.

(D) 그것들은 다음 달 월간지 게재될 것이다.

Key 출판용으로 채택된 원고에 대해 언급된 것이 무엇인지 구체적인 사항을 묻는 문제이다.

해설 selected를 키워드로 잡고 지문을 보면 끝에서 두 번째 문장에서 accepted individuals라는 구절을 볼 수 있다. 문제의 selected가 accepted로 패러프레이징 되어 나온 것이다. 채택된 원고들은 길이에 따라 400에서 1000달러까지 지불한다고 나와 있으므로 정답은 원고의 길이에 따라 보상한다는 (C)가 된다.

어휘 suggest 제시하다 author 작가, 저자 advance 사전의 approval 승인 recent 최근의 monthly theme 월별 주제[테마] previous 이전의 detail 세부사항 reach ~에게 연락하다 state 말하다 select 채택하다

03 일반 광고

Point

일반 광고는 상품이나 서비스 또는 회사를 홍보하는 광고이다. 특히 토익에는 주로 특별한 목적을 가지고 일정 기간 동안 해당 품목이나 서비스를 할인한다는 광고가 등장한다. 따라서 이러한 일반 광고에서는 광고의 목적 또는 광고를 하는 업체의 업종을 묻거나 광고한 제품, 제품이나 서비스의 특징, 혜택, 장점 그리고 구매 방법이나 수단, 제안 등을 묻는 문제가 주로 출제된다.

---

1 | 주로 등장하는 내용

호텔이나 리조트 등 숙박시설을 광고하거나 일상생활에서 볼 수 있는 사무기기, 가구 등의 제품 광고, 온라인으로 제공되는 금융서비스 등의 내용이 주를 이룬다.

또한 해당 업체의 기념일, 개점, 재고 정리 등의 할인 광고나 점포 이전이나 회원 가입을 독려하는 혜택 광고들도 종종 출제된다.

2 | 빈출질문 유형

❶ 광고의 목적 또는 회사(제품, 서비스), 광고 대상을 묻는 질문

- What is the **purpose** of the advertisement? 이 광고의 목적은 무엇인가?
- **What** kind of **business** is for sale? 어떤 종류의 사업체가 세일을 하는가?
- **What** type of **products** does the company sell? 이 회사는 어떤 종류의 제품을 판매하고 있는가?
- **What** is the information **about**? 이 정보는 무엇에 관한 것인가?
- **What** type of **company** produced this flyer? 이 전단지는 어떤 종류의 회사가 만들었는가?
- **For whom** is the advertisement **intended**? 이 광고의 대상은 누구인가?

❷ 제품 및 서비스의 특징이나 장점 또는 할인 기간 등 구체적인 정보를 묻는 질문

- **What special service** do they offer? 그 사람들은 어떤 특별 서비스를 제공하고 있나?
- What is the **fee for one room**? 방 하나를 사용하는 비용은 얼마인가?
- What is **last day of the sales**? 세일이 끝나는 날은?
- What is **NOT stated about** Gasner? 개스너에 관해서 언급되지 않은 것은?

❸ 회원 가입, 구매 방법, 교통편 이용 등과 관련된 질문

- **How should** guests **arrange** for **transportation** to the airport?
  숙박객들은 공항에 가려면 교통편을 어떻게 마련해야 하나?
- **How** do customers **apply for** this program?
  고객이 이 프로그램에 가입하려면 어떻게 해야 하나?
- **How** can customers **receive a discount** at Tomson's Food Market?
  고객이 톰슨 식품점에서 할인을 받으려면 어떻게 하면 되나?
- **What** can be **found** on the Web site? 웹사이트에서는 무엇을 볼 수 있나?
- **What should** those who are interested **do**? 흥미가 있는 사람은 어떻게 해야 하나?

이렇게 풀어라! 문제풀이 전략

Questions 01-02 refer to the following advertisement.

Heath Lodge
Quality to Satisfaction

Heath Lodge is located in the center of the busy Newtown's business district. For more than ten years, we have been offering our guests incomparable business services which include flexible meeting and banquet space, laundry service, and shuttle service to major airports.

For all our guests, we offer the following amenities absolutely free.
- Wi-fi Internet connection
- Cable television with 256 channels
- 24-hour room service (breakfast included)
- Shoe polish service
- Use of the fitness facilities
- Newspaper or magazine delivery

Heath Lodge is only a few blocks away from downtown and major tourist attractions. We assure you a pleasant stay in Newtown!

4890 Peasant Road
Newtown IL, 61930

Contact Number: (601) 0099-9911
www.heathlodge.com

01 Where would the advertisement most likely be found?
(A) In a restaurant guide
(B) In a business magazine
(C) In a museum brochure
(D) In an art publication

02 What is NOT mentioned as a service which is free of charge?
(A) Internet access
(B) Newspaper delivery
(C) Airport transportation
(D) Television programing

❶ 일반 광고 유형 지문 분석

Heath Lodge
Quality to Satisfaction

광고 제목
(업체 이름 및 업종)

Heath Lodge is located in the center of the busy Newtown's business district. For more than ten years, **01** we have been offering our guests incomparable business services which include flexible meeting and banquet space, laundry service, and shuttle service to major airports.

회사/서비스 소개

For all our guests, **02** we offer the following amenities absolutely free.

- Wi-fi Internet connection
- Cable television with 256 channels
- 24-hour room service (breakfast included)
- Shoe polish service
- Use of the fitness facilities
- Newspaper or magazine delivery

회사/서비스의 특징
과 장점

Heath Lodge is only a few blocks away from downtown and major tourist attractions. We assure you a pleasant stay in Newtown!

4890 Peasant Road
Newtown IL, 61930

Contact Number: (601) 0099-9911
www.heathlodge.com

연락 및 문의처

히스 라지의 만족을 주는 품질

저희 히스 라지는 분주한 뉴타운의 상업지역 중심부에 위치해 있습니다. 10년이 넘게 (01) 저희는 고객들에게 융통성 있는 회의와 연회장소, 세탁 서비스, 그리고 주요 공항 셔틀 서비스를 포함한 비할 데 없는 비즈니스 서비스를 제공해왔습니다.

(02) 모든 고객들을 위해 저희는 다음과 같은 편의 시설들을 전적으로 무료로 제공합니다.

- 와이파이 인터넷 연결
- 256개의 케이블 TV 채널
- 24시간 룸서비스 (아침식사 포함)
- 구두 닦기 서비스
- 피트니스 시설 사용
- 신문이나 잡지 배달

히스 라지는 시내 및 주요 관광지와 단지 몇 블록 떨어진 곳에 있습니다. 저희는 뉴타운에서의 당신의 즐거운 방문을 보장합니다.

우편번호 61930
일리노이 주, 뉴타운 시
페전트 가 4890번지

연락번호: (601) 0099-9911
www.heathlodge.com

어휘 **district** 지구[지역] **incomparable** 비할 데 없는 **include** 포함하다 **flexible** 융통성 있는 **banquet** 연회 **space** 공간[자리] **laundry** 세탁 **shuttle** 정기 왕복 항공기[버스/기차] **major** 주요한 **airport** 공항 **guest** 손님 **amenity** 생활 편의 시설 **absolutely** 전적으로 **connection** 연결, 접속 **breakfast** 아침식사 **polish** 닦기, 윤내기 **facility** 시설 **delivery** 배달 **tourist attraction** 관광 명소 **assure** 장담하다, 확인하다 **pleasant** 쾌적한, 즐거운 **stay** 머무름, 방문

❷ 문제풀이 비법

1. 광고가 나올 만한 곳을 묻는 문제(광고가 되는 대상이나 업종을 묻는 문제)이다.

---

01 Where would the **advertisement** most likely be **found**?

(A) In a restaurant guide

(B) In a business magazine

(C) In a museum brochure

(D) In an art publication

이 광고는 어디에서 찾아볼 수 있을 것 같은가?

(A) 식당 가이드에서

(B) 비즈니스 잡지에서

(C) 박물관 책자에서

(D) 미술 출판물에서

Key 문제의 키워드가 Where, advertisement, found로 광고가 어디에 게시될 만한 내용인지 묻고 있다. 광고하고 있는 제품이나 회사에 대한 소개 부분을 보면 이 광고를 어디에서 볼 수 있는지 파악할 수 있다. 제품, 회사에 대한 소개는 광고의 도입부에서 제시되므로 지문의 상단부를 보도록 하자.

해설 첫 번째 단락에서 business district에 위치해 있다는 것과 business services를 10년 넘게 제공하고 있다고 언급하고 있는 것으로 보아 이 광고는 비즈니스와 관련된 곳에 게재될 수 있겠다. 키워드를 이용한 Not-question 추론 문제로, 정답은 (B)가 된다.

2. 추론 문제 유형으로 키워드는 free of charge(무료)이다. 키워드를 이용한 NOT-question 추론 문제이다.

---

02 What is **NOT** mentioned as a **service** which is **free of charge**?

(A) Internet access

(B) Newspaper delivery

(C) Airport transportation

(D) Television programing

무료 서비스로 언급되지 않은 것은?

(A) 인터넷 접속

(B) 신문 배달

(C) 공항 교통편

(D) TV 프로그램

Key 지문에 언급되지 않은 내용을 하나씩 소거하는 Not-question의 추론 문제이다. 무료 서비스(a service which is free of charge)를 키워드로 잡을 수 있다.

해설 중간에 absolutely free라는 표현과 함께 아래에 무료로 제공되는 내용들이 나와 있는 것을 볼 수 있다. 첫 번째로 와이파이 인터넷이 연결되어 있다고 언급하고 있으므로 (A)는 오답, 두 번째에 케이블 TV 채널에 대해 언급되었으므로 (D)도 오답, 그리고 여섯 번째에 신문과 잡지 배달이 언급되었으므로 (B)도 소거된다. 공항 셔틀은 언급은 되어 있으나 이 서비스가 무료라는 내용은 없으므로 정답은 (C)이다.

어휘 restaurant 식당 guide 안내서 museum brochure 박물관 안내책자 publication 출판물 transportation 교통편

Point

토익에 등장하는 광고 중에는 신문, 잡지, 웹사이트 등에 나오는 구인광고가 많이 등장한다. 특정한 양식을 갖춘 경우도 있지만 서술형으로 출제되기도 한다. 모집 직종을 묻거나 광고를 게재한 업체의 유형을 묻는다. 또는 자격요건이나 혜택, 지원방법 등을 묻기도 한다.

1 주로 등장하는 내용

구인광고는 주로 대학을 졸업한 신입사원이나 특정 분야의 경력직 등 정규직 사원(full-time employee)을 대상으로 한다. 임시직이나 계약직원을 모집하는 광고도 등장한다.

2 빈출질문 유형

❶ 구인 대상 또는 구인광고를 하는 업체에 대한 정보를 묻는 질문

- **Who** is **advertising** the **position**? 누가 이 직책에 대한 모집 광고를 하고 있나?
- **Where** will the new manager **work**? 새로 채용된 관리자는 어디에서 근무하게 되나?
- **What** kind of **work** does KTC **do**? KTC사는 무슨 일을 하는 곳인가?

❷ 업무내용, 자격요건, 혜택 등을 묻는 질문

- What is **Not** a **benefit of working** at TSC Center?
  TSC 센터에서 근무하면 받을 수 있는 혜택이 아닌 것은?
- **What** is mentioned as a **requirement** for the position? 이 직책의 자격요건으로 언급된 것은?
- What is **NOT** a **stated duty** of the floor manager? 현장 관리자의 업무로 언급된 것이 아닌 것은?
- What is **NOT included** in the job posting? 모집광고에 포함되지 않은 것은?

❸ 지원방법 및 일정 또는 제출해야 하는 서류 또는 연락정보를 묻는 질문

- **What** is scheduled to **happen before May 10**? 5월 10일 이전에 일어나기로 예정되어 있는 것은?
- **How** can applicants **apply for** the position? 이 직책에 지원하려면 어떻게 해야 하나?
- **When** must applicants **set up an interview**? 지원자는 면접 일자를 언제로 잡아야 하나?
- **By what date** must an applicant **submit** an application?
  지원자는 며칠까지 지원서를 제출해야 하나?

이렇게 풀어라! 문제풀이 전략

Questions 1-3 refer to the following advertisement.

KH Headhunter.com

A large multinational corporation is seeking applicants interested in a top managerial position. The corporation is looking for a motivated, independent, highly effective individual with strong communication and team leadership skills.

The position requires dealing directly with the company's board of directors to report on and take charge of the public image on the company's high-end products and services. The position involves directing product launches as well as developing and maintaining relationships with key clientele as well as important associates.

Applicants wishing to be considered should possess an MBA and have worked for at least ten years at a large IT company.

If you are interested, please send your resume and a cover letter highlighting your experience to jklopez@khheadhunter.com.

---

01 Who will the successful employee report to?

(A) Company leaders
(B) Key clientele
(C) New consumers
(D) Product managers

02 Which is NOT a requirement for applicants?

(A) Good speaking skills
(B) Advanced business education
(C) Experience in the technology sector
(D) Knowledge of the company's products

03 The word "high-end" in paragraph 2, line 2, is closest in meaning to:

(A) Big
(B) Inexpensive
(C) Irritating
(D) Expensive

❶ 구인광고 유형 지문 분석

KH Headhunter.com

제목

A large multinational corporation is seeking applicants interested in a top managerial position. **02-A** The corporation is looking for a motivated, independent, highly effective individual with strong communication and team leadership skills.

모집 대상

01 The position requires dealing directly with the company's board of directors to report on and take charge of the public image on the company's (03) high-end products and services. The position involves directing product launches as well as developing and maintaining relationships with key clientele as well as important associates.

자격요건 및
업무 내용

02-B-C Applicants wishing to be considered should possess an MBA and have worked for at least ten years at a large IT company.

If you are interested, please send your resume and a cover letter highlighting your experience to jklopez@khheadhunter.com.

지원방법 및 연락처

KH Headhunter.com

대형 다국적 기업에서 고위 경영자 직위에 관심이 있는 지원자를 찾고 있습니다. (02-A) 이 회사는 강력한 의사소통과 팀 통솔력을 지닌 성취 동기가 넘치고 독립적이며 매우 유능한 인물을 찾고 있습니다.

(01) 그 직위는 회사의 (03) 고급 제품 및 서비스의 대중적인 이미지에 관해 보고하고 책임을 지기 위해 이사회와 직접 논의해야 합니다. 그 직위는 중요 제휴업체 뿐만 아니라 주요 단골 고객과의 관계를 개발하고 유지하는 것과 더불어 제품 출시를 감독하는 역할을 포함합니다.

응모를 희망하는 지원자는 (02-B, C) 경영학 석사학위를 소지해야 하며 IT 관련 대기업에서 최소 10년 이상 근무한 경력이 있어야 합니다.

관심 있는 분은 이력서와 경력을 강조한 자기소개서를 jklopez@khheadhunter.com으로 보내주시기 바랍니다.

어휘 multinational 다국적의 corporation 법인, 주식회사 seek 찾다 interested in ~에 흥미가 있는, 관심이 있는 managerial 경영의 look for ~을 찾다 motivated 동기가 부여된 independent 독립적인 highly effective 매우 효율적인 individual 개인 communication 의사소통 leadership 지도력, 통솔력 require 요청하다, 요구하다 directly 직접적으로 deal with 상대하다 take charge of ~을 책임지다, 떠맡다 high-end 고급의(비싸고 품질이 좋은) involve 수반시키다, 관련시키다 maintain 유지하다, 보수하다 relationship 관계 key 주요한, 열쇠 clientele 고객 associate 제휴자, 동료 possess 소유하다

❷ 문제풀이 비법

1. 키워드를 이용한 구체적인 정보를 묻는 문제이다.

---

01 **Who** will the **successful employee report to**?

(A) Company leaders

(B) Key clientele

(C) New consumers

(D) Product managers

합격된 직원이 보고해야 하는 사람은?

(A) 회사 임원들

(B) 주요 고객들

(C) 새로운 소비자들

(D) 제품 관리자

Key 모집하는 직위에 해당하는 사람이 보고해야 하는 대상이 누구인지, 구체적인 사항을 묻는 질문이다. 핵심 키워드는 report이다.

해설 두 번째 단락 첫 번째 문장에서 키워드인 report를 찾을 수 있다. The position requires dealing directly with the company's board of directors to report on에서 이사회, 즉 임원진에게 보고해야 함을 알 수 있다. 그러므로 정답은 (A)가 된다. the successful employee가 the position으로 패러프레이징 되었다는 것을 함께 알아두자.

2. 요구사항과 관련된 구체적인 정보를 묻는 문제이다.

---

02 **Which** is **NOT a requirement** for applicants?

(A) Good speaking skills

(B) Advanced business education

(C) Experience in the technology sector

(D) Knowledge of the company's products

지원자들에게 요구되는 사항이 아닌 것은?

(A) 뛰어난 말하기 능력

(B) 고급 비즈니스 교육

(C) 기술 분야 업무 능력

(D) 회사 제품에 대한 지식

Key 문제의 키워드가 which, not, requirement for applicants로 지원자들에게 요구되는 사항이 아닌 것을 묻고 있다. 구인광고에서 자격요건과 관련된 내용들은 중반부에서 주로 등장한다.

해설 첫 번째 단락 두 번째 문장인 The corporation is looking for a motivated, independent, highly effective individual with strong communication and team leadership skills에서 뛰어난 말하기 능력(strong communication)이 요구된다고 하였으므로 (A)는 오답이 된다. 세 번째 단락 Applicants wishing to be considered should possess an MBA and have worked for at least ten years at a large IT company에서 고급 비즈니스 교육(should possess an MBA)과 기술 분야 업무 능력(at least ten years at a large IT company)이 요구된다고 말하고 있으므로 (B), (C) 또한 오답이 된다. 그러므로 정답은 (D)이다.

3. 유사 어휘를 묻는 문제이다.

---

03 The word "**high-end**" in paragraph 2, line 2 is closest in meaning to:

(A) Big

(B) Inexpensive

(C) Irritating

(D) Expensive

두 번째 문단 두 번째 줄의 high-end는 어떤 낱말과 의미가 비슷한가?

(A) 큰

(B) 비싸지 않은

(C) 짜증나는

(D) 비싼

Key 문장에서 high-end의 의미를 파악해야 한다.

해설 take charge of the public image on the company's high-end products and services에 있는 high-end의 의미를 알고 있어야 한다. high-end는 고가이고 제품의 질이 좋다는 것을 의미하므로 보기 중에 '비싼'의 의미를 갖는 (D)가 정답이 된다.

어휘 consumer 소비자 advanced 고급의 sector 분야 irritating 짜증을 불러일으키는

Point

시각적으로 봐서 쉽게 확인할 수 있는 형식을 취하지는 않지만, 기본적인 내용의 전개는 주제를 먼저 언급하는 두괄식이 주를 이룬다. 과거의 사실로부터 미래 전망 등의 순으로 기승전결의 구조를 이루게 된다는 사실을 염두에 두고 문제를 풀어야 한다. 토익에 등장하는 기사(article)나 뉴스 리포트는 지역 신문, 경영 관련 잡지, 회사의 사보 등에 실리는 기사들이 주로 등장하는데, 홍보성 기사, 사실 및 정보 전달 또는 전망 기사 등이 주 내용을 이룬다. 자주 등장하는 기사 유형으로는 관련 산업이나 전반적인 기업, 직업 등에 대한 사회성 기사, 신제품 등의 소개, 찬반론의 기사, 공지 및 홍보성 기사, 성공 사례 등의 인터뷰 기사가 있다.

1 주로 등장하는 내용

경제, 건강, 에너지 등 사회 전반적인 이슈 그리고 성공 사례를 소개하는 인물 인터뷰 기사나 특정 산업 또는 기업, 직업 등에 대한 사회성 기사가 주로 나온다. 그 외에 신제품이나 업체 소개 기사 등 홍보성 기사도 종종 출제된다는 것도 알아두자.

2 빈출질문 유형

❶ 기사의 주제나 배경을 묻는 질문

- What is the **purpose** of the article? 이 기사의 목적은?
- **What** does the article **mainly discuss**? 이 기사는 주로 무엇을 다루고 있나?
- **How** was **information gathered** for this article?
  이 기사를 작성하는 데 필요한 정보는 어떻게 수집했나?
- **In which section** of a newspaper does the article most likely **appear**?
  이 기사는 신문의 어떤 면에 나올 것 같은가?

❷ 구체적인 사례나 일과 관련된 사실 여부 확인 질문

- **Who** is James Miller? 제임스 밀러는 누구인가?
- According to the article, **how long** has the Green Grocery been **in business**?
  기사에 의하면 그린 식품점은 얼마나 오래 사업을 하고 있나?
- **When** is it **NOT important** to have a business plan? 사업계획을 세우는 것이 중요하지 않은 때는?
- **What** is **suggested about** PYL? PYL에 대해서 언급된 것은?

❸ 미래 상황의 전망, 계획 또는 제안에 관한 질문

- **What** does the article **suggest will happen** as a result of the project?
  이 프로젝트의 결과로 일어날 것이라고 이 기사가 언급하고 있는 것은?
- According to the article, **how** can people **find out more about** the product?
  이 기사에 따르면 사람들은 어떻게 해야 이 제품에 대해서 더 많이 알 수 있나?
- **What** does the article **imply will happen** in the **next decade**?
  10년 후에는 어떤 일이 일어날 수도 있다고 이 기사는 시사하고 있나?
- According to the press release, **what** will be a **main feature** of the library?
  보도자료에 따르면 이 도서관의 특징은 무엇이 될 것인가?

이렇게 풀어라! 문제풀이 전략

Questions 1-4 refer to the following article.

Enjoy Spain at Its Best

The first thing that pops up in the mind of shoppers when they hear the word "Spain" would be Barcelona. But wait! Not far from Barcelona, you can find some of the best shopping areas in Spain. A short, 15-minute drive to the east of Barcelona will get you to Taragona, a town which probably hasn't ever been mentioned in a guidebook. This small town has more than 30 shops that sell traditional local arts such as pottery, jewelry, hats, and wood carvings.

Martin Drake, a local potter, says, "I settled with my family in Taragona after I first visited here 10 years ago. It's not a big town, but here, I could make a living by doing what I am passionate about and enjoy a comfortable life."

"Taragona is not your typical tourist attraction. The stores here feature work by local artists," says Joanna Gates, owner of Jewelry Espana. "Most of the items sold here are hand-made and visitors seem to like that. This, I believe, is what distinguishes Taragona from other towns in Spain. It's really great for both the artists and for local businesses."

Not to mention that every May, the Viva Manana Festival is held for five days in the streets of Taragona. While the festival takes place, artists set up their booths along the streets to sell their goods accompanied by exotic Spanish food and music. This festival has been gaining in popularity each year, so if you wish to be at Taragona during this time, it would be wise to plan ahead. For local inns in Taragona, you want to reserve rooms two months earlier, or you could simply book a place in Barcelona since the city has numerous hotels to stay in.

01 What is the article mainly about?

(A) The history of a town

(B) Shopping opportunities in a town

(C) The works of a local artist

(D) Accommodations for tourists

02 What is indicated about Taragona?

(A) It is known for its charming inns and hotels.

(B) It is accessible by train.

(C) It is known for its scenic views.

(D) It is near Barcelona.

03 Who is Martin Drake?

(A) An artist

(B) A shop owner

(C) A festival organizer

(D) A visitor

04 What is NOT mentioned about the Viva Manana Festival?

(A) It has been increasing in popularity.

(B) It is free to the public.

(C) It features musical entertainment.

(D) It is held every year.

❶ 기사 유형 지문 분석

Enjoy Spain at Its Best

제목
(주제)

The first thing that pops up in the mind of shoppers when they hear the word, "Spain" would be Barcelona. But wait! Not far from Barcelona, **01** you can find some of the best shopping areas in Spain. **02** A short, 15-minute drive to the east of Barcelona will get you to Taragona, a town which probably hasn't ever been mentioned in a guidebook. This small town has more than 30 shops that sell traditional local arts such as pottery, jewelry, hats, and wood carvings.

주제/목적
및 배경설명

03 Martin Drake, a local potter, says, "I settled with my family in Taragona after I first visited here 10 years ago. It's not a big town, but here, I could make a living by doing what I am passionate about and enjoy a comfortable life."

"Taragona is not your typical tourist attraction. The stores here feature work by local artists," says Joanna Gates, owner of Jewelry Espana. "Most of the items sold here are hand-made and visitors seem to like that. This, I believe, is what distinguishes Taragona from other towns in Spain. It's really great for both the artists and for local businesses."

세부내용
(구체적인 사례/인용
및 시간순서 전개)

Not to mention that **04-D** every May, the Viva Manana Festival is held for five days in the streets of Taragona. While the festival takes place, artists set up their booths along the streets to sell their goods **04-C** accompanied by exotic Spanish food and music. **04-A** This festival has been gaining in popularity each year, so if you wish to be at Taragona during this time, it would be wise to plan ahead. For local inns in Taragona, you want to reserve rooms two months earlier, or you could simply book a place in Barcelona since the city has numerous hotels to stay in.

미래에 대한 전망
또는 제안/요청 사항

진정한 스페인을 맛보자

쇼핑객들은 '스페인'이라는 단어를 들으면 가장 먼저 떠오르는 것은 바르셀로나일 것입니다. 그러나 잠깐! (01) 바르셀로나에서 멀지 않은 곳에서 당신은 스페인 최고의 쇼핑 지역을 찾을 수 있습니다. (02) 바르셀로나 동쪽으로 차로 15분만 가면 아마도 가이드북에서 언급된 적이 없는 도시인 타라고나에 도달할 수 있을 것입니다. 이 소도시에는 도자기, 보석, 모자, 그리고 목각 장식품과 같은 전통적인 지역 예술품들을 판매하는 30개가 넘는 상점이 있습니다.

(03) 이 지역에 사는 도예가인 마틴 드레이크는 "저는 10년 전에 가족과 함께 처음 와보고 타라고나에 정착했습니다. 대도시는 아니지만, 여기에서 저는 제가 열정을 가지는 일을 하면서 생계를 꾸리고 편안한 삶을 즐길 수 있습니다."라고 말합니다.

"타라고나는 전형적인 관광지는 아닙니다. 이곳의 상점들은 주로 지역 예술가들의 작품을 팔고 있죠." 라고 에스파나 보석점의 주인 후아나 게이츠는 말합니다. "여기에서 팔리는 물품들은 대부분 수작업으로 만든 것이어서 관광객들은 좋아하는 것 같습니다. 그렇기 때문에 타라고나는 스페인의 다른 도시와 다른 특징을 지니고 있다고 믿습니다. 이것은 예술가들과 지역 업체 모두에게 정말 좋은 일입니다."

빼놓을 수 없는 것은 (04-D) 매년 5월에는 타라고나 거리에서 5일간 비바 마나나 축제가 열린다는 것입니다. 축제가 열리는 동안 예술가들은 거리를 따라 부스를 설치하고 공예품들을 파는데, (04-C) 이국적인 스페인 음식과 음악이 곁들여집니다. (04-A) 이 축제는 매년 인기를 더해가고 있어서 이 축제 기간에 타라고나에 가시려면 미리 계획을 짜두는 것이 현명합니다. 타라고나 지역 여관은 두 달 전에 미리 예약하거나 바르셀로나에는 호텔이 많이 있으니까, 그곳으로 예약할 수 있습니다.

어휘 pop up in the mind of ~의 머리에 떠오르다 shopper 쇼핑객 far 멀리 area 지역 probably 아마 traditional 전통의 local 지역의 potter 도예가 jewelry 보석류 hat 모자 carving 조각품 pottery 도자기 settle 정착하다 town 소도시 passionate 열정을 느끼는 comfortable 편안한 typical 전형적인 tourist attraction 관광명소 store 가게, 상점 feature 특징으로 삼다 distinguish 구별하다 booth (칸막이를 한) 작은 공간, 부스 accompany 동반하다 gain 얻다 popularity 인기 each 각각(의) wise 지혜로운 ahead 미리 inn 여관 simply 그저 (단순히) numerous 많은

❷ 문제풀이 비법

1. 기사의 주제를 묻는 문제이다.

01 **What** is the **article** mainly **about**?	이 기사는 주로 무엇에 관한 것인가?
(A) The history of a town	(A) 어떤 도시의 역사
(B) Shopping opportunities in a town	(B) 어떤 도시에서의 쇼핑 기회
(C) The works of a local artist	(C) 지역 예술가들의 작품들
(D) Accommodations for tourists	(D) 관광객들을 위한 숙박업소

Key 주제에 대한 단서는 일반적으로 전반부에 등장한다.

해설 첫 번째 단락의 세 번째 문장(you can find some of the best shopping areas in Spain)에서 최고의 쇼핑 지역을 소개하고 있으며, 아래에 쇼핑할 수 있는 상품에 대한 설명이 나와 있으므로 쇼핑에 대한 내용임을 알 수 있다. 정답은 (B)이다.

2. 키워드를 이용한 추론 문제이다.

02 **What** is indicated about **Taragona**?	타라고나에 대해 암시된 것은?
(A) It is known for its charming inns and hotels.	(A) 멋진 여관과 호텔들로 유명하다.
(B) It is accessible by train.	(B) 기차로 갈 수 있다.
(C) It is known for its scenic views.	(C) 멋진 경치로 유명하다.
(D) It is near Barcelona.	(D) 바르셀로나 인근에 있다.

Key 질문의 키워드인 Taragona와 관련된 문장에서 정답의 근거가 제시된다.

해설 Taragona라는 지역 이름을 키워드로 지문을 보면 첫 번째 단락, 4번째 문장에서 바르셀로나에서 차로 15분만 가면 되는 거리라고 언급하고 있으므로 정답은 (D)가 된다.

3. 키워드를 이용한 구체적인 정보를 묻는 문제이다.

03 **Who** is **Martin Drake**?		마틴 드레이크는 누구인가?	
(A) An artist	(B) A shop owner	(A) 예술가	(B) 상점주인
(C) A festival organizer	(D) A visitor	(C) 축제 주최자	(D) 관광객

Key Martin Drake라는 사람 이름이 등장했다. 사람 이름의 키워드, 직업이나 직책 보기가 등장하며 해당 키워드가 속해 있는 문장에서 답을 찾을 수 있다.

해설 이 이름을 키워드로 지문을 검색하면 두 번째 단락의 첫 문장(Martin Drake, a local potter)에서 local potter, 즉 '현지 도예가'라는 사실을 알 수 있으므로 정답은 (A)이다.

4. 키워드를 이용한 NOT question 추론 문제이다.

04 **What** is NOT mentioned about the **Viva Manana Festival**?	비바 마나나 축제에 대해 언급되지 않은 것은?
(A) It has been increasing in popularity.	(A) 점점 인기가 상승하고 있다.
(B) It is free to the public.	(B) 대중에게 무료로 제공된다.
(C) It features musical entertainment.	(C) 음악적 오락거리를 특징으로 한다.
(D) It is held every year.	(D) 매년 열린다.

Key 지문에서 키워드를 중심으로 선택지의 보기를 하나씩 대조해나가며 정답을 찾아야 한다.

해설 마지막 단락을 살펴보면 매년 5월(every May)에 열린다고 언급하고 있으므로 (D)는 오답이다. 그리고 이국적인 음식과 음악을 제공한다고 언급되어 있으므로 (C)도 오답이 된다. 또한 이 축제가 매년 인기를 더하고 있기 때문에 미리 계획을 짜라고 조언하고 있으므로 (A)도 소거된다. 따라서 정답은 언급되지 않은 (B)가 된다.

어휘 opportunity 기회 accomodations 숙박시설 charming 매력적인 accessible 접근할 수 있는 entertainment 오락

06 서류양식

Point

글보다는 그림이나 표가 주를 이루고 있으며, 특별한 내용의 흐름보다는 각각의 도표와 그림 등에 대한 내용과 설명, 제목이나 짧은 서술형 지문들로 구성되어 있다. 다소 쉬운 난이도의 지문에 해당하지만, 수치나 구분 항목 등을 정확히 확인해야 실수가 없다.

서류양식으로 자주 등장하는 내용은 주로 신청서(application)와 송장 및 영수증, 일정표, 시간표 등이 다른 지문 유형들보다 구체적인 내용을 확인하기에는 시각적으로 편하다.

1 주로 등장하는 내용

❶ **고객만족 카드 또는 설문지** : 제품이나 서비스 구매 후 불만족 사항을 기록하는 양식

❷ **지원서 또는 신청서** : 입사 또는 입학, 가입 지원서 등의 양식

❸ **청구서 및 영수증** : 전화 요금 등 각종 청구서나 구매 후의 영수증

❹ **쿠폰** : 구매 및 서비스 이용에 관한 할인 쿠폰이나 무료 쿠폰

❺ **보증서** : 제품이나 서비스에 대한 보증서

❻ **송장** : 서비스나 제품 등의 가격 리스트들이 나와 있는 주문 확인서

❼ **일정** : 주로 항공편이나 교육 훈련 일정, 행사 일정 등 시간대/요일/월별 등의 일정표

❽ **계약서** : 장비나 건물들의 임대 계약서나 특정 서비스 관련 계약서

2 빈출질문 유형

❶ 목적(이유), 용도 또는 수신/발신인, 출처 등을 묻는 질문

- What is the **purpose** of the survey? 설문조사의 목적은?
- **What** kind of **business** does Servelia Corporation provide?
  서블리아 주식회사는 어떤 종류의 사업을 하고 있나?
- What is the **purpose** of the seminar? 세미나의 목적은?
- **Why** did Ms. Cohen **complete** the **form**? 코흔 씨는 왜 이 서류를 작성했나?

❷ 일정, 날짜, 금액, 수량 등의 구체적인 내용을 묻는 질문

- **When** does the Networking session **end**? 인맥 형성 시간은 언제 끝나나?
- What is **featured topic** of the seminar? 세미나의 주제는 무엇인가?
- **How much** will Mr. Lopez probably be **charged**?
  로페즈 씨에게 청구될 금액은 얼마일 것 같은가?
- **What** item from the **menu** did Ms. Anderson **try**?
  앤더슨 씨는 메뉴에서 어떤 음식을 먹어보려 했는가?
- **What** is **stated about** the discounts? 할인에 대해서 언급되고 있는 것은?

❸ 예외/부가 사항이나 수단/방법, 미래의 제안을 묻는 질문

- **In what skill area** does Mr. Hoffman need to **develop** the most?
  호프만 씨는 어떤 분야의 기술을 가장 연마할 필요가 있나?
- **What restriction** is placed on the coupon? 쿠폰에는 어떤 사항이 제한되어 있나?
- **What should** Ms. Dunham **do** if she wants to attend the event?
  던햄 씨가 그 행사에 참석하려면 어떻게 해야 하나?

Questions 1-3 refer to the following form.

The Financial Times
Subscription Form

The Financial Times brings you the most ample, updated information about the financial markets worldwide. The Financial Times is already a highly regarded business magazine read by millions of people and it will help you to make more informed decisions about your client's investment portfolios.

Each week, this award-winning publication features articles and columns written by experts in the world of finance and economics. Chicago Sun rates us, "Informative, Meaningful, and Necessary!" The Financial Times will always keep you informed with relevant updates. Please call and receive your Financial Times today!

Choose ONE of the following:

___ The Financial Times for TWO years (96 issues) for
$420.00 – a saving of 50% off the regular newsstand price

___ The Financial Times for ONE year (48 issues) for
$240.00 – a saving of 40% off the regular newsstand price

√ The Financial Times for 6 months (24 issues) for
$150.00 – a saving of 30% off the regular newsstand price

Your Payment Method:

(√) Cash, (   ) Check, (   ) Credit Card: _____

Name: *Gregory Steel*
Company: *Wolfgang & Brothers*
Address: *340 Villa St. Chicago IL, 60603*
E-mail: *gresteel@wolfbro.com*

Please allow three to four weeks for your first issue to arrive.

---

01 How often is The Financial Times published?

(A) Daily
(B) Weekly
(C) Monthly
(D) Annually

02 How much does a one-year subscription cost?

(A) $48.00
(B) $150.00
(C) $240.00
(D) $420.00

03 What is suggested about Gregory Steel?

(A) He is a financial advisor in Chicago.
(B) He has a subscription to the Chicago Sun.
(C) He has worked at Wolfgang & Brothers for three weeks.
(D) He writes a column in The Financial Times.

❶ 서류양식 유형 지문 분석

The Financial Times
Subscription Form

The Financial Times brings you the most ample, updated information about the financial markets worldwide. The Financial Times is already a highly regarded business magazine read by millions of people and it will help you to make more informed decisions about your client's investment portfolios.

01 Each week, this award-winning publication features articles and columns written by experts in the world of finance and economics. Chicago Sun rates us, "Informative, Meaningful, and Necessary!" The Financial Times will always keep you informed with relevant updates. Please call and receive your Financial Times today!

Choose ONE of the following:

___ The Financial Times for TWO years (96 issues) for
$420.00 – a saving of 50% off the regular newsstand price

___ **02** The Financial Times for ONE year (48 issues) for
$240.00 – a saving of 40% off the regular newsstand price

√ The Financial Times for 6 months (24 issues) for
$150.00 – a saving of 30% off the regular newsstand price

Your Payment Method:

(√) Cash, (　　) Check, (　　) Credit Card: _____

Name: 　**03** *Gregory Steel*
Company: 　*Wolfgang & Brothers*
Address: 　*340 Villa St. Chicago IL, 60603*
E-mail: 　*gresteel@wolfbro.com*

Please allow three to four weeks for your first issue to arrive.

제목
(주제/목적)

서비스/회사 소개 및
서류양식의 배경 설명

세부 작성 부분

미래의 내용 및
당부/제안

파이낸셜 타임스
정기구독 신청서

파이낸셜 타임스는 세계 금융시장에 대한 가장 풍부하고 새로운 정보를 제공해드립니다. 파이낸셜 타임스는 이미 수백만 명이 구독하는 평판이 높은 비즈니스 잡지이기 때문에 귀하가 고객의 투자 자산을 관리할 때 보다 정확한 판단을 할 수 있도록 도와드릴 것입니다.

(01) 매주, 수상 경력이 있는 이 잡지는 금융과 경제계의 전문가들이 작성한 기사와 칼럼을 특집으로 다룹니다. 시카고 썬지는 우리 잡지를 유익하고, 의미 있으며 필요한 잡지라고 평하였습니다. 파이낸셜 타임스는 새로운 관련 소식들을 항상 계속해서 알려줍니다. 전화하셔서 파이낸셜 타임스를 오늘 받으세요.

다음 중 하나를 선택하세요.

___ 파이낸셜 타임스 2년 계약 (96회분)
420.00달러 — 가판대 가격의 50% 할인
___ 파이낸셜 타임스 (02) 1년 계약 (48회분)
240.00달러 — 가판대 가격의 40% 할인
√ 파이낸셜 타임스 6개월 (24회분)
150.00달러 — 가판대 가격의 30% 할인

요금 지불 방법:

(√) 현금, (　　) 수표, (　　) 신용카드: _____

이　름: (03) 그레고리 스틸
회　사: 볼프강 앤 브라더스
주　소: 우편번호 60603, 일리노이 주 시카고 시, 빌라 가 340번지
이메일: gresteel@wolfbro.com

귀하의 첫 번째 잡지는 도착하는 데 3주에서 4주 정도 걸립니다.

어휘 subscription 정기구독　ample 풍부한　updated 최신의　highly 높이　informed decision 정확한 결정　client 고객　expert 전문가　rate 평가하다　informative 유익한 정보가 있는　relevant 관련이 있는　newsstand 가판대

❷ 문제풀이 비법

1. 키워드를 이용한 구체적인 정보를 묻는 문제이다.

---

01 **How often** is The **Financail Times** published?

   (A) Daily

   (B) Weekly

   (C) Monthly

   (D) Annually

얼마나 자주 파이낸셜 타임스가 발행되는가?

   (A) 매일

   (B) 매주

   (C) 매달

   (D) 매년

Key 파이낸셜 타임스가 얼마나 자주 발행되는지 묻는 질문으로 선택지 보기들을 키워드로(Daily, Weekly, Monthly, Annually) 잡고, 지문에서 관련된 문장을 찾자.

해설 두 번째 단락의 첫 번째 문장에서 수상 경력이 있는 이 잡지는 매주(Each week) 금융과 경제계의 전문가들이 작성한 기사와 칼럼을 특집으로 다룬다고 말하고 있으므로 파이낸셜 타임스는 매주 발행된다는 것을 알 수 있다. 그러므로 정답은 (B)가 된다. each week가 weekly로 패러프레이징됐다는 것을 알아두자.

2. 키워드를 이용한 구체적인 정보를 묻는 문제이다.

---

02 **How much** does a **one-year** subscription cost?

   (A) $48.00

   (B) $150.00

   (C) $240.00

   (D) $420.00

1년 정기구독은 얼마인가?

   (A) 48달러

   (B) 150달러

   (C) 240달러

   (D) 420달러

Key 1년(one year) 정기구독료가 얼마인지 구체적인 정보를 묻는 질문으로 1년과, 선택지의 보기들의 가격을 키워드로 잡는다.

해설 세 번째 단락에서 ONE year와 가격 정보가 제시되고 있다. 1년에 240달러라고 언급되어 있으므로 정답은 (C)가 된다.

3. 키워드를 이용한 추론 문제이다.

---

03 **What** is suggested about **Gregory Steel**?

   (A) He is a financial advisor in Chicago.

   (B) He has a subscription to the Chicago Sun.

   (C) He has worked at Wolfgang & Brothers for three weeks.

   (D) He writes a column in The Financial Times.

그레고리 스틸에 대해서 언급된 것은 무엇인가?

   (A) 시카고에 있는 금융상담가이다.

   (B) 시카고 썬지를 정기구독하고 있다.

   (C) 볼프강 앤 브라더스사에서 3주간 일했다.

   (D) 파이낸셜 타임스에 칼럼을 쓰고 있다.

Key Gregory Steel에 대해서 언급한 사항을 묻는 질문으로 세부적인 정보를 묻는 유형이다. 질문의 키워드인 Gregory Steel과 관련된 단락에서 정답의 근거를 확인할 수 있다.

해설 다섯 번째 단락에서 Gregory Steel의 이름을 찾을 수 있는데 이 사람이 정기구독 신청서를 작성하는 사람임을 알 수 있다. 파이낸셜 타임스는 금융과 경제에 관련된 내용의 기사와 칼럼이 실리므로 이 사람이 금융상담가임을 알 수 있고 주소에서 시카고에 살고 있다고 하고 있으므로 정답은 (A)가 된다.

어휘 publish 발행하다　financial adviser 금융 상담가

Point

복수지문에서 등장하는 지문은 하나의 지문과 그에 첨부된 문서 또는 내용상 참조할 수 있는 공지나 메뉴, 기사, 일정 등이 자주 등장한다. 복수지문 두 개의 연관 관계를 파악하고 문제에서 어떤 지문을 보고 답을 찾아야 하는지 파악하는 것이 중요하다.

1

이렇게 풀어라! 문제풀이 전략

Questions 01-05 refer to the following menu and restaurant review.

Golden Eagle Diner

Lunch Menu for

Monday ~ Thursday

11:00 A.M. - 4:00 P.M.

Sandwiches

Choice of french fries or mashed potatoes

Golden Eagle Original....................................$6.00

Arby's Style...$7.00
(cheddar cheese with onions)

The Classic BLT..$7.50
(sliced bacon with fresh lettuce and tomatoe)

The Classic Italian.......................................$8.50
(salami, cheddar cheese, and olives, with Italian sauce)

Turkey Delight...$8.50
(white turkey meat and vegetables with mustard)

The Supreme Baldios...............................$10.00
(shrimp, crab meat, and tuna with tartar sauce)

Side Dishes

Sour pickles...$1.50

Coleslaw..$2.00

Baby carrots...$2.00

Green peas...$2.00

Desserts

Today's pie...$4.50

Ice cream sundae.......................................$2.50

Beverages

Orange lemonade..$1.50

Iced tea..$2.00

Golden Eagle Diner, 240 Broad Ave. Palisades Park NJ — Of the many sandwich places in the city, Golden Eagle Diner is the newest in town. While they offer a high quality of food, they are considered to be one of the restaurants with reasonably priced menus, with $10.00 being their most expensive item on the list.

Nadia Overeem, owner and chef of Golden Eagle Diner, was the main chef at Club 74, a seafood restaurant in downtown Trenton. Born as a Ohio native, Ms. Overeem is now serving traditional Ohio style club sandwiches to the people of northern New Jersey.

The side dishes aren't too special, but they actually seem to be better than those from other ordinary sandwich places. It is just that the sandwiches deserve most of the credit from Golden Eagle Diner. All sandwiches are made using freshly baked breads from the oven and the meat is cooked at a carefully measured temperature. Among its sandwiches, the salami sandwich is a must try. The salami is sliced thin and proves to be a perfect match with cheese and olives. In addition, the sweet and sour Italian sauce adds a delight to its already perfect taste.

One possible problem in their menu would be the desserts. The pecan pie served on Mondays and Wednesdays tastes great, but they come in such small portions, probably ideal for children. Nonetheless, this is mostly viewed as a minor complaint. Golden Eagle Diner excels in every other aspect.

To conclude, I suggest that everyone try Golden Eagle Diner the next time they go out for lunch. If you are planning on ordering a pie, just make sure you order at least two pieces.

01 When can customers order from the lunch menu?
(A) On Fridays
(B) On Tuesdays
(C) On Saturdays
(D) On Sundays

02 What is suggested about Golden Eagle Diner in the review?
(A) Its business hours are limited.
(B) Its menu features seafood dishes.
(C) It has opened recently.
(D) It was previously located on in Trenton.

03 In the review, the word "reasonably" in paragraph 1, in line 6, is closest in meaning to:
(A) moderately
(B) carefully
(C) professionally
(D) logically

04 What menu items does the reviewer mention as being particularly good?
(A) The Classic BLT
(B) The Classic Italian
(C) Turkey Delight
(D) The Supreme Baldios

05 What item does the reviewer think can be improved?
(A) The sour pickles
(B) Arby's Style
(C) Golden Eagle Original
(D) Today's pie

지문 분석 Point 특정 식당의 메뉴와 해당 식당에 대한 리뷰(기사)가 등장했다.

Golden Eagle Diner

01 Lunch Menu for
Monday ~ Thursday
11:00 A.M. - 4:00 P.M.

식당 이름

Sandwiches

Choice of french fries or mashed potatoes

Golden Eagle Original...............$6.00

Arby's Style..............................$7.00
(cheddar cheese with onions)

The Classic BLT.........................$7.50
(sliced bacon with fresh lettuce and tomatoe)

04 The Classic Italian...............$8.50 ◄
(salami, cheddar cheese, and olives, with Italian sauce)

Turkey Delight...........................$8.50
(white turkey meat and vegetables with mustard)

The Supreme Baldios.............$10.00
(shrimp, crab meat, and tuna with tartar sauce)

Side Dishes

Sour pickles............................$1.50

Coleslaw..................................$2.00

Baby carrots............................$2.00

Green peas...............................$2.00

05 **Desserts**

05 Today's pie........................$4.50 ◄

Ice cream sundae....................$2.50

Beverages

Orange lemonade....................$1.50

Iced tea...................................$2.00

메뉴판

Golden Eagle Diner, 240 Broad Ave. Palisades Park NJ — Of the many sandwich places in the city, **02** Golden Eagle Diner is the newest in town. While they offer a high quality of food, they are considered to be one of the restaurants with **03** reasonably priced menus, with $10.00 being their most expensive item on the list.

Nadia Overeem, owner and chef of Golden Eagle Diner, was the main chef at Club 74, a seafood restaurant in downtown Trenton. Born as a Ohio native, Ms. Overeem is now serving traditional Ohio style club sandwiches to the people of northern New Jersey.

The side dishes aren't too special, but they actually seem to be better than those from other ordinary sandwich places. It is just that the sandwiches deserve most of the credit from Golden Eagle Diner. All sandwiches are made using freshly baked breads from the oven and the meat is cooked at a carefully measured temperature. **04** Among its sandwiches, the salami sandwich is a must try. The salami is sliced thin and proves to be a perfect match with cheese and olives. In addition, the sweet and sour Italian sauce adds a delight to its already perfect taste.

05 One possible problem in their menu would be the desserts. The pecan pie served on Mondays and Wednesdays tastes great, but they come in such small portions, probably ideal for children. Nonetheless, this is mostly viewed as a minor complaint. Golden Eagle Diner excels in every other aspect.

To conclude, I suggest that everyone try Golden Eagle Diner the next time they go out for lunch. If you are planning on ordering a pie, just make sure you order at least two pieces.

상기 메뉴판이 있는
식당과 관련된 기사

골든 이글 다이너

(01) 점심 메뉴
월요일 ~ 목요일
오전 11시부터 오후 4시

샌드위치		**사이드 디쉬**	
** 감자튀김이나 으깬 감자 중 선택 **		새콤한 피클	1.5달러
골든 이글 오리지널	6달러	양배추 샐러드	2달러
아비스 스타일	7달러	어린 당근	2달러
(양파를 곁들인 체다 치즈)		푸른 완두콩	2달러
클래식 BLT	7.5달러		
(신선한 양상추와 토마토를 곁들인 얇게 썬 베이컨)		**후식**	
(04) 클래식 이탤리언	8.5달러	(05) 오늘의 파이	4.5달러
(이태리 소스를 곁들인 살라미, 체다 치즈, 그리고 올리브)		아이스크림 선디	2.5달러
칠면조 딜라이트	8.5달러		
(겨자를 곁들인 하얀 칠면조 고기와 야채)		**음료**	
수프림 발디오스	10달러	오렌지 레모네이드	1.5달러
(타르타르소스를 곁들인 새우, 게살, 그리고 참치)		아이스티	2달러

뉴저지 주, 팰리세이즈 파크 시, 브로드 가 240번지, 골든 이글 다이너 — 도시에 있는 많은 샌드위치 가게들 중에서 (02) 골든 이글 다이너는 가장 최근에 생긴 가게입니다. 이 식당은 높은 질의 음식을 제공하는 동시에 (03) 비교적 저렴한 가격을 책정하는 식당 중 하나로 여겨지고 있는데, 메뉴 중에서 가장 비싼 것이 10달러입니다.

골드 이글 다이너의 소유주이자 주방장인 나디아 오버림 씨는 트렌턴 시내에 있는 해산물 요리식당인 클럽 74의 주방장이었습니다. 오하이오 토박이로 태어난 오버림 씨는 이제 뉴저지 주의 북부 사람들에게 전통적인 오하이오 방식의 클럽 샌드위치를 제공하고 있습니다.

사이드 디쉬는 아주 특별하지는 않지만 실제로 다른 평범한 샌드위치 가게들 것보다 나아 보입니다. 이것은 바로 골든 이글 다이너의 샌드위치들은 가장 높은 신뢰를 받을 만한 자격이 있다는 것입니다. 샌드위치들은 모두 오븐에서 갓 구워진 빵을 사용하고 고기는

신중히 조절된 온도에서 조리됩니다. (04) 이 샌드위치들 사이에서 살라미 샌드위치는 반드시 먹어봐야 하는 것입니다. 얇게 썬 살라미는 치즈 및 올리브와 완벽하게 어울린다는 것을 알 수 있습니다. 게다가 달콤하고 새콤한 이태리 소스는 이미 완벽한 이 샌드위치의 맛에 즐거움을 더해줍니다.

(05) 이 식당의 메뉴에서 한 가지 있을 수 있는 문제점은 후식입니다. 매주 월요일과 수요일에 제공되는 피칸 파이는 맛은 좋지만 어린아이들에게 알맞을 정도로 1인분의 양이 너무 적습니다. 그렇다 해도 이것은 거의 사소한 불명으로 보입니다. 골든 이글 다이너는 다른 모든 면에서 뛰어납니다.

결론적으로 저는 모두에게 다음에 점심을 먹으러 나가실 때 골든 이글 다이너에서 먹어볼 것을 권합니다. 파이를 주문할 예정이라면 그저 반드시 최소한 두 개를 주문하세요.

어휘 mashed potatoes 으깬 감자 onion 양파 lettuce 상추 salami 살라미 소시지 turkey 칠면조 vegetable 채소, 야채 shrimp 새우 crab 게 tuna 참치 sauce 소스 sour 신, 시큼한 carrot 당근 pea 콩 newest 최신의 offer 제공하다 quality 질 reasonably 합리적으로, (가격이) 비교적 싸게 expensive 비싼, 돈이 많이 드는 traditional 전통적인 northern 북부에 위치한 actually 실제로 deserve ~을 받을 만하다 credit 칭찬, 인정 freshly 갓 bake 굽다 measure 측정하다 temperature 온도 among ~중에서 thin 얇은 prove 드러나다 delight 기쁨 dessert 디저트, 후식 portion 부분 excel 뛰어나다, 탁월하다 aspect 측면 conclude 결론을 내리다

❷ 문제풀이 비법

1. 키워드를 이용한 구체적인 정보를 묻는 문제 – 첫 번째 지문

01 **When** can customers **order** from the **lunch menu**?

(A) On Fridays

(B) On Tuesdays

(C) On Saturdays

(D) On Sundays

소비자들은 언제 점심 메뉴를 주문할 수 있는가?

(A) 금요일

(B) 화요일

(C) 토요일

(D) 일요일

Key 점심 메뉴를 언제 주문할 수 있는지, 요일을 묻고 있다. 메뉴가 나와 있는 지문은 첫 번째 지문을 확인해야 한다.

해설 첫 번째 지문 상단부의 요일과 시간을 확인해보면 점심 메뉴는 월요일부터 목요일 오전 11시부터 오후 4시 사이에 제공된다는 것을 알 수 있으므로 정답은 (B)이다.

2. 키워드를 이용한 추론 문제 – 두 번째 지문

02 **What** is suggested about **Golden Eagle Diner** in the **review**?

(A) Its business hours are limited.

(B) Its menu features seafood dishes.

(C) It has opened recently.

(D) It was previously located on in Trenton.

위 논평에서 골든 이글 다이너에 대해 언급된 것은?

(A) 영업시간이 제한되어 있다.

(B) 메뉴의 특징은 해산물 요리이다.

(C) 최근에 문을 열었다.

(D) 이전에는 트렌톤에 있었다.

Key 리뷰에서 식당에 대해서 언급하고 있는 내용을 찾아야 한다. 식당의 리뷰, 즉 식당과 관련한 기사는 두 번째 지문이므로 두 번째 지문에서 답을 찾아야 한다.

해설 우선 보기의 내용에서 키워드를 잡고 지문의 내용과 맞춰보자. 두 번째 지문 상단을 보면 이 샌드위치 가게는 이 도시에서 가장 최근에 생긴 장소라고 언급되어 있으므로 정답은 (C)이다.

3. 유사 어휘 문제 – 두 번째 지문

03 In the review, the word "**reasonably**" in paragraph 1, in line 6, is closest in meaning to:

(A) moderately

(B) carefully

(C) professionally

(D) logically

논평의 첫 번째 문단 6번째 줄에 있는 reasonably와 의미가 가장 가까운 것은?

(A) 적정하게

(B) 신중하게

(C) 전문적으로

(D) 논리적으로

Key 문장 속에서 reasonably의 의미를 파악해야 한다.

해설 두 번째 지문인 review의 첫 번째 문단에 있는 reasonably는 가격이 '적절하게 합리적으로' 책정되었다는 의미로 사용되었으므로 정답은 (A)이다.

4. 키워드를 이용한 구체적인 정보를 묻는 문제 – 두 번째 지문 ⇨ 첫 번째 지문

04 **What menu** items does the **reviewer** mention as being **particularly good**?

(A) The Classic BLT

(B) The Classic Italian

(C) Turkey Delight

(D) The Supreme Baldios

논평가가 특별히 좋다고 언급한 메뉴 품목은 무엇인가?

(A) 클래식 BLT

(B) 클래식 이탈리언

(C) 칠면조 딜라이크

(D) 수프림 발디오스

Key 논평가(reviewer)가 특별히 좋다고 언급한 메뉴를 찾아야 하므로 두 번째 지문을 봐야 한다.

해설 셋째 문단을 보면 논평가가 식당의 음식들에 대한 칭찬들과 함께 Among its sandwiches, the salami sandwich is a must try라고 언급하며 살라미 샌드위치는 반드시 먹어봐야 한다고 추천하고 있다. 하지만 구체적인 메뉴의 이름은 나타나 있지 않으므로 첫 번째 지문인 메뉴에서 샌드위치 메뉴를 찾아야 한다. 샌드위치 중에서 살라미가 있고 치즈, 올리브, 그리고 이태리 소스가 있는 메뉴는 The Classic Italian이므로 정답은 (B)가 된다.

5. 키워드를 이용한 구체적인 정보를 묻는 문제 – 두 번째 지문 ⇨ 첫 번째 지문

05 **What item** does the **reviewer** think **can be improved**?

(A) The sour pickles

(B) Arby's Style

(C) Golden Eagle Original

(D) Today's pie

논평가가 개선될 수 있다고 생각한 품목은 무엇인가?

(A) 새콤한 피클

(B) 아비스 스타일

(C) 골든 이글 오리지널

(D) 오늘의 파이

Key 논평가(reviewer)가 개선될 수 있는 부분이라고 했으므로 두 번째 지문에서 이 식당에서 아쉽거나 문제점으로 여겨지는 부분을 찾아야 한다.

해설 5번째 문단에 One possible problem~으로 시작하며 디저트 메뉴인 파이가 어린이에게 알맞을 정도로 양이 너무 적다는 점을 언급하고 있으며, 첫 번째 메뉴 지문에서 디저트 부분에 있는 파이 메뉴는 Today's pie뿐이므로 정답은 (D)가 된다.

어휘 customer 고객 review 논평 moderately 적정하게 professionally 전문적으로 logically 논리적으로 pickle 오이를 식초와 설탕 등이 섞인 소금물에 절인 것

08 회신 유형의 복수지문

두 개의 이메일이나 편지가 등장하며 주로 문의에 대한 회신이 자주 등장한다. 먼저 서신을 주고받는 당사자들을 확인하고 지문의 초반에서 어떠한 내용으로 편지나 이메일을 주고받는지 확인해야 한다.

1

이렇게 풀어라! 문제풀이 전략

Questions 1-5 refer to the following letter and e-mail.

Eternal Silverware
– 90 Mcgallen Way - Everton 0589

January 19

Dear Ms. Watson,

We appreciate your visiting our office a few days ago. As I informed you earlier, Eternal Silverware has had some issues with our goods being damaged during the delivering process. Though we are not entirely certain yet, we are planning to end our business relationship with Sir James Delivey Co. Your presentation the other day impressed us at Eternal Silverware, and we wish to open an account with Marquis Shipping.

Enclosed is a detailed description of our company's shipping needs. I also would like to mention that we must be able to continue providing our customers with one-day delivery options at a reasonable cost. Should you be able to offer such options, by what time should the merchandise be ready for pickup? The current pickup time for preparing the merchandise to be delivered in one-day is 2:00 P.M. We wish to know about the shipping rates and options your company currently offer.

Regards,

Ian Beckham

Ian Beckham

Enclosure

To:	ianbeck@eternalsilverware.com
From:	elizawatson@marquisshipping.com
Date:	January 19
Subject	Our rates
Attachment:	Delivery Rates & Options

Dear Mr. Beckham,

I have received your e-mail and the information pertaining to your company's shipping needs.

To answer your question, yes, we have a range of affordable one-day delivery services. For our cheapest rate, the merchandise needs to be ready for pickup by 1:00 P.M. I have attached a copy of our rate schedule, so please go over it. Also, we will give you a 20% discount on your first month's bill if you decide to enter a business relationship with us and pay us monthly. If you have any further questions, I will be happy to answer all of them. I hope to hear from you soon.

Sincerely,

Eliza Watson

01 Who is Ms. Watson?

(A) An Eternal Silverware customer

(B) A shipping company representative

(C) The owner of Sir James Delivery Co.

(D) A silverware salesperson

02 According to the letter, what does Eternal Silverware currently offer customers?

(A) A refund for items damaged during shipping

(B) Discounted price on bulk ordes

(C) A one-day receipt of merchandise

(D) The option of opening an account with the company

03 In the letter the word "certain" in paragraph 1, line 3, is closest in meaning to:

(A) impressed

(B) sure

(C) reliable

(D) surprised

04 What is indicated about Marquis Shipping's least expensive one-day delivery service?

(A) It has a pickup time that is earlier than that of Sir James Delivery Co.

(B) It is available only to businesses with very high volumes of shipments.

(C) It is 20 percent cheaper than the same service offered by Sir James Delivery Co.

(D) It guarantees that customers will receive their orders by 1:00 P.M.

05 What is NOT indicated about Marquis Shipping?

(A) It has a variety of delivery options available.

(B) Mr. Beckham may receive a discount on its services.

(C) It bills some customers on a monthly basis.

(D) Mr. Beckham has used the company's services before.

❶ 회신 유형의 복수 지문 분석

지문 분석 Point 편지로 서비스에 대한 문의를 했으며 이에 대해서 이메일로 회신한 유형의 복수지문이다.

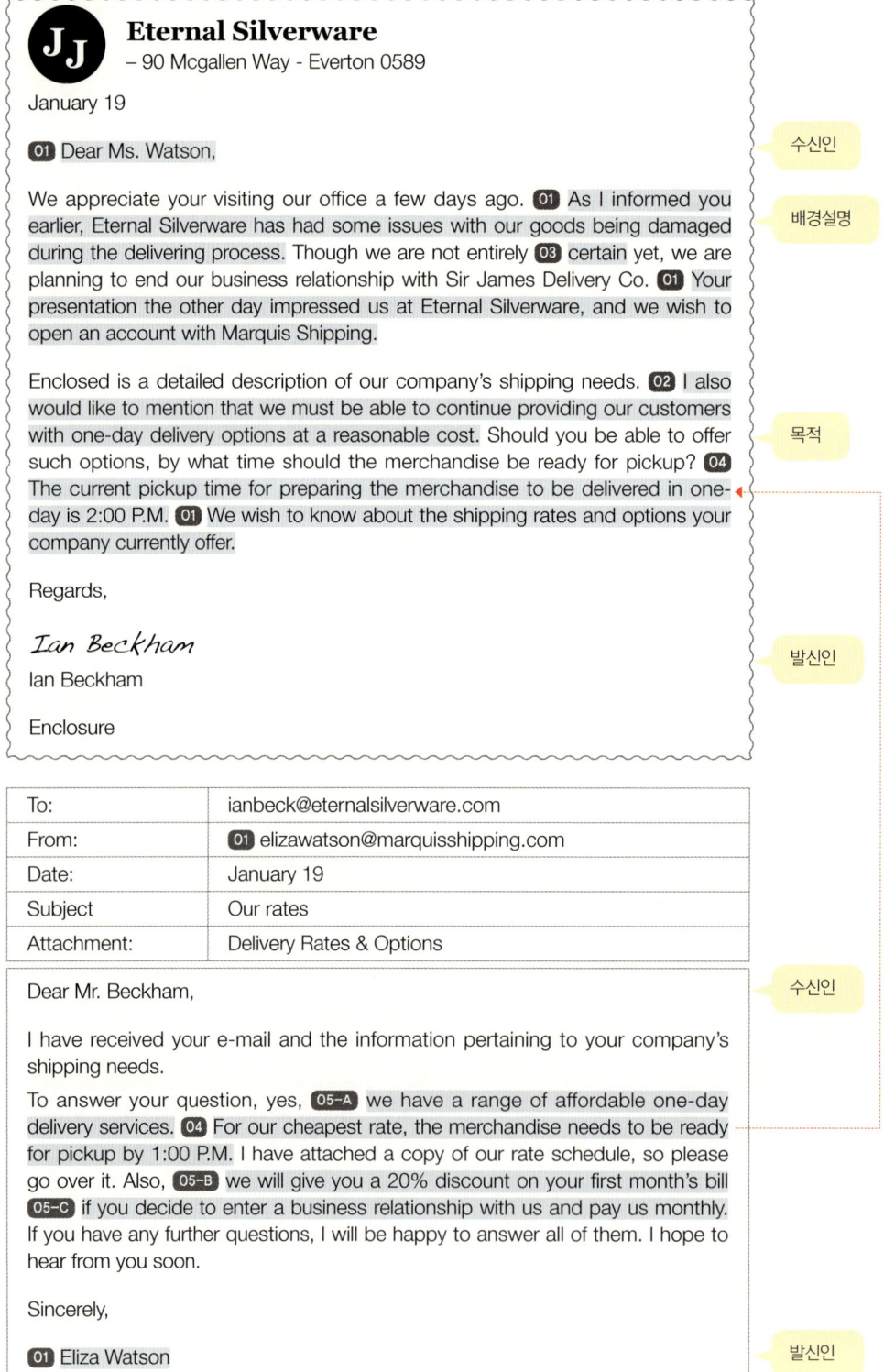

JJ

Eternal Silverware
– 90 Mcgallen Way - Everton 0589

January 19

01 Dear Ms. Watson,

We appreciate your visiting our office a few days ago. **01** As I informed you earlier, Eternal Silverware has had some issues with our goods being damaged during the delivering process. Though we are not entirely **03** certain yet, we are planning to end our business relationship with Sir James Delivery Co. **01** Your presentation the other day impressed us at Eternal Silverware, and we wish to open an account with Marquis Shipping.

Enclosed is a detailed description of our company's shipping needs. **02** I also would like to mention that we must be able to continue providing our customers with one-day delivery options at a reasonable cost. Should you be able to offer such options, by what time should the merchandise be ready for pickup? **04** The current pickup time for preparing the merchandise to be delivered in one-day is 2:00 P.M. **01** We wish to know about the shipping rates and options your company currently offer.

Regards,

Ian Beckham

Ian Beckham

Enclosure

수신인

배경설명

목적

발신인

To:	ianbeck@eternalsilverware.com
From:	**01** elizawatson@marquisshipping.com
Date:	January 19
Subject:	Our rates
Attachment:	Delivery Rates & Options

Dear Mr. Beckham,

I have received your e-mail and the information pertaining to your company's shipping needs.

To answer your question, yes, **05-A** we have a range of affordable one-day delivery services. **04** For our cheapest rate, the merchandise needs to be ready for pickup by 1:00 P.M. I have attached a copy of our rate schedule, so please go over it. Also, **05-B** we will give you a 20% discount on your first month's bill **05-C** if you decide to enter a business relationship with us and pay us monthly. If you have any further questions, I will be happy to answer all of them. I hope to hear from you soon.

Sincerely,

01 Eliza Watson

수신인

발신인

이터널 실버웨어
– 우편번호 0589, 에버튼 시, 맥갈른 가 90번지

1월 19일

(01) 와쓴 씨에게,

며칠 전 저희 사무실로 방문해 주셔서 감사합니다. (01) 이전에 귀하에게 알려드린 대로, 이터널 실버웨어는 배송 과정 도중에 제품이 손상된 것과 관련해서 몇 가지 문제점들을 겪고 있습니다. 아직 전적으로 (03) 확실한 것은 아니지만 써 제임스 배송사와는 사업 관계를 정리하려 합니다. (01) 이터널 실버웨어에서 지난번 귀하가 발표한 내용이 인상적이어서, 우리는 마키스 배송과 거래를 하길 바랍니다.

저희 회사의 배송 요구 사항에 대해 상세히 설명된 서류를 동봉하였습니다. (02) 저는 저희 고객들에게 저렴한 가격으로 당일 배송 서비스를 지속적으로 제공해야 한다는 점을 알려드리고 싶습니다. 그런 서비스를 제공하는 것이 가능하다면, 몇 시까지 상품을 픽업하도록 준비를 해두어야 하나요? (04) 현재 당일 배송할 상품의 픽업 시간은 오후 2시입니다. (01) 저희는 현재 귀사에서 제공하는 배송료와 서비스에 관해 알고 싶습니다.

진심으로,

이언 백엄

동봉 서류 있음

수신: ianbeck@eternalsilverware.com
발신: elizawatson@marquisshipping.com
날짜: 1월 19일
제목: 요금
첨부: 배송 비용 및 옵션

백엄 씨에게,

저는 귀사의 배송 요구사항과 관련된 이메일과 정보를 받았습니다. (05-A) 귀하의 질문에 답변은 예스입니다. 저렴하고 다양한 가격의 당일 배송 서비스가 있습니다. (04) 가장 저렴한 요금으로 이용하시려면, 상품은 오후 1시까지 픽업할 수 있도록 준비되어야 합니다. 저희 회사의 요금 규정 사항 한 부를 첨부하였으니, 검토하여 주시기 바랍니다. 또한, 저희와 사업 파트너가 되는 것과 (05-C) 매달 지불할 것으로 결정하셨다면, (05-B) 첫 달의 청구서에서 20%의 할인을 제공해드릴 것입니다. 더 궁금하신 사항이 있으시면, 질문에 모두 기꺼이 답변해드리겠습니다. 곧 좋은 소식을 듣길 바랍니다.

진심으로,

(01) 엘리자 와쓴

어휘 appreciate 감사하다 inform 알리다 issue 문제 goods 상품, 제품 damage 손상을 주다 delivering process 배송 과정 entirely 전적으로 relationship 관계 open an account with ~와 거래를 시작하다 enclosed 동봉한 것, 동봉된 것 detailed 상세한 description 설명서 shipping 배송 mention 언급하다 one-day delivery 당일 배송 reasonable cost 합리적인 가격 merchandise 상품 be ready for ~할 준비가 되다 pickup 픽업, 가져가는 것 rate 요금 attach 첨부하다 a copy of (서류, 사본) 한 부 go over 검토하다(= review) pay 지불하다 monthly 매월의, 한 달에 한 번의 extra 추가의

❷ 문제풀이 비법

1. 수신자와 발신자의 정보를 묻는 문제 – 첫 번째 지문 + 두 번째 지문

01 **Who** is Ms. **Watson**?

  (A) An Eternal Silverware customer

  (B) A shipping company representative

  (C) The owner of Sir James Delivery Co.

  (D) A silverware salesperson

와쓴 씨는 누구인가?

  (A) 이터널 실버웨어의 고객

  (B) 배송 회사 담당자

  (C) 써 제임스 배송의 소유주

  (D) 은식기류 판매 사원

Key 특정 인물인 Ms. Watson이 누구인지를 묻는 질문으로, 고유명사인 질문의 키워드 Ms. Watson과 관련된 지문에 집중해야 한다.

해설 첫 번째 편지글에서 Ms. Watson은 편지를 받는 사람이며, 편지를 보낸 사람이 Ian Beckham임을 알 수 있다. 편지글 첫 번째 단락 두 번째 문장 As I informed you earlier, Eternal Silverware has had some issues with our goods being damaged during the delivering process를 통해 Ian Beckham의 기존 배송업체가 문제가 있음을 언급하였고, 그 단락 마지막 문장으로 편지의 목적을 제시한 Your presentation the other day impressed us at Eternal Silverware, and we wish to open an account with Marquis Shipping을 통해서, Ms. Watson은 새로운 배송 회사의 직원임을 알 수 있으므로 정답은 (B)이다. 또한 두 번째 이메일의 맨마지막 발신인 서명 부분에서도 쉽게 Watson은 Marquis Shipping의 직원임을 알 수 있다.

2. 키워드를 이용한 구체적인 정보를 묻는 문제 – 첫 번째 지문

02 According to the **letter**, what does **Eternal Silverware currently offer** customers?

  (A) A refund for items damaged during shipping

  (B) Discounted price on bulk ordes

  (C) A one-day receipt of merchandise

  (D) The option of opening an account with the company

편지에 의하면, 이터널 실버웨어가 현재 고객들에게 제공하는 것은 무엇인가?

  (A) 배송 중 파손된 상품 환불

  (B) 대량 주문에 관한 할인된 가격

  (C) 상품의 당일 배송

  (D) 회사와의 거래 옵션

Key 첫 번째 편지에서 Eternal Silverware가 현재(currently) 고객들에게 제공(offer)하는 것이 무엇인지 찾아야 한다.

해설 편지의 두 번째 단락, 두 번째 문장인 we must be able to continue providing our customers with one-day delivery options at a reasonable cost에서 고객들에게 당일 배송 서비스를 계속적으로 제공하고자 함을 알 수 있으므로 정답은 (C)가 된다.

3. 유사 어휘 문제 – 첫 번째 지문

03 In the **letter** the word "**certain**" in paragraph 1, line 3, is closest in meaning to:

  (A) impressed

  (B) sure

  (C) reliable

  (D) surprised

편지에서 첫 번째 단락, 세 번째 줄에 certain과 가장 유사한 의미의 단어는?

  (A) 인상적인

  (B) 확실한

  (C) 믿을 만한

  (D) 놀라운

Key 유의어 질문은 보기만 보고 유의어를 고르는 것이 아니라 해당 단어가 들어간 문장에서의 쓰임을 파악해야 한다.

해설 해당 문장은 Though we are not entirely certain yet, we are planning to end our business relationship with Sir James Deliver Co.(아직 전적으로 확실한 것은 아니지만 써 제임스 배송과는 사업 관계를 정리하려 합니다)이므로 문장에서 ceratin은 '확실한'이란 의미로 사용되었다. 따라서 정답은 (B)이다.

4. 키워드를 이용한 구체적인 정보를 묻는 문제 – 두 번째 지문 ⇨ 첫 번째 지문

---

04 **What** is indicated about Marquis Shipping's **least expensive one-day delivery service**?

(A) It has a pickup time that is earlier than that of Sir James Delivery Co.

(B) It is available only to businesses with very high volumes of shipments.

(C) It is 20 percent cheaper than the same service offered by Sir James Delivery Co.

(D) It guarantees that customers will receive their orders by 1:00 P.M.

마키스 배송의 당일 배송 서비스 중 비용이 가장 저렴한 서비스에 관해 언급된 것은?

(A) 픽업 시간이 써 제임스 배송의 상품 수령 시간보다 더 이르다.

(B) 배송량이 상당히 많은 업체와만 거래가 가능하다.

(C) 써 제임스 배송이 제공하는 같은 서비스보다 비용이 20%나 저렴하다.

(D) 고객들이 주문한 상품을 오후 1시까지 수령할 수 있는 것이 보장된다.

Key 질문의 키워드는 Marquis Shipping의 가장 저렴한 비용의 당일 배송 서비스이다. 배송업체인 Marquis Shipping과 관련된 질문이므로 먼저 배송업체가 작성한 두 번째 지문을 봐야 한다.

해설 저렴한 비용이라는 내용은 3번째 문장에서 For cheapest rates ~이하에서 확인할 수 있으며, 1시까지 물건을 pickup할 수 있다고 언급하고 있다. 또한 보기에 등장하는 Sir James Delivery라는 회사는 첫 번째 지문에서 기존의 배송업체임을 알 수 있고, 두 번째 단락의 5번째 줄에서 픽업 시간이 2시로 언급되어 있으므로 Marquis Shipping의 픽업시간이 James Delivery Co.보다 빠르다는 것을 알 수 있다. 따라서 정답은 (A)가 된다. 여기서 (C)와 (D)는 1:00 P.M.이나 20% 할인을 언급한 전형적인 오답이라는 것을 알아야 한다.

5. 키워드를 이용한 NOT-question 추론 문제 – 두번째 지문

---

05 **What** is NOT indicated about **Marquis Shipping**?

(A) It has a variety of delivery options available.

(B) Mr. Beckham may receive a discount on its services.

(C) It bills some customers on a monthly basis.

(D) Mr. Beckham has used the company's services before.

마키스 배송에 대해서 언급한 것이 아닌 것은?

(A) 다양한 배송 서비스가 가능하다.

(B) 백엄 씨는 배송 서비스에 관하여 할인을 받을 수 있다.

(C) 매달 고객들에게 청구한다.

(D) 백엄 씨는 전에 그 회사의 서비스를 이용한 적이 있다.

Key NOT-question의 추론 문제로 두 지문이 모두 Marquis Shipping과 관련된 내용이므로 보기에서 일치하는 내용을 하나씩 소거하는 방법으로 풀어야 한다.

해설 이메일의 두 번째 문장인 To answer your question, yes, we have a range of affordable one-day delivery services 를 통해 Marquis Shipping에는 다양한 배송 서비스가 있음을 유추할 수 있으므로 (A)는 오답, 다섯 번째 문장인, Also, we will give you a 20% discount on your first month's bill을 통해 할인을 제공받을 수도 있다는 것을 알 수 있으므로 (B)도 오답, 이어 if you decide to enter a business relationship with us and pay us monthly를 통해 매달 고객에게 청구함을 알 수 있으므로 (C)도 오답이 된다. 따라서 언급되지 않은 (D)가 정답이다.

어휘 representative 담당자 owner 소유주 currently 현재 refund 환불 bulk order 대량 주문 reliable 믿을 수 있는 guarantee 보장하다

▶ 정답 및 해설 p.319~344

PART 7

Directions: In this part, you will read a selection of texts, such as magazine and newspaper articles, letters, and advertisements. Each text is followed by several questions. Select the best answer for each question and mark the letter (A), (B), (C), or (D) on your answer sheet.

Questions 153-154 refer to the following advertisement.

Original Chronology
We handle all watches and clocks

658 Plum Road • Port Dupont • Canada

709-800-1533

- Repair and restore antique and modern timepieces
- On-site service for all watch brands and model types
- Treat wristwatches, pocket watches, wall clocks, electronic clocks, grandfather clocks
- Watch and clock polishing
- Customize timepieces according to customer requests

We have been in business for 15 years. For an estimate on our services, please call us and ask for Mr. Fontaine.

---

153 What is indicated about Original Chronology?

(A) It sells musical instruments.
(B) It is new in Port Dupont.
(C) Its prices are low.
(D) It restores old clocks.

154 What does Original Chronology offer?

(A) Same-day service
(B) Discounts for returning customers
(C) Watch polishing
(D) Factory and site tours

Questions 155-156 refer to the following e-mail.

To:	Golden Tower Hotel <reservation@goldentowerhotel.com>
From:	Anita Olson <aolson@gmail.com>
Date:	February 4
Subject:	Rate and availability

To whom it may concern:

In a few months, I will be traveling to China for an international textile industry conference, and I need a place to stay for several days in Shanghai. A couple of months ago a colleague of mine stayed at your hotel and highly recommended it to me. Recently, in traveling to access your web site, I got a message saying that some of your facilities are being renovated. Fortunately, I came across this e-mail address in a travel magazine.

I would like you to provide me with information about your room rates and availability. I plan to be in Shanghai from May 10 through May 13 and will require a single room during that period. In addition, please let me know if you offer special packages for business travelers and if a complimentary shuttle service is provided to and from the airport.

Thank you in advance for your information.
I look forward to your response.

Sincerely,

Anita Olson

155 How did you Ms. Olson first learn about the Golden Tower Hotel?
(A) From a former guest of the hotel
(B) Through a travel publication
(C) While vacationing in Shanghai
(D) From the hotel's Web site

156 What information is NOT requested by Ms. Olson?
(A) Whether she is eligible to receive a special rate
(B) The availability of business meeting rooms
(C) The cost of a single guest room
(D) Whether free transportation is offered

Questions 157-159 refer to the following policy.

SKY Development Center

All the staff members should obtain an identification badge during their first week of employment. This badge provides admittance to all offices and facilities in SKY Development Center and must be worn at all times for security purposes. In order to request a badge, contact Security Office manager, Gale Bishop, at extension 2001. Please be sure to have a valid form of photo identification with you when you receive a badge.

157 For whom is the policy intended?
(A) Current staff members of the center
(B) Employees of delivery companies
(C) Recently hired workers at the Center
(D) Visitors to the SKY Development Center

158 According to the policy, why is the badge necessary?
(A) To obtain a security manual
(B) To access company offices
(C) To get a parking permit
(D) To register employee working hours

159 How can a badge be obtained?
(A) By calling the security office
(B) By visiting the human resources manager
(C) By e-mailing a formal request
(D) By completing an online form

Questions 160-161 refer to the following information.

"The Sensational Japanense Dishes"
Yuri Aoyama
Tuesday, October 14, 11:00 A.M.

Yuri Aoyama has been selected as this year's keynote speaker. This successful individual has been in her passion for cooking since she was merely in her teens when she got to help her parents in a little kitchen of their small restaurant in Osaka. There, her father had shown her how to make a few simple Japanese dishes. After she graduated from high school, Ms. Aoyama decided to move to France to study culinary arts at The Jardin School with her dream on becoming a food critic. Upon graduation, she was offered an opportunity to open a restaurant with Frederick Levingson. He was a man who owned small but successful restaurants in Paris. While it began as a modest eating establishment, Aoyama's talent helped the restaurant grow into an enormously popular restaurant, and top food critics in Paris quickly noticed the genius in Aoyama. After three years, she wrote *Starting from an Ordinary Kitchen*, which received the Cookbook of the Year award from the France's popular culinary magazine, *Viande et Poisson*. One year after she earned the award, French television network, Reseau Alimentaire invited Ms. Aoyama to host a cooking show during prime time. While Ms. Aoyama hosted the show for four seasons, Chambre des Plats, Yuri consistently maintained TV ratings higher than 15.25% and made her become an absolute icon in the culinary field. Ms. Aoyama returned to Japan a year ago and now runs two successful restaurants in Nagoya and Osaka.

---

160 What is purpose of the information?
  (A) To profile a speaker
  (B) To promote a cookbook
  (C) To review a television program
  (D) To explain a restaurant's popularity

161 When did Ms. Aoyama first become interested in cooking?
  (A) While attending The Jardin School
  (B) When she started a business with Frederick Levingson
  (C) After she returned to Japan
  (D) While working at her family's business

Inner Sun Cinema
Employment Schedule Policy

Note: These policies are subject to change. Had any changes occur, all employees will be reminded beforehand.

Full-time Employees

Full-time employees must complete 45 hours in a week. The general schedule for a full-time worker is nine hours a day during the weekdays, but may be adjusted to work on the weekends. A full-time employee will receive overtime pay in a situation where one exceeds 45 hours of working time in a week. Full-time employees are eligible for a housing allowance of 5 percent of their salary. One hour lunch break is provided for all full-time employees.

Part-time Employees

Those who complete less than 45 hours are considered as part-time employees. You could arrange your schedules with the managers. In normal cases, part-time employees should not go over the working hours that are stated on each of their contract. However, with the approval of the supervisors, part-time employees may receive overtime pay when they are assigned to work extra hours on a particular project. Part-time employees are eligible for a housing allowance of 3 percent of their salary. One hour lunch break is also provided for part-time employees.

Temporary Employees

A small number of temporary employees are often needed. These types of employees establish their schedules and benefits during contract negotiations. Unlike full-time or part-time workers, temporary employees are exempt from receiving housing allowance. In addition to this condition, they are not eligible for requesting overtime pay. As any other employees of Inner Sun Cinema, one hour lunch break is provided for all temporary employees as well.

162 Why the information written?
   (A) To announce that new workers have been hired
   (B) To note the date of a rescheduled meeting
   (C) To describe rules concerning hours and benefits
   (D) To provide tips for conducting a housing search

163 What is indicated about part-time employees?
   (A) They receive the same housing allowance that full-time workers do.
   (B) Their schedules may include work from home.
   (C) They are hired to work on special projects only.
   (D) They may work overtime with a supervisor's permission.

164 What can temporary employees negotiate?
   (A) The amount of their housing allowance
   (B) The type of schedule they will receive
   (C) The rate of overtime pay they will receive
   (D) The length of their lunch break

Rochester (December 5) – Through the partnership between an art gallery and a catering group, couples who wish to hold their wedding in beautiful galleries will now have additional reception sites to choose from.

The owner of Graham Galleria, Lindsay Rona entered into a contract with main chef and founder of Kitchen Magico, Anna Mitchell. Ms. Mitchell is an accomplished caterer in Rochester whose speciality includes preparing unique, yet reliable menus for all events. Now that the contract has gone through, this makes Kitchen Magico the sole official caterer of events at the gallery. Ms. Rona said, "Working with Kitchen Magico would enable us to become our gallery a popular venue for all events such as weddings, special parties, and other social events."

After the joining of the two business, it will be called Rona & Mitchell Gallery Nuevo. The two will share the expense of renovating the gallery's entire layout both indoors and outdoors. In fact, they are planning to enlarge the landscaping for the outdoor courtyard to accommodate a maximum of 500 people. Their goal is to create the gallery space a landmark so that event organizers could always consider it as the most ideal destination to hold events.

It is said that Ms. Rona and Ms. Mitchell already met couple of years ago and discussed upon creating a new business by mixing the gallery and the catering together. "And around November, all our plans seemed to solve the puzzle," Ms. Rona said. "Once we decided to implement our plans into action, we immediately hired a lawyer and formed a contract."

Gallery renovations are scheduled to take place next week and are expected to be finished mid-January. As long as the construction schedule does not suffer from any delays, Rona & Mitchell Gallery Nuevo should be available for holding party events from the first week of the following month.

165 What is the purpose of the article?
   (A) To offer discounted price for renting wedding halls.
   (B) To report a recent business agreement
   (C) To explain the history of a successful art gallery
   (D) To promote a new restaurant.

166 What is suggested about Ms. Mitchell?
   (A) She wants to have a wedding at Graham Galleria.
   (B) She is knowledgeable about planning menus.
   (C) She is an accomplished event planner.
   (D) She owns the most popular catering company in Rochester.

167 How long was the idea for the Rona & Mitchell Gallery Nuevo considered?
   (A) For one week
   (B) For one month
   (C) For a few months
   (D) For a few years

168 When will Rona & Mitchell Gallery Nuevo be open to the public?
   (A) In November
   (B) In December
   (C) In January
   (D) In February

FOR IMMEDIATE RELEASE

CONTACT: Miriam Bright

miribright@mipe.com

700-922-9822

Anticipation for Milan International Perfume Exhibition

Hong Kong (December 16) - From April 11 to April 14, the upcoming International Perfume Exhibition will be held at Red Star Hotel, 201 Hu Lao Street. At this grand exhibition, fragrance companies from the entire globe are expected to present some of their finest perfume.

30 companies have registered so far to promote their brands to the large audience consisted of retailers, including malls, duty-free shops, pharmacies, and online cosmetics shops. For companies wishing to participate and secure an exhibit space at the event, a registration fee of $500 must be submitted by February 2.

For the first three days of the exhibition, only exhibitors, retail buyers, and members of the news media will be allowed to attend. It will be last day when the general public is permitted to join the event.

"This event is surely to become a great time all local residents in Hong Kong to familiarize themselves with perfumes and colognes which they have never seen before," said Carlos Diamante, who is both the president of the Milan International Perfume Group and the exhibition organizer. "Please note that there will also be an open lecture for adults and children who wish to learn about the history of perfume."

Mr. Diamante also mentioned that retailers sending three or more buyers to this event will receive 25% off the registration fee. By visiting www.mipe.com/hkexhibition, you may find out information about registration and download registration forms as well.

169 What is suggested about Red Star Hotel?
- (A) It has no vacancies from April 11 through April 14.
- (B) It is offering discounted room rates to trade show participants.
- (C) It can accommodate more than 30 exhibition spaces.
- (D) It sells perfumes and colognes in its gift shop.

170 What is indicated about the exhibition?
- (A) It take place in the same location every year.
- (B) It will feature fragrances mainly from Hong Kong.
- (C) Buyers and reporters may attend all four days.
- (D) Members of the public will get discounts in any fragrances they buy.

171 What does Mr. Diamante say about the open lecture?
- (A) They can be attended for an additional fee.
- (B) They will take place in a local shopping center.
- (C) They are scheduled to last for one hour each.
- (D) They are designed for a variety of age groups.

Texas Advertising Networks
337 Forth Ave. Santa Fe TX, 79698
254-6687-5521
www.texasadnetworks.com

April 3
Brian Kingston, Marketing Director
Lawson Advertisements
910 Carrington Road
Whichita KS, 67920

Dear Mr. Kingston,

We appreciate for your participation as lead lecturer for our upcoming May 11~13 seminar which will be held at Hotel Horizon of Texas. Through the publicity posted by *The Texan Daily*, more than 200 people have registered for the seminar. On May 11, you will lead the introductory seminar: Advertising 101. On the next day, you will have to prepare for the seminar called, "Effective Marketing Technique."

The entire schedule for the seminar will be sent to you no later than May 1. If any changes should occur on your schedule, please call us right away as we could revise your schedule accordingly. Both seminars which you will be leading will last about an hour including a computer presentation, and 50 people are expected to attend each seminar.

It would be great if you could forward the instructional packets for both seminars at least by May 3. We will make copies and distribute them to all attendees. As soon as you are finished preparing the packets, please send them to my assistant, April Thomas.

Lastly, don't forget to keep your receipts for the travels you will be making for the seminars. Once you present them to us on the last day of the seminar, we will reimburse you the entire amount by the end of May.

We thank you once again for kindly accepting our requests. If you have any questions, feel free to call me directly through extension #225. We are looking forward to meeting you soon.

Affectionately Yours,

Liam Carlson

Liam Carlson, Director

172 Why is Mr. Carlson writing to Mr. Kingston?
    (A) To request a letter of recommendation
    (B) To explain a registration procedure
    (C) To provide information about a seminar
    (D) To extend an offer for a job

173 What is Mr. Kingston instructed to do if he is unable to attend at the designated times?
    (A) Ask another participant to lead his workshops
    (B) Let Mr. Carlson know in time to change the schedule
    (C) Participate in a workshop to be held at the end of the month
    (D) Create a presentation to be delivered by teleconference

174 What is Mr. Kingston asked to do by May 3?
    (A) Send documents to Ms. Thomas to be copied
    (B) Create an agenda for the workshop
    (C) Provide Mr. Carlson with seminar-session titles
    (D) Submit receipts for his travel expenses

175 Who is organizing the workshop?
    (A) The Hotel Horizon
    (B) Lawson Advertisements
    (C) The Texan Daily
    (D) Texas Advertising Networks

Bearstown's New Chef

by Heidi Taurus

July 5 - Under the main chef, Don Kalamazoo, The Classic Gourmet has retained its title as the best restaurant in the city of Bearstown (1900 Cubs Street) for almost ten years. Don Kalamazoo left Bearstown in February and moved to Las Vegas to start his own restaurant. The owners of The Classic Gourmet, Mario and Francisca Moreno hired a new main chef, Carla De Rossi. Having worked in numerous restaurants in Boston and Alpine, Ms. De Rossi is confident that she could offer some of the unforgettable Spanish and Italian menus, thus help The Classic Gourmet hold the title as Bearstown's landmark.

She invited ten special guests yesterday for tasting her new menus. Of the special guests included famous food critic, Maurice Ross from Hamilton School of Culinary Arts. Immediately after the guests sat on their assigned seats, Ms. De Rossi introduced her most representative menu, prime steak on a stone with asparagus. This dish was created by Ms. De Rossi when she worked at Hillside Restaurant in Alpine. Same as her first menus, the other dishes were also consisted of both Spanish and Italian style, using of the finest meat and fresh vegetables from farms nearby Bearstown. As for the last menu, Ms. De Rossi introduced caramel tiramisu, a menu she created when she studied and gained knowledge about desserts while working in Finale Restaurant, Boston. Indeed, it was able to produce a perfect ending for the event.

Starting August 1, the public will also be invited to try The Classic Gourmet's new menu. Food samples will be provided for anyone who visits the restaurant during lunch or dinner between August 1 and September 1. Ms. De Rossi is excited to introduce customers a range of menus which they probably haven't tasted before. As one of the ten participants of the previous tasting event, I suggest that all Bearstown people try the samples as they won't disappoint you in any way.

176 What is a purpose of the article?
(A) To advertise a new culinary school
(B) To profile a restaurant's new chef
(C) To explain why a local business is relocating
(D) To compare the work of two local chefs

177 Where did Ms. De Rossi most likely learn about making desserts?
(A) At Finale Restaurant
(B) At Hamilton School of Culinary Arts
(C) At Hillside Restaurant
(D) At The Classic Gourmet

178 What is implied about Heidi Taurus?
(A) She is not from Bearstown.
(B) She helped prepare the entrees.
(C) She attended the special preview tasting.
(D) She does not like The Classic Gourmet.

179 What is indicated about the new menu selections?
(A) They contain ingredients grown in the Bearstown area.
(B) They were originally developed by Don Kalamazoo.
(C) They were inspired by traditional Bearstown cooking.
(D) They will be prepared by local culinary instructors.

180 The word "range" in paragraph 3, line 7, is closest in meaning to:
(A) stove
(B) distance
(C) dish
(D) variety

Enjoy "Star Travel" Tours

"Star Travel" tours provide you with a variety of local tasty food in the historic areas around Sydney, Canberra and Melbourne. One of our experienced guides gives information about the history and culture of each area where you visit, sampling specialities from each.

Southern Town (Sydney)

The tour is a progressive meal. At the first place you will stop for an appetizer. At the second location you will receive a sample-portion lunch and meet owner Gale Cohen, who is a Sydney-born award-winning chef. At the next restaurants, you will taste some of its finest food. And dessert will be served at the final location.

When: 12:00 P.M. ~ 3:00 P.M. every Monday-Friday (not available Saturday and Sunday)
Included: All food, a bottle of mineral water, and a brochure that includes a local map and details of all the restaurants and shops visited on the tour.
Cost: $60 per person

For more information about our other tours,
please call 050-854-5289 or visit our website www.startravelworld.com.

Southern Town Restaurants

You will be visiting restaurants below in order listed.

1. Hugo's French
- located at 145 Grande Street
- Specialize in southern French cuisine

2. Spathe
- located at 107 East Street
- Restaurant combines European cuisine with live music during lunch hours
- Reservations required

3. Kevin's Delights
- located at 245 Main Avenue
- International gourmet food shop

4. Otaru Sushi
- located at 1004 Queens Street
- Dishes displaying the best of Japan

5. Jeoy's Sweety
- located at 356 King's Park Street
- Traditional and exotic sweets
- Closed Thursday

O'conail's Chocolate Cafe
- located at 356 King's Park Street
- French-style chocolates made on-site
- Alternate location for when Jeoy's Sweety is closed

181 What is stated about 'Star Travel' tours?
(A) They offer holiday tours.
(B) They offer 2-day tours.
(C) They offer tours of historic places.
(D) They offer tours in different cities.

182 What is suggested about the Southern Town tour?
(A) It is offered every Monday.
(B) The guide is from the Southern Town.
(C) It offers participants foods from around the world.
(D) The participants will have an opportunity to win other tours for free.

183 Where will tour participants meet Ms. Cohen?
(A) At Kevin's Delights
(B) At Spathe
(C) At Otaru Sushi
(D) At Joey's Sweety

184 What is NOT included on the Southern Town tour?
(A) Historical information
(B) A neighborhood map
(C) A discount coupon for next tours
(D) Musical entertainment

185 On what day will tour participants visit the O'conail's Chocolate Cafe?
(A) Wednesday
(B) Thursday
(C) Friday
(D) Saturday

Questions 186-190 refer to the following memo and e-mail.

DALTON TECHNOLOGY

From: Dino Hardy, Human Resources
To: Gale Medna, Administrative office
Date: February 6
Subject: New employee orientation

As you know it is time to prepare materials for our upcoming new employee orientation. You can obtain most of the supplies listed below from our regular supplier. However, please remember that Office Max has informed us that the planners with our logo printed on them are not available from them at this time.

All the materials should arrive no later than February 20 so that we can set up the seminar rooms before the orientation, which begins on February 23. Please contact me to confirm when the order has been placed and let me know the expected delivery date.
Thank you for your assistance.

List of materials;

Writing Pads	200
10-packs of pens	20
Binder clips	2 boxes
Planners imprinted with the Dalton logo	90

From:	gmedna@daltontechnology.com
To:	alopez@daltontechnology.com
Date:	February 7, 13:20
Subject:	Order for the upcoming orientation
Attachment:	Orientation materials

Dear Mrs. Lopez,

Dino Hardy is ordering the supplies he needs for the new employee orientation.
Attached is a copy of his purchase order. I have already ordered the preapproved items from Office Max. At your earliest convenience, please authorize the purchase of the customized items he has requested. These will be ordered from Richter Office Supply Co.
Once you have approved this transaction, I will ask Jennifer Cohen in the purchasing department to process that order as well. Mr. Hardy has told me that he needs all of the supplies no later than February 20.

Sincerely,

Gale Medna

186 Why was the memo written?
  (A) To provide the information of a new vendor
  (B) To request supplies for an event
  (C) To describe a series of events
  (D) To suggest changes for the design of a logo

187 Who has asked for notification of a delivery date?
  (A) Mr. Hardy
  (B) Ms. Medna
  (C) Mrs. Lopez
  (D) Ms. Cohen

188 What is the purpose of the e-mail?
  (A) To reserve a seminar room
  (B) To confirm a recent order
  (C) To recommend for a new position
  (D) To request approval for a purchase

189 What is suggested about Office Max?
  (A) Their customer service manager is Ms. Cohen.
  (B) Their prices have increased significantly since last year.
  (C) They are no longer setting some items.
  (D) They will deliver some of the items after February 20.

190 What will be purchased from Richter Office Supply Co.?
  (A) Note pads
  (B) Packs of pens
  (C) Binder clips
  (D) Planners

Questions 191-195 refer to the following letters.

December 9

Yellowstone Kitchen Appliances
1409 Partisan Street
Baltimore MD, 20608

Dear Yellowstone,

It has been seven years since I last purchased a Yellowstone Eco-100T food processor. Now that it requires repairs and maintenance, I have recently visited some local repair shops. According to most technicians, the processor needs either a new motor or new parts added on the existing motor. Unfortunately, the repair shops could not help me because they do not do business with your company in terms of receiving parts. I was in desperate need of a functioning food processor, so I also considered buying the same food processor model. I then visited a few more stores including Dela Kitchen Professionals, where I had purchased the one which currently is in need of repairs. However, they told me that your Eco-100T has not been in stock for a couple of months.

Eco-100T has been my favorite food processor for its capability of handling large quantity of food we need to prepare for all our daily customers. Not to mention that operating the ECO-100T is not as complicated as the other machines I used in the past. I really hope Yellowstone can give me a good solution to this problem of mine.

Thank you,

Lauren Coach
Lauren Coach

Yellowstone Kitchen Appliances

November 21

Ms. Lauren Coach
546 Taylor Rd.
Fairfield, CT 20551

Dear Ms. Coach,
We have read the letter you sent us on the 11th. The production of Eco-100T has ended early this year. However, we can still repair the appliance if you send it to us. Just make sure you put it in a package safely and securely since we are not held responsible for unknown damages nor lost packages. After we receive your food processor, we will evaluate its condition and then one of our technicians will give you a call to discuss your repair options. If you wish to get it repaired, you will have to pay for the repair cost. The cost is either payable by check or credit card. Once we receive your payment, we will then proceed with the repairs. In most cases, it usually takes us

about two to three days to repair a defected machine, so you could receive your Eco-100T back within 10 days. If you have any questions, please call our customer support or technical support representatives at 301) 225-2599.

Sincerely,

Nick Blake
Nike Blake
Service & Warranty Representative

191 Why does Ms. Coach contact Yellowstone Kitchen Appliances?
(A) She wants to know if the company has stores in her area.
(B) She is having problems with something she recently purchased.
(C) She cannot find anyone to fix a particular appliance.
(D) She has questions about a repair that the company made.

192 What does Ms. Coach indicate about food processor she has been using?
(A) It is relatively easy to use.
(B) It is inexpensive.
(C) It processes very small quantities of food.
(D) It requires frequent repairs.

193 Why are Yellowstone Eco-100T food processors not sold at Dela Kitchen Professionals?
(A) The store does not keep restaurant equipment in stock.
(B) The store no longer sells any Yellowstone products.
(C) Yellowstone has stopped manufacturing the Eco-100T model.
(D) Customers reported problems with that kind of food processor.

194 What does Mr. Blake tell Ms. Coach to do?
(A) Call the customer service department about her issue
(B) Packing safely before sending the product to the company
(C) Exchange the appliance for a different model
(D) Submit a report to the technical support group

195 What is indicated about Yellowstone Kitchen Appliance technicians?
(A) They bill customers after work is performed.
(B) They complete evaluations within 24 hours.
(C) They receive training in servicing appliances.
(D) They explain proposed work to customers.

PUBLIC NOTICE-REQUEST FOR PROPOSALS
General Contractor, Building Renovations
February 11

The Drexel County Improvement Association (DCIA) has rented out a commercial space located at 591 Saline Avenue which will be functioning primarily as its visitor center and administrative office. Since DCIA's current building located on Kutcher Road is not large enough to accommodate both the association's growing operations and number of visitors, the board decided that it would be better to relocate the office to a larger building. DCIA is now in search of a licensed general contractor to renovate the building while abiding by the city-approved construction plans. The remodeling process will take place both in the building's interior and exterior. It is as follows:

Lobby: Visitor center must be designed to hold one staff member and up twenty visitors at once and each administrative office should be able to accommodate at least seven staff members.

Basement: The basement area will be used as file storage and must be designed accordingly.

Courtyard: The courtyard will be designed to hold small events.

Renovation will take place on April 7 and go on until May 31. We are accepting proposals until March 15, so submit them in person to the director of DCIA, Ho Chan Jeon during regular working hours between 10:00 A.M and 6:00 P.M. His office is located at 129 Kutcher Road, #201. Requests regarding the renovation, which include visiting the site, must be made to Zach Corvin, the property manager of DCIA. You may either visit him directly at his office or contact him at (511) 2019-5000 during regular business hours.

From February 16 and on, you will be able to access a detailed set of architectural drawings and blueprints of the building at DCIA homepage at www.drexelctimprovement.com/renovation.

Drexel County, June 4 – Yesterday, all members of the Drexel County Improvement Association, along with several representatives from the Drexel County Council, celebrated the opening of the DCIA's new building on 591 Saline Avenue.

"This renovated building will be regarded as a step forward to better assist all business matters in Drexel County," said DCIA president, Eugene Fulton. "Now that we have wonderful new space in operation, this will enable us to function with greater efficiency, thus allowing to respond more quickly to local concerns and complaints." The entire building structure was redesigned by Nicholas Woods Incorporated. Under the guidance of Mr. Woods, the lobby floor of the new DCIA building is composed of multiple administrative office and a spacious visitor center, which can hold a maximum number of 40 people at once.

DCIA's board member, Gwen Whitfield is pleased with the organization's decision to move to 591 Saline Ave. She said, "Files were piling up and our old building on Kutcher Road was simply not large enough to fit them all. However, we now have a our large basement where we could store all these files in our new building on Saline Avenue. This is indeed a luxury we couldn't afford before. On top of that, I am happy to see that we can accommodate more visitors than we could in the past."

In addition to mentioning about the capability of processing daily tasks more effectively, Mr. Fulton also brought up another important fact. He noted that the purpose of courtyard renovation was to increase interaction and the level of involvement between DCIA and the local community. "We have renovated the courtyard so that we could hold outdoor events to better publicize local businesses, and we are looking forward to its impact for the benefit of Drexel County."

196 By what date does the notice suggest that the general contractor will begin working?
(A) February 11
(B) March 15
(C) April 7
(D) May 31

197 Who should be contacted about arranging a site visit to 591 Saline Avenue?
(A) Ho Chan Jeon
(B) Zach Corvin
(C) Eugene Fulton
(D) Gwen Whitfield

198 What is implied about Nicholas Woods Incorporated?
(A) One of its architects provided the drawings for project.
(B) A company representative submitted a proposal to the DCIA director.
(C) It is a member of the DCIA.
(D) Its offices are located on Kutcher Road.

199 For what area was there a change of plans after February 11?
(A) The lobby
(B) The basement
(C) The pedestrian path
(D) The courtyard

200 What is indicated about the building on Kutcher Road?
(A) The DCIA used its outdoor space for events.
(B) It recently underwent renovations.
(C) It lacked an underground space.
(D) The DCIA recently sold it.

유스타 토익
BASIC
Reading

★STAR TOEIC

Actual Test

READING TEST

In the Reading test, you will read a variety of texts and answer several different types of reading comprehension questions. The entire Reading test will last 75 minutes. There are three parts, and directions are given in each part. You are encouraged to answer as many questions as possible within the time allowed.

You must mark your answers on the separate answer sheet. Do not write your answers in the test book.

PART 5

Directions: A word or phrase is missing in each of the sentences below. Four answer choices are given below each sentence. Select the best answer to complete the sentence. Then mark the letter (A), (B), (C), or (D) on your answer sheet.

101 The new production at Royal City Theatre in Tokyo is already ------- sold out.
(A) complete
(B) completed
(C) completely
(D) completion

102 After ------- examine the documents, please sign the approval form.
(A) you
(B) your
(C) yours
(D) yourself

103 The Central Park will be ------- to the public from early summer to late winter.
(A) open
(B) grown
(C) noticed
(D) entered

104 Home Depot is looking for an ------- to coordinate high-rise residential building projects.
(A) architecture
(B) architect
(C) architectural
(D) architecturally

105 During your presentation, you should speak ------- into the microphone.
(A) directly
(B) briefly
(C) probably
(D) finally

106 Next December, Mr. Brown, our graphic designer, ------- his new designs for the company logo.
(A) exhibiting
(B) exhibited
(C) will exhibit
(D) has exhibited

107 Prospective customers have expressed great ------- in the new line of sedans from Honda Motors.
(A) interest
(B) benefit
(C) attention
(D) advantage

108 Eating and drinking are ------- forbidden in the classroom.
(A) strict
(B) stricter
(C) strictest
(D) strictly

109 Construction will not begin on the third floor in the main factory ------- next month.
(A) behind
(B) since
(C) until
(D) in

110 Anderson Consulting & Investments, an ------- U.K.-based company, assists its new employees with relocation expenses.
(A) establishes
(B) establish
(C) establishing
(D) established

111 The Argos Store offers various services for ------- full range service and do-it-yourself projects.
(A) few
(B) both
(C) many
(D) neither

112 Gray Cooper, general manager of Hyundai Car Center, is overseeing ------- with all the suppliers in the northern area.
(A) negotiate
(B) negotiates
(C) negotiations
(D) negotiated

113 Due to unfavorable weather conditions, the outdoor event for this year's best employee award has been ------- until next weekend.
(A) programmed
(B) defined
(C) classified
(D) postponed

114 Although the project team had a preliminary meeting last week, it is still not ------- clear how it will be funded.
(A) perfect
(B) perfected
(C) perfectly
(D) perfection

115 The survey of ABC Supermarket customers shows that a ------- of customers would like to see more variety in their outlets.
(A) majority
(B) complaint
(C) point
(D) summary

116 ------- of the road work on the main bridges will be performed at night to minimize traffic congestion.
(A) Already
(B) Usually
(C) Most
(D) Almost

117 Exxon Mobile is supposed to ------- the planned expansion of its mobile phone lines during the press briefing on Friday.
(A) organize
(B) announce
(C) reflect
(D) suppose

118 Failure to follow the regulations ------- in this document will result in a fine and penalty.
(A) outline
(B) outlines
(C) outlining
(D) outlined

119 General Electronics is the most reliable brand with a ------- for developing innovative products and providing excellent customer service.
(A) reputation
(B) caption
(C) confirmation
(D) recognition

GO ON TO THE NEXT PAGE

120 In the annual meeting, the board of directors claimed that creating the partnership with local suppliers is our ------- accomplishment.
(A) gratify
(B) more gratified
(C) most gratifying
(D) gratifyingly

121 The city council is currently ------- bids from a number of companies to build new picnic tables in the downtown area.
(A) proceeding
(B) competing
(C) electing
(D) accepting

122 Mr. Ron Haward has requested that ------- related to the relocation for the expansion project be reported separately.
(A) expensed
(B) expensively
(C) expensive
(D) expenses

123 Wal-market stores have agreed to buy a couple of domestic manufacturers in a deal ------- up to two million dollars.
(A) except
(B) worth
(C) together with
(D) on account of

124 As head editor, Tomas Gray ensures that technical descriptions are written in ------- language that everyone can understand.
(A) plain
(B) plainest
(C) plainly
(D) plainness

125 ------- employee benefits, ING Group offers a competitive compensation package such as paid vacations.
(A) For example
(B) In terms of
(C) Because
(D) Whereas

126 The audience must refrain ------- using mobile phones and flash photography during a performance in the theater.
(A) from
(B) among
(C) through
(D) with

127 Consumer advocates in Korea have ------- concern about the proposed real-name verification system for Internet services.
(A) focused
(B) appeared
(C) applied
(D) expressed

128 ------- five years, State Grid Co. conducts a customer-satisfaction survey to determine how their services can be improved.
(A) During
(B) Every
(C) About
(D) Only

129 Fruits and vegetables must be shipped in a ------- that does not expose them to extreme temperatures.
(A) type
(B) manner
(C) behavior
(D) purpose

130 More ------- calory information about our food products is available on our web site.
(A) detailing
(B) details
(C) detail
(D) detailed

131 Of more than 100 consulting firms in the conference, Griffin Analysts is a ------- busy market research firm.
(A) formerly
(B) promptly
(C) particularly
(D) popularly

132 HSBC bank, ------- already offers nearly twice as many financial services as its competitors, will soon be expanding its service range.
(A) which
(B) they
(C) whose
(D) these

133 ------- removing any device from your computer, always refer to the safety instructions carefully.
(A) When
(B) Yet
(C) Provided that
(D) In case

134 It has been brought to my attention that ------- issues noted in the technical support reports are still not settled.
(A) able
(B) common
(C) considerate
(D) approximate

135 Recent retail growth ------- in part by marketing strategies that reached a wider audience.
(A) was promoting
(B) has promoted
(C) has been promoted
(D) has been promoting

136 The press release was written by McKessen ------- the Royal Bank of Scotland.
(A) even if
(B) on behalf of
(C) for this reason
(D) on the other hand

137 The CEO's final decision on promoting the new Kannete video game will be based on ------- many units are sold by the end of this week.
(A) how
(B) so
(C) very
(D) as

138 All renovation projects must meet strict standards set ------- by the government.
(A) forth
(B) along
(C) further
(D) away

139 Asiana Airlines consumers are surveyed every year to ensure that they ------- with the company's customer service.
(A) will have satisfied
(B) are satisfied
(C) were satisfying
(D) will satisfy

140 The National Environment Association, a nonprofit organization that plants trees in deforested areas, follows guidelines that support the ------- of sustainable forestry.
(A) hesitation
(B) recruiting
(C) discrepancy
(D) concept

GO ON TO THE NEXT PAGE

Directions: Read the texts that follow. A word or phrase is missing in some of the sentences. Four answer choices are given below each of the sentences. Select the best answer to complete the text. Then mark the letter (A), (B), (C), or (D) on the answer sheet.

Questions 141-143 refer to the following letter.

Dear Evergreen Store shopper,

Thank you for your interest in joining Evergreen Store's Rewarding Loyalty program.

Membership in this program ------- you to enjoy many exciting rewards. Your enrollment

141 (A) has allowed
(B) is allowing
(C) will allow
(D) allowed

entitles you to early ------- about sales, and special passes to private in-store events.

142 (A) performance
(B) evaluation
(C) referral
(D) information

Enrolling in the program is easy. Simply bring the enclosed application to your local store. One of our customer service representatives in the store will be happy to process your application and issue a membership card for you.

------- four weeks of the first purchase you make with your membership card, you will receive

143 (A) Within
(B) Until
(C) Since
(D) Due to

monthly statements detailing the points you have accumulated and the reward certifications you have earned. Membership is free of charge and can be canceled at any time. Visit an Evergreen Store today to start earning your rewards!

Sincerely,

Ann Doyle
Director of Customer Service Department
Enclosure

4th Annual Fox Book Fair

The 4th Annual Fox Book Fair begins on Monday, March 20, and it will last until Sunday, March 26. More than 100 famous authors and celebrities have been invited to -------. Readings,

144 (A) participate
(B) donate
(C) publish
(D) succeed

book signing, and panel discussions are scheduled, and over 3,000 attendees are expected.

The event will kick off on Monday at 10 A.M. with a keynote discussion between best-selling novelist, Tamara Francis and the president of Karl Culture Publishing Company, Melvin Dean, on the topic of recent trends in the publishing industry. ------- of the speakers are Fox

145 (A) Few
(B) Both
(C) Another
(D) Any

Town natives and have made a name for themselves in the industry.

For details regarding the fair, including a ------- list of events and author appearances,

146 (A) completing
(B) completion
(C) complete
(D) completely

consult the Fox Book Fair website (www.foxbookfair.com).

GO ON TO THE NEXT PAGE

S-color extension telephone set

III. Usage for Voice Dialing

The telephone set allows you to store ------- 100 recorded name entries. You can then use

147 (A) without
(B) up to
(C) except
(D) as for

voice dialing by speaking the name of the person or the department you want to call. The phone will recognize the name and automatically dial the number.

Tips: Be sure that the person who will be using the telephone records the entries.
The phone will not recognize ------- voice. When recording, speak clearly and do not record

148 (A) your
(B) apart
(C) more than one
(D) in spite of this

in a noisy place.

And be careful of names that sound very similar. If the recorded sounds are not -------, the

149 (A) melodic
(B) perceptive
(C) technical
(D) distinct

feature will not function properly.

Questions 150-152 refer to the following information.

A to Z Superstore for your household

At A to Z Superstore, we sell most major appliances from all over the world. We're also the only authorized store in the region that stocks replacement parts for all of our appliances. Replacement parts ------- by phone on 405-578-1234 or online.

150 (A) should have ordered
(B) may be ordered
(C) were ordered
(D) to order

Registration is not ------- for online orders. However, it will make the process faster when

151 (A) advisable
(B) available
(C) required
(D) renewed

shopping with us again.

In order to expedite the delivery of your order, parts are sent directly from the supplier. -------

152 (A) Instead,
(B) For example,
(C) In contrast,
(D) As a result,

your order might arrive in several shipments. Don't worry about the shipping charges. It's free of charge.

Please don't hesitate to call if you have any inquiries.

GO ON TO THE NEXT PAGE

Questions 153-154 refer to the following card.

The Cumberbatch

221 Baker Street, East London

086 188 1885 • www.cumberbatch.co.uk

Take 35% off the price of any sweater or jeans
on your next purchase!

Take 30% off the price of any handbag or fashion accessories on your next purchase!

Both offers are good until September 30.

* This discount cannot be applied to the price of services such as clothing alternations or repairs.

153 What type of business is The Cumberbatch most likely?
(A) A clothing store
(B) A laundry facility
(C) A fabric manufacturer
(D) A luggage store

154 What is stated about the discounts?
(A) They are only for new customers.
(B) They can be used at many different Cumberbatch locations.
(C) They are available for a limited time.
(D) They can be applied to the price of any product or service.

414

Questions 155-156 refer to the following article.

Increase in Sales:

Redline Motors

Detroit, MI, March 5 - Redline Motors released its annual sales figures for its automobile lines. Compared to last year, the report showed that sales for this year increased by 4.5 percent. This increase is almost more than double the rate which industry experts had expected (2.2 percent). However, it is still not high enough for a company that showed a steady 7.0 percent increase in sales merely four years ago. Company directors remain positive; they showed their confidence by announcing that Redline Motors is in preparation to increase its production of automobiles during the next four years.

155 How much were sales expected to increase for the year?

(A) 2.2 percent
(B) 4.5 percent
(C) 6.7 percent
(D) 7.0 percent

156 What is stated about the company directors?

(A) They are disappointed with the size of the increase.
(B) They are confident about the accuracy of the report.
(C) They want to make more automobiles over a four-year period.
(D) They plan to build a new manufacturing plant in Detroit.

GO ON TO THE NEXT PAGE

FR Kanon
8 Spring Gardens
London
SW1A 2BN

May 12

Allie Bowen
24 Sussex Place
London NW1 4SA

Dear Ms. Bowen,

Please find enclosed the MP3 Player you returned to us for repair under the terms of your warranty. We were unable to proceed with the repairs because of a violation of the terms of your warranty (attached).

Our technicians have found that the player has been disassembled by an unauthorized party to change its inner battery. Although the warranty covers incidental damage, wear and tear, and manufacturing defects, it does not cover "defects caused by modification or replacement of an item by any party other than a licensed manufacturer or authorized agent." A detailed report of these findings is also enclosed.

We recommend that you take your player to an FR Kanon shop nearest you, where the repairs can be made at a flat cost of $25.

Thank you for your understanding and for choosing an MP3 player from FR Kanon.

Sincerely,

Evan Williams
Service Manager

Enclosures

157 What is the main purpose of the letter?
(A) To give an estimate for a repair job
(B) To thank a customer for a recent purchase
(C) To explain why a request was not fulfilled
(D) To request information about an MP3 player

158 What is NOT included with the letter?
(A) A warranty
(B) A findings report
(C) An MP3 player
(D) A refund

159 What is Ms. Bowen advised to do?
(A) Visit a local store
(B) Purchase a new model
(C) Register for an extended warranty
(D) Call an FR Kanon representative

Five Effective Ways to Energize Your Team

by Frank Young

Even though offering financial incentives and other benefits may be the ideal way to recognize staff members' good performance, supervisors are not always in a position to offer such rewards. Small tokens of appreciation can keep them motivated throughout the year and you can expect better performance. Here are some tips on doing that.

1. Share the achievements and awards employees have received through the company newsletter. The newsletter is also a great way to recognize staff members for their volunteer work in the community.

2. Give employees a flexible work environment when operational demands permit.

3. Offer staff members with opportunities to grow through additional training.

4. Bring in doughnuts, chocolate, or other treats to celebrate the completion of a project.

5. Arrange employee birthday parties every month; You can designate tasks like preparing snacks, decorations, and other matters to different departments.

160 What is the purpose of the article?
(A) To give managers ideas for motivating staff members
(B) To explain how to find work as a management consultant
(C) To list methods for recruiting volunteers
(D) To describe the best way to schedule employee work hours

161 What activity is NOT mentioned in the article?
(A) Offering learning opportunities
(B) Providing free tickets to a community event
(C) Acknowledging special occasions
(D) Mentioning employees' achievements in a newsletter

GO ON TO THE NEXT PAGE

Questions 162-164 refer to the following e-mail.

Date:	Thursday, December 20
To:	Jimmy Raynor <jimraynor@stcpractice.co.uk>
From:	Sam Duran <duranduran@stcpractice.co.uk>
Subject:	My holiday

Hi, Jimmy,

I appreciate your decision to take over my responsibilities for a week until I return from my holidays next week. Let me fill you in with some details of the duties which need to be taken care of.

First, as you know, there is a fax machine just outside our office. I would like to ask you to pick up all files from the fax machine every morning and afternoon. Please do not forget to hand them out promptly. Making and confirming appointments for the managing partners is one of my duties as well. Their schedules for next week have been already set up, but just in case, I left a copy of their schedule on your desk.

In case you haven't noticed, there is a case-review meeting in Room 101 on Wednesday, 10:30 AM. Be sure to take notes during this meeting, type them up, and please e-mail them to everyone in the department before your lunch break.

Lastly, make sure you mail all the invoices to our clients by Friday afternoon. If you need any help, contact me or Sarah.

Thank you for helping!

Sincerely,

Sam Duran
Administrative Assistant

162 What is the purpose of the e-mail?
(A) To provide a set of instructions
(B) To describe the responsibilities of a new employee
(C) To formally request time away from work
(D) To finalize a meeting agenda

163 What is suggested about Mr. Raynor and Mr. Duran?
(A) They were hired around the same time.
(B) They work on different days.
(C) They share office space.
(D) They have never met in person.

164 According to the e-mail, what is one task Mr. Duran usually performs every day?
(A) Distributing faxes
(B) Sending bills to clients
(C) Taking notes at meetings
(D) Scheduling holidays

Holly Seinfield

Temporary Exhibit: The Lifework of Holly Seinfield
October 15 - December 7
First Floor Gallery

The Bohemian Culture Museum is holding an exhibition this fall which includes the Lifework of Holly Seinfield, a well respected photographer and writer of the twentieth century. The exhibit will be featuring the background of Seinfield's life and illustrates the development of her career. Photographs and diaries which depict her childhood up to her present years will be on display. This upcoming exhibition has gathered some of her finest works from her old house in California and her present housing located in the center of Southern California. These collections of her writings and photographs will be placed both on the first and second floor of the gallery. In addition, a short documentary and past interview clips of Seinfield will be shown throughout the exhibition dates on the basement floor of Vanessa Tunney Gallery Room.

Advance registration for this wonderful exhibit is required. Tickets will be on sale starting September 2 and may only be purchased by visiting the Bohemian Culture Museum website at www.bohemianmuseum.com. All ticket buyers are allowed to view the exhibit only on the date and time printed on their tickets. All ticket sales and reservations are final. For more information regarding the exhibit, call the Bohemian Culture Museum on (764) 188-1888.

165 What is the purpose of the information?
(A) To announce an upcoming event
(B) To publicize the opening of a new museum
(C) To advertise a recently published play
(D) To promote newly released films

166 What is mentioned about Ms. Seinfield?
(A) She hosted tours of her childhood home.
(B) She painted scenes of the English countryside.
(C) She lived in two different locations.
(D) She made a film with Ms. Tunney.

167 What is stated about tickets?
(A) They will not be available before October 15.
(B) They can't be purchased online.
(C) They must be used on a specific date.
(D) They may be canceled at any time.

GO ON TO THE NEXT PAGE

Become the best Pack-Man!

by Mario Pipe

Having a hard time packing for tomorrow's trip? Let us give you some tips that we gathered from traveling experts.

Unless you have to carry heavy items, it is always best not to exceed one carry-on bag during trips. Just be sure to take a bag that will fit in the overhead bins in all aircraft. Also make sure that your luggage does not weigh more than 10 kilograms. Some people may find such limits are pointless, but experts say that you could avoid the stress from carrying heavy bags while traveling. Also, now that most airlines do charge for checked bags, you could save some money by avoiding such extra fees and rest assured from the risk of losing your luggage. Not to mention that you could also save time from skipping the process of picking up your luggage from the baggage-claim area upon arrival.

Of course, there still remain the ultimate question. How could we possibly fit everything into a single bag? Well, here's our answer to it.

First, you would want to make a list and lay out the items you are considering on taking for your trip. And then, ask yourself whether some of these items will be worth being carried around for your entire trip. When doing this, think about what you can do without rather than about what might be convenient to have. Practically, it is always recommended to pack less. So if your travel is expected to last a month, you would pack for an amount which will last you for about two weeks. When you run out of essentials, like tissues, visit the nearest convenience store.

As for clothing, most people pack way more than necessary. To pack your clothes wisely, choose clothing that dries quickly and plan to handwash them each night. You might also want to minimize the number of shoes you will be taking, and at the same time, wear the biggest and the heaviest pair when you board the airplane.

For more tips on how to pack smartly, please visit www.packingwizards.com.

---

168 What does Mr. Pipe suggest is important when choosing luggage?
(A) That the handles are easy to access
(B) That the bag can be easily identified at the baggage-claim area
(C) That the price is not too high
(D) That the bag is small enough to carry onto an airplane

169 What is one thing Mr. Pipe implies is difficult for some people?
(A) Packing fragile items properly
(B) Traveling for several weeks
(C) Carrying heavy packages
(D) Taking only one bag on a trip

170 The word "like" in paragraph 3, line 14, is closest in meaning to:
(A) Enjoy
(B) Such as
(C) Identical to
(D) Approximately

171 According to Mr. Pipe, what is a common mistake travelers make?
(A) They forget to pack essential items.
(B) They pack clothes that require hand washing.
(C) They take more clothes than necessary.
(D) They wear bulky clothing while traveling.

IMPORTANT: TIPS ON USING YOUR GRIDDLE

The Kitchentime griddle is your number one choice to make crepes, pancakes, and other dishes you would normally cook in a saute pan. To extend the life span of your Kitchentime griddle and to ensure its proper and safe functioning, please follow these guidelines listed below for using and cleaning your electric griddle.

- Before use, make sure the unit is placed securely on a flat, level surface like a countertop.
- To prevent food from sticking, apply a small amount of cooking oil to the griddle surface immediately before each use. This also helps you to clean the griddle's surface much easier.
- Do not leave the unit unattended while in use. Make sure that the unit is turned off and unplugged after each use as it could create a safety hazard and cause a fire.
- Before cleaning its surface, be sure to check that the griddle has cooled entirely. It is recommended to use a wet cloth and dish soap to wash the griddle's surface. Never use metal utensils or abrasive brushes to remove leftover foods, as it could damage the griddle's surface. Do not immerse the product in water and disassemble the unit without the instructions of our experts.

All our products come with a three-year limited warranty from the date of purchase. For repairs or replacements, please visit your nearest Kitchentime Stores. All damages that are not compliant with the instructions above will not be covered by the warranty.

172 Where would the information most likely be found?
(A) On a box of pancake mix
(B) In the package of a kitchen appliance
(C) In a cookbook
(D) On the label of a cleaning product

173 What is mentioned as something that will ruin the product?
(A) Cooking oil
(B) Scented soaps
(C) Metal utensils
(D) Hot water

174 What is indicated about the product?
(A) It must be disassembled before being stored.
(B) It can cool down in less than three minutes.
(C) It is not intended for outdoor use.
(D) It should not be left alone while it is on.

175 What is mentioned about Kitchentime?
(A) It sells a variety of rare cooking ingredients.
(B) It provides warranties on all of its products.
(C) It has been in business for two years.
(D) Its products are available only online.

GO ON TO THE NEXT PAGE

Blackwall Constructions & Designs
2207 Paramount St.
Toledo MI, 48122
October 7

Ray Pine
45 Cornerstone Rd.
Chicago IL, 60601

Dear Mr. Pine,

We would first like to give our thanks for displaying your satisfaction for our teams which have worked on your property for the last two months. We also consider that having served such a wonderful customer like yourself was an honor. I have passed your kind words onto our finest Blackwall crew members who had worked on your property. It is indeed always great to hear our work is appreciated.

I wanted to follow up with you about the other matter we discussed when you stopped by our office last Wednesday. I mentioned that every year, Blackwall selects some of its recently completed projects to be photographed for our annual calendar. These calendars feature the various types of jobs our company does. Of course, your house was selected because its exterior stonework has been gaining more and more popularity among Blackwall customers, so we were wondering if you would allow us to take photographs of your recently renovated house.

The enclosed photo-release form contains the specifications we had discussed earlier but with one change. I forgot to tell you last Wednesday, but we have recently decided to use this year's photos in our brochures and website as well. Therefore, by agreeing to allow us to take photographs of your house, you give consent for the images to be used in Blackwall promotional materials. As with previous years, the photos will be the property of Blackwall, and you waive any right to monetary compensation stemming from Blackwall's use of the photographs. In return for your kindness and as a token of our appreciation, Blackwall will give you one original copy of the photograph of your choice in a gold frame.

Please carefully review the details and sign the form upon agreeing to the terms. It would be best if you could return it to us by November 2. Once we receive the signed form, I will personally contact you to set up a time for the photo shoot. Thank you for your patronage with Blackwall Constructions & Designs and your willingness to participate.

Sincerely,

Lindsay Lauren
Lindsay Lauren
Blackwall Constructions & Designs

Enclosure

176 What is implied about Mr. Pine?
    (A) He recently purchased a new house.
    (B) He was pleased with the quality of
        Blackwall's work.
    (C) He will participate in a customer survey.
    (D) He will appear in a television
        commercial for Blackwall.

177 When Ms. Lauren and Mr. Pine spoke on
    Wednesday, where did she tell him that
    photos of his house would appear?
    (A) In a promotional calendar
    (B) On the company's website
    (C) In an advertising pamphlet
    (D) With an article in a newspaper

178 What is suggested about Blackwall's
    residential stonework?
    (A) It comes with a lifetime warranty.
    (B) It takes longer to complete than most
        other Blackwall projects.
    (C) The cost of installing it has increased.
    (D) A growing number of Blackwall
        customers are requesting it.

179 The word "stemming" in paragraph 3, line 6,
    is closest in meaning to:
    (A) stopping
    (B) differing
    (C) resulting
    (D) withdrawing

180 What does Ms. Lauren ask Mr. Pine to do?
    (A) Send a payment by November 2
    (B) Recommend Blackwall to a friend
    (C) Call a photographer to set up an
        appointment
    (D) Give written consent to a proposal

GO ON TO THE NEXT PAGE

Questions 181-185 refer to the following e-mails.

To:	Edward Myers <edmyers@qwayne.com>
From:	Janet Charles <jcharles@qwayne.com>
Date:	February 17
Subject:	Draft Schedule

Hi Edward,

I have just completed making a draft of our schedule for March and April. I am including it below and I will put it in the event section on our website.

Please let me know if you have any questions or need to make any changes in the schedule.

Best regards,

Janet

Q-Wayne Enterprise Association
March~April Events

All events will be held in Park Resort Hotel.

March 14: 11:00 A.M. – 3:00 P.M.
Event: Business Strategies Course
Location: Main Hall 1F
Cost: $50 at the door
Notes: Advanced registration available
      ($40)

April 16: 11:30 A.M. – 12:45 P.M.
Event: Networking Lunch (Buffet)
Location: Seafood Gardens
Cost: $20 in advance or $30 at the door
Notes: Limited to 200 participants
      Advanced registration recommended

March 20: 9:00 A.M. – 3:00 P.M.
Event: International Job Fair
Location: Jordan Hall
Cost: $30
Notes: Advanced registration only

April 28: 5:00 P.M. – 7:30 P.M.
Event: Real Estate Investment Seminar
Location: Main Hall 1F
Cost: $40
Notes: Advanced registration not available

To:	Janet Charles <jcharles@qwayne.com>
From:	Edward Myers <edmyers@qwayne.com>
Date:	March 3
Subject:	Meeting updates

Janet,

As you are already aware, we hold an events committee meeting on the first day of every month. Our most recent meeting took place two days ago from 11:00 A.M. to 12:00 P.M.

Let me fill you in with some updates. Carmen Sanders said that she wouldn't be available to lead the investment seminar in April. Could you contact Donald Dickson and find out whether he could replace her? I already mentioned this to him earlier, and I'm almost certain that he will most likely say yes. If he can't do it, please let me know right away.

Also, we decided to extend the networking lunch, so it will now end at 1:00 P.M. The start time will remain the same. These changes are final, so please make the necessary changes on our website. By the way, if it's all right with you, would you mind working at the registration desk for the April 16 event? Thanks.

Edward

181 What event requires advanced registration?
(A) The real estate investment seminar
(B) The networking lunch
(C) The international job fair
(D) The business strategies course

182 When will the networking event take place?
(A) From 11:30 am to 12:45 pm
(B) From 11:30 am to 1:00 pm
(C) From 11:45 am to 12:45 pm
(D) From 11:45 am to 1:00 pm

183 When will the next events committee meeting most likely be held?
(A) On March 1
(B) On March 3
(C) On April 1
(D) On April 16

184 According to the e-mail, who will probably lead a seminar on investments?
(A) Janet Charles
(B) Donald Dickson
(C) Carmen Sanders
(D) Edward Myers

185 What has Mr. Myers NOT asked Ms. Charles to do?
(A) Work at the networking lunch
(B) Contact a potential worker
(C) Update a website
(D) Change the date of a seminar

GO ON TO THE NEXT PAGE

July 5 – The downtown Old Tappan has always received good ratings for its restaurants which provide both great taste and quality service to our neighbors. Besides, most restaurants in Old Tappan offer seating in gardens and patios, and we get to enjoy the warm evenings every summer. If you are craving for seafood, put Dancing Shrimp on your list. Its shrimp appetizers are very good and the view of the city skyline from its garden is even better. You might also want to check out Good Old Tappans. Not only are their pasta dishes great, but they also offer outdoor seating for larger parties as well. If you happen to be a fan of pizza, then I recommend Pizza Romana. Now, if you're planning a special night out with your loved ones, consider spending your time in Bien Venue. Their menu may be a little pricy, but you could enjoy some of the finest French dishes from the riverside patio. Thanks to its romantic ambiance, the patios are always full, so be sure to reserve a table at least a month in advance for your special night.

Amongst all these competitors, however, the winner is June's Cuisine. Located at the top of Clemont Hills, the view which overlooks the entire city from its outdoor section is in one word, breathtaking. Driving up this hill is definitely worth the time. Aside from the outstanding view this place offers, June's Cuisine deserves its nearly perfect rating from its well-defined menus. June's is the only and the best fusion restaurant in the downtown area. So if you still haven't tasted exotic food, now would be a good chance to visit June's Cuisine and give them a try. Earlier last week, I tried an appetizer and one of its popular entrees. The appetizer which contains avocado and sirloin steak topped with oyster sauce definitely tasted better than it sounds. Overall, June's Cuisine is a 'must go' for all of you who wish to explore new food this summer.

by Jake Sully

June's Cuisine

Menu for July

Appetizers

Tomato seafood soup $4.99

Pumpkin & eggplant Caesar salad.................$9.99

Chunked veggie egg roll with cream sauce....$7.99

Mini avocado roll canape...............................$8.99

Main Dishes & Entrees

Tuna fettuccine with olive oil sauce $12.99

Barbecued shrimp and smoked
salmon salad with lime dressing...................$21.99

Sirloin steak topped with oyster sauce........$25.99

Desserts*

Gelato

Shikhye (rice drink)

* All of our rice drinks and gelatos are made with fresh ingredients that we purchase daily from the Simmons Food Market; gelato flavors vary depending on availability of fruits. Prices may vary. Please ask your server which gelato flavors are being served today.

186 What is the purpose of the article?
 (A) To feature restaurants that offer outdoor dining
 (B) To describe the best location for viewing the city skyline
 (C) To list all of the pizza shops in Griggsville
 (D) To report on the opening of a French restaurant

187 Where does Mr. Sully suggest making reservations?
 (A) At Dancing Shrimp
 (B) At Good Old Tappans
 (C) At Pizza Romana
 (D) At Bien Venue

188 What is not indicated about June's Cuisine?
 (A) It has a fine view.
 (B) Its menus are easy to see.
 (C) It will close at the end of the summer.
 (D) It serves unusual dishes.

189 What item from the menu did Mr. Sully try?
 (A) The seafood soup
 (B) The roll canape
 (C) The egg roll with sauce
 (D) The Caesar salad

190 What is mentioned about the desserts at June's Cuisine?
 (A) Mr. Sully sampled two of them on his recent visit.
 (B) All of them are based on classic French recipes.
 (C) They contain ingredients bought from a local market.
 (D) They are priced at $4.99 each.

GO ON TO THE NEXT PAGE

Questions 191-196 refer to the following e-mail and survey.

From:	Ronald Stevens <ronstevens@elitehuntinghotels.com>
To:	Dan Inosanto <dinosanto@flipmail.com>
Date:	January 3
Subject:	Your stay at Elite Hunting Hotel

Confirmation Number: 20700650050532
VIP Membership Number: 100382MWL

Dear Mr. Inosanto,

Thank you for choosing to stay at Elite Hunting Hotel! The details of your hotel reservation are shown below. Please e-mail us at reservations@elitehuntinghotels.com if you need to make any necessary changes to your reservation. Please note that cancellations must be made at least one week in advance to avoid losing your deposit.

    Hotel location: 2005 Hoover St., Pheonix, NY 89014
    Room: 2 double beds, 12th floor
    Check-in: After 3:00 P.M., Saturday, January 17
    Check-out: By 11:00 A.M., Monday, January 19
    Number of people in room: 2
    Room rates for members: $199/night

Please contact our front desk at services@elitehuntinghotels.com for services such as ordering tickets, booking tours, or transportation services.

We hope you enjoyed your stay! To better serve you in the future, we would appreciate it if you could spend a moment in completing this survey. Thank you!

1. How did you hear about Elite Hunting Hotels?

TV _____   Magazine __√__   Travel agent _____   Internet _____   Other _____

2. What was the purpose of your trip? _____ *Vacation* _____

3. Have you dined at Cozy Sky? If so, how would you rate our food?

Outstanding _____   Good _____   Fair __√__   Unsatisfactory _____

4. How would you rate the quality of the housekeeping service?

Outstanding __√__   Good _____   Fair _____   Unsatisfactory _____

5. Name and e-mail address (optional) ____ *Dan Inosanto dinosanto@flipmail.com* ____

If you are not a VIP member, join today! All our VIP members receive 15% off their room rates and are eligible for exclusive benefits only for VIP members. For more information, call us on 818-9909-1255 or visit our website at www.elitehuntinghotels.com

191 What is the purpose of the e-mail?
   (A) To promote a travel-rewards program
   (B) To offer a larger room to a hotel guest
   (C) To request participation in a survey
   (D) To confirm accommodation arrangements

192 On what date did Mr. Inosanto most likely arrive at Elite Hunting Hotel?
   (A) January 3
   (B) January 10
   (C) January 17
   (D) January 19

193 What is suggested about Mr. Inosanto?
   (A) He ordered theater tickets.
   (B) He paid a reduced room rate.
   (C) He used the services of a travel agency.
   (D) He changed his departure date.

194 What is indicated about Elite Hunting Hotel?
   (A) It has a restaurant.
   (B) It opened in January.
   (C) It primarily serves business travelers.
   (D) It advertises on the radio.

195 What does the survey indicate about Mr. Inosanto?
   (A) He received helpful information from the concierge.
   (B) He was very happy with the cleanliness of his room.
   (C) He appreciated having free Internet access.
   (D) He is a frequent visitor to Holland.

GO ON TO THE NEXT PAGE

Questions 196-200 refer to the following advertisement and memo.

* **Editor-in-chief / Korean Perspectives**

Seoul, Korea

While the editor-in-chief reports directly to the management of Global Publishing, he or she is also responsible for coming up with budgets, final formatting, content approval, and recruiting for Korean Perspectives magazine. Applicants for this position need at least seven years of experience in the editing field. Supervisory experience is highly desirable. For those who are interested, please send your resume and writing samples to Steve Bobson, human resources manager.

* **Manager of Art Designs / Korean Perspectives**

Seoul, Korea

The role of manager of art designs is to come out with ideas to develop Korean Perspectives magazine and thus review them and apply our unique methods. Decisions upon which graphic designs and photographs to use are considered one of the major responsibilities of the manager. Applicants should have extensive knowledge of graphic design and leadership experience is also necessary. Please send your resume and portfolio samples to Linda Silverman, managing curator.

* **Circulation Director / The Japan Herald**

Osaka, Japan

The circulation director's main priority is to oversee monthly delivery to more than 25,000 subscribers. A circulation director will have to gather both customer service and marketing teams and lead conferences to develop strategies to increase the number of active subscribers. A minimum of five years of experience in marketing is required to apply for this position. Please send your resume to Vani Kumar, editor-in-chief.

Please visit www.globalpublishing.com/jobhiring for more information.

TO: All Global Publishing staff
FROM: Regina Chambers
DATE: June 11

I am pleased to announce some exciting changes made by Global Publishing. For more than ten years, Global Publishing has won its title as one of the most influential publishers which has developed and distributed high-quality English-language contents across Asia. The recent success of The Japan Herald once again proves that we could further increase our influence in diverse English-language markets. Now, to maintain and further develop our prominence in the Japanese market, Mr. Ikari has been hired as our new circulation director of The Japan Herald. Mr. Ikari has already briefed us on his ambitious plans to maximize the readership of this publication, and we are pleased to have him with us.

As for Korean Perspectives magazine, we assigned William Lee as the editor-in-chief, and it will start to go into production next month. After weeks of reviews, Mr. Lee was selected from among hundreds of candidates for this position. One of his earlier tasks included selecting a suitable candidate for the managerial position of art designs, and Kim Hyosun has been recently selected to fill this role. Although Korean Perspectives magazine will be our first challenge in targeting the tough Korean market, we believe that we will eventually result in success by implementing our expertise combined with Mr. Lee's vast experience and knowledge in the Korean market.

196 What is mentioned about The Japan Herald?
 (A) It currently has more than 25,000 subscribers.
 (B) It has existed for ten years.
 (C) It is published weekly.
 (D) It has a new editor-in-chief.

197 What is the purpose of the memo?
 (A) To describe the history of a company
 (B) To discuss the success of a recent publication
 (C) To announce additions to the company's staff
 (D) To give details of a new editor's qualifications

198 What is indicated about Global Publishing?
 (A) It has publications in multiple countries.
 (B) It publishes materials in many different languages.
 (C) It owns several magazines in Korea.
 (D) It operates a daily newspaper in Europe.

199 To whom did Kim Hyosun most likely send her application?
 (A) Vani Kumar
 (B) Regina Chambers
 (C) Linda Silverman
 (D) Steve Bobson

200 What is stated about William Lee?
 (A) He will be working as an editor for the first time.
 (B) He helped choose the art director for Korean Perspectives.
 (C) He will edit articles for the Mumbai Herald.
 (D) He has experience with graphic design.

▶ 정답 및 해설 p.346~387

ANSWER SHEET

Ustar TOEIC BASIC_Actual Test

READING (Part 5 ~7)

NO.	ANSWER				NO.	ANSWER				NO.	ANSWER				NO.	ANSWER			
	A	B	C	D		A	B	C	D		A	B	C	D		A	B	C	D
101	ⓐ	ⓑ	ⓒ	ⓓ	121	ⓐ	ⓑ	ⓒ	ⓓ	141	ⓐ	ⓑ	ⓒ	ⓓ	161	ⓐ	ⓑ	ⓒ	ⓓ
102	ⓐ	ⓑ	ⓒ	ⓓ	122	ⓐ	ⓑ	ⓒ	ⓓ	142	ⓐ	ⓑ	ⓒ	ⓓ	162	ⓐ	ⓑ	ⓒ	ⓓ
103	ⓐ	ⓑ	ⓒ	ⓓ	123	ⓐ	ⓑ	ⓒ	ⓓ	143	ⓐ	ⓑ	ⓒ	ⓓ	163	ⓐ	ⓑ	ⓒ	ⓓ
104	ⓐ	ⓑ	ⓒ	ⓓ	124	ⓐ	ⓑ	ⓒ	ⓓ	144	ⓐ	ⓑ	ⓒ	ⓓ	164	ⓐ	ⓑ	ⓒ	ⓓ
105	ⓐ	ⓑ	ⓒ	ⓓ	125	ⓐ	ⓑ	ⓒ	ⓓ	145	ⓐ	ⓑ	ⓒ	ⓓ	165	ⓐ	ⓑ	ⓒ	ⓓ
106	ⓐ	ⓑ	ⓒ	ⓓ	126	ⓐ	ⓑ	ⓒ	ⓓ	146	ⓐ	ⓑ	ⓒ	ⓓ	166	ⓐ	ⓑ	ⓒ	ⓓ
107	ⓐ	ⓑ	ⓒ	ⓓ	127	ⓐ	ⓑ	ⓒ	ⓓ	147	ⓐ	ⓑ	ⓒ	ⓓ	167	ⓐ	ⓑ	ⓒ	ⓓ
108	ⓐ	ⓑ	ⓒ	ⓓ	128	ⓐ	ⓑ	ⓒ	ⓓ	148	ⓐ	ⓑ	ⓒ	ⓓ	168	ⓐ	ⓑ	ⓒ	ⓓ
109	ⓐ	ⓑ	ⓒ	ⓓ	129	ⓐ	ⓑ	ⓒ	ⓓ	149	ⓐ	ⓑ	ⓒ	ⓓ	169	ⓐ	ⓑ	ⓒ	ⓓ
110	ⓐ	ⓑ	ⓒ	ⓓ	130	ⓐ	ⓑ	ⓒ	ⓓ	150	ⓐ	ⓑ	ⓒ	ⓓ	170	ⓐ	ⓑ	ⓒ	ⓓ
111	ⓐ	ⓑ	ⓒ	ⓓ	131	ⓐ	ⓑ	ⓒ	ⓓ	151	ⓐ	ⓑ	ⓒ	ⓓ	171	ⓐ	ⓑ	ⓒ	ⓓ
112	ⓐ	ⓑ	ⓒ	ⓓ	132	ⓐ	ⓑ	ⓒ	ⓓ	152	ⓐ	ⓑ	ⓒ	ⓓ	172	ⓐ	ⓑ	ⓒ	ⓓ
113	ⓐ	ⓑ	ⓒ	ⓓ	133	ⓐ	ⓑ	ⓒ	ⓓ	153	ⓐ	ⓑ	ⓒ	ⓓ	173	ⓐ	ⓑ	ⓒ	ⓓ
114	ⓐ	ⓑ	ⓒ	ⓓ	134	ⓐ	ⓑ	ⓒ	ⓓ	154	ⓐ	ⓑ	ⓒ	ⓓ	174	ⓐ	ⓑ	ⓒ	ⓓ
115	ⓐ	ⓑ	ⓒ	ⓓ	135	ⓐ	ⓑ	ⓒ	ⓓ	155	ⓐ	ⓑ	ⓒ	ⓓ	175	ⓐ	ⓑ	ⓒ	ⓓ
116	ⓐ	ⓑ	ⓒ	ⓓ	136	ⓐ	ⓑ	ⓒ	ⓓ	156	ⓐ	ⓑ	ⓒ	ⓓ	176	ⓐ	ⓑ	ⓒ	ⓓ
117	ⓐ	ⓑ	ⓒ	ⓓ	137	ⓐ	ⓑ	ⓒ	ⓓ	157	ⓐ	ⓑ	ⓒ	ⓓ	177	ⓐ	ⓑ	ⓒ	ⓓ
118	ⓐ	ⓑ	ⓒ	ⓓ	138	ⓐ	ⓑ	ⓒ	ⓓ	158	ⓐ	ⓑ	ⓒ	ⓓ	178	ⓐ	ⓑ	ⓒ	ⓓ
119	ⓐ	ⓑ	ⓒ	ⓓ	139	ⓐ	ⓑ	ⓒ	ⓓ	159	ⓐ	ⓑ	ⓒ	ⓓ	179	ⓐ	ⓑ	ⓒ	ⓓ
120	ⓐ	ⓑ	ⓒ	ⓓ	140	ⓐ	ⓑ	ⓒ	ⓓ	160	ⓐ	ⓑ	ⓒ	ⓓ	180	ⓐ	ⓑ	ⓒ	ⓓ

NO.	ANSWER			
	A	B	C	D
181	ⓐ	ⓑ	ⓒ	ⓓ
182	ⓐ	ⓑ	ⓒ	ⓓ
183	ⓐ	ⓑ	ⓒ	ⓓ
184	ⓐ	ⓑ	ⓒ	ⓓ
185	ⓐ	ⓑ	ⓒ	ⓓ
186	ⓐ	ⓑ	ⓒ	ⓓ
187	ⓐ	ⓑ	ⓒ	ⓓ
188	ⓐ	ⓑ	ⓒ	ⓓ
189	ⓐ	ⓑ	ⓒ	ⓓ
190	ⓐ	ⓑ	ⓒ	ⓓ
191	ⓐ	ⓑ	ⓒ	ⓓ
192	ⓐ	ⓑ	ⓒ	ⓓ
193	ⓐ	ⓑ	ⓒ	ⓓ
194	ⓐ	ⓑ	ⓒ	ⓓ
195	ⓐ	ⓑ	ⓒ	ⓓ
196	ⓐ	ⓑ	ⓒ	ⓓ
197	ⓐ	ⓑ	ⓒ	ⓓ
198	ⓐ	ⓑ	ⓒ	ⓓ
199	ⓐ	ⓑ	ⓒ	ⓓ
200	ⓐ	ⓑ	ⓒ	ⓓ

LISTENING (Part 1 ~4)

NO.	ANSWER				NO.	ANSWER				NO.	ANSWER				NO.	ANSWER			
	A	B	C	D		A	B	C	D		A	B	C	D		A	B	C	D
01	ⓐ	ⓑ	ⓒ	ⓓ	21	ⓐ	ⓑ	ⓒ	ⓓ	41	ⓐ	ⓑ	ⓒ	ⓓ	61	ⓐ	ⓑ	ⓒ	ⓓ
02	ⓐ	ⓑ	ⓒ	ⓓ	22	ⓐ	ⓑ	ⓒ	ⓓ	42	ⓐ	ⓑ	ⓒ	ⓓ	62	ⓐ	ⓑ	ⓒ	ⓓ
03	ⓐ	ⓑ	ⓒ	ⓓ	23	ⓐ	ⓑ	ⓒ	ⓓ	43	ⓐ	ⓑ	ⓒ	ⓓ	63	ⓐ	ⓑ	ⓒ	ⓓ
04	ⓐ	ⓑ	ⓒ	ⓓ	24	ⓐ	ⓑ	ⓒ	ⓓ	44	ⓐ	ⓑ	ⓒ	ⓓ	64	ⓐ	ⓑ	ⓒ	ⓓ
05	ⓐ	ⓑ	ⓒ	ⓓ	25	ⓐ	ⓑ	ⓒ	ⓓ	45	ⓐ	ⓑ	ⓒ	ⓓ	65	ⓐ	ⓑ	ⓒ	ⓓ
06	ⓐ	ⓑ	ⓒ	ⓓ	26	ⓐ	ⓑ	ⓒ	ⓓ	46	ⓐ	ⓑ	ⓒ	ⓓ	66	ⓐ	ⓑ	ⓒ	ⓓ
07	ⓐ	ⓑ	ⓒ	ⓓ	27	ⓐ	ⓑ	ⓒ	ⓓ	47	ⓐ	ⓑ	ⓒ	ⓓ	67	ⓐ	ⓑ	ⓒ	ⓓ
08	ⓐ	ⓑ	ⓒ	ⓓ	28	ⓐ	ⓑ	ⓒ	ⓓ	48	ⓐ	ⓑ	ⓒ	ⓓ	68	ⓐ	ⓑ	ⓒ	ⓓ
09	ⓐ	ⓑ	ⓒ	ⓓ	29	ⓐ	ⓑ	ⓒ	ⓓ	49	ⓐ	ⓑ	ⓒ	ⓓ	69	ⓐ	ⓑ	ⓒ	ⓓ
10	ⓐ	ⓑ	ⓒ	ⓓ	30	ⓐ	ⓑ	ⓒ	ⓓ	50	ⓐ	ⓑ	ⓒ	ⓓ	70	ⓐ	ⓑ	ⓒ	ⓓ
11	ⓐ	ⓑ	ⓒ		31	ⓐ	ⓑ	ⓒ	ⓓ	51	ⓐ	ⓑ	ⓒ	ⓓ	71	ⓐ	ⓑ	ⓒ	ⓓ
12	ⓐ	ⓑ	ⓒ		32	ⓐ	ⓑ	ⓒ	ⓓ	52	ⓐ	ⓑ	ⓒ	ⓓ	72	ⓐ	ⓑ	ⓒ	ⓓ
13	ⓐ	ⓑ	ⓒ		33	ⓐ	ⓑ	ⓒ	ⓓ	53	ⓐ	ⓑ	ⓒ	ⓓ	73	ⓐ	ⓑ	ⓒ	ⓓ
14	ⓐ	ⓑ	ⓒ		34	ⓐ	ⓑ	ⓒ	ⓓ	54	ⓐ	ⓑ	ⓒ	ⓓ	74	ⓐ	ⓑ	ⓒ	ⓓ
15	ⓐ	ⓑ	ⓒ		35	ⓐ	ⓑ	ⓒ	ⓓ	55	ⓐ	ⓑ	ⓒ	ⓓ	75	ⓐ	ⓑ	ⓒ	ⓓ
16	ⓐ	ⓑ	ⓒ		36	ⓐ	ⓑ	ⓒ	ⓓ	56	ⓐ	ⓑ	ⓒ	ⓓ	76	ⓐ	ⓑ	ⓒ	ⓓ
17	ⓐ	ⓑ	ⓒ		37	ⓐ	ⓑ	ⓒ	ⓓ	57	ⓐ	ⓑ	ⓒ	ⓓ	77	ⓐ	ⓑ	ⓒ	ⓓ
18	ⓐ	ⓑ	ⓒ		38	ⓐ	ⓑ	ⓒ	ⓓ	58	ⓐ	ⓑ	ⓒ	ⓓ	78	ⓐ	ⓑ	ⓒ	ⓓ
19	ⓐ	ⓑ	ⓒ		39	ⓐ	ⓑ	ⓒ	ⓓ	59	ⓐ	ⓑ	ⓒ	ⓓ	79	ⓐ	ⓑ	ⓒ	ⓓ
20	ⓐ	ⓑ	ⓒ		40	ⓐ	ⓑ	ⓒ	ⓓ	60	ⓐ	ⓑ	ⓒ	ⓓ	80	ⓐ	ⓑ	ⓒ	ⓓ

NO.	ANSWER			
	A	B	C	D
81	ⓐ	ⓑ	ⓒ	ⓓ
82	ⓐ	ⓑ	ⓒ	ⓓ
83	ⓐ	ⓑ	ⓒ	ⓓ
84	ⓐ	ⓑ	ⓒ	ⓓ
85	ⓐ	ⓑ	ⓒ	ⓓ
86	ⓐ	ⓑ	ⓒ	ⓓ
87	ⓐ	ⓑ	ⓒ	ⓓ
88	ⓐ	ⓑ	ⓒ	ⓓ
89	ⓐ	ⓑ	ⓒ	ⓓ
90	ⓐ	ⓑ	ⓒ	ⓓ
91	ⓐ	ⓑ	ⓒ	ⓓ
92	ⓐ	ⓑ	ⓒ	ⓓ
93	ⓐ	ⓑ	ⓒ	ⓓ
94	ⓐ	ⓑ	ⓒ	ⓓ
95	ⓐ	ⓑ	ⓒ	ⓓ
96	ⓐ	ⓑ	ⓒ	ⓓ
97	ⓐ	ⓑ	ⓒ	ⓓ
98	ⓐ	ⓑ	ⓒ	ⓓ
99	ⓐ	ⓑ	ⓒ	ⓓ
100	ⓐ	ⓑ	ⓒ	ⓓ

유스타 토익
BASIC
Reading
정답 · 해설집

위즈덤하우스

Ustar TOEIC BASIC Reading

★★★★★ Part

5

Answers

Lesson 01 ● 영어의 품사 Test ▶ 본책 p. 29

Step 1

---

01 Last week you canceled your subscription to *The New York Times*.
　　　　　　 대명사　 동사　　 대명사　　 명사　　　　　　　 명사(고유명사)

해석 지난주에 귀하는 귀하의 《뉴욕타임즈》지 구독을 취소하셨습니다.

구조분석 (Last week) you / canceled / (your) subscription (to *The New York Times*).
　　　　　　　　 주어　　　 동사　　　 목적어

해설 대명사 you는 주어로 사용되었다. 대명사는 앞의 명사를 대신 받지만 2인칭 대명사 you는 이 글을 읽는 사람을 지칭하므로 따로 대상이 언급될 필요가 없다. 동사 canceled는 취소한 행위를 나타내며 소유격 대명사 your는 목적어로 사용된 명사 subscription을 수식하여 이 목적어가 누구의 소유인지를 나타내고 있다. 마지막 고유명사 The New York Times는 신문 이름이다.

어휘 last 지난　week 주　cancel 취소하다　subscription 정기구독

---

02 You must submit an application with details of your academic background.
　　 대명사　　 동사　　　 명사　　　　 명사　 대명사　　　　 명사

해석 귀하는 학력 세부사항을 기재한 지원서를 제출하셔야 합니다.

구조분석 You / must submit / an application (with details) (of your academic background).
　　　　 주어　　 동사　　　 목적어

해설 대명사 You는 문장의 주어로 쓰여 글을 읽는 상대방이 행위의 주체임을 나타낸다. 동사 submit는 제출하는 행위를 나타낸다. 명사 application은 문장의 목적어로 쓰여 제출해야 하는 대상을 나타내며, 명사 details는 전치사 with의 목적어로 수식어구를 이룬다. 소유격 대명사 your는 명사 background를 수식하여 누구의 학력인지 소유 관계를 나타내고 있으며, 명사 background는 전치사 of의 목적어로 수식어구를 이룬다.

어휘 must ~해야 한다　submit 제출하다　application 신청(서), 지원(서)　detail 세부사항　academic background 학력

---

03 The recent book details his career as a writer.
　　　　　 명사　　 동사　 대명사　 명사　　 명사

해석 최근의 책은 그의 작가로서의 경력을 상술하고 있다.

구조분석 The (recent) book / details / (his) career (as a writer).
　　　　　　　　　 주어　　　 동사　　 목적어

해설 명사 book은 문장의 주어로 쓰였다. 동사 details는 세부적으로 서술하고 있다는 상태를 설명하고 있으며, 소유격 대명사 his는 문장의 목적어로 쓰인 명사 career의 소유 관계를 나타내고 있다. 명사 writer는 전치사 as의 목적어로 자격, 동격을 나타내는 수식어구를 이룬다.

어휘 recent 최근의, 현재의　detail 상술하다, 열거하다　career 경력　writer 작가

---

04 Morris strongly believes that his experiences with different cultures contributed to his success.
　 명사(고유명사)　　　　 동사　　　　 대명사　　 명사　　　　　　　 명사　　 동사　　 대명사　 명사

해석 모리스는 여러 가지 문화를 경험한 것이 그의 성공에 기여했다고 굳게 믿는다.

구조분석

　　　　　　　　　　　　　　　　　명사절 접속사　　　　주어'　　　　　　　　　　　　　　　　동사'

Morris / (strongly) believes / **that** (his) experiences (with different cultures) / contributed (to his success).
　주어　　　　　　동사　　　　　　　　　　　　　　　　　　　　　　목적어절

해설 Morris는 사람 이름을 나타내는 고유명사로 문장에서 주어로 쓰였으며, 동사 believes는 '믿고 있다'는 주어의 상태를 설명하고 있다. 동사 뒤 목적어 자리에 명사절 접속사 that이 이끄는 문장(명사절)이 오는데, 소유격 대명사 his는 앞에 주어로 나온 고유명사 Morris를 대신 받으며 명사절에서의 주어로 쓰인 명사 experiences를 수식하여 누구의 경험인지 소유 관계를 나타내고 있다. 명사 cultures는 전치사 with의 목적어로 수식어구를 이룬다. 동사 contributed는 명사절의 동사로 '기여하고 있다'는 상태를 설명한다. 소유격 대명사 his는 또 한 번 앞에 나온 고유명사인 Morris를 대신 지칭하며 명사 success를 수식하여 누구의 성공인지를 나타내주고 있으며, 명사 success는 전치사 to의 목적어로 동사 contributed의 대상을 나타내주는 부사구 역할을 한다.

어휘 strongly 강하게　believe 믿다　experience 경험　different 다른　culture 문화　contribute to ~에 기여하다　success 성공

---

05 I would appreciate it if you send me an issue by August 3.
　　　 대명사　　　　동사　　대명사 대명사　동사 대명사　　명사

해석 8월 3일까지 제게 한 부를 보내주시면 감사하겠습니다.

구조분석 I / would appreciate / it // **if** you / send / me / an issue (by August 3).
　　　　　주어1　　동사1　　목적어 접속사 주어2　동사2　간목　직목

해설 대명사 I는 주어로 쓰여 행위의 주체가 자신임을 나타내고, 동사 appreciate은 감사하다는 주어의 감정을 설명한다. 대명사 it은 목적어로, 뒤에 나온 문장의 내용 전체를 받게 된다. 문장을 연결하는 접속사 if 뒤의 대명사 you는 if가 이끄는 문장에서 주어 역할을 하며, 동사 send는 보내는 행위를 나타낸다. 대명사 me는 간접목적어로 쓰여서 보내는 행위의 상대방(~에게)이 자신임을 나타내며, 명사 issue는 보내는 대상(~를)이 되는 직접목적어로 쓰였다.

어휘 appreciate 감사하다　send 보내다　issue 출판물, 간행물

Step 2

01 Last week you canceled your subscription to *The New York Times*.
　　　　부사　　　　　　　　대명사　　　　전치사

해석 지난주에 귀하는 귀하의 뉴욕타임즈지 구독을 취소하셨습니다.

구조분석 (Last week) you / canceled / (your) subscription (to *The New York Times*).
　　　　　　　　　　　　주어　　동사　　　　　　목적어

해설 Last week는 시간을 나타내는 부사구로 문두에 쓰였으며, to는 대상을 나타내는 전치사로 The New York Time를 목적어로 취해서 수식어구를 이룬다.

---

02 You must submit an application with details of your academic background.
　　　 조동사　　submit　관사　　　　전치사　　전치사　　형용사

해석 귀하는 학력 세부사항을 기재한 지원서를 제출하셔야 합니다.

구조분석 You / must submit / an application (with details) (of your academic background).
　　　　　주어　　동사　　　　목적어

해설 must는 의무를 나타내는 조동사로, 동사 submit(제출하다)에 의미를 보충하여 '제출해야 한다'는 의미를 나타낸다. 관사 an은 가산명사인 application이 단수로 쓰였음을 나타내며, with는 수반, 동반의 의미를 나타내는 전치사로, 명사 details를 목적어로 취해서 수식어구 역할을 한다. of는 구성요소, 농격을 나타내는 전치사로 your academic background를 목적어로 취해 수식어구 역할을 한다. 형용사 academic은 명사 background를 앞에서 수식하며 명사의 종류를 나타내고 있다.

7

03 The recent book details his career as a writer.
　　　　形容詞　　　　　　　　　　　전치사 관사

해석 최근의 책은 그의 작가로서의 경력을 상술하고 있다.

구조 분석 The (recent) book / details / (his) career (as a writer).
　　　　　　　　　　　주어　　　동사　　　목적어

해설 형용사 recent는 명사 book을 앞에서 수식하며 의미를 한정하는 역할을 한다. as는 자격, 동격을 나타내는 전치사로 writer를 목적어로 취해서 수식어구를 이룬다. 관사 a는 사람명사인 가산명사 writer가 단수로 쓰였음을 나타내준다.

---

04 Morris strongly believes that his experiences with different cultures contributed to his success.
　　　　　　　부사　　　　　　　접속사　　　　　　　전치사 형용사　　　　　　　전치사

해석 모리스는 여러 가지 문화를 경험한 것이 그의 성공에 기여했다고 굳게 믿는다.

구조 분석
　　　　　　　　　　　　　　　명사절 접속사　　　주어'　　　　　　　　　　　　　동사'
Morris / (strongly) believes / **that** (his) experiences (with different cultures) / contributed (to his success).
주어　　　　동사　　　　　　　　　　　　　　　　　　　　목적어절

해설 부사 strongly는 동사 believe를 수식하여 믿는 것의 정도나 상태를 표현한다. that은 명사절 접속사로, 목적어 자리에 온 문장을 명사 역할을 하는 명사절로 전환해주는 기능을 한다. 전치사 with는 cultures를 목적어로 취해 수식어구를 이루며, 형용사 different는 명사 cultures를 수식하여 상태를 나타내준다. 전치사 to는 success를 목적어로 취해서 동사 contributed의 대상을 나타내는 부사구로 쓰였다.

---

05 I would appreciate it if you send me an issue by August 3.
　　　　　　　　　　　　　　　접속사　　　　　　관사　전치사

해석 8월 3일까지 제게 한 부를 보내주시면 감사하겠습니다.

구조 분석 I / would appreciate / it // **if** you / send / me / an issue (by August 3).
　　　　　　　주어1　　동사1　　　목적어 접속사 주어2　동사2　간목　직목

해설 if는 앞의 문장과 뒤의 문장을 연결하는 부사절 접속사로 쓰였다. 관사 an은 가산명사 issue가 단수임을 나타내며, 전치사 by는 뒤에 시간 명사를 받아서 '~까지'라는 기한을 나타내는 부사구로 쓰였다.

Lesson 02 ● 영어 문장의 성분 Test　　　　　　　　▶ 본책 p. 32

Step 1

01 The accountant revised the financial report before submitting it to the headquarters.
　　　　　　주어　　　　　동사　　　　목적어

해석 회계사는 본사에 제출하기 전에 재정 보고서를 수정하였다.

구조 분석 The accountant / revised / the financial report (before submitting it) (to the headquarters).
　　　　　　　　주어　　　　동사　　　목적어

해설 주어 자리에 올 수 있는 품사는 명사이므로 처음 나온 명사인 The accountant가 주어가 되고, 주어 뒤에 나온 동사 revised가 서술어가 된다. 동사 뒤의 명사 the financial report가 목적어가 되어 문장의 주요 성분을 모두 갖추게 되므로 이하의 성분은 수식어구가 된다.

어휘 accountant 회계사　revise 수정하다, 변경하다　financial report 재정 보고서　submit 제출하다　headquarters 본사

02 If we receive your resume by the end of this month, we will accept your application.
　　주어　　동사　　　목적어　　　　　　　　　　　　　주어　　동사　　　목적어

해석 만약 우리가 당신의 이력서를 이번 달 말까지 수령한다면, 당신의 지원을 받겠습니다.

구조분석 If we / receive / (your) resume (by the end) (of this month), // we / will accept / (your) application.
접속사 주어1　동사1　　목적어1　　　　　　　　　　　　주어2　동사2　　　목적어2

해설 접속사 If가 문장과 문장을 연결한 구조이다. if절의 대명사 we가 주어이고 그 뒤의 동사 receive가 서술어, 명사 your resume가 목적어가 된다. by는 전치사이며 [전치사 + 명사]는 수식어구로 문장의 주요 성분이 아니므로 괄호로 묶어서 처리하면 문장의 구조가 보다 확실히 눈에 보인다. 주절에서는 대명사 we가 주어, [조동사 + 동사]인 will accept가 서술어, 명사 your application이 목적어가 된다.

어휘 receive 받다　resume 이력서　end 끝　month 달　accept 수락하다, 받아들이다　application 신청(서), 지원(서)

03 We recently added some exciting features to our website.
　　주어　　　동사　　　　목적어

해석 우리는 최근에 우리의 웹사이트에 몇 가지 재미있는 기능을 추가했다.

구조분석 We / (recently) added / (some) (exciting) features (to our website).
주어　　　　　동사　　　　　　목적어

해설 대명사인 We가 주어이고 동사인 added가 서술어가 된다. 동사 뒤에 형용사 some과 exciting의 수식을 받는 명사 features가 목적어가 되어 문장의 주요 성분을 모두 갖추게 된다. to는 전치사로 뒤의 명사 목적어와 함께 수식어구를 이루므로 제거해도 문장 구조에 영향을 미치지 않는다.

어휘 recently 최근에　add 추가하다, 더하다　exciting 신나는, 흥미진진한　feature 기능

04 The (recently) purchased program made our website more simplified.
　　　　　　　주어　　　　　　　　　동사　　목적어　　　　목적보어

해석 최근에 구매한 프로그램이 우리 웹사이트를 좀 더 간단하게 해주었다.

구조분석 The (recently) (purchased) program / made / (our) website / (more) simplified.
주어　　　　동사　　목적어　　　　목적보어

해설 처음 나오는 명사 program이 주어가 되고 앞에는 그 명사를 수식해주는 수식어들이다. 동사 made가 서술어, 동사 뒤에 나온 명사 website가 목적어이고, 형용사 simplified는 목적어인 website를 보충 설명하는 목적격 보어의 역할을 하며 앞에서 부사 more가 형용사 simplified를 수식하고 있다.

어휘 recently 최근에　purchase 구매하다　program 프로그램　make 만들다　simplified 단순한, 간단한

05 Renowned professor, Hennery will visit Leeds University on Sunset Street next month
　　　　　　　　　　　　　주어　　동사　　목적어
to sign copies of the new book.

해석 저명한 헤너리 교수가 다음 달에 신간 사인회를 하기 위해서 선세트 가에 있는 리즈 대학교를 방문할 것이나.

구조분석 (Renowned) (professor), Hennery / will visit / Leeds University (on Sunset Street) (next month)
(주어와 동격)　　주어　　동사　　　목적어
[to sign copies (of the new book)].

해설 형용사 Renowned의 수식을 받는 명사 professor는 주어와 동격을 이루는 삽입구로 수식어구에 해당하며, 처음 나오는 명사인 고유명사 Hennery가 문장의 주어가 된다. [조동사 + 동사] 형태인 will visit가 서술어이며, 뒤에 나온 명사 Leeds University가 목적어 역할을 한다. 여기까지 문장을 구성하는 주요 성분을 모두 갖춘 완전한 문장이므로 이후에 나온 성분들은 모두 수식어구로 문장의 구조에 영향을 미치지 않는다.

9

Step 2

01 The accountant revised the financial report before submitting it to the headquarters.
전치사구 (전치사 + 동명사) 전치사구 (전치사 + 명사)

해석 회계사는 본사에 제출하기 전에 재정 보고서를 수정하였다.

구조분석 The accountant / revised / the financial report (before submitting it) (to the headquarters).
주어 동사 목적어

해설 The accountant가 주어, revised가 서술어, the financial report가 목적어로, 문장의 주요 성분을 모두 갖춘 완전한 문장이다. before는 전치사이고 submitting은 전치사의 목적어가 되는 동명사이다. 전치사구(전치사 + 명사 상당어구)는 수식어구로 주요 문장 성분이 아니므로 괄호로 묶어서 제거해도 문장 구조에 영향을 미치지 않는다. 전치사 to와 목적어인 명사 the headquarters도 수식어구가 된다.

02 As long as we receive your resume by the 15th, we will still be able to consider your application.
연결어 (접속사) 수식어구 (전치사 + 명사) 부사 수식어구 (to부정사 + 목적어)

해석 우리가 당신의 이력서를 15일까지 수령한다면, 아직 당신의 지원을 고려해 볼 수 있습니다.

구조분석 **As long as** we / receive / (your) resume (by the 15th), // we / will (still) be / able (to consider your
접속사 주어1 동사1 목적어 주어2 동사2 보어

application).

해설 접속사 As long as가 문장과 문장을 연결한 구조이다. As long as가 이끄는 문장의 대명사 we가 주어이고 그 뒤의 동사 receive가 서술어, 명사 your resume가 목적어가 된다. by는 전치사이며 시간 명사를 목적어로 취해서 기한을 나타내는 부사구의 역할을 한다. [전치사 + 명사]는 수식어구로 문장의 주요 성분이 아니므로 괄호로 묶어서 처리하면 문장의 구조가 보다 확실히 눈에 보인다. 주절에서는 대명사 we가 주어, [조동사 + 동사]인 will be가 서술어이며, 부사 still은 조동사와 동사 사이에서 동사를 수식하는 기능을 하고 있다. 형용사 able은 be동사 뒤의 보어가 된다. [주어 + 서술어 + 보어]를 모두 갖춘 완전한 문장 뒤에 쓰인 to부정사는 부사적 용법으로 쓰인 경우이므로 부사와 동일하게 수식어구로 처리한다.

어휘 as long as ~하는 한 still 여전히, 아직 be able to + 동사원형 ~할 수 있다 consider 고려하다

03 The recently applied system significantly reduced the number of errors in processing
부사 분사 부사 수식어구 (전치사 + 명사) 수식어구 (전치사 + 명사)

multiple tasks.

해석 최근에 적용된 시스템은 다수의 업무를 동시에 처리하는 데 있어서 실수를 상당히 감소시켰다.

구조분석 The (recently) (applied) system / (significantly) reduced / the number (of errors) (in processing multiple
주어 동사 목적어

tasks).

해설 앞의 관사 The는 명사 system을 한정해주는 역할을 하며, 부사 recently는 뒤의 분사 applied를 수식하고, 분사 applied는 형용사 기능을 하는 준동사로 문장의 주어로 쓰인 명사 system을 수식하는 역할을 한다. 부사 significantly는 동사인 reduced를 수식한다. 목적어는 명사인 the number이고, 전치사 of와 명사 errors는 목적어인 the number를 수식하는 수식어구이다. 전치사 in과 동명사인 processing 이하는 수식어구로 부사 역할을 한다.

어휘 system 시스템, 체계 significantly 상당히 reduce 줄이다, 감소하다 the number of ~의 숫자 error 실수, 오류 process 처리하다, 가공하다 multiple 다수의 task 업무, 과제

04 Renowned professor, Hennery will visit Leeds University on Sunset Street next month
　　　형용사　　　　　　　　　　　　　　　　　　　　　　수식어구 (전치사 + 명사)　　　부사구

to sign copies of the new book.
수식어구 (to부정사 + 목적어)

해석 저명한 헤너리 교수가 다음 달에 신간 사인회를 하기 위해서 선세트 가에 있는 리즈 대학교를 방문할 것이다.

구조 분석 (Renowned professor) Hennery, / will visit / Leeds University (on Sunset Street) (next month)
　　　　　　　(주어와 동격)　　　주어　　　동사　　　목적어

[to sign copies (of the new book)].

해설 형용사 Renowned의 수식을 받는 명사 professor는 주어로 쓰인 고유명사 Hennery와 동격을 이루는 삽입구로 수식어구에 해당한다. 주어 뒤의 동사 will visit이 서술어. Leeds University가 목적어가 되어 완전한 문장을 이루기 때문에, 뒤에 나오는 성분은 모두 수식어구로 문장 구조에 영향을 미치지 않는다. 전치사 on은 장소 명사를 목적어로 취해 장소를 나타내는 부사구로 쓰였으며, next month는 시간을 나타내는 부사구이다. 완전한 문장 다음에 나온 to부정사는 부사적 용법으로 쓰인 경우로, 부사와 마찬가지로 괄호로 묶어서 처리하면 되고 주로 '~하기 위해'라는 목적의 의미를 나타낸다.

Lesson 03 ● 문제 풀이의 기본　　　　　　　▶ 본책 p. 37

Step 1

01 (In his speech at the banquet), Mr. Washington complimented his managers (on their leadership).
　　　　　　　　　　　　　　　　　　　주어　　　　　　동사

해석 연회의 연설에서, 워싱톤 씨는 그의 매니저들의 리더십에 대해 칭찬했다.

구조 분석 (In his speech at the banquet), Mr. Washington / complimented / (his) managers (on their leadership).
　　　　　　　　　　　　　　　　　　　　주어　　　　　　동사　　　　　목적어

해설 [전치사 + 명사]는 수식어구이므로 괄호로 처리하여 제거하면 Mr. Washington complimented his managers라는 [주어 + 동사 + 목적어]의 문장의 뼈대만이 남게 된다.

어휘 speech 연설　banquet 연회　compliment 칭찬하다　manager 관리자, 매니저　leadership 리더십

---

02 One (of our consultants) (at Bailey Bradbury) will talk (to you) next week.
　　주어　　　　　　　　　　　　　　　　　　　동사

해석 베일리 브래드베리 사에 있는 우리의 상담가들 중 한 명이 다음 주에 당신과 이야기할 것입니다.

구조 분석 One (of our consultants) (at Bailey Bradbury) / will talk (to you) (next week).
　　　　　주어　　　　　　　　　　　　　　　　　　　　동사

해설 [전치사 + 명사]는 수식어구로 부사구이므로 괄호로 묶어서 제거하고, 다른 부사구도 괄호로 묶어서 처리하면 주어 One과 동사 will talk로 구성된 문장의 구조가 쉽게 파악된다.

어휘 consultant 상담가　talk 말하다, 이야기하다　week 주

---

03 All full time employees (at TexCorp) can bring their family (to company facilities)
　　　주어　　　　　　　　　　　　　　　동사

(such as the swimming pool and fitness center) (at no cost).

해석 텍스코프 사의 모든 정규직 직원들은 수영장이나 피트니스 센터와 같은 회사 시설에 무료로 가족들을 데려올 수 있다.

(All) full time employees (at TexCorp) / can bring / (their) family (to company facilities) (such as the

　　　　　주어　　　　　　　　　　　　　　　동사　　　　　목적어

swimming pool and fitness center) (at no cost).

[전치사 + 명사]를 제거하고 나면, 주어 All full time employees와 [조동사 + 동사]로 구성된 서술어 can bring, 목적어 their family로 문장의 주요 성분만 남게 된다.

employee 직원　bring 데려오다　facility 시설　such as ~와 같은　swimming pool 수영장　at no cost 무료로

---

04 The presidents (of the two companies) met and agreed to take actions to deal with

　　　　　主어　　　　　　　　　　　　　　　동사

the current challenges.

두 회사의 사장들이 만나서 현재의 문제들을 처리하기 위한 조치를 취하는 것에 동의했다.

The presidents (of the two companies) / met // and agreed / to take actions (to deal with the current

　　　　　주어　　　　　　　　　　　　　　　　동사1　접속사 동사2　목적어(to부정사구)

challenges).

처음 나오는 명사 The presidents가 주어이고, 뒤의 [전치사 of + 명사]는 수식어구이므로 괄호로 묶어서 제거한다. 동사 met와 agreed를 등위접속사 and가 연결하고 있다. 동사 agreed의 뒤에 위치한 to take actions는 agreed의 목적어 자리에 쓰였으므로, to부정사를 명사와 동일하게 보아야 한다. 하지만 그 뒤의 to deal with the current challenges는 [주어 + 동사 + 목적어]까지 있는 완전한 문장 뒤에 온 to부정사로 부사적 용법으로 쓰인 경우이므로 부사와 동일하게 괄호로 묶어서 처리한다.

president 사장　agree 동의하다　take actions 조치를 취하다　deal with ~을 처리하다　current 현재의　challenge 도전, 문제

---

05 The main premise (of this business seminar) is to help managers develop their management

　　　　　주어　　　　　　　　　　　　　　　동사

skills.

이번 사업 세미나의 주요 전제는 매니저들이 그들의 관리기술을 개발하는 것을 돕는 것이다.

　　　　　　　　　　　　　　　　　　　　　　　　　동사'　목적어'　　　　　목적보어'

The main premise (of this business seminar) / is / to help / managers / develop (their) management skills.

　　　　　주어　　　　　　　　　　　　　　　동사　　　　　보어 (to부정사구)

처음 나오는 명사 The main premise가 주어이고, 뒤의 [전치사 of + 명사]는 수식어구이므로 괄호로 묶어서 제거한다. is 뒤에 보어가 필요한데, to부정사가 보어 자리에 왔으므로 명사적 용법으로 쓰인 경우로 볼 수 있다. to부정사는 명사와 같은 기능을 하지만, 동사의 성격을 그대로 갖고 있으므로, to help 역시 동사 help와 마찬가지로 뒤에 목적어와 목적보어를 갖게 된다. 따라서 to help 이하의 구조 전체가 문장의 보어가 된다.

main 주요한　premise[prémis] 전제　business 사업　seminar 세미나　help A + 동사원형 A가 ~하는 것을 돕다　manager 관리자, 매니저　develop 개발하다　management 관리　skill 기술

Step 2

01 Loid Mountain, (which includes deep valleys and slopes), is one of the most beautiful

　　　　　주어　　　　　　　　　　　　　　　　　　　　　　　　　　동사

places in the world.

깊은 계곡과 경사가 있는 로이드산은 세계에서 가장 아름다운 장소 중의 하나이다.

　　　　　　　관계대명사　동사'　　　목적어'

Loid Mountain, (**which** / includes / deep valleys and slopes), / is / one (of the most beautiful places)

　　주어　　　　　　　[관계대명사절]　　　　　　　　동사　보어

(in the world).

해설 which includes deep valleys and slopes는 선행사인 Loid Mountain을 수식하는 기능을 가지므로 제외하여도 전반적인 구조에 영향을 주지 않는다.

어휘 mountain 산 include ~을 포함하다 deep 깊은 valley 계곡 slope 경사

02 New employees (who are not familiar with the layout of each floor) should check the floor plan.
　　　주어　　　　　　　　　　　　　　　　　　　　　　　　　　　　　　　동사

해석 각 층별 배치에 익숙하지 않은 신입직원은 평면도를 확인해야 한다.

**구조
분석**
　　　　　　　　⌒ 관계대명사　동사'　　　　보어'
(New) employees [**who** / are not / familiar (with the layout) (of each floor)] / should check / the floor plan.
　　　주어　　　　　　　　　　　[관계대명사절]　　　　　　　　　　　동사　　　　목적어

해설 who are not familiar with the layout of each floor는 문장의 주어이자 선행사인 New employees를 수식하는 관계대명사절로, 이를 괄호로 묶어서 처리하면 주어 뒤의 동사와 목적어를 쉽게 파악할 수 있다.

어휘 employee 직원 be familiar with ~에 친숙하다, 익숙하다 layout 레이아웃, 배치 each 각각의 floor 층, 바닥 should ~해야 한다 check 확인하다 floor plan 평면도

03 We hired Ms. Wilson, (who used to be an assistant manager at another location), as our
　　 주어 동사

new manager.

해석 우리는 다른 지점에서 부지배인으로 근무했던 윌슨 씨를 새로운 지배인으로 고용했다.

**구조
분석**
　　　　　　　⌒ 관계대명사　　동사'　　　　　보어'
We / hired / Ms. Wilson, [**who** / used to be / an assistant manager (at another location)], (as our new
주어　동사　　목적어　　　　　　　　　　[관계대명사절]

manager).

해설 주어는 We, 동사는 hired, 목적어는 Ms. Wilson으로 문장의 주요 성분을 모두 갖춘 완전한 문장에서, who used to be an assistant manager at another location은 목적어인 Ms. Wilson을 수식하는 관계대명사절로 삽입되었다. 이는 명사를 뒤에서 수식하는 기능을 하므로 문장 구조에 아무런 영향을 주지 않는다.

어휘 hire 고용하다 used to + 동사원형 예전에는 ~했다 assistant manager 부지배인 another 또 다른 location 장소, 지점 manager 관리자, 매니저

04 Mr. Fioni, (who is planning on retiring at the end of the month), will assume the position
　　　주어　　　　　　　　　　　　　　　　　　　　　　　　　　　　　동사

as a deputy manager next week.

해석 이달 말에 은퇴할 예정인 피오니 씨는 다음 주부터 과장 대리 직책을 맡을 것이다.

**구조
분석**
　　　　　⌒ 관계대명사　　동사'
Mr. Fioni, [**who** / is planning (on retiring) (at the end) (of the month)], / will assume / the position
　　주어　　　　　　　　[관계대명사절]　　　　　　　　　　　　　　　동사　　　　목적어

(as a deputy manager) (next week).

해설 who is planning on retiring at the end of the month는 문장의 주어이자 선행사인 Mr. Fioni를 뒤에서 수식하고 있는 관계대명사절로, 이를 괄호로 묶어서 처리하면 주어 뒤의 동사와 목적어를 쉽게 파악할 수 있다. 또한 [전치사 as + 명사]와 시간 부사구인 next week도 수식어구로 문장 구조에 영향을 미치지 않으므로 제거한다.

어휘 plan 계획하다 retire 은퇴하다 end 끝, 말 assume (권력, 책임을) 맡다 position 직위, 직책 deputy manager 과장 대리

05 The architect (who designed the Seoul Art Center) plans to speak this evening.
　　　　　　　주어　　　　　　　　　　　　　　　　　　　　　　　　　동사

해석 서울 아트 센터를 설계한 건축가가 오늘 저녁에 연설할 예정입니다.

구조분석　　　　⌒ 관계대명사　동사'　　　　목적어'
The architect [**who** / designed / the Seoul Art Center] / plans / to speak (this evening).
　　주어　　　　　　[관계대명사절]　　　　　　　　　　동사　　　목적어 (to부정사)

해설 who designed the Seoul Art Center는 문장의 주어이자 선행사인 The architect를 뒤에서 수식하는 관계대명사절로, 문장의 주요 성분이 아니므로 괄호로 묶어서 제거하면, 동사는 plans가 되고 동사 뒤의 목적어 자리에 to speak이 왔으므로 to부정사가 명사적 용법으로 쓰인 경우로 볼 수 있다. this evening은 시간 부사구로 문장의 주요 성분이 아니다.

어휘 architect 건축가　design 설계하다. 디자인하다　plan to + 동사원형 ~할 계획이다. 예정이다　speak 말하다. 연설하다

Chapter 01 ● Practice Test　　　　　　　　　　　　　　　　　　▶ 본책 p. 38

01 (A)　02 (B)　03 (B)　04 (A)　05 (B)　06 (B)　07 (A)　08 (B)　09 (B)　10 (B)

---

01 We ------- special discounts every year.　(A) provide　(B) provision

해석 우리는 매년 특별 할인을 제공한다.

구조분석 We / ------- / special discounts (every year).
　　　　　주어　　동사　　　목적어

해설 시간 부사인 every year는 우선적으로 괄호로 처리한다. 빈칸 앞에는 주어로 보이는 대명사 We가 위치하였고, 빈칸 뒤에는 형용사 special의 수식을 받는 명사 discounts가 위치하고 있다. 문장 내에 본동사가 적어도 하나는 필요하므로 빈칸은 동사 자리가 된다. 따라서 보기 중 동사인 provide가 정답이 된다.

어휘 special discount 특별 할인　provide 제공하다　provision 제공. 준비

---

02 Our ------- will be happy to assist you.　(A) employ　(B) employees

해석 저의 직원들은 귀하를 돕게 돼서 기쁠 것입니다.

구조분석 (Our) ------- / will be / happy (to assist you).
　　　　　　　　주어　　　동사　　보어

해설 빈칸 뒤에 동사가 있으므로 빈칸은 주어 자리임을 알 수 있다. 주어 자리에 올 수 있는 품사는 명사인데, 보기는 모두 명사이다. 문맥상 빈칸에는 사람명사가 와야 한다. employee(직원)는 사람명사로, 사람명사는 모두 가산명사이므로 관사 a나 복수형 -s 없이 혼자서 쓰일 수 없다. 따라서 정답은 employees가 된다. be동사 뒤에 형용사인 happy가 보어로 쓰였다. 완전한 문장 뒤에 온 to부정사는 부사적 용법으로 쓰인 경우인데, 이때 감정 형용사 뒤의 to부정사는 감정의 원인을 나타낸다.

어휘 happy 행복한　assist 돕다　employ 고용　employee 직원

---

03 Papers must be submitted ------- the office by November 2.　(A) and　(B) to

해석 서류들은 11월 2일까지 사무실에 제출되어야 한다.

구조분석 Papers / must be submitted (------- the office) (by November 2).
　　　　　주어　　　　동사

해설 by November 2는 [전치사 + 명사]로 수식어구에 해당하므로 우선적으로 괄호로 묶어서 제거한다. 처음에 나온 명사인 Papers가 주

어, must be submitted가 [조동사 + 수동태 동사]로 이루어진 서술어가 된다. 수동태 문장은 목적어를 필요로 하지 않는 완전한 문장이므로 뒤에 명사 the office를 연결하기 위해서는 전치사가 필요하다. and는 등위접속사로, 동일한 품사를 연결할 수 있으므로 동사 submitted와 명사 the office를 연결할 수 없다. 따라서 전치사인 to가 정답이 된다.

어휘 paper 종이, 서류   must ~해야 한다   submit 제출하다   office 사무실

---

04 It is ------- with the company's new phone system.   (A) compatible   (B) compare

해석 그것은 회사의 새로운 전화 시스템과 호환이 가능하다.

구조분석 It / is / ------- (with the company's new phone system).
주어 동사 보어

해설 대명사 It이 주어이고 be동사 is가 동사가 된다. [전치사 with + 명사]는 수식어구이므로 문장의 주요 성분이 될 수 없어 괄호로 묶어서 제거한다. be동사는 뒤에 보어를 필요로 하므로 빈칸은 보어가 될 수 있는 품사인 형용사 또는 명사가 와야 한다. 따라서 정답은 형용사인 compatible이 된다. compare은 동사이므로 동사인 is 뒤에 쓸 수 없어 오답이다.

어휘 company 회사   phone 전화   system 시스템, 체계   compatible 호환 가능한, 양립할 수 있는   compare 비교하다

---

05 The weather will be cool, ------- volunteers should dress warmly.   (A) for   (B) so

해석 날씨가 쌀쌀해질 것이므로 자원봉사자들은 따뜻하게 옷을 입어야 한다.

구조분석 The weather / will be / cool, // ------- volunteers / should dress (warmly).
주어1   동사1   보어   접속사   주어2   동사2

해설 빈칸 앞에 [주어 + 동사](The weather will be)가 있고 빈칸 뒤에도 [주어 + 동사](volunteers should dress)가 있으므로, 빈칸은 문장과 문장을 연결할 수 있는 접속사 자리이다. for는 전치사, so는 등위접속사이므로 정답은 so이다.

어휘 weather 날씨   cool 시원한, 서늘한   volunteer 자원봉사자   dress 옷을 입다   warmly 따뜻하게

---

06 Changes in prices are ------- determined by supply and demand.   (A) large   (B) largely

해석 가격 변화는 대체로 수요와 공급에 의해서 결정된다.

구조분석 Changes (in prices) / are (-------) determined (by supply and demand).
주어   동사

해설 [전치사 + 명사]를 수식어구로 제거하면, 주어는 Changes이고 동사는 are determined로 수동태 문장이다. 수동태 동사구(be + p.p.) 사이에 들어갈 수 있는 품사는 문장 구조에 영향을 주지 않는 부사이므로 정답은 부사 largely이다.

어휘 change 변화, 변동   price 가격   determine 결정하다   supply 공급   demand 수요   largely 대체로, 주로

---

07 The report that will be e-mailed to the shareholders on Monday at 2:00 ------- Tod Company's acquisition of Intertel Technology.   (A) highlights   (B) to highlight

해석 월요일 2시에 주주들에게 이메일로 전송될 보고서는 토드 사의 인터텔 테크놀로지 사 인수를 강조하고 있다.

구조분석
관계대명사   동사
The report [**that** / will be e-mailed (to the shareholders) (on Monday at 2:00)] / ------- / (Tod
주어   [관계대명사절]   동사

Company's) acquisition (of Intertel Technology).
목적어

해설 문장의 주어인 The report를 뒤에서 수식하고 있는 관계대명사 that이 이끄는 문장은 수식하는 기능을 할 뿐 문장의 주요 성분이 아니므로 괄호로 묶어서 처리한다. 빈칸은 주어 뒷자리이고 빈칸 뒤에는 명사 acquisition이 위치하고 있다. 따라서 빈칸은 이를 목적어로 받는

15

본동사 자리임을 알 수 있다. to highlight는 동사가 아닌 준동사이므로 정답은 동사 highlights이다.

어휘 report 보고서　shareholder 주주　acquisition 인수, 획득　highlight 강조하다

---

08 Customers who return defective merchandise within 10 days will be reimbursed ------- delay.　(A) unless　(B) without

해석 결함이 있는 상품을 10일 내에 반품한 고객들은 지체 없이 배상 받으실 수 있습니다.

구조 분석

관계대명사 동사'　　　　　　　　　　목적어'
Customers [who / return / (defective) merchandise (within 10 days)] / will be reimbursed (------- delay).
주어　　　　　　　　　[관계대명사절]　　　　　　　　　　동사

해설 who return defective merchandise within 10 days는 문장의 주어이자 선행사인 명사 Customers를 뒤에서 수식하고 있는 관계대명사절로, 이를 괄호로 묶어서 처리하면, 문장의 동사인 will be reimbursed를 쉽게 파악할 수 있다. 수동태 문장은 목적어를 필요로 하지 않는 완전한 문장이므로 빈칸 뒤의 명사 delay를 연결하기 위해서는 전치사가 필요하다. unless는 주어와 동사가 있는 문장을 연결하는 접속사이므로 오답이다. 따라서 전치사인 without이 정답이다.

어휘 customer 고객　return 반품하다　defective 결함이 있는　merchandise 상품　within ~이내에　reimburse 배상하다　delay 연기, 지체

---

09 Even though Mr. Jones was an experienced public speaker, many of his colleagues felt that he delivered his retirement speech -------.　(A) hesitate　(B) hesitantly

해석 존스 씨는 능숙한 연설가임에도 불구하고, 많은 그의 직장 동료들이 그가 은퇴 연설을 머뭇거리며 발표했다고 느꼈다.

구조 분석

Even though Mr. Jones / was / an (experienced) public speaker, // many (of his colleagues) / felt /
접속사　　　　주어1　　동사1　　　목적어1　　　　　　　　주어2　　　　　동사2
명사절
접속사 주어'　동사'　　　　목적어'
that he / delivered / (his) retirement speech (-------).
　　　　　　　　　목적어절

해설 접속사 Even though가 문장과 문장을 연결하고 있는 구조이다. 전치사구인 of his colleagues를 괄호로 묶어서 제거하면, 주절의 주어는 many이고 동사는 felt, 동사 뒤 목적어 자리에 명사절 접속사 that이 이끄는 문장이 쓰였다. that이 이끄는 문장의 구조를 보면, 대명사 he가 주어, delivered가 동사, his retirement speech가 목적어로 문장의 주요 성분을 모두 갖춘 완전한 문장임을 알 수 있다. 따라서 빈칸은 문장 구조에 아무런 영향을 미치지 않는 품사인 부사가 와야 한다. 접속사나 관계대명사 없이 동사를 추가할 수 없으므로 동사인 hesitate는 답이 될 수 없다. 따라서 정답은 부사인 hesitantly이다.

어휘 even though ~임에도 불구하고　experienced 경험이 있는, 능숙한　public speaker 연설가　colleague 동료　feel 느끼다　deliver (연설, 강연 등을) 하다　retirement 은퇴　speech 연설　hesitate 망설이다, 주저하다　hesitantly 머뭇거리며, 주저하여

---

10 Deta Airline requests that, as a ticket holder, ------- present proof of identification at the check-in counter.　(A) your　(B) you

해석 데타 항공사는 티켓을 소지한 승객들에게 신분증을 탑승 수속 창구에 제시할 것을 요청한다.

구조 분석

명사절
접속사　　　　　　　　　주어'　　동사'　　목적어'
Deta Airline / requests / **that**, (as a ticket holder), ------- / present / proof (of identification)
주어　　　　　동사　　　　　　　　　　　　　　목적어절
(at the check-in counter).

해설 문장의 주어는 Deta Airline, 동사는 requests, 동사 뒤 목적어 자리에 명사절 접속사 that이 이끄는 문장이 쓰였다. 빈칸의 자리를 알기 위해 that절의 구조를 파악해야 하는데, 수식어구 as a ticket holder는 우선적으로 제거하면, 빈칸은 동사 present 앞이므로 주어 자리임을 알 수 있다. 주어 자리에 올 수 있는 품사는 명사이므로, 형용사의 기능을 하는 소유격 대명사 your는 오답이다. 따라서 주격 대명사 you가 정답이다.

16

어휘 request 요청하다 ticket 표, 티켓 present 제시하다, 수여하다 proof 증거, 증명 identification 신원 확인, 식별 check-in counter (공항의) 탑승 수속 창구

Chapter 01 ● 기출 유형 풀이 연습 ▶ 본책 p. 39

01 (C) 02 (B) 03 (A) 04 (B) 05 (D) 06 (A) 07 (B) 08 (D) 09 (D) 10 (C)

---

01 To ensure safety, facilities management has proposed the ------- of new maintenance procedures. (A) implemental (B) implemented (C) implementation (D) implement

해석 안전을 보장하기 위해, 시설 관리부서는 새로운 유지보수 절차 실행을 제안했다.

구조분석 (To ensure safety), facilities management / has proposed / the implementation (of new maintenance procedures).
주어 / 동사 / 목적어

해설 문두에 to부정사가 콤마와 함께 쓰인 경우, 부사적 용법으로 보아 괄호로 묶어서 제거한다. 빈칸 뒤의 [전치사 of + 명사]도 수식어구이므로 제거한다. 그러면 문장의 주어는 facilities management. 동사는 has proposed이므로 빈칸은 동사 뒤의 목적어 자리임을 알 수 있다. 목적어 자리에 올 수 있는 것은 명사이고, 빈칸 앞에 관사 the도 있으므로 빈칸은 명사 자리가 된다. 따라서 보기 중 명사인 (C) implementation이 정답이다.

어휘 ensure 보장하다, 확실하게 하다 safety 안전 facilities management 시설관리 propose 제안하다 maintenance 유지보수 procedure 절차, 과정 implemental 도구의 implementation 이행, 실행 implement 실행하다

---

02 Mr. Adams never received the email we sent ------- the address we have on file for him is incorrect. (A) for (B) because (C) just (D) following

해석 파일 상에 있는 그의 주소가 정확하지 않기 때문에 애덤스 씨는 우리가 보낸 이메일을 받지 못했다.

구조분석 Mr. Adams / never received / the email [we sent] // ------- the address [we have (on file) (for him)]
주어1 / 동사1 / 목적어 / [관계대명사절] / 접속사 / 주어2 / [관계대명사절]
/ is / incorrect.
동사2 / 보어

해설 문장 구조를 보면, Mr. Adams가 주어, never received가 동사, the email이 목적어인 것은 바로 알 수 있다. email 뒤의 we sent는 명사 뒤에 온 [주어 + 동사] 형태로 원래 관계대명사절 which we sent에서 목적격 관계대명사 which가 생략된 형태로 보아야 한다. 따라서 수식어구이므로 괄호로 묶어서 처리한다. 빈칸 뒤 명사 the address 뒤의 we have도 관계대명사가 생략된 형태이므로 괄호로 묶어서 처리하고, on file과 for him 역시 전치사구로 수식어구이므로 제거하면 빈칸 뒤의 문장구조가 보이게 된다. the address가 주어, is가 동사, 형용사 incorrect가 보어가 되므로, [주어 + 동사를 가진 문장 두 개가 연결되어 있음을 알 수 있다. 따라서 빈칸은 문장과 문장을 연결할 수 있는 접속사가 필요하다. 따라서 보기 중 유일한 접속사인 (B) because가 정답이다.

어휘 receive 받다 send 보내다 address 주소 file 파일, 서류철 incorrect 부정확한

---

03 Although Pemex is best known for its technology in security, it also ------- in large-scale machinery manufacturing.

(A) specializes (B) specialization (C) specialty (D) specializing

해석 피멕스 사는 보안 기술로 가장 잘 알려져 있지만, 대규모 기계 제조업 또한 전문으로 한다.

구조분석 **Although** Pemex / is best known (for its technology in security), // it / (also) ------- (in large-scale
접속사 / 주어1 / 동사1 / 주어2 / 동사2
machinery manufacturing).

해설 접속사 Although가 문장과 문장을 연결하는 구조이다. 콤마 뒤 주절의 구조를 보면, 대명사 it이 주어이고, 부사인 also와 [전치사 in + 명사]를 제거하면 빈칸은 주어 뒤 동사 자리임을 알 수 있다. 따라서 보기 중 동사인 (A) specializes가 정답이다.

어휘 although ~임에도 불구하고 be known for ~으로 알려져 있다 technology 기술 security 보안 also 또한 large-scale 대규모의 machinery 기계류 manufacturing 제조업 specialize in ~을 전문으로 하다 specialization 특화 speciality 전문, 전공

---

04 George Burns, our new intern, received ------- from the head of the sales department.

(A) recommend　　(B) recommendation　　(C) recommendable　　(D) recommended

해석 우리의 새로운 인턴인 조지 번스 씨는 영업부장의 추천을 받았다.

구조분석 George Burns, (our new intern), / received / ------- (from the head) (of the sales department).
　　　　　　　주어　　　　　　　　　　　　동사　　목적어

해설 처음 나오는 고유명사 George Burns가 주어이고 뒤에 나온 our new intern은 주어와 동격을 이루는 삽입구이므로 괄호로 묶어서 제거한다. received가 동사이고 빈칸은 동사 뒷자리이며 빈칸 뒤의 [from + 명사 + of + 명사]를 수식어구로 제거하면 빈칸은 목적어 자리임을 알 수 있다. 목적어 자리에 올 수 있는 품사는 명사이므로 보기 중 명사인 (B) recommendation이 정답이다.

어휘 intern 인턴 receive 받다 head 장, 우두머리 sales department 영업부 recommend 추천하다 recommendation 추천 recommendable 추천할 수 있는, 권할 만한

---

05 The most recent job announcement by the AT &T ------- notes that the supervisor position is open only to current floor managers.

(A) specify　　(B) specific　　(C) specifying　　(D) specifically

해석 AT&T사의 최근 구인공고에 따르면, 관리직은 현재 플로어 매니저만 지원 가능하다.

구조분석
　　　　　　　　　　　　　　　　　　　　　　　　　　　명사절 접속사　　주어'
The (most) (recent) job announcement (by the AT &T) / (-------) notes / **that** the supervisor position
　　　　　　　　　주어　　　　　　　　　　　　　　　동사　　　　　　　목적어절

동사'　　보어'
/ is / open (only) (to current floor managers).

해설 형용사의 최상급인 The most recent의 수식을 받는 명사 job announcement가 주어이고 빈칸 뒤에 동사 notes가 있으며, 명사절 접속사 that이 이끄는 문장이 동사 뒤 목적어 자리에 쓰였다. [주어 + 동사 + 목적어]를 갖춘 완전한 문장에서 동사 앞에 쓰일 수 있는 품사는 동사를 수식하며 문장 구조에 아무런 영향을 주지 않는 부사가 된다. 따라서 보기 중 부사인 specifically가 정답이다.

어휘 recent 최근의, 현재의 job announcement 구인공고 note 언급하다 supervisor 감독, 상사 position 직위, 자리 open 열려 있는 current 현재의, 지금의 floor manager 플로어 매니저

---

06 All the marketing staff members are being required to postpone any holidays ------- the first draft of the proposal is being completed.　　(A) while　　(B) during　　(C) on　　(D) at

해석 마케팅부서 직원들은 모두 제안서의 첫 번째 초안이 완성되는 동안 휴가를 미루도록 요구되었다.

구조분석 (All) the marketing staff members / are being required / to postpone (any) holidays // ------- the first
　　　　　　　　주어1　　　　　　　　　　동사1　　　　　　보어 (to부정사구)　　　　접속사

draft (of the proposal) / is being completed.
주어2　　　　　　　　　　동사2

해설 [주어 + 동사](All the marketing staff members / are being required)와 [주어 + 동사](the first draft / is being completed) 두 개가 연결되어 있으므로 빈칸에는 문장과 문장을 연결할 수 있는 접속사가 필요하다. 따라서 보기 중 유일한 접속사인 (A) while이 정답이다.

어휘 marketing 마케팅 **staff** 직원 **require** 요구하다 **postpone** 미루다, 지연시키다 **holiday** 휴가 **draft** 원고, 초안 **proposal** 제안(서) **complete** 완료하다, 마치다

---

07 ------- the Internet and other forms of telecommunications, the global market has become much more manageable.   (A) Although   (B) Through   (C) All   (D) Down

해석 인터넷과 다른 통신수단을 통해서, 전 세계 시장은 더 잘 관리할 수 있게 되었다.

구조분석 (------- the Internet and other forms) (of telecommunications), the (global) market / has become / (much
　　　주어　　　　　　동사

more) manageable.
　　　보어

해설 콤마 앞의 [전치사 of + 명사]를 수식어구로 제거하면, 명사구가 남는다. 콤마 뒤에는 the global market이 주어, has become이 동사, 형용사 manageable이 보어로 완전한 문장이 왔다. 따라서 빈칸은 완전한 문장에 명사구를 연결할 수 있는 전치사가 필요한 자리이다. 보기 중 전치사는 Through와 Down이 있는데, 수단, 방법을 나타내는 전치사 (B) Through가 문맥상 적절하다.

어휘 **Internet** 인터넷 **other** 다른 **form** 형식, 형태 **telecommunication** 통신수단 **global** 세계적인 **market** 시장 **manageable** 관리할 수 있는

---

08 At a recent international advertisement competition, Ms. Perry Ellis earned the Most Outstanding Innovation Award for ------- originality.

(A) she   (B) herself   (C) hers   (D) her

해석 최근의 국제적인 광고 대회에서, 페리 엘리스 씨가 그녀의 독창성으로 최우수 혁신상을 수상하였다.

구조분석 (At a recent international advertisement competition), Ms. Perry Ellis / earned / the Most Outstanding
　　　　　　　　　　　　　　　　　　　　　　　　　　　　　　　　　　　　주어　　　　　　동사　　　　　　목적어

Innovation Award (for ------- originality).

해설 빈칸은 전치사 for와 명사 목적어 originality 사이에 위치해 있다. 명사 앞에 올 수 있는 품사는 명사를 앞에서 수식하는 형용사이다. 인칭대명사 중에서 형용사와 같은 기능을 하는 대명사는 소유격이므로 정답은 (D) her이다. 주격대명사 she는 주어 자리에, 재귀대명사 herself는 목적어 자리나 부사처럼 쓰이며, 소유대명사 hers는 명사 자리에 쓰이므로 정답이 될 수 없다.

어휘 **recent** 최근의 **international** 국제적인 **advertisement** 광고 **competition** 경쟁, 대회 **earn** 얻다, 벌다 **outstanding** 뛰어난, 두드러진 **innovation** 혁신 **award** 상 **originality** 독창성

---

09 Please indicate whether you believe the applicant meets each of the ------- in the job posting.   (A) qualification   (B) qualify   (C) qualified   (D) qualifications

해석 그 지원자가 구인광고의 자격요건을 갖추고 있다고 생각하는지 명시해 주시기 바랍니다.

구조분석　　　　　　　　　　명사절 접속사 주어'　동사'　　　　　　　목적어절[명사절 접속사 that 주어 / 동사 / 목적어]
(Please) indicate / **whether** you / believe / **that** the applicant / meets / each (of the -------)
　　　　동사 (명령문)　　　　　　　　　　　　　　　　　　　　　　목적어절

(in the job posting).

해설 빈칸은 전치사 of의 목적어 자리이며 관사 the의 뒷자리이므로 명사가 와야 한다. 따라서 동사인 (B) qualify와 과거동사 또는 형용사인 (C) qualified는 오답이다. 보기 중 (A) qualification은 단수명사, (D) qualifications는 복수명사이다. 대명사 each는 뒤에 [of the + 복수명사]가 오므로 정답은 (D)이다.

어휘 **indicate** 나타내다, 보여주다 **whether** ~인지 아닌지 **believe** 믿다, 생각하다 **applicant** 지원자 **meet** 충족하다 **each** 각각 **job posting** 구인광고 **qualification** 자격요건 **qualify** 자격을 주다 **qualified** 자격이 있는

10 The local department store has a wide selection of ------- pottery and textiles.

(A) authenticate　　(B) authentically　　(C) authentic　　(D) authenticator

해석 지역 백화점에는 다양한 종류의 진품 도자기와 옷감들이 있다.

구조분석 The (local) department store / has / (a wide selection of) (-------) pottery and textiles.
　　　　　　　　　　주어　　　　　　　　동사　　　　　　　　　　　　　　목적어

해설 빈칸은 전치사 of와 전치사의 명사 목적어인 pottery and textiles 사이에 위치해 있다. 명사 앞에 올 수 있는 품사는 명사를 앞에서 수식하는 형용사이다. 따라서 보기 중 형용사 (C) authentic이 정답이다.

어휘 local 지역의, 지방의　department store 백화점　a wide selection of 다양한　pottery 도자기　textile 옷감, 직물　authenticate 진짜임을 증명하다　authentically 확실하게, 진정으로　authentic 진품의　authenticator 입증하는 사람

Chapter **02** 명사

Lesson 01 ● 명사의 역할 Test　　　　　　　　　　　　　　　　　▶ 본책 p. 43

Step 1 생략(아래 정답 표기 참조)　　Step 2 01 (B)　02 (B)　03 (A)　　Step 3 01 (A)　02 (B)

Step 1

01 Preference will be given to new members.
　　　명사–주어　　　　　　　　　　　명사–목적어

해석 새로운 회원들에게 우선권이 주어질 것입니다.

구조분석 Preference / will be given (to new members).
　　　　　주어　　　　　동사

해설 문장에 처음 나온 명사, 동사 앞에 나온 명사는 주어이므로 Preference는 주어가 된다. 전치사 to 뒤에 나온 명사는 전치사의 목적어로 전치사와 함께 수식어구를 이룬다.

어휘 preference 선호　give 주다　member 회원

02 The advertising company is seeking sales representatives.
　　　　명사–주어　　　　　　　　　　　명사–목적어

해석 그 광고회사는 영업사원을 모집 중입니다.

구조분석 The advertising company / is seeking / sales representatives.
　　　　　　　주어　　　　　　　　동사　　　　　목적어

해설 문장에 처음 나온 명사, 동사 앞에 나온 명사는 주어이므로 The advertising company가 주어가 된다. 동사 is seeking은 목적어를 필요로 하는 타동사이므로 동사 뒤에 나온 명사는 목적어가 된다. 따라서 sales representatives는 목적어이다.

어휘 advertising company 광고회사　seek ~을 찾다, 구하다　sales representative 영업사원

03 He is a general manager of operations for three gyms.

명사-보어   명사-목적어   명사-목적어

해석 그는 세 개의 체육관을 운영하는 총지배인이다.

**구조
분석** He / is / a (general) manager (of operations) (for three gyms).
주어 동사   보어

해설 be동사는 2형식 동사로 주어를 보충 설명해주는 보어를 필요로 한다. 보어 자리에 올 수 있는 품사는 명사와 형용사인데, 주로 형용사가 보어 자리에 쓰이지만, 주어와 동격을 이루는 경우에 명사가 오게 된다. be동사 뒤에 나온 형용사 general의 수식을 받는 명사 manager은 주어 He와 동격을 이루는 주격 보어이다. 전치사 of 뒤에 나온 명사 operations와 전치사 for 뒤에 나온 명사 gyms는 모두 전치사의 목적어로 문장 구조에 영향을 미치지 않는 수식어구로 괄호로 묶어서 제거한다.

어휘 general manager 총지배인   operation 작동, 운영   gym 체육관, 헬스클럽

Step 2

01 ------- of the online purchase will be sent to you by e-mail within 24 hours.

(A) Confirms   (B) Confirmation

해석 온라인 구매에 대한 확인서는 24시간 이내에 이메일로 전송될 것입니다.

**구조
분석** ------- (of the online purchase) / will be sent (to you) (by e-mail within 24 hours).
주어   동사

해설 빈칸 뒤의 [전치사 of + 명사]는 수식어구이므로 괄호로 묶어서 제거하면, 뒤에 바로 동사가 나온다. 따라서 빈칸은 동사 앞자리의 주어 자리임을 알 수 있다. 주어 자리에 올 수 있는 품사는 명사이므로 동사인 Confirms는 오답이며 명사 Confirmation이 정답이다.

어휘 online 온라인의   purchase 구매   send 보내다   within ~이내에   hour 시간   confirm 확인하다   confirmation 확인

02 The consulting firm is looking for new -------.   (A) locate   (B) locations

해석 컨설팅 회사가 새로운 위치를 찾고 있다.

**구조
분석** The consulting firm / is looking for / (new) -------.
주어   동사   목적어

해설 빈칸은 전치사 for 뒤의 목적어 자리이며 형용사 new의 수식을 받고 있으므로 명사가 위치해야 한다. 따라서 동사인 locate는 오답이고 명사 locations가 정답이다.

어휘 consulting firm 컨설팅 회사   look for ~을 찾다   locate 두다, 설치하다   location 장소, 위치

03 In order to receive ------- for building access, you must contact the security representatives.

(A) authorization   (B) authoritative

해석 건물 출입 허가를 받기 위해서는 보안요원에게 연락해야 합니다.

**구조
분석** (In order to receive authorization) (for building access), you / must contact / the security representatives.
주어   동사   목적어

해설 [In order to + 동사원형]은 to부정사가 콤마와 함께 문두에 와서 부사적 용법으로 쓰인 경우이다. 이때 to부정사는 부사와 같은 기능을 하지만 동사의 성질을 그대로 가지고 있으므로 to receive의 경우 동사 receive와 마찬가지로 목적어를 필요로 한다. 따라서 빈칸은 to receive 의 목적어 자리이므로 명사가 와야 한다. authoritative는 형용사로 목적어 자리에 올 수 없으므로 명사인 authorization이 정답이다.

어휘 in order to + 동사원형 ~하기 위하여   building 건물   access 출입, 접근   contact 연락하다, 접촉하다   security 보안, 경비
representative 대표, 직원   authorization 권한 부여, 허가   authoritative 당국의

---

01 ------- to the annual party at the Royal Palace Hotel have been sent to all staff members.

(A) Invitations　(B) Invitation　(C) Invite　(D) Inviting

해석 로얄 팰리스 호텔에서 열리는 연례 파티의 초대장이 모든 직원들에게 보내졌다.

구조분석 ------- (to the annual party) (at the Royal Palace Hotel) / have been sent (to all staff members).
주어 / 동사

해설 [전치사 to + 명사], [전치사 at + 명사]는 수식어구이므로 모두 괄호로 묶어서 제거하면, 빈칸 뒤에 동사가 위치한 것을 볼 수 있다. 따라서 빈칸은 동사 앞자리인 주어 자리이므로 명사가 와야 한다. 보기 중 명사는 복수명사인 (A) Invitations와 단수명사인 (B) Invitation인데, 동사가 have been으로 복수동사이므로 정답은 (A) Invitations이다.

어휘 annual 매년의, 해마다의　send 보내다　staff member 직원

---

02 Mr. Stuart of Human Resources says that encouragement and ------- are necessary to build trust among the employees.

(A) communicate　(B) communication　(C) communicated　(D) communicatively

해석 인사과의 스튜어트 씨는 직원들 간에 신뢰를 형성하기 위해서는 격려와 의사소통이 필수적이라고 말한다.

구조분석
　　　　　　　　　　　　명사절 접속사　　　주어′　　　　　동사′　　보어′
Mr. Stuart (of Human Resources) / says / **that** encouragement and communication / are / necessary
주어　　　　　　　　　　　　　　　동사　　　　　　목적어절
(to build trust among the employees).

해설 전체 문장은 [주어 + 동사 + 목적어(that절)]의 구조이다. 명사절 접속사 that이 이끄는 문장의 구조를 살펴보면 명사 encouragement와 빈칸이 접속사 and로 연결되어 있고 그 뒤에 동사 are가 나오고 있다. 따라서 [encouragement and -------]까지가 문장의 주어임을 알 수 있다. 또한 등위접속사 and는 동일한 품사를 연결하므로 명사 encouragement와 동일한 품사인 명사가 정답이 된다. 보기 중 명사는 (B) communication이다.

어휘 Human Resources 인사과　encouragement 격려　necessary 필수적인　build 형성하다, 건설하다　trust 신뢰, 믿음　among ~사이에　employee 직원

Lesson 02 ● 명사의 위치 Test　　　▶ 본책 p. 46

Step 1　생략(아래 정답 표기 참조)　　Step 2　01 (B)　02 (A)　03 (B)　　Step 3　01 (C)　02 (C)

Step 1

---

01 Since the creation of the new system, we have upgraded our features.
　　　관사　명사　　관사 형용사　명사　　　　　　소유격　명사

해석 새로운 시스템을 만든 이래로, 우리는 기능을 개선시켰다.

구조분석 (Since the creation) (of the new system), we / have upgraded / (our) features.
　　　　　　　　　　　　　　　　　　　　　　　주어　　동사　　　　목적어

해설 정관사 the 뒤나 형용사 new 뒤에는 명사가 온다. 소유격 대명사 our 역시 형용사와 같은 기능을 하므로 반드시 뒤에 명사가 와야 한다.

어휘 since ~이래로　creation 창조　system 시스템　upgrade 업그레이드하다　feature 기능

02 As long as your warranty is valid, you may receive technical support for free.

소유격　　명사　　　　　　　　　　　　　　形용사　　명사

해석 당신의 보증서가 유효한 이상, 당신은 기술 지원을 무료로 받으실 수 있습니다.

구조 분석 **As long as** (your) warranty / is / valid, // you / may receive / (technical) support (for free).

접속사　　　　　주어1　　동사1　보어　　주어2　동사2　　　목적어

해설 소유격 your 뒤에는 명사가 온다. 형용사 technical은 명사를 수식하므로 뒤에는 명사 support가 위치하게 된다.

어휘 as long as ~하는 한　warranty 보증서　valid 유효한　receive 받다　technical 기술적인　support 지원, 지지　for free 무료로

---

03 Thanks to the advanced mobile phone technology developed by Dr. Mullen, Midas Wireless

관사　　형용사　　　　　복합명사

expected an enormous growth in sales.

관사　형용사　　명사

해석 멀렌 박사에 의해 개발된 첨단 휴대폰 기술 덕분에, 마이다스 와이어리스 사는 엄청난 판매 신장을 기대했다.

구조 분석 [Thanks to the (advanced) mobile phone technology (developed by Dr. Mullen)], Midas Wireless /

주어

expected / an (enormous) growth (in sales).

동사　　　　　목적어

해설 정관사 the 뒤, 형용사 advanced 뒤에는 명사가 올 수 있다. 일반적인 경우에는 명사 뒤에 바로 명사가 올 수 없고, 전치사로 연결해야 하지만, 명사와 명사가 결합하여 하나의 명사로 기능하는 복합명사가 있으므로 어떤 경우에는 명사 뒤에 명사가 올 수 있다. 명사 mobile phone과 명사 technology가 합쳐져서 '휴대폰 기술'이라는 하나의 복합명사를 이루고 있다. 부정관사 an, 형용사 enormous도 뒤의 명사를 수식하게 된다.

어휘 thanks to ~덕분에, ~때문에　advanced 선진의, 고급의　mobile phone 휴대폰　technology 기술　develop 개발하다 expect 기대하다, 예상하다　enormous 거대한　growth 성장　sales 판매

Step 2

01 Mr. Cooper presented a paper at last year's ------- in London.

(A) convene　(B) convention

해석 쿠퍼 씨는 작년에 런던에서 열린 컨벤션에서 논문을 발표했다.

구조 분석 Mr. Cooper / presented / a paper (at last year's -------) (in London).

주어　　　　동사　　　목적어

해설 빈칸은 전치사 at의 목적어 자리이며, 소유격 last year's의 수식을 받고 있으므로 명사 자리이다. 따라서 동사인 convene은 오답이고 명사인 convention이 정답이다.

어휘 present 발표하다, 제시하다, 수여하다　paper 논문　last 지난　convene 소집하다　convention 관습, 컨벤션

---

02 The recent change in ------- can be attributed to the new president.

(A) profitability　(B) profitable

해석 수익성에 있어서의 최근의 변화는 신임 사장 때문일 것이다.

구조 분석 The (recent) change (in -------) / can be attributed (to the new president).

주어　　　　　　　　　동사

해설 빈칸은 전치사 in의 목적어 자리이므로 명사가 와야 한다. 따라서 형용사인 profitable은 오답이고 명사인 profitability가 정답이다.

어휘 recent 최근의, 현재의 change 변화 be attributed to ~의 결과[덕분]로 보다 president 사장 profitability 수익성 profitable 수익성이 있는

---

03 Most analysts predict considerable market ------- in Southeast Asia.

(A) grow   (B) growth

해석 대부분의 분석가들은 동남아시아 시장의 상당한 성장을 예상하고 있다.

구조분석 (Most) analysts / predict / (considerable) market ------- (in Southeast Asia).
　　　　　　　주어　　　　동사　　　　　　　　　목적어

해설 빈칸은 명사 market 뒷자리로 전체 문장 구조에서 목적어를 이루는 자리이다. 따라서 동사인 grow는 올 수 없고, 명사인 growth가 와서 market과 함께 복합명사를 이루는 것을 볼 수 있으므로 정답은 명사 growth이다.

어휘 most 대부분의 analyst 분석가 predict 예상하다 considerable 상당한 market growth 시장 성장 Southeast Asia 동남아시아 grow 증가하다 growth 성장, 증가

Step 3

01 Citigroup carries a large ------- of quality gardening tools and supplies.

(A) select   (B) selective   (C) selection   (D) selected

해석 시티그룹 사는 다양한 고급 정원 도구와 용품을 취급합니다.

구조분석 Citigroup / carries / a (large) ------- (of quality gardening tools and supplies).
　　　　　　　주어　　　동사　　　　　목적어

해설 빈칸은 전체 문장 구조에서 동사 carries 뒤의 목적어 자리이다. 목적어가 될 수 있는 품사는 명사이며, 관사 a 뒷자리이자 형용사 large의 수식을 받고 있으므로 정답이 되는 품사는 명사인 (B) selection이다.

어휘 carry 나르다, 취급하다 a large selection of 선택의 폭이 다양한 gardening tool 정원도구 supplies 용품 select 선택하다 selective 선별적인 selection 선발, 선택

---

02 Every ------- who has applied for the home loan will be advised on their eligibility within the next month.   (A) applying   (B) applied   (C) applicant   (D) application

해석 주택자금 대출을 신청한 모든 신청자들은 다음 달 이내로 자격에 대해 조언을 받을 것이다.

구조분석
　　　　　　　　　　관계대명사　동사'　　　　(전치사구)
(Every) ------- / [who / has applied (for the home loan)] / will be advised (on their eligibility)
　　　　　　주어　　　　　　[관계대명사절]　　　　　　　　　　동사

(within the next month).

해설 빈칸은 앞에 있는 형용사 Every의 수식을 받으면서 동시에 뒤에 있는 관계대명사절 who has applied ~의 수식을 받는 선행사 자리이므로 명사가 와야 한다. 따라서 관계대명사절은 수식어구이므로 괄호로 묶어서 제거하면 뒤에 동사 will be advised가 오므로 전체 문장 구조에서 주어 자리임을 알 수 있다. 보기 중 명사는 (C) applicant(신청자)와 (D) application(지원, 신청)인데, 뒤의 관계대명사 who는 사람인 선행사를 받으므로 정답은 사람명사인 (C) applicant이다.

어휘 every 모든 apply for ~에 지원하다, 신청하다 loan 대출 be advised 조언을 받다, 충고를 받다 eligibility 자격, 적격 within ~이내에 applicant 지원자, 신청자 application 지원, 신청

Lesson 03 ● 명사구와 명사절 Test ▶ 본책 p. 48

Step 1 생략(아래 정답 표기 참조) Step 2 생략(아래 정답 표기 참조) Step 3 01 (D) 02 (B)

Step 1

01 The result remains to be seen.
                        보어

해석 결과는 두고 볼 일이다.

구조분석 The result / remains / to be seen.
              주어   동사   보어 (to부정사)

해설 동사 remains는 뒤에 주어를 보충 설명하는 보어를 필요로 하는 2형식 동사이다. 따라서 to be seen이 형용사처럼 쓰여서 보어 자리에 온 경우이다.

어휘 result 결과 remain ～인 채로 남아 있다 see 보다

02 Developing employee manuals is one of the most important tasks for the human resources
                        주어

department.

해석 직원 매뉴얼을 개발하는 것은 인사부서의 가장 중요한 업무 중 하나이다.

구조분석 Developing / employee manuals / is / one (of the most important tasks) (for the human resources
                        주어 (동명사구)   동사   보어

department).

해설 -ing 형태의 동명사는 명사와 같은 역할을 하므로 주어, 목적어, 보어 자리에 올 수 있는데, 해당 문제는 동사 is 앞 주어 자리에 온 경우이다.

어휘 develop 개발하다 employee 직원 manual 매뉴얼, 지침 important 중요한 task 업무 human resources department 인사부

03 It was important for us to complete the reports before the end of the semester.
                              (진)주어

해석 우리는 학기말 전에 리포트를 완성하는 것이 중요했다.

구조분석 It / was / important (for us) / to complete / the reports (before the end of the semester).
              가주어 동사   보어   진주어 (to부정사구)

해설 일반적으로 대명사 It은 앞에 나온 명사를 대신 받아야 하기 때문에 가리키는 명사가 없이 바로 주어로 쓰일 수는 없다. 이 경우 진짜 주어는 to부정사 이하로, 주어가 길어서 뒤로 보내고 대명사 it을 주어 자리에 대체한 경우이다. 따라서 It은 가주어, 뒤의 to complete 이하가 진주어가 된다. to부정사가 주어 자리에 왔으므로 명사 역할을 하는 경우이다.

어휘 complete 완성하다, 마치다 report 보고서, 리포트 before ～전에 end 끝, 말 semester 학기

Step 2

01 These are the instructions on how we can use the merchandise.
                                        완전한 문장

해석 이것들은 우리가 상품을 어떻게 사용할 수 있는지에 대한 설명서들이다.

구조분석

명사절
These / are / the instructions (on **how** we / can use / the merchandise).
주어   동사   목적어   전치사구 (전치사 + 명사절)

접속사 주어' 동사' 목적어'

해설 전치사 on의 목적어 자리에는 명사가 와야 하는데, 명사절 접속사 how는 문장을 명사처럼 전환해주는 역할을 하므로, how가 이끄는 문장이 전치사 뒤에 올 수 있다. how는 뒤에 완전한 문장이 오는데, 뒤의 구조를 보면, 대명사 we가 주어이고, can use가 동사, the merchandise가 목적어로 문장의 주요 성분을 모두 갖추었으므로 완전한 문장임을 확인할 수 있다.

어휘 these 이것들   instructions (제품) 설명서   use 사용하다   merchandise 상품

---

02 Who did it is the question.
불완전 (주어 X)

해석 누가 그것을 했는지가 문제이다.

구조분석

명사절
접속사 동사' 목적어'
Who   did / it / is / the question.
주어절   동사   보어

해설 문장의 동사인 is 앞의 주어 자리에 명사절 접속사 who가 이끄는 문장이 쓰인 경우이다. 명사절 접속사로 쓰이는 의문사 중 who와 what은 뒤에 불완전한 문장이 오는데, 뒤의 구조를 보면, 주어가 없고 동사 did로 시작하는 불완전한 문장임을 확인할 수 있다.

어휘 question 문제, 질문

---

03 The question is whether he is right (or not).
완전한 문장

해석 문제는 그가 맞는지 틀린지이다.

구조분석

명사절
접속사 주어' 동사'   보어'
The question / is / **whether** he / is / right (or not).
주어   동사   보어절

해설 be동사인 is 뒤의 보어 자리에 명사절 접속사 whether이 이끄는 문장이 쓰인 경우이다. 명사절 접속사 whether은 뒤에 완전한 문장을 이끄는데, 뒤의 구조를 살펴보면 대명사 he가 주어, is가 동사, 형용사 right이 보어로, 문장의 주요 성분을 모두 갖춘 완전한 문장임을 확인할 수 있다.

어휘 whether ~인지 아닌지   right 옳은

Step 3 ■■■

---

01 The manual explains ------- users need to know about our product.

(A) when   (B) where   (C) how   (D) what

해석 이 설명서는 사용자들이 우리 제품에 대해 무엇을 알아야 할지를 설명하고 있다.

구조분석

명사절
접속사 주어'   동사'
The manual / explains / ------- users / need to know (about our product).
주어   동사   목적어절

해설 빈칸은 타동사인 explains의 뒷자리로 목적어인 명사가 필요한 자리이다. 그런데 주어와 동사를 가진 문장이 오고 있으므로 빈칸에 절(문장)을 명사로 전환해주는 명사절 접속사가 와야 한다. 의문사는 모두 명사절의 접속사로서의 기능이 있으므로 빈칸 뒤의 구조를 보고 정답을 골라야 한다. 빈칸 뒤의 구조를 보면 명사 users가 주어, need to know가 동사이다. about our product는 수식어구(전치사구)이므로 괄호로 묶어서 제거하면, 타동사 know 뒤에 목적어가 없는 불완전한 문장임을 알 수 있다. 보기 중 when, where, how는 뒤에 완전한 문장을 이끌며, what은 뒤에 불완전한 문장이 오고 의미상으로도 무엇을 알아야 하는지 설명한다는 의미이므로 정답은 (D) what이다.

어휘 manual 설명서   explain 설명하다   user 사용자, 이용자   product 제품

02 Wholeprice happily announced ------- Justin Cooper has been named employee of the month.

(A) because   (B) that   (C) what   (D) who

해석 호울프라이스 사는 저스틴 쿠퍼가 이 달의 직원으로 선정되었다는 것을 발표하게 돼서 기쁩니다.

**구조
분석**

명사절
접속사   주어'   동사'   보어'

Wholeprice / (happily) announced / ------- Justin Cooper / has been named / employee (of the
주어   동사   목적어절

month).

해설 빈칸은 타동사인 announced의 뒷자리로 목적어인 명사가 필요한 자리이다. 그런데 빈칸 뒤에 주어와 동사를 가진 문장이 오고 있으므로 빈칸에는 절을 명사로 전환해주는 명사절 접속사가 와야 한다. 보기 중 (A) because는 명사절 접속사가 아니므로 오답이다. 빈칸 뒤의 구조를 보면, 고유명사인 Justin Cooper가 주어, has been named가 동사, employee가 보어로 완전한 문장임을 알 수 있으므로 뒤에 불완전한 문장을 이끄는 what과 who도 정답이 될 수 없다. 따라서 정답은 뒤에 완전한 문장을 이끄는 명사절 접속사 (B) that이다.

어휘 happily 기쁘게, 행복하게   announce 알리다, 발표하다   name 임명하다   employee 직원   month 달

Lesson 04 ● 가산명사 Test   ▶ 본책 p. 50

| Step 1 | 생략(아래 정답 표기 참조) | Step 2 | 01 (A) 02 (A) 03 (B) | Step 3 | 01 (D) 02 (D) |

Step 1

01 Mr. Bure has hired some of the most skilled photographers from Italy for his wedding in July.

해석 뷰어 씨는 7월에 있을 그의 결혼식을 위해 이탈리아에서 가장 유능한 사진작가들 중에 몇 명을 고용했다.

**구조
분석** Mr. Bure / has hired / some (of the most skilled photographers) (from Italy) (for his wedding in July).
주어   동사   목적어

해설 주어인 고유명사 Mr. Bure와 photographers(사진 작가)가 사람명사이다. 고유명사를 제외한 사람명사는 언제나 가산명사이므로 관사나 복수형으로 써야 한다.

어휘 hire 고용하다   skilled 유능한   photographer 사진 작가   wedding 결혼식

02 All of the applicants are expected to arrive at the main office ten minutes earlier.

해석 모든 지원자들은 본사에 10분 일찍 도착해야 한다.

**구조
분석** All (of the applicants) / are expected / to arrive (at the main office) (ten minutes earlier).
주어   동사   보어 (to부정사구)

해설 applicants(지원자)가 사람명사로 가산명사이므로 관사나 복수형 어미 -s 없이 단독으로 쓰일 수 없다.

어휘 applicant 지원자, 신청자   be expected to + 동사원형 ~해야 한다, ~할 것으로 기대되다   main office 본사   earlier 일찍

03 The program developers at JKL Computer Technology are regarded as the most talented experts in the IT industry.

해석 JKL 컴퓨터 기술 사의 프로그램 개발자들은 IT 산업에서 가장 재능있는 전문가들로 간주된다.

**구조
분석** The program developers (at JKL Computer Technology) / are regarded (as the most talented experts)
주어   동사

(in the IT industry).

해설 developer(개발자)와 expert(전문가)가 사람명사로 가산명사이므로 관사나 복수형 어미 -s 없이 단독으로 쓰일 수 없다.
어휘 program 프로그램 developer 개발자 regard 간주하다, 여기다 talented 재능 있는 expert 전문가 industry 산업

Step 2

01 Candidates must demonstrate a high ------- of expertise.   (A) level   (B) levels

해석 후보자들은 높은 수준의 전문지식을 입증해야 한다.

구조분석 Candidates / must demonstrate / a (high) ------- (of expertise).
주어 동사 목적어

해설 빈칸은 관사 a와 형용사 high가 수식하는 자리이기 때문에 명사가 와야 한다. 명사는 가산인지 불가산인지, 단수인지 복수인지를 반드시 확인해야 한다. 앞에 있는 a는 명사가 가산 단수임을 나타내는 부정관사이므로 복수형인 levels와 함께 쓰일 수 없다. 따라서 빈칸에는 level이 들어가야 한다.

어휘 candidate 후보자 demonstrate 입증하다. 설명하다 high 높은 expertise 전문지식 level 수준

02 Brooke Inc. recently sent this ------- to merge the two companies.

(A) proposal   (B) proposals

해석 브룩 사는 최근에 두 회사를 합병하는 이 제안서를 보냈다.

구조분석 Brooke Inc. / (recently) sent / (this) ------- (to merge the two companies).
주어 동사 목적어

해설 빈칸은 지시형용사 this의 수식을 받는 명사 자리이다. this 뒤에 쓰이는 명사는 가산단수이거나 불가산명사여야 하므로 복수형인 proposals는 올 수 없다. 뒤에 가산복수명사를 받을 때는 these를 쓰게 된다. 따라서 정답은 proposal이다.

어휘 recently 최근에 send 보내다 merge 합병하다 company 회사 proposal 제안(서)

03 A few ------- in the office were made by the manager in favor of the employees who have been complaining about slow Internet connections and poor phone signals.

(A) change   (B) changes

해석 느린 인터넷 연결 속도와 약한 전화 신호음에 불만을 가진 직원들의 의견을 받아들인 관리자가 사무실에 몇 가지 변화를 주었다.

구조분석 (A few) ------- (in the office) / were made (by the manager) [in favor (of the employees) (who have
주어 동사
been complaining about slow Internet connections and poor phone signals)].

해설 빈칸은 수량형용사 A few의 수식을 받는 명사 자리이다. a few는 뒤에 복수 가산명사를 받는다. 같은 의미로 뒤에 불가산명사를 받는 수량형용사는 a little이다. 따라서 빈칸에는 복수형인 changes가 들어가야 한다.

어휘 a few 몇 개의 manager 관리자 in favor of ~에 찬성하여 employee 직원 complain 불평하다 slow 느린 connections 연결 poor 나쁜, 열악한 signal 신호

Step 3

01 With the support from his friends and -------, Mr. Issac was able to smoothly launch his private art exhibition at Gala Hall.

(A) acquainted   (B) acquainting   (C) acquaintance   (D) acquaintances

해석 그의 친구들과 지인들의 도움으로 아이작 씨는 순조롭게 갈라 홀에서 그의 개인 미술전을 열 수 있었다.

구조분석 [With the support (from his friends and -------)], Mr. Issac / was / able [to (smoothly) launch /(his)

주어　　　　동사　　　보어

(private) art exhibition (at Gala Hall)].

해설 빈칸은 전치사 from의 목적어 자리로, his friends와 빈칸을 접속사 and가 연결하고 있다. 등위접속사 and는 동일한 품사를 연결하므로 빈칸도 friends와 같은 명사가 되어야 한다. 보기 중에 명사인 (C) acquaintance는 가산명사인데 관사가 없으므로 복수 형태인 (D) acquaintances가 정답이다.

어휘 support 지원　smoothly 부드럽게, 순조롭게　launch (새로운 사업이나 행사를) 벌이다, (신제품을) 출시하다　private 개인적인　art exhibition 미술전　acquaint 익히게 하다, 숙지시키다　acquaintance 지인

---

02 After the first lecture, ------- at the second lecture nearly tripled due to Professor Novak's informative presentation.

(A) attendant　(B) attended　(C) attendee　(D) attendance

해석 첫 번째 강연 이후, 노백 교수의 유익한 프레젠테이션 때문에 두 번째 강연의 참석자 수는 거의 세 배가 되었다.

구조분석 (After the first lecture), ------- (at the second lecture) / (nearly) tripled (due to Professor Novak's

주어　　　　　　　　　　　　　동사

informative presentation).

해설 [전치사 + 명사]는 수식어구이므로 모두 괄호로 묶어서 처리하면, 빈칸은 주어 자리임을 확인할 수 있다. 주어 자리에 올 수 있는 품사는 명사인데, 보기 중 명사는 (A) attendant(보조자), (C) attendee(참석자), (D) attendance(참석자 수, 참석률)가 있다. 이 중 attendant와 attendee는 사람명사로, 사람명사는 언제나 가산명사이므로 관사가 붙거나 복수형으로 쓰여야 한다. 즉 사람명사가 단독으로 쓰일 수 없으므로 답이 될 수 없다. 따라서 가산 또는 불가산명사인 (D) attendance가 정답이다.

어휘 lecture 강의　nearly 거의　triple 세 배가 되다　due to ~때문에　professor 교수　informative 유익한　presentation 발표, 프레젠테이션

Lesson 05 ● 불가산명사 Test　　　　　　　　　　　　　▶ 본책 p. 52

Step 1 생략(아래 정답 표기 참조)	Step 2　01 (A)　02 (B)　03 (A)	Step 3　01 (C)　02 (D)

Step 1

01 John told me that he recommended Mary.

해석 존은 자신은 메리를 추천했다고 나에게 말했다.

구조분석

　　　　　　　　　명사절　주어'　　동사'　　목적어'
　　　　　　　　　접속사
John / told / me / **that** he / recommended / Mary.
주어　동사　간목　　　　　직접목적어절

해설 고유명사인 사람이름은 불가산명사이다.

어휘 tell 말하다　recommend 추천하다

---

02 Please give me a piece of information about that company.

해석 저 회사에 대한 정보를 저에게 주시기 바랍니다.

구조분석 (Please) give / me / a piece (of information) (about that company).

동사 (명령문)　간목　직목

해설 information은 추상명사로 대표적인 불가산명사이다. 따라서 부정관사 a/an을 쓸 수 없으며, 복수형이 불가능하다. a piece of와 같이

단위를 나타내는 표현으로 정도를 표현할 수 있다.

어휘 give 주다 piece 부분, 조각 information 정보

---

03 The rumor has it that he has a lot of <u>money</u>.

해석 소문에 의하면, 그는 돈이 많다고 한다.

구조분석
명사절
접속사 주어′ 동사′ 목적어′
The rumor / has / it / **that** he / has / (a lot of) money.
주어   동사   가목   진목적어절

해설 money는 물질명사로 대표적인 불가산명사이다. 따라서 부정관사 a/an을 쓸 수 없으며, 복수형이 불가능하다. much, a little과 같이 불가산명사만 수식하는 수량형용사나, a lot of와 같이 가산명사와 불가산명사를 모두 수식하는 수량형용사의 수식을 받을 수 있다.

어휘 The rumor has it that 주어 + 동사 소문에 의하면 ~라고 한다 a lot of 많은

Step 2

---

01 We feel that the warehouse would contain too much unusable -------.

(A) space (B) spaces

해석 우리는 그 창고가 사용할 수 없는 공간이 너무 많다고 느낀다.

구조분석
명사절
접속사 주어′ 동사′ 목적어′
We / feel / **that** the warehouse / would contain / (too much) (unusable) -------.
주어 동사   목적어절

해설 빈칸에 적절한 명사의 형태를 고르는 문제이다. 문제의 경우 수량형용사 much와 일반형용사 unusable이 모두 명사 space를 수식하고 있다. space는 가산명사, 불가산명사로 모두 쓰이는데, much는 불가산명사만을 수식하는 수량형용사이므로 space가 불가산명사로 쓰였음을 알 수 있다. 불가산명사는 부정관사 a/an을 쓰지 못하고 복수형이 불가능하므로 spaces는 오답이 된다. 따라서 단독으로 쓰인 불가산명사인 space가 정답이다.

어휘 feel 느끼다 warehouse 창고 contain 포함하다, 함유하다 unusable 사용할 수 없는 space 공간

---

02 If your ------- is missing, you must notify us immediately.

(A) baggages (B) baggage

해석 당신의 짐이 없어지면, 즉시 저희에게 알려주셔야 합니다.

구조분석
If (your) ------- / is / missing, // you / must notify / us (immediately).
접속사   주어1   동사1 보어   주어2   동사2   목적어

해설 빈칸은 접속사 If가 이끄는 문장의 주어이자, 소유격 your의 수식을 받는 명사 자리이다. baggage, luggage는 대표적인 불가산명사로 부정관사 a/an과 함께 쓰일 수 없고, 복수형이 불가능하다. 따라서 복수형 baggages는 틀린 형태이므로 단독으로 쓰인 baggage가 정답이다.

어휘 missing 사라진, 없어진 must ~해야 한다 notify 알리다 baggage 짐, 수하물

---

03 The manager recommended purchasing some additional -------.

(A) equipment (B) equipments

해석 매니저는 추가적인 장비를 구매할 것을 권장했다.

30

> **구조분석** The manager / recommended / purchasing (some additional) ------.
> 　　　　　　주어　　　　　　　동사　　　　　　목적어 (동명사구)

> **해설** 빈칸은 동명사 purchasing의 목적어이자, 수량형용사 some과 일반형용사 additional의 수식을 받는 명사 자리이다. some는 가산명사, 불가산명사를 모두 수식할 수 있는 수량형용사이다. equipment는 대표적인 불가산명사로 부정관사 a/an과 함께 쓰일 수 없고, 복수형이 불가능하다. 따라서 복수형 equipments는 틀린 형태이므로 단독으로 쓰인 equipment가 정답이다.

> **어휘** manager 관리자, 매니저　recommend 추천하다　purchase 구매하다　additional 추가적인　equipment 장비

Step 3

01 Members of Homeplus get free ------- to the organization's online career center.

(A) accessing　(B) accessed　(C) access　(D) accesses

해석 홈플러스 회원들은 홈플러스의 온라인 직업 센터에 무료로 접속할 수 있다.

> **구조분석** Members (of Homeplus) / get / (free) ------- (to the organization's online career center).
> 　　　　　　주어　　　　　　　　동사　　　목적어

> **해설** 빈칸은 문장의 목적어 자리이자, 형용사 free의 수식을 받는 명사 자리이다. access는 동사로 '접근하다, 접속하다', 명사로 '접근, 출입, 접속'의 의미를 갖는 단어이다. 보기 중 명사는 (C) access와 (D) accesses이다. access는 명사로 쓰일 경우 불가산명사이므로 부정관사 a/an과 함께 쓰일 수 없고 복수형이 불가능하다. 따라서 복수형 accesses는 틀린 형태이므로 단독으로 쓰인 (C) access가 정답이다.

> **어휘** member 회원　get 얻다　free 무료의　organization 기관, 조직　online 온라인의　career (평생 추구하는) 직업　access to ~에 접근(하다)

02 The law offices in both Tokyo and Shanghai offer free ------- to local residents.

(A) consulted　(B) consults　(C) consultant　(D) consultation

해석 도쿄와 상하이에 있는 법률 사무소는 지역 주민들에게 무료 상담을 제공한다.

> **구조분석** The law offices (in both Tokyo and Shanghai) / offer / (free) ------- (to local residents).
> 　　　　　　주어　　　　　　　　　　　　　　　　　　동사　　　목적어

> **해설** (A) consulted는 과거동사 또는 과거분사로 쓰이고, (B) consults는 동사이며, (C) consultant와 (D) consultation은 둘 다 명사이다. 빈칸은 문장의 목적어 자리이자, 형용사 free의 수식을 받는 명사 자리이다. 따라서 정답은 (C) consultant(상담가)와 (D) consultation(상담)으로 선택의 폭이 좁혀지겠다. 이 중 consultant는 사람명사로 언제나 가산명사이므로 관사와 함께 쓰이거나 복수형이 아닌 단독으로 쓰일 수 없다. 빈칸 앞에 관사가 없으므로 단독으로 쓰일 수 있는 불가산명사 (D) consultation이 정답이 된다.

> **어휘** law office 법률 사무소　offer 제공하다　free 무료의　local 지역의　resident 거주자

Lesson 06 ● 토익 명사 출제 포인트 정리 Test　　　▶ 본책 p. 54

Step 1 생략(아래 정답 표기 참조)　**Step 2** 01 (A) 02 (A) 03 (B)　**Step 3** 01 (B) 02 (D)

Step 1

01 As a new stage of its development starts, the prospect of enormous growth awaits us.

해석 개발이 새로운 단계에 접어들자, 엄청난 성장 가능성이 우리를 기다리고 있다.

구조분석 **As** a (new) stage (of its development) / starts, // the prospect (of enormous growth) / awaits / us.
접속사 　　　주어1 　　　　　　　　　　　　　　동사1 　　주어2 　　　　　　　　　　　　　 동사2 　목적어

해설 the prospect가 이끄는 절이 주절이다. [전치사 of + 명사](of enormous growth)는 수식어구이므로 제거하면, 주절의 동사는 awaits로 단수동사임을 확인할 수 있다. 따라서 주어인 prospect는 단수형이 되어야 한다는 것을 알 수 있다.

어휘 stage 단계, 국면　development 개발, 발전　start 시작하다　prospect 가능성, 전망　enormous 거대한　growth 성장　await 기다리다

---

02 Many accomplishments listed on Mr. Lopez's resume suggest that he would be a valuable addition to our company.

해석 로페즈 씨의 이력서에 기재된 많은 성과들을 보면 그가 우리 회사에 귀중한 인력이 될 것임을 추측할 수 있다.

구조분석 (Many) accomplishments [listed (on Mr. Lopez's resume)] / suggest / **that** he / would be / a (valuable)
　　　　　　　　　　　주어 　　　　　　　　　　　　　　　　　 동사 　　명사절 접속사 주어' 동사' 목적어절

보어'
addition (to our company).

해설 accomplishments는 앞에서는 Many의 수식을 받고 뒤에서는 listed on Mr. Lopez's resume의 수식을 받고 있다. many는 복수 가산명사만을 수식하는 수량형용사이므로 복수형인 accomplishments가 쓰였다. 또한 문장의 동사가 suggest로 복수동사이므로 주어도 복수인 accomplishments가 되어야 한다.

어휘 accomplishment 업적, 성과　list 목록을 작성하다　resume 이력서　suggest 제안하다, 추측하다　valuable 소중한, 가치 있는　addition 추가　company 회사

---

03 One of the aims of the annual board meeting is to review the performance for the year.

해석 연례 이사회의의 목표 중 하나는 그 해의 업무 성과를 검토하는 것이다.

구조분석 One (of the aims) (of the annual board meeting) / is / to review / the performance (for the year).
　　　　　　　　　　　　주어 　　　　　　　　　　　　　　　　 동사 　　　　　　　 보어 (to부정사구)

해설 [one of the + 명사]에서 one은 부분대명사로, one of the 뒤에는 복수 가산명사만 올 수 있다. 따라서 복수형인 aims가 온 것이다. 이 때 [of the + 명사]는 전치사구로 수식어구이므로, 주어는 One이 되고 동사는 단수동사인 is가 쓰이는 것에 주의해야 한다.

어휘 aim 목표　annual 매년의, 연례의　board 이사회　meeting 회의　review 검토하다　performance 수행, 성과

Step 2

01 The new president will give a keynote ------- on mobile telecommunication.
　　(A) address　(B) addresses

해석 신임 사장이 이동통신에 관한 기조연설을 할 것이다.

구조분석 The (new) president / will give / a keynote ------- (on mobile telecommunication).
　　　　　　　　　　주어 　　　　　　 동사 　　　목적어

해설 문장의 목적어인 명사의 적절한 형태를 고르는 문제이다. 빈칸 앞에 부정관사 a는 뒤의 명사가 단수 가산명사임을 나타내주는 관사이므로 정답은 단수형인 address가 된다.

어휘 president 사장　give 주다　keynote address 기조연설　mobile telecommunication 이동통신

---

02 The vice-president of Black & White Paintings will be retiring next year after 30 years of ------- to his company.　(A) service　(B) serving

해석 블랙 앤 와이트 페인팅스 사의 부사장은 그의 회사에서 30년간 근무한 후 내년에 은퇴할 것이다.

구조분석 The vice-president (of Black & White Paintings) / will be retiring (next year) (after 30 years) (of -------)
　　　　　　　주어　　　　　　　　　　　　　　　　　　동사
(to his company).

해설 빈칸은 전치사 of의 목적어 자리이다. 목적어 자리에 올 수 있는 품사는 명사이므로 명사 service가 정답이 된다.

어휘 vice-president 부사장　retire 은퇴하다　service 근무　serve 제공하다, 근무하다

---

03 Let me refer you to the August issue of *Business World*, where our survey ------- were published in full.　(A) result　(B) results

해석 ≪비즈니스 월드≫ 8월호를 참조해 주시기 바랍니다. 거기에 우리의 설문조사 결과가 전부 실려 있거든요.

구조분석
　　　　　　　　　　　　　　　　　　　　　　　　　　　관계부사　　　주어'　　　동사'
Let / me / refer / you (to the August issue) (of *Business World*), [where (our) survey ------- / were
동사　목적어　보어 (원형부정사구)　　　　　　　　　　　　　　　　[관계부사절]
published (in full)].

해설 빈칸은 앞의 선행사인 명사 Business World를 뒤에서 부연해서 설명하는 관계부사 where가 이끄는 문장의 주어 자리이다. 주어인 명사는 동사와의 수일치를 검토해야 한다. 뒤에 복수동사인 were가 왔으므로 주어는 복수명사임을 알 수 있다. 따라서 복수형인 results가 정답이 된다.

어휘 let (~하도록) 해주다, 시키다　refer 참조하게 하다, 조회하다　issue (잡지 등) 호, 발행　survey 설문조사　publish 출판하다　in full 전부, 빠짐없이　result 결과

Step 3

01 Mr. Grant reported to his superior that ------- of the negotiation plan would be revised.
(A) detail　(B) details　(C) detailed　(D) detailing

해석 그랜트 씨는 협상 계획의 세부사항이 수정될 것이라고 상사에게 보고했다.

구조분석
　　　　　　　　　　　　　　　　　　　　명사절　주어'　　　　　　　　　　　　　동사'
　　　　　　　　　　　　　　　　　　　접속사
Mr. Grant / reported (to his superior) / that ------- (of the negotiation plan) / would be revised.
주어　　　동사　　　　　　　　　　　　　　　　　　　　　목적어절

해설 빈칸은 that절의 주어 자리이므로 주어가 될 수 있는 것은 명사 (A) detail과 (B) details이다. detail은 가산명사로 단수 형태 단독으로 쓰일 수 없으며 관사와 함께 쓰이거나 복수 형태로 써야 한다. 따라서 복수형인 (B) details가 정답이 된다. 예외적으로 in detail은 관사 없이 단수로 쓰이는데, 시험에 자주 출제되는 숙어표현이므로 꼭 알아두자.

어휘 report 보고하다　superior 상관, 상사　negotiation 협상　plan 계획　revise 수정하다, 개정하다　detail 세부사항, 세부화하다

---

02 Thanks to increased consumer interest, computer ------- are experiencing revenue growth.
(A) retails　(B) retail　(C) retailing　(D) retailers

해석 소비자 관심이 증가했기 때문에 컴퓨터 소매업은 수입이 늘고 있다.

구조분석
(Thanks to increased consumer interest), computer ------- / are experiencing / revenue growth.
　　　　　　　　　　　　　　　　　　　　　　　　주어　　　　　　　동사　　　　　목적어

해설 콤마 앞에까지를 수식어구로 제거하면, 빈칸은 동사 앞자리로 computer와 복합명사를 이루어 주어가 되는 단어가 와야 한다. 주어인 명사는 반드시 동사와 수일치를 검토해야 한다. 동사가 are로 복수동사이므로 주어도 복수명사가 와야 한다. retail(소매)은 명사일 때 불가산명사이므로 복수 형태가 불가능하며, 동사는 언제나 단수동사가 와야 한다. retailer(소매업자, 소매업)는 가산명사이므로 관사와 함께 쓰이거나 복수형으로 써야 한다. 따라서 복수명사 형태인 (D) retailers가 정답이다.

어휘 thanks to ~덕분에　increased 증가한　consumer 소비자　interest 흥미　experience 경험하다, 겪다　revenue 수입　growth 성장, 증가　retail 소매하다, 소매　retailer 소매업(자)

Step 1

01 Reports have to be submitted to ˅the employer.

해석 보고서들은 고용주에게 제출되어야 한다.

구조분석 Reports / have to be submitted (to the employer).
주어   동사

해설 employer는 사람명사로 가산명사이므로, 관사와 함께 쓰이거나 복수형으로 써야 하며, 단독으로 쓰일 수 없다. 따라서 복수형이 아닌 employer 앞에는 관사가 와야 하는데, 일반적으로 이런 경우 '고용주'는 특정인으로 정해져 있으므로 정관사 the가 온다.

어휘 report 보고서 have to + 동사원형 ~해야 한다 submit 제출하다 employer 고용주

02 We should submit ˅a[the] report once ˅a week.

해석 우리는 보고서를 일주일에 한 번 제출해야 한다.

구조분석 We / should submit / a[the] report (once a week).
주어   동사   목적어

해설 report는 가산명사이므로, 관사와 함께 쓰이거나 복수형으로 써야 하며, 단독으로 쓰일 수 없다. 따라서 복수형이 아닌 report 앞에는 관사 a나 the가 와야 한다. week 역시 가산명사이다. once a week는 '일주일에 한 번'이라는 표현으로 일주일을 나타내주는 부정관사 a가 필요하다.

어휘 should ~해야 한다 submit 제출하다 report 보고서 once 한 번 week 주

03 ˅The Notebook computer on ˅the desk is mine.

해석 책상 위에 있는 그 노트북 컴퓨터는 제 것입니다.

구조분석 The notebook computer (on the desk) / is / mine.
주어   동사 보어

해설 notebook computer와 desk는 가산명사이므로, 관사와 함께 쓰이거나 복수형으로 써야 하며, 단독으로 쓰일 수 없다. 주어에 해당하는 notebook computer는 바로 뒤에 나오는 전치사구에 의해 한정되므로, the를 쓰는 게 적절하다. desk 역시 정관사 the가 나와야 맥락상 적절하다.

어휘 desk 책상 mine 나의 것

Step 2

01 At the hotel lobby, guests can ask a porter to bring ------- luggage to their room after they check in.   (A) the   (B) a

해석 호텔 로비에서, 손님들은 체크인 한 후에 짐을 방까지 운반할 수 있는 포터를 요청할 수 있다.

구조분석 (At the hotel lobby), guests / can ask / a porter [to bring ------- luggage (to their room)] // after
주어1   동사1   목적어   접속사

they / check in.
주어2 동사2

해설 수식어구 to부정사 to bring의 목적어인 명사 luggage는 불가산명사로 부정관사 a/an과 함께 쓸 수 없고 복수형이 불가능하다. 따라서 가산명사의 단수형 앞에 쓰는 a는 올 수 없다. 정관사 the는 가산단수, 가산복수, 불가산명사 앞에 모두 쓸 수 있으므로 정답은 the가 된다.

어휘 lobby 로비 guest 손님 ask 요청하다, 묻다 porter 포터 (호텔에서 손님의 짐을 운반하는 일을 하는 종업원) bring 가져오다 luggage 짐 check in 입실수속을 하다

---

02 ------- staff remaining in the workplace will complete the task. (A) A **(B) The**

해석 회사에 남아 있는 직원들이 업무를 끝낼 것입니다.

구조분석 ------- staff [remaining (in the workplace)] / will complete / the task.
　　　　　　　주어　　　　　　　　　　　　　　　　　동사　　　　　목적어

해설 명사 뒤에 전치사구, 형용사구, 관계대명사절과 같은 수식어구가 올 때는 수식을 받는 앞의 명사에는 정관사 the가 붙게 된다. remaining은 관계대명사인 who is가 생략되어 분사가 뒤에서 수식해주고 있는 형태이므로, 관계대명사절의 수식을 받는 명사 staff 앞에는 정관사 the를 써야 한다.

어휘 staff 직원들 remain ~한 채로 남아 있다 workplace 직장 complete 완료하다, 마치다 task 일, 과업

---

03 ------- equipment is fully refundable for a one-year period from the date of purchase if the return is accompanied by the original receipt. (A) An **(B) The**

해석 장비를 구매하신 날부터 일 년 내에 영수증 원본과 함께 반품하시면 전액을 환불받으실 수 있습니다.

구조분석 ------- equipment / is / (fully) refundable (for a one-year period) (from the date of purchase)
　　　　　　　주어1　　　　동사1　　　　보어

// if the return / is accompanied (by the original receipt).
　접속사　주어2　　　　동사2

해설 문장의 주어인 명사 equipment는 불가산명사로 부정관사 a/an과 함께 쓸 수 없고 복수형이 불가능하다. 따라서 가산명사의 단수형 앞에 쓰는 a는 올 수 없다. 정관사 the는 가산단수, 가산복수, 불가산명사 앞에 모두 쓸 수 있으므로 정답은 (B) The가 된다.

어휘 equipment 기계, 장비 fully 완전히 refundable 환불 가능한 date 날짜 purchase 구매 return 반환, 반품 accompany 수반하다, 동반하다 original receipt 영수증 원본

Step 3

01 This year, Hyundai Motor's revenue grew by $50 million, which represents an ------- of 50 percent over last year.

(A) increase (B) increased (C) increases (D) increasingly

해석 올해 현대자동차의 수입이 5천만 달러 증가했는데, 이는 작년보다 50퍼센트 증가한 수치이다.

구조분석
　　　　　　　　　　　　　　　　　　　　　　　관계대명사　　동사'　　목적어'
(This year), (Hyundai Motor's) revenue / grew (by $50 million), [which / represents / an -------
　　　　　　　　　　　　　　주어　　　　동사　　　　　　　　　　　[관계대명사절]

(of 50 percent) (over last year)].

해설 빈칸은 문장 전체를 선행사로 받는 관계대명사 which가 이끄는 절의 목적어 자리이다. 따라서 목적어 자리에 올 수 있는 품사인 명사가 와야 하므로 (B) increased와 (D) increasingly는 오답이다. 빈칸 앞에 가산명사의 단수형을 나타내는 부정관사 an이 나왔으므로 복수형인 increases는 함께 쓰일 수 없다. 따라서 정답은 단수명사인 (A) increase이다.

어휘 revenue 수입 grow 성장하다, 증가하다 million 백만 represent 나타내다 increase 증가(하다) increasingly 점점 더

02 Explore Innovation is a famous science museum in Los Angeles with branches in a ------- of major cities in the U.S.

(A) number   (B) numbering   (C) numbered   (D) numbers

해석 익스플로어 이노베이션은 미국의 많은 주요 도시에 분점을 갖고 있는, 로스앤젤레스 시의 유명한 과학박물관이다.

구조 분석 Explore Innovation / is / a (famous) science museum (in Los Angeles) [with branches (in a -------
주어   동사   보어

of major cities in the U.S)].

해설 빈칸은 전치사 in의 목적어 자리로 명사가 와야 한다. 따라서 분사인 (B) numbering과 (C) numbered는 오답이다. 빈칸 앞에 가산명사의 단수형을 나타내는 부정관사 a가 나왔으므로 복수형인 numbers는 함께 쓰일 수 없다. 따라서 정답은 단수명사인 (A) number이다. a number of는 '많은'이라는 의미의 수량형용사 표현이며 뒤의 복수 가산명사를 수식한다.

어휘 famous 유명한   science 과학   museum 박물관   branch 지사, 분점   a number of 많은   major 주요한   number 숫자, 번호를 매기다

Lesson 08 ● 관사를 대신하는 한정사들 Test   ▶ 본책 p. 59

| Step 1 생략(아래 정답 표기 참조) | Step 2 01 (A) 02 (A) 03 (A) | Step 3 01 (A) 02 (B) |

Step 1

01 One of the responsibilities of this position is to manage the sales department.

해석 이 직위의 책임 중 하나는 영업부서를 관리하는 것이다.

구조 분석 One (of the responsibilities of this position) / is / to manage / the sales department.
주어   동사   보어 (to부정사구)

해설 명사를 한정하는 기능을 하는 한정사에는 관사를 비롯하여 지시형용사, 소유격, 수량형용사 등이 있다. 한정사는 단독으로 쓰이는 것이 원칙이므로, 지시형용사인 this가 명사 앞에 쓰일 경우 관사를 쓰지 않아도 된다.

어휘 responsibility 책임   position 직위, 자리   manage 관리하다   sales department 판매부서, 영업부

02 If you need any help, come visit my office anytime.

해석 도움이 필요하시면, 언제든지 제 사무실에 방문하시기 바랍니다.

구조 분석 If you / need / (any) help, // come visit / (my) office (anytime).
접속사 주어1 동사1   목적어   동사2   목적어2

해설 some, any, no, each, every와 같은 부정형용사는 한정사로 명사를 수식해줄 수 있다. any는 부정형용사로 한정사이며, a나 the와 같은 관사도 한정사이므로 동시에 한 개의 명사 앞에서 쓰일 수 없다. 따라서 any가 관사를 대신하게 된다. 소유격 대명사인 my도 한정사로 쓰인다. 여기서는 office를 한정해주고 있다.

어휘 need 필요하다   help 도움, 돕다   come 오다   visit 방문하다   office 사무실   anytime 언제든지, 언제라도

03 Every employee was given their own personalized e-mail address by the company.

해석 모든 직원들은 회사에서 그들만의 개인 이메일 주소를 받았다.

구조 분석 (Every) employee / was given / (their own) personalized e-mail address (by the company).
주어   동사   목적어

> **해설** some, any, no, each, every와 같은 부정형용사는 한정사로 명사를 수식해줄 수 있다. 소유격 their도 한정사로 명사를 한정하는 기능을 한다. 따라서 이와 같은 한정사가 명사 앞에서 수식해줄 경우, 관사를 쓰지 않아도 된다.
>
> **어휘** every 모든 employee 직원 give 주다 one's own 자신만의 personalized 개인화된 address 주소

Step 2

01 Many ------- are participating in the Job Fair.   (A) graduates   (B) graduate

> **해석** 많은 졸업자들이 취업 박람회에 참여하고 있다.

> **구조분석** (Many) ------- / are participating (in the Job Fair).
>   주어   동사
>
> **해설** many는 수량형용사로 뒤의 복수 가산명사를 수식한다. graduate은 '졸업하다'라는 동사 외에 '졸업생'이라는 명사 의미가 있으며 사람명사로 가산명사이다. 따라서 many의 수식을 받을 수 있는 것은 복수형인 graduates이다.
>
> **어휘** many 많은 participate in ~에 참여하다 job fair 취업 박람회 graduate [grǽdʒuèit] 졸업하다, [grǽdʒuət] 졸업생

02 Brooke Inc. recently sent this ------- to merge the two companies.
(A) proposal   (B) proposals

> **해석** 브룩 사는 최근에 두 회사를 합병하는 이 제안서를 보냈다.

> **구조분석** Brooke Inc. / (recently) sent / (this) ------- (to merge the two companies).
>   주어   동사   목적어
>
> **해설** 빈칸은 동사 뒤의 목적어 자리로 명사가 와야 한다. 명사 proposal은 가산명사이므로, 관사와 함께 쓰이거나 복수형으로 써야 하며 단독으로 쓸 수 없다. 이때 지시형용사인 this가 관사를 대신하여 명사를 한정시켜 주는 기능을 할 수 있는데, 지시형용사 this 뒤에는 가산 단수명사 또는 불가산명사가 오게 된다. 가산 복수명사를 수식할 경우에는 these를 쓰게 된다. proposal은 가산명사이므로, this의 수식을 받을 경우 단수형으로 쓰여야 하므로 정답은 proposal이다.
>
> **어휘** recently 최근에, 현재 send 보내다 merge 합병하다 company 회사 proposal 제안(서)

03 ------- of the houses is different in size.   (A) Each   (B) Every

> **해석** 각각의 집들은 크기가 다르다.

> **구조분석** ------- (of the houses) / is / different (in size).
>   주어   동사   보어
>
> **해설** 빈칸은 주어 자리이므로 주어 자리에 올 수 있는 품사인 명사나 대명사가 필요하다. each와 every는 모두 부정형용사로서 가산 단수명사를 수식하는 기능이 있지만(each/every + 가산 단수명사), 대명사의 기능은 each만 갖는다. 즉, [each of the + 가산 복수명사]는 가능하지만 [every of the + 가산 복수명사] 형태는 불가능하다. 따라서 대명사 기능이 없는 Every는 주어 자리에 올 수 없으므로 정답은 Each이다.
>
> **어휘** house 집 different 다른 size 크기 each 각각(의) every 모든

Step 3

01 Doctors have been warning people to avoid sleeping pill overdose because people will place too much ------- upon the sleeping pills.   (A) reliance   (B) relies   (C) reliant   (D) relied

> **해석** 의사들은 사람들이 수면제에 너무 많이 의존하게 될 것 같아서 수면제 과다복용을 피하라고 주의를 주고 있다.

구조분석 Doctors / have been warning / people / to avoid / sleeping pill overdose // because

주어1　　　　　동사1　　　　　목적어1　　　목적보어(to부정사)　　　　접속사

people / will place / (too much) ------ (upon the sleeping pills).

주어2　　　동사2　　　목적어2

해설 (A) reliance는 명사, (B) relies는 동사의 현재형, (C) reliant는 형용사, (D) relied는 과거동사 및 과거분사로 쓰인다. 빈칸은 동사 place의 목적어 자리이자 수량형용사 much의 수식을 받는 명사 자리이다. 또한 수량형용사 much는 뒤에 불가산명사만 올 수 있다. 따라서 보기 중 유일한 명사이며 불가산명사인 (A) reliance가 정답이다.

어휘 warn 경고하다　sleeping pill 수면제　overdose (약물) 과다복용　place much reliance upon/on ~에 크게 의존하다　rely 의존하다　reliant 의존적인

---

02 ------ student willing to attend Professor Lee's lecture should sign up by the end of the week.　(A) Both　(B) Any　(C) Few　(D) All

해석 이 교수의 강의에 참석하고 싶은 학생들은 모두 이번 주말까지 등록해야 한다.

구조분석 (------) student (willing to attend Professor Lee's lecture) / should sign up (by the end) (of the week).

주어　　　　　　　　　　　　　　　　　　　　　　동사

해설 빈칸은 주어인 student를 앞에서 수식하는 형용사 자리이다. student는 사람명사로 언제나 가산명사이므로 관사와 함께 쓰거나 복수형으로 써야 하며 단독으로 쓸 수 없다. 이때 보기와 같은 한정사들이 관사를 대신하여 명사 앞에서 명사를 한정하는 기능을 할 수 있는데, 한정사에 따라 뒤에 올 수 있는 명사의 종류가 정해져 있으므로 주의해야 한다. (A) Both와 (C) Few는 가산 복수명사만을 수식하며, (D) All은 뒤에 가산명사와 불가산명사가 모두 올 수 있으나, 가산명사일 경우 복수명사만을 수식한다. 문제를 보면 수식하는 명사가 student로 가산명사의 단수 형태로 쓰였기 때문에 복수명사, 단수명사, 불가산명사를 모두 수식할 수 있는 (B) Any가 정답이다.

어휘 student 학생　willing to + 동사원형 기꺼이 ~하는　attend 참석하다　professor 교수　lecture 강의　should ~해야 한다　sign up 등록하다

Lesson 09 ● 무관사 명사와 동명사 명사 Test　　　　　▶ 본책 p. 62

Step 1　생략(아래 정답 표기 참조)　　Step 2　01 (A)　02 (B)　03 (A)　　Step 3　01 (D)　02 (D)

Step 1

01 She wanted to go to the department store by a taxi.
→ by taxi

해석 그녀는 택시를 타고 백화점에 가고 싶어 했다.

구조분석 She / wanted / to go (to the department store) (by taxi).

주어　동사　목적어 (to부정사구)

해설 by train. by car 등과 같이 교통수단을 나타낼 때에는 전치사 by 뒤에 관사를 쓰지 않는다.

어휘 department store 백화점

---

02 Employees are required to behave responsibly, whether on the duty or not.
→ on duty

해석 직원들은 근무 중이든 아니든 책임감 있게 행동하도록 요구된다.

구조분석 Employees / are required / to behave responsibly, [whether (on duty or not)].

주어　　　　동사　　　　보어 (to부정사구)　　　[분사구문]

해설 콤마 뒤 명사절 접속사 whether 뒤에 주절과 동일한 주어인 employees are가 생략된 형태의 분사구문 문장이다. on duty는 '근무 중인'이라는 표현으로 관사가 쓰이지 않는다.

어휘 employee 직원 be required to + 동사원형 ~하도록 요구되다 behave 행동하다 responsibly 책임감 있게 whether ~ or not ~인지 아닌지 on duty 근무 중인

---

03 Bright Clean Car Wash offers free cleaning to customers who purchase its promotional car wax and leather cleaner.
→ to the customers

해석 브라이트 클린 세차장은 홍보 중인 차 왁스와 가죽 세척제를 구매하신 고객들에게 무료 세차를 제공합니다.

구조분석
관계대명사 동사´
Bright Clean Car Wash / offers / (free) cleaning (to the customers) [**who** / purchase / (its) (promotional)
주어   동사   목적어   [관계대명사절]
목적어´
car wax and leather cleaner].

해설 명사 뒤에 관계대명사절이 수식할 경우에 수식을 받는 명사에는 정관사 the를 붙여야 한다. customers는 뒤에 관계대명사 who가 이끄는 관계대명사절의 수식을 받고 있으므로 the customers가 되어야 한다.

어휘 offer 제공하다 free 무료의 customer 고객 purchase 구매하다 promotional 홍보의, 판촉의 wax 왁스 leather 가죽 cleaner 세척제

Step 2

01 After a thorough review of Dr. Ross's latest paper, some researchers suggested that his new findings were ------- error. (A) in (B) in an

해석 로스 박사의 최신 논문을 철저하게 검토한 후, 몇몇 연구자들은 그의 새로운 발견이 잘못되었다고 주장했다.

구조분석
명사절 접속사
[After a thorough review (of Dr. Ross's latest paper)], (some) researchers / suggested / **that** (his) (new)
주어   동사
주어´   동사´   보어´ (전치사구)
findings / were / (------- error).
목적어절

해설 빈칸은 that절의 동사 were의 보어 자리에 [전치사 + 명사] 형태의 형용사구가 쓰인 경우이다. in error는 '잘못된'이라는 의미의 관용표현으로 관사 없이 쓰인다.

어휘 after ~한 후에 thorough 철저한 review 검토, 복습 latest 최신의 paper 논문 researcher 연구원, 조사원 suggest 제안하다, 주장하다 finding 조사한 것, 발견한 것 in error 잘못된

02 Financial concerns have prevented the proposed expansion of affordable ------- in the city.

(A) house (B) housing

해석 재정적인 문제 때문에 도시에 값이 싼 주택 공급을 확장하자는 제안은 무산됐다.

구조분석
(Financial) concerns / have prevented / the (proposed) expansion (of affordable -------) (in the city).
주어   동사   목적어

해설 빈칸은 전치사 of의 목적어이며 형용사 affordable의 수식을 받는 명사 자리이다. house는 가산명사이므로 관사와 함께 쓰이거나 복수형으로 써야 하며, 단독으로는 쓰이지 못한다. 빈칸 앞에 관사가 보이지 않으므로 단수형인 house는 적절하지 못한 형태이다. 따라서 불가산명사인 housing이 정답이다.

어휘 financial 재정적인 concern 걱정, 관심 prevent 막다, 예방하다 proposed 제안된 expansion 확장, 확대 affordable (가격이) 알맞은 house 집, 주택 housing 주택 공급

03 The head accountant mentioned that our ------- is rising due to the price increase in essential items.　(A) spending　(B) spend

해석 회계부장은 필수품의 가격 상승 때문에 우리의 지출이 증가하고 있다고 언급했다.

구조분석
The head accountant / mentioned / **that** (our) ------- / is rising (due to the price increase) (in essential
　　주어　　　　　　　동사　　　　　　　　　　　　　　　　　　　　　　　　목적어절
items).

명사절 접속사 / 주어´ / 동사´

해설 빈칸은 that절의 주어 자리이므로 명사가 와야 한다. spend는 동사이므로 주어 자리에 올 수 없고, spend에 -ing를 붙여 명사로 만든 spending(지출)이 정답이 된다.

어휘 head 장, 우두머리　accountant 회계사　mention 언급하다　rise 오르다, 증가하다　due to ~ 때문에　price 가격　increase 증가(하다)　essential 필수적인　item 품목, 물품　spend 소비하다　spending 지출

Step 3

01 The Manchester branch has job ------- in the billing department that need to be filled right away.　(A) open　(B) opens　(C) opened　(D) openings

해석 맨체스터 지사의 청구부서에 즉시 충원되어야 하는 공석이 있다.

구조분석
The Manchester branch / has / job ------- (in the billing department) [**that** need / to be filled (right away)].
　　주어　　　　　　　동사　목적어　　　　　　　　　　　　　관계대명사 / 동사´ / 목적어´
　　　　　　　　　　　　　　　　　　　　　　　　　　　　　　　[관계대명사절]

해설 빈칸은 동사 뒤의 목적어 자리이다. 목적어 자리에 올 수 있는 품사는 명사인데 보기 중 opening은 동사 open에 -ing를 붙여 명사로 만든 경우로 '빈자리(공석, 결원)'라는 의미의 가산명사이므로 정답은 (D) openings가 된다.

어휘 branch 지사, 지점　job opening 공석　billing department 청구부서　need to + 동사원형 ~할 필요가 있다　fill 채우다　right away 즉시, 곧바로

02 Every tax professional employed by Anderson Consulting holds an advanced degree in -------.
(A) accountant　(B) accounted　(C) accountable　(D) accounting

해석 앤더슨 컨설팅에서 고용한 세금 전문가들은 모두 회계학 분야에서 석사 이상의 학위를 보유하고 있다.

구조분석
(Every) tax professional [employed (by Anderson Consulting)] / holds / an (advanced) degree (in -------).
　　　　주어　　　　　　　　　　　　　　　　　　　　　　　동사　　　　　목적어

해설 빈칸은 전치사 in의 목적어 자리이므로 명사가 와야 한다. 보기 중 명사는 (A) accountant와 (D) accounting인데, accountant(회계사)는 사람명사로 언제나 가산명사이므로 관사와 함께 쓰거나 복수형으로 써야 한다. 빈칸 앞에 관사가 없으므로 단수형인 accountant를 단독으로 쓸 수 없다. 따라서 불가산명사인 (D) accounting이 정답이 된다.

어휘 every 모든　tax 세금　professional 전문가　employ 고용하다　hold 들고 있다, 보유하다　advanced degree 석사 이상의 학위

유통관리 (D)　　마케팅 (C)　　생산관리 (C)　　인사관리 (D)　　영업 & 마케팅 (A)　　상식 (C)　　연구개발 (A)

[유통관리]

The HSBC Group is examining electric and gas resources in the region to revise the energy ------- plan.　(A) distraction　(B) assortment　(C) fragment　(D) distribution

해석 HSBC 그룹은 에너지 공급 계획을 수정하기 위해 그 지역의 전기와 가스 자원을 조사할 것이다.

구조 분석 The HSBC Group / is examining / electric and gas resources (in the region) (to revise / the energy
　　　　　주어　　　　　　　　동사　　　　　　　목적어
------- plan).

해설 빈칸은 수식어구인 to부정사의 목적어 자리로 energy와 plan과 함께 복합명사를 이루는 명사가 들어갈 자리이다. 전기와 가스 자원을 조사하는 것은 에너지 공급 계획을 수정하기 위한 것이라는 내용이 적절하므로 정답은 (D) distribution이 된다.

어휘 examine 검사하다, 조사하다　electric 전기　gas 가스　resource 원천, 자원　region 지역　revise 수정하다, 변경하다　energy 에너지　distraction 집중을 방해하는 것, 오락　assortment 모음, 종합　fragment 조각, 세분화　distribution 분배, 유통

[마케팅]

Cosmetic companies give away free samples and other ------- to promote new perfume.
(A) details　(B) impressions　(C) incentives　(D) traits

해석 화장품 회사는 새로운 향수를 홍보하기 위해 무료 샘플과 다른 인센티브를 나누어준다.

구조 분석 Cosmetic companies / give away / (free) samples and (other) ------- (to promote new perfume).
　　　　　주어　　　　　　동사　　　　　　목적어

해설 정답을 찾는 키워드는 동사인 give away와 free samples이다. 빈칸은 목적어 자리이므로 동사인 give away(사은품으로 주다)의 대상이 될 수 있어야 하고, 등위접속사 and로 연결된 free samples와 동일한 성질을 가진 것이어야 하므로, 새로운 향수를 홍보하기 위해 제공하는 것으로 적절한 명사는 (C) incentives가 된다.

어휘 cosmetic 화장품　company 회사　give away (사은품 등으로) 거저 주다　sample 표본, 샘플　other 또 다른　promote 촉진시키다, 홍보하다　perfume 향수　detail 세부사항　impression 인상　incentive 인센티브, 장려책　trait 특성

[생산관리]

Since introducing an incentive pay system, Dexia Group has seen a dramatic increase in employee -------.　(A) occasion　(B) tendency　(C) productivity　(D) approach

해석 인센티브 급여 체제를 도입한 이래로, 덱시아 그룹은 직원 생산성에서 급격한 성장을 보이고 있다.

구조 분석 (Since introducing an incentive pay system), Dexia Group / has seen / a (dramatic) increase
　　　　　　　　　　　　　　　　　　　　　　　　주어　　　　동사　　　　　　목적어
(in employee -------).

해설 빈칸은 전치사 in의 목적어로 employee와 복합명사를 이루는 명사 자리이다. [전치사 in + 명사]가 수식해주고 있는 앞의 명사 increase도 정답을 찾는 키워드가 된다. 문맥상 급격한 성장을 볼 수 있는 분야는 '직원 생산성'이 되어야 적절하므로 정답은 (C) productivity이다. employee productivity는 자주 출제되는 복합명사이므로 익혀두어야 한다.

어휘 since ~이래로　introduce 소개하다, 도입하다　incentive 인센티브, 장려책　pay 급여　system 시스템, 체계　dramatic 극적인　increase 증가(하다)　employee 직원　occasion 행사, 때　tendency 경향　productivity 생산성　approach 접근(하다)

[인사관리]

Most of the company newsletters and websites contain lists of current job -------.

(A) relations   (B) qualities   (C) expressions   (D) vacancies

해석 대부분의 회사 소식지와 웹사이트에는 현재의 공석 목록이 포함되어 있다.

구조분석 Most (of the company newsletters and websites) / contain / lists (of current job -------).
　　　　　주어　　　　　　　　　　　　　　　　　　　　　　동사　　목적어

해설 빈칸은 전치사 of의 목적어로 job과 복합명사를 이루는 명사 자리이다. 전치사 of는 구성 요소, 동격을 나타내는 전치사이므로 정답의 키워드는 list(목록)가 된다. 따라서 목록을 만들 수 있는 것은 '구인자리, 공석'을 의미하는 job vacancies이다. 같은 의미의 복합명사로 job openings도 함께 알아두어야 한다.

어휘 most 대부분   company newsletter 회사 소식지   website 웹사이트   contain 포함하다   list 목록, 리스트   current 현재의   job vacancy 공석   relation 관계   quality 질   expression 표현

[영업 & 마케팅]

In most market-oriented companies, sales representatives have the ------- to travel on short notice to visit potential customers.

(A) flexibility   (B) commission   (C) destination   (D) relativity

해석 대부분의 시장 지향적인 회사에서는 영업사원들은 잠재 고객들을 만나기 위해 사전에 충분한 예고 없이 출장을 갈 수 있는 유연성을 갖는다.

구조분석 (In most market-oriented companies), sales representatives / have / the ------- (to travel) (on short
　　　　　　　　　　　　　　　　　　　　　　　　　주어　　　　　동사　　목적어
notice) (to visit potential customers).

해설 정답의 키워드는 on short notice이다. 사전에 충분한 예고 없이 출장을 가는 것에 대한 flexibility(유연함)를 갖는다는 것이 문맥상 적절하므로 정답은 (A) flexibility이다.

어휘 most 대부분의   market-oriented 시장 지향적인   sales representative 영업사원   travel 여행하다, 출장가다   on short notice 사전에 충분한 예고 없이 갑작스럽게   visit 방문하다   potential 잠재적인   customer 고객

[상식]

When in the headquarters building, please make sure your ------- is visible at all times.

(A) decision   (B) reservation   (C) identification   (D) interruption

해석 본사 건물에 있을 때는, 신분증이 항상 보이도록 해주세요.

구조분석
　　　　　　　　　　　　　　　　　　　　　　　　　　　　　　　　　　　주어'　동사'　보어'
[When (in the headquarters building)], (please) make sure / (your) ------- / is / visible (at all times).
　　　　[분사구문]　　　　　　　　　　　　　　　　동사 (명령문)　　　　　목적어절(명사절 접속사 that 생략)

해설 문장의 동사 make sure의 목적어 자리에 주어, 동사가 있는 문장이 오고 있다. 이는 문장을 명사로 만드는 명사절 접속사 that이 생략된 것으로 볼 수 있다. 빈칸은 that이 이끄는 문장의 주어 자리이자 소유격인 your의 수식을 받고 있으므로 명사가 와야 한다. be동사는 주어의 상태를 설명하는 형용사 보어를 취하므로, 보어인 visible이 정답을 결정하는 키워드가 된다. 문맥상 본사 건물에서 다닐 때 항상 보이도록 해야 하는 것은 신분증이어야 자연스럽다. 따라서 정답은 (C) identification이다.

어휘 headquarters 본사   make sure 반드시 ~하다   visible 보이는, 알아볼 수 있는   at all times 항상   decision 결정   reservation 예약, 보유   identification 신분증   interruption 방해

[연구개발]

A variety of possible solutions tested in the ------- were found to produce equivalent results.

(A) study　　(B) history　　(C) subject　　(D) development

해석 연구에서 실험된 다양한 가능성 있는 해결책들이 동등한 결과를 발생시킨다는 사실이 밝혀졌다.

구조분석 (A variety of possible) solutions (tested) (in the -------) / were found / to produce / (equivalent) results.
주어　　　　　　　　　　　　　　　　　　　동사　　　　보어 (to부정사구)

해설 정답의 키워드는 tested와 solutions이다. 다양한 해결책들을 실험해 볼 수 있는 것은 '연구'이므로 정답은 (A) study가 된다.

어휘 a variety of 다양한　possible 가능한　solution 해결책　test 테스트하다, 실험하다　find 알다, 발견하다　produce 생산하다, 만들어내다　equivalent 동등한　result 결과　study 연구　history 역사　subject 주제　development 개발

Lesson 11 ● 명사 어휘 학습법 ❷ Test　　　▶ 본책 p. 66

Step 1 생략(아래 정답 표기 참조)　　**Step 2** 01 (B) 02 (A) 03 (B)　　**Step 3** 01 (B) 02 (C)

Step 1

01 Gabori Technology has made a successful transition to a computerized accounting system.

해석 가보리 기술은 전산화된 회계 시스템으로의 성공적인 전환을 이루었다.

구조분석 Gabori Technology / has made / a (successful) transition (to a computerized accounting system).
주어　　　　　　　동사　　　　목적어

해설 transition(전환)은 이동 방향의 전치사 to와 함께 쓰여서 '~로의 전환'이란 의미를 나타낸다.

어휘 make 만들다　successful 성공적인　transition 변환, 전환　computerized 컴퓨터화된, 전산화된　accounting 회계　system 시스템, 체계

02 The widespread advances in database networking have made it possible for scientists to access an unprecedented amount of information.

해석 널리 확산된 데이터베이스 네트워킹의 진보는 과학자들이 전례 없는 양의 정보에 접근하는 것을 가능하게 만들었다.

구조분석 The (widespread) advances (in database networking) / have made / it / possible (for scientists) /
주어　　　　　　　　　　　　　　　동사　　　가목　목적보어

to access / an (unprecedented) amount (of information).
진목적어 (to부정사구)

해설 advance(진보)는 분야의 전치사 in과 함께 쓰여서 '~에서의 진보'라는 의미를 나타낸다. amount는 구성 요소, 동격의 전치사 of와 함께 쓰여서 '~의 양'의 의미로 쓰인다.

어휘 widespread 널리 퍼진, 확산된　advance 진보　database 데이터베이스　networking 네트워킹　possible 가능한　scientist 과학자　access 접근(하다)　unprecedented 전례 없는　amount 양　information 정보

03 The new sweetener by Girvant Products is often used as a substitute for sugar in cold beverages because it dissolves quickly.

해석 지르방 프라덕츠 사의 새로운 감미료는 빨리 용해되기 때문에 청량음료에 설탕의 대체물로 자주 사용된다.

구조
분석 The (new) sweetener (by Girvant Products) / is (often) used (as a substitute) (for sugar) (in cold

주어1   동사1

beverages) // **because** it / dissolves (quickly).

접속사   주어2   동사2

해설   substitute(대체물)는 용도나 목적의 전치사 for와 함께 쓰여서 '~의 대체물'이란 의미로 쓰인다.

어휘   **sweetener** 감미료   **often** 자주, 종종   **use** 사용하다   **substitute** 대체물   **sugar** 설탕   **cold** 차가운   **beverage** 음료   **because** ~ 때문에   **dissolve** 녹다, 용해되다   **quickly** 빨리

Step 2

01 Having worked for Prime Productions for 15 years, chief producer Catherine Jeon has shown her full ------- to the television programs.   (A) assessment   (B) commitment

해석   프라임 프러덕션스에서 15년간 일하면서, 책임 프로듀서인 캐서린 젼은 텔레비전 프로그램에 대한 그녀의 완전한 헌신을 보여주었다.

구조
분석   [Having worked (for Prime Productions) (for 15 years)], chief producer Catherine Jeon / has shown /

[분사구문]   주어   동사

(her full) ------- (to the television programs).

목적어

해설   commitment(헌신)는 대상의 전치사 to와 함께 쓰여 어디에 헌신하였는지 그 대상을 나타낸다. assessment(평가)는 전치사 of와 함께 쓰여서 '~에 대한 평가'라는 의미로 쓰인다.

어휘   **work** 일하다   **chief producer** 책임 프로듀서   **show** 보여주다   **full** 가득 찬, 많은   **program** 프로그램   **assessment** 평가   **commitment** 헌신

02 Following the success in the European market, Quickie Fast Burgers are planning its ------- into the Asian market.   (A) expansion   (B) process

해석   유럽 시장에서의 성공 이후, 퀵키 패스트 버거스는 아시아 시장으로의 확장을 계획하고 있다.

구조
분석   (Following the success) (in the European market), Quickie Fast Burgers / are planning / (its) -------

주어   동사   목적어

(into the Asian market).

해설   expansion(확장)과 같은 변화, 확장, 이동의 명사는 이동 방향의 전치사 into와 함께 쓰인다. process(과정, 절차)는 주로 전치사 of와 함께 쓰인다.

어휘   **following** ~후에, ~에 이어   **success** 성공   **market** 시장   **plan** 계획하다, 예정하다   **expansion** 확대, 확장   **process** 과정, 절차

03 Throughout his volunteer work, Mr. Glassman has shown a remarkable ------- to our community for the past four years.   (A) assurance   (B) commitment

해석   그의 자원봉사 활동 내내, 글래스먼 씨는 지난 4년 동안 우리 지역사회에 대한 놀라운 헌신을 보여주었다.

구조
분석   (Throughout his volunteer work), Mr. Glassman / has shown / a (remarkable) ------- (to our community)

주어   동사   목적어

(for the past four years).

해설   commitment(헌신)는 대상의 전치사 to와 함께 쓰인다.

어휘   **throughout** 도처에, ~동안 내내   **volunteer** 자원봉사자   **work** 일, 작업   **show** 보여주다   **remarkable** 주목할 만한, 놀라운   **community** 지역사회   **past** 지난   **assurance** 확신   **commitment** 헌신

01 The ATO Group has a vested ------- in expanding into the Asian market in the near future.

(A) ability　　(B) interest　　(C) eagerness　　(D) leadership

해석 ATO 그룹은 가까운 장래에 아시아 시장으로 진출할 수 있는 기득권이 있다.

구조 분석 The ATO Group / has / a (vested) ------- (in expanding) (into the Asian market) (in the near future).
　　　　　 주어　　　　동사　　　　목적어

해설 분야의 전치사 in과 어울리는 명사는 interest(관심, 이익)이다. vested interest in은 '~에 대한 기득권'이라는 표현으로 익혀두자. ability(능력)와 eagerness(열망)는 [전치사 for + 명사] 또는 to부정사와 함께 쓰인다. leadership은 전치사 of와 함께 쓰여서 '~에 관한 리더십'의 의미를 나타낸다.

어휘 vested interest 기득권　**expand** 확장하다, 확대하다　**near** 가까운　**future** 미래　**ability** 능력　**interest** 관심, 이익, 이해관계 **eagerness** 열망, 열의　**leadership** 리더십

02 The marketing department decided to start ------- into the shopping habits of young adults between the ages of 21 and 30.

(A) configurations　　(B) substitutions　　(C) investigations　　(D) modifications

해석 마케팅 부서는 21세부터 30세 사이의 젊은층의 쇼핑 습관에 관한 조사를 시작하기로 결정했다.

구조 분석 The marketing department / decided / to start / ------- (into the shopping habits) (of young adults)
　　　　　 주어　　　　　　　　　 동사　　　 목적어 (to부정사구)

(between the ages of 21 and 30).

해설 전치사 into와 함께 쓰이는 명사는 investigation(조사)이다. configuration(배열, 배치)은 of, substitution(대체)은 for, modification(수정, 변경)은 in/to/of와 주로 쓰인다.

어휘 marketing 마케팅　**department** 부서　**decide** 결정하다, 결심하다　**start** 시작하다　**shopping** 쇼핑　**habit** 습관　**adult** 어른, 성인　**between A and B** A와 B 사이의　**configuration** 배열, 배치　**substitution** 대체(물)　**investigation** 조사　**modification** 수정, 변경

Chapter 02 ● Practice Test
▶ 본책 p. 67

01 (B)　02 (B)　03 (B)　04 (B)　05 (C)　06 (B)　07 (A)　08 (B)　09 (B)　10 (A)　11 (C)　12 (D)

01 In observance with the national holiday, all ------- of Tyota Motor will be closed on Monday, January 2nd.　(A) residences　(B) branches　(C) partitions　(D) procedures

해석 국경일을 준수하여, 트요타 모터의 지사들은 모두 1월 2일 월요일에는 영업을 하지 않을 것입니다.

구조 분석 (In observance) (with the national holiday), (all) ------- (of Tyota Motor) / will be closed (on Monday,
　　　　　　　　　　　　　　　　　　　　　　　　　　 주어　　　　　　　　　　　　　 동사

January 2nd).

해설 주어 자리에 적절한 명사 어휘를 고르는 문제이다. 정답의 키워드가 되는 것은 동사인 closed와 전치사구인 of Tyota Motor이다. 전치사 of는 구성요소, 동격을 나타내는 전치사로, Tyota Motor 회사의 구성요소가 될 수 있는 명사이면서 closed(문을 닫다, 영업을 중단하다)의 대상이 될 수 있는 명사는 '지사, 지점'이 된다. residences(주택, 거주지), partitions(칸막이, 분할), procedures(절차)는 의미상 적절하지 않다. 따라서 정답은 (B) branches가 된다.

어휘 in observance with ~을 준수하여　**national holiday** 국경일　**close** 문을 닫다, 영업을 중단하다　**residence** 거주지, 주택 **branch** 지사, 지점　**partition** 칸막이, 분할　**procedure** 절차

02 The research division of ING Group, under the ------- of Mr. Reed, conducts numerous materials tests every year.

(A) prediction   (B) supervision   (C) indication   (D) completion

해석 리드 씨의 감독 하에 있는 ING 그룹의 연구부서는 매년 수많은 재료실험을 시행한다.

구조분석 The research division (of ING Group), (under the ------- of Mr. Reed), / conducts / (numerous)
　　　　　　주어　　　　　　　　　　　　　　　　　　　　　　　　　　　　　동사
materials tests (every year).
　　　목적어

해설 주어는 The research division이고 콤마와 콤마 사이에 있는 전치사구는 관계대명사 which is가 생략된 관계대명사절로 볼 수 있다. 즉, The research division is under the ------- of Mr. Reed가 원래 문장이므로, 문맥상 가장 적절한 명사는 under the supervision of(~의 감독 하에)가 된다. 따라서 정답은 (B) supervision이다.

어휘 research 조사, 연구　division 부서　conduct 수행하다, 지휘하다　numerous 수많은　material 물질, 재료　test 테스트, 시험　prediction 예상, 예측　supervision 감독　indication 암시, 징후　completion 완료, 완성

---

03 Though Mr. Northman has been working for twenty years, he will experience many new and exciting ------- in the new executive department located in Texas.

(A) challenge   (B) challenges   (C) challenging   (D) challenged

해석 노스먼 씨는 20년째 근무하고 있지만, 그는 텍사스 주에 있는 새로운 행정부서에서 많은 새롭고 신나는 도전을 겪게 될 것이다.

구조분석 **Though** Mr. Northman / has been working (for twenty years), // he / will experience / (many new and
　　　　접속사　　주어1　　　　　동사1　　　　　　　　　　　　　　주어2　　　동사2
exciting) ------- (in the new executive department) (located) (in Texas).
　　목적어

해설 빈칸은 문장의 목적어로 형용사인 new and exciting의 수식을 받는 명사 자리이다. 보기 중 명사는 (A) challenge와 (B) challenges가 있는데, challenge(도전)는 가산명사이므로 관사와 함께 쓰이거나, 복수형으로 써야 하며 단독으로 쓰일 수 없다. 빈칸 앞에 관사가 보이지 않으므로 단수형인 challenge는 오답이다. 따라서 복수형인 (B) challenges가 정답이 된다.

어휘 though ~에도 불구하고　experience 경험하다, 겪다　exciting 신나게 하는, 흥분시키는　executive department 행정부서　located 위치한　challenge 도전

---

04 Due to the success of its latest model, Lipstick Star 1, Stardom Cosmetic's annual ------- have been rising significantly.

(A) profit   (B) profits   (C) profitable   (D) profiting

해석 최신 모델 립스틱 스타 1의 성공으로, 스타덤 화장품의 연간 수익이 상당히 증가했다.

구조분석 (Due to the success) (of its latest model), (Lipstick Star 1), (Stardom Cosmetic's annual) -------
　　주어
/ have been rising (significantly).
　　동사

해설 [전치사 Due to + 명사]는 수식어구이므로 괄호로 묶어서 처리하고, 콤마와 콤마 사이의 명사 Lipstick Star 1은 앞의 its latest model과 동격 관계인 삽입구이므로 역시 수식어구로 제거한다. 빈칸은 동사 앞의 주어 자리이며, 형용사 annual의 수식을 받는 명사 자리이다. 보기 중 명사는 (A) profit과 (B) profits인데, 주어인 명사는 반드시 동사와 수일치를 검토해야 한다. 동사가 have been으로 복수동사이므로 주어는 복수명사여야 한다. 따라서 복수형인 (B) profits가 정답이다.

어휘 due to ~ 때문에　success 성공　latest 최신의　model 모델　annual 매년의, 연례의　rise 오르다, 증가하다　significantly 상당히, 매우　profit 수익, 이익　profitable 수익성이 있는

05 The ------- of changing our current supplier is to reduce our production costs.

(A) intending　　(B) intentions　　(C) intention　　(D) intentional

해석 우리의 현재 공급업체를 바꾸는 목적은 우리의 생산비용을 줄이기 위한 것이다.

구조분석 The ------- (of changing our current supplier) / is / to reduce our production costs.
　　　　주어　　　　　　　　　　　　　　　　　　　동사　　보어 (to부정사구)

해설 [전치사 of + 명사]는 수식어구이므로 괄호로 묶어서 제거하면 빈칸은 관사 The의 수식을 받는 주어 자리임을 확인할 수 있다. 주어 자리에 올 수 있는 품사는 명사로, 보기 중 명사는 복수형인 (B) intentions와 단수형인 (C) intention이다. 주어인 명사는 동사와의 수일치를 검토해야 하는데, 동사가 is로 단수동사이므로 주어도 단수명사임을 알 수 있다. 따라서 정답은 (C) intention이 된다.

어휘 **change** 바꾸다, 변경하다 **current** 현재의 **supplier** 공급업체, 공급자 **reduce** 줄이다, 감소시키다 **production** 생산 **cost** 비용 **intention** 의도, 목적 **intentional** 의도적인

06 For its annual clearance, all premium brands at Trenton Outlet Store will give ------- of up to 70% on all their items.

(A) discount　　(B) discounts　　(C) discounter　　(D) discounting

해석 매년 실시하는 창고정리 세일 때 트렌튼 아울렛 상점의 모든 최고급 브랜드가 전 품목 70%까지 할인 판매합니다.

구조분석 (For its annual clearance), (all) premium brands (at Trenton Outlet Store) / will give / ------- (of up to
　　　　　　　　　　　　　　　　　　　주어　　　　　　　　　　　　　　　　　　동사　　　목적어
70%) (on all their items).

해설 빈칸은 동사 give의 뒷자리로 목적어인 명사가 와야 한다. 보기 중 명사는 discount(할인)와 discounter(할인점)인데, 할인점을 '70%까지 제공한다'는 내용은 적절하지 않으므로 (C) discounter는 오답이다. discount는 가산명사이므로 관사와 함께 쓰이거나 복수형으로 써야 하는데, 빈칸 앞에 관사가 보이지 않으므로 단수형인 discount가 단독으로 쓰일 수 없다. 따라서 정답은 복수형인 (B) discounts이다.

어휘 **clearance** 창고정리 세일 **premium** 최고급의 **give** 주다 **up to** ~까지 **item** 물품, 품목 **discount** 할인(하다) **discounter** 할인점

07 During the presentation, Ms. Liu gave an ------- of the number of children dying from poverty and starvation.

(A) estimate　　(B) estimates　　(C) estimated　　(D) estimating

해석 프레젠테이션 동안, 리우 씨는 가난과 기아로 죽어가는 아이들의 수치에 대한 추산을 제시했다.

구조분석 (During the presentation), Ms. Liu / gave / an ------- (of the number) (of children) [dying (from
　　　　　　　　　　　　　　　　　주어　　동사　　목적어
poverty and starvation)].

해설 빈칸은 동사 give 뒤의 목적어 자리로 명사가 와야 한다. 또한 빈칸 앞에 부정관사 an이 쓰였으므로 빈칸에 올 수 있는 것은 단수 가산명사임을 확인할 수 있다. 보기 중 명사는 (A) estimate와 (B) estimates인데, 복수인 estimates는 부정관사 an과 함께 쓰일 수 없으므로 정답은 단수형인 (A) estimate이다.

어휘 **during** ~동안에 **presentation** 발표, 프레젠테이션 **the number of** ~의 숫자 **children** 아이들 **die** 죽다 **poverty** 가난 **starvation** 기아, 굶주림 **estimate** 추정(하다), 견적서

08 Since the company was experiencing a loss in revenue, the director decided to consider different -------.　　(A) approach　　(B) approaches　　(C) approached　　(D) approaching

해석 회사가 수입이 줄어들고 있었기 때문에, 부장은 다른 접근 방법들을 고려하기로 결정했다.

구조분석 **Since** the company / was experiencing / a loss (in revenue), // the director / decided / to consider /
접속사   주어1   동사1   목적어1   주어2   동사2   목적어 (to부정사구)

(different) -------.

해설 빈칸은 주절의 목적어인 to부정사의 목적어 자리로, 형용사 different의 수식을 받는 명사 자리이다. 보기 중 명사는 단수형인 (A) approach와 복수형인 (B) approaches인데, approach(접근)는 가산명사이므로 관사와 함께 쓰이거나 복수형으로 써야 한다. 빈칸 앞에 관사가 없으므로 단수형인 approach가 단독으로 쓰일 수 없다. 따라서 복수형인 (B) approaches가 정답이다.

어휘 **since** ~때문에, ~이래로 **experience** 경험하다, 겪다 **loss** 손실 **revenue** 수입 **director** 책임자, 임원 **decide** 결정하다, 결심하다 **consider** 고려하다 **different** 다른 **approach** 접근(하다)

---

09 Thanks to the advanced mobile phone technology developed by Dr. Mullen, Midas Wireless expected an enormous ------- in sales.

(A) grows   (B) growth   (C) grown   (D) grower

해석 물런 박사에 의해 개발된 첨단 휴대전화 기술 덕분에, 마이더스 무선통신은 엄청난 판매 성장을 기대했다.

구조분석 [Thanks to the advanced mobile phone technology (developed by Dr. Mullen)], Midas Wireless /
주어

expected / an (enormous) ------- (in sales).
동사   목적어

해설 빈칸은 동사 expected의 뒷자리인 목적어 자리로 형용사 enormous의 수식을 받는 명사 자리이다. 또한 빈칸 앞에 부정관사 an이 있으므로 단수 가산명사가 와야 한다. 보기 중 명사는 (B) growth(성장)와 (D) grower(재배자)인데, 사람명사인 grower는 형용사 enormous와 어울리지 않으며, 판매에서의 '성장'을 기대한다는 것이 의미상 적절하므로 정답은 (B) growth가 된다.

어휘 **thanks to** ~덕분에 **advanced** 선진의, 고급의 **mobile phone** 휴대전화 **technology** 기술 **develop** 개발하다 **expect** 기대하다, 예상하다 **enormous** 엄청난 **sale** 판매 **grow** 자라다 **growth** 성장 **grower** 재배자

---

10 Mr. Bruger's ------- for hiring an additional advertisement agency has been approved by the executives.

(A) recommendation   (B) recommendable   (C) recommending   (D) recommend

해석 추가 광고업체를 고용하자는 브루거 씨의 제안이 경영진에 의해 승인되었다.

구조분석 (Mr. Bruger's) ------- (for hiring an additional advertisement agency) / has been approved (by the
주어   동사

executives).

해설 [전치사 for + 동명사 hiring]은 수식어구이므로 괄호로 묶어서 처리하면, 빈칸은 문장의 주어로서, 형용사와 같은 기능을 하는 소유격의 수식을 받는 명사 자리임을 확인할 수 있다. 주어인 명사는 동사와의 수일치를 확인해야 하는데, 동사가 has been으로 단수동사이므로 주어는 가산단수 또는 불가산명사임을 알 수 있다. 따라서 보기 중 유일한 명사이며 단수형인 (A) recommendation이 정답이다.

어휘 **hire** 고용하다 **additional** 추가적인 **advertisement agency** 광고회사 **approve** 승인하다 **executive** 경영진, 간부 **recommendation** 추천, 제안 **recommendable** 추천할 수 있는, 권할 만한 **recommend** 추천하다

---

11 Most people do not open an account in Delta Bank due to its low interest rate offered in their ------- plans.   (A) save   (B) saved   (C) savings   (D) safely

해석 델타 은행의 저축상품은 금리를 낮게 제공하기 때문에 사람들 대부분 그 은행에서 계좌를 개설하지 않는다.

구조분석 (Most) people / do not open / an account (in Delta Bank) (due to its low interest rate) ⌒ [offered
주어   동사   목적어   [분사구]

(in their ------- plans)].
(전치사 + 명사)

해설 빈칸은 전치사구(in their ------ plans)에서 소유격과 명사 사이에 들어갈 형용사가 오거나, 뒤에 나온 명사 plans와 복합명사를 이루는 명사가 나올 자리이다. 보기 중 과거분사 (B) saved는 형용사이며, (C) savings는 명사이다. saved plans는 '저장된 계획들'로 의미상 적절하지 않으므로 오답이 된다. 따라서 '저축 상품'이라는 의미의 복합명사 savings plans가 정답이다. 복합명사의 복수형은 뒤의 명사에 복수형 어미 -s를 붙이는 것이 원칙인데 savings의 경우 복수형을 나타내는 것이 아니라 단어 자체에 -s가 있는 경우이다.

어휘 most 대부분의 open 열다 account 계좌 low 낮은 interest rate 이자율 savings plan 저축 계획, 저축 상품 save 절약하다, 구하다 savings 저축 safely 안전하게

---

12 With a 30-percent ------ in revenue over the past three years, the president is considering expanding its branches throughout the Western regions of the nation.

(A) increases   (B) to increase   (C) increased   (D) increase

해석 지난 3년 동안 수입이 30퍼센트 증가하면서, 사장은 국내 서부지역 전역으로 지사를 확장하는 것을 고려하고 있다.

구조분석 (With a 30-percent ------) (in revenue) (over the past three years), the president / is considering /
　　　주어　　　　　　　동사

expanding its branches (throughout the Western regions) (of the nation).
목적어

해설 빈칸은 전치사 With의 목적어 자리이며 수량형용사로 쓰인 [숫자-percent]의 수식을 받는 명사 자리이다. 또한 빈칸 앞에 부정관사 a가 왔으므로 빈칸은 단수 가산명사임을 알 수 있다. 보기 중 (B) to increase는 명사적 용법이 있지만 전치사 뒤에는 쓰지 않으며 목적어가 필요하므로 답이 될 수 없다. 현재분사 (C) increased는 형용사이므로 오답이다. 명사는 (A) increases와 (D) increase가 있는데, 이 중 단수형인 (D) increase가 정답이다.

어휘 revenue 수입 past 지난 president 사장 consider 고려하다 expand 확장하다, 확대하다 branch 지사, 지점 throughout ~ 도처에, ~동안 내내 western 서쪽의 region 지역 nation 국가

Chapter 03 대명사

Lesson 01 ● 대명사 기본 Test
▶ 본책 p. 71

Step 1 생략(아래 정답 표기 참조)　　**Step 2** 01 (A) 02 (A) 03 (B)　　**Step 3** 01 (A) 02 (B)

Step 1

01 We hired a manager and he was here to see you.
　　　　　　　단수사람명사　　　　대명사

해석 우리는 관리자를 한 명 고용했는데, 그가 당신을 보기 위해 여기에 왔다.

구조분석 We / hired / a manager // **and** he / was (here) (to see you).
　　　　주어1 동사1 목적어　　접속사 주어2 동사2

해설 인칭대명사 he는 주격, 남성, 단수이므로 he가 받는 대상은 남자 한 명이다. 대명사는 앞에 나온 명사를 다시 언급할 때 반복을 피하기 위해 사용된다. 따라서 앞에서 언급되었던 명사를 살펴보면, 인칭대명사 he가 받는 대상은 사람 단수명사 a manager라는 것을 알 수 있다. 문장에서 a manager는 문장의 주어인 we와 동사인 hired의 목적어 역할을 하는 명사로, 이때 등위접속사 and 뒤에서 a manager가 반복되는 것을 피하기 위해 3인칭 주격 단수 인칭대명사 he가 a manager를 대신하는 대명사로 사용되었다.

어휘 hire (사람을) 고용하다 manager 경영자, 관리자 here 여기에 see 보다

02 Supervisors were asked to manage their teams.

복수사람명사   대명사

해석 감독관들은 그들의 팀들을 관리할 것을 요청받았다.

구조분석 Supervisors / were asked / to manage their teams.
주어   동사   보어 (to부정사)

해설 their는 소유격, 그리고 남성과 여성, 사물을 모두 받는 복수 대명사이다. 즉 their가 받는 대상은 둘 이상의 3인칭 '그들' 혹은 '그것들'이고, 소유격 대명사이므로 형용사처럼 명사 앞에 위치하여 그 명사의 소유를 나타낸다. their가 받는 대상은 앞에서 언급된 복수명사로 이 문장 내에서 주어 역할을 하고 있는 Supervisors이다. 소유격 인칭대명사 their는 명사 teams를 한정해주는 역할을 하면서 '그들의 팀'이라는 소유의 의미를 나타내고 있다. 문장 내에서 their teams는 to부정사의 의미상의 목적어 역할을 하고 있다.

어휘 supervisor 감독관   ask 요청하다   manage 관리하다   team 팀, 조

03 It is not important that he was late for the meeting.

가주어   진주어

해석 그가 회의에 늦었다는 것은 중요하지 않다.

구조분석
                 명사절
                 접속사   주어′   동사′   보어′
It / is not / important / that / he / was / late (for the meeting).
가주어   동사   보어   진주어절

해설 it은 주격, 목적격으로 쓰일 수 있는 중성, 단수 인칭대명사이다. 이 문장에서는 be동사 is 앞의 주어 자리에 위치하여서 문장의 주어 역할을 하고 있으므로 주격 인칭대명사로 사용되었다. 특히 it은 진짜 주어나 목적어가 문장 끝 부분에 나올 때 그 대신에 주어나 목적어 자리에 쓸 수 있다는 사실에 유념하자. 이 문장에서 it은 가주어, is는 동사, important는 be동사의 보어, 그리고 that이하는 문장의 진주어의 역할을 하는 명사절이다. 문장의 진짜 주어는 that이하로, 길어진 주어를 뒤로 보내고 주어 자리에 가주어 it을 세운 가주어-진주어 구조이다. 즉 여기에서 가주어 it이 받는 대상은 that이하의 명사절이다.

어휘 important 중요한   late 늦은   meeting 회의

Step 2

01 I know that ------- was in the room.   (A) she   (B) we

해석 나는 그녀가 방 안에 있었다는 것을 알고 있다.

구조분석
            명사절
            접속사   주어′   동사′
I / know / that / ------- / was (in the room).
주어   동사   목적어절

해설 빈칸 앞에 명사절 접속사 that, 뒤로는 be동사 is의 과거형 was가 나왔으므로 빈칸은 명사절의 주어 자리이다. 문장 전체의 주어 I와 동사 know가 목적어로 that 이하의 명사절을 받고 있는 구조이다. 여기서 문제해결의 키워드는 단수동사 was로, 주어 역시 동사와의 수 일치로 단수에 맞춰주어야 하므로 빈칸에는 주격, 단수 대명사가 와야 할 자리라는 것을 알 수 있다. she는 주격, 여성, 단수 대명사이므로 정답이다. we는 주격으로 문장의 주어 자리에 올 수 있으나, 복수 대명사이기 때문에 단수 동사 was와 수일치가 될 수 없으므로 오답이 되었다.

어휘 know 알다, 알고 있다

02 She and ------- were going to attend the conference.   (A) I   (B) us

해석 그녀와 나는 그 회의에 참석하려고 했다.

구조분석 She and ------- / were going to attend / the conference.
주어   동사   목적어

해설 빈칸 앞에 등위접속사 and와 주격 인칭대명사 she가 위치했다. 등위접속사는 앞뒤에 같은 성분의 단어, 구, 절들을 연결하므로 빈칸은 she와 대등하게 연결되는 주격 인칭대명사가 들어갈 자리라는 것을 알 수 있다. 따라서 주어 자리에 올 수 있는 주격, 1인칭 단수대명사 I가 정답이 되었다. us는 목적격, 1인칭 복수대명사로 주어자리에 올 수 없으므로 오답이다.

어휘 attend 참석하다 conference 회의, 학회 be going to + 동사원형 ~할 것이다. ~할 예정이다

03 Rafael really wanted those custom-made shirts, but after considering the price, he decided against buying -------. (A) they (B) them

해석 라파엘은 정말 그 주문 제작 셔츠들을 원했으나, 가격을 고려하고 그것들을 안 사기로 결정했다.

구조분석 Rafael / (really) wanted / (those) custom-made shirts, // **but** (after considering the price), he / decided
주어 　　　　　 동사 　　　　　 목적어 　　　　　　　　　　　　 접속사 　　　　　　　　　　　　　 주어 　 동사

(against buying -------).

해설 빈칸에 알맞은 격의 대명사를 넣는 문제이다. 빈칸 앞에 동명사 buying이 위치하였으므로 빈칸은 buying의 의미상 목적어가 들어가야 할 자리이다. 따라서 정답은 목적격대명사 them이다.

어휘 custom-made 주문 제작한 consider 고려하다 price 가격 decide against ~에 반대의 결정을 하다

Step 3

01 As a salesman, ------- need to deal with more clients and gain interpersonal relationships with them. (A) you (B) yours (C) your (D) yourself

해석 당신은 판매원으로서 더 많은 수의 고객들을 다루고, 그들과 대인관계를 쌓아야 한다.

구조분석 (As a salesman), ------- / need / to deal (with more clients) and gain / interpersonal relationships
　　　　　　　　　　　　　　 주어 　 동사 　 목적어 (to부정사구)

(with them).

해설 빈칸은 동사 앞의 주어 자리이므로 주어로 쓰일 수 있는 주격대명사가 필요하다. 따라서 주격 2인칭 단수대명사 you가 정답이 되었다. 소유대명사 yours는 [소유격 + 명사]로 '너의 것'이라는 의미로 명사 역할을 하므로 주어 자리에 올 수 있지만 의미상 적절하지 않기 때문에 오답. your는 소유격 인칭대명사로 명사 앞에서 형용사와 같이 위치하여 소유의 의미를 나타내므로 오답. yourself는 재귀대명사로 문장의 주어와 목적어가 일치할 경우 목적어 자리에서 쓰이거나, 부사로서 강조 용법에 사용되므로 정답이 될 수 없다.

어휘 salesman 판매원 need 필요로 하다 deal 다루다, 처리하다 more 더 많은 수(의) client 고객 gain 얻다 interpersonal 대인관계에 관련된 relationship 관계

02 You should receive the booklets by tomorrow and review ------- thoroughly.
(A) theirs (B) them (C) they (D) their

해석 당신은 내일까지 그 소책자들을 받고 그것들을 완전히 검토해야 한다.

구조분석 You / should receive / the booklets (by tomorrow) // **and** review / ------- (thoroughly).
주어 　　 동사1 　　　　　 목적어1 　　　　　　　　　　　　 접속사 동사2 　 목적어2

해설 빈칸 앞 동사 review. 뒤는 수식어로 부사 thoroughly가 위치했으므로 빈칸은 동사 뒤의 목적어가 들어갈 자리이다. 또한 빈칸의 대명사는 앞의 복수명사 the booklets를 받고 있다. 따라서 목적격으로 사용되면서 복수명사를 받을 수 있는 목적격 복수대명사 them이 정답이 되었다. theirs는 소유대명사로 booklets를 받으면 '그들이 소유한 소책자'라는 의미로 그들이 누구를 의미하는지 알 수 없는 어색한 문맥이 되므로 오답이다. they는 3인칭 주격 복수대명사로 목적어 자리에 올 수 없으므로 제거한다. their는 3인칭 소유격 복수대명사이므로 명사 앞에 형용사처럼 위치하여 뒤의 명사에 대한 소유의 의미를 나타내는데, 빈칸 뒤에 명사가 없으므로 오답이다.

어휘 receive 받다 booklet 소책자 tomorrow 내일 review 검토하다 thoroughly 대단히, 완전히

Step 1

01 The new service now allows <u>us</u> to do so.
　　　　　　　　　　　　　　목적격

해석 그 새로운 서비스는 이제 우리가 그렇게 하는 것을 가능하게 한다.

구조 분석 The (new) service / (now) allows / us / to do (so).
　　　　　　주어　　　　　　동사　　목적어　목적보어 (to부정사)

해설 대명사 us는 문장의 동사 allow 뒤에서 동사의 목적어 자리에 쓰였으므로 목적격 대명사라는 것을 알 수 있다. 문장의 주어는 The new service라는 명사, 동사는 allows. 그리고 목적어로 목적격 1인칭 복수대명사 us가 들어간 구조이다. 목적격 대명사는 동사 뒤에 목적어 자리, 보어 자리, 전치사의 목적어 자리에서 쓰일 수 있다.

어휘 new 새로운　service 서비스　now 지금, 이제　allow 허락하다

02 We hope to send <u>your</u> tax documents to you by the end of the week.
　　　　　　　　　　　소유격

해석 저희는 귀하의 세금 서류들을 다음 주말까지 귀하께 보내드릴 수 있길 바랍니다.

구조 분석 We / hope / to send / your tax documents (to you) (by the end) (of the week).
　　　　　　주어　　동사　　　　　목적어 (to부정사구)

해설 대명사 your가 바로 뒤의 명사 tax documents를 수식하고 있는 것으로 보아 명사 앞에서 형용사처럼 위치하여 뒤의 명사에 대한 소유의 의미를 나타내는 소유격대명사라는 것을 알 수 있다. 문장의 구조를 보면 주어는 we이고, 동사 hope이 목적어로 to부정사를 받고 있다. 그리고 your tax documents는 to부정사인 to send의 의미상의 목적어 역할을 하고 있다.

어휘 hope 바라다　send 보내다　tax 세금　document 서류, 문서

03 Please e-mail the following information to <u>her</u> by noon today.
　　　　　　　　　　　　　　　　　　　　　목적격

해석 다음에 나오는 정보를 오늘 정오까지 그녀에게 이메일로 보내주세요.

구조 분석 (Please) e-mail / the (following) information (to her) (by noon) (today).
　　　　　　동사(명령문)　　　　　　　　　　목적어

해설 대명사 her는 전치사 to 뒤에서 전치사의 목적어 역할을 하고 있으므로 목적격 대명사라는 것을 알 수 있다. her는 목적격 3인칭 여성 단수대명사로 전치사 to 뒤에 '그녀에게'라는 의미를 나타내고 있다. 목적격 대명사는 동사 뒤의 목적어 자리, 보어 자리, 전치사의 목적어 자리에 올 수 있다. 이 문장의 구조는 명령문이므로 주어는 생략되어있고, 동사로 e-mail. 동사에 대한 목적어로 the following information이 왔고, 그 뒤에 [전치사 + 명사]의 수식어구들이 나온 구조이다.

어휘 following 다음에 나오는　information 정보　noon 정오

Step 2

01 If ------- office has them, please let Andrea Fox know immediately.　(A) you　(B) your

해석 사무실에 그것들이 있다면, 앤드리아 폭스에게 알려주세요.

구조분석 **If** (-------) office / has / them, // (please) let / Andrea Fox / know (immediately).
접속사   주어1   동사1   목적어1   동사2(명령문)   목적어2   목적보어

해설 빈칸은 접속사 if와 주어 역할을 하고 있는 명사 office 사이에 위치해있다. 이 자리는 명사 앞에서 명사를 수식해주는 형용사 자리로, 이 자리에 들어갈 수 있는 인칭대명사는 형용사와 같이 명사 앞에 위치해서 소유의 의미를 나타내는 소유격 인칭대명사 your이다. you는 주격 인칭대명사로 동사 앞에서 주어 역할을 하므로 명사 앞에 올 수 없다. 이 문장은 콤마 앞의 if절에서 주어 your office, 동사 has, 목적어로 대명사 them이 들어간 구조이고, 콤마 뒤의 주절에서는 please가 들어간 명령문으로 주어가 생략되었고, 사역동사 let 뒤에 대상 Andrea Fox가 나오고, 사역동사에 대한 원형부정사로 know가 나온 구조이다.

어휘 office 사무소 let 허락하다 know 알다 immediately 즉시

---

02 I know that ------- were in the room when he entered the room.   (A) they   (B) their

해석 나는 그가 방으로 들어갔을 때, 그들이 방에 있었다는 것을 알고 있다.

구조분석
명사절
접속사   주어'   동사'
I / know / **that** ------- / were (in the room) // **when** he / entered / the room.
주어1 동사1   목적어절   접속사 주어2 동사2   목적어

해설 빈칸 앞에는 접속사 that, 뒤에는 동사 was가 위치했으므로 빈칸은 동사 앞의 주어 자리라는 것을 알 수 있다. 따라서 동사 앞에서 주어 역할을 하는 3인칭 주격 인칭대명사 they가 정답이 되었다. their는 소유격 대명사로 명사 앞에서 형용사처럼 위치하여 뒤의 명사에 대한 소유의 의미를 나타낼 때 쓰이므로 동사 앞에 올 수 없다. 이 문장은 동사 3개와 접속사 2개가 들어간 문장으로, 전체 문장의 본주어 I와 본동사 know가 목적어로 뒤의 명사절 접속사 that절을 받고 있다. 그리고 접속사 when이 들어가서 부사절을 이끌고 있는 구조이다.

어휘 room 방 enter 들어가다

---

03 Several companies in the Southern area need a security system for ------- facilities.
(A) them   (B) their

해석 남부 지역의 몇몇 회사들은 그들의 시설들을 위한 보안 시스템을 필요로 한다.

구조분석 (Several) companies (in the Southern area) / need / a security system (for ------- facilities).
                          주어   동사   목적어

해설 빈칸 앞 전치사 for, 뒤는 명사 facilities가 왔으므로 빈칸은 명사 앞의 형용사 자리이다. 따라서 형용사처럼 명사 앞에 위치하여 뒤의 명사에 대한 소유의 의미를 나타낼 수 있는 3인칭 소유격 복수 대명사 their가 Several companies를 받으며 정답이 되었다. 목적격인 them은 전치사 뒤에서 목적어로 올 수 있지만 뒤에 명사를 받을 수 없으므로 오답이다. 문장 구조는 주어 Several companies, 동사 need, 그리고 동사 need의 목적어로 security system이 온 구조이다.

어휘 several 몇몇의 company 회사 Southern 남쪽에 위치한 area 지역 need 필요로 하다 security 보안, 경비 facility 시설, 기관

Step 3

01 Any employees interested in a flexible work schedule must contact ------- supervisor to discuss the various options.   (A) theirs   (B) them   (C) their   (D) they

해석 융통성 있는 근무일정에 관심 있는 직원들은 누구든지 다양한 선택들을 의논하기 위해 관리자에게 연락해야 한다.

구조분석 (Any) employees [interested (in a flexible work schedule)] / must contact / (-------) supervisor (to
                  주어   동사   목적어

discuss the various options).

해설 빈칸 앞은 동사 contact, 뒤는 사람명사 supervisor가 왔으므로 빈칸은 형용사 자리이다. 따라서 명사 앞에서 형용사처럼 위치하여 뒤의 명사에 대한 소유의 의미를 나타내는 소유격 3인칭 복수 인칭대명사 their가 정답으로, 앞의 복수명사 employees를 받고 있다. theirs는 '그들의 것'이라는 의미의 소유대명사로 명사 앞에 올 수 없으므로 오답이다. 목적격 대명사 them 또한 명사 앞에 올 수 없고, 동사 뒤의 목적어 자리, 보어, 혹은 전치사의 목적어 자리에 위치하므로 오답이다. 그리고 주격 대명사 they는 동사 앞 주어 자리에 위치하므로 오답이다. 이 문장의 구조는 주어 Any employees, 주어 뒤에 who are가 생략되어 앞의 명사를 후치수식을 하고 있다. 그리고 조동사

must와 동사 contact가 목적어로 their supervisor를 받고 있고, 뒤에 to부정사의 부사적 용법으로 수식어구가 나온 구조이다.

어휘 employee 직원 be interested in (~에) 관심을 보이다 flexible 융통성 있는 contact 연락하다 supervisor 감독관, 관리자 discuss 의논하다 various 다양한 option 선택

---

02 All Airline companies request that, as a ticket holder, ------- present proof of identification.

(A) yours (B) your (C) yourself (D) you

해석 모든 항공사들은 귀하가 티켓 소지자로서 신분을 증명할 것을 제시하라고 요청합니다.

구조분석

		명사절 접속사	동격	주어'	동사'	목적어'
(All) Airline companies /	request /	**that**,	(as a ticket holder),	------- /	present /	proof (of identification).

주어 · 동사 · 목적어절

해설 빈칸 앞의 콤마 사이의 수식어구를 괄호로 묶어서 소거하면, 빈칸 앞은 접속사 that, 그리고 뒤는 동사 present로 빈칸은 동사 앞 주어 자리라는 것을 알 수 있다. 따라서 보기 중 2인칭 주격 인칭대명사 you가 정답이다. 소유대명사 yours는 '너의 것'이라는 의미로 명사 역할을 하므로 주어 자리에 올 수는 있으나 의미상 적절하지 않고, 소유격 인칭대명사 your는 형용사처럼 명사 앞에 위치하여 뒤의 명사에 대한 소유의 의미를 나타내므로 뒤에 수식해줄 명사를 필요로 하기 때문에 오답이다. 재귀대명사 yourself는 주어와 목적어가 일치하는 경우 반복을 피하기 위해 목적어 자리에 위치하거나, 완전한 문장에서 부사로 쓰여서 강조의 의미를 나타내므로 오답이 되었다.

어휘 airline company 항공사 request 요청하다 holder 소유자 present 제시하다 proof 증거, 증명 identification 신원 확인

Lesson 03 ● 소유대명사 & 재귀대명사 Test ▶ 본책 p. 76

Step 1	생략(아래 정답 표기 참조)	Step 2	01 (B) 02 (B) 03 (A)	Step 3	01 (B) 02 (C)

Step 1

01 All employees should take care of themselves in case of a fire.

재귀적 용법

해석 모든 직원들은 화재가 발생할 경우 그들 스스로를 돌봐야 한다.

구조분석 (All) employees / should take care (of themselves) (in case of a fire).

주어 · 동사

해설 재귀대명사의 용법을 묻는 문제이다. 이 문장에서 themselves는 동사 뒤 전치사의 목적어 자리에 왔으며 주어 All employees와 동일하므로 재귀적 용법의 목적어로 사용되었다. 이처럼 재귀대명사에는 '목적어'와 '부사어' 두 가지 용법이 있다. 주어와 목적어가 일치하는 경우에 재귀적 용법으로서 목적어 자리에 들어가는 경우, 그리고 명사나 대명사 뒤, 완전한 문장의 끝에서 '직접, 스스로'라는 부사어로서 강조 용법으로 들어가는 경우가 있다. 부사어로 쓰였을 경우에는 수식어이므로 생략이 가능하지만, 재귀적 용법으로서 목적어로 들어간 경우에는 문장 구조 성분이므로 생략이 불가능하다.

어휘 employee 직원 take care of ~을 돌보다, 신경을 쓰다 in case of ~이 발생할 시에는 fire 불

---

02 Jane can't do all the work herself in an office like this.

강조 용법

해석 제인은 이와 같은 사무실에서 그녀가 직접 모든 일을 다 할 수는 없다.

구조분석 Jane / can't do / (all) the work (herself) (in an office) (like this).

주어 · 동사 · 목적어

해설 재귀대명사의 용법을 묻는 문제이다. 이 문장은 주어 Jane, 조동사와 동사 can't do, 그리고 목적어 all the work를 갖춘 완전한 문장이 제시되었으므로 여기에서 herself는 강조 용법으로서 생략해도 문장 구조에 영향을 주지 않는 부사어로 쓰였음을 알 수 있다. 재귀대명사 문제가 나오면 우선 문장 구조분석을 통해 재귀대명사가 목적어 자리에서 문장의 주요 성분으로 쓰였는지, 아니면 명사나 대명사 뒤, 완전

한 문장의 끝에서 강조의 의미를 주기 위해 생략이 가능한 부사어로 사용되었는지 파악하여 재귀대명사가 재귀적 용법으로 쓰였는지 강조 용법으로 쓰였는지 판단할 수 있어야 한다.

어휘 office 사무실

---

03 Mr. Long had to finish his report by himself.

강조 용법

해석 롱 씨는 그의 보고서를 혼자서 마무리지어야 했다.

구조분석 Mr. Long / had to finish / (his) report (by himself).
　　　　주어　　　　동사　　　　　목적어

해설 재귀대명사의 용법을 묻는 문제이다. 이 문장은 주어 Mr. Long, 동사 had to finish, 목적어 his report의 문장 성분들을 모두 갖춘 완전한 문장이다. 따라서 뒤의 by himself는 부사어로서 강조 용법으로 사용되었다는 것을 알 수 있다. by himself와 같이 빈출되는 재귀대명사 관용어들은 반드시 알아두어야 한다. 이같은 재귀대명사 관용어에는 by oneself(혼자서), for oneself(혼자 힘으로), of itself(저절로) 등이 있다.

어휘 have to + 동사원형 ~해야 한다　finish 끝내다　report 보고서

Step 2

01 We will position ------- as the premium SUV in the imported car market.
　　(A) us　(B) ours

해석 우리는 수입 자동차 시장에서 우리의 제품을 고급 레저용 자동차로서 자리잡게 할 것이다.

구조분석 We / will position / ------- (as the premium SUV) (in the imported car market).
　　　　주어　　동사　　　목적어

해설 빈칸에 적절한 대명사를 선택하는 문제이다. 빈칸은 동사 position 뒤, [전치사 + 명사]의 수식어구들 앞에 위치했으므로 목적어 자리이다. 목적격 대명사 us와 소유대명사 ours 둘 다 명사 자리에 올 수 있으므로 문맥을 신중히 파악해야 한다. 문장의 주어가 We이므로 만약 주어와 목적어가 동일한 경우라면 재귀적 용법으로 재귀대명사 ourselves가 목적어로 들어와야 하기 때문에 us는 빈칸에 들어갈 수 없다. 따라서 빈칸에 적절한 대명사는 '우리들의 것'이라는 의미로 명사 역할을 하는 소유대명사가 정답이다. 여기에서 빈칸 뒤에 지위나 자격을 나타내는 전치사 as 뒤의 명사 the premium SUV가 소유대명사와 동격이라는 것을 파악하는 것도 문제 해결의 키워드가 될 수 있다.

어휘 position (특정한 위치에) 두다　premium 고급의　import 수입하다　market 시장

---

02 Her work style is similar to -------.　(A) my　(B) mine

해석 그녀의 업무방식은 나의 것과 비슷하다.

구조분석 (Her) work style / is / similar (to -------).
　　　　　　　주어　　　　동사　보어

해설 빈칸에 알맞은 격의 대명사를 선택하는 문제이다. 빈칸은 전치사 to 뒤의 목적어 자리이므로 명사 역할을 할 수 있는 소유대명사 mine이 정답이다. 소유격 대명사 my는 명사 앞에 형용사처럼 위치하여 뒤의 명사에 대한 소유의 의미를 나타내므로 뒤에 명사를 동반해야 되기 때문에 오답이 되었다.

어휘 style 방식　similar 비슷한, 유사한

---

03 I will send you an itinerary to ------- e-mail account.　(A) your　(B) yours

해석 제가 여행 일정표를 귀하의 이메일 계정으로 발송하겠습니다.

구조분석 I / will send / you / an itinerary (to ------- e-mail account).
주어　동사　간목　직접목적어

해설 빈칸에 적절한 대명사를 선택하는 문제이다. 빈칸 앞 전치사 to, 뒤는 복합명사 e-mail account가 위치하였으므로 빈칸은 형용사 자리이다. 따라서 명사 앞에 형용사처럼 위치하여 뒤의 명사에 대한 소유의 의미를 나타내는 소유격 대명사 your가 정답이다. 소유대명사 yours는 '소유격 대명사와 명사의 결합'으로 뒤에 명사를 취할 수 없으므로 오답이다. 이 문장에서 주어는 I, 그리고 조동사 will과 4형식 동사 send가 와서 간접목적어와 직접목적어 두 개의 목적어를 취한 구조이다.

어휘 send 보내다　itinerary 여행 일정표　account 계정

Step 3

01 We're worried that ------- might be more difficult to use than most other products in spite of our compatibility.　(A) us　(B) ours　(C) our　(D) ourselves

해석 우리 제품이 호환이 가능함에도 불구하고, 우리 제품이 다른 대부분의 제품들보다 더 사용하기 힘들지도 모를까봐 염려스럽다.

구조분석
　　　　　　　　　　　　명사절
　　　　　　　　　　　　접속사　주어'　　동사'　　　　보어'
We / 're worried / <u>that ------- / might be / (more) difficult (to use) (than most other products), (in
주어　동사　　　　　　　　　　　　　　　　　　목적어절

spite of our compatibility).

해설 빈칸에 알맞은 격의 대명사를 선택하는 문제이다. 빈칸 앞은 접속사 that이 위치했고, 뒤에는 조동사와 동사가 이어지고 있으므로 빈칸은 주어 자리이다. 소유대명사 ours는 [소유격 + 명사]로 명사 역할을 하며 주어 자리에 올 수 있으므로 정답이 되었다. 목적격 대명사 us는 동사 뒤에 목적어로 오거나, 보어, 전치사의 목적어로 쓰이므로 오답, 재귀대명사 ourselves는 재귀 용법으로 목적어 자리에 오거나, 강조 용법으로 부사어로 쓰이므로 주어 자리에 올 수 없기 때문에 오답이다.

어휘 worry 걱정하다　might 현재 또는 과거의 가능성을 나타내는 조동사　difficult 어려운　use 사용하다　most 대부분(의)　other (그밖에) 다른　product 상품, 제품　in spite of ~에도 불구하고　compatibility 양립[공존] 가능성

02 Since all the staff were occupied with another task, Ms. Ramos had to watch the clip -------.
(A) her　(B) hers　(C) herself　(D) her own

해석 모든 직원들이 다른 업무들로 바빴기 때문에 라모스 씨는 그 클립을 그녀가 직접 봐야 했다.

구조분석
Since / (all) the staff / were occupied (with another task), // Ms. Ramos / had to watch / the clip
접속사　　주어1　　　동사1　　　　　　　　　　　　　주어2　　　　동사2　　　목적어

(-------).

해설 빈칸은 주어 Ms. Ramos, 동사 watch, 목적어 the clip의 문장 성분들을 모두 갖춘 완전한 문장에 위치했으므로 부사로 쓰였음을 알 수 있다. 따라서 보기 중 강조 용법으로서 명사나 대명사 뒤, 완전한 문장의 끝에서 부사로 쓰일 수 있는 herself가 정답이다. 목적격 대명사 her는 동사 뒤에서 목적어 자리에 오거나, 보어, 혹은 전치사의 목적어로 쓰이므로 명사 the clip 뒤에 위치할 수 없기 때문에 오답이다. 소유대명사 hers는 [소유격 + 명사]로 명사 역할을 하는데 복합명사도 아닌 명사가 전치사 없이 나란히 위치할 수 없으므로 명사 the clip 뒤에 올 수 없다. her own은 소유격 대명사인 her 뒤에 own이 붙어서 소유의 의미를 더 강조해주는 것으로 뒤에 명사와 함께 와야 하므로 오답이다.

어휘 since ~때문에　staff 직원　be occupied with ~으로 바쁘다　task 일, 과업　watch 보다　clip (영화의) 클립

Lesson 04 ● 지시대명사 Test

▶ 본책 p. 79

Step 1 생략(아래 정답 표기 참조)　　**Step 2** 01 (A) 02 (A) 03 (A)　　**Step 3** 01 (D) 02 (A)

Step 1

01 Those employees working in an assembly area must wear protective gear.
지시형용사

해석 기계조립 구역에서 작업하고 있는 사원들은 항상 보호 장비를 착용해야 한다.

구조분석 (Those) employees [working (in an assembly area)] / must wear / (protective) gear.
　　　　　주어　　　　　　　　　　　　　　　　　　　　　　동사　　　　　목적어

해설 이 문장에서 Those는 복수명사 employees와 함께 쓰였으므로 지시형용사로 쓰였다는 것을 알 수 있다. 이 문장의 구조는 주어 Those employees를 (who are) working in an assembly area가 앞에 관계대명사와 be동사가 생략된 형태로 후치수식해주고 있고, 뒤에 조동사와 동사 must wear와 그에 따른 목적어로 protective gear가 온 구조이다.

어휘 employee 직원　assembly 조립　area 구역　wear 입고 있다　protective 보호용의　gear 장비

02 Those who need it should call us today.
지시대명사

해석 그것이 필요한 사람들은 오늘 우리에게 전화해야 한다.

구조분석 　　관계대명사 동사 '목적어'
Those (**who** / need / it) / should call / us (today).
주어　(관계대명사절)　　　동사　　목적어

해설 이 문장에서 Those 뒤의 수식어구인 관계대명사절을 소거하면 Those가 동사 앞에 위치해서 지시대명사로서 주어 역할을 하고 있다는 것을 알 수 있다. 대명사 those는 단독으로 '일반 사람들'이란 의미를 가지고, 이처럼 관계대명사 who와 함께 those who ~의 형태로 쓰여 '~하는 사람들'이란 의미가 된다. 이 문장은 주어 자리에 Those가, 동사 자리에 조동사와 동사 should call이, 목적어 자리에 목적격 대명사 us가 위치한 구조이다.

어휘 need 필요로 하다　should ~해야 한다　call 전화하다

03 Only those with an invitation are allowed to participate.
지시대명사

해석 오직 초대장을 가지고 있는 사람들만 참가할 수 있다.

구조분석 (Only) those (with an invitation) / are allowed / to participate.
　　　　　　　주어　　　　　　　　　　　동사　　　보어 (to부정사)

해설 이 문장의 those는 뒤의 [전치사 + 명사]의 수식어구를 지우고 나면 동사 앞에 위치한 지시대명사란 것을 알 수 있다. 문장의 주어로 those가 오고 동사는 수동태로 are allowed가 온 구조이다. 수동태는 문장의 목적어가 앞으로 나가서 주어가 된 것으로 수동태 뒤에는 목적어가 오지 않고 수식어구가 온다는 사실도 기억해두자.

어휘 invitation 초대장　allow 허락하다　participate 참가하다

Step 2

01 ------- who are planning to go away for vacation need to take a look at the special offers.
(A) Those　(B) Themselves

해석 휴가를 떠나려고 계획 중인 사람들은 특별 할인에 대해 알아볼 필요가 있다.

↶ 관계대명사　　동사'　　　　　목적어'(to부정사)
------ [who / are planning / to go away (for vacation)] / need / to take / a look (at the special offers).
주어　　　　　　[관계대명사절]　　　　　　　　　　　　　　동사　　　　　목적어 (to부정사구)

해설 빈칸에 알맞은 대명사를 넣는 문제이다. 빈칸 뒤의 수식어구들을 소거하고 나면, 빈칸은 동사 need 앞의 주어가 들어갈 자리라는 것을 알 수 있다. 관계대명사나 수식어구의 수식을 받을 수 있는 것은 those로, those who는 '~하는 사람들'이란 의미이기 때문에 문법상으로나 문맥상으로나 빈칸에는 (A) Those가 들어가야 옳다. 재귀대명사는 재귀 용법으로 목적어 자리에 오거나 강조 용법의 부사어로 쓰이므로 (B) Themselves는 주어 자리에 올 수 없다.

어휘 go away (떠나)가다　need 필요로 하다　take a look at ~을 보다　special 특별한　offer 할인

---

02 The regional circumstances are similar to ------ of the 1970's.　(A) those　(B) that

해석 그 지역의 상황은 1970년대의 그것과 유사하다.

구조분석 The (regional) circumstances / are / similar (to ------) (of the 1970's).
주어　　　　　동사　보어

해설 빈칸 앞뒤로 전치사가 나왔으므로 빈칸은 명사가 들어갈 자리이다. that of와 those of 중에서 비교 대상이 되는 앞의 내용이 단수이면 that, 복수이면 those가 들어가는데, 앞의 주어를 보면 비교대상이 The regional circumstances로 복수임을 알 수 있다. 따라서 정답은 복수 지시대명사 those이다. 참고로 지시대명사 this, these는 앞에 언급된 내용을 받는 역할을 하지 못한다는 점에 유의하자.

어휘 regional 지역의　circumstance 상황　similar 비슷한, 유사한

---

03 Mr. Jone's performance is much better than ------ of his associates.　(A) that　(B) those

해석 존 씨의 공연은 그의 동료들의 것보다 훨씬 낫다.

구조분석 (Mr. Jone's) performance / is / (much) better (than ------) (of his associates).
주어　　　　　동사　　　보어

해설 빈칸 앞은 비교급 전치사 than, 뒤는 전치사 of이기 때문에 빈칸은 명사가 들어갈 자리이다. that of와 those of 중에서 비교 대상이 되는 앞의 내용이 단수이면 that, 복수이면 those가 들어가는데, 이 문장에서 비교의 대상이 되는 것은 단수명사로 Mr. Jone's performance이므로 단수 지시대명사 that이 정답이 된다. 참고로 지시대명사 this, these는 앞에 언급된 내용을 받는 역할을 하지 못한다는 점에 유의하자.

어휘 performance 공연　better 더 나은　than ~보다　associate 동료

Step 3

01 Only ------ with the approval from the CEO could apply for a managerial position in the main headquarters.　(A) this　(B) which　(C) whose　(D) those

해석 오직 CEO로부터 승인을 받은 사람들만이 본사의 관리직에 지원할 수 있었다.

구조분석 (Only) ------ (with the approval) (from the CEO) / could apply (for a managerial position) (in the main
주어　　　　　　　　　　　　　　　　　　　　동사

headquarters).

해설 빈칸 뒤의 수식어구들을 모두 소거하면 빈칸은 동사 could apply 앞의 주어 자리임을 알 수 있다. 보기 중 주어로 쓰이면서 뒤에 수식어구를 동반할 수 있는 대명사인 those가 정답이다. this는 지시대명사로 쓰일 때 뒤에 단수동사를 받으며, 바로 뒤에 관계대명사나 수식어구를 동반할 수 없으므로 오답, which는 사물을 선행사로 받는 관계대명사로 앞에 선행사를 필요로 하므로 오답, whose는 소유의 의미를 가진 관계대명사로 뒤에 완전한 문장을 받으므로 오답이 된다.

어휘 approval 승인　apply 신청하다, 지원하다　managerial 경영[관리]의　position 자리　main 가장 큰, 주된　headquarters 본부

---

02 This year's sales figures from furniture businesses are similar to ------ of the preceding two years.　(A) those　(B) that　(C) them　(D) this

해석 가구 사업에서의 올해 매출액은 지난 2년간의 것과 비슷하다.

구조분석 (This year's) sales figures (from furniture businesses) / are / similar (to ------) (of the preceding two years).
　　　　　　　　　주어　　　　　　　　　　　　　　　　　동사　　보어

해설 빈칸은 전치사 to와 전치사 of 사이로 명사 자리이다. 보기 중 명사 역할을 할 수 있는 대명사 중에서 뒤의 of의 수식을 받으며 비교 구문을 형성할 수 있는 것은 that과 those이다. 그런데 앞에 언급된 비교 대상이 This year's sales figures로 복수이므로 those가 정답이 된다. 목적격 대명사 them이나 지시대명사 this는 of와 함께 비교 구문을 형성할 수 없으므로 오답이 된다.

어휘 sales figures 매출액　furniture 가구　business 사업　similar 비슷한　preceding 이전의, 앞선

Lesson 05 ● 대명사 it & 부정대명사 one Test　　　　　▶ 본책 p. 81

Step 1　생략(아래 정답 표기 참조)　　Step 2　01 (A) 02 (A) 03 (A)　　Step 3　01 (D) 02 (A)

Step 1

01 It is snowing outside.
비인칭 주어
해석 밖에 눈이 내리고 있다.

구조분석 It / is snowing (outside).
　　　　　주어　　동사
해설 여기에서 it은 날짜의 비인칭 주어로 쓰였다. 이와 같이 it은 날짜, 거리, 시간, 상황 등의 비인칭 주어로 사용될 수 있다.
어휘 snow 눈이 내리다　outside 밖, 바깥

02 I found it easy to explain.
　　　　　　가목적어
해석 난 그것이 설명하기 쉽단 것을 알았다.

구조분석 I / found / it / easy / to explain.
　　　　　주어　동사　가목 목적보어 진목적어 (to부정사)
해설 여기에서 it은 진짜 목적어 to explain이 뒤로 가면서 가목적어로서 목적어 자리에 위치했다. 주어나 목적어가 to부정사, 동명사, 명사구 또는 명사절인 경우에 주어나 목적어 자리에 가짜 주어나 목적어 it을 위치시키고 진짜 주어나 목적어는 뒤로 보낸다는 점을 기억하자.
어휘 found find(알아내다)의 과거형　easy 쉬운, 수월한　explain 설명하다

03 It was the manager that completely reorganized the company.
강조
해석 회사를 완전히 재편성했던 것은 바로 그 경영자였다.

구조분석　　　　　　　　　　　관계대명사　　　　　　　동사'　　　　목적어'
It / was / the manager [that (completely) reorganized / the company].
주어　동사　　보어　　　　　　　　[관계대명사절]
해설 It ~ that 강조 구문으로, the manager를 강조하고 있다. 문장 구조는 주어 it, 동사 was, 그리고 be동사의 보어로 명사 the manager가 와서 주어 it과 동격을 이루고, the manager를 선행사로 하는 관계대명사 that이 나온 구조이다.
어휘 manager 경영자, 관리자　completely 완전히, 전적으로　reorganize 재조직[재편성]하다　company 회사

01 ------- is natural that all employees who stop procrastinating become more productive.
(A) It (B) That

해석 질질 끌지 않는 직원들이 모두 더 생산적이 되는 것은 당연하다.

구조분석
명사절 접속사 / 주어' / (관계대명사절) / 동사' / 보어'
------- / is / natural / **that** (all) employees (**who** / stop / procrastinating) / become / (more) productive.
가주어 동사 보어   진주어

해설 빈칸은 동사 is 앞의 주어 자리이다. 대명사 It과 That 둘 다 주어 자리에 올 수 있으나, 문장을 보면 that이 이끄는 명사절 문장이 진짜 주어이고 주어 자리에 가주어가 들어간 구조이다. 따라서 가주어로 쓰일 수 있는 It이 정답이다. 지시대명사 That은 사람과 사물, 장소 등을 가리키는 대명사로, 상대적으로 멀리 있는 단수 대상에 쓸 수 있다.

어휘 natural 정상적인, 당연한 employee 직원 procrastinate 미루다, 질질 끌다 productive 생산적인

02 The new package is affordable and ------- also comes with useful guides at no additional cost. (A) it (B) they

해석 새로운 패키지는 가격도 알맞고 유용한 무료 안내서가 딸려 있다.

구조분석
The (new) package / is / affordable // **and** ------- / (also) comes (with useful guides) (at no additional cost).
주어1 동사1 보어   접속사 주어2   동사2

해설 빈칸에 적절한 대명사를 넣는 문제이다. it은 앞서 언급된 단수명사를 다시 언급할 경우에 사용하고, they는 복수의 대상에 쓰인다. 지금 빈칸의 대명사가 받는 것은 앞서 언급된 단수명사 The new package이므로 이 자리에 적절한 대명사는 it이다.

어휘 package 패키지 affordable (가격이) 알맞은 useful 유용한 guide 안내서 additional cost 추가 비용

03 Before signing the final contract, you should review ------- thoroughly.
(A) it (B) them

해석 최종 계약서에 서명하기 전에 당신은 그것을 철저히 검토해봐야 한다.

구조분석
(Before signing the final contract), you / should review / ------- (thoroughly).
주어 동사 목적어

해설 빈칸은 동사 review의 목적어 자리이다. 빈칸의 대명사가 받는 대상이 단수이면 목적격 대명사 it, 복수이면 목적격 대명사 them이 와야 한다. 앞에 언급된 contract가 단수명사이므로 목적격 단수 대명사 it이 적절하다.

어휘 sign 서명하다 final 최종적인 contract 계약서 review 검토하다 thoroughly 철저히

01 Travelers who don't have a local map can get ------- in the hotel lobby.
(A) them (B) hers (C) it (D) one

해석 현지 지도를 가지고 있지 않은 여행자들은 호텔 로비에서 그것을 얻을 수 있다.

구조분석
관계대명사 동사' 목적어'
Travelers (**who** / don't have / a local map) / can get / ------- (in the hotel lobby).
주어 동사 목적어

해설 동사 get 뒤의 목적어 자리에 알맞은 대명사를 넣는 문제이다. 대명사가 받는 명사는 앞에 언급된 a local map이므로 수일치가 되지 않는 복수 목적격 대명사 them과 소유격과 명사가 결합된 개념으로 '그녀의 것'이라는 의미를 나타내어서 문맥상 적절하지 않은 소유대명사

hers는 소거한다. 대명사 it은 앞에서 언급된 특정한 단수명사, 바로 그 동일한 대상을 지칭할 때 사용하고, 부정대명사 one은 앞서 언급된 그 명사가 아닌, 그 명사와 종류만 동일할 뿐 다른 대상을 지칭할 때 사용되므로 이 문제의 정답은 대명사 one이다.

어휘 traveler 여행자 local 지역의, 현지의 map 지도 lobby 로비

---

02 One reason for the rapid growth of Perth is that ------- offers outstanding resources for tourism. (A) it (B) there (C) they (D) here

해석 퍼스의 급속한 성장 이유 중 하나는 그것이 관광업에 중요한 자원을 제공한다는 것이다.

구조분석

명사절

One reason (for the rapid growth) (of Perth) / is / **that** ------- / offers / (outstanding) resources (for tourism).
　　주어　　　　　　　　　　　　　　　　　동사　　접속사　주어′　　동사′　　　　　　목적어′
　　　　　　　　　　　　　　　　　　　　　　　　　　　　　　　　　　　보어절

해설 빈칸에 적절한 대명사를 선택하는 문제이다. 빈칸 앞은 명사절을 이끄는 접속사 that, 빈칸 뒤는 동사 offers가 위치했다. 따라서 정답은 주격으로 쓰이면서 단수동사 offers와 어울리는 대명사 it이다. there는 주어 자리에서 be동사와 함께 어떤 것이 존재, 발생함을 나타낼 때 쓰이므로 오답, they는 복수 주격 대명사로 단수동사 offers와 쓰일 수 없으므로 오답, here는 '여기에'라는 의미의 부사로, 부사는 주어 자리에 쓸 수 없으므로 오답이다.

어휘 reason 이유 rapid 빠른 growth 성장 offer 제공하다 outstanding 두드러진, 중요한 resource 자원 tourism 관광업

Lesson 06 ● 부정대명사 ❶ Test   ▶ 본책 p. 84

Step 1 생략(아래 정답 표기 참조) **Step 2** 01 (A) 02 (A) 03 (B) **Step 3** 01 (B) 02 (C)

Step 1

01 The NJ transit is the most economic means of transportation, but others are also efficient as well.
　　　　　　　　　　　　　　　　　　　　　　　　　　　　　　　　　　　　대명사

해석 NJ 대중교통 시스템은 가장 경제적인 운송수단이지만 그것뿐만 아니라 다른 것들도 또한 효율적이다.

구조분석 The NJ transit / is / the (most) (economic) means (of transportation), // **but** others / are / (also)
　　　　　　　　주어1　　동사1　　보어1　　　　　　　　　　　　접속사　주어2　동사2

efficient (as well).
보어2

해설 밑줄 친 others는 역접의 등위접속사 but과 be동사 are 사이에 위치했으므로 주어 자리에서 '다른 일부들'이라는 명사로 쓰였음을 알 수 있다.

어휘 transit 수송 economic 경제의 means 수단, 방법 transportation 운송, 수송 efficient 능률적인, 유능한

---

02 Other products have not been as profitable as we expected.
　　형용사

해석 다른 제품들은 우리가 기대했던 만큼 수익성이 있지 않았다.

구조분석 (Other) products / have not been / (as) profitable / **as** we / expected.
　　　　　　　　주어1　　　　　동사1　　　　　보어　　접속사 주어2　동사2

해설 밑줄 친 other는 이 문장에서 복수명사 products 앞에 위치하여 명사를 수식해주는 형용사 역할로 '(나머지) 다른'의 의미를 나타내고 있다.

어휘 product 제품 profitable 수익성이 있는 expect 예상하다, 기대하다 as + 부사/형용사 + as ~만큼 …한

03 **All are present.**

대명사

해석 모든 사람들이 참석했다.

구조
분석 **All** / **are** / **present**.

주어   동사   보어

해설 밑줄 친 All은 문장에서 be동사 are 앞에서 주어 역할을 하고 있으므로 대명사로 쓰였다. All은 한정사로 주로 복수명사나 불가산명사와 함께 '모든'의 의미로 쓰이고, 이 문제에서와 같이 대명사로 쓰여서 문장의 주어나 목적어 자리 등에 올 수 있다.

어휘 present 출석한

Step 2

01 Of the three options that are provided, two are not available to us, while ------- is acceptable within our budget.   **(A) the other**   **(B) others**

해석 제공된 세 가지의 선택권 중에 두 개는 이용할 수 없지만, 나머지 하나는 우리 예산에 적합하다.

구조
분석 (Of the three options) (**that** / are provided), two / are (not) / available (to us), // **while** ------- / is /

                             (관계대명사절)   주어1   동사1   보어1   접속사   주어2   동사2

acceptable (within our budget).

보어2

해설 빈칸 앞에는 접속사 while이 위치했고, 뒤에는 단수동사 is가 있다. 따라서 the other와 others 중 적절한 것은 단수동사와 함께 쓰여서 '나머지 하나'를 의미하는 the other이다. others는 주로 '나머지 것들'을 의미하므로 복수동사와 함께 사용된다. the other가 나올 때 주로 '셋 중에서'라는 선택 범위가 주어지고 3개 중 하나는 one, 또 다른 하나는 another, 나머지 하나는 the other로 나타낸다.

어휘 option 선택(할 수 있는 것)   provide 제공하다   available 이용할 수 있는   acceptable 받아들일 수 있는   budget 예산

---

02 Monthly Bowling Night Out is a productive way to help employees relieve their stress and build strong relationships with -------.   **(A) one another**   **(B) the other**

해석 한 달에 한 번 밤에 볼링 대회를 갖는 것은 직원들이 스트레스를 풀고 서로 강한 유대관계를 형성하도록 돕는 생산적인 방법이다.

구조
분석 Monthly Bowling Night Out / is / a productive way [to help / employees / relieve their stress and build

                            주어   동사   보어

strong relationships (with -------)].

해설 빈칸은 전치사 with 뒤의 명사 자리이다. one another(서로서로)와 the other(나머지 하나) 둘 다 대명사이므로 이 자리에 올 수 있으나 문맥상 서로 강력한 관계를 형성한다는 의미가 나와야 적절하므로 정답은 one another이다.

어휘 productive 생산적인   relieve 완화하다, 줄이다   build 만들어내다   relationship 관계   one another 서로서로

---

03 Cathy has already bought two pairs of shoes and now she is talking about buying ------- pair.   **(A) other**   **(B) another**

해석 캐시는 이미 두 켤레의 신발을 샀지만, 지금 또 다른 신발 한 켤레를 살 것에 대해 말하고 있는 중이다.

구조
분석 Cathy / has (already) bought / two pairs (of shoes) // **and** (now) she / is talking (about buying ------- pair).

    주어1   동사1   목적어   접속사   주어2   동사2

해설 빈칸 앞 동명사 buying. 그리고 뒤에는 명사 pair가 동명사의 의미상 목적어로 위치했고, 빈칸은 뒤의 명사를 수식해주고 있다. 단수명사 pair가 왔으므로 정답은 단수명사와 쓰이는 another로, 또 다른 신발 한 켤레를 구매할 것이라는 의미를 나타내고 있다.

어휘 already 이미, 벌써 bought buy(사다)의 과거형 pair 한 쌍 shoe 신발

Step 3

01 We are not sure which factory to buy as we are looking at one in Louisiana and ------- in North Carolina.   (A) other   **(B) another**   (C) one another   (D) each other

해석 우린 루이지애나에 하나 그리고 노스캐롤라이나에 하나를 고려하고 있긴 하지만, 어떤 공장을 구입할지 확실하지 않다.

구조
분석 We / are not / sure which factory (to buy) // **as** we / are looking [at one (in Louisiana) and -------
　　　주어1　 동사1　　 보어　　　 명사절　　　　　 접속사 주어2　　 동사2

(in North Carolina)].

해설 빈칸에 적절한 부정대명사를 넣는 문제이다. 문제 해결의 키워드는 앞에 언급된 부정대명사 one이다. 이와 같이 하나에 대해 언급한 후에 또 다른 하나에 대해 언급할 때 부정대명사 another가 쓰인다. other는 대명사로 쓰일 수 없고, 형용사로 쓰이기 때문에 뒤에 명사를 동반해야 하므로 오답이다. one another는 '서로'라는 의미의 대명사로 문맥상 적절하지 않다. each other 또한 one another와 같은 의미로 사용되므로 오답이다.

어휘 sure 확실한 factory 공장 buy 구입하다 look at ~을 (자세히) 살피다

---

02 While Kass Manufacturing is downsizing, ------- within the industry are expanding in anticipation of future growth.   (A) the other   (B) other   **(C) others**   (D) another

해석 카스 제조사는 규모를 축소하고 있는데 반하여 산업 내 다른 기업들은 미래성장에 대한 예측으로 규모를 확대하고 있다.

구조
분석 **While** Kass Manufacturing / is downsizing, // ------- (within the industry) / are expanding (in
　　　접속사　　　 주어1　　　　　　　동사1　　　　　　　　 주어2　　　　　　　　　　　 동사2

anticipation) (of future growth).

해설 빈칸은 뒤의 [전치사 + 명사]의 수식어를 소거하면 동사 are expanding 앞의 주어 자리이다. 따라서 보기 중 대명사로 쓰일 수 없는 other는 우선 탈락한다. the other는 두 개 중에 나머지 하나를 의미하는 것으로 단수동사와 쓰이므로 복수동사 are와 수일치가 안 되기 때문에 오답이다. another도 또한 단수동사를 받으므로 오답이다. 정답은 복수동사와 쓰이며 다른 일부들을 의미하는 others가 정답이다.

어휘 while ~인데 반하여 downsize 줄이다, 축소하다 industry 산업 expand 확대하다 anticipation 예상, 예측 future 미래 growth 성장

Lesson 07 ● 부정대명사 ❷ Test
▶ 본책 p. 87

Step 1 01 (A) 02 (A) 03 (A)　　**Step 2** 01 (A) 02 (B) 03 (A)　　**Step 3** 01 (B) 02 (C)

Step 1

01 Many companies recently have decided to recruit executives from several of their major -------.
(A) competitors   (B) competitor

해석 최근 많은 회사들은 몇몇 주요 경쟁사들에서 간부들을 채용하기로 결정했다.

구조
분석 (Many) companies / (recently) have decided / to recruit / executives (from several) (of their major -------).
　　　　　 주어　　　　　　　　　 동사　　　　　　　 목적어 (to부정사구)

해설 수량형용사의 수일치 문제이다. several은 '몇몇의'라는 의미의 수량형용사로 복수명사를 받으므로 정답은 competitors이다.

어휘 company 회사 recently 최근에 decide 결정하다 recruit 모집하다 executive 간부 several 몇몇의 major 주요한 competitor 경쟁자

02 ------- of the cars are test-driven before they are shipped out to dealers all across the country.
(A) Many   (B) Much

해석 많은 차량들은 전국의 판매상들에게 보내지기 전에 시운전되었다.

구조 분석 ------- (of the cars) / are test-driven // **before** they / are shipped out (to dealers) (all across the country.)
주어1 　　　　　　　　　동사1　　　　　　접속사　주어2　　　동사2

해설 many와 much 중 알맞은 부정대명사를 선택하는 문제이다. many는 가산 복수명사와 복수동사를 받고, much는 불가산명사와 단수동사를 받는다. 지금 빈칸이 받는 것은 cars라는 가산 복수명사이므로 적절한 수량형용사는 many이다. 이와 같이 부정대명사 all. most. some. any 등은 전치사 of와 the. this/that. 소유격 등과 함께 명사와 구문을 이루어 '전체 중 일부 또는 전부'를 나타낸다.

어휘 test-drive 시운전하다 before ~ 전에 ship out 배송하다 dealer 판매상 across 건너서, 가로질러 country 국가, 나라

---

03 Each of our ------- has received guidelines to read before the tour of the facilities.
(A) employees   (B) employee

해석 시설들을 둘러보기 전에 직원들에게 각자 안내서를 읽어보라고 주었다.

구조 분석 Each (of our -------) / has received / guidelines (to read) (before the tour) (of the facilities.)
주어　　　　　　　　　　동사　　　　목적어

해설 each는 [each of + 가산 복수명사 + 단수동사]의 형태로 쓰이므로 정답은 복수명사 employees이다. each와 one은 이와 같이 가산 복수명사를 받고 단수동사와 쓰인다는 것에 유의하자.

어휘 each 각각의 employee 직원 receive 받다 guideline 지침 tour 견학 facility 시설

Step 2

01 We do not have ------- of the equipment you requested.   (A) any   (B) some

해석 우리는 당신이 요청한 장비들 중 어느 것도 가지고 있지 않습니다.

구조 분석 We / do not have / ------- (of the equipment) (you / requested).
주어　　동사　　　　목적어　　　　　　(목적격 관계대명사가 생략된 관계대명사절)

해설 동사 do not have 뒤의 목적어 자리에 들어갈 적절한 부정대명사를 고르는 문제이다. 부정문이므로 정답은 any이다. some은 긍정문, 평서문에서 '약간'이라는 의미로 쓰이고, any는 부정문, 조건문, 가정, 미래 불특정에서 사용된다. 참고로 부정형용사 any는 가산명사와 함께 쓰일 때 단수, 복수 모두 가능하지만, some은 가산 복수명사만 가능하다는 것을 기억해두자.

어휘 equipment 장비, 용품 request 요청하다

---

02 Mr. Matthew's decision to retire did not have ------- to do with his health.
(A) something   (B) anything

해석 매튜 씨의 은퇴 결정은 그의 건강과는 아무런 상관이 없었다.

구조 분석 (Mr. Matthew's) decision (to retire) / did not have / ------- (to do) (with his health).
주어　　　　　　　　　　　　동사　　　목적어

해설 동사 did not have 뒤에 목적어로 들어갈 알맞은 대명사를 고르는 문제이다. 부정문에서 쓰이는 적절한 대명사는 anything이다. something과 anything의 차이는 some과 any의 차이와 같다. any는 부정문, 조건문, 가정, 미래 불특정에서 사용되고, some은 긍정문, 평서문에서 사용된다.

어휘 decision 결정, 판단 retire 은퇴하다 health 건강

03 ------ who is interested in the event must contact Mr. Melder by next Friday.

(A) Anyone   (B) Those

해석 그 행사에 관심이 있는 사람은 누구나 다음 주 금요일까지 멜더 씨에게 연락해야 한다.

구조
분석

┌ 관계대명사 동사'   보어'

------ [who / is / interested (in the event)] / must contact / Mr. Melder (by next Friday).
　　주어　　　[관계대명사절]　　　　　　　　　　동사　　　　목적어

해설 뒤에서 관계대명사의 수식을 받고 있는 주어 자리에 알맞은 대명사를 선택하는 문제이다. anyone과 those 둘 다 뒤에서 관계대명사의 수식을 받을 수 있다. 그러나 those는 복수동사와 쓰이므로 뒤의 who is와 수일치가 되지 않으므로 정답은 anyone으로 '~한 사람은 누구나'라는 의미를 나타내고 있다. those who는 '~하는 사람들'이란 의미를 가진다.

어휘 interest ~의 관심을 끌다　event 행사　contact 연락하다

Step 3

01 U.S. Postal Services offered contract renewals to all its employees, and ------ have already agreed to them.   (A) much   (B) most   (C) each   (D) everyone

해석 미국 연방 체신청은 그들의 모든 직원들에게 고용 계약 갱신을 제의했는데, 대부분의 직원들이 이미 그것에 동의했다.

구조
분석

U.S. Postal Services / offered / contract renewals (to all its employees), // and ------ / have (already)
　　주어1　　　　　　　동사1　　　　목적어　　　　　　　　　　　　　　　　　접속사　주어2　　동사2

agreed (to them).

해설 빈칸에 적절한 대명사를 넣는 문제이다. 빈칸 앞에는 접속사 and가 위치했고, 빈칸 뒤에는 동사가 왔으므로 주어 자리이다. 빈칸의 대명사가 받는 대상은 동의한 주체임으로 employees이다. much는 불가산명사와 쓰이므로 오답, each와 everyone은 단수동사를 받아야 하므로 오답이다. 따라서 정답은 most로 '대부분의 직원들'이라는 의미를 나타낸다.

어휘 Postal Services 체신청　offer 제의하다　contract renewal 고용 계약 갱신　employee 직원　already 이미　agree 동의하다

02 Before the departure, station staff must ensure that ------ of the tickets is collected from the passengers.   (A) every   (B) all   (C) each   (D) much

해석 출발하기 전에, 역무원들은 반드시 승객들로부터 각자의 티켓들을 수거해야 한다.

구조
분석

　　　　　　　　　　　　　　　　　　　　　명사절
　　　　　　　　　　　　　　　　　　　　　접속사　주어'　　　　　　　　동사'

(Before the departure), station staff / must ensure / that ------ (of the tickets) / is collected (from the
　　　　　　　　　　　　　　주어　　　　　　동사　　　　　　　　　　　　　　　　　목적어절

passengers).

해설 명사절의 주어 자리에 들어갈 적절한 대명사를 고르는 문제이다. 주어 자리에서 단독으로 쓰일 수 없는 every는 우선 탈락한다. 빈칸에 들어갈 대명사는 복수 가산명사 tickets를 받고 단수동사 is collected가 뒤따르고 있으므로 복수동사와 쓰이는 all과 불가산명사와 쓰이는 much는 소거한다. 따라서 정답은 복수 가산명사와 단수동사를 받는 each이다.

어휘 departure 떠남, 출발　station (기차)역　staff 직원　ensure 반드시 ~하게 하다　collect 모으다, 수집하다　passenger 승객

01 (A) 02 (A) 03 (C) 04 (B) 05 (A) 06 (D) 07 (D) 08 (A) 09 (C) 10 (C) 11 (C) 12 (B)

Step 1

01 If you want me to support ------ idea, I need more information about it.

(A) your (B) yours (C) you (D) yourself

해석 제가 당신의 생각을 지지해주길 원한다면, 저는 그것에 대한 더 많은 정보가 필요합니다.

구조분석 If / you / want / me / to support / ------ idea, // I / need / (more) information (about it).
접속사 주어1 동사1 목적어1 목적보어 (to부정사) 주어2 동사2 목적어2

해설 빈칸에 알맞은 격의 대명사를 고르는 문제이다. 빈칸 앞은 to부정사 support가 위치했고, 빈칸 뒤는 to부정사의 의미상의 목적어로 idea 가 들어왔으므로 형용사 자리이다. 따라서 인칭대명사 중 명사 앞에 형용사처럼 위치하여 뒤의 명사에 대한 소유의 의미를 나타내는 소유격 대명사 your가 정답이다. yours는 [소유격 + 명사]인 소유대명사로 뒤에 명사를 취할 수 없으므로 오답, you는 주격이므로 뒤에 동사를 데리고 오므로 오답이다. 재귀대명사 yourself는 주어와 목적어가 일치하는 경우에 목적어로 들어가는 재귀적 용법과 완전한 문장에서 강조의 의미를 나타내며 부사어로 쓰이는 강조 용법으로 사용할 수 있으므로 적절하지 않다.

어휘 support 지지하다 idea 생각, 계획 information 정보

02 We know ------ was not here. (A) he (B) him (C) his (D) himself

해석 우리는 그가 이곳에 없었다는 것을 알고 있다.

구조분석 We / know / ------ / was not (here).
주어 동사 목적어절 (명사절 접속사 that 생략)
　　　　　주어′　동사′

해설 빈칸에 적절한 격의 대명사를 넣는 문제이다. 빈칸 앞에는 동사 know가 위치했고, 빈칸 뒤에도 be동사 was가 위치했다. 이 문장은 know 뒤에 명사절 접속사 that이 생략되어 있는 구조로 빈칸은 주어가 들어갈 자리이므로 정답은 주격 대명사 he이다. 목적격 him, 소유격 his, 재귀대명사 himself는 주어 자리에 들어갈 수 없으므로 오답이 되었다.

03 The members of their group have all been selected, but Mr. Foreman may join ------.

(A) they (B) their (C) them (D) themselves

해석 그들 그룹의 구성원들은 모두 다 선발되었으나, 포먼 씨는 그들과 함께할지도 모른다.

구조분석 The members (of their group) / have (all) been selected, // but Mr. Foreman / may join / ------.
주어1 동사1 접속사 주어2 동사2 목적어

해설 빈칸에 알맞은 격의 대명사를 넣는 문제이다. 빈칸 앞에 동사가 위치한 것으로 보아 목적어 자리라는 것을 알 수 있다. 우선 목적어 자리에 올 수 없는 주격 they와 소유격 their는 소거한다. 재귀대명사 themselves는 주어와 목적어가 일치할 경우 재귀 용법으로 목적어 자리에 쓰이므로 주어와 목적어의 일치 여부를 확인해야 한다. 이 문장의 주어는 Mr. Foreman이므로 목적어와 일치하지 않으므로 재귀대명사 themselves는 오답이다. 따라서 정답은 목적격 대명사 them이다.

어휘 member 구성원 group 그룹 select 선발하다 join 가입하다

04 The new employee's work performance proved to be superior to ------ of any other employees in the company. (A) it (B) that (C) those (D) their

해석 신입사원의 업무 성과는 사내의 다른 어떤 직원들보다도 뛰어나다고 판명되었다.

구조분석 The (new employee's) work performance / proved / to be superior [to ------ (of any other employees) (in the company)].
주어 동사 보어

해설 빈칸에 알맞은 대명사를 넣는 문제이다. 빈칸 앞은 전치사 to, 빈칸 뒤는 전치사 of가 위치해 있으므로 빈칸은 명사 자리이다. 따라서 명사 자리에 들어갈 수 없는 소유격 대명사 their는 소거한다. 보기 중 of와 함께 비교구문을 형성할 수 있는 that과 those 중에 대명사가 받는 대상이 work performance로 단수명사이므로 정답은 that이다.

어휘 employee 직원 performance 성과 prove (~임이) 드러나다, 판명되다 superior 우수한, 우월한 company 회사

---

05 The appointment of the new account executive was approved by the CEO ------.
(A) himself (B) him (C) his (D) he

해석 거래처 담당 임원의 임명은 CEO에 의해 승인되었다.

구조분석 The appointment (of the new account executive) / was approved (by the CEO ------).
주어 동사

해설 빈칸에 알맞은 대명사를 넣는 문제이다. 이 문장은 주어 The appointment, 동사 was approved로 수동태 뒤에는 목적어가 필요 없는 완전한 문장이므로 빈칸은 부사 자리임을 알 수 있다. 대명사 중 부사로 사용할 수 있는 것은 재귀대명사의 강조 용법으로 정답은 재귀대명사 himself이다. himself가 명사 CEO 뒤에 쓰여서 명사를 강조해주고 있다. 재귀대명사는 명사나 대명사 뒤, 완전한 문장의 끝에서 '직접, 스스로'라는 부사어로 강조의 의미를 주기 위해 사용할 수 있다. 목적격 대명사 him은 목적어 자리에 위치하고, 소유격 his는 명사 앞에 형용사처럼 위치하여 뒤의 명사에 대한 소유 의미를 나타내므로 뒤에 명사와 함께 와야 한다. 주격 he는 주어 자리에서 뒤에 동사가 오므로 적절하지 않다.

어휘 appointment 임명 account executive 거래처 담당 임원 approve 승인하다

---

06 Sometimes, it is easier for Ms. White to talk to the American office ------ rather than delegate the task to someone else. (A) her (B) hers (C) she (D) herself

해석 가끔은 화이트 씨가 미국 사무소와 직접 얘기하는 것이 다른 누군가에게 일을 위임하는 것보다 수월하다.

구조분석
동사1 상관접속사 동사2
(Sometimes), it / is / easier (for Ms. White) / to talk (to the American office ------) **rather than** delegate /
가주어 동사 보어 진주어 (to부정사구)
목적어1
the task (to someone else).

해설 빈칸에 적절한 격의 대명사를 고르는 문제이다. 이 문장은 주어 it, 동사 is, 보어로 easier가 위치하고, to부정사의 의미상 주어로 for Ms. White와 to부정사가 온 구조이다. 즉 빈칸 없이도 완전한 문장이다. 따라서 빈칸은 부사 자리이므로 정답은 강조 용법으로서 부사로 쓰일 수 있는 재귀대명사 herself이다. 목적격 대명사 her는 동사 뒤 목적어, 보어, 전치사의 목적어로 쓰이므로 명사 office 뒤에 위치할 수 없으므로 오답, hers는 소유격과 명사의 결합으로 두 개의 명사가 복합명사도 아닌데 전치사 없이 나란히 쓸 수 없으므로 오답, she는 주격 대명사로 주어 자리에서 뒤에 동사가 와야 하므로 오답이다.

어휘 sometimes 때때로, 가끔 easy 쉬운, 수월한 office 사무실 rather than ~보다는 delegate 위임하다 task 일, 과업 else 또[그 밖의] 다른

---

07 These days, ------ is well known that the profit ratio is sufficient to describe the problem.
(A) which (B) that (C) what (D) it

해석 요즘에는 수익률이 문제점을 말하기에 충분하다는 것이 잘 알려져 있다.

구조분석
명사절
접속사 주어1 동사1 보어1
(These days), ------ / is (well) known / **that** / the profit ratio / is / sufficient (to describe / the problem).
가주어 동사 진주어

해설 빈칸에 알맞은 격의 대명사를 고르는 문제이다. 빈칸은 be동사 is 앞의 주어 자리이고, 뒤의 that절이 문장의 진짜 주어로 가주어-진주어

구문이므로 정답은 가주어로 쓰일 수 있는 대명사 it이다. 주어나 목적어가 to부정사, 동명사, 명사구, 또는 명사절인 경우, 주어나 목적어 자리에 가짜 주어 it을 위치시키고, 진짜 주어나 목적어는 뒤로 보낸 것이 가주어-진주어 구문이다.

어휘 these days 요즘에는 be known 알려져 있다 profit 이익, 수익 ratio 비율 sufficient 충분한 describe 말하다, 묘사하다

---

08 We are sorry that we do not have ------- of the equipment you ordered in stock at the moment.
(A) any (B) another (C) one (D) many

해석 귀하가 주문한 장비들 중 현재 재고가 있는 게 아무것도 없는 점에 대해 사과드립니다.

구조분석
We / are / sorry **that** we / do not have / ------- (of the equipment) (you ordered) (in stock) / (at the
주어 동사 보어   명사절
moment).

해설 빈칸에 알맞은 대명사를 고르는 문제이다. 빈칸 앞은 동사 do not have가 위치했고, 뒤는 전치사 of가 있으므로 동사의 목적어로 명사가 들어갈 자리이다. 우선 대명사로 쓰일 수 없는 another를 소거한다. one은 부정대명사로 불특정한 명사를 지칭하는 대명사로 적절하지 않다. 가산 복수명사와 쓰이는 many는 불가산명사 equipment와 쓰일 수 없으므로 오답이다. 따라서 부정문, 조건문, 가정, 미래 불특정에서 사용되는 대명사 any가 정답이 되었다.

어휘 equipment 장비, 용품 order 주문하다 in stock 비축되어, 재고로 at the moment 현재

---

09 This economic forecast predicted that most companies will be reducing ------- labour costs.
(A) they (B) them (C) their (D) themselves

해석 경제 전망은 대부분의 회사들이 인건비를 감축할 것이라고 예측했다.

구조분석
(This) (economic) forecast / predicted **that** / most companies / will be reducing / (-------) labour costs.
주어   동사   목적어절

해설 빈칸에 적절한 격의 대명사를 고르는 문제이다. 빈칸 앞에는 동사 will be reducing이 위치했고, 뒤에는 명사 labour costs가 왔으므로 빈칸은 형용사 자리이다. 따라서 명사 앞에 형용사처럼 위치하여 뒤의 명사에 대한 소유를 나타내는 소유격 대명사 their가 정답이다. 주격 대명사 they는 문장의 주어로 쓰여서 뒤에 동사가 위치하므로 오답, 목적격 them과 재귀대명사 themselves는 뒤에 명사를 취할 수 없으므로 오답이다.

어휘 economic 경제의 forecast 예측, 예보 predict 예측하다 company 회사 reduce 줄이다 labour cost 인건비

---

10 The board members of this company are getting on in age but ------- them possess a very sharp business mind.   (A) the most (B) almost (C) most of (D) mostly

해석 이 회사의 이사들은 나이가 많지만 그들 대부분은 매우 예리한 사업 정신을 가지고 있다.

구조분석
The board members (of this company) / are getting on (in age) // **but** ------- them / possess / a
주어1   동사1   접속사 주어2   동사2
(very) (sharp) business mind.
목적어

해설 빈칸에 알맞은 대명사를 넣는 문제이다. 빈칸 앞 등위접속사 but, 뒤는 목적격 대명사 them과 동사 possess가 왔으므로 빈칸은 주어 자리라는 것을 알 수 있다. 따라서 주어 자리에 와서 뒤의 them과 함께 연결되어 주어 역할을 할 수 있는 most of가 정답이 되었다. the most는 최상급을 나타낼 때 뒤에 형용사나 부사와 함께 쓰이므로 오답, almost와 mostly는 부사이므로 오답이다.

어휘 board member 이사 be getting on 나이가 들다 age 나이 possess 소유하다 sharp 날카로운, 예리한 mind 정신

11 Through her outstanding performance, Mrs. Robin has shown ------- to be a valuable asset to our firm.　(A) she　(B) her　(C) herself　(D) hers

해석 그녀의 뛰어난 실적을 통해 로빈 씨는 그녀 스스로 우리 회사의 귀중한 자산임을 증명하였다.

구조분석 (Through her outstanding performance), Mrs. Robin / has shown / ------- / to be a valuable asset

　주어　　　　동사　　　　　　　보어 (to부정사)

(to our firm).

해설 빈칸에 알맞은 격의 대명사를 고르는 문제이다. 빈칸 앞은 동사 has shown이 위치했고, 뒤에는 to부정사가 위치해 있으므로 빈칸은 목적어 자리이다. 보기 중 목적어 자리에 올 수 없는 주격 she와 소유대명사 hers는 소거한다. 목적어 자리에 올 수 있는 대명사 목적격 her와 재귀대명사 herself 둘 중에서 선택해야 하는데, 주어와 목적어가 일치하지 않는다면 목적격 her, 주어와 목적어가 일치하면 herself가 적절하다. 지금 문장에서 주어 Mrs. Robin과 목적어가 일치하고 있으므로 정답은 재귀대명사 herself이다.

어휘 through ~을 통해　outstanding 뛰어난　performance 실적, 성과　valuable 소중한, 귀중한　asset 자산　firm 회사

12 For the employee appreciation dinner, Ms. Finlay set up buffet tables for employees to help ------- to a variety of dishes.　(A) they　(B) themselves　(C) theirs　(D) their

해석 직원 감사만찬을 위해 핀레이 씨는 직원들을 위해 뷔페 테이블을 준비하고 다양한 음식들을 맘껏 먹도록 했다.

구조분석 (For the employee appreciation dinner), Ms. Finlay / set up / buffet tables (for employees) (to help

　　　　　주어　　　　동사　　목적어

-------) (to a variety of dishes).

해설 빈칸에 적절한 대명사를 고르는 문제이다. 빈칸 앞은 to부정사, 뒤는 전치사 to로 빈칸은 명사 자리이다. 보기 중 명사 역할을 할 수 없는 주격 they와 소유격 their는 우선 소거한다. help oneself to는 음식을 '편하게 양껏 맘껏 먹다'는 의미의 숙어로 정답은 재귀대명사 themselves이다. 소유대명사 theirs는 '그들의 것'이라는 의미로 문맥상 적절하지 않다.

어휘 employee 직원　appreciation 감사　dinner 만찬　set up 차리다　buffet 뷔페　help oneself to (음식물 따위를) 마음대로 집어먹다, 자유로이 먹다　variety 여러 가지　dish 요리

Chapter 04 형용사

Lesson 01 ● 형용사의 위치 ❶ Test
▶ 본책 p. 93

Step 1 생략(아래 정답 표기 참조)　　**Step 2** 01 (B) 02 (A) 03 (B)　　**Step 3** 01 (A) 02 (B)

Step 1

01 Scientists from various laboratories will come together to discuss ways to prevent global

　　　　전치사　형용사　　　명사

warming.

해석 여러 실험실에서 온 과학자들은 함께 모여서 지구 온난화를 방지하는 방법을 논의할 것이다.

구조분석 Scientists (from various laboratories) / will come (together) / to discuss / ways (to prevent global

주어　　　　　　　　　　　　　동사　　　　　　　　　목적어(to부정사구)

warming).

해설 형용사 various는 전치사 from과 명사 laboratories 사이로 [전치사 + 형용사 + 명사] 구조로 위치하였다.

어휘 **scientist** 과학자 **various** 다양한 **laboratory** 실험실 **come together** (하나로) 합치다 **way** 방법 **prevent** 예방하다, 방지하다 **global warming** 지구 온난화

---

02 If you plan to become a successful architect, you must possess extensive knowledge in
                                                                      타동사   형용사   명사
visual arts.

해석 만약 당신이 성공한 건축가가 될 것을 계획한다면, 당신은 반드시 시각예술 분야에 폭넓은 지식을 보유해야 한다.

구조분석 **If** you / plan / to become a / successful architect, // you / must possess / (extensive) knowledge (in
접속사주어1 동사1   목적어1 (to부정사구)   주어2   동사2   목적어2
visual arts).

해설 형용사 extensive는 타동사 possess와 명사 knowledge 사이로 [타동사 + 형용사 + 명사] 구조로 위치하였다.

어휘 **plan** 계획하다 **become** ~이 되다 **successful** 성공한 **architect** 건축가 **possess** 보유하다 **extensive** 광범위한, 폭넓은 **knowledge** 지식 **visual art** 시각예술

---

03 The police department is taking significant measures to lower the crime rate in downtown
                                      타동사   형용사   명사
Queens.

해석 경찰서는 퀸즈 지역 시내의 범죄율을 낮추기 위해 중요한 조치를 취하고 있다.

구조분석 The police department / is taking / (significant) measures (to lower the crime rate) (in downtown Queens).
주어   동사   목적어

해설 형용사 significant는 타동사 is taking과 명사 measures 사이로 [타동사 + 형용사 + 명사] 구조로 위치하였다.

어휘 **police department** 경찰서 **significant** 중요한 **measure** 조치, 정책 **lower** ~을 내리다, 낮추다 **crime rate** 범죄율 **downtown** 시내

Step 2

01 The CEO wanted to capture the essence of ------- industrial revolution when deciding how
to decorate his office.   (A) it   (B) the

해석 CEO는 어떻게 사무실을 꾸밀지 결정할 때 산업혁명의 본질을 담아내길 원했다.

구조분석 The CEO / wanted / to capture / the essence (of ------- industrial revolution) // [**when** deciding / how to
주어   동사   목적어(to부정사)   [분사구문]
decorate his office].

해설 빈칸은 전치사 of와 형용사와 명사로 이루어진 industrial revolution 사이에 위치했으므로 한정사로 정관사 the가 정답이다. revolution은 단수명사로 관사를 필요로 한다.

어휘 **capture** 포착하다, 담아내다 **essence** 본질 **industrial revolution** 산업혁명 **decide** 결정하다 **decorate** 장식하다, 꾸미다

---

02 Before we release our new product, we need to conduct ------- research into the domestic
market.   (A) additional   (D) additionally

해석 우리는 새 제품을 출시하기 전에 국내시장에 대한 추가적인 조사를 실시할 필요가 있다.

구조분석 **Before** / we / release / (our) (new) product, // we / need / to conduct / ------- research (into the
　　　　　접속사　주어1　동사1　　　　　　　목적어1　주어2　동사2　　　목적어2 (to부정사구)

domestic market).

해설 빈칸은 to부정사 to conduct와 명사 research 사이의 형용사 자리이므로 정답은 additional이다. [to부정사 + ------- + 명사]일 때
빈칸은 형용사 자리이다.

어휘 release 출시하다, 공개하다　product 제품　conduct (특정한 활동을) 하다　additional 추가의　research 조사　domestic 국내의
market 시장

---

03 The Hansol KP-600 cell phone is the most ------- model on the market these days, because
it has a lot more functions than other phones.　(A) competitor　(B) competitive

해석 Hansol KP-600 휴대폰은 요즘 시장에서 가장 경쟁력 있는 모델이다. 왜냐하면 그것은 다른 휴대폰들보다 훨씬 더 많은 기능들을 지
니고 있기 때문이다.

구조분석 The Hansol KP-600 cell phone / is / the (most) (-------) model (on the market these days), //
　　　　　　　주어1　　　　　　　　동사1　　　　　　보어

because it / has / (a lot) (more) functions (than other phones).
접속사　주어2 동사2　　　　　목적어

해설 빈칸은 최상급 the most 뒤에서 명사 model을 수식해주는 형용사 자리이므로 정답은 형용사 competitive이다.

어휘 cell phone 휴대폰　competitive 경쟁력 있는　market 시장　these days 요즘에는　function 기능

Step 3

01 Wal Mart Stores offers ------- prices on the most popular brands of home furniture.
　　(A) excellent　(B) excellently　(C) excellence　(D) excellency

해석 월마트는 가장 인기 있는 브랜드의 가정용 가구를 탁월한 가격으로 내놓았다.

구조분석 Wal Mart Stores / offers / (-------) prices (on the most popular brands) (of home furniture).
　　　　　　주어　　　　동사　　　목적어

해설 빈칸은 타동사 offers와 명사 prices 사이의 형용사 자리이므로 정답은 형용사 excellent이다. 부사 excellently, 명사 excellence와
excellency는 적절한 품사가 아니므로 오답이다.

어휘 offer 제공하다　excellent 훌륭한, 탁월한　price 가격　popular 인기 있는　brand 상표, 브랜드　home furniture 가정용 가구

---

02 Volkswagens's recent report mentions the ------- measures undertaken by the new
president.　(A) innovatively　(B) innovative　(C) innovate　(D) innovator

해석 폭스바겐의 최근 보고서는 새로운 사장이 취한 혁신적인 조치에 대해 언급하고 있다.

구조분석 (Volkswagens's) (recent) report / mentions / the (-------) measures [undertaken (by the new president)].
　　　　　　　　　　　주어　　　　　동사　　　　　목적어

해설 빈칸은 정관사 the와 명사 measures 사이의 형용사 자리이므로 정답은 형용사 innovative이다. 부사 innovatively, 동사 innovate,
명사 innovator는 빈칸에 적절한 품사가 아니므로 오답이다.

어휘 recent 최근의　report 보고서　mention 언급하다　innovative 혁신적인　measure 조치　undertake 착수하다　president
사장

Step 1

01 The plant will not be operational.
해석 그 공장은 가동되지 않을 것이다.

구조분석 The plant / will not be / operational.
　　　　　　　주어　　　　동사　　　　보어

해설 형용사 operational은 be동사의 보어 자리에 위치하여 주어의 상태, 특징, 성향 등을 보여주는 형용사 보어로 쓰였다. 주격 보어 자리에 명사가 오는 경우는 주어와 보어가 동격일 때뿐이므로 대부분의 경우 보어는 형용사 자리이다.

어휘 plant 공장 operational 가동할 준비가 갖춰진

02 We have technical problems.
해석 우리는 기술적인 문제를 안고 있다.

구조분석 We / have / (technical) problems.
　　　　　　　주어　동사　　　　목적어

해설 형용사 technical은 타동사 have와 명사 problems 사이에 위치하여 명사를 수식해주고 있다. [타동사 + ------- + 명사]의 경우 빈칸은 형용사 자리이다.

어휘 technical 기술적인 problem 문제

03 A variety of events make the game interesting.
해석 다양한 이벤트들이 게임을 흥미롭게 만든다.

구조분석 (A variety of) events / make / the game / interesting.
　　　　　　　　　　　　　주어　　동사　　목적어　　목적보어

해설 형용사 interesting이 5형식 동사 make의 목적보어 위치에 와서 목적어 the game을 수식해주고 있는 구조이다. 5형식 동사는 [주어 + 동사 + 목적어 + 목적보어] 형태로 쓰이고, 이때 목적보어는 형용사 자리이다.

어휘 variety 여러 가지 event 이벤트 interesting 재미있는, 흥미로운

Step 2

01 After three months of training, the new employees have become very ------- with the company policies.   (A) familiar   (B) familiarly
해석 3달간 교육을 받은 뒤, 신입사원들은 회사 정책에 매우 익숙해졌다.

구조분석 (After three months of training), the (new) employees / have become / (very) ------- (with the company
　　　　　　　　　　　　　　　　　　　　　　　　　　　주어　　　　　　동사　　　　　　보어
policies).

해설 빈칸은 2형식 동사 become의 보어 자리이므로 형용사 familiar가 정답이다. 이때 형용사 보어는 주어의 상태, 성격, 특징 등을 보여준다.

어휘 training 교육, 훈련 employee 직원 become ~(해)지다 familiar 익숙한, 친숙한 company policy 회사 정책[방침]

02 The non-profit organization NFO is ------- for the support of local businesses.

    (A) vital   (D) vitality

`해석` 비영리 조직 NFO는 지역 사업체들의 지원을 위해 필수적이다.

`구조분석` (The non-profit organization) NFO / is / ------- (for the support) (of local businesses).
                                        주어   동사   보어

`해설` 빈칸은 be동사 뒤의 주격 보어 자리이다. 형용사 보어는 주어의 성격, 상태, 특징 등을 보여주고, 명사 보어는 주어와 동격일 때 쓰인다. 문장의 주어 NFO는 vitality(활력)와 동격이 될 수 없으므로 정답은 형용사 보어인 vital이다.

`어휘` **non-profit** 비영리적인 **organization** 조직, 단체 **vital** 필수적인 **support** 지지, 지원 **local** 지역 **business** 사업체

---

03 As long as the employees remain -------, we should be able to achieve all of our monthly goals.   (A) productive   (B) production

`해석` 직원들이 계속 생산적이기만 하다면, 우리는 우리의 모든 월간 목표들을 달성할 수 있을 것이다.

`구조분석` **As long as** the employees / remain / -------, // we / should be / able [to achieve / all (of our monthly
       접속사   주어1   동사1   보어   주어2   동사2   보어2

goals)].

`해설` 빈칸은 2형식 동사 remain의 보어 자리로 주어 employees의 상태를 보여주고 있으므로 정답은 형용사 productive이다. 명사 보어는 주어와 동격을 이루는 경우에 쓰이는데 employees와 production은 동격을 이룰 수 없으므로 오답이다.

`어휘` **as long as** ～하기만 하면 **employee** 직원 **remain** 계속 ～이다 **productive** 생산적인 **be able to + 동사원형** ～할 수 있다 **achieve** 달성하다, 성취하다 **monthly** 한 달에 한 번의 **goal** 목표

Step 3

01 Mr. Dixon advised me that it is not ------- to aggressively discuss salary negotiation even after a firm offers a good job position.

    (A) appropriateness   (B) appropriate   (C) appropriately   (D) most appropriately

`해석` 딕슨 씨는 회사가 좋은 일자리를 제의한 이후에도 공격적으로 급여 협상에 대해 의논하는 것은 적절하지 않다고 나에게 충고했다.

`구조분석`
                              명사절
                       접속사 가주어' 동사'   보어'   [진주어' (to부정사구)]
Mr. Dixon / advised / me / **that** it / is not / ------- / [to (aggressively) discuss / salary negotiation] //
  주어1   동사1   간접목적어   직접목적어절

even after a firm / offers / a good job position.
   접속사   주어2   동사2   목적어

`해설` 적절한 품사를 선택하는 구조분석 문제이다. 빈칸은 be동사의 보어 자리로 형용사 자리이므로 정답은 appropriate이다. 명사 appropriateness는 주어와 보어가 동격일 경우에만 사용할 수 있는데, 이 문장에서는 주어와 보어가 동격이 아니므로 보어 자리에 위치할 수 없다. 부사 appropriately와 most appropriately는 보어 자리에 적합하지 않다.

`어휘` **advise** 충고하다 **appropriate** 적절한 **aggressively** 공격적으로 **discuss** 상의하다 **salary** 급여, 봉급 **negotiation** 협상 **firm** 회사 **offer** 제의하다 **position** 자리

---

02 Personal information at Allianz is strictly ------- and can be released only with the employee's authorization.

    (A) confidentiality   (B) confiding   (C) confidence   (D) confidential

`해석` 알리앙즈 사의 개인정보는 엄격히 기밀이 유지되며 직원들의 허가가 있을 시에만 공개될 수 있다.

구조분석 (Personal) information (at Allianz) / is / (strictly) ------ // **and** can be released (only) (with the employee's
　　　　　주어　　　　　　　　　동사1　　　보어　　접속사　　　동사2
authorization).

해설 빈칸은 be동사 is와 부사 strictly 뒤에 위치한 주격 보어 자리이므로 형용사 자리이다. 우선 이 문장에서 주어와 동격을 이루지 않기 때문에 보어 자리에 올 수 없는 명사 confidentiality(비밀)와 confidence(신뢰)를 소거한다. 보어 자리에 올 수 있는 형용사 confiding(신뢰를 나타내는, 은밀한)과 confidential(비밀의, 기밀의) 중 '개인정보는 엄격히 기밀에 부쳐진다'는 문맥에 알맞은 어휘는 confidential이다.

어휘 personal 개인의　information 정보　strictly 엄격히　confidential 기밀의　release 공개하다　authorization 허가

Lesson 03 ● 형용사와 부사 구별하기 Test　　　　　▶ 본책 p. 99

Step 1 생략(아래 정답 표기 참조)　　**Step 2** 01 (A) 02 (B) 03 (B)　　**Step 3** 01 (B) 02 (D)

Step 1

01 The French company was initially surprised when it entered the American market because it was so highly competitive.

해석 그 프랑스 기업은 미국 시장에 진출할 때 매우 경쟁이 치열했기 때문에 처음에는 놀랐다.

구조분석 The French company / was (initially) surprised // **when** it / entered / the American market // **because** it
　　　　　　주어1　　　　　　동사1　　　　　　접속사 주어2 동사2　　　목적어　　　　　　접속사 주어3
/ was / (so highly) competitive.
　동사3　　　　　보어

해설 부사 highly는 be동사 was와 형용사 competitive 사이에 위치하여 형용사를 수식해주고 있다. [be동사 + ------ + 형용사]는 부사 자리이다.

어휘 initially 처음에　surprise 놀라게 하다　market 시장　highly 크게, 대단히, 매우　competitive 경쟁적인

---

02 More importantly, we need to catch up with our competitors who have a big lead over us in the book market.

해석 보다 더 중요하게, 우리는 도서 시장에서 우리를 크게 앞지르고 있는 경쟁자들을 따라잡아야 할 필요가 있다.

구조분석　　　　　　　　　　　　　　　　　　　　　　[관계대명사절]
(More importantly), we / need / to catch up (with our competitors) [**who** have / a big lead (over us)
　　　　　　　　　　주어　동사　　　목적어 (to부정사구)
(in the book market)].

해설 부사 importantly는 주어 we, 동사 need, 목적어 to catch up의 문장 성분을 모두 갖춘 완전한 문장의 콤마 앞에 위치하여 문장 전체를 수식해주고 있다.

어휘 importantly 중요하게　catch up with 따라잡다　competitor 경쟁자　lead 선두

---

03 Ms. Chow is due to arrive at approximately ten o'clock tomorrow morning.

해석 차우 씨는 내일 아침 10시 정도에 도착할 예정이다.

구조분석 Ms. Chow / is / due (to arrive) (at approximately ten o'clock) (tomorrow morning).
　　　　　　주어　동사 보어

해설 부사 approximately는 시간 ten o'clock 앞에 위치하여 수사를 수식하는 부사로 사용되었다.

어휘 due ~하기로 되어 있는　arrive 도착하다　approximately 대략적으로

Step 2

01 These tools are lightweight, highly ------- and competitively priced.

(A) maneuverable   (B) maneuverability

해석 이 도구들은 가볍고 매우 조종이 쉬우며 가격 경쟁력이 있다.

구조분석 (These) tools / are / lightweight, (highly) ------- // **and** (competitively) priced.
주어　　동사　　보어1　　　　보어2　　　　　　　　보어3

해설 빈칸에 형용사 maneuverable과 명사 maneuverability 중에 적절한 품사를 넣는 문제이다. 빈칸은 부사 highly 뒤에 위치한 형용사 자리로 정답은 maneuverable이다. and는 같은 성분의 단어와 단어, 구와 구, 절과 절을 대등하게 연결하는 등위접속사이므로 and 뒤의 competitively priced(부사 + 형용사)와 대등한 구조를 이루고 있다.

어휘 lightweight 가벼운 highly 대단히, 매우 maneuverable 조종할 수 있는 competitively 경쟁적으로 priced 값이 붙은

02 Leaves should be placed away from the road in order to be ------- accessible to the pick-up crew.   (A) easy   (B) easily

해석 나뭇잎들은 수거 직원들이 쉽게 수거할 수 있도록 도로에서 치워져야 한다.

구조분석 Leaves / should be placed away (from the road) (in order to be ------- accessible) (to the pick-up crew).
주어　　　　동사

해설 빈칸에 알맞은 품사를 고르는 구조분석 문제이다. 빈칸은 be동사 뒤, 형용사 accessible 앞으로 부사 자리이므로, 정답은 부사 easily이다.

어휘 leaf 나뭇잎 road 도로 easily 쉽게, 수월하게 accessible 접근 가능한 pick-up 수거 crew 작업반

03 In response to ------- visits from tourists, Rommel Hotel is offering a free transportation service from the airport to the hotel.   (A) frequently   (B) frequent

해석 관광객들의 잦은 방문에 응하여 롬멜 호텔은 공항에서 호텔까지 무료 차량 서비스를 제공하고 있다.

구조분석 (In response to ------- visits) (from tourists), Rommel Hotel / is offering / a (free) transportation service
주어　　　　　　동사　　　　　　목적어

(from the airport to the hotel).

해설 빈칸에 적절한 품사를 넣는 문제이다. 콤마 앞은 전치사구로 빈칸 앞에 전치사 to가 위치했고, 뒤에 명사 visits가 위치했으므로 빈칸은 형용사 자리이다. [전치사 + 형용사 + 명사]의 구조로 형용사 frequent가 뒤의 명사 visits를 수식하고 있다.

어휘 in response to ~에 응하여 frequent 잦은, 빈번한 visit 방문 tourist 관광객 offer 제공하다 free 무료의 transportation 차량, 이동

Step 3

01 Mr. Anderson was originally going to see the play but the tickets were too -------.

(A) expense (B) expensive (C) expensively (D) expensiveness

해석 앤더슨 씨는 원래 연극을 보러 갈 예정이었으나, 표가 너무 비쌌다.

구조분석 Mr. Anderson / was (originally) going to see / the play // **but** the tickets / were / (too) -------.
주어1　　　　　　　　동사1　　　　　　목적어　　접속사　주어2　　동사2　　　보어

해설 빈칸에 알맞은 품사를 고르는 구조분석 문제이다. 빈칸은 be동사 were 뒤의 주격 보어 자리로 형용사나 명사가 올 수 있다. 따라서 보어 자리에 올 수 없는 부사 expensively는 우선 소거한다. 명사는 주어와 보어가 일치하는 경우에 쓰이는데 이 문장의 주어인 tickets와 추

상명사 expensiveness는 동격을 이룰 수 없으므로 오답. 명사 expense는 '비용'이라는 의미로 역시 tickets와 일치하지 않는다. 따라서 정답은 형용사 expensive이다. 형용사 보어는 주어의 상태, 성격, 특징 등을 보여준다.

어휘 originally 원래, 본래 be going to + 동사원형 ~할 것이다 expensive 비싼 expense 비용 expensively 비싸게 expensiveness 값비쌈

---

02 Many scientists are trying to develop new energy sources that are effective, safe and ------- profitable. (A) economics (B) more economical (C) economic (D) economically

해석 과학자들은 효율적이고 안전하고 경제적으로 수익성이 있는 새로운 에너지원을 개발하고자 노력한다.

구조분석
관계대명사 동사' 보어'
(Many) scientists / are trying / to develop / (new) energy sources [that / are / effective, safe and (-------)
주어　　　　동사　　　　　　　目적어 (to부정사구)　　　　　　　[관계대명사절]
profitable].

해설 빈칸에 알맞은 품사를 고르는 구조분석 문제이다. 빈칸 앞은 등위접속사 and. 빈칸 뒤는 형용사 profitable이 위치했다. new energy sources를 선행사로 취하는 that이 이끄는 관계사절의 보어로 쓰인 profitable 앞에 있는 빈칸은 뒤의 형용사를 수식하는 부사 자리이므로 정답은 (D) economically이다. 형용사를 수식할 수 있는 품사는 부사이기 때문에 명사 economics와 형용사 more economical과 economic은 빈칸에 적절하지 않은 품사이므로 오답이다.

어휘 scientist 과학자 try 노력하다 develop 개발하다 source 원천, 근원 effective 효과적인 safe 안전한 economically 경제적으로 profitable 수익성이 있는 economics 경제학 economical 경제적인 economic 경제의

Lesson 04 ● 형용사의 종류 Test
▶ 본책 p. 102

Step 1 생략(아래 정답 표기 참조)　　**Step 2** 01 (B) 02 (A) 03 (A)　　**Step 3** 01 (B) 02 (B)

Step 1

01 Sales manager Gregory Gallas is willing to take risks yet maintains a steady economic progress.
관사 형용사　형용사　명사

해석 영업부장 그레고리 갤러스는 기꺼이 위험을 감수하지만 꾸준한 경제적 진전을 유지한다.

구조분석 Sales manager Gregory Gallas / is / willing / to take risks // yet maintains / a (steady economic) progress.
주어　　　　　　　　　　　동사1　보어　목적어(to부정사구)　접속사　동사2　　　목적어

해설 a steady economic progress는 [관사 + 형용사 + 형용사 + 명사]의 구조로, 가장 앞에 관사가 위치하고, 그 뒤에 상태를 나타내는 형용사 steady가 종류를 나타내는 형용사 economic보다 앞에 오고, 그 뒤에 명사 progress의 어순으로 연결되었다.

어휘 manager 관리자 be willing to + 동사원형 기꺼이~하다 risk 위험 maintain 유지하다 steady 꾸준한 economic 경제의 progress 진전

---

02 To celebrate its opening day, Dana's Diner is offering desserts to its customers with absolutely no additional charge.
한정사　형용사　　명사

해석 개업일을 기념하기 위해 다나스 다이너는 고객들에게 전적으로 추가요금 없이 후식을 제공한다.

구조분석 (To celebrate its opening day), Dana's Diner / is offering / desserts (to its customers) (with absolutely
주어　　　　　동사　　　목적어

no additional charge).

해설 no additional charge는 부정형용사 no. 성질을 나타내는 형용사 additional. 명사 charge의 어순으로 연결되었다. 관사(a, an, the).

부정형용사(some, any, no), 지시형용사(this, that, these, those), 소유격(my, your)과 같은 한정사는 형용사 앞에 위치한다. 이와 같은 한정사는 명사 앞에 2개 이상이 함께 놓일 수 없다. 단, 전치한정사(all both, half, double 등)는 다른 한정사 앞에 올 수 있다.

어휘 celebrate 기념하다, 축하하다　offer 내놓다, 제공하다　dessert 후식, 디저트　customer 손님, 고객　absolutely 전적으로
additional 추가의　charge 요금

---

03 Mr. Quinn is confident that he will receive assurance from his commercial contacts.
　　　　　　　　　　　　　　　　　　　　　　　　　　　　　한정사　　형용사　　명사

해석 퀸 씨는 사업적으로 관계를 맺고 있는 사람들로부터 확약을 받아낼 것이라고 확신한다.

**구조
분석**　　　　　　　　　　　　명사절
　　　　　　　　　　　　접속사　주어'　　동사'　　　　목적어'
Mr. Quinn / is / confident **that** he / will receive / assurance (from his commercial contacts).
　　주어　　 동사　 보어　　　　　　　　　　　　　　　　명사절

해설 his commercial contacts 중에서 소유격 his는 한정사이므로 형용사 commercial보다 앞에 위치하여, 한정사(소유격), 형용사, 명사의 어순으로 연결되어 있다.

어휘 confident 확신하는　receive 받다　assurance 확언, 장담　commercial 사업적인　contact 연락, 접촉, 인맥

Step 2

---

01 Hewitt-Park decided to add cameras and other digital appliances to its ------- product line.
　　(A) now　(B) current
해석 휘이트파크사는 현재의 제품 라인에 카메라를 비롯한 여타 디지털 기기들을 추가하기로 결정했다.

**구조
분석** Hewitt-Park / decided / to add / cameras and other digital appliances (to its ------- product line).
　　　　　主어　　　 동사　　　　　　　　　　 목적어 (to부정사구)

해설 빈칸 앞에는 한정사인 소유격 its가 위치했고, 뒤에는 명사 product가 있으므로 빈칸은 형용사 자리이다. 따라서 정답은 형용사 current이다. now는 부사이므로 적절하지 않다.

어휘 decide 결정하다　add 추가하다　appliance 기기　current 현재의, 지금의　product 제품

---

02 Of the 450 applicants who applied this month, ------- had more credentials than Villarreal.
　　(A) few　(B) little
해석 이번 달 지원한 450명의 지원자들 중 빌라리얼보다 스팩이 더 우수한 지원자는 거의 없었다.

**구조
분석**　　　　　　　　　　　　　　⌐ 관계대명사 동사'
(Of the 450 applicants) [**who** applied (this month)], ------- / had / (more) credentials (than Villarreal).
　　　　　　　　　　　　　　　　　　　　　　　　　　　주어　　동사　　　목적어

해설 빈칸은 동사 had 앞의 주어 자리이다. few, little, many 등의 수량형용사는 명사 역할을 할 수 있다. few는 가산 복수명사와 쓰이고 little은 불가산명사와 쓰이므로 applicants라는 사람 가산 복수명사를 받는 적절한 수량형용사는 few이다.

어휘 applicant 지원자　apply 신청하다, 지원하다　month 달, 월　few 소수, 적은 수　credential 자격

---

03 Profit forecasts were down sharply from those ------- forecasts, due to high fuel costs.
　　(A) original　(B) originally
해석 수익 전망은 높은 연료비용 때문에 기존의 전망에서 급격히 하락했다.

**구조
분석** Profit forecasts / were / down (sharply) (from those ------- forecasts), (due to high fuel costs).
　　　　　　주어　　　　 동사　　 보어

해설 빈칸 앞에는 지시형용사 those가 한정사로 위치했고, 뒤에는 명사 forecasts가 왔으므로 빈칸은 형용사 자리이다. 따라서 정답은 형용사 original이다.

어휘 profit 이익, 수익 original 원래의, 본래의 forecast 예측, 예보 sharply 급격히 high 높은 fuel 연료 cost 값, 비용

Step 3

01 If any employee needs private health insurance, they should inform Human Resources in a ------- manner. (A) timed (B) timely (C) timing (D) time

해석 어느 직원이든 개인 의료보험이 필요하면 인사부에 적시에 알려야 한다.

구조분석 If (any) employee / needs / (private) health insurance, // they / should inform / Human Resources (in a
접속사   주어1   동사1   목적어1   주어2   동사2   목적어2

------- manner).

해설 빈칸에 적절한 품사를 고르는 구조분석 문제이다. 빈칸 앞에는 관사 a, 뒤에는 명사 manner가 위치했으므로 빈칸은 형용사 자리이다. 우선 보기 중 형용사가 아닌 명사 timing과 time은 탈락한다. 형용사 timed와 timely 중 적절한 것은 '시기적절한'이라는 의미의 timely이다. timely, monthly, lovely, costly, friendly 등과 같이 [명사 + -ly]는 부사가 아니라 형용사로 be동사 뒤나 명사 앞에 올 수 있다는 것에 유의하자.

어휘 employee 직원 private 개인 소유의 health 보건, 의료 insurance 보험 inform 알리다, 통지하다 Human Resources 인사부 timely 시기적절한, 때맞춘 manner (일의) 방식 timed 시한의, 정기의 timing 시기

02 ------- employee interested in participating in this week's training session should contact Mr. Perze on extension 1543. (A) Both (B) Any (C) Few (D) All

해석 금주 교육 연수 참여에 관심이 있는 직원은 누구든지 내선번호 1543으로 페레즈 씨에게 연락해야 한다.

구조분석 (-------) employee [interested (in participating) (in this week's training session)] / should contact /
주어   동사

Mr. Perze (on extension 1543).
목적어

해설 빈칸에 적절한 수량형용사를 넣는 문제이다. 수량형용사 뒤에 단수 가산명사 employee가 왔으므로 정답은 보기 중 유일하게 단수 가산명사를 받는 any이다. both, few, all은 뒤에 가산명사가 올 경우 복수명사를 받는 수량형용사들이며 보기 중 유일하게 any만 단수, 복수명사를 모두 받을 수 있다.

어휘 employee 직원 interested in ~에 관심이 있는 participate in ~에 참여하다 training 교육, 훈련 session (특정한 활동을 위한) 시간[기간] contact 연락하다 extension 내선

Lesson 05 ● 사람형용사 vs 사물형용사　▶ 본책 p. 105

Step 1 생략(아래 정답 표기 참조)　　Step 2 01 (B) 02 (A) 03 (B)　　Step 3 01 (A) 02 (D)

Step 1

01 He is a ------- man. (A) considerable (B) considerate

해석 그는 사려 깊은 남자다.

구조분석 He / is / a (-------) man.
주어 동사   보어

해설 빈칸에 적절한 형용사 어휘를 선택하는 문제이다. 답을 결정하는 단어는 빈칸에 들어갈 형용사의 수식을 받는 사람명사 man이다. 따라서 정답은 사람 수식 형용사 considerate이다. considerable은 '상당한, 많은'이라는 의미로, 사물을 수식한다.

어휘 considerable 상당한, 많은   considerate 사려 깊은

---

02 The Customer Service department received a bonus for their ------- work.

(A) excellent   (B) interested

해석 고객서비스부서는 그들의 훌륭한 작업에 대해 상여금을 받았다.

구조분석 The Customer Service department / received / a bonus (for their ------- work).
　　　　　　주어　　　　　　　　　　동사　　　목적어

해설 빈칸에 적절한 형용사 어휘를 선택하는 문제이다. 키워드는 빈칸 뒤의 사물명사 work이다. 사물명사를 수식하는 형용사로 적절한 것은 excellent(훌륭한)이다. interested(관심 있는)는 사람에 쓰이는 형용사이다.

어휘 customer 고객   department 부서   receive 받다   bonus 보너스, 상여금   excellent 훌륭한, 탁월한   interested 관심 있는

---

03 Sales in the Southern region have been ------- this year.

(A) disappointed   (B) disappointing

해석 올해 남부지역에서의 판매는 실망스러웠다.

구조분석 Sales (in the Southern region) / have been / ------- (this year).
　　　　　주어　　　　　　　　　　　　동사　　　보어

해설 빈칸에 적절한 형용사를 선택하는 어휘 문제이다. disappoint는 감정동사로 주어가 사물인 경우 be동사 다음의 감정동사는 능동의 현재분사가 온다. 문장의 주어인 sales는 사물이므로 정답은 현재분사 형용사 disappointing이다. disappointed는 '실망한'이라는 의미로 사람주어를 받는다.

어휘 sales 판매   Southern 남부에 위치한   region 지방, 지역   disappointing 실망스러운   disappointed 실망한, 낙담한

Step 2

01 PDSVA provides a secure storage service of ------- documents.

(A) confident   (B) confidential

해석 PDSVA 사는 기밀 서류의 안전한 보관 서비스를 제공한다.

구조분석 PDSVA / provides / a secure storage service (of ------- documents).
　　　　　주어　　동사　　　　목적어

해설 빈칸에 적절한 형용사를 선택하는 어휘 문제이다. 빈칸 앞은 전치사 of, 뒤는 명사 documents이므로 빈칸은 형용사 자리이다. 여기에서 키워드는 사물명사 documents로 사물명사에 쓰일 수 있는 형용사 confidential이 정답이다. confident는 '자신감 있는'이라는 의미로 사람을 수식하는 형용사이므로 오답이다.

어휘 provide 제공하다   secure 안전한   storage 저장, 보관   confidential 비밀의, 기밀의   document 서류, 문서   confident 자신감 있는

---

02 Mr. Thompson's speech is always a pleasure to listen to because he frequently describes some of his ------- experiences from the past.   (A) fascinating   (B) fascinated

해석 톰슨 씨의 연설은 항상 듣기 즐겁다. 왜냐하면 그는 자주 과거 그의 흥미로운 경험들을 말하기 때문이다.

(Mr. Thompson's) speech / is (always) / a pleasure (to listen to) // **because** he / (frequently) describes /
주어1　　　　　　　　동사1　　　　　보어　　　　　　　　　　　　　접속사　주어2　　　(frequently)　동사2

some (of his ------- experiences) (from the past).
목적어

해설　빈칸에 적절한 형용사를 고르는 어휘 문제이다. 빈칸 앞은 한정사인 소유격 his, 뒤는 experiences이므로 빈칸은 형용사 자리이다. 키워드는 사물명사 experiences로 사물명사와 함께 쓰일 수 있는 fascinating이 정답이다. fascinate는 감정동사로 사물과 쓰일 때에는 현재분사, 사람과 쓰일 때는 과거분사 형태를 취한다.

어휘　**speech** 연설　**always** 항상, 언제나　**pleasure** 기쁨, 즐거움　**listen** 듣다　**frequently** 자주, 흔히　**describe** 말하다　**fascinating** 대단히 흥미로운, 매력적인　**experience** 경험, 경력　**past** 과거　**fascinated** 마음을 다 빼앗긴, 매료된

---

03 Our executive director was ------- to hear that Dr. Grey joined our company to co-develop a new source of energy.　(A) convenient　(B) pleased

해석　우리 경영 간부는 그레이 박사가 새로운 에너지원 공동개발을 위해 우리 회사에 합류했다는 것을 듣고 만족스러워 했다.

구조분석　(Our) executive director / was / ------- [to hear / **that** Dr. Grey / joined / (our) company (to co-develop
주어　　　　　동사　　보어　　　　　　　　　　명사절접속사　주어'　　　동사'　　목적어'

a new source of energy)].
hear의 목적어

해설　빈칸에 적절한 형용사를 고르는 어휘 문제이다. 빈칸은 be동사 was 뒤의 보어 자리이다. 키워드는 사람 가산명사 director로 사람 수식 형용사 pleased가 정답이다. convenient는 '편리한, 간편한'이라는 의미로 사물을 수식할 때 사용한다.

어휘　**executive** 경영의, 운영의　**director** 임원, 중역　**pleased** 기쁜, 만족해하는　**join** 함께하다　**co-develop** 공동으로 개발하다

Step 3

01 Nestled in the pristine Alpine Ranges, Craig Hill Corporate Lodge is a ------- setting for corporate venues and retreats.　(A) perfect　(B) perfectly　(C) perfectness　(D) perfection

해석　청정 알프스 산맥에 자리잡은 크레그 힐 기업 휴양지는 기업의 행사와 휴식을 위한 완벽한 환경이다.

구조분석　(Nestled in the pristine Alpine Ranges), Craig Hill Corporate Lodge / is / a (-------) setting (for corporate
주어　　　　　　　　　동사　　보어

venues and retreats).

해설　빈칸에 적절한 품사를 넣는 구조분석 문제이다. 빈칸 앞은 관사 a, 뒤는 명사 setting이므로, 빈칸은 형용사, 혹은 복합명사를 이룰 경우에는 명사 자리이다. 우선 빈칸에 위치할 수 없는 부사 perfectly를 소거한다. 그리고 명사 perfectness, perfection도 뒤의 setting과 복합명사로 쓰일 수 없으므로 오답이다. 따라서 정답은 형용사 perfect이다.

어휘　**nestle** 자리잡게 하다　**pristine** 아주 깨끗한　**Alpine Ranges** 알프스 산맥　**perfect** 완벽한　**setting** 환경　**corporate** 기업의　**venue** 장소　**retreat** 조용한 곳　**perfectness** 완전함, 결점 없음　**perfection** 완벽, 완전

---

02 The process of the development of the new product design shown in the presentation was clear and -------.
(A) understand　(B) understanding　(C) understandably　(D) understandable

해석　프레젠테이션에서 선보여진 신제품 디자인의 개발과정은 분명하고 이해하기 쉬웠다.

구조분석　The process (of the development) (of the new product design) [shown (in the presentation)] / was /
주어　　　　　　　　　　　　　　　　　　　　　　　　　　　　　　　　동사

clear **and** -------.
보어

해설 보기에 적절한 품사를 넣는 구조분석 문제이다. be동사 뒤에서 두 개의 형용사가 등위접속사 and로 대등하게 연결되어 주격보어 역할을 하는 구조이다. 따라서 빈칸은 and 앞의 형용사 clear와 대등하게 연결될 수 있는 형용사가 들어갈 자리이다. 보기 중 형용사 understandable이 정답이다. understandable은 사물과 함께 쓰이는 사물 수식 형용사라는 것을 기억해두자.

어휘 process 과정, 절차 development 개발 product 상품, 제품 show 보여주다 presentation 발표[설명] clear 알아듣기 쉬운, 분명한 understandable 이해하기 쉬운 understand 이해하다, 알아듣다 understanding 이해 understandably 당연히

Lesson 06 ● 주의해야 할 수량형용사 Test ▶ 본책 p. 108

Step 1 01 (A) 02 (B) 03 (B)   Step 2 01 (B) 02 (A) 03 (B)   Step 3 01 (A) 02 (D)

Step 1

01 As one of the leading online malls, Mona only offers coupons instead of ------- discounts to its online customers.   (A) other   (B) another

해석 선두적인 온라인 쇼핑 몰 중 하나인 모나는 온라인 고객들을 위해 할인 대신에 쿠폰만 제공한다.

구조분석 (As one of the leading online malls), Mona / (only) offers / coupons (instead of ------- discounts) (to its
　　　　　　　　　　　　　　　　　　　　　　주어　　　　　　동사　　　　　목적어
online customers).

해설 빈칸에 적절한 수량형용사를 선택하는 문제이다. 빈칸은 전치사 of 뒤, 명사 discounts 앞으로 형용사 자리이다. 가산 복수명사 discounts를 받을 수 있는 적절한 수량형용사는 other이다. another는 가산 단수명사를 받는다.

어휘 leading 선두적인 mall 쇼핑 몰 offer 제공하다 coupon 쿠폰 instead of ~대신에 discount 할인 customer 손님, 고객

02 Please share ------- your concerns with your doctor.
　　　(A) each   (B) all

해석 의사와 대화를 할 때 당신의 모든 우려들을 공유해주세요.

구조분석 (Please) share / (-------) (your) concerns (with your doctor).
　　　　　　　동사(명령문)　　　　　　　　목적어

해설 빈칸은 명령문의 동사 share와 명사 your concerns 사이로 형용사 자리이다. each와 all 둘 중 가산 복수명사 concerns를 받는 적절한 수량형용사는 all이다. each는 뒤에 가산 단수명사를 받으므로 오답이다.

어휘 share 함께 쓰다, 공유하다 concern 우려, 걱정

03 ------- of his former supervisors provided very favorable recommendations.
　　　(A) Those   (B) Both

해석 그의 이전 상관들은 둘 다 매우 호의적인 추천서를 제공했다.

구조분석 ------- (of his former supervisors) / provided / (very) (favorable) recommendations.
　　　　　주어　　　　　　　　　　　　　　　　　동사　　　　　　　　　　목적어

해설 빈칸은 부분대명사로 주어 자리에 적절한 어휘를 선택하는 문제이다. both와 those 둘 다 of 앞에 사용되고 가산 복수명사를 받을 수 있으나, those는 비교 구문에서 those of ~로 사용되는데 이 문장은 비교하는 대상이 나오지 않으므로 오답이다. 따라서 정답은 가산 복수명사를 받는 수량형용사 both이다. 이와 같이 수량형용사는 형용사와 명사 둘 다 쓰인다.

어휘 both 둘 다 former 예전의 supervisor 감독관, 상사 provide 제공하다 favorable 호의적인 recommendation 추천서

01 ------- of the new employees has received guidelines to read before the tour of the facilities.
(A) Most   (B) Each

해석 각각의 신입직원들은 시설을 둘러보기 전에 읽을 지침을 받았다.

구조분석 ------- (of the new employees) / has received / guidelines (to read) (before the tour) (of the facilities).
　　　　주어　　　　　　　　　　동사　　　　　목적어

해설 부분대명사로 빈칸에 적절한 수량형용사를 선택하는 문제이다. 키워드는 단수동사 has received로 단수동사와 함께 쓰이는 수량형용사 each가 정답이 되었다. Most는 가산 복수명사를 받을 경우 복수동사와 오는 수량형용사이다.

어휘 employee 직원　receive 받다　guideline 가이드라인, 지침　tour 견학, 관광　facility 시설, 기관

02 You are asked to finish reviewing ------- of the contract terms before submitting the final version.   (A) all   (B) every

해석 최종 버전을 제출하기 전에, 당신은 모든 계약 조항들을 검토하는 것을 끝내도록 요청받는다.

구조분석 You / are asked / to finish / reviewing / ------- (of the contract terms) (before submitting the final version).
　　　　주어　　동사　　보어 (to부정사)

해설 부분대명사로 쓰이는 적절한 수량형용사를 선택하는 문제이다. every는 of와 함께 every of로 사용할 수 없으므로 정답이 될 수 없다. 정답은 [수량형용사 + of + 특정 명사]의 형태로 부분대명사로 쓰일 수 있는 all이다. 여기에서 특정 명사란 the/지시형용사/소유격 등을 동반한 명사이고, 이 때 뒤의 명사의 수에 따라 수량형용사를 선택해야 한다.

어휘 ask 요청하다　finish 끝내다　review 검토하다　contract 계약서　term 조항　before ~하기 전에　submit 제출하다　final 마지막의　version 버전

03 ------- the museum members receive 50% discounts on special exhibitions.
(A) Most   (B) Most of

해석 대부분의 박물관 회원들은 특별 전시회들에 대해 50퍼센트의 할인을 받는다.

구조분석 ------- (of the museum members) / receive / 50% discounts (on special exhibitions).
　　　　주어　　　　　　　　　　동사　　　목적어

해설 빈칸은 정관사 the 앞자리이다. 수량형용사가 정관사 the 앞에 위치할 수 없으므로 부분대명사 형태로 [수량형용사 + of + 특정 명사]의 형태로 쓰여야 하므로 정답은 Most of이다.

어휘 museum 박물관　member 회원　receive 받다　discount 할인　special 특별한　exhibition 전시회

01 The most popular photocopier on the market contains ------- of the innovative features including fast copying and quiet functioning.   (A) some   (B) much   (C) little   (D) every

해석 시장에서 가장 인기 있는 복사기는 빠른 복사와 조용한 작동을 포함한 몇 개의 혁신적인 특징들을 가지고 있다.

구조분석 The most popular photocopier (on the market) / contains / ------- (of the innovative features) (including
　　　　주어　　　　　　　　　　　　　　　　　동사　　　목적어

fast copying and quiet functioning).

해설 빈칸에 적절한 수량형용사를 넣는 문제이다. 우선 뒤에 복수명사가 오므로 every는 정답에서 제외한다. 그리고 the innovative features로 가산 복수명사이므로 불가산명사와 쓰이는 little과 much도 오답이다. 따라서 정답은 가산 복수명사와 함께 쓰일 수 있는 some이다.

02 A recent consumers' report has shown that ------- customer feels confident about the economy.
(A) other (B) only (C) even (D) each

해석 최근 소비자 보고서는 각각의 고객들은 경제에 대해 확신하고 있다는 것을 보여준다.

구조분석 A (recent) (consumers') report / has shown / **that** (-------) customer / feels / confident (about the economy).
주어   동사   명사절 접속사 주어'   동사'   보어'
목적어절

해설 빈칸에 적절한 형용사를 선택하는 문제이다. 빈칸 뒤 customer는 가산 단수명사로 이에 적절한 수량형용사는 each이다. other는 복수 가산명사와 쓰이므로 오답이다. only(유일한, 오직)와 even(평평한, 고른)은 의미상 적절하지 않다.

어휘 recent 최근의 consumer 소비자 report 보고서 customer 손님, 고객 feel 느끼다 confident 자신감 있는, 확신하는 economy 경기, 경제

Lesson 07 ● 외워두어야 할 형용사 관용표현 Test ▶ 본책 p. 110

Step 1 생략(아래 정답 표기 참조) **Step 2** 01 (A) 02 (A) 03 (B) **Step 3** 01 (A) 02 (A)

Step 1

01 Before becoming known for his novels, writer Jack Howell was famous for narrative poems.

해석 그의 소설로 알려지기 전에, 작가 잭 호웰은 설화 시로 유명했다.

구조분석 (Before becoming known for his novels), writer Jack Howell / was / famous (for narrative poems).
주어   동사   보어

해설 be famous for는 '~로 유명하다'는 의미로 [be동사 + 형용사 + for] 유형의 형용사 숙어이다. be famous for 뒤에는 주로 무엇으로 유명한지 대상이 나오고, be famous as 뒤에는 주로 무엇으로서 유명하다는 자격이 나온다.

어휘 known 알려진 novel 소설 writer 작가 be famous for ~로 유명하다 narrative poem 설화 시

02 All of our designs are compliant with both our specifications and all industry safety standards.

해석 우리의 디자인들은 모두 우리 사양과 모든 산업 안전 기준들에 다 부합한다.

구조분석 All (of our designs) / are / compliant (with both our specifications and all industry safety standards).
주어   동사   보어

해설 be compliant with는 '~에 부합하다'는 의미의 [be동사 + 형용사 + with] 유형의 형용사 숙어이다. be compliant with 뒤에는 주로 준수해야 할 법, 명령 등이 언급된다.

어휘 be compliant with ~에 부합하다 specification 사양 industry 산업 safety 안전 standard 수준, 기준

03 It would be advisable to conduct further research before you make any decision.

해석 어떤 결정을 내리기 전에 추가 조사를 하는 것이 현명하겠습니다.

구조분석 It / would be / advisable / to conduct / further research // **before** you / make / (any) decision.
가주어 동사1   보어   진주어1 (to부정사구)   접속사 주어2 동사2 목적어

해설 advisable은 대개 명사 앞에는 쓰이지 않고, be advisable to do sth의 형태로 '~하는 것이 권고된다[현명하다]'는 의미로 사용된다. 권고되는 대상이 언급될 때에는 to부정사 의미상 주어로 [for + 대상]이 to부정사 앞에 언급되어 be advisable for sb to do sth 형태로 쓰인다는 것도 기억해두자.

어휘 be advisable to + 동사원형 ~하는 것이 권고된다[현명하다] conduct (특정한 활동을) 하다 further 더 이상의, 추가의 research 조사 decision 결정, 판단

Step 2

01 The Research and Development department is ------- that the new cuddly toy will be a hit this Christmas. (A) optimistic (B) optimistically

해석 연구개발부서는 새로 나온 껴안을 수 있게 만든 장난감이 이번 크리스마스에 히트를 칠 것이라고 낙관한다.

구조분석 The Research and Development department / is / ------- **that** the (new) cuddly toy / will be / a hit
(주어) (동사) (보어) [명사절 접속사] [주어'] [동사'] [보어']
(this Christmas).
[명사절]

해설 빈칸에 적절한 품사를 넣는 구조분석 문제이다. 빈칸은 be동사 뒤의 보어 자리로 형용사 optimistic이 정답이다. be optimistic that ~ 은 [be동사 + 형용사 + that절] 형태의 토익 빈출 형용사 숙어이다. 참고로 be optimistic/pessimistic about으로 '~을 낙관/비관하다'라고 about과 함께 사용되기도 한다는 것 또한 기억해두자.

어휘 research 연구 development 개발 department 부서 optimistic 낙관적인, 낙관하는 cuddly 껴안을 수 있게 만든 toy 장난감 hit 대 인기인, 히트

02 While Ms. Ferdinand was organizing a team, Mr. Baldwin was ------- for contacting the clients. (A) responsible (B) powerful

해석 페르디난드 씨가 팀을 조직하는 동안 볼드윈 씨가 고객들과의 연락을 책임졌다.

구조분석 **While** Ms. Ferdinand / was organizing / a team, // Mr. Baldwin / was / ------- (for contacting the clients).
(접속사) (주어1) (동사1) (목적어) (주어2) (동사2) (보어)

해설 빈칸에 적절한 형용사를 고르는 어휘 문제이다. be responsible for는 [be동사 + 형용사 + for] 형태의 형용사 숙어로 '~을 책임지다, 담당하다'는 의미이다. 따라서 빈칸에는 (A) responsible이 들어가야 한다. powerful은 주로 명사 앞에서 한정적 용법으로 사용되는 형용사이다.

어휘 organize 준비하다, 조직하다 be responsible for ~을 책임지다[담당하다] contact 연락하다 client 의뢰인, 고객 powerful 영향력 있는, 유력한

03 The penthouse of Hotel El Dorado is ------- for its spectacular view of the sea.
(A) actual (B) notable

해석 엘도라도 호텔의 펜트하우스는 바다가 바라보이는 장관으로 유명하다.

구조분석 The penthouse (of Hotel El Dorado) / is / ------- (for its spectacular view) (of the sea).
(주어) (동사) (보어)

해설 notable은 be동사와 함께 쓰일 때 be notable for sth으로 전치사 for와 함께 '~으로 유명하다'라는 의미로 쓰인다. 참고로 be noted for ~로 noted가 와도 전치사 for와 함께 '~으로 유명하다'라는 의미로 사용된다는 것도 기억해두자.

어휘 penthouse 펜트하우스 be notable for ~으로 유명하다 spectacular 장관을 이루는, 극적인 view 경관, 전망

01 Any server who has worked at ABC Restaurant for more than five years is ------- to apply for the manager position.　(A) eligible　(B) possible　(C) measured　(D) controlled

해석 5년 넘게 ABC 레스토랑에서 웨이터로 일한 사람은 누구든지 관리자 자리에 지원할 자격이 있다.

구조 분석
관계대명사 　동사'
(Any) server [**who** / has worked (at ABC Restaurant) (for more than five years)] / is / ------- (to apply)
주어　　　　　　　　　　　[관계대명사절]　　　　　　　　　　　동사　　보어

(for the manager position).

해설 빈칸에 적절한 형용사를 선택하는 어휘 문제이다. 빈칸 앞은 be동사, 뒤는 to부정사이므로 be동사의 보어로 들어갈 형용사 중 to부정사를 취해 [be + 형용사 + to부정사] 형태로 쓰이면서 문맥상으로도 적절한 어휘를 선택해야 한다. eligible은 be eligible to do sth 혹은 be eligible for sth의 형태로 '~할 자격이 있다'라는 의미로 사용되므로 빈칸에 적절하다. possible도 to부정사나 that절을 취할 수 있으나 주로 It is possible to do나 It is possible that ~의 형태로 '~라는 것은 가능하다'는 의미로 쓰이므로 의미상 적절하지 않다. control은 주로 control of/over sb/sth의 형태로 '지배(권)'이나 '통제력'을 의미한다.

어휘 server 서빙하는 사람, 웨이터　be eligible to + 동사원형 ~할 자격이 있다　apply for ~에 신청하다, 지원하다　manager 경영자, 관리자　position 자리, 직위

02 Due to the government's recent policy changes, the manufacturing company is no longer ------- to cope with current market demand.

(A) able　(B) eligible　(C) capable　(D) probably

해석 정부의 최근 정책 변화로 인해 그 제조업 회사는 더 이상 현재의 시장 수요에 대처할 수가 없다.

구조 분석
(Due to the government's recent policy changes), the manufacturing company / is / (no longer) able (to cope)
　　　　　　　　　　　　　　　　　　　　　　　　주어　　　　　　　　　동사　　　　　보어

(with current market demand).

해설 빈칸에 적절한 형용사를 고르는 어휘 문제이다. 빈칸 앞에는 be동사, 뒤에는 to부정사가 위치했으므로 의미상 적절하면서 to부정사를 취할 수 있는 어휘를 선택해야 한다. 우선 부사 probably는 품사가 맞지 않으므로 소거한다. be able to do는 '~할 수 있다'는 의미의 [be동사 + 형용사 + to부정사] 형태의 숙어로, 빈칸에 able이 들어가면 형태상으로도 문맥상으로도 적절하다. eligible은 be eligible to do sth이나 be eligible for sth의 형태로 쓰여서 '~할 자격이 있다'는 의미로 쓰이고, capable은 전치사 of와 쓰여 be capable of의 형태로 '~을 할 수 있는 능력이 있다'라는 의미로 사용된다.

어휘 due to ~때문에　government 정부　recent 최근의　policy 정책, 방침　change 변화　manufacturing company 제조업 회사　no longer 더 이상 ~아닌　cope with ~에 대처하다　current 현재의, 지금의　demand 수요

Chapter 04 ● Practice Test　　　　　　　　　　　　▶ 본책 p. 111

01 (D)　02 (A)　03 (A)　04 (D)　05 (B)　06 (C)　07 (B)　08 (A)　09 (B)　10 (A)　11 (A)　10 (D)

01 Ms. Graham hired a new assistant who is ------- with translation.
(A) proficiently　(B) proficiencies　(C) proficiency　(D) proficient

해석 그래햄 씨는 번역에 능한 새로운 비서를 한 명 고용했다.

구조 분석
관계대명사 동사' 보어'
Ms. Graham / hired / a (new) assistant [**who** is / ------- (with translation)].
주어　　　　　동사　　목적어　　　　　[관계대명사절]

02 The company lowered its production cost so that the new sleeping pill could be ------- to everyone.   (A) affordable   (B) affording   (C) affords   (D) afford

해석 그 회사는 모든 사람들이 새로운 수면제를 싼 값에 이용할 수 있도록 하기 위해 생산비를 낮췄다.

구조분석 The (new) sleeping pill / lowered / (its) production cost // **so that** it / could be / ------- (to everyone).
주어1   동사1   목적어   접속사 주어2 동사2   보어

해설 빈칸에 적절한 품사를 선택하는 구조분석 문제이다. 빈칸 앞은 be동사, 빈칸 뒤는 전치사 to가 위치해 있으므로 빈칸은 형용사 자리이다. [be + 형용사 + 전치사 to] 형태로 쓰일 수 있는 형용사 숙어 be affordable to가 '가격이 저렴해서 ~에게 경제적으로 감당이 되다'는 의미로 들어가서 정답이 되었다. 현재분사 affording을 쓰기 위해서는 뒤에 목적어가 필요하므로 전치사 to 앞에서 쓸 수 없다. 동사 afford와 affords는 이미 be동사가 있으므로 오답이다.

어휘 lower ~을 내리다 production cost 생산비 pill 알약 be affordable to (가격이 저렴해서) ~에게 경제적으로 감당이 되다

03 Keller Furniture Company is planning to renovate the ------- factory on Church Street.
   (A) vacant   (B) vacantly   (C) vacate   (D) vacancy

해석 켈러 가구 회사는 처치 가에 있는 빈 공장의 보수공사를 계획하고 있다.

구조분석   동사'   목적어'
Keller Furniture Company / is planning / to renovate / the (-------) factory (on Church Street).
주어   동사   목적어(to부정사)

해설 빈칸에 적절한 품사를 선택하는 구조분석 문제이다. 빈칸 앞에는 정관사 the. 뒤에는 명사 factory가 왔으므로 빈칸은 형용사 자리이다. 따라서 정답은 형용사 vacant로, 뒤의 명사를 수식해주고 있다. 부사 vacantly는 명사를 수식할 수 없으므로 오답이고, 동사 vacate는 정관사 the 뒤에 위치할 수 없으므로 오답, 명사 vacancy는 factory와 복합명사를 이룰 수 없으므로 오답이다.

어휘 furniture 가구 plan 계획하다 renovate 개조하다, 보수하다 vacant 비어 있는 factory 공장 vacantly 멍하니, 멀거니

04 Please give us a ------- introduction of yourself before we start the actual interview for the managerial position.   (A) briefed   (B) briefing   (C) briefly   (D) brief

해석 관리직 채용을 위한 실제 면접을 시작하기 전에 간단하게 자기소개를 해주십시오.

구조분석 (Please) give / us / a (-------) introduction (of yourself) // **before** we / start / the (actual) interview
동사(명령문) 간접목적어   직접목적어   접속사 주어2 동사2   목적어
(for the managerial position).

해설 빈칸에 적절한 품사를 선택하는 구조분석 문제이다. 빈칸 앞에는 관사 a. 뒤에는 명사 introduction이 위치하였으므로 빈칸은 뒤의 명사를 수식하는 형용사 자리이다. 따라서 보기 중 형용사 brief가 정답이다. 과거분사 briefed는 분사형용사로는 사용되지 않고, 수동태나 동사의 과거형일 때 쓰이므로 오답이다. 그리고 명사 briefing은 정보나 지시를 전달하는 회의를 의미하므로 적절하지 않다. 부사 briefly 또한 명사를 수식할 수 없으므로 적절하지 않다.

어휘 introduction 소개 actual 실제의 interview 면접 managerial position 관리직 brief 간단한

05 Robin Raymond is currently learning acting to become a cast of an ------- role in an action movie.   (A) excite   (B) exciting   (C) excited   (D) excitably

해석 로빈 레이먼드는 액션 영화의 흥미로운 배역을 맡기 위해 현재 연기를 배우는 중이다.

구조분석 Robin Raymond / is (currently) learning / acting [to become a cast (of an ------- role) (in an action movie)].
주어 　　　　　　　　동사 　　　목적어

해설 빈칸에 알맞은 품사를 선택하는 구조분석 문제이다. 빈칸은 관사 an과 명사 role 사이에 위치했으므로 형용사 자리이다. 그러므로 우선 동사 excite와 부사 excitably는 오답이므로 소거한다. excite는 감정동사이기 때문에 사람에는 과거분사, 사물에는 현재분사가 쓰이므로 role이라는 사물명사에 적합한 형태는 현재분사 exciting이다.

어휘 currently 현재, 지금　learn 배우다, 학습하다　act 연기하다　role 역할　action movie 액션 영화　exciting 흥미진진한

---

06 Jeremy has worked in the London branch for ------- years and is a valued employee of the company.　(A) a lot　(B) various　(C) several　(D) some of

해석 제러미는 몇 년간 런던 지사에서 일했는데, 현재 그 회사의 귀중한 직원이다.

구조분석 Jeremy / has worked (in the London branch) (for ------- years) // and is / a (valued) employee (of the
주어　　　　동사1　　　　　　　　　　　　　　　　　　　접속사 동사2　　　　보어

company).

해설 빈칸에 적절한 의미의 형용사를 선택하는 어휘 문제이다. 빈칸 앞은 전치사 for, 뒤는 명사 years이므로 빈칸에는 뒤의 명사를 꾸미는 적절한 수량형용사를 넣어야 한다. 정답은 years와 어울려 '여러 해'라는 의미로 쓰일 수 있는 several이다. a lot은 부사로, 명사 앞에서 쓰이려면 a lot of처럼 전치사 of가 필요하다. various는 '다양한'이라는 의미이기 때문에 years를 수식하기에 적절하지 않다. some of가 부분대명사로 쓰이기 위해서는 [수량형용사 + of + 특정 명사: the/지시형용사/소유격 등 + 복수 가산명사/불가산명사]의 형태가 되어야 한다.

어휘 branch 지사, 분점　several 몇몇의　valued 존중되는, 귀중한　employee 직원

---

07 During the governor's speech, both firemen and the police officers should be ready for any incidents at ------- times.　(A) every　(B) all　(C) much　(D) any

해석 주지사가 연설하는 동안 소방관과 경찰관은 모두 어떤 사건이 생기든지 항상 만반의 준비가 되어 있어야 한다.

구조분석 (During the governor's speech), both firemen and the police officers / should be / ready (for any incidents)
주어　　　　　　　　　동사　　　보어

(at ------- times).

해설 빈칸에 적절한 수량형용사를 선택하는 어휘 문제이다. 빈칸은 전치사 at과 명사 times 사이의 형용사 자리인데, at all times는 '항상, 언제나'라는 의미의 숙어로 문맥상 적절하다. 참고로 at times는 '가끔은, 때로는'이라는 의미의 숙어라는 것도 같이 기억해두자. time은 가산과 불가산명사로 모두 쓰일 수 있는데 여기에선 -s가 붙었으므로 복수 가산명사이다. 따라서 불가산명사를 받는 much와 단수 가산명사를 받는 every는 정답이 될 수 없다. any는 주로 부정문과 의문문에 쓰이므로 문맥상 적절하지 않다.

어휘 governor 주지사　fireman 소방관　police officer 경찰관　incident 일, 사건　at all times 항상, 언제나

---

08 Starks is the ------- distributor of home appliances for the Southern and Western states of the U.S.A.　(A) leading　(B) leader　(C) leadership　(D) leads

해석 스탁스 사는 미국의 남부와 서부 주들에서 선두적인 위치를 점하고 있는 가전제품 유통회사이다.

구조분석 Starks / is / the (-------) distributor (of home appliances) (for the Southern and Western states of the U.S.A).
주어　　동사　　　　　목적어

해설 빈칸에 적절한 품사를 고르는 구조분석 문제이다. 빈칸은 정관사 the와 명사 distributor 사이로, 형용사 자리이므로 정답은 '선두적인'이라는 의미의 형용사 leading이다. 명사 leader와 leadership은 distributor와 복합명사를 이룰 수 없으므로 오답이다. 그리고 leads는 동사 또는 명사로 쓰일 수 있는데, 동사로 쓰였다면 관사 뒤에 동사가 들어올 수 없으므로 오답이고, 복합명사로 쓰였다면 복합명사는 앞의 명사에 복수 형태가 올 수 없으므로 오답이다.

어휘 distributor 유통회사　home appliances 가전제품　Southern 남부의　Western 서부의　state 주　leading 선두적인

09 After you return from the bus tour, you can spend a few hours on a ------- shore.

(A) next　　(B) nearby　　(C) closest　　(D) brief

해석 　버스 관광에서 돌아온 후에 여러분은 근처 해변에서 몇 시간을 보낼 수 있게 됩니다.

구조분석 　**After** you / return (from the bus tour), // you / can spend / (a few) hours (on a ------- shore).
접속사　주어1　동사1　　　　　　　　　　주어2　　동사2　　　　　목적어

해설 　빈칸에 적절한 형용사를 선택하는 어휘 문제이다. 빈칸은 관사 a와 명사 shore 사이의 형용사 자리이다. 문맥상 '근처(인근) 해변'이라는 의미가 적절하므로 정답은 형용사 nearby이다. next는 보통 the와 함께 쓰여 시간, 순서, 공간상으로 바로 무엇 '다음의'라는 의미로 쓰인다. closest는 형용사로 '가장 가까운'이라는 의미로 쓰이는데 문맥상 최상급은 적절하지 않으므로 오답이다. brief는 시간이 '짧은, 잠시 동안의', 혹은 말이나 글 등이 '간단한'이라는 의미의 형용사이므로 적절하지 않다.

어휘 　**tour** 여행, 관광　**spend** (시간을) 보내다　**nearby** 인근의, 가까운 곳의　**shore** 해안, 해변

---

10 Our homepage can be translated into many languages to attract a ------- group of clients.

(A) diverse　　(B) diversity　　(C) diversely　　(D) diversify

해석 　우리 홈페이지는 다양한 그룹의 고객들을 끌어들이기 위해 여러 언어들로 번역될 수 있다.

구조분석 　(Our) homepage / can be translated (into many languages) [to attract a ------- group (of clients)].
주어　　　　　동사

해설 　빈칸에 적절한 품사를 넣는 구조분석 문제이다. 빈칸 앞에는 관사 a, 뒤에는 명사 group이 왔으므로 빈칸에 알맞은 품사는 형용사이다. 따라서 보기 중 형용사 diverse가 정답. 명사 diversity(다양성), 부사 diversely(다양하게, 다르게), 동사 diversify(다각화하다)는 품사가 맞지 않으므로 오답이다.

어휘 　**homepage** 홈페이지　**translate** 번역하다　**language** 언어　**attract** ~을 끌어들이다　**client** 고객, 의뢰인　**diverse** 다양한

---

11 The new changes to the facility will cut approximately $5 million from the company's -------
annual production costs.　　(A) total　　(B) totaling　　(C) totals　　(D) totaled

해석 　그 시설에 대한 새로운 변화들은 그 기업의 총 연간 생산비에서 약 5백만 달러를 절감시킬 것이다.

구조분석 　The (new) changes (to the facility) / will cut / (approximately) $5 million (from the company's -------
주어　　　　　　　　　　　　　동사　　　　　　　　　목적어

annual production costs).

해설 　빈칸에 알맞은 품사를 고르는 구조분석 문제이다. 빈칸 앞에는 company's라는 소유격이 한정사로 위치했고, 뒤에는 [형용사 + 복합명사] 형태로 annual production costs가 위치했으므로 빈칸은 부사 혹은 형용사 자리이다. totaling은 뒤에 특정 금액이나 수치가 나와야 하므로 빈칸에 적절하지 않다. totaled 형태는 분사형용사로 쓰이지 않고 주로 과거동사로 쓰이므로 오답이고, totals는 3인칭 단수동사나 명사로 쓰이므로 오답이다. 따라서 정답은 '총, 전체의'라는 의미의 형용사 total로, 뒤의 복합명사 production costs를 꾸며준다.

어휘 　**change** 변화　**facility** 시설, 기관　**cut** ~을 줄이다　**approximately** 대략　**annual** 매년의, 연례의　**total** 총, 전체의　**production cost** 생산비

---

12 Your visit to Korea would not be ------- without a tour of the National Museum.

(A) completion　　(B) completing　　(C) completes　　(D) complete

해석 　한국에 와서 국립박물관을 관람하지 않으시면 한국을 제대로 보지 않은 것이나 다름없습니다.

구조분석 　(Your) visit (to Korea) / would not be / ------- (without a tour) (of the National Museum).
주어　　　　　　　　　　동사　　　　보어

해설 　빈칸에 적절한 품사를 선택하는 구조분석 문제이다. 빈칸 앞 be동사, 뒤는 전치사 without이므로 빈칸은 주격 보어 자리로 형용사가 오거나 수동태를 완성하는 과거분사가 올 수 있다. 보기에 과거분사는 없으므로 정답은 형용사 complete이다. 형용사 complete는 '가능

한 최대의, 완벽한'이라는 의미로는 주로 명사 앞에서 사용되며, '완료된'이라는 의미로 사용될 때는 명사 앞에는 쓰이지 않고 주로 be동사와 함께 be complete로 사용된다는 것을 기억해두자. 명사 completion과 동사 completes는 품사가 알맞지 않으므로 오답이고, completing은 분사형용사로 쓰이지 않으므로 형용사 자리에 적절하지 않다.

어휘 visit 방문 complete 완료된 without ~없이 tour 여행, 관광 national 국가 소유의, 국립의 museum 박물관

Part 5

Chapter 05 동사

Lesson 01 ● 동사의 역할은 서술어구이다! Test ▶ 본책 p. 115

Step 1 생략(아래 정답 표기 참조)   Step 2 01 (A) 02 (A) 03 (B)   Step 3 01 (A) 02 (A)

Step 1

01 They work eight hours on weekdays.
　　　　　동사
해석 그들은 평일에 8시간 일한다.

구조분석 They / work / eight hours (on weekdays).
　　　　　주어　　동사　　목적어
해설 한 문장에서 본동사의 개수는 하나이다. 이 문장의 본동사는 work이다. 주어(They)가 복수이므로 본동사도 주어와 수일치를 해서 동사 work가 위치하였다.
어휘 work 일하다 hour 시간 weekday 평일

02 He knows how to drive a car.
　　　　동사
해석 그는 차를 운전할 줄 안다.

구조분석 He / knows / **how to** drive a car.
　　　　　주어　　동사　　목적어(명사절접속사 + to부정사)
해설 문장의 본동사는 knows로 목적어로 명사절 how to drive a car를 받고 있다. 문장의 주어로 남성 3인칭 단수대명사 He가 왔으므로 주어와의 수일치를 위해 본동사 자리에 knows가 왔다.
어휘 know 알다, 알고 있다 drive 몰다, 운전하다

03 He studied hard when he was in high school.
　　　　동사1　　　　　　　　　　　동사2
해석 그는 고등학교 때 열심히 공부했다.

구조분석 He / studied (hard) // **when** he / was (in high school).
　　　　　주어1　동사1　　　접속사　주어2　동사2
해설 한 문장에서 본동사의 개수는 하나이지만, 문장과 문장을 연결해주는 접속사가 있으면 동사의 개수가 늘어난다. 이 문장의 동사는 studied와 was 2개이고, 이 동사들을 연결해주는 접속사 when이 위치했다. [동사의 개수 = 접속사 + 1]이다.
어휘 study 공부하다, 배우다 high school 고등학교

89

01 These letters of recommendation ------- not approved unless they have been signed by your supervisor.　**(A) are**　(B) being

해석 이 추천서는 당신의 상사가 서명하지 않으면 승인되지 않는다.

구조분석 (These) letters (of recommendation) / ------- not approved // **unless** they / have been signed (by your
주어1　　　　　　　　　　　　　　　　　　　동사1　　　　　　　접속사　주어2　　　동사2

supervisor).

해설 복수 가산명사 These letters에 적합한 동사는 are이다. being은 본동사로 쓰일 수 없으므로 빈칸에 위치할 수 없다. 이 문장의 동사는 are not approved와 have been signed 2개가 위치했고, 접속사 unless가 2개의 동사를 연결하고 있다. 한 문장에서 동사의 개수는 하나이지만, 문장과 문장을 연결시켜주는 접속사가 있으면 동사의 개수가 늘어난다. [동사의 개수 = 접속사 + 1]라는 것을 반드시 기억하자.

어휘 letter 편지　recommendation 추천장, 추천서　approve 승인하다　unless ~하지 않는 한　sign 서명하다　supervisor 상사

02 Our secretary, Christine Murray, ------- all incoming calls from 9 AM to 6 PM.
　(A) answers　(B) responds

해석 우리 비서 크리스틴 머레이는 오전 9시부터 오후 6시까지 오는 모든 전화에 응답한다.

구조분석 (Our secretary), Christine Murray, / ------- / (all) incoming calls (from 9 AM to 6 PM).
　　　　　　　　　주어　　　　　　　　동사　　목적어

해설 자동사와 타동사를 구분할 수 있는지 묻는 문제이다. 빈칸 바로 뒤에 목적어 all incoming calls가 왔으므로 정답은 타동사 answer이다. answer와 respond 둘 다 '대답하다, 응답하다'라는 의미이다. 그러나 answer는 동사 뒤에 바로 목적어를 취할 수 있는 타동사이고, respond는 자동사로 바로 목적어를 취할 수 없고 주로 전치사 to와 함께 쓰인다. 즉 answer ≒ respond to이다.

어휘 secretary 비서　incoming call 오는 전화　answer 대답하다, 대응하다　respond to ~에 대답하다, 응답하다

03 The company will ------- all employees to attend the meeting.　(A) be asked　**(B) ask**

해석 그 회사는 모든 직원들에게 회의에 참석할 것을 요청할 것이다.

구조분석 The company / will ------- / (all) employees / to attend / the meeting.
　　　　　　주어　　　동사　　　목적어　　　목적보어 (to부정사구)

해설 능동태와 수동태를 묻는 문제이다. 빈칸 뒤에 all employees라는 목적어가 위치하였으므로 정답은 능동태 ask이다. to부정사를 목적보어로 받는 5형식 동사 ask의 수동태문장은 동사 뒤에 목적어 없이 바로 to부정사가 위치해야 하므로 정답이 될 수 없다.

어휘 ask 부탁하다, 요청하다　employee 직원　attend 참석하다　meeting 회의

01 The price of a home inspection ------- both labor and maintenance costs.
　(A) includes　(B) including　(C) include　(D) is included

해석 가정 점검의 가격은 노동비와 유지비를 포함한다.

구조분석 The price (of a home inspection) / ------- / **both** labor **and** maintenance costs.
　　　　　　주어　　　　　　　　　　　　　　동사　　　　　목적어

해설 빈칸에 적절한 동사를 선택하는 문법 문제이다. 문장에 본동사가 없으므로 빈칸은 동사 자리이다. 동사 문제는 '수일치-태-시제' 순으로 해

결한다. 우선 단독으로 본동사 역할을 할 수 없는 준동사 including은 소거한다. 주어가 The price로 가산 단수명사이므로 수일치가 되지 않는 include도 오답이다. 마지막으로 동사 자리인 빈칸 뒤에 목적어 both labor and maintenance costs가 바로 왔으므로 수동태 is included 또한 오답이다. 따라서 정답은 가산 단수명사와 수일치가 되고, 바로 뒤에 목적어를 취할 수 있는 능동태 includes이다.

어휘 price 값, 가격 inspection 점검 include 포함하다 labor 노동, 근로 maintenance 유지, 보수 cost 값, 비용

---

02 The final contract details ------- to our offices in Hongkong yesterday.
　　(A) were sent　　(B) to send　　(C) send　　(D) sending

해석 최종 계약 세부사항들은 어제 홍콩에 있는 우리 사무실로 보내졌다.

구조분석 The (final) contract details / were sent (to our offices) (in Hongkong yesterday).
　　　　　　　　　주어　　　　　　　　　동사

해설 빈칸에 알맞은 동사를 선택하는 문법 문제이다. 문장에 본동사가 없으므로 빈칸은 본동사 자리이다. 우선 단독으로 본동사 역할을 할 수 없는 준동사 sending과 to send를 소거한다. 빈칸 뒤에 목적어 없이 '전치사 + 명사(to our officers)' 수식어구가 왔으므로 완전한 문장인 수동태가 와야 하므로 정답은 were sent이다.

어휘 final 마지막의 contract 계약서 detail 세부사항 send 보내다, 발송하다

Lesson 02 ● 자동사 vs 타동사 Test　　　　▶ 본책 p. 117

Step 1 생략(아래 정답 표기 참조)　　**Step 2** 01 (A) 02 (B) 03 (A)　　**Step 3** 01 (A) 02 (C)

Step 1

01 I go to church on weekends.
　　자동사

해석 난 주말마다 교회에 간다.

구조분석 I / go (to church) (on weekends).
　　　　　주어 동사

해설 자동사 go는 한 장소에서 다른 장소로 '가다'라는 의미로 전치사 to와 함께 잘 쓰인다. 자동사는 목적어 없이도 문장을 완성하는 동사이고, 목적어가 없으므로 수동태로 쓰일 수 없다.

어휘 go 가다 church 교회 weekends 주말마다, 주말에는

---

02 He will come to my house.
　　　　자동사

해석 그는 우리 집에 올 것이다.

구조분석 He / will come (to my house).
　　　　　주어　　　　동사

해설 자동사 come은 어떤 위치나 장소에 '오다, 닿다'는 의미로 전치사 to와 함께 잘 쓰인다. 자동사는 목적어 없이도 문장을 완성하는 동사이고, 목적어가 없으므로 수동태로 쓰일 수 없다.

어휘 come 오다 house 집, 주택

03 Whatever may happen, I will not change my mind.
자동사

해석 무슨 일이 일어나더라도 나는 마음을 바꾸지 않을 것이다.

구조분석 [**Whatever** may happen], // I / will not change / (my) mind.
[복합관계대명사절]   주어   동사   목적어

해설 자동사 happen은 어떤 일이 '있다. 발생하다'는 의미, 혹은 무엇의 결과로 '일어나다, 되다'라는 의미를 가진 자동사이다.

어휘 whatever ~가 무엇을 ...하더라도   happen 발생하다, 일어나다   change one's mind 마음을 바꾸다

Step 2

01 The international conference will ------- in Seoul over the weekend.
(A) take place   (B) be taken place

해석 국제적인 학회가 주말 동안 서울에서 개최될 것이다.

구조분석 The (international) conference / will ------- (in Seoul) (over the weekend).
                 주어   동사

해설 능동태와 수동태 중 선택하는 문제이다. take place는 '열리다, 일어나다'라는 의미의 숙어로, 능동태로 쓰인다.

어휘 international 국제적인   conference 회의, 학회   take place 개최되다   weekend 주말

02 When the clients ------- the conference center, the president's welcoming speech had just finished.   (A) arrived   (B) reached

해석 고객들이 컨퍼런스 센터에 이르렀을 때 사장의 환영 연설이 막 끝났다.

구조분석 **When** the clients / ------- / the conference center, // the (president's) welcoming speech / had (just) finished.
    접속사   주어1   동사1   목적어   주어2   동사2

해설 자동사와 타동사를 구분하는 문제이다. 빈칸 뒤에 the conference center가 목적어로 위치하였으므로 타동사가 들어가야 하는 자리이다. arrive는 자동사이므로 뒤에 목적어를 취할 수 없기 때문에 정답은 reach이다. arrive는 주로 전치사 at/in/on과 잘 쓰인다는 것도 기억해두자. 문장의 구조는 reached와 had finished 두 개의 동사가 접속사 when으로 연결되었다. [동사의 개수 = 접속사 + 1]도 반드시 기억해두자.

어휘 client 고객   reach ~에 이르다, 도달하다   conference 학회   welcome 맞이하다, 환영하다   finish 끝내다, 마치다

03 Financial companies ------- for qualified candidates are experiencing many problems.
(A) looking   (B) expecting

해석 자격을 갖춘 후보자들을 찾는 금융 회사들은 많은 문제점들을 겪고 있다.

구조분석 (Financial) companies (------- for / qualified candidates) / are experiencing / (many) problems.
                주어   동사   목적어

해설 빈칸은 financial companies를 후치 수식해주고 있는데, companies 뒤에는 관계사 which와 be동사 are가 생략되어 있다. 빈칸 뒤에 전치사 for가 위치했으므로 여기는 목적어를 취할 수 없는 자동사 자리라는 것을 알 수 있다. 따라서 정답은 자동사 look으로 for와 함께 look for로 '~을 찾다'는 의미를 가진다. expect는 타동사이므로 뒤에 목적어가 와야 한다.

어휘 financial 금융의   look for 찾다   qualified 자격이 있는   candidate 후보자   experience 겪다, 경험하다   problem 문제

01 Employees at the Hilton Hotel ------- on rotating shifts to provide 24-hour room service.
(A) work　(B) worker　(C) working　(D) works

해석 힐튼 호텔의 직원들은 24시간 룸서비스를 제공하기 위해 교대로 돌아가며 근무한다.

구조 분석 Employees (at the Hilton Hotel) / ------- (on rotating shifts) (to provide 24-hour room service).
　　　　　　주어　　　　　　　　　　　　　　　동사

해설 빈칸에 적절한 동사를 선택하는 문법 문제이다. 빈칸 앞의 [전치사 + 명사 수식어]를 괄호로 묶어서 소거하면 빈칸 앞은 주어 employees 가 위치했고, 빈칸은 문장의 본동사 자리이다. 우선 본동사 역할을 할 수 없는 명사 workers와 준동사 working을 소거한다. 정답은 복수 가산명사 employees와 수일치가 된 work이다.

어휘 rotate 교대근무를 하다　shift 교대 근무　provide 제공하다

02 The shipment of new items and seasonal products should ------- early tomorrow before the store opens.　(A) arriving　(B) arrival　(C) arrive　(D) arrived

해석 새로운 품목과 계절적 제품은 내일 일찍 가게가 열기 전에 도착해야 한다.

구조 분석 The shipment (of new items and seasonal products) / should ------- (early tomorrow) // before the
　　　　　　주어1　　　　　　　　　　　　　　　　　　　동사1　　　　　　　　　　　접속사　주어2

store / opens.
　　　동사2

해설 빈칸에 적절한 동사를 선택하는 문법 문제이다. 빈칸은 조동사 should 뒤의 본동사 자리이다. 우선 단독으로 본동사 역할을 할 수 없는 준 동사 arriving와 명사 arrival은 탈락한다. 조동사 should 뒤에는 동사원형이 와야 하므로 정답은 동사원형 arrive이다. 참고적으로 동사 원형을 사용하는 경우는 조동사 뒤, 부정 부사 not 뒤, 명령문 please 뒤에 위치할 경우이다. 또한 [주장/요구/제안/충고의 동사 + that + (should) + 동사원형] 경우에도 조동사 should가 생략되고 동사원형이 나온다.

어휘 shipment 수송　item 물품, 품목　seasonal 계절적인, 계절에 따라 다른　product 상품, 제품　arrive 도착하다　store 가게, 상점

Lesson 03 ● 동사 문제 풀이 순서 Test　　　▶ 본책 p. 119

Step 1 생략(아래 정답 표기 참조)	Step 2 01 (A) 02 (B) 03 (A)	Step 3 01 (B) 02 (C)

Step 1

01 I submit the proposals.
　타동사　　목적어

해석 나는 제안서들을 제출한다.

구조 분석 I / submit / the proposals.
　　　　　　주어　동사　　목적어

해설 타동사 submit는 '제출하다'는 의미로 쓰이고 바로 뒤에 목적어를 받을 수 있다. submit sth (to sb/sth)의 형태로 많이 사용된다.

어휘 submit 제출하다　proposal 제안서, 제의

02 He gives a presentation.
　　　　타동사　　　목적어

해석　그는 프레젠테이션을 한다.

구조분석　He / gives / a presentation.
　　　　주어　　동사　　　목적어

해설　give는 타동사로 뒤에 바로 목적어를 받고 '제공하다'의 의미를 갖는다. 특히 give는 give a presentation(발표를 하다), give a speech(연설을 하다)로 쓰인다는 것도 기억해두자.

어휘　give 제공하다, (~해)주다　presentation 발표, 프레젠테이션

---

03 His advice supported my decision to go abroad.
　　　　　　　　타동사　　　목적어

해석　그의 조언은 외국에 나가겠다는 나의 결정을 지지해 주었다.

구조분석　(His) advice / supported / (my) decision (to go abroad).
　　　　　주어　　　　동사　　　　목적어

해설　support는 '지지하다'라는 의미의 타동사로 뒤에 바로 목적어를 받을 수 있다.

어휘　advice 조언, 충고　support 지지하다　decision 결정, 판단　go abroad 외국에 가다

Step 2

01 Students are required to ------- a term paper.　　(A) submit　　(B) submit with

해석　학생들은 학기말 리포트를 제출할 것을 요구받는다.

구조분석　　　　　　　　　　　　　동사'　　　목적어'
Students / are required / to ------- / a term paper.
　　주어　　　동사　　　　목적어 (to부정사)

해설　submit는 타동사이므로 뒤에 목적어가 와야 하기 때문에 정답은 submit이다. submit는 submit sth (to sb/sth)의 형태로 많이 쓰인다.

어휘　student 학생　require 요구하다, 필요로 하다　submit 제출하다　term paper 학기말 리포트

02 The number of sales of our brand new mp3 player is ------- to exceed that of its previous model.　　(A) expect　　(B) expected

해석　우리의 최신 mp3 플레이어의 판매 수는 이전 모델을 초과할 것으로 예상된다.

구조분석　The number (of sales) (of our brand new mp3 player) / is ------- / to exceed / that (of its previous model).
　　　　　주어　　　　　　　　　　　　　　　　　　　　　　　　동사　　　보어 (to부정사)

해설　빈칸에 알맞은 형태의 동사를 넣는 문제이다. 빈칸 앞에 be동사가 나왔으므로 동사원형 expect는 들어갈 수 없다. 과거분사 expected 가 들어가서 be동사와 함께 수동태를 이루어야 한다. 수동태는 완전한 문장이므로 뒤에 목적어를 받지 않았다는 것도 눈여겨 봐두자.

어휘　sales 판매　brand new 완전 새 것인　expect 예상하다, 기대하다　exceed 넘다, 초과하다　previous 이전의

03 The policy requires new employees to ------- the orientation program.

(A) register　　(B) enroll

해석 그 방침은 새로운 직원들이 오리엔테이션 프로그램에 등록할 것을 요구한다.

구조분석 The policy / requires / (new) employees / to ------- / the orientation program.
　　　　　　주어　　　　동사　　　　목적어　　　　　목적보어 (to부정사구)

해설 타동사와 자동사를 구분하는 문제이다. register와 enroll은 둘 다 '등록하다'라는 의미를 가지며 자동사와 타동사 둘 다 쓰일 수 있다. 하지만 enroll은 토익에서 주로 자동사로 쓰여 전치사 in과 함께 쓰인다. 그러므로 정답은 register이며, 자동사로 쓰일 때는 주로 전치사 for를 동반한다. to부정사나 동명사와 같은 준동사는 동사의 성격을 가지고 있으므로 동사와 마찬가지로 타동사는 목적어를 갖고, 자동사는 목적어를 가지지 않는다는 것을 기억해두자.

어휘 policy 정책, 방침 require 요구하다, 필요로 하다 register 등록하다 orientation 방향, 지향

Step 3

01 We offer all our customers a special service plan that ------- the life of the warranty by an additional two years.　(A) extend　(B) extends　(C) extended　(D) extending

해석 우리는 모든 고객들에게 보증서의 기간을 추가로 2년을 연장해주는 특별한 서비스 계획을 제공한다.

구조분석
　　　　　　　　　　　　　　　　　　　　　　　　　　　관계대명사 동사′　목적어′
We / offer / (all) (our) customers / a (special) service plan [**that** ------- the life (of the warranty)
주어　동사　　　간접목적어　　　　　직접목적어　　　　　　　　[관계대명사절]
(by an additional two years)].

해설 빈칸에 적절한 동사의 형태를 묻는 문제이다. 빈칸 앞의 that은 선행사인 service plan을 뒤에서 수식해주는 관계대명사이다. 관계대명사가 이끄는 절에는 반드시 동사가 필요하므로 빈칸은 본동사 자리임을 알 수 있다. 따라서 동사가 아닌 (D) extending은 우선 탈락한다. 동사의 형태는 수-태-시제의 순서로 검토하는데, 관계대명사절의 동사는 선행사와 수일치 시키므로 단수명사인 a special service plan과 수일치를 시켜야 한다. 따라서 복수동사인 (A) extend는 수가 일치하지 않아 오답이다. 빈칸 뒤에 목적어인 the life가 있으므로 빈칸의 동사가 능동임을 알 수 있는데, 남은 보기 (B) extends와 (C) extended 모두 능동태이므로 시제를 검토해야 한다. 문장의 동사가 offer로 현재시제이므로 관계대명사절의 시제도 현재 시제인 (B) extends가 되어야 한다.

어휘 offer 제공하다 customer 손님, 고객 special 특별한 extend 연장하다 warranty 품질 보증서 additional 추가의

02 When Henderson Enterprises ------- its automobile division, a number of senior managers were let go.

(A) was restructured　(B) restructures　(C) was restructuring　(D) to restructure

해석 헨더슨 엔터프라이즈가 자동차 부의 구조를 조정하면서 고위 관리자들 상당수가 나가게 되었다.

구조분석 **When** Henderson Enterprises / ------- / (its) auto-mobile division, // (a number of) senior managers /
　　　　　접속사　　　　주어1　　　　　동사1　　　　목적어　　　　　　　　　　　주어2
were let / go.
동사2　　보어(원형부정사)

해설 빈칸에 적절한 동사를 선택하는 문법 문제이다. 접속사 When이 이끄는 부사절에서 주어 Henderson Enterprises 뒤의 동사 자리이므로 보기 중 본동사로 쓸 수 없는 준동사 to restructure는 탈락한다. 회사 이름인 주어와 수일치가 안 되는 보기는 없으므로 태를 살펴본다. 빈칸 뒤에 목적어 its automobile division이 있으므로 능동태가 와야 하므로 수동태 was restructured는 소거된다. 이제 마지막으로 시제에서 현재 시제와 과거 시제 중 선택해야 하는데, 뒤의 주절에 were let go라고 과거가 나왔으므로 정답은 과거진행 시제 was restructuring이다.

어휘 restructure 구조를 조정하다 automobile 자동차 division 분과, 부 a number of 상당수의 senior 고위의 manager 관리자 let sb go ~을 풀어주다, (일을) 그만두게 하다

Step 1

01 The sun rises in the East.
　　　　　1형식

해석 해는 동쪽에서 뜬다.

구조분석 The sun / rises (in the East).
　　　　　　주어　　동사

해설 1형식 완전자동사는 주어와 동사만으로도 완전한 문장이 된다. 이 문장에선 [주어 + 1형식 완전자동사 + 수식어구(전치사 + 명사)]가 온 구조이다.

어휘 rise 떠오르다　east 동쪽

02 He is a vice president.
　　　　1형식

해석 그는 부사장이다.

구조분석 He / is / a vice president.
　　　　　　주어　동사　　보어

해설 2형식 불완전자동사는 보어를 필요로 한다. 여기서 be동사 is는 불완전자동사로, 보어로 명사 a vice president를 취하고 있다. 참고로 보어로 명사가 올 경우 주어와 보어는 동격이다. 그러므로 여기에서 He = a vice president이다. 주어와 보어가 동격이 아닐 경우, 보어는 주로 형용사가 들어간다.

어휘 vice president 부통령, 부사장

03 Everyone seems quite busy except us.
　　　　　　　　　　2형식

해석 우리를 제외하고는 모두들 바빠 보인다.

구조분석 Everyone / seems / (quite) busy (except us).
　　　　　　주어　　　동사　　　　　보어

해설 2형식 불완전자동사 seem은 보어를 필요로 한다. 그러므로 이 문장에서 seem에 대한 보어로 형용사 busy가 왔다. 주격 보어로 형용사가 들어갈 경우, 형용사는 주어의 상태를 설명해준다. 주격 보어로 명사가 나오는 것은 보어가 주어와 동격일 때뿐이므로 토익에서 대부분의 보어 문제는 형용사가 답이라는 것도 기억하자.

어휘 seem ~처럼 보이다. ~인 것 같다　quite 꽤, 상당히　busy 바쁜　except 제외하고는

Step 2

01 Anyone with an interest in board games may ------- in all related activities in the basement of the Frieze Building.　(A) participate　(B) attend

해석 보드게임에 관심 있는 사람은 누구든지 프리즈 건물의 지하층에서 모든 관련 활동들에 참가할 수 있다.

96

구조분석 Anyone (with an interest) (in board games) / may ------- (in all related activities)
　　　　　주어　　　　　　　　　　　　　　　　　　　　　　동사

(in the basement) (of the Frieze Building).

해설 자동사와 타동사를 구분하는 문제이다. 빈칸 앞에는 조동사가 위치했고, 뒤에는 전치사 in이 나왔으므로 여기는 자동사 자리이다. participate는 전치사 in과 함께 잘 쓰이는 자동사로 '〜에 참여하다'라는 의미를 가지고 있다. attend도 '참석하다'라는 의미이지만 타동사이기 때문에 뒤에 목적어를 필요로 한다.

어휘 interest 관심, 흥미　participate in 〜에 참가하다, 참여하다　related 관련된　activity 활동　basement (건물의) 지하층　attend 〜에 참석하다

---

02 The seventh annual International Business Meeting will be ------- in Vienna, Austria, on November 21-25, 2020.　(A) remained　(B) held

해석 일곱 번째 연례 비즈니스 회의는 2020년 11월21일부터 25일까지 오스트리아 빈에서 열릴 것이다.

구조분석 The (seventh annual) International Business Meeting / will be ------- (in Vienna, Austria, on November
　　　　　　　　　　　　　　　주어　　　　　　　　　　　　　　동사

21-25, 2020).

해설 자동사와 타동사를 구분하는 문제이다. 빈칸 앞에는 조동사 will과 be동사가 왔고, 뒤에는 수식어(전치사 + 명사)가 왔으므로 이 자리는 수동태 자리를 완성할 수 있는 동사가 와야 한다는 것을 알 수 있다. 2형식 불완전자동사 remain은 목적어를 취하지 않기 때문에 수동태로 쓰일 수 없다. 따라서 정답은 수동태로 쓰일 수 있는 3형식 타동사 hold의 과거분사 held이다.

어휘 seventh 일곱 번째　annual 연례의　international 국제적인　be held in 〜에서 열리다

---

03 Since computers ------- out-of-date so rapidly, many users are spending a lot of money on upgrading them.　(A) become　(B) are become

해석 컴퓨터들이 너무 급속히 구식이 되기 때문에 많은 사용자들은 그것들을 업그레이드시키는 데에 많은 돈을 소비하고 있다.

구조분석 Since computers / ------- / out-of-date (so rapidly), // (many) users / are spending / (a lot of) money
　　　　　접속사　주어1　　동사1　　보어　　　　　　　　　　　　주어2　　　동사2　　　　　　목적어

(on upgrading them).

해설 빈칸에 알맞은 형태의 동사를 넣는 문제이다. become은 2형식 불완전자동사로 목적어를 취하지 않기 때문에 수동태가 될 수 없다. 따라서 정답은 become이다.

어휘 since 〜때문에　become 〜(해)지다, 〜이 되다　out-of-date 시대에 뒤떨어진, 구식의　rapidly 빨리, 급속히　user 이용자, 사용자　spend (돈을) 쓰다

Step 3

01 Although Panasonic is best known for its electronic devices, it also ------- in large-scale machinery manufacturing.
(A) specializes　(B) specialization　(C) specialty　(D) specializing

해석 파나소닉은 전자기기로 가장 잘 알려져 있긴 하지만, 대규모 기계류 제조업도 전문적으로 다룬다.

구조분석 Although Panasonic / is (best) known (for its electronic devices), // it / (also) ------- (in large-scale
　　　　　접속사　주어1　　　동사1　　　　　　　　　　　　　　　　　　주어2　　　동사2

machinery manufacturing).

해설 빈칸에 알맞은 품사를 넣는 구조분석 문제이다. 문장에 접속사 Although, 동사 is 각각 하나씩 위치했다. [동사의 개수 = 접속사 + 1]이므로 동사가 하나 더 필요하다. 콤마 뒤의 주절에 동사 자리가 비어있으므로 정답은 동사 specializes이다. 명사인 specialization, speciality는 동사 역할을 할 수 없고, specializing 또한 단독으로 동사 역할을 할 수 없으므로 오답이다.

---

02 Although Leaders Realm has doubled its profit compared to last year, the salaries of its sales staff members ------- the same as last year.

(A) is remaining   (B) have remained   (C) to remain   (D) were remained

해석 리더스 랠름 사는 작년과 비교해서 수익이 두 배로 늘었으나, 영업사원들의 봉급은 작년과 똑같다.

구조분석 Although Leaders Realm / has doubled / (its) profit [compared (to last year)], // the salaries (of its
    접속사   주어1   동사1   목적어   [분사구문]   주어2

sales staff members) / ------- / the same (as last year).
                        동사2   보어

해설 빈칸에 알맞은 형태의 동사를 선택하는 문법 문제이다. 문장에 접속사(Although)와 동사(has doubled) 하나씩 있고, 빈칸 앞의 수식어(전치사 + 명사)를 괄호로 묶어 삭제하면 빈칸 앞에는 주어 the salaries, 뒤에는 the same이 보어로 왔으므로 빈칸은 주절의 본동사 자리이다. 우선 본동사 자리에 올 수 없는 to부정사 to remain은 탈락한다. 그리고 주어 the salaries와 수일치가 되지 않는 is remaining도 탈락한다. 또한 remain은 2형식 불완전자동사이므로 수동태가 될 수 없기 때문에 were remained 또한 오답이다. 따라서 정답은 have remained이다.

어휘 although ~이긴 하지만 double 두 배로 만들다 profit 이익, 수익 compare 비교하다 salary 급여, 봉급 sales 판매(상)의 staff 직원들 remain 계속 ~이다 same 같은, 동일한

Lesson 05 ● 타동사 ❶ 3형식 타동사 Test   ▶ 본책 p. 124

Step 1 생략(아래 정답 표기 참조)   Step 2 01 (A) 02 (A) 03 (A)   Step 3 01 (D) 02 (B)

Step 1

01 We will discuss about the difficult issue next time.
                타동사

해석 우리는 다음번에 까다로운 안건을 의논할 것이다.

구조분석 We / will discuss / the (difficult) issue (next time).
    주어   동사   목적어

해설 discuss는 3형식 타동사이므로 뒤에 바로 목적어를 취한다. 따라서 전치사 about은 삭제되어야 한다. 참고로 discuss와 유사한 의미의 자동사에는 speak, talk to가 있다.

어휘 discuss 상의하다, 의논하다 difficult 어려운, 힘든 issue 주제, 안건

---

02 He disclosed about the secret to his friend.
              타동사

해석 그는 친구에게 비밀을 폭로했다.

구조분석 He / disclosed / the secret (to his friend).
    주어   동사   목적어

해설 disclose는 3형식 타동사이므로 뒤에 바로 목적어를 취한다. 따라서 전치사 about은 삭제되어야 한다.

어휘 disclose 밝히다, 폭로하다 secret 비밀

03 Starting next week, all employees at Tula Inc. are eligible to <u>attend</u> in yoga classes.
타동사

해석 다음 주부터 튤라 사의 모든 사원들은 요가 교실에 참석할 수 있다.

구조분석 (Starting next week), (all) employees (at Tula Inc.) / are / eligible (to attend in yoga classes).
　　　　　　　　　　　　　　주어　　　　　　　　　　　동사　　보어

해설 attend는 3형식 타동사이므로 뒤에 전치사 없이 바로 목적어를 받는다. 따라서 전치사 in은 삭제되어야한다. 참고로 attend와 유사한 의미의 자동사로 participate는 주로 전치사 in과 함께 쓰여서 '~에 참여하다'라는 의미를 갖는다는 것도 함께 기억해두자.

어휘 eligible ~을 할 수 있는   attend 참석하다

Step 2

01 You ------- your account.   (A) access 타동사   (B) approach 타/자동사
해석 당신의 계정에 접속하시오.

구조분석 You / ------- / (your) account.
　　　　　　주어　　동사　　　목적어

해설 access는 타동사이므로 뒤에 바로 목적어 your account를 취할 수 있다. approach도 타동사로 쓰이기는 하지만 의미상 적절하지 않다.

어휘 access 접근하다. 이용하다   approach 다가가다[오다]   account 계정

02 He ------- a question about employment.   (A) raised 타동사   (B) rose 자동사
해석 그는 고용 문제를 제기했다.

구조분석 He / ------- / a question (about employment).
　　　　　　주어　　동사　　　목적어

해설 raise는 '들어 올리다, (문제를) 제기하다'라는 의미로 쓰이며 3형식 타동사이므로 뒤에 바로 목적어를 취할 수 있다. 반면 rise는 '오르다, 떠오르다'는 의미의 1형식 완전자동사이므로 뒤에 전치사 없이 명사를 취할 수 없다.

어휘 raise (안건, 문제 등을) 제기하다   question 문제   employment 고용   rise 떠오르다

03 The team ------- of ten experts.   (A) consisted 자동사   (B) composed 타동사
해석 그 팀은 10명의 전문가들로 구성되어 있었다.

구조분석 The team / ------- (of ten experts).
　　　　　　　주어　　　동사

해설 빈칸 뒤에 수식어(of ten experts)가 있는 것으로 보아 전치사 of를 바로 받을 수 있는 자동사인 consisted가 나와야 한다. compose는 유사한 의미이긴 하지만 타동사로 뒤에 목적어가 나와야 하므로 정답이 될 수 없다. consist of ≒ compose라고 정리하고, be composed of(~로 구성되어 있다)는 숙어로 암기해두자.

어휘 consist of (부분, 요소로) 되어있다   be composed of ~로 구성되어 있다   expert 전문가

01 Our marketing expert ------ her new analysis in last month's issue of *Asian Market Trends*.
(A) present   (B) will present   (C) was presented   (D) presented

해석 우리 마케팅 전문가는 ≪아시아 시장 추세≫지 지난 달 호에 그녀의 새로운 분석을 발표했다.

구조분석 (Our) marketing expert / ------ / (her) (new) analysis (in last month's issue) (of *Asian Market Trends*).
　　　　　　주어　　　　　　　동사　　　　　　　　　목적어

해설 빈칸에 적절한 형태의 동사를 선택하는 문법 문제이다. 빈칸 앞은 Our marketing expert가 주어로 위치했고, 뒤는 her new analysis 가 목적어로 들어갔으므로 빈칸은 본동사 자리이다. 주어가 3인칭 가산 단수명사이므로 수일치가 되지 않는 present는 탈락한다. 그리고 뒤에 목적어를 받고 있으므로 수동태 was presented 또한 탈락한다. 미래시제와 과거시제 중, 문장에 last month's issue라고 언급하고 있으므로 정답은 presented이다.

어휘 **expert** 전문가 **present** 발표하다 **analysis** 분석 **last month** 지난 달 **issue** (잡지 등의) 호

02 Most economists ------ that natural disasters occurring in the Southeastern regions of Asia will drop Asia's overall currency value.
(A) prediction   (B) predicted   (C) predictable   (D) are predicted

해석 대부분의 경제전문가들은 아시아의 남동부 지역에서 발생한 자연재해는 아시아의 전반적인 화폐가치를 떨어뜨릴 것이라고 예측했다.

구조분석 (Most) economists / ------ / that (natural) disasters [occurring (in the Southeastern regions) (of Asia)]
　　　　　주어　　　　동사　　　　　　　　　　　　　　　목적어절
명사절 접속사　주어'
동사'　　　　목적어'
will drop / (Asia's) (overall) currency value.

해설 빈칸에 적절한 동사를 넣는 문법 문제이다. 빈칸은 주어 Most economists와 that절 사이의 동사 자리이므로 동사 역할을 할 수 없는 명사 prediction과 형용사 predictable은 탈락한다. 능동태와 수동태 중 빈칸 뒤는 that이 이끄는 명사절을 목적어로 받고 있으므로 정답은 predicted이다. 3형식 타동사는 뒤에 목적어로 명사, to부정사, 동명사, 명사절을 목적어로 받을 수 있다는 것을 반드시 기억해두자.

어휘 **economist** 경제학자, 경제전문가 **predict** 예측하다 **natural** 자연의 **disaster** 참사, 재난 **occur** 일어나다, 발생하다 **southeastern** 남동의 **region** 지방, 지역 **drop** 떨어뜨리다 **overall** 전반적인 **currency** 통화 **value** 가치

Lesson 06 ● 타동사 ❷ 3형식 타동사의 목적어 Test ▶ 본책 p. 126

Step 1 생략(아래 정답 표기 참조) Step 2 01 (A) 02 (A) 03 (B) Step 3 01 (B) 02 (C)

Step 1

01 He has not yet finished conducting the research.
　　　　　　　　　　　동사　　　동명사　　　목적어

해석 그는 조사하는 것을 아직 끝내지 못했다.

구조분석 He / has not (yet) finished / conducting the research.
　　　　　주어　　　　동사　　　　　목적어 (동명사구)

해설 finish는 동명사를 목적어로 가지는 3형식 타동사이므로 뒤에 동명사 conducting을 받아서 '~하는 것을 끝내다'라는 의미로 사용되었다. 동명사는 준동사로 동사의 성격을 가지기 때문에 능동일 경우 의미상 목적어를 가지므로 동명사 conducting 뒤에 동명사의 목적어 the research가 위치한 문장 구조이다. '과거, 완료, 중단, 연기, 부정'의 의미를 가진 타동사들은 주로 동명사 목적어를 가진다.

어휘 **finish** 끝내다 **conduct** (특정한 활동을) 하다 **research** 연구, 조사

02 Would you mind turning off the light?
　　　　　　　　동사　　동명사　　　목적어

해석 불 좀 꺼주시겠어요?

구조분석 Would / you / mind / turning off / the light?
　　　조동사　주어　동사　　목적어 (동명사구)

해설 mind는 '~하는 것을 꺼려하다'라는 의미의 3형식 타동사로 동명사를 목적어로 받는다. 여기에서는 불을 꺼도 괜찮을지 허락을 구하거나 정중히 부탁을 하는 표현으로 사용되었다. '과거, 완료, 중단, 연기, 부정'의 의미를 가진 타동사들은 주로 동명사 목적어를 가진다.

어휘 mind 언짢아하다　turn off 끄다

03 Mr. Shaw has decided to leave the company at the end of next month.
　　　　　　　　　　동사　　to부정사　　　목적어

해석 쇼 씨는 다음 달 말에 회사를 떠나기로 결정했다.

구조분석 Mr. Shaw / has decided / to leave / the company (at the end) (of next month).
　　주어　　　동사　　　　　　목적어 (to 부정사구)

해설 decide는 to부정사를 목적어로 받는 3형식 타동사이므로 뒤에 to leave가 목적어로 위치했다. 그리고 to부정사는 준동사로 동사의 성격을 가지고 있으므로 능동일 경우 의미상의 목적어를 가질 수 있으므로 to leave의 목적어로 the company가 들어간 구조이다. '미래, 요구, 명령' 등의 의미를 가진 3형식 타동사들은 to부정사를 목적어로 가진다.

어휘 decide 결정하다　leave 떠나다

Step 2

01 The news is so -------.　(A) worrying　(B) worried

해석 그 뉴스는 너무 걱정스럽다.

구조분석 The news / is / (so) worrying.
　　주어　　동사　　보어

해설 worry는 '걱정하게 만들다'라는 의미의 감정 유발 타동사이므로 사물 주어에는 현재분사, 사람 주어에는 과거분사가 쓰인다. 문장의 주어는 The news로 사물 주어이므로 현재분사 worrying이 위치했다.

어휘 worry 걱정[불안]하게 만들다

02 He is ------- in the work.　(A) interested　(B) interesting

해석 그는 그 일에 관심이 있다.

구조분석 He / is / interested (in the work).
　주어 동사　　보어

해설 감정동사 interest가 사람 주어 He와 쓰였으므로 과거분사 형태로 와야 한다. 따라서 interested가 적절하다. be interested in(~에 관심이 있다)은 숙어로 암기해두자.

어휘 be interested in ~에 관심이 있다

03 Employees at Thyssen Krupp were ------- when they received less funding than last year.
(A) disappointing   (B) disappointed

해석 작년보다 더 적은 재정 지원을 받았을 때 사이신 크루프 사의 직원들은 실망했다.

구조분석 Employees (at Thyssen Krupp) / were / disappointed // **when** they / received / (less) funding (than last year).
주어1   동사1   보어   접속사 주어2   동사2   목적어

해설 disappoint는 '실망시키다'라는 의미의 감정동사이다. 그리고 문장의 주어는 employees로 사람 주어이므로 과거분사 disappointed 가 적절하다.

어휘 employee 직원   disappoint 실망시키다   receive 받다, 받아들이다   less 더 적은   funding 자금, 재정 지원

Step 3

01 Engineers are expected to ------- the malfunctions of the newly developed software completely and flawlessly.   (A) arrive   (B) address   (C) satisfy   (D) become

해석 엔지니어들은 최근 개발된 소프트웨어의 고장을 전적으로 흠 없이 다루길 기대하고 있다.

구조분석 Engineers / are expected / to ------- / the malfunctions (of the newly developed software) (completely
주어   동사   보어 (to부정사구)

and flawlessly).

해설 빈칸에 알맞은 동사를 선택하는 어휘 문제이다. 빈칸 앞에 to가 있으므로 to부정사를 형성하는 알맞은 동사를 골라야 한다. 빈칸 뒤에 목적 어 the malfunctions가 왔으므로 자동사 arrive와 become은 탈락한다. satisfy는 뒤에 만족시키거나 충족시키는 대상 즉, 사람이 나 와야 하므로 적절하지 않다. 따라서 정답은 address이다. 참고적으로 expect는 be expected to do(~하길 기대하다)의 형태로 많이 쓰인다는 것도 기억해 두자.

어휘 engineer 기사, 엔지니어   expect 예상[기대]하다   address (문제, 상황 등에 대해) 고심하다, 다루다   malfunction 고장, 기능 부전 newly 최근에, 새로   develop 개발하다   completely 완전히, 전적으로   flawlessly 흠 없이, 완전하게

02 Stores in the Southern region are reporting that our brand of smart televisions ------- very well right now.   (A) selling   (B) sold   (C) is selling   (D) are sold

해석 남부 지역의 가게에서 우리 스마트 TV 브랜드가 지금 아주 잘 팔리고 있다고 보고하고 있다.

구조분석 Stores (in the Southern region) / are reporting // **that** our brand of smart televisions / ------- / very well
주어1   (전치사구)   동사1   접속사   주어2   동사2   부사

right now.

해설 (A) selling 동명사, (B) sold 과거동사/과거분사, (C) is selling 현재진행형, (D) are sold 수동태 (복수)동사이다. 빈칸은 that절 이하의 본동사가 필요한 자리이므로 (A) selling은 답이 될 수 없다. 그리고 that절의 주어가 단수 brand이므로 복수동사인 (D) are sold 역시 탈락한다. 빈칸 뒤에 시간을 알 수 있는 부사로 right now가 나오고 있으므로 과거형으로 쓸 수 있는 (B) sold 역시 답이 되지 않는다. 따라서 현재진행형인 (C) is selling이 정답.

어휘 region 지역   report 보고하다   right now 바로 지금

Step 1 생략(아래 정답 표기 참조) **Step 2** 01 (A) 02 (A) 03 (A) **Step 3** 01 (A) 02 (A)

Step 1

---

01 The CEO gave his employee a document.

                                  수여동사   간접목적어   직접목적어

해석 그 최고경영자는 직원에게 서류를 주었다.

> **구조분석** The CEO / gave / (his) employee / a document.
>   주어   동사   간접목적어   직접목적어
>
> **해설** gave는 give의 과거형으로 목적어를 두 개 갖는 4형식 수여동사이다. 따라서 간접목적어 his employee와 직접목적어 a document 두 개의 목적어를 가지고 '그의 직원에게 서류를 주었다'라는 수여의 의미를 나타내고 있다.
>
> **어휘** CEO 최고경영자(Chief Executive Officer)   document 서류, 문서

---

02 Tetra Magazines now offers all one-year subscribers a 25% discount.

                                  수여동사   간접목적어   직접목적어

해석 테트라 잡지사는 1년 구독자들에게 모두 25퍼센트 할인을 제공한다.

> **구조분석** Tetra Magazines / (now) offers / (all) one-year subscribers / a 25% discount.
>   주어   동사   간접목적어   직접목적어
>
> **해설** offer는 두 개의 목적어를 갖는 4형식 수여동사이다. 따라서 이 문장에서 간접목적어 all one-year subscribers와 직접목적어 a 25% discount 두 개의 목적어를 가지고 '1년 구독자에게 25프로의 할인을 제공한다'는 수여의 의미를 나타내고 있다.
>
> **어휘** offer 제공하다   subscriber 구독자

---

03 Before Mr. Farmer decided to move out, he gave one of his closest colleagues some old furniture.

                                          수여동사   간접목적어   직접목적어

해석 파커 씨는 이사 나가기로 결정하기 전에 그의 가장 가까운 동료에게 낡은 가구를 주었다.

> **구조분석** **Before** Mr. Farmer / decided / to move out, // he / gave / one (of his closest colleagues) /
>   접속사   주어1   동사1   목적어 (to부정사)   주어2   동사2   간접목적어
>
> (some old) furniture.
>   직접목적어
>
> **해설** gave는 give의 과거형으로 두 개의 목적어를 갖는 4형식 수여동사이다. 이 문장에서 gave는 간접목적어로 one of his closest colleagues를 받고 직접목적어로 old furniture를 받아서 '그의 가장 가까운 동료에게 낡은 가구를 주었다'는 의미로 사용되었다.
>
> **어휘** decide 결정하다   move out 이사를 나가다   closest 가장 가까운   colleague 동료   furniture 가구

Step 2

---

01 EG Furniture ------- us a 10% discount.   (A) offered   (B) provided

해석 EG 가구는 우리에게 10퍼센트의 할인을 제공하였다.

> **구조분석** EG Furniture / ------- / us / a 10% discount.
>   주어   동사   간접목적어   직접목적어

해설 빈칸 뒤를 보면 us와 10% discount 두 개의 목적어가 위치했다. 따라서 간접목적어(~에게)와 직접목적어(~을)로 두 개의 목적어를 취할 수 있는 4형식 수여동사 offered가 정답이다. provide는 3형식 타동사로 provide sb (with sth) 혹은 provide sth (for sb)의 형태로 쓰인다.

어휘 furniture 가구   discount 할인

---

02 He gave some money ------- me.   (A) to   (B) from

해석 그는 나에게 돈을 좀 주었다.

구조분석 He / gave / (some) money (------- me).
주어   동사   목적어

해설 빈칸에 알맞은 전치사를 선택하는 문제이다. give는 4형식 수여동사로 간접목적어와 직접목적어 두 개의 목적어를 갖는다. 이 때 간접목적어를 문장 끝으로 보내고, 간접목적어 앞에 적절한 전치사를 넣어주어서 4형식 문장을 3형식으로 바꿀 수 있다. 4형식을 3형식으로 바꿀 경우 give는 간접목적어 앞에 전치사 to를 취하는 동사이므로 정답은 to로 나'에게'라는 의미를 나타낸다.

어휘 give 제공하다. 주다

---

03 One Cup now ------- free WiFi in some of its main stores, and they are planning to offer the service nationwide by summer.   (A) offers   (B) suggests

해석 원 컵 사는 모든 상점들 내에서 무료 WiFi를 제공하고, 여름까지 전국적으로 그 서비스를 제공하려고 계획하고 있는 중이다.

구조분석 One Cup / (now) ------- / (free) WiFi (in all) (of its stores), // **and** they / are planning / to offer / the
주어1   동사1   목적어   접속사 주어2   동사2   목적어 (to부정사구)

service (nationwide) (by summer).

해설 빈칸에 알맞은 동사를 선택하는 어휘 문제이다. 문맥상 '제공한다'는 의미의 동사가 나와야 적절하므로 정답은 수여동사 offers이다. suggest는 제안, 제의하다는 의미의 3형식 타동사이다.

어휘 offer 제공하다   suggest 제안하다. 제의하다   free 무료의   store 가게, 상점   nationwide 전국적으로

Step 3

01 The new laser key ------- laboratory staff to enter the main door and also record their time of entry simultaneously.   (A) allows   (B) gives   (C) respond   (D) say

해석 새로운 레이저 열쇠는 실험실 직원들이 정문으로 들어갈 수 있게 해주고 또한 동시에 그들이 들어간 시간을 기록해준다.

구조분석
　　　　　　　　　　　　　　　　　　　동사1'　　　　목적어1'　　　　　　　　동사2'　　목적어2'
The (new) laser key / ------- / laboratory staff / to enter / the main door / **and** (also) record / their time
주어　　　　　　　　　동사　　　목적어　　　　　　목적격 보어 (to부정사구)

(of entry) (simultaneously).

해설 빈칸에 적절한 동사를 넣는 어휘 문제이다. 문장을 보면 목적어로 laboratory staff이 들어가고, 목적격 보어로 to enter the main door and also record their time of entry simultaneously가 들어갔으므로 빈칸은 to를 목적격보어로 받는 5형식 동사가 들어갈 자리이다. 따라서 정답은 allows이다. give는 수여동사가 간접목적어와 직접목적어 두 개의 목적어를 받아야 하므로 오답이다. respond는 자동사로 목적어를 받을 수 없고 전치사 to와 함께 쓰이므로 오답이다. say는 say sth (to sb)로 to 뒤에 대상이 들어간다.

어휘 allow 허락하다   laboratory 실험실   staff 직원들   main door 정문   record 기록하다   entry 입장   simultaneously 동시에

---

02 Valero Energy has decided to ------- its employees a special benefit package as an incentive.   (A) grant   (B) require   (C) suggest   (D) ensure

해석 발레로 에너지 사는 장려책으로서 직원들에게 특별한 복리 후생 패키지를 주기로 결정했다.

구조분석 Valero Energy / has decided / to ------ / its employees / a special benefit package (as an incentive).
주어　　　　　　동사　　　　　　　　　　　　　　　　　　　　　목적어 (to부정사구)

(동사' / 간접목적어' / 직접목적어')

해설 빈칸은 to부정사를 목적어로 받는 동사 decide의 to부정사 자리에 알맞은 동사를 넣는 문제이다. to부정사는 준동사로 동사의 성격을 가지고 있으므로 의미상 목적어를 갖는다. 빈칸 뒤는 its employees가 간접목적어, a special benefit package가 직접목적어로, 목적어가 두 개이다. 따라서 정답은 보기 중 4형식 수여동사 grant이다. require. suggest. ensure 모두 3형식 타동사이므로 목적어를 두 개 가질 수 없으므로 오답이다.

어휘 decide 결정하다　grant 승인하다. 허락하다　benefit package 복리 후생 패키지　incentive 장려책. 우대책

Lesson 08 ● 사람 목적어만을 취하는 동사 & 5형식 동사 Test　　▶ 본책 p. 131

Step 1　생략(아래 정답 표기 참조)　　Step 2　01 (B) 02 (B) 03 (A)　　Step 3　01 (A) 02 (C)

Step 1

01 People elected him mayor of the city.
　　　　　　　5형식 동사　목적보어

해석 사람들은 그를 그 도시의 시장으로 선출했다.

구조분석 People / elected / him / mayor (of the city.)
　　　　　　주어　　동사　목적어　목적보어

해설 elect는 '선출하다'라는 의미의 5형식 동사로 [주어 + 타동사 + 목적어 + 목적보어] 형태로 쓰인다. elect는 목적보어로 주로 명사 / 형용사를 취하는 동사이다. 이 문장은 주어 people과 5형식 동사 elected 뒤에 목적어로 him이 왔고, 그 목적어와 동격을 이루는 명사 mayor가 위치한 구조이다.

어휘 elect (선거로) 선출하다　mayor 시장

---

02 Environmental experts says that this spring's favorable weather conditions will help the
　　5형식 동사

plants grow.
　　목적보어

해석 환경 전문가들은 올해 봄 날씨가 좋아서 초목들이 자라는 데 도움을 줄 것이라고 말했다.

구조분석 (Environmental) experts / says / that (this spring's favorable) weather conditions / will help / the plants /
　　　　　　　　　　주어　　　　　동사　　　　　　　　　　　　　　　　　　목적어절
　　　　　　　　　(명사절 접속사　　　　　　　　　　　주어'　　　동사'　　목적어')

목적보어'
grow.

해설 help는 [주어 + help + 목적어 + (to)동사원형] 형태로 동사원형을 목적보어로 받는 5형식 동사이다. to부정사에서 to가 흔히 생략되어 원형부정사를 목적보어로 취한다. 이 문장에서는 전문가가 말한 내용을 설명해주는 that절의 주어 weather를 받는 동사로 help가 들어갔고, 목적어 the plants 뒤에 목적보어로 grow라는 원형부정사가 위치한 구조이다.

어휘 environmental 환경의　expert 전문가　spring 봄　favorable 호의적인　weather 날씨. 기상　plant 식물. 초목

---

03 Taking a lot of phone calls made my day much more difficult.
　　　　　　　　　　　　　　　　5형식 동사　　　　　목적보어

해석 전화가 많이 걸려와 그것을 받느라 하루가 훨씬 더 힘들었다.

구조 분석	Taking (a lot of) phone calls / made / (my) day / (much more) difficult.

Taking (a lot of) phone calls / made / (my) day / (much more) difficult.
     주어   동사   목적어   목적보어

해설 5형식 동사 make는 목적보어로 명사 / 형용사를 취하는 동사이다. 이 문장에서는 주어 taking의 동사로 made가 들어갔고, 목적어로 my day, 그리고 목적어를 보충설명해주는 형용사 difficult가 목적보어로 들어간 구조이다.

어휘 difficult 어려운, 힘든

Step 2

---

01 Clients ------- that the law offices of Peck will be closed on Monday for the holiday.
(A) reminded   (B) are reminded

해석 고객들은 Peck 법률 사무소가 휴일로 인해 월요일에 문을 닫을 것이란 알림을 받았다.

**구조
분석**
                명사절 접속사   주어'   동사'
Clients / ------- / **that** the law offices (of Peck) / will be closed (on Monday for the holiday).
  주어   동사   목적어절

해설 remind가 that절을 바로 목적어로 취하면 '~에게'에 해당하는 목적어가 없기 때문에 문법적인 오류다. remind는 반드시 '~에게'에 해당하는 목적어를 동반해야 하는데 그에 해당하는 목적어가 없다면 수동태로 보아 '~에게'의 목적어가 앞으로 나갔다고 보아야 한다.

어휘 client 의뢰인, 고객 law 법

---

02 Please let Mr. Manuel's secretary know when you get there so she can ------- him of your arrival. (A) speak (B) notify

해석 당신이 그곳에 도착하면 매뉴엘 씨의 비서에게 알려주세요. 그러면 그 비서가 매뉴얼 씨에게 당신이 도착했다는 것을 알릴 수 있으니까요.

**구조
분석**
                                   동사'   목적어 [명사절 접속사 when + 주어'' + 동사'']
(Please) let / (Mr. Manuel's) secretary / know / [**when** you get there] // **so** she / can ------- / him
 동사1 (명령문)   목적어1   목적어보어(원형부정사)   접속사 주어1   동사2   목적어2
(of your arrival).

해설 speak는 자동사이기 때문에 him이라는 목적어를 바로 취할 수 없다. notify는 '~를 알리다, 통지하다'는 의미로 사람 목적어만을 취하는 동사로 [notify + A + of 명사/that절/to부정사] 구조로 쓰인다. 여기에서 A는 사람이거나 혹은 '~에게'로 해석이 될 수 있는 대상이어야 한다. 여기에선 [notify + A + of + 명사]의 구조로 주어 she와 동사 notify가 목적어로 him(그에게)이라는 대상을 받고 뒤에 [of + 명사]가 이어지고 있다.

어휘 let ~하게 해주다 secretary 비서 notify 알리다, 통지하다

---

03 Please be ------- that our company has done and will continue to do everything to make sure that our products are safe for children. (A) assured (B) decided

해석 우리 제품은 아이들의 안전을 확실히 하기 위해 모든 것을 하고 있으며 앞으로도 그러리란 것을 보장합니다.

**구조
분석**
             명사절 접속사   주어'   동사1'   동사2'   목적어'(to부정사구)   (수식어구 (to부정사))
(Please) be / ------- **that** (our) company / has done **and** will continue / to do everything (to make sure
 동사 (명령문)   명사절
that our products are safe for children).

해설 수동태 명령문 be assured는 수동태로 완전한 문장이고 뒤에 that절을 받고 있다. 보통 assure라는 동사는 [assure + 사람 + of + 명사 / assure + 사람 + that절]를 취하는 형태의 문제로 많이 출제된다. 특히 assure는 수동태가 되었을 때 주의해야 한다. [assure + 사람 + of + 명사] → [사람 + be assured of + 명사], [assure + 사람 + that절] → [사람 + be assured + that절]의 형태를 암기해 두어야 한다.

어휘 assure 장담하다, 확언하다 make sure 확실하게 하다 safe 안전한, 안심할 수 있는 children 어린이들(child의 복수)

01 Receiving the awards is ------- a great accomplishment to us.

(A) considered   (B) regarded   (C) respected   (D) expected

해석 그 상들을 받는 것은 우리에게는 대단한 업적으로 여겨진다.

구조 분석 Receiving / the awards / is ------- / a (great) accomplishment (to us).
주어(동명사구)   동사   보어 (전치사구)

해설 빈칸에 적절한 동사를 선택하는 어휘 문제이다. 이 문장은 수동태인데 뒤에 보어가 위치했으므로 5형식 동사가 들어가야 한다. 보기 중 5형식 동사는 considered로, 수동태로 바뀌면서 목적어가 주어로 바뀌고 뒤에 보어가 전치사구로 남은 형태로, '상을 받는 것 = 큰 업적'으로 동격을 이루며 a great accomplishment가 보어로 위치한 구조이다.

어휘 receive 받다, 받아들이다   award 상   consider (~을 ~로) 여기다   accomplishment 업적, 공적   regard ~을 ~으로 여기다, 평가하다   respect 존경하다   expect 예상하다

02 Any employee wishing to enroll in company-sponsored English language classes in March must let their supervisor ------- before February 15th.

(A) to know   (B) knowing   (C) know   (D) be known

해석 3월에 회사가 지원하는 영어 수업에 등록하길 원하는 직원은 누구든지 2월 15일 전에 상사에게 알려야 한다.

구조 분석 (Any) employee [wishing / to enroll (in company-sponsored English language classes) (in March)] /
주어

must let / (their) supervisor / ------- (before February 15th).
동사   목적어   목적보어

해설 빈칸에 5형식 동사 let과 목적어 their supervisor의 목적보어로 적절한 형태를 고르는 문법 문제이다. let은 사역동사로 '~하도록 허락하다'는 의미이다. 문장에서 사역동사 let은 목적어로 사람 supervisor를 받았으므로 목적보어에는 동사원형 know가 와야 한다. 사역동사는 사람 목적어를 취할 경우 [사역동사 + 사람 목적어 + 동사원형 + 목적어(자동사 예외)]의 형태로 쓰이고, 사물 목적어를 취할 경우에는 [사역동사 + 사물 목적어 + 과거분사]의 형태로 사용된다는 것을 기억해두자.

어휘 enroll in ~에 등록하다   company-sponsored 회사가 지원하는   language 언어   supervisor 상사, 관리자

Lesson 09 ● 동사의 수일치와 태 Test   ▶ 본책 p. 134

Step 1생략(아래 정답 표기 참조)Step 2 Step 3

01 Submitting the reports by the deadline is important.
주어   동사

해석 보고서를 마감기한까지 제출하는 것이 중요하다.

구조 분석
동사'   목적어'
Submitting / the reports (by the deadline) / is / important.
주어(동명사구)   동사   보어

해설 문장의 주어가 될 수 있는 품사는 명사이다. 명사 단어 외에 명사처럼 기능하는 명사 상당어구도 문장의 주어가 될 수 있다. 동사에 -ing를 붙여 명사처럼 만드는 동명사도 명사 상당어구이다. 이때, 동명사는 명사처럼 기능하지만 동사의 성질을 그대로 갖고 있으므로 타동사의 경우 목적어가 필요하므로 동명사 submitting도 동사 submit과 같이 목적어를 가진다. 또한 동명사는 단수로 취급하므로 동사는 단수동사 is를 써야 한다.

어휘 submit 제출하다 report 보고서 deadline 마감 important 중요한

---

02 Residents who have pets are completely responsible for the actions of their animals.
　　　　　　주어　　　　　　　　　동사

해석 애완동물을 키우는 거주자들은 그들의 애완동물이 하는 행동에 대해 전적으로 책임이 있다.

구조분석
　　　　　　　⌐ 관계대명사 동사'　목적어'
Residents (**who** / **have** / **pets**) / are / (completely) responsible (for the actions) (of their animals).
　주어　　　(관계대명사절)　　　동사　　　　　　　　보어

해설 명사 Residents가 주어이고, 명사 뒤의 who have pets는 선행사인 명사 Residents를 뒤에서 수식하는 관계대명사절이므로 괄호로 묶어서 처리하면 본동사는 are가 된다. 주어가 Residents로 복수명사이므로 동사도 복수동사인 are로 수일치가 되었다. 이때, 관계대명사절에 주어가 없이 동사 have로 시작하는데, 이는 앞에 있는 선행사를 문장의 주어로 쓴다는 의미이다. 따라서 선행사가 Residents로 복수이므로 관계대명사절의 동사도 복수동사인 have가 쓰였음에 주의하자.

어휘 resident 거주자 pet 애완동물 completely 완전히, 전적으로 be responsible for ~에 책임이 있다 action 행동 animal 동물

---

03 GE Furniture has a new line of cabinets designed for customers who use small offices.
　　　　주어　　　　　동사

해석 GE 가구는 소규모 사무실을 사용하는 고객들을 위해 새롭게 디자인된 캐비닛 제품군을 가지고 있다.

구조분석
　　　　　　　　　　　　　　　⌐　　　　　　　　　⌐ 관계대명사 동사'　목적어'
GE Furniture / has / a (new) line (of cabinets) [designed (for customers) (**who** / **use** / **small offices**)].
　주어　　　동사　　목적어

해설 처음 나온 명사인 회사 이름 GE Furniture가 주어, 동사 has, 그 뒤의 명사 a new line이 목적어가 된다. 주어가 회사 이름으로 단수명사이므로 동사도 단수동사인 has로 수일치가 되었다. designed는 관계대명사 which are이 생략된 형태로 앞의 명사인 cabinets을 수식한다. 전치사구인 for customers 뒤의 who use small offices도 관계대명사절로 앞의 선행사 customers를 수식하므로 who가 이끄는 문장의 동사도 선행사인 복수명사 customers에 수일치를 시켜 복수동사인 use가 쓰이게 된다.

어휘 line 제품군 cabinet 캐비닛 design 디자인하다, 고안하다 customer 고객 use 사용하다 small 작은 office 사무실

Step 2

---

01 The programs of this workshop should ------- by the organizer.
　　(A) be checked　　(B) check

해석 이번 워크숍의 프로그램은 기획자에 의해 확인받아야 한다.

구조분석
The programs (of this workshop) / should ------- (by the organizer).
　　주어　　　　　　　　　　　　　　동사

해설 빈칸은 동사 자리이므로 적절한 동사의 태를 선택하는 문제이다. check는 타동사로 목적어를 필요로 하는데, 빈칸 뒤에 있는 [전치사 by + 명사]는 수식어구이므로 괄호로 묶어서 제거하면 빈칸 뒤에 목적어가 되는 명사가 없는 것을 확인할 수 있다. 따라서 목적어가 주어 자리로 이동한 수동태 문장임을 알 수 있으므로, 수동태 동사 형태인 be checked가 정답이다.

어휘 program 프로그램 workshop 워크숍 should ~해야 한다 organizer 조직자, 기획자 check 확인하다, 검사하다

---

02 Professor Grant at the research department ----- for giving lectures which inspire the students.　(A) is known　　(B) know

해석 연구부서의 그랜트 교수는 학생들에게 영감을 주는 강의를 제공하는 것으로 알려져 있다.

구조
분석
Professor Grant (at the research department) / ------ (for giving lectures) **(which / inspire / the students).**
주어   동사   ⌒ 관계대명사   동사'   목적어'

해설 빈칸은 주어 뒤의 동사 자리이며, 보기의 is known과 know는 태가 다르므로 적절한 동사의 태를 선택하는 문제이다. know는 타동사이므로 목적어가 필요한데, 빈칸 뒤의 [전치사 for + 동명사 giving]은 수식어구이므로 빈칸 뒤에 목적어가 되는 명사가 없는 형태이다 따라서 동사는 수동태가 되어야 한다. 그러므로 정답은 is known이다. be known for는 '~으로 알려져 있다'는 의미의 자주 쓰이는 표현으로 기억해 두어야 한다.

어휘 **professor** 교수   **research** 조사, 연구   **department** 부서   **give** 주다   **lecture** 강의   **inspire** 영감을 주다   **student** 학생   **be known for** ~으로 알려져 있다

---

03 Most cities have similar rules that ------ the amount of a fine for drunk driving.
     (A) determine   (B) are determined

해석 대부분의 도시들은 음주운전에 대한 벌금의 양을 결정하는 유사한 법을 갖고 있다.

구조
분석
(Most) cities / have / (similar) rules [**that** ------ / the amount (of a fine) (for drunk driving)].
주어   동사   목적어   [관계대명사절]
                         ⌒ 관계대명사 동사'   목적어'

해설 빈칸은 명사 rules를 뒤에서 수식하는 관계대명사 that이 이끄는 문장의 동사 자리이다. 관계대명사절은 주어가 없이 동사로 시작하므로 주격 관계대명사가 사용됐다는 것을 알 수 있다. 이는 관계대명사절 앞의 선행사인 명사를 문장의 주어로 쓰겠다는 의미이므로 동사의 수는 선행사와 일치시켜야 한다. 주어진 보기 determine과 are determined는 모두 복수형이므로 복수명사인 선행사 rules와 수는 일치한다. 다음으로 두 개의 보기는 각각 능동과 수동으로 태가 다르므로 태를 살펴본다. 동사가 타동사일 때, 능동의 경우 목적어가 필요하며, 수동의 경우 목적어가 없는 것이 원칙이다. determine은 타동사이므로 뒤에 목적어를 필요로 하는데, 빈칸 뒤에 명사 the amount가 있으므로 동사는 목적어를 갖는 능동태임을 알 수 있다. 따라서 능동태 동사인 determine이 정답이다.

어휘 **most** 대부분의   **similar** 유사한   **rule** 법, 규칙   **amount** 양   **fine** 벌금   **drunk driving** 음주운전   **determine** 결정하다

Step 3

01 Applicants for positions in the factory ------ to possess at least a labor certificate.
     (A) require   (B) requires   (C) are required   (D) has required

해석 공장의 자리에 지원한 지원자들은 적어도 하나의 노동 허가서를 보유할 것이 요구된다.

구조
분석
Applicants (for positions) (in the factory) / ------ / to possess / (at least) a labor certificate.
주어   동사   보어 (to부정사구)

해설 빈칸에 적절한 동사의 형태를 고르는 문제이다. 전치사구를 괄호로 묶어서 제거하면 빈칸은 주어인 Applicants의 뒷자리이므로 동사 자리임을 알 수 있다. 동사 자리임이 파악되었으면 수-태-시제의 순서로 동사의 형태를 검토하게 된다. 주어가 복수명사이므로 동사도 복수형이어야 하므로 단수동사인 (B) requires와 (D) has required는 우선 탈락하게 된다. 수일치를 통과한 나머지 보기인 (A)와 (C)는 각각 능동태와 수동태이다. 즉 require가 3형식 능동태로 to부정사를 목적어로 받는 것이 적절한지, 5형식 수동태로 to부정사를 보어로 받는 것이 적절한지 의미상 적절한 것을 골라야 한다. 이를 결정하는 방법은 주어가 to부정사 하는 것을 요구하는지, 요구받는지 검토하면 된다. 지원자들이 적어도 하나의 노동허가서를 소지하도록 요구하는 것이 아니라, 요구받는다는 의미가 적절하므로 수동형이 와야 한다. 따라서 정답은 (C) are required가 된다.

어휘 **applicant** 지원자, 신청자   **position** 직위, 자리   **factory** 공장   **possess** 소유하다   **at least** 적어도, 최소한   **labor** 노동   **certificate** 증명서   **require** 요구하다, 요청하다

---

02 One volunteer who will be working on Saturday ------ a letter yesterday detailing his responsibilities by the hospital administrator.
     (A) was sending   (B) would send   (C) will be sent   (D) was sent

해석 토요일에 근무하는 한 자원봉사자가 어제 그의 업무에 관한 편지를 병원 관리자에게서 받았다.

구조
분석
⌒관계대명사   동사'
One volunteer [**who** / will be working (on Saturday)] / ------- / a letter (yesterday) (detailing his
　　　　주어　　　　　　　　[관계대명사절]　　　　　　　　　　　　　동사　　　목적어

responsibilities) (by the hospital administrator).

해설　주어 volunteer 뒤에서 수식하는 관계대명사절을 수식어구로 처리하면 빈칸은 동사 자리이다. 동사의 형태는 수―태―시제의 순서로 결정
하게 되는데, 단수주어인 volunteer와 보기 모두 수는 일치하므로 다음 순서인 태를 검토한다. 빈칸 뒤에 목적어가 있으면 능동, 없으면
수동인 것이 원칙이나, send와 같은 4형식 동사는 목적어를 2개 가지므로, 수동태로 만들어도 하나의 목적어가 뒤에 남게 된다. 즉, 주어
가 뒤의 목적어인 a letter를 send했는지, send되었는지 의미상 적절한 것을 골라야 한다. 뒤에 보낸 행위의 주체인 by the hospital
administrator가 나오므로 주어는 행위를 받은 사람임을 알 수 있다. 따라서 능동태인 (A) was sending과 (B) would send는 탈락하
게 된다. 남은 수동태 보기 중 (C) will be sent는 미래 시제이므로 (D) was sent가 정답이 된다.

어휘　**volunteer** 자원봉사자　**work** 근무하다　**letter** 편지　**yesterday** 어제　**responsibility** 책임　**hospital** 병원　**administrator** 관
리자, 행정가　**determine** 결정하다

Lesson 10 ● 시제 Test　　　　　　　　　　　　　　　　　　　　▶ 본책 p. 136

Step 1 생략(아래 정답 표기 참조)　　Step 2 01 (B) 02 (A) 03 (A)　　　Step 3 01 (B) 02 (A)

Step 1

01 I buy a book once a week.
　　현재시제 (동사)　　　　　시간 부사구

해석　나는 일주일에 한 번 책을 산다.

구조
분석
I / buy / a book (once a week).
주어　동사　목적어

해설　once a week는 '일주일에 한 번'이라는 빈도를 나타내는 시간부사로 주기적이고 반복적인 일을 나타내므로 현재 시제 buy를 쓴다.

어휘　**buy** 사다　**book** 책　**once** 한 번　**week** 주

02 A 20% discount applies only to customers purchasing items online today.
　　　　　　　현재시제 (동사)　　　　　　　　　　　　　　시간 부사어

해석　오늘 온라인으로 구매하시는 고객에 한해 20% 할인을 해드립니다.

구조
분석
A 20% discount / applies (only) (to customers) ⌒[purchasing items (online) (today)].
주어　　　　　　동사

해설　업무 등의 주기적이고 일상적인 일이나 정해진 사실을 말할 때는 현재 시제를 쓴다. 온라인 구매 고객에게만 할인이 적용된다는 일반적인
사실에 대해 말하고 있으므로 3인칭 단수 현재형인 applies를 쓴다.

어휘　**discount** 할인　**apply to** ~에 적용하다　**customer** 고객　**purchase** 구매하다　**item** 물품, 품목　**today** 오늘

03 Dr. Lam orders office supplies at the end of every month.
　　　　　　현재시제 (동사)　　　　　　　　시간 부사구

해석　램 박사는 매달 말에 사무용품을 주문한다.

구조
분석
Dr. Lam / orders / office supplies (at the end) (of every month).
주어　　　동사　　　목적어

해설　at the end of every month는 '매달 말에'라는 의미로 주기적이고 반복적인 일을 나타내는 부사이므로 3인칭 단수 현재형인 orders를
쓴다.

110

어휘 order 주문하다 office supplies 사무용품 end 끝, 말 every 매, 모든 month 달

Step 2

01 Our purchasing department ------- office supplies every Friday, so all staff are asked to notify the purchasing manager of their needs by Thursday.　(A) ordered　(B) orders

해석 우리 구매부서는 매주 금요일마다 사무용품을 주문한다. 그래서 모든 부서는 목요일까지 구매부서장에게 그들의 필요사항을 알려주어야 한다.

구조분석 (Our) purchasing department / orders / office supplies (every Friday), // so (all) staff / are asked
주어1　　　　　　　　동사1　목적어　　　　　　　　　　　　　접속사　주어2　　동사2

/ to notify the purchasing manager (of their needs) (by Thursday).
보어 (to부정사구)

해설 과거시제와 현재시제 중에서 빈칸에 적절한 동사의 시제를 선택하는 문제이다. 뒤의 every Friday는 매 주 금요일로, 주기적이고 반복적인 일을 나타내는 시간부사이므로 정답은 현재 시제인 orders가 된다.

어휘 purchasing department 구매부서 office supplies 사무용품 every 매, 모든 so 그래서 be asked to + 동사원형 ~하도록 요청받다. ~해야 한다 notify 알리다 manager 관리자, 매니저 need 필요(하다), 요구

02 Personnel records of employees ------- not allowed to be distributed without authorization.
(A) are　(B) was

해석 직원의 인사기록은 허가 없이 배포되어서는 안 된다.

구조분석 Personnel records (of employees) / ------- not allowed / to be distributed (without authorization).
주어　　　　　　　　　　　　　동사　　　　　　목적보어 (to부정사구)

해설 문장의 주어가 personnel records로 복수이므로 단수동사인 was는 수일치에서 우선 탈락한다. 또한 직원의 인사기록이 허가 없이 배포되어서는 안 된다는 사실은 과거에 발생한 사실이 아니라, 일반적인 사실이나 정책을 설명하는 내용이므로 정답은 현재 시제이며 복수동사인 are이다.

어휘 personnel records 인사기록 employee 직원 allow 허락하다 distribute 나누어 주다, 분배하다 without ~없이 authorization 허가

03 The new company policy ------- employees from using computers for personal reasons during office hours.　(A) restricts　(B) will be restricted

해석 새로운 회사의 방침은 직원들이 업무 시간 중에 개인적인 이유로 컴퓨터 사용하는 것을 제한한다.

구조분석 The (new) company policy / ------- / employees (from using computers) (for personal reasons)
주어　　　　　　　　　동사　목적어

(during office hours).

해설 보기에 제시된 동사를 살펴보면 restricts는 능동, 현재 시제이고, will be restricted는 수동, 미래 시제이다. 동사의 형태를 찾는 문제는 수-태-시제의 순서로 검토해야 하는데 수는 관계없으므로 태를 검토한다. 빈칸 뒤에 목적어 employees가 있으므로 빈칸 동사는 능동이 되어야 한다. 또한 일반적인 회사 정책에 대해 설명하고 있으며 미래 시점이 제시되지 않았으므로 미래 시제가 아닌 현재 시제 restricts가 정답이다.

어휘 company 회사 policy 정책 employee 직원 use 사용하다 computer 컴퓨터 personal 개인적인 reason 이유 during ~동안 office hours 근무시간 restrict + 목적어 + from -ing 목적어가 ~하는 것을 제한하다, 금지하다

111

Part 5

01 The seminar information packets will be mailed to all attendees two days before the conference -------.   (A) began   (B) begins   (C) beginning   (D) begin

해석 세미나 정보 패킷이 컨퍼런스가 시작하기 이틀 전에 모든 참석자들에게 발송될 것이다.

구조 분석 The seminar information packets / will be mailed (to all attendees) (two days) // **before** the conference / -------.
주어1   동사1   접속사   주어2   동사2

해설 빈칸은 접속사 before가 이끄는 부사절의 동사 자리이다. 따라서 동사가 아닌 (C) beginning은 우선적으로 탈락한다. 동사의 자리임을 파악했으면 수-태-시제의 순서로 동사의 형태를 검토해야 하는데 주어가 the conference로 단수주어이므로 복수주어인 (D) begin도 오답이다. 남은 보기 중 (A) began은 과거 시제, (B) begins은 현재 시제이므로 문장의 시제를 살펴봐야 한다. 시제는 시간부사, 동사 여러 개가 접속사로 연결된 경우 다른 동사의 시제, 시간을 나타내는 접속사 등으로 결정한다. 주절의 시제가 will be mailed로 미래 시제이므로 종속절의 시제도 미래여야 하는데, 시간의 부사절 접속사 뒤에서는 현재 시제가 미래를 대신하므로 시간접속사 before이 이끄는 문장의 시제는 미래가 아닌 현재가 되어야 함을 알 수 있다. 따라서 정답은 (B) begins이다.

어휘 seminar 세미나   information 정보   packet 패킷, 소포   mail (우편으로) 부치다, 발송하다   attendee 참석자   before ~전에   conference 컨퍼런스, 회의   begin 시작하다

02 Directors had hoped that the hiring of a new general manager ------- AXA's overall productivity.
(A) would improve   (B) has been improving   (C) will be improved   (D) has been improved

해석 이사들은 새로운 국장을 고용하면 AXA 사의 전반적인 생산성이 향상될 것이라는 생각했다.

구조 분석
                        명사절
                        접속사   주어'   동사'   목적어'
Directors / had hoped / **that** the hiring (of a new general manager) / ------- / (AXA's overall) productivity.
주어   동사   목적어절

해설 빈칸은 문장의 목적어 자리에 온 명사절 접속사 that이 이끄는 문장의 동사 자리이다. 동사는 수-태-시제의 순서로 검토하게 되는데, 주어인 the hiring은 불가산명사로 단수동사가 와야 하는데 보기는 모두 수는 일치하므로, 태를 검토한다. 빈칸 뒤에 목적어 productivity가 있으므로 빈칸 동사는 능동태가 되어야 함을 알 수 있다. 보기 중 능동태는 (A) would improve와 (B) has been improving이다. 이제 시제를 검토해보자. 본동사가 과거완료인 had hoped이므로 과거미래를 나타내는 (A) would improve가 정답이다.

어휘 director 책임자, 이사   hope 바라다, 희망하다   hire 고용하다   general manager 총지배인, 국장   overall 전반적인   productivity 생산성   improve 개선하다, 향상시키다

Lesson 11 ● 완료 시제 Test　　　　　　　　　　　　　　　　　　　▶ 본책 p. 138

Step 1 생략(아래 정답 표기 참조)　　　Step 2 01 (A) 02 (A) 03 (B)　　　Step 3 01 (A) 02 (D)

Step 1

01 Ms. Button has worked in this company for 15 years.
                 현재완료 시제 (동사)   시간 부사구

해석 버튼 씨는 이 회사에서 15년간 근무해왔다.

구조 분석 Ms. Button / has worked (in this company) (for 15 years).
주어   동사

해설 시간 부사구인 for 15 years는 '15년 동안'이라는 기간을 나타내므로 과거부터 현재까지 상태나 행위가 계속됨을 나타내는 시제인 현재완료 has worked가 쓰였다.

어휘 work 일하다, 근무하다 company 회사 for + 기간 ~동안

---

02 The band had begun practicing for the performance even before the conductor arrived in the
　　　　　　　과거완료 시제 (동사)　　　　　　　　　　　　　　　　시간의 접속사　　　　　과거 시제
concert hall.

해석 지휘자가 콘서트홀에 도착하기도 전에 밴드는 공연을 위한 연습을 시작했다.

구조분석 The band / had begun / practicing (for the performance) // (even) **before** the conductor / arrived (in the
　　　　　　주어1　　　동사1　　목적어 (동명사구)　　　　　　　　　　　접속사　　주어2　　동사2
concert hall).

해설 과거완료는 과거의 특정 시점보다 이전 사건을 나타내는 시제이므로 전치사나 시간의 부사절 접속사 다음에 과거 시점이 제시되어야 쓰일 수 있다. 시간 접속사 before가 이끄는 문장의 동사의 시제가 arrived로 과거인데, 지휘자가 도착하기 전에 연습을 시작했다는 내용이므로 연습을 시작한 것은 지휘자가 도착한 것보다 이전 사건이 된다. 따라서 과거완료 시제인 had begun이 쓰였다.

어휘 band 밴드 begin 시작하다 practice 연습하다, 실행하다 performance 공연, 수행 even 심지어 ~조차도 before ~전에 conductor 지휘자 arrive 도착하다 concert 콘서트 hall 홀, 복도

---

03 By the time the police arrived at the crime scene, the bank robbers had disappeared.
　　　시간의 접속사　　　　　　　　　과거 시제　　　　　　　　　　　　　　　　　　　과거완료 시제 (동사)

해석 경찰이 범죄현장에 도착했을 때, 은행 강도는 이미 사라지고 없었다.

구조분석 **By the time** the police / arrived (at the crime scene), // the bank robbers / had disappeared.
　　　　　　접속사　　　주어1　　동사1　　　　　　　　　　　　　　주어2　　　　　동사2

해설 [by the time + 주어 + 과거 동사]는, 과거의 어느 특정 시점까지 동작이나 상황이 완료되었음을 나타내므로, 주절의 시제는 과거완료가 되어야 한다. 경찰이 범죄현장에 도착한 것이 과거 시제이고, 강도가 사라지고 없는 것은 이전 사건이므로 과거완료인 had disappeared 가 쓰였다.

어휘 by the time ~할 때까지 police 경찰 arrive 도착하다 crime 범죄 scene 현장, 장면 bank 은행 robber 강도 disappear 사라지다

Step 2

01 Mr. Parker, the director, has already ------- to boost the corporation's profits by 20 percent within a year.　(A) promised　(B) promise

해석 이사인 파커 씨는 일 년 내에 회사의 이윤을 20퍼센트까지 상승시킬 것을 벌써 약속했다.

구조분석 Mr. Parker, (the director), / has (already) ------- / to boost / the corporation's profits (by 20 percent)
　　　　　　주어　　　　　　　　　　동사　　　　　　　목적어 (to부정사구)
(within a year).

해설 빈칸은 주어 뒤의 동사 자리인데, 빈칸 앞에 has가 있으므로 동사원형이 올 수 없다. have/has는 p.p.와 함께 완료 시제를 나타내는 동사구를 이룬다. 따라서 정답은 promised이다.

어휘 director 책임자, 이사 already 이미, 벌써 boost 강화하다, 올리다 corporation 기업, 회사 profit 이익 percent 퍼센트 within ~이내에 promise 약속하다

---

02 Ms. Park ------- employed by the same company in many different capacities over the last 20 years.　(A) has been　(B) is

해석 파크 씨는 지난 20년이 넘게 동일한 회사에서 여러 가지 다른 부서에서 근무했다.

구조분석 Ms. Park / ------- employed (by the same company) (in many different capacities) (over the last 20 years).
　　　　　　　주어　　　　　동사

해설 보기에 제시된 has been employed와 is employed는 모두 수동태이면서 각각 현재완료, 현재 시제를 나타내므로 적절한 시제를 선택하도록 한다. 뒤의 the last 20 years는 '지난 20년 동안'이라는 기간을 나타내는 시간 부사로 20년 동안 상태나 행위가 계속되었음을 나타내는 현재완료 시제와 어울린다. 따라서 has been이 정답이다.

어휘 employ 고용하다　same 같은, 동일한　company 회사　different 다른　capacity 수용력, 능력, 역할

---

03 Before Mr. Banks was promoted to regional manager last year, he ------- in the Philadelphia branch for over four years.　(A) had been worked　(B) had worked

해석 뱅크스 씨가 작년에 지역 책임자로 승진되기 전에, 그는 필라델피아 지사에서 4년 넘게 근무했었다.

구조분석 **Before** Mr. Banks / was promoted (to regional manager) (last year), // he / ------- (in the Philadelphia
　　　　　　접속사　　　주어1　　　　　동사1　　　　　　　　　　　　　　　　주어2　　동사2
branch) (for over four years).

해설 보기에 제시된 동사 had been worked와 had worked는 모두 과거완료 시제로 각각 수동과 능동태이다. work는 자동사로 수동태를 만들 수 없으므로 정답은 had worked로 쉽게 선택할 수 있다. 과거완료는 과거의 특정 시점보다 이전 사건을 나타내는 시제이므로 전치사나 시간의 부사절 접속사 다음에 과거 시점이 제시되어야 쓰일 수 있다. 시간 접속사 before가 이끄는 문장의 동사의 시제가 was promoted로 과거인데, 4년 동안 근무한 것은 승진한 것보다 이전 사건이 된다. 따라서 과거완료 시제인 had worked가 적절하다.

어휘 before ~전에　promote 승진시키다, 촉진하다　regional 지역의　manager 관리자, 매니저　last 지난　branch 지사, 지점　work 일하다, 근무하다

Step 3

01 Since its founding ten years ago, ABC Restaurant Chains ------- employee satisfaction to be a top priority.
　　(A) has considered　(B) considering　(C) will consider　(D) is considered

해석 10년 전에 설립된 이래로, ABC 레스토랑 체인은 직원만족도를 최우선으로 여겨왔습니다.

구조분석 (Since its founding) (ten years ago), ABC Restaurant Chains / ------- / employee satisfaction /
　　　　　　　　　　　　　　　　　　　　　　　주어　　　　　　　동사　　　　　목적어
to be / a top priority.
목적보어 (to부정사구)

해설 콤마 앞의 전치사구를 모두 수식어구로 제거하면, 빈칸 앞에 주어, 빈칸은 동사 자리임을 알 수 있다. 따라서 동사가 아닌 (B) considering은 우선 탈락한다. 동사의 형태는 수-태-시제의 순서로 검토해야 하는데 보기가 모두 단수동사로 주어인 ABC Restaurant Chains와 수가 일치하므로 태를 검토한다. consider은 3형식 또는 5형식 동사로, 빈칸 뒤에 목적어인 employee satisfaction과 목적보어인 to be a top priority가 모두 있으므로 능동태임을 알 수 있다. 따라서 수동태인 (D) is considered도 오답이다. 남은 보기 중 (A) has considered는 현재완료 시제, (C) will consider은 미래 시제로 시제를 검토한다. since(~이래로)는 주로 과거의 특정 시점을 받아서 그 이후부터 현재까지의 기간 동안의 동작이나 상태의 지속을 나타내는 전치사/접속사로, 늘 현재완료 시제와 함께 쓰인다. 즉, 10년 전에 설립된 이래로 계속해서 직원 만족이 최고 우선순위였다는 내용으로 현재완료 (A) has considered가 정답이다.

어휘 since ~이래로　founding 설립　ago ~전에　employee 직원　satisfaction 만족　top 최고의　priority 우선사항　consider 여기다, 간주하다

---

02 The human resources department reported that most sales representatives ------- to routinely mail reminder cards to clients.　(A) fail　(B) are failing　(C) failure　(D) had failed

해석 인사과는 대부분의 영업사원들이 고객들에게 정기적으로 안내장을 발송하지 않았다고 보고했다.

구조분석

명사절 접속사　　　　　주어´　　　동사´　목적어´(to부정사구)
The human resources department / reported / **that** (most) sales representatives / ------ / to (routinely)
　　　　주어　　　　　　　　　　동사　　　　　　　　　　목적어절

mail reminder cards (to clients).

해설 빈칸은 문장의 목적어인, 명사절 접속사 that이 이끄는 문장의 동사 자리이다. 따라서 명사인 (C) failure는 우선 탈락한다. 남은 보기 모두 복수동사로, 복수주어인 sales representatives와 수가 일치하며, 빈칸 뒤에 목적어로 to부정사를 가지므로 능동태 동사여야 하는데 보기 모두 능동태 동사에 해당한다. 따라서 시제를 검토해야 한다. 문장의 본동사 reported가 과거인데, that절의 reminder card를 발송하지 않은 것은 그보다 이전 사건이므로 과거완료 시제가 적절하다. 따라서 정답은 (D) had failed이다.

어휘 human resources department 인사과　report 보고하다　most 대부분의　sales representatives 영업사원　routinely 정기적으로　mail (우편으로) 보내다, 발송하다　reminder card 안내장, 상기시키는 카드　client 의뢰인, 고객

Lesson 12 ● 진행형 시제 Test　　　　▶ 본책 p. 141

Step 1 생략(아래 정답 표기 참조)　　Step 2 01 (A) 02 (A) 03 (B)　　Step 3 01 (B) 02 (D)

Step 1

01　He had been watching television when I arrived.
　　　　　　과거완료 진행　　　　　　　　　시간 부사절

해석 내가 도착했을 때 그는 텔레비전을 보고 있는 중이었다.

구조분석 He / had been watching / television // **when** I / arrived.
　　　　　주어1　　　동사1　　　　　목적어　　접속사 주어2　동사2

해설 과거완료 진행 시제는 어떤 동작이 특정 과거 시점 이전부터 시작해서 그 과거 시점까지 일정 기간 계속되었으며 그 과거 시점에서도 계속되고 있음을 나타낸다. 따라서 내가 도착한 과거 시점 이전부터 텔레비전을 보고 있었으며 내가 도착했을 때에도 여전히 보고 있는 중이었다는 의미로 과거완료 진행 시제가 쓰였다.

어휘 watch 보다　television 텔레비전　when ~할 때　arrive 도착하다

02　They have been talking to each other.
　　　　　　현재완료 진행

해석 그들은 서로 이야기하고 있는 중이다.

구조분석 They / have been talking (to each other).
　　　　　주어　　　　동사

해설 현재완료 진행 시제는 어떤 동작이 과거부터 현재까지 일정 기간 계속되었으며 아직도 계속되고 있음을 나타낸다. 따라서 전부터 지금까지 계속해서 서로 이야기하고 있는 중이라는 의미로 현재완료 진행 시제가 쓰였다.

어휘 talk 말하다, 이야기하다　each other 서로

03　It will have been raining for a week tomorrow.
　　　　　　미래완료 진행　　　　　　　시간 부사

해석 내일이면, 일주일째 계속 비가 내리는 셈이 된다.

구조분석 It / will have been raining (for a week) (tomorrow).
　　　　　주어　　　　동사

해설 미래완료 진행 시제는 미래의 어느 시점까지 일정한 기간 동안 동작이 계속되는 것을 나타낸다. 따라서 미래시점 tomorrow가 주어졌으며 그 때까지 일주일 동안 계속해서 비가 올 것이라는 의미로 미래완료 진행 시제가 쓰였다.

rain 비(오다) week 일주일 tomorrow 내일

Step 2

01 At the moment, my secretary is ------- the address of the Hilton Hotel in Paris.
   (A) locating   (B) located
해석 지금 저의 비서가 파리에 있는 힐튼 호텔의 주소를 찾고 있습니다.

구조
분석 (At the moment), (my) secretary / is ------- / the address (of the Hilton Hotel) (in Paris).
        주어   동사   목적어

해설 보기에 제시된 -ing와 p.p. 형태는 be동사와 결합하여 다른 동사구를 형성한다. 현재분사 locating은 be동사 is와 결합하여 능동의 현재진행 시제(be -ing)를 나타내고, 과거분사 located는 is와 결합하여 수동의 현재시제(be p.p.)를 나타낸다. 따라서 be동사와 결합했을 때 둘 사이의 가장 큰 차이는 능동인지 수동인지 구별하는 태의 문제가 된다. 빈칸 뒤에 the address라는 목적어가 있으므로 빈칸은 능동의 동사가 쓰여야 하므로 정답은 능동의 현재진행 시제인 locating이다.

어휘 at the moment 지금, 바로 secretary 비서 address 주소 locate (위치를) 찾다, 두다

02 Dr. Tokioka finished his research while he ------- dinner at his lab.   (A) was having   (B) has
해석 토키오카 박사는 그의 연구실에서 저녁을 먹는 동안에 연구를 끝마쳤다.

구조
분석 Dr. Tokioka / finished / (his) research // while he / ------- / dinner (at his lab).
        주어1   동사1   목적어1   접속사 주어2 동사2   목적어2

해설 while은 '〜하는 동안에'라는 기간을 나타내는 접속사로 주절과 종속절의 시제가 일치해야 한다. 주절의 동사의 시제가 finished로 과거이므로, 종속절의 시제도 과거에 발생한 일이어야 하므로 과거진행 시제인 was having이 정답이 된다. 시간 부사절에 쓰인 현재시제 has는 미래 시제를 대신하여 쓰이는 것이므로 주절과 시제가 맞지 않아서 오답이 된다.

어휘 finish 끝내다 research 조사, 연구 while 〜하는 동안에, 〜하는 반면에 dinner 저녁식사

03 As of next month, Mr. Okawa will ------- at Twins Co. for thirty-two years.
   (A) work   (B) have been working
해석 다음 달이면, 오카와 씨는 트윈 사에서 32년째 근무하게 된다.

구조
분석 (As of next month), Mr. Okawa / will ------- (at Twins Co.) (for thirty-two years).
                         주어   동사

해설 미래완료 진행 시제는 미래의 특정 시점까지 동작이 계속되고 있음을 강조할 때 쓰이는 시제이다. next month라는 특정 미래 시점을 나타내는 부사와 뒤에 for thirty-two years라는 기간을 나타내는 부사구가 있으므로 next month에 work하는 행위가 한 번 발생하는 것이 아니라 일정 기간 동안 계속해서 진행되고 있을 것이라는 내용이 적절하므로 정답은 단순미래 시제가 아닌 미래완료 진행 시제인 have been working이다.

어휘 month 달 year 년 work 일하다, 근무하다

Step 3

01 The Financial Experts Association ------- its annual fund-raising party later today.
   (A) held   (B) is holding   (C) will be held   (D) had been holding
해석 금융 전문가 협회는 오늘 늦게 연례 기금 조성 파티를 열 예정입니다.

구조분석 The Financial Experts Association / ------- / (its) (annual) fund-raising party (later today).
주어   동사   목적어

해설 빈칸에 적절한 동사의 형태를 고르는 문제이다. 단수인 주어와 보기 모두 수는 일치하므로 태를 검토하면, 빈칸 뒤에 목적어인 명사 fund-raising party가 있으므로 동사는 능동태임을 확인할 수 있다. 따라서 수동태인 (C) will be held는 탈락한다. 시제를 검토하면, later today는 '오늘 늦게'라는 미래를 나타내는 부사구이므로 과거시제인 (A) held는 오답이고, 과거완료 시제인 (D) had been holding은 기준이 되는 과거 시제가 나오지 않았으므로 역시 답이 될 수 없다. 현재진행 시제는 예정된 미래를 나타낼 때도 쓰이므로 (B) is holding 이 정답이다.

어휘 financial 금융의   expert 전문가   association 연합, 협회   annual 매년의, 연례의   fund-raising 모금   party 파티   later 나중에, 후에   today 오늘   hold 개최하다, 열다

---

02 During the next holiday season, the library ------- closing at 4 p.m. for five days.
(A) was   (B) are   (C) has been   (D) will be

해석 다음 크리스마스 휴가철 동안, 도서관은 5일간 오후 4시에 문을 닫을 예정입니다.

구조분석 (During the next holiday season), the library / ------- closing (at 4 p.m.) (for five days).
주어   동사

해설 빈칸은 동사 자리이며, closing과 결합하여 진행형 시제를 만들 수 있는 be동사의 적절한 형태를 고르는 문제이다. 주어 the library가 단수이므로 복수주어인 (B) are는 우선 탈락한다. 전치사 during 뒤에 next holiday season이라는 미래를 나타내는 시간 표현이 나왔으므로 과거 시제인 (A) was와 현재완료 시제인 (C) has been은 시제가 어울리지 않아서 오답이다. 따라서 미래진행 시제인 (D) will be가 정답이다.

어휘 during ~동안   holiday season 크리스마스 휴가철   library 도서관   close 문을 닫다

Chapter 05 ● Practice Test
▶ 본책 p. 142

01 (A)   02 (B)   03 (A)   04 (B)   05 (B)   06 (B)   07 (B)   08 (D)   09 (B)   10 (B)   11 (B)   12 (C)

---

01 The last person leaving the storage room in the evening should take some time to -------
around to make sure that nothing is on the floor.
(A) look   (B) see   (C) watch   (D) view

해석 저녁에 마지막으로 창고에서 나가는 사람은 바닥에 떨어진 것이 없는지 확인하기 위해 주변을 살펴보아야 한다.

구조분석 The last person (leaving / the storage room) (in the evening) / should take / (some) time (to ------- around)
주어   동사   목적어

(to make sure that nothing is on the floor).

해설 빈칸에 적절한 동사 어휘를 고르는 문제이다. 보기의 동사 모두 '보다'라는 의미를 가진 단어이지만 쓰임과 의미가 조금씩 다르다. look은 기본적으로 '주의를 기울여서 보다'는 의미이며, 자동사로 전치사를 동반하여 다양한 뜻을 갖는다. watch는 어떤 일이 발생, 진행되는가를 '주의 깊게 살펴본다'는 의미이다. see는 단순히 '보다, 보이다'라는 의미이며, '알다, 이해하다'의 의미로도 쓰인다. view는 의견이나 생각을 나타낼 때 쓰인다. 빈칸 뒤에 부사 around가 오고 목적어가 없으므로 자동사가 와야 하는데, 보기 중 (B) see와 (D) view는 타동사이므로 탈락한다. (A) look과 (C) watch 중에서 look이 around와 함께 쓰여서 '둘러보다'라는 의미의 구동사가 된다. 따라서 정답은 (A) look이다.

어휘 last 마지막의, 최근의   person 사람   leave 떠나다   storage room 창고, 보관실   take time 시간을 들이다   look around 둘러보다   make sure 확인하다, 반드시~하다   see 보다   watch 보다   view ~라고 여기다, 보다

---

02 All seminars sponsored by the GI Clothing Co. are ------- on women's apparel.
(A) published   (B) focused   (C) explained   (D) progressed

해석 GI 의복사가 주최하는 세미나는 모두 여성 의상에 초점을 맞추고 있다.

구조분석 (All) seminars [sponsored (by the GI Clothing Co.)] / are ------ (on women's apparel).
　　　　　주어　　　　　　　　　　　　　　　　　　　　　　동사

해설 빈칸 앞에 are라는 be동사. 뒤에는 [전치사 + 명사]가 왔으므로, 빈칸에는 동사의 p.p. 형태가 위치하여 수동태를 이루는 문장이라는 것을 알 수 있다. 그런데 보기는 모두 타동사의 p.p. 형태이므로 의미를 파악하여 문맥으로 골라야 한다. GI 의복사가 주최하는 세미나는 모두 여성 의상에 초점을 맞추고 있다는 의미이므로 (B) focused가 정답이다.

어휘 **seminar** 세미나　**sponsor** 후원하다. 주최하다　**women's apparel** 의복. 의류　**publish** 출판하다　**focus** 집중하다. 초점을 맞추다　**explain** 설명하다　**progress** 진행하다

---

03 Regarding the acquisition, all details will be ------ for in the report.
　　(A) accounted　(B) explained　(C) told　(D) informed

해석 인수에 관한 모든 세부사항들은 그 보고서에 설명될 것이다.

구조분석 (Regarding the acquisition), (all) details / will be ------ for (in the report).
　　　　　　　　　　　　　　　　　주어　　　　　동사

해설 빈칸 뒤에 전치사 for가 남아 있으므로 빈칸은 for와 구동사를 이루는 동사이다. 동사가 부사나 전치사와 함께 구동사를 이루는 경우(deal with. turn off). 수동태인 [be + p.p.] 형태를 만들 때도 함께 다니는 부사나 전치사를 누락시키면 안 되는 것에 주의하자(be dealt with. be turned off). 보기 중 (A) accounted가 전치사 for와 구동사를 이루어 '설명하다'는 의미를 갖는다. 따라서 정답은 (A) accounted 이다. 나머지 보기는 수동태가 되었을 때 뒤에 for가 남을 수 없다. (C) told는 4형식 동사로 [tell + 사람(~에게) + 사물(~를)]의 형태로 목적어를 2개 갖는다. 사람 목적어를 받기 때문에 수동태가 될 경우. 주어는 사람이 된다. inform과 tell 역시 사람 목적어를 받기 때문에 수동태가 될 경우 주어는 사람이 되어야 하므로 (C) told와 (D) informed는 오답이 된다.

어휘 **regarding** ~에 관하여　**acquisition** 취득. 인수　**detail** 세부사항　**report** 보고서　**account for** 설명하다　**explain** 설명하다　**tell** 말하다　**inform** 알리다

---

04 We must establish, ------ and maintain procedure to monitor and measure key characteristics of our operations and business activities.
　　(A) install　(B) implement　(C) notify　(D) fulfill

해석 우리는 우리의 운영과 사업 활동의 중요한 특징을 모니터하고 측정하기 위해 절차를 만들고 실행하고 유지해야 한다.

구조분석 We / must establish, ------ **and** maintain / procedure (to monitor and measure / key characteristics
　　　　　주어　　　　　동사　　　　　　　　　　목적어

of our operations and business activities).

해설 조동사 must 뒤에 동사들이 나열되어 있고 하나의 목적어 procedure을 받는 구조이다. (A) install은 기계나. 프로그램 등을 목적어로 받으며 (C) notify는 사람 목적어인 '~에게'를 목적어로 받으므로 procedure과 어울리지 않는다. (D) fulfill은 목표나 염원을 성취하거나. 의무. 직무 등을 수행한다는 의미로 적절하지 않다. 따라서 절차나 정책을 시행한다는 의미의 (B) implement가 정답이 된다.

어휘 **establish** 설립하다　**maintain** 유지하다　**procedure** 절차　**monitor** 감시하다. 모니터하다　**measure** 측정하다　**key** 중요한　**characteristic** 특징　**operation** 운영. 작동　**business** 사업　**activity** 활동

---

05 Our supervisor, Mr. Spiegel, ------ employees to take a 30 minute break after 4 p.m.
　　(A) brings　(B) allows　(C) speaks　(D) offers

해석 우리 상사인 슈피겔 씨는 직원들이 4시 이후에 30분간 휴식시간을 갖도록 허가해준다.

구조분석 (Our) supervisor, Mr. Spiegel, / ------ / employees / to take / a 30 minute break (after 4 p.m.)
　　　　　　　　　　　　　　　　주어　　　동사　　목적어　　　　　목적보어 (to부정사구)

해설 문장은 동사인 빈칸 뒤에 목적어 employees가 있고 목적보어로 to take을 취한 구조이다. (A) brings와 (D) offers는 3형식 또는 4형식으로 쓰여 목적어를 하나 또는 두 개를 받는 형태로 쓰인다. (C) speak은 자동사이므로 뒤에 목적어를 받을 수 없어 오답이 된다. 따라서 목적어 to부정사의 구조를 취하는 (B) 5형식 동사 allow가 정답이다.

어휘 **supervisor** 감독자. 상사　**employee** 직원　**take a break** 휴식을 취하다　**bring** 가져오다. 데려오다　**allow** 허락하다　**speak** 말하다　**offer** 제공하다

06 Some people are against building a new chemical factory in their town, but many people are for it, because it ------- jobs. (A) results (B) creates (C) interests (D) appears

해석 어떤 사람들은 그들의 마을에 새로운 화학공장을 건설하는 것에 반대한다. 그러나 많은 사람들은 일자리를 창출하기 때문에 그것에 대해 찬성한다.

구조분석 (Some) people / are / against building / a new chemical factory (in their town), // but (many) people / are
주어1　동사2　　보어1(전치사구)　　　　　　　　접속사　　　　주어2　　동사2

/ for it, // because it / ------- / jobs.
보어2　접속사　주어3　동사3　목적어

해설 빈칸에 적절한 동사 어휘를 선택하는 문제이다. 빈칸 뒤에 jobs가 목적어로 왔으므로 자동사인 (A) results와 (D) appears는 우선 탈락한다. (C) interests는 감정동사로 뒤에 사람 목적어를 취하므로 역시 오답이 된다. 따라서 정답은 (D) creates이다.

어휘 some 어떤, 몇몇　people 사람들　against ~에 반대하여　chemical 화학의　factory 공장　town 마을　many 많은　for ~에 찬성하여　because ~ 때문에　job 직업　result (~의 결과로) 생기다　create 창조하다, 만들다　interest ~에게 관심을 갖게 하다　appear 나타나다, ~인 것 같다

07 Having worked at Juventus Bank for ten years, Alessandro Del Toro finally ------- the branch manager. (A) competed (B) became (C) continued (D) thought

해석 쥬븐터스 은행에서 10년 동안 근무한 끝에 알레산드로 델 토로는 마침내 지점장이 되었다.

구조분석 [Having worked (at Juventus Bank) (for ten years)], Alessandro Del Toro / (finally) ------- / the branch
[분사구문]　　　　　　　　　　　　주어　　　　　　동사　　　보어

manager.

해설 빈칸에 적절한 동사 어휘를 선택하는 문제이다. 빈칸 뒤에 the branch manager를 보어로 취하고 있으므로, 전치사 with와 함께 쓰이는 자동사 (A) competed는 우선 탈락한다. 10년 동안 근무한 끝에 마침내 지점장이 '되었다'는 내용이 의미상 적절하므로 정답은 (B) became이다.

어휘 work 일하다, 근무하다　bank 은행　finally 마침내　branch manager 지점장　compete 경쟁하다　become ~이 되다　continue 계속하다　think 생각하다

08 The offices of Hotel Primo ------- in the central building of Harbor.
(A) locate (B) locating (C) to locate (D) are located

해석 프리모 호텔의 사무실들은 하버의 중앙 빌딩에 위치해 있다.

구조분석 The offices (of Hotel Primo) / ------- (in the central building) (of Harbor).
주어　　　　　　동사

해설 빈칸은 주어 뒤의 동사 자리이다. 따라서 동사가 아닌 (B) locating과 (C) to locate은 우선 탈락한다. 남은 보기가 모두 복수동사로 복수 주어인 The offices와 수는 일치하므로, 태를 검토한다. locate은 타동사인데 빈칸 뒤 전치사구를 괄호로 묶어서 제거하면 빈칸 뒤에 목적어가 없는 것을 확인할 수 있으므로 빈칸의 동사는 수동태가 되어야 한다. 따라서 수동태인 (D) are located가 정답이다.

어휘 office 사무실　central 중앙의, 중심이 되는　building 건물　locate 위치시키다

09 These letters of recommendation are not------- unless you receive a signature from your supervisor. (A) approve (B) approved (C) approving (D) approves

해석 당신 상사의 서명을 받지 않으면 이 추천서들은 승인되지 않는다.

구조분석 (These) letters (of recommendation) / are not ------- // unless you / receive / a signature (from
주어1　　　　　　　　　　　　　동사1　　　접속사　주어2　동사2　　목적어

your supervisor).

해설 빈칸은 be동사인 are의 뒷자리로 동사를 또 쓸 수 없으므로 동사 (A) approve와 (D) approves는 우선 탈락한다. are 뒤에 approving 이 오면 [be동사 + -ing] 형태로 능동의 현재진행 시제가 되므로 뒤에 목적어를 필요로 한다. 그러나 빈칸 뒤에 목적어 없이 문장이 끝나고 있으므로 (C) approving은 오답이 된다. 따라서 are와 함께 수동태를 이루는 (B) approved가 정답이다.

어휘 letter of recommendation 추천서 unless ~하지 않는 한 receive 받다 signature 서명, 사인 supervisor 감독자, 상사 approve 승인하다

---

10 Before you operate any computer devices for the first time, please ------- yourself with the guidelines in the manual. (A) familiarity (B) familiarize (C) familiarizing (D) familiarly

해석 어떤 컴퓨터 장치를 처음으로 실행하기 전에, 매뉴얼에 있는 지침을 익혀두세요.

구조분석 Before you / operate / (any) computer devices (for the first time), // (please) ------- / yourself
접속사 주어1   동사1   목적어1   동사2 (명령문) 목적어2

(with the guidelines) (in the manual).

해설 콤마 앞에 Before가 이끄는 완전한 문장이 있고, 빈칸은 please로 시작하는 명령문 문장이므로 동사원형으로 시작해야 한다. 따라서 정답은 동사원형인 (B) familiarize이다.

어휘 before ~하기 전에 operate 작동시키다, 운영하다 device 장치 for the first time 처음으로 guideline 지침, 안내 manual 안내서, 매뉴얼

---

11 All of these individuals have been ------- to enforce the rules and regulations and they are authorized to take steps as necessary.

(A) agreed (B) instructed (C) intended (D) decided

해석 모든 사람들이 법률과 규정을 시행하도록 지시되었고, 그들은 필요한 조치를 취하도록 권한을 부여받았다.

구조분석 All (of these individuals) / have been ------- / to enforce / the rules and regulations // **and** they
주어1   동사1   보어1 (to부정사구)   접속사 주어2

/ are authorized / to take steps (as necessary).
동사2   보어2 (to부정사구)

해설 주어진 문장을 능동태로 바꾸면 [동사 + All of these individuals + to enforce ~]의 형태가 된다. (A) agreed는 자동사이므로 수동태를 만들 수 없어서 오답이 된다. decide는 사람이 결심을 하게 된 이유가 사물이 되어야 하므로 정답이 될 수 없다. (ex. Your words decides me to + 동사원형) (C) intend는 의미상 '사람이 ~하도록 시킬 작정이다'라고 해석되는데 문맥상 어색하여 정답이 될 수 없다. 따라서 '공식적으로 지시하다'라는 의미의 (B) instructed가 정답이다.

어휘 individual 개인 enforce 시행하다, 집행하다 rule 규칙, 법 regulation 규정 authorize 권한을 부여하다 take steps 조치를 취하다 necessary 필요한 agree 동의하다 instruct 지시하다 intend 의도하다 decide 결정하다

---

12 He ------- me that it would not happen again.

(A) assure (B) assures (C) assured (D) is assured

해석 그는 나에게 이런 일이 다시는 발생하지 않을 것이라고 확신시켰다.

구조분석
명사절
접속사 주어'   동사'
He / assured / me / **that** It / would not happen (again).
주어   동사   간접목적어   직접목적어절

해설 빈칸은 문장의 동사 자리로 수-태-시제의 순서로 적절한 동사의 형태를 고르도록 한다. 주어 He는 단수이므로 복수동사인 (A) assure는 우선 탈락한다. 태를 보면 4형식 동사인 assure 뒤에 간접목적어 me와 직접목적어인 that절이 모두 있으므로 능동태 문장임을 알 수 있다. 따라서 수동태인 (D) is assured은 오답이 된다. 현재 시제인 (B) assures는 주기적이고 반복적인 일에 쓰이는 시제이므로, 뒤의 would not happen again과 의미상 어울리지 않는다. 따라서 정답은 과거 시제인 (C) assured이다.

어휘 happen 발생하다 again 다시 assure 확신시키다, 보장하다

Chapter 06 준동사

Lesson 01 ● 준동사 Test ▶ 본책 p. 145

Step 1 생략(아래 정답 표기 참조) Step 2 01 (A) 02 (A) 03 (A) Step 3 01 (A) 02 (D)

Step 1

01 Van Youth wants to reduce its risk by creating a new product line of affordable clothes for
　　　　　　　　　　명사(목적어)

teenagers.

해석 밴 유스 사는 십대들을 위한 합리적인 가격의 새로운 의류 상품군을 만들어서 위험을 감소시키는 것을 원한다.

구조분석 Van Youth / wants / to reduce / (its) risk (by creating a new product line) (of affordable clothes) (for
　　　주어　　　동사　　목적어 (to부정사구)

teenagers).

해설 문장의 동사인 wants 뒷자리는 목적어 자리로 목적어 자리에 올 수 있는 품사는 명사이므로, to reduce가 명사적 용법으로 쓰인 경우이다.

어휘 want 원하다　reduce 줄이다, 감소시키다　risk 위험　create 만들다, 창조하다　product 상품, 제품　affordable 가격이 적당한
clothes 옷, 의복　teenager 십대

02 To promote research in genetic research, Medi-Wise Pharmaceuticals was given a grant
　　　부사

from the federal government.

해석 유전학 연구 분야의 연구를 촉진시키기 위해서, 메디와이즈 제약회사는 연방정부로부터 보조금을 받았다.

구조분석 [To promote research (in genetic research)], Medi-Wise Pharmaceuticals / was given / a grant (from
　　　　　　　　　　　　　　　　　　　　　　　　주어　　　　　　동사　　　목적어

the federal government).

해설 to부정사가 주어, 동사, 목적어가 있는 완전한 문장 앞뒤에 쓰인 경우에는 문장 성분에 아무런 영향을 미치지 않는 역할을 하는 부사적 용법으로 쓰인 것이다.

어휘 promote 촉진시키다　research 조사, 연구　genetic 유전의, 유전학의　be given 받다　grant 보조금　federal government 연방정부

03 He seems to be a teacher.
　　　　　　형용사 (보어)

해석 그는 선생님이 된 것 같다.

구조분석 He / seems / to be / a teacher.
　　　주어　동사　보어 (to부정사)

해설 문장의 동사인 seems는 2형식 동사이므로 뒤에 보어를 필요로 한다. 따라서 seems 뒤에 온 to부정사는 형용사적 용법으로 보어 자리에 온 경우이다.

어휘 seem ~인 것 같다, ~처럼 보이다　teacher 선생님

121

---

01 He was disappointed ------- that he was not being considered for the job.
(A) to learn　　(B) learn

해석 그는 그 직위에 고려되지 않고 있다는 사실을 알고 실망했다.

구조분석 He / was / disappointed // (------- / that he was not being considered for the job).
주어　　동사　　보어

해설 완전한 문장인 was disappointed 뒤에 접속사나 관계대명사 없이 동사를 또 쓸 수 없으므로 동사인 learn은 답이 될 수 없다. 동사 was disappointed는 수동태로 완전한 문장이므로, 빈칸은 문장 성분에 아무런 영향을 미치지 않는 품사가 와야 한다. 따라서 부사적 용법으로 쓰인 to부정사가 와야 하므로 정답은 to learn이 된다. 감정동사 뒤에 부사적 용법으로 쓰인 to부정사는 감정의 원인을 나타낸다.

어휘 disappointed 실망한　consider 고려하다　job 직업

---

02 The purpose of the workshop is ------- employees with information about effective time-management practices.　(A) to provide　　(B) provision

해석 워크숍의 목적은 직원들에게 효율적인 시간관리 방법에 관한 정보를 제공하는 것이다.

구조분석 The purpose (of the workshop) / is / ------- / employees (with information) (about effective time-
주어　　　　　　　　　　동사　　　　　　　보어 (to부정사구)
management practices).

해설 빈칸은 be동사 뒷자리의 보어 자리이다. 명사인 provision을 쓸 경우 뒤의 명사 employees와 충돌하게 되므로 오답이다. 따라서 명사적 용법으로 쓰인 to provide가 보어 자리에 와서 to provide의 목적어로 employees가 쓰인 형태로 볼 수 있다. 따라서 정답은 to provide이다.

어휘 purpose 목적　workshop 워크숍　employee 직원　information 정보　effective 효율적인　time-management 시간관리　practice 실행, 연습　provide 제공하다　provision 공급, 제공

---

03 Tyron Motor Company is supposed ------- plans to eliminate 12,000 jobs and shut down four manufacturing factories next month.　(A) to announce　　(B) announcing

해석 타이론 모터 사는 다음 달에 12,000개의 일자리를 없애고 4개의 제조공장을 폐쇄할 계획을 발표할 예정이다.

구조분석 Tyron Motor Company / is supposed / ------- / plans (to eliminate / 12,000 jobs / and shut down /
주어　　　　　　　　　동사　　　　　　　보어 (to부정사구)
four manufacturing factories) (next month).

해설 수동태 문장 뒤의 보어 자리에 적절한 준동사를 고르는 문제이다. [be supposed to + 동사원형]은 '~하기로 되어 있다'라는 의미로, to 부정사 관련 표현으로 알아두어야 한다.

어휘 be supposed to + 동사원형 ~하기로 되어있다, ~할 예정이다　plan 계획　eliminate 제거하다　job 직업　shut down 문을 닫다, 멈추다　manufacturing 제조(업)　factory 공장　month 달　announce 알리다, 발표하다

---

01 Due to the recent economic recession, many manufacturers seized the opportunity to ------- into overseas markets.　(A) expand　(B) expending　(C) expansion　(D) expanse

해석 최근의 경기불황 때문에, 많은 제조업체들이 해외시장으로 확장할 기회를 잡았다.

구조분석 (Due to the recent economic recession), (many) manufacturers / seized / the opportunity (to ------- /
주어　　　　　　　동사　　　　목적어

into overseas markets).

해설 to부정사의 to일 경우는 뒤에 동사원형이 와야 하고, 전치사 to일 경우는 뒤에 명사가 와야 한다. 그런데 빈칸 뒤에 into overseas markets라는 전치사구가 왔으므로, 빈칸 앞의 to는 to부정사로 동사원형이 와서 뒤에 전치사구를 받는 경우로 볼 수 있다. 따라서 동사원형인 (A) expand가 정답이 된다.

어휘 due to ~때문에　recent 최근의　economic 경제의　recession 불경기, 불황　manufacturer 제조업체, 제조업자　seize 잡다
opportunity 기회　overseas 해외의, 해외로　market 시장

---

02 Customer service managers are required ------- about every complaint received.
(A) inform　(B) informing　(C) has informed　(D) to be informed

해석 고객 서비스 관리자들은 접수된 모든 불만사항을 보고받도록 요구되어진다.

구조분석 Customer service managers / are required / ------- [about every complaint (received)].
주어　　　　　　　동사　　　　보어 (to부정사구)

해설 빈칸은 수동태 동사인 are required 뒷자리로, 접속사나 관계대명사 없이 동사를 또 쓸 수 없으므로 동사인 (A) inform과 (C) has informed는 우선 탈락한다. 준동사인 (B) informing은 동명사의 능동이고, (D) to be informed은 to부정사의 수동 형태이다. 빈칸 뒤에 목적어가 없으므로 수동태인 (D) to be informed가 정답이다. 또한 [be required to + 동사원형]은 '~하도록 요구되다'라는 의미의 to부정사 관련 표현이므로 정답은 to부정사가 된다.

어휘 customer service 고객 서비스　manager 관리자　be required to + 동사원형 ~하도록 요구되다　every 모든　complaint 불만
receive 받다　inform 알리다

Lesson 02 ● to부정사의 특징 Test ▶ 본책 p. 147

Step 1 생략(아래 정답 표기 참조)　Step 2 01 (A) 02 (A) 03 (A)　Step 3 01 (C) 02 (D)

Step 1

01 While we were browsing the home shopping catalog, my sister and I decided to purchase some items on sale.

해석 우리는 홈쇼핑 카탈로그를 살펴보다가, 내 여동생과 나는 세일중인 몇 가지 상품을 구매하기로 결정했다.

구조분석 While we / were browsing / the home shopping catalog, // my sister and I / decided / to purchase /
접속사 주어1　동사1　　　　목적어1　　　　　　　　주어2　　　동사2　목적어 (to부정사구)

(some) items (on sale).

해설 타동사인 decide는 to부정사를 목적어로 취하는 동사이다.

어휘 while ~동안에, ~반면에　browse 둘러보다, 훑어보다　catalog 카탈로그　sister 여자 형제　decide 결정하다　purchase 구매하다
item 물품, 품목　on sale 세일중인

---

02 You are invited to attend the second annual conference for licensed software engineers at the Ritz Hotel.

해석 당신은 리츠 호텔에서 열리는 전문 소프트웨어 기술자를 위한 제 2회 연례 컨퍼런스에 참석하도록 초대되었습니다.

구조분석 You / are invited / to attend / the (second annual) conference (for licensed software engineers)
주어　　　동사　　　　　　보어 (to부정사구)

(at the Ritz Hotel).

해설 [be invited to + 동사원형]은 '~하도록 초대되다'라는 의미의 to부정사 관련 표현이다.

어휘 be invited to + 동사원형 ~하도록 초대되다 second 두 번째 annual 매년의, 연례의 conference 회의, 컨퍼런스 licensed 면허를 취득한 software 소프트웨어 engineer 기술자

03 Please take the time <u>to review</u> the report thoroughly as it includes imperative details about the meeting.

해석 회의에 관한 필수적인 세부사항이 포함되어 있으니 보고서를 시간을 갖고 철저히 검토하도록 하세요.

구조분석 (Please) take / the time [to review the report (thoroughly)] // as It / includes / (imperative) details
동사(명령문)　목적어1　　　　　　　　　　　　　　　　접속사 주어2　동사2　　　　　목적어2
(about the meeting).

해설 to부정사가 명사 the time을 뒤에서 수식하고 있으므로 형용사적 용법으로 쓰인 경우이다.

어휘 take time to + 동사원형 충분한 시간을 갖고 ~을 하다 review 검토하다 report 보고서 thoroughly 철저히 include 포함하다 imperative 필수적인 detail 세부사항 meeting 회의

Step 2

01 We ------- to find a solution to the technical problems. (A) failed (B) considered

해석 우리는 그 기술적인 문제에 관한 해결책을 찾지 못했다.

구조분석　　　　　　　동사'　목적어'
We / ------- / to find / a solution (to the technical problems).
주어　　동사　　　　　　목적어 (to부정사구)

해설 빈칸은 문장의 동사 자리이고 to부정사인 to find를 목적어로 취하고 있다. 보기 중 consider은 동명사를 목적어로 취하는 동사이므로 빈칸에 적절하지 않다. 따라서 to부정사를 목적어로 취하는 fail이 정답이 된다. [fail to + 동사원형]은 '~하지 못하다'라는 의미이다.

어휘 fail to + 동사원형 ~하지 못하다, ~하는 데 실패하다 solution 해결책, 해답 technical 기술적인 problem 문제

02 In an effort ------- sales, manufacturers have capitalized on growing consumer interest in health and well being and have started to invest in new products containing natural ingredients. (A) to improve (B) improving

해석 판매를 개선시키기 위한 노력으로, 제조업체들은 건강과 웰빙에 관한 소비자의 증가하는 관심을 활용하여, 천연 재료를 함유한 새로운 상품에 투자하기 시작했다.

구조분석 [In an effort (------- sales)], manufacturers / have capitalized (on growing consumer interest) (in health
　　　　　　　　　　　　　　　　　　주어　　　　　　동사1
and well being) **and** have started / to invest [in new products (containing natural ingredients)].
　　　　　　　　접속사　동사2　　　　　목적어 (to부정사구)

해설 빈칸은 명사 effort를 뒤에서 수식하는 자리로, effort는 way, right, plan 등과 함께 to부정사의 수식을 받는 명사이다. 따라서 정답은 to improve가 된다. [in an effort to + 동사원형]은 '~하기 위한 노력으로'라는 의미의 to부정사 관련 표현으로 익혀두어야 한다.

어휘 in an effort to + 동사원형 ~을 위한 노력의 일환으로 sales 판매 manufacturer 제조업체, 제조업자 capitalize on ~을 활용하다 grow 늘어나다, 증가하다 consumer 소비자 interest 관심, 흥미 health 건강 well being 웰빙 start 시작하다 invest 투자하다 product 상품 contain 함유하다, 포함하다 natural 자연의 ingredient 재료, 성분

03 It is important ------- to complete the reports before the end of the semester.
(A) for us (B) to us

해석 이번 학기말이 되기 전에 우리가 보고서를 완성하는 것이 중요하다.

구조분석 It / is / important (-------) / to complete / the reports (before the end) (of the semester).
가주어 동사 보어   진주어 (to부정사구)

동사' 목적어'

해설 해당 문장은 가주어 It으로 시작하는 문장으로, to complete 이하가 문장의 진주어가 된다. 진주어 to complete의 의미상 주어는 to부정사 앞에 [전치사 for + 목적격]을 써서 표현한다. 따라서 for us가 정답이 된다.

어휘 important 중요한 complete 완료하다, 마치다 report 보고서 before ~전에 end 끝, 말 semester 학기

Step 3

01 ------- ensure the distribution of price change updates, please send all relevant information to all the branch offices. (A) Because (B) Due to (C) In order to (D) By means of

해석 최신 가격 변동 사항을 배부하는 것을 확실히 하기 위해서, 모든 관련 정보를 모든 지사에 보내주시기 바랍니다.

구조분석 [------- ensure / the distribution (of price change updates)], (please) send / (all relevant) information
동사 (명령문) 목적어

(to all the branch offices).

해설 빈칸 뒤에 동사원형인 ensure이 오고 있으므로 뒤에 명사 목적어를 받아야 하는 전치사 (B) Due to, (D) By means of는 답이 될 수 없다. (A) Because는 접속사로 뒤에 [주어 + 동사]를 갖춘 완전한 문장이 와야 하는데 주어가 없으므로 답이 될 수 없다. 따라서 뒤에 동사원형을 취하는 to부정사인 (A) In order to가 정답이 된다. [In order to + 동사원형]은 '~하기 위해'라는 의미로 to부정사가 부사적 용법으로 쓰인 경우이다.

어휘 ensure 확실히~하다, 보증하다 distribution 분배, 유통 price 가격 change 변화 update 업데이트, 최신 정보 send 보내다 relevant 관련 있는, 적절한 information 정보 branch 지사, 지점 office 사무실

02 Usually, it takes five days for any refund or exchange -------.
(A) has processed (B) should process (C) is processing (D) to be processed

해석 보통, 어떤 환불이나 교환이 처리되는 데는 5일이 걸린다.

구조분석 (Usually), it / takes / five days (for any refund or exchange) / -------.
가주어 동사 목적어 진주어 (to부정사구)

해설 해당 문장은 가주어 It으로 시작하는 문장이므로 뒤에 진주어가 필요하다. 빈칸 앞에 의미상 주어에 해당하는 [for + 명사]가 있으므로 빈칸은 진주어 자리가 된다. 주어 자리에 올 수 있는 것은 명사이므로 명사 역할을 하는 준동사를 찾아야 한다. (A) has processed, (B) should process, (C) is processing은 모두 동사로, 문장에 동사 takes가 있는데 접속사나 관계대명사 없이 동사를 또 쓸 수 없으므로 답이 될 수 없다. 따라서 명사적 용법으로 쓰여서 주어 자리에 올 수 있는 to부정사 (D) to be processed가 정답이다.

어휘 usually 보통, 대개 take (시간이) 걸리다 refund 환불 exchange 교환 process 처리하다, 가공하다

Lesson 03 ● 보어 자리에 오는 to부정사 Test ▶ 본책 p. 150

| Step 1 생략(아래 정답 표기 참조) | Step 2 01 (B) 02 (A) 03 (A) | Step 3 01 (C) 02 (D) |

Step 1

01 The purpose of the workshop <u>is</u> to provide employees with information about effective time-management practices.

해석 워크숍의 목적은 직원들에게 효율적인 시간관리 방법에 관한 정보를 제공하는 것이다.

구조분석 The purpose (of the workshop) / is / to provide / employees (with information) (about effective
주어　　　　　　　　　　　　　동사　　　　보어 (to부정사구)
time-management practices).

해설 해당 문장은 to부정사인 to provide가 be동사인 is 뒷자리에 오고 있다. be동사는 보어를 필요로 하는 2형식 동사이므로 to provide가 보어로 쓰인 경우이다. 보어 자리에 올 수 있는 품사는 명사와 형용사인데, 주어인 The purpose와 보어인 to provide가 동격을 이루므로 to부정사가 명사적 용법으로 쓰인 경우로 볼 수 있다.

어휘 purpose 목적　workshop 워크숍　employee 직원　information 정보　effective 효율적인　time-management 시간관리
practice 실행, 연습　provide 제공하다

---

02 The corporate policy <u>requires</u> its senior managers to act in the best interest of the company.

해석 기업의 정책은 고위간부들이 회사의 최고 이익을 위해 일할 것을 요구한다.

구조분석 The corporate policy / requires / (its) senior managers / to act (in the best interest) (of the company).
주어　　　　　　　　동사　　　　목적어　　　　　　목적보어 (to부정사구)

해설 문장의 동사인 requires는 3형식으로 쓰일 때 목적어로 to부정사를 취하며, 5형식으로 쓰일 때 목적보어로 to부정사를 취한다. 따라서 [require + to부정사]의 형태로 쓰여서 'to부정사 하는 것을 요구하다'의 의미로 쓰이거나, [require + 목적어 + to부정사]의 형태로 쓰여서, '목적어가 to부정사 하는 것을 요구하다'라는 의미로 쓰인다. 해당 문장에서는 its senior managers가 목적어이고 to act가 목적보어로 쓰였다.

어휘 corporate 기업, 법인　policy 정책　require 요구하다　senior manager 고위 간부　act 행동하다　interest 이익, 관심

---

03 You are <u>invited</u> to attend the second annual conference for game software developers.

해석 귀하는 게임 소프트웨어 개발자들의 제 2차 연례회의에 참석하시기 부탁드립니다.

구조분석 You / are invited / to attend / the (second) annual conference (for game software developers).
주어　동사(수동태)　　　　　　부사구(to부정사)

해설 5형식 동사 invite는 [invite + 사람(목적어) + to부정사(목적보어)] 형태로 쓰여 '~에게 …하도록 요청하다'라는 의미로 쓰인다. 이것이 수동태로 바뀌면 [사람(주어) + be invited + to부정사(부사구)]의 형태가 되어, 2형식 문장으로 바뀌게 된다.

어휘 be invited to + 동사원형 ~하시기 바랍니다　attend 참석하다　annual 연례의, 매년의　developer 개발자

Step 2

01 Put the documents ------- filed on top of the filing cabinet in the corner of Mr. Wong's office.　(A) are　(B) to be

해석 서류들을 웡 씨 사무실 코너에 있는 파일 서류함 맨 위에 보관하세요.

구조분석 Put / the documents / ------- filed (on top) (of the filing cabinet) (in the corner) (of Mr. Wong's office).
동사　　목적어　　　　목적보어 (to부정사구)

해설 동사로 시작하는 명령문 문장으로, Put이 문장의 동사가 된다. 접속사나 관계대명사 없이 동사를 추가할 수 없으므로, 빈칸에 동사인 are은 올 수 없다. 따라서 to be가 정답으로, the documents가 목적어이고 목적어를 설명하는 목적보어 자리에 to부정사가 쓰인 경우이다.

어휘 put 두다, 놓다　document 서류, 문서　file 보관하다　top 맨 위　filing cabinet 서류 캐비닛　corner 코너, 구석　office 사무실

02 All executives are provided with their own personal ID to allow them ------- confidential data.   (A) to access   (B) access

해석 모든 경영진들에게는 기밀 자료에 접근할 수 있도록 그들만의 개인 ID가 제공된다.

구조분석

동사'   목적어'   목적보어'(to부정사구)

(All) executives / are provided (with their own personal ID) (to allow / them / ------- confidential data).
　　주어　　　　　　동사　　　　　　　　　　　　　　　　　　　　　　　수식어구 (to부정사구)

해설 빈칸은 문장에서 부사적 역할을 하는 to부정사구 안에 있다. to부정사는 준동사로 동사의 성질을 그대로 가지므로, to allow도 뒤에 동일한 문장 구조를 갖는다. allow가 동사이고 them이 목적어이므로 빈칸은 목적보어 자리가 된다. access를 동사로 볼 경우, 목적보어 자리에 동사를 쓸 수 없으므로 답이 될 수 없다. access를 명사로 보더라도 뒤에 있는 명사 confidential date와 함께 쓸 수 없으므로 역시 답이 될 수 없다. 따라서 형용사적 용법으로 목적보어 자리에 쓰일 수 있으면서 뒤에 명사 목적어를 가질 수 있는 to부정사 to access가 정답이 된다.

어휘 executive 경영진, 간부   provide 제공하다   one's own 자기의   personal 개인적인   allow 허락하다   confidential 비밀의, 신임하는   data 자료   access 출입, 접근(하다)

---

03 The Macy Department Store will be closing tomorrow to ------- its staff to take a special day off.   (A) allow   (B) let

해석 메이시 백화점은 직원들이 특별 휴일을 갖도록 내일 영업을 하지 않을 것이다.

구조분석

동사'   목적어'   목적보어'(to부정사구)

The Macy Department Store / will be closing (tomorrow) (to ------- / (its) staff / to take a special day off).
　　　　주어　　　　　　　　　　　동사　　　　　　　　　　　　수식어구 (to부정사구)

해설 빈칸은 문장에서 부사적 역할을 하는 to부정사구 안에 있다. to부정사는 준동사로 동사와 동일한 문장구조를 갖는다. 빈칸 뒤에 its staff는 목적어 to take는 목적보어이므로, to부정사를 목적보어로 갖는 동사를 찾아야 한다. 사역동사인 let은 have, make와 같이 목적보어로 동사원형을 취하므로 답이 될 수 없다. allow는 [allow + 목적어 + to부정사]의 형태로 '목적어가 to부정사 하는 것을 허락하다'의 의미로 쓰이므로 정답이 된다.

어휘 department store 백화점   close 문을 닫다. 영업을 중단하다   tomorrow 내일   staff 직원들   special 특별한   day off 쉬는 날   allow 허락하다   let (~하게)내버려 두다. 허락하다

Step 3

01 The City Chorus is scheduled ------- at the dedication of the new library building.
　　(A) is performing   (B) will perform   (C) to perform   (D) performance

해석 시합창단은 새로운 도서관 준공식에서 공연하기로 예정되어 있다.

구조분석

The City Chorus / is scheduled / ------- (at the dedication) (of the new library building).
　　주어　　　　　　동사　　　　　　　　　보어(to부정사구)

해설 빈칸은 수동태 동사인 is scheduled 뒷자리로, 접속사나 관계대명사 없이 동사를 추가할 수 없으므로 동사인 (A) is performing과 (B) will perform은 우선 탈락한다. be scheduled는 '예정되어 있다'는 의미로 뒤에 명사를 쓰고 싶으면 전치사 for과 함께 쓰거나, 목적보어로 to부정사를 취하게 된다. 따라서 명사인 (D) performance는 답이 될 수 없고, to부정사인 (C) to perform이 정답이 된다.

어휘 be scheduled to + 동사원형 ~하기로 예정되어 있다   dedication 준공, 전념, 헌신   new 새로운   library 도서관   perform 수행하다, 공연하다   performance 수행, 공연

02 One of the marketing representatives of York Enterprise, Ms. Salgado, is prepared ------- her presentation after everyone is inside the conference room.

(A) begin (B) began (C) beginning (D) to begin

해석 모두가 회의실에 들어온 이후에, 요크 엔터프라이즈사의 마케팅 담당 직원 중 한 명인 살가도 씨는 프레젠테이션을 시작할 준비가 되었다.

**구조
분석** One (of the marketing representatives) (of York Enterprise), Ms. Salgado, / is prepared / ------- her
　　　　　　　　　　　　　　　　　　　　　　　　　　　　　　　　　　　　　주어1　　　　　동사1　　　　보어 (to부정사구)

presentation // **after** everyone / is (inside the conference room).
　　　　　　　　접속사　　주어2　　동사2

해설 빈칸은 수동태 동사인 is prepared 뒷자리로, 접속사나 관계대명사 없이 동사를 추가할 수 없으므로 동사인 (A) begin과 (B) began은 우선 탈락한다. 준동사인 (C) beginning과 (D) to begin 중에서 be prepared는 to부정사를 보어로 취하여 '~할 준비가 되다'의 의미로 사용되므로 정답은 to부정사인 (D) to begin이다.

어휘 marketing 마케팅 representative 대표, 담당 직원 be prepared to + 동사원형 ~할 준비가 되다 presentation 발표, 프레젠테이션 everyone 모든 사람, 모두 inside ~의 안에 conference room 회의실 begin 시작하다

Lesson 04 ● to부정사의 부사적 용법 Test　　　　　　　　▶ 본책 p. 152

Step 1 생략(아래 정답 표기 참조)　　　**Step 2** 01 (A) 02 (A) 03 (A)　　　**Step 3** 01 (D) 02 (A)

Step 1

01 Many companies have joined together to promote the enforcement of copyrights.
　　　　　　　　　　　　　　　　　　　　　　　　부사

해석 많은 회사들이 저작권을 강화를 촉진하기 위해 함께 참여했다.

**구조
분석**　　　　　　　　　　　　　　　　　　　　동사'　　　　목적어'
(Many) companies / have joined (together) [to promote / the enforcement (of copyrights)].
　　주어　　　　　동사　　　　　　　　　　[수식어구 (to부정사구)]

해설 해당 문장은 주어 companies와 자동사 have joined까지 완전한 문장이므로 이후에 나온 to부정사는 문장 성분에 아무런 영향을 미치지 않는 부사적 용법으로 쓰인 것이다. to부정사가 부사적 용법으로 쓰이는 경우에는 일반적으로 목적을 나타내는 '~하기 위하여'의 의미를 나타낸다.

어휘 company 회사 join 가입하다, 참여하다 together 함께 promote 촉진시키다, 홍보하다 enforcement 시행, 집행 copyright 저작권

02 To celebrate its 10th anniversary, the company will organize a big party for this weekend.
　　　부사

해석 창사 10주년을 기념하기 위해, 회사에서 이번 주말 동안에 큰 파티를 기획하고 있다.

**구조
분석** (To celebrate / its 10th anniversary), the company / will organize / a (big) party (for this weekend).
　　　　　　　　　　　　　　　　　　　　　주어　　　　동사　　　　목적어

해설 to부정사가 주어, 동사, 목적어가 있는 완전한 문장 앞뒤에 쓰인 경우, 문장 성분에 아무런 영향을 미치지 않는 역할을 하는 부사적 용법으로 쓰인 것이다.

어휘 celebrate 기념하다, 축하하다 anniversary 기념일 company 회사 organize 조직하다, 기획하다 party 파티 weekend 주말

03 This restaurant reserves the right <u>to refuse</u> entrance to prospective customers who are

　　　　　　　　　　　　　　　　　형용사

not wearing a tie and jacket.

해석 이 식당은 넥타이와 재킷을 입지 않은 손님의 입장을 거부할 수 있는 권리를 보유하고 있다.

구조분석 This restaurant / reserves / the right [to refuse / entrance (to prospective customers) (who are not

　　　　　　주어　　　　　동사　　　　목적어

wearing a tie and jacket)].

해설 to부정사가 명사 right을 뒤에서 수식하고 있으므로 명사를 수식하는 기능을 하는 형용사적 용법으로 쓰인 것이다. to부정사의 수식을 받는 명사로는 way. plan. effort. right 등이 있다.

어휘 restaurant 식당, 레스토랑　reserve 보유하다　right 권리　refuse 거절하다　entrance 입구, 입장　prospective 장래의, 유망한 customer 고객　wear 입다, 착용하다　tie 넥타이　jacket 재킷, 상의

Step 2

01 ------- maintain a clean office, Mr. Cena advised all employees to not bring foods that are

easy to spill.　(A) In order to　(B) In regard to

해석 청결한 사무실을 유지하기 위하여, 세나 씨는 모든 직원들에게 흘리기 쉬운 음식을 가져오지 말도록 조언했다.

구조분석 (------- maintain / a clean office), Mr. Cena / advised / all employees / to not bring / foods [that /

　　　　　　　　　　　　　　　　　　　　　　　주어　　　　동사　　　목적어　　　동사'　목적어'

are / easy (to spill)].　　　　　　　　　　　　　　　　　　　　　　　목적보어 (to부정사구)

해설 빈칸은 완전한 문장 앞에 있는 부사어구에 포함되어 있는데, 빈칸 뒤에 동사원형이 오고 있으므로 to부정사의 to가 필요한 자리임을 알 수 있다. in regard to는 '∼에 관하여'라는 의미로 이 때 to는 전치사 to로서 뒤에 명사를 받게 된다. in order to는 '∼하기 위하여'라는 의미로 이 때 to는 to부정사 to로서 뒤에 동사원형을 받게 된다. 따라서 정답은 to부정사인 In order to가 된다.

어휘 maintain 유지하다　clean 깨끗한, 청결한　office 사무실　advise 충고하다, 조언하다　employee 직원　bring 가져오다, 데려오다 food 음식　easy 쉬운　spill 흘리다, 쏟다　in order to + 동사원형 ∼하기 위하여　in regard to ∼에 관하여

---

02 Tyron Motor Company is supposed ------- plans to eliminate 12,000 jobs and shut down

four manufacturing factories next month.　(A) to announce　(B) announcing

해석 타이론 모터 사는 다음 달에 12,000개의 일자리를 없애고 4개의 제조공장을 폐쇄할 계획을 발표할 예정이다.

구조분석 Tyron Motor Company / is supposed / ------- / plans (to eliminate / 12,000 jobs and shut down /

　　　　　　　　주어　　　　　　동사　　　　　　　　　　　　보어 (to부정사구)

four manufacturing factories) (next month).

해설 수동태 문장 뒤의 보어 자리에 적절한 준동사를 고르는 문제이다. [be supposed to + 동사원형]은 '∼하기로 되어있다'라는 의미로, to부정사 관련 표현으로 알아두어야 한다.

어휘 be supposed to + 동사원형　∼하기로 되어 있다, ∼할 예정이다　plan 계획　eliminate 제거하다　job 직업　shut down 문을 닫다, 멈추다　manufacturing 제조(업)　factory 공장　month 달　announce 알리다, 발표하다

---

03 Trevor Adams is used to ------- overtime since he was promoted three years ago to

Managing Director.　(A) working　(B) work

해석 트레버 애덤즈는 3년 전에 부장으로 승진한 이래 초과 근무에 익숙하다.

구조분석 Trevor Adams / is / used (to ------- / overtime) // **since** he / was promoted (three years ago)
주어1   동사1   보어   접속사 주어2   동사2

(to Managing Director).

해설 be used to -ing는 '~하는 데 익숙하다'라는 의미의 관용표현으로 이 때 to는 전치사 to이므로 동명사인 working이 와야 한다.

어휘 **be used to -ing** ~하는 데 익숙하다   **work overtime** 초과 근무하다   **since** ~이래로   **promote** 승진시키다   **ago** ~전에
managing director 과장, 부장

Step 3

---

01 To ------- an advertisement in the Weekly Economic Magazine, email your application and details to: ads@weeklyeconomic.com.

(A) placed   (B) placing   (C) placement   (D) place

해석 주간 경제 잡지에 광고를 싣기 위해서는, 당신의 신청서와 세부사항을 ads@weeklyeconomic.com으로 이메일 보내주세요.

구조분석 [To ------- / an advertisement (in the Weekly Economic Magazine)], email / (your) application and
동사 (명령문)   목적어

details (to: ads@weeklyeconomic.com).

해설 빈칸은 완전한 문장 앞에서 문장 성분에 영향을 주지 않는 부사어구에 포함되어 있다. To를 전치사로 볼 경우, 뒤에 명사나 동명사가 와야 하고, To를 to부정사로 볼 경우 뒤에 동사원형이 와야 한다. 따라서 이에 해당하지 않는 (A) placed는 우선 탈락한다. 빈칸 뒤에 명사 목적어가 있으므로 빈칸에 명사를 쓸 경우 두 개의 명사가 충돌하므로 명사인 (C) placement도 답이 될 수 없다. to를 전치사로 보고 placing을 선택할 경우, 전치사 to는 방향을 나타내는 전치사로 문맥상 어울리지 않는다. 따라서 목적을 나타내는 to부정사의 부사적 용법으로 보는 것이 가장 적절하다. 따라서 to 뒤에 오는 동사원형인 (D) place가 정답이 된다.

어휘 **advertisement** 광고   **weekly** 매주의, 주간의   **economic** 경제의   **magazine** 잡지   **email** 이메일 보내다   **application** 신청(서)
detail 세부사항   **place** 광고를 게재하다

---

02 The president of the University of New Orleans would like ------- the founder of Tron Electronics, Mr. Flynn to the graduation speech.

(A) to invite   (B) invitation   (C) invitingly   (D) invited

해석 뉴올리언즈 대학교의 트론 전자회사의 설립자인 플린 씨를 졸업식 연설자로 초청하기를 원한다.

구조분석   to + 동사'   목적어
The president (of the University) (of New Orleans) / would like / ------- / the founder (of Tron
주어   동사   목적어 (to부정사구)

Electronics), Mr. Flynn (to the graduation speech).

해설 빈칸은 동사 would like 뒤의 목적어 자리이다. 따라서 목적어 자리에 올 수 없는 부사 (C) invitingly와 p.p.인 (D) invited는 우선 탈락한다. 빈칸에 명사를 쓸 경우 빈칸 뒤에 있는 명사 목적어 the founder과 충돌하므로 명사인 (B) invitation도 답이 될 수 없다. 따라서 명사적 용법으로 쓰여서 목적어 자리에 올 수 있고 뒤에 명사 목적어를 취할 수 있는 준동사인 to부정사 (A) to invite가 정답이 된다. [would like to + 동사원형]은 '~하는 것을 원하다'라는 의미의 to부정사 관련 관용표현으로 반드시 익혀두어야 한다.

어휘 **president** 사장, 총장   **university** 대학교   **would like to + 동사원형** ~하는 것을 원하다   **founder** 설립자   **graduation** 졸업(식)
speech 연설   **invite** 초대하다   **invitation** 초대, 초청   **invitingly** 초대하여

Lesson 05 ● 동명사 Test
▶ 본책 p. 154

| Step 1 생략(아래 정답 표기 참조) | Step 2 01 (B) 02 (B) 03 (A) | Step 3 01 (D) 02 (C) |

Step 1

01 Helping job seekers is the best way to increase the employment rate in Quebec.
　　　주어

해석 구직자들을 돕는 것은 퀘벡 지역의 취업률을 높이기 위한 가장 좋은 방법이다.

구조 분석 Helping / job seekers / is / the (best) way [to increase / the employment rate (in Quebec)].
　　　　주어(동명사구)　　　동사　　보어

해설 이 문장에서 동명사 Helping은 문장의 주어 역할을 하고 있다. 동명사는 동사를 명사의 역할을 하도록 만든 것이므로 명사처럼 문장에서 주어, 목적어, 보어로 사용된다. 그리고 동사에서 비롯된 것이기 때문에 동사의 특성을 가지고 있으므로 동사의 형식에 따라 목적어나 보어를 동반한다. 여기에서 타동사 help에서 비롯된 Helping은 job seekers를 목적어로 받고 있다.

어휘 job seeker 구직자　way 방법, 방식　increase 증가하다　employment rate 취업률

02 Effective sales people are very good at persuading customers to purchase products by helping
　　　　　　　　　　　　　　　　　　　전치사의 목적어

customers recognize their need for the product.

해석 효과적인 판매원들은 고객들이 그 상품에 대한 그들이 욕구를 인식하도록 도움으로써 고객들이 상품들을 구매하도록 설득하는 것에 능숙하다.

구조 분석 (Effective) sales people / are / (very) good [at persuading / customers / to purchase products (by helping /
　　　　주어　　　　　　동사　　보어

customers / recognize their need) (for the product)].

해설 이 문장에서 동명사 persuading은 전치사 at의 목적어 역할을 하고 있다. 그리고 persuade라는 타동사에서 비롯되었으므로 customers를 목적어로 받고 있다.

어휘 effective 효과적인　sales people 판매원들　be good at ~에 능숙하다　persuade 설득하다　purchase 구입하다　recognize 인식하다　need 욕구

03 Developing a loyal customer base is necessary to ensure long-term growth for every company.
　　　　주어

해석 충성스러운 고객층을 개발하는 것은 모든 회사들의 장기적인 성장을 보장하기 위해 필요하다.

구조 분석 Developing / a (loyal) customer base / is / necessary (to ensure long-term growth) (for every company).
　　　　주어(동명사구)　　　　　동사　　보어

해설 이 문장에서 동명사 developing은 주어 역할을 하고 있고, 타동사 develop에서 비롯되었으므로 a loyal customer base를 목적어로 받았다.

어휘 develop 개발하다　loyal 충실한, 충성스러운　customer base 고객층　necessary 필요한　ensure 보장하다　long-term 장기적인　growth 성장

Step 2

01 Our main engineer recommended ------- steel frames to build sturdier automobiles.
   (A) develop   (B) developing

해석 우리의 수석 엔지니어는 더 견고한 자동차를 만들어내기 위해 철재 프레임을 개발할 것을 권고했다.

구조분석 (Our) (main) engineer / recommended / ------- / steel frames [to build / sturdier automobiles].
   주어   동사   동사′ 목적어′   목적어 (명사구)   [수식어구 (to부정사구)]

해설 빈칸에 알맞은 품사를 선택하는 구조분석 문제이다. 빈칸 앞에는 동사 recommended, 뒤에는 명사 steel frames가 왔으므로 빈칸은 동명사 자리이다. 따라서 정답은 동명사 developing이다. 이미 문장의 본동사recommended가 있으므로 동사 develop은 오답이다.

어휘 main 주된 engineer 기사[엔지니어] recommend 권고[권장]하다 develop 개발하다 steel frame 철재 프레임 build 건설하다. 만들어 내다 sturdy 물건이 튼튼한, 견고한 automobile 자동차

02 After ------- from lunch, we will be holding the monthly staff meeting.
   (A) to return   (B) returning

해석 점심식사에서 돌아오고 나서 우리는 월례 직원회의를 열 것이다.

구조분석 [After ------- (from lunch)], we / will be holding / the (monthly) staff meeting.
   [수식어구 (전치사 + 동명사구)]   주어   동사   목적어

해설 빈칸에 적절한 준동사를 넣는 문제이다. 전치사 after는 -ing 형태를 바로 받을 수 있는 전치사이기 때문에 정답은 동명사 returning이다. to부정사는 주로 미래의 사실이나 목적의 의미를 내포한 경우에 쓰인다.

어휘 return 돌아오다 hold (회의, 시합 등을) 열다. 개최하다 monthly 한 달에 한번의, 매월의 staff 직원들

03 ------- the reports by the deadline is required.
   (A) Submitting   (B) Submission

해석 보고서들을 마감까지 제출하는 것이 요구된다.

구조분석 ------- the reports (by the deadline) / is / required.
   주어 (동명사구)   동사 보어

해설 빈칸에 알맞은 품사를 넣는 구조분석 문제이다. 빈칸은 문두에 위치했고, 뒤에 명사 the reports가 온 것으로 보아 빈칸은 목적어를 받을 수 있는 동명사 자리이므로 정답은 submitting이다. 명사 submission은 뒤에 바로 명사를 받을 수 없으므로 오답이다.

어휘 submit 제출하다 report 보고서 deadline 기한 submission 제출

Step 3

01 He has a chance of ------- as the director of public relations.
   (A) appointing   (B) appoint   (C) to appoint   (D) being appointed

해석 그는 홍보 부장으로 임명될 가능성이 있다.

구조분석 He / has / a chance [of ------- (as the director) (of public relations)].
   주어 동사 목적어 [수식어구 (전치사 + 동명사구)]

해설 빈칸 앞뒤로 전치사 of와 as가 위치했으므로 명사 상당어구가 들어가야 하는 자리이다. 따라서 보기 중 동사 appoint는 소거한다. 그리고 to부정사인 to appoint는 전치사 of 뒤에 올 수 없으므로 오답이다. 타동사인 appoint에서 비롯된 명사는 목적어가 필요한데 빈칸 뒤에 목적어가 없으므로 동명사 appointing과 being appointed 중 알맞은 것은 수동태 being appointed이다.

어휘 chance 가능성, 기회 appoint 임명하다, 지명하다 director 임원 public relations 홍보

---

02 It is necessary to create a handbook to assist graduating students who have difficulty in ------- a career path. (A) choose (B) chooses (C) choosing (D) chosen

해석 진로를 선택하는 데 어려움을 겪는 졸업생들을 돕기 위한 안내서를 만드는 것이 필요하다.

구조분석 It / is / necessary / to create a handbook (to assist graduating students) [who / have / difficulty
가주어 동사 보어 진주어 (to부정사구) 관계대명사 동사′ 목적어′

수식어구 (전치사 + 동명사구)
(in ------- / a career path)].

해설 빈칸에 알맞은 품사를 넣는 문법 문제이다. 빈칸 앞에는 전치사 in이 있고, 뒤에는 명사 a career path가 있으므로 빈칸은 전치사의 목적어로 쓰이면서 뒤에 목적어를 취할 수 있는 동명사 자리이다. 따라서 정답은 동명사 choosing이다.

어휘 necessary 필요한 create 창조하다 handbook 편람, 안내서 assist 돕다 graduate 졸업하다 difficulty 어려움, 곤경 career 직업 path 계획, 길

Lesson 06 ● 동명사 주어 & 동명사 목적어 Test ▶ 본책 p. 156

Step 1 생략(아래 정답 표기 참조) **Step 2** 01 (A) 02 (A) 03 (B) **Step 3** 01 (C) 02 (B)

Step 1

01 Altamonte Mall management has suggested closing later during the week.

해석 알타몽트 쇼핑몰의 경영진은 이번 주 동안 늦게 문을 닫는 것을 제안했다.

구조분석 Altamonte Mall management / has suggested / closing (later) (during the week).
주어 동사 목적어 (동명사구)

해설 suggest는 목적어로 동명사를 취하는 동사로 뒤에 closing이라는 동명사를 목적어로 받았다. suggest와 같이 '제안하다, 추천하다'라는 의미의 propose, recommend도 동명사를 목적어로 받는다는 것을 함께 기억해두자.

어휘 management 경영진 suggest 제안하다 close 닫다

---

02 As labor costs continue to rise, experts are advising small business owners to consider renegotiating their agreements.

해석 인건비가 계속해서 오르자 전문가들은 소기업 소유주들에게 그들의 계약에 대해 재협상할 것을 고려하라고 충고한다.

구조분석 As labor costs / continue / to rise, // experts / are advising / small business owners / to consider /
접속사 주어1 동사1 목적어(to부정사) 주어2 동사2 목적어 목적보어 (to부정사구)
renegotiating their agreements.

해설 consider에서 비롯된 to부정사 to consider도 consider와 마찬가지로 동명사를 목적어로 받는다. 따라서 to consider 뒤에 목적어로 동명사 renegotiating이 위치했고, 이 동명사의 목적어로 their agreements가 온 구조이다.

어휘 labor costs 인건비 continue 계속하다 rise 오르다 expert 전문가 advise 조언하다 owner 주인, 소유주 consider 고려하다 renegotiate 재교섭하다 agreement 계약

03 Adidas has announced that it is going to <u>discontinue making</u> the Tracy McGrady shoe as sales have been weaker than expected.

해석 아디다스는 판매가 예상보다 좋지 못했기 때문에 트레이시 맥그래디 신발 만드는 것을 중단할 것이라고 발표했다.

구조분석

명사절
접속사 주어'　　동사'　　　　　　목적어(동명사구)'
Adidas / has announced / **that** it / is going to discontinue / making the Tracy McGrady shoe //
　주어1　　　동사1　　　　　　　　　　　　　　목적어절(that절)

as sales / have been / weaker (than expected).
접속사 주어2　동사2　　보어

해설 동사 discontinue는 '끝내다, 그만두다'라는 의미로 동명사를 목적어로 취하는 동사이다. 따라서 뒤에 making이라는 동명사를 목적어로 받고, 뒤에 making의 목적어로 the Tracy McGrady shoe가 들어간 구조이다.

어휘 announce 발표하다, 알리다　discontinue 중단하다　shoe 신발　sales 판매　poor (실적이) 좋지 못한　expect 예상하다, 기대하다

Step 2

01 ------- us of your travel schedule helps us better prepare for your needs during the holiday.
　　(A) Your notifying　(B) You are notifying

해석 귀하의 여행 일정에 대해 우리에게 알리는 것은 휴가 동안 우리들이 귀하의 요구들을 더욱 잘 준비하도록 돕는다.

구조분석

동사'　목적어'
------- / us (of your travel schedule) / helps / us / (better) prepare (for your needs) (during the holiday).
주어 (동명사구)　　　　　　　　　　　　동사　목적어　　목적보어 (원형부정사)

해설 빈칸에 알맞은 품사를 선택하는 문제이다. 빈칸 뒤에 목적격 대명사 us와 [전치사 + 명사](of your travel schedule)가 위치했고, 본동사로 helps가 있는 구조이다. 따라서 빈칸은 주어 자리이다. You are notifying은 문장에 이미 본동사 helps가 있으므로 더 이상 동사가 들어갈 수 없으므로 오답이다. 정답은 동명사 Your notifying으로 목적어로 대명사 us를 받았다. 동명사는 의미상의 주어로 소유격을 받으므로 your notifying은 '당신이 알리는 것'이라는 의미이다.

어휘 notify 알리다　travel 여행　prepare 준비하다　holiday 휴가

02 Even though the meeting is on Wednesday afternoon, we have yet to finish ------- the data gathered by our researchers.　(A) calculating　(B) to calculate

해석 회의는 수요일 오후이지만 우리는 조사원들이 수집한 데이터들을 계산하는 것을 아직 끝내지 못했다.

구조분석

　　　　　　　　　　　　　　　　　　　　　　　　　　　　　　　동사'　목적어'
Even though the meeting / is / on Wednesday afternoon, // we / have (yet) to finish / ------- / the data
接속사　　　　주어1　　동사1　　　　보어　　　　주어2　　동사2　　　　　목적어 (동명사구)
[gathered (by our researchers)].

해설 빈칸에 알맞은 준동사를 넣는 문제이다. 빈칸 앞의 finish는 동명사를 목적어로 취하는 동사이므로 정답은 calculating이다. finish와 같이 '끝내다, 그만두다'라는 의미로 쓰이는 quit, stop, discontinue도 목적어로 동명사를 받는다는 것을 기억해두자.

어휘 even though 비록 ~일지라도　have yet to do 아직 ~하지 않았다　calculate 계산하다, 산출하다　gather 수집하다　researcher 조사원

03 One of the reasons that electric cars are not as popular as gasoline-powered vehicles is that ------- their batteries takes a good 12 hours.　(A) recharger　(B) recharging

해석 전기차가 휘발유 차량들보다 인기가 없는 이유 중의 하나는 그것들의 배터리를 충전하는데 12시간은 족히 걸린다는 것이다.

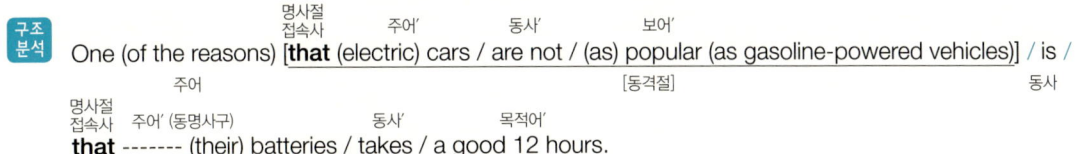

구조분석 One (of the reasons) [**that** (electric) cars / are not / (as) popular (as gasoline-powered vehicles)] / is /
명사절 접속사 · 주어′ · 동사′ · 보어′
주어 · [동격절] · 동사

명사절 접속사 · 주어′ (동명사구) · 동사′ · 목적어′
that ------ (their) batteries / takes / a good 12 hours.
보어절

해설 빈칸에 알맞은 품사를 넣는 문법 문제이다. 빈칸 앞에 접속사 that이 왔고, 빈칸 뒤에 명사 their batteries가 위치했으므로 빈칸은 주어 역할을 하는 동명사 자리이다. 따라서 정답은 동명사 recharging이다. recharger는 '재충전 장치'라는 의미의 명사이므로 뒤에 나온 명사 their batteries를 목적어로 받을 수 없으므로 오답이다.

어휘 reason 이유 electric 전기의 popular 인기 있는 gasoline 휘발유 vehicle 차량, 탈것 recharge 충전하다 battery 배터리
good 족히 ~은 되는 as…as~ ~만큼 …한

Step 3

01 A night manager's duties include ------ every customer record with request notes.
(A) confirmation   (B) confirms   (C) confirming   (D) confirmed

해석 야간 매니저의 의무는 모든 고객 기록을 요청 메모들과 함께 확인하는 것을 포함한다.

구조분석 A (night) manager's duties / include / ------ / (every) customer record (with request notes).
주어 · 동사 · 목적어(동명사구) · 동사′ · 목적어′

해설 빈칸에 알맞은 품사를 넣는 구조분석 문제이다. 빈칸 앞 동사 include가 있고, 뒤에는 명사 every customer record가 왔으므로 여기는 동사의 목적어로 쓰이면서 뒤의 명사를 의미상의 목적어로 취하는 동명사 자리이다. 따라서 정답은 동명사 confirming이다. 명사 confirmation은 뒤에 명사를 받을 수 없고, 동사 confirms는 문장에 이미 본동사 include가 위치했으므로 쓸 수 없다. 그리고 과거분사 confirmed 또한 뒤에 목적어로 명사를 받을 수 없으므로 오답이다.

어휘 manager 관리자 duty 의무 include 포함하다 customer 손님, 고객 record 기록 request 요청 note 메모 confirm 확인하다

02 LG Electronics has launched a new model 202 aimed at ------ teenagers to trade in their old phones for new ones.
(A) to encourage   (B) encouraging   (C) encourages   (D) encourage

해석 LG 전자는 10대들이 그들의 낡은 휴대폰을 새것으로 보상판매 받기를 부추길 것을 목표로 한 새로운 202 모델을 출시하였다.

구조분석 LG Electronics / has launched / a (new) model 202 [aimed (at ------ / teenagers)] [to trade
주어 · 동사 · 목적어
(in their old phones) (for new ones)].

해설 빈칸에 알맞은 품사를 선택하는 문제이다. 빈칸 앞에는 전치사 at, 뒤에는 명사 teenagers가 위치했으므로 전치사의 목적어 역할을 하면서 뒤의 의미상의 목적어 teenagers를 받을 수 있는 동명사가 들어갈 자리이다. 따라서 정답은 encouraging이다. to부정사 to encourage는 전치사 aimed at의 목적어로 쓰일 수 없고, 동사 encourages와 encourage는 문장에 본동사 has launched가 이미 있기 때문에 오답이다.

어휘 launch 출시하다 aimed at ~을 겨냥한 teenager 십대 trade in 보상판매 받다 encourage 권장하다

Step 1

01 A number of unexpected hindrances are <u>preventing</u> the negotiation with British Telecom from occurring.

해석 다수의 예기치 않은 방해 요인들이 브리티시 텔레콤과의 협상이 일어나는 것을 막고 있다.

구조분석 (A number of) (unexpected) hindrances / are preventing / the negotiation (with British Telecom)
　　　　　　　　　　　　　　　　　주어　　　　　　　동사　　　　　　목적어

(from occurring).

해설 위 문장에서 [동사 + 전치사 + 동명사]로 쓰이는 동사는 [prevent + 목적어 + from −ing]로 진행형 동사 are preventing 뒤에 목적어로 the negotiation이 들어왔고 뒤에 전치사 from occurring이 왔다. 여기에서 occurring은 자동사이므로 뒤에 목적어를 받지 않는다.

어휘 **a number of** 얼마간의　**unexpected** 예기치 않은, 예상 밖의　**hindrance** 방해 요인　**prevent** 막다　**negotiation** 협상, 교섭　**occur** 일어나다, 발생하다

02 Todd Porter told his immediate supervisor that he would not <u>mind working</u> every Sunday on the assembly line starting from next month.

해석 토드 포터는 그의 직속상관에게 다음 달부터 매주 일요일마다 조립 라인에서 일하는 것을 개의치 않는다고 말했다.

구조분석
　　　　　　　　　　　　　　　　　　　　　　　　　　명사절　주어′　　　동사′　　　　목적어′
　　　　　　　　　　　　　　　　　　　　　　　　　접속사
Todd Porter / told / (his) (immediate) supervisor / **that** he / would not mind / working (every Sunday)
　　주어　　　동사　　　　간접목적어　　　　　　　　　　　직접목적어절 (that절)

(on the assembly line) (starting from next month).

해설 동사 mind는 동명사를 목적어로 취하는 동사이다. 문미에 있는 starting from next month은 일종의 분사구문으로 관용적인 표현으로 자주 등장한다.

어휘 **immediate** 직속의　**supervisor** 상사, 관리자　**mind** 언짢아하다, 개의하다　**assembly line** 조립 라인

03 She is accustomed to adapting quickly to new standards and policies.

해석 그녀는 새로운 기준들과 정책들을 빨리 받아들이는 데에 익숙해져 있다.

구조분석 She / is / accustomed [to adapting (quickly) (to new standards and policies)].
　　　　　　주어　동사　　보어　　　　[수식어구(전치사 + 동명사구)]

해설 be accustomed to −ing는 '~하는 데 익숙해져 있다'는 의미의 숙어로 [동사 + 전치사 + 동명사] 형태로 쓰였다. 이 문장에서는 be동사 is와 accustomed to 뒤에 adapting이라는 동명사가 위치해서 '새 기준들과 정책들을 받아들이는 데에 익숙해져 있다'는 문맥으로 사용되었다.

어휘 **accustom** 익숙케 하다　**adapt** 맞추다, 조정하다　**quickly** 빨리　**standard** 기준　**policy** 정책, 방침

Step 2

01 To a lot of editors, e-mail represents being able to work from home as opposed to ------- to an office.　(A) go　(B) going

해석 많은 편집자들에게 이메일은 사무실에 가지 않고 집에서 일을 할 수 있는 것을 의미한다.

구조분석 (To a lot of editors), e-mail / represents / being able to work (from home) // [**as** opposed (to -------)
주어　　　　　동사　　　　목적어 (동명사구)　　　　　　　　　　[분사구문]
(to an office)].

해설 opposed to -ing은 숙어 표현으로 '~에 대조적으로, ~이 아닌'이란 의미를 나타낸다.

어휘 editor 편집자　represent 나타내다, 상징하다　oppose 반대하다

---

02 Mr. Bridges had already decided to work for Silverman and Sachs before ------- to the terms and conditions listed in the contract.　(A) agree　(B) agreeing

해석 브리지스 씨는 계약서에 있는 조건들에 동의하기 전에 이미 실버맨 앤 색스사에서 일할 것을 결정했다.

구조분석 Mr. Bridges / had (already) decided / to work (for Silverman and Sachs) [before ------- (to the terms
주어　　　　　동사　　　　　목적어 (to부정사구)　　　　　　　　　[수식어구 (전치사 + 명사구)]
and conditions) (listed in the contract)].

해설 빈칸에 알맞은 품사를 넣는 문제이다. 빈칸 앞에는 전치사 before가 왔고, 뒤에도 전치사 to가 왔으므로 빈칸은 명사 상당어구가 들어가야 하므로 정답은 동명사 agreeing이다. 동사 agree는 전치사 뒤에 쓸 수 없고, 만약 before가 접속사로 쓰여서 주어가 생략된 것이라고 해도 agree가 아닌 분사 형태로 바뀌어야 하므로 오답이다.

어휘 already 이미, 벌써　decide 결정하다　agree 동의하다　terms and conditions 계약 조건들　listed ~에 실린　contract 계약서

---

03 Contact the customer service department for instructions on ------- a password.
(A) creation　(B) creating

해석 비밀번호를 만드는 것에 대한 설명을 위해서는 고객 서비스 부서로 연락해라.

구조분석 Contact / the customer service department (for instructions) (on ------- / a password).
동사 (명령문)　　　　　　목적어　　　　　　　　　수식어구 (전치사 + 명사구)

해설 빈칸에 알맞은 품사를 넣는 구조분석 문제이다. 빈칸 앞 전치사 on, 뒤는 명사 a password로 전치사 on의 목적어 역할을 하면서 뒤에 명사를 목적어로 받을 수 있는 동명사 creating이 정답이다. 명사 creation은 뒤에 바로 명사를 받을 수 없으므로 오답이다.

어휘 contact 연락하다　customer 고객　department 부서, 부처　instruction 설명　create 만들다　password 비밀번호

Step 3

01 All visitors must wear the protective gear prior to ------- into the factory.
(A) proceed　(B) proceeds　(C) proceeded　(D) proceeding

해석 모든 방문객들은 공장에 들어가기 전에 앞서 보호 장비를 착용해야 한다.

구조분석 (All) visitors / must wear / the protective gear [prior to ------- (into the factory)].
주어　　　　　동사　　　　목적어　　　　[수식어구(전치사 + 동명사구)]

해설 빈칸에 적절한 품사를 넣는 구조분석 문제이다. 빈칸의 뒤에는 전명구가, 앞에는 전치사가 위치했으므로 빈칸은 명사 자리인데, 여기서는 자동사의 동명사 형태인 (D)가 목적어 없이 정답이 되었다.

어휘 visitor 방문객, 손님　wear 입고 있다　protective 보호하는　gear 장비　prior to ~에 앞서　proceed 들어가다　factory 공장

---

02 After ------- a great deal of sales experience at H&M Clothing, Morgan accepted a position with Marks & Janes.　(A) acquiring　(B) acquired　(C) acquire　(D) to acquire

해석 H&M 의류사에서 판매 경험을 많이 습득한 후에 모건은 마크스 앤 제인스사의 자리를 받아들였다.

[After ------ / (a great deal of) sales experience (at H&M clothing)], Morgan / accepted / a position
[수식어구 (전치사 + 동명사구)]   주어   동사   목적어

(with Marks & Janes).

해설 빈칸에 적절한 품사를 넣는 구조분석 문제이다. 빈칸 앞은 전치사 after가 위치했고, 뒤는 명사 a great deal of sales experience 가 있는 구조로, 앞의 전치사의 목적어 역할을 하며 뒤에 명사를 취할 수 있는 동명사 자리이다. 따라서 정답은 acquiring이다. after는 acquired를 취할 수 없으므로 (B)는 오답, acquire은 동사로 이미 문장의 본동사 accepted가 있기 때문에 오답, to부정사 to acquire 는 after 뒤에 쓰일 수 없다. 참고적으로 after는 뒤에 -ing 형태를 받는 용법으로 자주 쓰인다는 것을 기억해두자.

어휘 acquire 습득하다, 얻다   a great deal of 다량의   sales 판매의   experience 경험   accept 받아들이다   position 위치, 자리

Lesson 08 ● 명사 vs 동명사 Test   ▶ 본책 p. 161

Step 1 생략(아래 정답 표기 참조)   Step 2 01 (A) 02 (B) 03 (B)   Step 3 01 (C) 02 (D)

Step 1

01 Our marketing team is looking forward to finding more functional options to the newly launched software.

해석 우리 마케팅 팀은 새롭게 출시되는 소프트웨어에 대한 실용적인 옵션들을 더 많이 찾아내길 고대하고 있다.

구조분석 (Our) marketing team / is looking forward to / finding / (more) (functional) options (to the newly
         주어   동사   목적어 (동명사구)

launched software).

해설 look forward to -ing는 '~을 고대하다'라는 의미의 동명사의 관용적 표현으로 이 문장에서는 looking forward to finding으로 쓰여서 동명사 finding이 목적어로 more functional options를 취하고 있는 구조이다.

어휘 look forward to -ing ~을 고대하다   functional 실용적인   option 선택권   newly 새롭게   launch 출시하다

---

02 By implementing state-of-the-art technologies, the Orla Motor Company has shown its commitment to lowering the fuel consumption of all its car models.

해석 최첨단의 과학기술을 실행함으로써 오랄 자동차회사는 그들의 모든 차 모델들의 연료 소모량을 낮추겠다는 노력을 증명해 보였다.

구조분석 (By implementing / state-of-the-art technologies), the Orla Motor Company / has shown /
                                                                      주어   동사

(its) commitment [to lowering / the fuel consumption (of all its car models)].
        목적어

해설 by -ing는 '~함으로써'라는 의미의 관용어구로, 이 문장에서는 by 뒤에 implementing이 들어가 '실행함으로써'라는 의미로 쓰였다. 또한 commitment to -ing는 '~하고자 하는 노력, 약속'이라는 의미의 숙어로, 이 문장에서는 commitment to lowering에서 동명사 lowering이 the fuel consumption을 목적어로 취해 '연료 소모량을 줄이고자 하는 노력'이라는 의미로 쓰였다.

어휘 implement 시행하다   state-of-the-art 최첨단의   technology (과학)기술   commitment 약속, 전념   lower 낮추다   fuel 연료   consumption 소비

---

03 The Manchester branch has a job opening in the billing department that needs to be filled right away.

해석 맨체스터 지사는 청구서 발송과에 즉시 채워져야 할 필요가 있는 빈자리가 있다.

구조분석 The Manchester branch / has / a job opening (in the billing department) [that / needs / to be filled
                  주어   동사   목적어

(right away)].

해설 opening은 동명사가 명사로 굳어진 표현으로 '빈자리, 공석, 결원'을 의미하고 특히 job opening으로 직장의 빈자리라는 의미로 자주 쓰인다. 이 문장에선 a job opening in the billing department로 '청구서 발송과의 빈자리'라는 문맥으로 사용되었다.

어휘 branch 지사, 분점　job opening (직장의) 빈자리　billing department 청구서 발송과　right away 곧바로, 즉시

Step 2

01 I saw the ------- in the newspaper.　(A) advertisement　(B) advertising

해석 나는 신문에서 그 광고를 봤다.

구조분석 I / saw / the ------- (in the newspaper).
　　　　　주어　동사　목적어

해설 빈칸에 알맞은 품사를 넣는 문제이다. 빈칸 앞에 관사 the가 왔고 뒤에는 전치사 in이 왔으므로 빈칸은 명사가 들어가야 하는 자리이다. 따라서 정답은 명사 advertisement이다. advertising은 타동사 advertise에서 비롯된 것이므로 뒤에 목적어가 필요로 하기 때문에 오답이다.

어휘 newspaper 신문　advertisement 광고

02 He runs an ------- agency.　(A) advertisement　(B) advertising

해석 그는 광고 대리점을 운영한다.

구조분석 He / runs / an ------- agency.
　　　　　주어　동사　목적어

해설 빈칸에 알맞은 품사를 넣는 문제이다. 빈칸 앞에는 관사 an이 위치했고, 뒤에는 명사 agency가 왔으므로 뒤에 [동명사 + 명사]로 명사와 복합명사를 이룰 수 있는 동명사 advertising이 정답이다. 명사 advertisement는 뒤의 agency와 복합명사를 형성할 수 없으므로 오답이다.

어휘 run 운영하다　advertising agency 광고 대리점

03 Due to careful -------, the construction of the new office building in Scranton will be completed sooner than expected.　(A) plan　(B) planning

해석 주의 깊은 계획 때문에 스크랜튼의 새로운 사무실 건물 공사는 예상보다 빨리 완료될 것이다.

구조분석 (Due to careful -------), the construction (of the new office building) (in Scranton) / will be / completed
　　　　　　　　　　　　　　　　　주어　　　　　　　　　　　　　　　　　　　　동사　　보어
(sooner than expected).

해설 빈칸에 알맞은 품사를 넣는 문제이다. 빈칸 앞에 전치사 due to와 형용사 careful이 위치했으므로 빈칸은 명사 자리이다. 명사 plan과 동명사 planning 둘 다 명사 역할을 하는데, 명사 plan은 가산이므로 앞에 관사가 필요하기 때문에 정답은 동명사 planning이다.

어휘 careful 주의 깊은　planning 계획, 입안　construction 건설, 공사　be completed 완성되다　expcted 예상되는

Step 3

01 ------- the effects of a technological innovation is far from easy, as the effects are not always clear.　(A) Researchers　(B) Research　(C) Researching　(D) Researched

해석 과학기술의 혁신에 대한 영향들이 항상 확실하지는 않기 때문에 그것을 조사하는 것은 결코 쉽지 않다.

구조
분석

　　　　동사'　　　　목적어'
------ / the effects (of a technological innovation) / is / (far from) easy, // **as** the effects / are not /
　　　　주어1 (동명사구)　　　　　　　　　　　　　　　동사1　　보어1　접속사　주어2　　동사2

(always) clear.
보어2

해설 빈칸에 알맞은 품사를 넣는 문법 문제이다. 문두에 위치한 빈칸 뒤에 관사와 명사로 이루어진 the effects가 위치했으므로 빈칸은 주어 역할을 하며 뒤의 명사를 목적어로 취할 수 있는 동명사 자리이다. 따라서 정답은 researching이다. 명사 researchers는 뒤에 명사 the effects를 받을 수 없으므로 오답, 동사나 명사로 쓰이는 research는 동사일 경우엔 주어 자리에 올 수 없고, 명사일 경우엔 뒤에 the effects를 받을 수 없으므로 오답이다. 마지막으로 researched는 뒤에 목적어를 취할 수 없으므로 오답이다.

어휘 research 연구하다, 조사하다　effect 영향, 결과　technological 과학기술의　innovation 혁신, 쇄신　far from 전혀 ~이 아닌 clear 확실한

---

02 Please choose the color after ------ on the types of textiles you want for your cardigan.
(A) decide　(B) decision　(C) decided　(D) deciding

해석 당신이 카디건에 원하는 옷감을 결정한 후에 색상을 선택해주세요.

구조
분석

(Please) choose / the color [after ------ (on the types of textiles) (you want) (for your cardigan)].
　　　　동사　　목적어　[수식어구 (전치사 + 동명사구)]

해설 빈칸에 적절한 품사를 선택하는 문제이다. 빈칸 앞에는 전치사 after가 왔고, 뒤에는 전치사 on이 왔으므로 빈칸은 명사 상당어구가 와야 하는 자리이다. 따라서 동사 decide와 동사 또는 형용사로 쓰이는 decided는 소거한다. 명사 decision과 동명사 deciding 중에서 적절한 것은 after -ing 용법을 이루는 동명사 deciding이다.

어휘 choose 선정하다, 선택하다　decide 결정하다　textile 직물, 옷감　cardigan 카디건

Chapter 06 ● Practice Test　　　　　　　　　　　　　　　▶ 본책 p. 162

01 (D)　02 (C)　03 (B)　04 (B)　05 (B)　06 (D)　07 (A)　08 (B)　09 (B)　10 (B)　11 (C)　12 (B)

---

01 Because the publisher expects the first edition of the book ------ out, he is planning to print a second edition.　(A) sell　(B) have sold　(C) sells　(D) to sell

해석 출판인은 책의 초판이 품절될 것이라고 예상하기 때문에 그는 두 번째 판 인쇄를 계획하는 중이다.

구조
분석

Because the publisher / expects / the first edition (of the book) / ------ out, // he / is planning /
접속사　　주어1　　　동사1　　　목적어1　　　　　　　　　목적보어(to부정사)　주어2　　동사2

to print / a second edition.
목적어 (to부정사구)

해설 빈칸에 적절한 품사를 넣는 문법 문제이다. 빈칸 앞에는 명사 the book이 위치했고, 뒤에는 부사 out과 쉼표 뒤로 주절이 이어지고 있다. 빈칸 앞은 주어, 동사, 목적어가 있는 완전한 문장이므로 빈칸은 수식어구 자리이다. 따라서 빈칸에는 to부정사 to sell이 들어가서 to sell out(매진된, 품절된)이 되어야 한다. 동사 sell, have sold, sells는 이미 앞에 동사 expects가 있기 때문에 오답이다.

어휘 publisher 출판인, 출판사　expect 예상하다, 기대하다　edition 판

---

02 Our marketing team is looking forward to ------ more functional options to the newly launched software.　(A) find　(B) found　(C) finding　(D) be found

해석 우리 마케팅팀은 새롭게 출시된 소프트웨어에 더 실용적인 옵션들을 찾길 고대하고 있다.

| 구조 분석 | (Our) marketing team / is looking forward to / ------- / (more) (functional) options (to the newly |

(Our) marketing team / is looking forward to / ------- / (more) (functional) options (to the newly
　　　주어　　　　　　　　　동사　　　　　　　　　　　　　　　목적어(동명사구)

launched software).

해설 빈칸에 알맞은 품사를 넣는 문법 문제이다. look forward to -ing는 '~하길 고대하다'라는 의미를 가진 숙어로 정답은 -ing인 finding 이다. find와 be found는 to와 함께 to부정사를 형성하게 되는데, look forward to -ing의 to는 전치사 to이기 때문에 오답이 되었고, 동사 found는 to 뒤에 들어갈 품사로 적절하지 않으므로 오답이다.

어휘 look forward to -ing ~하길 고대하다　functional 실용적인　option 선택(권)　newly 최근에, 새로　launch 출시하다

---

03 James Rivers has called all of his clients ------- find out that most of them signed contracts with other investors.　　(A) so as　(B) only to　(C) even though　(D) in order that

해석 제임스 리버스는 고객들에게 모두 전화했는데, 그 결과 고객들 대부분이 다른 투자자들과 계약을 했다는 것을 알아냈을 뿐이다.

구조 분석

　　　　　　　　　　　　　　　　　　　　to + 동사′　　　　목적어절′
James Rivers / has called / all (of his clients) [------- find out / that most (of them) / signed / contracts
　　주어　　　　동사　　　　목적어　　　　　　　　　　　　[수식어구 (to부정사구)]

(with other investors)].

해설 빈칸에 알맞은 어휘를 넣는 문제이다. 빈칸 앞에는 동사 has called에 대한 목적어 all of his clients, 뒤에는 find out이라는 동사원형 이 위치했다. 주어, 동사, 목적어가 있는 완전한 문장이므로 빈칸은 수식어구 자리이고, 뒤의 동사원형을 받는 to부정사 only to가 정답이 다. so as는 [so as to + 동사원형]로 쓰여서 [in order to + 동사원형]과 같이 '~하기 위해'라는 의미이고, even though와 in order that은 접속사이므로 뒤에 절을 받아야 하기 때문에 오답이다.

어휘 call 전화하다　find out ~임을 알아내다, 발견하다　sign 서명하다　contract 계약서　investor 투자자

---

04 We are dedicated to ------- our consumers' expectations by offering affordable prices for methods to increase their business brand power in an overly saturated market.
　　(A) exceed　(B) exceeding　(C) exceeds　(D) exceeded

해석 우리는 몹시 포화상태인 시장에서 그들의 기업 브랜드 파워를 높이기 위한 방법들을 알맞은 가격을 제공함으로써 고객들의 기대를 넘어 서기 위해 전념한다.

구조 분석 We / are / dedicated (to ------- / our consumers' expectations) (by offering affordable prices)
　　　　　　　주어　동사　보어

[for methods) (to increase their business brand power) (in an overly saturated market)].

해설 빈칸에 알맞은 품사를 넣는 문제이다. 빈칸 앞에는 to, 뒤에는 our consumers' expectations라는 명사가 위치했다. be dedicated to의 to는 전치사로 뒤에 명사나 동명사 등을 전치사의 목적어로 받는다. 따라서 정답은 전치사 to의 목적어 자리에 와서 뒤의 명사를 취 할 수 있는 동명사 exceeding이다. 동사원형 exceed는 전치사 to 뒤에 올 수 없고, 동사 exceeds와 exceeded도 전치사 뒤에 쓰일 수 없으므로 오답이다.

어휘 dedicate 전념하다, 헌신하다　consumer 소비자　expectation 예상, 기대　offer 제공하다　affordable (가격이) 알맞은　method 방법　increase 증가하다　overly 너무, 몹시　saturated 포화된

---

05 The committee has not finished ------- the investigation about the complaints.
　　(A) to conduct　(B) conducting　(C) conduct　(D) to be conducted

해석 그 위원회는 그 항의들에 대한 조사를 실시하는 것을 끝마치지 않았다.

구조 분석

　　　　　　　　　　　　　　　　　　　동사′　　　　목적어′
The committee / has not finished / ------- / the investigation (about the complaints).
　　주어　　　　　　　동사　　　　　　　　　　　　　목적어 (동명사구)

해설 빈칸에 알맞은 품사를 넣는 문법 문제이다. 빈칸 앞에는 동사 has not finished가 있고, 뒤에는 관사와 명사로 이루어진 the investigation이 있으므로 빈칸은 동사 has not finished의 목적어 역할을 하면서 뒤에서 관사와 명사를 취할 수 있어야 한다. 따라서

141

동명사를 목적어로 받는 finish는 목적어 역할을 하면서 뒤에서 명사를 취할 수 있는 것은 conducting이다. to conduct는 동명사를 목적어로 취하는 동사 finish의 목적어로 쓰일 수 없고, 동사 conduct는 이미 앞에 본동사가 있기 때문에 오답이다. to be conducted는 to부정사라서 finish의 목적어로 쓰일 수 없을 뿐만 아니라, 수동태이기 때문에 뒤에 목적어를 취할 수도 없으므로 오답이다.

어휘 committee 위원회   investigation 조사   complaint 불평, 항의

---

06 As long as there are no objections, Sam Flint will be the next person ------- William Flint as chief executive officer.   (A) successor   (B) successive   (C) succession   (D) to succeed

해석 이의가 없다면, 샘 플린트는 윌리엄 플린트의 뒤를 이어서 차기 최고경영자가 될 것이다.

구조분석 **As long as** there are / (no) objections, // Sam Flint / will be / the (next) person (------- William Flint)
접속사 동사1 주어1 주어2 동사2 보어

(as chief executive officer).

해설 빈칸에 알맞은 품사를 넣는 구조분석 문제이다. 빈칸 앞에는 주어(Sam Flint), 동사(will be), 보어(the next person)를 모두 갖춘 완전한 문장이 왔고, 빈칸 뒤는 William Flint라는 고유명사가 왔다. 따라서 정답은 뒤에 명사를 취하면서 완전한 문장 뒤에서 쓰일 수 있는 to부정사 to succeed이다. 명사 successor는 뒤에 명사를 취할 수 없으므로 오답, 형용사 successive는 '연속적인'이라는 의미로 사람 이름 앞에 적절하지 않을 뿐더러 문장의 보어 역할을 하는 명사 the next person 뒤에 쓰일 수도 없다. 명사 succession도 뒤에 명사를 목적어로 취할 수 없을뿐더러 앞의 명사 the next person와 함께 명사 세 개가 나란히 쓰일 수 없기 때문에 오답이다.

어휘 as long as ~이기만 하면   objection 이의, 반대   succeed 뒤를 잇다   chief executive officer 최고경영자   successor 후임자, 계승자   successive 연속적인   succession 연속, 잇따름

---

07 The Macy Department Store will be closing tomorrow to ------- its staff to take a special day off.   (A) allow   (B) prohibit   (C) make   (D) let

해석 메이시 백화점은 직원들에게 특별 휴가를 주기 위해서 내일 문을 닫을 것이다.

구조분석
동사' 목적어' 목적보어'(to부정사구)
The Macy Department Store / will be closing (tomorrow) (to ------- / (its) staff / to take a special day off).
주어 동사 수식어구 (to부정사구)

해설 빈칸에 알맞은 동사를 선택하는 어휘 문제이다. 빈칸 앞은 to가 위치했고, 빈칸 뒤엔 its staff라는 명사와 to take 이하의 to부정사가 이어지고 있다. 따라서 빈칸의 동사는 to부정사로 쓰여 its staff를 받으면서 뒤에 to부정사를 취할 수 있는 동사 allow이다. 즉 [allow sb to + 동사원형]은 'sb가 ~하도록 허락하다'라는 의미로 사용되었다. prohibit은 [prohibit + 목적어 + from -ing] 형태로 쓰여서 동명사를 목적어로 받으므로 정답이 될 수 없고, 사역동사 make와 let 또한 적절하지 않다.

어휘 department store 백화점   allow 허락하다   prohibit 금하다   day off (근무, 일을) 쉬는 날

---

08 The bill needs to be paid within 14 days of ------- this statement; if not, legal action will be taken.   (A) receive   (B) receiving   (C) reception   (D) to receipt

해석 이 청구서는 이 명세서를 받고나서 14일 이내에 지불되어야 합니다. 그렇지 않으면, 법적 조치가 취해질 것입니다.

구조분석 The bill / needs / to be paid (within 14 days) (of ------- / this statement); // (if not), (legal) action /
주어1 동사1 목적어 (to부정사구) 주어2

will be taken.
동사2

해설 빈칸에 알맞은 품사를 넣는 구조분석 문제이다. 빈칸 앞에는 전치사 of, 뒤에는 명사 this statement가 위치하였으므로 빈칸은 동명사 자리로 정답은 receiving이다. 동사 receive는 이미 문장의 본동사가 있으므로 오답. 명사 reception은 뒤에 this statement를 취할 수 없으므로 오답. [전치사 + 명사]인 to receipt는 앞에 전치사 of와 쓰일 수 없으므로 오답이다.

어휘 bill 청구서   statement 명세서   legal 법률과 관련된   action 행동, 조치

09 ------- increase the popularity of the new cologne, Thomas Westwood has recently made a one-year contract with Don Fashion Magazine to post two full pages of its advertisement in the next twelve issues.　(A) As far as　(B) In order to　(C) Consequently　(D) Furthermore

해석 새로운 향수의 인기를 높이기 위해서 토마스 웨스트우드사는 최근에 돈 패션지와 1년 계약을 체결하여 앞으로 12번에 걸쳐 매호에 2페이지 전량 광고를 게재하기로 했다.

구조 분석 [------- increase / the popularity (of the new cologne)], Thomas Westwood / has (recently) made /
　　　　　　　　　　　　　　　　　　　　　　　　　주어　　　　　　　　　　동사

a one-year contract (with Don Fashion Magazine) (to post two full pages) (of its advertisement)
　목적어

(in the next twelve issues).

해설 콤마 앞에 동사 increase가 있지만 주어가 없으므로 접속사는 들어갈 수 없으며, 동사의 원형인 increase를 받을 수 있는 것은 to부정사의 형태를 이끌 수 있는 in order to뿐이다.

어휘 increase 높이다, 올리다　popularity 인기　cologne 향수의 일종　issue 잡지의 호

---

10 I am writing for ------- that Mr. Jamison has received the financial estimates regarding the Dennison building project.　(A) confirm　(B) confirmation　(C) confirming　(D) to confirm

해석 나는 재미슨 씨가 데니슨 빌딩 프로젝트에 관한 재정 견적을 받았는지 확인하기위해 이 편지를 쓰고 있습니다.

구조 분석
　　　　　　　전치사 + 동명사　　목적어절' [명사절 접속사 / 주어' / 동사' / 목적어' (전치사구)]
I / am writing [for ------- / **that** Mr. Jamison / has received / the (financial) estimates (regarding the
주어　동사

Dennison building project)].

해설 빈칸에 알맞은 품사를 넣는 구조분석 문제이다. 전치사 for의 목적어 자리이므로 동사인 confirm, to부정사인 to confirm은 들어갈 수 없다. 명사인 confirmation과 동명사 confirming 중에서 고려해보는데, that절의 내용이 confirmation(확인)의 구체적인 내용 서술이므로 동격의 명사절로 볼 수 있다. 정답은 추상명사 confirmation이 된다.

어휘 write 쓰다　receive 받다, 받아들이다　financial 금융의, 재정의　estimates 견적(액)　regarding ~에 관하여　confirm 확인해 주다

---

11 Our sales representatives are looking forward to attending the new advertising strategy conference and to ------- local trends with the other attendees.
(A) share　(B) shares　(C) sharing　(D) be shared

해석 우리 판매사원들은 새로운 광고 전략 회의에 참석하여 다른 참석자들과 지역 트렌드를 공유하길 고대하고 있다.

구조 분석 (Our) sales representatives / are looking forward to / attending / the new advertising strategy conference //
　　　　　　　　주어　　　　　　　　　　　동사　　　　　　　목적어1 (동명사구)

and to / ------- / local trends (with the other attendees).
접속사　　　　목적어2 (동명사구)

해설 빈칸에 알맞은 품사를 넣는 구조분석 문제이다. 빈칸은 등위 접속사 and 뒤, 명사 local trends 앞에 위치하였는데, 등위접속사는 앞뒤로 동일구조가 오므로 정답은 attending과 동일구조를 이루는 동명사 sharing이다. 등위접속사 뒤에는 중복되는 부분을 생략할 수 있는데 지금 and 뒤에 생략된 것은 주어와 동사로 Our sales representatives are looking forward가 생략된 것으로 look forward to -ing의 형태로 쓰인 것이다.

어휘 sales representative 판매사원　looking forward to -ing ~하길 고대하다　attend 참석하다　advertising strategy 광고 전략　conference 회의, 학회　local 지역의, 현지의　trend 동향, 추세　attendee 참석자

12 The supervisor asked the head engineer to come to his office ------- find out about the progress of their current project.　　(A) can　　(B) to　　(C) so　　(D) will

[해석] 관리자는 최근 프로젝트의 진척사항에 대해 알아내기 위해 엔지니어 책임자를 그의 사무실로 오라고 요청했다.

[구조분석] The supervisor / asked / the head engineer / to come to his office [------- find out (about the progress)
　　　　　주어　　　　동사　　　목적어　　　목적보어 (to부정사구)　　　　[수식어구 (to부정사)]
(of their current project)].

[해설] 빈칸 앞에는 주어(The supervisor), 동사(asked), 목적어(the head engineer)가 있는 완전한 문장이 왔고, 뒤에는 find out이라는 동사원형이 왔다. 따라서 정답은 to부정사를 만들어주는 to가 되어야 한다. 조동사 can과 will은 동사 앞에서 쓰이고 뒤에 동사원형을 취하지만, 이미 문장의 본동사가 있으므로 더 이상 동사가 올 수 없기 때문에 오답이고, so는 부사나 접속사 등으로 쓰이는데 동사원형 find out 앞에 위치할 수 없다.

[어휘] supervisor 감독관, 관리자　　ask 부탁하다, 요청하다　　head 책임자　　engineer 기사, 엔지니어　　find out 발견하다, 알아내다　　progress 진전, 진척　　current 현재의, 지금의

Chapter 07 접속사

Lesson 01 ● 접속사는 연결어다! Test ▶ 본책 p. 165

Step 1 생략(아래 정답 표기 참조)　　Step 2 01 (A) 02 (B) 03 (B)　　Step 3 01 (D) 02 (A)

Step 1

01 I need / what you have.
　　　　　　접속사 (명사절)

[해석] 나는 네가 갖고 있는 것이 필요하다.

[구조분석]

　　　　　　　　명사절 주어′ 동사′
　　　　　　　　접속사
I / need / **what** / you / have.
주어 동사　　　목적어절

[해설] [동사의 개수 = 접속사/관계사 + 1]이다. 문장의 관계사(what) 하나, 동사(need, have) 두 개로 what이 이끄는 명사절이 need의 목적어로 들어간 구조이다. what은 주어나 목적어가 없는 불완전한 문장을 이끄는 명사절 접속사로 여기에선 have에 대한 목적어가 빠져 있다.

02 When I saw the manager, / he was about to leave.
　　접속사 (부사절)

[해석] 내가 매니저를 봤을 때, 그는 막 떠나려던 참이었다.

[구조분석] **When** I / saw / the manager, // he / was about to leave.
　　　　　접속사 주어1 동사1　목적어　　주어2 동사2

[해설] 접속사 when이 완전한 문장을 받아서 부사절을 이끌고 있다. [동사의 개수 = 접속사/관계사 + 1]로 지금 이 문장에서 접속사(when) 1개, 동사(saw, was) 2개가 위치했다.

[어휘] manager 경영자, 관리자　　be about to + 동사원형 막 ~하려는 참이다　　leave 떠나다, 출발하다

03 There is a roadblock on Maple Avenue, / so the police advised drivers to use Peacewood

등위접속사

Street instead.

해석 메이플가는 도로가 막혀 있어서 경찰은 운전자들에게 대신 피스우드가를 이용하라고 권했다.

구조분석 There / is / a roadblock (on Maple Avenue), // so the police / advised / drivers / to use Peacewood

동사1　주어1　　　　　　　　　　　　　접속사　주어2　　동사2　목적어　목적보어 (to부정사)

Street (instead).

해설 문장의 접속사(so) 1개가 동사(is, advised) 2개를 연결해주고 있다. 등위접속사 so가 나와서 뒤에 완전한 문장이 오고 있는데, 등위접속사는 동일한 부분은 생략할 수 있으나 등위접속사 so는 예외적으로 앞뒤에 완전한 문장을 받는다는 것을 기억하자.

어휘 roadblock 도로가 막힌 것　instead 대신에

Step 2

01 ------- the new movie directed by Gillian Moore was expected to hit the box office, most

critics gave bad ratings on it.　(A) Although　　(B) Despite

해석 길랜 무어가 감독한 새 영화는 흥행몰이를 할 것이라 기대되긴 했지만, 대부분의 비평가들은 그 영화를 혹평했다.

구조분석 ------- the (new) movie [directed (by Gillian Moore)] / was expected / to hit the box office,// (most) critics /

접속사　　　주어1　　　　　　　　　　　　　　　　　동사1　　　　보어 (to부정사구)　　　　　주어2

gave / (bad) ratings (on it).

동사2　　목적어

해설 문장에 동사는 was expected와 gave 2개가 있는데 접속사가 없으므로 빈칸은 접속사 자리이다. despite은 전치사이므로 뒤에 명사(구)를 받으므로 오답이다. 정답은 뒤에 [주어 + 동사]의 절을 이끌 수 있는 접속사 although이다.

어휘 although (비록) ~이긴 하지만　direct 감독하다　expect 예상하다　critic 비평가, 평론가　rating 순위, 평가

02 If you have received the bill,　------- you have not received the accompanying statement,

please contact the Customer Service department.　(A) also　　(B) but

해석 만약 당신이 청구서를 받는데 입출금 내역서가 없다면, 고객서비스 부서에 연락해 주세요.

구조분석 If　you / have received / the bill, // ------- you / have not received / the accompanying statement,

접속사 주어1　　동사1　　　목적어1　　접속사 주어2　　　동사2　　　　　　목적어2

(please) contact / the Customer Service department.

동사3 (명령문)　　　　목적어3

해설 문장의 동사는 have received, have not received, contact 3개가 위치했고, 접속사는 If 하나뿐이므로 빈칸은 접속사가 들어가야 할 자리이다. also는 부사이기 때문에 문장을 연결할 수 없으므로 정답은 역접의 등위접속사 but이다.

어휘 receive 받다, 받아들이다　bill 고지서, 청구서　statement 성명서, 입출금 내역서　contact 연락하다　department 부서, 학과

03 There is still a high demand for automobiles ------- the gas price has been increasing

steadily.　(A) in spite of　　(B) though

해석 연료비가 끊임없이 오르고 있긴 하지만 여전히 자동차에 대한 수요는 높다.

구조분석 There is (still) / a (high) demand (for automobiles) / ------- the gas price / has been increasing (steadily).

동사1　　　　　　주어1　　　　　　　　　　　　접속사　　주어2　　　　동사2

해설 문장에 동사는 is. has been increasing 2개가 위치했고, 접속사는 없으므로 빈칸은 접속사 자리이다. in spite of는 '~에도 불구하고'
라는 의미의 전치사로 뒤에 절을 이끌 수 없으므로 오답이다. 정답은 '~이긴 하지만'이라는 의미의 though로 양보절을 이끄는 접속사이다.

어휘 still 아직도 high 높은 demand 수요 automobile 자동차 though ~이긴 하지만 steadily 착실하게. 끊임없이 in spite of ~
에도 불구하고

Step 3

01 Tesco will not disclose a customer's information ------- official permission is given.

    (A) despite   (B) without   (C) against   (D) unless

해석 테스코사는 공식적인 허가가 주어지지 않는 한 고객들의 정보를 밝히지 않을 것이다.

구조분석 Tesco / will not disclose / a (customer's) information // ------- (official) permission / is given.
주어1　　　　동사1　　　　　　목적어　　　　　　　　접속사　　　　주어2　　　　동사2

해설 접속사를 찾는 구조분석 문제이다. 문장의 동사는 will not disclose. is given 2개가 위치했는데 접속사는 보이지 않는다. 따라서 빈칸은
접속사가 들어갈 자리이다. despite. without. against는 전치사이므로 오답. 따라서 정답은 접속사 unless이다. 전치사는 하나의 문장
에 명사를 추가할 때 쓰이고, 접속사는 하나의 문장에 문장을 추가할 때 쓰인다.

어휘 disclose 밝히다. 폭로하다 official 공무상의. 공식적인 permission 허락. 허가 despite ~에도 불구하고

02 The last year's production costs exceeded the budget, ------- profit was better than
    expected because of an increase in sales.   (A) but   (B) next   (C) likewise   (D) instead

해석 작년 생산비는 예산을 초과했지만, 판매 증가로 수익은 예상했던 것보다 좋았다.

구조분석 The (last year's) production costs / exceeded / the budget, // ------- the profit / was / better (than
　　　　　　　　　　　　　　　　　주어1　　　　　동사1　　　목적어　　　　　접속사　　주어2　　동사2　　보어
expected) (because of sales increase).

해설 빈칸에 알맞은 접속사를 선택하는 구조분석 문제이다. 문장의 동사는 exceeded와 was 2개가 위치했고 접속사는 없다. 따라서 빈칸은
접속사가 들어갈 자리이다. next는 형용사나 부사로 쓰이므로 탈락. 부사 likewise. instead도 탈락하고 정답은 역접의 등위접속사 but
이다. instead는 'instead of'로 쓰여야 '~대신에'라는 의미의 전치사로 쓰일 수 있다는 것을 기억해 두자.

어휘 production costs 생산비 exceed 넘다. 초과하다 budget 예산. 비용 profit 이익. 수익 expect 예상하다 sales 판매
likewise 똑같이. 비슷하게 instead 대신에

Lesson 02 ● 등위접속사 & 상관접속사 Test   ▶ 본책 p. 167

Step 1 생략(아래 정답 표기 참조)   Step 2 01 (A) 02 (B) 03 (B)   Step 3 01 (D) 02 (C)

Step 1

상관접속사

01 Cars with a good rating either have good fuel efficiency or have great basic features.
동일구조1 (동사 + 목적어)　　　　　　동일구조2 (동사 + 목적어)

해석 좋은 평가를 받는 차들은 연료 효율성이 뛰어나거나 기본적인 성능이 우수하다.

상관접속사

구조분석 Cars (with a good rating) / **either** have / (good) fuel efficiency / **or** have / (great) basic features.
주어　　　　　　　　　　　동사1　　　　목적어1　　　　　동사2　　　　목적어2

해설 상관접속사 either A or B(A, B 둘 중 하나인) 구조로 or 앞뒤에 동일한 성분(동사 + 목적어)들이 배치되어 있다. 상관접속사에서 either, neither, both 등은 부사, 형용사 등의 기능을 하며 or, nor, and, but 등이 접속사다. 따라서 either, neither, both 등은 생략이 가능하지만 or, nor, and, but은 반드시 있어야 한다는 것을 기억해두자.

어휘 rating 순위, 평가   fuel efficiency 연료 효율   feature 특색, 특징   either A or B A, B 둘 중 하나인

상관접속사

02 At TFF Bank, / it is possible to both create and activate your account on the same day.
동일구조1 (동사원형)   동일구조2 (동사원형)

해석 TFF 은행에서는 같은 날에 계좌를 만들고 활성화시키는 것 둘 다 가능하다.

상관접속사

구조분석 (At TFF Bank), it / is / possible / to both create and activate / (your) account (on the same day).
가주어 동사   보어   동사'1   동사'2   목적어'   진주어 (to부정사구)

해설 상관접속사 both A and B(A, B 둘 다)가 들어간 구조로 등위접속사 and 앞뒤로 동사원형의 동일구조가 위치했다. 이와 같이 상관접속사는 단어와 단어, 구와 구, 절과 절을 연결할 수 있다. 참고적으로 주어 자리에 both A and B가 오는 경우 복수동사를 받고 나머지 상관접속사의 경우에는 B에 수를 일치시킨다.

어휘 possible 가능한   both A and B A, B 둘 다   create 만들다   activate 작동시키다, 활성화시키다   account 계좌

상관접속사

03 The marketing campaign did not work well, not only because of the complex advertisements but also
동일구조1 (전치사 + 명사)

because of the lack of a clear message.
동일구조2 (전치사 + 명사)

해석 그 마케팅 캠페인은 복잡한 광고뿐만 아니라 분명한 메시지가 부족했기 때문에 제대로 되지 않았다.

상관접속사

구조분석 The marketing campaign / did not work (well), // [not only (because of the complex advertisements) but also
주어   동사   [수식어구1 (전치사 + 명사)]

(because of the lack of a clear message)].
[수식어구2 (전치사 + 명사)]

해설 상관접속사 not only A but also B가 들어간 구조로 but 앞뒤로 [전치사 + 명사]의 동일구조가 위치했다. not only A but (also) B에서 부사인 also는 생략가능하다.

어휘 campaign 캠페인   well 잘, 제대로   complex 복잡한   advertisement 광고   lack 부족, 결핍   clear 분명한   not only A but (also) B A뿐만 아니라 B 역시

Step 2

---

01 Mr. Dockers is in a process of finding ------- a wholesale warehouse or an distributor.
(A) either   (B) both

해석 다커스 씨는 도매창고나 유통업자를 찾는 과정에 있다.

상관접속사

구조분석 Mr. Dockers / is / (in the process) (of finding / ------- a wholesale warehouse or an distributor).
주어   동사 보어   목적어'   목적어2'
전치사 + 동명사   [수식어구 (전치사 + 동명사구)]

해설 빈칸에 상관접속사의 짝이 맞는 부사를 넣는 문제이다. 빈칸 뒤에 보면 접속사 or가 있으므로 정답은 or와 짝을 이루는 either이다. 이와 같이 토익에서 상관접속사는 보통 부사(both, either, neither 등)나 접속사(and, but (also), or, nor 등) 중 한 곳을 비워두고 어울리는 짝을 묻는 문제로 출제된다. 그러므로 반드시 접속사-부사의 짝을 기억해둔다.

어휘 process 과정, 절차   wholesale 도매의   warehouse 창고   distributor 유통업자   either A or B A, B 둘 중 하나인

---

02 There is a roadblock on Maple Avenue, ------- the police advised drivers to use Peacewood Street instead.   (A) nor   (B) so

해석 메이플 가는 도로가 막혀 있어서, 경찰은 운전자들에게 대신 피스우드 가를 이용하라고 권했다.

구조분석 There / is / a roadblock (on Maple Avenue), // ------- the police / advised / drivers / to use / Peacewood
동사1 주어1   접속사 주어2 동사2 목적어 목적보어 (to부정사구)
Street (instead).

해설 문장의 접속사(so) 1개가 동사(is, advised) 2개를 연결해주고 있다. 등위접속사 so가 나와서 뒤에 완전한 문장이 오고 있는데, 등위접속사는 동일한 부분은 생략할 수 있으나 등위접속사 so는 예외적으로 앞뒤로 완전한 문장을 받는다는 것을 기억하자.

어휘 roadblock 도로가 막힌 것   instead 대신에

---

03 Guests may explore the desert around Santana Resort in a vehicle ------- take a guided tour riding on a camel.   (A) so   (B) or

해석 손님들은 차를 타거나 혹은 낙타를 타고 안내인이 딸린 관광을 하며 산타나 리조트 근처의 사막을 탐사할 수도 있다.

구조분석 Guests / may explore / the desert (around Santana Resort) (in a vehicle) // ------- take /
주어 동사1 목적어1   등위접속사 동사2
a guided tour (riding on a camel).
목적어2

해설 빈칸에 알맞은 등위접속사를 넣는 문제이다. 빈칸 뒤를 보면 take a guided tour로 동일부분이 생략되어 있음을 알 수 있다. 따라서 동일성분 생략이 가능한 등위접속사 or가 정답이다. so는 등위접속사들 중 예외적으로 앞뒤로 완전한 문장을 받는다는 것을 반드시 기억하자.

어휘 guest 손님   explore 답사하다, 탐사하다   desert 사막   vehicle 차량, 탈것   guided tour 안내원이 딸린 (관광)여행   ride 타다   camel 낙타

Step 3

01 The accountant position we need to fill will be advertised ------- on our Web site and in newspapers.   (A) either   (B) yet   (C) whether   (D) both

해석 우리가 채워야 하는 회계사 자리는 웹사이트와 신문에 둘 다 광고될 것이다.

구조분석 The accountant position (we / need / to fill) / will be advertised // ------- (on our Web site) and
주어   동사   수식어구1 (전치사 + 명사)
(in newspapers).
수식어구2 (전치사 + 명사)

해설 빈칸에 적절한 상관접속사의 부사를 넣는 문제이다. 빈칸 뒤의 and 앞뒤로 on our web site와 in newspapers가 [전치사 + 명사]의 동일구조로 위치하였으므로 빈칸은 상관접속사 both가 들어가야 할 자리이다. either는 or와 함께 쓰이고, yet은 부정문이나 의문문에서 '아직'이라는 의미로 아직 안 했거나 못 했다는 뜻을 나타낼 때 쓰이는 부사이다. 접속사 whether는 '~인지 아닌지'라는 의미로 주로 or와 어울려서 쓰인다.

어휘 accountant 회계원, 회계사   position 위치, 자리   need 필요로 하다   fill 채우다   advertise 광고하다   both A and B A, B 둘 다

148

yet 아직   whether ~인지 아닌지

---

02 Customers may purchase a total of 10 items ------ 3 promotional packages from each store in the shopping mall.   (A) just as   (B) than   (C) and   (D) so

해석 고객들은 각각의 가게에서 총 10개의 물품과 3개의 판촉 패키지들을 구입할 수 있다.

구조분석 Customers / may purchase / a total (of 10 items ------ 3 promotional packages) (from each store)
　　　　주어　　　동사　　　목적어　　　　　전치사 목적어¹　접속사　　목적어²　　　　[수식어구 (전치사 + 명사)]

(in the shopping mall).

해설 빈칸에 적절한 등위접속사를 넣는 문제이다. '10개의 물품과 3개의 판촉 패키지들'이라는 의미로 동일한 부분 생략이 가능한 순접의 등위접속사 and가 정답이다. just as는 '꼭~처럼'이라는 의미의 숙어이고, than은 '~보다'라는 의미로 비교 대상이 필요하다. so는 등위접속사이지만 예외적으로 앞뒤에 완전한 문장을 받으므로 오답이다.

어휘 customer 손님, 고객   purchase 구입하다   promotional 홍보의, 판촉의   package 패키지   each 각각의   store 가게, 상점   just as 꼭 ~처럼   than ~보다

Lesson 03 ● 명사절을 이끄는 접속사 Test　　　　▶ 본책 p. 169

Step 1 생략(아래 정답 표기 참조)　　Step 2 01 (A) 02 (A) 03 (B)　　Step 3 01 (D) 02 (A)

Step 1

---

01 All the employees know that the company will make some of the workers redundant.
　　　　　　　　　　　　　　　　　know의 목적어

해석 모든 직원들은 회사가 일부 직원들을 정리해고할 것을 알고 있다.

구조분석 (All) the employees / know / that the company / will make / some (of the workers redundant).
　　　　　주어　　　　　　동사　　　　　명사절접속사　주어'　　　동사'　　　목적어'
　　　　　　　　　　　　　　　　　　　　　　　목적어절

해설 이 문장에서 that이 이끄는 명사절은 know의 목적어 역할을 하고 있다. 이와 같이 that이 이끄는 명사절은 문장 안에서 주어, 목적어, 보어 역할을 하며 that 뒤에 완전한 문장을 동반한다. 단, that절이 타동사의 목적어 또는 전치사의 목적어로 쓰인 경우에는 that을 생략할 수 있다.

어휘 know 알다, 알고 있다   some 조금, 약간의   worker 노동자   redundant 사람이 정리해고 당한

---

02 What is so memorable about the trip to Egypt is the mysteriousness and the greatness
　　　　　　　　　　　　주어

　　of the pyramids.

해석 이집트 여행에서 특히 기억할 만한 것은 피라미드들의 신비로움과 거대함이다.

구조분석 What is / (so) memorable (about the trip) (to Egypt) / is / the mysteriousness and the greatness
　　　　접속사 동사'　　　보어'　　　　　　　　　　　　　동사　　　　　　　보어
　　　　　　　　　　　주어절

(of the pyramids).

해설 what이 명사절을 이끌어서 주어 역할을 하고 있다. 접속사 what은 뒤에 주어나 목적어가 없는 불완전한 문장을 동반하는데, 이 문장에선 주어가 빠져있다. 주어, 목적어, 보어와 같은 명사 자리에는 명사구, 명사절이 모두 올 수 있다.

어휘 memorable 기억할 만한   trip 여행   mysteriousness 불가사의함, 신비함   greatness 큼, 거대함

03 It is important that the advertising be written in accordance with the company's policy.
　　가주어　　　　　　　　　　　　　　　　　　　　　　　　　진주어

해석 광고가 회사 정책에 부합되게 쓰여야 하는 것은 중요하다.

구조분석 It / is / important / **that** the advertising / be written (in accordance) (with the company's policy).
　　　가주어 동사　　보어　　　　　　　　　　　　　　　　　　　진주어절 (that절)
　　　　　　　　　　　　　　　　명사절 접속사　주어'　　　동사'

해설 가주어–진주어 구문으로 문장의 진짜 주어인 that이 이끄는 명사절을 뒤로 보내고, 비어 있는 주어 자리에 가주어 It이 위치한 구조이다. 이와 같이 that이 이끄는 명사절은 가주어–진주어 구조에서 진주어로 쓰일 수 있다.

어휘 important 중요한　advertising 광고(하기), 광고업　write 쓰다　in accordance with ~에 부합되게, (규칙, 지시 등에) 따라　policy 정책, 방침

Step 2

01 MMT Tech will give us a call regarding ------- much we have to pay.
　　(A) how　(B) whom

해석 MMT 테크 사는 우리가 얼마를 지불해야 할지에 대해 우리에게 전화를 할 것이다.

구조분석 MMT Tech / will give / us / a call (regarding ------- much / we / have to pay).
　　　주어　　　동사　간목　직목　　　수식어구 (전치사 + 명사절)
　　　　　　　　　　　　　　전치사　명사절 접속사　부사　주어'　동사'

해설 빈칸에 적절한 접속사를 선택하는 문제이다. 빈칸 뒤를 보면 [형용사(much) + 주어(we) + 동사(have to pay)]의 어순으로 나왔으므로 정답은 how이다. whom은 사람 선행사를 받는 목적격 관계사로 뒤에 목적어가 빠진 문장이 나와야 하므로 오답이다. how는 방법에 대한 내용이 나오면 정상적인 어순(주어 + 동사 + 목적어)의 완전한 문장을 받지만, how 뒤에 '얼마나, 상태'를 나타내는 형용사나 부사가 나오면 형용사/부사가 도치되어 [how + 형용사/부사 + 주어 + 동사]의 어순을 받는다.

어휘 regarding ~에 관하여　pay 지불하다

02 There are some questions as to ------- Colin Holfield will be eligible to play in the tournament.　(A) whether　(B) so

해석 Coling Holfield가 토너먼트에서 경기할 자격이 있는지의 여부에 대해서 약간의 의문들이 있다.

구조분석 There are / (some) questions [as to ------- Colin Holfield / will be / eligible [to play (in the tournament)].
　　　동사　　　주어　　　　　　　　　　　　　　주어'　　동사'　보어'　[수식어구'(to부정사구)]
　　　　　　　　　　전치사　명사절 접속사　　　　　　　　　　　[수식어구 (전치사 + 명사절)]

해설 전치사 as to의 목적어로 알맞은 명사절 접속사를 선택하는 문제이다. 즉 명사절 접속사를 이끄는 whether가 정답이다. so도 앞뒤에 완전한 문장을 받지만, '그래서, 그러므로'의 의미로 앞의 내용에 대한 결과를 나타내는 절을 연결시키는 접속사이므로 오답이다.

어휘 be eligible to + 동사원형 ~할 자격이 있다　tournament 토너먼트

03 A survey indicates ------- the public's demand has been rising over the couple of months.
　　(A) what　(B) that

해석 설문조사는 대중들의 요구가 두 달 넘게 증가하는 것을 보여준다.

구조분석 A survey / indicates / ------- the (public's) demand / has been rising (over the couple of months).
　　　주어　　　동사　　　　　　　　　　　　　　　　목적어절
　　　　　　　　　　　명사절 접속사　　　　　주어'　　　　동사'

Part 5

Step 3

---

01 We have not determined ------- the anniversary party will be held at the Hilton Hotel or in Herry Park.   (A) regarding   (B) either   (C) nearby   (D) whether

해석 우린 창사 기념 파티를 힐튼 호텔에서 열 것인지 헤리 공원에서 열 것인지 결정하지 못했다.

구조분석
　　　　　　　　　　　　　　　명사절 접속사　　　주어'　　　　　　동사'
We / have not determined / ------- the anniversary party / will be held (at the Hilton Hotel or in Herry Park).
주어　　　동사　　　　　　　　　　　　　　　　　　　　　　목적어절

해설 빈칸에 적절한 접속사를 선택하는 구조분석 문제이다. 문장의 동사는 have not determined. will be held로 2개가 위치했는데 접속사가 없으므로 빈칸은 접속사 자리라는 것을 알 수 있다. 따라서 전치사 regarding과 부사 nearby. 그리고 형용사나 부사로 쓰이는 either는 절을 이끌 수 없으므로 오답이다. 따라서 정답은 보기 중 유일한 접속사 whether이다.

어휘 determine 결정하다 whether ~인지 아닌지 anniversary 기념일 be held 열리다 regarding ~에 관하여 either (둘 중) 어느 하나 nearby 인근의, 가까운 곳의

---

02 All the sales representatives should return the application form to the Human Resources by tomorrow, ------- they plan to attend the marketing seminar.
(A) whether or not   (B) in addition to   (C) in spite of   (D) regardless of

해석 모든 영업사원들은 마케팅 세미나에 참석하기로 계획되어 있든지 없든지 신청서를 인사부로 제출해야 한다.

구조분석
(All) the sales representatives / should return / the application form (to the Human Resources)
　　　　주어1　　　　　　　　　　동사1　　　　　　목적어1

(by tomorrow), // ------- they / plan / to attend / the marketing seminar.
　　　　　　　　　接속사 주어2 동사2　　　　목적어 (to부정사구)

해설 빈칸에 알맞은 접속사를 넣는 구조분석 문제이다. 빈칸 뒤에 [주어 + 동사]가 이어지고 있으므로 빈칸은 접속사 자리이다. 전치사 in addition to. in spite of. regardless of는 절을 받을 수 없으므로 오답이다. 따라서 정답은 접속사 whether or not이다.

어휘 sales representative 영업 담당 사원 return 제출하다 application 지원서, 신청서 form 서식 attend 참석하다

Lesson 04 ● 부사절을 이끄는 접속사 Test
▶ 본책 p. 171

Step 1 생략(아래 정답 표기 참조)　　Step 2 01 (B) 02 (A) 03 (B)　　Step 3 01 (D) 02 (D)

Step 1

---

01 As the company grew, / its market share increased as well.
　　　　　　부사절　　　　　　　　　　　　주절

해석 회사가 성장하면서 시장 점유율도 증가하였다.

구조분석 **As** the company / grew, // its market share / increased (as well).
　　　　　　接속사　　주어1　　　동사1　　　주어2　　　　동사2

해설 쉼표 앞에 부사절, 뒤에 주절이 와 있는 구조로, 접속사 As가 부사절을 이끌고 있다. 부사절은 부사이므로 접속사 뒤에 따라오는 부사절을 생략해도 주절인 전체 문장에는 영향을 주지 않는다. 즉 나머지 주절은 혼자서도 완전한 문장이 되어야 한다.

어휘 grow 성장하다 market share 시장 점유율 increase 증가하다 as well ~뿐만 아니라, ~도

---

02 When the presentation has ended, / you can ask any questions.
　　　　　　　　　부사절　　　　　　　　　　　　　　　　주절

해석 발표가 끝나고 나면, 여러분은 무슨 질문이든 해도 됩니다.

구조 분석 **When** the presentation / has ended, // you / can ask / (any) questions.
　　　　접속사　　　주어1　　　동사1　　　주어2　동사2　　　목적어

해설 쉼표 앞에 부사절, 뒤에 주절이 온 구조로, 시간 접속사 when이 부사절을 이끌고 있다. 이와 같이 부사절은 주로 쉼표로 주절과 분리한다. 부사절을 보면 주어 the presentation. 동사 has ended가 위치하였고, end는 자동사이므로 이 문장은 완전한 문장이다. 부사절을 제외한 주절은 항상 완전한 문장이지만, 부사절 안에도 완전한 문장이 동반된다는 것을 기억해 두자.

어휘 presentation 발표, 프레젠테이션 end 끝나다 ask 묻다

---

03 The research team left for the meeting, / although they had not been informed of the schedule.
　　　　　　　주절　　　　　　　　　　　　　　　　　　　　　　부사절

해석 일정에 대해 통지받지 못했음에도 불구하고 연구팀은 회의를 하러 나섰다.

구조 분석 The research team / left (for the meeting), // **although** they / had not been informed (of the schedule).
　　　　주어1　　　　　동사1　　　　　　　　　접속사　주어2　　　　동사2

해설 쉼표 앞에 주절, 뒤에 부사절이 온 구조로, 양보의 의미를 나타내는 접속사 although가 부사절을 이끌고 있다. 양보절은 '~임에도 불구하고'라는 의미로 앞뒤 문장에 상반된 내용이 온다. 주절의 내용은 '연구팀이 회의하러 떠났다'는 내용이고, 부사절은 '그들은 일정을 통보받지 못했다'는 의미로 일정을 통보받지 못했음에도 불구하고 회의를 하러 갔다는 양보의 의미를 나타내는 접속사가 쓰인 문장이다.

어휘 research 연구, 조사 although (비록) ~이긴 하지만 inform 알리다, 통지하다

Step 2

01 The laborers are still expected to work from 10 A.M. to 5 P.M. ------- the new machine is installed. (A) during (B) while

해석 새로운 기계가 설치되는 동안 근로자들은 여전히 오전 10시부터 오후 5시까지 근무할 것으로 예상된다.

구조 분석 The laborers / are (still) expected / to work (from 10 A.M. to 5 P.M) // ------- the new machine / is installed.
　　　　주어　　　　동사1　　　　보어 (to부정사구)　　　　　　접속사　　주어2　　　동사2

해설 전치사와 접속사를 구분하는 문제이다. 빈칸 뒤로 동사 is installed가 있으므로 빈칸은 접속사 자리이다. 전치사 during과 접속사 while은 의미상 '~동안에'라는 유사한 의미를 가지고 있으나 전치사 during은 명사나 명사 상당어구들을 받으므로 탈락. 정답은 접속사 while이다.

어휘 laborer 노동자, 근로자 expect 예상하다, 기대하다 machine 기계 while ~동안에 install 설치하다

---

02 ------- the economy is recently showing an upward trend, experts expect that it will recover by the end of this year. (A) Because (B) What

해석 경기가 최근 상향하는 추세를 보이기 때문에 전문가들은 올해 말까지는 경기가 회복될 것이라고 예상한다.

구조분석

------ the economy / is (recently) showing / an (upward) trend, // experts / expect / **that** it / will
접속사 　　　주어1　　　　동사1　　　　　목적어　　　　주어2　　동사2 ^{명사절
접속사 주어' 동사'} 목적어절

recover (by the end) (of this year).

해설 부사절 접속사와 명사절 접속사를 구분하는 문제이다. 부사절은 주로 쉼표로 주절과 구분되어 있고, 부사이므로 생략하더라도 주절에 영향을 끼치지 않는다. 따라서 지금 쉼표 앞은 부사절임을 알 수 있다. 따라서 명사절 접속사로 불완전한 문장을 이끄는 what은 오답이다. 부사절 접속사 because 뒤에는 원인이 나오고, 주절에서는 결과가 언급되어 인과관계를 형성한다.

어휘 economy 경기, 경제　recently 최근에　upward 위쪽을 향한　trend 동향, 추세　expert 전문가　recover 회복되다

---

03 ------ the conference is over, staff from the accounting department will submit all reports by the end of the day.　(A) Who　(B) When

해석 회의가 끝나면 회계부서의 직원들은 업무 마감시간까지 모든 보고서들을 제출해야 한다.

구조분석

------ the conference / is / over, // staff (from the accounting department) / will submit / (all)
접속사　　주어1　　동사1　보어　　주어2　　　　　　　　　　　　　　　　동사2

reports (by the end of the day).
목적어

해설 부사절 접속사를 선택하는 문제이다. 쉼표 앞에 완전한 문장이 오고 있고, 그 문장은 생략되어도 주절에 영향을 주지 않으므로 빈칸에는 부사절 접속사가 와야 한다. 따라서 시간 접속사 When이 정답이다. Who는 주로 앞에 사람 선행사를 받고 뒤에 불완전한 문장을 받는 관계사로 쓰인다.

어휘 conference 회의, 학회　over 끝이 난　staff 직원들　accounting 회계　department 부서, 부처　submit 제출하다

Step 3

01 The dispatching department has received your request and will inform you ------ the documents are ready.　(A) but　(B) so　(C) than　(D) once

해석 발송 부서에서는 귀하의 요청을 접수했으며, 서류가 준비되는 대로 귀하에게 통지할 것입니다.

구조분석

The dispatching department / has received / (your) request // **and** will inform / you // ------ the
주어　　　　　　　　　　　동사1　　　　목적어1　　접속사　동사2　목적어2　접속사

documents / are / ready.
주어2　　　동사3　보어

해설 빈칸 뒤에 동사 are가 왔으므로 빈칸은 접속사 자리이다. 주절은 '발송부서가 귀하의 요청을 접수했으며 귀하에게 통지할 것이다'라는 내용이고, 부사절은 '서류가 준비되다'라는 내용이다. 문맥상 서류가 준비되자마자 통지할 것이라는 의미이므로 정답은 조건의 부사절 접속사 once이다. 역접의 내용이 아니므로 등위접속사 but은 탈락, 주로 뒤에 결과가 나오는 등위접속사 so도 적절하지 않다. than은 전치사와 접속사로 둘 다 쓰일 수 있으나 비교 대상이 필요하므로 오답이다.

어휘 dispatch 발송하다, 보내다　department 부서, 부처　receive 받다, 받아들이다　request 요청, 신청　inform 알리다, 통지하다　document 서류, 문서

---

02 Please take an alternative way ------ the Central City Street repairs began last week.
(A) how　(B) yet　(C) before　(D) since

해석 지난주에 센트럴 시티가의 도로 보수가 시작되었기 때문에 다른 길을 이용해 주십시오.

구조분석

(Please) take / an (alternative) way // ------ the Central City Street repairs / began (last week).
동사1 (명령문)　　　　목적어　　　접속사　　　　　주어　　　　　　동사2

해설 빈칸 뒤에 동사 began이 위치하였으므로 빈칸은 접속사 자리이다. 앞뒤 문맥상 부사절에서는 '원인'을 언급하고 있으므로 정답은 '~ 때문에'라는 의미를 가진 부사절 접속사 since이다. how는 명사절 접속사이므로 탈락, yet은 접속사로 쓰일 때 '그렇지만, 그런데도'라는 의미로 역접을 이끌기 때문에 문맥상 적절하지 않고, before 또한 시간상의 전후관계를 나타내고 있지 않으므로 적절하지 않다. 참고적으로 since는 전치사와 접속사로 쓰이는데, 전치사일 경우에는 '~이래로'라는 의미만 가지고, 접속사일 경우에는 '~이래로'라는 의미와 함께 '~ 때문에'라는 의미도 가진다는 것을 기억해 두자.

어휘 alternative 대안이 되는   way 길   repair 수리, 보수   begin 시작하다

Lesson 05 ● 접속사 뒤에 주어가 없는 경우 Test ▶ 본책 p. 174

Step 1 생략(아래 정답 표기 참조)   **Step 2** 01 (B) 02 (A) 03 (B)   **Step 3** 01 (B) 02 (A)

Step 1

01 The assistant manager wrote a memo while answering a phone.
접속사 (부사절): 주어 생략, 동사→분사

해석 차장은 전화를 받으면서 메모를 적었다.

구조분석 The assistant manager / wrote / a memo // [**while** answering / the phone].
　　　　　주어　　　　　　　　동사　　목적어　　　　　[분사구문]

⇨ The assistant manager / wrote / a memo // [**while** he was answering / the phone].

해설 부사절의 주어가 생략되면서 동사는 분사가 된다. 접속사 while이 이끄는 원래 문장은 while he was answering the phone이었으나, 주절과 동일한 주어 he가 생략이 되면서 뒤의 동사 was answering이 현재분사 answering으로 바뀌었다.

어휘 assistant manager 차장, 부팀장   write 쓰다   answer 대답하다, 대응하다

---

02 You must wear a helmet and carry one flashlight when entering the mines.
접속사 (부사절): 주어 생략, 동사→분사

해석 광산에 들어갈 때는 헬멧을 쓰고 손전등을 가져가야 합니다.

구조분석 You / must wear / a helmet // **and** carry / one flashlight // [**when** entering / the mines].
　　　　　주어　동사1　　목적어1　접속사　동사2　　목적어2　　　　　[분사구문]

⇨ You / must wear / a helmet / **and** (you must) carry / one flashlight // [**when** you enter / the mines].

해설 부사절 접속사 when 뒤의 동일 주어가 생략되며, 부사절의 동사가 분사로 바뀌면서 entering이 들어간 구조이다. 주어가 생략되기 전의 문장은 when you enter the mines인데 주절의 주어와 동일하므로 주어를 생략하고, 능동 동사 enter 대신 현재분사 entering이 들어갔다.

어휘 wear 입다   carry 들고 있다, 나르다   flashlight 손전등   mine 광산

---

03 Tara Software employees can choose whether to work in the offices or at home.
접속사 (명사절): 주어생략, 동사 → to부정사

해석 타라 소프트웨어사의 직원들은 회사에서 일할지 집에서 일할지 선택할 수 있다.

구조분석
　　　　　　　　　　　　　　　　명사절 접속사 + to부정사
Tara Software employees / can choose / **whether** to work (in the offices or at home).
　　　　주어　　　　　　　　　동사　　　　　　　　목적어절

⇨ Tara Software employees / can choose / **whether** they work (in the offices or at home).

해설 이 문장에서 whether가 이끄는 절은 문장의 본동사 can choose의 목적어 역할을 하는 명사절이다. 따라서 명사절의 동일 주어가 생략

이 되면서 동사 대신 to부정사로 to work가 들어간 구조이다. 주어가 생략되기 전의 문장은 whether they work in the offices or at home이다.

어휘 choose 선택하다, 고르다 **whether** ~인지 **office** 근무처, 사무소

Step 2

---

01 ------- contacting a bank representative for any assistance, be sure to have your account number with you.   (A) During   (B) When

 해석 어떤 도움을 받기 위해서든지 은행 직원과 연락할 때는 귀하의 계좌번호를 반드시 지참하시길 바랍니다.

구조분석
[------- contacting / a bank representative (for any assistance)], be sure / to have / (your) account
　　　　　　[분사구문]　　　　　　　　　　　　　　　　　　　　　　동사　　동사'　목적어'
　　　　　　　　　　　　　　　　　　　　　　　　　　　　　　　　동사　　목적어 (to부정사구)

number (with you).
　⇨ [**When** you contact / a bank representative (for any assistance)], / be sure / to have / your account
　　　number with you.

해설 빈칸 뒤를 보면 현재분사 contacting이 목적어 a bank representative를 받고 있다. 따라서 부사절 접속사의 주어가 생략이 되면서 동사가 현재분사로 바뀐 것임을 알 수 있다. 따라서 빈칸에 적절한 것은 부사절 접속사 When이다.

어휘 contact 연락하다 representative 담당자 assistance 도움 account 계좌 be sure to + 동사원형 꼭 ~을 해라

---

02 Those workers who didn't register this morning are required to do so now; ------- , you will not get paid for the full day.   (A) otherwise   (B) therefore

해석 오늘 아침 등록하지 않은 인부들은 지금 바로 할 것이 요구됩니다. 그렇지 않으면, 하루치 임금을 받지 못할 것입니다.

구조분석
(Those) workers [who / didn't register (this morning)] / are required / to do so now; (-------),
　　　　주어1　　　[관계대명사절]　　　　　　　　　　동사1　　보어 (to부정사구)　(접속부사)

you / will not get paid (for the full day).
주어2　　동사2

해설 빈칸은 세미콜론(;)과 쉼표 사이에 위치한 접속부사 자리로, 앞뒤 문장을 자연스럽게 연결하는 적절한 접속부사를 선택하는 문제이다. 접속부사 otherwise는 '~하지 않으면'이라는 의미로 '오늘 아침 등록하지 않은 인부들은 지금 바로 등록하지 않으면 하루치 임금을 받을 수 없다'는 문맥이므로 otherwise가 정답이다. therefore는 '그러므로'라는 의미로 뒤에 결과가 나와야 하므로 적절하지 않다. 참고적으로 접속부사는 접속사가 아니라 '부사'이므로 접속사의 기능은 가지고 있지 않다는 것을 반드시 기억해두자.

어휘 register 등록하다 require 필요하다, 요구하다 otherwise 그렇지 않으면 get paid 봉급을 받다 therefore 그러므로, 그러니

---

03 The car endorsement will not be legitimate ------- signed by both the seller and the buyer.
(A) without   (B) until

해석 판매자와 구매자가 둘 다 서명하기 전까지 차량 보증은 합법적이지 않다.

구조분석
The car endorsement / will not be / legitimate // [------- signed (by both the seller and the buyer)].
　　　주어　　　　　　동사　　　보어　　　　　　[분사구문]

　⇨ The car endorsement will not be legitimate until it is signed by both the seller and the buyer.

해설 전치사와 접속사 중 빈칸에 알맞은 품사를 넣는 문법 문제이다. 빈칸 뒤에는 signed라는 과거분사가 왔으므로 부사절의 주어가 생략되면서 수동태 동사가 과거분사로 바뀐 구조라는 것을 파악할 수 있어야 한다. 주어가 생략되기 전의 문장은 until it is signed by both the seller and the buyer로 여기의 주절과 동일한 주어 it이 생략되면서 수동태 동사 is signed가 과거분사 signed로 바뀌었다. 따라서 정답은 접속사 until(~때까지)이다. without은 '~없이'라는 의미의 전치사이다. 부사절의 주어가 생략될 때 동사가 분사로 바뀌는데 이 때 능동이면 현재분사, 수동이면 과거분사로 바뀐다는 것을 기억하자.

어휘 car endorsement 차량 보증 **legitimate** 정당한, 합법적인 **sign** 서명하다 **seller** 판매자 **buyer** 구매자 **until** ~때까지 **without** ~없이

Step 3

01 ------- preparing to make a speech to the public, check that audio system is working properly. (A) How (B) When (C) During (D) Since

해석 대중을 위한 연설을 준비할 때 오디오 시스템이 잘 작동하는지 체크하세요.

구조분석 [------- preparing / to make a speech (to the public)], check / **that** the audio system / is working
[분사구문] / 동사 (명령문) / 목적어절 (주어', 동사')
(properly).

해설 빈칸에 적절한 접속사를 넣는 문법 문제이다. 빈칸 뒤는 현재분사 preparing이 목적어로 to부정사를 받고 있는 구조로 부사절의 주어가 생략되었음을 알 수 있다. 따라서 우선 보기 중 전치사인 During은 소거한다. 그리고 부사절 접속사가 들어갈 자리이므로 명사절을 이끄는 접속사 How도 소거한다. When과 Since 중 '대중들을 위한 연설을 준비할 때 오디오 시스템이 잘 작동하는지 체크하라'는 문맥이 자연스러우므로 정답은 When이다. Since는 접속사로 '~ 때문에'라는 의미와 '~이래로'라는 두 가지 의미를 가진다. '~ 때문에'라는 의미로 쓰일 때는 뒤에 원인이 나온다. 그리고 '~이래로'라는 의미일 때는 Since가 이끄는 부사절에는 과거시제, 주절에는 현재완료 시제와 함께 나온다는 것을 기억해두자.

어휘 prepare 준비하다 speech 연설, 담화 public 대중 properly 제대로, 적절히

02 ------- Elizabeth has been writing articles for five years, she has only been working as a journalist for a short time. (A) Although (B) Despite (C) However (D) But

해석 엘리자베스는 기사를 쓴지 5년이 되었지만, 기자로 일한 것은 얼마 되지 않았다.

구조분석 ------- Elizabeth / has been writing / articles (for five years), // she / has (only) been working
접속사 주어1 동사1 목적어 주어2 동사2
(as a journalist) (for a short time).

해설 빈칸에 알맞은 접속사를 넣는 문법 문제이다. 빈칸 뒤에 [주어 + 동사]의 절이 나오고 있으므로 빈칸은 접속사 자리이다. 따라서 우선 전치사 Despite와 문두에 나올 수 없는 등위접속사 But을 소거한다. However는 접속부사와 접속사로 쓰이는데, 부사절 접속사를 이끄는 However는 [However + 형용사/부사 + 주어 + 동사, 주어 + 동사]의 형태로 양보절을 이끌어 '아무리 ~하더라도(= no matter how)'라는 의미를 갖는데, 위의 문장 구조는 빈칸 뒤가 [주어 + 동사~]의 구조로 어순이 일치하지 않으므로 오답이다. 따라서 정답은 양보절을 이끄는 부사절 접속사로 '~이긴 하지만'이라는 의미의 Although이다.

어휘 although (비록) ~이긴 하지만 write 쓰다 article 글, 기사 journalist 저널리스트, 기자

Chapter 07 ● Practice Test ▶ 본책 p. 175

01 (A) 02 (B) 03 (C) 04 (B) 05 (A) 06 (A) 07 (B) 08 (A) 09 (A) 10 (D) 11 (D) 12 (A)

01 ------- Mr. Lopez is able to adjust his presentation, the departure date will be rescheduled for May 10. (A) Assuming (B) Excluding (C) Otherwise (D) Furthermore

해석 로페즈 씨가 발표를 조정할 수 있다면, 출발 날짜는 5월 10일로 변경될 것이다.

구조 분석	------- Mr. Lopez / is / able (to adjust / his presentation), // the departure date / will be rescheduled

접속사　　　주어　　동사　　보어　　　　　　　　　　　　　　　　　　　　　　　　　주어2　　　　　　　동사2

(for May 10).

해설	빈칸에 알맞은 품사를 찾는 구조분석 문제이다. 빈칸 뒤는 주어(Mr. Lopez)와 동사(is)가 있는 절이므로 빈칸은 접속사 자리이다. 따라서 보기 중 유일한 접속사 Assuming이 정답이다. Excluding은 전치사, Otherwise와 Furthermore는 접속부사로 뒤에 절을 이끌 수 없으므로 오답이다. 접속부사는 '부사'로 접속사의 기능이 없다는 점에 유의하자.

어휘	**assuming (that)** 가령 ~라면, ~라고 가정하고　**be able to + 동사원형** ~할 수 있다　**adjust** 조정하다　**presentation** 발표, 프레젠테이션　**departure** 떠남, 출발　**reschedule** 일정을 변경하다　**excluding** ~을 제외하고　**otherwise** (만약) 그렇지 않으면　**furthermore** 뿐만 아니라, 더욱이

---

02 The professor is considering changing his curriculum ------- students will write only one essay instead of two.　(A) unless　(B) so that　(C) as though　(D) either

해석	그 교수는 학생들이 두 개 대신 하나의 에세이를 쓰도록 교육과정을 변경하는 것을 고려하는 중이다.

구조 분석	The professor / is considering / changing / his curriculum // ------- students / will write / (only)

주어1　　　　　동사1　　　　목적어 (동명사구)　　　　　　접속사　주어2　　동사2

one essay (instead of two).

목적어

해설	빈칸에 적절한 접속사를 넣는 어휘 문제이다. 빈칸 뒤에 주어(students)와 동사(will write)가 있으므로 빈칸은 접속사 자리이다. 우선 부사 either를 소거한다. 빈칸 앞뒤를 살펴보면 빈칸 앞은 '교수가 교육과정 변경을 고려한다.', 뒤는 '학생들은 두 개 대신 오직 한 개의 에세이를 쓰게 된다'는 문맥으로 뒷 절은 앞 절의 결과이다. 따라서 정답은 뒤에 결과가 오는 so that이다. unless는 '~하지 않는 한'이라는 의미로 조건을 나타내고, as though는 '마치 ~인 것처럼'이라는 의미로 문맥상 적절하지 않다.

어휘	**professor** 교수　**consider** 고려하다　**curriculum** 교육과정　**instead of** ~대신에　**unless** ~하지 않는 한　**so that** ~하도록　**as though** 마치 ~인 것처럼　**either** (둘 중) 어느 하나

---

03 All staff members must not leave the building ------- all the computers have been turned off.　(A) prior　(B) with　(C) until　(D) even

해석	전 직원들은 컴퓨터가 모두 꺼지기 전에는 빌딩을 나서면 안된다.

구조 분석	(All) staff members / must not leave / the building // ------- (all) the computers / have been turned off.

주어1　　　　　　동사1　　　목적어　　　접속사　　주어2　　　　　　동사2

해설	빈칸에 알맞은 품사를 넣는 구조분석 문제이다. 빈칸 뒤는 주어(all the computers)와 동사(have been turned off)가 있는 절이므로 빈칸은 접속사 자리이다. 따라서 보기 중 유일한 접속사 until이 정답이다. 형용사 prior, 전치사 with, 부사 even는 절을 이끌 수 없으므로 오답이다. 참고적으로 prior는 to와 함께 전치사로서 prior to(~이전에)의 형태로 자주 쓰인다.

어휘	**staff** 직원　**leave** 떠나다, 출발하다　**turn something off** 끄다　**prior** 이전의, 앞의　**even** ~조차

---

04 We have received your request for a refund, ------- can't process it unless you send the online receipt.　(A) although　(B) but　(C) unless　(D) nor

해석	귀하의 환불 요청을 받았으나, 귀하가 온라인 영수증을 보내주시지 않는 한 그것을 처리할 수 없습니다.

구조 분석	We / have received / (your) request (for a refund), // ------- can't process / it // **unless** you /

주어1　　동사1　　　　　　목적어1　　　　　　　　　접속사　　동사2　　목적어2　접속사　주어2

send / the online receipt.

동사3　　목적어3

해설	빈칸에 적절한 접속사를 선택하는 문법 문제이다. 빈칸 뒤에 동사 can't process가 주어 없이 나와 있는데, 이렇게 중복 주어 생략이 가능한 것은 등위접속사 but이다. 부사절 접속사 although와 unless는 주어가 생략될 경우 뒤의 동사가 분사로 바뀌므로 오답이다. nor는

'~도 (또한) 아니다'라는 의미이기 때문에 문맥상 적절하지 않다. nor는 주로 상관접속사로 neither A nor B(A, B 둘 다 아닌)의 형태로 출제된다.

어휘 receive 받다, 받아들이다　request 요청, 신청　refund 환불(금)　process 처리하다　unless ~하지 않는 한　receipt 영수증　although ~이긴 하지만　nor ~도 (또한) 아니다

---

05 It is neither efficient ------- wise for Joey Electronics to spend more money on advertising.
　　(A) nor　(B) but　(C) or　(D) both
해석 조이 전자사가 광고에 돈을 더 소비하는 것은 효율적이지도 않고 현명하지도 않다.

상관접속사
구조분석 It / is / **neither** efficient ------- wise (for Joey Electronics) / to spend / (more) money (on advertising).
　　　가주어　동사　　보어　　　　　　　　　　　　　　　　동사'　　목적어'
　　　　　　　　　　　　　　　　　　　　　　　　　진주어 (to부정사구)

해설 알맞은 상관접속사 짝을 짓는 문제이다. 빈칸 앞에 neither가 오고 빈칸 앞뒤로 efficient(형용사)와 wise(형용사)로 동일구조가 왔으므로 정답은 neither A nor B로 nor이다. but은 역접의 등위접속사로 문맥상 적절하지 않으므로 오답, or는 either A or B(A, B 둘 중 하나) 형태로 쓰이므로 오답, both는 both A and B(A, B 둘 다)의 형태로 쓰이므로 오답이다.

어휘 neither A nor B A, B 둘 다 아닌　efficient 능률적인, 효율적인　wise 지혜로운, 현명한　spend (돈을) 쓰다　advertising 광고

---

06 Applying for a membership can be done by both phone ------- Internet.
　　(A) and　(B) either　(C) nor　(D) or
해석 회원 신청은 전화와 인터넷 둘 다 이용해서 할 수 있다.

상관접속사
구조분석 Applying (for a membership) / can be done (by **both** phone ------- Internet).
　　　주어 (동명사구)　　　　　　　동사　[수식어구 (전치사 + 명사)]

해설 빈칸에 적절한 접속사를 넣어 상관접속사를 완성하는 문제이다. 빈칸 앞뒤로 phone(명사)과 Internet(명사) 동일 구조가 왔고, 앞에 both가 있으므로 and가 정답이다. either와 or는 either A or B로 쓰이고, nor는 neither A nor B의 형태로 쓰이므로 오답이다.

어휘 apply 신청하다, 지원하다　both A and B A, B 둘 다

---

07 Angela Andrews was hired as the new editor ------- she was the most qualified applicant.
　　(A) for　(B) because　(C) just　(D) following
해석 가장 자격을 갖춘 지원자였기 때문에 앤젤라 앤드류스는 새 편집장으로 고용되었다.

구조분석 Angela Andrews / was hired (as the new editor) // ------- she / was / the (most) (qualified) applicant.
　　　　　주어1　　　　　동사1　　　　　　　　　　접속사　주어2　동사2　　　　　　　　　　보어

해설 빈칸에 적절한 품사를 넣는 구조분석 문제이다. 빈칸 뒤는 주어(she)와 동사(was)가 온 절이므로 빈칸은 접속사 자리이다. 따라서 보기 중 접속사 because가 정답이다.

어휘 hire (사람을) 고용하다　editor 편집장　qualified 자격이 있는　applicant 지원자　following 그 다음의

---

08 The policy requires that all candidates bring a copy of ------- their passport or identification card.　(A) either　(B) both　(C) neither　(D) still
해석 회사 정책상 모든 지원자들은 여권이나 신분증의 사본을 가져와야 한다.

구조
분석

상관접속사

명사절 접속사 주어' 동사' 목적어'

The policy / requires / **that** (all) candidates / bring / a copy (of ------ their passport **or** identification

주어 동사 목적절

card).

해설 빈칸 뒤에 동일한 종류의 명사가 등위접속사 or로 연결되어 있기 때문에 or와 함께 쓰일 수 있는 상관접속사 either가 정답이다.

어휘 require ~을 요구하다. 요청하다 candidate 지원자 bring 가져오다. 지참하다.

---

09 ------ Mr. Hillman is not returning this week, he will send us an e-mail regarding the deal.

(A) Although   (B) Therefore   (C) Whether   (D) Moreover

해석 비록 힐먼 씨가 이번 주에 돌아오진 않지만, 그는 거래와 관련된 이메일을 우리에게 보낼 것이다.

구조
분석

------ Mr. Hillman / is not returning (this week), // he / will send / us / an e-mail (regarding the deal).

접속사 주어1 동사1 주어2 동사2 간목 직접목적어

해설 빈칸에 적절한 접속사를 선택하는 문법 문제이다. 빈칸은 뒤에 주어(Mr. Hillman)와 동사(is not returning)가 있는 절을 이끌고 있기 때문에 빈칸은 접속사 자리이다. 우선 보기 중 접속부사 Therefore와 Moreover는 소거한다. 정답은 '(비록) ~이긴 하지만'이란 양보의 의미의 부사절을 이끄는 접속사 Although이다. Whether는 '~인지 (아닌지)'라는 의미로 명사절을 이끈다.

어휘 although (비록) ~이긴 하지만 return 돌아오다 send 보내다. 발송하다 regarding ~에 관하여 deal 거래. 합의 therefore 그러므로, 그러니 whether ~인지 (아닌지) moreover 게다가. 더욱이

---

10 Employees in the game developing industry often talk about ------ well it suits those who enjoy playing new games.   (A) only   (B) there   (C) most   (D) how

해석 게임 개발 산업의 직원들은 그것이 새 게임들을 즐기는 사람들에게 얼마나 잘 맞는지에 대해 자주 이야기한다.

구조
분석

전치사 + [접속사 + 부사 / 주어' / 동사' / 목적어' (관계대명사절)]

Employees (in the game developing industry) / (often) talk [about ------ well / it / suits / those (who /

주어 동사 [수식어구 (전치사 + 명사절)]

enjoy playing new games)].

해설 빈칸에 적절한 접속사를 넣는 문법 문제이다. 빈칸은 전치사 about의 목적어로 명사절을 이끌고 있다. 그리고 빈칸 뒤에 형용사 well이 도치되어 있는 구조이므로 정답은 how이다. how는 명사절을 이끌며 [how + 형용사 / 부사 + 주어 + 동사]의 어순으로 온다. 부사 only. there와 대명사나 부사로 쓰이는 most는 절을 이끌 수 없다.

어휘 employee 직원 develop 개발하다 industry 산업 often 자주 well 잘. 제대로 suit 적합하다 enjoy 즐기다

---

11 The theatre will be closed to everyone ------ the whole building is being renovated.

(A) because   (B) however   (C) as if   (D) while

해석 전체 건물이 보수되는 동안 그 극장은 모두에게 폐쇄될 것이다.

구조
분석

The theatre / will be closed (to everyone) // ------ the (whole) building / is being renovated.

주어1 동사1 접속사 주어2 동사2

해설 빈칸에 알맞은 접속사를 넣는 어휘 문제이다. 빈칸 뒤는 주어(the whole building)와 동사(is being renovated)가 있는 절이므로 빈칸은 접속사 자리이다. 앞뒤 문장을 보면 주절은 '극장이 폐쇄될 것이다'는 내용이고, 뒤는 '건물 전체가 보수되는 중이다'라는 내용으로 이를 연결해주는 적절한 접속사는 '~하는 동안'이라는 의미의 while이다. 접속사 because는 뒤에 원인이 나와서 주절과 인과관계가 형성되어야 하므로 오답, however는 접속부사와 접속사로 쓰이는데, 부사절 접속사를 이끄는 however는 [however + 형용사/부사 + 주어 + 동사, 주어 + 동사]의 형태로 양보절을 이끌어 '아무리 ~하더라도(= no matter how)'라는 의미를 가지므로 위 문장의 구조와 일치하지 않으므로 오답이다. as if는 '마치 ~인 듯이'라는 의미로 문맥상 적절하지 않다.

어휘 theatre 공연장. 극장 close 폐쇄하다 while ~하는 동안 whole 전체의. 모든 renovate 개조하다. 보수하다 as if 마치 ~인 듯이

12 We will initiate this operation ------- we receive approval from the technical manager.
   (A) as soon as   (B) along with   (C) as well as   (D) whether

[해석] 기술부장의 승인을 받자마자 우리는 이 작업을 개시할 것이다.

[구조분석] We / will initiate / (this) operation // ------- we / receive / approval (from the technical manager).
주어1　　동사1　　　목적어1　　　접속사 주어2 동사2　　목적어2

[해설] 빈칸에 적절한 접속사를 넣는 문법 문제이다. 빈칸 뒤는 주어(we)와 동사(receive)가 위치한 절이므로 빈칸은 접속사 자리이다. 그리고 이 절은 생략되어도 주절에 영향을 끼치지 않는 부사절이므로 정답은 부사절을 이끄는 접속사 as soon as이다. along with는 전치사이므로 절을 이끌 수 없고, as well as는 '~에 더하여, 게다가'라는 의미로 문맥상 적절하지 않다. 그리고 whether는 '~인지 (아닌지)'라는 의미로 명사절을 이끈다.

[어휘] initiate 개시하다, 착수시키다   operation 활동, 작업   receive 받다, 받아들이다   approval 승인   technical 기술적인   as soon as ~하자마자   along with ~에 덧붙여   as well as ~에 더하여, 게다가   whether ~인지 (아닌지)

Chapter 08 관계사

Lesson 01 ● 관계사절은 명사를 수식하는 형용사 Test ▶ 본책 p. 179

Step 1 생략(아래 정답 표기 참조)　　Step 2 01 (A) 02 (A) 03 (A)　　Step 3 01 (A) 02 (B)

Step 1

01 All the employees know <u>that the company will make some of the workers redundant</u>.
　　　　　　　　　　　　　　　　　　　명사절

[해석] 직원들은 모두 회사가 일부 직원을 정리해고 할 것이라고 알고 있다.

[구조분석]
　　　　　　　　　　　　명사절 접속사　주어'　　　　동사'　　목적어'　　　　　　　목적보어'
All the employees / know / **that** the company / will make / some (of the workers) / redundant.
　　주어　　　　동사　　　　　　　목적어절 (that 절)

[해설] that이 이끄는 명사절이 문장의 동사 know의 목적어 역할을 하고 있다. that 이하는 완전한 문장을 이끌고 있고, know의 목적어로 직원들이 무엇을 알고 있는지에 대한 내용을 언급하고 있다. 명사절은 명사와 같이 문장에서 주어, 목적어, 보어의 역할을 할 수 있다.

[어휘] employee 직원   make someone redundant ~을 정리해고하다

02 <u>Although Alstra has seen an 14% decline in revenues</u>, its profits have remained the same.
　　　　　　　　부사절

[해석] 앨스트라 사의 수입은 14퍼센트 하락했지만 수익은 여전히 동일하다.

[구조분석] **Although** Alstra / has seen / an 14% decline (in revenues), // its profits / have remained / the same.
　　　　접속사　주어1　　동사1　　　목적어　　　　　　　주어2　　　동사2　　　보어

[해설] Although가 이끄는 완전한 문장이 부사로 위치한 문장이다. 부사절은 이와 같이 문두에 올 경우 주로 쉼표와 함께 잘 나오고, 생략하더라도 주절에 영향을 주지 않는다. 여기서 although는 양보의 부사절 접속사로 '~임에도 불구하고, ~이긴 하지만'이라는 의미를 가지고 있다.

[어휘] although ~이긴 하지만   decline 감소, 하락   revenue 수입   profit 이익, 수익   remain 계속 ~한 상태이다

03 Ms. Walsh received a call from an aircraft mechanic, and he said <u>that Ms. Walsh's items</u>

명사절

[which were lost during the flight] have been found.

[형용사절]

해석 월쉬 씨는 항공기 정비사로부터 전화를 받았는데, 그는 비행 중 분실됐던 월쉬 씨의 물건들을 찾았다고 말했다.

구조 분석 Ms. Walsh / received / a call (from an aircraft mechanic), // **and** he / said / **that** Ms. Walsh's items

주어1 　　　동사1　　　 목적어 　　　　　　　　　　　　　　 접속사 주어2 동사2　　　　　목적어절

　명사절
　접속사　　주어'

관계사　　동사''　　　　　　　　 동사'
[(**which** / were lost (during the flight)] / have been found.]

해설 동사 said의 목적어 자리에 that절이 왔고, 주격 관계대명사 which가 이끄는 형용사절이 바로 앞에 위치한 선행사 items(that절의 주어)를 꾸며주고 있다. 관계사절은 이와 같이 선행사(선행명사)를 수식해주는 역할을 하기에 관계사절을 형용사절이라고 부르기도 한다.

어휘 receive 받다, 받아들이다 　aircraft 항공기 　mechanic 정비공 　lose 잃다, 분실하다 　flight 비행

Step 2

01 At the Kings Hotel, special pillows and beds are available on request for ------- with allergy issues. 　(A) those 　(B) whose

해석 킹즈 호텔에서는 요청하면 알레르기를 가지고 있는 이들을 위한 특수한 베개와 침대가 이용 가능하다.

구조 분석 (At the Kings Hotel), special pillows and beds / are / available / (on request) (for ------- with allergy

주어 　　　　　　　 동사 　 보어

issues).

해설 빈칸에 알맞은 대명사를 넣는 문제이다. 빈칸 앞에는 전치사 for, 뒤에도 전치사 with가 왔으므로 대명사로 쓰일 수 있는 those가 정답이다. 소유격 관계대명사 whose는 관계사절에 소유격이 빠진 것을 대신하므로 뒤에 완전한 문장을 받기 때문에 오답이다.

어휘 special 특수한 　pillow 베개 　available 이용할 수 있는 　on request 요청하면, 신청하면 　allergy 알레르기 　issue 문제

---

02 We will send an e-mail to remind them when the library books ------- they have borrowed should be returned. 　(A) that 　(B) because

해석 우리는 그들이 대여한 도서관 책들의 반납 일자가 되면 반납을 상기시키기 위해 이메일을 보낼 것이다.

　　　　　　　　　　　　　　　　　　　　　　　　　　　　　　주어3 　동사3
구조 분석 We / will send / an e-mail (to remind them) // **when** the library books (------- they / have borrowed) /

주어1 　동사1 　　　목적어 　　　　　　　　　　　 접속사 　　　주어2 　　　　　　(관계사절)

should be returned.

동사2

해설 빈칸에 알맞은 관계사를 넣는 문법 문제이다. 빈칸은 when이 이끄는 부사절 안에서 library books를 선행사로 받는 관계사가 들어가야 할 자리이므로 정답은 that이다. 여기서 that은 목적격 관계대명사로 뒤의 관계사절은 목적어가 빠져 있는 구조이고, 앞의 선행사 books를 수식하고 있다. because는 인과관계를 나타내는 부사절 접속사이므로 앞의 선행사를 받을 수 없다.

어휘 send 보내다, 발송하다 　remind 상기시키다 　library 도서관 　borrow 빌리다 　return 반납하다

03 There are some questions as to ------- Colin Holfield will be eligible to play in the tournament.

(A) whether　(B) so

해석 콜린 호필드 씨가 토너먼트에서 경기할 자격이 있는지에 관한 약간의 의문들이 있었다.

구조 분석

명사절 접속사　　　주어´　　　　동사´　　　보어(to부정사)

There / are / some questions [as to / ------- Colin Holfield / will be eligible / to play (in the tournament)].
동사　　　주어　　　　　　　　　　　　　　　　　　　　　[전치사 + 목적어(명사절)]

해설 빈칸에 알맞은 접속사를 선택하는 문제이다. 빈칸 앞에 전치사 as to가 위치했으므로 빈칸은 뒤의 문장이 전치사의 목적어 역할을 할 수 있도록 이끄는 명사절 접속사 자리임을 알 수 있다. 따라서 정답은 whether로, 'Colin Holfield씨가 토너먼트에서 경기할 자격이 있는지 없는지~'라는 문맥을 형성하고 있다. 등위접속사 so는 전치사의 목적어로 들어가서 명사절을 이끌 수 없으므로 오답이다.

어휘 as to ~에 관해서는　be eligible to + 동사원형 ~할 자격이 있다　tournament 토너먼트　whether ~인지 (아닌지)

Step 3

01 Sports drinks ------- are often used to replenish energy levels, are a great help to athletes.

(A) which　(B) they　(C) because　(D) who

해석 에너지를 보충해주는 데 자주 이용되는 스포츠 음료는 운동선수들에게 큰 도움이 된다.

구조 분석

　　　　　　관계대명사　　동사2

Sports drinks [which / are often used / to replenish energy levels], / are / a (great) help (to athletes).
주어1　　　　　　　　　[관계사절]　　　　　　　　　　동사1　　보어

해설 빈칸에 알맞은 관계사를 선택하는 문법 문제이다. 빈칸 앞에는 Sports drinks라는 사물, 뒤에는 동사 are often used가 위치했으므로 사물을 선행사로 받는 주격 관계대명사 which가 정답이다. 여기서 which가 이끄는 관계사절은 앞의 선행사 Sports drinks를 수식하는 형용사절의 역할을 하고 있다. 문장에 동사가 are used와 뒤에 are 2개가 있으므로 접속사 기능이 없는 they는 오답, 그리고 부사절을 이끄는 접속사 because는 선행사를 받을 수 없으므로 오답, who는 사람을 선행사로 받는 주격 관계대명사이므로 사물인 Sports drinks를 선행사로 받을 수 없으므로 오답이다.

어휘 drink 음료, 마실 것　replenish 다시 채우다, 보충하다　athlete 운동선수

02 Specialists ------- are actively involved in research and development are great assets to our company.　(A) which　(B) who　(C) and　(D) although

해석 연구개발에 활발히 몰두하는 전문가들은 우리 회사의 큰 자산이다.

구조 분석

　　　　　　관계대명사　　동사2

Specialists [------- / are (actively) involved / (in research and development)] / are / (great) assets
주어1　　　　　　　　　[관계사절]　　　　　　　　　　동사1　　보어

(to our company).

해설 빈칸에 알맞은 관계사를 선택하는 문법 문제이다. 빈칸 앞에는 관계사의 선행사이자 문장의 주어 역할을 하는 사람명사 Specialists가 위치했고, 뒤에는 동사 are actively involved가 위치했으므로 사람을 선행사로 받는 주격 관계대명사 who가 정답이다. which는 사물을 선행사로 받는 주격 관계대명사이므로 사람명사 Specialists를 선행사로 받을 수 없으므로 오답, 등위접속사 and는 앞뒤로 대등한 구조가 와야 하므로 적절하지 않다. 또한 양보 부사절을 이끄는 접속사 although는 바로 뒤에 동사가 위치할 수 없으므로 오답이다.

어휘 specialist 전문가　actively 활발히, 적극적으로　be involved in ~에 몰두하다　research 연구　development 개발　asset 자산

Lesson 02 ● 관계사의 특징 Test
▶ 본책 p. 181

Step 1 생략(아래 정답 표기 참조)	**Step 2** 01 (A) 02 (A) 03 (B)	**Step 3** 01 (D) 02 (B)	

Step 1

01 The scientist who invented this year's most notable discovery was awarded the Nobel
선행명사 사람: the scientist, 주격 관계대명사: who

Peace Prize.

해석 올해의 가장 주목할 만한 발견을 한 과학자에게 노벨 평화상이 수여됐다.

구조분석
　　　　　　 관계대명사　 동사'　　　　　　　 목적어'
The scientist [**who** / invented / (this year's) (most notable) discovery] / was awarded / the Nobel
　　주어　　　　　　　　　　　　　　[관계사절]　　　　　　　　　동사　　　　　 목적어

Peace Prize.

해설 사람을 받는 주격 관계대명사 who가 선행사로 scientist를 받고 있다. who는 [접속사 + 대명사]의 역할을 하는 관계대명사로, 관계사절에서 주어 역할을 하고 있다.

어휘 scientist 과학자　invent 발명하다　notable 주목할 만한, 중요한　discovery 발견　award 수여하다

02 Flaxo developed a new contact lens for people who experience eye dryness in a matter of
a few hours. 선행명사 사람: people, 주격 관계대명사: who

해석 플락소는 몇 시간만에 눈에 건조함을 느끼는 사람들을 위한 새로운 콘택트렌즈를 개발했다.

구조분석
　　　　　　　　　　　　　　　　　 관계사　　 동사'　　　　목적어'
Flaxo / developed / a new contact lens (for people) [**who** / experience / eye dryness (in a matter
　주어　　 동사　　　　　　　목적어　　　　　　　　　　　　　　 [관계사절]

of a few hours)].

해설 관계대명사 who가 관계사절을 이끌면서 사람 선행사 people을 수식하고 있다. 관계대명사 who는 [접속사 + 대명사]의 역할을 하는데, 여기서는 and they(= people)의 의미를 대신하고 있다. 주격 관계대명사이므로 관계사절에서 주어 역할을 하고 있으며 뒤의 동사는 선행사와 수일치를 시켜주었다.

어휘 develop 개발하다　contact lens 콘택트렌즈　experience 겪다, 경험하다　dryness 건조(한 상태)　in a matter of a few hours 몇 시간 만에

03 Edinburgh University Library has rare book collections which are internationally renowned.
선행명사 사물: collections, 주격 관계대명사: which

해석 에딘버러 대학 도서관은 국제적으로 명성이 있는 희귀한 책들을 소장하고 있다.

구조분석
　　　　　　　　　　　　　　　　　　　　 관계사　 동사'　　　　보어'
Edinburgh University Library / has / rare book collections [**which** / are / (internationally) renowned].
　　　　주어　　　　　　　 동사　　　 목적어　　　　　　　　　　　[관계사절]

해설 주격 관계대명사 which가 선행사로 사물명사 collections를 받고 있다. 관계대명사 which는 사물을 선행사로 받고, and they(접속사 + 대명사)의 역할을 하고 있다. 이때 관계사절의 동사는 선행사와 수일치를 시켜준다.

어휘 rare 드문, 희귀한　collection 수집품, 소장품　internationally 국제적으로　renowned 명성이 있는

---

01 If our server detects a number of errors, it can automatically call in a ------- who can show up at the customer's site.　(A) technician　　(B) technology

해석 우리 서버가 다수의 에러들을 감지하면, 그것은 자동으로 고객이 있는 곳에 갈 수 있는 기술자를 부를 것이다.

구조분석
관계사

If (our) server / detects / a number of errors, // it / can (automatically) call in / (a -------) [who
접속사　　주어1　　　동사1　　　목적어　　　주어2　　　동사2

동사'
show up (at the customer's site)].
[관계사절]

해설 빈칸에 who의 선행사로 알맞은 명사를 선택하는 문제이다. 주격 관계대명사 who는 선행사로 사람을 받으므로 정답은 사람명사 technician이다. technology는 사물명사이므로 관계대명사 which로 받아야 한다.

어휘 detect 발견하다, 감지하다　a number of 많은, 다수의　automatically 자동적으로　call in 부르다　technician 기술자, 기사　show up 나타나다　customer 손님, 고객　site 위치, 장소

---

02 Please review all of the following conditions ------- were included in the contract.
(A) that　　(B) there

해석 계약서에 포함된 다음 조건들을 모두 검토해 주십시오.

구조분석
관계사　　　　동사'

Please review / all of the following conditions [------- / were included / (in the contract)].
동사(명령문)　　　　목적어　　　　　　　[관계사절]

해설 빈칸에 알맞은 관계사를 넣는 문제이다. 빈칸 앞에 conditions라는 명사가 위치했고, 뒤에 동사 were included가 왔으므로 앞의 명사를 선행사로 받으면서 뒤에 있는 동사의 주어 역할을 할 수 있는 관계대명사 that이 정답이다. there는 접속사의 기능이 없으므로 오답이다.

어휘 review 검토하다　condition 조건　include 포함하다　contract 계약(서)

---

03 The survey indicates ------- the public's demand has been rising over the past couple of months.　(A) what　(B) that

해석 설문조사는 대중들의 요구가 지난 몇 달간 증가해 왔다는 것을 보여준다.

구조분석
접속사　　　　주어'　　　동사'

The survey / indicates / ------- the (public's) demand / has been rising (over the couple of months).
주어　　　동사　　　　　　　　목적어절

해설 빈칸에 적절한 연결어를 선택하는 문제이다. 빈칸 앞 동사 indicates가 위치했고, 빈칸 뒤로는 [주어 + 동사(자동사)]의 완전한 문장이 오고 있다. 따라서 정답은 완전한 문장을 이끄는 접속사 that이 정답이다. what은 관계형용사로 쓰일 경우를 제외하고는 불완전한 문장을 이끌기 때문에 오답이다.

어휘 survey (설문)조사　indicate 나타내다, 보여주다　public 일반인[대중]의　demand 요구(사항)　rise 오르다

01 Factory employees ------- wish to interview for internal promotions must submit an application this week.   (A) which   (B) whose   (C) what   (D) who

해석 내부 승진을 위한 인터뷰를 원하는 공장 직원들은 이번 주에 반드시 신청서를 제출해야 한다.

구조 분석
관계대명사 동사´ 목적어´
Factory employees [------- / wish / to interview (for internal promotions)] / must submit /
주어   [관계사절]   동사

an application (this week).
목적어

해설 빈칸에 적절한 관계사를 선택하는 문법 문제이다. 빈칸 앞은 사람명사 employees가 위치했고, 빈칸 뒤는 동사 wish가 이어지고 있으므로 앞의 사람명사를 선행사로 받으면서 뒤에 이어지는 동사의 주어 역할을 할 수 있는 주격 관계대명사 who가 정답이다. which는 사물명사를 선행사로 받으므로 오답, whose는 소유격 관계사로 뒤에 명사가 오고 완전한 문장을 이끌기 때문에 오답, what은 선행사를 포함한 개념이므로 오답이다.

어휘 factory 공장 wish 원하다, 바라다 internal 내부의 promotion 승진 submit 제출하다 application 지원(서), 신청(서)

02 Drew Industry will be building one more factory in Detroit, ------- will enable the company to expedite the process of manufacturing.   (A) there   (B) which   (C) what   (D) then

해석 드류 산업은 디트로이트 시에 공장을 하나 더 건설할 것이고, 그것은 제조 과정을 더 신속하게 할 수 있을 것이다.

구조 분석
관계대명사 동사´ 목적어´
Drew Industry / will be building / (one) (more) factory (in Detroit), [------- / will enable / the company
주어   동사   목적어   [관계사절]

(to expedite the process) (of manufacturing)].

해설 빈칸에 적절한 관계사를 선택하는 문법 문제이다. 빈칸 앞에 쉼표와 완전한 문장이 위치했고, 빈칸 뒤는 동사 will enable이 있으므로 빈칸은 쉼표 앞 문장 전체를 선행사로 받고 뒤에 있는 동사의 주어 역할을 할 수 있는 관계대명사 which가 정답이다. there는 접속사 기능이 없으므로 오답, what은 문장 전체를 선행사로 받을 수 없을 뿐더러 선행사를 포함한 개념이므로 오답이다. then은 부사이므로 접속사 역할을 할 수 없다.

어휘 enable ~을 할 수 있게 하다 expedite 더 신속히 처리하다 process 과정, 절차 manufacture 제조하다

Lesson 03 ● 관계대명사의 종류 Test	▶ 본책 p. 183

Step 1 생략(아래 정답 표기 참조)   Step 2 01 (A) 02 (A) 03 (A)   Step 3 01 (B) 02 (D)

01 Ms. Federov has acquired the list of the passengers who are required to return back to the security office for additional investigations.   주격 관계대명사

해석 페드로브 씨는 추가적인 조사를 위해 보안 사무실로 돌아가야 할 승객들의 명단을 얻었다.

구조 분석
관계대명사 동사´
Ms. Federov / has acquired / the list (of the passengers) [who / are required / (to return back)
주어   동사   목적어   [관계사절]

(to the security office) (for additional investigations)].

해설 관계사 who는 사람 선행사 passengers를 받고, 뒤에 동사 are required가 위치하였으므로 관계사절에서 주어 역할을 하는 주격 관계대명사라는 것을 알 수 있다. 주격 관계대명사 who는 사람을 선행사로 받으며 관계사절의 동사는 선행사의 수와 일치시킨다.

어휘 acquire 습득하다, 얻다 passenger 승객 require 필요하다, 요구하다 return 돌아가다 security 보안, 경비 additional 추가의 investigation 수사, 조사

---

02 She has a house whose garden is beautiful.
   <u>소유격 관계대명사</u>

해석 그녀는 아름다운 정원이 있는 집을 가지고 있다.

구조분석
　　　　　　　　　⌐관계형용사　주어'　동사'　보어'
She / has / a house (**whose** garden / is / beautiful).
주어　동사　목적어　　　　　　(관계사절)

해설 관계사 whose는 앞의 선행사 a house를 받고 있고 뒤에 명사 garden이 위치했다. 또한 whose 뒤로 주어, 동사, 목적어를 갖춘 완전한 문장이 왔다. 따라서 관계사 whose는 관계형용사라는 것을 알 수 있다. 관계형용사 whose는 소유격 관계대명사로 뒤에 무관사 명사를 동반한다. 또한 whose는 사람뿐만 아니라 사물도 받을 수 있다는 것도 기억하자.

어휘 garden 뜰, 정원 beautiful 아름다운

---

03 The coat which she bought 5 years ago is worn out.
   <u>목적격 관계대명사</u>

해석 그녀가 5년 전에 구입한 코트는 낡았다.

구조분석
　　　⌐관계대명사　주어'　　　　동사'
The coat [**which** / she / bought (5 years ago)] / is worn out.
주어1　　　　[관계사절]　　　　　　　동사

해설 관계사 which는 앞에 선행사 the coat를 받고, 뒤에 [주어 + 동사]가 위치했으므로 목적어가 빠진 관계사절의 목적격 관계대명사로 쓰였음을 알 수 있다. which는 사물을 받는 관계대명사로 주격과 목적격으로 쓰일 수 있다.

어휘 be worn out (낡아서) 헤지다

Step 2

01 Ms. Dockers is one of the three applicants ------- work experience is more than ten years in the insurance field.　(A) whose　(B) who

해석 다커스 씨는 보험 분야에 10년이 넘는 경력을 지닌 3명의 지원자들 중 한 명이다.

구조분석
　　　　　　　　　　　　　　　　　　　　⌐관계형용사　　주어'　　　　동사'　　　보어'
Ms. Dockers / is / one (of the three applicants) [------- work experience / is / more than ten years
주어　　　　동사　보어　　　　　　　　　　　　　　　　　　　　　　　[관계사절]

(in the insurance field)].

해설 빈칸에 알맞은 관계사를 선택하는 문제이다. 빈칸 앞에 선행사로 applicants라는 사람명사가 위치했고, 빈칸 뒤로 주어(work experience), 동사(is), 보어(more than ten years)가 위치한 완전한 문장이 왔으므로 정답은 관계형용사 whose이다. 관계대명사 who는 사람 선행사를 받는 주격으로 쓰이며, 뒤에 주어가 빠진 불완전한 문장을 이끈다.

어휘 applicant 지원자 experience 경험, 경력 insurance 보험 field 분야

02 Please come to the post office by 3 P.M. and pick up the special delivery ------- you ordered.   (A) that   (B) what

[해석] 오후 3시까지 우체국으로 와서 귀하가 주문한 속달 우편을 찾아가도록 하세요.

[구조분석] Please come (to the post office) (by 3 P.M.) // and pick up / the (special) delivery (------- you ordered).
동사1(명령문)   접속사 동사2(명령문)   목적어   (관계사절)
관계대명사 주어' 동사'

[해설] 빈칸에 알맞은 관계사를 선택하는 문제이다. 빈칸 앞은 선행사로 delivery가 왔고, 빈칸 뒤로 주어(you)와 동사(ordered)가 위치했다. 관계사 what은 선행사를 포함한 개념이기 때문에 앞에 선행사를 받을 수 없으므로 오답이다. 따라서 정답은 사람과 사물을 선행사로 받으며 주격과 목적격으로 쓰일 수 있는 관계사 that이다.

[어휘] post office 우체국   pick up ~을 찾아오다   delivery 배송

03 Some of the scientists working for B Concept Corp. were several ------- participated in developing an anti-aging serum for Beau Cosmetics.   (A) who   (B) where

[해석] B컨셉 사에서 일하는 과학자들 중 몇몇은 보 화장품을 위해 노화방지 세럼을 개발하는 데 참여한 사람들이었다.

[구조분석] Some (of the scientists) (working for B Concept Corp.) / were / several [------- / participated
주어   동사   보어   [관계사절]
관계대명사 동사'

(in developing an anti-aging serum) (for Beau Cosmetics)].

[해설] 빈칸에 알맞은 관계사를 선택하는 문제이다. 빈칸 앞에는 사람 선행사로 several이 위치했고, 빈칸 뒤는 자동사(participated)가 이어지고 있다. 따라서 빈칸은 관계사절 안에서 주어 역할을 하면서 앞에 사람 선행사를 받을 수 있는 who가 정답이다. 관계부사 where는 장소를 선행사로 받으므로 오답이다.

[어휘] scientist 과학자   several 몇몇, 몇 개, 몇 사람   participate in ~에 참가하다, 참여하다   develop 개발하다   anti-aging 노화방지의

Step 3

01 Ms. Federov has acquired the list of passengers ------- are required to return back to the security office for additional investigations.
   (A) whose   (B) who   (C) where   (D) when

[해석] 페데로브 씨는 추가적인 조사를 위해 보안 사무실로 돌아가야 할 승객들의 명단을 얻었다.

[구조분석] Ms. Federov / has acquired / the list (of passengers) [------- / are required (to return back)
주어   동사   목적어   [관계사절]
관계대명사 동사'

(to the security office) (for additional investigations)].

[해설] 빈칸에 적절한 관계사를 넣는 문제이다. 빈칸 앞은 사람명사 passengers가 선행사로 위치했고, 빈칸 뒤는 동사(are required)가 이어지고 있다. 따라서 정답은 사람명사를 선행사로 받으며 주격으로 쓰일 수 있는 주격 관계대명사 who이다. whose는 소유격 관계대명사로 관계형용사 역할을 하기 때문에 바로 뒤에 명사가 있어야 하고 완전한 문장을 받으므로 오답, where는 관계부사로 장소를 선행사로 받으므로 오답, when도 관계부사로 선행사로 시간을 받으므로 오답이다.

[어휘] acquire 습득하다, 얻다   passenger 승객   require 필요하다, 요구하다   return 돌아가다   security 보안, 경비   additional 추가의   investigation 수사, 조사

02 It is essential for people ------- work in the area of customer service to have a basic understanding of operations management.   (A) someone   (B) whose   (C) they   (D) who

해석 고객서비스 분야에서 일하는 사람들에게 운영 관리에 대한 기본적인 이해는 필수적이다.

구조
분석
　　　　　　　　　　　　　⌒ 관계대명사　동사'
It / is / essential (for people) [------- / work / (in the area of customer service)] / to have a basic
가주어 동사　　보어　　　　　　　　　　　　　　　　　[관계사절]　　　　　　　　　　　　진주어 (to부정사구)

understanding (of operations management).

해설 빈칸에 알맞은 관계사를 선택하는 문법 문제이다. 빈칸 앞에는 사람명사 people이 선행사로 위치했고, 빈칸 뒤에는 동사 work가 있으므로 정답은 사람을 받는 주격 관계대명사 who이다. someone과 they는 접속사의 기능이 없으므로 오답. whose는 소유격 관계대명사로 관계형용사 역할을 하기 때문에 뒤에 완전한 문장을 받으므로 오답이다.

어휘 essential 필수적인   area 지역, 부문, 분야   operations management 운영 관리

Lesson 04 ● 주격 vs 목적격 관계대명사 Test ▶ 본책 p. 185

Step 1 생략(아래 정답 표기 참조)   Step 2 01 (A) 02 (A) 03 (B)   Step 3 01 (C) 02 (D)

Step 1

01 Here is the report which/that you asked for.

해석 여기에 당신이 요청했던 보고서가 있습니다.

구조
분석
　　　　　　　　⌒ 관계대명사　주어'　　동사'
Here / is / the report (**which/that** you asked for).
동사　주어　　　　(관계사절)

해설 the report를 선행사로 하는 목적격 관계대명사가 생략되어서 관계사절의 주어(you)와 동사(asked for)만 남아 앞의 선행사 the report를 수식해주고 있다. 목적격 관계대명사는 생략이 가능하며 선행사가 사물(the report)이므로 목적격 관계대명사 which 또는 that이 생략되어 있음을 알 수 있다.

어휘 report 보고서   ask for 부탁하다, 요청하다

02 He finally announced the news which/that everyone waited for.

해석 그는 드디어 모두가 기다리던 소식을 발표했다.

구조
분석
　　　　　　　　　　　　　　　　⌒ 관계대명사　주어'　　　　　　동사'
He / finally announced / the news (**which/that** / everyone / was waiting for).
주어　　　동사　　　　　목적어　　　　　　(관계사절)

해설 선행사 the news 뒤에서 [주어(everyone) + 동사(was waiting) + 전치사(for)]가 선행사를 수식해주고 있으므로 the news 뒤에 목적격 관계대명사 which 또는 that이 생략되어 있다는 것을 알 수 있다. 이때 관계사절은 목적격 관계대명사가 이끄는 절이므로 전치사 for 뒤의 목적어가 빠져 있는 구조이다.

어휘 announce 발표하다, 알리다   wait for 기다리다

03 It is the company's policy that all employees at the factory keep a record of the hours which/that they work.

해석 공장의 모든 직원들이 그들의 근무시간 기록을 보관하는 것은 회사의 방침이다.

구조분석 It / is / the (company's) policy / **that** all employees (at the factory) / keep / a record

가주어 동사　보어　接속사　주어′　동사′　목적어′

진주어절

(of the hours) (**which/that** they work).

관계대명사　주어″　동사″

해설 선행사 the hours의 뒤에서 목적격 관계대명사 which/that이 생략된 관계사절(they work)이 앞의 선행사를 수식하고 있다. 목적격 관계대명사는 생략이 가능하며 선행명사가 사물이면 목적격 관계대명사는 which 혹은 that을 사용할 수 있다.

어휘 policy 정책, 방침　factory 공장　keep 보관하다　record 기록

Step 2

01 I like the book ------- recently wrote.

　(A) he　(B) which

해석 나는 그가 최근 쓴 책을 좋아한다.

구조분석 I / like / the book [------- / (recently) wrote].

주어 동사　목적어　[목적격 관계대명사가 생략된 관계사절]

주어′　동사′

해설 빈칸에 알맞은 품사를 넣는 문제이다. 빈칸 앞에는 명사 the book이 위치했고, 뒤에는 부사와 동사인 recently wrote가 위치했는데, 동사 wrote의 목적어는 없는 상태이다. 따라서 정답은 목적격 관계대명사가 생략되고 주어와 동사만 남아서 앞의 선행사 the book을 수식하고 있는 구조이므로 정답은 주격 대명사 he이다. which가 들어가면 동사 wrote 앞의 주격 관계대명사가 되는데 그렇게 되면 wrote를 받는 목적어가 없는 어색한 문장이 되므로 오답이다. 목적격 관계대명사는 뒤에 목적어가 빠진 불완전한 문장을 이끌고, 주격 관계대명사는 뒤에 주어가 빠진 불완전한 절을 이끈다는 사실을 반드시 기억하자.

어휘 recently 최근에　write 쓰다

02 The amount you ------- depends on which plan you choose.

　(A) save　(B) saving

해석 당신이 저축하게 될 총액은 어떤 계획을 선택하느냐에 달려 있다.

구조분석 The amount (you -------) / depends (on **which** plan / you / choose).

주어′　동사′　관계형용사　목적어′　주어″　동사″

주어　동사　(전치사 + 관계사절)

해설 빈칸 앞에는 주격 대명사 you가 위치했고, 뒤에는 동사 depends가 있다. 따라서 빈칸은 The amount를 선행사로 받는 목적격 관계대명사가 생략되어서 뒤에 주어(you)와 동사(save)만 남은 구조이기 때문에 정답은 동사 save이다. 빈칸은 목적격 관계대명사가 이끄는 절의 동사가 들어갈 자리이므로 단독으로 동사 역할을 할 수 없는 saving은 정답이 될 수 없다.

어휘 amount 총액　save 모으다, 저축하다　depend on ~에 달려 있다, 좌우되다　choose 선택하다, 고르다

03 In your email, please find enclosed the information about the seminar ------- you requested.

　(A) what　(B) that

해석 귀하에게 보낸 이메일에는 귀하가 요청했던 세미나 정보가 첨부되어 있습니다.

구조분석 (In your email), please find enclosed / the information (about the seminar) (------- / you / requested)].

관계대명사　주어′　동사′

동사 (명령문)　목적어　(관계사절)

해설 빈칸에 알맞은 관계사를 선택하는 문제이다. 빈칸은 수식어인 [전치사 + 명사](about the seminar) 앞에 있는 the information을 선행

사로 받는 목적격 관계대명사가 들어갈 자리이므로 정답은 사람과 사물을 받을 수 있는 목적격 관계대명사 that이다. 관계사 what은 선행사를 포함한 개념이므로 오답이다.

어휘 find enclosed ~이 동봉되어 있다. ~이 첨부되어 있다   request 요청하다

Step 3

01 A free concert ticket is available to anyone who ------- insurance online before July 1.
(A) purchase   (B) to purchase   (C) purchases   (D) purchasing

해석 무료 콘서트 표는 7월 1일 전에 온라인으로 보험을 구매한 사람이면 누구나 이용 가능하다.

구조분석
관계대명사 동사' 목적어'
A free concert ticket / is / available (to anyone) [who / ------- / insurance (online) (before July 1)].
주어1   동사2   보어   [관계사절]

해설 빈칸에 알맞은 품사를 넣는 구조분석 문제이다. 빈칸 앞에는 선행사로 anyone을 받는 관계대명사 who가 위치했고, 뒤에는 명사 insurance가 왔으므로 빈칸은 관계사절의 동사 자리이다. 선행사가 anyone으로 단수이므로 정답은 purchases이다. purchase는 선행사와 수일치가 되지 않으므로 오답, to purchase와 purchasing은 단독으로 동사의 역할을 할 수 없으므로 오답이다.

어휘 available 이용할 수 있는   insurance 보험   purchase 구입하다

02 Please come to the post office by 3 P.M. and pick up the special delivery ------- you ordered.
(A) then   (B) what   (C) when   (D) that

해석 3시까지 우체국으로 와서 귀하가 주문한 속달 우편을 찾아가도록 하세요.

구조분석
관계대명사 주어' 동사'
Please come (to the post office) (by 3 P.M.) // and pick up / the (special) delivery (------- / you ordered).
동사1(명령문)   접속사 동사2(명령문)   목적어   (관계사절)

해설 빈칸에 알맞은 관계사를 선택하는 문제이다. 빈칸 앞 선행사로 delivery가 왔고, 빈칸 뒤로 주어(you)와 동사(ordered)는 있으나 목적어가 빠진 불완전한 절이 왔으므로 정답은 목적격 관계대명사 that이다. then은 부사로 접속 기능이 없으므로 오답, 관계사 what은 선행사를 포함한 개념이기 때문에 앞에 선행사를 받을 수 없으므로 오답, 관계부사 when은 시간 선행사를 받으므로 오답이다.

어휘 post office 우체국   pick up ~을 찾아오다   delivery 배송

Lesson 05 ● 소유격 관계대명사와 that Test	▶ 본책 p. 188

| Step 1 | 생략(아래 정답 표기 참조) | Step 2 | 01 (B) 02 (A) 03 (B) | Step 3 | 01 (C) 02 (D) |

Step 1

01 The renowned broker, William Klein, always picks the right stocks that rise steadily and safely.
주격 관계대명사

해석 유명한 주식중개인 윌리엄 클라인은 항상 착실하고 안전하게 오르는 정확한 주식들을 선택한다.

구조분석
관계대명사 동사'
(The renowned broker), William Klein, / (always) picks / the (right) stocks [that / rise (steadily **and**
주어   동사   목적어   [관계사절]

safely)].

해설 that은 관계대명사로 명사 stocks를 선행사로 받고 관계사절의 주어 자리에서 절을 이끌고 있다. 관계사절의 동사는 선행사 stocks와 수일치를 시켜서 rise가 쓰였다. 이와 같이 명사 뒤에 온 that은 관계대명사로 사람, 사물을 가리지 않고 관계대명사 who, which 대신에 사용할 수 있다.

어휘 renowned 유명한, 명성 있는 broker 주식중개인 pick 고르다, 선택하다 stock 주식 rise 오르다 steadily 착실하게, 견실하게 safely 안전하게, 아무 문제없이

---

02 The executive board decided that the new data system is much more efficient.
명사절 접속사

해석 중역 이사회는 새로운 데이터 시스템이 훨씬 더 효율적이라고 결정을 내렸다.

구조분석
The executive board / decided / **that** the (new) data system / is / (much more) efficient.
주어 ── 동사 ── 접속사 ── 주어' ── 동사' ── 보어
목적어절

해설 여기서 that은 명사절을 이끄는 접속사의 역할을 하고 있다. 그리고 여기의 명사절은 전체 문장의 목적어로 that 이하를 결정했다는 문맥을 형성하고 있다. 이와 같이 that은 문장의 주어나 목적어 역할을 하는 명사절을 이끌 수 있다.

어휘 executive board 중역 이사회 decide 결정하다 efficient 능률적인, 효율적인

---

03 We should know how that company developed the new solution.
지시형용사

해석 우리는 어떻게 저 기업이 새로운 해결책을 개발했는지 알아야 한다.

구조분석
We / should know / **how** (that) company / developed / the (new) solution.
주어 ── 동사 ── 접속사 주어' ── 동사' ── 목적어'
목적어절

해설 여기에서 that은 명사절 접속사 how의 뒤에서 주어 company를 수식하는 지시형용사로 쓰였다. 지시형용사 that은 this에 비해 장소나 시간적으로 좀 떨어져 있거나 비교적 먼 것을 가리킬 때 명사 앞에서 사용한다.

어휘 know 알다, 알고 있다 develop 개발하다 solution 해법, 해결책

Step 2

01 Asian countries ------- domestic economies are stagnant are at risk of falling into recession if the current price of oil rises by more than 20 percent.   (A) that   (B) whose

해석 유가가 20퍼센트 이상 오른다면, 국내 경기 침체를 겪고 있는 아시아 국가들은 불황에 빠질 위험이 있다.

구조분석
Asian countries [------- (domestic) economies / are / stagnant] / are / at risk (of falling into
주어1 ── 관계형용사 ── 주어2 ── 동사2 ── 보어' ── [관계사절] ── 동사1 ── 보어

recession) // **if** the current price (of oil) / rises (by more than 20 percent).]
접속사 ── 주어3 ── 동사3

해설 빈칸에 알맞은 관계사를 선택하는 문제이다. 빈칸 앞에는 명사 Asian countries가 선행사로 위치했고, 뒤에는 domestic economies가 관계사절의 주어 역할을 하고 있으며 뒤에는 동사(are)와 보어(stagnant)를 갖춘 완전한 문장이 위치하고 있으므로 정답은 완전한 문장을 받는 관계형용사 whose이다. 관계대명사 that은 뒤에 주어나 목적어가 빠진 불완전한 문장을 이끌기 때문에 오답이다.

어휘 country 국가, 나라 domestic 국내의 economy 경기, 경제 stagnant 침체된 at risk 위험에 처한 recession 경기후퇴, 불경기, 불황 price 값, 가격

02 We are looking for a number of volunteers for the event, ------- may be suitable for pet owners.
   (A) which   (B) that

해석 우리는 행사에서 일할 자원봉사자를 많이 찾고 있는데, 그 행사는 반려동물을 키우는 사람에게 적합할 것이다.

구조분석

관계대명사   동사'   보어'
We / are looking (for a number of volunteers) (for the event), [(------- / may be / suitable
주어   동사   [관계사절]

(for pet owners)].

해설 빈칸에 알맞은 관계사를 선택하는 문제이다. 빈칸 앞에 쉼표가 위치했으므로 정답은 쉼표 뒤에 올 수 있는 관계대명사 which이다. that은 쉼표 뒤에서 쓸 수 없으므로 오답이다. 여기서 which는 선행사로 앞의 사물명사 event를 받고 있고 관계사절 안에서 주어 역할을 하고 있다.

어휘 look for ~을 찾다   a number of 다수의   volunteer 자원봉사자   suitable 적합한, 적절한   pet 애완동물   owner 주인, 소유자

---

03 The guidebook explains in more detail ------- you will experience once you land on the beautiful islands of the Philippines.   (A) which   (B) what

해석 그 여행안내서는 당신이 필리핀의 아름다운 섬들에 도착했을 때 경험할 것들을 보다 자세하게 설명한다.

구조분석

접속사 주어2   동사2
The guidebook / explains (in more detail) / ------- you / will experience // once you / land (on the
주어1   동사1   목적어절   접속사 주어3 동사3

beautiful islands) (of the Philippines)].

해설 빈칸에 알맞은 관계사를 넣는 문제이다. 빈칸 앞의 [전치사 + 명사]의 수식어를 삭제하면 빈칸 앞에는 동사 explains가 위치했고, 뒤에는 주어(you), 동사(experience)로 목적어가 빠진 불완전한 문장이 이어지고 있다. 따라서 정답은 동사 explains의 목적어 역할을 하는 명사절을 이끌 수 있는 what이다. 관계대명사나 의문사로 쓰일 때 what은 불완전한 절을 이끌며 명사절로 문장 안에서 주어, 목적어, 보어 역할을 할 수 있다. which는 빈칸 자리에 들어가면 목적격 관계대명사의 역할을 하게 되는데 which는 앞에 선행사를 필요로 하기 때문에 오답이다.

어휘 guidebook (여행)안내서   explain 설명하다   detail 세부사항   experience 겪다, 경험하다   land 상륙하다

Step 3

01 The City Center Gallery is sponsoring local artists, ------- paintings will be on display from this summer.   (A) which   (B) their   (C) whose   (D) that

해석 시티 센터 미술관은 지역 미술가들을 후원하고 있는데, 이 미술가들의 작품은 올여름부터 전시될 것이다.

구조분석

관계형용사 주어'   동사'   보어'
The City Center Gallery / is sponsoring / local artists, [------- paintings / will be / on display
주어   동사   목적어   [관계사절]

(from this summer)].

해설 빈칸에 알맞은 관계사를 선택하는 문법 문제이다. 빈칸 앞에는 명사 artists가 선행사 역할을 하고 있고, 뒤에는 명사 paintings가 관계사절의 주어 역할을 하고 있는 구조이다. 따라서 정답은 뒤에 완전한 문장을 이끌며 관계형용사 역할을 하는 소유격 관계대명사 whose이다. 관계대명사 which는 뒤에 주어나 목적어가 빠진 불완전한 문장을 이끌기 때문에 오답, 소유격 대명사 their는 접속사의 기능이 없으므로 오답, that은 쉼표 뒤에 쓰일 수 없으므로 적절하지 않다.

어휘 sponsor 후원하다   local 지역의   be on display 전시하다

02 The instruction brochure shows ------- passengers must do in case of an emergency landing.

(A) which　　(B) that　　(C) whose　　(D) what

해석 설명책자는 승객들이 비상착륙 시에 해야 하는 것을 보여준다.

구조분석

접속사　　　주어'　　　동사'

The instruction brochure / shows / [------- passengers / must do (in case of an emergency landing)].
　　　주어　　　　　　　　동사　　　　　　　　　　　　　　　　　　　목적어절

해설 빈칸에 알맞은 관계사를 선택하는 문법 문제이다. 빈칸 앞에는 동사 shows가 위치했고, 뒤에는 주어(passengers)와 동사(must do)가 위치해서 목적어가 빠진 불완전한 문장이 왔다. 따라서 정답은 뒤에 불완전한 절을 이끌며 명사절의 역할을 하는 관계사 what이다. which와 that이 목적격 관계대명사로 들어가면 선행사를 필요로 하므로 오답. whose는 뒤에 완전한 문장을 이끌기 때문에 목적어가 빠져 있는 절을 이끌 수 없다.

어휘 instruction 설명　brochure 책자　passenger 승객　emergency 비상(사태)　landing 착륙

Lesson 06 ● 전치사와 관계대명사 Test　　　▶ 본책 p. 191

Step 1　생략(아래 정답 표기 참조)　　Step 2　01 (B) 02 (B) 03 (A)　　Step 3　01 (A) 02 (B)

Step 1

01 The land on which our company wanted to construct a distribution center has been sold.

= where

해석 우리 회사가 유통센터를 건설하려 했던 그 땅은 팔렸다.

구조분석

주어'　　　동사'　　　　목적어' (to부정사구)

The land [on which (our) company / wanted / to construct a distribution center] / has been sold.
　주어　　　　　　　　　　[관계사절]　　　　　　　　　　　　　　　　동사

해설 이 문장에서 [전치사 + 관계대명사]인 on which는 장소를 받는 관계부사 where로 바꿀 수 있다. 즉, on which = where이고, 여기에서 관계부사 where는 앞의 장소 선행사 The land를 받고 있다. 또한 관계부사 뒤에는 완전한 문장이 오므로 관계사절에 주어(our company), 동사(wanted), 목적어(to construct a distribution center)의 완전한 문장이 이어지고 있다.

어휘 construct 건설하다　distribution 유통

---

02 Multinational companies must be mindful of the values of each culture in which they market

= where

their products so as not to upset potential clients.

해석 다국적 기업들은 잠재 고객들을 언짢게 하지 않기 위해 그들이 제품을 내놓는 각 문화의 가치에 주의해야 한다.

구조분석

주어'　동사'

Multinational companies / must be / mindful (of the values) (of each culture) [in which they / market /
　주어　　　　　　　　동사　　　보어　　　　　　　　　　　　　　　　[관계사절]

목적어'

(their) products] (so as not to upset potential clients).

해설 이 문장에서 [전치사 + 관계대명사]인 in which는 선행사로 장소명사 culture를 받으므로 관계부사 where로 바꿔쓸 수 있다. 관계부사 뒤에는 주어(they), 동사(market), 목적어(their products)를 갖춘 완전한 문장이 오고 있다.

어휘 multinational 다국적의　value 가치　each 각각(의)　culture 문화　so as to + 동사원형 (목적) ~하기 위하여　upset 언짢게 하다　potential 가능성이 있는, 잠재적인

03 I remember the time <u>at which</u> I was speechless.
= when

 해석 나는 내가 할 말을 잃었던 그 때를 기억한다.

 구조
분석

I / remember / the time (**at which** I / was / speechless).
주어   동사   목적어   (관계사절)

주어´ 동사´   보어´

 해설 이 문장에서 [전치사 + 관계대명사]인 at which는 선행사로 앞의 명사 the time이라는 시간을 받고 있으므로 관계부사 when으로 바꿔 쓸 수 있다.

 어휘 speechless 할 말을 잃은, 말문이 막힌

Step 2

01 The Motor Show, ------- annually demonstrates the newest concept cars, draws over ten thousand attendees. (A) where (B) which

 해석 1년에 한 번 최신 콘셉트 카를 선보이는 그 모터쇼는 만 명이 넘는 참석자들을 끌어모았다.

 구조
분석

관계사   동사´   목적어´

The Motor Show, [------- (annually) demonstrates / the (newest) concept cars], / draws / (over ten
주어   [관계사절]   동사

thousand) attendees.
목적어

 해설 관계부사 where와 관계대명사 which 중 알맞은 것을 선택하는 문제이다. 빈칸 뒤의 관계사절을 보면 주어가 빠져 있는 불완전한 문장이므로 정답은 주격 관계대명사 역할을 하는 which이다. 관계부사 where는 [전치사 + 관계대명사]로 뒤에 완전한 문장을 이끌기 때문에 오답이다.

 어휘 annually 1년에 한 번 demonstrate 보여주다, 설명하다 concept car 콘셉트 카(소비자의 반응을 살펴보기 위한 미래형 시제차) draw 끌다 attendee 참석자

---

02 The company has decided to recruit seven new employees next year, all of ------- are expected to be female. (A) them (B) whom

 해석 그 기업은 내년에 7명의 신입사원을 채용하기로 결정했는데, 그들은 모두 여성으로 예상된다.

 구조
분석

주어´ 관계사 동사´

The company / has decided / to recruit seven new employees (next year), [all of ------- / are
주어   동사   목적어(to부정사구)   [관계사절]

목적보어

expected / to be female].

 해설 목적격 대명사 them과 목적격 관계대명사 whom 중에서 알맞은 것을 선택하는 문제이다. 문장에 동사가 has decided와 are expected 두 개가 있는데 접속사가 없으므로 정답은 접속사 역할을 할 수 있는 관계대명사 whom이다. 여기서 whom은 앞의 사람명사 seven new employees를 받고 있다. them은 접속사의 기능이 없으므로 두 문장을 연결할 수 없다.

 어휘 decide 결정하다 recruit 모집하다 expect 예상하다 female 여성인

03 Returned items should be brought to the customer service office ------- a representative will assist you with your request. (A) where (B) which

해석 반품된 제품들을 고객서비스 사무실로 가지고 와야, 그곳에서 담당직원이 당신의 요청에 대해 도움을 줄 것이다.

구조 분석 　　　　　　　　　　　　　　　　　　　　　　　　　　　　　관계부사　　　　주어'
Returned items / should be brought (to the customer service office) [------- a representative /
　주어1　　　　　　　　　　　동사1　　　　　　　　　　　　　　　　　　　　[관계사절]
　동사'　　목적어'
will assist / you (with your request)].

해설 관계부사 where와 관계대명사 which 중 알맞은 것을 선택하는 문제이다. 빈칸 앞에는 선행사로 office가 위치했고, 뒤에는 주어(a representative), 동사(will assist), 목적어(you)가 위치한 완전한 문장이 왔으므로 정답은 완전한 절을 이끌 수 있는 관계부사 where이다. 관계대명사 which는 뒤에 주어나 목적어가 빠진 불완전한 절을 이끌기 때문에 오답이다.

어휘 returned 돌려보내진, 반송되어진　bring 가져오다　representative 담당직원　assist 돕다　request 요청, 신청

Step 3

01 It was very kind of you to drive us to see all of the sights, especially the newly rebuilt building, ------- we found to be an impressive architectural work.
(A) which (B) in which (C) where (D) that

해석 그 명소들을 모두 볼 수 있게 우리를 차에 태워주셔서 매우 고맙습니다. 특히 새로 재건축된 건물을요, 그 건축물은 인상적이었습니다.

구조 분석 It / was / (very) kind (of you) (to drive us) (to see all of the sights,) (especially the newly rebuilt
　　　주어　동사　　　　　보어
　　　　　　　　　　관계사　　주어'　동사'　　　　　　　　목적보어'
building), [------- / we / found / to be an (impressive) (architectural) work].
　　　　　　　　　　　　　　　[관계사절]

해설 빈칸에 알맞은 관계사를 넣는 문법 문제이다. 빈칸 앞에는 쉼표와 선행사 building이 위치했고, 뒤에는 5형식 동사 find의 목적어가 빠져 있는 불완전한 문장이 왔다. 따라서 정답은 목적격 관계대명사 which이다. [전치사 + 관계대명사]인 in which는 where와 같고, 이 둘은 뒤에 완전한 문장을 받기 때문에 오답이다. 관계대명사 that은 쉼표 뒤에 쓰일 수 없으므로 오답이다.

어휘 kind 친절한　sight 명소, 관광지　newly 최근에, 새로　rebuild 다시 세우다, 재건축하다　impressive 인상적인　architectural 건축학의

02 We will have to travel to the health center ------- the natives are being treated.
(A) on (B) where (C) which (D) that

해석 우리는 현지인들이 치료를 받고 있는 보건소에 가야 할 것이다.

구조 분석 　　　　　　　　　　　　　　　　　　　관계부사　　　주어'　　　　　동사'
We / will have to travel (to the health center) (------- / the natives / are being treated).
주어　　　동사　　　　　　　　　　　　　　　　　　　　　　　(관계사절)

해설 빈칸에 알맞은 관계사를 넣는 문법 문제이다. 빈칸 앞에는 선행사 health center가 위치했고, 뒤에는 주어(the natives), 동사(are being treated)를 갖춘 완전한 절이 왔으므로 정답은 완전한 절을 이끄는 관계부사 where이다. 전치사 on은 뒤에 절을 받을 수 없으므로 오답, 관계대명사 which와 that은 뒤에 주어나 목적어가 빠진 불완전한 문장을 이끌기 때문에 오답이다.

어휘 travel 여행하다, 가다　health center 보건소, 의료센터　native 현지인　treat 치료하다, 처치하다

Step 1 생략(아래 정답 표기 참조) Step 2 01 (B) 02 (A) 03 (A) Step 3 01 (C) 02 (B)

Step 1

---

01 He gave me the book <u>which</u> he likes.
관계대명사 (목적격)

해석 그는 나에게 그가 좋아하는 책을 주었다.

구조분석
관계대명사 주어′ 동사′
He / gave / me / the book (**which** / he / likes).
주어 동사 간접목적어 직접목적어 (관계사절)

해설 which의 앞을 보면 사물 선행사 the book이 위치했고, 뒤에는 목적어가 빠진 주어(he), 동사(likes)가 위치했으므로, which는 목적격 관계대명사의 역할을 하고 있다는 것을 알 수 있다. 관계대명사 which는 사물을 선행사로 받으며 뒤에 주어나 목적어가 빠진 불완전한 절을 이끈다.

어휘 give (건네)주다

---

02 He told me <u>which</u> book he likes.
관계형용사

해석 그는 나에게 그가 어떤 책을 좋아하는지 알려주었다.

구조분석
관계형용사 목적어′ 주어′ 동사′
He / told / me / **which** book / he / likes.
주어 동사 간접목적어 직접목적어(관계사절)

해설 which 앞에는 주어(He), 4형식 동사(told), 간접목적어(me)가 위치했고, 뒤에는 명사 book과 [주어 + 동사](he likes)가 위치했으므로 which는 관계형용사의 역할을 하고 있다. 관계형용사 which는 형용사처럼 뒤에 위치한 명사를 수식하며 완전한 절을 이끈다. 관계사절의 목적어 book이 관계형용사 which의 수식을 받으며 도치되어 있다. 그리고 전체 문장에서 which가 이끄는 절은 명사절로서 4형식 동사 told의 직접목적어의 역할을 하고 있다.

어휘 tell 알리다, 말하다

---

03 The company <u>where</u> I work is very large.
관계부사

해석 내가 일하는 회사는 매우 크다.

구조분석
관계부사 주어′ 동사′
The company (**where** / I / work) / is / (very) large.
주어 (관계사절) 동사 보어

해설 where 앞에는 선행사 The company가 위치했고, 뒤에는 주어(I)와 자동사(work)가 위치한 완전한 문장이 오고 있으므로 여기에서 where는 관계부사로 쓰였음을 알 수 있다. 관계부사 where는 장소 관련 선행사를 받으며 뒤에 완전한 문장을 이끈다.

어휘 large (규모가) 큰

01 Financial News Network announced today that it will be sold to a joint venture ------- by Dow Jones and Westinghouse Broadcasting.　(A) creates　　(B) created

해석 파이낸셜 뉴스 네크워크는 다우 존스 사와 웨스팅하우스 방송사에 의해 만들어진 벤처 합자 기업에 팔릴 것이라고 오늘 발표했다.

구조분석
접속사 주어′　　동사′
Financial News Network / announced (today) / [that / it / will be sold / (to a joint venture)
　　주어　　　　　　　　동사　　　　　　　　　　　　　　목적어절
(------- by Dow Jones and Westinghouse Broadcasting)].
　　　　　　(관계사절: which + is 생략)

해설 동사 creates와 분사 created 중 알맞을 것을 선택하는 문제이다. 이 문장에서 동사는 announced와 will be sold로 2개, 접속사는 that 1개가 위치했다. 즉 [동사의 개수 -1 = 접속사의 개수]로 더 이상 동사가 들어갈 수 없으므로 정답은 분사 created이다. 여기에서 created는 앞에 명사 venture를 후치 수식하며 venture 뒤에 관계대명사와 be동사(which is)가 생략되어 있는 구조이다.

어휘 announce 발표하다, 알리다　joint 공동의, 합자의　venture 벤처 (사업)

02 The machines ------- to make different designs in response to the rapidly-changing demands of fashion will be delivered to the factory next week.

(A) programmed　　(B) is programmed

해석 급변하는 패션 수요에 응하여 차별화된 디자인들을 제작하기 위해 프로그램된 그 기계들은 다음 주 공장으로 배달될 것이다.

구조분석
The machines (------- to make different designs) (in response to the rapidly-changing
　　주어　　　　　(관계사절: which + are 생략)
demands of fashion) / will be delivered (to the factory) (next week).
　　　　　　　　　　　　동사

해설 분사 programmed와 수동태 동사 is programmed 중 빈칸에 알맞은 것을 선택하는 문제이다. 이 문장에서 동사는 will be delivered 한 개가 위치했고, 접속사는 없으므로 동사가 더 이상 들어갈 수 없으므로 정답은 분사 programmed이다. programmed 앞에 [관계대명사 + be동사](which are)가 생략되어서 앞의 명사 the machines를 후치 수식하고 있는 구조이다.

어휘 machine 기계　different 다른, 차이가 나는　in response to ~에 응하여, 답하여　rapidly 빨리, 급속히　demand 요구, 수요　deliver 배달하다

03 *The Ford Report*, established in 1988, gives you the latest issues on management and marketing ------- the hospitality industry.　(A) affecting　　(B) affects

해석 1988년에 창간된 《포드 리포트》지는 접객 산업에 영향을 미치는 경영과 마케팅에 대한 최신 사안들을 제공한다.

구조분석
The Ford Report, (established in 1988), / gives / you / the latest issues (on management and
　　주어　　　　　　　　　　　　　　　　　동사　간접목적어　직접목적어
marketing) (------- the hospitality industry).
　　　　　　(관계사절: which + are 생략)

해설 현재분사 affecting과 동사 affects 중 빈칸에 알맞은 것을 선택하는 문제이다. 빈칸 앞에는 전치사 on과 등위접속사로 연결된 management and marketing이 위치하고 있고, 뒤에는 명사 the hospitality industry가 위치했다. 문장에 동사는 gives 한 개가 있고, 접속사는 없으므로 정답은 분사 affecting이 뒤에서 목적어로 the hospitality industry를 받으며 수식어구(on management and marketing) 앞의 명사 the latest issues를 후치 수식해주고 있는 구조이다. 여기에서 affecting 앞에는 [관계대명사 + be동사](which are)가 생략되었다.

어휘 establish 설립하다　latest 최근의　issue 주제, 쟁점, 사안　management 경영　affect 영향을 미치다　hospitality 환대, 접객　industry 산업

01 Most of our factories can be found on the main road ------- motels and hotels were once located. (A) near (B) beside (C) where (D) until

해석 우리 공장들은 대부분 한 때 모텔들과 호텔들이 위치했던 대로에서 찾을 수 있다.

구조분석 Most (of our factories) / can be found (on the main road) [------- motels and hotels / were (once)
주어1   동사1   관계부사   주어′   동사′
located].
[관계사절]

해설 빈칸에 적절한 품사를 선택하는 구조분석 문제이다. 빈칸 뒤에 주어(motels and hotels)와 수동태 동사(were located)의 완전한 문장이 왔으므로 절을 이끌 수 없는 전치사 near. beside는 오답이다. 또한 접속사와 전치사로 쓰일 수 있는 until은 접속사로 쓰일 때 뒤에 절을 이끌 수 있으나 '~(때)까지'라는 의미로, 문맥상 적절하지 않으므로 오답이다.

어휘 factory 공장 main 가장 큰, 주된 be located ~에 위치해 있다 near ~에서 가까이 beside ~ 옆에 until ~(때)까지

02 We have had a great number of calls regarding our national advertising campaign from people who ------- in our products, which makes us excited about the future.
(A) is interested (B) are interested (C) interested (D) interesting

해석 우리는 우리 제품들에 관심을 가지고 있는 사람들로부터 우리의 전국적인 광고 캠페인에 관해서 다수의 전화들을 받았고, 그것은 미래에 대해 우리를 흥분하게 한다.

구조분석 We / have had / a (great) number (of calls) (regarding our national advertising campaign)
주어   동사   목적어
관계대명사 동사′   관계대명사   동사″ 목적어′ 목적보어′
(from people) [**who** / ------- / (in our products)], [**which** / makes / us / excited (about the future)].
[관계사절]   [관계사절]

해설 빈칸에 적절한 동사의 형태를 선택하는 구조분석 문제이다. 문장에 동사가 have had. makes 두 개가 위치했고, 접속사는 who. which로 두 개가 보인다. 따라서 [접속사의 개수 = 동사의 개수 − 1]이므로 동사가 하나 더 들어가야 한다는 것을 알 수 있다. 보기 중 단독으로 동사 역할을 할 수 없는 분사 interested와 interesting을 소거한다. 또한 who가 받는 선행사가 people로 복수이다. 따라서 빈칸에는 수일치가 되어 있는 are interested가 들어가야 적절하다. 참고로 뒤의 관계사절 which는 선행사로 앞 문장 전체를 받고 있다.

어휘 a great number of 다수의, 많은 regarding ~에 관하여 national 국가의, 전국적인 advertising 광고, 광고업 be interested in ~에 관심이 있다 future 미래

Chapter 08 ● Practice Test
▶ 본책 p. 195

01 (D) 02 (D) 03 (D) 04 (B) 05 (C) 06 (A) 07 (C) 08 (D) 09 (D) 10 (C) 11 (A) 12 (D)

01 Ms. Robinson is an award-winning romantic-fiction writer ------- work has been translated into four different languages. (A) what (B) who (C) which (D) whose

해석 로빈슨 씨는 연애소설로 문학상을 수상한 작가인데, 작품이 4개 언어로 번역되었다.

구조분석 Ms. Robinson / is / an (award-winning) (romantic-fiction) writer [------- work / has been translated
주어1   동사1   보어   소유격 관계사 주어′   동사′
(into four different languages)].
[관계사절]

해설 빈칸에 적절한 관계사를 선택하는 문법 문제이다. 빈칸 앞에는 명사 writer가 위치했고, 빈칸 뒤에는 명사 work가 주어 역할을 하는 완전한 절이 이어지고 있다. 따라서 정답은 완전한 절을 이끌며, 소유격 관계대명사로 바로 뒤의 명사를 받을 수 있는 whose이다. 관계대명사 what은 선행사를 포함한 개념이므로 앞에 선행사를 받지도 않을 뿐더러 뒤의 불완전한 문장을 이끌기 때문에 오답, 관계대명사 who, which도 뒤의 주어나 목적어가 빠진 불완전한 절을 이끌기 때문에 오답이다.

어휘 award-winning 상을 받은 romantic-fiction 연애소설, 애정소설 writer 작가 translate 번역하다 different 다른 language 언어

---

02 Because of a Federal Aviation Administration computer glitch, 15 flights ------- in New Orleans have been cancelled and dozens of others have been delayed.
(A) origin (B) originate (C) will originate **(D) originating**

해석 미국연방항공국 컴퓨터의 결함 때문에 뉴올리언즈에서 출발할 예정인 15편의 비행이 결항되었고 수십편의 비행이 지연되었다.

구조분석 (Because of a Federal Aviation Administration computer glitch), 15 flights (------- in New Orleans) /
주어   (관계대명사 which + was 생략)

have been cancelled // and dozens of others / have been delayed.
동사1   등위접속사 주어2   동사2

해설 빈칸에 알맞은 품사를 선택하는 구조분석 문제이다. 빈칸 앞에는 주어 역할을 하는 명사 15 flights가 위치했고, 뒤에는 [전치사 + 명사](in New Orleans)의 수식어구와 동사가 이어지고 있다. 문장에 이미 동사가 2개, 접속사 1개가 있으므로 빈칸에 동사는 들어갈 수 없다. 따라서 originate와 will originate는 오답이다. 또한 명사 origin도 앞의 주어 역할을 하는 명사 15 flights와 나란히 쓸 수 없으므로 오답이다. 정답은 현재분사 originating으로 앞에 [관계대명사 + be동사](which are)가 생략되어서 앞의 선행사 15 flights를 후치 수식하고 있는 구조이다.

어휘 glitch 작은 문제, 결함 flight 비행편 cancel 취소하다 dozens of 수십의, 많은 delay 미루다, 연기하다 originate 비롯되다, 유래하다

---

03 The school district tries to hire employees from diverse backgrounds, but they now have only 10 teachers, all of ------- are men. (A) what (B) this (C) their **(D) whom**

해석 그 학군에서는 다양한 배경을 지닌 직원들을 채용하려 노력하지만, 그 학군에는 현재 모두 남자인 10명의 교사들만 있을 뿐이다.

구조분석 The school district / tries / to hire employees (from diverse backgrounds), // but they (now) / have /
주어1   동사1   목적어   접속사 주어2   동사2

(only) 10 teachers, [all (of -------) / are / men].
목적어   [관계사절]

해설 빈칸에 알맞은 대명사를 넣는 문법 문제이다. 문장에 동사가 tries, have, are 3개가 있고, 접속사는 역접의 등위접속사 but 하나뿐이므로 접속사 역할을 하는 관계대명사가 필요한 자리이다. 따라서 접속사의 기능이 없는 대명사 this와 their는 소거한다. what과 whom 중에서 사람을 선행사로 받으며 전치사 of 뒤에 올 수 있는 관계대명사 whom이 정답이다. what은 선행사를 포함한 개념으로 선행사 없이 불완전한 절을 이끈다.

어휘 district 구역 hire 고용하다 diverse 다양한 background (개인의) 배경

---

04 Please press the blue button ------- you need any assistance from a flight attendant.
(A) which **(B) when** (C) in case (D) in order that

해석 승무원의 도움이 필요하시면 파란 버튼을 눌러 주십시오.

구조분석 (Please) press / the (blue) button // [------- / you / need / (any) assistance (from a flight attendant)].
동사 (명령문)   목적어   접속사 주어' 동사' 목적어' [접속사절]

해설 빈칸에 알맞은 접속사를 선택하는 문법 문제이다. 빈칸 앞에는 명령문으로 동사(press)와 목적어(the blue button)가 있는 완전한 문장이 왔고, 빈칸 뒤에도 주어(you), 동사(need), 목적어(any assistance)를 갖춘 완전한 문장이 왔다. 따라서 관계대명사 which는 뒤에 주어나 목적어가 빠진 불완전한 문장을 이끌기 때문에 오답으로 소거한다. 나머지 3개의 접속사들 중 문맥상 가장 적절한 것은 접속사 when이다. in case는 '~할 경우에 대비해서'라는 의미이고, in order that은 '~하기 위해'라는 의미의 접속사로 문맥상 적절하지 않으므로 오답이다.

어휘 press 누르다 assistance 도움, 원조 flight attendant (비행기) 승무원 in case (~할) 경우에 대비해서 in order that ~하기 위해, ~할 수 있도록

---

05 Volunteers ------- wish to help children in Geneva Nursing Home should call our office or visit in person. (A) they (B) whose (C) who (D) themselves

해석 제네바 양육원에서 어린이들을 돕길 원하는 자원봉사자들은 저희 사무실로 전화를 하거나 직접 찾아와야 한다.

구조분석
관계대명사 동사´ 목적어´
Volunteers [------- / wish / to help children (in Geneva Nursing Home)] / should call / (our) office //
주어 [관계사절] 동사1 목적어

or visit (in person).
등위
접속사 동사2

해설 빈칸에 적절한 관계사를 선택하는 문법 문제이다. 빈칸 앞에는 전체 문장의 주어 역할을 하는 명사 Volunteers가 위치했고, 뒤에는 동사(wish)와 목적어(to help children)가 이어지고 있고, 그 뒤에 문장 전체의 동사 should call이 위치한 것으로 보아 빈칸은 Volunteers라는 사람명사를 선행사로 받는 관계대명사 자리라는 것을 알 수 있다. 따라서 정답은 사람을 받는 관계대명사 who이다. 대명사 they는 접속사의 기능이 없으므로 오답, whose는 뒤에 완전한 문장을 끌고 오므로 오답, themselves는 재귀대명사로 접속사의 기능이 없으므로 오답이다.

어휘 volunteer 자원 봉사자 in person 직접

---

06 Our new interns need further training for their new position, ------- they will be responsible for daily works. (A) in which (B) together with (C) not only (D) instead of

해석 우리의 새로운 인턴들은 그들이 매일 일하게 될 책임을 질 새로운 직위를 위한 훈련이 더 필요하다.

구조분석
전치사 + 관계대명사 주어´ 동사´
(Our) (new) interns / need / (further) training (for their new position), [------- / they / will be /
주어 동사 목적어 [관계사절]

보어´
responsible (for daily works)].

해설 빈칸에 적절한 품사를 선택하는 구조분석 문제이다. 빈칸 앞에는 쉼표와 주어(Our new interns), 동사(need), 목적어(further training)을 갖춘 완전한 문장이 왔고, 빈칸 뒤에도 주어(they), 동사(will be) 보어(responsible)의 완전한 문장이 왔다. 보기 중 완전한 절을 이끌 수 있는 것은 [전치사 + 관계대명사]인 in which뿐이다. 전치사 together with, instead of와 부사 not only는 절을 이끌 수 없으므로 오답이다.

어휘 be responsible for ~에 책임이 있다 daily 매일 일어나는, 나날의

---

07 Only those orders ------- are completed will be shipped every morning.
(A) who (B) what (C) that (D) ones

해석 오직 완성된 주문들만이 매일 아침 운송될 것이다.

구조분석
관계대명사 동사´
(Only) (those) orders (**that** / are completed) / will be shipped (every morning).
주어 (관계사절) 동사

해설 빈칸에 알맞은 관계사를 선택하는 문법 문제이다. 빈칸 앞에는 선행사 orders가 위치했고, 뒤에는 동사 are completed가 왔으므로 사물 선행사를 받으며 뒤의 동사에 대한 주어 역할을 할 수 있는 관계대명사 that이 정답이다. who는 사람 선행사를 받으므로 오답, what은 선행사를 받을 수 없으므로 오답, ones는 접속사의 기능이 없으므로 오답이다.

어휘 be completed 완성되다   ship 실어 나르다, 발송하다

---

08 In some industries, the employment base has relied on local schools, ------- are trying to recruit graduates.   (A) where   (B) and   (C) but   (D) which

해석 일부 산업에서는 근로 인력 충당을 지역 학교에 의존했는데, 그 산업에서는 지역 학교의 졸업생들을 뽑으려고 한다.

구조분석 (In some industries), the employment base / has relied (on local schools), [------- / are trying
주어   동사   [관계사절]
/ to recruit graduates].
목적어′ (to부정사구)

해설 빈칸에 적절한 관계사를 선택하는 문법 문제이다. 빈칸 앞에는 쉼표와 완전한 절이 위치했고, 뒤에는 주어가 빠진 불완전한 문장이 왔으므로 정답은 주격 관계대명사로 앞의 industries를 선행사로 받는 which이다. 관계부사 where는 뒤에 완전한 문장을 받으므로 오답, 등위접속사 and와 but은 뒤에서 동일한 부분을 생략할 수 있으나 쉼표 뒤의 문장의 주어와 앞의 문장의 주어가 일치하지 않으므로 생략할 수 없기 때문에 오답이다.

어휘 industry 산업   employment 고용   base 기반, 기초   rely on ~에 의지하다   local 지역의   recruit 모집하다, 뽑다   graduate 졸업생

---

09 The extended city bus line, ------- has been running, serves every major universities' stations.
(A) who   (B) what   (C) where   (D) which

해석 운행 중인 확장된 도시 버스 노선은 주요 대학교들의 정거장들을 모두 운행한다.

구조분석 The (extended) city bus line, (------- / has been running), / serves / (every) (major) (universities') stations.
주어   (관계사절)   동사   목적어

해설 빈칸에 알맞은 관계사를 선택하는 문법 문제이다. 빈칸 앞에 선행사 bus line이 위치했고, 뒤에는 동사 has been running이 왔다. 따라서 정답은 사물 선행사를 받으며 뒤의 동사에 대한 주어 역할을 할 수 있는 관계대명사 which이다. who는 사람 선행사를 받으므로 오답, what은 선행사를 받을 수 없으므로 오답, 관계부사 where는 완전한 절을 받기 때문에 오답이다.

어휘 extend 확대하다, 확장하다   serve (상품, 서비스를) 제공하다   major 주요한, 중대한

---

10 Jonathan Lee, once a teacher, has recently published a novel, ------- will appear in stores next year.   (A) who   (B) that   (C) which   (D) where

해석 한 때 교사였던 조나산 리 씨는 최근 소설을 출판했고, 그 소설은 내년에 서점들에 선을 보이기 시작할 것이다.

구조분석 Jonathan Lee, (once a teacher), / has (recently) published / a novel, [------- / will appear (in stores)
주어   동사   목적어   [관계사절]
(next year)].

해설 빈칸에 적절한 관계사를 선택하는 문법 문제이다. 빈칸 앞에는 쉼표와 사물 선행사 a novel이 위치했고, 뒤에는 동사 will appear가 왔다. 따라서 정답은 사물명사를 선행사로 받으며 뒤의 동사에 대한 주어 역할을 할 수 있는 관계대명사 which이다. who는 사람을 선행사로 받으므로 오답, that은 쉼표 바로 뒤에 올 수 없으므로 오답, 관계부사 where는 뒤에 완전한 절을 끌고 오므로 오답이다.

어휘 recently 최근에   publish 출판[발행]하다   novel 소설   appear 나타나다, 보이기 시작하다

11 The human resources department has announced a new staffing decision policy ------- will begin next week.　(A) that　(B) such　(C) when　(D) until

해석 인사부는 다음 주부터 시작될 새로운 직원 채용 결정 방침을 알렸다.

구조 분석

관계대명사

The human resources department / has announced / a (new) staffing decision policy [------- will
　　　　　　주어　　　　　　　　　　　동사　　　　　　　　　목적어　　　　　　　[관계사절]

동사′

begin (next week)].

해설 빈칸에 적절한 관계사를 선택하는 문법 문제이다. 빈칸 앞에는 선행사 policy가 위치했고, 뒤에는 동사 will begin이 왔다. 따라서 정답은 사물명사를 선행사로 받으며 관계사절에서 주어 역할을 할 수 있는 관계대명사 that이다. 문장에 동사가 두 개에 접속사가 없으므로 접속사 기능이 없는 such는 오답. 관계부사 when은 시간 관련 선행사를 받고 뒤에 완전한 절을 이끌기 때문에 오답. 접속사 until은 뒤에 주어가 생략되면 동사가 분사 형태로 바뀌어야 하므로 will begin이라는 동사를 바로 받을 수 없기 때문에 정답이 될 수 없다.

어휘 human resources department 인사부　announce 알리다. 발표하다　staffing 직원을 채용하기　decision 결정. 판단　policy 정책. 방침

12 Most candidates ------- applied for the sales position felt that they need a private car.
　(A) which　(B) whom　(C) what　(D) who

해석 영업직에 지원하는 대부분의 지원자들은 그들 개인 소유의 차가 필요하다고 생각했다.

구조 분석

　　　　　　관계대명사　　동사′　　　　　　　　　　　　　접속사　주어″　동사″　　목적어″
(Most) candidates [------- / applied (for the sales position)] / felt / that they / need / a (private) car.
　　　주어　　　　　　　　　　　　[관계사절]　　　　　　　　　　동사　　　　　목적어절

해설 빈칸에 적절한 관계사를 선택하는 문법 문제이다. 빈칸 앞에는 사람 선행사 candidates가 위치했고, 뒤에는 동사 applied가 왔으므로 정답은 사람 선행사를 받으며 관계사절의 주어 역할을 할 수 있는 관계대명사 who이다. 관계대명사 which는 사물을 선행사로 받으므로 오답, 목적격 관계사 whom은 주어 역할을 할 수 없으므로 오답. what은 선행사를 받을 수 없으므로 오답이다.

어휘 candidate 지원자. 후보자　apply for ~에 지원하다　sales 판매(상)의　private 개인 소유의

Chapter **09** 분사

Lesson 01 ● 분사의 기본 Test　　　　　　　　　　　　　　　　　　▶ 본책 p. 199

Step 1　생략(아래 정답 표기 참조)　　Step 2　01 (B) 02 (A) 03 (B)　　Step 3　01 (B) 02 (D)

Step 1

01 SK Telecom, <u>serving</u> all the major cities, announced its merger.

해석 모든 주요 도시에서 서비스를 제공하는 SK 텔레콤이 합병을 발표했다.

구조 분석 SK Telecom, (serving all the major cities,) / announced / (its) merger.
　　　　　　주어　　　　　　　　　　　　　　　　　　동사　　　목적어

해설 serving이 문장의 주어인 명사를 뒤에서 수식하고 있으므로 serving은 형용사 역할을 하는 현재분사이다.

serve (상품, 서비스를) 제공하다   major 주요   city 도시   announce 알리다, 발표하다   merger 합병

02 I am looking at the landing flight.
해석 나는 착륙하는 비행기를 보고 있다.

구조
분석 I / am looking (at the landing flight).
　　　주어　　동사

해설 전치사 at의 목적어인 명사 flight을 앞에서 수식하는 형용사 자리에 온 landing은 현재분사이다.

어휘 look at ~을 보다   land 착륙하다   flight 비행기

03 We need the revised books.
해석 우리는 개정된 책들이 필요하다.

구조
분석 We / need / the (revised) books.
　　　주어　동사　　　　목적어

해설 관사인 the와 문장의 목적어인 명사 사이는 명사를 앞에서 수식하는 형용사 자리로, revised는 형용사 역할을 하는 과거분사이다.

어휘 need 필요하다   revise 수정하다, 개정하다   book 책

Step 2

01 Employees ------- in the office after 5 p.m. are advised to inform their supervisor.
(A) remain　(B) remaining

해석 오후 5시 이후에 사무실에 남아있는 직원들은 상사에게 알리십시오.

구조
분석 Employees [------- (in the office) (after 5 p.m.)] / are advised / to inform their supervisor.
　　　주어　　　　　　　　　　　　　　　　　　　　　　동사　　　　보어 (to부정사구)

해설 Employees가 주어이고 뒤에 are advised가 문장의 동사가 되므로 동사 앞까지는 주어인 명사 Employees를 꾸미는 수식어구임을 알 수 있다. 접속사나 관계대명사 없이 문장에 동사가 두 개일 수 없으므로 동사인 remain은 답이 될 수 없다. 따라서 명사를 뒤에서 수식하는, 형용사 역할을 하는 현재분사 remaining이 정답이다.

어휘 employee 직원   office 사무실   be advised to + 동사원형 ~하는 것이 바람직하다   inform 알리다   supervisor 상관, 상사

02 Kensington Inc. hired a local property company to search potential sites for the ------- distribution center.　(A) proposed　(B) propose

해석 켄싱톤사는 제안된 유통센터를 위한 가능한 부지를 찾기 위해 지역 부동산 회사를 고용했다.

구조
분석 Kensington Inc. / hired / a (local) property company [to search potential sites (for the -------
　　　주어　　　　　　동사　　　　목적어

distribution center)].

해설 빈칸은 관사 the와 명사 distribution center 사이로, 명사를 앞에서 수식하는 형용사 자리이다. 따라서 동사 propose는 형용사 자리에 올 수 없으므로 오답이고, 형용사 역할을 하는 과거분사 proposed가 정답이다.

어휘 hire 고용하다   local 지역의, 지방의   property 재산, 부동산   company 회사   search 찾다, 수색하다   potential 잠재적인, 가능성이 있는   site 장소, 현장   distribution center 유통센터

03 Travelers ------ local hotels complain that they need more parking spaces.

(A) use　(B) using

해석 지역 호텔을 이용하는 관광객들은 더 많은 주차 공간이 필요하다고 불평한다.

구조
분석

　　　　　　　　　　　　　　　　　　　접속사 주어′　동사′　　　　목적어′
Travelers (------ local hotels) / complain / **that** they / need / (more) parking spaces.
주어　　　　　　　　　　　　　　　　　동사　　　　　　　목적어절

해설 Travelers가 주어이고 뒤에 문장의 동사 complain이 있으므로, 동사 앞까지는 주어인 명사 Travelers를 꾸미는 수식어구임을 알 수 있다. 접속사나 관계대명사 없이 동사가 추가될 수 없으므로 동사인 use는 빈칸에 올 수 없다. 따라서 명사를 뒤에서 수식하는 형용사 기능을 하는 현재분사 using이 정답이다.

어휘 traveler 여행자　local 지역의, 지방의　hotel 호텔　complain 불평하다　need 필요하다　parking space 주차 공간

Step 3

---

01 Policy makers intend to implement a number of new school programs ------ on the physical sciences.　(A) focus　(B) focusing　(C) will focus　(D) have focused

해석 정책 입안자들은 물리학 분야에 중점을 둔 많은 새로운 학교 프로그램을 실행할 계획이다.

구조
분석

Policy makers / intend / to implement / (a number of new) school programs [------
주어　　　　　　동사　　목적어(to부정사구)

(on the physical sciences)].

해설 빈칸은 문장의 목적어인 to부정사구 안에 있으므로 to부정사 안의 구조를 살펴보면, implement가 동사 school programs가 목적어로 문장 성분을 모두 갖추었음을 확인할 수 있다. 접속사나 관계대명사 없이 동사를 추가할 수 없으므로 동사인 (A) focus. (C) will focus. (D) have focused는 빈칸에 올 수 없다. (A) focus를 명사로 보더라도 복합명사가 아닌 명사를 다른 명사 뒤에 바로 쓸 수 없으므로 명사도 답이 될 수 없다. 빈칸은 명사 programs를 뒤에서 수식하고 있으므로 형용사 역할을 하는 현재분사 (B) focusing이 정답이다.

어휘 policy maker 정책 입안자　intend 의도하다, 생각하다　implement 실행하다　a number of 많은　program 프로그램　physical science 물리학 분야의 과학　focus 집중하다, 초점을 맞추다, 초점, 주목

---

02 Employees ------ reimbursement for their business trip need to submit an application form to Mr. Jackson.　(A) seek　(B) seeks　(C) will seek　(D) seeking

해석 출장비 상환을 받고자 하는 직원은 잭슨 씨에게 신청서를 제출해야 한다.

구조
분석

Employees [------ reimbursement (for their business trip)] / need / to submit / an application
주어　　　　　　　　　　　　　　　　　　　　　　　　　동사　　목적어 (to부정사구)

form (to Mr. Jackson).

해설 주어는 Employees이고 뒤에 동사 need가 있으므로, 빈칸은 주어인 명사 Employees를 뒤에서 꾸미는 수식어구임을 알 수 있다. 접속사나 관계대명사 없이 동사를 추가할 수 없으므로 동사 (A) seek. (B) seeks. (C) will seek는 빈칸에 올 수 없다. 따라서 명사를 뒤에서 수식하는 형용사 역할을 하는 현재분사 (D) seeking이 정답이다.

어휘 employee 직원　reimbursement 상환, 보상　business trip 출장　need to + 동사원형 ~할 필요가 있다　submit 제출하다　application form 신청서　seek 찾다, 구하다

Lesson 02 ● 분사 형용사 Test

▶ 본책 p. 201

Step 1 생략(아래 정답 표기 참조)   Step 2   01 (A) 02 (B) 03 (A)   Step 3   01 (C) 02 (C)

Step 1

01 Growing traffic in cargo and passengers has led to an expansion of the train station.

해석 증가하는 화물량과 승객들은 기차역의 확장으로 이어졌다.

구조분석 (Growing) traffic (in cargo and passengers) / has led (to an expansion) (of the train station).
주어   동사

해설 주어는 명사인 traffic in cargo and passengers이고 동사는 has led이다. Growing은 주어인 명사 traffic을 앞에서 수식하는 형용사 역할을 하고 있는 현재분사이다.

어휘 grow 자라다, 증가하다   traffic 교통(량)   cargo 화물   passenger 승객   lead to ~로 이어지다, ~로 이끌다   expansion 확대, 확장   train 기차   station 정거장, 역

02 The concert in Times Square was interesting.

해석 타임즈 스퀘어에서 열린 콘서트는 재미있었다.

구조분석 The concert (in Times Square) / was / interesting.
주어   동사   보어

해설 be동사인 was는 뒤에 보어를 필요로 하는데, 형용사 역할을 하는 현재분사 interesting이 보어 자리에 쓰였다.

어휘 concert 콘서트, 연주회   interesting 재미있는, 흥미로운

03 The manager of the sales department found the results of the last promotion amazing.

해석 판매부서의 부장은 지난 홍보의 결과가 놀랍다는 사실을 알았다.

구조분석 The manager (of the sales department) / found / the results (of the last promotion) / amazing.
주어   동사   목적어   목적보어

해설 find는 5형식 동사로 쓰여 뒤에 목적어와 목적보어를 취하게 된다. 명사인 the results가 목적어이고, 전치사 of가 이끄는 수식어구는 괄호로 처리하면, 형용사 역할을 하는 현재분사인 amazing이 목적보어이다.

어휘 manager 관리자, 매니저   sales department 판매부서, 영업부   find 알다, 찾다   result 결과   last 지난   promotion 홍보, 촉진   amazing 놀라운

Step 2

01 Within the first three seconds, you make a ------- impression on the other person.
(A) lasting   (B) last

해석 처음 3초 만에, 다른 사람에게 오래 지속되는 인상을 남기게 된다.

구조분석 (Within the first three seconds), you / make / a (-------) impression (on the other person).
주어   동사   목적어

해설 빈칸은 관사 a와 문장의 목적어인 명사 impression 사이에 위치하고 있으므로 명사를 앞에서 수식하는 형용사 자리이다. 따라서 동사인 last는 빈칸에 올 수 없고 형용사 역할을 하는 현재분사 lasting이 정답이다.

어휘 within ~이내에 second 초 make 만들다 impression 인상 other 다른 person 사람 lasting 지속적인, 영속적인 last 지속되다

02 The Southern Island Inn offers free parking to all guests ------- longer than two days.

   (A) will stay   (B) staying

해석 서던 아일랜드 인은 숙박일이 이틀을 넘는 손님들에게는 모두 무료 주차를 제공한다.

구조분석 The Southern Island Inn / offers / (free) parking (to all guests) [------- (longer) (than two days)].
                    주어   동사   목적어

해설 빈칸 앞은 주어, 동사, 목적어를 모두 갖춘 완전한 문장이므로 빈칸 이하는 수식어구임을 알 수 있다. 접속사나 관계대명사 없이 동사를 추가할 수 없으므로 미래시제 동사인 will stay는 빈칸에 올 수 없어 오답이다. 따라서 명사 guests를 뒤에서 수식하는 형용사 역할을 하는 현재분사 staying이 정답이다.

어휘 offer 제공하다 free 무료의 parking 주차 guest 손님

03 He was awarded as the most ------- employee of this month.

   (A) cooperative   (B) cooperating

해석 그는 이달의 가장 협조적인 직원상을 수상했다.

구조분석 He / was awarded (as the most ------- employee) (of this month).
      주어   동사

해설 빈칸은 최상급 the most의 수식을 받고 명사 employee를 수식하는 형용사 자리이다. 본래 품사가 형용사인 cooperative와 현재분사 cooperating 모두 형용사 역할을 하므로 빈칸에 올 수 있다. 형용사는 명사의 본질적이고 지속적인 성질, 상태를 설명하는 반면, 분사형 용사는 동사에 기반을 두어 일시적이고 동적인 상태를 나타낸다. 따라서 문맥상 '협조하고 있는(cooperating)' 직원이 아니라, '협조적인 (cooperative)' 자세를 지닌 직원을 의미하므로 정답은 형용사인 cooperative이다.

어휘 award 수여하다 employee 직원 month 달 cooperative 협조적인 cooperate 협조하다

Step 3

01 According to an article ------- in The Weekly newspaper, trips to Asia during the last holiday season increased.   (A) publishing   (B) publish   (C) published   (D) to publish

해석 위클리 신문에 실린 기사에 따르면, 지난 크리스마스 시즌 동안 아시아 지역으로의 여행이 증가했다.

구조분석 [According to an article (-------) (in The Weekly newspaper)], trips (to Asia) (during the last holiday
                                                                 주어

season) / increased.
         동사

해설 빈칸은 According to가 이끄는 수식어구 안에 위치하므로 수식어구 안의 구조를 살펴보면, 전치사 to의 목적어가 an article이고, 빈칸은 article을 뒤에서 수식하는 형용사 자리이다. 전치사 뒤에 동사가 올 수 없으므로 동사인 (B) publish는 우선 탈락한다. to부정사와 분사 모두 형용사 역할을 할 수 있는데, 능동인 (A) publishing과 (D) to publish는 목적어를 필요로 하므로 목적어가 없는 빈칸 자리에 올 수 없다. 따라서 정답은 수동인 과거분사 (C) published가 된다.

어휘 according to ~에 따르면 article 기사 last 지난 holiday season 크리스마스 시즌 increase 증가하다 publish 출판하다, 게재하다

02 In addition to providing ------- support to local charities, we encourage our employees to give something back to their communities through a variety of volunteer programs.
(A) finance　　(B) fianced　　(C) financial　　(D) finances

해석 지역 자선단체에 재정적인 지원을 하는 것에 더하여, 우리는 직원들이 지역사회에 다양한 자원봉사 프로그램을 통해 사회에 환원할 것을 권장한다.

구조 분석 [In addition to providing / (-------) support (to local charities)], we / encourage / (our) employees /
주어　　동사　　목적어

to give something back (to their communities) (through a variety of volunteer programs).
목적보어(to부정사구)

해설 전치사구 In addition to의 목적어로 동명사인 providing이 왔고 providing의 목적어로 명사 support가 쓰였다. 빈칸은 명사 support를 앞에서 수식하는 형용사 자리이다. 따라서 동사인 (A) finance와 (D) finances는 탈락한다. 형용사는 명사의 본질적이고 지속적인 성질, 상태를 설명하는 반면, 분사형용사는 동사에 기반을 두어 일시적이고 동적인 상태를 나타낸다. 따라서 문맥상 '재원을 조달받은' 지원이 아니라 '재정적인' 지원이 적절하므로, 형용사인 (C) financial이 정답이다.

어휘 in addition to ~에 더하여, ~뿐만 아니라　provide 제공하다　support 지원, 지지　local 지역의　charity 자선, 자선단체　encourage 격려하다, 권장하다　employee 직원　give something back 되돌려주다　community 지역사회　through ~을 통하여　a variety of 다양한　volunteer 자원봉사　program 프로그램　finance 재원, 자금을 대다　financial 재정적인

Lesson 03 ● 관계대명사 생략 및 현재분사 & 과거분사 Test　　　▶ 본책 p. 204

| Step 1 | 생략(아래 정답 표기 참조) | Step 2 | 01 (A) 02 (B) 03 (B) | Step 3 | 01 (B) 02 (C) |

Step 1

01 Any individual (who is) involved in a legal case is advised to talk with our legal consultant.

해석 법적 문제에 연루된 사람은 우리의 법률 상담가에게 이야기하는 것이 좋다.

구조 분석 (Any) individual [involved (in a legal case)] / is advised / to talk (with our legal consultant).
주어　　　　　　　　　　　　동사　　　보어

해설 명사를 뒤에서 수식하는 분사는 주격 관계대명사가 생략된 형태이다. 따라서 individual who is involved~에서 주격 관계대명사 who가 생략되고 동사를 분사형으로 바꾼 뒤 being을 생략한 형태이다.

어휘 any 어느, 어떤　individual 개인　involved 관련된, 연루된　legal 법적인　case 경우　be advised to + 동사원형 ~하도록 조언 받다　talk 이야기하다　consultant 상담가

---

02 The brochure (which) detailing our services will be provided to customers next month.

해석 우리의 서비스를 세부적으로 설명한 안내 책자가 다음 달에 고객들에게 제공될 것이다.

구조 분석 The brochure (detailing / our services) / will be provided (to customers) (next month).
주어　　　　　　　　　　　　　동사

해설 명사를 뒤에서 수식하는 분사는 주격 관계대명사가 생략된 형태이다. 따라서 The brochure which details our services~에서 주격 관계대명사 which가 생략되고 동사를 분사형으로 바꾼 형태이다.

어휘 brochure 안내 책자　detail 상세히 알리다, 세부화하다　service 서비스　provide 제공하다　customer 고객

03 A revised schedule has been proposed as an alternative to the one currently in place.

해석 변경된 일정은 현재의 것을 대체하도록 제안된 것입니다.

구조분석 A revised schedule / has been proposed (as an alternative) (to the one) (currently) (in place).
　　　　　　　　주어　　　　　　　　동사

해설 분사 형용사 revised가 의미상 목적어인 schedule을 수식하여 주어를 이루고 있다. 분사구문이 아니므로 생략된 구조는 없다.

어휘 revise 수정하다, 개정하다　schedule 일정, 스케줄　propose 제안하다　alternative 대안　currently 현재, 최근에

Step 2

01 The productivity has improved among those workers ------- special bonuses.
　　(A) given　(B) were given

해석 특별 보너스를 받은 직원들 사이에서 생산성이 향상되었다.

구조분석 The productivity / has improved [among those workers (------- / special bonuses)].
　　　　　　　주어　　　　　　동사

해설 빈칸은 전치사 among이 이끄는 수식어구 안에 있으므로 수식어구 안의 구조를 살펴보면, 빈칸은 among의 목적어인 명사 those workers를 뒤에서 수식하고 있는 자리임을 알 수 있다. 동사는 전치사 뒤에 올 수 없으므로 수동태 동사인 were given은 구조상 빈칸에 올 수 없다. 따라서 형용사 역할을 하는 과거분사 given이 정답이다. 원래 문장은 among those workers who were given으로, 주격 관계대명사와 be동사가 생략된 형태의 문장이다.

어휘 productivity 생산성　improve 개선되다, 향상되다　among ~사이에서　worker 직원　special 특별한　bonus 보너스

02 The idea ------- by one of our representatives to reduce unnecessary fees at the station has been well received.　(A) suggesting　(B) suggested

해석 우리 직원 중 한 명이 제안한 역에서 불필요한 요금을 줄이기 위한 아이디어는 잘 수용되었다.

구조분석 The idea [------- (by one of our representatives)] (to reduce / unnecessary fees) (at the station) /
　　　　　　주어

has been (well) received.
　　　동사

해설 빈칸은 주어인 명사 The idea를 뒤에서 수식하는 분사 형용사 자리이다. 명사를 뒤에서 수식하는 분사의 경우, 주격 관계대명사가 생략된 형태로 볼 수 있다. 따라서 현재분사는 The idea which suggests~, 과거분사는 The idea which is suggested~에서 파생된 형태가 된다. 능동태 문장의 경우 목적어를 필요로 하는데 빈칸 뒤에 목적어 없이 바로 by가 이끄는 수식어구가 오고 있으므로, 목적어가 없는 수동태 문장임을 알 수 있다. 따라서 수동태인 과거분사 suggested가 정답이다.

어휘 idea 생각, 개념　representative 직원, 대표　reduce 줄이다, 감소하다　unnecessary 불필요한　fee 요금　receive 받다

03 Central Trains apologizes for any inconvenience ------- by the ongoing renovations to the station.　(A) causing　(B) caused

해석 센트럴 트레인스사는 진행 중인 기차역 보수공사로 인해 발생되는 불편에 대해 사과드립니다.

구조분석 Central Trains / apologizes (for any inconvenience) [------- (by the ongoing renovations) (to the station)].
　　　　　　　주어　　　　동사

해설 빈칸은 명사 inconvenience를 뒤에서 수식하는 형용사 자리이다. 능동태인 현재분사 causing은 뒤에 목적어를 필요로 하는데, 빈칸 뒤에 목적어가 없이 바로 전치사 by가 이끄는 수식어구가 오고 있으므로 빈칸은 수동태인 과거분사 caused가 정답이다. 원래 문장인 inconvenience which is caused~에서 주격 관계대명사가 생략된 형태이다.

188

어휘 apologize 사과하다 inconvenience 불편 ongoing 진행 중인 renovation 수리, 혁신 cause 야기하다, 초래하다

Step 3

01 Because of his experience ------ workers in assembly lines, Mr. Lopez has been appointed to oversee the operation.　(A) supervisor　(B) supervising　(C) supervise　(D) supervised

해석 조립 라인에서 직원들을 감독한 그의 경험 때문에, 로페즈 씨는 작업 공정을 감독하도록 임명되었다.

구조 분석 [Because of his experience (------ workers) (in assembly lines)], Mr. Lopez / has been appointed /
　　　　　　　　　　　　　　　　　　　　　　　　　　　　　　　주어　　　　　　　　동사

to oversee the operation.
　보어 (to부정사구)

해설 전치사 Because of의 목적어는 명사 his experience이고 빈칸은 명사 experience를 뒤에서 수식하는 형용사 자리이다. 따라서 명사인 (A) supervisor와 동사 (C) supervise는 빈칸에 올 수 없다. 형용사 역할을 하는 현재분사와 과거분사 중에서 능동태인 현재분사 (B) supervising은 목적어를 필요로 하고, 수동태인 과거분사 (D) supervised는 목적어가 없어야 하는데, 빈칸 뒤에 목적어인 명사 workers가 있으므로 현재분사 (B) supervising이 정답이다.

어휘 because of ~ 때문에　experience 경험　worker 직원　assembly line 조립 라인　appoint 임명하다, 지정하다　oversee 감독하다　operation 작동, 운영　supervisor 감독자, 상사　supervise 감독하다

02 All of our employees were given the expansion project of ------ the perfect menu for local residents.　(A) find　(B) finds　(C) finding　(D) found

해석 모든 직원들은 지역 주민을 위한 완벽한 메뉴를 확대시킬 프로젝트를 부여받았다.

구조 분석 All (of our employees) / were given / the expansion project (of ------ the perfect menu)
　　　　주어　　　　　　　　　　동사　　　　　목적어

(for local residents).

해설 빈칸은 전치사 of 뒤의 목적어 자리이다. 따라서 동사인 (A) find와 (B) finds는 우선 탈락한다. 빈칸 뒤에 명사 the perfect menu가 있으므로, 명사를 앞에서 수식하는 분사 자리로 볼 수 있으나, 분사는 관사 the와 수식하는 명사 사이에 위치해야 하므로 현재분사나 과거분사는 답이 될 수 없다. 따라서 과거분사인 (D) found도 오답이다. -ing 형태인 (C) finding은 형용사 역할을 하는 현재분사도 되지만, 명사 역할을 하는 동명사도 된다. 따라서 빈칸 뒤의 명사 the perfect menu를 목적어로 취하는 동명사 자리가 되어 정답은 (C) finding이다.

어휘 employee 직원　be given 받다　expansion 확대, 확장　project 프로젝트　perfect 완벽한　menu 메뉴　local 지역의　resident 거주자, 주민

Lesson 04 ● 부사절 접속사가 생략된 분사구 Test
▶ 본책 p. 206

Step 1 생략(아래 정답 표기 참조)　　Step 2 01 (A) 02 (A) 03 (B)　　Step 3 01 (D) 02 (C)

Step 1

01 Finishing his project, he was off to have dinner outside.

해석 그의 프로젝트를 마친 뒤, 그는 저녁을 먹으러 밖으로 나갔다.

구조 분석 [Finishing his project], he / was / off (to have dinner outside).
　　　　[분사구문]　　　　　　주어　동사　보어

해설 콤마 앞은 부사절 접속사 뒤에 주어와 동사를 갖춘 완전한 문장에서 접속사와 주어를 생략하고 동사를 분사형태로 만든 분사구문이다. finishing은 [As / After he finished]에서 접속사와 동일 주어가 생략되고 과거동사 finished가 현재분사 finishing으로 변형되어 혼자 남아있는 형태이다.

어휘 project 프로젝트, 계획   dinner 저녁   outside 밖에

---

02 After <u>checking</u> all the details, Mr. Shin approved the proposal.

해석 모든 세부사항을 검토한 후에, 신 씨는 제안서를 승인했다.

구조분석 [After checking all the details], Mr. Shin / approved / the proposal.
　　　　　　[분사구문]　　　　　　　　　　주어　　　　동사　　　　목적어

해설 종속접속사 After가 이끄는 부사절에서 주어가 생략된 형태로 목적어를 받는 현재분사 checking이 위치하였다. 접속사와 분사 사이에는 동일 주어 he(Mr. Shin)이 생략되었으며, 이때의 접속사 after는 생략할 수도 있고, 하지 않을 수도 있다.

어휘 after ~후에   check 확인하다   detail 세부사항   approve 승인하다   proposal 제안서

---

03 When <u>delivered</u>, the invoice was handed over to the manager.

해석 송장이 도착하자, 관리자에게 전달됐다.

구조분석 [When delivered], the invoice / was handed over (to the manager).
　　　　　　[분사구문]　　　　　주어　　　　　　　동사

해설 종속접속사 When이 이끄는 부사절에서 주어가 생략된 형태로, when과 delivered 사이에는 동일 주어 it(the invoice)가 생략되어 있다. 이때의 접속사 when은 생략할 수도 있고, 하지 않을 수도 있다.

어휘 when ~할 때   deliver 배달하다   invoice 송장   hand over 넘겨주다   manager 관리자, 부장

Step 2

01 ------- heard the conditions of the mergers, the president of DBC Corporation could no longer consider the offer.   (A) Having   (B)had

해석 합병의 조건을 들은 후에, DBC사의 사장은 더 이상 그 제안을 고려할 수 없었다.

구조분석 [------- heard / the conditions (of the mergers)], the president (of DBC Corporation) /
　　　　　　　　　　　　[분사구문]　　　　　　　　　　　　　　　　　주어

could (no longer) consider / the offer.
　　　　　　동사　　　　　　　목적어

해설 콤마 뒤로 완전한 문장이 오고 있으므로, 콤마 앞에는 종속접속사가 이끄는 부사절이나 부사구가 와야 한다. 종속접속사 뒤에 주어와 동사를 갖춘 완전한 문장이 오면 거기에서 접속사와 주어를 생략하고 동사를 분사형태로 만든 분사구문이 가능하다. 접속사나 주어 없이 동사를 그대로 쓸 수 없으므로 Had heard는 답이 될 수 없다. 따라서 Having heard가 되어야 하므로 (A) Having이 정답이다. Having p.p. 형태는 분사구문의 과거완료 시제를 나타낸다.

어휘 hear 듣다   condition 조건, 상황   merger 합병   president 사장   no longer 더 이상 ~아닌   consider 고려하다   offer 제안

---

02 After ------- from university, he went to Mexico for a short vacation.
　　(A) graduating   (B) graduate

해석 대학을 졸업한 후에, 그는 짧은 휴가를 위해 멕시코로 갔다.

구조분석 [After ------- (from university)], he / went (to Mexico) (for a short vacation).
　　　　　　[분사구문]　　　　　　　　　　주어　　동사

해설 종속접속사인 After는 뒤에 주어와 동사를 갖춘 완전한 문장을 이끈다. 그러나 주절과 주어가 같은 경우 주어를 생략할 수 있는데, 이 때 동사는 그대로 쓸 수 없고 분사 형태로 바꾸어 주어야 한다. 따라서 접속사 뒤에 주어 없이 동사가 바로 올 수 없으므로 동사인 graduate 는 올 수 없고, 분사 형태인 graduating이 정답이다.

어휘 after ~후에   graduate from ~을 졸업하다   university 대학교   short 짧은   vacation 방학, 휴가

---

03 As ------- in the meeting this morning, they will arrive at your office at noon on Friday, June 29th.   (A) discussing   (B) discussed

해석 오늘 오전 회의에서 논의된 바와 같이, 그들은 6월 29일 금요일 정오에 당신의 사무실에 도착할 것입니다.

구조 분석 [As ------- (in the meeting) (this morning)], they / will arrive (at your office) (at noon) (on Friday,
[분사구문]   주어   동사
June 29th).

해설 종속접속사인 As는 뒤에 주어와 동사를 갖춘 완전한 문장을 이끄는데 뒤에 주어가 없으므로 동사는 분사 형태로 바꾸어 주어야 한다. 주어진 보기는 현재분사와 과거분사인데, 능동태인 현재분사 discussing은 목적어를 필요로 하는데, 뒤에 나온 전치사구 in the meeting과 시간부사구 this morning은 수식어구이므로 괄호로 묶어서 처리하면, 빈칸 뒤에 목적어가 없는 것을 확인할 수 있다. 따라서 현재분사인 discussing은 올 수 없고, 수동태인 과거분사 discussed가 정답이다.

어휘 as ~인 듯이, ~ 때문에   meeting 회의   morning 아침, 오전   arrive 도착하다   at noon 정오에   discuss 의논하다, 토론하다

Step 3

01 The approval submitted by Seoul Construction Association lacks one required signature, ------- it invalid.   (A) will render   (B) has rendered   (C) rendered   (D) rendering

해석 서울 건설 협회가 제출한 승인서에는 필수적인 서명이 하나 누락되어서, 그것은 효력이 없다.

구조 분석 The approval [submitted (by Seoul Construction Association)] / lacks / (one required) signature,
주어   동사   목적어
동사' 목적어' 목적보어'
[------- / it / invalid].
[분사구문]

해설 콤마 앞에 주어와 동사와 목적어를 갖춘 완전한 문장이 오고 있으므로, 콤마 뒤에는 종속접속사가 이끄는 부사절이나 부사구가 와야 한다. 종속접속사 뒤에 주어와 동사를 갖춘 완전한 문장이 부사절이며, 거기에서 접속사와 주어를 생략하고 동사를 분사형태로 만든 분사구문이 가능하다. 접속사나 주어 없이 동사를 그대로 쓸 수 없으므로 동사인 (A) will render, (B) has rendered는 우선 탈락한다. 남은 보기는 과거분사와 현재분사인데, 빈칸 뒤의 구조를 보면, 목적어 it과 목적보어 invalid가 모두 있으므로 능동태인 현재분사 (D) rendering이 정답이다.

어휘 approval 승인서   submit 제출하다   association 협회   lack ~이 부족하다, ~이 없다   required 필수적인, 필요한   signature 사인, 서명   render ~한 상태가 되게 하다

---

02 After ------- the brochures for the new year, be sure to send them to all the local distributors.   (A) designed   (B) designs   (C) designing   (D) to design

해석 새해 안내 책자가 디자인 된 후에, 모든 지역 유통업자들에게 보내도록 하세요.

구조 분석 [After ------- / the brochures (for the new year)], be sure / to send them (to all the local distributors).
[분사구문]   동사(명령문)

해설 종속접속사인 After는 뒤에 주어와 동사를 갖춘 완전한 문장을 이끈다. 그러나 주절과 주어가 같은 경우 주어를 생략할 수 있는데, 이때 동사는 그대로 쓸 수 없고 분사 형태로 바꾸어 주어야 한다. 따라서 동사인 (A) designed와 (B) designs는 우선 탈락한다. 또한 to부정사는 종속접속사 뒤에 올 수 없으므로 (D) to design도 탈락한다. 빈칸 뒤의 목적어 the brochures를 취하므로 능동태인 현재분사 (C) designing이 정답이다.

Lesson 05 ● 분사의 특징 Test   ▶ 본책 p. 209

Step 1   생략(아래 정답 표기 참조)   Step 2   01 (A)   02 (A)   03 (A)   Step 3   01 (A)   02 (A)

Step 1

01   Mr. Adams decided to delete <u>some of the images of his 3D graphics</u> because he believed they
명사

would be too <u>distracting</u>.
분사

해석   애덤스 씨는 그것들이 너무 산만하다고 생각해서, 그의 3D 그래픽 이미지 일부를 삭제하기로 결정했다.

구조분석   <u>Mr. Adams</u> / <u>decided</u> / <u>to delete / some (of the images) (of his 3D graphics)</u> // **because** he /
주어1   동사1   목적어1(to부정사구)   접속사   주어2
             주어'   동사'   보어'

<u>believed</u> / <u>they / would be / (too) distracting</u>.
동사2   목적어2(접속사 that이 생략된 명사절)

해설   감정동사 distract의 현재분사형인 distracting은 because가 이끄는 종속절의 주격보어 자리에 있다. 따라서 주어인 they의 상태를 설명하고 있는데, they가 가리키는 것이 주절에 나온 some of the images of his 3D graphics로 사물주어이므로 현재분사형인 distracting이 쓰였다.

어휘   decide 결정하다   delete 삭제하다   image 이미지, 영상   graphic 그래픽   because ~ 때문에   believe 믿다, 생각하다   distracting 주의를 산만하게 하는

02   Those <u>employees</u> <u>interested</u> in this training program must resister in advance.
명사   분사

해석   이 교육훈련 프로그램에 관심이 있는 직원들은 미리 등록해야 한다.

구조분석   (Those) <u>employees</u> [interested (in this training program)] / <u>must resister</u> (in advance).
주어   동사

해설   문장의 주어는 employees이고 동사는 must resister이므로 동사 앞까지는 주어를 수식하는 수식어구가 된다. 따라서 과거분사 interested는 주어인 명사 employees를 뒤에서 수식하는 형용사 역할을 하고 있다. 수식하고 있는 명사 employees가 사람명사이므로 감정동사의 과거분사형인 interested가 쓰였다.

어휘   employee 직원   interested 관심이 있는, 흥미 있는   training 훈련, 트레이닝   program 프로그램   resister 등록하다   in advance 미리, 사전에

03   I was <u>fascinated</u> by the concert in Times Square.
명사   분사

해석   나는 타임즈 스퀘어에서 열린 콘서트에 매료되었다.

구조분석   I / was / fascinated (by the concert) (in Times Square).
주어   동사   보어

해설   감정동사 fascinate의 과거분사형인 fascinated가 be동사인 was 뒤의 주격보어 자리에 있다. 따라서 주어인 I의 상태를 설명하고 있는데, 주어가 사람이므로 과거분사형인 fascinated가 쓰였다.

어휘 fascinated 매료된 concert 콘서트, 연주회

Step 2

01 The decrease in tourism could have ------- consequences for the local economy.
(A) worrying   (B) worried

해석 관광산업의 감소는 지역 경제에 걱정스러운 결과를 가져올 수 있다.

구조분석 The decrease (in tourism) / could have / (-------) consequences (for the local economy).
주어   동사   목적어

해설 빈칸은 문장의 목적어인 명사 consequences를 앞에서 수식하는 형용사 자리이므로 형용사 역할을 하는 분사가 올 수 있다. 분사가 명사 앞에서 수식하는 경우, 수식하는 명사와의 관계를 고려하여 과거분사와 현재분사를 선택해야 한다. 수식하는 명사 consequences가 사물명사이므로 감정동사인 worry의 현재분사형인 worrying이 정답이 된다.

어휘 decrease 감소 tourism 관광 산업 have 가지다 consequence 결과, 중요성 local 지역의 economy 경제 worrying 걱정스러운, 우려되는 worried 걱정하는

02 The intern will deliver the ------- product to the supervisor by Friday.
(A) finished   (B) finishing

해석 인턴이 완성된 제품을 금요일까지 상사에게 가져갈 것입니다.

구조분석 The intern / will deliver / the (-------) product (to the supervisor) (by Friday).
주어   동사   목적어

해설 빈칸은 정관사 the와 명사 product 사이에서 명사를 수식하는 형용사 자리이다. 현재분사와 과거분사 중에서 수식하는 명사와의 관계를 고려하면, 제품'을' 완료하는 것이 적절하므로 의미상 목적어 관계임을 알 수 있다. 따라서 수동의 의미를 가진 과거분사 finished가 정답이 된다.

어휘 intern 인턴사원 deliver 배달하다 product 제품, 상품 supervisor 상사, 감독자 finish 끝내다, 완료하다

03 When ------- cash from an ATM, be aware of your surroundings to prevent a sudden and unexpected assault.   (A) withdrawing   (B) withdrawn

해석 현금입출금기에서 현금을 인출하실 때는 갑작스럽고 예상치 못한 공격을 예방하기 위해 주변을 잘 확인하세요.

구조분석 [When ------- / cash (from an ATM)], be / aware (of your surroundings) [to prevent / a (sudden and
[분사구문]   동사   보어
unexpected) assault].

해설 종속접속사인 When은 뒤에 주어와 동사를 갖춘 완전한 문장을 이끈다. 주절의 주어가 같은 경우 주어를 생략할 수 있는데, 이 때 동사를 분사 형태로 바꾸어야 한다. 현재분사는 능동태 동사에 -ing를 붙인 경우이며, 과거분사는 수동태 동사인 [be + p.p.]에 -ing를 붙인 [being + p.p.]에서 being을 생략한 경우이다. 따라서 현재분사의 경우 목적어가 필요하며, 과거분사의 경우 목적어를 필요로 하지 않는다. 빈칸 뒤에 목적어인 cash가 있으므로 현재분사인 withdrawing이 정답이다.

어휘 withdraw 인출하다 cash 현금 be aware of ~을 알아차리다 surroundings 환경 prevent 예방하다 sudden 갑작스러운 unexpected 예상하지 못한 assault 폭행, 공격

01 Kellogg Business School will hold an orientation session on May 1 for anyone ------- in registering for the next semester.

(A) interested   (B) interest   (C) interesting   (D) to interest

해석 켈로그 경영대학원은 5월 1일에 다음 학기 등록에 관심이 있는 사람들을 위한 오리엔테이션을 열 예정이다.

**구조
분석** Kellogg Business School / will hold / an orientation session (on May 1) (for anyone) [-------
주어   동사   목적어

(in registering) (for the next semester)].

해설 빈칸은 전치사 for의 목적어인 anyone을 뒤에서 수식하는 형용사구 자리이다. 따라서 동사인 (B) interest는 우선 탈락한다. to부정사도 명사 뒤에서 수식하는 형용사적 용법이 있지만 to interest의 경우 뒤에 목적어를 필요로 하는데 빈칸 뒤에 목적어가 없으므로 (D) to interest도 오답이다. 현재분사 (C) interesting의 경우도 능동태이기 때문에 뒤에 목적어가 필요해서 답이 될 수 없으므로 정답은 수동태인 (A) interested가 된다. 또한 수식하는 명사가 anyone으로 사람명사이기 때문에 감정동사 interest의 과거분사형인 interested가정답이다.

어휘 hold 열다, 개최하다   orientation 오리엔테이션   session 기간, 세션   register 등록하다   semester 학기   interested 관심 있는
interest ~의 관심을 끌다   interesting 흥미로운, 재미있는

02 National Environmental Organization recruits local volunteers to restore historical attractions ------- for a long time

(A) deteriorated   (B) to deteriorate   (C) deteriorate   (D) deteriorates

해석 전국 환경 단체는 오랜 시간에 걸쳐 황폐된 역사적 명소를 복원하기 위한 지역의 자원봉사자를 모집한다.

**구조
분석** National Environmental Organization / recruits / (local) volunteers [to restore / historical
주어   동사   목적어

attractions (-------) (for a long time)].

해설 빈칸은 부사어로 쓰인 to부정사구 안에서 명사 historical attractions를 뒤에서 수식하는 형용사 자리이다. 따라서 동사인 (C) deteriorate과 (D) deteriorates는 우선 탈락한다. to부정사인 (B) to deteriorate은 미래지향적인 의미로, 오랜 시간에 걸쳐 황폐된 관광지를 수식하는 의미로 적절하지 않아 오답이 된다. 따라서 '황폐된'이라는 수동의 의미를 나타내는 과거분사 (A) deteriorated가 정답이 된다.

어휘 national 전국적인   environmental 환경의   organization 단체, 기관   recruit 모집하다   local 지역의   volunteer 자원봉사자
restore 복원하다   historical 역사적인   attractions 끌림, 명소   for a long time 오랫동안   deteriorate 황폐시키다

Chapter 09 ● Practice Test ▶ 본책 p. 210

01 (B)   02 (B)   03 (B)   04 (D)   05 (A)   06 (C)   07 (B)   08 (C)   09 (D)   10 (C)   11 (C)   12 (D)

01 Please place your payment in the ------- pre-paid postage envelope and return it by September 20.   (A) enclosure   (B) enclosed   (C) enclosing   (D) enclose

해석 동봉된 요금 별납 봉투에 대금을 넣어서 9월 20일까지 보내주시기 바랍니다.

**구조
분석** (Please) place / (your) payment (in the ------- pre-paid postage envelope) // and return / it
동사(명령문)   목적어   접속사 동사 목적어

(by September 20).

해설 빈칸은 정관사 the와 명사 pre-paid postage envelope 사이에서 명사를 수식하는 형용사 자리이다. 따라서 명사인 (A) enclosure 와 동사 (D) enclose는 우선 탈락한다. 명사 앞에서 수식하는 분사의 경우 수식하는 명사와의 의미 관계를 파악하여 과거분사와 현재분사 중에서 선택해야 한다. '동봉된' 봉투가 문맥상 적절하므로 과거분사인 enclosed가 정답이다.

어휘 place 넣다 payment 지불, 지불금 pre-paid postage 우편요금 지급필 envelope 봉투 return 되돌려주다, 반환하다 enclosure 동봉된 것 enclosed 동봉된 enclose 동봉하다

---

02 The new editor ------- our department next month has excellent training and many years of experience. (A) joins (B) joining (C) will join (D) will be joining

해석 다음 달부터 우리 부서에서 함께 일하게 된 새로운 편집장은 훌륭한 교육을 받았고, 많은 경험을 갖고 있다.

구조분석 The (new) editor [------- / (our) department (next month)] / has / (excellent) training and (many)
　　　　　주어　　　　　　　　　　　　　　　　　　　　　　　　　동사　　　　　목적어
years (of experience).

해설 문장의 주어는 editor이고 동사는 has이므로 동사 앞까지는 주어를 뒤에서 꾸미는 수식어구가 된다. 따라서 빈칸에는 동사가 올 수 없으므로 동사인 (A) joins, (C) will join, (D) will be joining은 모두 탈락하게 된다. 따라서 형용사 역할을 하는 현재분사 (B) joining이 정답이다.

어휘 editor 편집장 department 부서 excellent 훌륭한 training 교육, 트레이닝 experience 경험 join 가입하다, 참여하다

---

03 Company policy states that clients' personal information may not be released without ------- consent. (A) writing (B) written (C) write (D) wrote

해석 회사 정책은 고객의 개인 정보는 서면 동의 없이는 공개될 수 없다고 정하고 있다.

구조분석
　　　　　　　　　　　　　명사절 접속사　　　　　　　　　주어'　　　　　　동사'
Company policy / states / **that** (clients' personal) information / may not be released [without
　　　주어　　　　　동사　　　　　　　　　　　목적어절
(-------) consent].

해설 빈칸은 전치사 without의 목적어인 명사 consent를 수식하는 형용사 자리이다. 따라서 동사인 (C) write와 (D) wrote는 우선 탈락한다. 남은 보기는 현재분사 (A) writing과 (B) written인데, 분사가 명사를 앞에서 수식할 경우, 명사와의 의미 관계를 파악해야 한다. 서면으로 '쓰여진' 동의라는 문맥이 논리적으로 적절하므로 수동의 의미를 갖는 과거분사 (B) written이 정답이다. 동의, 동의서가 스스로 적을 수 없으므로 현재분사는 답이 될 수 없다.

어휘 company 회사 policy 정책 state 언급하다 client 고객 personal 개인적인 information 정보 release 공개하다, 발표하다 without ~없이 consent 동의 written 쓰여진 write 쓰다

---

04 The board of directors has decided to implement a new service to keep customers -------.
(A) satisfaction (B) satisfy (C) satisfyingly (D) satisfied

해석 이사회는 고객의 만족을 유지할 수 있는 새로운 서비스를 시행하기로 결정했다.

구조분석
　　　　　　　　　　　　　　　　　　　　　　　　동사'　　　　　　목적어'
The board (of directors) / has decided / to implement / new service (to keep / customers / -------).
　　　주어　　　　　　　　　　동사　　　목적어 (to부정사구)

해설 빈칸은 new service를 수식하는 형용사적 용법으로 쓰인 to부정사구 안에 있으므로 to부정사구의 구조를 확인한다. keep이 to부정사의 동사이고, customers가 목적어이므로 빈칸은 목적어를 설명하는 목적보어 자리임을 알 수 있다. 따라서 보어 자리에 올 수 없는 동사 (B) satisfy와 부사 (C) satisfyingly는 우선 탈락한다. 목적보어 자리에 명사가 쓰이는 경우는 목적어와 완전한 동격을 이루는 경우인데, 사람명사인 고객(customers)과 추상명사인 만족(satisfaction)이 동격이 될 수 없으므로 명사인 (A) satisfaction도 오답이다. 따라서 분사인 (D) satisfied가 정답이다. 또한 목적보어가 설명하고 있는 목적어가 customers로 사람명사이므로 수동태인 과거분사 satisfied 가 정답이라는 것을 알 수 있다.

어휘 board of directors 이사회 decide 결정하다 implement 시행하다 keep 유지하다 customer 고객 satisfaction 만족 satisfy 만족시키다 satisfyingly 충분히 satisfied 만족하는

05 ------- in the heart of Seoul, the Central Tourist Center promotes the understanding of contemporary cultures.   (A) Located   (B) Locating   (C) Locates   (D) Locate

해석 서울의 중심부에 위치한 중앙 관광 센터는 현대 문화의 이해를 촉진시킨다.

구조분석 [------- (in the heart of Seoul)], the Central Tourist Center / promotes / the understanding
 　　　　　　　　[분사구문]　　　　　　　　　　　　주어　　　　　　　동사　　　　목적어

(of contemporary cultures).

해설 콤마 뒤에 완전한 문장이 오고 있으므로, 콤마 앞에는 부사절이나 부사구가 와야 한다. 종속접속사 뒤에 주어와 동사를 갖춘 완전한 문장이 부사절이며, 그것에서 접속사와 주어를 생략하고 동사를 분사형태로 만든 분사구문이 가능하다. 접속사나 주어 없이 동사를 그대로 쓸 수 없으므로 동사인 (C) Locates와 (D) Locate은 우선 탈락한다. 남은 보기는 현재분사와 과거분사로, 능동태인 현재분사 (B) Locating은 뒤에 목적어를 필요로 하는데 빈칸 뒤에 목적어가 없으므로 답이 될 수 없다. 따라서 수동태인 과거분사 (A) Located가 정답이다.

어휘 heart 마음, 중심부   promote 촉진시키다, 홍보하다   understanding 이해   contemporary 현대의, 동시대의   culture 문화   locate 위치시키다, 위치를 찾아내다

06 Because sales in the Southern region have been ------- this quarter, we are seeking new distributors.   (A) disappoint   (B) disappointed   (C) disappointing   (D) disappointment

해석 이번 분기 남부지역의 판매량이 실망스러웠기 때문에, 우리는 새로운 유통업체를 구하고 있다.

구조분석 **Because** sales (in the Southern region) / have been / ------- (this quarter), // we / are seeking /
 　　　　　　접속사　주어1　　　　　　　　　　　　동사1　　보어　　　　　　　　　주어2　동사2

(new) distributors.
목적어

해설 종속접속사 Because가 이끄는 문장에서 빈칸은 be동사인 have been 뒤에 위치하고 있으므로 주격 보어 자리이다. 따라서 보어 자리에 올 수 없는 동사 (A) disappoint는 우선 탈락한다. 보어 자리에 명사가 올 수 있는 경우는 주어와 보어가 동격을 이루는 경우인데, 판매(sales)와 실망(disappointment)가 동격이 될 수 없으므로 명사인 (D) disappointment도 오답이다. 빈칸은 주격보어로 주어인 sales를 설명하고 있는데, 주어가 사물이므로 현재분사형인 (C) disappointing이 정답이다.

어휘 because ~ 때문에   sales 판매   Southern 남부의   region 지역   quarter 분기   seek 찾다, 구하다   distributor 유통업체   disappoint 실망시키다   disappointed 실망한   disappointing 실망스러운   disappointment 실망

07 The shopping mall offers free parking to customers ------- less than one hour.
   (A) will stay   (B) staying   (C) have stayed   (D) stayed

해석 쇼핑몰은 한 시간 미만 머무는 고객들에게 무료 주차를 제공한다.

구조분석 The shopping mall / offers / (free) parking (to customers) (-----) (less than one hour).
 　　　　　　주어　　　　　동사　　　목적어

해설 빈칸 앞에 주어와 동사와 목적어를 갖춘 완전한 문장이 있는데, 접속사나 관계대명사 없이 동사를 추가할 수 없으므로 동사인 (A) will stay와 (C) have stayed는 우선 탈락한다. 남은 보기는 현재분사와 과거분사로, 빈칸은 전치사 to의 목적어인 명사 customers를 뒤에서 수식하는 형용사적 역할을 하는 분사임을 알 수 있다. 동사 stay는 자동사로 수동태 과거분사 형태가 존재할 수 없으므로 (D) stayed는 답이 될 수 없다. 따라서 정답은 현재분사인 (B) staying이 된다.

어휘 shopping mall 쇼핑몰   offer 제공하다   free 무료의   parking 주차   stay 머무르다

08 Citing a survey ------- by an independent polling agency, Local Times reported that 60 percent of residents were against constructing a new shopping mall.
   (A) conduct   (B) conductor   (C) conducted   (D) conducting

해석 독립된 여론조사 기관에 의해 수행된 설문조사를 인용해서, 로칼 타임즈지는 주민의 60퍼센트가 새로운 쇼핑몰 건설에 반대한다고 보도했다.

구조분석 [Citing / a survey (------) (by an independent polling agency)], Local Times / reported / **that** 60
　　　　　주어´　　　　　　　　　동사´　　　　　　　　　보어´　　　　　　　　　　　　　[분사구문]　　　　　　　　주어　　　　동사　　목적어절 (접속사)

percent (of residents) / were / against constructing a new shopping mall.

해설 빈칸은 명사 survey를 뒤에서 수식하고 있는 형용사 자리이다. 따라서 동사인 (A) conduct와 명사 (B) conductor는 우선 탈락한다. 남은 보기는 형용사 역할을 하는 과거분사 (C) conducted와 현재분사 (D) conducting인데, 능동태인 현재분사 conducting의 경우 목적어를 필요로 하는데 빈칸 뒤에 목적어 없이 전치사 by가 이끄는 수식어구가 오고 있으므로 정답은 수동태인 과거분사 (C) conducted 이다.

어휘 cite 인용하다　survey 설문조사　independent 독립적인　polling agency 여론조사 기관　report 보도하다　resident 거주자, 주민　against ~에 반대하여　construct 건설하다　shopping mall 쇼핑몰　conduct 수행하다

---

09 After ------ asked to find a solution for the system error, GI Web Agency installed a new security program.　(A) was　(B) been　(C) were　(D) being

해석 시스템 오류에 대한 해결책을 찾도록 요청을 받은 후에, GI 웹 에이전시는 새로운 보안 프로그램을 설치했다.

구조분석 [**After** ------ asked / to find / a solution (for the system error)], GI Web Agency / installed /
　　　　　　　　　　　　　　[분사구문]　　　　　　　　　　　　　　　　　　　　　주어　　　　　　　　동사

a (new) security program.
　　목적어

해설 종속접속사인 After는 뒤에 주어와 동사를 갖춘 완전한 문장을 이끈다. 그러나 주절과 주어가 같은 경우 주어를 생략할 수 있는데, 이 때 동사는 그대로 쓸 수 없고 분사 형태인 -ing를 붙여주어야 한다. 따라서 동사인 (A) was와 (C) were는 우선 탈락한다. 원래 문장인 After GI Web Agency was asked~에서 주어를 생략하고 동사 was의 원형인 be에 -ing를 붙인 being asked로 만들어야 하므로 정답은 (D) being이 된다. 이 때 being을 생략하고 p.p. 형태인 asked만 쓸 수도 있다.

어휘 after ~후에　solution 해결책　system 체계, 시스템　error 실수, 오류　install 설치하다　security 보안, 안전

---

10 The special offer is not valid on items ------ previous to the publication of this advertisement.　(A) purchase　(B) purchaser　(C) purchased　(D) purchasing

해석 이 광고가 나오기 전에 구매된 상품에 대해서는 특별 할인이 적용되지 않습니다.

구조분석 The (special) offer / is not / valid (on items) ------ (previous to the publication) (of this advertisement).
　　　　　　　　　　主어　　　동사　　보어

해설 빈칸은 전치사 on의 목적어인 명사 items를 뒤에서 수식하는 형용사 자리이다. 따라서 동사인 (A) purchase와 명사인 (B) purchaser는 우선 탈락한다. 형용사 역할을 하는 분사 중 능동태인 현재분사 (D) purchasing은 목적어를 필요로 하는데 빈칸 뒤에 목적어가 없으므로, 현재분사는 답이 될 수 없다. 따라서 수동태인 과거분사 (C) purchased가 정답이다.

어휘 special offer 특가 판매, 특별 할인　valid 유효한　item 품목, 상품　previous to ~ 이전에　publication 출판, 발행　advertisement 광고　purchase 구매하다

---

11 When ------ your payment, be sure to include the bottom portion of your invoice.
　　(A) mail　(B) mails　(C) mailing　(D) mailed

해석 대금을 보내실 때, 송장의 아래 부분이 포함되었는지 확인해 주세요.

구조분석 [When ------ your payment], be sure / to include / the bottom portion (of your invoice).
　　　　　　　　　　[분사구문]　　　　　　　동사(명령문)

해설 종속접속사 When이 이끄는 부사절에 주어가 생략된 분사구문 형태로, 동사를 그대로 쓸 수 없고 분사 형태로 만들어야 한다. 따라서 동사인 (A) mail과 (B) mails는 우선 탈락한다. 현재분사와 과거분사 중 빈칸 뒤에 목적어 your payment가 있으므로 능동태인 현재분사 (C) mailing이 정답이다.

어휘 **payment** 지불(금) **be sure** 확인하다, 확신하다 **include** 포함하다 **bottom** 맨 아래 부분 **portion** 부분 **invoice** 송장 **mail** 우편으로 보내다, 발송하다

---

12 Daniel Melder has been voted the most ------- member of our new sales group this year.
(A) promise (B) promised (C) promises (D) promising

해석 대니엘 멜더 씨는 우리의 새로운 영업 그룹 중에서 올해의 가장 유망한 회원으로 선출되었다.

구조분석 Daniel Melder / has been voted / the (most -------) member (of our new sales group) (this year).
주어　　　　동사　　　　　　　　　보어

해설 빈칸은 명사 member를 앞에서 수식하고 부사 most의 수식을 받는 형용사 자리이다. 따라서 동사인 (A) promise, (B) promised, (C) promises는 빈칸에 올 수 없다. (D) promising은 '유망한, 촉망되는'이라는 의미로 현재분사가 형용사 어휘로 굳어진 경우이다.

어휘 **vote** 투표하다 **member** 회원 **sales** 판매의 **group** 집단, 그룹 **promise** 약속하다 **promising** 유망한, 촉망받는

Chapter 10 부사

Lesson 01 ● 부사의 기본 Test ▶ 본책 p. 214

Step 1 생략(아래 정답 표기 참조)　Step 2 01 (B) 02 (B) 03 (B)　Step 3 01 (A) 02 (D)

Step 1

01 We will ------- answer your questions. (prompt)

해석 우리는 당신의 질문에 즉시 답할 것이다.

구조분석 We / will (-------) answer / (your) questions.
주어　동사　부사　동사　　목적어

해설 빈칸은 조동사 will과 동사 answer 사이에서 동사를 수식해주는 부사가 들어갈 자리이다. 제시된 단어인 prompt(즉각적인, 신속한)는 형용사이다. 부사는 일반적으로 형용사 단어 뒤에 –ly를 붙여 만들어지므로, [prompt + -ly = promptly(부사)]를 만들어, '즉시 답할 것이다'라는 의미로 동사를 수식해주는 부사로 변형하여 빈칸에 넣을 수 있다.

어휘 **prompt** 즉각적인, 신속한 **promptly** 즉시, 당장

---

02 Thanks to the new sorting software, all online applications were processed -------. (easy)

해석 새로운 분류 소프트웨어 프로그램 덕분에, 모든 온라인 지원서는 쉽게 처리되었다.

구조분석 (Thanks to the new sorting software), (all) online applications / were processed (-------).
주어　　　　　　　　동사　　부사

해설 주절 맨 뒤에 빈칸이 자리하고 있으므로 빈칸은 부사가 들어갈 자리이다. 제시된 단어는 형용사 easy(쉬운, 용이한)인데, 형용사 easy는 [자음 + -y]로 끝나므로 뒷자리의 y가 i로 변하여 easily의 형태로 부사가 만들어진다. '쉽게 처리되었다'라는 의미로 부사 easily가 주절의 동사구 were processed를 수식해주는 역할을 한다.

어휘 **thanks to sb / sth** ~덕분에, 때문에 **sorting** 구분, 분류 **software** 소프트웨어 (프로그램) **online** 온라인 **application** 지원, 지원서 **process** 가공하다, 처리하다

03 Green Software Inc. developed a DVD burner that is ------- compatible with any DVD formats. (universal)

해석 그린 소프트웨어사는 어떠한 DVD 포맷에도 보편적으로 호환되는 DVD 버너(DVD 리코딩 프로그램)을 개발했다.

구조
분석

관계사 동사' 보어'

Green Software Inc. / developed / a DVD burner [**that** / is / (-------) compatible / (with any DVD
　　　　주어　　　　　　동사　　　　목적어　　　　　　　　　　　　　　　　[관계사절]

formats].

해설 be동사 is와 형용사 compatible 사이에 들어갈 적절한 품사는 부사이다. 제시된 단어인 universal(일반적인, 전세계적인)은 형용사이므로 형용사에 -ly를 붙여 부사로 변형해야 한다. 부사는 일반적으로 형용사에 -ly를 붙여 만들어지므로 형용사 [universal + ly = universally(부사: 일반적으로, 보편적으로)]로 변형이 된다. 'DVD 포맷에 보편적으로(일반적으로) 호환되는'이란 의미로 부사 universally는 동사구 is compatible with를 수식해주는 역할을 한다.

어휘 software 소프트웨어 (프로그램) develop 개발하다 DVD burner DVD 버너(DVD 리코딩 프로그램) universal 일반적인, 전세계적인 universally 일반적으로, 보편적으로, 어디에서나 be compatible with ~와 호환되다 DVD format DVD 포맷

Step 2

01 Education officials say the TOEIC test will be ------- monitored to prevent cheating.
　　(A) close　　(B) closely

해석 시험 관계자들은 TOEIC 시험은 부정행위를 막기 위해 주의 깊게 감시될 것이라고 말한다.

구조
분석

주어' 동사'

Education officials / say / [(**that**) the TOEIC test / will be (-------) monitored (to prevent cheating).]
　　주어　　　　　동사1　　　[목적어절: 명사절 접속사 that 생략]

해설 be동사와 보어로 쓰인 과거분사 monitored로 이루어진 동사구 사이에 위치한 빈칸은 과거분사 monitored를 수식하는 부사 자리이다. 보기 중에 부사인 closely(주의 깊게, 밀접하게)가 정답이다. 형용사는 주로 명사를 수식하거나 be동사 또는 목적어의 보어 역할을 하므로 형용사인 close는 빈칸에 적절하지 못하다.

어휘 close 가까운, 밀집한 closely 면밀하게, 주의 깊게, 밀접하게 prevent 막다, 예방하다 cheating (시험에서의) 부정행위

02 The manager ------- solved the personal conflict between the two employees.
　　(A) effective　　(B) effectively

해석 그 매니저는 두 직원들 사이에 개인적인 갈등을 효과적으로 해결했다.

구조
분석

The manager / (-------) solved / the personal conflict (between the two employees).
　　주어　　　　　　동사　　　　　목적어

해설 주어인 the manager, 동사인 solved, 목적어인 the personal conflict가 있으므로 문장을 구성하는 요소인 주어, 동사, 목적어가 모두 제시되었다. 따라서 빈칸에는 동사를 수식하는 부사가 와야 한다는 것을 알 수 있다. '효과적으로 해결했다'가 문맥상 적절하므로 보기 중 부사인 effectively(효과적으로, 효율적으로)가 정답이다. 형용사인 effective는 주로 방법이나 치료법, 장면 등의 의미를 가진 명사를 수식하거나 문장에서 be동사, 목적어의 보어 역할을 하므로 오답이다.

어휘 manager 매니저 effective 효과적인 effectively 효과적으로 solve 해결하다 personal 개인의, 개인적인 conflict (사람, 국가들 사이의) 갈등, 충돌 employee 직원

03 Keynote speaker Earnest Butler will address the banquet attendees ------- after dessert is served.　　(A) shorten　　(B) shortly

해석 후식이 제공 되고 난 직후에, 기조 연설자인 어니스트 버틀러는 연회 참석자들에게 연설할 것입니다.

구조분석 Keynote speaker Earnest Butler / will address / the banquet attendees / (-------) (**after** dessert /

주어 　　　　　　　　　동사　　　　　　목적어　　　　　　접속사　주어'

동사'
is served).

해설 빈칸 앞은 주어, 동사, 목적어로 이루어진 완전한 절이며, 빈칸 다음 접속사 after가 제시되고 주어와 동사(수동태)로 이루어진 완전한 절이 위치하였으므로 빈칸은 뒷 절을 적절히 수식해주는 부사가 들어가야 할 자리이다. shortly는 시간의 전후를 나타내는 접속사 또는 전치사인 before(~전에), after(~후에)와 잘 어울리는 부사로, shortly before / after (직전에 / 직후에)라는 의미로 before나 after의 구나 절을 수식해준다. 따라서 문맥상 앞 절과 뒷 절의 내용을 연결하며 뒷 절의 부사절인 after dessert is served(후식이 제공되고 난 후에)를 수식하는 부사로 shortly가 가장 적합하다. shorten은 '(길이, 거리, 시간 등)을 짧게 하다, 줄이다'라는 의미의 동사이므로 오답이 다.

어휘 keynote speaker 기조 연설자　address 연설하다, 말하다　banquet attendee 연회 참석자　shortly 바로, 곧　shortly after 직후에　dessert 디저트, 후식　serve (음식 등을) 제공하다

Step 3

01 GM Appliance has long been a leader in training workers to produce goods more ------- .
　(A) efficiently　(B) efficiencies　(C) efficient　(D) efficiency

해석 GM 가전제품사는 오래전부터 제품을 좀 더 효율적으로 생산하기 위하여 직원들을 교육하는 것에 관해서는 선두 기업이었다.

구조분석 GM Appliance / has (long) been / a leader (in training workers) (to produce goods more ------).

주어　　　　　　　동사　　　　　보어

해설 비교 부사인 more 다음의 빈칸에는 부사의 수식을 받을 수 있는 품사가 와야 한다. more의 수식을 받을 수 있는 품사는 일반적으로 형용사, 부사 등이다. 보기 중 efficiency(능률), efficiencies(효율화 방안)은 명사이므로 more의 수식을 받을 수 없기 때문에 제외한다. 또한 빈칸은 to부정사구의 맨 뒤에 위치하였으므로 to부정사구의 동사인 produce를 수식해주는 역할을 함을 알 수 있다. 따라서 more의 수식을 받으며, to부정사구의 동사를 수식해줄 수 있는 품사는 부사이므로 정답은 efficiently(효율적으로)이다. 형용사 efficient(능률적인, 효율적인)은 일반적으로 명사를 수식하거나 be동사 또는 목적어의 보어 역할을 하므로 오답이다.

어휘 appliance 가전제품　long 오랫동안　leader 지도자, 리더　train 교육시키다, 교육받다　worker 근로자　produce 생산하다　goods 상품, 제품　efficiently 효과적으로, 효율적으로　efficiencies 효율화 (방안)　efficient 능률적인, 효율적인　efficiency 능률, 효율

02 Many customers at K-Mart are willing to pay a premium for food that is produced -------.
　(A) locality　(B) locals　(C) local　(D) locally

해석 K-마트의 많은 고객들은 지역 근처에서 생산된 좋은 식품에 기꺼이 돈을 더 지불한다.

구조분석 　　　　　　　　　　　　　　　　　　　　　　　　　　　　　관계대명사　동사'
Many customers (at K-Mart) / are willing / to pay a premium (for food) [**that** is produced (-------)].

주어　　　　　　　　　　동사(구)　　　　목적어 (to부정사구)　　　　　(관계사절)

해설 빈칸에는 문장 뒷부분의 관계사 절의 동사구인 is produced를 수식하는 품사가 와야 한다. 동사를 수식할 수 있는 품사는 부사이므로 '지역 근방에서 생산되는'이란 의미가 되는 부사인 locally가 정답이다. locality(인근)과 locals(특정 지역에 사는 주민들, 현지인들)는 명사, local(지역의, 현지의)은 형용사이므로 동사를 수식할 수 없기에 오답이다.

어휘 customer 고객　be willing to + 동사원형 기꺼이 ~하다　pay 지불하다　premium 특별 요금　produce ~을 생산하다, 만들어 내다　locally 지역에서　locality 인근　locals (특정 지역에 사는) 주민들, 현지인들　local 지역의, 현지의

Lesson 02 ● 부사의 자리 Test

▶ 본책 p. 217

| Step 1 생략(아래 정답 표기 참조) | Step 2 01 (B) 02 (B) 03 (B) | Step 3 01 (B) 02 (B) |

Step 1

01 The researchers found that the new electric cigarette was as **equally detrimental** as normal cigarettes to men's health.

(부사 equally → 형용사 detrimental 수식)

해석 연구원들은 새로운 전자담배는 보통 담배만큼 사람의 건강에 동일하게 해롭다는 것을 발견했다.

구조 분석
명사절 접속사   주어′   동사′
The researchers / found / **that** the (new) (electric) cigarette / was (as (equally) detrimental as
    주어   동사   목적어절

normal cigarettes to men's health).

해설 동등 비교 구문 as ~ as 사이에 위치한 부사 equally는 뒤에 있는 형용사인 detrimental을 수식해서 '동일하게 해로운'이란 의미를 이룬다.

어휘 researcher 연구원   find (조사하여) 발견하다, 알아내다   electric cigarette 전자 담배   as 형 / 부 as 만큼 ~한(형) / 하게(부사) equally 똑같이, 동일하게   detrimental 해로운   normal 보통의, 평범한   health 건강

02 They need to consider these cases separately.

(동사 consider ← 부사 separately 수식)

해석 그들은 이러한 경우들을 별도로 고려해야 할 필요가 있다.

구조 분석 They / need / to consider / these cases (separately).
        주어   동사   목적어 (to부정사구)

해설 문장에서 to부정사구가 목적어 역할을 하고 있으며, to부정사 뒤에 부사 separately가 있다. '별도로 고려하다'라는 의미로 부사 separately는 to부정사의 동사 consider를 수식한다.

어휘 need ~을 필요하다   consider 고려하다, 생각하다   case 경우, 사례   separately 각기, 별도로

03 The new lotion developed by Skin Therapy is especially effective on sensitive skin.

(부사 especially → 형용사 effective 수식)

해석 스킨 세러피 사에서 개발한 새로운 로션은 민감성 피부에 특히 효과적이다.

구조 분석 The new lotion (developed (by Skin Therapy)) / is / (especially) effective (on sensitive skin).
             주어   동사   보어

해설 be동사와 형용사 보어 effective 사이에 위치한 부사 especially는 '특히 효과적이다'라는 의미로 형용사 보어 effective를 수식한다.

어휘 lotion 로션, 화장수   develop 개발하다   especially 특히   effective 효율적인, 효과적인   sensitive 민감한, 예민한

Step 2

01 An amateur film director ------- posted an independent movie online to check viewers' response.   (A) purposing   (B) purposely

해석 한 아마추어 영화감독은 영화 관람객들의 반응을 확인하기 위해 온라인(매체)에 독립영화를 일부러 게시했다.

구조분석 An amateur film director / (-------) posted / an (independent) movie (online) (to check viewers'

　　　　　　　　주어　　　　　　　　　　　　　동사　　　　　　　　　　목적어

response).

해설 주어인 An amateur film director와 동사 posted 사이에 들어갈 적절한 품사는 부사이다. purposing은 동사에 -ing를 붙인 형태로, 동명사 혹은 현재분사로 준동사 역할을 하므로 빈칸에 적합하지 않다. 따라서 '일부러 게시하였다'라는 의미로 동사 posted를 수식해줄 수 있는 부사 purposely가 정답이다.

어휘 amateur 아마추어, 비전문가　film director 영화감독　post 붙이다, 게시하다　independent movie 독립영화　online 온라인에　check 확인하다, 검사하다　viewer 시청자, 관람자　response 응답, 반응　purposing 목적이 있는　purposely 일부러, 특별히

---

02 The presentation that will introduce some of the effective methods of doing customer service will start ------- at 10 A.M.　(A) inwardly　(B) promptly

해석 고객 서비스를 효과적으로 하는 방법들을 소개할 발표는 오전 10시 정각에 시작될 것이다.

구조분석　　　　　관계대명사　동사'　목적어'

The presentation [**that** will introduce/ some (of the effective methods) (of doing customer service)] /

　　　　　주어　　　　　　　　　　　　　　　　[관계사절]

will start (-------) (at 10 A.M.)

　　　　동사

해설 문장의 본동사인 start와 시간을 나타내는 부사구인 at 10 A.M. 사이에 있는 빈칸은 의미상 적절한 부사가 들어갈 자리이다. 부사 inwardly는 '마음속으로, 내심, 은밀히'라는 의미로 문맥상 '발표가 마음속으로 시작할 것이다'는 어색한 표현이 되므로 적절하지 않다. 따라서 '오전 10시 정각에 발표가 시작될 것이다'라는 의미로, 동사 start(시작하다)를 자연스러운 의미로 수식하는 것은 부사 promptly가 된다.

어휘 presentation 발표, 프레젠테이션　introduce 소개하다　effective 효율적인, 효과적인　method 수단, 방법　customer service 고객 서비스　start 시작하다　inwardly 내부에서, 내면적으로　promptly 즉시, 곧바로

---

03 An ------- large quantity of black beans has been imported worldwide after Dr. Ricci said that black beans help fight against cancer.　(A) increasing　(B) increasingly

해석 리치 박사가 검은 콩이 암을 이기는 데 도움이 된다고 언급한 후에 전세계에서 점점 많은 양의 검은콩이 수입되었다.

구조분석 An (-------) large quantity (of black beans) / has been imported (worldwide) // **after** Dr. Ricci / said /

　　　　　　주어1　　　　　　　　　　　　　　　　　　동사1　　　　　　　　접속사　주어2　동사2

명사절 접속사　주어'　동사'　목적어'

that black beans / help / fight (against cancer).

　　　　　　　　　　목적어절

해설 관사 an과 형용사 large 사이에서 형용사를 수식해줄 수 있는 품사는 부사이다. increasing(증가하는)은 현재분사 형태의 형용사이므로 빈칸에 적절하지 않다. '더욱 더 많은'이란 의미로, 빈칸 다음의 형용사 large를 적절히 수식해주는 부사 increasingly가 정답이다.

어휘 increasingly 점점 더, 더욱 더　increasing 증가하는　large 큰, 넓은　quantity 양, 수량　black bean 검은콩　import ~을 수입하다　worldwide (형) 세계적인 (부) 온 세계에, 세계적으로　help ~을 돕다　against ~에 반대하여, 반하여　cancer 암

Step 3

01 Fans of singer Barry ------- await the release of her latest album, which will be out in early June.　(A) eager　(B) eagerly　(C) eagering　(D) eagerness

해석 가수 배리의 팬들은 6월 초에 나올 예정인 그녀의 최신 앨범 발표를 간절히 기다린다.

구조분석 Fans of singer Barry / (------) await / the release (of her latest album), [**which** will be (out) (in early
　　　　주어1　　　　　　　　동사1　　목적어　　　　　　　　　　　　　　관계대명사　동사'
June)].
　　　　　　　　　　　　　　　　　　　　　　　　　　　　　　　　　　　　[관계사절]

해설 주어 Fans of singer Barry와 동사 await 사이에 위치한 빈칸에는 동사 await를 수식해주는 부사가 들어갈 수 있다. '간절하게 기다리다'라는 의미로, 보기 중 부사인 eagerly가 정답이 된다. eager(열렬한, 간절히 바라는)은 형용사, eagering(열망하는)은 사전에 없는 단어, eagerness(열의, 열망)는 명사로, 빈칸에 적합하지 않다.

어휘 fan 팬　singer 가수　eagerly 열망하여, 간절히　await (~을) 기다리다　release (명) 발표, 공개, 방출, 해방 (동) (대중들에게) 공개하다, 발표하다, 풀어주다　latest 가장 최근의　album 앨범, 음반　eager 열렬한, 간절히 바라는　eagerness 열의, 열심, 열망

---

02 Mr. Park began his career as a shopkeeper at ABC Mart, but he has since become a -------
renowned businessman.　(A) nation　(B) nationally　(C) national　(D) nationalizing

해석 파크 씨는 ABC 마트에서 점포 주인으로 일을 시작했지만, 그 이후 그는 전국적으로 유명한 사업가가 되었다.

구조분석 Mr. Park / began / his career (as a shopkeeper) (at ABC Mart), // **but** he / has (since) become /
　　　　　주어1　　동사1　　목적어　　　　　　　　　　　　　　　　　　접속사 주어2　　　　동사2
a (------) (renowned) businessman.
　　　보어

해설 관사 a와 과거분사형 형용사인 renowned 사이에 위치한 빈칸에는 renowned를 적절히 수식해주는 부사가 들어갈 자리이다. '전국적으로 유명한'이란 의미로, renowned를 자연스럽게 수식해주는 부사 nationally가 정답이 된다. nation(국가)는 명사, national(국가적인)는 형용사, nationalizing(국영화하는)은 현재분사형 형용사이므로 오답이다.

어휘 begin 시작하다　career 직업, 커리어　shopkeeper 가게 주인, 운영자　since (전치사) ~부터, 이후 (접속사) ~한 이후로, ~ 때문에 (부사) 그때 이후로, 그 후　nationally 전국적으로, (특정 국가의) 국가적으로　renowned 유명한, 명성 있는　businessman 경영인, 사업가　nation 국가　national 국가적인　nationalizing (산업, 기업을) 국영화하는, 국유화하는

Lesson 03 ● 부사의 종류 Test　　　　　　▶ 본책 p. 220

Step 1　생략(아래 정답 표기 참조)　　Step 2　01 (A) 02 (B) 03 (B)　　Step 3　01 (B) 02 (A)

Step 1

01 It can be <u>anywhere</u> in the room.
　　　　　　　　장소부사

해석 그것은 방안 어디에나 있을 수 있다.

구조분석 It / can be / (anywhere) in the room.
　　　　주어　동사　　　　보어

해설 부사는 문장에 없어도 완전한 문장이 된다. 문장의 구조를 보면 It 주어, can be 동사, in the room은 형용사구로 쓰였으므로 완전한 문장이 된다. anywhere은 문장에서 없어도 되고 장소를 나타내는 부사이다.

어휘 anywhere 어디에라도

---

02 Kenneth Coleman's new shoe polisher can be applied <u>only</u> on leather.
　　　　　　　　　　　　　　　　　　　　　　　　　　　강조부사

해석 케네스 콜맨 사에서 새로 나온 구두약은 가죽에만 발라야 한다.

구조분석 Kenneth Coleman's new shoe polisher / can be applied (only) (on leather).
주어   동사

해설 only는 전치사구인 on leather를 수식하여 '오직 가죽에만' 사용할 수 있다고 강조하고 있는 강조부사로 쓰였다.

어휘 shoe polisher 구두약   apply 신청하다, 지원하다, 적용하다, 바르다   leather 가죽

---

03 Investment projects at Karl Travel often change considerably after they are reviewed by the committee.
                                               빈도부사   정도부사

해석 칼 트레블사의 투자 프로젝트는 위원회가 검토를 하고나면 종종 많은 부분이 바뀐다.

구조분석 Investment projects (at Karl Travel) / (often) change (considerably) // after they / are reviewed (by
주어1   동사1   접속사 주어2   동사2

the committee).

해설 often은 동사 change를 수식하여 '종종'이라는 뜻을 나타내는 빈도부사이다. considerably도 동사 change를 수식하여 '상당히 많은 부분이 변경된다' 정도를 나타내는 부사이다.

어휘 investment 투자   considerably 상당히   review 검토하다   committee 위원회

Step 2

01 General Tao's Chinese Restaurant has expanded ------- in all parts in Asia except for cities in India.   (A) everywhere   (B) forward

해석 제너럴 타오 중국식당은 인도의 도시를 제외한 아시아의 모든 지역에서 확장을 해왔다.

구조분석 General Tao's Chinese Restaurant / has expanded (-------) (in all parts) (in Asia) (except for cities
주어   동사

in India).

해설 '아시아 모든 지역 어디서나'라는 문맥이 되는 것이 적합하므로 장소부사인 (A) everywhere가 정답이다.

어휘 expand 확장하다   except for ~을 제외하고

---

02 According to the recently released report, the value of the nation's currency fell ------- during the recession.   (A) sharp   (B) sharply

해석 최근에 발표된 보도에 따르면, 경기침체기 동안 국가의 화폐가치가 급격하게 하락했다고 한다.

구조분석 (According to the recently released report), the value (of the nation's currency) / fell (-------)
주어   동사

(during the recession).

해설 fall이 자동사이므로 빈칸은 부사인 sharply의 자리이다.

어휘 according to ~에 따르면, 의하면   recent 최근의   release 풀어주다, 공개하다, 발표하다   value 가치   currency 통화   fall 떨어지다   during ~동안   recession 경기후퇴, 불경기

---

03 After acquiring Blue Oil, Grand Gas is ------- larger than PB Oil Company, which is one of the most prominent oil companies domestically.   (A) more   (B) even

해석 블루 오일사를 인수한 후에 그랜드 개스사는 국내에서 가장 유명한 석유회사들 중의 하나인 PB 오일사보다도 더 큰 회사가 되었다.

구조분석 (After acquiring Blue Oil), Grand Gas/ is (------) / larger (than PB Oil Company), / [**which** / is / one
주어1   동사1   보어   관계대명사 동사'
[관계사절]
(of the most prominent oil companies) (domestically)].

해설 빈칸 뒤에 비교급이 위치하고 있으므로 빈칸에는 비교급을 수식해 주는 부사가 들어가야 한다. 그러므로 정답은 (B) even이다.

어휘 acquire 습득하다, 얻다   prominent 중요한, 유명한   domestically 국내에서

Step 3

01 This new machine is considered as ------ as the old one.
(A) efficiently   (B) efficient   (C) efficiency   (D) efficiencies

해석 이 새로운 기계는 이전 것만큼 효율적이다.

구조분석 This new machine / is considered / as ------ as the old one.
주어   동사   목적보어

해설 원급비교인 as와 as 사이에는 형용사나 부사가 위치할 수 있다. 이 문장에서 consider가 5형식 동사(동사 + 목적어 + 목적보어)로 쓰였으므로 빈칸에는 목적보어로 형용사가 위치해야 한다. 따라서 정답은 (B) efficient이다. (A) efficiently는 부사, (C) efficiency와 (D) efficiencies는 명사로 오답이다.

어휘 machine 기계   consider 고려하다   efficient 효율적인, 유능한

---

02 Our company spends a great deal of time and effort in improving our service system. ------, we are committed to high quality service and customer satisfaction.
(A) Consequently   (B) Instead   (C) Similarly   (D) However

해석 우리 회사는 서비스 시스템을 개선하는 데 많은 시간과 노력을 기울입니다. 그 결과, 우리는 우수한 서비스와 고객만족에 전념할 수 있습니다.

구조분석 Our company / spends / a great deal of time and effort (in improving our service system). // (------),
주어   동사   목적어   접속부사

we / are committed to / high quality service **and** customer satisfaction.
주어   동사   목적어

해설 빈칸은 두 문장을 문맥상 이어줄 수 있는 접속부사의 자리이다. 문맥상, 이 회사가 서비스 시스템을 개선하는데 많은 시간과 노력을 들인다고 하였으므로 '그에 따라, 그 결과' 우수한 서비스와 고객만족에 전념할 수 있다는 문맥이 되는 것이 적합하므로 정답은 (A) Consequently(그 결과, 따라서)이다.

어휘 spend (돈을) 쓰다, (시간을) 보내다, (에너지, 노력을) 들이다   a great deal of 다량의, 많은   effort 노력   be committed to + (동)명사 ~에 헌신하다, 전념하다   customer satisfaction 고객만족   consequently 그 결과, 따라서   similarly 유사하게, 비슷하게, 마찬가지로

Lesson 04 ● 특정 시제와 숫자 수식 부사 Test   ▶ 본책 p. 223

Step 1 생략(아래 정답 표기 참조)   Step 2 01 (A) 02 (A) 03 (A)   Step 3 01 (A) 02 (C)

Step 1

01 The Cardinal Food Market is <u>currently</u> offering discounted rates to first-time customers.
현재진행

해석 카디널 푸드 마켓은 현재 처음 오는 고객들에게 할인을 해주고 있다.

구조분석 The Cardinal Food Market / is (currently) offering / discounted rates (to first-time customers).
　주어　　　　　　　　　　　　동사　　　　　　　　목적어

해설 현재진행형 is offering 사이에 '현재, 지금'이라는 의미를 가진 부사인 currently가 위치하여 동사를 수식해 주고 있다.

어휘 currently 현재, 지금　offer 제공하다　discounted rate 할인 요금　first-time (무엇을) 처음으로 해 보는

---

02 The design team has <u>already</u> started drawing a rough sketch of the car yesterday.
　　　　　　　　　　　　　　　현재완료

해석 디자인팀은 어제 벌써 자동차의 대략적인 스케치를 하기 시작했다.

구조분석 The design team / has (already) started / drawing / a rough sketch (of the car) (yesterday).
　주어　　　　　　　　　동사　　　　　目的語　　목적어(명사구)

해설 already는 현재완료와 함께 어울려 쓰이는 부사이다.

어휘 start 시작하다　rough 거친, 대충한, 개략적인

---

03 Although Ms. Blair has been to London <u>once</u>, this will be the first opportunity to attend a
fashion show.　　　　　　　　　　　　　현재완료

해석 블레어 씨는 전에 한 번 런던에 갔다 온 적이 있지만 패션쇼에 참석하는 것은 첫 번째 경험이 될 것이다.

구조분석 **Although** Ms. Blair / has been / to London (once), // this / will be / the first opportunity
　부사절 접속사　주어1　　동사1　　보어1　　　　주어2　동사2　　보어2

(to attend a fashion show).

해설 once는 현재완료 시제(has been)와 함께 어울려 쓰이는 부사이다.

어휘 although 비록 ~에도 불구하고　once 전에 한 번　opportunity 기회　attend 참석하다

Step 2

01 We have ------- moved to another area, so please contact us using the new mailing
address above.　(A) recently　(B) currently

해석 저희는 최근에 다른 곳으로 이사를 했습니다. 그러니 위에 명시된 새로운 우편 주소로 연락해 주시길 바랍니다.

구조분석 We / have (-------) moved (to another area), // so (please) contact / us (using the new mailing
　주어　　　　　　동사　　　　　　　　　접속사　　동사(명령문)　목적어

address) (above).

해설 빈칸이 현재완료(have moved) 사이에 위치하고 있으므로 현재완료 시제와 함께 쓰이는 부사인 recently가 정답이다. currently는 현재와 현재진행형 시제와 어울려 쓰인다.

어휘 contact 연락하다　mailing (우편물) 발송　recently 최근에　currently 현재

---

02 ------- 30 percent of college freshmen nationwide must enroll in at least one remedial
course because they are not prepared for college-level work in a particular subject.
　(A) Nearly　(B) Justly

해석 특정 과목에서 대학 수준에 맞는 공부를 할 수 있는 준비되어 있지 않기 때문에 전국적으로 대학 1학년생의 거의 30%가 적어도 하나의 보충강좌에 등록해야 한다.

구조분석 (-------) 30 percent (of college freshmen) (nationwide) / must enroll (in at least one remedial course)
주어1   동사1

// **because** they / are not prepared (for college-level work) (in a particular subject).
접속사   주어2   동사2

해설 빈칸은 숫자를 수식해 주는 부사 자리이다. 숫자를 수식할 수 있는 부사는 nearly이다.

어휘 college freshmen 대학 1년생   nationwide 전국적인   enroll in ~에 등록하다   at least 적어도   remedial course 보충강좌
prepare 준비하다   particular 특별한   subject 과목   nearly 거의   justly 공정하게, 정확하게

---

03 We ------- produced the model.
(A) once   (B) ever

해석 우리는 한때 그 모델을 생산했다.

구조분석 We / (-------) produced / the model.
주어   동사   목적어

해설 빈칸 뒤의 동사가 produced로 과거형이다. 그러므로 정답은 과거 시제와 어울려 쓰이는 부사인 once이다.

어휘 produce 생산하다   model 모델

Step 3

01 Paper and cartridges are ------- stored in the first cabinet next to the corner.
(A) usually   (B) relatively   (C) slightly   (D) vaguely

해석 종이와 카트리지는 주로 모서리 옆에 있는 첫 번째 수납장에 보관된다.

구조분석 Paper and cartridges / are (-------) stored (in the first cabinet) (next to the corner).
주어   동사

해설 빈칸 주변의 동사 시제가 현재(are stored)이고, 문맥상 종이와 카트리지가 평소에 어디에 보관되어 있는지를 말하는 것이므로 정답은 현재 시제와 어울려 쓰이는 부사인 usually이다.

어휘 store 저장하다, 보관하다   next to ~옆에

---

02 After ------- six months of renovations, Fourteenth Street Train Station will resume operation
on Thursday.   (A) again   (B) rarely   (C) almost   (D) seldom

해석 거의 6개월 동안의 보수 공사 후에, 14번가 기차역은 목요일에 다시 운영을 시작할 것이다.

구조분석 [After (-------) six months of renovations], Fourteenth Street Train Station / will resume / operation
주어   동사   목적어

(on Thursday).

해설 빈칸 뒤의 숫자를 수식할 수 있는 부사는 almost이다.

어휘 renovation 수선, 수리, 혁신   resume 다시 시작하다, 재개하다   operation 수술, 사업, 작동

Step 1 생략(아래 정답 표기 참조)   Step 2 01 (B) 02 (A) 03 (A)   Step 3 01 (B) 02 (A)

Step 1

01 She could barely sleep that night because her neighbor was playing the guitar for the entire night.
                   부정부사

해석 그녀의 이웃이 밤 내내 기타를 쳐서 그녀는 그날 밤에 거의 잠을 잘 수 없었다.

구조분석 She / could (barely) sleep (that night) // **because** (her) neighbor / was playing / the guitar
            주어1   동사1   접속사   주어2   동사2   목적어

(for the entire night).

해설 조동사 could와 동사원형 sleep 사이에 위치한 부사 barely는 '가까스로, 간신히'의 부정적인 의미를 나타내는 부사로, not, never 등과 함께 쓰일 수 없다.

어휘 barely 간신히, 가까스로   night 밤   because ~ 때문에   neighbor 이웃   play the guitar 기타를 연주하다   entire 전체의

02 While Sarah's promotion to chief editor took place two months ago, her previous position has yet
                                                                        시간부사   시간부사
to be filled.

해석 새러는 두 달 전에 편집장으로 승진되었지만 그녀의 이전 자리는 아직 충원되지 않았다.

구조분석 **While** (Sarah's) promotion (to chief editor) / took place (two months ago),// (her previous) position /
            접속사   주어1   동사1   주어2

has (yet) to be filled.
     동사2

해설 ago는 시간명사나 long과 함께 시간부사구를 이루어 주로 문미에 쓰인다. '~전에'라는 의미로 주로 과거 시제와 함께 쓰인다. yet은 사건이 아직 일어나지 않음을 의미하는 시간부사로 문미에 위치하거나, 현재완료 부정문인 have not yet p.p.나 [have yet to + 동사원형], [be yet to + 동사원형]의 형태로 쓰이므로 함께 익혀두어야 한다.

어휘 while ~동안에, ~반면에   promotion 승진   chief editor 편집장   take place 발생하다   ago ~전에   previous 이전의
position 자리, 직위   yet 아직 ~않다   fill 채우다

03 The company has still not released the annual sales figures for last year.
                        시간부사

해석 회사는 아직도 지난 해 연간 판매 수치를 공개하지 않았다.

구조분석 The company / has (still) (not) released / the (annual) sales figures (for last year).
            주어   동사   목적어

해설 still은 일이나 상태가 지속됨을 나타내는 부사로, 주로 현재완료, 현재진행 시제와 함께 쓰인다. still이 부정문에 쓰일 경우는 부정어 앞에 위치한다는 점에 주의해야 한다.

어휘 company 회사   still 여전히   release 공개하다, 발매하다   annual 매년의, 연례의   sales figure 판매 수치   last year 지난 해

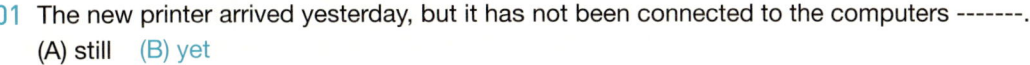

01 The new printer arrived yesterday, but it has not been connected to the computers -------.
(A) still　(B) yet

해석 새로운 프린터가 어제 도착했지만, 그것은 아직 컴퓨터에 연결되지 않았다.

구조분석 The (new) printer / arrived (yesterday), // but it / has (not) been connected (to the computers) (-------).
주어1　　　동사1　　　　　　접속사 주어2　　　　동사2

해설 빈칸은 문장 성분을 모두 갖춘 완전한 문장 뒤에 위치한 부사 자리이다. still과 yet 모두 아직 발생하지 않은 상태를 나타내는 시간부사이지만, still이 부정문에 쓰일 경우는 부정어 앞에 쓰이므로 답이 될 수 없다. 따라서 문미에 쓰일 수 있는 yet이 정답이다.

어휘 printer 프린터, 인쇄기　arrive 도착하다　yesterday 어제　connect 연결하다　still 여전히　yet 아직

02 Unfortunately, the engineers could ------- find any defects on the returned vehicle.
(A) hardly　(B) hard

해석 유감스럽게도, 기사들은 반품된 자동차에서 어떤 결함도 거의 찾을 수 없었다.

구조분석 (Unfortunately), the engineers / could (-------) find / (any) defects (on the returned vehicle).
주어　　　　　　동사　　　　목적어

해설 hardly와 hard 모두 부사로 쓰이지만 의미와 위치가 다르다. hard는 일반부사로 '열심히, 단단히'의 뜻을 가지며, hardly는 부정부사로 '거의 ~않다'의 의미를 갖는다. 부정부사의 경우 be동사나 조동사 뒤, 일반동사 앞에 쓰이므로 조동사 could와 동사원형 find 사이에 위치한 빈칸에 적절한 것은 부정부사 hardly이다. 앞의 Unfortunately(유감스럽게도)에서 부정적인 의미가 와야 하는 것을 유추할 수 있으므로, 의미상으로도 hardly가 정답이다.

어휘 unfortunately 불행히도, 유감스럽게도　engineer 기술자　find 찾다　defect 결함　return 반환하다, 되돌려주다　vehicle 자동차　hardly 거의 ~않다　hard 열심히, 단단히

03 The downtown merchants have agreed to stay open ------- during the month of December.
(A) late　(B) lately

해석 시내 상인들은 12월 한 달 동안 늦게까지 문을 열기로 합의했다.

구조분석 The downtown merchants / have agreed / to stay open (-------) (during the month of December).
주어　　　　　　　　동사　　　　　　목적어 (to부정사구)

해설 형용사 open을 수식하는 적절한 부사를 고르는 문제이다. late의 경우 '늦게'의 의미이며, lately는 '최근에'라는 의미로 쓰인다. '늦게까지 열도록'이 문맥상 적절한 의미이므로 정답은 (A) late이다.

어휘 downtown 시내　merchant 상인　agree 동의하다, 합의하다　stay 머무르다, ~인 채로 있다　open 열려있는, 열다　during ~동안　month 달　late 늦은, 늦게　lately 최근에

Step 3

01 Kim's design for the community center was ------- regarded by all members of our department.　(A) high　(B) highly　(C) highest　(D) higher

해석 지역회관에 관한 김 씨의 디자인이 우리 부서 사람들에 의해 높게 평가되었다.

구조분석 (Kim's) design (for the community center) / was (-------) regarded (by all members) (of our department).
주어　　　　　　　　　　　　　동사

해설 빈칸은 수동태 동사구인 was regarded 사이에 위치한 부사 자리이다. high와 highly 모두 부사로 사용되지만, high(높게)는 구체적인 높이가 높은 것을 나타내며, highly(매우)는 추상적인 정도가 높음을 나타내므로 의미가 서로 다르다. 디자인이 높게 평가되는 것은 구체적인 높이가 아닌 정도가 많고 적음의 문제이므로 정답은 highly이다. (C) highest와 (D) higher은 high의 최상급과 비교급이므로 답이 될 수 없다. highly regarded는 '높이 평가되는, 존중되는'이라는 의미의 표현으로 익혀두자.

어휘 design 디자인, 설계 community center 지역회관 regard 간주하다 member 회원, 구성원 department 부서 high 높은, 높게 highly 매우

---

02 Any vacation time in excess of three days must be requested at least a month ------- .
    (A) in advance   (B) initially   (C) behind   (D) ago

해석 3일을 초과하는 휴가는 적어도 한 달 전에 신청해야 한다.

구조분석 (Any) vacation time (in excess) (of three days) / must be requested (at least a month) (-------).
    주어 / 동사

해설 빈칸에 적절한 부사를 찾는 문제이다. 3일을 넘는 휴가 기간은 최소한 한 달 '전에' 요청해야 한다는 의미로 '사전에, 미리'를 나타내는 (A) in advance가 의미상 가장 적절한 부사어구이다. (D) ago는 이미 지나간 일을 나타낼 때 쓰는 부사로, 과거 시제와 함께 쓰이므로 정답이 될 수 없다. (B) initially(최초로), (C) behind(뒤에)는 문맥상 적절하지 않으므로 오답이다.

어휘 vacation 휴가, 방학 excess 초과, 과도 request 요청하다 at least 적어도, 최소한 in advance 미리, 사전에 initially 최초로 behind 뒤에, 뒤떨어져 ago ~전에

Chapter 10 ● Practice Test   ▶ 본책 p. 227

01 (D) 02 (A) 03 (A) 04 (C) 05 (A) 06 (B) 07 (A) 08 (B) 09 (C) 10 (D) 11(C) 12(B)

---

01 The refund will ------- be transferred to your account within two business days.
    (A) automatic   (B) automaticity   (C) automated   (D) automatically

해석 환불은 영업일로 계산해서 이틀 이내에 귀하의 계좌로 자동적으로 입금됩니다.

구조분석 The refund / will (-------) be transferred (to your account) (within two business days).
    주어 / 동사

해설 빈칸에 적절한 품사를 선택하는 구조분석 문제이다. 빈칸 앞에는 조동사 will이 위치했고, 뒤에는 수동태 동사 be transferred가 왔으므로 빈칸은 동사구 사이의 부사 자리이다. 따라서 정답은 부사 automatically이다. 형용사 automatic, 명사 automaticity, automated는 동사구 사이의 부사 자리에 위치할 수 없으므로 적절하지 않다.

어휘 refund 환불(금) automatically 자동적으로, 기계적으로 transfer 송금하다 account 계좌

---

02 In order to improve customer satisfaction, the director decided to hire ------- qualified staff.
    (A) highly   (B) hopefully   (C) probably   (D) rarely

해석 고객 만족을 개선하기 위해 이사는 매우 자격 있는 직원들을 고용하기로 결정했다.

구조분석 (In order to improve customer satisfaction), the director / decided / to hire / (-------) qualified staff.
    주어 / 동사 / 목적어 (to부정사구)

해설 빈칸에 적절한 의미의 부사를 넣는 어휘 문제이다. 빈칸 뒤의 qualified staff를 수식하는 부사로 알맞은 것은 highly(매우, 대단히)이다. hopefully(바라건대), probably(아마), rarely(드물게)는 문맥상 qualified staff를 수식하기에 적절하지 않으므로 오답이다.

어휘 in order to + 동사원형 (목적) ~하기 위하여 improve 개선하다 customer 손님, 고객 satisfaction 만족(감) director 임원, 이사 decide 결정하다 hire 고용하다 qualified 자격이 있는 highly 대단히, 매우 hopefully 바라건대 probably 아마 rarely 드물게

03 Last year's International Trade Show which was held in Tokyo was ------- attended by media staff.   (A) well   (B) quite   (C) many   (D) some

> **해석** 작년에 도쿄에서 열린 국제무역행사는 언론 관계 종사자들이 많이 참석했다.

> **구조분석**
> Last year's International Trade Show [**which** was held] (in Tokyo) / was (-------) attended (by
> 　　　　　　주어　　　　　　　　　　　[관계사절]　　　　　　　　　　　　동사
>
> media staff).

> **해설** 빈칸에 알맞은 부사를 선택하는 어휘 문제이다. be well attended는 '참석자가 많다'는 의미이다. 참고적으로 참석자가 적다는 것은 be poorly attended로 표현한다. quite은 '꽤, 상당히'라는 의미로 quite big / good / cold / warm / interesting과 같이 쓰이고, many는 주로 가산명사와 함께 쓰여서 '많은, 여러'라는 의미로 쓰인다. some은 불가산 명사나 복수 명사와 함께 쓰여 '조금, 약간의, 몇 몇의'라는 의미로 사용된다.

> **어휘** international 국제적인   trade 교역, 무역   be held 열리다   attend 참석하다   media 매체, 미디어   well 잘, 좋게, 제대로   quite 꽤, 상당히

---

04 After suffering from stomach trouble last year, Mr. Lopez visits his physician ------- to get health check-ups.   (A) frequency   (B) frequent   (C) frequently   (D) frequented

> **해석** 작년에 위 문제로 고생하고 난 후로 로페즈 씨는 건강검진을 받기 위해 자주 병원에 간다.

> **구조분석**
> (After suffering from stomach trouble last year), Mr. Lopez / visits / his physician ------- (to
> 　　　　　　　　　　　　　　　　　　　　　　　　　주어　　　　　동사　　　　목적어
>
> get health check-ups).

> **해설** 빈칸에 알맞은 품사를 선택하는 구조분석 문제이다. 빈칸 앞으로 주어(Mr. Lopez), 동사(visits), 목적어(his physician)을 갖춘 완전한 문장이 위치했고, 빈칸 뒤는 to부정사의 부사적 용법이 수식어구로 들어갔으므로 빈칸은 부사 자리이다. 따라서 정답은 부사 frequently이다. 명사 frequency, 형용사 frequent와 frequented는 완전한 문장 뒤의 부사 자리에 적절하지 않다.

> **어휘** suffer from ~로 고통 받다   stomach 위, 복부   trouble 문제, 곤란   visit 방문하다   physician 의사, 내과 의사   frequently 자주, 흔히   health check-up 건강검진

---

05 After the installation of the internal communication system, employees will ------- be able to access the files in their computers during their business trips.
(A) soon   (B) yet   (C) ever   (D) once

> **해석** 내부 커뮤니케이션 시스템을 설치하면, 직원들은 곧 그들이 출장 중인 동안에도 그들 컴퓨터 안에 있는 파일들을 이용할 수 있게 된다.

> **구조분석**
> (After the installation of the internal communication system), employees / will (-------) be able to
> 　　　　　　　　　　　　　　　　　　　　　　　　　　　　　　주어　　　　　　　동사
>
> access / the files (in their computers) (during their business trips).
> 　　　목적어

> **해설** 빈칸에 적절한 부사를 선택하는 어휘 문제이다. 문맥상 시스템이 설치되고 난 후에 '곧' 출장 중에도 그들 컴퓨터의 파일들을 이용할 수 있다는 문맥이므로 적절한 부사는 soon이다. yet은 주로 부정문, 의문문에서 '아직(안 했거나 못 했다)'이란 뜻을 나타낼 때 쓰이므로 오답, ever는 부정문이나 의문문 또는 if가 쓰인 문장에서 at any time(어느 때고, 언제든)이라는 의미로 쓰이므로 오답, once는 부사로 쓰일 때 '한 번' 혹은 과거의 '언젠가, 한 때'를 의미하므로 적절하지 않다.

> **어휘** installation 설치, 설비   internal 내부의   communication 의사소통, 연락   be able to + 동사원형 ~할 수 있다   access 접근하다, 이용하다   business trip 출장

06 We have to develop a new advertising strategy in order for our new service to reach our target market more -------.　(A) easy　(B) easily　(C) easier　(D) eased

해석 우리는 신제품이 목표 시장에 보다 더 쉽게 도달하도록 하기 위한 새로운 광고 전략을 개발해야 한다.

구조분석 We / have to develop / a (new) advertising strategy (in order for our new service) (to reach our
　　　　　주어　　　　동사　　　　　　목적어

target market) (more -------).

해설 빈칸에 알맞은 품사를 선택하는 구조분석 문제이다. 빈칸은 비교급을 형성하는 부사 more 뒤에 위치했고, 빈칸 앞은 주어(We), 서술어(have to develop), 목적어(a new advertising strategy)를 갖춘 완전한 문장과 그 뒤의 수식어구들이 이어지고 있는 구조이다. 따라서 빈칸은 부사 자리임을 알 수 있다. 따라서 정답은 부사 easily이다. 형용사 easy, easy의 비교급인 easier, 동사 eased는 빈칸에 적절하지 않다.

어휘 develop 개발하다　advertising 광고　strategy 계획, 전략　reach ~에 이르다, 도달하다　target 목표, 대상　easily 쉽게, 수월하게

---

07 After ------- reviewing all of the resumes, the Human Resources department decided to schedule interviews next week.　(A) carefully　(B) To care　(C) most careful　(D) careful

해석 모든 이력서들을 주의 깊게 검토한 후에 인사부에서는 다음 주에 면접 일정을 결정할 것이다.

구조분석 [After (-------) reviewing all (of the resumes)], the Human Resources department / decided /
　　　　　　　　　　　　　　　　　　　　　　　　　　　　　주어　　　　　　　동사

to schedule interviews (next week).
　　목적어　　　　　　(to부정사구)

해설 빈칸에 알맞은 품사를 선택하는 문법 문제이다. 이 문장은 주어가 생략된 부사절로 After they reviewed all of the resumes에서 주어가 생략이 되면서 뒤의 동사(reviewed)가 분사로 바뀐 형태로 빈칸 없이 이미 완전한 구조이다. 따라서 정답은 부사 carefully이다. to 부정사 to care는 부사절 접속사 after 바로 뒤에 쓰일 수 없으므로 오답, most careful은 형용사의 최상급으로 부사 자리에 올 수 없으므로 오답, careful 역시 형용사로 오답이다.

어휘 review 검토하다　resume 이력서　human resources department 인사부　decide 결정하다

---

08 ------- those with related diplomas are eligible to apply for a full-time job at our department.
　(A) Almost　(B) Only　(C) Entirely　(D) Neither

해석 오직 관련 졸업장이 있는 이들만 우리 부서의 상근직에 지원할 자격이 있다.

구조분석 (-------) those (with related diplomas) / are / eligible / (to apply) (for a full-time job) (at our department).
　　　　　　　주어　　　　　　　　　　　　　동사　　보어

해설 빈칸에 적절한 부사를 선택하는 어휘 문제이다. 빈칸은 문두에서 뒤의 대명사 those를 수식하고 있는 부사로, 문맥상 '오직 관련된 졸업장이 있는 사람들만이~'라는 의미이기 때문에 정답은 only이다. almost는 '거의'라는 의미로 문맥상 맞지도 않고 주로 almost all of them~과 같은 형식으로 쓰이므로 오답, entirely는 '전적으로, 완전히'라는 의미로 문맥상 적절하지 않다. neither는 주로 상관접속사로 쓰여서 neither A nor B(A, B 둘 다 아닌)로 쓰인다.

어휘 related 관련된　diploma 졸업장, 수료증　be eligible to + 동사원형 ~할 자격이 있다　apply 지원하다　full-time job 정규직　department 부서, 부처　almost 거의　entirely 전적으로, 완전히

---

09 Our beverage research team ------- added vanilla flavoring to our drink to make them easier for women to take.　(A) lately　(B) hardly　(C) recently　(D) shortly

해석 우리 음료 연구팀은 여성들이 마시기 쉽도록 하기 위해 최근 음료에 바닐라 향을 첨가했다.

구조분석 Our beverage research team / (-------) added / vanilla flavoring (to our drink) / (to make them

  주어   동사   목적어

easier) (for women to take).

해설 빈칸에 적절한 부사를 선택하는 어휘 문제이다. 바닐라 향을 첨가했다는 문맥에 가장 적절한 부사는 recently(최근에)이다. lately는 recently와 의미상 유사하지만, 주로 의문문이나 부정문에서 사용하며 긍정문에서는 only와 함께 쓰인다. 그리고 현재완료 시제에서 자주 쓰이며 현재나 과거 시제에서 쓰이는 경우는 드물다. 또한 lately는 위치상 주로 문두나 문장 끝에 자주 쓰인다는 것도 알아두자. 참고로 recently는 주로 현재완료형과 과거형에 쓰인다. hardly(거의 ~아니다)와 shortly(시간상으로 얼마 안 되는)는 의미상 적절하지 않으므로 오답이다.

어휘 beverage 음료 recently 최근에 add 첨가하다 flavoring 풍미, 향미 lately 최근에 hardly 거의 ~아니다 shortly (시간상으로) 얼마 안 되어

---

10 H&P Co. has decided to switch its suppliers as Paramount Inc. has been ------- late in filling its orders. (A) steadily (B) sensibly (C) exactly (D) consistently

해석 파라마운트사는 주문들을 처리하는데 계속 늦어지고 있기 때문에, H&P사는 공급회사를 바꾸기로 결정했다.

구조분석 H&P Co. / has decided / to switch its suppliers // as Paramount Inc. / has been / (-------) late

  주어1   동사1   목적어   접속사   주어2   동사2   보어

(in filling its orders).

해설 빈칸에 알맞은 부사를 선택하는 어휘 문제이다. 빈칸은 뒤의 형용사 보어 late를 수식하는 부사 자리이다. 문맥상 '지속적으로 끊임없이 늦었다'는 의미이므로 정답은 consistently이다. sensibly(현저히)와 exactly(정확히)는 의미상 적절하지 않으므로 오답이다. steadily는 상태의 지속 또는 지속적인 개발, 상승에 쓰인다. consistently는 어떤 태도나 행동 방향이 일관된 것을 의미한다. 따라서 납품이 계속 늦어진다는 것은 일관된 행동을 의미하는 것이므로 steadily는 정답이 될 수 없다. 참고적으로 형용사로 쓰일 때 steady는 경제나 판매량 등이 변화 없이 일정하게 유지될 때 사용되며, consistent는 품질이나 서비스가 일관되게 유지될 때 주로 사용된다.

어휘 decide 결정하다 switch 전환하다, 바꾸다 supplier 공급자, 공급 회사 steadily 꾸준히, 끊임없이 late 늦은 sensibly 현저히 exactly 정확히 consistently 일관하여, 지속적으로

---

11 The news about recent economic recessions has been ------- widespread among the public. (A) exactly (B) directly (C) fairly (D) quickly

해석 최근 경기 불황에 대한 소식들은 대중들 사이에 상당히 널리 퍼져 있다.

구조분석 The news (about recent economic recessions) / has been / (-------) widespread (among the public).

  주어   동사   보어

해설 빈칸에 의미상 적절한 부사를 선택하는 어휘 문제이다. 문장의 보어로 쓰인 형용사 widespread를 수식하는 부사로 적절한 것은 '꽤 널리 퍼져있다'는 의미인 fairly이다. exactly(정확히, 꼭), directly(곧장, 똑바로)는 의미상 적절하지 않으므로 오답, quickly는 어떤 동작을 수식하는 부사이기 때문에 퍼져있는 상태를 나타내고 있는 형용사 widespread를 수식할 수 없으므로 오답이다.

어휘 recent 최근의 economic 경제의 recession 경기 후퇴, 불황 fairly 상당히, 꽤 widespread 광범위한, 널리 퍼진 public 대중 exactly 정확히, 꼭 directly 곧장, 똑바로 quickly 빠르게

---

12 Hotel Lampert is ------- located near the Hillside Beach and thus has a spectacular view of the sea. (A) convenient (B) conveniently (C) convenience (D) conveniences

해석 램퍼트 호텔은 힐사이드 해변 근처에 편리하게 위치해 있으며 바다 경관이 장관이다.

구조분석 Hotel Lampert / is (-------) located (near the Hillside Beach) // and (thus) / has / a (spectacular)

  주어1   동사1   접속사   동사

view (of the sea).

목적어

Chapter **11** 전치사

Lesson 01 ● 시험에 꼭 나오는 전치사 암기 포인트 Test ▶ 본책 p. 233

Step 1 생략(아래 정답 표기 참조)   Step 2 01 (A) 02 (B) 03 (B)   Step 3 01 (B) 02 (D)

Step 1

01 During the meeting, Mr. Parsons told employees to return from their lunch break by 3 P.M.

해석 회의 동안 파슨스 씨는 직원들에게 3시까지 점심 휴식에서 돌아오라고 말했다.

구조분석 (During the meeting), Mr. Parsons / told / employees / to return (from their lunch break) (by 3 P.M).
주어   동사   목적어   목적보어 (to부정사구)

해설 during은 특정 기간이나 행위, 사건이 발생하는 시간 범위를 나타낼 때 '~동안'이라는 의미로 쓰이는 전치사로 이 문장에서는 회의라는 사건이 발생한 범위를 의미하여 '회의 동안'이라는 의미로 사용되었다. 그리고 여기에서 from은 이동의 출발점을 나타내는 전치사로 '점심 휴식으로부터'라는 의미로 사용되었다. by는 시간 완료를 나타내는 전치사이다.

어휘 during ~동안.   employee 직원   return 돌아오다   break 휴식(시간)

02 Since the economic depression, many liquor stores in the Southern part of Italy have closed down.

해석 경기불황 이후로 이탈리아 남부 지역에 있는 많은 주류 판매점들이 문을 닫았다.

구조분석 (Since the economic depression), (many) (liquor) stores (in the Southern part) (of Italy) / have
주어   동사

closed (down).

해설 전치사 since는 뒤에 과거 기준 시점과 함께 쓰여서 '~이래로'라는 의미이다. 이 문장에서는 경기 불황이라는 과거 기준 시점과 함께 쓰여서 '경기불황 이후로'라는 문맥으로 쓰였다. 참고적으로 since가 접속사로 사용될 때는 '~이래로'라는 의미와 함께 '~ 때문에'라는 의미도 갖는다. 또한 since는 현재완료 시제 동사와 함께 잘 쓰인다는 것도 꼭 기억하자. 그리고 이 문장에서 전치사 in은 독립된 공간을 나타내는 의미로 '이탈리아 남부 지역에 있는'이라는 문맥으로 쓰였다. of는 부분을 나타내는 전치사로 사용됐다.

어휘 economic 경제의   depression 불경기, 불황   liquor store 주류 판매점   southern 남부에 위치한   close down 폐점하다

03 Safety equipment must be worn at the excavation site at all times.

해석 발굴 현장에서는 항상 안전장비를 착용해야 한다.

구조분석 Safety equipment / must be worn (at the excavation site) (at all times).
주어   동사

해설 at은 특정 행위가 발생한 시점이나 시간, 혹은 지점이나 공간을 의미한다. 이 문장에서 앞의 at은 the excavation site라는 특정 장소와 함께 '발굴 현장에'라는 의미로 쓰였고, 뒤의 at은 all times라는 시점과 함께 쓰여서 '항상'이라는 의미로 쓰였다. at all times는 '항상, 언제나'라는 의미의 숙어로 암기해두자.

어휘 safety 안전(함)   equipment 장비   excavation 발굴   site 현장

---

04 Clients will be visiting our offices on August 12 to meet the marketing director.

해석 고객들은 마케팅 이사를 만나기 위해 8월 12일에 우리 사무실을 방문할 것이다.

구조분석 Clients / will be visiting / (our) offices (on August 12) (to meet the marketing director).
　　　　　주어　　　　동사　　　　　　목적어

해설 이 문장에서 on은 August 12라는 날짜와 함께 쓰여서 '8월 12일에'라는 문맥으로 사용되었다. 이와 같이 전치사 on은 특정 요일이나 날짜와 함께 자주 쓰이고, 평면적인 장소와 쓰이거나, 주제나 대상과 함께 '~에 관해'라는 의미로도 쓰인다.

어휘 client 의뢰인, 고객   visit 방문하다   director 이사

---

05 Our manager, Mr. Hillman, has been working for Sioux Manufacturer for over fifteen years.

해석 관리자 힐먼 씨는 시우 제조사에서 15년 넘게 근무해 왔다.

구조분석 (Our) manager, (Mr. Hillman), / has been working (for Sioux Manufacturer) (for over fifteen years).
　　　　　　주어　　　　　　　　　　　　　　　동사

해설 전치사 for는 용도나 목적을 나타내거나, 기간과 함께 '~동안'이라는 의미로 쓰인다. 이 문장에서 앞에 위치한 for는 뒤의 Sioux Manufacturer라는 회사 이름과 함께 쓰여서 'Sioux Manufacturer를 위해'라는 의미로 사용되었고, 뒤의 for는 over fifteen years라는 기간과 함께 '15년 넘는 동안'이라는 문맥으로 쓰였다.

어휘 manager 경영자, 관리자

Step 2

01 ------- the financial issues, Mr. Walton decided to commence with the development of the new lens design.   (A) Despite   (B) Unless

해석 재정적 문제에도 불구하고, 월튼 씨는 새 렌즈 디자인의 개발을 시작할 것을 결정했다.

구조분석 (------- the financial issues), Mr. Walton / decided / to commence (with the development)
　　　　　　　　　　　　　　　　　　　　주어　　　　동사　　　목적어

(of the new lens design).

해설 빈칸에 알맞은 전치사를 선택하는 구조분석 문제이다. 빈칸 뒤에 the financial issues라는 명사가 왔으므로 여기는 전치사 자리이다. 따라서 정답은 전치사 despite이다. unless는 접속사이므로 뒤에 [주어 + 동사]가 있는 절이 위치해야 하므로 오답이다.

어휘 despite ~에도 불구하고   financial 금융의, 재정의   issue 주제, 문제   decide 결정하다   commence 시작하다   development 개발   lens 렌즈

---

02 There is going to be a staff meeting this Thursday ------- the training workshops starting in December.   (A) during   (B) about

해석 이번 주 목요일에 12월부터 시작되는 교육연수에 대한 직원회의가 있을 것이다.

구조분석 There / is going to be / a staff meeting (this Thursday) (------- the training workshops) (starting in December).
　　　　　　동사　　　　　　주어

해설 빈칸에 적절한 전치사를 선택하는 어휘 문제이다. 빈칸 뒤에는 the training workshops라는 명사가 왔고, 앞에는 이번 주 목요일에 직원회의가 있을 것이라는 문맥이 있다. 따라서 문맥상 앞의 절과 뒤의 명사(the training workshops)를 연결해주는 알맞은 전치사는 about으로 '교육연수에 대한 직원회의'라는 의미로 쓰이고 있다. during은 특정 기간, 행위, 사건 등의 시간 범위를 나타내는 전치사이므로 적절하지 않다.

어휘 **staff meeting** 직원회의

---

03 AFC Insurance has been in business ------- five years ago.

(A) for   (B) since

해석 AFC 보험사는 5년 전부터 사업을 해왔다.

구조분석 AFC Insurance / has been / in business (------- five years ago).
　　　　　　주어　　　　　동사　　　　보어

해설 빈칸에 알맞은 전치사를 선택하는 어휘 문제이다. 빈칸 뒤에는 five years ago라는 과거 시점이 위치했고, 앞에는 현재완료형인 has been으로 쓰였으므로 정답은 since이다. for는 뒤에 과거 시점이 아닌 기간과 함께 쓰여서 '~동안'이라는 의미를 나타내므로 적절하지 않다.

어휘 **insurance** 보험 **in business** 사업을 하는 **ago** (얼마의 시간) 전에

Step 3

01 ------- 1995, Orlando Brando has built its reputation by making high-quality dress shoes exclusively for men.　(A) Before　(B) Since　(C) On　(D) By

해석 1995년 이후로 올란도 브라도는 오직 남성만을 위한 고품질 예복용 구두를 만듦으로써 명성을 쌓아왔다.

구조분석 (------- 1995), Orlando Brando / has built / its reputation (by making high-quality dress shoes)
　　　　　　　　　　　　　주어　　　　　　동사　　　　목적어

(exclusively for men).

해설 빈칸에 적절한 전치사를 선택하는 어휘 문제이다. 빈칸 뒤에는 1995년이라는 과거 시점이 위치했고, 뒤에 이어지는 문장의 동사는 현재완료(has built)이므로 정답은 since이다. before가 들어가면 1995년보다 이전을 의미하기 때문에 현재완료가 쓰일 수 없으므로 오답, 전치사 on은 특정 요일, 날짜와 쓰이거나 평면적인 장소, 혹은 주제나 대상에 대해 나타낼 때 쓰이므로 1995년이라는 과거 시점과는 쓰이지 않는다. 참고적으로 연도와는 전치사 in이 함께 쓰인다. by는 시간의 완료를 나타내어 '~까지'라는 의미로 쓰이므로 적절하지 않다.

어휘 **build** 짓다, 쌓다 **reputation** 평판, 명성 **dress shoe** 예복용 구두 **exclusively** 독점적으로, 오로지

---

02 Mr. Gray makes regular appointments ------- a doctor because of his high blood pressure.

(A) until　(B) around　(C) above　(D) with

해석 그레이 씨는 고혈압 때문에 정기적으로 진찰 약속을 정한다.

구조분석 Mr. Gray / makes / (regular) appointments (------- a doctor) (because of his high blood pressure).
　　　　　주어　　동사　　　　목적어

해설 빈칸에 알맞은 전치사를 선택하는 어휘 문제이다. 빈칸 뒤에 a doctor라는 사람명사가 왔으므로 보기 중 사람명사와 함께 쓰이는 적절한 전치사 with가 정답이다. appointment with sb의 형태로 '~와의 약속'이라는 의미로 쓰인다는 것을 기억해두자. 전치사 until은 주로 특정 행위나 사건 시점과 함께 쓰여서 '~(때)까지'라는 의미로 쓰이므로 사람명사(doctor)와 쓰이기에 적절하지 않다. around는 '둘레에, 주위에'라는 의미로 문맥상 적절하지 않으며, above는 위치나 지위 면에서 '~보다 위에'라는 의미로 적절하지 않다.

어휘 **regular** 규칙적인, 정기적인 **appointment** 약속 **high blood pressure** 고혈압

Lesson 02 ● 전치사와 명사 Test

▶ 본책 p. 237

Step 1 생략(아래 정답 표기 참조)　　Step 2 01 (B) 02 (A) 03 (A)　　Step 3 01 (A) 02 (A)

Step 1

01 The plan to build the world's tallest tower in the center of Montreal has been under consideration for three months.

해석 몬트리올에 세계에서 가장 높은 탑을 건설하는 계획은 3달 동안 고려중이다.

구조분석 The plan (to build the world's tallest tower) (in the center of Montreal) / has been / under
　　　　　주어　　　　　　　　　　　　　　　　　　　　　　　　　　　　　　　동사　　　보어
consideration (for three months).

해설 in the center of~는 '~의 중앙에'라는 의미를 가지고 [in + 명사 + 전치사]의 형태로 짝을 이루는 구이다. under consideration도 '고려중인'이라는 의미의 암기해야 할 [전치사 + 명사] 표현이다. [for + 기간 명사]는 '~동안'이라는 의미로 짝을 이루는 표현이다.

어휘 build 짓다, 건설하다　consideration 사려, 숙고

02 In the event of an emergency, please call 119 and stay close to the victim until an ambulance arrives on site.

해석 비상시에는 119에 전화를 하고, 구급차가 현장에 도착할 때까지 환자 가까이에 계속 머물러 주십시오.

구조분석 (In the event of an emergency), (please) call / 119 // and stay (close) (to the victim) // until an
　　　　　　　　　　　　　　　　　　동사1 (명령문)　목적어　접속사 동사2 (명령문)　　　　　　　접속사
ambulance / arrives (on site).
　　　　　　주어　　　동사3

해설 in the event of sth은 '만약 ~하면, ~할 경우에는'라는 의미의 숙어로 이 문장에서는 In the event of an emergency라고 쓰여서 '비상시에는'이라는 의미를 나타내고 있다. close to sb/sth은 '~곁에, 가까이에'라는 의미로 쓰였다. on site는 '현장에'라는 뜻이다.

어휘 in the event of 만약 ~하면, ~할 경우에는　emergency 비상(사태)　stay 계속 있다, 머무르다　close 가까이, 바싹　victim 피해자, 환자　arrive 도착하다　on site 현장에

03 The management decided to repair the lobby and the main office instead of renovating the whole building.

해석 경영진은 건물 전체를 보수하는 것 대신에 로비와 주 사무실을 수리하기로 결정했다.

구조분석 The management / decided / to repair / the lobby and the main office (instead of renovating the
　　　　　주어　　　　　　동사　　목적어 (to부정사구)
whole building).

해설 instead of는 '~대신에'라는 의미의 전치사 숙어로 이 문장에서는 '건물 전체를 보수하는 것 대신에~'라는 문맥으로 사용되었다.

어휘 management 경영진　decide 결정하다　repair 수리하다　instead of ~대신에　renovate 개조하다, 보수하다　whole 전체의

01 The announcement of the best television advertisement award will be made ------- dinner time.   (A) for   (B) during

해석 최우수 텔레비전 광고상의 발표는 만찬 시간에 있을 것이다.

구조 분석 The announcement (of the best television advertisement award) / will be made (------- dinner time).
주어 동사

해설 빈칸에 적절한 전치사를 선택하는 어휘 문제이다. 빈칸 뒤에는 명사 dinner time이라는 어떤 일에 대한 기간이 나왔으므로 정답은 during이다. during 뒤에는 기간을 나타내는 명사가 위치하여 어떤 일에 대한 기간을 의미하고, for는 뒤에 숫자가 함께 나와서 시간의 지속성을 의미한다.

어휘 announcement 발표(내용), 소식   advertisement 광고   award 상   dinner 만찬

02 The lack ------- motivation among employees slowed down the production process of the whole factory.   (A) of   (B) with

해석 직원들 사이에 동기 부여 부족 때문에 전체 공장의 생산 과정이 느려졌다.

구조 분석 The lack (------- motivation) (among employees) / slowed (down) / the production process (of the
주어 동사 목적어

whole factory).

해설 빈칸에 적절한 전치사를 선택하는 어휘 문제이다. 명사 lack은 전치사 of와 짝을 이루어서 lack of sth의 형태로, 무엇에 대한 결핍을 나타낸다. 따라서 정답은 of이다. with는 주로 동행이나 수단, 혹은 자격이나 조건을 나타낼 때 쓰이는 전치사이다.

어휘 lack 부족, 결핍   motivation 동기 부여   production 생산   process 과정   whole 전체의

03 The cargo train passes through five stops ------- Jacksonville and Pepper City.
   (A) between   (B) among

해석 화물기차는 잭슨빌과 페퍼 시티 사이의 다섯 정거장을 통과한다.

구조 분석 The cargo train / passes (through five stops) (------- Jacksonville and Pepper City).
주어 동사

해설 빈칸에 적절한 전치사를 선택하는 어휘 문제이다. 빈칸 뒤에 Jacksonville and Pepper City라는 구간이 언급되어 있으므로 정답은 between A and B(A와 B 사이에)라는 의미를 나타내는 between이 정답이다. among은 주로 셋 이상의 대상과 함께 쓰이므로 뒤에 복수명사를 받아서 '~사이에서'라는 의미를 나타낸다.

어휘 cargo 화물   pass 지나가다, 통과하다   through 지나서

Step 3

01 No one ------- for Mr. Phillips is allowed to leave the building during office hours without the approval of a supervisor.   (A) except   (B) nevertheless   (C) regarding   (D) since

해석 필립스 씨를 제외하고는 아무도 근무 시간에 상사의 승인 없이 건물을 벗어나는 것이 허락되지 않는다.

구조 분석 (No) one (------- for Mr. Phillips) / is allowed / to leave / the building (during office hours) (without
주어 동사 목적보어(to부정사구)

the approval) (of a supervisor).

해설 빈칸 뒤의 전치사 for와 함께 고유명사 Mr. Phillips를 받을 수 있는 전치사를 선택하는 문제이다. 정답은 except for~로 '(누구, 무엇을) 제외하고는'이라는 의미를 나타낸다. nevertheless는 접속부사로 주로 뒤에 쉼표와 함께 쓰이고 '그렇기는 하지만, 그럼에도 불구하고'라는 양보의 의미를 나타내므로 의미상으로도 적절하지 않을 뿐더러 뒤에 전치사 for를 바로 받을 수도 없으므로 오답이다. regarding은 전치사로 '~에 관하여, 대하여'라는 의미로 전치사 for와 함께 쓰이지 않으므로 오답, since 또한 '~이래로'라는 의미의 전치사이지만, for와 함께 쓰이지 않으므로 오답이다.

어휘 except for ~을 제외하고는 allow 허락하다 approval 승인 supervisor 상사, 관리자

---

02 The hotel asks all guests to check in ------- arrival.

(A) on   (B) ever   (C) as   (D) into

해석 호텔은 투숙객들이 도착하는 즉시 체크인할 것을 요청한다.

구조분석 The hotel / asks / (all) guests / to check in (------- arrival).
　　　　　　주어　　　동사　　목적어　　　　목적보어

해설 빈칸에 적절한 전치사를 선택하는 어휘 문제이다. on arrival은 '도착하는 즉시'라는 의미의 숙어로, arrival과 짝을 이뤄서 쓸 수 있는 전치사 on이 정답이 되었다. ever는 부사이므로 오답, 전치사 as는 지위나 자격을 나타내어서 '~로, ~로서'라는 의미를 가지므로 적절하지 않고, into는 '~안으로'라는 의미를 가진 전치사로 arrival과 어울리지 않을 뿐더러 주로 동사 숙어로 출제되는 전치사이므로 오답이다.

어휘 ask 부탁하다, 요청하다 guest 손님 on arrival 도착하는 즉시

Lesson 03 ● 전치사와 동사 Test　　　　　　　▶ 본책 p. 241

Step 1 생략(아래 정답 표기 참조)　　Step 2 01 (A) 02 (B) 03 (B)　　Step 3 01 (C) 02 (C)

Step 1

01 We were informed by Mr. Park that our top priority is to increase overall customer satisfaction.

해석 우리는 파크 씨에게서 우리의 최우선 사항은 전체적인 고객만족을 증대시키는 것이라고 통지받았다.

구조분석 We / were informed / (by Mr. Park) // that (our) (top) priority / is / to increase (overall) customer
　　　　　　주어1　　동사1　　　　　　　　　　　접속사　　주어2　　　　　동사2　　보어 (to부정사구)

satisfaction.

해설 이 문장에서 전치사 by는 수동태 문장에서 행위의 주체를 나타내고 있다. 즉 능동태로 Mr. Park informed us that~이라는 문장이 수동으로 바뀌면서 목적어가 주어 자리로 나가고, 주어 Mr. Park는 전치사 by와 함께 주체를 나타내고 있다.

어휘 inform 알리다, 통지하다 priority 우선 사항 increase 증가하다 overall 종합적인, 전체의 customer 손님, 고객 satisfaction 만족(감)

---

02 After we review the conditions in the contract, an e-mail will be sent to Mr. Martin.

해석 우리가 계약서의 조건들을 검토한 후에, 마틴 씨에게 이메일을 발송할 것이다.

구조분석 **After** we / review / the conditions (in the contract), // an e-mail / will be sent (to Mr. Martin).
　　　　　　접속사 주어1　동사1　　목적어　　　　　　　　　　　　주어2　　　　동사2

해설 in은 뒤의 the contract와 함께 쓰여서 '~안에'라는 의미를 나타낸다. 또한 to는 뒤의 Mr. Martin이라는 사람과 함께 쓰여서 [to + 사람(대상)]의 형태로, '~에게'라는 의미로 사용되었다.

어휘 review 검토하다 condition 조건 contract 계약(서) send 보내다, 발송하다

03 You will receive a 25% discount coupon <u>by</u> applying <u>for</u> membership either online or <u>at</u> any <u>of</u> our stores.

> **해석** 온라인이나 우리 점포들 중 어디에서든 멤버십 신청을 함으로써 당신은 25프로의 할인 쿠폰을 받을 수 있을 것이다.

> **구조분석** You / will receive / a (25% discount) coupon (by applying) (for membership) (either online or at
> 　　　　　주어　　　　동사　　　　　　　목적어
> any of our stores).

> **해설** 이 문장에서 전치사 by는 뒤의 applying과 함께 [by + -ing]의 형태로 방법을 나타내고 있다. for는 apply와 함께 쓰여서 대상을, at은 장소를, of는 소속을 나타낸다.

> **어휘** receive 받다, 받아들이다　discount 할인　apply 신청하다, 지원하다　either A or B A, B 둘 중 하나인

Step 2

01 Now that Mr. Hancock is retiring, Ms. Wright will be ------- of the marketing department.
　　(A) in charge　　(B) in place

> **해석** 핸칵 씨가 은퇴하기 때문에 라이트 씨가 마케팅 부서를 담당할 것이다.

> **구조분석** **Now that** Mr. Hancock / is retiring, // Ms. Wright / will be / ------- (of the marketing department).
> 　　　　　접속사　　　주어1　　　동사1　　　주어2　　　동사2　　보어

> **해설** 빈칸에 적절한 [전치사 + 명사]를 선택하는 문제이다. 문맥상 Hancock씨의 은퇴로 Wright씨가 마케팅부를 담당할 것이라는 의미이므로 정답은 in charge이다. be in charge of는 '~을 담당하다'라는 의미의 숙어이므로 반드시 암기해두자. in place는 '제자리에 (있는)'이 라는 의미로 문맥상 적절하지 않다.

> **어휘** now that ~이므로, ~이기 때문에　retire 은퇴하다　be in charge of ~을 담당하다　department 부서

02 It will not arrive ------- 3 p.m.
　　(A) by　　(B) until

> **해석** 그것은 오후 3시나 되어야 도착할 것이다.

> **구조분석** It / will not arrive (------- 3 p.m.)
> 　　　　　주어　　　동사

> **해설** 빈칸에 알맞은 전치사를 선택하는 어휘 문제이다. 빈칸 뒤로 3 p.m.이라는 시간명사가 위치했다. 전치사 by와 until 둘 다 시간명사와 함께 쓰일 수 있는데, by는 '동작의 완료, 1회성 동작'과 함께 쓰이고 until은 '상태의 지속이나 진행'을 의미하는 동사와 함께 쓰이므로 arrive(도착하다)라는 상태를 나타내는 동사와 어울리는 until이 정답이다.

> **어휘** arrive 도착하다

03 Once you walk ------- the post office, you will see Kim's restaurant at the end of the corner.
　　(A) down　　(B) past

> **해석** 당신이 우체국을 지나면, 모퉁이 끝에서 킴스 레스토랑을 볼 수 있을 것이다.

> **구조분석** **Once** you / walk (------- the post office), // you / will see / Kim's restaurant (at the end of the corner).
> 　　　　　접속사 주어1 동사1　　　　　　　　　　　　주어2　동사2　　목적어

> **해설** 빈칸에 적절한 전치사를 선택하는 어휘 문제이다. 빈칸 뒤에 the post office와 어울리는 전치사는 '우체국을 지나서'라는 의미를 이루는 past이다. walk down은 '~을 따라 걸어가다'라는 의미로 뒤에 도로(street, road)나 계단(stairs)을 받으므로 우체국을 따라 걸어간다 는 것은 문맥상 어색하므로 오답이다.

> **어휘** once ~하자마자, ~할 때　past (위치상으로 ~을) 지나서

Step 3

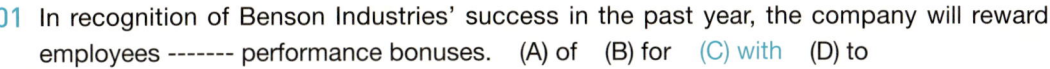

01 In recognition of Benson Industries' success in the past year, the company will reward employees ------- performance bonuses.　(A) of　(B) for　(C) with　(D) to

해석 지난해 벤슨 인더스트리스사의 성공을 인정하여 회사는 직원들에게 실적 보너스로 보상할 것이다.

구조분석 (In recognition of Benson Industries' success) (in the past year), the company / will reward /
　　　　　　　　　　　　　　　　　　　　　　　　　　　　　　　　　　　　주어　　　　　　　동사

employees (------- performance bonuses).
목적어

해설 빈칸에 적절한 전치사 어휘를 선택하는 문제이다. 빈칸 뒤에는 performance bonuses라는 명사가 위치했고, 문장의 동사는 reward이다. 보상하는(reward) 수단이나 방법으로 performance bonuses가 주어지는 것이므로 정답은 수단이나 방법을 나타내며 '~으로'라는 의미를 나타낼 수 있는 with이다. 전치사 of는 reward가 동사가 아니라 명사로 쓰일 때 함께 쓰여서 reward of(~에 대한 보상)이라는 의미로 사용되므로 적절하지 않다. reward for는 뒤에 주로 보상을 받은 행위가 언급되므로 performance bonuses와 적절하지 않으므로 오답이다. 전치사 to 또한 reward가 명사로 쓰일 때 함께 쓰이고, to 뒤에는 보상을 받는 대상이나 사람이 나오므로 오답이다.

어휘 in recognition of ~을 인정하여　success 성공, 성과　reward 보상하다　performance 실적, 성과

02 Details about this year's advertising campaign will be provided ------- the marketing director.　(A) as　(B) of　(C) for　(D) with

해석 올해 광고 캠페인의 세부사항들은 마케팅 이사에게 제공될 것이다.

구조분석 Details (about this year's advertising campaign) / will be provided (------- the marketing director).
　　　　　　주어　　　　　　　　　　　　　　　　　　　　　동사

해설 빈칸에 알맞은 전치사를 고르는 어휘 문제이다. 빈칸 앞에는 수동태 will be provided가 위치했고, 뒤에는 the marketing director라는 사람이 위치하고 있다. 문맥상 director에게 또는 director를 위해 광고 캠페인에 대한 자세한 내용을 제공한다는 의미이기 때문에 보기 중 for가 가장 적절하다. as는 자격을 나타내는 전치사로 답이 될 수 없으며 with는 provide A with B(A에게 B를 제공하다)로 쓰이기 때문에 수동태가 되더라도 제공을 받는 대상이 B가 될 수 없다.

어휘 detail 세부사항　advertising 광고(하기)　provide 제공하다　director 이사, 중역

Lesson 04 ● 전치사와 형용사 Test　　▶ 본책 p. 243

Step 1 생략(아래 정답 표기 참조)　　Step 2 01 (A) 02 (B) 03 (A)　　Step 3 01 (C) 02 (C)

Step 1

01 KM Bank's Internet services will be unavailable to customers from 8:00 AM to 9:00 PM on Sunday.

해석 KM 은행의 인터넷 서비스는 일요일 오전 8시부터 오후 9시까지 고객들이 이용할 수 없을 것이다.

구조분석 (KM Bank's) Internet services / will be / unavailable (to customers) (from 8:00 AM to 9:00 PM)
　　　　　　　　　　　　　　주어　　　　　동사　　보어

(on Sunday).

해설 available to sb/sth은 '~가 이용 가능한'이라는 의미의 숙어이다. unavailable은 available의 반의어로 unavailable to sb/sth은 '~가 이용할 수 없는, 이용 불가한'이라는 의미를 나타낸다.

어휘 unavailable 이용할 수 없는　customer 손님, 고객

02 To be eligible for a position with Karl Consulting, candidates must have a university degree in business.

해석 경영학 학사 학위를 가진 후보자들만이 칼 컨설팅사에서 근무할 자격이 있다.

구조분석 (To be eligible for a position with Karl Consulting), candidates / must have / a university degree
주어   동사   목적어

(in business).

해설 be eligible for는 '~할 자격이 있다'라는 의미를 가진 숙어이다. 이 문장에서는 be eligible for a position으로 쓰여서 '직위에 대한 자격이 있다'는 문맥을 나타내고 있다.

어휘 be eligible for ~에 대한 자격이 있다   candidate 후보자   university degree 학사 학위

---

03 Customers need to check whether newly purchased programs are compatible with their existing systems.

해석 고객들은 최근에 구입한 프로그램들이 기존의 시스템들과 호환이 되는지 확인해야 할 필요가 있다.

구조분석
                     접속사   주어'   동사'   보어'
Customers / need to check / **whether** (newly) (purchased) programs / are / compatible (with their
주어1   동사1   목적어(명사절)

existing systems).

해설 be compatible with는 '~와 호환되다'라는 의미의 숙어로 문장에서는 '최근에 구입한 프로그램들이 기존의 시스템들과 호환 가능한지'라는 문맥으로 쓰였다.

어휘 whether ~인지 (아닌지)   newly 최근에, 새로   purchase 구입하다   be compatible with ~와 호환되다   existing 기존의, 현재 사용되는

Step 2

01 Business analysts believe that the upward trend in spending is likely ------- continue until the end of the year.   (A) to   (B) with

해석 경영 분석가들은 소비의 상향세가 올해 말까지 이어질 것 같다고 믿는다.

구조분석
                         접속사   주어'   동사'   보어'
Business analysts / believe // **that** the (upward) trend (in spending) / is / likely (------- continue) (until
주어   동사   목적어 (명사절)

the end of the year).

해설 빈칸에 적절한 어휘를 선택하는 문제이다. 빈칸 앞에 be likely가 위치했고, 빈칸 뒤는 continue라는 동사원형이 왔으므로 정답은 be likely to do(개연성이 있다)라는 숙어를 이룰 수 있는 to이다.

어휘 analyst 분석가   upward 위쪽을 향한   trend 동향, 추세   be likely to + 동사원형 개연성이 있다

---

02 Each customer's eligibility for the special financing plan is subject ------- credit approval.
   (A) about   (B) to

해석 개별 고객들의 특별 금융 계획을 위한 자격 요건은 신용심사에 통과하느냐에 달려 있다.

구조분석 (Each) (customer's) eligibility (for the special financing plan) / is / subject (------- credit approval).
                          주어   동사   보어

해설 빈칸에 적절한 전치사를 선택하는 문제이다. be subject to~는 '~의 대상이다'라는 의미의 숙어로, 정답은 전치사 to이다.

어휘 eligibility 적임, 적격 be subject to ~의 대상이다 credit approval 신용심사 통과

---

03 We must remain aware ------- rapidly changing technology or face a decrease in company profits in the long run.   (A) of   (B) on

해석 우리는 급변하는 기술을 알아차리고 있어야 한다. 그렇지 않으면 장기적인 기업 이익의 감소에 직면할 것이다.

구조분석 We / must remain / aware (------- rapidly changing technology) // **or** face / a decrease (in company
주어   동사1   보어   접속사 동사2   목적어

profits) (in the long run).

해설 빈칸에 알맞은 전치사를 선택하는 문제이다. be aware of는 '~을 알다'라는 의미의 숙어이기 때문에 정답은 전치사 of이다.

어휘 remain 계속 어떤 상태에 있다 be aware of ~을 알아차리다, 알다 rapidly 빨리, 급속히 face 직면하다 decrease 감소, 하락
profit 이익, 수익 in the long run 장기적으로

Step 3

---

01 The managing director was concerned ------- the current decrease in sales, so he arranged for a meeting this Friday.   (A) of   (B) through   (C) about   (D) in

해석 관리 이사는 최근 판매 하락에 대해 우려해서 이번 주 금요일에 회의를 열기로 조치했다.

구조분석 The (managing) director / was concerned (------- the current decrease) (in sales), // **so** he /
주어1   동사1   접속사 주어2

arranged (for a meeting) (this Friday).
동사2

해설 빈칸에 적절한 전치사를 선택하는 어휘 문제이다. 빈칸 앞에는 be동사와 과거분사 concerned가 위치했고, 뒤에는 the current decrease라는 명사가 위치했으므로 be concerned about(~을 걱정하다)가 쓰인 문장이다. 따라서 정답은 about이다. 참고적으로 be concerned with(~에 관련되어 있다)라는 숙어도 함께 암기해두자.

어휘 director 이사 be concerned about ~에 관심을 가지다, ~을 걱정하다 current 현재의, 지금의 decrease 감소, 하락 arrange 처리하다, 조치하다

---

02 Customers who visit our newly opened restaurant today will be exempt ------- paying service charges.   (A) to   (B) of   (C) from   (D) with

해석 오늘 새로 개업한 우리 레스토랑에 오시는 손님들은 서비스 요금을 내지 않아도 됩니다.

구조분석
관계대명사 동사'   목적어'
Customers [**who** / visit / (our) (newly) (opened) restaurant (today)] / will be / exempt (------- paying
주어   [관계대명사절]   동사   보어

service charges).

해설 빈칸에 알맞은 전치사를 선택하는 어휘 문제이다. 빈칸 앞에는 be exempt가 위치했고, 뒤에는 paying service charges라는 동명사 구가 위치했으므로 be exempt from(~을 면제받다)이라는 표현이 되도록 빈칸에는 from이 와야 한다.

어휘 visit 방문하다 newly 새로 be exempt from ~을 면제받다 pay 지불하다 charge 요금

01 (A) 02 (D) 03 (C) 04 (C) 05 (B) 06 (B) 07 (D) 08 (C) 09 (D) 10 (D) 11 (C) 12 (B)

---

01 To receive a refund, merchandise should be returned ------- 30 days of purchase.
(A) within (B) whe (C) unless (D) always

해석 환불을 받기 위해서는 물품 구입 후 30일 이내에 반품되어야 한다.

구조분석 (To receive a refund), merchandise / should be returned (------- 30 days of purchase).
주어   동사

해설 빈칸에 알맞은 품사를 선택하는 구조분석 문제이다. 빈칸 앞에는 수동태 동사 be returned가 위치했고, 뒤에는 30 days라는 명사가 위치했으므로 수동태 동사 뒤 명사 앞의 전치사 자리이다. 따라서 정답은 보기 중 전치사인 within이다. when과 unless는 부사절 접속사, always는 부사로 오답이다.

어휘 receive 받다, 받아들이다 refund 환불(금) merchandise 물품, 상품 purchase 구입, 구매

---

02 The use of spare parts ------- a third party supplier will void the warranty on this vehicle.
(A) over (B) behind (C) out of (D) from

해석 이 차량에 제3자가 공급한 부품을 사용한 경우에는 품질 보증서가 무효화됩니다.

구조분석 The use (of spare parts) (------- a third party supplier) / will void / the warranty (on this vehicle).
주어   동사   목적어

해설 빈칸에 적절한 전치사를 고르는 어휘 문제이다. 빈칸 앞에는 spare parts(예비 부품)라는 명사가 위치했고, 뒤에는 a third party supplier(제3의 공급자)라는 명사가 위치했다. 여기에서 spare parts와 a third party supplier의 관계를 보면, a third party supplier가 spare parts의 출처임을 알 수 있다. 따라서 출처를 나타내는 전치사 from이 들어가서 '제3공급업자의 예비 부품'이라는 문맥을 이루고 있다. over는 장소와 함께 쓰이면 '~너머,' 주제나 대상과 쓰이면 '~에 대해,' 수치와 쓰이면 '~넘게'라는 의미의 전치사이므로 적절하지 않다. behind는 기준 시점보다 늦어졌음을 나타낼 때, 혹은 장소와 함께 '~뒤에'라는 의미로 쓰인다. out of는 '~의 밖으로'라는 의미를 가진 전치사이므로 문맥상 적절하지 않다.

어휘 spare part 예비 부품 third party 제3자 supplier 공급자, 공급 회사 void 무효로 하다 warranty 품질 보증서 vehicle 차량

---

03 ------- the meeting on effective communications, the marketing director discussed the advantage of the newly developed marketing tool for our service.
(A) Although (B) When (C) During (D) Afterward

해석 효과적인 의사소통에 대한 회의 동안에 마케팅 이사는 우리 서비스를 위해 새롭게 개발된 마케팅 도구의 장점에 대해 논의했다.

구조분석 (------- the meeting on effective communications), the marketing director / discussed / the advantage
주어   동사   목적어

(of the newly developed marketing tool) (for our service).

해설 빈칸에 알맞은 품사를 넣는 구조분석 문제이다. 빈칸은 문두에 위치했고 뒤에 the meeting이라는 명사를 받고 있으므로 전치사 자리이다. 따라서 정답은 보기 중 전치사 During이다. 접속사 Although와 When은 뒤에 절을 이끌기 때문에 오답. Afterward는 부사이므로 오답이다.

어휘 effective 효과적인 director 이사, 중역 discuss 상의하다, 논의하다 advantage 유리한 점, 이점, 장점 newly 새로 develop 개발하다 tool 도구, 수단 afterward 후에, 나중에

04 Because of its proximity ------- major tourist attractions, the Royal Hotel is often fully booked.   (A) next to   (B) near   (C) to   (D) by

해석 주요 관광 명소와의 근접성 때문에 로얄 호텔은 자주 예약이 꽉 찬다.

구조분석 (Because of its proximity ------- major tourist attractions), the Royal Hotel / is (often) (fully) booked.
주어   동사

해설 빈칸에 적절한 전치사를 선택하는 어휘 문제이다. 빈칸 앞에는 명사 proximity(가까움, 근접)가 위치했고, 뒤에는 major tourist attractions라는 장소가 위치했다. proximity to는 '~에 가까움'이라는 의미의 숙어이기 때문에 정답은 전치사 to이다. next to는 '(위치상으로) ~바로 옆에'라는 의미의 전치사로 문맥상 적절하지 않고, near는 '(거리상으로) 가까운'이라는 의미로 앞의 명사 proximity와 의미상 중복되므로 오답이다. by도 장소나 위치와 쓰여서 '~옆에'라는 의미를 가지므로 문맥상 알맞지 않다.

어휘 proximity 가까움, 근접   major 주요한, 중대한   tourist attraction 관광 명소   often 자주   fully 완전히, 충분히   book 예약하다

05 ------- most of the previous models, the all new Fire Star comes with three different types of engines.   (A) Despite   (B) Unlike   (C) Aside   (D) Except

해석 대부분의 이전 모델들과는 달리 모든 새로운 파이어 스타는 3가지 다른 타입의 엔진을 장착하고 나온다.

구조분석 (------- most of the previous models), the (all) (new) Fire Star / comes (with three different types)
주어   동사

(of engines).

해설 빈칸에 적절한 의미의 전치사를 선택하는 어휘 문제이다. 빈칸은 문두에 위치해서 뒤에 most of the previous models(대부분의 이전 모델들)라는 명사를 받고 있다. 부사인 aside는 명사를 받을 수 없으므로 우선 탈락된다. 문맥상 쉼표 뒤의 본 문장에서 새 제품의 특징을 언급하고 있으므로 이 문제의 적절한 전치사는 Unlike(~와는 달리)이다. Despite는 '~에도 불구하고'라는 양보의 의미를 나타내는 전치사이므로 문맥상 적절하지 않다. except도 '(누구, 무엇을) 제외하고는'이라는 의미로 문맥상 적절하지 않으므로 오답이다.

어휘 previous 이전의   different 다른

06 ------- all the advice Mr. Moyes received, he believes the Central Convention Center would be the most ideal place for the conference.   (A) In   (B) Of   (C) At   (D) Out

해석 모이스 씨가 받은 모든 충고 중에서, 그는 센트럴 컨벤션 센터가 가장 이상적인 회의 장소라고 생각한다.

구조분석 (------- all the advice) (Mr. Moyes received), he / believes / the Central Convention Center / would
주어   동사   주어'   동사'   목적어절 (명사절 접속사 that 생략)

be / the (most) (ideal) place (for the conference).
보어'

해설 빈칸에 적절한 전치사를 선택하는 어휘 문제이다. 빈칸은 문두에서 all the advice라는 명사를 받고 있다. of all은 '모든 ~중에서'라는 의미의 숙어이므로 정답은 전치사 of이다. 전치사 in은 기간과 함께 '~후에, ~만에, ~사이에'라는 의미로 쓰이고, 분야와 쓰여서 특정 분야에서의 증가, 감소, 경력 등을 나타내거나, 독립된 공간을 나타낼 때 등에 쓰인다. at은 특정 행위가 발생한 시점이나 지점, 혹은 가격이나 비율 등을 나타내고, out은 전치사로 쓰일 때 주로 of와 함께 쓰인다. 참고로 위 문장에서 Mr. Moyes 앞에는 목적격 관계대명사 which 가 생략되어 후치 수식하고 있는 구조이다.

어휘 advice 조언, 충고   receive 받다   ideal 이상적인, 가장 알맞은   place 장소   conference 회의, 학회

07 ------- his contract with KT Electronics, James Eugene, a famous sports star, will be appearing in two new advertisements for KT products.
(A) Only if   (B) In case   (C) Now that   (D) According to

해석 KT 전자와의 계약에 따라, 유명 스포츠 스타인 제임스 유진은 KT 제품들의 새로운 광고 두 편에 나올 것이다.

구조분석 (------- his contract with KT Electronics), James Eugene, (a famous sports star), / will be appearing
　　　　　　　　　　　　　　　　　　　　　　　　주어　　　　　　　　　　　　　　　　　　　　　동사

(in two new advertisements for KT products).

해설 빈칸에 적절한 품사를 선택하는 구조분석 문제이다. 빈칸은 문두에 위치하여 뒤에 his contract라는 명사를 받고 있으므로 전치사 자리이다. 따라서 정답은 전치사 According to이다. Only if. In case. Now that은 접속사로 뒤에 절이 오므로 오답이다. 참고로 in case가 전치사로 쓰이기 위해서는 in case of something 형태로 쓰인다는 것 또한 기억해두자.

어휘 contract 계약(서)　famous 유명한　appear 나타나다　advertisement 광고

---

08 All visitors are required to read and observe the instructions posted ------- the museum entrance.　(A) from　(B) of　(C) beside　(D) with

해석 모든 방문객들은 박물관 입구 옆에 붙어 있는 지시를 읽고 준수할 것이 요구된다.

구조분석 (All) visitors / are required (to read and observe the instructions) (posted ------- the museum entrance).
　　　　　　　주어　　　　　　동사

해설 빈칸에 적절한 전치사를 선택하는 어휘 문제이다. 빈칸 앞의 posted는 앞에 [주격 관계대명사 + be동사]가 생략된 구조로 instructions를 후치 수식하고 있고, 빈칸 뒤에는 명사 the museum entrance가 위치했으므로 빈칸은 전치사 자리이다. 보기가 모두 전치사인데 문맥상 '박물관 입구 ~에 게시된 지시'라는 문맥이므로 정답은 '옆에'라는 의미의 beside이다. 전치사 from은 '출처'를 나타내는 전치사로 문맥상 부적절하므로 오답, of는 동격이나 구성요소를 나타내는 전치사이므로 적절하지 않다. with는 수단이나 방법을 나타내는 전치사이므로 오답이다. 참고적으로 posted는 전치사 on과도 잘 쓰인다는 것을 함께 기억해 두자.

어휘 visitor 방문객, 손님　be required to + 동사원형 ~하도록 요구되다　observe (법률, 규칙 등을) 준수하다　instruction 설명, 지시　posted 게시된

---

09 TFF National Bank offers the same interest rate ------- the bank of Pennsylvania.
　(A) with　(B) that　(C) along　(D) as

해석 TFF 내셔널 은행은 펜실베이니아 은행과 같은 금리를 제공한다.

구조분석 TFF National Bank / offers / the (same) interest rate (------- the bank of Pennsylvania).
　　　　　　　주어　　　　　　동사　　　　　목적어

해설 빈칸에 적절한 전치사를 선택하는 문제이다. 빈칸 앞에는 문장의 동사 offer의 목적어로 the same interest rate라는 [형용사 + 명사]가 위치했고, 뒤에는 명사 the bank가 위치했으므로 빈칸은 전치사 자리이다. 우선 접속사 that은 뒤에 절이 오므로 탈락한다. 형용사 same은 정관사 the와 전치사 as와 함께 [the same + 명사 + as~]의 형태로 쓰여서 '~와 같은, 동일한'이라는 의미를 나타내므로 정답은 the same interest rate와 어울리는 전치사 as로 '펜실베이니아 은행과 같은 금리'라는 문맥이다. 전치사 with는 수단, 방법을 나타내므로 오답, along은 '~을 따라'라는 의미의 전치사로 문맥상 적절하지 않다.

어휘 offer 제공하다　same (똑)같은　interest rate 금리, 이율

---

10 You will not be given access to enter the laboratory ------- approval from your supervisor.
　(A) into　(B) until　(C) among　(D) without

해석 당신은 관리자의 승인이 없으면 실험실 출입이 허가되지 않습니다.

구조분석 You / will not be given / access (to enter the laboratory) (------- approval) (from your supervisor).
　　　　　　주어　　　동사　　　　　목적어

해설 빈칸에 알맞은 전치사를 선택하는 어휘 문제이다. 빈칸 앞에는 to부정사(to enter)의 목적어로 명사(the laboratory)가 위치했고, 뒤에도 approval이라는 명사가 위치했으므로 빈칸은 전치사 자리이다. 문맥상 '관리자의 승인 없이는 실험실에 들어갈 수 없다'는 흐름으로 정답은 without(~없이)이다. into는 문맥상 적절하지도 않을 뿐더러 단독으로 쓰이는 경우가 거의 없이 주로 동사 숙어로 출제되어 [divide/insert + 목적어 + into]로 쓰이므로 오답, until은 '~(때)까지'라는 의미로 주로 특정 시점과 함께 쓰이므로 오답, among은 '~사이에서'라는 의미로 주로 뒤에 복수명사와 함께 쓰이므로 오답이다.

어휘 access 입장, 접근　laboratory 실험실　approval 승인　supervisor 상사, 관리자

11 The head director wanted Dr. Zhang to give a demonstration ------- the new product.

(A) along　(B) during　(C) of　(D) into

해석 이사장은 장박사가 새로운 제품을 시연해주길 원했다.

구조분석 The head director / wanted / Dr. Zhang / to give a demonstration (------- the new product).
　　　　　주어　　　　　　동사　　　목적어　　목적보어 (to부정사)

해설 빈칸에 적절한 전치사를 고르는 어휘 문제이다. 빈칸 앞은 명사 a demonstration, 뒤도 명사 the new product로 빈칸은 전치사 자리이다. 빈칸에 알맞은 전치사는 give a demonstration of(~을 보여주다)라는 숙어 표현이 될 수 있는 of이다. demonstration은 전치사 of와 함께 어울려서 '~에 대한 설명, 시연'으로 쓰인다는 것을 반드시 기억하자. along은 '~을 따라'라는 의미의 전치사이므로 문맥상 적절하지 않고, during은 주로 뒤에 기간과 함께 쓰이므로 오답, into는 주로 동사 숙어로 [divide/pour + 목적어 + into] 형태로 쓰이거나, expand나 evolve와 같이 확장, 이동의 동사와 함께 쓰이므로 오답이 되었다.

어휘 head director 이사장　give a demonstration of ~을 보여주다, 시연하다

12 There are about seven hotels ------- a ten-mile radius of Berlin International Airport.

(A) across　(B) within　(C) in front of　(D) nearby

해석 베를린 국제공항 반경 10마일 이내에 약 7개의 호텔들이 있다.

구조분석 There / are / (about) (seven) hotels (------- a ten-mile radius) (of Berlin International Airport).
　　　　　　　동사　　　　　　　　　주어

해설 빈칸에 알맞은 전치사를 선택하는 어휘 문제이다. 빈칸 앞에는 hotels라는 명사가 위치했고, 뒤에는 a ten-mile radius라는 범위가 언급되고 있다. 따라서 정답은 '(기간, 법, 장소, 공간, 규칙, 숫자 등의 범위) 내에서'라는 의미를 가진 전치사 within이다. nearby는 형용사, 부사로 쓰이기 때문에 우선 소거한다. across는 공간과 쓰일 때 '~을 건너서, 가로질러'라는 의미를 가진 전치사이므로 10마일 반경이라는 범위와 쓰이기에 적절하지 않고, in front of도 '~의 앞쪽에'라는 의미로 범위와 함께 쓰이기에는 적절하지 않다.

어휘 radius (특정 지점을 중심으로 한) 반경

Chapter 12 비교급과 최상급 & 가정법

Lesson 01 ● 비교급과 최상급 Test　▶ 본책 p. 247

Step 1 생략(아래 정답 표기 참조)　　　Step 2 01 (A) 02 (B) 03 (B)　　　Step 3 01 (B) 02 (A)

Step 1

01 Today is colder than yesterday.

해석 오늘은 어제보다 더 춥다.

구조분석 Today / is / colder (than yesterday).
　　　　　주어　동사　보어

해설 be동사 is 뒤에 형용사 cold의 비교급 colder가 와서 [비교급 형용사(colder) + than + 비교 대상(yesterday)]이라는 비교급 문장을 만들고 있다.

어휘 cold 추운, 차가운

02 Designing our new computer chips has been <u>the most challenging</u>.

[해석] 우리의 새로운 컴퓨터 칩들을 디자인하는 것은 가장 어려운 도전이었다.

[구조분석] <u>Designing / (our) (new) computer chips</u> / <u>has been</u> / <u>(the most) challenging</u>.
주어 (동명사구)   동사   보어

[해설] be동사 been 뒤에 주격보어인 형용사 challenging의 최상급 the most challenging이 와서 '가장 어려운 도전이었다'는 최상급 문장을 형성하고 있다.

[어휘] challenging 도전적인

03 The new machines will enable factory workers to complete tasks much <u>more efficiently</u>.

[해석] 새로운 기계들은 공장 직원들이 훨씬 더 능률적으로 작업을 완료할 수 있게 할 것이다.

[구조분석] The (new) machines / will enable / factory workers / <u>to complete / tasks (much more efficiently)</u>.
주어   동사   목적어   목적보어 (to부정사구)

[해설] to부정사(to complete) 뒤에 부사 efficiently의 비교급 more efficiently가 와서 to부정사를 수식해 '더 능률적으로 작업을 완료하다'라는 비교급 문맥을 이루고 있다. 여기에서 much는 비교급을 강조해주는 부사인데, 이외에도 (by) far. a lot. still. even 등이 비교급 강조부사의 역할을 할 수 있다.

[어휘] machine 기계   enable ~을 할 수 있게 하다   complete 완료하다. 끝마치다   task 일. 과업   efficiently 능률적으로, 유효하게

Step 2

01 Today's ever changing business environment requires us to learn new skills ------- than we had to in the past.   (A) more quickly   (B) quicker

[해석] 오늘날의 변화무쌍한 기업 환경은 과거에 우리가 해야 했던 것보다 더 빠르게 새로운 기량들을 습득할 것을 요구한다.

[구조분석] (Today's) (ever) (changing) business environment / requires / us / <u>to learn / new skills</u> [------- **than**
                                주어   동사   목적어   목적보어 (to부정사구)   접속사
<u>we / had to (in the past)</u>].
주어'   동사'

[해설] 빈칸에 알맞은 비교급을 선택하는 문법 문제이다. 빈칸 앞에는 to부정사구(to learn new skills)가 위치했고, 뒤에는 접속사 than이 위치했으므로 빈칸은 비교급 자리이다. 부사 more quickly와 형용사 quicker 중에 적절한 것은 to부정사(to learn)를 수식해줄 수 있는 부사 more quickly로, '더 빠르게 습득할 것'이라는 비교급 문맥으로 쓰였다. 형용사 quicker가 정답이 되기 위해서는 new skills라는 명사를 수식해야 하는데 '더 빠른 새로운 기량'이라는 문맥은 어색하기 때문에 오답이다.

[어휘] environment 환경   require 필요하다. 요구하다   skill 기량   past 과거

02 EllynCom International's new mobile phone service plan has ------- expensive rates than competing plans.   (A) lesser   (B) less

[해석] 엘린콤 인터내셔널 사의 새로운 휴대전화 서비스 요금체계는 경쟁 관계에 있는 다른 요금체계들보다 요금이 더 저렴하다.

[구조분석] (EllynCom International's) (new) mobile phone service plan / has / (------- expensive) rates (than
                                 주어   동사   목적어
competing plans).

[해설] 빈칸에 적절한 비교급 품사를 선택하는 구조분석 문제이다. 빈칸 앞에는 동사 has. 뒤에는 [형용사 + 명사(expensive rates)]가 위치했다. '(크기, 양, 중요성이) 적은, 덜한'이라는 의미를 가진 형용사 lesser와 '더 적게, 덜하게'라는 의미를 가진 부사 less 중 형용사 expensive를 꾸며줄 수 있는 품사는 부사이므로 정답은 less이다.

어휘 less 더 적은, 덜한 expensive 비싼 rate 요금 competing 경쟁하는

---

03 The Sweet 16 Magazine is ------- the best selling magazine among teenage girls.
  (A) so   (B) by far

해석 스위트 식스틴지는 십대 소녀들 사이에서 단연코 가장 잘 팔리는 잡지이다.

구조 분석 The Sweet 16 Magazine / is / (-------) (the best selling) magazine (among teenage girls).
  주어   동사   보어

해설 빈칸에 알맞은 부사를 선택하는 문제이다. 빈칸 앞에는 be동사 is가 위치했고, 뒤에는 주격보어로 the best selling magazine이라는 최상급이 위치했다. 따라서 두 개의 부사 중 최상급 강조부사 역할을 할 수 있는 by far가 정답이다. so는 원급을 수식하는 부사로 최상급과 쓰일 수 없으므로 오답이다.

어휘 by far 훨씬, 단연코 teenage 십대의

Step 3

01 The equipment can mix materials ------- when the blades are sharp than when they are
  dull.   (A) rapid   (B) more rapidly   (C) rapidly   (D) most rapid

해석 그 장비는 칼날들이 무딜 때보다 날카로울 때 재료들을 더 신속하게 혼합할 수 있다.

구조 분석 The equipment / can mix / materials (-------) // when the blades / are / sharp // than when they / are / dull.
  주어1   동사1   목적어   주어2   동사2 보어1   주어3   동사3 보어2

해설 빈칸에 알맞은 비교급 부사를 선택하는 문법 문제이다. 빈칸 앞에는 문장의 본동사 can mix의 목적어인 명사 materials가 위치했고, 뒤에는 비교되는 두 대상이 than을 끼고 이어지고 있다. 따라서 정답은 동사 can mix를 수식하며 뒤의 than과 연결될 수 있는 more rapidly로, '더 신속하게 혼합할 수 있다'라는 비교급 문맥을 형성하고 있다. 원급 형용사 rapid와 최상급 형용사 most rapid는 부사 자리에 위치할 수 없으므로 오답, 원급 부사 rapidly는 뒤의 than과 쓰이지 않으므로 오답이다.

어휘 mix 혼합하다 rapidly 빨리, 신속하게 material 재료 blade (칼, 도구 등의) 날 sharp 날카로운, 예리한 dull 무딘

---

02 Among our recognized staff, Mr. Jackson is one of the most ------- workers who brings a
  positive vibe to the whole office environment.
  (A) distinctive   (B) distinctively   (C) distinction   (D) distinctiveness

해석 우리의 알려진 직원들 중에서, 잭슨 씨는 전체 사무실 환경에 긍정적인 분위기를 가져오는 가장 독특한 직원들 중 한 명이다.

구조 분석   관계대명사 동사'
  (Among our recognized staff), Mr. Jackson / is / one (of the most ------- workers) [who / brings /
                                  주어   동사1 보어

          목적어'
  a (positive) vibe (to the whole office environment)].

해설 빈칸에 적절한 품사를 선택하는 구조분석 문제이다. 빈칸 앞에는 전치사 of 뒤에 the most라는 최상급이 위치했고, 뒤에는 명사 workers가 위치했으므로 빈칸은 뒤의 명사를 수식해주는 형용사 자리이다. 따라서 정답은 형용사 distinctive이다. 부사 distinctively, 명사 distinction과 distinctiveness는 형용사 자리에 들어갈 수 없는 품사이므로 오답이다.

어휘 recognized 인정된, 알려진 distinctive 독특한 bring 야기하다, 가져오다 positive 긍정적인 vibe 분위기, 느낌 whole 전체의, 모든 environment 환경

Step 1

01 You cannot borrow <u>more than</u> five books at once in this library.

해석 당신은 이 도서관에서 한꺼번에 5권이 넘는 책들을 빌릴 수 없다.

구조분석 You / cannot borrow / (more than) (five) books (at once) (in this library).
주어   동사   목적어

해설 비교급 관용 표현 more than이 five books를 수식해서 '5권이 넘는'이라는 문맥으로 쓰였다.

어휘 borrow 빌리다 at once 동시에, 한꺼번에 library 도서관

02 Prospective buyers did not find the property <u>as attractive as</u> they had expected.

해석 가망 구매자들은 그 부동산이 그들이 기대한 만큼 매력적이라고는 생각하지 않았다.

구조분석 (Prospective) buyers / did not find / the property / (as) attractive // **as** they / had expected.
주어1   동사1   목적어   목적보어   접속사 주어2   동사2

해설 [as + 형용사 / 부사 + as~]의 구조로 쓰여서 '그들이 기대한 만큼 매력적인~'이라는 문맥으로 쓰였다. 여기에서 앞의 as의 품사는 부사로 수식어 역할을 하고, 뒤의 as는 접속사로 절을 이끌고 있으며 '~만큼 ~한'이라는 의미를 가지고 있다.

어휘 prospective 장래의, 유망한 buyer 구매자 property 부동산 attractive 매력적인 expect 예상하다, 기대하다

03 <u>The older</u> we grow, <u>the more</u> cautious we become.

해석 우리는 나이가 들수록 더욱 신중해진다.

구조분석 The older / we / grow, // the (more) cautious / we / become.
보어1   주어1 동사   보어2   주어2 동사2

해설 [the + 비교급 ~, the + 비교급 ~] 구조의 문장으로 '나이가 들수록 더욱 신중해진다'는 의미를 나타내고 있다.

어휘 grow 자라다, 크다 cautious 조심스러운, 신중한

Step 2

01 The insulation that arrived yesterday was 10 percent thinner ------- that required by the building code.   (A) than   (B) there

해석 어제 도착한 단열재는 건축 법규가 요구하는 것보다 10퍼센트 더 얇았다.

구조분석 The insulation [**that** arrived (yesterday)] / was / (10 percent) thinner (------- that) (required by the
주어   동사   보어

building code).

해설 빈칸에 비교급을 나타낼 수 있는 적절한 어휘를 선택하는 문제이다. 빈칸 앞에는 thinner라는 비교급 형용사가 위치했고, 뒤에는 비교 대상으로 지시대명사 that이 위치했으므로 정답은 비교급을 완성하는 than이다. there의 품사는 부사이기 때문에 뒤의 지시대명사 that을 받을 수 없을 뿐더러 비교급을 만들 수도 없으므로 오답이다.

어휘 insulation 단열재 arrive 도착하다 thin 얇은, 가는 require 요구하다 building code 건축 법규

02 The richer the fruit color, the ------- it is for you.
(A) healthy   (B) healthier

해석 과일 색상이 더 진할수록 당신 건강에 더욱 좋다.

구조분석 (The richer the fruit color), the ------- / it / is (for you).
보어   주어   동사

해설 빈칸에 원급 형용사 healthy와 비교급 형용사 healthier 중 알맞은 것을 선택하는 문제이다. 이 문장은 [the + 비교급 ~, the + 비교급 ~] 구조이므로 정답은 비교급 형용사 healthier이다.

어휘 rich 진한   fruit 과일   healthy 건강한

---

03 Due to increased demand, we found ways to deliver orders ------- than last year.
(A) fast   (B) faster

해석 증가하는 수요 때문에 우리는 작년보다 주문들을 더욱 빨리 배달할 수 있는 방법들을 찾아냈다.

구조분석 (Due to increased demand), we / found / ways (to deliver orders) (-------) (than last year).
주어   동사   목적어

해설 빈칸에 원급 부사와 비교급 부사 중 알맞은 것을 선택하는 문제이다. 빈칸 앞에는 to부정사의 목적어로 orders가 위치했고, 뒤에는 than이 위치했으므로 정답은 빈칸 뒤의 than과 함께 비교급을 만들 수 있는 비교급 부사 faster이다.

어휘 increase 증가시키다   demand 수요   way 방법, 방식   deliver 배달하다   fast 빨리

Step 3

01 Advances in digital photography have made it ------- than ever to keep Cityscaping Imaging's laboratory stocked with up-to-date equipment.
(A) harden   (B) harder   (C) hardly   (D) hard

해석 디지털 사진술의 발달 때문에 시티스크래이핑 이미징사의 실험실 장비들을 첨단기술 기재로 유지하는 것은 어느 때보다 더 힘들어졌다.

구조분석 Advances (in digital photography) / have made / it / ------- (than ever) (to keep Cityscaping
주어   동사   목적어 목적보어

Imaging's laboratory stocked with up-to-date equipment).

해설 빈칸에 적절한 품사를 선택하는 구조분석 문제이다. 빈칸 앞에는 5형식 동사 made의 목적어 it이 위치했고, 뒤에는 than이 있으므로 빈칸에는 5형식 동사의 목적보어 역할을 하면서 뒤의 than과 함께 비교급을 형성할 수 있는 비교급 형용사 harder가 와야 한다. harden은 '굳다, 굳히다'라는 의미의 동사이므로 5형식 동사의 목적보어 자리에 올 수 없으므로 오답, 부사 hardly도 목적보어 자리에 올 수 없으므로 오답, 원급 형용사 hard는 than과 함께 어울릴 수 없으므로 오답이다.

어휘 advances 발달, 진보   photography 사진술   keep 유지하다   laboratory 실험실   stock 채우다, 갖추다   up-to-date 최신의   equipment 장비, 용품   harden 굳다, 경화되다   hardly 거의 ~아니다

---

02 The components used in the new model are the ------- as the ones used to create the previous model.   (A) same   (B) equal   (C) repeat   (D) fewest

해석 새 모델에 사용되는 부품들은 이전 모델을 만드는데 쓰였던 것들과 같은 것이다.

구조분석 The components (used in the new model) / are / the ------- (as the ones) (used to create the
주어   동사   보어

previous model).

해설 빈칸에 적절한 명사를 선택하는 어휘 문제이다. 빈칸에 들어갈 수 있는 것은 are 뒤에서 보어 역할을 하고, 빈칸 뒤에 위치한 전치사 as를 받을 수 있는 same이다. the same as~는 '~과 같은, 동일한 것'이라는 의미로 기억해두어야 하는 표현이다. equal as는 '~에 필적한'이라는 의미, repeat은 반복, 되풀이라는 의미이며, fewest는 최상급 표현으로 문맥상 적절하지 않다.

어휘 component 요소, 부품 same 똑같은 것, 동일한 것 create 만들다 previous 이전의 equal (지위, 권리 등이) 동등한 repeat 반복, 되풀이 few 적은

Lesson 03 ● 최상급 표현 Test ▶ 본책 p. 253

Step 1 생략(아래 정답 표기 참조) Step 2 01 (B) 02 (A) 03 (A) Step 3 01 (B) 02 (A)

Step 1

01 In the current economic environment, buying property is considered <u>the safest way</u> to invest money.

해석 현재의 경제 환경에서 부동산을 구입하는 것은 돈을 투자하는 가장 안전한 방식으로 여겨진다.

구조분석 (In the current economic environment), buying property / is considered / the safest way
주어　　　　　　　　　　　　동사　　　　　목적보어

(to invest money).

해설 형용사 safe가 정관사 the와 함께 최상급 형용사 safest로 쓰여서 뒤의 명사 way를 수식하여 '가장 안전한 방법'이라는 의미를 나타내고 있다.

어휘 current 현재의, 지금의 economic 경제의 environment 환경 property 부동산 consider 여기다 safe 안전한 way 방법, 방식 invest 투자하다

---

02 Of the ten candidates that the manager interviewed, Mr. Jam is <u>the most qualified</u>.

해석 매니저가 인터뷰한 10명의 후보자들 중에 잼 씨가 가장 자격이 있다.

구조분석 (Of the ten candidates) (that the manager interviewed), Mr. Jam / is / the (most) qualified.
주어　　동사　　　　보어

해설 형용사 qualified가 정관사 the와 한정사 most와 함께 최상급으로 쓰여서 문장 내에서 주격보어의 역할을 하고 있다.

어휘 candidate 후보자 qualified 자격이 있는

---

03 The Maid of the Caribbean, <u>the newest member</u> of our fleet, is <u>the second largest cruise</u> ship in the Caribbean.

해석 우리 선단에 새로 편입된 선박인 더 메이드 오드 더 캐리비언은 카리브 해에서 두 번째로 큰 유람선이다.

구조분석 The Maid of the Caribbean, (the newest member of our fleet), / is / the (second largest) cruise
주어　　　　　　　　　　　　　　　　　　　　동사　　　보어

ship (in the Caribbean).

해설 member 앞의 the newest는 최상급 표현이다. 또한, 주격 보어 cruise ship 앞에 [the + 서수 + 최상급]이 들어가서 the second largest cruise ship(두 번째로 큰 유람선)이라는 의미를 나타내고 있다. [the second/third... + 최상급]은 '몇 번째로 ~한'이라는 의미이다.

어휘 newest 최신의 fleet 선단 large 큰 cruise ship 유람선

Step 2

01 Ms. Potter's ------- novel will be on sale in bookstores in September.

(A) late   (B) latest

해석 포터 씨의 최신 소설은 9월에 서점에서 판매될 것이다.

구조분석 (Ms. Potter's) (-------) novel / will be / on sale (in bookstores) (in September).
주어   동사   보어

해설 빈칸에 알맞은 어휘를 선택하는 문제이다. 빈칸 뒤의 명사 novel을 수식하는 적절한 형용사는 '최신의'라는 의미를 가진 latest이다. late 는 '늦은'이라는 의미의 형용사로 novel과 쓰이기에 적절하지 않으므로 오답이다.

어휘 latest 최근의, 최신의   novel (장편)소설   on sale 판매되는   bookstore 책방, 서점

02 Dr. White is the one with the most ------- knowledge on child psychology.

(A) extensive   (B) extensively

해석 와이트 박사는 아동 심리학 분야에 가장 광범위한 지식을 가진 사람이다.

구조분석 Dr. White / is / the one (with the most ------- knowledge) (on child psychology).
주어   동사   보어

해설 빈칸에 적절한 품사를 선택하는 구조분석 문제이다. 빈칸 앞에는 최상급을 만들어 주는 the most가 위치했고, 뒤에는 명사 knowledge 가 위치했으므로 빈칸은 형용사 자리이다. 따라서 정답은 형용사 extensive이다. 부사 extensively는 명사 knowledge를 수식할 수 없 으므로 오답이다.

어휘 extensive 광범위한, 폭넓은   knowledge 지식   psychology 심리학

03 Southwear Industries makes the ------- hand-stitched leather wallets of any manufacturer.

(A) finest   (B) finer

해석 사우스웨어 인더스트리스사는 모든 제조업자 중에 가장 질 좋은 수제 가죽 지갑을 만들어 낸다.

구조분석 Southwear Industries / makes / the (-------) (hand-stitched) leather wallets (of any manufacturer).
주어   동사   목적어

해설 빈칸에 최상급과 비교급 중 알맞은 형태를 선택하는 문제이다. 빈칸 앞에는 정관사 the가 위치했고, 뒤에는 leather wallets이라는 명사 와 of any manufacturer가 위치했으므로 '모든 제조업자 중에~'라는 문맥이다. 따라서 최상급이 적절하기 때문에 정답은 형용사 fine 의 최상급 finest이다. 비교급 finer는 비교대상이 없으므로 문맥상 적절하지 않다.

어휘 fine 질 높은, 좋은   stitch 바느질하다   leather 가죽   wallet 지갑   manufacturer 제조자

Step 3

01 The Nuevister Cadet 55T is being advertised as the ------- laptop computer available in stores today.   (A) faster   (B) fastest   (C) fast   (D) fastness

해석 뉴비스터 커댓 55T는 오늘날 상점에서 살 수 있는 가장 빠른 노트북이라고 광고되고 있다.

구조분석 The Nuevister Cadet 55T / is being advertised (as the ------- laptop computer) (available in
주어   동사

stores today).

해설 빈칸에 적절한 형태의 품사를 선택하는 문법 문제이다. 빈칸 앞에는 정관사 the가 위치했고, 뒤에는 명사 laptop computer가 위치했으므로 빈칸은 최상급 형용사가 들어가야 할 자리이다. 따라서 정답은 형용사 fast의 최상급 fastest이다. 비교급 문장이 아니므로 비교급 형용사 faster는 오답, 그리고 최상급을 나타낼 수 없는 원급 형용사 fast도 오답이다. 명사 fastness 또한 최상급을 나타낼 수 없을뿐더러 뒤의 명사 laptop computer를 받을 수 없기 때문에 오답이다.

어휘 advertise 광고하다   available 이용할 수 있는   store 가게, 상점

---

02 Our new online marketing promotion will boost profits faster than any ------- strategy.

    (A) other   (B) extra   (C) further   (D) added

해석 우리의 새로운 온라인 마케팅 홍보는 다른 어떤 전략들보다 더 빠르게 수익을 신장시킬 것이다.

구조분석 (Our) (new) online marketing promotion / will boost / profits (faster than any ------- strategy).
                              주어   동사   목적어

해설 빈칸에 적절한 어휘를 선택하는 문제이다. 빈칸 뒤에는 명사 strategy가 위치했고, 앞에는 비교급을 만들어주는 than과 한정사 any가 위치했다. 이 문장은 [비교급 + than + any other + 단수명사] 구문으로 비교급을 이용해 최상급을 표현하고 있다. 따라서 정답은 other이다. extra, further, added는 모두 추가를 의미하는 형용사들로 문맥상 적절하지 않다.

어휘 promotion 홍보, 판촉   boost 신장시키다, 북돋우다   profit 이익, 수익   strategy 계획, 전략   extra 추가의   further 더 이상의, 추가의   added 추가된, 부가된

Lesson 04 ● 가정법 Test   ▶ 본책 p. 256

Step 1 생략(아래 정답 표기 참조)   Step 2 01 (B) 02 (B) 03 (B)   Step 3 01 (C) 02 (C)

Step 1

01 If we missed the train, we would be late for the meeting.

해석 우리가 기차를 놓친다면, 우리는 회의에 늦을 텐데.

구조분석 If we / missed / the train, // we / would be / late (for the meeting).
       접속사 주어1   동사1   목적어   주어2   동사2   보어

해설 이 문장은 가정법 과거 구문으로 현재 사실의 반대를 의미하여 '(현재) ~라면, (현재) ~할 텐데'라는 표현이다. 즉 현재 우리가 기차를 놓친다면 회의에 늦을 것이라는 문맥으로 현재 사실의 반대를 나타내고 있다.

어휘 miss 놓치다   late 늦은

---

02 If we had missed the train, we would have been late for the meeting.

해석 우리가 기차를 놓쳤다면, 우리는 늦었을 텐데.

구조분석 If we / had missed / the train, // we / would have been / late (for the meeting).
       접속사 주어1   동사1   목적어   주어2   동사2   보어

해설 이 문장은 가정법 과거완료 구문으로 과거 사실의 반대를 의미한다. 이 문장에서는 '기차를 놓쳤더라면, 회의에 늦었을 것'이라는 문맥으로 과거 사실의 반대를 나타내고 있다.

---

03 If you should have any questions or concerns, please do not hesitate to contact me at your convenience.

해석 만약 문의사항이 있으시면, 주저하지 마시고 편하실 때 저에게 연락해 주세요.

구조분석 **If** you / should have / (any) questions **or** concerns, // (please) do not hesitate / to contact / me
접속사 주어1   동사1   목적어1   동사2(명령문)   목적어2

(at your convenience).

해설 이 구문은 가정법 미래 구문으로 [If + 주어 + should + 동사원형~. please + 동사원형 ~]의 형태로 쓰여서, '혹시나 (미래에, 앞으로) 문의사항이 있으면 주저하지 말고 나에게 연락하라'는 문맥을 나타내고 있다. 이처럼 가정법 미래 구문은 미래에 일어날 가능성이 거의 없거나 미래에 대한 강한 의구심을 나타낼 때 쓰인다.

어휘 concern 걱정, 관심사   hesitate 망설이다. 주저하다   contact 연락하다   convenience 편의. 편리

---

04 If the weather is rainy, he usually stays at home.

해석 비가 오면, 그는 보통 집에 있다.

구조분석 **If** the weather / is / rainy, // he / (usually) stays (at home).
접속사   주어1   동사1   보어   주어2   동사2

해설 이 구문은 가정법 현재 구문으로 조건절을 나타내어 현재나 미래의 일이나 상황을 단순히 추측하고, 기대하거나, 단순하게 일어날 가능성이 있는 경우에만 사용한다. 이 문장은 비가 온다면 그는 집에 머무른다는 의미로 비가 온다는 조건과 비가 오면 그는 집에 머무른다는 상황을 단순히 추측하고 있다.

어휘 weather 날씨, 기상   rainy 비가 오는   usually 보통, 대개   stay 그대로 있다. 머무르다

---

05 If you had not helped me, I could not return to Korea now.

해석 만약 당신이 나를 도와주지 않았다면, 나는 지금 한국에 돌아올 수 없을 텐데.

구조분석 **If** you / had not helped / me, // I / could not return (to Korea) (now).
접속사 주어1   동사1   목적어   주어2   동사2

해설 이 구문은 혼합 가정법 구문으로 과거 사실이나 과거에 일어났던 상황에 대한 가정이 현재까지 계속 영향을 미칠 경우 쓰이는 표현이다. 과거에 당신이 나를 도와주지 않았다면 지금 내가 한국에 돌아올 수 없었을 것이라는 문맥으로 과거에 대한 가정이 현재까지 영향을 미치고 있으므로 혼합 가정법 구문이 사용되었다.

어휘 return 돌아오다

Step 2

01 If we ------- the trouble to recycle more, we would have fewer landfills.
(A) has taken   (B) took

해석 우리가 좀 더 재활용을 하기위한 노력을 아끼지 않는다면, 쓰레기 매립지가 더 적을 텐데.

구조분석 **If** we / ------- / the trouble (to recycle) (more), // we / would have / (fewer) landfills.
접속사 주어1   동사1   목적어1   주어2   동사2   목적어2

해설 빈칸에 적절한 동사를 선택하는 문법 문제이다. 주절이 [주어(we) + would + 동사원형(have)~] 구조로 가정법 과거 혹은 혼합 가정법 구문임을 알 수 있다. 이 문장은 우리가 재활용을 위한 노력을 하지 않아서 많은 쓰레기 매립지를 가지고 있다는 현재 사실의 반대를 의미하고 있다. 따라서 정답은 가정법 과거의 If절의 동사로 쓰이는 과거동사 took이다. has taken은 가정법 과거 구문뿐만 아니라 혼합 가정법 구문으로도 쓰일 수 없으므로 오답이다.

어휘 take the trouble 수고하다. 노고를 아끼지 않다   recycle 재활용하다   landfill 쓰레기 매립지

---

02 If its proposal ------- more detailed, Doyle Inc. would be our only supplier.
(A) has been   (B) had been

해석 만약 그 제안서가 더 상세했더라면, 도일사가 우리의 유일한 공급자일 텐데.

구조분석 **If** its proposal / ------- / (more) detailed, // Doyle Inc. / would be / (our) (only) supplier.

접속사　주어1　　　　동사1　　　보어1　　　　주어2　　　동사2　　　　보어2

해설 빈칸에 알맞은 동사를 선택하는 문법 문제이다. If절의 동사에 빈칸이 위치했고, 주절의 동사는 [would + 동사원형(be)]이므로 가정법 과거 혹은 혼합 가정법 구문임을 알 수 있다. 보기 has been과 had been 중 if절의 가정법 동사로 혼합 가정법 구문을 형성할 수 있는 had been이 정답이다. has been은 가정법 과거 구문이나 혼합 가정법 구문으로도 쓰일 수 없을 뿐만 아니라 문맥상 과거에 냈던 제안서가 더욱 상세했더라면 현재 Doyle Inc.가 우리의 유일한 공급자일 것이라는 의미이다. 과거에 일어난 상황에 대한 가정이 현재까지 계속 영향을 미치는 경우이기 때문에 혼합 가정법이 적절하다.

어휘 proposal 제안서, 제의　detailed 상세한　supplier 공급자, 공급회사

---

03 ------- I known your requests, I would have taken care of it.

(A) If　(B) Had

해석 내가 당신의 요청들을 알았더라면, 나는 그것을 처리했을 텐데.

구조분석 ------- / I / known / (your) requests, // I / would have taken care of it.

도치　주어1　동사1　　목적어　　　　주어2　　동사2

해설 If와 Had 중 빈칸에 알맞은 것을 선택하는 문법 문제이다. 주절을 보면 [주어 + would have + 과거분사]로 가정법 과거완료 구문임을 알 수 있다. 따라서 주절에는 [If + 주어 + had + 과거분사]가 위치해야 하는데, 과거분사 known만 동사 자리에 위치한 것으로 보아, 접속사 If가 생략되면서 had가 도치된 가정법 과거완료 구문임을 알 수 있으므로 정답은 Had이다.

어휘 request 요청, 신청　take care of ~을 처리하다

Step 3

01 If the computer malfunction had not been repaired so quickly, we ------- the necessary support.

(A) are not receiving　(B) will not receive　(C) would not have received　(D) cannot receive

해석 만약 컴퓨터 고장이 그렇게 빠르게 수리되지 않았더라면, 우리는 필요한 지원을 받지 못했을 텐데.

구조분석 **If** the computer malfunction / had not been repaired (so quickly), // we / ------- /

접속사　　　　주어1　　　　　　　　동사1　　　　　　　　　주어2　　동사2

the (necessary) support.

목적어

해설 빈칸에 알맞은 동사의 형태를 선택하는 문법 문제이다. If절의 동사는 had not been repaired로 [had + 과거분사]의 구조이므로 가정법 과거완료 구문 혹은 혼합 가정법 구문이 가능하다. 가정법 과거완료는 주절에 [주어 + would/should/could/might + have + 과거분사]의 구문이 오고, 혼합 가정법에서는 가정법 과거의 주절인 [주어 + would/should/could/might + 동사원형]의 구문이 오므로 보기 중 정답은 가정법 과거완료를 완성하는 would not have received이다.

어휘 malfunction 고장　repair 수리하다　quickly 빨리, 빠르게　receive 받다, 받아들이다　necessary 필요한　support 지지, 지원

---

02 Mr. Robin requested that the auditor ------- the impact of faulty accounting procedures.

(A) analyzed　(B) analysis　(C) analyze　(D) analyzing

해석 로빈 씨는 회계감사관이 결함이 있는 회계 절차의 영향에 대해 분석할 것을 요청하였다.

구조분석

　　　　　　　　　　　　　접속사　　주어'　　　동사'　　목적어'

Mr. Robin / requested / **that** the auditor / ------- / the impact (of faulty accounting procedures).

주어1　　　동사1　　　　　　　　　　　　　　　　　　목적어절 (명사절)

해설 빈칸에 알맞은 동사를 선택하는 문법 문제이다. 빈칸은 that이 이끄는 명사절의 동사 자리이다. requested는 요구를 의미하는 동사로 that절의 동사는 should가 생략된 동사원형이 나와야 하므로 정답은 동사원형 analyze이다. 주장, 제안, 요구, 명령(insist, demand, suggest, recommend, require) 등의 동사 뒤 that절의 동사는 should가 생략된 동사원형이 위치한다는 것을 반드시 기억하자.

어휘 request 요청, 신청   auditor 회계 감사관   analyze 분석하다   analysis 분석, 연구, 분석   impact 영향, 충격   faulty 결함이 있는 accounting 회계(업무)   procedure 절차, 방법

Chapter 12 ● Practice Test ▶ 본책 p. 257

01 (C)   02 (B)   03 (C)   04 (A)   05 (C)   06 (C)   07 (B)   08 (B)   09 (C)   10 (C)   11 (B)   12 (A)

---

01 Finding short-term housing on his own for business purchases was ------- than he had expected.   (A) difficult   (B) difficulty   (C) more difficult   (D) much difficulty

해석 업무용으로 혼자서 단기 주택을 찾는 것은 그가 예상했던 것보다 더욱 어려웠다.

구조분석 Finding short-term housing (on his own for business purchases) / was / ------- **than** he / had
주어1 　　　　　　　　　　　　　　　　　　　　　　　　　　　　 동사1 　 접속사 주어2 　동사2
expected.

해설 빈칸에 알맞은 품사를 선택하는 문법 문제이다. 빈칸 앞에는 was가 위치했고, 뒤에는 비교급을 나타내는 than이 왔으므로 빈칸은 주격보어로 형용사이면서 뒤의 than과 함께 비교급을 완성할 수 있는 비교급 형용사 자리이다. 따라서 정답은 more difficult이다. 원급 형용사 difficult는 뒤의 than과 어울릴 수 없으므로 오답. 명사 difficulty는 than과 함께 비교급으로 쓰일 수도 없을 뿐더러, 주격보어로 명사가 올 경우에는 주어와 명사가 동격이 되어야 하는데 주어 Finding과 difficulty가 동격이 될 수도 없으므로 오답이다. much difficulty 또한 명사로 빈칸에 적절하지 않으므로 오답이다.

어휘 short-term 단기의, 단기적인   housing 주택   purchase 구입   difficult 어려운, 힘든   expect 예상하다

---

02 Of all the applicants, Kevin Lomax has the most ------- educational background and work experience.   (A) impressively   (B) impressive   (C) impress   (D) impressiveness

해석 모든 지원자들 중에서 케빈 로맥스는 가장 인상적인 학력과 업무 경력을 가지고 있다.

구조분석 (Of all the applicants), Kevin Lomax / has / the (most -------) (educational) background and work
　　　　　　　　　　　　　　　　　　　　　주어 　　　 동사 　　　　　　　　　　　　　 목적어
experience.

해설 빈칸에 알맞은 품사를 선택하는 구조분석 문제이다. 빈칸 앞에는 최상급 the most가 위치했고, 뒤에는 educational background라는 명사가 위치했으므로 빈칸은 뒤의 명사를 수식할 수 있는 형용사 자리이다. 따라서 정답은 형용사 impressive이다. impressively는 부사, impress는 동사, impressiveness는 명사이므로 빈칸에 알맞지 않은 품사이기 때문에 오답이다.

어휘 applicant 지원자   impressive 인상적인, 감명 깊은   educational 교육의, 교육적인   background 배경   experience 경험, 경력 impressively 인상적으로, 인상 깊게

---

03 Fast Food Restaurant McGrady's introduced the self-service kiosk system to make orders even more ------- to customers.

(A) access   (B) accesses   (C) accessible   (D) accessibly

해석 패스트푸드점 맥그래디스는 주문을 고객들에게 보다 더 접근이 용이하도록 만들기 위해 셀프서비스식의 키오스크 시스템을 도입했다.

구조분석 Fast Food Restaurant McGrady's / introduced / the self-service kiosk system [(to make / orders /
　　　　　　　　　　　　　　주어 　　　　　　　　 동사 　　　　　　　 목적어
even more ------- (to customers)].

해설 빈칸에 알맞은 품사를 선택하는 구조분석 문제이다. 빈칸 앞에 5형식동사 make와 목적어 orders가 위치했으므로 빈칸은 목적보어로 형용사가 들어갈 자리이다. 따라서 정답은 accessible로 '주문을 고객들에게 보다 더욱 접근이 용이하도록 만들기 위해'라는 문맥으로 쓰였다. 여기에서 even은 비교급을 강조해주는 비교급 강조부사 역할을 하고 있다.

---

04 This year's growth in EMK International's sales will allow the company to invest ------- in equipment.   (A) more   (B) ever   (C) best   (D) any

해석 올해 EMK 인터내셔널사의 판매 성장은 이 기업이 장비에 더 투자하는 것을 가능하게 할 것이다.

구조분석 (This year's) growth (in EMK International's sales) / will allow / the company / to invest (-------)
주어   동사   목적어   목적보어

(in equipment).

해설 빈칸에 알맞은 부사를 선택하는 어휘 문제이다. 빈칸 앞에는 5형식동사 allow의 목적보어인 to부정사(to invest)가 위치했고, 뒤에는 [전치사 + 명사](in equipment)가 위치했다. 따라서 빈칸은 to invest를 뒤에서 수식하는 부사 자리이다. 문맥상 판매 성장이 기업이 장비에 더 많이 투자하는 것을 가능하게 할 것이라는 의미로 정답은 '더 많이'라는 의미의 부사 more이다. ever는 비교급이나 최상급의 의미를 강조할 때 쓰이거나 '어느 때고 / 언제든 / 한번이라도'라는 의미이므로 적절하지 않다. 부사 best는 well의 최상급으로 '가장 잘'이라는 의미이므로 문맥상 적절하지 않다. 부사 any는 부정문이나 의문문에서 형용사나 부사를 강조하여 '전혀, 조금도'라는 의미로 쓰이므로 적절하지 않다.

어휘 growth 성장 sales 판매(상)의 allow 허락하다 invest 투자하다 equipment 장비, 용품

---

05 If the office manager ------- that the fax machine was not working properly, she could have called the repair company earlier.   (A) is told   (B) told   (C) had been told   (D) will tell

해석 만약 사무실 관리자가 팩스기계가 제대로 작동하지 않는다고 들었다면, 그녀는 더 일찍 수리업체에 전화를 했을 텐데.

구조분석
                                              접속사   주어'   동사'
If the office manager / ------- / that the fax machine / was not working (properly), // she /
접속사   주어1   동사1   목적어1 (명사절)   주어2

could have called / the repair company (earlier).
동사2   목적어2

해설 빈칸에 적절한 형태의 동사를 선택하는 문법 문제이다. 주절의 동사를 보면 could have called로 가정법 과거완료 구문이라는 것을 알 수 있다. 따라서 If절의 동사는 가정법 과거완료를 완성하는 [had + 과거분사] 형태로 had been told가 되어야 한다.

어휘 machine 기계 properly 제대로, 적절히 repair 수리, 보수

---

06 According to Business Daily, Newman & Marcos holds more clients ------- any other investment company.   (A) as   (B) while   (C) than   (D) whether

해석 비즈니스 데일리지에 의하면, 뉴먼 앤 마코스사는 다른 어떤 투자 회사보다 많은 고객들을 가지고 있다.

구조분석 (According to Business Daily), Newman & Marcos / holds / (more) clients (------- any other
                                                주어   동사   목적어

investment company).

해설 빈칸에 알맞은 어휘를 선택하는 문법 문제이다. 빈칸 앞에는 비교급을 만들어주는 more와 명사 clients가 위치했고, 뒤에는 any other investment company라는 비교대상이 위치하였으므로 정답은 more와 어울려서 뒤의 비교대상을 받는 than이다. 전치사 as는 '~로서'라는 의미로 뒤에 자격이나 직위가 위치하므로 오답. while, whether는 접속사로 뒤에 절을 받기 때문에 오답이다.

어휘 according to ~에 의하면 client 의뢰인, 고객 investment 투자

---

07 Our newest consultant Robert Stern is a Haverford graduate whom we expect to become a very ------- employee.   (A) valuably   (B) valuable   (C) valuing   (D) value

해석 우리의 새로운 상담가인 로버트 스턴은 해버포드 대학 졸업생인데, 우리은 이 사람이 매우 소중한 직원이 될 것이라고 기대한다.

구조분석 (Our) (newest) consultant Robert Stern / is / a Haverford graduate [whom / we / expect / to become

관계대명사   주어′   동사′   목적어′

주어   동사   목적어   [관계대명사절]

a (very) (-------) employee].

해설 빈칸에 알맞은 품사를 선택하는 구조분석 문제이다. 빈칸 앞에는 관사 a와 부사 very가 위치했고, 뒤에는 명사 employee가 위치했으므로 빈칸은 형용사 자리이다. 따라서 정답은 valuable이다. valuably는 부사이고, 현재분사 valuing 또한 형용사로 쓰이지 않으므로 오답이다. 동사 value도 빈칸에 들어가기 알맞지 않은 품사이다.

어휘 consultant 상담가, 자문 위원   graduate 대학 졸업자   expect 예상하다, 기대하다

---

08 Since the interview for the sales position started promptly at 8 A.M., Ms. Jameson had to arrive at work ------- than usual.   (A) early   (B) earlier   (C) earliest   (D) earliness

해석 영업직 면접은 오전 8시 정각에 시작했기 때문에 제임슨 씨는 평소보다 더 일찍 출근해야만 했다.

구조분석 Since the interview (for the sales position) / started (promptly) (at 8 A.M.), // Ms. Jameson /

접속사   주어1   동사1   주어2

had to arrive (at work) (------- than usual).

동사2

해설 빈칸에 적절한 표현을 선택하는 문법 문제이다. 빈칸 뒤에 비교급을 나타내는 than이 위치했다. 따라서 정답은 than과 함께 비교급 구문을 완성하는 비교급 부사 earlier로, '평소보다 더 일찍'이라는 문맥을 나타내고 있다. 원급 부사 early는 than과 어울릴 수 없으므로 오답. 최상급 earliest 또한 최상급 문맥도 아닐 뿐더러 than과 함께 쓸 수 없으므로 오답이다. 명사 earliness는 바로 앞의 명사 work와 복합 명사가 될 수 없으므로 적절하지 않다.

어휘 promptly 지체 없이   usual 보통의

---

09 ------- you are planning on getting car insurance, Mr. O'neil can help you find appropriate deals to suit your needs.   (A) That   (B) So   (C) If   (D) Due to

해석 만약 차 보험에 가입하려고 계획 중이라면, 오닐 씨가 당신에게 가장 알맞은 거래를 찾는 것을 도울 수 있다.

구조분석 ------- you / are planning (on getting car insurance), // Mr. O'neil / can help / you / find appropriate

접속사   주어1   동사1   주어2   동사2   목적어   목적보어

deals (for you).

해설 빈칸에 알맞은 접속사를 선택하는 문제이다. 빈칸 뒤에 절이 이어지고 있으므로 빈칸은 접속사 자리이므로 우선 전치사인 due to는 탈락한다. 등위접속사 so는 문두에 쓰일 수 없으므로 오답, 접속사 that은 명사절을 이끌기 때문에 위의 부사절을 이끌 수 없으므로 오답이 되었다. 참고로 주절의 동사 help는 목적보어로 동사원형을 받는 동사라는 것을 반드시 기억해두자.

어휘 insurance 보험   appropriate 적절한   deal 거래, 합의

---

10 If you ------- to reserve a conference room, please see Ms. Lopez at the front desk.
(A) have liked   (B) were liked   (C) would like   (D) had liked

해석 회의실 예약을 하고자 한다면, 안내 데스크에서 로페즈 씨를 만나주십시오.

구조분석 If you / ------- to reserve / a conference room, // (please) see / Ms. Lopez (at the front desk).

접속사주어1   동사1   목적어1   동사2 (명령문)   목적어2

해설 빈칸에 적절한 동사 형태를 선택하는 문법 문제이다. 부사절의 동사 자리에 빈칸이 있고, 빈칸 바로 뒤에는 to부정사(to reserve)가 위치했다. 또한 주절에는 [pleas + 동사원형]의 명령문이 위치했으므로 부사절은 가정법 현재인 조건절이며, 빈칸에는 to부정사를 받을 수 있는 would like가 와야 한다. [would like to + 동사원형]은 '~하고 싶다'라는 의미이다.

어휘 would like to + 동사원형 ~하고 싶다, ~하는 것을 바라다   reserve 예약하다   front desk 안내 데스크

11 ------- we not implemented significant reforms over the past two years, our company would have suffered from severe fiscal pressures.
(A) Have   (B) Had   (C) Having   (D) Should

해석 우리가 지난 2년에 걸쳐 중대한 개혁을 시행하지 않았었더라면, 우리 회사는 극심한 재정적 압박에 시달렸을 것이다.

구조분석 ------- / we / not implemented / (significant) reforms (over the past two years), // (our) company /
조동사   주어1   동사1   목적어   주어2
would have suffered (from severe fiscal pressures).
동사2

해설 빈칸에 알맞은 어휘를 선택하는 문법 문제이다. 쉼표 앞 부사절에 접속사가 없고, 보기에도 접속사가 없는 것으로 보아 조동사가 도치된 구조라는 것을 알 수 있다. 주절의 동사를 보면 would have suffered로 가정법 과거완료의 주절의 형태이므로 이 문장은 가정법 과거완료 구문이라는 것을 알 수 있다. 따라서 정답은 가정법 과거완료 구문의 접속사 if가 생략되며 조동사가 도치된 구조 [Had + 주어 + 과거분사]의 구조이기 때문에 정답은 Had이다. 조동사가 도치되기 전 원래의 문장은 If we had not implemented~이다.

어휘 implement 시행하다   significant 중요한, 의미 있는   reform 개혁, 개선   suffer 시달리다   severe 극심한, 심각한   fiscal 재정의
pressure 압박, 압력

---

12 Enclosed in the letter was a request that it ------- along with the original policy document.
(A) be returned   (B) will be returned   (C) was returned   (D) is returned

해석 편지와 함께 보험가입증서 원본도 함께 반송해 달라는 말이 편지에 적혀 있었다.

구조분석   관계사 주어′ 동사′
Enclosed (in the letter) was / a request [that / it / ------- (along with the original policy document)].
동사   주어   [관계사절 (주어와 동격)]

해설 빈칸에 적절한 동사를 선택하는 문법 문제이다. 빈칸 앞에는 동격절을 나타내는 that과 주어 it이 위치했고, 뒤에는 [전치사 + 명사]의 수식 어구가 이어지고 있다. 여기에서 동격절을 이끄는 that과 동격을 이루는 것은 request로, 요구를 나타내는 명사이다. 요구/주장/제안을 나타내는 명사 뒤 that절의 동사는 should가 생략된 동사원형이 오므로 정답은 동사원형 be returned이다. 요구/주장/제안의 동사뿐 아니라 여기서 파생된 advice, suggestion, regulation, command, instruction 등의 명사 표현 또한 [that + 주어 + (should) + 동사원형]의 가정법 형태를 따른다는 것을 기억해두자.

어휘 enclose 동봉하다   request 요청, 신청   return 반송하다   original 원래의   policy document 보험가입증서

Part 5 ● Final Test

▶ 본책 p. 258

101 (B)	102 (D)	103 (C)	104 (B)	105 (C)	106 (C)	107 (D)	108 (A)	109 (B)	110 (C)
111 (B)	112 (D)	113 (D)	114 (D)	115 (A)	116 (A)	117 (B)	118 (D)	119 (A)	120 (C)
121 (D)	122 (B)	123 (A)	124 (B)	125 (C)	126 (C)	127 (A)	128 (C)	129 (D)	130 (D)
131 (A)	132 (A)	133 (A)	134 (D)	135 (B)	136 (C)	137 (D)	138 (D)	139 (A)	140 (C)

---

101 No business-class seats are available on Korean Air for this week ------- the next week. [접속사]
(A) but   (B) or   (C) also   (D) so

해석 이번 주나 다음 주에는 대한항공 비즈니스석은 좌석이 없다.

구조분석 (No) business-class seats / are / available (on Korean Air) (for this week ------- the next week).
　　　　　　　　주어　　　　　　　　동사　　　보어

해설 빈칸이 수식어구 안에 있으므로 수식어구 안을 확인한다. 수식어구 앞부분은 전치사 for와 전치사의 목적어 this week가 있으며, 뒤에는 명사 the next week가 왔다. 시간명사 this week와 next week가 병렬 구조로 연결되어 있으므로 등위접속사를 찾는 문제이다. 보기 중 품사가 부사인 (C)는 우선적으로 답이 될 수 없다. so는 등위접속사이긴 하지만 동일 구조 생략이 불가능하므로 (D) 역시 답이 될 수 없다. 따라서 but과 or 둘 중 의미상 적절한 보기를 골라야 한다. 빈칸 뒤에는 동일 구조가 생략되기 때문에 앞쪽의 부정문과 동일하게 부정의 의미를 나타내야 하므로 역접의 의미를 갖는 but은 정답이 될 수 없다. 따라서 or가 들어가 이번 주나 다음 주 둘 다 자리가 없다는 의미가 되어야 한다. 따라서 정답은 (B)이다.

어휘 business-class seat 비즈니스석　available 이용 가능한

---

102 It takes ------- thirty minutes to get to the museum from the Central train station. [부사]
(A) approximates　(B) approximation　(C) approximated　(D) approximately

해석 센트럴 기차역에서 그 박물관까지 가는 데는 대략 30분 걸린다.

구조분석 It / takes / ------- thirty minutes (to get to the museum) (from the central train station).
　　　　　주어　동사　　　　목적어

해설 주어와 동사, 목적어까지 갖춰진 완전한 문장이다. 동사는 한 문장 내에 접속사나 관계사를 동반하지 않고는 두 개 이상이 등장할 수 없으므로 (A)와 (C)는 우선적으로 오답이 된다. 명사가 나열되기 위해서는 복합명사를 이루어야 하는데, '근사치'라는 의미인 approximation과 thirty minutes는 복합명사를 이루는 것이 불가능하므로 (B) 역시 오답이다. 따라서 문장 구조상 영향을 주지 않는 부사 (D)가 정답이다.

어휘 take 시간이 걸리다　museum 박물관　train station 기차역

---

103 You should mail the ------- lease contract form along with relevant documents by June 1st. [분사]
(A) completely　(B) completion　(C) completed　(D) completing

해석 귀하는 완성된 임대계약서를 관련 서류와 함께 6월 1일까지 우편으로 보내야 합니다.

구조분석 You / should mail / the (-------) lease contract form (along with relevant documents) (by June 1st).
　　　　　주어　　동사　　　　　　　　목적어

해설 빈칸 앞에는 정관사 the, 뒤에는 목적어인 명사가 있다. 따라서 빈칸은 관사의 뒤에서 목적어를 수식해주는 형용사 자리이다. 부사는 명사를 수식할 수 없으므로 (A)는 오답이다. (B)가 정답이 되려면 복합명사를 이루어야 하는데 completion과 lease contract form은 의미상 연결이 불가능하다. 남은 보기 중 본래 품사가 형용사인 보기는 없으므로 과거분사 completed와 현재분사 completing 중 뒤의 명사와의 관계를 보고 적절한 분사형용사를 선택해야 한다. 임대계약서는 작성되어지는 것으로 의미상 목적어에 해당하기 때문에 과거분사가 수식해주는 것이 적절하다. 따라서 '작성된[완성된] 임대계약서'라는 의미가 되는 (C)가 정답이다.

어휘 mail 우편으로 보내다　lease contract form 임대계약서　along with ~와 함께　relevant 관련 있는, 적절한　document 서류, 문서

---

104 Our annual banquet is usually held ------- a Friday night in December. [전치사]
(A) at　(B) on　(C) up　(D) to

해석 우리의 연례 연회는 대개 12월의 금요일 밤에 개최된다.

구조분석 (Our) (annual) banquet / is (usually) held (------- a Friday night) (in December).
　　　　　　　　　　　　주어　　　　　　동사

해설 보기에 주어진 전치사 중 빈칸에 알맞은 것을 고르는 문제이다. 전치사 문제에서 우선적으로 봐야 할 것은 전치사의 목적어이다. 여기서는 전치사가 받는 명사는 a Friday이다. 일단 up은 위치상 위에 있다는 의미로 시간명사를 받을 수 없다. to는 방향성을 갖는 전치사로 도달점, 기간의 끝 등을 목적어로 받으므로 여기에서는 적절하지 않다. 결국 시간명사를 받는 (A) at과 (B) on 중에서 골라야 한다. 여기서 목적어는 전치사 바로 뒤에 등장하는 Friday이므로 특정한 날을 목적어로 받는 전치사 on이 정답이다.

어휘 annual 매년의, 연례의　banquet 연회, 성찬　hold 열다, 개최하다

105 Located one hour northwest of Seoul, our headquarters is ------ accessible by car or bus. [부사]

(A) easy　　(B) easier　　(C) easily　　(D) ease

해석　서울에서 서북쪽으로 한 시간 거리에 위치한 우리의 본사는 차나 버스로 접근이 용이하다.

구조분석　(Located one hour northwest of Seoul), (our) headquarters / is / (------) accessible (by car or bus).
분사구문　　　　　　　　　　　　　　　　　　주어　　동사　　　　　　주격보어

해설　빈칸은 be동사와 주격 보어인 형용사 사이로, 빈칸이 없이도 완벽한 문장이 성립된다. 따라서 문장 구조에 영향을 미치지 않는 부사가 와야 한다. 보기 중 부사는 easily밖에 없으므로 (C)가 정답이다.

어휘　be located ~에 위치하다　northwest 북서쪽, 북서부　headquarters 본사　accessible 접근 가능한

---

106 If your invoice is ------, please contact us as soon as possible. [형용사]

(A) unable　　(B) broken　　(C) incorrect　　(D) weak

해석　만약 귀하의 송장이 잘못되었다면, 우리에게 가능한 한 빨리 연락주세요.

구조분석　**If** (your) invoice / is / ------, // (please) contact / us (as soon as possible).
접속사　　　　주어1　　동사1　보어　　　　　　동사2(명령문)　목적어

해설　빈칸은 If절의 주격 보어 자리이다. 따라서 invoice의 상태를 적절히 나타낸 형용사를 골라야 한다. 주절에서 가능한 빨리 연락을 달라고 하였다. 가능한 빨리 연락해야 할 상황으로는 송장이 잘못된 경우가 가장 적절하므로 (C)가 정답이다.

어휘　invoice 송장　contact (전화, 편지 등으로) 연락하다　as soon as possible 가능한 한 빨리

---

107 Most of the branch managers ------ the meeting next week because they have an overseas seminar to attend. [동사]

(A) missed　　(B) missing　　(C) have missed　　(D) have to miss

해석　지사 관리자들은 대부분 해외 세미나에 참석해야 하기 때문에 다음 주에 열리는 회의에 불참할 수밖에 없다.

구조분석　Most (of the branch managers) / ------ / the meeting (next week) // **because** they / have / an
주어1　　　　　　　　　　　　　　동사1　　목적어1　　　　　　　　접속사　주어2　동사2

(overseas) seminar to attend.
목적어2

해설　주절의 동사가 없으므로 빈칸은 동사 자리이다. 보기 중 be동사를 동반하지 않고는 동사가 될 수 없는 (B)는 우선적으로 소거한다. 동사의 형태를 확인할 때는 [수 → 태 → 시제]의 순서대로 확인하는 것이 보편적인데, 여기서는 수일치로는 적절한 형태 확인이 불가능하며, 태도 모두 능동태이다. 따라서 시제로 정답을 골라야 하는데 meeting은 다음 주, 즉 미래에 있을 일이므로, 과거와 현재완료 시제는 적절하지 않다. 따라서 조동사 have to와 함께 쓰인 (D)가 정답이다.

어휘　most of 대부분의　branch 지사, 지점　overseas 해외의　attend 참석하다　miss 놓치다, 빠지다

---

108 ------ Morgan interviewed Jessica Milton about her recent accomplishments [구조]

(A) Reporter　　(B) Reports　　(C) Report　　(D) Reported

해석　리포터인 모건 씨는 제시카 밀튼 씨와 최근 업적에 대해 인터뷰하였다.

구조분석　------ Morgan / interviewed / Jessica Milton (about her recent accomplishments).
주어　　　　　동사　　　　　　목적어

해설　빈칸이 없어도 주어, 동사, 목적어의 완전한 문장이 구성되어 있다. 얼핏 보면 문장 구조에 영향을 주지 않는 부사가 와야 할 자리 같지만 보기 중에는 부사가 없다. 그렇다면 주어인 고유명사 Morgan을 꾸며줄 수 있는 문장 성분이 들어와 구조상 영향을 주지 않아야 하는데, 동사는 추가로 등장하려면 접속사 혹은 관계사를 필요로 하므로 정답이 될 수 없다. 따라서 과거분사로 쓰인 (D)는 오답이며 나머지 보기

중 주어와 동격이 되어 꾸며줄 수 있는 적절한 명사를 골라야 한다. Morgan은 interview를 한 사람이므로 reporter(기자)가 문맥상 동격으로 적절하다. 따라서 (A)가 정답이다.

어휘 interview 면접을 보다, 인터뷰를 하다   recent 최근의   accomplishment 업적, 공적   reporter 리포터, 기자

---

109 It is the user's ------- to save work-related files before the computer systems are upgraded. [명사]
(A) permission   (B) responsibility   (C) status   (D) reference

해석 컴퓨터를 업그레이드하기 전에 작업 파일은 사용자가 책임을 지고 저장해야 한다.

구조 분석 It / is / the (user's) ------- / to save / (work-related) files // **before** the computer systems / are upgraded.
가주어 동사1　　　보어　　　　진주어1 (to부정사구)　　　접속사　　　주어2　　　동사2

해설 소유격 user's의 수식을 받는 적절한 명사를 고르는 문제이다. 구조상 주의해야 할 부분은 여기서 진짜 주어는 to save work-related files이며 맨 앞의 it은 가짜 주어라는 점이다. 따라서 주격 보어인 명사는 '작업 파일을 저장하는 것'과 동격이어야 한다. 보기 중 '책무, 책임'이라는 의미인 responsibility가 적절하므로 (B)가 정답이다.

어휘 user 사용자   save 저장하다   work-related 작업과 관련된   upgrade 개선하다, 업그레이드하다

---

110 The Internet service provider announced that their service has been temporarily ------- due to technical problems. [동사]
(A) suspend   (B) suspends   (C) suspended   (D) suspending

해석 인터넷 서비스 제공자는 기술적인 문제들 때문에 서비스가 일시적으로 중단되었다고 알렸다.

구조 분석
　　　　　　　　　　　　　　　　　명사절접속사　　주어′　　　동사′　　　　　　보어′
The Internet service provider / announced / **that** (their) service / has been / (temporarily) -------
　　　주어1　　　　　　　　　동사1　　　　　　　　　　　　목적어절
(due to technical problems).

해설 빈칸은 명사절 접속사 that 이후의 동사구 중 has been 뒤에 나올 동사 자리이다. be동사 뒤에 올 수 있는 것은 (C)와 (D)뿐이다. suspend는 타동사인데, 빈칸 뒤에 목적어가 없으므로 p.p. 형태인 (C)가 정답이다.

어휘 announce 발표하다, 알리다   temporarily 일시적으로   suspend 일시적으로 중단시키다   due to ~때문에   technical 기술적인   problem 문제

---

111 Mr. Yang had been promoted due to his ------- success. [분사]
(A) overwhelm   (B) overwhelming   (C) overwhelms   (D) overwhelmed

해석 양 씨는 그의 엄청난 성공으로 승진되었다.

구조 분석 Mr. Yang / had been promoted [due to (his) (-------) success].
　　　　　　주어　　　　동사

해설 빈칸은 수식어구 안에 있으므로 수식어구 안을 확인하면 되는 문제이다. 빈칸 앞에는 소유격 대명사인 his, 뒤에는 전치사의 목적어인 명사 success가 있다. 따라서 빈칸은 명사 success를 수식하는 형용사이거나 success와 함께 복합명사를 이루는 명사여야 한다. 보기 중 명사는 없으므로 현재분사와 과거분사 중 올바른 것을 고르는 분사 문제이다. overwhelming은 현재분사가 형용사로 굳어져 쓰이는 경우로 '압도적인'이라는 의미의 형용사이므로 정답이다. 과거분사 overwhelmed는 '압도된'이란 수동의 의미이므로 문맥상 적절하지 않다. 따라서 (B)가 정답이다.

어휘 promote 승진시키다   success 성공   overwhelm 압도하다

---

112 GT Company will promote its newest car, V-3000, ------- an extensive online marketing campaign. [전치사]   (A) as   (B) of   (C) among   (D) through

해석 GT 사는 자사의 최신 자동차 V-3000을 대규모의 온라인 판촉 캠페인을 이용하여 홍보할 것이다.

구조분석 GT Company / will promote / (its) (newest) car, (V-3000), (------ an extensive online marketing
　　　　　주어　　　　동사　　　　　　　　목적어
campaign).

해설 빈칸에 적절한 전치사를 고르는 문제이다. 전치사의 목적어가 campaign인데, 캠페인은 차량 홍보의 수단으로 적절하므로 방법, 수단을 목적어로 받는 전치사 through가 정답이다.

어휘 promote 홍보하다　newest 최신의　extensive 광범위한. 대규모의　campaign 캠페인

---

113 Since Michael is responsible for maintaining all devices, any questions regarding the new system should be referred to -------. [대명사]　(A) he　(B) his　(C) himself　(D) him

해석 마이클이 모든 장비의 유지보수를 담당하고 있으므로 새로운 시스템에 관한 질문은 모두 그 사람에게 해야 한다.

구조분석 **Since** Michael / is / responsible (for maintaining all devices), // (any) questions (regarding the new
　　　　　접속사　주어1　동사1　보어　　　　　　　　　　　　　　　　　　　　　　주어2
system) / should be referred (to -------).
　　　　　　　동사2

해설 빈칸은 수식어구 안에 있으며 전치사 to의 목적어 자리이다. 보기 중 목적어로 사용 불가능한 주격대명사 (A)는 우선 소거된다. 전치사 to 는 방향성을 가지고 있으므로 문의를 받아야 할 대상이 목적어로 와야 하는데 소유대명사 his로는 문의받는 대상을 나타낼 수 없으며, 재귀대명사 himself가 오면 자문자답의 의미가 되므로 내용상 적절치 않다. 따라서 종속절의 주어 Michael을 대신한 목적격 대명사 (D) him이 정답이 된다.

어휘 since ~이므로. ~이래로　be responsible for ~을 담당하다. 책임지다　question 질문　regarding ~에 관한　refer (질문 등을) 누구에게 보내다

---

114 CFO Jill Scott had ------- the next training seminar on automated payroll system for October 10th. [동사]　(A) presented　(B) served　(C) invited　(D) scheduled

해석 최고 재무 담당자인 질 스콧은 자동 급여 시스템에 관한 다음 교육 세미나 일정을 10월 10일로 잡았다.

구조분석 (CFO) Jill Scott / had ------- / the (next) training seminar (on automated payroll system) (for October 10th).
　　　　　　　주어　　　　동사　　　　　　　　　　　목적어

해설 빈칸은 과거완료 동사 had p.p.의 p.p. 부분으로 가장 적절한 동사의 과거분사 형태를 고르는 문제이다. 동사의 목적어로 세미나가 제시되었고, 마지막 수식어인 for 뒤에는 세미나가 진행될 일자가 제시되었으므로 〈schedule something for + 시간〉(~의 일정을 (시간으로 잡다)의 형태가 되는 것이 자연스러우므로 (D)가 정답이 된다.

어휘 CFO 최고 재무 담당자(Chief Finance Officer)　training seminar 교육 세미나　present 제시하다　serve (요리를) 차려주다　invite 초대하다　schedule 일정을 잡다

---

115 All sales representatives may wear ------- clothes, unless they have a meeting with clients. [형용사]
(A) casual　(B) casualness　(C) casuals　(D) casually

해석 영업 담당자들은 모두 고객들과 만나는 때를 제외하고는 편안한 복장을 입어도 된다.

구조분석 (All) sales representatives / may wear / ------- clothes, // **unless** they / have / a meeting (with clients).
　　　　　　　주어1　　　　　　　동사1　　　목적어1　　접속사　주어2　동사2　목적어2

해설 빈칸은 동사의 목적어인 clothes를 수식해주는 형용사 자리이다. 보기 중 형용사는 casual 하나이므로 (A)가 정답이다.

어휘 sales representative 영업 담당자　wear 입다　clothes 옷. 의복　unless ~하지 않는 한

116 Both parties have agreed to review what is ------- covered in the current contract. [부사]

(A) already (B) early (C) yet (D) ever

해석 양측은 모두 현재 계약에 이미 다뤄져 있는 것들을 검토하는 데에 동의했다.

구조분석 (Both) parties / have agreed / to review [**what** is (-------) covered (in the current contract)].
주어 　　 동사 　　　　　　 동사′ 명사절접속사 　　　　 동사″ 목적어 (to부정사구)

해설 빈칸에 알맞은 부사 어휘를 고르는 문제이다. 부사 early는 시간을 수식하여 '일찍, 조기에'라는 의미를 가지므로 적절치 않으며, yet은 의문문, 부정문에 주로 등장한다. ever는 의문문, 부정문, 비교급, 가정문에서 쓰이므로 역시 오답이다. already는 문법적인 오류가 없으며 의미도 적절하여 정답이 된다.

어휘 both 둘 다(의) agree 동의하다 review 검토하다 cover 다루다, 포함시키다 current 현재의 contract 계약

117 Because the manager is ------- experienced in international and local markets, he has become an important asset in the company. [부사]

(A) equal (B) equally (C) equaled (D) equals

해석 그 매니저는 국내외 시장에 골고루 경험이 있기 때문에 회사의 중요한 자산이 되었다.

구조분석 **Because** the manager / is / (-------) experienced (in international and local markets), // he /
접속사 　　 주어1 　　　 동사1 　　 보어1 　　　　　　　　　　　　　　　　　 주어2

has become / an (important) asset (in the company.)
동사2 　　 보어2

해설 빈칸 앞뒤로 동사인 be동사와 보어인 형용사가 위치하였으므로 빈칸 없이도 완전한 문장이 성립된다. 따라서 문장 구조에 영향을 미치지 않는 부사가 정답이므로 보기 중 유일한 부사인 (B)가 정답이다.

어휘 manager 매니저, 관리자 experienced in ~에 경험이 있는 become ~이 되다 important 중요한 asset 자산

118 Seri Company workers may obtain discounted prices at most local stores by showing ------- of employment. [명사] (A) print (B) change (C) goal (D) proof

해석 세리 사 직원들은 사원이라는 증명서를 보여주면 그 지역에 있는 상점에서는 대부분 물건을 할인된 가격으로 살 수 있다.

구조분석 Seri Company workers / may obtain / (discounted) prices (at most local stores) (by showing
주어 　　　　　　　　 동사 　　 목적어

-------) (of employment).

해설 직원들이 할인된 가격으로 물건을 살 수 있도록 보여주어야 할 것이 무엇인지 고르는 명사 문제이다. 고용의 '증거'를 보여주는 것이 적절하므로 정답은 (D)가 된다.

어휘 worker 노동자, 근로자 obtain 획득하다, 얻다 discounted 할인된 price 가격 local 지역의, 현지의 employment 고용 change 변화, 거스름돈 goal 목표 proof 증거

119 The supervisors of Asian Factory ------- to increase production of the newly launched computers by 50 percent. [동사] (A) were told (B) told (C) are telling (D) will tell

해석 아시아 공장의 관리자들은 새로 출시된 컴퓨터의 생산량을 50%까지 증가시키라는 지시를 받았다.

구조분석 The supervisors (of Asian Factory) / ------- (to increase production) (of the newly launched computers)
주어 　　　　　　　　　　　　　 동사

(by 50 percent).

해설 빈칸에 알맞은 형태의 동사를 찾는 문제이다. tell은 타동사이기 때문에 to부정사를 뒤에서 받으려면 수동태가 되어야 하므로 (A) were told가 정답이다.

어휘 supervisor 관리자 increase 증가시키다 production 생산량 launch 출시하다

---

120 After ten years of service at Wendy's Restaurant chain, Lillian has been ------- given the to best employee award. [부사] (A) lastly (B) especially (C) finally (D) promptly

해석 웬디스 식당 체인에서 10년간 근무한 끝에 릴리안은 마침내 최우수 직원상을 받았다.

구조분석 (After ten years of service) (at Wendy's Restaurant chain), Lillian / has been ------- given (the best

<u>주어</u>　　　　<u>동사</u>

best employee award).

해설 빈칸에 적절한 부사 어휘를 고르는 문제이다. 빈칸이 수식하는 것은 동사구 has been given으로 정답을 결정하는 주요 키워드는 전치사 After 이후의 부사구이다. 부사 finally는 오랜 시간이 지난 후(after a long time) '마침내'라는 의미를 가지고 있으므로 이 문맥에 가장 적합하다.

어휘 service 근무 award 상 lastly 마지막으로 especially 특히, 특별히 finally 마침내, 최종적으로 promptly 즉시

---

121 ------- available to work overtime on the weekends should e-mail the supervisor. [대명사]
(A) Yourself (B) Whoever (C) Another (D) Anyone

해석 주말에 초과 근무하는 것이 가능한 사람은 누구나 상사에게 이메일을 보내야 한다.

구조분석 ------- [available (to work overtime) (on the weekends)] / should e-mail / the supervisor.

<u>주어</u>　　　　　　　　　　　　　　　　　　<u>동사</u>　　　<u>목적어</u>

해설 빈칸은 문장의 주어 자리이므로 적절한 대명사를 고르는 문제이다. 빈칸 뒤에 관계대명사 who is가 생략된 형태로 available이 뒤에서 수식하고 있다. 관계대명사 앞에서 선행사의 역할을 할 수 있는 대명사는 those와 -one, -body, -thing뿐이므로 정답은 (D) Anyone이 된다. 재귀대명사인 (A) Yourself는 주어와 목적어가 같을 때 목적어 자리에 쓰이거나, 부사처럼 쓰이므로 주어 자리에 올 수 없어 오답이다. 복합 관계대명사인 (B) Whoever는 뒤에 불완전한 문장을 이끌어야 하는데 빈칸 뒤에 동사가 없으므로 정답이 될 수 없다.

어휘 available 이용할 수 있는, 시간이 있는 work overtime 초과 근무하다 weekend 주말 should ~해야 한다 e-mail 이메일 보내다 supervisor 감독자, 상사

---

122 The 2013 Chicago Motor show ------- of more than 100 international car manufacturers. [동사]
(A) spreads (B) consists (C) includes (D) cooperates

해석 2013년 시카고 모터쇼는 100개국이 넘는 해외 자동차 제조업체들이 참가한다.

구조분석 The 2013 Chicago Motor show / ------- (of more than 100 international car manufacturers).

<u>주어</u>　　　　　　　　<u>동사</u>

해설 빈칸은 주어 뒤 동사 자리로, 적절한 동사 어휘를 고르는 문제이다. 빈칸 뒤에 [전치사 of + 명사]는 수식어구이므로 괄호로 묶어서 처리하면, 빈칸 뒤에 목적어가 없으므로 자동사임을 알 수 있다. 따라서 타동사인 (C) includes(포함하다)는 우선 탈락한다. (A) spreads(펼치다, 확산하다)는 방향의 전치사 to나 through, over 등과 함께 쓰이며, (D) cooperates(협력하다)는 동반, 동행의 전치사 with나 분야의 전치사 in 등과 주로 쓰인다. 따라서 구성요소, 동격의 전치사 of와 함께 쓰여서 '~으로 구성되다'의 의미를 가진 (B) consists가 정답이 된다.

어휘 more than ~이 넘는 international 국제적인 manufacturer 제조업자, 제조업체 spread 펼치다, 확산하다 consist 구성되다 include 포함하다 cooperate 협력하다

123 Complimentary maps provided in rental cars will help drivers navigate ------- major streets by directing them to alternate routes. [전치사]　(A) around　(B) of　(C) plus　(D) than

해석　렌터카에 있는 무료 지도는 그들을 우회도로로 안내함으로써 운전자들이 주요도로 주변에서 길을 찾는 것을 도와줄 것이다.

구조분석　(Complimentary) maps [provided (in rental cars)] / will help / drivers / navigate (------- major streets)

(by directing them) (to alternate routes).

해설　빈칸 앞까지는 문장 성분을 모두 갖춘 완전한 문장이고, 뒤에 명사가 있으므로, 빈칸은 명사를 연결하는 전치사 자리인데, 보기가 모두 전치사이므로 내용상 적절한 전치사 어휘를 고르는 문제이다. 빈칸 뒤에 목적어로 major streets라는 장소명사가 나왔으므로 '~주변에'라는 의미의 (A) around가 가장 적절하다. (B) of는 구성요소, 동격을 나타내는 전치사이며 (C) plus는 추가의 전치사로 '~에 더하여'라는 의미를 나타낸다. (D) than은 '~보다'라는 의미로 비교급과 함께 쓰여서 뒤에 비교 대상이 되는 명사를 받는다.

어휘　complimentary 무료의　map 지도　provide 제공하다　rental 대여의　help 돕다　driver 운전자　navigate 길을 찾다, 항해하다　major 주요　street 거리, 도로　direct ~로 향하다, (길을) 안내하다　alternate route 우회도로

---

124 Due to the unexpected delay, we asked the research department to postpone the meeting until ------- in the week. [부사]　(A) that　(B) later　(C) past　(D) after

해석　예상치 못한 지연으로, 우리는 연구 부서에 이번 주 후반으로 회의를 연기시키도록 요청했다.

구조분석　(Due to the unexpected delay), we / asked / the research department / to postpone the meeting

(until ------- in the week).

해설　빈칸의 앞에는 전치사 until이 있으며, 뒤에는 in the week. 즉 전치사구가 위치하고 있다. 따라서 구조만 보자면 빈칸은 명사 자리이다. 보기 중 명사의 쓰임을 갖는 것은 past인데 past는 '과거'를 의미하므로 미래의 일을 말하는 이 문장에서는 쓰임이 불가능하다. 따라서 이 문제에서는 문맥을 잘 파악하여 명사가 아니더라도 언제까지 지연시킬 것인지 시점을 나타낼 수 있는 단어를 골라야 한다. 보기 중 later는 부사이지만 later in the day/week/year 혹은 later that day/morning/week 등의 표현으로 시점을 나타낼 수 있으므로 정답이 된다. 참고로 until. from 등의 시간 전치사는 뒤에 시간명사만 목적어로 받는 것이 아니라 시점을 나타내는 시간부사 또한 받을 수 있다는 것을 알아두자. **Ex** until now / until quite recently / until a week from today

어휘　due to ~때문에　unexpected 예상치 못한　delay 지연, 연기　ask 묻다, 요청하다　research 조사, 연구　department 부서　postpone 미루다, 연기하다　meeting 회의　until ~까지　week 주

---

125 The employee handbook describes the procedures for ------- ways of handling customer complaints. [형용사]　(A) relative　(B) following　(C) various　(D) developing

해석　직원 안내서는 고객들의 불만을 처리할 수 있는 다양한 방법에 대한 절차를 설명한다.

구조분석　The employee handbook / describes / the procedures (for ------- ways) (of handling / customer

complaints).

해설　빈칸 뒤의 명사 ways를 수식해주는 적절한 형용사를 고르는 문제이다. '다양한'이라는 의미를 가지는 형용사 various를 빈칸에 넣으면 '고객의 불만을 처리하는 다양한 방법'이라는 의미가 되어 문맥상 가장 적절하다.

어휘　employee 직원　handbook 안내서, 편람　describe 묘사하다, 설명하다　procedure 절차, 과정　way 방법　handle 다루다, 처리하다　customer 고객　complaint 불만　relative 상대적인　following 다음의　various 다양한　developing 개발 중인

126 The city council decided to offer foreign companies numerous tax incentives, as ------- companies are vital to the local economy. [형용사]

(A) whose　(B) theirs　(C) these　(D) ours

해석 시의회는 외국 회사들이 지역 경제에 필수적이기 때문에 이 회사들에게 다양한 세제 혜택을 제공하기로 결정했다.

구조분석 The city council / decided / to offer / (foreign) companies / (numerous) tax incentives, // as (-------)
주어1　동사1　동사'　간목'　직목'　접속사

companies / are / vital (to the local economy).
주어2　동사2　보어

해설 빈칸 앞의 as는 문장 구조상 접속사이므로 빈칸은 as가 이끄는 종속절의 주어인 companies를 수식해 주는 형용사 자리이다. 관계형용사 (A) whose는 동사를 하나 더 필요로 하므로 우선 정답이 될 수 없으며, 소유대명사인 (B) theirs와 (D) ours는 명사의 역할을 하므로 명사 앞에 쓸 수 없다. 따라서 정답은 명사를 수식할 수 있는 지시형용사인 (C) these가 된다.

어휘 city council 시의회　decide 결정하다　offer 제공하다　foreign 외국의　company 회사　numerous 여러 가지의　tax 세금　incentive 장려책, 우대책　vital 필수적인　local 지역의　economy 경제

---

127 Our national wide retail ------- will provide our customers with high quality service. [명사]

(A) locations　(B) executives　(C) meetings　(D) expertise

해석 우리 회사는 전국에 걸쳐 소매점이 있기 때문에 고객들에게 최상의 서비스를 제공할 것입니다.

구조분석 (Our) (national wide) retail ------- / will provide / (our) customers (with high quality service).
주어　동사　목적어

해설 빈칸은 문장의 동사인 will provide 앞자리이므로, 명사 retail과 복합명사를 이루어 주어가 되는 명사 자리임을 알 수 있다. 명사 location은 위치, 장소라는 의미 외에 지점이라는 의미도 있으므로, 고객에게 높은 품질의 서비스를 제공하는 주체가 될 수 있는 것은 '소매점'을 의미하는 retail locations이다. 따라서 정답은 (A) locations가 된다.

어휘 national 전국적인　retail 소매　provide 제공하다　customer 고객　high 높은　quality 질　service 서비스　location 위치, 장소, 지점　executive 경영진, 간부　meeting 회의　expertise 전문적인 기술

---

128 As Exxon has developed an integrated system, it has become increasingly ------- both locally and nationally. [형용사]　(A) visibility　(B) vision　(C) visible　(D) visions

해석 엑손 사는 통합된 시스템을 개발했기 때문에, 그 회사는 지역적으로나 전국적으로 점점 더 부각되고 있다.

구조분석 As Exxon / has developed / an (integrated) system, // it / has become / (increasingly) ------- (both
접속사　주어1　동사1　목적어　주어2　동사2　보어

locally and nationally).

해설 문장의 동사인 become은 2형식 동사로 보어를 필요로 한다. 부사인 increasingly는 보어가 될 수 없으므로 빈칸은 부사 increasingly의 수식을 받으며 문장의 보어 역할을 하는 형용사 자리임을 알 수 있다. 따라서 보기 중 유일한 형용사인 (C) visible이 정답이 된다.

어휘 develop 개발하다　integrate 통합시키다　system 체계, 시스템　become ~이 되다　increasingly 점점 더　both A and B A와 B 둘 다　locally 지역적으로　nationally 전국적으로　visibility 가시성　vision 시야, 비전　visible 눈에 보이는, 뚜렷한

---

129 All financial experts are asked to submit their analysis reports on time ------- the short deadline. [전치사]　(A) how much　(B) besides　(C) even though　(D) despite

해석 재정 전문가들은 모두 마감시한이 촉박하지만 분석 보고서를 제시간에 제출하라는 지시를 받았다.

구조분석 (All) (financial) experts / are asked / to submit / (their) analysis reports (on time) (------- the short

주어   동사   동사'   목적어'   보어 (to부정사구)

deadline).

해설 빈칸 앞에 완전한 문장이 있고, 뒤에는 명사가 있으므로, 빈칸은 명사를 연결할 수 있는 전치사 자리이다. (A) how much와 (C) even though는 접속사이기 때문에 뒤에 주어와 동사를 갖춘 문장을 이끌어야 하므로 오답이다. 보기 중 전치사는 (B) besides(~외에도)와 (D) despite(~에도 불구하고)인데, 짧은 마감기한과 보고서를 제시간에 제출하는 것의 의미 관계는 추가가 아닌 양보의 관계이므로 (D) despite(~에도 불구하고)가 정답이 된다.

어휘 financial 재정적인 expert 전문가 be asked to + 동사원형 ~하도록 요청받다 submit 제출하다 analysis 분석 report 보고서 on time 제시간에 short 짧은 deadline 마감기한

---

130 Mr. Brown has been named the construction site ------- while Mr. Allen is away on leave. [동사]
(A) supervisory (B) supervision (C) supervise (D) supervisor

해석 앨런 씨가 휴가로 자리를 비우는 동안 브라운 씨가 공사현장 감독자로 임명되었다.

구조분석 Mr. Brown / has been named / the construction site ------- // while Mr. Allen / is / away (on leave).

주어1   동사1   보어1   접속사 주어2 동사2 보어2

해설 문장의 동사인 name은 5형식 동사로, 뒤에 목적어와 명사 목적보어를 취하여 '목적어를 목적보어에 임명하다'의 형태로 쓰인다. 문제의 수동태 문장을 능동으로 바꿔보면 has named / Mr. Brown / the construction site -------의 형태가 된다. 따라서 보어 자리에 올 수 없는 형용사 (A) supervisory와 동사 (C) supervise는 우선 탈락한다. 수동태 문장 뒤에 나오는 명사는 원래 목적어를 설명하는 목적보어였으나, 수동태가 되면서 주어를 설명하는 보어 역할을 하고 있다. 주어 Mr. Brown과 보어 the construction site가 일치할 수 없으므로, 빈칸은 construction site와 복합명사를 이루어 Mr. Brown을 설명하는 명사가 와야 된다는 것을 알 수 있다. 남은 명사 보기 (B) supervision(감독)과 (D) supervisor(감독자) 중에서 사람명사인 Mr. Brown과 동격을 이룰 수 있는 명사는 같은 사람명사인 (D) supervisor이다.

어휘 name 임명하다, 지명하다 construction 공사, 건설 site 현장 while ~동안에, ~반면에 be away on leave 휴가 중이다 supervisory 감독의, 관리의 supervision 감독 supervise 감독하다 supervisor 감독자

---

131 The questionnaire regarding the advertisement should be handed in today ------- they plan to present the result at tomorrow's meeting. [접속사-구조]
(A) whether or not (B) in addition to (C) in spite of (D) regardless of

해석 그들이 내일 회의에서 결과를 발표하든 하지 않든 간에 광고에 관한 설문지는 오늘 내로 제출해야 한다.

구조분석 The questionnaire (regarding the advertisement) / should be handed (in today) // ------- they / plan /

주어1   동사1   접속사 주어2 동사2

to present / the result (tomorrow's meeting).

목적어 (to부정사구)

해설 빈칸 앞뒤로 절이 위치하고 있으므로 빈칸은 접속사 상당어구가 들어가야 한다. (B) in addition to, (C) in spite of, (D) regardless of는 모두 전치사이므로 절을 이끌 수 없기 때문에 오답이 된다. 보기 중 유일하게 접속사의 기능을 갖는 whether or not이 정답이다. whether or not은 뒤에 오는 절의 내용을 받아 '~인지 아닌지'라는 의미로 쓰인다.

어휘 questionnaire 설문지 advertisement 광고 hand in 제출하다 plan to + 동사원형 ~할 계획이다 present 발표하다 result 결과 in addition to ~뿐만 아니라, ~에 더하여 in spite of ~에도 불구하고 regardless of ~에 상관없이

---

132 Bank of America Corp. ------- appreciated your cooperation on the recent acquisition. [부사]
(A) deeply (B) carefully (C) annually (D) roughly

해석 아메리카 은행은 최근의 인수에 관한 귀사의 협조에 깊은 감사를 드립니다.

Bank of America Corp. / (-------) appreciated / (your) cooperation (on the recent acquisition).
　　　　　　주어　　　　　　　　　　　　동사　　　　　　　　　목적어

해설　동사 appreciated를 수식해주는 부사 자리이다. deeply는 믿음, 감정, 의견이 강하다고 강조하는 기능이 있으므로 여기서는 고마운 마음을 강조하는 의미로 쓰여 정답이 된다.

어휘　appreciate 고마워하다　cooperation 협동　recent 최근의　acquisition 인수, 매입　deeply 깊이　carefully 신중히, 조심스럽게
annually 일 년에 한 번　roughly 대략, 거의

---

133 If you are interested in our service, our financial planning ------- will contact you at your convenience. [명사-구조]　(A) consultant　(B) consultation　(C) consulting　(D) consulted

해석　저희 서비스에 관심이 있으시면, 저희 재정 계획 상담가가 편하신 시간에 귀하에게 연락을 드릴 것입니다.

구조
분석　**If** you / are / interested (in our service), // (our) (financial) planning ------- / will contact / you (at your
　　　접속사 주어1 동사1　보어　　　　　　　　　　　　　　　주어2　　　　동사2　　　목적어

convenience).

해설　콤마 뒤 주절의 문장 구조를 살펴보면 빈칸은 동사 will contact 앞자리로 our financial planning과 함께 문장의 주어가 되는 자리이다. planning을 문장의 주어로 보면, 동사인 contact(연락하다)의 주체가 될 수 없으므로, 빈칸은 planning과 함께 복합명사를 이루어 문장의 주어가 되는 명사임을 알 수 있다. 연락할 수 있는 주체는 사람이 되어야 하므로 보기 중 유일한 사람명사인 (A) consultant(상담가)가 정답이 된다.

어휘　be interested in ~에 관심이 있다　service 서비스　financial 재정적인, 금융의　planning 계획　contact 연락하다, 접촉하다
convenience 편리

---

134 The new way of monitoring stocks ------- time, which contributes to our overall efficiency.
[동사]　(A) resents　(B) retrieves　(C) resumes　(D) reduces

해석　재고를 모니터링하는 새로운 방식은 시간을 절약해서 우리의 전반적인 효율성에 기여한다.

구조
분석　　　　　　　　　　　　　　　　　　　　　　　　　　　　　　　　　　관계대명사　　동사′
The (new) way (of monitoring stocks) / ------- / time, [**which** contributes (to our overall efficiency)].
　　　주어　　　　　　　　　　　　　　　동사　목적어　　　　[관계대명사절]

해설　빈칸에 적절한 동사 어휘를 고르는 문제이다. 빈칸은 목적어로 time을 받고 있으며, 콤마 뒤의 관계대명사절에서 이것이 전체적인 효율성(overall efficiency)에 기여한다는 내용이 나오고 있다. 효율성을 높이는 것은 시간을 줄이는 것이 논리상 적절하므로 정답은 (D) reduces(줄이다, 감소하다)가 된다.

어휘　way 방법　monitor 감시하다, 관찰하다　stock 재고　time 시간　contribute to ~에 기여하다　overall 전체적인　efficiency 효율성　resent 분개하다　retrieve 회수하다　resume 재개하다　reduce 줄이다, 감소하다

---

135 Although we arrived on time, it was so crowded that we had to wait ------- an hour to be seated. [부사]　(A) briefly　(B) nearly　(C) lately　(D) previously

해석　우리는 제시간에 도착했지만 사람이 너무 많아서 거의 한 시간을 기다려서야 앉을 수 있었다.

구조
분석　**Although** we / arrived (on time), // it / was / (so) crowded // **that** we / had to wait (-------) (an hour)
　　　접속사　주어1　동사1　　　　　　주어2 동사2　　보어　　　접속사 주어3　　동사3

(to be seated).

해설　빈칸에 적절한 부사 어휘를 고르는 문제이다. 빈칸은 an hour를 수식해주는 부사 자리이다. 따라서 숫자를 수식할 수 있는 부사 nearly가 정답이다. 숫자 수식 부사로는 almost, approximately, over, around, about 등이 있다.

어휘　although ~에도 불구하고　arrive 도착하다　on time 제시간에　crowded 붐비는, 복잡한　wait 기다리다　hour 시간　be seated 앉다　briefly 간단히, 잠시　nearly 거의　lately 최근에　previously 이전에

136 The trial products made some ------- contributions to the development of our new models. [형용사]　(A) valuations　(B) value　(C) valuable　(D) valuably

해석 시제품은 새로운 모델을 개발하는 데 중요한 공헌을 했다.

구조분석 The trial products / made / (some -------) contributions (to the development) (of our new models).
주어　　　　　동사　　　　　　　　목적어

해설 한정사 some과 명사 contributions 사이는 일반 형용사 자리이다. 따라서 명사인 (A) valuations와 (B) value, 부사인 (D) valuably는 명사 앞에 올 수 없다. 보기 중 유일한 형용사인 (C) valuable이 정답이 된다.

어휘 trial product 시제품　contribution 기여, 공헌　development 개발　model 모형, 모델　valuation (가치) 평가　value 가치　valuable 가치 있는, 소중한　valuably 값 비싸게, 고가로

---

137 If you restarted your computer and it ------- to malfunction, contact our service representatives. [동사]　(A) had continued　(B) continuing　(C) will continue　(D) continues

해석 컴퓨터를 재시동했는데도, 계속해서 제대로 되지 않으면, 서비스 직원에게 연락하세요.

구조분석 **If** you / restarted / (your) computer // **and** it / ------- / to malfunction, // contact / (our)
접속사 주어1　동사1　　목적어1　접속사 주어2 동사2　목적어2 (to부정사)　동사3 (명령문)

service representatives.
목적어3

해설 콤마 앞 문장의 구조를 보면, 접속사 If가 이끄는 종속절에서 and가 문장과 문장을 연결하고 있는 구조이다. 따라서 빈칸은 주어 it 뒤의 동사 자리이므로 동사가 아닌 (B) continuing은 우선 탈락한다. 남은 보기의 태가 모두 능동이므로 시제를 살펴보면, 빈칸 앞의 문장이 restarted로 과거이고, 시간 진행상 이후를 나타내는 접속사 and로 연결되었으므로 과거 이전 시제인 과거완료 시제는 적절하지 않으므로 (A) had continued도 탈락하게 된다. 또한 조건 접속사 If가 이끄는 문장이기 때문에 미래 시제는 현재 시제로 대체되므로 (C) will continue도 답이 될 수 없다. 따라서 조건절에서 미래 시제가 현재시제로 대체된 형태인 (D) continues가 정답이 된다.

어휘 restart 재시동시키다　malfunction 제대로 작동하지 않다　contact 연락하다, 접촉하다　representative 담당직원　continue 계속하다

---

138 Using ------- layers of packaging causes many problems which can be avoided in advance. [형용사]　(A) reluctant　(B) sensitive　(C) persistent　(D) excessive

해석 포장지를 너무 많이 사용하면 사전에 방지할 수도 있는 문제가 많이 발생한다.

구조분석 　　　　　　　　　　　　　　　　　　　　　　관계대명사　동사'
Using / (-------) layers (of packaging) / causes / (many) problems [**which** can be avoided (in advance)].
　　　주어 (동명사구)　　　　　　　동사　　목적어　　　　[관계대명사절]

해설 빈칸은 명사 layers를 수식하는 형용사 자리이다. 포장지를 너무 많이 사용하는 것이 문제를 일으킨다는 내용이므로 정답은 '지나친, 과도한'이라는 의미의 형용사 (D) excessive가 된다.

어휘 use 사용하다　layer 층, 겹　packaging 포장, 포장재　cause 야기하다, 발생시키다　problem 문제　avoid 피하다　in advance 미리, 사전에　reluctant 꺼리는, 주저하는　sensitive 세심한　persistent 끈질긴, 끊임없이 지속되는　excessive 과도한, 지나친

---

139 In order to increase sales, we have to pay ------- attention to functionality as to design. [비교급]
(A) as much　(B) so many　(C) the most　(D) more than

해석 판매를 증가시키기 위해서는 기능성 측면만큼이나 디자인에도 관심을 가져야 한다.

구조분석 (In order to increase sales), we / have to pay / (-------) attention (to functionality) as (to design).
　　　　　　　　　　　　　　　　　주어　　동사　　　　　　목적어

해설 빈칸은 문장의 목적어인 명사 attention을 수식하는 형용사 자리이며, 뒤의 as to design과 짝을 이루는 원급비교 구조이다. (B) so many의 경우, many는 복수 가산명사를 수식하므로 불가산명사인 attention 앞에 쓸 수 없다. (C) the most는 many/much의 최상급 형태로 attention을 수식할 수 있으나, 동급 비교인 as to design과 어울리지 않으므로 오답이 된다. (D) more than은 비교급 형태로 앞에 비교대상이 등장하지 않았으므로 적절하지 않다. 따라서 as ~ as 원급비교 구조를 이루며 attention을 수식할 수 있는 형용사 원급 much가 쓰인 (A) as much가 정답이 된다.

어휘 in order to ~하기 위해 increase 증가시키다 sales 판매 have to + 동사원형 ~해야 한다 pay attention 관심을 갖다 functionality 기능성 design 디자인

---

140 All the necessary information regarding business travel expenses and reimbursements is ------- outlined in the handbook. [부사]

(A) markedly   (B) intangibly   (C) explicitly   (D) jointly

해석 출장 비용과 환급에 관한 모든 필요한 정보는 편람에 명료하게 나타나 있다.

구조 분석 (All) the (necessary) information (regarding business travel expenses and reimbursements) / is (-------)
　　　　　　　　　　　　　　　주어　　　　　　　　　　　　　　　　　　　　　　　　　　　　　　　　　동사
outlined (in the handbook).

해설 빈칸은 수동태 동사구인 is outlined의 outlined를 수식해주는 부사 자리이다. 모든 정보가 핸드북에 어떠하게 나타나 있는지 의미상 가장 적절한 부사를 골라야 되는데, '명료하게'라는 의미가 문맥상 가장 올바르므로, 정답은 (C) explicitly가 된다.

어휘 necessary 필요한 information 정보 regarding ~에 관한 business travel 출장 expense 비용 reimbursement 상환, 환급 outline 개요를 서술하다, 윤곽을 나타내다 handbook 편람, 안내서

Ustar TOEIC BASIC Reading

★★★★★ Part

Answers

Lesson 01 ● 적절한 품사 찾기 Test   ▶ 본책 p. 272

Step 1 01 (B) 02 (B)   Step 2 01 (A) 02 (B)   Step 3 (D)

Step 1

01 Staff will obtain ------- from the Director's Office before seeking advice or legal representation from the Attorney General's office.

(A) approve   (B) approval

해석 직원들은 법무장관실에서 자문이나 법정 대리를 구하기 전에 이사실의 승인을 받아야 한다.

구조분석 Staff / will obtain / ------- (from the Director's Office) (before seeking advice or legal representation)
　　　　주어　　동사　　목적어
(from the Attorney General's office).

해석 빈칸 뒤의 [전치사 + 명사]는 모두 수식어구이므로 괄호로 묶어서 처리하면 빈칸은 동사 뒤의 목적어 자리가 된다. 목적어 자리에 올 수 있는 품사는 명사이므로 (B) approval이 정답이다.

어휘 staff 직원 obtain 획득하다, 얻다 seek 찾다, 구하다 advice 충고, 조언 legal representation 법정 대리 Attorney General 법무장관 approve 승인하다, 허가하다 approval 승인, 허가

02 The department expects travel expenses to be submitted for reimbursement ------- two weeks after returning from a trip.

(A) while   (B) within

해석 그 부서에서는 출장 뒤 2주 이내에 출장경비 환급 신청을 할 거라고 기대한다.

구조분석 The department / expects / travel expenses / to be submitted (for reimbursement) (------- two
　　　　　주어　　　　동사　　　　목적어　　　목적보어 (to부정사구)
weeks) (after returning) (from a trip).

해석 빈칸 뒤에 시간명사인 two weeks가 오고 있으므로 전치사인 within이 정답이 된다. 접속사 while은 뒤에 주어와 동사를 갖춘 완전한 문장이 오기 때문에 빈칸에 적절하지 않다.

어휘 department 부서 expect 기대하다, 예상하다 travel expense 출장비 submit 제출하다 reimbursement 상환, 환급 return 되돌아오다 trip 여행 while ~동안에, 반면에 within ~이내에

Step 2

01 Stains from chewing gum must be frozen. After 5 minutes, scrape off with a blunt object. Then apply methyl spirits to the spot and allow to dry. For ------- of stains from fat or oil, use a special solution for dry cleaning.

(A) removal   (B) remove

해석 껌 자국은 얼려야 한다. 5분 후에 둔기로 벗겨낸다. 그리고 나서 메틸액을 자국에 뿌린 뒤 건조시킨다. 지방이나 기름자국을 제거하기 위해서는 드라이클리닝용 특수 용액을 사용하라.

구조분석 (For -------) (of stains) (from fat or oil), use / a (special) solution (for a dry cleaning).
　　　　수식어구 (전치사 + 명사)　　　　　　　동사　　　　　목적어

해설 빈칸은 전치사 For의 뒷자리이며, 뒤에 [전치사 of + 명사], [전치사 from + 명사]는 수식어구이므로 모두 괄호로 처리한다. 콤마 뒤에는 동사원형으로 시작하는 명령문 문장이 시작되고 있으므로 콤마 앞까지는 수식어구가 와야 한다. 전치사의 목적어로 전치사와 함께 수식어구 역할을 하는 품사는 명사이므로 정답은 명사 (A) removal이 된다.

어휘 stain 얼룩, 자국 chew 씹다 freeze 얼리다(freeze − froze − frozen) scrape off ~에서 벗겨내다 blunt 무딘, 뭉툭한 object 물체 apply ~에 적용하다(to) methyl spirit 메틸액 spot 지점, 자국 allow 허락하다, 용납하다 dry 건조하다 fat 지방 oil 기름 solution 용액 dry cleaning 드라이클리닝 removal 제거 remove 제거하다

---

02 Over the years, the hospital has evolved into a comprehensive system ------- to meet the needs of the growing community.

(A) equipment   (B) equipped

해석 수년에 걸쳐, 그 병원은 점점 커지는 지역사회의 욕구를 충족시키기 위해 제대로 장비를 갖춘 종합 시스템으로 발전해왔다.

구조분석 (Over the years), the hospital / has evolved (into a comprehensive system) [------- (to meet /

　　　　　　　　　　　　　주어　　　　　　동사
the needs of the growing community)].

해설 문장의 주어는 the hospital, 동사는 has evolved이다. 빈칸은 명사 (comprehensive) system의 뒷자리인데, 완전한 문장에 명사를 연결하기 위해서는 앞에 전치사를 써서 수식어구 형태로 처리해야 하므로 명사 (A) equipment는 단독으로 빈칸에 올 수 없다. 따라서 과거분사인 (B) equipped가 정답이 된다. 빈칸은 관계대명사 which is가 생략된 형태로 선행사인 comprehensive system을 뒤에서 수식하는 구조이다.

어휘 evolve 진화하다 comprehensive 포괄적인, 종합적인 meet 충족하다 needs 욕구 growing 성장하는, 팽창하는 community 지역사회 equipment 장비, 도구 equip ~장비를 갖추다

Step 3

To: Brisbane Office Staff <allstaff@promter.com.au>
From: Diana Fontaine, Director of IT <fontaine@promter.com.au>
Date: March 12
Re: E-mail System
Attachment: E-mail training.txt

As you know, we will be replacing our current e-mail system on April 14. The attached document explains how to use the new system and highlights differences between the new system and the present one. **Please review this document to ensure that the transition goes as ------- as possible.**

(A) smoothing　　　(B) smoother
(C) smoothest　　　(D) smoothly

해석
수신: 브리스베인 사무소 직원 〈allstaff@promter.com.au〉
발신: 다이애너 폰테인, IT 부장 〈fontaine@promter.com.au〉
날짜: 3월 12일
제목: 이메일 시스템
첨부: 이메일 교육.txt

아시는 바와 같이, 우리는 4월 14일에 현재의 이메일 시스템을 교체할 예정입니다. 첨부된 문서에 새로운 시스템의 사용법이 설명되어 있으며, 새로운 시스템과 현재 시스템 간의 차이점을 강조하고 있습니다. 이전이 원활하게 이루어질 수 있도록 이 서류를 검토해 주시기 바랍니다.

구조분석 (Please) review / this document [to ensure **that** the transition / goes (as ------- as possible)].

　　　　　　동사(명령문)　　목적어　　　　　　　　　　　　　　주어′　　　　동사′　수식어구 (부사)

해설 빈칸은 원급 비교인 as ~ as 구문 사이에 위치하고 있다. 이때 빈칸이 문장에서 어떤 역할을 하고 있는지 확인하여 적절한 품사를 골라야 한다. 빈칸은 수식어구인 to부정사 to ensure의 목적어인 that절 안에 있다. 명사절인 that절의 구조를 보면, the transition이 주어, goes가 동사이다. go는 자동사로 목적어나 보어 없이도 완전한 문장이 되므로 빈칸은 문장의 주요 성분이 아닌 부사 자리임을 알 수 있다. (B) smoother는 비교급, (C) smoothest는 최상급으로 원급 구조인 as ~ as 사이에는 쓰일 수 없다. 따라서 부사인 (D) smoothly가 정답이 된다.

Chapter 01 ● Practice Test

▶ 본책 p. 273~274

01 (A) 02 (A) 03 (B) 04 (C) 05 (C) 06 (D)

문제 01-03은 다음 편지를 참조하시오.

Dear Mr. Anderson,

I have written to you several times over the past three months requesting an explanation on why you have failed 01 (A) to bring your account with us current. The total amount due is now $ 7,000.

By ignoring these requests, you are damaging the excellent credit record you had previously maintained with our company. 02 (A) In addition, you are incurring additional expenses from us.

Unless I hear from you within the next ten days, I will have no other choice but to turn your account over for 03 (B) collection.

I am sorry that we must take such drastic action but I am afraid you leave us no alternative. You can preserve your credit rating by remitting your check today for the amount stated above.

해석

앤더슨 씨께,

저는 지난 석 달간 귀하가 돈을 지급하지 못하는 이유에 대해 설명을 요구하는 서신을 몇 번이나 보냈습니다. 귀하가 지불해야 하는 총 금액은 7,000달러입니다.

이러한 요청들을 묵살함으로써 귀하는 그동안 당사와 쌓아온 훌륭한 신용도를 훼손하고 있습니다. 게다가 당사에 추가 비용을 발생시키고 있습니다.

열흘 안에 귀하로부터 답변을 듣지 못한다면, 귀하의 미불 금액을 수금 기관에 의뢰할 수밖에 없습니다.

저희에게 다른 대안을 주시지 않아 그런 극단적인 조치를 취할 수밖에 없음을 유감스럽게 생각합니다. 오늘 위에 명시된 총액의 수표를 송금하시면 귀하의 신용 등급을 유지하실 수 있습니다.

01 I have written to you several times over the past three months requesting an explanation on why you have failed ------- your account with us current.

(A) to bring (B) bringing (C) bring (D) brought

구조분석
[분사구문]
I / have written / (to you) (several times) (over the past three months) / [requesting an explanation on
주어1   동사1

why you / have failed / ------- your account (with us) (current)].
접속사 주어2   동사2   목적어

해설 빈칸 앞의 동사 have failed의 목적어로 적절한 것을 선택하는 문제이다. 동사 fail은 to부정사를 목적어로 받는 대표적인 3형식 동사이므로 정답은 to bring이다.

---

02 ------, you are incurring additional expenses from us.

(A) In addition (B) For instance (C) Otherwise (D) Although

구조분석 (------), you / are incurring / additional expenses (from us).
　　　　　　　 주어　　　 동사　　　　　　　　　 목적어

해설 문장과 문장을 논리적으로 연결해주는 적절한 부사 또는 접속부사를 선택하는 문제이다. 빈칸에 들어갈 수 없는 접속사 although는 우선 소거한다. 앞 문장에서 우리 회사와 쌓아온 신용도가 깎이고 있다고 언급하고 있고, 뒤에 이어지는 문장에서는 추가 비용을 초래하고 있다고 현재 상황을 추가 설명하는 문맥이므로 정답은 In addition이다. for instance(예를 들면), otherwise(그렇지 않으면)는 문맥상 적합지 않으므로 오답이다.

---

03 Unless I hear from you within the next ten days, I will have no other choice but to turn your account over for ------.

(A) collect (B) collection (C) collecting (D) collected

구조분석 **Unless** I / hear (from you) (within the next ten days), // I / will have no other choice but /
　　　　 접속사 주어1 동사1　　　　　　　　　　　　　　　　　　　　　 주어2　　　　 동사2

to turn your account (over for ------).
목적어(to부정사)

해설 적절한 품사를 선택하는 구조분석 문제이다. 빈칸 앞에 전치사 for가 위치했으므로 정답은 명사 collection(수금)이다.

문제 04-06은 다음 편지를 참조하시오.

Dear Ms. Green,

Thank you for the recent opportunity of serving you in our Installment Loan Department. **The coupon book 04 (C) enclosed is provided for your convenience in making payments on your note.** It will furnish you with a record of payments. We are certain that you will appreciate the convenience afforded by this book.

Please make all payments directly to us. They may be made at any teller's window, including the drive-in, or payments may be made by mail. **Checks or money orders should be made 05 (C) payable to HSBC bank.**

Please let us know if we can be of 06 (D) assistance to you in any of the other numerous banking services that we offer including checking accounts, savings accounts, trust department and investment counseling.

Please feel free to drop in anytime at your convenience to discuss your needs further with our staff.

해석
그린 씨께,

저희 할부 대출 부서에서 귀하를 모실 수 있는 기회를 주셔서 감사드립니다. 동봉된 쿠폰북은 어음 지급 시 귀하의 편의를 위해 제공되었습니다. 이 쿠폰북은 귀하에게 지급 기록을 제공할 것입니다. 귀하는 이 쿠폰북이 제공하는 편리함을 인정하게 되실 겁니다.

모든 지불은 저희에게 직접 해주십시오. 지불은 드라이브인 창구를 포함해서 출납창구 어디에서나 할 수 있고, 혹은 우편을 통해 납입할 수 있습니다. 수표나 우편환은 수취인을 HSBC 은행으로 해야 합니다.

당좌 예금 계좌, 저축 예금 계좌, 신탁 부서와 투자 상담을 포함해서 저희가 제공하는 여타 뱅킹서비스들 가운데 귀하에게 도움이 될 수 있는 것이 있는지 알려주십시오.

편하실 때 언제든 들러서 귀하에게 필요한 것들을 저희 직원들과 자세히 논의하십시오.

---

04 The coupon book ------- is provided for your convenience in making payments on your note.

(A) enclose   (B) encloses   (C) enclosed   (D) enclosing

구조분석 The coupon book (-------) / is provided (for your convenience) (in making payments) (on your note).
　　　　　　　주어　　　　　　　　　　　동사

해설 빈칸 앞의 명사(The coupon book)가 주어이고 뒤에 동사가 나오고 있기 때문에 빈칸에는 주어인 coupon book을 후치 수식할 수 있는 형용사 상당어구가 와야 한다. 따라서 동사 형태인 enclose와 encloses는 정답에서 제외된다. enclosing은 현재분사로 수식이 가능하지만 능동적 의미를 담은 분사라서 목적어가 필요하므로 오답이다. 수동태 분사인 enclosed는 [관계대명사 + be동사](which is)가 생략되어있는 구조로 '동봉된'이라는 의미로 쓸 수 있어 정답이 된다.

---

05 Checks or money orders should be made ------- to HSBC Bank.

(A) pay   (B) payment   (C) payable   (D) payably

구조분석 Checks or money orders / should be made / ------- (to HSBC Bank).
　　　　　　　　주어　　　　　　　　　동사　　　　보어

해설 5형식 동사인 make의 수동태 문장으로 빈칸에는 보어가 들어가야 한다. 보어로 쓸 수 있는 품사는 형용사와 명사인데, 빈칸 뒤에 전치사 to와 함께 돈을 받을 대상이 나오고 있으므로 형용사 payable(지불 가능한)이 정답이 된다.

---

06 Please let us know if we can be of ------- to you in any of the other numerous banking

(A) assist   (B) assisted   (C) assistant   (D) assistance

services that we offer including checking accounts, savings accounts, trust department and investment counseling.

구조분석 Please let / us / know // if we / can be of ------- (to you) (in any of the other numerous banking services) ~
　　　　　　　동사 목적어 목적보어 접속사 주어　　동사　　　　　　　　　　전치사구 (전치사구)

해설 빈칸은 전치사 뒤에 명사가 들어갈 자리이다. assisted를 제외한 나머지 보기가 모두 명사로 사용될 수 있지만, assist(도움)는 운동이나 경기에서 쓰이는 단어이고, assistant는 도움을 주는 사람을 의미하는 가산명사로 빈칸 앞에 관사나 한정사가 없기 때문에 답이 될 수 없다. assistance는 불가산명사로 정답이 된다. be of assistance(돕다)라는 숙어표현으로도 꼭 알아두어야 한다.

Chapter 02 연결어

Lesson 01 ● 구조로 찾기 Test ▶ 본책 p. 278

Step 1 01 to your magazine(전치사구), Although(접속사), in fact(접속부사) 02 Although(접속사), Instead(접속부사)
Step 2 01 (B) 02 (A) **Step 3** (C)

Step 1

01 I am writing to cancel my subscription to your magazine. Although the articles are always interesting and well enlightening, I no longer have the time to enjoy them; in fact, most of last year's issues have been still unread.

해석 저는 귀사 잡지의 구독을 취소하기 위해 이 편지를 씁니다. 기사들은 언제나 흥미롭고 유익하지만, 제가 더 이상 읽을 시간이 없을 것 같습니다. 사실, 작년호 대부분이 읽지 않은 채로 있습니다.

구조분석 I / am writing [to cancel / (my) subscription (to your magazine)]. //
　주어　동사　[수식어구(to부정사구)]　　　　　　　　　전치사구

Although the articles / are / (always) interesting **and** (well) enlightening, // I / (no longer) have / the time
접속사　주어1　동사1　　　　　　보어1　　　　　　　　주어2　동사2　목적어2

[to enjoy / them]; (in fact), most (of last year's issues) / have been / (still) unread.
　　　　접속부사　주어　　　　　　　　　동사　　　보어

해설 Although는 the articles are~로 시작하는 문장과, I no longer have~로 시작하는 문장을 연결하는 접속사이다. ;(세미콜론)은 완전한 문장 뒤에 새로운 문장을 연결하는 접속사와 같은 역할을 하고 있다. 따라서 in fact는 세미콜론(접속사)으로 연결된 문장과 문장을 의미상으로만 연결하는 접속부사가 된다.

어휘 cancel 취소하다　subscription 정기구독　magazine 잡지　article 기사　always 항상　interesting 흥미 있는, 재미있는
enlightening 깨우치는, 계몽적인　no longer 더 이상 ~하지 않다　enjoy 즐기다　in fact 사실, 실제로　issue 발행. (잡지, 신문의) 판.
호　unread 읽지 않은

02 Although various restaurant and shop signs look like billboards, these advertisements do not draw attention. Instead, they are affixed to the entrance floor of major buildings and subway stations.

해석 다양한 식당과 상점의 간판들은 광고판처럼 보이지만, 이런 광고들은 관심을 끌지 못한다. 대신, 그것들은 주요 건물과 지하철역 출입구 바닥에 부착된다.

구조분석 Although (various) restaurant and shop signs / look (like billboards), // (these) advertisements / do not draw
접속사　　　　　　　　　　주어1　　　　　동사1　　　　　　　　　주어2　　　동사2

/ attention. // (Instead), they / are affixed (to the entrance floor) (of major buildings and subway stations).
　목적어　　　(접속)부사　주어　동사

해설 Although는 various restaurant and shop signs look~로 시작하는 문장과, these advertisements do not draw~로 시작하는 문장을 연결하는 접속사이다. 문장이 마침표로 끝나고 새로운 문장이 시작하고 있다. 접속사가 필요한 경우는 문장과 문장을 연결하는 경우, 즉 동사가 하나 추가되는 경우인데, 주어와 동사가 하나인 한 개의 문장이므로 접속사는 필요하지 않다. 따라서 Instead는 앞문장과 뒷문장을 의미상으로만 연결하는 (접속)부사가 된다.

어휘 various 다양한　restaurant 레스토랑, 식당　shop 상점, 가게　sign 사인, 간판　billboard 광고판　advertisement 광고　draw
끌다, 그리다　attention 관심, 집중　instead 대신에　affix 부착하다, 붙이다　entrance 출입구, 현관　major 주요한　building 건물
subway station 지하철역

259

01 Anyone who didn't fill out the registration form this morning is required to do so now; -------, you will not get paid.　　(A) unless　　(B) otherwise

해석 오늘 오전에 신청서를 작성하지 않은 사람은 지금 작성해야 합니다. 그렇지 않으면 지급받지 못합니다.

구조분석 Anyone [who didn't fill out / the registration form (this morning)] / is required / to do so now; (-------),
주어　　　　　[관계대명사절]　　　　　　　　　　　　　　　동사　　보어(to부정사구)　(접속)부사

you / will not get / paid.
주어　　동사　　　　보어

해설 ;(세미콜론)은 완전한 문장 뒤에 새로운 문장을 연결하는 접속사와 같은 역할을 한다. 따라서 anyone is ~로 시작하는 문장과 you will ~로 시작하는 두 개의 문장이 접속사로 연결된 구조이므로, 빈칸은 문장의 주요 성분이 아닌 부사 자리이다. 따라서 앞문장과 뒷문장을 의미상으로만 연결하는 접속부사 (B) otherwise가 정답이 된다.

어휘 fill out 작성하다　registration form 등록 신청서　be required to + 동사원형 ~해야 한다. ~하도록 요구되다　unless 만약 ~하지 않는다면　otherwise 그렇지 않으면, 그 밖에 달리

02 ------- the accountant has more than ten years' experience, he has only been working as a senior accountant for a short time.

(A) Although　　(B) However

해석 그 회계사는 경력이 10년이 넘지만, 상급 회계사로 근무한 지는 오래되지 않았다.

구조분석 ------- the accountant / has / (more than) ten years' experience, he / has (only) been working (as a
접속사　　　주어1　　　동사1　　　　목적어　　　　　　　주어2　　　　동사2

senior accountant) (for a short time).

해설 빈칸은 the accountant has~로 시작하는 문장과 he has~로 시작하는 문장을 앞에서 연결하고 있다. 따라서 접속사가 필요하다. However은 접속부사로 부사는 문장과 문장을 연결할 수 없으므로 오답이다. 따라서 접속사 (A) Although가 정답이 된다.

어휘 accountant 회계사　experience 경험　senior 고위의, 상급의　short time 단시간　although ~에도 불구하고　however 그러나, 어쨌든

To whom it may concern:
On May 15. I took Flight #2011 from Seoul, Korea to Toronto, Canada. **The flight itself was satisfactory. -------, when I arrived, I found my**
(A) In fact　　　　　　(B) As a matter of fact
(C) However　　　　　(D) Instead of

luggage was not put on the plane and I still have not received my luggage.

해석

관계자분께:

저는 5월 15일 대한민국 서울발 캐나다 토론토행 2011 비행편에 탑승하였습니다. 비행 자체는 만족스러웠습니다. 하지만 도착했을 때 제 짐이 비행기에 실리지 않은 것을 알게 되었으며 아직도 제 짐을 받지 못하고 있습니다.

구조분석 The flight (itself) / was / satisfactory. (-------), // **when** I / arrived, I / found / my luggage
주어　　　　　　동사　　보어　　　(접속)부사　　접속사 주어1　동사1　주어2　동사2　　목적어

was not put on / the plane // **and** I / (still) have not received / my luggage.
목적어절(명사절 접속사 that 생략)　　　접속사 주어3　　　동사3　　　　　목적어

해설 빈칸 앞에서 문장이 마침표로 끝나고 새로운 문장이 시작되고 있다. 해당 문장의 동사는 arrived. found. have not received로 3개의 문장을 종속접속사 when과 등위접속사 and가 연결하고 있다. 접속사가 하나 있을 때마다 동사가 하나 추가되는데, 문장을 연결하는 데 필요한 접속사의 개수가 모두 충족되므로 빈칸은 접속사가 아닌 부사 또는 부사어구가 필요하다. 보기 중 전치사구인 (D) Instead of는

뒤에 명사 목적어를 필요로 하기 때문에 단독으로 빈칸에 올 수 없어 오답이 된다. 보기는 접속부사와 부사어구인 [전치사 + 명사]로 구성되어 있으므로 앞뒤 문장의 의미상 관계를 파악하여 정답을 선택한다. 빈칸 앞은 비행이 만족스럽다는 내용인데, 빈칸 뒤에서는 도착했을 때 짐을 받지 못했다는 상반되는 내용이므로 역접의 의미를 나타내는 접속부사 (C) However가 정답이 된다.

어휘 concern 관련되다, 영향을 미치다　flight 비행편　satisfactory 만족스러운　arrive 도착하다　find 알다, 찾다　luggage 짐, 수화물
plane 비행기　receive 받다　in fact 사실, 실제로　as a matter of fact 사실은　however 그러나, 어쨌든　instead of ~대신에

Lesson 02 ● 의미로 찾기 Test　　▶ 본책 p. 281

Step 1　01 Therefore,(그러므로: 원인, 결과)　02 For instance,(예를 들어: 예시)
Step 2　01 (A)　02 (A)　　Step 3　(C)

Step 1

01 We regret to inform you that the musical performance in the Palace Theater scheduled for Saturday, January 5th, has just been canceled, and it will not be rescheduled. We are sorry for this unexpected change. You purchased two tickets for this date. Therefore,(그러므로: 원인, 결과) you are entitled to a full refund or comparably priced tickets for a future event at the Palace Theater.

해석 팰리스 극장에서 1월 5일 토요일로 예정되었던 뮤지컬 공연이 취소되었으며 다시 열릴 예정이 없다는 것을 알려드리게 되어 유감입니다. 이렇게 갑작스런 변화가 생기게 되어 죄송합니다. 고객님께서는 이 날 두 장의 티켓을 구매하셨습니다. 따라서 고객님께서는 전액 환불 또는 팰리스 극장에서 열리는 이후 공연에 대한 동일한 가격의 티켓과 교환이 가능하십니다.

구조분석 We / are / sorry (for this unexpected change). // You / purchased / two tickets (for this date). //
　　　　　주어　동사　보어　　　　　　　　　　　　　　　　　주어　　　동사　　　목적어

(Therefore), you / are entitled (to a full refund or comparably priced tickets) (for a future event)
(접속)부사　주어　　동사

(at the Palace Theater).

해설 표를 구매한 공연이 취소되었음을 알리는 내용과, 환불 또는 교환을 해주겠다는 내용을 연결하고 있으므로, 원인과 결과를 연결하는 접속부사 therefore가 쓰였다.

어휘 regret 유감이다, 후회하다　inform 알리다　musical performance 뮤지컬 공연　be scheduled for ~로 예정되다　cancel 취소하다　reschedule 재조정하다, 일정을 다시 잡다　unexpected 예상치 못한　change 변화　purchase 구매하다　date 날짜
therefore 그래서, 그러므로　be entitled to + 동사원형 ~할 자격이 있다　full refund 전액환불　comparably 비교할 수 있을 만큼, 상당하게　priced 가격이 매겨진　future 미래의　event 행사, 이벤트

02 The regional sales team has been recognized for outstanding service while regularly surpassing sales targets. For instance,(예를 들어: 예시) the team has already exceeded this year's goal by 50 percent.

해석 그 지역 영업팀은 정기적으로 영업 목표치를 초과 달성하면서 뛰어난 서비스를 제공하는 것으로 인정받았다. 예를 들어, 그 팀은 올해의 목표를 50퍼센트 초과 달성하였다.

구조분석 The regional sales team / has been recognized (for outstanding service) [while regularly surpassing /
　　　　　　주어　　　　　　　　　동사　　　　　　　　　　　　　　　　　　[분사구문]

sales targets]. // (For instance), the team / has (already) exceeded / this year's goal (by 50 percent).
　　　　　　　　　　(접속)부사　　주어　　　동사　　　　　　　목적어

해설 판매 목표치를 초과 달성한다는 내용 뒤에 구체적으로 올해 50퍼센트를 초과 달성하였다는 내용이 나오고 있으므로 앞의 내용에 대한 예시가 된다. 따라서 예시를 나타내는 접속부사 For instance가 연결하고 있다.

어휘 regional 지역의　sales 판매, 영업　recognize 인지하다, 알아차리다　outstanding 우수한, 뛰어난　regularly 정기적으로, 규칙적으로　surpass 초과하다　sales target 판매 목표　for instance 예를 들어　already 이미, 벌써　exceed 초과하다　goal 목표

261

---

01 The newly renovated gym should be operational by next month. While work is in progress, current members are asked not to use the front entrance. -------, you should use the back entrance.　(A) Instead　(B) For example

> **해석** 새로 수리된 체육관이 다음 달에 열리게 됩니다. 작업이 이루어지는 동안에, 현재 회원들은 정문을 사용할 수 없습니다. 대신, 후문을 이용하시기 바랍니다.

> **구조 분석**
> **While** work / is / in progress, // (current) members / are asked / not to use the front entrance.
> 　접속사　주어1　동사1　보어1　　　　　　　　　　주어2　　동사2　　　　보어2 (to부정사구)
>
> (-------), you / should use / the back entrance.
> (접속)부사　주어　　동사　　　　목적어

> **해설** 앞 문장에서 정문을 이용할 수 없다는 내용이 나오고, 뒤에 후문을 이용하라는 대안이 제시되고 있으므로 접속부사 Instead가 의미상 적절하다. For example은 뒤에 구체적인 예시가 나와야 하므로, 논리 연결상 적절하지 않아 오답이 된다.

> **어휘** newly 새롭게　renovate 개조하다, 보수하다　gym 체육관　operational 운영하는, 가동하는　while ~하는 동안에　in progress 진행 중인　current 최근의, 현재의　member 회원　be asked to + 동사원형 ~해야 한다, ~하도록 요청되다　use 사용하다　front entrance 정문　back entrance 후문　instead 대신에　for example 예를 들어

---

02 Ski Tour in Colorado!

Are you a ski bum? You can master a high level course at our ski centers on the Rocky Mountain. Then take a short ski trip to areas where you can travel down Dale Glad, which is famous for its scenic landscape!

------, skiing gives you a whole new world to observe and enjoy.

(A) In short　(B) Nevertheless

> **해석** 콜로라도의 스키 투어!
>
> 스키광이십니까? 로키 산에 있는 저희 스키 센터에서 고급 코스를 마스터하실 수 있습니다. 그리고 나서 경치 좋기로 유명한 데일 글래드를 따라 내려갈 수 있는 지역으로 짧은 스키여행을 떠나세요!
>
> 다시 말해, 스키는 보고 즐길 수 있는 완전히 새로운 세상을 당신에게 선사합니다.

> **구조 분석**
> (Then) take / a short ski trip (to areas) [**where** you can travel down Dale Glad, which is famous for
> 　　　동사　　　목적어　　　　　　　　　　　　　　　　[관계부사절]
> its scenic landscape!]
>
> (------), skiing / gives / you / a whole new world (to observe and enjoy).
> (접속)부사　주어　　동사　간목　　　직목

> **해설** 스키 여행에 관한 구체적인 내용이 먼저 나오고 뒤에 전반적인 내용을 다시 언급하고 있으므로 In short(즉, 다시 말해)가 논리 전개상 적절한 의미의 연결어가 된다. Nevertheless(그럼에도 불구하고)는 앞뒤 내용이 양보나 역접의 관계가 되어야 하므로 의미상 적절하지 않다.

> **어휘** tour 관광, 여행　ski bum 스키광　master ~에 숙달되다　level 단계　course 코스, 과정　take a trip 여행을 가다　area 지역　travel 여행　scenic 경치가 좋은　landscape 풍경　whole 완전히, 전적으로　observe 관찰하다　enjoy 즐기다　in short 요약하자면, 간단히 말해서　nevertheless 그럼에도 불구하고

New italian restaurant open!

Coco Food Chains is pleased to announce the grand opening of a new Italian restaurant, Chef's Place, featuring traditional European foods. **The restaurant will be open to the general public from this weekend. ------, a special promotional**

(A) Specifically (B) Instead

(C) In addition (D) As a result

event for the grand opening will be held on Saturday evening, December 7.

Further information can be found at www.cocofood.com.

해석

이태리 레스토랑 신장개업!

코코 푸드 체인은 전통 유럽풍 음식을 표방하는 새로운 이태리 레스토랑 세프스 플레이스의 개점을 알리게 되어 기쁘게 생각합니다. 그 레스토랑은 이번 주말부터 일반 대중에게 개방됩니다. 게다가 개점을 위한 특별 판촉행사가 12월 7일 토요일 저녁에 열립니다.

더 많은 정보는 www.cocofood.com에서 확인하실 수 있습니다.

 구조 분석 The restaurant / will be / open (to the general public) (from this weekend). // (------), a special
　　　　　　　주어　　　　동사　　　보어　　　　　　　　　　　　　　　　　　　　　　　(접속)부사

promotion event (for the grand opening) / will be held (on Saturday evening, December 7).
　　　　주어　　　　　　　　　　　　　　　　　　동사

해설 빈칸 앞의 내용이 새로운 레스토랑을 주말부터 일반대중에게 오픈한다는 것이고, 그와 별도로 개점을 위한 특별 판촉행사를 연다는 내용이 이어지고 있으므로 새로운 사항을 추가하는 연결어 (C) In addition(게다가, 추가적으로)이 정답이 된다. (A) Specifically(구체적으로)는 앞에 나온 내용을 구체적으로 설명할 때, (B) Instead(대신에)는 대안적인 사항을 나타낼 때, (D) As a result(결과적으로)는 결과를 나타낼 때 쓰는 연결어이므로 의미상 오답이 된다.

어휘 chain (상점, 호텔 등의) 체인　pleased 기쁜, 만족스러운　announce 알리다　feature ~을 특징으로 하다　traditional 전통적인　European 유럽식의　general 일반적인　public 대중의　weekend 주말　special 특별한　promotional event 판촉행사　be held 열리다, 개최하다　specifically 구체적으로　instead 대신에　in addition 게다가, 추가적으로　as a result 결과적으로　further 더 이상의, 추가의　information 정보　find 찾다, 알다

Chapter 02 ● Practice Test
▶ 본책 p. 282~283

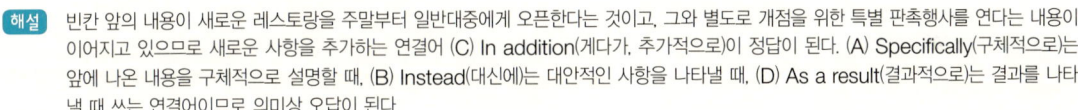

01 (B)　02 (C)　03 (C)　04 (A)　05 (C)　06 (B)

문제 01~03은 다음 기사를 참조하시오.

Dec. 7, 2012 - Nexen shareholders approved the deal in September, but it needed final backing from Ottawa. The deal has proved controversial in Canada, 01 (B) amid concerns that it will give China too much influence over Canada's oil industry.

It is China's largest foreign takeover. Canadian Prime Minister Stephen Harper said "Foreign state control of oil sands development has reached the point 02 (C) at which further such foreign state control would not be of net benefit to Canada. 03 (C) Therefore, the Minister will find the acquisition of control of a Canadian oil sands business by a foreign state-owned enterprise to

해석

2012년 12월 7일 – 넥슨 사의 주주들은 9월에 그 거래(계약)를 승인했다. 하지만 이 계약은 캐나다 정부의 최종 지원이 필요했다. 그 거래로 중국에게 캐나다 석유산업에 대한 지나치게 큰 영향력(힘)을 부여하게 될 것이라는 걱정 가운데 캐나다에서는 논란이 많은 것으로 드러났다.

이 거래는 중국의 최대 해외 기업인수이다. 캐나다 총리 스티븐 하퍼는 "오일샌드개발에 대한 외국 통제권은 이후 추가적인 외국 통제권이 캐나다에 순이익이 될 수 없는 지점에 이르렀다."고 말했다. 그러므로 총리는 캐나다 오일샌드 업계에 대한 외국 국영기업의 통제권 취득이 이례적인 상황에서만 이익이 된다는 사실을 알게 될 것이다.

be of net benefit only in an exceptional circumstance."

In a separate announcement, the Canadian government also cleared the takeover of gas producer Progress Energy Resources by Malaysian firm Petronas for $5.5 bn.

다른 발표에서 캐나다 정부는 또한 말레이시아의 페트로나스 사가 55억 달러에 가스 생산업체 프로그레스 에너지 자원 사를 인수하는 것을 허가했다.

어휘 shareholder 주주 backing 지원 Ottawa 오타와(캐나다의 수도) controversial 논란이 많은 amid ~가운데 concern 걱정 influence 영향(력) takeover 기업[경영권] 인수 Prime Minister 총리, 수상 oil sand 오일샌드, 유사(油砂, 원유를 포함한 다공성 모래 암석) further 추가의 net benefit 순이익 acquisition 취득, 인수 state-owned 국유의 enterprise 기업 exceptional 예외적인 circumstance 환경, 상황 separate 별도의 government 정부 announcement 발표 clear 승인하다, 허가하다

---

01 The deal has proved controversial in Canada, ------- concerns that it will give China too much influence over Canada's oil industry.
(A) although   (B) amid   (C) and   (D) which

구조분석 The deal / has proved / controversial (in Canada), / ------- concerns / (**that** it will give China too
주어　　　동사　　　보어　　　수식어구　　수식어구(전치사구)　　수식어구(동격 that절)

much influence) / (over Canada's oil industry).
수식어구(전치사구)

해설 빈칸 앞에서 문장의 주성분이 다 나왔고 빈칸 뒤에는 명사 concerns. 그 뒤로 concerns를 상세히 설명하는 동격의 that이 위치하고 있다. 따라서 빈칸은 명사 concerns를 받을 수 있는 전치사 자리이므로 정답은 '~가운데'라는 뜻의 전치사 (B) amid가 된다.

---

02 Canadian Prime Minister Stephen Harper said "Foreign state control of oil sands development has reached the point ------- further such foreign state control would not be of net benefit to Canada.
(A) which   (B) what   (C) at which   (D) for which

구조분석 Foreign state control (of oil sands development) / has reached / the point / [------- further such
주어　　　　수식어구(전치사구)　　　동사구1　　목적어　　[관계대명사절]
　　　주어'　　　　동사'　　　보어'
foreign state control / would not be / of net benefit (to Canada)].

해설 빈칸에 들어갈 올바른 관계대명사의 형태를 고르는 문제이다. 빈칸 이하의 문장이 모든 성분을 갖춘 완벽한 문장인 것으로 보아 선행사 the point를 수식하는 관계부사절이 되어야 한다. 관계부사의 역할을 할 수 있는 것은 [전치사 + 관계대명사]이기 때문에 보기 중에서 which와 what은 답이 될 수 없다. 전치사를 선택할 때 관계사 앞의 선행사와 어울릴 수 있는 전치사를 선택해야 하는데 관계사절을 원래의 문장으로 고치면 further such foreign state control would not be of net benefit to Canada at the point가 되는 것이다. 따라서 빈칸에는 전치사 at과 관계대명사 which가 합쳐진 (C) at which가 들어가야 한다.

---

03 -------, the Minister will find the acquisition of control of a Canadian oil sands business by a foreign state-owned enterprise to be of net benefit only in an exceptional circumstance.
(A) Because   (B) Unless   (C) Therefore   (D) Otherwise

구조분석 (-------), the Minister / will find / the acquisition / (of control of a Canadian oil sands business) /
접속부사　　　주어　　　동사구　　목적어　　　수식어 (전치사구)

(by a foreign state-owned enterprise) / to be of net benefit / (only in an exceptional circumstance).
수식어구(전치사구)　　　　목적보어(to부정사)　　　수식어구(전치사구)

해설 빈칸에는 앞 문장과 빈칸을 포함하는 문장을 자연스럽게 연결하는 부사나 접속부사가 들어갈 자리이다. 그러므로 접속사인 because와

unless는 답이 될 수 없다. 빈칸 앞에는 '이익이 되지 않는다'는 내용이 나오고, 빈칸 뒤 문장은 '이례적인 상황에서만 이익이 된다는 사실을 알게 된다'라는 내용이다. 앞문장의 내용을 통해 뒷문장의 내용을 유추하게 되는 상황이므로 '그러므로'라는 뜻의 (C) Therefore로 연결해야 한다.

문제 04-06은 다음 편지를 참조하시오.

March 5. 2013

Dr. Sandra Wofford. President Whiddier College
333 Whiddier Avenue
Tulsa, Oklahoma 74150

Dear Dr. Wofford:

Because we appreciate Whiddier College and the many opportunities you have provided to deserving students over the years, we at Infotech have supported the college in many ways. Thank you for considering our grounds for your graduation ceremony.

Our company-wide sales meetings will be held during the weeks of May 29th and June 5th. We will host over 200 sales representatives and their families, and activities will take place at **04 (A) both** our corporate campus and the Ramada Renaissance.

05 (C) Therefore, we will be unable to devote an adequate support staff for your graduation.

My assistant, Roberta Seagers, suggests you contact the Municipal Botanical Gardens as a possible graduation site. She recommends calling Jerry Kane (555-5555), director of public relations. If we can help in any other way with graduation, please let us know.

06 (B) Even though our annual meeting will most likely prohibit us from ever hosting a graduation, we remain firm in our commitment to you, President Wofford, and to the fine students you represent. We will continue to be a corporate partner to Whiddier College.

Sincerely,

May Yee Kwan
Public Relations Director

해석

2013년 3월 5일

위디어 대학 학장 샌드라 워포드 박사
우편번호 74150
오클라호마 주 털사 시 위디어 가 333번지

워포드 박사님께.

학장님께서 자격을 갖춘 학생들에게 수년 동안 주신 많은 기회와 위디어 대학을 높이 평가하며 우리 인포테크 사는 다방면으로 귀 대학을 지원해왔습니다. 귀교의 졸업식장으로 당사 구내를 고려하고 계신다니 감사합니다.

당사 전체 영업회의가 5월 29일 주(週)와 6월 5일 주에 열립니다. 200명 넘는 영업사원들과 그 가족들을 맞이하여, 회사 구내와 라마다 르네상스 두 곳 모두에서 행사가 치뤄질 것입니다.

그래서 귀교 졸업식에 보조 인력을 충분히 지원해드릴 수가 없습니다.

제 비서 로베르타 시거스는 귀교에서 졸업식장 후보지로 시영 식물원에 연락해볼 것을 제안했습니다. 홍보이사인 제리 케인(555-5555)에게 전화를 해보라고 합니다. 당사가 졸업식과 관련해 그 밖의 다른 방법으로 도울 수 있다면 알려 주십시오.

비록 연례회의로 인해 졸업식을 개최하지 못하더라도 당사는 워포드 총장님과 총장님께서 대표하시는 우수한 학생들에게 변함없이 최선을 다할 것입니다. 당사는 계속해서 위디어 대학과 산학 협력 파트너가 되겠습니다.

충심으로,

홍보 이사 메이 이 콴 드림

어휘 appreciate (가치를) 인정하다 opportunity 기회 deserving (도움, 보답, 칭찬 등을) 받을 만한 support 지원하다 consider 고려하다 grounds 구내(區內) graduation ceremony 졸업식 company-wide 회사 전반의 sales representative 영업 사원 take place 일어나다 corporate 기업의, 공동의 campus 구내 devote 충당하다. 바치다 adequate 충분한 assistant 비서, 조수 suggest 제안하다 municipal 지방 자치체의 botanical garden 식물원 site 장소, 부지 recommend 추천하다 director 이사, 책임자 public relations 홍보, 섭외 even though 비록 ~일지라도 annual meeting 연례회의 prohibit A from + -ing A가 …하지 못하게 하다 remain ~한 상태를 유지하다 firm 회사. 확고한 commitment 약속, 헌신 represent 대표하다 continue to + 동사원형 계속해서 ~하다 corporate 기업

04 We will host over 200 sales representatives and their families, and activities will take place at ------- our corporate campus and the Ramada Renaissance.

(A) both   (B) either   (C) between   (D) other

구조분석 We / will host / (over 200) sales representatives **and** their families, // **and** activities / will take place
주어1 동사1   목적어   접속사 주어2   동사구2

(at ------- our corporate campus and the Ramada Renaissance).
           수식어구(전치사구)

해설 빈칸 앞에는 전치사가 있고 빈칸 뒤에는 [명사 + and + 명사]의 구조이다. 따라서 전치사와 명사 사이에 위치한 빈칸에는 문장 구조에 영향을 미치지 않는 한정사가 올 수 있다. (A) both는 한정사이면서 and와 함께 쓰이는 상관접속사로 정답이 된다.

---

05 -------, we will be unable to devote an adequate support staff for your graduation.

(A) In fact   (B) However   (C) Therefore   (D) Otherwise

구조분석 (-------), / we / will be unable / to devote an adequate support staff (for your graduation).
접속부사   주어   동사구   목적어(to 부정사)   수식어구(전치사구)

해설 앞 문장과 빈칸이 포함된 문장을 자연스럽게 연결해주는 부사나 접속부사를 고르는 문제이다. 앞 문장에서는 회사에서 연례회의를 개최한다는 내용이고 빈칸이 포함된 문장은 Whiddier 대학에 지원을 지원해줄 수 없다는 내용이다. 따라서 결과의 뜻을 가지는 (C) Therefore가 정답이 된다.

---

06 ------- our annual meeting will most likely prohibit us from ever hosting a graduation, we remain firm in our commitment to you, President Wofford, and the fine students you represent.

(A) So   (B) Even though   (C) Despite   (D) That

구조분석 ------- our annual meeting / will most likely prohibit / us (from ever hosting graduation), // we /
접속사   주어1   동사구1   목적어   수식어구(전치사구)   주어2

remain / firm (in our commitment) (to you, President Wofford, / and to the fine students you
동사2   보어   수식어구(전치사 + 명사 + 접속사 + 명사)

represent).

해설 주절과 빈칸이 포함된 종속절을 자연스럽게 연결해주는 알맞은 접속사를 고르는 문제이다. 종속절에는 연례회의 때문에 졸업식을 개최할 수 없다는 내용이, 주절에서는 Whiddier 대학과 학생들을 변함없이 지원할 것이라는 내용이므로 양보의 접속사 (B) Even though(비록 ~일지라도)가 정답이 된다.

Chapter **03** 대명사와 한정사

Lesson 01 ● 대명사 Test ▶ 본책 p. 288

Step 1 01 These → your name, address, and phone number 02 it → the Sponsorship Form
Step 2 01 (B) 02 (B)   Step 3 (B)

Step 1

01 Include your name, address, and phone number. These(→ your name, address, and phone number) should be at the top of the first page. If you are uncomfortable listing your home phone number, it is not necessary to include it.

해석 이름과 주소, 전화번호를 기재해 주시기 바랍니다. 이것들은 첫 번째 페이지 상단에 위치해야 합니다. 만약 집 전화번호를 적는 것이 곤란하시다면, 꼭 기재하지 않으셔도 됩니다.

구조 분석 Include / (your) name, address, and phone number. // These / should be / at the top (of the first page). //
동사(명령문) 　　　　　　목적어 　　　　　　　　　주어 　　　동사 　　　　　　보어

If you / are / uncomfortable [listing / your home phone number], it / is not / necessary / to include / it.
접속사주어1 동사1 　보어1 　　　　　　　　　　　　　　　　　가주어 동사2 　보어2 　　진주어2

해설 These는 앞에서 언급된 복수명사를 지칭하는 지시대명사로, 앞에 열거된 사항인 이름, 주소, 전화번호를 가리킨다.

어휘 include 포함하다 name 이름 address 주소 at the top of ~의 위에 page 페이지, 쪽 uncomfortable 불편한. list 목록에 언급하다 necessary 필수적인

02 Sponsorships are still available at the $50,000 Presenting level. You can download the Sponsorship Form and we will contact you promptly once we receive it(→ the Sponsorship Form). If you have any questions about our Gala or sponsorship opportunities, please contact Jennifer McMahon or call (407) 650-7990.

해석 재정 후원은 아직 5만 달러 기부 수준에서 가능합니다. 후원 신청서는 다운받으실 수 있으며, 저희가 그것을 받는 즉시 연락드리겠습니다. 저희 자선행사나 후원 기회에 대해 궁금한 것이 있으시면 제니퍼 맥마혼에게 연락 주시거나 (407) 650-7990으로 전화 주시기 바랍니다.

구조 분석 Sponsorships / are (still) / available (at the $50,000 Presenting level). // You / can download /
주어 　　　동사 　　　보어 　　　　　　　　　　　　　　　　　주어1 　동사1

the Sponsorship Form **and** we / will contact / you (promptly) **once** we / receive / it. //
목적어1 　　　　접속사 주어2 　동사2 　목적어2 　　　　접속사 주어3 동사3 목적어3

If you / have / any questions (about our Gala or sponsorship opportunities), (please) contact /
접속사 주어1 동사1 　목적어1 　　　　　　　　　　　　　　　　　　　　　　동사2(명령문)

Jennifer McMahon **or** call / (407) 650-7990
목적어2 　　　　접속사동사3 　목적어3

해설 대명사 it은 단수 사물 명사를 대신하는 대명사이다. 그것을 받는 즉시 연락을 준다고 했으므로, 앞에 언급된 후원 신청서(Sponsorship Form)를 대신하는 대명사임을 알 수 있다.

어휘 sponsorship 재정 후원 available 이용 가능한 download 내려받다 form 서식, 양식 contact 연락하다, 접촉하다 promptly 즉시 once 일단 ~하면 receive 받다 question 질문 gala 축하 행사 opportunity 기회 call 전화하다

01 This house has fared far better than its neighbors. **The house was recently restored by a new homeowner, a master builder -------, who**

(A) itself　(B) himself

restored and painted the clapboard siding and porch outside, and did a great renovation inside. The house was featured on this year's Clinton Hill House Tour.

해석

이 집은 이웃에 있는 집들보다 훨씬 낫습니다. 이 집은 새로운 집주인인 건축기사가 최근에 직접 수리했는데, 그는 물막이 판자 측선과 현관 외벽을 수리하고 페인트칠을 했으며, 내부를 잘 개조하였습니다. 이 집은 올해의 클린턴 힐 하우스 투어에 특집으로 나왔습니다.

 The house / was (recently) restored (by a new homeowner), (a master builder -------),

주어　　　　　　동사　　　　　　　　　　　　　　　　　(동격)

[who restored and painted / the clapboard siding and porch outside, and did / a great renovation inside].

[형용사절]

해설 빈칸은 명사 a master builder 뒷자리로, 부사 역할을 하는 재귀대명사가 올 수 있다. 수식하고 있는 명사가 사람명사이므로 사람을 가리키는 인칭대명사 (B) himself가 정답이 된다.

어휘 fare better 더 잘하다　far + 비교급 훨씬 더 ~한　neighbor 이웃　recently 최근에, 현재　restore 회복시키다, 복구하다　homeowner 집주인　master builder 건축기사　paint 페인트칠하다　clapboard 클랩보드, 물막이 판자　sliding 측선, (건물) 외장용 자재　porch (건물 입구에 지붕이 얹혀 있고 흔히 벽이 둘러진) 현관　outside 외부　renovation 개조, 보수　inside 내부　feature ~을 특별히 포함하다, ~을 특집으로 다루다

02

To: All organizations funded by Student Activity Fees

From: Nicole Hector-Hutchinson, College Association Director

Re: CA Meeting Dates

The College Association meeting dates for the Summer, Fall and Spring academic year 2012-2013 are listed below. ------- of these meetings

(A) Every　(B) All

are on Wednesdays.

Meetings are scheduled from 1-3 p.m. in room 1130 East. Also listed are the dates on which the materials submitted for review at each particular meeting is due in the CA office. Documents are due by 12:00 noon on the specified dates.

해석

수신: 학생 활동 운영비로 운영되는 모든 단체

발신: 대학 협회장 니콜 헥터–허친슨

제목: 대학 협회 회의 일자

대학 협회의 2012-2013학년도 하계, 추계, 춘계 회의 일자가 아래에 나와 있습니다. 모든 회의는 수요일입니다. 회의는 오후 1시부터 3시까지 1130 이스트 회의실에서 예정되어 있습니다. 또한 각각의 회의에서 검토하기 위해 대학 협회 사무실에 제출해야 할 서류들의 마감 일자도 나와 있습니다. 서류들은 명시된 날짜 정오까지 받습니다.

 The College Association meeting dates for the Summer, Fall and Spring academic year 2012-2013 are listed below. // ------- (of these meetings) / are / (on Wednesdays).

주어　　　　　　　　　　　　　　　　　동사　　보어

해설 빈칸 뒤의 [전치사 of + 명사]는 수식어구이므로 괄호로 묶어서 처리하면 빈칸은 동사 are 앞자리로 문장의 주어가 된다. 따라서 of these meetings에 의해 한정되는 적절한 대명사를 고르는 문제이다. Every와 All은 의미는 동일하지만 Every는 형용사로만 쓰이고 대명사 기능은 없으므로 주어 자리에 올 수 없다. 따라서 형용사와 대명사의 기능을 모두 갖고 있는 (B) All이 정답이 된다.

어휘 organization 기관, 조직　fund 기금을 대다　acitivity 활동　fee 회비　college 대학　association 협회　director 임원, 책임자　meeting 회의　date 날짜　fall 가을　spring 봄　academic year 학년도　list 목록을 작성하다, 열거하다　below 아래에　on Wednesdays 수요일마다　schedule 일정을 잡다　material 자료, 재료　submit 제출하다　review 검토, 조사　particular 특정한　due ~하기로 되어 있는, 예정된　specified 명시된

When writing a blog it is very important to post often. **Blogs are very friendly search engines and ------- with high quality contents soon rise**

 (A) both   **(B) those**

 (C) whose   (D) this

in search engine rankings.

It is fine to write a good blog, but how can you monetize it? You add links to your affiliate sites and you add an advertising service like Google Adsense, or one of the various CPA programs.

해석

블로그를 쓸 때는 포스팅을 자주 하는 것이 중요하다. 블로그는 매우 친절한 검색 엔진이며, 내용이 알찬 블로그들은 검색 엔진 순위에 곧 오르게 된다.

좋은 블로그를 쓰는 것은 좋은데, 어떻게 금전화할 수 있을까? 제휴 사이트로의 링크를 추가하거나 구글 에드센스 또는 다양한 CPA 프로그램 중 하나와 같은 광고 서비스를 추가할 수 있다.

구조분석 Blogs / are / very friendly search engines // **and** ------- (with high quality content) /
   주어1 동사1   보어   접속사 주어2

(soon) rise (in search engines rankings).
    동사2

해설 등위접속사가 문장과 문장을 연결하고 있다. 빈칸은 with high quality content의 수식을 받으며 동사 rise의 앞에 위치하고 있으므로 문장의 주어가 된다. 따라서 주어 자리에 적절한 대명사를 고르는 문제가 된다. (C) whose는 의문형용사 또는 관계형용사로 뒤에 명사와 함께 쓰이므로 빈칸에 단독으로 쓰일 수 없어 우선 탈락한다. (D) this의 경우 단수 명사를 가리키는 지시대명사로, 빈칸이 대신하는 복수명사 Blogs와도 맞지 않고, 복수동사인 rise와 수일치도 되지 않으므로 오답이다. (A) both은 둘 이상을 전제로 두 개 모두를 의미하는 대명사로 앞에 언급된 Blogs와 맞지 않으므로 오답이 된다. with high quality content 앞에 관계대명사 which is가 생략된 구조로, 빈칸에는 관계대명사의 수식을 받을 수 있는 대명사 (B) those가 와야 한다.

어휘 write 쓰다 blog 블로그 important 중요한 post 게시하다, 공고하다 friendly 친절한, 익숙한 search engine 검색 엔진 high 매우 quality 질 content 내용물, 콘텐츠 rise 오르다 ranking 랭킹, 순위 fine 좋은 monetize 금전화하다 add 추가하다 link 링크, 연결 affiliate site 연계 사이트 advertising 광고(업) various 다양한 CPA 상담 신청 건당 수익 지급(Cost Per Action) program 프로그램

Lesson 02 ● 한정사 Test   ▶ 본책 p. 291

Step 1 01 other equipment → a couch, lamps, monitors, a computer 외에 언급되지 않은 다른 장비나 시설을 의미
     02 these topics → the topics of pleasure, desire, and preference
Step 2 01 (A) 02 (B) **Step 3** (D)

---

01 Each doctor will be given an office with a couch, lamps, monitors, a computer and other equipment(→ a couch, lamps, monitors, a computer 외에 언급되지 않은 다른 장비나 시설을 의미).

해석 의사마다 소파, 램프, 모니터, 컴퓨터 및 기타 시설들이 갖춰진 사무실이 주어질 것이다.

구조분석 (Each) doctor / will be given / an office (with a couch, lamps, monitors, a computer and other equipment).
      주어   동사   목적어

해설 other는 앞에 언급된 것 외에 또 다른 것을 의미하며 대명사 또는 형용사로 쓰인다. 형용사로 쓰일 경우 복수명사와 불가산명사를 수식할 수 있다. other가 불가산명사 equipment를 수식하고 있으므로 앞에 언급된 a couch, lamps, monitors, a computer 외에 다른 equipment를 나타낸다.

어휘 each 각각의, 개별의 doctor 의사, 박사 office 사무실 couch 소파 lamp 램프, 전등 monitor 모니터, 화면 computer 컴퓨터 equipment 장비, 시설

02 John Pollock's Thinking about Acting is on the topics of pleasure, desire, and preference, and these topics(→ the topics of pleasure, desire, and preference) are the ones on which this paper focuses. I argue that it has at least one substantial strength and at least one substantial weakness.

해석 존 폴락의 '연기에 대한 견해'는 기쁨, 욕망, 선호도라는 주제에 관한 것이다. 그리고 이런 주제들은 이 논문에서 초점을 맞추고 있는 것들이다. 나는 그것에 최소한 한 가지 중요한 강점과 최소한 한 가지 중요한 약점이 있다고 생각한다.

구조분석 John Pollock's Thinking (about Acting) / is / (on the topics of pleasure, desire, and preference), **and**
　　　　　　　　주어1　　　　　　　　　　동사1　　　　　　　　　　　　　보어1　　　　　　　　　　접속사

(these) topics / are / the ones [(on which) this paper focuses]. // I / argue / **that** it / has / (at least)
주어2　　　동사2　│보어2　　　　　　　　　　　　　　　　　　주어　　동사　　목적어절

one substantial strength and (at least) one substantial weakness.

해설 these는 형용사로 쓰일 경우 복수명사를 수식하게 된다. these topics는 앞에 언급된 '이러한 주제들'을 나타내는데, 앞에 언급된 주제들은 the topics of pleasure, desire, and preference가 된다.

어휘 **topic** 주제 **pleasure** 기쁨, 즐거움 **desire** 욕구 **preference** 선호(도) **paper** 논문 **focus** 초점을 맞추다, 집중하다 **argue** 주장하다 **at least** 적어도, 최소한으로 **substantial** 상당한, 중요한 **strength** 강점 **weakness** 약점

Step 2

01

We collect personal information to process transactions when using the Paydibs Service, to provide service and administer our business. **The type of personal information we collect when using the Paydibs Service may include contact information, like your full name, address, email, phone number or ------- information we may**

　　　　　　(A) such other　　(B) another

collect with your consent or as permitted or required by the law. For certain optional transactions, we may also collect financial information such as credit or debit card details.

해석 우리는 페이딥스 서비스 이용 시 서비스를 제공하고 우리의 업무를 관리하기 위해, 거래를 처리할 수 있는 개인 정보를 수집합니다. 페이딥스 서비스 이용 시 수집하는 개인 정보의 유형은 고객님의 성함, 주소, 이메일, 전화번호 또는 고객님 동의나 법에 의해 수집이 허용되는 다른 연락 정보입니다. 특정 선택 거래를 위해서는, 신용카드 또는 직불카드 내역과 같은 금융 정보를 수집할 수도 있습니다.

구조분석 The type (of personal information) [we / collect] [**when** using / the Paydibs Service] /
　　　　　주어　　　　　　　　　　　　　　[관계사절]　　　　　[분사구문]

may include / contact information, (like your full name, address, email, phone number or ------- information)
동사　　　　　목적어

[we / may collect (with your consent or as permitted or required by the law)].
[목적격 관계대명사가 생략된 관계사절]

해설 불가산 명사 information을 수식하는 적절한 형용사를 고르는 문제이다. (A) such other에서 other는 형용사로 쓰일 경우, 복수명사와 불가산명사를 모두 수식할 수 있고, (B) another는 가산명사의 단수만을 수식할 수 있다. information은 대표적인 불가산명사이므로 another의 수식을 받을 수 없다. 따라서 (A) such other가 '그러한 또 다른 정보'라는 의미로 정답이 된다.

어휘 **collect** 수집하다 **personal** 개인의 **information** 정보 **process** 처리하다 **transaction** 거래 **use** 사용하다 **provide** 제공하다 **administer** 관리하다, 집행하다 **business** 업무, 사업 **type** 유형, 종류 **include** 포함하다 **contact information** 연락 정보 **address** 주소 **consent** 동의 **permit** 허가하다 **require** 요구하다 **certain** 특정한 **optional** 선택적인 **financial** 재정적인, 금융의 **such as** ~와 같은 **credit card** 신용카드 **debit card** 직불카드 **detail** 세부사항

02

You're moving on from your current job and have been asked to train your -------.

(A) attendant

(B) replacement

Regardless of the circumstances which prompted your decision to leave, he deserves a thorough and helpful training experience. Give him the tools to succeed and the information he needs to rapidly and effectively fit in at the job you are leaving.

해석

당신은 이직하게 되었으므로 후임자를 훈련시켜야 합니다. 당신이 이직을 결정하게 된 사정과 관계없이 당신의 후임자는 철저하고 유용한 훈련을 받아야 합니다. 후임자에게 인수받을 수 있는 도구와 빠르고 효과적으로 당신이 떠나는 자리에 적응하는 데 필요한 정보를 제공해 주시기 바랍니다.

 You / 're moving on (from your current job) **and** have been asked / to train / (your) -------.
주어 　　　 동사1 　　　　　　　　　　　　　　　　 접속사 　　 동사2 　　　　　 보어 (to부정사)

 소유격 대명사 your가 수식하는 적절한 명사 어휘를 고르는 문제이다. 등위접속사 and가 연결하고 있는 앞 문장에서 상대방이 이직을 한다는 내용(You're moving on)이 나오고, 당신의 무엇을 훈련시켜야 한다는 내용이 이어지고 있다. 이직하면서 훈련시켜야 하는 대상은 논리상 (A) attendant(참석자)가 아니라 (B) replacement(후임자)가 적절하다. 따라서 정답은 (B) replacement이다.

어휘 move 이동하다　current 현재의　job 직업　be asked to + 동사원형 ~해야 한다, ~하도록 요청받다　train 훈련하다, 교육하다　regardless of ~에 상관없이　circumstance 상황　prompt 촉발하다, 유도하다　decision 결정　leave 떠나다　deserve ~할 만하다, 마땅히 ~해야 한다　thorough 철저한　helpful 유용한　training 훈련, 교육　experience 경험　tool 도구　succeed 연속하다, 계승하다　information 정보　need 필요로 하다　rapidly 빠르게　effectively 효율적으로　fit in ~에 적합하다, 맞추다

Step 3

We combine vintage styles with current ones to make fashion-conscious consumers look fresh and new. **They are handcrafted with beautiful embroidery on wool, cotton, silk and -------**

(A) too　(B) so　(C) both　**(D) other**

fabrics which goes with any apparel.

해석

우리는 패션에 민감한 소비자들이 신선하고 새롭게 보일 수 있도록 현재의 스타일에 빈티지 스타일을 결합시켰습니다. 모직, 면, 실크 등의 섬유 위에 어떤 옷에도 어울리는 아름다운 자수를 손으로 직접 놓았습니다.

 They / are handcrafted (with beautiful embroidery) (on wool, cotton, silk and ------- fabrics)
주어 　　　 동사

[**which** go (with any apparel)].
　　[관계사절]

해설 빈칸은 명사 fabrics를 수식하는 형용사 자리이다. 따라서 부사 (A) too와 (B) so는 우선 탈락한다. (C) both는 형용사로 쓰일 경우, 둘 이상을 전제로 '두 가지 모두의'를 뜻하므로 의미상 적절하지 않다. 따라서 앞에 언급한 wool, cotton, silk 외에 다른 fabric(섬유)을 의미하는 (D) other가 정답이 된다.

어휘 combine A with B A와 B를 결합하다　vintage style 빈티지 스타일　current style 현재 선호하거나 입고 다니는 스타일　fashion-conscious 패션에 민감한　consumer 소비자　fresh 신선한　new 새로운　handcraft 손으로 만들다　beautiful 아름다운　embroidery 자수　wool 모직　cotton 면　silk 실크　fabric 섬유　go with ~와 어울리다　apparel 의복

01 (C)　02 (B)　03 (D)　04 (D)　05 (C)　06 (A)

문제 01~03은 다음 편지를 참조하시오.

May 7, 1999

Ms. Kate DeCicco
472 Bellville Way
Biloxi. MS 39530

Dear Ms. DeCicco:

We appreciate your application for the position of tax accountant. Your academic record and previous accounting experience indicate your willingness to work hard. **01 (C) Those** of us who had the opportunity to talk with you on **02 (B) your** visit believe you have much to offer the right firm.

Because there were over thirty applicants for this position, the selection process was quite difficult. However, after **03 (D) much** consideration, we have decided to hire an applicant with over ten years' experience in tax accounting.

Thank you for your interest in our organization. Your resume and credentials show you to be a deserving candidate. And your ability to communicate effectively will certainly help you achieve an excellent position in a recognized accounting firm.

Sincerely,
Marvin R. Fichter
Human Resources Director

해석

1999년 5월 7일

케이트 드시코 씨
우편번호 39530
미시시피 주 빌록시 시
벨빌 가 472번지

친애하는 드시코 씨께:

세무사직에 지원해 주셔서 감사드립니다. 귀하의 학력과 이전의 회계 경력은 열심히 일하고자 하는 열의를 잘 보여주고 있습니다. 귀하가 방문하셨을 때 함께 대화할 기회가 있었던 사람들은 귀하가 좋은 회사에 지원하기에 충분할 만큼 뛰어나다고 생각합니다.

이 자리에 30명이 넘는 지원자들이 있었기 때문에 선발 과정이 꽤 어려웠습니다. 하지만 많은 숙고 후에 10년이 넘는 세무사 경력을 가진 지원자를 고용하기로 결정하였습니다.

저희 회사를 고려(지원)해 주셔서 감사합니다. 귀하의 이력서와 자격증은 귀하가 자격이 있는 후보자라는 것을 보여 주었습니다. 또한 귀하의 효과적인 의사소통 능력은 저명한 회계사무소의 좋은 일자리를 얻는 데 분명히 도움이 될 것입니다.

진심으로,
마빈 R. 피쉬터
인사 담당자 이사

어휘 appreciate 고마워하다　application 지원　position (일)자리, 직위　tax accountant 세무사　academic 학업의　previous 이전의　accounting 회계　experience 경력　indicate 나타내다, 보여주다　willingness 기꺼이 하는 마음　opportunity 기회　visit 방문　offer 제공하다　right 좋은, 제대로 된　firm 회사　applicant 지원자　selection 선발　process 과정, 절차　quite 꽤, 상당히　difficult 어려운, 힘든　consideration 숙고, 사려　decide 결정하다　hire 고용하다　resume 이력서　credentials 자격증　deserving 자격이 있는　candidate 후보자　ability 능력　communicate 의사소통하다　effectively 효과적으로　certainly 틀림없이, 분명히　achieve 달성하다, 성취하다　excellent 훌륭한, 탁월한　recognized 인정된, 알려진　accounting firm 회계사무소　human resource director 인사 담당 이사

01 ------ of us who had the opportunity to talk with you on your visit believe you have much to offer the right firm.

(A) That   (B) These   (C) Those   (D) One

구조 분석 ------ (of us) [who / had / the opportunity (to talk) (with you) (on ------ visit)] / believe / you / have
주어1　　　　　　[관계대명사절]　　　　　　　　　　　　　　　　동사1　　목적어절

/ much (to offer the right firm).

해설 빈칸의 주어 자리에 적절한 대명사를 선택하는 문제이다. 문장의 동사 believe는 복수주어에 대한 동사이므로 보기 중 단수인 That과 One은 우선 소거한다. These와 Those 중 뒤에 수식어구(전치사 + 명사, 관계대명사절 등)가 와서 꾸며줄 수 있는 Those가 정답이다.

02 Those of us who had the opportunity to talk with you on ------ visit believe you have much to offer the right firm.

(A) you   (B) your   (C) yours   (D) yourself

구조 분석 ------ (of us) [who / had / the opportunity (to talk) (with you) (on ------ visit)] / believe / you / have
주어1　　　　　　[관계대명사절]　　　　　　　　　　　　　　　　동사1　　목적어절

/ much (to offer the right firm).

해설 빈칸에 적절한 대명사를 선택하는 문법 문제이다. 빈칸은 전치사 on과 명사 visit 사이에 위치했으므로 명사 앞에서 형용사같이 뒤의 명사를 수식할 수 있는 소유격 대명사 your가 정답이다. 주격대명사 you, 소유대명사 yours, 재귀대명사 yourself는 문법적으로 빈칸에 들어갈 수 없으므로 오답이다.

03 However, after ------ consideration, we have decided to hire an applicant with over ten years' experience in tax accounting.

(A) a lot   (B) so   (C) too   (D) much

구조 분석 (However), / (after ------ consideration), / we / have decided / to hire an applicant (with over ten
접속부사　　　　(전치사구)　　　　　　주어　　　동사　　　　목적어(to부정사구)

years' experience) (in tax accounting).

해설 빈칸은 전치사 after와 명사 consideration 사이에 위치한 형용사 자리이다. 따라서 정답은 보기 중 유일한 형용사 much이다. much는 불가산명사와 함께 쓰는 형용사로 여기에서는 불가산명사인 consideration을 수식해주고 있다. 부사인 a lot이 정답이 되기 위해서는 뒤에 전치사 of와 함께 a lot of로 쓰여야 하고, so와 too는 부사이므로 오답이다.

문제 04-06은 다음 기사를 참조하시오.

China's Central Economic Work Conference Preview

BY Michelle FlorCruz

December 10, 2012 - China's top government officials and economic policy makers are meeting soon for a conference that will set the target growth rate for the world's second-biggest economy. The Central Economic Work Conference, expected to be held Wednesday through Friday, will set economic policy .

China has yet to release the official dates of the mid-December meeting, which will not be public. According to various reports, China will keep the growth target at 7.5 percent for 2013, the same as 2012.

Though some may see China's **04 (D) second** consecutive year with a 7.5 percent growth rate as a sign of a suffering economy, many policy makers and economists are seeing it as a necessary step toward economic stability.

Wei Yao, an economist with Societe Generale, said that "top leaders sounded more confident in growth momentum, and emphasized the importance of the quality of growth."

China's GDP relies heavily on investment, government spending and export. Yet China **05 (C) no longer** relies purely on exports to boost its GDP. China's annual economic growth slipped to 7.4 percent in the third quarter, slowing for seven quarters in a row and leaving the economy on course for its weakest showing since 1999. November's disappointing export figures, down 38.6 percent from October, serve as **06 (A) another** reminder that China cannot export its way out of the slump.

The government is aiming to keep its 7.5 percent target for 2013 by fostering internal demand to offset the current weak demand for exports.

해석

중국 중앙경제공작회의 예측 기사

미쉘 플로크루스 씀

2012년 12월 10일 – 중국의 최고 관리들과 경제 정책 입안자들이 세계에서 두 번째로 큰 경제 체제의 목표 성장률을 정하는 회의를 위해 곧 회동할 예정입니다. 수요일부터 금요일에 걸쳐 열릴 예정인 중앙경제공작회의에서 경제 정책을 정할 것입니다.

중국은 아직 비공개로 진행될 12월 중순 회의의 공식적인 날짜를 발표하지 않았습니다. 다양한 보고서들에 따르면, 중국은 2013년의 성장 목표치를 2012년과 동일하게 7.5퍼센트로 유지할 예정입니다.

중국이 2년 연속 7.5퍼센트 성장률을 목표로 하는 것을 경기악화의 징후로 보는 사람들도 있기는 하지만, 많은 정책 입안자들과 경제 전문가들은 그것을 경제적 안정으로 가는 불가피한 단계로 보고 있습니다.

소시에테 제네랄의 경제 전문가 웨이 야오는 "최고 지도자들은 성장 속도에 더욱 확신에 차 있으며, 성장의 질이 중요하다고 강조했다"고 말했습니다.

중국의 GDP(국내총생산)는 투자와 정부지출과 수출에 많이 의존합니다. 그러나 중국은 GDP를 신장시키기 위해 더 이상 수출에 전적으로 의존하지 않습니다. 중국의 연간 경제 성장률은 3분기에 7.4퍼센트로 하락했는데, 이는 7분기 연속 성장률이 완화되고 있는 것을 나타내며 1999년 이래로 가장 저조한 수치입니다. 10월에 비해 38.6퍼센트 하락한 11월의 실망스러운 수출 수치는 중국이 수출을 통해서 불황을 벗어나지는 못할 것이라는 점을 상기시켜주고 있습니다.

중국 정부는 내수를 조성함으로써 현재의 수출에 대한 수요 약세를 상쇄하여 2013년에 7.5퍼센트 목표치 유지를 목표로 하고 있습니다.

어휘 central 중앙의 economic 경제의 conference 회의 preview 예측 기사 government official 관리, 국가 공무원 policy maker 정책 입안자 target 목표 growth rate 성장률 expect 예상하다 release 발표하다 official date 공식적인 날짜 public 공개된 according to ~에 따르면 various 다양한 keep 유지하다 though (비록) ~이긴 하지만 consecutive 연이은 sign 징후, 조짐 suffer 악화되다 economist 경제전문가 necessary 필요한 stability 안정성 leader 지도자 sound ~인 것 같다 confident 확신에 찬, 자신감에 넘치는 momentum 탄력, 가속도 emphasize 강조하다 quality 질 rely on ~에 의존하다, 의지하다 investment 투자 export 수출 purely 전적으로 boost 신장시키다 annual 연간 slip 떨어지다 in a row 연이어 on course for ~할 것 같은 disappointing 실망스러운, 기대에 못 미치는 figure 수치 serve as ~의 역할을 하다 another 또 하나의 reminder 상기시키는 것 slump 불황 aim 목표하다 foster 조성하다, 발전시키다 internal demand 내수 offset 상쇄하다 current 현재의, 지금의 weak demand 수요약세

04 Though some may see China's ------- consecutive year with a 7.5 percent growth rate as a sign of a suffering economy, many policy makers and economists are seeing it as a necessary step toward economic stability.

(A) two　　(B) several　　(C) many　　(D) second

구조분석
Though some / may see / China's ------- consecutive year (with a 7.5 percent growth rate as a sign)
접속사　주어1　동사1　　　　목적어　　　　　　　목적보어(전치사구)

(of a suffering economy), many policy makers and economists / are seeing / it / (as a necessary step)
　　　　　　　　　　　　주어2　　　　　　　　동사2　목적어　목적보어(전치사구)

(toward economic stability).

해설 빈칸에 적절한 형용사를 선택하는 어휘 문제이다. 빈칸 뒤의 consecutive year는 '연속해서 몇 년째'라는 의미로 앞에 서수를 받는다. 따라서 정답은 보기 중 서수 second이다.

05 Yet China ------- relies purely on exports to boost its GDP.

(A) any longer　　(B) any more　　(C) no longer　　(D) not longer

구조분석
Yet China / (-------) relies (purely) / (on exports) (to boost its GDP).
접속사　주어　　　　　동사

해설 빈칸에 적절한 부사를 선택하는 문제이다. 문맥상 더 이상 GDP 신장을 위해 수출에만 의존하지 않는다는 내용으로 정답은 no longer(더 이상 ~않다)이다. any longer가 정답이 되기 위해서는 앞에 부정어 not이 필요하므로 오답, any more는 흔히 부정문이나 의문문 끝에 쓰여 any longer의 뜻을 나타내는 표현이므로 오답이다. not longer라는 표현은 쓰이지 않으므로 (D) 역시 오답이다(not any longer가 정확한 표현).

06 November's disappointing export figures, down 38.6 percent from October, serve as ------- reminder that China cannot export its way out of the slump.

(A) another　　(B) other　　(C) others　　(D) the other

구조분석
November's disappointing export figures, (down 38.6 percent from October), / serve (as -------
　　　　　　　　　　　　　주어　　　　　　　　　　　　　　　　　　동사

reminder) [that / China / cannot export / its way out (of the slump)].
동격 that　주어　　동사　　　　목적어

해설 빈칸에 적절한 형용사를 선택하는 문법 문제이다. 보기 중 형용사로 쓰일 수 없는 대명사 others는 우선 소거한다. 그리고 빈칸 뒤의 명사 reminder가 단수명사이므로 복수명사 앞에 쓰이는 other도 오답, the other는 전체 범위가 단 두 개일 때 [one ~ the other...]로 쓰이므로 오답이다. 따라서 정답은 불특정 다수 중 하나를 나타낼 때 [one ~ another...] 형태로 쓰이는 another이다.

Chapter 04 동사와 시제

Lesson 01 ● 동사 Test ▶ 본책 p. 299

Step 1   01 cause → caused   02 process → will be processed
Step 2   01 (B)   02 (A)   Step 3   (D)

Step 1

01 Steve Allen, director of Homeland Security and Emergency Management in Berkeley County, said the office is trying to survey local businesses on the damage cause(→ caused) by the loss of power resulting from the storm.

해석 버클리 군의 국토안보부 및 긴급대책본부 책임자인 스티브 앨런은 당국은 폭풍우로 인한 정전에 의해 야기된 지역 사업체의 손실에 대해 파악하고자 노력하고 있다고 설명했다.

 Steve Allen, [director (of Homeland Security and Emergency Management) (in Berkeley County)], / said
주어   [동격]   동사

/ the office / is trying / to survey / local businesses (on the damage) [caused (by the loss) (of power)
목적어절

(resulting from the storm)].

해설 문장에서 주어는 Steve Allen. 동사는 said이고 the office 이하는 명사절 접속사 that이 생략된 목적어절이 된다. 목적어절에서 주어는 the office. 동사는 is trying이고 to survey 이하가 목적어를 이루는 완전한 문장이다. 뒤에 접속사나 관계대명사가 보이지 않으므로 cause는 동사 자리가 아님을 알 수 있다. 따라서 cause는 명사 damage를 뒤에서 수식하는 분사 형태가 되어야 하는데, 동사 뒤에 목적어가 없이 바로 전치사 by가 이끄는 수식어구가 나오고 있다. 따라서 목적어가 없는 과거분사가 필요한 자리이므로 동사의 형태는 caused가 되어야 한다.

어휘 director 책임자, 지휘자 office 사무실 try to + 동사원형 ~하려고 노력하다 local 지역의 business 사업체 damage 손상, 피해 cause 야기하다 loss 상실, 손실 power 전력 result from ~로부터 야기되다 storm 폭풍우

02 Standard postage and packing on all UK orders is charged at a flat rate of £5.95. We aim to dispatch orders received by 12 P.M. on the same working day. Any orders received after that time process(→ will be processed) the next working day.

해석 영국내 모든 주문에 대해서는 우송과 포장 기본요금은 5.95파운드로 일정합니다. 우리는 낮 12시까지 접수된 주문은 당일에 발송하려고 합니다. 낮 12시 이후에 받은 주문은 다음 영업일에 처리될 것입니다.

 Standard postage and packing (on all UK orders) / is charged (at a flat rate of £5.95). // We / aim /
주어   동사   주어 동사

to dispatch / orders [received (by 12 P.M.) (on the same working day)]. // (Any) orders [received (after
목적어 (to부정사구)   주어

that time) / will be processed (the next working day).
동사

해설 해당 문장의 주어는 Any orders이고 received는 뒤에 목적어가 없으므로 명사를 뒤에서 수식하는 과거분사가 된다. 따라서 process가 문장의 동사 자리가 된다. 동사는 [수 → 태 → 시제]의 순서로 형태를 결정해야 하는데, 주어가 복수명사 orders이므로 동사도 복수동사여야 하고 동사 뒤에 목적어가 없이 시간 부사구인 the next working day가 오고 있으므로 동사는 수동태가 되어야 한다. 또한, 다음 날에 처리할 것이라는 미래 예정에 관한 내용이므로 시제는 미래가 되어야 한다. 따라서 미래 수동태 동사인 will be processed가 올바른 동사 형태가 된다.

어휘 standard 표준의, 기준의 postage 우편 packing 포장 order 주문 charge 요금을 부과하다 flat rate 일정한 요금 aim 목표하다 dispatch 보내다, 발송하다 receive 받다 working day 영업일 process 처리하다

01

February, 2012

Dear OTNA Member:

Our next OTNA meeting ------- Wednesday,

(A) has been held

(B) will be held

March 21st.

The OTNA will host a presentation on Torrance History—Celebrating 100 Years. In honor of the City's Centennial, OTNA is partnering with the Torrance Historical Society to present 100 years of history. The meeting will start at 7:30 pm and we'll wrap-up by 9 pm.

해석

2012년 2월

OTNA 회원님들께:

우리의 다음 OTNA 회의가 3월 21일 수요일에 열립니다.

OTNA는 100주년 기념 토런스 역사에 관한 프레젠테이션을 개최합니다. 도시의 100주년을 기념하여, 100년의 역사를 보여주기 위해 OTNA는 토런스 역사협회와 협력할 것입니다. 회의는 오후 7시 30분에 시작해서 오후 9시에 마무리할 예정입니다.

 (Our next) OTNA meeting / ------- / (Wednesday, March 21st).
　　　　　　　　　　　주어　　　　　　동사

 빈칸에 적절한 동사의 형태를 결정하는 문제이다. 보기의 동사 모두 수와 태는 문제되지 않으므로 시제를 검토한다. 문서가 작성된 날짜가 문두에 2012년 2월로 나와 있고, 해당 문장에 회의가 열리는 날짜가 3월 21로 나타나 있으므로 미래에 예정되어 있는 일임을 알 수 있다. 따라서 미래 시제인 (B) will be held가 정답이 된다.

 member 회원　**meeting** 회의　**be held** 열리다, 개최되다　**host** 주최하다　**presentation** 프레젠테이션　**history** 역사 **celebrate** 기념하다　**in honor of** ~에게 경의를 표하여, ~을 기념하여　**centennial** 100주년　**partner** 파트너가 되다　**historical** 역사적인　**society** 사회 집단　**present** 보여주다, 제시하다　**wrap-up** 마무리하다

02

Position: WEB ANALYST

You will own web analytics for a newly designed, world-class website. With your leadership, keen analytical mind and passion for the technical mastery of today's online tools, you will drive the direction of our web strategy and creative development. We want to hear what you have to say. **As our Web Analyst, you ------- directly to**

(A) will report

(B) were reported

the Web Director.

해석

직책: 웹 분석가

당신은 새롭게 디자인된, 세계적인 웹사이트를 위한 웹 분석 서비스를 진행하게 될 것입니다. 당신은 리더십과 날카로운 분석력, 그리고 현재의 온라인 도구에 관한 기술을 마스터하고자 하는 열정으로, 우리의 웹 전략과 창조적 발전을 위한 방향을 잡아줄 것이라고 생각합니다. 우리는 당신의 의견을 듣고 싶습니다. 웹 분석가로서, 당신은 웹 디렉터에게 직접 보고하게 될 것입니다.

 (As our Web Analyst), you / ------- / (directly) (to the Web Director).
　　　　　　　　　　　　　　　주어　　동사

 빈칸에 적절한 동사의 형태를 고르는 문제이다. 보기에 제시된 동사는 태와 시제가 다른데, report는 자동사와 타동사의 기능을 모두 가지므로 목적어 여부로 태를 판단할 수 없다. 문서에 시간을 알 수 있는 부사구가 눈에 띄지 않으므로, 다른 동사의 시제를 확인한다. 다른 동사가 모두 미래 시제를 쓰고 있으므로(will own, will drive) 아직 직책을 맡지 않은 사람에게 직위에 대해 설명하는 내용임을 알 수 있다. 보고하는 것도 아직 발생하지 않은 일이므로 미래 시제인 (A) will report가 정답이 된다.

 position 직책　**analyst** 분석가　**own** 소유하다　**analytics** 분석법　**newly** 새롭게　**designed** 디자인된, 고안된　**leadership** 리더십　**keen** 날카로운, 예리한　**analytical** 분석적인　**mind** 마음　**passion** 열정　**technical** 기술적인　**mastery** 숙달, 통달　**tool** 도구　**drive** 운영하다, 추진하다　**direction** 방향　**strategy** 전략　**creative** 창조적인　**report** 보고하다　**directly** 직접　**director** 상관, 지휘자

Step 3

The committee, known by the acronym COPAC, said it has handed over its report to the Management Committee. **Mr. Becker explained that the third section of the report contains areas where recommendations for changes to the draft -------.**

(A) made   (B) are making
(C) will be made   **(D) were made**

해석
약자 COPAC으로 알려져 있는 위원회가 경영위원회에 보고서를 제출했다고 밝혔다. 베커 씨는 보고서의 세 번째 부분은 초고를 수정했으면 좋겠다는 권고를 받은 곳이라고 설명했다.

 구조분석 Mr. Becker / explained / **that** the third section (of the report) / contains /
     주어   동사   목적어절

areas [**where** recommendations (for changes) (to the draft) -------].
               [관계부사절]

해설 빈칸에 적절한 동사의 형태를 고르는 문제이다. 빈칸이 포함된 관계부사절의 주어는 복수명사인 recommendations로 보기의 동사 모두 수일치는 문제되지 않으므로 태를 검토한다. 타동사인 make는 목적어를 필요로 하는데 빈칸 뒤에 목적어가 없이 끝나고 있으므로 빈칸은 수동태 동사임을 알 수 있다. 따라서 능동태인 (A) made와 (B) are making은 오답이다. 시제를 살펴보면, 다른 동사의 시제가 모두 과거 시제이며, recommendations가 행해진 곳을 포함하고 있다고 하고 있으므로 내용상으로도 이미 이루어진 사실임을 알 수 있다. 따라서 수동태 과거 시제인 (D) were made가 정답이 된다.

어휘 committee 위원회   known 알려진   acronym 약자   hand over 넘겨주다, 이양하다   report 보고서   management 경영, 관리   explain 설명하다   section 부분   contain 포함하다, 함유하다   area 지역, 부분   recommendation 추천, 권장   change 변화   draft 초안

Lesson 02 ● 과거 관련 시제 Test   ▶ 본책 p. 301

Step 1   01 Last week   02 suggest   Step 2   01 (B)   02 (A)   Step 3   (D)

Step 1

01 Last week, all sales representatives obtained the necessary permissions to use customer information for our upcoming presentation.

해석 지난주에, 영업사원들은 모두 다가오는 발표에서 고객 정보를 사용하기 위해 필요한 허가를 받았다.

 구조분석 Last week, / all the sales representatives / obtained / the necessary permissions /
     수식어구   주어   동사   목적어

[to use / customer information (for our upcoming presentation)].
            수식어구(to부정사구)

해설 문장 맨 앞에 Last week라는 부사구가 있다. Last week는 과거 시제를 알려주는 부사구이므로 동사의 시제를 알려주는 근거가 된다.

어휘 sales representative 영업사원, 판매직원   obtain 얻다, 획득하다   necessary 필요한   permission 허가   use 사용하다   customer 고객   information 정보   upcoming 다가오는

02 In order to purchase suitable items in time for the event, I suggest that all contributions to the gift fund be made by Friday, August 10.

해석 행사에 사용할 적합한 물품을 제때에 구매하기 위해서, 선물 기금에 대한 기부가 8월 10일 금요일까지 이루어져야 한다고 제안하는 바입니다.

구조분석 [In order to purchase / suitable items (in time) (for the event)], / I / suggest / [that / all contributions
　　　　　　 [수식어구(to부정사)]　　　　　　　　　　　　　　　　　　　　주어1　동사1　[목적어(that절)]　　주어 2

(to the gift fund) / be made / (by Friday, August 10)].
　　　　　　　　　　　　동사 2

해설 suggest는 [suggest that 주어 + (should) + 동사원형]의 형태로 쓰이는 동사이다. 그러므로 동사 be made의 형태가 왔음을 알려주는 것은 주장, 명령, 제안 동사 중 하나인 suggest이다. 참고로 이러한 동사들로는 insist, require, ask, recommend, demand 등이 있다.

어휘 in order to + 동사원형 ~하기 위해서　purchase 구매하다　suitable 적합한　item 품목, 물품　in time 제시간에　event 행사, 이벤트　suggest 제안하다, 추측하다　contribution 기여, 기부　gift fund 선물 기금

Step 2

01

LETTER OF INQUIRY
Associated Bank
123 Adams Street
Green Bay, WI 54303

Dear Ms. Lowery:

During the Fall Job and Internship Fair at the University of Wisconsin, Green Bay, I had the opportunity to visit with Stella Burke, your College Recruiting Manager. **She ------- that I contact**

　　　　(A) will suggest　(B) suggested

you directly to receive more information about your summer internship program.

해석
문의 서신
어소시에이티드 은행
우편번호 54303
위스칸신 주 그린 베이 시
애덤스 가 123번지

로어리 씨께,

그린 베이 시 소재 위스칸신 대학교에서 추계 직업 및 인턴십 박람회가 열리는 동안 저는 귀 은행의 대학 졸업생 채용 담당 관리자인 스텔라 버크 씨와 박람회에 방문할 기회가 있었습니다. 그녀는 저에게 여름 인턴십 프로그램에 대해 더 상세한 정보를 얻으려면 귀하에게 직접 연락할 것을 제안하였습니다.

구조분석 She / ------- / that I / contact / you / (directly) [(to receive / more information /
　　　　　　 주어　　동사　　　목적어(that절)　　　　　　　　　　수식어구(to 부정사)

(about your summer internship program)].

해설 동사의 시제를 묻는 문제이다. 앞뒤 문장을 통해 사건 발생 전후의 사실을 확인하자. 지난번에 열린 추계 박람회에서 Stella Burke(= She) 씨가 여름 인턴십 프로그램에 대한 정보를 얻으려면 Lowery 씨한테 연락을 해보라고 한 것이므로 그녀(Stella Burke)가 제안을 한 것은 과거에 일어난 사건임을 알 수 있다.

어휘 inquiry 질문, 문의　fair 박람회　opportunity 기회　visit 방문하다　college 대학　recruiting 모집　manager 담당자, 관리자　contact 연락하다, 접촉하다　directly 직접　receive 받다　information 정보　internship 인턴십　suggest 제안하다

02

Dear DiGi customers,

We are pleased to announce that the DiGi website is up and running again! We understand that customers had been unable to access the website and its associated online services; the site is now back online and can be accessed from all Internet Service Provider (ISP) networks. **We regret any inconvenience -------, and will continue to be**

　　　　(A) caused　(B) will cause

vigilant in monitoring our systems to prevent a similar occurrence.

해석
디지 고객님들께,

디지 웹사이트를 다시 이용할 수 있게 된 것을 알려드리게 되어 기쁩니다! 고객님들은 우리 웹사이트 및 제휴 온라인 서비스를 이용할 수 없었지만, 이제 사이트는 다시 이용 가능하며 모든 인터넷 서비스 프로바이더(ISP) 네트워크로부터 접근을 할 수 있습니다. 이러한 불편을 끼쳐드려 유감스럽습니다. 이런 일이 일어나는 것을 방지하기 위해 저희 시스템을 감시하는 데 있어 조금도 방심하지 않겠습니다.

구조분석 We / regret / any inconvenience (-------), // **and** will continue / to be vigilant (in monitoring /
주어1　　동사1　　　목적어　　　　　　　　　　　접속사　　동사2　　　　목적어2(to부정사구)　　　수식어구

our systems) (to prevent / a similar occurrence).
수식어구(to부정사구)

해설 빈칸 앞에 주어(We), 동사(regret), 목적어(any inconvenience)를 다 갖춘 완벽한 문장이 위치하고 있으므로 빈칸에는 수식어구가 위치하여야 한다. 그러므로 형용사 역할을 하는 과거분사인 caused가 와서 빈칸 앞의 명사(inconvenience)를 수식하는 것이 적합하므로 정답은 (A) caused가 된다. 본동사인 will cause는 이미 본동사가 위치하고 있으므로 들어갈 수 없다.

어휘 customer 고객　be pleased to + 동사원형 ~해서 기쁘다　announce 알리다　run 달리다. 운영되다　understand 이해하다　be unable to + 동사원형 ~할 수 없다　access 접근하다. 이용하다　associated 연관된　site 사이트, 장소　provider 제공자　regret 유감이다. 후회하다　inconvenience 불편　continue 계속하다　vigilant 경계하는, 방심하지 않는　monitor 감시하다　prevent 예방하다　similar 유사한　occurrence 발생　cause 야기하다

Step 3

Sept. 06, 2012

Opening remarks
by NATO Secretary General Anders Fogh Rasmussen
at the joint press conference

My visit to Armenia shows that NATO is and will remain committed to the South Caucasus region. **And we highly value the relationship we -------**

　　(A) were developed　(B) had been developed
　　(C) will develop　　**(D) have developed**

with Armenia over the years.

We appreciate your constant support for our mission in Afghanistan. Last year, you had more than doubled your contribution to ISAF. And recently, you have once again joined our operation in Kosovo. Your troops and your trainers are doing a great job, and you can be proud of their professionalism.

 해석

2012년 9월 6일

인사말

공동기자회견에서 NATO 사무총장 앤더스 포그 라스무슨

제가 아르메니아를 방문한 것은 NATO가 코카서스 남부 지역에 계속 헌신할 것이라는 것을 보여줍니다. 그리고 우리는 다년간 아르메니아와 쌓아온 관계를 매우 소중히 여깁니다.

아프가니스탄에서의 저희의 임무를 위해 끊임없이 지원해주신 것에 대해 감사드립니다. 작년에, ISAF에 두 배가 넘는 지원을 해주셨습니다. 그리고 최근에 코소보에서 저희 작전에 다시 한 번 참여해 주셨습니다. 귀하의 군대와 훈련관들은 임무를 탁월하게 수행하고 있으며, 우수한 전문성에 관해서 자부심을 느껴도 좋을 것입니다.

 구조분석 And we (highly) value / the relationship / [we / ------- / (with Armenia) (over the years)].
접속사 주어1　수식어　동사1　　　목적어　　　　　　　　　　　[관계사절]

 해설 we ~ with Armenia는 선행사 the relationship을 수식해주고 있다. (이 둘 사이에는 목적격 관계대명사인 that이 생략되었다). '우리가 Armenia와 쌓아온 관계'란 의미가 되어야 하므로 빈칸에는 과거부터 현재까지 관계가 이루어진 것을 나타내는 시제인 현재완료가 와야 한다. 따라서 정답은 (D) have developed이다.

어휘 opening remarks 개회 연설. 인사말　joint 공동의. 합동의　press conference 기자회견　visit 방문　show 보여주다. 나타내다　remain ~한 채로 남아 있다. 유지하다　committed 헌신적인. 열성적인　region 지역　highly 매우　value 가치 있게 여기다　relationship 관계　appreciate 고마워하다. 진가를 인정하다　constant 지속적인　support 지지. 후원　mission 임무　double 두 배로 하다　contribution 헌신, 기여　recently 최근에　once again 다시 한 번　join 가입하다. 합류하다　operation 작전. 활동　troop 군대　trainer 훈련관　be proud of ~을 자랑스러워하다　professionalism 전문성　develop 발전시키다. 개발하다

Lesson 03 ● 현재와 미래 관련 시제 Test

▶ 본책 p. 304

Step 1 01 weekly magazine   02 Your contract, December 31st.
Step 2 01 (B)   02 (B)   **Step 3** (A)

Step 1

01 This weekly magazine contains a variety of articles about regional events.

해석 이 주간지는 지역 행사에 대한 다양한 기사들을 다룹니다.

구조분석 This weekly magazine / contains / a variety of articles (about regional events).
　　　　　주어　　　　　　동사　　　목적어

해설 weekly magazine 즉, 주간지가 어떤 내용들을 다룬다는 것은 주기적으로 반복되는 것이므로 현재 시제를 써주는 것이 적합하다. 그러므로 현재 시제의 근거를 제시해주는 것은 weekly magazine이 되겠다.

어휘 **weekly** 매주의, 주간의   **magazine** 잡지   **contain** 포함하다, 함유하다   **a variety of** 다양한   **article** 기사   **regional** 지역의
event 행사, 이벤트

02 Your contract expires on December 31st.

해석 귀하의 계약은 12월 31일에 종료됩니다.

구조분석 Your contract / expires (on December 31st).
　　　　　주어　　　　동사

해설 12월 31일에 계약이 만기된다는 것은 확정된 사실, 일정, 계획이므로 Your contract와 on December 31st가 현재 시제임을 알려주는 근거가 된다.

어휘 **contract** 계약   **expire** 만료되다

Step 2

01
Cesar Almacen, 45, is a shoe repairman at the Rizal Park in Davao City. **Every day, he ------- or**
　　　　　　　(A) has repaired   **(B) repairs**
shines shoes at the park.
He has been doing this for at least 20 years already.

해석 45세인 세자르 알마센은 다바오 시에 있는 라잘 공원에서 일하는 신발 수리공이다. 매일 그는 공원에서 구두를 닦거나 수선한다. 그는 벌써 적어도 20년째 이 일을 하고 있다.

구조분석 (Every day), he / ------- // **or** shines / shoes (at the park).
　　　　　　　주어　동사1　등위접속사 동사2　목적어

해설 빈칸 앞에 Every day가 위치하고 있다. 매일 하는 일은 현재 시제로 표현하므로 정답은 현재 시제인 (B) repairs가 된다.

어휘 **shoe** 신발   **repairman** 정비사, 수리공   **shine** 광을 내다   **at least** 적어도, 최소한   **already** 이미, 벌써   **repair** 수리하다

02

When the facility is opened in the morning, everything should be in a state of readiness. Rooms should be of a comfortable temperature, well-organized, pleasantly illuminated, and spotless. The receptionist will also check the answering service or machine for any telephone messages. **At the close of the day, each room ------- to make certain all equipment is shut**

(A) has been checked   (B) should be checked

down and doors and windows are secured.

 해석

시설이 아침에 문을 열면, 모든 것이 준비를 갖추고 있어야 합니다. 방은 적합한 온도를 유지해야 하고, 정돈이 잘 되어 있어야 하며, 분위기 있는 조명에 티끌 하나 없이 깨끗해야 합니다. 접수원은 전화 메시지를 위해 전화응답 서비스나 기계를 확인해야 합니다. 하루를 마감할 때는 모든 장비가 닫혀져 있고, 문과 창문이 잠겨 있는지 각 방을 확인해야 합니다.

 구조 분석

(At the close of the day), each room / ------- [to make certain / all equipment
(수식어구)   주어   동사   (수식어구(to부정사구))

is shut down / and / doors and windows / are secured.]

 해설 매일 하루를 마감할 때 해야 되는 일에 대해 언급하고 있으므로 현재 시제인 (B) should be checked가 정답이다.

어휘 facility 시설 open 열다, 열리다 readiness 준비가 되어 있음 comfortable 편안한 temperature 온도 well-organized 잘 정돈된 pleasantly 즐겁게, 유쾌하게 illuminated 환한, 빛나는 spotless 티끌 하나 없는 receptionist 접수원 check 확인하다, 검사하다 answering service 전화 자동응답 machine 기계 message 메시지 make certain (that) 주어 + 동사 ~라는 것을 확인하다, 확실히 하다 equipment 시설, 장비 shut down 문을 닫다, 기계를 정지시키다 secured 안전한, 확실한

Step 3

October 10.

Billy Graham, General Manager
ABC Consulting Co.
165 Dolphin Street
Brisbane, Australia.

Your company is one of our most important partners, and we would like to share some news with you. **We ------- the brand logo of our**

(A) are modifying   (B) had modified
(C) would have modified (D) were modifying

company.

Beginning on October 31, you can find our new logos on all of our products.

해석

10월 10일

총지배인 빌리 그레이엄
호주, 브리즈베인 시
돌핀 가 165번지
ABC 컨설팅 회사

귀사는 우리의 가장 중요한 파트너들 중의 하나이기에 저는 새로운 소식을 귀하와 함께 나누고 싶습니다. 우리는 회사의 브랜드 로고를 수정 중에 있습니다. 10월 31일부터 우리의 모든 제품에서 새로운 로고를 만나보실 수 있으실 겁니다.

 구조 분석

We / are modifying / the brand logo (of our company).
주어   동사   목적어   (수식어)

해설 빈칸이 들어간 문장의 앞 문장에서는 어떤 소식을 같이 나누고 싶다(we would like to share some news with you)고 하였고, 뒤 문장에서는 10월 31일부터 새로운 로고를 만나볼 수 있다(Beginning on October 31, you can find our new logos on all of our products)고 말하고 있으므로 현재 로고를 수정 중에 있다는 것을 알 수 있다. 따라서 정답은 현재진행형인 (A) are modifying이 된다.

어휘 important 중요한 partner 파트너, 동료 would like to + 동사원형 ~하고 싶다 share 공유하다, 나누다 news 소식, 뉴스 brand 상표 logo 로고, 상징 find 찾다, 알다 product 제품, 상품 modify 수정하다, 변경하다

01 (C) 02 (B) 03 (D) 04 (D) 05 (D) 06 (D)

문제 01–03은 다음 이메일을 참조하시오.

TO: Alisha Olson, Manager
FROM: Donald Hernandez, Assistant Manager
DATE: December 15, 2012
SUBJECT: Desktop Publishing Program

On October 19th, 2012, you requested an investigation into the possibility of switching suppliers for AG Inn's publicity materials from an outside company to an in-house desktop publishing software program. Pursuant to this request, I 01 (C) submitted a proposal on October 27th.

I am pleased to report that all research has been completed as planned. A conclusion has been reached and I 02 (B) have given the resulting recommendation in the final section of the attached report, Desktop Publishing Software: A Comparative Analysis.

Thank you for allowing me to work on this project. I have found it very 03 (D) interesting as well as informational. If you have any questions or comments regarding this project, I would be happy to discuss them with you. I would also appreciate the opportunity to conduct research for you in other areas. You may reach me on (050) 555-1254, or email me at dhernandez@kion.com.

해석

수신: 앨리샤 올슨, 팀장
발신: 도날드 헤르난데즈, 부팀장
날짜: 2012년 12월 15일
제목: 데스크탑 출판 프로그램

2012년 10월 19일에 AG 여관의 홍보물 제작을 외주에서 회사 내부의 데스크탑 출판 소프트웨어 프로그램으로 바꿀 수 있는지에 대해 조사를 해달라고 요청하셨습니다. 이 요청에 의하여, 저는 10월 27일에 제안서를 제출했습니다.

모든 조사가 계획대로 완료되었음을 알려드리게 되어 기쁘게 생각합니다. 결론이 도출되었고, 저는 결론에 대한 제안을 첨부된 보고서인 '데스크탑 출판 소프트웨어: 비교분석'의 마지막 부분에 제시하였습니다.

제게 이번 프로젝트를 진행하게 해주셔서 감사합니다. 저는 이 프로젝트가 매우 흥미로웠을 뿐만 아니라 많은 정보를 알게 되었습니다. 프로젝트에 대해서 질문이 있거나 의견이 있으시다면 저는 당신과 의논할 수 있는 것을 기쁘게 생각할 것입니다. 또한 다른 분야의 조사를 할 수 있는 기회가 생긴다면 감사하겠습니다. (050) 555-1254로 전화를 주시거나 dhernandez@kion.com 으로 메일을 보내주시기 바랍니다.

어휘 request 요청하다 investigation 조사 possibility 가능성 switch 전환하다, 바꾸다 inn 여관 publicity material 홍보물 in-house (회사, 조직) 내부의 pursuant to ～에 의하여 submit 제출하다 proposal 제안서 be pleased to + 동사원형 ～해서 기쁘다 report 보고하다 research 조사 complete 완료하다, 완벽한, 완전한 as planned 계획대로 conclusion 결론 recommendation 추천, 권고 attached 첨부된 comparative analysis 비교분석 informational 정보의 comment 의견, 논평 regarding ～에 대해서 appreciate 감사하다 opportunity 기회

01 Pursuant to this request, I ------- a proposal on October 27th.
 (A) will submit (B) submit (C) submitted (D) had submitted

구조분석 (Pursuant to this request), I / ------- / a proposal (on October 27th).
       전치사구(수식어구)   주어   동사   목적어

해설 동사의 적합한 시제를 묻는 문제이다. 지문의 상단부에 이메일을 보낸 날짜가 12월 15일이다. 그리고 빈칸이 들어간 문장에서 10월 27일에 제안서를 제출한 것으로 보아 시제는 과거가 되는 것이 적합하므로 정답은 (C) submitted가 된다.

02 A conclusion has been reached and I ------- the resulting recommendation in the final section of the attached report, Desktop Publishing Software: A Comparative Analysis.

(A) was given   (B) have given   (C) have been given   (D) would have given

---

구조 분석 A conclusion / has been reached / and I / ------- / the resulting recommendation
             주어1   동사1   접속사주어2 동사2   목적어

  (in the final section) (of the attached report, Desktop Publishing Software: A Comparative Analysis).

해설 동사의 적합한 형태를 찾는 문제이다. 빈칸 뒤에 목적어(the resulting recommendation)가 제시되어 있으므로 수동태인 (A), (C)는 답이 될 수 없다. 문맥을 보면 첨부된 보고서에 조사 결과에 대한 제안이 마지막 부분에 있다고 하는 것으로 보아 적합한 시제는 현재완료인 (B) have given이 된다. (D) would have given은 가정법 표현으로 '~을 주었을 텐데'라는, 과거 사실에 반대되는 내용을 의미하므로 답이 될 수 없다.

---

03 I have found it very ------- as well as informational.

(A) interest   (B) interests   (C) interested   (D) interesting

---

구조 분석 I / have found / it / (very) ------- / as well as informational.
         주어   동사   목적어   목적보어1   상관접속사   목적보어2

해설 목적보어 자리에 적합한 단어의 형태를 묻는 문제이다. find가 5형식 동사로 쓰여 목적어로 it이 위치하고 있다. 여기에서 it은 this project를 의미하는데 프로젝트는 사물이다. interest는 감정동사로 사람과 쓰일 경우에는 과거분사 형태인 interested가, 사물과 쓰일 경우에는 현재분사 interesting이 위치한다. 목적어가 사물(프로젝트)이므로 정답은 현재분사인 (D) interesting이 된다.

문제 04-06은 다음 기사를 참조하시오.

Jan 24, 2012 - Investors welcomed Apple's record earnings late Tuesday by pushing the company's shares up eight percent Wednesday, moving it ahead of Exxon as the world's most valuable company.

Apple Inc.'s market capitalization sat at $422 billion on Wednesday after the company **04 (D) reported** first quarter earnings on Tuesday of $13 billion.

Analysts had predicted the world's largest technology company **05 (D) would report** a $10.04 dividend per share and revenue of $38 billion.

Apple also saw massive sales of its new iPhone 4S, launched in mid-October, with total iPhone sales of $37 million, which was even higher than **06 (D) expected**. The result may make Apple the world's largest maker of smartphones. Samsung Electronics, which held that position for most of last year, has said it expects to report shipping of about $35 million worth of smartphones in the October to December quarter.

해석

2012년 1월 24일 – 투자자들은 화요일 늦게 애플 사의 기록적인 수익을 환영했는데, 이 소식은 수요일에는 회사의 주가를 8퍼센트 끌어올려, 세계에서 가장 자산 가치가 높은 엑손 사를 앞질렀다.

애플 사가 화요일에 1분기 130억 달러의 수익을 올렸다고 보고하자 수요일에는 애플 사의 자산 가치가 4,220억 달러가 되었다.

분석가들은 세계에서 가장 큰 테크놀로지 사인 애플은 주당 10.04달러의 배당금과 380억 달러의 수입이 있을 것이라고 예측했었다.

10월 중순에 출시된 애플의 신제품 아이폰 4S는 예상보다 더 높은 3,700만 달러라는 엄청난 매출을 올렸다. 이 결과로 애플 사는 세계에서 가장 큰 스마트폰의 제조사가 될지도 모른다. 지난 해 대부분 기간 동안 그 자리를 차지했던 삼성전자는 10월부터 12월까지의 분기 동안 약 3,500만 달러 상당의 출하를 예상한다고 말했다.

어휘 **investor** 투자가 **record** 기록적인 **earnings** 수익 **share** 주식 **valuable** 가치가 있는 **market capitalization** 자산 가치 **predict** 예상하다 **revenue** 수입 **massive** 막대한 **result** 결과

04 Apple Inc.'s market capitalization sat at $422 billion on Wednesday after the company
------- first quarter earnings on Tuesday of $13 billion.

(A) will report   (B) report   (C) reports   (D) reported

구조 분석 Apple Inc.'s market capitalization / sat (at $422 billion) (on Wednesday) / after the company /
주어1   동사1   (수식어)   (수식어)   접속사   주어2

------- / first quarter earnings (on Tuesday of $13 billion).
동사2   목적어   (수식어구)

해설 적합한 동사의 형태를 찾는 문제이다. 주절의 동사(sat)가 과거 시제이다. 부사절 접속사가 이후라는 의미의 after이므로 부사절은 주절의 과거 시제보다 먼저 발생한 내용이다. 따라서 동사는 과거 또는 과거완료 시제를 써야 하므로 정답은 (D) reported이다.

---

05 Analysts had predicted the world's largest technology company ------- a $10.04 dividend
per share and revenue of $38 billion.

(A) will report   (B) will have reported   (C) will be reporting   (D) would report

---

구조 분석 Analysts / had predicted / the world's largest technology company / ------- / a $10.04 (dividend
주어1   동사1   주어2   동사2   목적어

per share and revenue) (of $38 billion).
        (수식어)

해설 빈칸에 적합한 동사의 시제를 찾는 문제이다. 접속사 that이 생략된 목적절 앞의 동사가 과거완료 시제인 had predicted이다. 그러므로 과거에 미래의 상황을 예상한 것이므로 목적절 안의 동사는 미래 과거 시제인 would report가 와야 한다. 다른 보기들에는 실제 미래 시제인 will이 있으므로 답이 될 수 없다.

---

06 Apple also saw massive sales of its new iPhone 4S, launched in mid-October, with total
iPhone sales of $37 million, which was even higher than -------.

(A) expect   (B) have expected   (C) had expected   (D) expected

---

구조 분석 Apple (also) / saw / massive sales (of its new iPhone 4S), (launched in mid-October),
주어   (수식어)   동사   목적어   (수식어)   (수식어)

(with total iPhone sales) (of $ 37 million), (**which** was even higher than -------).
    (수식어)   (수식어)

해설 빈칸에 적합한 동사의 형태를 묻는 문제이다. 관용적으로 '예상했던 것보다'라는 의미를 나타낼 때는 higher than expected라는 숙어 표현을 사용한다.

Lesson 01 ● 비즈니스 문서상의 관용표현 Test ▶ 본책 p. 309

Step 1 01 inform → to inform 02 choose → choosing 03 see → to seeing
Step 2 01 (A) 02 (B) Step 3 (B)

Step 1

01 It is my pleasure inform (→ to inform) you that as of December 1st, Carrier Fisher will be the new manager in your region.

해석 12월 1일부터, 캐리어 피셔 씨가 당신 지역의 새로운 매니저가 되었다는 사실을 알리게 되어 기쁘게 생각합니다.

구조분석 It / is / (my) pleasure / to inform / you / that (as of December 1st) Carrier Fisher / will be / the new
가주어 동사 보어 진주어 (to부정사)
manager (in your region).

해설 [It is my pleasure to + 동사원형]은 '~하게 되어 기쁘다'는 의미로 문서의 도입부에 주로 쓰이는 표현이다.

어휘 pleasure 기쁨, 즐거움 inform A that ~ A에게 ~라는 사실을 알리다 manager 관리자, 매니저 region 지역

02 Thank you for choose (→ choosing) Southern Bank to serve your financial needs.

해석 귀하의 재정 업무를 처리하는 은행으로 우리 서던 은행을 선택해 주셔서 감사합니다.

구조분석 Thank / you (for choosing / Southern Bank) (to serve / your financial needs).
동사 목적어

해설 감사의 표현인 Thank you 뒤에 이유를 나타낼 때는 [이유의 전치사 for + 동명사(-ing)]의 형태를 쓴다.

어휘 choose 선택하다, 고르다 serve 제공하다, 봉사하다 financial 재정적인 needs 필요, 욕구

03 We look forward see (→ to seeing) more of your work on display at Art Rebellion in 2013.

해석 2013년에 아트 리벨리언에서 당신의 더 많은 전시 작품을 볼 수 있기를 고대하겠습니다.

구조분석 We / look forward [to seeing / more (of your work) (on display) (at Art Rebellion) (in 2013)].
주어 동사 수식어구 (전치사구)

해설 [look forward to + -ing]는 '~하는 것을 고대하다'라는 의미의 [전치사 + 동명사] 관련 표현으로, to 뒤에는 동명사 형태인 seeing이 와야 한다.

어휘 work 작품 display 전시

Step 2

Mark Your Calendars Now for the 47th Annual Conference—Register Today to Receive the Early Bird Discount and Special Discount Pricing.

It's not too soon to begin planning for the NAEPC's 47th Annual Conference to be held from November 17-19 at the Hyatt Regency Mission

해석
제 47회 연례 컨퍼런스를 달력에 표시하세요. – 조기 등록 할인과 특별 가격 할인을 받기 위해 오늘 등록하세요.

11월 17일부터 19일까지 아름다운 캘리포니아 샌디에이고의 하이야트 리전시 미션 베이 스파 앤 머리나에서 열리는 NAEPC의 47회 연례 컨퍼런스를 위한 기획을 시작해야 합니다.

Bay Spa & Marina in beautiful San Diego, California.

Register today to receive the early bird discount (valid through August 31, 2010).

For more ------- about the conference and
(A) details   (B) issues
special discount pricing, please visit our website at http://www.naepc.org/convention.web.

조기 등록 할인을 위해 오늘 등록하세요. (2010년 8월 31일까지 유효)

컨퍼런스와 특별 할인 가격에 관한 세부 정보를 더 원하시면 저희 웹사이트 http://www.naepc.org/convention.web을 방문하시기 바랍니다.

[구조분석] (For more -------) (about the conference and special discount pricing), (please) visit / our website
                                                   동사(명령문)   목적어
       (at http://www.naepc.org/convention.web).

[해설] 빈칸은 for의 목적어로, 대상이 되는 about the conference ~의 수식을 받고 있는 명사이다. 웹사이트를 방문하는 목적은 컨퍼런스와 특별 할인에 관한 세부 사항을 얻기 위한 것이 맥락상 적절하므로 정답은 (A) details가 된다. for more details/information은 더 상세한 정보를 알고 싶으면 어디로 연락하는 뜻으로 자주 쓰이는 표현이다.

[어휘] mark 표시하다 annual 매년의, 연례의 conference 회의, 컨퍼런스 register 등록하다 receive 받다 early bird discount 일찍 예약하거나 표를 구매하는 사람에게 주는 할인 discount 할인 special discount 특별 할인 pricing 가격 detail 세부사항 issue 쟁점, 문제, 발행

---

02 Oct. 14th, 2010 - ZTE Corporation of China will soon ------- a new model of their own ZTE Light Android OS 2.1 Tablet.
    (A) recall   (B) market
[해석] 2010년 10월 14일 — 중국의 ZTE사는 자사의 ZTE 라이트 앤드로이드 OS 2.1 태블릿의 새로운 모델을 판매할 예정이다.

[구조분석] Oct. 14th, 2010 - ZTE Corporation (of China) / will (soon) ------- / a new model (of their own
                         주어   동사   목적어
ZTE Light Android OS 2.1 Tablet).

[해설] 빈칸에 적절한 동사 어휘를 고르는 문제이다. 빈칸 뒤의 목적어가 new model인데, recall은 이미 생산된 제품에 문제가 있어서 그 제품을 '회수한다'는 의미를 갖기 때문에 적절하지 않고, 새로운 모델을 '판매하다'가 의미상 적절하므로 정답은 (B) market이 된다.

[어휘] corporation 기업 soon 곧 new 새로운 model 모델 tablet 태블릿 recall 회수하다 market (상품을 시장에) 내놓다

Step 3

Dear Javier,

Thank you for the offer of the position as a Sales Recruiter with Excel Corporation. After extensively considering my job offers, I have chosen to accept a position with another company. It was a difficult decision because your company has such a high reputation in the market, but location was the deciding factor. **Thanks again for your -------.**
      (A) payment   (B) consideration
      (C) inquiry   (D) schedule

Sincerely,
Ernie

[해석]
자비에 씨께,

엑셀 사의 영업사원 모집 담당자 자리를 제안해 주셔서 감사합니다. 여러 회사에서 받은 제안에 관해 깊이 고민한 끝에, 다른 회사의 자리를 선택하기로 결정하였습니다. 귀하의 회사가 시장에서 높은 명성을 가지고 있기 때문에 매우 힘든 결정이었습니다만, 위치가 결정적인 요인이었습니다. 다시 한 번 귀하의 고려에 대해 감사합니다.

충심으로,

어니

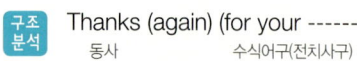 Thanks (again) (for your -------).
　　　　동사　　　　　　수식어구(전치사구)

해설 빈칸에 적절한 명사 어휘를 고르는 문제이다. 감사의 표현인 Thanks 뒤의 전치사 for는 이유를 나타내므로 감사한 이유를 찾는다. 앞에서 회사의 자리를 제안한 것에 대해 감사하다는 내용이 나오고 있다. 문맥상 빈칸에는 (B) consideration이 들어가서 '고려'해줘서 고맙다는 말이 연결되는 것이 자연스럽다.

어휘 offer 제공(하다), 제안(하다)　position 자리, 직위　sales recruiter 영업사원 모집 담당자　extensively 광범위하게　consider 고려하다　choose 고르다, 선택하다　accept 받아들이다, 수락하다　another 또 다른　difficult 다른　decision 결정　location 위치　deciding 결정적인　factor 요인, 요소　payment 지불　consideration 숙고, 고려(사항)　inquiry 질문　schedule 일정　sincerely 진심으로

Lesson 02 ● 복합성 어휘 문제 Test　　　　▶ 본책 p. 315

Step 1 해설 참조　　Step 2 01 (B) 02 (A)　　Step 3 (D)

Step 1

Merger Attracts National Attention

Wellington (May, 15) - Business analysts are watching the <u>recent</u> merger of Saxelby Biomedical and Carri Pharm, two of the country's largest pharmaceutical firms.

Rather than downsizing as industry insiders expected, the newly formed organization, Saxelby-Carri pharmaceutical, has plans to expand.

해석
국가적 관심을 불러일으키는 합병

웰링튼 (5월 15일) – 비즈니스 분석가들은 두 대형 제약회사인 색슬비 바이오메디칼 사와 캐리 팜 사의 최근 합병을 지켜보고 있다.

새로 형성된 새로운 회사인 색슬비-캐리 제약은 업계 내부 소식통이 예상한 대로 인원을 줄이는 것이 아니라, 확장할 계획을 가지고 있다.

어휘 merger 합병　attract 끌어들이다　national 전국적인, 국가의　attention 관심, 주의　business 사업　analyst 분석가　watch 지켜보다　country 국가　largest 큰　pharmaceutical firm 제약회사　downsize (인원을) 줄이다, 구조조정하다　industry 산업　insider 내부자　expect 기대하다, 예상하다　newly 새롭게　formed 형성된　organization 기관, 조직　plan to + 동사원형 ～할 것을 계획하다　expand 확장하다

구조분석
　　　　　　　　　　　　　　　　　　　　　　　　　　등위접속사
Business analysts / are watching / the recent merger (of Saxelby Biomedical) / **and** Carri Pharm, (two
　　주어　　　　　　　동사　　　　　　목적어　　　　　　　수식어구
of the country's largest pharmaceutical firms.)
(Rather than downsizing as industry insiders expected), the newly formed organization,
　　　　　　　　　　　　　　　　　　　　　　　　　　　　　주어
(Saxelby-Carri pharmaceutical,) / has plans / to expand.
　　　　　　　　　　　　　　　　　동사　　　목적어(to부정사)

해설 recent merger(최근의 합병)라는 표현에서 recent는 이미 합병이 이루어졌다는 것을 의미한다. 그리고 다음 문장의 Rather than downsizing as industry insiders expected. the newly formed organization. Saxelby-Carri pharmaceutical. has plans to expand.에서 newly formed organization을 통해 이미 새롭게 조직이 만들어졌다는 내용과 일맥상통함을 알 수 있다.

Step 2

01　The most efficient way to do this is through our Web site, or you can fill out a paper form available from my office. ------- **cannot be** (A) Materials　(B) Requests

해석
저희 웹사이트를 통하는 것이 가장 효과적인 방법인데 제 사무실에서 서류를 받아 작성을 하셔도 됩니다. 이 서류를 받을 때까지 요청하신 건은 처리되지 않습니다.

processed until this documentation has been received.

A service technician will then contact you to schedule a repair or, if needed, a replacement.

그리고 나서 서비스 기술자가 수리 날짜와 필요하다면 교환 날짜를 잡기 위해 연락을 할 것입니다.

[구조분석] ------- / cannot be processed / **until** this documentation / has been received.
주어1 　　　　　 동사1 　　　　　 접속사 　　　 주어2 　　　　　 동사2

[해설] 서류를 받을 때까지 처리될 수 없는 대상은 '요청'이다. 또한 뒷 문장에서(A service ~ replacement) 서비스 기술자가 수리 날짜와 필요하다면 교환 날짜를 잡기 위해 연락할 것이라고 했으므로 수리를 '요청'했음을 알 수 있다. 그러므로 정답은 (B) Requests가 된다.

[어휘] efficient 효율적인　way 방법, 길　through ~을 통하여　fill out 작성하다　paper 서류, 종이　form 형식, 서식　available 이용 가능한　process 처리하다, 가공하다　documentation 서류, 문서화　receive 받다　technician 기술자　contact 연락하다　schedule 일정을 잡다　repair 수리　need 필요하다　replacement 교체

---

02 As most of you know, Sherry Javis is retiring after a long career as production manager for Dazzling Dress Design. A party in honor of her many contributions to the company will be held on Friday, July 6, at 5 P.M. in the main conference room.

In a previous memo, I solicited suggestions for the ------- gift for the occasion.

(A) parting　(B) invitational

[해석]
여러분들도 대부분 아시다시피, 대즐링 드레스 디자인에서 생산 관리 책임자로 오랫동안 근무를 한 쉐리 쟈비스가 은퇴를 할 것입니다. 회사에 많은 공헌을 한 그녀의 업적을 기리는 파티가 7월 6일 금요일 오후 5시에 주회의실에서 열립니다.

이전 회람에서 저는 이 파티에서 증정할 송별 선물에 대한 의견을 요청했었습니다.

[구조분석] (In a previous memo), I / solicited / suggestions (for the ------- gift) (for the occasion).
　　　　　　　　 주어　 동사　　　　 목적어

[해설] parting gift는 복합명사로 '송별 선물'이라는 의미를 나타낸다. 앞 문장의 내용이 은퇴를 하는 사람에 대한 파티를 열어준다고 했으므로, 이 사람을 위해 어떤 선물을 해주는 것이 좋을지 그 의견을 물어보았다는 내용이 되는 것이 적합하므로 정답은 (A) parting이 된다.

[어휘] retire 은퇴하다　career 경력　production 생산　in honor of ~에게 경의를 표하여, ~을 기념하여　contribution to ~에 대한 기여, 헌신　be held 열리다, 개최되다　main 주된　conference room 회의실　previous 이전의　memo 회람　solicit 간청하다　suggestion 제안　gift 선물　occasion 때, 행사　parting 이별의, 작별의　invitational 초대의

Step 3

Dear Mr. Dutton,

Based on your recent letter of inquiry, we would like to set up an interview for a position with our firm. Your letter indicates that you are seeking an immediate full-time job as a legal assistant. We would like to consider you for a summer internship. The program, which runs from June 15 through August 15, is designed to increase legal research skills through training and practical experience. **Successful participants are often offered ------- positions upon program completion.**

(A) persistent　(B) durable
(C) habitual　(D) permanent

We urge you to consider this opportunity. Should

[해석]
더튼 씨께,

최근 보내주신 문의 편지에 따라, 저희는 그 자리에 귀하를 인터뷰하고 싶습니다. 귀하는 편지에서 정규직 법률보조원으로 업무를 바로 시작할 수 있는 일을 찾는다고 하셨습니다. 저희는 귀하를 여름 인턴십에 적격자로 고려하고 있습니다. 6월 15일부터 8월 15일까지 진행되는 이 프로그램은 연수와 실무를 통해 법률 조사 기술을 증진시킬 수 있도록 고안되었습니다. 프로그램을 성공적으로 완수한 참가자들은 정규직으로 전환되는 경우가 많습니다. 저희는 귀하가 이번 기회를 잡으시길 바랍니다. 인턴십에 참가하기를 원하시면 편하신 시간에 저에게 이메일로 답변을 주시길 바랍니다.

you wish to pursue an internship, please respond to by e-mail me at your earliest convenience.

Nancy Liu
Perverell Associates

낸시 리어우
퍼베럴 법률사무소

 Successful participants / are (often) offered / ------- positions (upon program completion).
　　　　　　주어　　　　　　　　　동사　　　　　　목적어

 permanent position은 '정규직'이라는 의미이다. 인턴십 프로그램을 성공적으로 끝마치고 나서 얻을 수 있는 것은 정규직이므로 정답은 (D) permanent가 된다.

어휘 based on ~에 기초하여　inquiry 질문　would like to + 동사원형 ~하고 싶다　set up 마련하다, 설치하다　interview 인터뷰, 면접　position 자리, 직위　firm 회사　indicate 나타내다, 가리키다　seek 찾다, 구하다　immediate 즉각적인　job 직업　legal 법적인　assistant 보조자　consider 고려하다　internship 인턴십　run 운영하다　design 디자인하다, 고안하다　increase 증가시키다　research 조사, 연구　skill 기술　through ~을 통하여　training 훈련, 교육　practical 실용적인　experience 경험　successful 성공적인　participant 참가자　often 종종, 자주　offer 제공하다　completion 완성　urge 권고하다　opportunity 기회　wish to + 동사원형 ~하기를 바라다　pursue 추구하다　respond to ~에 응답하다, 대답하다　at your earliest convenience 가장 빠른 편한 시간에

Chapter 05 ● Practice Test

▶ 본책 p. 316~317

01 (D)　02 (C)　03 (B)　04 (A)　05 (C)　06 (D)

문제 01-03은 다음 편지를 참조하시오.

Ms. Jane Doe
Partner-In-Charge
Big Public Accounting, Inc.
123 N. Michigan Ave.
Chicago, IL 12345

Ms. Doe:

I **01 (D) was referred** to you by Mr. Dave Zebecki, a partner with your New York office, who **02 (C) informed** me that the Chicago office of Big Public Accounting is actively seeking to hire quality individuals for your Auditor Development Program.

I have more than two years of accounting experience, including interning as an auditor last year with the New York City office of Ernst & Young. I will be receiving my BBA this May from Illinois State University, graduating Magna Cum Laude. I am confident that my combination of practical work experience and solid educational experience has prepared me for making an immediate **03 (B) contribution** to Big Public Accounting.

해석

제인 도우 씨
빅 공인회계 사무소 책임 파트너
우편번호 12345
일리노이 주, 시카고 시
노스 미시간 가 123번지

도우 씨에게:

저는 당신의 뉴욕 사무실의 파트너인 데이브 제베키 씨에게서 당신에 대해 이야기를 들었습니다. 그는 저에게 빅 공인회계사의 시카고 사무실에서 감사원 개발 프로그램에 참여할 능력 있는 사람을 찾고 있다는 것을 알려주었습니다.

저는 지난 해 언스트 앤 영사의 뉴욕시 사무실에서 회계 감사원 인턴으로 근무한 것을 포함해서 2년이 넘는 회계 업무 경력이 있습니다. 저는 이번 5월에 일리노이 주립 대학교를 우등상을 받고 경영학 학사학위를 받을 것입니다. 제가 빅 공인회계사에 들어가면 저의 실제 업무경험과 학습경험의 결합되어 바로 귀사에 기여할 수 있다고 생각합니다.

Having interned with a leading firm in the public accounting field, I understand the level of professionalism and communication required for long-term success in the field. My background and professional approach to business will provide your office with a highly productive auditor upon completion of your Development Program.

I will be in the Chicago area the week of March 16. Please call me on 217-222-3456 to arrange a convenient time when we may meet to further discuss my background in relation to your needs. If I have not heard from you by March 9, I will contact your office to inquire as to a potential meeting date and time. I look forward to meeting you in the near future.

Sincerely,
Tracy Q. Graduate

공인회계 분야의 선도 기업에서 인턴 생활을 하면서 저는 이 분야에서 장기적으로 성공하는 데에 필요한 전문성과 커뮤니케이션의 수준을 알게 되었습니다. 귀사의 개발 프로그램을 완료하게 되면 제 학력과 업무의 전문적인 접근 방법으로 인해 저는 귀사에 생산성이 높은 회계감사관이 될 것입니다.

3월 16일부터 1주일 동안 저는 시카고에 있을 것입니다 귀사의 욕구와 연관된 저의 경력에 대한 추가 논의를 하고자 편한 시간을 정하시려면 217-222-3456으로 연락주시기 바랍니다. 3월 9일까지 답변을 듣지 못하면 제가 귀사를 방문할 수 있는 일자와 시간과 관련해서 문의를 하기 위해 전화 드리겠습니다.

만나 뵙기를 고대하겠습니다.

충심으로,
트레이시 Q. 그래듀에이트 드림

어휘 refer ~를 소개하다 inform 알리다 actively 활발히, 적극적으로 accounting 회계(업무) seek to ~하려고 애쓰다, 시도하다 hire 고용하다 quality 우수한 individual 개인 auditor 회계 감사관 receive 받다 confident 자신감 있는 combination 조합, 결합 practical experience 실무 경험 solid 단단한, 탄탄한, 믿음직한 educational 교육적인 immediate 즉각적인 contribution 공헌 leading firm 선도 기업 explain 설명하다 suggest 제안하다 request 요구하다 motivation 자극, 유도, 동기부여 asset 자산 success 성공 field 분야 professionalism 전문성 communication 의사소통 long-term 장기적인 background 배경 approach 접근 productive 생산적인 provide + 사람 + with + 사물 ~에게 …을 제공하다 completion 완료, 완성 arrange 마련하다, 일을 처리하다 convenient 편리한 in relation to ~에 관하여 look forward to + -ing ~하기를 학수고대하다

---

01 I ------ to you by Mr. Dave Zebecki, a partner with your New York office,

(A) refer (B) referred (C) have referred (D) was referred

구조분석 I / ------ (to you) / (by Mr. Dave Zebecki), (a partner) (with your New York office),
주어 동사 (수식어) (수식어) (수식어)

해설 빈칸에 적합한 시제의 동사를 찾는 문제이다. 타동사 refer뒤에 목적어가 위치하고 있지 않는 것으로 보아 빈칸에는 수동태인 was referred가 들어가야 한다.

---

02 who ------ me that the Chicago office of Big Public Accounting is actively seeking to hire quality individuals for your Auditor Development Program.

(A) explained (B) suggested (C) informed (D) requested

구조분석 who ------ / me / that the Chicago office (of Big Public Accounting) / is (actively)
관계대명사 동사 간접목적어 직접목적어(that절)

seeking / (to hire quality individuals) (for your Auditor Development Program).
동사 (수식어) (수식어)

해설 빈칸에 적절한 동사를 찾는 어휘 문제이다. 빈칸 뒤의 구조가 [사람(me) 목적어 + that]이다. 이러한 구조를 취하면서 적합한 의미를 나타내는 것(그는 저에게 Chicago office of Big Public Accounting이 감사원 개발 프로그램에 참가할 우수한 사람을 찾고 있다는 것을 알려주었습니다)은 inform이다. [inform + 사람 + that절]은 '사람에게 that절을 알리다'라는 뜻이다.

03 I am confident that my combination of practical work experience and solid educational experience has prepared me for making an immediate ------- to Big Public Accounting.
(A) motivation   (B) contribution   (C) asset   (D) success

구조분석 I / am / confident / **that** my combination (of practical work experience and solid
주어1 동사1 보어 주어2

educational experience) / has prepared / me (for making an immediate -------) (to Big
동사2 목적어 (수식어구)

Public Accounting).

해설 적합한 명사를 찾는 문제이다. 빈칸 뒤의 전치사 to와 함께 어울려 쓰여 '저의 실제 업무경험과 학습경험의 결합되어 바로 귀사에 기여할 수 있다고 생각합니다'라는 문맥이 되는 것이 적합하므로 정답은 '기여, 공헌'의 의미를 가진 contribution이다.

문제 04-06은 다음 안내를 참조하시오.

Customer service officer, Ref: 555JA

We are a large pharmaceutical company looking for a customer service representative to join our administration team. This role would be suitable for a **04 (A) qualified** customer service representative, preferably someone who has previously worked in a pharmaceutical or medical **05 (C) environment**.

As the customer service representative, you will:
Meet and greet clients and customers.
Respond to internal and external enquiries via email, phone and face-to-face.
Manage customer order entries.
Manage and update client accounts.
Update client databases.
Perform general administration tasks.
Support other departments.

We are looking for someone who is friendly, hardworking and thrives in a fast-paced environment.

The successful candidate will also have:
Excellent communication skills.
A warm, approachable manner.
At least two years experience in a customer service position.
Extensive experience using MS office software.
06 (D) Should this position be of interest, please email a current resume to Lionel Miller at lionel.millier@email.com, or mail it to Karp Pharmaceuticals, 100 Green Street, Terrace Hill CA, 5666.

해석

고객 서비스 담당직원, 참조: 555JA

우리는 관리팀에서 근무할 고객 서비스 직원을 찾고 있는 의약품 관련 대기업입니다. 이 자리는 능력 있는 고객서비스 직원에게 맞으며 특히 이전에 의약 관련 또는 의학 환경에서 근무했던 사람에게 더 적합합니다.

고객 서비스 직원으로서 귀하가 하게 될 일은 다음과 같습니다.
고객이나 소비자들을 응대하기
이메일이나 전화 또는 직접 대면하여 내외부의 문의에 대해 답변하기
고객 주문 항목 관리
고객 계좌 관리 및 갱신
고객 데이터베이스 갱신
일반적인 행정 업무 수행
타 부서 지원

우리는 친근하고, 근면하며, 급변하는 환경에서도 일을 능숙하게 처리하는 사람을 찾고 있습니다.

성공적인 지원자의 요건은 다음과 같습니다.
뛰어난 의사소통 기술
따뜻하고 상냥한 태도
최소 2년의 고객 서비스직 근무 경험
MS office 소프트웨어를 사용하는 폭넓은 경험

만약 이 일자리에 관심이 있다면 현재의 이력서를 라이어넬 밀러 씨의 이메일 lionel.miller@email.com로 보내거나, 카프 제약 회사. 우편번호 5666. 캘리포니아 주. 테라스 힐 시. 그린 가 100 번지로 우편으로 보내주십시오.

어휘 customer 고객 pharmaceutical 제약(의) representative 담당자 administration 관리(직) preferably 가급적이면, 오히려 environment 환경 enquiry 문의 external 외부의, 외면적인 entry 항목 account 계좌 department 부서 hardworking

근면한 **thrive** 번영하다 **fast-paced** 빨리 진행되는 **candidate** 지원자 **communication** 의사소통 **approachable** 접근할 수 있는, 친근한 **extensive** 아주 넓은 **resume** 이력서

This role would be suitable for a ------- customer service representative, preferably someone

04 (A) qualified   (B) processed   (C) apparent   (D) potential

who has previously worked in a pharmaceutical or medical -------.

05 (A) condition   (B) conditions   (C) environment   (D) environments

---

구조분석 This role / would be / suitable (for a qualified customer service representative), (preferably)
　　　　　주어　　　동사　　　보어　　　　　　　　　　　　(수식어)　　　　　　　　　　　　(수식어)

someone (**who** has (previously) worked (in a pharmaceutical or medical environment).
동격명사　주격 관계대명사　　　　　　　　동사　　　　　　　(수식어)

해설 04 빈칸 뒤의 customer service representative를 수식하는 적절한 형용사를 찾는 문제이다. customer service representative 뒤에 어떤 사람인지(someone~)에 대한 보충 설명이 나오고 있다. 뒷 문장에서 '특히 이전에 의약 관련 또는 의학 환경에서 근무 했던 사람이 적합하다'고 하는 것으로 보아 빈칸은 '자격이 있는'이라는 의미를 가진 qualified가 정답이다.

05 a pharmaceutical or medical과 어울려 쓰일 수 있는 적합한 명사 어휘를 찾는 문제이다. 빈칸 앞에 부정관사 a가 위치하고 있으므로 단수 형태인 (A) condition과 (C) environment가 정답이 될 수 있겠다. condition은 상태가 좋고, 나쁜 것을 의미하고, environment는 환경이나 분위기 등을 의미한다. 그러므로 pharmaceutical or medical과 어울려 쓰이기에 적합한 것은 environment가 되겠다(의약 관련 또는 의학 환경). 참고로 conditions는 '조건'이라는 의미로 쓰인다는 것도 함께 알아두도록 하자.

---

06 ------- this position be of interest, please email a current resume to Lionel Miller
at lionel.millier@email.com, or mail Karp Pharmaceuticals, 100 Green Street, Terrace Hill CA, 5666
(A) If   (B) That   (C) What   (D) Should

구조분석 Should / this position / be / of interest, (please) email / a current resume (to Lionel Miller)
　　　　　조동사　　　주어　　　동사1　보어　　　　　　　동사2　　　목적어　　　　(수식어)

(at lionel.millier@email.com), // **or** mail / it (to Karp Pharmaceuticals), (100 Green Street,
　　　　(수식어)　　　　　　　　　등위접속사 동사3 목적어　　(수식어)　　　　　　(수식어)

Terrace Hill CA, 5666)

해설 빈칸 뒤의 동사의 형태가 동사원형이다. 이 문제는 가정법 If가 생략되면서 도치된 문장으로, 빈칸에 들어갈 수 있는 것은 선택지의 보기 중 Should밖에 없다. 원래의 문장은 If this position should be of interest please ~인데 If가 생략되면서 주어와 (조)동사의 도치가 일어나 Should this position be of interest~가 된 가정법 미래의 문장이다.

Part 6 ● Final Test ▶ 본책 p. 318~321

141 (D)	142 (A)	143 (B)	144 (D)	145 (C)	146 (D)
147 (D)	148 (B)	149 (D)	150 (D)	151 (C)	152 (B)

문제 141-143은 다음 회람을 참조하세요.

Attention all employees   **해석**

The board of directors announced that they have decided to **141. (D) revise** the company dress

전 직원에게 알립니다.

이사회는 회사의 복장규정을 변경하기로 결정했다고 발표했으니

code. Starting next month, employees will now be required to wear new T-shirts imprinted with the company name and logo.

All employees will receive one T-shirt free of charge and will be expected to wear it during their work shifts. 142. (A) Additional shirts may be purchased for $12.00 each.

Please find an order form attached on which you are asked to indicate the size you require. Enclose payment if applicable. All orders should be submitted to Jessie Lopez in the purchasing office by no 143. (B) later than Thursday, April 15.

다. 다음 달부터 직원들은 회사명과 로고가 인쇄된 새로운 티셔츠를 입어야 합니다.

직원들은 모두 티셔츠 한 장을 무료로 받게 될 것이며, 근무 시간에는 이 티셔츠를 착용하셔야 합니다. 추가로 셔츠를 구매할 경우 각 12달러에 구입할 수 있습니다.

첨부된 주문서에 원하는 사이즈를 표시하여 주시기 바랍니다. 해당되는 사항이 있으시면 대금을 동봉해 주세요. 주문서는 모두 구매과의 제시 로페즈에게 늦어도 4월 15일 목요일까지 보내주셔야 합니다.

어휘 the board of directors 이사회 announce 발표하다 revise 개정하다. 변경하다 starting + 날짜/시기 ~부터 imprint 각인시키다. 인쇄하다 free of charge 무료로(이때 charge는 '요금'이란 의미) additional 추가의 purchase 구매하다 attached 첨부된 enclose 동봉하다 payment 대금 applicable 해당되는 submit 제출하다 no later than 늦어도 ~까지는

---

141 The board of directors announced that they have decided to ------- the company dress code.

(A) discuss   (B) abolish   (C) survey   (D) revise

구조분석 The board of directors / announced / **that** / they / have decided / to ------- / the company dress code.
주어　　　　　　동사　　　　　　　　　　　　　　　　　　목적어(that절)

해설 빈칸은 to부정사 뒤에 들어갈 알맞은 동사를 찾는 문제로, 목적어 the company dress code를 받으면서 문맥상 자연스러운 동사를 정답으로 찾아야 하겠다. 다음 문장에서 '다음 달부터 직원들은 회사의 이름과 로고가 인쇄된 새로운 티셔츠를 입어야 한다(Starting next month.~ with the company name and logo.)'고 하는 것으로 보아 '회사의 복장규정을 변경[수정]하다'라는 의미가 되는 것이 적합하므로 정답은 (D) revise가 된다.

---

142 ------- shirts may be purchased for $12.00 each.

(A) Additional   (B) Previous   (C) Another   (D) Striped

구조분석 ------- shirts / may be purchased (for $12.00 each).
주어　　　　　　　동사　　　　　　(수식어)

해설 빈칸 뒤의 명사를 수식하면서 자연스러운 문맥이 되도록 하는 형용사를 찾는 문제이다. 빈칸 앞의 문장에서 '직원들은 모두 무료로 티셔츠 한 장을 받는다(All employees will receive one T-shirt free of charge ~)'고 하고 있고, 빈칸이 포함된 문장에서는 셔츠를 각 12달러에 구입할 수 있다고 하고 있으므로, 처음에 나눠주는 셔츠는 무료이지만 추가로 구매 시에는 12달러를 지불해야 한다는 문맥이 되는 것이 가장 자연스러우므로 정답은 (A) Additional(추가의)이 된다.

---

143 All orders should be submitted to Jessie Lopez in the purchasing office by no ------- than Thursday, April 15.

(A) lately   (B) later   (C) latest   (D) late

구조분석 All orders / should be submitted (to Jessie Lopez) (in the purchasing office) (by no ------- than Thursday,
주어　　　　　　동사　　　　　　　　　　　　　　　　　　　　　　　　(수식어)
April 15).

해설 no later than은 '늦어도 ~까지는'이라는 의미로 쓰이는 관용적 표현이다. '주문은 모두 구매과의 제시 로페즈에게 늦어도 4월 15일 목요일까지 보내주셔야 합니다.'라는 문맥이 되어야 자연스러우므로 정답은 (B) later가 된다.

문제 144-146은 다음 이메일을 참조하세요.

To: Janet Miller
From: International Association of Construction
Date: May 6
Subject: Thank you for joining our membership
Attached: Benefits of our membership

Dear Ms. Miller,

Thank you for your decision to join the International Association of Construction. Our organization 144. **(D) supports** the health and safety of the worldwide construction community through a variety of programs and services.

Our 145. **(C) primary** mission is to improve construction environments by advocating high safety standards in the industry.

We also provide professionally developed materials for new and experienced construction workers on our website which features up-to-date information on safety regulations and laws.

Attached is a document detailing the many benefits of 146. **(D) membership** in our association. We look forward to helping you become a better, safer construction professional.

International Association of Construction

해석

수신: 재닛 밀러
발신: 국제 건설 협회
날짜: 5월 6일
제목: 회원으로 가입해 주셔서 감사합니다
첨부: 회원에게 드리는 혜택

밀러 씨에게

국제 건설 협회에 가입해 주셔서 감사합니다. 저희 기관은 다양한 프로그램과 서비스를 통해 전 세계 건설 지역의 건강과 안전을 지원합니다.

저희의 주요 임무는 산업현장의 안전 기준을 높게 적용하여 건설 환경을 향상시키는 것입니다.

저희는 또한 안전 규정 및 법규에 대한 최신 정보를 다루는 저희 웹사이트에서 신입 및 경력 건설현장 근로자들을 위해 전문적으로 개발된 자료를 제공합니다.

저희 협회 회원의 여러 혜택을 상세히 설명한 문서를 첨부합니다. 저희는 귀하가 보다 안전하고 보다 나은 건설 전문가가 되는 데 일조하기를 고대합니다.

국제 건설 협회

어휘 international 국제적인 association 협회 construction 건설 benefit 혜택, 이득 decision 결정 organization 조직, 단체 support 지지하다, 후원하다 worldwide 전 세계의 a variety of 여러 가지의 primary 주된 improve 개선하다, 향상시키다 environment 환경 advocate 지지하다 standard 기준, 수준 professionally 전문적으로 develop 개발하다 material 재료, 자료 experienced 경험이 있는, 능숙한 feature 특징, 특징으로 삼다 up-to-date 최신의, 현대의 regulation 규정 look forward to ~을 고대하다

144 Our organization ------- the health and safety of the worldwide construction community through a variety of programs and services.

(A) would be supporting　(B) having supported　(C) supported　(D) supports

구조분석 Our organization / ------- / the health and safety (of the worldwide construction community)
　　　　　　주어　　　　　　동사　　　　　　목적어

(through a variety of programs and services).
　　　　수식어(전치사구)

해설 빈칸에 적합한 동사의 시제를 찾는 문제이다. '우리 기관은 다양한 프로그램과 서비스를 통해 전 세계 건설 지역의 건강과 안전을 지원한다'는 내용의 문장으로, 이 기관의 역할과 존재 이유에 대한 일반적인 사실을 말하고 있으므로 현재 시제를 쓰는 것이 적합하겠다. 그러므로 정답은 (D) supports가 된다.

145 Our ------- mission is to improve construction environments by advocating high safety standards in the industry.

(A) frequent   (B) early   (C) primary   (D) previous

구조분석 Our ------- mission / is / to improve construction environments (by advocating high safety
주어   동사   보어(to부정사)

standards) (in the industry).

해설 빈칸은 뒤의 명사를 수식하는 형용사 자리이다. 보기는 모두 형용사로, 문맥상 알맞은 것을 선택해야 하는 형용사 어휘 문제이다. be동사인 is 뒤에 to부정사가 보어로 위치하고 있다. 보어는 주어를 보충설명하므로 to부정사의 문맥을 잘 파악해야 하겠다. '저희의 ------- 임무는 산업현장에서 높은 안전 기준을 적용하여 건설 환경을 향상시키는 것'이라고 하고 있고, 빈칸의 앞 문장에서도 '우리 기관은 다양한 프로그램과 서비스를 통해 전 세계 건설 지역의 건강과 안전을 지원한다(Our organization supports ~)'는 내용이 언급되고 있으므로 빈칸이 포함된 문장에서는 기관의 주요 임무에 대해 언급하는 것이 문맥상 자연스럽다. 따라서 정답은 (C) primary(주된, 주요한)가 된다.

146 Attached is a document detailing the many benefits of ------- in our association.

(A) trade   (B) profit   (C) application   (D) membership

구조분석 강조로 인해 보어가 문장 앞으로 이동하면서 주어와 동사가 도치한 문장

Attached / is / a document (detailing the many benefits) (of -------) (in our association).
보어   동사   주어

해설 빈칸에 적합한 명사를 찾는 어휘 문제이다. 지문의 첫 문장에서 '국제 건설 협회에 가입하기로 결정해 주셔서 감사합니다.(Thank you for your decision to join the International Association of Construction.)'라고 하고 있고, 그 다음 문장들은 이 기관에 대해 소개하는 내용이 주를 이루고 있다. 그러므로 해당 문장은 '이 협회의 회원이 갖게 되는 혜택이 기술된 문서를 첨부한다'는 내용이 되어야 문맥상 적절하므로 빈칸에는 (D) membership(회원)이 들어가야 한다.

문제 147–149는 다음 편지를 참조하세요.

Dear Mr. Cohen:

Thank you for using Silver Bank.

You may have heard the recent news that Silver Bank and Hans Financial Co. have joined together to better serve you. As of July 1, the two financial companies **147. (D) have merged**.

We are now operating under the name, Han-Silver Bank. There will be no immediate changes to your accounts. **148. (B) However**, you can expect a variety of products to become available to you. We encourage you to review the enclosed brochure highlighting some of our new **149. (D) offerings.** To learn more about any of these products, find one of our local branches nearest you or visit our website (www.HSbank.com).

Thank you for the opportunity to continue serving you.

Sincerely,

Max Butler

Managing Director

해석

코헨 씨에게

실버 은행을 이용해 주셔서 감사합니다.

고객님께서는 실버 은행과 한스 금융회사가 보다 나은 서비스를 제공하기 위해 함께 하게 됐다는 소식을 최근에 들으셨을 것입니다. 7월 1일부로 두 금융회사는 합병했습니다.

저희는 지금 한 실버 은행이라는 이름으로 운영하고 있습니다. 고객님의 계좌에 당장의 변화는 없을 것입니다. 하지만 고객님께서는 다양한 상품을 이용하실 수 있게 될 것입니다. 저희가 새롭게 제공하는 것들에 대해 중점적으로 다루고 있는 동봉된 브로슈어를 살펴보시기 바랍니다. 이 상품들에 대해서 더 궁금한 점이 있으시면 가까운 지점을 방문하시거나 저희 홈페이지(www.HSbank.com)를 방문해 주세요.

계속해서 서비스를 제공할 수 있는 기회를 주셔서 감사드립니다.

충심으로,

맥스 버틀러
경영 이사

어휘 recent 최근의 financial 금융의 Co. 회사 merge 합병하다 operate 운영하다, 작동하다 immediate 즉각적인 account 계좌 product 상품 available 구할 수 있는, 이용 가능한 encourage 격려하다, 권장하다 offering 제공되는 것 branch 지사 opportunity 기회

---

147 You may have heard the recent news that Silver Bank and Hans Financial Co. have joined together to better serve you. As of July 1, the two financial companies -------.
(A) will merge   (B) can merge   (C) being merged   (D) have merged

구조분석 (As of July 1), the two financial companies / -------.
　　　　　　　　　　　　　주어　　　　　　　　　　동사

해설 동사의 적합한 시제를 묻는 문제이다. 시제를 묻는 문제는 앞뒤 문장을 사건이 일어난 순서를 생각하며 살펴보아야 한다. 빈칸의 앞 문장에서 '실버 은행과 한스 금융회사가 함께 하게 됐다는 소식을 들었을 것(You may have heard the recent news that ~)'이라고 언급하고 있고, 빈칸의 뒤 문장에서는 '우리는 지금 한 실버 은행이라는 이름으로 운영하고 있다(We are now operating under the name, ~)'고 하는 것으로 보아 합병은 이미 완료된 일임을 알 수 있다. 그러므로 정답은 현재완료 시제인 (D) have merged가 된다.

---

148 -------, you can expect a variety of products to become available to you.
(A) In short   (B) However   (C) For instance   (D) Therefore

구조분석 -------, / you / can expect (a variety of) products to become / available (to you).
　　　　　　접속부사　　주어　　동사　　　　　　　　목적어　　　　　목적보어(to부정사구)

해설 빈칸에 적합한 연결어를 찾는 문제이다. 빈칸 앞뒤 문장을 살펴 정답을 찾도록 하자. 빈칸의 앞 문장에서 '당신의 계좌에 즉각적인 변화는 없을 것(There will be no immediate changes to your accounts)'이라고 하고 있고, 뒤 문장에서는 '다양한 제품을 이용할 수 있게 될 것(you can expect a variety of products to become available to you)'이라고 하는 것으로 보아, 빈칸에는 대조의 의미를 나타내는 접속부사인 (B) However(그러나)가 들어가야 문맥이 자연스럽게 이어진다.

---

149 We encourage you to review the enclosed brochure highlighting some of our new -------.
(A) policies   (B) staff   (C) locations   (D) offerings

구조분석 We / encourage / you / to review / the enclosed brochure (highlighting some of our new -------).
　　　　　　주어　　동사　　목적어　　　　　　　　　　　　　　　　목적보어(to부정사)

해설 빈칸은 문맥상 적합한 명사를 찾는 명사 어휘 문제이다. 빈칸 앞의 문장에서 '다양한 상품을 이용할 수 있게 될 것(you can expect a variety of products to become available to you)'이라고 하고 있으므로, 이어지는 문장에서는 어떤 다양한 상품들을 제공하고 있는지를 구체적으로 소개하거나 그러한 정보를 알 수 있는 곳을 언급하는 내용이 오는 것이 자연스럽다. 따라서 빈칸이 포함된 문장은 '동봉된 브로슈어에 은행에서 새롭게 제공하는 상품들에 대해 다루고 있으니 살펴보기를 바란다'는 내용이 될 수 있도록 빈칸에는 '제공하는 상품 및 혜택'이란 의미의 (D) offerings가 들어가야 한다.

문제 150-152는 다음 기사를 참조하세요.

LONDON (August 10) - Chin Chen Apparel, a popular Chinese clothing manufacturer, will soon **150. (D) market** its fashions in Europe.

According to an interview with the EU Apparel News, the company's president, Robert Chen, reported that the first shipment of the company's latest sportswear and accessories will leave China in a few weeks. They will be available to European

해석

런던(8월 10일) – 중국의 유명 의류 제조업체인 친 첸 어페럴은 곧 유럽 시장에 자사의 의류를 내놓을 것이다.

EU 어페럴 뉴스와의 인터뷰에 의하면, 이 회사의 사장인 로버트 첸은 회사의 최신상품인 스포츠웨어와 액세서리의 첫 선적이 몇 주 후에 중국에서 출발할 것이라고 얘기했다. 이 제품들은 빠르면 9월에는 벌써 유럽 소비자들이 이용할 수 있게 될 것이다.

151. (C) consumers as early as September.

Mr. Chen attributed Chin Chen's business move to a **152.** (B) rising demand for sportswear in Europe. "The recent trend is that more and more people here are wearing casual clothing and this is exactly what our company will provide."

첸 씨는 유럽에서 스포츠웨어에 대한 수요가 증가함에 따라 친 첸의 사업 영역을 이동하게 되었다고 했다. "캐쥬얼한 옷을 입는 사람들이 이곳에 점점 더 많아지는 추세이며, 이것이 바로 우리 회사가 제공하게 될 부분과 딱 들어맞는 것이죠."

어휘 apparel 의류 clothing manufacturer 의류 제조업체 market (상품을) 시장에 내놓다 according to ~에 의하면, ~에 따르면 president 사장 report 발표하다, 보도하다 shipment 배송, 선적 latest 최근의 sportswear 스포츠웨어, 운동복 available 구입해서 이용할 수 있는 European 유럽의 consumer 소비자 attribute A to B A를 B의 결과로[덕분으로] 보다 rise 오르다, 올라가다 demand (for) (~에 대한) 요구, 수요 trend 동향, 추세 provide 제공하다

---

150 LONDON (August 10) — Chin Chen Apparel, a popular Chinese clothing manufacturer, will soon ------- its fashions in Europe.

(A) reduce (B) design (C) recall (D) market

구조분석 Chin Chen Apparel, (a popular Chinese clothing manufacturer), / will soon ------- / its fashions (in Europe).
주어　　　　　　　　　　　수식어(동격)　　　　　　　　　　　동사　　　　　목적어

해설 적합한 의미를 나타내는 동사 어휘를 선택하는 문제이다. '의류 제조업체인 Chin Chen Apparel은 유럽 시장에 곧 그들의 의류를 내놓을 것이다'라는 문맥이 되어야 자연스러우므로 정답은 (D) market(상품을 시장에 내놓다)이 된다.

어휘 reduce 줄이다 recall 기억해내다, 상기하다, (하자가 있는 제품을) 회수하다

---

151 They will be available to European ------- as early as September.

(A) consuming (B) consumable (C) consumers (D) consumed

구조분석 They / will be / available / (to European -------) (as early as September).
주어　　동사　　보어(형용사)　　　　　　수식어(부사구)

해설 형용사의 수식을 받을 수 있는 것은 명사이므로 빈칸에는 명사인 (C) consumers가 들어가야 한다. (A) consuming과 (B) consumable은 형용사이고, (D) consumed는 동사의 과거형 또는 과거분사(형용사)로 쓰이므로 답이 될 수 없다.

어휘 consuming 엄청나게 강렬한 consumable 소비재의, 소모품의 consume 소비하다

---

152 Mr. Chen attributed Chin Chen's business move to a ------- demand for sportswear in Europe.

(A) controlling (B) rising (C) questionable (D) long-standing

구조분석 Mr. Chen / attributed / Chin Chen's business move (to a ------- demand) (for sportswear) (in Europe).
주어　　　동사　　　　　목적어　　　　　　　　　　　수식어(전치사구)

해설 빈칸 뒤의 명사를 수식하여 적합한 문맥을 형성하는 형용사를 찾는 형용사 어휘 문제이다. 'Mr. Chen은 유럽에서 스포츠웨어의 수요가 증가한 탓에 그가 사업 영역을 옮기게 됐다'는 내용이 되어야 문맥상 자연스럽다. 따라서 빈칸에는 수요가 증가했다는 의미를 나타낼 수 있는 형용사 (B) rising이 들어가야 한다.

어휘 control 지배하다, 제어하다 questionable 의심스러운, 미심쩍은 long-standing 오래된

Ustar TOEIC BASIC Reading

★★★★★ Part

7
Answers

Lesson 01 ● 주제나 목적을 묻는 문제 Test ▶ 본책 p. 332

Step 1 (A)   Step 2 (A)

③ 이렇게 풀어라! 문제풀이 전략

To: Andy Washington <awashington@ demountservices.com>
From: Tyler Linden <tylerlinden@ursulacorp.com>
Date: June 7
Subject: Regards to Invoice

Dear Mr. Washington,

I am writing this e-mail to point out an error on the invoice I received today for the floor care services done at Ursula Incorporated. The invoice number is 551328. It seems that you overcharged us by the amount of $80.00. The 15′ X 22′ area was scheduled to be treated like all other floors on the 29th, but the room was occupied when the workers were here. I asked the repair personnel to tell all workers to delay the date for cleaning the room to another date. After I find out the dates of when the room will not be in use, I will give you a specific date when the cleaning can take place. Please send me a revised invoice for the service we received in May so that we can make the payment right away.

Tyler Linden
Ursula Incorporated

📨 수신: 앤디 워싱턴 〈awashington@demountservices. com〉
발신: 타일러 린든 〈tylerlinden@ursulacorp.com〉
날짜: 6월 7일
제목: 송장 관련 사항

워싱턴 씨에게,

우르술라 사에서 작업한 바닥 관리 서비스에 관하여 오늘 제가 받은 송장에 관한 오류 사항을 말씀드리기 위해 이 이메일을 보냅니다. 송장 번호는 551328입니다. 그 송장에 의하면 80달러 정도의 금액이 더 부과된 것 같습니다. 15′ × 22′ 구역은 29층의 다른 바닥과 동일하게 서비스를 받기로 되어 있었는데, 작업자들이 도착했을 때 그 방이 이용 중이었습니다. 저는 작업자들에게 그 방의 청소 일자를 연기하도록 말해달라고 보수 직원에게 요청했습니다. 그 방을 사용하지 않는 날을 알아본 후에, 청소할 수 있는 구체적인 일자를 알려드리겠습니다. 저희가 5월에 받은 서비스에 대해 바로 지불할 수 있도록 수정된 송장을 보내주시기 바랍니다.

타일러 린든
우르술라 사

어휘 point out ~을 지적하다 error 실수, 오류 사항 overcharge (금액을) 너무 많이 청구하다, 과잉 청구하다 be scheduled to + 동사원형 ~할 예정이다 occupy (자리를) 차지하다, 이용하다 ask A to + 동사원형 A에게 ~하도록 요청하다 find out 발견하다, 알아내다 specific 구체적인 revised 수정된, 변경된

What is the **purpose** of the e-mail?

(A) To dispute a charge on a bill
(B) To request that a carpet be repaired
(C) To complain that a work crew arrived late
(D) To ask for a discount on future services

이메일을 쓴 목적은 무엇인가?

(A) 청구서에 부과된 요금에 대해 이의를 제기하기 위해
(B) 카펫 수리를 요청하기 위해
(C) 작업자들이 늦게 도착한 것에 대해 불만을 제기하기 위해
(D) 이후 서비스에 대해 할인을 요청하기 위해

어휘 dispute 이의를 제기하다 crew 작업반원들

Step 1

Dear All Employees,

(A) I would like to inform you that Janet Clarence has been summoned to our Chelsea branch as the director of human resources. (B) Before her transfer to England, Ms. Clarence had been the acting assistant director of human resources in KTBM's Athens branch for two years. (C) She has given a promising performance there where she developed and implemented more efficient recruitment procedures which are currently used in all KTBM branches. (D) Also, she managed to create an employee-development program that enabled the organization to simplify the job-training process for new employees.

전 직원들에게,

(A) 재닛 클라렌스가 저희 첼시어 지점에 인사부장으로 오게 된 것을 여러분들께 알려드립니다. (B) 영국 지사로 전근 오기 전에, 클라렌스 씨는 2년 동안 KTBM의 아테네 지사에서 인사부 차장 대리로 근무하였습니다. (C) 그녀는 그곳에서 KTBM의 전 지사에서 현재 사용되고 있는 좀 더 효율적인 채용 절차를 개발하고 실행하여, 주목할 만한 업적을 남겼습니다. (D) 또한 그녀는 신입사원의 실무 교육 과정을 간소화할 수 있는 직원 개발 프로그램을 만들어냈습니다.

> **해설** 이메일을 보낸 목적을 묻는 질문으로, 목적은 주로 지문의 도입부에 정답의 단서가 제시된다. 이메일의 첫 번째 문장인 I would like to inform you that Janet Clarence has been summoned to our Chelsea branch as the director of human resources를 통해서 새로운 인사부장으로 Janet Clarence가 오게 되었다는 것을 알려주고 있으므로 정답은 (A)가 된다.

> **어휘** employee 직원   would like to + 동사원형 ~하고 싶다   inform A that ~ that 이하를 알리다   summon 불러오다   branch 지사   human resources 인사부   transfer 전근가다   assistant 조수, 보조자   promising 전도유망한, 기대할 수 있는   performance 업무 성과   develop 개발하다   implement 실행하다   efficient 효율적인   recruitment 모집, 보충   procedure 절차, 진행   currently 현재   create ~을 창조하다, 만들어내다   employee-development program 직원 능력 개발 프로그램   enable ~을 가능하게 하다   job-training process 직원 실무 교육 과정

Step 2

Question 01 refers to the following advertisement.

Better Price and Better Travel with Sedna

Sedna Airlines now adds new affordable flying options for our frequently used international flights. From our website at www.sednaairlines.com, you may view the complete listing of round-trip and one-way fares that are included in this promotion. These flights must be reserved online and travels must be completed within two months of purchase. These offers cannot be used in combination with other international flights of Sedna Airlines.

SEDNA AIRLINES

문제 01은 다음 광고를 참조하시오.

세드나와 함께 싼 가격으로 보다 즐거운 여행을 즐기세요

세드나 항공은 지금 자주 이용되는 국제선 비행편에 새롭게 저렴한 옵션을 추가했습니다. 저희 웹사이트 www.sednaairlines.com에서 이번 홍보 상품에 해당하는 왕복요금과 편도요금의 전체 목록을 보실 수 있습니다. 이 비행편들은 반드시 온라인으로 예매되어야 하며, 여행은 구매 후 두 달 안에 완료되어야 합니다. 이 비행 상품들은 세드나 항공의 다른 국제선 비행편과 결합해서 사용할 수는 없습니다.

세드나 항공

> **어휘** airline 항공사   add 추가하다   affordable (가격이) 알맞은   option 선택, 옵션   frequently 자주, 흔히   international 국제적인   view 보다   complete 완전한   round-trip 왕복여행의   one-way 편도여행의   fare 요금   promotion 홍보, 판촉 활동   flight 비행편   reserve 예약하다   purchase 구매   combination 조합, 결합

01 What is the purpose of the advertisement?
  (A) To introduce a new promotion
  (B) To publicize new domestic fares

이 광고의 목적은 무엇인가?
(A) 새로운 상품을 홍보하기 위해
(B) 새로운 국내 항공 요금을 홍보하기 위해

(C) To announce new domestic flying options

(D) To list new flight destinations

(C) 새로운 국내선 비행편 옵션을 알리기 위해

(D) 새로운 비행 도착지들을 나열하기 위해

해설 목적을 묻는 질문은 지문 도입부에 단서가 등장하는 것이 일반적이다. 지문의 앞부분을 보면 자주 이용되는 국제선 비행편에 새로운 옵션을 추가했다고 밝히고 있으며, 이어서 이 홍보 상품에 대한 정보가 나오고 있다. 따라서 정답은 (A)이다.

어휘 purpose 목적 advertisement 광고 introduce 소개하다 promotion 홍보 publicize 홍보하다 domestic 국내의 fare 요금 announce 알리다 list 목록을 작성하다. 열거하다 destination 목적지

Lesson 02 ● 발신자와 수신자에 관한 정보를 묻는 문제 Test ▶ 본책 p. 334

Step 1 (B), (C)　　Step 2 (D)

---

② 이렇게 풀어라! 문제풀이 전략

To: Dan Cole
From: Ingrid Stiller
Date: June 2
Subject: June 10 Installation

Dear Dr. Cole,

As we discussed during the meeting a few days ago, all medical centers need a reliable power source. I believe that our solar panel system could provide you with a superior energy source. In fact, you will realize that it is more cost-efficient and at the same time, environmentally friendly. I would also like to mention that we are going to install the system during off hours, so you wouldn't have to expect any inconvenience it may cause.

Yours sincerely,

Ingrid Stiller
Sales Director

📨 수신: 댄 코울
발신: 잉그리드 스틸러
날짜: 6월 2일
제목: 6월 10일 설치

친애하는 코울 박사님께

며칠 전 회의에서 논의했던 것처럼, 모든 의료센터는 믿을 만한 전력공급이 필요합니다. 저희의 태양열 패널 시스템이 보다 우수한 에너지를 공급할 수 있을 것이라고 생각합니다. 사실, 이것은 비용 효율적이고 동시에 친환경적이라는 것을 깨닫게 될 것입니다. 저희는 근무 외 시간에 이 시스템을 설치할 예정이므로, 어떤 불편도 생기지 않을 것이라는 점 또한 말씀드리고 싶습니다.

진심으로,

잉그리드 스틸러
판매 부장

어휘 installation 설치 A with B A에게 B를 reliable 신뢰할 수 있는 power source 전력 공급원 solar panel 태양 전지판 provide A with B A에게 B를 제공하다 realize 알아차리다. 인식하다 cost-efficient 비용 효율이 높은 environmentally friendly 환경 친화적인 mention 언급하다 be going to + 동사원형 ~할 것이다 install 설치하다 off hours 근무시간 외에 expect 기대하다. 예상하다 inconvenience 불편 cause 야기하다. 발생시키다

For what type of business does **Ms. Stiller** most likely work?

(A) A maintenance service

(B) An energy company

(C) A medical staffing firm

(D) An Internet service provider

스틸러 씨는 어떤 종류의 업체에서 일하는 것일까?

(A) 유지보수회사

(B) 에너지 공급회사

(C) 의료 근로 회사

(D) 인터넷 서비스 공급업체

A Happy Home
Invites you
(A) To Spoil Your Family

(B) Let us help you redesign your home, add space, and feel great!

- (C) Redecorate every room with the newest fashions.
- Our specialists help you coordinate your wallpaper, carpet, and furniture.
- Prices as low as $500 per room and 20% off for 3 or more rooms.
- (D) You don't want to leave your home? Don't worry, we'll come to you.
- All the work is done by A Happy Home; you don't have to lift a finger!

This Month's Special
Order a total home makeover and
we'll give you a brand-new
Closet Organizer FREE!

3273 Tulsa Rd. Jacksonville, 10723, 806-786-9844

행복한 집
당신을 초대합니다
(A) 당신의 가족들이 행복을 누리기 위해

(B) 당신의 집을 새로 디자인하고, 공간을 넓혀서 만족을 드립니다!

- (C) 최신 스타일로 모든 방의 실내장식을 새로 해드립니다.
- 저희 전문가들이 벽지와 카펫과 가구 선정을 도와드립니다.
- 방 하나 당 가격은 500달러밖에 안 되며, 3개 이상은 20퍼센트 할인됩니다.
- (D) 집을 떠나기 어려우세요? 걱정하지 마세요. 저희가 방문합니다.
- 모든 작업은 행복한 집에서 해드립니다. 고객님은 손가락 하나 움직이지 않으셔도 됩니다.

이번 달 특혜
전반적인 집 개조를 주문하시면,
신상품 벽장 정리함을 무료로 드립니다!

우편번호 10723, 잭슨빌 시 털사 로 3273번지, 전화번호 806-786-9844

해설 A Happy Home은 광고를 하는 주체이므로, 광고하고 있는 상품이나 서비스에 대한 정보를 파악하면 정답을 찾을 수 있다. (B)에서 집을 새로 디자인한다는 내용(redesign your home)과 (C)의 모든 방의 실내장식을 새로 한다(Redecorate every room)는 내용에서 집을 개조하는 업체임을 파악할 수 있다.

어휘 invite 초대하다 spoil (특별한 일로) 행복하게 만들다 redesign 다시 디자인하다 add 추가하다 space 공간 redecorate 실내장식을 새로 하다 fashion 유행하는 스타일 specialist 전문가 coordinate 조정하다 wallpaper 벽지 furniture 가구 lift 들어 올리다 finger 손가락 special 특별 가격, 특별 상품, 특별 혜택 order 주문하다 total 전체의 makeover 개조, 단장 brand-new 아주 새로운, 신제품의 closet organizer 벽장 정리함

Question 01 refers to the following letter.

Dear editor,

I have been an avid reader who follows the recipes in *Home Dishes*. Whenever I tried making the dishes on my own, they usually ended up tasting good. However, I realized that the fish menu on the August issue was too salty when I followed the recipe a few days ago. It seems that there could be a typo on your August issue. The instruction said that I put 20 mL of salt. I actually tried the recipe again yesterday with putting less salt. I put about 10 mL of salt, and the fish turned out to taste better this time. I would also like to mention that I increased the heating time from 15 to 25 minutes

---

문제 01은 다음 편지를 참조하시오.

편집자께,

저는 《홈 디쉬스》지의 조리법을 따르는 열렬한 독자입니다. 제가 혼자서 음식을 만들어볼 때마다 그것들은 대개 맛있었습니다. 그런데 며칠 전에 8월호에 실린 생선 요리의 조리법 대로 따라하니까 너무 짰습니다. 8월호에 오타가 있었던 것 같습니다. 설명에는 20ml의 소금을 넣으라고 나와 있었습니다. 실제로 저는 어제 소금을 덜 넣고 조리법에 따라 다시 요리해 보았습니다. 대략 10ml 정도의 소금을 넣었더니 이번엔 생선 맛이 좀 나아졌습니다. 저는 또한 가열 시간을 약간 낮은 온도에서 15분이 아니라 25분으로 늘렸다는 것을 말씀드리고자 합니다. 이것은 야채가 생선과 보다 더 잘 어울리게 했고 좋은 맛을 내는 결과

Part 7

while using a slightly lower temperature. This allowed the vegetables to become a better match to the fish, resulting in a greater taste.

Sincerely,
Sarah Kelly

를 가져왔습니다.

진심으로,
새러 켈리

어휘 editor 편집자 reader 독자 follow (충고, 지시 등을) 따르다 recipe 조리법 whenever ~할 때마다 dish 요리 usually 보통, 대개 taste 맛이 ~하다 realize 깨닫다 salty 짠 typo 오자, 오타 instruction 설명 actually 실제로 less 더 적은 mention 말하다, 언급하다 increase 증가시키다 slightly 약간, 조금 temperature 온도, 기온 allow 허락하다 vegetable 채소, 야채 match 어울리다

01 What is indicated about Ms. Kelly?

(A) She would like to write an article for Home Dishes.

(B) She prefers salty foods.

(C) She subscribed to several cooking magazines.

(D) She has made the vegetables and fish dish more than once.

켈리 씨에 대해 암시된 것은 무엇인가?

(A) 그녀는 《홈 디쉬스지》에 기사를 쓰고 싶어 한다.

(B) 그녀는 짠 음식을 선호한다.

(C) 그녀는 요리잡지를 몇 가지 구독했다.

(D) 그녀가 야채와 생선을 섞은 요리를 만든 것은 한 번이 넘었다.

해설 Kelly는 편지의 발신자이므로 I와 관련된 정보를 찾는다. 지문을 전체적으로 보면 그녀는 문제를 발견하고 스스로 방법을 바꿔서 요리를 해본 사실이 언급되어 있다. 그리고 마지막에 결과적으로 그것이 야채와 생선을 더 잘 어울리게 했다는 사실이 나와 있으므로 정답은 (D)가 된다.

어휘 write 쓰다, 집필하다 prefer 선호하다 several 몇몇의 magazine 잡지

Lesson 03 ● 구체적인 정보를 묻는 문제 Test

▶ 본책 p. 336

Step 1 (B)   Step 2 (C)

❷ 이렇게 풀어라! 문제풀이 전략

February 24

Kolstad Norway
Customer Service Department

Dear Customer Service,

Last year on August 5, I ordered a Kolstad refrigerator, the Z-501. As you are all aware, the product normally comes with a one-year limited warranty.

About two weeks ago, the refrigerator seemed to be making a strange noise, so I called in a technician on February 12 (invoice: 553NM9). The technician was able to find some flaws with the compressor and stated that parts needed to be replaced. Apparently,

2월 24일

콜스태드 노르웨이
고객 서비스 부서

고객 서비스 담당자께,

작년 8월 5일, 저는 Z-501 콜스태드 냉장고를 주문하였습니다. 알고 계시는 것처럼, 일반적으로 제품은 1년간 보증됩니다.

약 2주 전, 냉장고에서 이상한 소리가 나서, 2월 12일에 기술자를 불렀습니다(송장: 553NM9). 기술자는 컴프레서에서 결함을 찾아냈고 부품을 교체해야 한다고 말했습니다. 명백히, 컴프레서는 냉장고 안에 있는 내

the compressor was not capable of holding the designated temperature to assure freshness of the contents inside. The repair was promised to be completed in under five days, but it ended up taking ten days. As a result, approximately $200 worth of food has been spoiled. On top of that, I received a bill yesterday requesting payment for the cost of the compressor and labor.

As far as I am concerned, the one-year limited warranty includes both parts and labor. Not only that the bill should be canceled, but I believe that Kolstad must also be responsible for the food waste caused by late repairs. Please respond immediately upon receiving this mail.

Sincerely,

Miriam Pecker

용물의 신선도를 유지할 정도의 일정 온도를 유지할 수 없었습니다. 수리는 5일 안에 끝날 것이라고 했습니다. 하지만 10일이나 걸렸습니다. 결과적으로, 약 200달러 가량의 음식이 상해버렸습니다. 거기에 덧붙여서, 저는 어제 컴프레서와 인건비에 대한 청구서를 받았습니다.

제가 아는 바로는, 1년 보증서는 부품과 인건비를 모두 포함합니다. 청구서가 취소되어야 할 뿐만 아니라, 콜스태드 사는 늦어진 수리로 인해 버려진 음식물에 대해서도 보상할 책임이 있는 것 같습니다. 이 서신을 받는 대로 연락주세요.

충심으로,

미리앰 페커

어휘 order 주문하다　product 상품　normally 정상적으로　come with ~이 포함되다　warranty 보증서　seem to + 동사원형 ~인 것 같다　strange 이상한　noise 소리, 소음　technician 기술자　be able to + 동사원형 ~할 수 있다　flaw 결함　state 언급하다　replace 교체하다　apparently 명백히　be capable of ~할 수 있다　hold 유지하다　designate 지정하다　temperature 온도　assure 보증하다, 확실히 하다　freshness 신선함　content 내용물　repair 수리　promise 약속하다　complete 완료하다　end up + -ing 결국 ~하다　as a result 결과적으로　approximately 대략　수치 + worth ~어치의 가치　spoil 망치다, 상하게 하다　on top of that 그것에 덧붙여　receive 받다　bill 청구서　request 요청하다　payment 지불　cost 비용　as far as I am concerned 제 생각으로는　include 포함하다　cancel 취소하다　be responsible for ~할 책임이 있다　waste 낭비　cause 발생시키다　late 늦은　respond 대답하다　upon receiving ~을 받는 대로

When did Ms. Pecker learn that the refrigerator required repair?
(A) On February 10
(B) On February 12
(C) On February 24
(D) On March 2

페커 씨는 언제 냉장고가 수리가 필요하다는 것을 알았는가?
(A) 2월 10일에
(B) 2월 12일에
(C) 2월 24일에
(D) 3월 2일에

Step 1

	Job fair	
	We wish that everyone can join SIT's (Seymore Institute of Technology) fifth annual job fair workshop!	
	This year's featured presentations and lectures are as follows:	
10:15 A.M. ~ 11:30 A.M.	(A) **Session 1: "Slowly Building your Career from Day 1"**	Lana Apples Codirector. SIT Career Development Team
11:30 A.M. ~ 12:30 P.M.	(B) Session 2: "For a Perfect Resume and Cover Letter"	Jacob Grant Codirector. SIT Career Development Team

	직업 박람회	
	여러분 모두 SIT(Seymore Institute of Technology)의 제 5회 연례 직업 박람회 워크숍에 참여해 주시기 바랍니다!	
	올해의 발표와 강연은 아래와 같습니다.	
오전 10시 15분 ~ 오전 11시 30분	(A) 강의 1: "첫 날부터 천천히 경력을 쌓기"	래너 애플스 공동진행자. SIT 경력 개발팀
오전 11시 30분 ~ 오후 12시 30분	(B) 강의 2: "완벽한 이력서와 자기소개서 작성"	제이콥그랜드 공동진행자. SIT 경력 개발팀

12:30 P.M. ~ 1:30 P.M.	(C) **Session 3: "Tips for successful Interviews"**	Philip Nunez, (guest lecturer) Professor of Business Communications, Waters School of Business
2:30 P.M. ~ 4:00 P.M.	(D) **Session 4: "Where are your Sources?"**	Sabrina Keys CEO, Truman&Bach Corp.

As with our previous workshops, this year's job fair is free. A light meal will be served between Session 3 and Session 4.

오후 12시 30분 ~ 오후 1시 30분	(C) 강의 3: "성공적인 면접의 비결"	필립 누네즈 (초청 강연자) 비즈니스 커뮤니케이션 교수, 워터스 경영 대학원
오후 2시 30분 ~ 오후 4시 00분	(D) 강의 4: "당신의 자원은 어디에 있는가?"	서브리나 키스 트루맨 앤 바크사 최고경영자

이전의 행사와 같이, 올해 취업 설명회도 무료입니다. 강의 3과 강의 4 사이에 간단한 식사가 제공될 예정입니다.

해설 경력에 관한 글쓰기에 대한 강연을 하는 사람이 누구인지를 묻는 질문으로, 문제의 키워드인 work experience와 관련된 문장을 찾아야 한다. 강의 4개 중 글을 쓰는 것과 관련이 있는 것은 지문의 표 두 번째 줄 For a Perfect Resume and Cover Letter(이력서와 자기소개서)이며, 이 주제로 강의하는 사람은 바로 옆의 칸에서 Jacob Grant임을 알려주고 있으므로 정답은 (B)가 된다.

어휘 job fair 직업 박람회, 취업 설명회 wish 바라다 join 참가하다, 합류하다 institute 교육기관, 대학, 학회 annual 해마다의, 1년의 featured 특정적인 lecture 강연 slowly 느리게, 천천히 build 건설하다 career 경력 resume 이력서 cover letter 자기소개서 tip 정보, 힌트 successful 성공적인 interview 면접, 인터뷰 source 원천, 능력 previous 이전의, 전에 light meal 가벼운 식사 serve 제공하다

Step 2

Question 01 refers to the following email.

From: Drew Kilmer, Operations Manager
To: All Employees
Subject : Energy Use
Date : January 27

The company has recently announced plans on saving energy in our everyday workplace. By cutting down on unnecessary energy use, we predict that we could reduce our annual operations expense by 20 percent. By doing this, we will be able to invest more funds for other company necessities such as replacing old office equipment and upgrading the entire computer system.

Based on a study conducted by members of our research department, we have developed two ways of being more efficient in our use of energy. They are as follows:

1. When an office room is vacant, turn off all lights in the room. As for the lights in the hallways, if you are the last one to leave the office, please turn off the lights before leaving the premises.
2. Do NOT forget to turn off the computers at the end of each day. Also, it is best you turn off the computers if you are expecting to spend a long period of time

문제 01은 다음 이메일을 참조하시오.

발신: 드루 킬머, 운영 관리자
수신: 전 직원
제목: 에너지 사용
날짜: 1월 27일

회사에서는 우리가 매일 작업장에서 사용하는 에너지 절약에 관한 계획을 최근에 발표했습니다. 불필요한 에너지 사용을 줄임으로써, 연간 운영 비용을 20퍼센트까지 줄일 수 있다고 예상하였습니다. 이것으로, 우리는 오래된 사무 장비와 전반적인 컴퓨터 시스템을 업그레이드하는 것과 같은 회사의 다른 필요사항에 좀 더 많은 자금을 투자할 수 있을 것입니다.

우리 연구부서 직원들이 수행한 연구를 기반으로, 우리는 에너지 사용을 좀 더 효율적으로 할 수 있는 두 가지 방법을 개발하였습니다. 그것들은 아래와 같습니다.

1. 사무실을 비울 때는 전등을 모두 소등해 주세요. 복도에 있는 전등들에 대해서는, 사무실에서 마지막으로 나오는 사람이, 구내를 나가기 전에 소등해 주시기 바랍니다.
2. 퇴근 시 컴퓨터 끄는 것을 잊지 마세요. 또한, 업무시간 중 장시간 외근하게 될 경우에는 컴퓨터를 끄는 것이 제일 좋습니다.

outside the office during the day.

We are grateful for your cooperation. If you have any questions about following the new procedures, contact Ji Hae Park, the human resources manager. If you wish to find out more about the analysis used to create the procedures, you may contact Dominic Edwards, who led the study.

Thank you.

Drew Kilmer

협조해 주셔서 감사합니다. 새로운 절차를 수행하는 것에 관해 문의사항이 있으시면, 인사 관리자 박지해에게 연락하세요. 새로운 절차를 만들기 위한 분석에 관해 더 알기를 원하시면 연구를 진행한 도미닉 에드워즈에게 연락주시기 바랍니다.

감사합니다.

드루 킬머

Part 7

어휘 operation 운영, 작동 employee 직원 energy use 에너지 사용 announce 알리다, 발표하다 save 절약하다 workplace 직장, 작업장 cut down 삭감하다, 줄이다 unnecessary 불필요한 predict 예측하다 reduce 줄이다 annual 연간의 invest 투자하다 fund 자금 necessity 필요, 필수품 such as ~와 같은 replace 교체하다 office equipment 사무실 장비 upgrade 업그레이드하다 entire 전체의 based on ~에 근거하여 study 연구 conduct 수행하다 research 조사, 연구 department 부서 way 방법 efficient 효율적인 vacant 비어 있는 turn off 끄다 light 전등 as for ~에 관해서는 hallway 복도 leave 떠나다 premises 구역, 구내 forget 잊어버리다 expect 기대하다, 예상하다 spend 보내다 period 기간 outside 외부에서 grateful 감사하는 cooperation 협조 procedure 절차 contact 연락하다 human resources 인사 find out 알아내다 analysis 분석 create 창조하다 lead 이끌다

01 In what department does Mr. Edwards work?
(A) Maintenance
(B) Accounting
(C) Research
(D) Human resources

에드워즈 씨는 어떤 부서에서 근무하는가?
(A) 시설관리
(B) 회계
(C) 연구
(D) 인사과

해설 특정인이 어떤 부서에서 근무하는지, 의문사로 구체적인 정보를 묻는 질문이다. 질문의 키워드인 사람 이름 Edwards를 본문의 하단부에서 찾을 수 있다. you may contact Dominic Edwards, who led the study에서 해당 사람이 연구를 진행했다는 사실을 파악할 수 있으며, 두 번째 문단의 Based on a study conducted by members of our research department에서 연구를 진행한 것이 본사의 연구부서임을 확인할 수 있다. 따라서 정답은 (C) Research가 된다.

어휘 department 부서 work 일하다, 근무하다

Lesson 04 ● 미래 상황 또는 요청/당부/제안/방법을 묻는 문제 Test ▶ 본책 p. 338

Step 1 (D)   Step 2 (B)

3 이렇게 풀어라! 문제풀이 전략

Best Sales Employee Awards Ceremony

Join us on this wonderful evening to honor an outstanding salesperson of Wingslide Motors. We are pleased to announce Megan Buchner as this year's Best Sales Employee. She recorded the highest in sales and her overall contribution and dedication to our company has been noteworthy.

최고 영업사원 시상식

윙슬라이 모터스 사의 뛰어난 영업사원을 시상하는 오늘밤 자리에 함께 해주시기 바랍니다. 미건 부크너 씨를 올해의 최고 영업사원으로 발표하게 되어 기쁘게 생각합니다. 그녀는 가장 높은 판매기록을 달성하였으며, 그녀의 회사에 대한 전반적인 공헌과 헌신은 높이 평가될 만한 가치가 있습니다.

Sunday, December 7
Hotel Baroque, 115 Antiga Road

Dinner will begin at 6:30 P.M.
Award ceremony will begin at 8:00 P.M.

To put your name on the list, please e-mail our marketing director Jenna Paxon at jenpaxon@wingslidemotors.com by no later than November 17. After confirming your participation, Ms. Paxon will send you free tickets via mail.

12월 7일 일요일
앤티가 로 115번지 바로크 호텔

만찬은 오후 6시 30분에 시작되며,
시상식은 오후 8시에 시작됩니다.

명단에 이름을 올리려면, 늦어도 11월 17일까지 마케팅 부장 제너 팩슨에게 jenpaxon@wingslidemotors.com으로 이메일을 보내주시기 바랍니다.

참석 여부를 확인한 후에, 팩슨 씨가 무료 티켓을 우편으로 보내드릴 것입니다.

What are recipients of the invitation asked to do?
(A) Purchase tickets by December 7
(B) Visit the company's website
(C) Contact a hotel staff member
(D) E-mail a company employee

초대장 수령자들은 어떻게 해야 하는가?
(A) 12월 7일까지 티켓을 구매해야 한다
(B) 회사 웹사이트를 방문해야 한다
(C) 호텔 직원과 연락해야 한다
(D) 회사 직원에게 이메일을 보내야 한다

어휘 employee 직원 award ceremony 시상식 join 참여하다 honor 명예를 주다, 존경하다 outstanding 우수한 salesperson 판매사원 be pleased to + 동사원형 ~해서 기쁘다 announce 알리다 record 기록하다 overall 전반적인 contribution 기여, 공헌 dedication 헌신 noteworthy 주목할 만한 no later than 늦어도 ~까지 confirm 확인하다 attendance 출석, 참석 send 보내다 free 무료의 via ~을 통해

Step 1

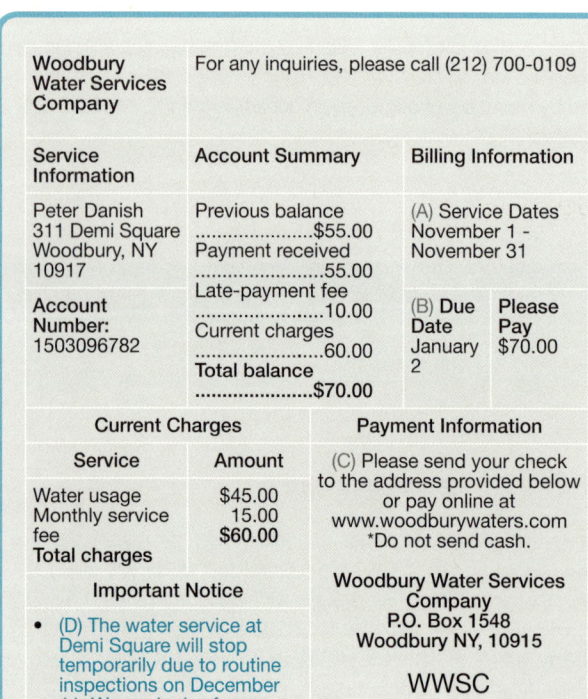

Woodbury Water Services Company	For any inquiries, please call (212) 700-0109	
Service Information	**Account Summary**	**Billing Information**
Peter Danish 311 Demi Square Woodbury, NY 10917 **Account Number:** 1503096782	Previous balance ....$55.00 Payment received ....55.00 Late-payment fee ....10.00 Current charges ....60.00 **Total balance** $70.00	(A) Service Dates November 1 - November 31 (B) **Due Date** January 2 / **Please Pay** $70.00

Current Charges		**Payment Information**
Service	**Amount**	(C) Please send your check to the address provided below or pay online at www.woodburywaters.com *Do not send cash.
Water usage Monthly service fee **Total charges**	$45.00 15.00 $60.00	Woodbury Water Services Company P.O. Box 1548 Woodbury NY, 10915 **WWSC**
Important Notice		
• (D) The water service at Demi Square will stop temporarily due to routine inspections on December 11. We apologize for any trouble this may cause you. Thank you for your understanding.		

우드베리 수도공급 서비스 회사	문의 사항은 (212) 700-0109로 전화해 주시기 바랍니다.	
서비스 정보	**청구내역 요약**	**납부 정보**
피터 대니쉬 우편번호 10917, 뉴욕 주 우드베리 시, 데미 스퀘어 가 311번지	지난달 청구요금 ......55달러 납입금......55달러 연체 수수료 10달러	(A) 서비스 기간 11월 1일 – 11월 31일
계좌 번호: 1503096782	이번달청구요금 ......60달러 **청구요금 합계** 70달러	(B) **납기일** 1월 2일 / **청구 요금** 70달러

이번 달 청구요금		**지불 정보**
서비스	**금액**	(C) 아래 주소로 수표를 보내주시거나, www.woodburywaters.com으로 온라인 납부해 주시기 바랍니다.
수도 요금 월서비스요금 **총 요금**	45달러 15달러 60달러	*현금은 받지 않습니다.
중요 안내사항		우드베리 수도 공급 서비스 회사 P.O. Box 1548 우편번호 10915, 뉴욕 주 우드베리 시
• (D) 데미 스퀘어 가의 수도공급이 12월 11일에 정기 점검으로 인해 일시적으로 중단됩니다. 불편을 드려 죄송합니다. 양해해 주셔서 감사합니다.		

Step 2

Question 01 refers to the following e-mail.

To: customerservice@hamaanpcinsurance.com
From: marytodd@watersfinancial.com
Date: May 21
Subject: Policy Number 300 574 00649

My laptop computer has been experiencing slowdowns lately and I would like to file a claim. I actually misplaced the paper which outlined the insurance terms that came along with the Premium Package I purchased last year, so I am not well-versed with the entire insurance coverage. I tried calling your claims department last week a number of times, but I ended up getting a recorded message indicating that your claim department contact number was no longer available.

Allow me to describe what happened. It was about two weeks ago when my laptop had started overheating. Ever since this incident, the computer took noticeably longer while it is turning on and when accessing files. Most importantly, the screen is not functioning right, and all I can see is a blue screen. Are these types of problems covered under the Premium Package? Please give me a call about this matter and tell me how much I will be reimbursed. Also, please do not forget to send me the terms of my current insurance plan by either fax or e-mail. Thank you.

Mary Todd

문제 01은 다음 이메일을 참조하시오.

수신:
customerservice@hamaanpcinsurance.com
발신: marytodd@watersfinancial.com
날짜: 5월 21일
제목: 보험 증권 번호 300 574 00649

제 노트북이 최근 속도 저하 현상을 겪어서, 상품에 대한 보상금 신청을 하고 싶습니다. 사실, 작년에 제가 구매한 프리미엄 패키지에 딸려나오는 보험의 조항들이 명시된 서류를 잃어버려서, 전체 보험 적용 범위에 대해 잘 모릅니다. 지난주에 보험 보상 부서에 여러 번 연락을 시도했지만, 부서 번호가 더 이상 존재하지 않는다고 알려주는 녹음 메시지만 들었습니다.

발생한 문제에 대해 설명하겠습니다. 약 2주 전에 제 노트북 컴퓨터에 과열 현상이 일어났습니다. 그 이후, 컴퓨터의 전원을 켜고, 데이터에 접속할 때, 제 노트북 속도가 눈에 띄게 더 느려졌습니다. 가장 중요한 것은, 모니터가 제대로 작동하지 않는다는 것입니다. 보이는 것은 파랑색 화면뿐입니다. 이러한 문제가 프리미엄 패키지로 보험 처리가 가능한가요? 이 문제에 대하여 제게 연락을 주셔서 제가 어느 정도의 보상을 받을 수 있는지 알려주시기 바랍니다. 그리고 또한, 제 현재 보험의 조항들을 팩스나 이메일로 잊지 말고 보내주실 것을 부탁드립니다. 감사합니다.

메리 토드

어휘 laptop computer 노트북 컴퓨터 file a claim 보상을 신청하다 misplace ~을 잘못 놓다, ~을 둔 곳을 잊다 outline ~의 윤곽을 그리다, ~을 약술하다 term 조항 along with ~와 함께 well-versed 정통한 end up + -ing 결국 ~하게 되다, 결국 마지막에는 ~이 되다 recorded message 녹음 메시지 no longer 더 이상 ~이 아닌 overheat 과열되다 noticeably 두드러지게 access 접속하다 reimburse 배상하다

01 What does Ms. Todd request?
(A) A new laptop
(B) A copy of a lost document
(C) A confirmation number
(D) An upgrade to a new plan

어휘 request 요청하다

토드 씨는 무엇을 요청하고 있는가?
(A) 새로운 노트북
(B) 잃어버린 서류 한 부
(C) 예약 확인 번호
(D) 새로운 보험으로 개선

Lesson 05 ● 추론 문제 Test ▶ 본책 p. 340

Step 1 (D)   Step 2 (A)

2 이렇게 풀어라! 문제풀이 전략

HELP WANTED

Job Title: Front Desk Assistant
Working Hours: Full Time

Job description: (D) This position is suitable for any individual who presents a kind, helpful, and professional image. The main duties of a front desk assistant is to greet and register our guests, obtain payment information, and assign them to their rooms. (A) One must also be responsible for recording daily receipt logs and preparing checks and cash which need to be deposited in the bank. The ideal applicant is required to have completed basic courses in hospitality management. (C) One must be fluent in English and at least one Asian language. If you meet the conditions, please send your resume and a cover letter to amandalogan@marshall.com. If you wish to speak directly to Ms. Logan about the position, please visit our office at 2200 Linden Drive at any time between 1 PM and 6 PM, Monday to Friday. Our lines are usually busy handling customers, so do NOT call us, please.

📣 **사람 구함**

직명: 안내 데스크 보조
근무 시간: 상근직

직무 내용: (D) 이 자리는 친절하고 기꺼이 도움을 주려 하며 전문적인 인상을 주는 사람이면 누구에게나 적합합니다. 안내 데스크 보조의 주요 업무는 손님을 맞이하고 등록하는 일과, 결제 정보를 획득하고 방 배치를 하는 일입니다. (A) 또한 담당자는 일일 영수일지를 기록하고 은행에 예금해야 할 현금과 수표를 준비해야 할 책임이 있습니다. 우리는 관광 서비스 경영의 기본 과정을 수료한 이상적인 지원자를 찾고 있습니다. (C) 지원자는 유창한 영어 실력과 최소 한 가지의 아시아 국가 언어를 할 수 있어야 합니다. 만약 귀하가 상기 조건들을 충족하신다면 귀하의 이력서와 자기소개서를 amandalogan@marshall.com으로 보내주시기 바랍니다. 직위에 대해 로건 씨와 직접 이야기하길 원하시면 린든 드라이브 가 2200번지에 있는 저희 사무실로, 월요일부터 금요일까지, 오후 1시에서 6시 사이에 언제든 방문해 주세요. 다만 저희 전화는 고객을 상대하느라 바쁘기 때문에 전화 연락은 피해주시기 바랍니다.

어휘 assistant 조수, 보조원 description 서술 suitable 적합한, 적절한 individual 개인 kind 친절한, 상냥한 professional 전문적인 image 인상, 이미지 greet 맞다, 환영하다 register 등록하다 obtain 얻다 assign 배정하다 be responsible for ~에 책임이 있다 record 기록하다 daily 일일, 하루 receipt 영수증 check 수표 cash 현금 deposit 예금하다 currently 현재, 지금 ideal 이상적인, 가장 알맞은 applicant 지원자 require 요구하다 course (대학의 교육) 과정 hospitality 접객 fluent 유창한 at least 적어도 resume 이력서 cover letter 자기소개서 directly 곧장

What is NOT indicated as a requirement for the position?

(A) Knowing how to record financial transactions
(B) Expertise in coordinating transportation
(C) Ability to use more than one language
(D) Having a businesslike appearance

이 직책에 대한 자격 요건으로 언급되지 않은 것은 무엇인가?

(A) 금융 거래를 기록하는 법을 아는 것
(B) 교통편 조정을 능숙하게 하는 것
(C) 2개 이상 언어 구사 능력
(D) 직장인의 외모를 갖추는 것

Customer Reviews

COFFEE Machines & Appliances
Open Clouds D5-001

(A) I purchased an Open Clouds D5-001 coffee machine about a month ago, and I have to admit that I am overall very satisfied with its brilliant performance so far. I consider that this was one of my smartest purchases which I have made in recent years.

(B) I noticed; after buying the Open Clouds D5-001, that it comes with a built-in grinder. This mechanism enables the user to grind coffee beans into powder form, and this is the key which allows the machine to brew fine coffee every single time. I would also like to mention that there is also a device which reduces the noise made from grinding. (C) As opposed to the coffee machines in the past, the Open Clouds D5-001 is fairly easy to disassemble and clean. Putting them back in one piece was simple and it only took me about two minutes to do so. When you buy this coffee maker, you will also realize that it also comes with written guidelines that gives users some valuable tips on how to use the machine to its greatest extent.

(D) The machine itself is nearly perfect, but there is one concern. Compared to other coffee makers, the Open Clouds D5-001 is quite pricy. It is at least $200 more expensive than those of other brands. Honestly, I might not have made this purchase if it wasn't for my cousin who was impressed with its capabilities after she bought it earlier this year. Now that I don't have a single regret for purchasing this wondering item, I strongly suggest that you buy an Open Clouds D5-001 for all your coffee needs!

고객 제품 사용 후기

커피 메이커 및 가전제품 & Appliances
오픈 클라우즈 D5-001

(A) 한 달 전쯤 저는 오픈 클라우즈 D5-001 커피 메이커를 구매했는데, 이 제품의 뛰어난 성능에 매우 만족하고 있습니다. 지난 몇 년 동안 제가 구매했던 물품 중에서 제일 잘 구매한 것 같습니다.

(B) 저는 오픈 클라우즈 D5-001을 구매한 후에, 커피 분쇄기가 내장되어 있다는 것을 알게 되었습니다. 이 기구는 사용자들이 커피 원두를 갈아서 커피 가루로 만들 수 있게 해주는데, 그 기구가 매번 멋진 커피를 우려내는 데 핵심적인 역할을 합니다. 저는 또한 커피를 분쇄할 때 발생하는 소음을 줄여주는 장치도 있다는 것을 말씀드리고 싶습니다. (C) 이전의 커피 메이커와는 다르게, 오픈 클라우즈 D5-001은 제품의 분해와 청소가 상당히 쉽습니다. 분해한 제품들을 조립하는 것은 간단해서, 저는 대략 2분만에 조립했습니다. 이 커피 메이커를 구매하시게 되면, 기계를 효율적으로 사용하는 유용한 방법들을 알려주는 사용설명서를 발견하실 수 있을 것입니다.

(D) 기계 자체는 거의 완벽하지만, 한 가지 단점이 있습니다. 다른 커피 메이커들과 비교하였을 때, 오픈 클라우즈 D5-001은 꽤 비싼 편입니다. 다른 브랜드의 제품들에 비해 약 200달러 정도 더 비쌉니다. 사실, 제 사촌이 올해 그 제품을 먼저 구매하고 나서 제품에 대한 기능에 만족하지 않았다면, 아마 저는 구매하지 않았을지도 모릅니다. 이 훌륭한 제품을 구매한 것에 대해서는 조금도 후회하지 않기 때문에, 커피를 필요로 하는 모든 사람들에게 오픈 클라우즈 D5-001을 구매할 것을 적극 추천합니다.

해설 커피 메이커의 단점을 묻는 질문이다. 지문의 세 번째 단락, 첫 번째 줄 but there is one concern에서 concern이 단점을 나타내는 키워드가 되는 것을 확인할 수 있다. 다음 문장에서 한 가지 단점으로 다른 제품들과 비교하였을 때 꽤 값이 나가며, 구체적으로 다른 제품들보다 얼마나 비싼지를 언급하고 있으므로, 단점을 언급한 문장은 (D)임을 알 수 있다.

어휘 review 후기, 서평 appliance 가전제품 machine 기계 purchase 구매하다 admit 인정하다, 허락하다 overall 전반적으로 be satisfied with ~에 만족하다 brilliant 훌륭한, 빛나는 performance 성과 so far 지금까지, 여태까지 consider 고려하다, 생각하다 come with ~ ~이 딸려 나오다 grinder 분쇄기 mechanism 기계 장치 enable 가능하게 하다 allow A to B A가 B하는 것을 허락하다 brew 끓이다 mention 언급하다 device 장치 reduce 줄이다, 감소하다 as opposed to ~와는 대조적으로 fairly 상당히, 꽤 disassemble 분해하다 clean 청소하다, 깨끗이 하다 guideline 안내서 valuable 중요한, 가치 있는 tip 정보 extent 정도 concern 우려 사항 compared to ~와 비교하여 quite 꽤 pricy 값비싼 expensive 비싼 honestly 정말로, 정직하게 cousin 사촌 impress 감명을 주다, 깊은 인상을 주다 capability 능력 earlier 더 일찍 Now that ~때문에 regret 후회 strongly 강력하게

Step 2

Question 01 refers to the following e-mail.

Tenth Annual Geneva Automobile Trade Fair
Creating Fuel-Efficient Vehicles of the Twenty-first Century

The Tenth Annual Geneva Automobile Trade Fair will take place at the Caesar Center in Geneva, Italy, from February 13 to 14.

Featured speakers:
February 13, 3:00 P.M. Bernard Willheim, Head Engineer, Motorsport Performance Team
▶ The efficiency of diesel and electric engines
February 14, 3:30 P.M. Henry Slater, CEO, Canary Motors
▶ The prospect for hydro-fueled automobiles

- More than 30 companies from 17 countries have already secured booths to take part in the fair. Sample company products and related information will be available in the main lobby of the center.
- A museum tour will be offered for those who are interested in the history of engine development process in the Geneva Museum of Autos.
- More than 7,000 people attended last year's event held in Frankfurt, Germany. The number of attendees has been growing every year. To guarantee admittance to the event, please register by January 11. For more information about the trade fair and the museum, visit the Geneva Automobile Trade Fair Web site at www.genevatradefair.com.

문제 01은 다음 이메일을 참조하시오.

제 10회 연례 제네바 자동차 박람회
21세기의 연료 효율형 자동차 개발

10주년 제네바 자동차 박람회가 2월 13일에서 14일까지 이탈리아 제네바 시의 시저 센터에서 개최됩니다.

특별 연설:
2월 13일, 오후 3시, 버나드 윌하임, 모토스포츠 퍼포먼스 팀의 기술 책임자
▶ 디젤 엔진과 전기 엔진의 효율성
2월 4일, 오후 3시 30분, 헨리 슬레이터, 캐너리 자동차의 최고경영자
▶ 수소 연료 자동차의 전망

- 17개 국가에서 온 30개가 넘는 기업들이 박람회 참여 부스를 이미 확보하였습니다.
  회사의 제품 샘플과, 관련 정보는 박람회 중앙 로비에서 확인하실 수 있습니다.
- 제네바 자동차 박물관에서 엔진 개발의 역사에 관심이 있는 사람들에게 박물관 견학도 제공될 예정입니다.
- 7000명이 넘는 사람들이 독일의 프랑크푸르트에서 열린 지난번 행사에 참여하였습니다. 참가자들의 수는 매년 증가하고 있습니다. 행사장에 입장하기 위해, 1월 11일까지 등록을 해주시기 바랍니다. 박람회와 박물관에 대한 정보를 더 원하시면, 제네바 자동차 박람회 웹사이트 www.genevatradefair.com을 방문해 주시기 바랍니다.

어휘 annual 매년의, 1년의 automobile 자동차 trade fair 업계 박람회 fuel-efficient 연료 효율적인 process 과정 engine 엔진 prospect 전망 hydro-fueled 수소 연료 secure 확보하다, 얻어내다 related 관련된 be interested in ~에 관심이 있다 the number of ~의 수 attendee 참가자 guarantee 보증하다 admittance 입장, 허가 register 등록하다

---

01 What is NOT mentioned as a feature of the event?

(A) Question-and-answer sessions with panels of experts
(B) Displays of products and information
(C) Guided tours at a museum
(D) Booths hosted by organizations from many countries

행사의 특징으로 언급되지 않은 것은?

(A) 전문가 패널들과 함께 하는 질의응답 세션
(B) 제품과 정보 전시
(C) 박물관에서 가이드 견학
(D) 여러 나라에서 온 기업들이 주관하는 부스

해설 NOT-question 질문은 지문과 일치하는 보기들을 찾아 소거하도록 한다. 행사의 특징으로 언급된 내용은 연설 일정 다음인 마지막 단락에서 제시되고 있다. 마지막 단락 첫 번째 사항 More than 30 companies from 17 countries have already secured booths(17개 국가에서 온 30개가 넘는 기업들이 박람회 참여 부스를 이미 확보하였습니다)에서 (D)가. Sample company products and related information will be available in the main lobby of the center(회사의 제품 샘플과 관련 정보는 박람회 중앙 로비에서 확인하실 수 있습니다)에서 (B)가 각각 언급되고 있으므로 오답이 된다. 두 번째 사항 A museum tour will be offered(박물관 견학이 제공될 것이다)에서 보기 (C)를 언급하고 있으므로 역시 오답이다. 전문가 패널과 함께 하는 질의응답 세션은 지문에서 언급되지 않은 내용이므로 정답은 (A)가 된다.

panel 패널　**display** 전시　**guided tour** 가이드가 딸린 견학　**host** ~을 주최하다, 주관하다

Lesson 06 ● 유사 어휘 문제 Test　　　　▶ 본책 p. 342

Step 1 동시에 많은 사람들을 고용해서 교육시키는 것은 일반적인 일은 아니지만, 공장이 본격적인 생산에 들어가면, 매달 3000대의 자동차를 생산해낼 수 있을 것으로 추정하고 있습니다.

Step 2 (D)

Part 7

② 이렇게 풀어라! 문제풀이 전략

Dear Ms. Ginger,

I first want to thank you for giving me such a great tour of Classic Windsor Apartment Complex. The building itself was amazingly beautiful, the facilities seemed fairly new, and I especially liked its great location. I considered your recommendation of the room with the ocean view and extra storage space, but I decided to take the one with the balcony instead. I liked the fact that it had an outdoor, hardwood balcony that overlooks the park.

Given that the my stay in Skippertown depends on the length of my overseas business, I have decided not to bring any of my furniture from Taipei since I don't think I will be staying here for a long period of time. It would be best if I could move in on the 14th of August. Once we arrange a time, I will stop by your office to complete the paperwork and sign up for a parking space. I will also have my deposit prepared as well.

John Madden

🔖 진저 씨께,

클래식 윈저 아파트 단지를 잘 안내해 주신 데 대해 우선 감사의 말씀을 드립니다. 건물 자체가 놀랍도록 아름다웠고, 시설들은 새 것처럼 보였습니다. 그리고 무엇보다 저는 그 곳의 위치가 특히 마음에 들었습니다. 당신이 추천해주신 바다가 보이고 별도의 저장 공간이 있는 방을 고려해 보았으나, 저는 대신 발코니가 있는 방으로 결정했습니다. 저는 공원이 내려다보이고, 목재로 된 실외 발코니가 있다는 점이 마음에 들었습니다.

스키퍼타운에서 제가 체류하는 기간은 저의 해외 업무 기간에 달려 있다는 점을 고려할 때, 제가 이곳에서 오랜 기간 머물 것 같지 않기 때문에 타이베이에서 저의 가구들을 가지고 오지 않기로 결정했습니다. 8월 14일에 이사할 수 있으면 좋을 것 같습니다. 우리가 시간을 조정하고 나면, 제가 당신 사무실에 들러서 서류 작업을 완료하고 주차공간을 위한 서명을 하겠습니다. 또한 보증금을 준비해 가도록 하겠습니다.

존 매든

tour 구경시켜 주는 것　**amazingly** 놀랄 만큼, 굉장하게　**fairly** 상당히, 꽤　**especially** 특히　**outdoor** 실외의　**overlook** ~를 내려다보다　**depend on** ~에 달려 있다　**length** 기간　**move in** 이사 오다　**arrange** 마련하다, 처리하다　**sign up** 등록하다　**deposit** 보증금　**as well** 또한, 역시

In the e-mail, the word "overlooks" in paragraph 1, line 7, is closest in the meaning to:

(A) forgets about

(B) provides a view of

(C) gives an excuse for

(D) inspects inside

이메일의 첫 번째 단락, 일곱 번째 줄의 overlooks와 가장 가까운 의미는?

(A) ~에 대해 잊어버리다

(B) ~의 경치가 보이다

(C) ~에 대해 변명을 하다

(D) 안을 조사하다

Salt Lake City (June 8) - Bayern Automobiles celebrated the official opening of the company's new factory in the United States. The factory was completely built in Segundo, Utah recently. Located about 30 miles south of Salt Lake City, the factory has currently hired 75 workers. However, factory manager Michael Hoover said that he intends to create 40 more job openings by September. During the opening ceremony, Mr. Hoover said, "It's not a common practice to hire and train such a large group of people at the same time, but, once the factory reaches its full production, we estimate that it turns out 3,000 automobiles every month."

Most of the 75 positions were filled by local residents who were once employed in Colossus Steels, a metal company that had closed several facilities a few months ago, including the one in Brian Olsen's hometown. He said, "Most of the workers in Mormon Town, including myself, were worried until we heard about the job hiring at Bayern Automobiles."

Olsen also spread the word to his former coworkers. Among the coworkers is included his niece of nearby Burlington, Linda Benson. When she applied for a job at Bayern Automobiles, not only she was hired, but she even received a better offer. "I thought I was going to do the same duties as my previous job, but after I successfully completed my training, they asked me whether I would like to teach other new employees on how to operate the machines!"

Ms. Benson believes that attending school between jobs paid off. "I realized that education could always give me an edge, so I decided to take some morning and evening courses in machinery in Salt Lake City," she said.

Olsen and Benson were among the 300 guests who were invited to attend the factory's grand opening. Some of the notable individuals from the guest list included the CEO of Bayern Automobiles, Derek Becker, state senator Harrison Chomsky, and mayor Mary Worthington.

솔트 레이크 시티 (6월 8일) – 베이연 자동차 회사는 미국에다 지은 새로운 공장을 공식적으로 오픈했다. 공장은 최근 유타 주의 세군도 시에서 완공되었다. 솔트 레이크 시티에서 남쪽으로 30마일 떨어진 곳에 위치한 공장은 현재 75명의 직원을 고용했다. 그러나 공장 매니저인 마이클 후버는 9월까지 40개의 일자리를 더 창출할 것이라고 말했다. 개장 기념식에 후버 씨는 이렇게 말했다. "동시에 많은 사람들을 고용해서 교육시키는 것은 일반적인 일은 아니지만, 공장이 본격적인 생산에 들어가면, 매달 3000대의 자동차를 생산해낼 수 있을 것으로 추정하고 있습니다."

75개의 자리 중에서 대부분은 지역 거주자가 차지하고 있는데, 이들은 전에는 콜로서스 제강에서 근무하던 사람들이었다. 이 회사는 몇 달 전에 공장 몇 곳을 폐쇄했는데, 브라이언 올슨의 고향에 있던 공장도 폐쇄되었다. 브라이언 올슨은 이렇게 말했다. "저를 포함한 모르몬 타운의 근로자들 대부분은 베이연 자동차 회사의 구인 공고를 듣기 전까지 걱정하고 있었습니다."

올슨은 또한 이 소식을 근처에 있는 벌링곤에 사는 조카 린다 벤슨을 포함하여 이전 직장동료들에게도 전했다. 베이연 자동차 회사에 지원한 그녀는 채용되었을 뿐만 아니라, 더 좋은 제안을 받았다. "저는 이전 직장에서의 업무와 동일한 일을 하게 될 것이라고 생각했습니다. 하지만 교육을 성공적으로 완수한 후에, 그들은 신입직원에게 기계 작동법을 교육하는 일을 하길 원하는지 제게 물었습니다."

벤슨 씨는 실직했을 때 학교에 다녔던 것이 가치가 있는 일이었다고 생각한다. "저는 교육이 저의 경쟁력을 높여줄 것이라고 항상 생각했습니다. 그래서 솔트 레이크 시티에서 아침과 저녁에 기계에 대한 수업을 듣기로 결심했습니다."라고 그녀는 말했다.

올슨과 벤슨은 공장의 개장식에 참석하도록 초대된 300명의 손님에 포함되어 있다. 참석자 중에서 주목할 만한 인사들로는 베이연 자동차 회사의 최고경영자인 데렉 베커, 주 상원의원인 해리슨 촘스키, 시장 메리 워싱턴이 있다.

해설 문맥상 it turns out ~ every month는 '매달 3000대의 자동차를 생산하게 될 것으로 추정된다'는 의미이므로 여기서 turn out은 produce(생산하다)와 유사한 의미가 된다.

어휘 celebrate 기념하다 official 공식적인 opening 개장 completely 완전히 recently 최근에 currently 최근에, 현재 hire 고용하다 intend to + 동사원형 ~을 하려고 하다 job opening 일자리 ceremony 의식 practice 수행하다 train 훈련하다 at the same time 동시에 reach 이르다, 도착하다 production 생산 estimate 추정하다 turn out 생산해내다 automobile 자동차 position 직위, 자리 fill 채우다 local resident 지역 거주자 employ 고용하다 close 닫다, 폐쇄하다 facility 시설 including ~을 포함하여 hometown 고향 be worried 걱정하다 spread 퍼뜨리다, 전하다 former 이전의 coworker 동료 apply for ~에 지원하다, 신청하다 receive 받다 offer 제안 duty 임무 successfully 성공적으로 complete 마치다, 완성하다 whether ~인지 아닌지 teach 가르치다 how to operate 작동법 believe 믿다 attend 참석하다 pay off 수지가 맞다, 이익이 되다 realize 깨닫다, 알아차리다 education 교육 give an edge 경쟁력을 높이다 decide to + 동사원형 ~하기로 결정하다 among ~ 가운데 guest 손님 invite 초대하다 notable 주목할 만한 individual 개인 state senator 주 상원의원 mayor 시장

Question 01 refers to the following e-mail.

To: Isabella <bellegloria@elecmail.com>
From: Clark Liu <clarkliu@spectrum.com>
Date: May 23
Subject: Update

Dear Ms. Gloria,

I am with you on choosing brown and blue for your kitchen and bedrooms. However, I am a little worried about the choice you've made with your bathroom. Green is a typical color which most customers are not satisfied with long term. It would be better to reconsider and let me know again.

With the exception of #B51 Metallic Black, I could prepare all the other colors on your list. Magnifico has recently stopped producing that color. However, there is a same color shade made by The Avant. The product number is #B106, so you might want to take a look at it. Also, to answer your question, the painting job should be able to start on June 5, and this will be more than enough time for the job to be completed before the 27th, leaving your apartment in good shape.

Best Regards,

Clark Liu, Color Counselor
Spectrum Interiors

문제 01은 다음 이메일을 참조하시오.

수신: 이자벨라 〈bellegloria@elecmail.com〉
발신: 클라크 리우 〈clarkliu@spectrum.com〉
날짜: 5월 23일
제목: 업데이트

글로리아 씨에게,

고객님께서 주방과 침실에 갈색과 파랑색 색상을 선택하신데에 찬성합니다. 그러나 욕실 색상으로 선택한 것은 조금 우려가 됩니다. 초록색은 고객들 대부분이 금방 싫증을 내는 색상입니다. 다시 한 번 생각해 보시고 저에게 알려주세요.

#B51 금속성 흑색을 제외하고는, 고객님께서 보내주신 목록의 색상을 모두 준비할 수 있을 것 같습니다. 마그니피코 사에서 현재 그 색상 생산을 중단한 상태입니다. 하지만, 아방 사에서 생산하는 동일한 색상이 있습니다. 제품번호는 #B106입니다. 그러니 한 번 보시는 것이 좋을 것 같습니다. 그리고 요청하신 사항에 관하여 답변을 드리자면, 페인트 작업은 6월 5일에 시작할 수 있을 것이며, 27일 전까지 고객님의 아파트가 보기 좋게 모양을 갖추도록 작업을 완료할 수 있는 충분한 시간이 있습니다.

감사합니다.

클라크 리우, 컬러 상담가
스펙트럼 실내장식

어휘 be with ~의 의견에 찬성하다   choose 선택하다   be worried about ~에 대하여 걱정하다   choice 선택   typical 전형적인   satisfied 만족하는   long term 장기간   reconsider 다시 고려하다   with the exception ~을 제외하고   prepare 준비하다   recently 최근에, 현재   produce 생산하다   product number 제품번호   take a look at ~을 살펴보다   answer 대답하다   question 질문   enough 충분한   complete 마치다, 완료하다

---

01 In the e-mail, the word "shape" in paragraph 2, line 5, is closest in meaning to:

(A) pattern
(B) figure
(C) plan
(D) condition

이메일의 두 번째 단락, 다섯 번째 줄의 shape와 가장 가까운 의미는?

(A) 패턴, 무늬
(B) 수치
(C) 계획
(D) 상태

해설 in good shape가 문맥상 어떤 의미로 쓰였는지 파악해서 유사한 의미의 단어를 찾도록 한다. 당신의 아파트를 좋은 상태로 만들겠다는 의미이므로 '상태, 조건'을 의미하는 (D) condition이 정답이다.

❶ 이렇게 풀어라! 문제풀이 전략

Pencil Ink Publishing
Presents

Grace Knight's "Silver Butterflies" National Book Tour Events
Midwest Region – July

Tuesday, July 7, 5:30 pm

Merlin Bookshop – 801 Dove St., Detroit MI, 46102
A 30-minute presentation will be given by Ms. Knight at 5:00 p.m. Reading session and book signing start at 5:30 p.m. Admittance by invitation only.

Thursday, July 9, 4:00 pm

Black Books – 6221 Mayweather Dr., Madison WI, 53701
Reading session will begin at 4:00 p.m., and it will be followed by book signing at 5 p.m. Ms. Knight will NOT be available for answering questions for this presentation due to personal reasons.

Dear Mr. Guards,

I would like to give my thanks to Pencil Ink Publishing for inviting me to the book tour held in Detroit. It was also great to participate in the private reception after the book signing. I was excited to meet one of today's most acclaimed writers and to talk with her in person. I told her that I have been planning on using "Silver Butterflies" in my American philosophy course for the fall semester. Unfortunately, she couldn't spend the entire time with me, and therefore she suggested I send her a list of questions for her to answer for me after the end of her book tour in the Midwest regions. Attached are the questions. Also, I was wondering whether Ms. Knight could visit my class to give a short presentation for the students. I figured that this could be a great opportunity for students to learn a great deal of American philosophy and literature as well. Thank you in advance.

Sincerely,

Jasmine Lawrence

🐾 펜슬 잉크 출판사
주최

'실버 버터플라이스'의 작가 그레이스 나이트의 전국 순회 출판 기념회
중서부 지역 – 7월

7월 7일 화요일, 오후 5시 30분

메를린 서점 – 우편번호 46102, 미시건 주 디트로이트 시, 도브 가 801번지

5시에 나이트 씨가 30분간 프레젠테이션을 합니다. 5시 30분부터 낭독회 및 책 사인회가 시작됩니다. 초대받은 사람만 입장 가능.

7월 9일 목요일, 오후 4시

블랙 서점 – 우편번호 53701, 위스콘신 주 매디슨 시, 메이웨더 로 6221번지

4시에 낭독회가 시작되고, 그 후 5시에 책 사인회가 이어집니다. 나이트 씨의 개인 사정으로 프레젠테이션 이후에 질문 답변 시간은 갖지 않습니다.

🐾 친애하는 가즈 씨에게,

디트로이트에서 열린 출판 기념회에 저를 초대해 주셔서 펜슬 잉크 출판사에 감사드립니다. 책 사인회 이후에 사적인 만찬에도 참석할 수 있어서 영광이었습니다. 현재 가장 존경받는 작가를 만나서 직접 대화를 나눌 수 있어서 매우 기뻤습니다. 작가님께 제 가을학기 미국 철학 수업에서 '실버 버터플라이스'를 쓸 예정이라고 말씀드렸습니다. 유감스럽게도, 전체 시간을 함께 보낼 수 없었기 때문에, 작가님께서 중서부 지역에서의 출판 기념회 후에 질문 목록을 보내주면 답변을 해주시겠다고 제안하셨습니다. 첨부된 것은 질문 사항입니다. 또한, 나이트 씨께서 저희 수업에 오셔서 학생들을 위해 간단한 프레젠테이션을 해주실 수 있는지 궁금합니다. 저는 이것이 학생들에게 미국 철학과 문학에 관해 많은 것을 배울 수 있는 좋은 기회가 될 것이라고 생각합니다. 감사합니다.

진심을 담아,

재스민 로렌스

어휘　publishing 출판사　present 발표하다　presentation 발표회, 프레젠테이션　reading session 낭독회　book signing 책 사인회　admittance 입장　invitation 초대(장)　begin 시작하다　follow 따르다. 뒤를 잇다　due to ~때문에　personal 개인적인　reason 이유　invite 초대하다　participate in ~에 참여하다　private 사적인　excited 신나는, 흥분된　acclaimed 칭찬을 받고 있는　writer 작가　in person 개인적으로　philosophy 철학　course 과정. 강좌　semester 학기　unfortunately 불행하게도, 유감스럽게도　spend 보내다　entire 전체의　therefore 그래서　suggest 제안하다　attached 첨부된　wonder 궁금하다　whether ~인지 아닌지　figure 생각하다. 판단하다　opportunity 기회　learn 배우다. 알다　literature 문학　as well 또한. 마찬가지로　in advance 미리. 사전에

When did **Ms. Lawrence meet Ms. Knight?**

(A) On July 7   (B) On July 9

(C) On July 15   (D) On July 24

로렌스 씨는 언제 나이트 씨를 만났는가?

(A) 7월 7일   (B) 7월 9일

(C) 7월 15일   (D) 7월 24일

Step 1

Question 01 refers to the following advertisement and e-mail.

Join today and shape up your body at a
Thonet Fitness Club!
Sign up online at www.thonetfitness.com
Visit one of our four locations in the City of Pikeland:
Dea Park, Sigmund Avenue, Sunset Drive, and Baro Park

As of March, we are currently offering discounts for all new members!

	Individual	Family
1 month	$30	$50
3 months	$20 per month	$40 per month
1 year	$15 per month	$30 per month

You will receive a coupon for Atlas Sport Shop if you sign up for a family plan before the 31st of March.

20% off coupon with the 3-month package
50% off coupon with the 1-year package

We at Thonet Fitness Club guarantee a perfect environment for your workout with our advanced equipment and reliable staff. We are committed to you and your family's fitness and satisfaction.

*Fitness classes are not included in the price stated above.

문제 01은 다음 광고와 이메일을 참조하시오.

오늘 가입하셔서 멋진 몸매를 가꾸세요.
소니트 피트니스 클럽에서!
www.thonetfitness.com에서 온라인으로 등록하세요.
파이크 랜드 시에 있는 네 개의 지점 중에서 한 군데를 방문하세요.

디 파크 가, 지그문트 에비뉴 가, 선세트 드라이브 가, 배로 파크 가

3월을 맞아, 현재 신규 회원에게 할인을 제공하고 있습니다.

	개인	가족
1달	30달러	50달러
3달	월 20달러	월 40달러
1년	월 15달러	월 30달러

3월 31일 이전에 가족 회원으로 등록하시면, 아틀라스 스포츠 상점의 쿠폰을 받으실 수 있습니다.

3달 패키지 **20% 할인 쿠폰**
1년 패키지 **50% 할인 쿠폰**

저희 소니트 피트니스 클럽은 최상의 기구와 믿을 수 있는 직원과 함께 당신에게 완벽한 운동 환경을 제공할 것을 약속드립니다. 당신과 당신 가족의 건강과 만족을 위해 최선을 다합니다.

*피트니스 강좌 수강료는 위 가격에 포함되어 있지 않습니다.

From: Bart Swagger
To: Denise Chambers
Date: March 3
Subject: Thank you for joining Thonet!
Attachment: Confirmation

Dear Ms. Chambers,

Thank you for registering to be a member of Thonet Fitness Club. Your online payment has been received and processed. As a member of our club, you and your family are entitled to use all of our facilities, including gym, tracks, and swimming pools. Your membership also comes with one free personal training session from

발신: 바트 스웨거
수신: 데니스 체임버스
날짜: 3월 3일
제목: 소니트에 가입해 주셔서 감사합니다!
첨부: 확인서

체임버스 씨께,

소니트 피트니스 클럽의 회원으로 등록해 주셔서 감사합니다. 당신의 온라인 입금이 수령되어 처리되었습니다. 저희 회원으로, 당신과 당신의 가족은 체육관, 트랙, 수영장을 포함한 모든 시설을 이용하실 수 있는 자격이 주어집니다. 회원권으로 저희 피트니스 코치로부터 무료 개인 트레이닝 수업을 한 번 받으실 수 있고, 필라테스와 요가

one of our fitness coaches and two-week free access to our pilates and yoga classes.

As a March promotion, a 20% discount coupon which you can use at Atlas Sport Shop will be sent to your mailbox within the next three days. Also, all Thonet members may receive 10% off of any items you purchase from Atlas Sport Shop. To receive a discount, please present your Thonet membership to one of the cashiers at Atlas Sports Shop when making a purchase. The shop is located a block away from our Dea Park location.

Please print out the confirmation attached to this e-mail, and bring it to any of our four locations to have your Thonet membership cards issued for you and your entire family. If you have any additional questions about Thonet Fitness Club, please contact us on 221) 557-9991 or visit our website at www.thonetfitness.com. Have a nice day.

Sincerely,
Bart Swagger, Thonet Fitness Club Representative

수업에 2주 동안 참여하실 수 있습니다.

3월 행사로, 아틀라스 스포츠 상점에서 사용하실 수 있는 20% 할인 쿠폰을 3일 후에 우편으로 발송해 드립니다. 또한, 소니트 회원들은 아틀라스 스포츠 상점에서 구매하시는 제품에 대해 모두 10%의 할인을 받으실 수 있습니다. 할인을 위해서는 점원에게 소니트 회원권을 제시해 주시기 바랍니다. 상점은 저희 디 파크 가 지점에서 한 블록 떨어진 곳에 위치해 있습니다.

이 이메일에 첨부된 확인서를 프린트해서 저희 지점 네 곳 중 한 곳에 가져가시면 가족 전체에게 발행되는 회원 카드를 수령하실 수 있습니다. 소니트 피트니스 클럽에 대해 다른 추가 문의 사항이 있으시면, 221) 557-9991로 연락주시거나 저희 웹사이트 www.thonetfitness.com으로 방문해 주시기 바랍니다. 좋은 하루 되세요.

진심을 담아,

바트 스웨거, 소니트 피트니스 클럽 담당 직원

어휘 join 가입하다 sign up 등록하다 visit 방문하다 location 위치, 지점 currently 현재 offer 제공하다 individual 개인 coupon 쿠폰 guarantee 보장하다 environment 환경 workout 운동 advanced 발전된 equipment 장비, 기계 reliable 믿을 수 있는 be committed to ~에 헌신하다 fitness 건강 satisfaction 만족 state 언급하다 above ~ 위에 confirmation 확인(서) register 등록하다 payment 지불 process 처리하다 be entitled to + 동사원형 ~할 자격이 주어지다 facility 시설 including ~을 포함하여 gym 체육관, 헬스장 track 트랙 come with ~이 딸려나오다 free 무료의 access 접근, 출입 promotion 홍보, 행사 item 품목, 물품 purchase 구매하다 present 제시하다 be located ~에 위치하다 print out 인쇄하다 attached 첨부된 bring 가져오다 issue 발행하다 entire 전체의 additional 추가적인 contact 연락하다 sincerely 진심으로

---

01 How much will Ms. Chambers pay per month?

(A) $15
(B) $20
(C) $30
(D) $40

체임버스 씨는 한 달에 얼마를 지불할 것인가?

(A) 15달러
(B) 20달러
(C) 30달러
(D) 40달러

해설 Ms. Chambers가 등장하는 것은 두 번째 이메일이며 이에 나타난 정보를 통해서 한 달 수강료를 첫 번째 광고에서 찾는 1+1 문제이다. 이메일의 세 번째 문장에서 you and your family are entitled to use all of our facilities를 통해 가족 회원권을 구매했음을 알 수 있다. 또한 두 번째 문단에서 As a March promotion, a 20% discount coupon which you can use at Atlas Sport Shop이라고 했으므로 20%의 할인 쿠폰을 받을 수 있다는 정보를 찾아낼 수 있다. 이 정보를 토대로 첫 번째 광고로 가면, 20%의 쿠폰을 받는 것은 3-month package임을 알 수 있고, 3달 패키지에서 가족 회원권의 가격을 찾으면 문제의 Chambers 씨가 지불할 회원 가격을 알 수 있다. 따라서 정답은 (D) 40달러가 된다.

어휘 pay 지불하다 per ~마다

318

153 (D)	154 (C)	155 (A)	156 (B)	157 (C)	158 (B)	159 (A)	160 (A)	161 (D)	162 (C)
163 (D)	164 (B)	165 (B)	166 (B)	167 (D)	168 (D)	169 (C)	170 (C)	171 (D)	172 (C)
173 (B)	174 (A)	175 (D)	176 (B)	177 (A)	178 (C)	179 (A)	180 (D)	181 (D)	182 (C)
183 (B)	184 (C)	185 (B)	186 (B)	187 (A)	188 (D)	189 (C)	190 (D)	191 (C)	192 (A)
193 (C)	194 (B)	195 (D)	196 (C)	197 (B)	198 (B)	199 (A)	200 (C)		

Questions 153-154 refer to the following advertisement.

Original Chronology

We handle all watches and clocks

658 Plum Road • Port Dupont • Canada

709-800-1533

- (153) Repair and restore antique and modern timepieces
- On-site service for all watch brands and model types
- Treat wristwatches, pocket watches, wall clocks, electronic clocks, grandfather clocks
- (154) Watch and clock polishing
- Customize timepieces according to customer requests

We have been in business for 15 years. For an estimate on our services, please call us and ask for Mr. Fontaine.

문제 153-154는 다음 광고문을 참조하시오.

오리지널 크로놀로지

모든 손목시계와 시계류를 취급합니다

캐나다 포트 뒤퐁 시 플럼 가 658번지

709-800-1533

- (153) 골동품 시계 및 현대식 시계의 복원 및 수리
- 모든 브랜드 및 모든 종류의 손목시계에 대한 출장 수리
- 손목시계, 회중시계, 벽걸이시계, 전자시계, 괘종시계 취급
- (154) 손목시계와 시계의 광택 작업
- 고객 요청에 의한 주문 제작 시계

저희는 15년째 시계를 전문적으로 다루고 있습니다. 저희 서비스에 대한 견적을 원하시면, 전화주셔서 폰텐 씨를 찾아주세요.

어휘 handle 다루다, 취급하다 watch 시계(손목에 차거나 호주머니에 넣는 것) clock 시계 repair 수리하다 antique 골동품의 modern 현대적인 timepiece 시계 on-site service 출장 서비스 model type 모델 유형 treat 다루다 wristwatch 손목시계 pocket watch 회중시계 grandfather clock 괘종시계 polishing 광택내기 customize 주문제작하다 according to ~에 따라 customer 고객 request 요청 estimate 견적, 견적서 ask for 요청하다

153 What is indicated about Original Chronology?

(A) It sells musical instruments.

(B) It is new in Port Dupont.

(C) Its prices are low.

(D) It restores old clocks.

오리지널 크로놀로지 사에 관하여 언급된 것은?

(A) 악기를 판매한다.

(B) 포트 뒤퐁에 새로 생겼다.

(C) 가격이 저렴하다.

(D) 오래된 시계를 복원한다.

해설 Original Chronology사에 관한 사항을 묻는 문제로, 지문의 첫 번째 부분 Repair and restore antique and modern timepieces를 통해 골동품 시계를 복원하고 수리한다는 것을 알 수 있으므로, 이를 바꾸어 표현한 (D)가 정답이다. 지문의 antique가 보기에서는 old로 바꾸어 표현되었음을 알아두자.

어휘 sell 팔다 musical instrument 악기 price 가격 low 낮은 restore 복구하다 old 오래된, 낡은

154 What does Original Chronology offer?

(A) Same-day service

(B) Discounts for returning customers

(C) Watch polishing

(D) Factory and site tours

오리지널 크로놀로지 사는 무엇을 제공하는가?

(A) 당일 서비스

(B) 다시 찾아오는 고객들에게 할인

(C) 시계 광택 작업

(D) 공장 및 작업 현장 견학

해설 Original Chronology가 제공하는 서비스를 묻는 질문으로 지문의 네 번째 항목에서, 시계의 광택을 작업하는 서비스를 제공하고 있음을 알 수 있으므로 정답은 (C)이다.

Questions 155-156 refer to the following e-mail.

To: Golden Tower Hotel
         <reservation@goldentowerhotel.com>
From: Anita Olson <aolson@gmail.com>
Date: February 4
Subject: Rate and availability

To whom it may concern:

In a few months, I will be traveling to China for an international textile industry conference, and I need a place to stay for several days in Shanghai. (155) A couple of months ago a colleague of mine stayed at your hotel and highly recommended it to me. Recently, in traveling to access your web site, I got a message saying that some of your facilities are being renovated. Fortunately, I came across this e-mail address in a travel magazine.

(156-C) I would like you to provide me with information about your room rates and availability. I plan to be in Shanghai from May 10 through May 13 and will require a single room during that period. In addition, (156-A/D) please let me know if you offer special packages for business travelers and if a complimentary shuttle service is provided to and from the airport.

Thank you in advance for your information.
I look forward to your response.

Sincerely,

Anita Olson

문제 155-156은 다음 이메일을 참조하시오.

수신: 골든타워 호텔
       〈reservation@goldentowerhotel.com〉
발신: 애니타 올슨 〈aolson@gmail.com〉
날짜: 2월 4일
제목: 객실 요금과 가용 객실

관계자 분께,

몇 달 후에, 저는 국제 섬유 산업 회의에 참석하기 위해 중국으로 떠날 것인데 상하이에서 며칠 간 머물 곳이 필요합니다. (155) 두 달 전에 제 동료 한 명이 귀하의 호텔에서 머물렀는데, 저에게 이 호텔을 적극적으로 추천하였습니다. 최근에 귀하의 호텔 웹사이트에 접속하기 위해 여기저기 보다가 호텔 시설의 일부를 보수하고 있다는 메시지를 보게 되었습니다. 다행스럽게도, 여행 잡지에서 이 이메일 주소를 우연히 보았습니다.

(156-C) 귀하의 호텔이 이용 가능한지 그리고 객실 요금에 대한 정보를 저에게 제공해주실 수 있으신지요? 저는 5월 10일부터 5월 13일까지 상하이에 있을 계획이기에 이 기간 동안 머무를 싱글 룸이 하나가 필요합니다. 뿐만 아니라, (156-A/D) 비즈니스 여행객을 위한 특별 패키지와 공항까지 무료 셔틀 버스가 제공되는지를 알려주셨으면 합니다.

미리 감사의 말씀을 드립니다.
답변 기다리고 있겠습니다.

충심으로,

애니타 올슨

어휘 international 국제적인 textile industry 섬유산업 conference 회의 stay 머무르다 several 몇몇의 a couple of 두 개의. 두 사람의 colleague 동료 recommend 추천하다 recently 최근에 facility 시설 access 접속하다 renovate 개조하다. 보수하다 fortunately 다행스럽게도 come across 우연히 마주치다. 발견하다 room rate 객실 요금 room availability 가용 객실 provide 제공하다 plan to + 동사원형 ~을 계획하다 require 요구하다. 필요하다 period 기간. 시기 in addition 게다가. 덧붙여 package 포장물. 패키지 complimentary 무료의 in advance 미리. 사전에 look forward to + 명사/-ing ~을 고대하다 response 대답. 회신. 반응

155 How did you Ms. Olson first learn about the Golden Tower Hotel?

(A) From a former guest of the hotel
(B) Through a travel publication
(C) While vacationing in Shanghai
(D) From the hotel's Web site

올슨 씨는 처음에 어떻게 골든 타워 호텔을 알게 되었는가?

(A) 이전의 호텔 이용객으로부터
(B) 여행 간행물을 통해
(C) 상하이에서 휴가를 보내는 동안
(D) 호텔 웹사이트로부터

해설 Ms. Olson은 처음 어떻게 Golden Tower 호텔을 알게 되었는지를 묻고 있다. 이메일의 최상단부를 보면 Ms. Olson은 이메일을 보낸 사람이고, Golden Tower 호텔은 이메일을 받는 사람임을 알 수 있다. 첫 번째 단락의 A couple of months ago a colleague of mine stayed at your hotel and highly recommended it to me를 보면 두 달 전에 이 호텔에서 머물렀던 동료가 추천했다는 것을 알 수 있으므로 정답은 (A)가 된다.

어휘 publication 출판, 출판물

156 What information is Not requested by Ms. Olson?

올슨 씨가 요구한 정보가 아닌 것은?

(A) Whethers she is eligible to receive a special rate
(A) 특별 할인 요금을 받을 자격이 되는지

(B) The availability of business meeting rooms
(B) 비즈니스 회의실 이용 가능성

(C) The cost of a single guest room
(C) 싱글 룸의 가격

(D) Whether free transportation is offered
(D) 무료 교통수단이 제공되는지

해설 Ms. Olson이 요구한 정보가 아닌 것이 무언인지를 묻고 있다. NOT-question 유형으로 선택지의 보기와 대조해 나가며 오답을 제거해 나가야 한다. 두 번째 단락 마지막 문장에서(Please let me know if you offer special packages for business travelers and if a complementary shuttle service is provided to and from the airport) 비즈니스 여행객을 위한 특별 패키지가 있는지 알려달라고 하고 있고, 공항으로 무료 셔틀 버스가 제공되는지를 묻고 있으므로 (A)의 특별 할인 요금을 받을 수 있는지와 (D) 무료 교통수단의 제공 여부는 오답이 된다. 여기서 special rate가 special packages로 패러프레이징 됐다는 것을 참고로 알아두자. 그리고 두 번째 단락 첫 번째 문장에서(I would like you to provide me with information about your room rates and availability) 객실 요금에 대한 정보를 알려달라고 하면서 그 다음 문장에서(I plan to ~ and will require a single room during that period.) 싱글 룸이 필요하다고 하는 것으로 보아 싱글 룸의 가격 정보를 묻고 있으므로 (C) 또한 오답이 된다. 그러므로 정답은 Ms. Olson이 요구한 정보가 아닌 (B)가 된다.

어휘 whether ~인지 아닌지 be eligible to + 동사원형 ~할 자격이 있다 cost 가격 free 무료의 transportation 교통수단 special rate 특별 할인 요금

Questions 157-159 refer to the following policy.

문제 157-159는 다음의 정책을 참고하시오.

SKY Development Center

SKY 개발센터

(157) All the staff members should obtain an identification badge during their first week of employment. (158) This badge provides admittance to all offices and facilities in SKY Development Center and must be worn at all times for security purposes. (159) In order to request a badge, contact Security Office manager, Gale Bishop, at extension 2001. Please be sure to have a valid form of photo identification with you when you receive a badge.

(157) 모든 직원들은 출근 첫 번째 주 동안 신분확인 배지를 받아야 합니다. (158) 이 배지를 착용해야 SKY 개발센터의 모든 사무실과 시설에 입장할 수 있으며, 보안 목적으로 항상 차고 있어야 합니다. (159) 배지를 요청하시려면 보안사무실의 매니저인 게일 비숍에게 2001번으로 연락하셔야 합니다. 배지를 받으실 때는 사진이 첨부된 신분증을 지참하시기 바랍니다.

어휘 identification badge 신분을 확인할 수 있는 배지 employment 고용 admittance 입장 worn 착용하다(wear)의 과거분사형 security 보안 extension 내선번호 valid 유효한 photo identification 사진이 첨부된 신분증명서

157 For whom is the policy intended?

이 정책은 누구를 위한 것인가?

(A) Current staff members of the center
(A) 센터의 현재 직원들

(B) Employees of delivery companies
(B) 배송회사의 직원들

(C) Recently hired workers at the Center
(C) 센터에 최근에 고용된 직원들

(D) Visitors to the SKY Development Center
(D) SKY 개발센터의 방문객들

해설 해당 지문을 누구에게 보여주기 위한 것인지 지문의 대상을 묻는 문제이다. 지문의 첫 번째 문장에서 대상이 직원임을 바로 알 수 있는데, 문장 끝의 during their first week of employment(고용된 후 첫 번째 주 동안)라는 내용으로 보아 새로 고용된 직원들을 대상으로 하는 것임을 알 수 있으므로 정답은 (C)가 된다.

어휘 intend 의도하다 current 현재의 staff member 직원 delivery company 배송회사 recently 최근에 hire 고용하다 visitor 방문객

158 According to the policy, why is the badge necessary?

(A) To obtain a security manual

(B) To access company offices

(C) To get a parking permit

(D) To register employee working hours

정책에 따르면, 배지가 왜 필요한가?

(A) 보안 매뉴얼을 받기 위해

(B) 회사의 사무실에 들어가기 위해

(C) 주차허가증을 받기 위해

(D) 직원들의 근무시간을 기록하기 위해

> **해설** 키워드는 배지(badge)가 된다. 배지가 왜 필요한지는 키워드를 찾고 나서 앞뒤의 문맥을 확인해야 한다. 지문의 첫 번째 문장에서 배지를 받아야 한다는 내용이 나오고, 두 번째 문장에서 SKY 개발센터의 사무실과 시설에 들어갈 수 있는 admittance를 제공한다는 내용으로 보아 사무실에 들어가기 위해서는 배지가 필요함을 알 수 있으므로 정답은 (B)가 된다.

> **어휘** necessary 필요한 obtain 가지다, 얻다 access 접근, 이용 permit 허가(증) register 등록하다, 기록하다 working hours 근무시간

159 How can a badge be obtained?

(A) By calling the security office

(B) By visiting the human resources manager

(C) By e-mailing a formal request

(D) By completing an online form

배지는 어떻게 받을 수 있는가?

(A) 보안사무실에 전화를 하여

(B) 인사부서의 매니저를 만나서

(C) 정식 요청서를 이메일로 보내서

(D) 온라인 서류를 작성하여

> **해설** 수단이나 방법에 대한 내용은 주로 지문의 후반에 등장한다. 지문 중반의 In order to request a badge ~ 이하에서 배지를 받기 위해서는 Security Office의 매니저에게 내선번호 2001로 연락을 해야 하다는 내용으로 보아 정답은 (A)가 된다.

> **어휘** call 전화하다 human resources 인사부서 formal request 공식적인 요청 complete 작성하다, 완성하다

Questions 160-161 refer to the following information.

"The Sensational Japanese Dishes"
Yuri Aoyama
Tuesday, October 14, 11:00 A.M.

(160) Yuri Aoyama has been selected as this year's keynote speaker. (161) This successful individual has been in her passion for cooking since she was merely in her teens when she got to help her parents in a little kitchen of their small restaurant in Osaka. There, her father had shown her how to make a few simple Japanese dishes. After she graduated from high school, Ms. Aoyama decided to move to France to study culinary arts at The Jardin School with her dream on becoming a food critic. Upon graduation, she was offered an opportunity to open a restaurant with Frederick Levingson. He was a man who owned small but successful restaurants in Paris. While it began as a modest eating establishment, Aoyama's talent helped the restaurant grow into an enormously popular restaurant, and top food critics in Paris quickly noticed the genius in Aoyama. After three years, she wrote *Starting from an Ordinary Kitchen*, which received the Cookbook of the Year award from the France's popular culinary magazine, *Viande et Poisson*. One year after she earned the award, French television network, Reseau Alimentaire invited Ms. Aoyama to host a cooking show during prime time. While Ms. Aoyama hosted the show for four seasons, Chambre des Plats,

문제 160-161은 다음 정보를 참조하시오.

"일본 요리 열풍"
유리 아오야마
10월 14일, 화요일, 오전 11:00

(160) 유리 아오야마가 올해의 기조연설자로 선정되었습니다. (161) 성공한 인사인 그녀는 부모님이 운영하는 오사카의 작은 식당에서 부모님을 도왔던 십대 때부터 요리에 대한 열정을 가졌습니다. 그곳에서, 그녀의 아버지는 그녀에게 몇 가지 간단한 일본 요리를 만드는 방법을 보여 주었습니다. 고등학교를 졸업한 후에, 아오야마 씨는 요리평론가가 되겠다는 꿈을 가지고 자르댕 학교에서 요리법을 공부하기 위해 프랑스에 가기로 결정하였습니다. 졸업과 동시에, 그녀에게 프레드릭 레빙송과 함께 레스토랑을 열 기회가 주어졌습니다. 그는 파리에서 작지만 성공적인 레스토랑을 운영하고 있는 사람이었습니다. 소박한 음식점으로 시작하였지만, 아오야마의 능력으로 레스토랑은 매우 유명해졌고, 파리의 최고 음식 평론가들은 아오야마의 천재성을 한눈에 알아보았습니다. 3년 후에, 그녀는 '평범한 주방에서 시작하기'라는 책을 썼는데, 그것은 프랑스의 유명한 요리잡지인 ≪비앙드 에 쁘와송≫으로부터 올해의 요리책 상을 받았습니다. 수상한 지 1년 후, 프랑스 텔레비전 네트워크인 르조 알리망테르는 아오야마 씨를 황금시간대의 한 요리 프로그램 진행자로 초대하였습니다. 아오야마 씨가 샹브르 데 플라라는 프로를 4 시즌 동안 진행하는 동안, 유리는 15.25%가 넘는 TV 시청률을 꾸준히 유지하였고, 그녀를 요리업계의 확고한 아이콘이 되도록 만들어 주었습니다. 아오야마 씨는 1년 전에 일본으로 돌아

Yuri consistently maintained TV ratings higher than 15.25% and made her become an absolute icon in the culinary field. Ms. Aoyama returned to Japan a year ago and now runs two successful restaurants in Nagoya and Osaka.

가서 현재 나고야와 오사카에서 성공적인 두 개의 레스토랑을 운영하고 있습니다.

어휘 sensational 선풍적인, 세상을 놀라게 하는 select 선발하다, 선택하다 keynote speaker 기조연설자 successful 성공적인 individual 개인, 사람 passion 열정 merely 단지 a few 약간의 graduate from ~를 졸업하다 decide 결정하다 culinary arts 요리법 critic 비평가 offer 제공하다 opportunity 기회 own 소유하다 modest 대단하지 않은, 보통의 eating establishment 음식점 enormously 엄청나게, 대단히 popular 인기 있는 quickly 빨리, 곧 notice 알아보다 genius 천재 earn an award 상을 받다 host 진행하다 consistently 지속적으로 maintain 유지하다 absolute 완전한 icon 아이콘, 우상 return 돌아오다 run 경영하다

160 What is purpose of the information?
(A) To profile a speaker
(B) To promote a cookbook
(C) To review a television program
(D) To explain a restaurant's popularity

이 정보의 목적은 무엇인가?
(A) 연설자의 프로필을 알려주기 위해서
(B) 요리책을 홍보하기 위해서
(C) 텔레비전 프로그램을 평가하기 위해서
(D) 레스토랑의 인기를 설명하기 위해서

해설 해당 정보의 목적을 묻고 있는 문제로 지문의 상단부에서 근거를 찾도록 한다. 정보의 제목과 첫째 줄에서, Yuri Aoyama가 The Sensational Japanese Dishes에 대해 연설할 기조연설자임을 알 수 있다. 전반적인 내용에서 그녀의 경력에 대해 소개하고 있으므로 정답은 (A)가 된다.

어휘 profile 프로필을 알려주다 promote 홍보하다 review 평하다 explain 설명하다 popularity 인기

161 When did Ms. Aoyama first become interested in cooking?
(A) While attending The Jardin School
(B) When she started a business with Frederick Levingson
(C) After she returned to Japan
(D) While working at her family's business

아오야마 씨는 언제 요리에 처음으로 관심을 가지게 되었는가?
(A) 쟈르댕 학교에 다니는 동안
(B) 프레드릭 레빙송과 사업을 시작할 때
(C) 일본으로 돌아온 후
(D) 가족의 사업장에서 일할 때

해설 Aoyama가 처음 요리에 관심을 갖게 된 시기를 묻는 질문이다. This successful individual has been in her passion for cooking since she was merely in her teens when she got to help her parents in a little kitchen of their small restaurant in Osaka에서 가족이 운영하는 레스토랑에서 일을 도왔던 시절부터 요리에 대한 열정을 가지게 되었다는 내용이 나오므로 정답은 (D)가 된다.

어휘 become ~하게 되다 interested 흥미 있는 attend (학교 등에) 다니다 return 되돌아오다

Questions 162-164 refer to the following information.

문제 162-164는 다음 정보를 참조하시오.

 MEMO

Inner Sun Cinema
(162) Employment Schedule Policy
Note: These policies are subject to change. Had any changes occur, all employees will be reminded beforehand.

Full-time Employees
(162) Full-time employees must complete 45 hours in a

회람

이너 썬 시네마
(162) 근무 일정 방침
참조: 이 방침들은 변경될 가능성이 있습니다. 변경 사항이 있을 경우, 전 직원들에게 사전에 알려드리게 됩니다.

정규 직원
(162) 정규 직원들은 일주일에 45시간을 근무해야 합니다.

week. The general schedule for a full-time worker is nine hours a day during the weekdays, but may be adjusted to work on the weekends. (162) A full-time employee will receive overtime pay in a situation where one exceeds 45 hours of working time in a week. Full-time employees are eligible for a housing allowance of 5 percent of their salary. One hour lunch break is provided for all full-time employees.

Part-time Employees

(162) Those who complete less than 45 hours are considered as part-time employees. You could arrange your schedules with the managers. In normal cases, part-time employees should not go over the working hours that are stated on each of their contract. (163) However, with the approval of the supervisors, part-time employees may receive overtime pay when they are assigned to work extra hours on a particular project. (162) Part-time employees are eligible for a housing allowance of 3 percent of their salary. One hour lunch break is also provided for part-time employees.

Temporary Employees

A small number of temporary employees are often needed. (164) These types of employees establish their schedules and benefits during contract negotiations. (162) Unlike full-time or part-time workers, temporary employees are exempt from receiving housing allowance. In addition to this condition, they are not eligible for requesting overtime pay. As any other employees of Inner Sun Cinema, one hour lunch break is provided for all temporary employees as well.

정규직에 대한 일반적인 근무 일정은 주 중 하루 9시간이지만, 주말 근무가 조정될 수도 있습니다. (162) 정규 직원들은 한 주의 근무 시간인 45시간이 초과될 경우에 추가 수당이 지급됩니다. 정규 직원들은 급여의 5%에 대한 주택 보조금을 받을 수 있는 자격이 됩니다. 모든 정규 직원들에게 한 시간의 점심시간이 제공됩니다.

시간제 직원

(162) 시간제 직원들은 45시간 미만 근무합니다. 매니저와 근무 일정을 조정할 수 있습니다. 일반적으로, 시간제 직원들은 근무 계약서에 명시된 근로 시간을 초과해서는 안 됩니다. (163) 그러나 관리자의 승인에 따라, 시간제 직원들도 특정 프로젝트 업무에 대해 초과 근무를 했을 때 초과 근무 수당을 받을 수 있습니다. (162) 시간제 직원들은 급여의 3%에 대한 주택 보조금을 받을 수 있는 자격이 됩니다. 시간제 직원들에게도 한 시간의 점심시간이 제공됩니다.

계약 직원

소수의 계약 직원들이 종종 필요합니다. (164) 이러한 유형의 계약 직원들은 계약 협상에서 그들의 근무 일정과 복지들이 결정됩니다. (162) 정규 직원 및 시간제 직원과는 다르게, 계약 직원들은 주택 보조금을 받을 수 있는 자격이 없습니다. 또한 추가 근무 수당을 요청할 수 있는 자격도 없습니다. 이너 썬 시네마의 다른 직원들처럼, 모든 계약 직원들에게 한 시간의 점심시간이 제공됩니다.

어휘 employment 고용 schedule 일정 policy 방침, 정책 be subject to + 동사원형 ~하기 쉽다 change 변경 occur 발생하다 remind 상기시키다 beforehand 미리, 사전에 full-time 정규직의 complete 완성하다 week 주 weekday 평일 be adjusted to + 동사원형 ~을 하도록 조정되다 weekend 주말 require 요구하다 compensate 보상하다 overtime 초과 근무 시간의 be eligible for ~할 자격이 있다 housing allowance 주택 보조금 salary 급여 provide 제공하다 part-time 시간제의 arrange 정리하다, 배열하다 manager 관리자, 매니저 state (문서에) 명시하다, 말하다 contract 계약(서) assign (일, 책임 등을) 맡기다 extra 추가의 particular 특정한, 특별한 temporary 임시의, 일시적인 establish 설립하다, 수립하다 negotiation 협상 unlike ~와는 다르게 condition 조건, 조항

---

162 Why the information written?

(A) To announce that new workers have been hired

(B) To note the date of a rescheduled meeting

(C) To describe rules concerning hours and benefits

(D) To provide tips for conducting a housing search

회람을 작성한 이유는 무엇인가?

(A) 신입 직원들의 고용을 알리기 위해

(B) 다시 조정된 회의 날짜를 알리기 위해

(C) 근무 시간과 복지 혜택에 관한 규칙을 설명하기 위해

(D) 집을 구할 때 필요한 정보를 제공하기 위해

해설 회람을 작성한 이유, 즉 회람의 목적을 묻는 질문이다. 목적은 주로 지문의 상단부에 제시된다. 회람의 상단부에 있는 제목(Employment Schedule Policy)에서 이 회람이 업무 일정 방침을 알리고 있다는 것을 알 수 있으며, 이어 지는 내용이 모두 근로자의 유형에 따른 근무

시간(hours)과 복지 혜택(benefits)을 언급하고 있다는 것을 알 수 있으므로 정답은 (C)이다.

어휘 announce 알리다 worker 근로자, 작업자 hire 고용하다 note 알리다 date 날, 날짜 reschedule 재조정하다 describe 설명하다 concerning ~에 관하여 hours 근무 시간 benefits 복지혜택 provide 제공하다 tip 정보 conduct (특정한 활동을) 하다

163 What is indicated about part-time employees?
   (A) They receive the same housing allowance that full-time workers do.
   (B) Their schedules may include work from home.
   (C) They are hired to work on special projects only.
   (D) They may work overtime with a supervisor's permission.

시간제 직원에 대하여 언급된 사항은?
   (A) 그들은 정규 직원들이 받는 것과 동일한 주택 보조금을 받는다.
   (B) 그들의 근무 시간에는 재택 근무 시간도 포함된다.
   (C) 그들은 특별한 프로젝트 업무를 위해서만 고용된다.
   (D) 그들은 관리자의 승인에 따라 초과 근무를 할 수 있다.

해설 시간제 직원에 대해 언급된 사항을 묻는 질문으로, 세부적인 정보를 묻는 유형이다. 질문의 키워드인 part-time employees와 관련된 단락에서 정답의 근거를 확인할 수 있다. 두 번째 단락의 네 번째 문장(However, with the approval of the supervisors, part-time employees may receive overtime pay when they are assigned to work extra hours on a particular project)에서 관리자의 승인에 따라 초과 근무 수당을 받을 수 있다고 언급되었으므로 정답은 (D)가 된다.

어휘 receive 받다 permission 허가, 허락

164 What can temporary employees negotiate?
   (A) The amount of their housing allowance
   (B) The type of schedule they will receive
   (C) The rate of overtime pay they will receive
   (D) The length of their lunch break

계약 직원들은 고용주와 협상할 때 무엇을 할 수 있는가?
   (A) 주택 보조금의 액수
   (B) 그들이 받을 근무 일정의 유형
   (C) 그들이 받을 초과 근무 수당의 액수
   (D) 그들의 점심 휴식 시간

해설 계약 직원들이 협상에서 할 수 있는 것이 무엇인지, 세부 사항을 묻는 유형이다. 질문의 키워드인 temporary employees negotiate와 관련된 단락은 세 번째 단락이며, 그 단락 두 번째 문장(These types of employees establish their schedules and benefits during contract negotiations)에서 계약 협상에서 그들의 근무 일정과 복지들이 결정된다고 언급하고 있으므로 정답은 (B)가 된다.

어휘 negotiate 협상하다 amount 양, 액수 type 유형 rate 금액

Questions 165-168 refer to the following article.

Rochester (December 5) – (165) Through the partnership between an art gallery and a catering group, couples who wish to hold their wedding in beautiful galleries will now have additional reception sites to choose from.

The owner of Graham Galleria, Lindsay Rona entered into a contract with main chef and founder of Kitchen Magico, Anna Mitchell. (166) Ms. Mitchell is an accomplished caterer in Rochester whose speciality includes preparing unique, yet reliable menus for all events. Now that the contract has gone through, this makes Kitchen Magico the sole official caterer of events at the gallery. Ms. Rona said, "Working with Kitchen Magico would enable us to become our gallery a popular venue for all events such as weddings, special parties, and other social events."

After the joining of the two business, it will be called Rona & Mitchell Gallery Nuevo. The two will share the expense of renovating the gallery's entire layout both indoors

문제 165~168은 다음의 기사를 참조하시오.

12월 5일 로체스터 — (165) 미술관과 출장요리 업체 간의 동업을 통해 아름다운 미술관에서 결혼식을 올리길 원하는 커플들은 이제 연회장을 선택할 수 있는 기회의 폭이 넓어졌다.

그레이엄 갤러리아의 소유주인 린제이 로나 씨는 키친 매지코의 설립자이자 수석 요리사인 애너 미첼 씨와 계약을 체결했다. (166) 미첼 씨는 로체스터 시에서 모든 행사들을 위한 독특하지만 믿을 수 있는 메뉴들 준비를 포함한 전문요리에 뛰어난 기량을 지닌 출장요리 업자이다. 이제 계약이 체결되었으므로 키친 매지코는 미술관에서 행사를 하는 유일한 공식 출장요리 업체가 되었다. 로나 씨는 "키친 매지코와 일하는 것은 결혼식, 특별한 파티들, 그리고 다른 사회적 이벤트들과 같은 모든 행사들에서 우리 미술관을 유명한 장소가 되도록 해줄 것입니다"라고 말했다.

두 사업체가 동업을 하게 되면 로나 앤 미첼 미술관 누에보라는 이름을 갖게 될 것이다. 이 두 업체는 미술관의 내부와 외부의 전체

and outdoors. In fact, they are planning to enlarge the landscaping for the outdoor courtyard to accommodate a maximum of 500 people. Their goal is to create the gallery space a landmark so that event organizers could always consider it as the most ideal destination to hold events.

(167) It is said that Ms. Rona and Ms. Mitchell already met couple of years ago and discussed upon creating a new business by mixing the gallery and the catering together. "And around November, all our plans seemed to solve the puzzle," Ms. Rona said. "Once we decided to implement our plans into action, we immediately hired a lawyer and formed a contract."

(168) Gallery renovations are scheduled to take place next week and are expected to be finished mid-January. As long as the construction schedule does not suffer from any delays, Rona & Mitchell Gallery Nuevo should be available for holding party events from the first week of the following month.

배치를 개조하며 이에 대한 비용을 같이 부담하기로 했다. 실제 그들은 최대 500명의 사람을 수용할 수 있는 야외 뜰을 위해 조경을 확장할 계획을 가지고 있다. 그들의 목표는 미술관 공간을 주요 랜드마크로 만들어서 행사 주최자들이 항상 그곳을 행사를 여는 가장 이상적인 장소로 여기도록 하는 것이다.

(167) 로나 씨와 미첼 씨는 이미 2년 전에 만나서 미술관과 출장요리업을 혼합함으로써 새로운 사업을 시작할 것에 대해 의논했다고 한다. "그리고 11월쯤 우리의 모든 계획들의 퍼즐이 맞춰진 것 같았습니다"라고 로나 씨가 말했다. "일단 우리가 계획을 행동으로 옮기기로 결정하자 우리는 즉시 변호사를 고용해서 계약서를 작성했죠."

(168) 미술관 개조는 다음 주에 시작될 예정이고, 1월 중순에 끝날 것으로 예상된다. 공사 일정에 차질이 없는 한 로나 앤 미첼 미술관 누에보는 그 다음 달 첫째 주부터 축하 행사 개최가 가능할 것이다.

어휘 partnership 동업 between A and B A와 B 사이에 art gallery 미술관, 화랑 additional 추가의 reception 연회 owner 주인, 소유주 contract 계약 chef 요리사 founder 창립자, 설립자 accomplished 기량이 뛰어난, 재주가 많은 cater 출장요리 업자 speciality 전문 음식 unique 유일무이한, 독특한 reliable 믿을 수 있는 sole 유일한, 단 하나의 enable ~을 할 수 있게 하다 venue 장소 share 나누다 expense 돈, 비용 renovate 개조하다 entire 전체의, 온 layout 배치 indoors 실내의 outdoors 야외의 enlarge 확대하다, 확장하다 landscaping 조경 courtyard 뜰, 마당 accommodate 수용하다 maximum 최고의, 최대의 goal 목표 create 창조하다 landmark 주요 지형지물 consider 여기다, 생각하다 ideal 이상적인 destination 목적지, 도착지 discuss 상의하다 implement 시행하다 immediately 즉시 expect 예상하다, 기대하다 finish 끝내다 as long as ~하는 한은 suffer from ~로 고통 받다

165 What is the purpose of the article?

(A) To offer discounted price for renting wedding halls.

(B) To report a recent business agreement

(C) To explain the history of a successful art gallery

(D) To promote a new restaurant.

이 기사의 목적은 무엇인가?

(A) 결혼식장 대여 비용을 할인해주기 위해

(B) 최근의 사업 협정을 알리기 위해

(C) 성공적인 미술관의 역사에 대해 설명하기 위해

(D) 새로운 식당을 홍보하기 위해

해설 일반적으로 목적이나 주제에 대한 근거는 지문 상단부에서 찾을 수 있다. 지문 상단을 보면 미술관과 출장요리 업체의 파트너십을 이뤘다는 것을 알 수 있으므로 정답은 (B)이다.

어휘 purpose 목적 discounted 할인된 rent 세내다, 임차하다 hall 홀, 회관 agreement 협정, 합의 explain 설명하다 promote 촉진하다, 홍보하다

166 What is suggested about Ms. Mitchell?

(A) She wants to have a wedding at Graham Galleria.

(B) She is knowledgeable about planning menus.

(C) She is an accomplished event planner.

(D) She owns the most popular catering company in Rochester.

미첼 씨에 대해서 언급된 것은 무엇인가?

(A) 그레이엄 갤러리아에서 결혼식을 올리고 싶어 한다.

(B) 메뉴를 기획하는 것에 대해서 잘 알고 있다.

(C) 이벤트 기획에 상당히 능숙하다.

(D) 로체스터 시에서 가장 인기가 있는 출장요리 업체를 소유하고 있다.

해설 두 번째 단락 두 번째 문장에서 Ms. Michell은 독특하지만 믿을 수 있는 메뉴들 준비를 포함한 전문요리에 뛰어난 기량을 지닌 출장요리 업자라고 소개하고 있으므로 정답은 (B)이다.

어휘 knowledgeable 잘 알고 있는   event planner 이벤트 기획자

167 How long was the idea for the Rona & Mitchell Gallery Nuevo considered?

(A) For one week

(B) For one month

(C) For a few months

(D) For a few years

로나 앤 미첼 미술관 누에보를 만들 생각은 얼마나 오랫동안 했는가?

(A) 일주일

(B) 한 달

(C) 몇 달

(D) 몇 년

해설 얼마나 오랫동안 동업을 할 생각을 했는지 묻고 있으므로 기간을 나타낸 표현과 consider를 중심으로 지문을 살펴보면 넷째 문단 첫 번째 문장에서 2년 전에 이미 새로운 사업에 대한 논의를 했다는 것을 알 수 있다. 따라서 정답은 (D)이다. 여기에서 idea for the Rona & Mitchell Gallery Nuevo는 creating a new business by mixing the gallery and the catering together를 풀어서 표현한 것이다.

어휘 consider 고려하다

168 When will Rona & Mitchell Gallery Nuevo be open to the public?

(A) In November

(B) In December

(C) In January

(D) In February

로나 앤 미첼 미술관 누에보는 언제 일반인들에게 공개되나?

(A) 11월

(B) 12월

(C) 1월

(D) 2월

해설 언제 일반인들에게 공개되느냐, 즉 그곳에서 일반인들이 파티를 열 수 있는지 묻고 있다. 지문의 맨 마지막 문장에서 공사 일정에 차질이 없는 한 로나 앤 미첼 미술관 누에보는 그 다음 달 첫째 주부터 축하 행사 개최가 가능할 것이라고 말했다. 그런데 그 위에서 공사는 1월 중순에 끝난다고 했으므로 2월부터 이 장소에서 파티를 열 수 있다는 것을 알 수 있다. 따라서 정답은 (D).

어휘 be open to the public 일반인들에게 공개되다

Questions 169-171 refer to the following article.

문제 169-171은 다음 기사를 참조하시오.

FOR IMMEDIATE RELEASE

즉각 보도 자료

CONTACT: Miriam Bright
miribright@mipe.com
700-922-9822

연락처: 미리엄 브라이트
miribright@mipe.com
700-922-9822

Anticipation for Milan International Perfume Exhibition

Hong Kong (December 16) - From April 11 to April 14, the upcoming International Perfume Exhibition will be held at Red Star Hotel, 201 Hu Lao Street. At this grand exhibition, fragrance companies from the entire globe are expected to present some of their finest perfume.

(169) 30 companies have registered so far to promote their brands to the large audience consisted of retailers, including malls, duty-free shops, pharmacies, and online cosmetics shops. For companies wishing to participate and secure an exhibit space at the event, a registration fee of $500 must be submitted by February 2.

(170) For the first three days of the exhibition, only exhibitors, retail buyers, and members of the news media will be allowed to attend. It will be last day when

밀란 국제 향수 전시회에 대한 기대

홍콩 (12월 16일) – 4월 11일부터 4월 14일까지, 국제 향수 전시회가 휴라오 가 201번지의 레드 스타 호텔에서 열릴 예정이다. 이 대형 전시회에서, 전 세계 향수회사들이 자신들의 최상의 향수를 선보일 것으로 예상된다.

(169) 쇼핑몰, 면세점, 약국, 온라인 화장품 매장을 포함한 소매업자들로 구성된 거대한 관람객들에게 자신의 브랜드를 홍보하기 위해 지금까지 30개의 회사들이 등록했다. 행사에 참가하고 전시 장소를 확보하기를 원하는 회사들은, 2월 2일까지 등록비 500달러를 지불해야 한다.

(170) 전시회 처음 3일간은, 전시하는 회사, 소매상인, 언론매체 관계자들만 참석할 수 있다. 일반대중에게는 전시 마지막 날에 개방될 예정이다.

"이 행사는 홍콩 지역 거주자들에게 지금까지 접해보지 못했던 향수와 오드콜로뉴에 친숙해질 수 있는 좋은 기회가 될 것이라고 확신합니다"라고 밀란 국제 향수 그룹의

the general public is permitted to join the event.

"This event is surely to become a great time all local residents in Hong Kong to familiarize themselves with perfumes and colognes which they have never seen before," said Carlos Diamante, who is both the president of the Milan International Perfume Group and the exhibition organizer. (171) "Please note that there will also be an open lecture for adults and children who wish to learn about the history of perfume."

Mr. Diamante also mentioned that retailers sending three or more buyers to this event will receive 25% off the registration fee. By visiting www.mipe.com/hkexhibition, you may find out information about registration and download registration forms as well.

사장이자 전시회 주최자인 칼로스 디아만트가 말했다. (171) "향수의 역사에 대해 배우기를 원하는 어른과 아이들을 위한 공개 강연이 있다는 것도 기억하세요."

디아만트 씨는 또한 3명 이상의 바이어를 행사에 보내는 소매업자는 등록비의 25%를 할인받을 수 있다고 전했다. www.mipe.com/hkexhibition에 방문하면, 등록 정보를 찾아볼 수 있고, 등록 양식도 다운로드 받을 수 있다.

어휘 immediate 즉각적인 release 발표, 출시 contact 연락처 anticipation 기대 exhibition 전시회 upcoming 다가오는 be held 개최되다 fragrance 향기, 향수 entire 전체의 be expected to + 동사원형 ～하도록 기대되다, 예상되다 present 제시하다, 수여하다 register 등록하다 so far 지금까지 promote 홍보하다, 촉진하다 audience 관중 consist of ～로 구성되다 retailer 소매업자 pharmacy 약국 cosmetics 화장품 participate 참여하다 secure 확보하다 fee 요금 submit 제출하다 be allowed to + 동사원형 ～하도록 허락되다 attend 참석하다 general public 일반대중 permit 허가하다 join 참여하다 surely 확실히 familiarize 친숙하게 하다 organizer 조직자, 주최자 note ～에 주의하다, 주목하다 lecture 강연 learn 배우다 mention 언급하다 receive 받다 visit 방문하다 find out 알다 information 정보 download 내려받다

---

169 What is suggested about Red Star Hotel?

(A) It has no vacancies from April 11 through April 14.

(B) It is offering discounted room rates to trade show participants.

(C) It can accommodate more than 30 exhibition spaces.

(D) It sells perfumes and colognes in its gift shop.

레드 스타 호텔에 대해서 무엇을 알 수 있는가?

(A) 4월 11일부터 4월 14일까지는 비어 있는 방이 없다.

(B) 전시회 참석자들에는 숙박요금을 할인해준다.

(C) 30개가 넘는 전시 장소를 수용할 수 있다.

(D) 선물 가게에서 향수와 오드콜로뉴를 판매한다.

해설 키워드가 되는 Red Star Hotel을 지문에서 찾아보면 From April 11 to April 14, the upcoming International Perfume Exhibition will be held at Red Star Hotel. 201 Hu Lao Street에서 국제 향수 전시회가 열리는 장소임을 알 수 있다. 또한 두 번째 단락에서 쇼핑몰, 면세점, 약국, 온라인 화장품 매장을 포함한 소매업자들로 구성된 거대한 관람객들에게 자신의 브랜드를 홍보하기 위해 지금까지 30개의 회사들이 등록했다고 했으므로 전시 장소는 30개가 넘는다는 것을 알 수 있다. 따라서 정답은 (C)이다.

어휘 suggest 제안하다, 시사하다 vacancy 빈 방, 빈 공간 offer 제공하다 discounted 할인된 participant 참여자 accommodate 수용하다

---

170 What is indicated about the exhibition?

(A) It take place in the same location every year.

(B) It will feature fragrances mainly from Hong Kong.

(C) Buyers and reporters may attend all four days.

(D) Members of the public will get discounts in any fragrances they buy.

전시회에 관하여 무엇을 설명하고 있는가?

(A) 매년 같은 장소에서 열린다.

(B) 주로 홍콩에서 만들어진 향수 제품을 선보인다.

(C) 바이어들과 기자들은 총 4일 동안 참석할 수 있다.

(D) 일반인들은 그들이 구매한 향수 제품에 대해 모두 할인받을 수 있다.

해설 전시회에 대한 구체적인 정보를 묻는 질문이다. For the first three days of the exhibition, only exhibitors, retail buyers, and members of the news media will be allowed to attend. It will be last day when the general public is permitted to join the event에서 바이어와 언론매체 직원들은 처음 3일 동안에도 참석할 수 있고, 대중에게 개방되는 마지막 날까지 총 4일간 참석할 수 있으므로 정답은 (C)가 된다.

어휘 indicate 나타내다, 설명하다   exhibition 전시회   take place 발생하다   location 장소   feature ~을 특징으로 하다   fragrance 향기, 향수   mainly 주로   reporter 기자   attend 참석하다   public 대중   discount 할인

171 What does Mr. Diamante say about the open lecture?

(A) They can be attended for an additional fee.

(B) They will take place in a local shopping center.

(C) They are scheduled to last for one hour each.

(D) They are designed for a variety of age groups.

디아만트 씨는 공개 강연에 대해 무엇을 언급하고 있는가?

(A) 추가 비용을 지불하면 참석할 수 있다.

(B) 지역 쇼핑센터에서 열릴 것이다.

(C) 각각 한 시간 동안 진행될 것이다.

(D) 다양한 연령층에 맞게 고안되었다.

해설 질문의 키워드인 open lecture가 있는 부분을 찾는다. 세 번째 단락의 there will also be an open lecture for adults and children에서 어른과 아이들을 위한 강연이라고 하고 있으므로 다양한 연령층을 위한 강연임을 알 수 있다. 따라서 정답은 (D)가 된다.

어휘 lecture 강연   attend 참석하다   additional fee 추가 요금   take place 발생하다   be scheduled to + 동사원형 ~하도록 예정되어 있다   last 지속되다   design 만들다, 고안하다   a variety of 다양한

Questions 172-175 refer to the following letter.

(175) Texas Advertising Networks
337 Forth Ave. Santa Fe TX, 79698
254-6687-5521
www.texasadnetworks.com

April 3
Brian Kingston, Marketing Director
Lawson Advertisements
910 Carrington Road
Whichita KS, 67920

Dear Mr. Kingston,

We appreciate for your participation as lead lecturer for our upcoming May 11~13 seminar which will be held at Hotel Horizon of Texas. Through the publicity posted by *The Texan Daily*, more than 200 people have registered for the seminar. (172) On May 11, you will lead the introductory seminar: Advertising 101. On the next day, you will have to prepare for the seminar called, "Effective Marketing Technique."

(172) The entire schedule for the seminar will be sent to you no later than May 1. (173) If any changes should occur on your schedule, please call us right away as we could revise your schedule accordingly. Both seminars which you will be leading will last about an hour including a computer presentation, and 50 people are expected to attend each seminar.

(174) It would be great if you could forward the

문제 172–175는 다음 편지를 참조하시오.

(175) 텍사스 광고 네트워크스 사
우편번호 79698 텍사스 주, 산타페 시, 4번가 337번지
254-6687-5521
www.texasadnetworks.com

4월 3일
브라이언 킹스턴 마케팅 부장
로슨 광고
우편번호 67920 캔자스 주, 위치타 시
캐링튼 가 910번지

킹스턴 씨에게,

텍사스 주의 호라이즌 호텔에서 개최될 다가오는 5월 11일에서 13일의 세미나에 선임 강사로 참여하시는 것에 대해서 진심으로 감사드립니다. ≪텍산 데일리≫에 홍보되었기 때문에 200명이 넘는 사람들이 세미나를 신청하였습니다. (172) 귀하는 5월 11일에, 광고학 입문이라는 강의를 진행하게 될 것입니다. 그 다음날엔 '효율적인 마케팅 기술'이라 불리는 세미나를 준비해야 할 것입니다.

(172) 세미나 전체 일정은 늦어도 5월 1일까지 받아보실 수 있을 것입니다. (173) 개인적인 일정에 변동이 생기시면, 그에 따라 귀하의 일정을 변경시킬 수 있도록 바로 저희에게 전화를 주시기 바랍니다. 진행하시게 될 두 세미나는 각각 컴퓨터 발표를 포함하여 약 한 시간 동안 지속될 것이며, 50명이 각각의 세미나에 참가할 것으로 예상하고 있습니다.

(174) 두 세미나와 관련된 교육용 자료들은 적어도 5월 3일까지 보내주시는 것이 좋을 것 같습니다. 저희가 모든 참가자들에게 자료를 복사해서 배부하도록 할 것입니다.

instructional packets for both seminars at least by May 3. We will make copies and distribute them to all attendees. As soon as you are finished preparing the packets, please send them to my assistant, April Thomas.

Lastly, don't forget to keep your receipts for the travels you will be making for the seminars. Once you present them to us on the last day of the seminar, we will reimburse you the entire amount by the end of May.

We thank you once again for kindly accepting our requests. If you have any questions, feel free to call me directly through extension #225. We are looking forward to meeting you soon.

Affectionately Yours,

Liam Carlson
Liam Carlson, Director

자료들이 준비가 되는 대로, 제 비서인 에이프릴 토마스에게 보내주시기 바랍니다.

마지막으로, 세미나를 위해 필요한 경비에 대한 영수증을 보관하는 것을 잊지 마세요. 세미나 마지막 날 저희에게 영수증들을 제출해 주시면, 5월말까지 비용 전액을 변제해 드리겠습니다.

저희의 요청에 기꺼이 응해주신 데 대해 다시 한 번 감사드립니다. 질문이 있으시면, 언제든지 제 내선 번호 225로 바로 연락주시기 바랍니다. 곧 귀하를 만나게 될 것을 기대합니다.

진심으로,

Liam Carlson
부장 리앰 칼슨

어휘 Marketing Director 마케팅 부장 appreciate for ~에 대해 감사하다 participation 참가 lecturer 강사, 강연자 upcoming 다가오는 publicity 홍보 register 등록하다 prepare for ~을 준비하다 effective 효율적인 technique 기술 entire 전체의 occur 발생하다 revise 개정하다, 수정하다 accordingly (상황에) 부응하여, 그에 따라 forward 발송하다, 전송하다 instructional packet 교육 자료 at least 적어도 distribute 나누어주다, 분배하다 attendee 참석자 prepare 준비하다 assistant 비서, 보조원 receipt 영수증 travel 여행 reimburse 배상하다 amount 양, 액수 kindly 친절하게도 accept 수락하다 request 요청, 요구 feel free to + 동사원형 주저하지 말고 ~하라, 마음 놓고 ~하라 extension 내선 looking forward to + -ing ~하기를 기대하다, 고대하다

172 Why is Mr. Carlson writing to Mr. Kingston?
(A) To request a letter of recommendation
(B) To explain a registration procedure
(C) To provide information about a seminar
(D) To extend an offer for a job

칼슨 씨는 왜 킹스턴 씨에게 편지를 쓰고 있는가?
(A) 추천서를 요청하기 위해
(B) 등록 절차를 설명하기 위해
(C) 세미나에 대한 정보를 제공하기 위해
(D) 일자리를 제공하기 위해

해설 편지를 왜 쓰고 있는지 목적을 묻고 있는 유형이다. 목적은 주로 지문의 도입부에서 제시된다. 지문의 첫 단락과 두 번째 단락에서 세미나에 대한 정보를 제공하고 있으므로, 정답은 (C)이다.

어휘 request 요청하다 recommendation 추천 explain 설명하다 procedure 절차 extend 주다

173 What is Mr. Kingston instructed to do if he is unable to attend at the designated times?
(A) Ask another participant to lead his workshops
(B) Let Mr. Carlson know in time to change the schedule
(C) Participate in a workshop to be held at the end of the month
(D) Create a presentation to be delivered by teleconference

킹스턴 씨가 정해진 시간에 참석할 수 없을 경우에는 어떻게 하라고 말하고 있나?
(A) 다른 참석자에게 그의 워크숍을 진행해달라고 요청하라고
(B) 일정을 변경할 수 있도록 제때에 칼슨 씨에게 알려달라고
(C) 이번 달 말에 열리는 워크숍에 참가해 달라고
(D) 화상 회의로 중계될 프레젠테이션을 제작해 달라고

해설 Mr. Kingston이 정해진 시간에 참석할 수 없는 경우, 어떻게 해달라고 했는지, 세부 정보를 묻는 질문이다. 질문의 키워드인 if he is unable to attend~과 관련된 표현에서 정답의 근거를 찾을 수 있다. 지문의 두 번째 단락 두 번째 문장인 If any changes should occur on your schedule, please call us right away as we could revise your schedule accordingly를 통해 개인적인 일정에 변경이 있을 경우, 바로 연락해줄 것을 요청하고 있으므로, 정답은 (B)가 된다.

어휘 participant 참가자 in time 제때에 hold 개최하다, 열리다 deliver 전하다, 배달하다 teleconference 화상 회의

174 What is Mr. Kingston asked to do by May 3?

(A) Send documents to Ms. Thomas to be copied

(B) Create an agenda for the workshop

(C) Provide Mr. Carlson with seminar-session titles

(D) Submit receipts for his travel expenses

킹스턴 씨에게 5월 3일까지 무엇을 해달라고 하는가?

(A) 토마스 씨에게 서류를 보내서 복사할 수 있도록 해달라고

(B) 워크숍에서 다룰 내용을 작성해 달라고

(C) 세미나 세션별 제목을 칼슨 씨에게 알려달라고

(D) 여행 경비 영수증을 제출해 달라고

해설 Mr. Kingston에게 5월 3일까지 무엇을 해달라고 하는지, 세부 사항을 확인하는 문제이므로, 질문의 키워드 May 3를 지문에서 찾아야 한다. 지문의 세 번째 단락 첫 번째 문장(It would be great if you could forward the instructional packets for both seminars at least by May 3)에서 적어도 5월 3일까지 교육 자료를 보내줄 것을 요청하고 있으므로 정답은 (A)이다. 지문의 instructional packets가 보기 (A)에서는 documents로 패러프레이징되었다.

어휘 agenda 의제, 주제 submit 제출하다 travel expense 여행 경비

175 Who is organizing the workshop?

(A) The Hotel Horizon

(B) Lawson Advertisements

(C) The Texan Daily

(D) Texas Advertising Networks

누가 워크숍을 주관하고 있는가?

(A) 호라이즌 호텔

(B) 로슨 광고 회사

(C) 텍산 데일리지

(D) 텍사스 광고 네트웍스

해설 워크숍을 조직하는 사람이 누구인지를 묻는 유형으로, 이는 편지를 보내는 사람 또는 회사 담당자를 알려주는 표현에서 정답을 찾을 수 있다. 편지를 발송하는 회사에 대한 정보를 담고 있는 편지의 상단 부분을 보면 이 편지를 발송하고 있는 회사가 Texas Advertising Networks라는 것을 알 수 있다. 따라서 정답은 (D).

Questions 176-180 refer to the following article.

문제 176–180은 다음 기사를 참조하시오.

(176) Bearstown's New Chef

(176) 베어스타운의 새로운 요리사

by Heidi Taurus

하이디 토러스 작성

July 5 – Under the main chef, Don Kalamazoo, The Classic Gourmet has retained its title as the best restaurant in the city of Bearstown (1900 Cubs Street) for almost ten years. Don Kalamazoo left Bearstown in February and moved to Las Vegas to start his own restaurant. (176) The owners of The Classic Gourmet, Mario and Francisca Moreno hired a new main chef, Carla De Rossi. Having worked in numerous restaurants in Boston and Alpine, Ms. De Rossi is confident that she could offer some of the unforgettable Spanish and Italian menus, thus help The Classic Gourmet hold the title as Bearstown's landmark.

She invited ten special guests yesterday for tasting her new menus. Of the special guests included famous food critic, Maurice Ross from Hamilton School of Culinary Arts. Immediately after the guests sat on their assigned seats, Ms. De Rossi introduced her most representative menu, prime steak on a stone with asparagus. This dish was created by Ms. De Rossi when she worked at Hillside Restaurant in Alpine. (179) Same as her first menus, the other dishes were also consisted of both Spanish and Italian style, using of the finest meat and fresh vegetables from farms nearby Bearstown. (177) As for the last menu, Ms. De Rossi introduced caramel tiramisu, a menu she created when she

7월 5일 – 수석 요리사 돈 칼라마주의 지휘 아래, 더 클래식 그루메 식당은 베어스타운 시(컵스 가 1900번지)에서 거의 10년 동안 최고의 음식점이라는 명성을 얻었다. 2월에 베어스타운을 떠난 돈 칼라마주는 라스베이거스에서 자신의 식당을 열었다. (176) 더 클래식 그루메의 경영인 마리오 모레노, 프랜시스카 모레노 부부는 새로운 수석 요리사로 칼라 드 로시를 고용하였다. 보스턴과 앨파인의 여러 식당에서 일을 한 드 로시 씨는 잊을 수 없는 스페인과 이탈리아 요리들을 제공하는 데 자신이 있기 때문에 더 클래식 그루메가 베어스타운의 명소라는 명성을 유지할 수 있게 할 것이다.

그녀는 어제 그녀의 새로운 메뉴 시식 행사를 위해 특별 손님 10명을 초대하였다. 특별 손님 중에는 해밀튼 요리 학교의 유명한 음식 비평가 모리스 로즈가 포함되었다. 손님들이 배정된 자리에 앉자마자, 드 로시 씨는 그녀의 대표 요리인 아스파라거스를 곁들인 최고의 돌판 스테이크를 선보였다. 앨파인 시에 있는 힐사이드 식당에서 근무할 때, 드 로시 씨가 이 음식을 만들어냈다. (179) 첫 번째 음식과 같이, 베어스타운 근처 농장에서 구한 좋은 질의 고기와 신선한 야채로 만든 다른 음식들도 스페인과 이탈리아 스타일로 구성되었다. (177) 마지막 음식으로, 드 로시 씨는 보스턴의 피날레 식당에서

studied and gained knowledge about desserts while working in Finale Restaurant, Boston. Indeed, it was able to produce a perfect ending for the event.

Starting August 1, the public will also be invited to try The Classic Gourmet's new menu. Food samples will be provided for anyone who visits the restaurant during lunch or dinner between August 1 and September 1. (180) Ms. De Rossi is excited to introduce customers a range of menus which they probably haven't tasted before. (178) As one of the ten participants of the previous tasting event, I suggest that all Bearstown people try the samples as they won't disappoint you in any way.

근무하는 동안 디저트에 대해 공부하면서 얻은 지식으로 개발한 음식인 캐러멜 티라미스를 선보였다. 정말로, 시식 행사의 마지막을 완벽하게 장식한 후식이었다.

8월 1일부터는 일반인들도 더 클래식 그루메의 새로운 메뉴를 맛볼 수 있게 된다. 8월 1일에서 9월 1일 사이에 점심 또는 저녁 시간 동안 식당에 오는 사람들에게는 누구라도 새로운 메뉴의 맛보기 음식이 제공될 것이다. (180) 드 로시 씨는 일반 고객들이 전에는 한 번도 맛보지 못했던 다양한 음식들을 고객에게 선보일 것을 기대하고 있다. (178) 사전 시식 행사의 참가자 10명 중 한 사람인 필자는 모든 베어스타운 주민들이 어떠한 방법이라도 실망하지 않을 맛보기 음식을 먹어볼 것을 추천한다.

어휘 numerous 여러 개의 confident 확신하는 unforgettable 잊을 수 없는 landmark 랜드마크, 명소 taste 맛을 보다 include 포함하다 immediately 즉시 assigned 할당된 introduce 소개하다 representative 대표하는 asparagus 아스파라거스 be consisted of ~으로 구성되다 nearby 근처에 tiramisu 티라미스(디저트 일종) knowledge 지식 dessert 디저트, 후식 indeed 정말로, 참으로 produce 생산하다 Starting +시점 (문두에서) ~부터, ~을 시작으로(= beginning, as of) a range of 다양한 범위의 disappoint 실망시키다

---

176 What is a purpose of the article?

(A) To advertise a new culinary school

(B) To profile a restaurant's new chef

(C) To explain why a local business is relocating

(D) To compare the work of two local chefs

기사의 목적은?

(A) 새로운 요리 학교를 광고하기 위해

(B) 식당에 새로 온 요리사의 프로필을 알려주기 위해

(C) 지역 사업체가 이전하려고 하는 이유를 설명하기 위해

(D) 현지 요리사 두 명의 요리를 비교하기 위해

해설 목적을 묻는 문제이다. 일반적으로 목적은 지문의 도입부에서 제시된다. 기사의 제목인 Bearstrown's New Chef와 지문의 첫 번째 단락 세 번째 문장인 The owners of The Classic Gourmet, Mario and Francisca Moreno hired a new main chef, Carla De Rossi에서 새로운 수석 요리사를 소개하고 있으므로 정답은 (B)가 된다.

어휘 advertise 광고하다 culinary 요리의, 음식의 profile (프로필을) 알려주다 explain 설명하다 relocate 이전하다 compare 비교하다

---

177 Where did Ms. De Rossi most likely learn about making desserts?

(A) At Finale Restaurant

(B) At Hamilton School of Culinary Arts

(C) At Hillside Restaurant

(D) At The Classic Gourmet

드 로시 씨는 디저트를 만드는 것을 어디에서 배웠겠는가?

(A) 피날레 식당에서

(B) 해밀튼 요리 학교에서

(C) 힐사이드 식당에서

(D) 더 클래식 그루메에서

해설 Ms. De Rossi가 어디에서 디저트를 배웠는지 세부 사항을 묻는 유형이므로, 질문의 키워드인 Ms. De Rossi, making desserts와 관련된 표현을 지문에서 찾아야 한다. 디저트와 관련된 내용은 기사의 두 번째 단락 후반부의 As for the last menu, Ms. De Rossi introduced caramel tiramisu, a menu she created when she studied and gained knowledge about desserts while working in Finale Restaurant, Boston에서 Finale Restaurant에서 디저트에 관해 배우고 정보를 얻었다고 언급하고 있으므로 정답은 (A)가 된다.

---

178 What is implied about Heidi Taurus?

(A) She is not from Bearstown.

(B) She helped prepare the entrees.

(C) She attended the special preview tasting.

(D) She does not like The Classic Gourmet.

하이디 토러스에 대해 알 수 있는 것은 무엇인가?

(A) 그녀는 베어스타운 출신이 아니다.

(B) 그녀는 주 요리를 준비하는 것을 도왔다.

(C) 그녀는 특별 사전 시식 행사에 참석하였다.

(D) 그녀는 더 클래식 그루메를 좋아하지 않는다.

해설 특정 인물 Heidi Taurus에 대한 정보를 묻는 유형으로, 질문의 키워드인 고유명사 Heidi Taurus가 등장하는 부분에 집중해야 한다.

Heidi Taurus는 이 기사를 쓴 사람이므로, 기사에서 I가 Heidi Taurus임을 알 수 있다. 마지막 단락 마지막 문장에서 As one of the ten participants of the previous tasting event. I suggest that all Bearstown people try the samples as they won't disappoint you in any way를 통해 필자가 사전 시식회에 참가하였음을 언급하고 있으므로 정답은 (C)가 된다.

어휘   prepare 준비하다   entree 주 요리, 앙트레   preview testing 사전 시식 행사

179 What is indicated about the new menu selections?

(A) They contain ingredients grown in the Bearstown area.

(B) They were originally developed by Don Kalamazoo.

(C) They were inspired by traditional Bearstown cooking.

(D) They will be prepared by local culinary instructors.

새로운 메뉴에 대해 언급된 것은?

(A) 그 요리들은 베어스타운 지역에서 생산된 재료를 포함한다.

(B) 그 요리들은 원래 돈 칼라마주가 개발했다.

(C) 그 요리는 전통적인 베어스타운의 요리법에 영감을 받았다.

(D) 그 요리는 지역 현지 요리 강사들이 준비할 것이다.

해설   새로운 메뉴에 관한 사항을 묻는 질문으로, 신 메뉴를 주로 언급하는 두 번째 단락에서 정답의 단서를 찾을 수 있다. 두 번째 단락 중간쯤에서 using of the finest meat and fresh vegetables from farms nearby Bearstown이라고 했으므로 재료들은 Bearstown 근처의 농장에서 가져왔음을 알 수 있으므로 정답은 (A)가 된다.

어휘   ingredient (요리 등의) 재료, 성분   inspire 고무[격려]하다, 영감을 주다   traditional 전통적인

180 The word "range" in paragraph 3, line 7, is closest in meaning to:

(A) stove   (B) distance

(C) dish   (D) variety

세 번째 단락, 일곱 번째 줄의 range와 가장 가까운 의미는?

(A) 스토브   (B) 거리

(C) 음식   (D) 다양함

해설   유의어 질문은 보기만 보고 유의어를 고르는 것이 아니라 해당 단어가 들어간 문장에서의 쓰임을 파악해야 한다. 해당 문장인 Ms. De Rossi is excited to introduce customers a range of menus which they probably haven't tasted before(드 로시 씨는 일반 고객들이 전에는 한 번도 맛보지 못했던 다양한 음식들을 고객에게 선보일 것을 기대하고 있다)에서 range는 '다양한'이란 의미로 사용되었으므로 정답은 (D)이다.

Questions 181-185 refer to the following advertisement and list.

Enjoy "Star Travel" Tours

(181) "Star Travel" tours provide you with a variety of local tasty food in the historic areas around Sydney, Canberra and Melbourne. (184-A) One of our experienced guides gives information about the history and culture of each area where you visit, sampling specialities from each.

Southern Town (Sydney)

The tour is a progressive meal. At the first place you will stop for an appetizer. (183) At the second location you will receive a sample-portion lunch and meet owner Gale Cohen, who is a Sydney-born award-winning chef. At the next restaurants, you will taste some of its finest food. And dessert will be served at the final location.

문제 181~185번은 다음의 광고와 목록을 참조하시오.

'스타 트레블' 투어를 즐기세요

(181) '스타 트레블' 투어는 여러분에게 시드니, 캔버라 그리고 멜버른 인근의 역사적인 지역에서 다양한 지역 음식을 제공합니다. (184-A) 각 지역에서 그 지역만의 특별한 음식을 시식하면서 경험 많은 우리 가이드가 여러분이 방문하는 각 지역의 역사와 문화에 대한 정보를 이야기해드릴 것입니다.

남부 도시 (시드니)

이 투어는 음식 투어입니다. 첫 번째 장소에서는 에피타이저를 먹을 것입니다. (183) 두 번째 장소에서는 샘플 음식을 제공받고 시드니 출생이며 수상 경력이 있는 요리사이자 주인인 게일 코흔 씨를 만나게 될 겁니다. 다음 식당들에서 여러분은 그 식당에서 가장 맛있는 음식을 맛보게 될 것입니다. 그리고 디저트는 마지막 방문지에서 제공될 것입니다.

When: 12:00 P.M.~3:00 P.M. every Monday-Friday (not available Saturday and Sunday)

(184, B) **Included**: All food, a bottle of mineral water, and a brochure that includes a local map and details of all the restaurants and shops visited on the tour.

Cost: $60 per person

For more information about our other tours, please call 050-854-5289 or visit our website www. startravelworld.com.

시간: 오후 12시 ~ 오후 3시 매주 월요일부터 금요일까지 (토요일과 일요일은 하지 않습니다.)

(184−B) 포함 내역: 모든 음식과 생수 그리고 지역 지도와 투어 중에 방문한 식당과 가게들에 대한 자세한 내용을 담고 있는 책자

비용: 1인당 60달러

다른 투어에 대한 정보를 더 원하시면 050−854−5289로 전화주시거나 저희 웹사이트 www. startravelworld.com을 방문해 주시기 바랍니다.

Southern Town Restaurants

(183) You will be visiting restaurants below in order listed.

1. Hugo's French
- located at 145 Grande Street
- (182) Specialize in southern French cuisine

2. (183) Spathe
- located at 107 East Street
- (182, 184-D) Restaurant combines European cuisine with live music during lunch hours
- Reservations required

3. Kevin's Delights
- located at 245 Main Avenue
- (182) International gourmet food shop

4. Otaru Sushi
- located at 1004 Queens Street
- (182) Dishes displaying the best of Japan

5. Jeoy's Sweety
- located at 356 King's Park Street
- Traditional and exotic sweets
- (185) Closed Thursday

O'conail's Chocolate Cafe
- located at 356 King's Park Street
- (182) French-style chocolates made on-site
- (185) Alternate location for when Jeoy's Sweety is closed

남부 도시 식당

(183) 여러분들은 아래의 나열된 순서대로 식당들을 방문하게 됩니다.

1. 위고스 프렌치
- 그랜드 가 145번지에 위치
- (182) 프랑스 남부 요리 전문

2. (183) 스페이드
- 이스트 가 107번지에 위치
- (182, 184 − D) 점심시간에는 유럽식 요리와 라이브 음악이 나옵니다.
- 예약필수

3. 케빈스 딜라이츠
- 메인 가 245번지에 위치
- (182) 국제적인 미식 식당

4. 오타루 스시
- 퀸즈 가 1004번지
- (182) 일본의 최고를 보여주는 요리

5. 조이스 스위티
- 킹스 파크 가 356번지에 위치
- 전통적이고 이국적인 달콤한 맛
- (185) 목요일에는 영업을 하지 않습니다.

오코네일스 초콜릿 카페
- 킹스 파크 가 356번지에 위치
- (182) 즉석에서 만드는 프랑스식 초콜릿
- (185) 조이스 스위티가 문을 닫을 때 대신 방문하는 곳입니다.

어휘 provide 제공하다　a variety of 다양한　tasty 맛있는　experienced 경험이 많은　sample 시식하다, 시음하다　specialty 특별 요리　a progressive meal 장소를 이동하면서 코스대로 음식을 먹는 것　stop for ~을 하기 위해 멈추다, 들르다　award-winning 수상 경력이 있는　include 포함하다　detail 자세한 내용　specialize in ~을 전문으로 하다　combine 조합하다, 합치다　reservation 예약　require 필요하다　gourmet 아주 좋은 음식의, 미식가　dish 요리　traditional 전통적인　exotic 이국적인　alternate 대안의　location 위치, 장소

181 What is stated about 'Star Travel' tours?

(A) They offer holiday tours.

(B) They offer 2-day tours.

(C) They offer tours of historic places.

(D) They offer tours in different cities.

스타 트레블 투어에 대해서 언급한 것은?

(A) 그들은 휴가여행을 제공한다.

(B) 그들은 이틀 동안의 투어를 제공한다.

(C) 그들은 역사적인 곳들을 방문하는 투어를 제공한다.

(D) 그들은 다른 도시들에서의 투어를 제공한다.

해설 키워드인 Star Travel과 관련하여 언급된 내용을 묻는 유형으로 Star Travel이 언급되고 있는 첫 번째 지문에서 답을 찾아야 한다. 첫 번째 문단에서 Sydney와 Canberra 그리고 Melbourne에서 여행이 있다는 내용을 통해 여러 도시에서의 여행을 제공한다는 것을 알 수 있으므로 정답은 (D)가 된다.

어휘 offer 제공하다 historic 역사적인

182 What is suggested about the Southern Town tour?

(A) It is offered every Monday.

(B) The guide is from the Southern Town.

(C) It offers participants foods from around the world.

(D) The participants will have an opportunity to win other tours for free.

시드니 투어에 대해서 언급한 것은?

(A) 매주 월요일에 투어가 제공된다.

(B) 가이드는 시드니 출신이다.

(C) 투어는 참가자들에게 세계 각국의 음식들을 제공한다.

(D) 참가자들은 다른 투어들을 무료로 얻을 수 있는 기회를 가질 것이다.

해설 키워드인 Southern Town tour와 관련하여 언급된 내용을 묻는 유형으로 Southern Town은 두 개의 지문에 동시에 등장하기 때문에 보기의 내용들을 두 지문에서 확인해야 한다. (A)는 투어의 시간이나 요일이다. 첫 번째 지문에서 When 부분을 보면 매주 월요일부터 금요일까지로 언급되어 있으므로 오답이며, (B) 가이드는 첫 번째 지문의 맨 앞 단락에서 Star Travel사 소속으로 어디 출신인지는 나와 있지 않다. (C) 전세계의 다양한 음식을 제공한다는 내용은 두 번째 지문에서 방문하는 식당들의 설명을 보면 프랑스, 유럽, 일본 등 세계 각지의 음식을 제공하고 있으므로 정답이 된다. (D)는 지문에 아예 언급되어 있지 않다.

어휘 participant 참가자 opportunity 기회 win 얻다, 이기다

183 Where will tour participants meet Ms. Cohen?

(A) At Kevin's Delights

(B) At Spathe

(C) At Otaru Sushi

(D) At Joey's Sweety

투어 참가자들은 코흔 씨를 어디에서 만날 것인가?

(A) 케빈스 딜라이츠에서

(B) 스페이드에서

(C) 오타루 스시에서

(D) 조이스 스위티에서

해설 참가자들이 Ms. Cohen을 어디에서 만나는지, 구체적인 내용을 묻는 유형이다. 키워드인 Ms. Cohen을 찾아야 한다. 첫 번째 지문에 Southern Town (Sydney)에서 Gale Cohen을 찾을 수 있다. 해당 문장을 보면 두 번째 장소에서 만날 것이라고만 나와 있고 장소명은 나와 있지 않다. 그러므로 두 번째 지문에서 두 번째로 언급되어 있는 Spathe에서 참가자들은 Ms. Cohen을 만날 것이라는 것을 알 수 있으므로 정답은 (B)가 된다. 두 번째 지문의 제목 밑을 보면 아래에 나열된 순서대로 방문한다는 내용을 확인할 수 있다.

184 What is NOT included on the Southern Town tour?

(A) Historical information

(B) A neighborhood map

(C) A discount coupon for next tours

(D) Musical entertainment

남부 도시 투어에 포함되어 있지 않은 것은?

(A) 역사적인 정보

(B) 인근의 지도

(C) 다음 여행의 할인쿠폰

(D) 음악 공연

해설 Southern Town 투어에 포함되어 있지 않은 것을 묻는 질문이다. 키워드가 included이므로 첫 번째 지문의 Included 항목을 확인하면 보기 중에서 (B) 지도만 확인이 가능하다. 그렇다면 전체 내용에서 나머지 보기의 내용을 확인해야 한다. (A)는 첫 번째 지문의 첫 단락에서 방문하는 지역에서 가이드가 그 곳의 역사와 문화를 알려줄 것이라는 내용을 확인할 수 있으며, (D)는 음악과 관련한 키워드로 두 번째 지문에서 Spathe에서 live music을 한다는 내용으로 투어에 포함되어 있음을 알 수 있다. 그러므로 정답은 어디에도 언급되지 않은 할인쿠폰(discount coupon)을 준다는 (C)이다.

어휘 neighborhood 이웃의, 인근의 entertainment 공연, 연예, 연회

185 On what day will tour participants visit the O'conail's Chocolate Cafe?

(A) Wednesday

(B) Thursday

(C) Friday

(D) Saturday

투어 참가자들은 무슨 요일에 오코네일스 초콜릿 카페를 방문하는가?

(A) 수요일

(B) 목요일

(C) 금요일

(D) 토요일

해설 참가자들은 무슨 요일에 O'conail's Chocloat Cafe를 방문하는지, 구체적인 내용을 묻는 질문이다. 먼저 키워드인 O'conalil's Chocolat Cafe를 찾아야 한다. 두 번째 지문의 맨 마지막에 나와 있으며 아래의 설명에서 Joey's Sweety가 문을 닫을 때 방문한다고 했다. 바로 위의 Joey's Sweety에서 목요일에 문을 닫는다고 했으므로 정답은 (B) 목요일이다.

Questions 186-190 refer to the following memo and e-mail.

문제 186~190은 다음 회람과 이메일을 참조하시오.

DALTON TECHNOLOGY

(187) From: Dino Hardy, Human Resources

To: Gale Medna, Administrative office

Date: February 6

Subject: New employee orientation

(188) As you know it is time to prepare materials for our upcoming new employee orientation. You can obtain most of the supplies listed below from our regular supplier. (189, 190) However, please remember that Office Max has informed us that the planners with our logo printed on them are not available from them at this time.

All the materials should arrive no later than February 20 so that we can set up the seminar rooms before the orientation, which begins on February 23. (187) Please contact me to confirm when the order has been placed and let me know the expected delivery date.

Thank you for your assistance.

List of materials;

Writing Pads	200
10-packs of pens	20
Binder clips	2 boxes
Planners imprinted with the Dalton logo	90

댈튼 테크놀로지

(187) 발신: 인사부 다이노 하디

수신: 행정실 게일 메드나

날짜: 2월 6일

제목: 신입 직원 오리엔테이션

(186) 아시다시피 곧 있을 신입 직원 오리엔테이션을 위한 물품을 준비해야 할 때입니다. 귀하는 우리의 단골 공급업체로부터 아래에 나열된 대부분의 물품들을 구할 수 있습니다. (189, 190) 그러나 오피스 맥스는 우리 회사의 로고가 새겨진 플래너를 이번에는 공급할 수 없다고 통지해왔습니다.

2월 23일에 시작하는 오리엔테이션 전에 세미나 실에 준비가 완료되기 위해서 모든 물품들은 늦어도 2월 20일까지 도착해야만 합니다. (187) 주문을 하고나면 저에게 연락을 해서 언제 주문했는지 확인해 주시고, 예상 배송일자를 알려주세요.

귀하의 도움에 대해 감사드립니다.

물품 목록

필기 패드	200
10개입 펜	20
바인더 클립	2박스
댈튼 로고가 새겨진 플래너	90

From: gmedna@daltontechnology.com

To: alopez@daltontechnology.com

Date: February 7, 13:20

Subject: Order for the upcoming orientation

Attachment: Orientation materials

발신: gmedna@daltontechnology.com

수신: alopez@daltontechnology.com

날짜: 2월 7일, 13:20

제목: 곧 있을 오리엔테이션을 위한 물품 주문서

첨부: 오리엔테이션용 물품

Dear Mrs. Lopez,

Dino Hardy is ordering the supplies he needs for the new employee orientation.

Attached is a copy of his purchase order. I have already ordered the preapproved items from Office Max. (188, 190) At your earliest convenience, please authorize the purchase of the customized items he has requested. (190) These will be ordered from Richter Office Supply Co.

Once you have approved this transaction, I will ask Jennifer Cohen in the purchasing department to process that order as well. Mr. Hardy has told me that he needs all of the supplies no later than February 20.

Sincerely,

Gale Medna

로페즈 씨에게,

다이노 하디가 신입 직원 오리엔테이션에 사용할 물품들을 주문하고 있습니다.

첨부된 것은 다이노 하디의 구입하려고 하는 주문서입니다. 저는 이미 오피스 맥스에 이전에 승인받은 물품들을 주문했습니다. (188, 190) 가급적 빨리 그가 요청한 주문용 제작 물품들의 구매를 허락해 주시길 바랍니다. (190) 이 물품들은 리히터 오피스 서플라이에 주문할 것입니다.

일단 귀하께서 이 거래를 허락해 주시면, 저는 이 주문을 처리하기 위해서 구매부서의 제니퍼 코헨에게 요청을 할 것입니다. 하디 씨는 저에게 늦어도 2월 20일까지 모든 물품이 필요하다고 말했습니다.

진심으로,

게일 메드나

어휘 human resources 인사부 administrative office 행정실 materials 물품들 upcoming 다가오는, 곧 있을 obtain 얻다 regular 규칙적인, 정기적인 supplier 공급자 inform 알리다 available 구할 수 있는, 시간이 있는 no later than 늦어도 contact 연락하다 place an order 주문하다 expected 예상되는 delivery 배달 assistance 도움, 지원 writing pad 필기 패드 order 주문하다, 명령하다 attach 첨부하다 purchase 구매 already 이미, 벌써 preapproved 이전에 허가된 at your earliest convenience 가급적 빨리 authorize 권한을 부여하다, 재가하다 customized 개개인의 요구에 맞춘 request 요청하다 once 일단 ~하면 transaction 거래, 처리과정 process 처리하다

---

186 Why was the memo written?

(A) To provide the information of a new vendor

(B) To request supplies for an event

(C) To describe a series of events

(D) To suggest changes for the design of a logo

회람을 쓴 목적은 무엇인가?

(A) 새로운 판매회사의 정보를 제공하기 위해

(B) 행사를 위한 물품들을 요청하기 위해

(C) 일련의 행사들을 설명하기 위해

(D) 로고 디자인에 대한 변경사항을 제안하기 위해

해설 목적을 묻는 문제는 주로 지문의 상반부에서 근거를 찾을 수 있다. 첫 번째 문장 As you know it is time to prepare materials for our upcoming new employee orientation에서 신입사원 오리엔테이션을 위해 물품들을 준비할 시기라고 언급하고 있으므로 정답은 (B)이다.

어휘 written write(쓰다)의 과거분사 provide 제공하다 vendor 판매회사 request 요청하다 describe 묘사하다, 설명하다 a series of 일련의 suggest 제안하다

---

187 Who has asked for notification of a delivery date?

(A) Mr. Hardy

(B) Ms. Medna

(C) Mrs. Lopez

(D) Ms. Cohen

누가 배송날짜에 대한 통지를 요청했는가?

(A) 하디 씨

(B) 메드나 씨

(C) 로페즈 씨

(D) 코헨 씨

해설 요청에 대한 내용은 주로 지문의 하단부에서 찾아볼 수 있다. 문제에서 Who, ask, notification, delivery date를 키워드로 잡고 지문을 살펴보면, 회람의 하단부에서 let me know the expected delivery date라고 언급하고 있다. 여기에서 me는 회람을 보낸 사람으로 상단의 발신인 란에 Dino Hardy라고 나와 있으므로 정답은 (A)이다.

어휘 ask 요청하다 notification 알림, 통지 delivery date 배송일

188 What is the purpose of the e-mail?

    (A) To reserve a seminar room

    (B) To confirm a recent order

    (C) To recommend for a new position

    (D) To request approval for a purchase

이메일의 목적은 무엇인가?

(A) 세미나실을 예약하기 위해

(B) 최근 주문을 확인하기 위해

(C) 새로운 자리를 추천하기 위해

(D) 구입에 대한 승인을 요청하기 위해

해설 이메일 지문의 네 번째 문장을 보면 please authorize the purchase of the customized items he has requested라고 언급되어 있다. 따라서 이메일의 목적은 주문한 물품들에 대한 승인 요청이라는 것을 알 수 있으므로 정답은 (D)이다.

어휘 purpose 목적　confirm 확인하다　recent 최근의　recommend 추천하다　request 요청하다　approval 승인

189 What is suggested about Office Max?

    (A) Their customer service manager is Ms. Cohen.

    (B) Their prices have increased significantly since last year.

    (C) They are no longer setting some items.

    (D) They will deliver some of the items after February 20.

오피스 맥스에 대해 암시된 것은 무엇인가?

(A) 그들의 고객서비스 관리자는 코헨 씨이다.

(B) 그들의 가격은 작년 이래 상당히 올랐다.

(C) 그들은 더 이상 어떤 물품들을 취급하지 않는다.

(D) 그들은 일부 물품들을 2월 20일 이후에 배송할 것이다.

해설 Office Max에 대해 암시된 내용을 묻고 있으므로 Office Max를 키워드로 잡고 본문에서 찾으면, 회람에서 Office Max has informed us that the planners with our logo printed on them are not available from them at this time이라고 언급되었다. 즉, 로고가 인쇄된 플래너를 더 이상 제공하지 않는다고 언급하고 있으므로 정답은 (C)이다.

어휘 suggest 암시하다　increase 오르다　significantly 상당히　no longer 더 이상 ~아닌　deliver 배달하다

190 What will be purchased from Richter Office Supply Co.?

    (A) Note pads

    (B) Packs of pens

    (C) Binder clips

    (D) Planners

리히터 오피스 서플라이에서는 무엇을 구입할 것인가?

(A) 노트 패드

(B) 펜 묶음

(C) 바인더 클립

(D) 플래너

해설 두 지문을 종합적으로 봐야 풀 수 있는 문제이다. Richter Office Supply에서 구입할 물품이 무엇인지를 묻고 있으므로 우선 Richter Office Supply를 키워드로 잡고 본문을 살펴보면, 이메일의 다섯 번째 문장에서 These will be ordered from Richter Office Supply Co.라고 언급되어 있는 것을 찾을 수 있다. 여기에서 These가 의미하는 것은 바로 앞 문장의 customized items이다. 이제 이 정보를 가지고 회람에서 주문 제작되는 물품을 찾아보면, 세 번째 문장에 언급된 the planners with our logo printed on them이라는 것을 알 수 있다. 따라서 정답은 (D)이다.

어휘 purchase 구입하다

Questions 191-195 refer to the following letters.

December 9

Yellowstone Kitchen Appliances
1409 Partisan Street
Baltimore MD, 20608

Dear Yellowstone,

It has been seven years since I last purchased a Yellowstone Eco-100T food processor. (191) Now that it requires repairs and maintenance, I have recently visited

문제 191-195은 다음의 편지들을 참조하시오.

12월 9일

옐로우스톤 주방용품점
우편번호 20608
메릴랜드 주 볼티모어 시
파티잔 가 1409번지

옐로우스톤 담당자분에게.

제가 옐로우스톤 Eco-100T 식품가공기를 마지막으로 구매한 지 7년이 되었습니다. (191) 그런데 이 기계를 수리하

some local repair shops. According to most technicians, the processor needs either a new motor or new parts added on the existing motor. Unfortunately, the repair shops could not help me because they do not do business with your company in terms of receiving parts. I was in desperate need of a functioning food processor, so I also considered buying the same food processor model. I then visited a few more stores including Dela Kitchen Professionals, where I had purchased the one which currently is in need of repairs. However, they told me that your Eco-100T has not been in stock for a couple of months.

Eco-100T has been my favorite food processor for its capability of handling large quantity of food we need to prepare for all our daily customers. (192) Not to mention that operating the ECO-100T is not as complicated as the other machines I used in the past. I really hope Yellowstone can give me a good solution to this problem of mine.

Thank you,

Lauren Coach
Lauren Coach

고 보수할 필요가 있어서 최근에 지역 수리점에 갔습니다. 기술자들 대부분의 말에 따르면 이 식품가공기는 새로운 모터나 현재 모터에 추가적인 부품이 필요하다고 했습니다. 유감스럽게도 수리점에서는 귀사에서 부품을 제공받지 않고 있기 때문에 저를 도울 수 없었습니다. 저는 제대로 작동하는 식품가공기가 간절히 필요했기 때문에 같은 모델의 식품가공기를 새로 사는 것 또한 고려해 보았습니다. 그래서 저는 현재 수리해야 되는 이 기계를 구입했던 델타 키친 프로페셔널스를 포함한 몇 군데 상점에 가봤습니다만 그들은 Eco-100T는 두 달전부터 재고가 없다고 말했습니다.

Eco-100T는 매일 모든 고객들을 위해 준비하는 많은 양의 식품을 처리할 수 있기 때문에 제가 가장 선호해온 식품가공기였습니다. (192) Eco-100T는 제가 과거에 사용했던 다른 기계들처럼 사용하는 게 복잡하지 않았던 것은 말할 필요도 없습니다. 저는 진심으로 옐로우스톤 사에서 저의 이 문제점에 대한 좋은 해결책을 주시길 바랍니다.

감사합니다.

로렌 코우치

Yellowstone Kitchen Appliances

November 21

Ms. Lauren Coach
546 Taylor Rd.
Fairfield, CT 20551

Dear Ms. Coach,

We have read the letter you sent us on the 11th. (193) The production of Eco-100T has ended early this year. However, we can still repair the appliance if you send it to us. (194) Just make sure you put it in a package safely and securely since we are not held responsible for unknown damages nor lost packages. After we receive your food processor, (195) we will evaluate its condition and then one of our technicians will give you a call to discuss your repair options. If you wish to get it repaired, you will have to pay for the repair cost. The cost is either payable by check or credit card. Once we receive your payment, we will then proceed with the repairs. In most cases, it usually takes us about two to three days to repair a defected machine, so you could receive your Eco-100T back within 10 days. If you have any questions, please call our customer support or technical support representatives at 301) 225-2599.

옐로우스톤 주방용품점

11월 21일

로렌 코우치 씨
우편번호 20551
코네티컷 주 페어필드 시
테일러 가 546번지

로렌 코우치 씨께,

11일에 고객님께서 보내주신 편지 잘 읽었습니다. (193) Eco-100T의 생산이 올해 초에 종료되었습니다. 하지만 고객님께서 물건을 저희에게 보내주신다면 저희는 용품을 수리해드릴 수 있습니다. (194) 저희는 알 수 없는 손상이나 제품 분실에 대해서는 책임지지 않기 때문에 반드시 물건을 상자 안에 안전하고 단단하게 넣어주세요. 저희가 고객님의 식품가공기를 받고난 후, (195) 물건의 상태를 점검해보고 나서 저희 기술자들 중 한 명이 수리 옵션에 대해 논의하기 위해 전화를 드릴 것입니다. 비용은 수표나 신용카드로 결제하실 수 있습니다. 저희는 수리 비용을 받자마자 수리를 진행할 것입니다. 대부분의 경우 결함이 생긴 물건 수리는 보통 이틀에서 사흘 정도 소요되므로 열흘 안에 Eco-100T를 돌려받을 수 있을 것입니다. 다른 문의할 점이 있으시면 301) 225-2599로 저희 고객지원팀이나 기술지원팀 직원에게 전화해 주십시오.

Sincerely,

Nick Blake
Nike Blake
Service & Warranty Representative

진심으로,

나이크 블레이크
서비스 및 보증 담당직원

191 Why does Ms. Coach contact Yellowstone Kitchen Appliances?

(A) She wants to know if the company has stores in her area.

(B) She is having problems with something she recently purchased.

(C) She cannot find anyone to fix a particular appliance.

(D) She has questions about a repair that the company made.

코우치 씨는 왜 옐로우스톤 주방용품점에 연락했는가?

(A) 그녀는 그 회사 제품을 취급하는 상점이 자신이 사는 지역에도 있는지 알고 싶다.

(B) 그녀가 최근에 구매했던 물품에 문제가 생겼다.

(C) 그녀는 특정 용품을 수리할 수 있는 사람을 찾지 못했다.

(D) 그녀는 회사가 해준 수리에 대해 문의할 것이 있다.

해설 목적이나 이유는 지문 상단부에 등장하는 것이 일반적이다. 첫 번째 지문의 상단을 보면 7년 동안 제품을 사용해서 이제 수리를 해야 하는데 부품을 교체해야 하기 때문에 수리를 할 수 없었다고 언급하고 있으므로 정답은 (C)이다.

어휘 contact 연락하다 area 지역 fix 수리하다, 바로잡다 particular 특정한

192 What does Ms. Coach indicate about food processor she has been using?

(A) It is relatively easy to use.

(B) It is inexpensive.

(C) It processes very small quantities of food.

(D) It requires frequent repairs.

코우치 씨가 그녀가 사용해온 식품 가공기에 대해 암시하고 있는 것은?

(A) 비교적 사용하기 쉽다.

(B) 저렴하다.

(C) 매우 적은 양의 식품을 처리한다.

(D) 수리를 자주 해야 한다.

해설 Coach 씨가 말한 것을 찾고 있으므로 Coach 씨가 'I'로 등장하는 첫 번째 지문을 본다. 두 번째 단락 두 번째 문장의 Not to mention that~ 이하를 살펴보면 식품가공기의 작동이 다른 기계들에 비해 복잡하지 않았다는 내용이 언급되어 있다. 따라서 정답은 (A)이다

어휘 indicate 나타내다 relatively 비교적 easy 쉬운, 수월한 inexpensive 비싸지 않은 quantity 양, 수량 frequent 잦은, 빈번한

193 Why are Yellowstone Eco-100T food processors not sold at Dela Kitchen Professionals?

(A) The store does not keep restaurant equipment in stock.

(B) The store no longer sells any Yellowstone products.

(C) Yellowstone has stopped manufacturing the Eco-100T model.

(D) Customers reported problems with that kind of food processor.

왜 옐로우스톤 Eco-100T 식품가공기가 델타 키친 프로페셔널스에서 판매되지 않는가?

(A) 그 상점에서는 식당 용품을 구입해두지 않았다.

(B) 그 상점에서는 더 이상 옐로우스톤의 제품들을 판매하지 않는다.

(C) 옐로우스톤 사는 Eco-100T의 생산을 중단했다.

(D) 소비자들이 그런 종류의 식품 가공기에 대해 문제점을 신고했다.

해설 Yellowstone의 제품이 판매되지 않은 이유에 대해서 찾아야 하므로 두 번째 지문 상단을 본다. 첫째 줄에서 올해 초 Eco-100T의 생산이 중단되었다고 언급하고 있으므로 정답은 (C)이다.

어휘 equipment 장비, 용품 sell 팔다 manufacture 생산하다 kind 종류, 유형

---

194 What does Mr. Blake tell Ms. Coach to do?

(A) Call the customer service department about her issue

(B) Packing safely before sending the product to the company

(C) Exchange the appliance for a different model

(D) Submit a report to the technical support group

블레이크 씨는 코우치 씨에게 어떻게 하라고 말하고 있나?

(A) 고객서비스 부서에 전화해서 문제점에 대해 말해라

(B) 물건을 안전하게 포장해서 회사로 발송해라

(C) 용품을 다른 모델 상품과 교환해라

(D) 기술지원부에 보고서를 제출하라

해설 Blake 씨가 Coach 씨에게 말한 내용이므로 Blake 씨가 We. Coach 씨가 You로 등장하는 두 번째 지문을 살펴본다. 셋째 문장에서 Just make sure you put it in a package safely and securely라고 언급하고 있으므로 정답은 (B)이다.

어휘 pack 포장하다 exchange 교환하다 submit 제출하다 support 지지, 지원

---

195 What is indicated about Yellowstone Kitchen Appliance technicians?

(A) They bill customers after work is performed.

(B) They complete evaluations within 24 hours.

(C) They receive training in servicing appliances.

(D) They explain proposed work to customers.

옐로우스톤 주방용품점의 기술자들에 대해 암시된 것은?

(A) 그들은 작업을 끝낸 후에 고객들에게 비용을 청구한다.

(B) 그들은 24시간 이내에 점검을 완료한다.

(C) 그들은 가전제품 수리에 대해 훈련을 받는다.

(D) 그들은 소비자들에게 제시된 작업을 설명한다.

해설 Yellowstone의 기술자들에 대한 정보를 찾아야 하므로 두 번째 지문을 본다. 두 번째 지문 다섯 번째 문장에서 물건을 받고난 후 점검을 하고 나서 어떻게 수리를 할 것인지에 대해 의논하기 위해 기술자가 전화를 할 것이라고 언급하고 있다. 따라서 정답은 (D)이다.

어휘 bill ~에게 청구서를 보내다 perform 수행하다, 실시하다 complete 완료하다, 끝마치다 evaluation 평가, 사정 receive 받다 explain 설명하다

Questions 196-200 refer to the following notice and article.

문제 196-200은 다음의 안내문과 기사를 참조하시오.

PUBLIC NOTICE-REQUEST FOR PROPOSALS
General Contractor, Building Renovations
February 11

The Drexel County Improvement Association (DCIA) has rented out a commercial space located at 591 Saline Avenue which will be functioning primarily as its visitor center and administrative office. Since DCIA's current building located on Kutcher Road is not large enough to accommodate both the association's growing operations and number of visitors, the board decided that it would be better to relocate the office to a larger building. DCIA is now in search of a licensed general contractor to renovate the building while abiding by the city-approved construction plans. The remodeling process will take place both in the building's interior and exterior. It is as follows:

건물 수리 제안서 제출 권고 공고
건물 개조 건설업자
2월 11일

드렉셀군 개선협회(DCIA)는 샐린 가 591번지에 있는 상업 지역을 임대했는데, 이곳은 주로 방문객 안내소와 행정 사무실로 사용될 것입니다. 커처 가에 위치한 현 DCIA 건물은 협회의 증가하는 활동들과 많은 방문객들을 모두 수용할 만큼 충분하지 못하기에, 위원회는 더 큰 건물로 사무실을 이전하는 것이 더 낫다고 결정하였습니다. DCIA는 현재 지금 도시 계획법을 준수하면서 건물을 개조할 수 있는 면허를 소유한 건설업체를 찾고 있습니다. 리모델링 작업은 건물의 내부와 외부 모두 실시될 것입니다. 상세한 사항은 다음과 같습니다.

(199) Lobby: Visitor center must be designed to hold one staff member and up twenty visitors at once and each administrative office should be able to accommodate at least seven staff members.

Basement: The basement area will be used as file storage and must be designed accordingly.

Courtyard: The courtyard will be designed to hold small events.

(196) Renovation will take place on April 7 and go on until May 31. We are accepting proposals until March 15, so submit them in person to the director of DCIA, Ho Chan Jeon during regular working hours between 10:00 A.M and 6:00 P.M. His office is located at 129 Kutcher Road, #201. (197) Requests regarding the renovation, which include visiting the site, must be made to Zach Corvin, the property manager of DCIA. You may either visit him directly at his office or contact him at (511) 2019-5000 during regular business hours.

From February 16 and on, you will be able to access a detailed set of architectural drawings and blueprints of the building at DCIA homepage at www. drexelctimprovement.com/renovation.

(199) 로비: 방문객 안내소는 직원 한 명이 관리하도록 설계되어야 하며, 방문객을 동시에 20명까지 수용할 수 있어야 합니다. 각 행정 사무실은 최소 직원 7명을 수용할 수 있어야 합니다.

지하: 지하 공간은 파일을 보관하는 데 사용될 것이므로, 그에 따라 설계되어야 합니다.

마당: 마당은 작은 행사들이 열릴 수 있도록 설계되어야 합니다.

(196) 건물 개조 공사는 4월 7일에 시행되며, 5월 31일까지 진행될 것입니다. 3월 15일까지 제안서를 받고 있는 중이므로, 정규 근무 시간인 오전 10시에서 오후 6시 사이에, DCIA의 이사인 호 챈 전에게 직접 제출하시기 바랍니다. 그의 사무실은 커처 가 129번지 201호에 위치하고 있습니다. (197) 현장 방문을 포함한, 건물 개조에 관련한 요청 사항들은 DCIA의 자산 관리자인 잭크 코빈에게 말씀하시면 됩니다. 정규 근무 시간 동안 그의 사무실에서 직접 만나거나, (511) 2019-5000로 그에게 연락하실 수 있습니다.

2월 16일부터, DCIA 홈페이지인 www.drexelctimprovement.com/renovation에서 건물의 도면과 청사진에 관련 상세한 서류들을 확인하실 수 있습니다.

Drexel County, June 4 – Yesterday, all members of the Drexel County Improvement Association, along with several representatives from the Drexel County Council, celebrated the opening of the DCIA's new building on 591 Saline Avenue.

"This renovated building will be regarded as a step forward to better assist all business matters in Drexel County," said DCIA president, Eugene Fulton. "Now that we have wonderful new space in operation, this will enable us to function with greater efficiency, thus allowing to respond more quickly to local concerns and complaints." (198) The entire building structure was redesigned by Nicholas Woods Incorporated. (199) Under the guidance of Mr. Woods, the lobby floor of the new DCIA building is composed of multiple administrative office and a spacious visitor center, which can hold a maximum number of 40 people at once.

DCIA's board member, Gwen Whitfield is pleased with the organization's decision to move to 591 Saline Ave. (200) She said, "Files were piling up and our old building on Kutcher Road was simply not large enough to fit them all. However, we now have a our large basement where we could store all these files in our new building on Saline Avenue. This is indeed a luxury we couldn't afford before. On top of that, I am happy to see that we can accommodate more visitors than we could in the past."

드렉셀군, 6월 4일 – 어제, 드렉셀군 개선 협회의 전 회원들은, 드렉셀군 의회의 일부 의원들과 함께, 샐린가 591번지에서 DCIA의 신관 개원을 축하했다.

"이 개조된 건물은 드렉셀군의 모든 사업적인 문제들을 한 걸음 앞으로 나아가게 하는 데 도움을 주는 곳으로 여겨질 것입니다"라고 DCIA의 회장인 유진 풀턴이 말했다. "협회가 활동할 수 있는 멋지고 새로운 공간이 생겼기 때문에 우리는 더 효율적인 역할을 할 수 있을 것입니다. 그래서 지역의 걱정거리와 불만 사항들을 빠르게 처리할 수 있을 것입니다." (198) 건물 전체를 니콜라스 우즈 사가 다시 설계했다. (199) 우즈 씨의 지휘 하에, 새로운 DCIA의 건물 로비는 한 번에 최대 40명을 수용할 수 있는 복합적인 행정 사무실과 넓은 방문객 안내소로 구성되었다.

DCIA의 위원인 그웬 와이트필드는 샐린 가 591번지로 이전하기로 한 협회의 결정에 기뻐했다. (200) 그녀는 "파일들이 쌓여 있었던, 커처가의 예전 건물은 그 파일들을 모두 보관하기에 충분하지 못했습니다. 그러나, 지금 우리는 샐린 가의 신관에 이 모든 파일들을 보관할 수 있는 큰 지하 공간이 생겼습니다. 우리가 전에 누려 보지 못할 정말 큰 호사입니다. 이에 더해 예전보다 더 많은 방문객을 수용할 수 있게 되어서 기쁩니다."

In addition to mentioning about the capability of processing daily tasks more effectively, Mr. Fulton also brought up another important fact. He noted that the purpose of courtyard renovation was to increase interaction and the level of involvement between DCIA and the local community. "We have renovated the courtyard so that we could hold outdoor events to better publicize local businesses, and we are looking forward to its impact for the benefit of Drexel County."

일상 업무를 더욱 효율적으로 처리할 수 있는 능력에 대해 언급한 것 이외에도 풀턴 씨는 또 다른 중요한 사실 한 가지를 말했다. 그는 마당 개조의 목적은 DCIA와 지역사회의 교류와 참여 수준을 높이기 위한 것이었다는 점을 언급했다. "우리는 지역 사업을 더 알리기 위한 야외 행사를 개최하기 위해 마당을 개조했으며 이로 인해 드렉셀군 주민들의 복지에 영향을 미칠 수 있기를 기대하고 있습니다."

어휘 association 협회 rent out 빌리다 commercial 상업적인 locate 위치시키다 function (제대로) 기능하다, 작용하다 primarily 주로 visitor center 방문자 안내소 administrative 행정상의, 행정적인 enough to + 동사원형 ~하기에 충분한 accommodate 수용하다 would be better to + 동사원형 ~하는 것이 좋겠다 relocate 이전시키다, 다시 배치하다 renovate 개조하다 licensed 면허가 있는 abide by ~에 따라 행동하다, 따르다 construction plan 건설 계획 remodel 개조하다, 리모델링하다 interior 내부, 내부의 exterior 외부, 외부의 staff member 직원 at once 한번에, 동시에 lobby 로비 basement (건물의) 지하층 storage 저장소 courtyard 마당, 뜰 hold 개최하다, 열다 take place 발생하다 accept 받아들이다, 수락하다 proposal 제안, 제안서 in person 직접 regarding ~에 관하여 property manager 자산 관리자 detailed 상세한 architectural drawing 건물 도면 blueprint 청사진 celebrate 축하하다 now that ~이니까, ~이므로 respond 응답하다 concern 걱정 complaint 불평 under the guidance of ~의 지휘 하에 spacious 널찍한 maximum 최대한 pile up 쌓이다 indeed 실제로 capability 능력 daily tasks 일상 업무들 involvement 관련, 관여 publicize (일반 사람들에게) 알리다, 광고하다 looking forward to + 명사 ~을 기대하다, 고대하다

196 By what date does the notice suggest that the general contractor will begin working?

(A) February 11
(B) March 15
(C) April 7
(D) May 31

공지에서 건설업자가 언제 작업을 시작할 수 있다고 하는가?

(A) 2월 11일
(B) 3월 15일
(C) 4월 7일
(D) 5월 31일

해설 건설업자가 건설 작업을 언제 시작할 것인지 세부 사항을 묻는 유형으로, 질문의 키워드인 the general contractor와 날짜 관련 내용이 지문에 제시될 것이다. 첫 번째 지문인 공지문의 세 번째 단락 첫 번째 문장인 Renovation will take place on April 7 and go on until May 31.에서 작업은 4월 7일에서 5월 31일까지 지속될 것이라고 언급하였으므로 정답은 (C)가 된다.

197 Who should be contacted about arranging a site visit to 591 Saline Avenue?

(A) Ho Chan Jeon
(B) Zach Corvin
(C) Eugene Fulton
(D) Gwen Whitfield

샐린 가 591번지에 있는 현장을 방문하려면 누구에게 연락을 해야 하는가?

(A) 호 챈 전
(B) 재크 코빈
(C) 유진 풀턴
(D) 그웬 위트필드

해설 591 Saline Avenue의 현장 방문에 대해 누구에게 연락을 해야 하는지, 구체적인 정보를 묻는 유형이므로 특정 인물이 지문에 등장할 것이다. 첫 번째 지문의 세 번째 단락 끝에서 두 번째 문장인 Requests regarding the renovation, which include visiting the site, must be made to Zach Corvin, the property manager of DCIA에서 현장 방문을 포함한 건물 개조 사항에 대해 요청은 자산 관리자인 Zach Corvin에게 말해달라고 안내하고 있으므로 정답은 (B)가 된다.

198 What is implied about Nicholas Woods Incorporated?

(A) One of its architects provided the drawings for project.
(B) A company representative submitted a proposal to the DCIA director.
(C) It is a member of the DCIA.
(D) Its offices are located on Kutcher Road.

니콜라스 우즈 사에 대해 언급된 것은?

(A) 건축가들 중 한 사람이 건설 프로젝트의 설계도면을 주었다.
(B) DCIA 이사에게 회사 직원이 제안서를 제출했다.
(C) DCIA의 회원이다.
(D) 그 회사의 사무실은 커처 가에 있다.

Nicholas Woods Incorporated에 대해 세부 사항을 묻는 유형이므로, 질문의 키워드인 Nicholas Woods Incorporated에 관한 내용을 다루고 있는 두 번째 기사문을 살펴야 한다. 기사문 두 번째 단락의 하반부 The entire building structure was redesigned by Nicholas Woods Incorporated에서 Nicholas Woods Incorporated가 건물 개조 작업을 했다고 명시하고 있다. 따라서 그 회사 직원이 개조 관련 제안서를 제출했다는 것을 유추할 수 있으므로 정답은 (B)이다.

architect 건축가　member 회원

199 For what area was there a change of plans after February 11?

(A) The lobby

(B) The basement

(C) The pedestrian path

(D) The courtyard

2월 11일 후에 계획의 변경이 있었던 구역은 어디인가?

(A) 로비

(B) 지하 공간

(C) 보행자 길

(D) 마당

2월 11일 후에 계획의 변경이 있는 구역이 어디인지, 구체적인 정보를 찾는 문제이므로 질문의 키워드인 February 11에 집중해야 한다. 두 지문에서 모두 정보를 찾아야 하는 연계성 유형으로, 개조 시행 전 건물 개조 계획을 다루고 있는 공지문의 정보와 기사에서 변경된 사항을 비교하여 찾아야 한다. 첫 번째 지문 중반부의 Lobby 항목에서 twenty visitors at once and each administrative office should be able to accommodate at least seven staff members와 기사문의 the lobby floor of the new DCIA building is composed of multiple administrative office and a spacious visitor center, which can hold a maximum number of 40 people at once를 통해, lobby는 계획된 것보다 공간이 더 넓어졌다는 것을 알 수 있다. 따라서 정답은 (A)가 된다.

200 What is indicated about the building on Kutcher Road?

(A) The DCIA used its outdoor space for events.

(B) It recently underwent renovations.

(C) It lacked an underground space.

(D) The DCIA recently sold it.

커처 가의 건물에 대해 언급된 것은?

(A) DCIA는 야외 장소를 행사를 위해 사용했다.

(B) 최근에 개조 공사가 있었다.

(C) 지하 공간이 부족했다.

(D) DCIA가 최근에 그 건물을 팔았다.

Kutcher Road에 있었던 건물에 관한 세부 정보를 확인하는 질문으로, 지문을 통해 Kutcher Road의 건물이 DCIA의 예전 건물을 의미함을 알 수 있다. 기사문의 세 번째 단락, 두 번째 문장인 She said, "Files were piling up and our old building on Kutcher Road was simply not large enough to fit them all에서 파일을 모두 수용하기에 충분하지 못하였다고 언급하고 있고, 그 다음 내용은 새로운 건물은 파일들을 보관할 수 있는 큰 지하 공간이 생겼다고 덧붙여 말하고 있으므로 정답은 (C)가 된다.

outdoor space 야외 공간　lack 부족하다　underground space 지하 공간

Ustar TOEIC BASIC Reading

★★★★★★★★ Part 5, 6, 7

ACTUAL TEST
Answers

101. (C)	102. (A)	103. (A)	104. (B)	105. (A)	106. (C)	107. (A)	108. (D)	109. (C)	110. (D)
111. (B)	112. (C)	113. (D)	114. (C)	115. (A)	116. (C)	117. (B)	118. (D)	119. (A)	120. (C)
121. (D)	122. (D)	123. (B)	124. (A)	125. (B)	126. (A)	127. (D)	128. (B)	129. (B)	130. (D)
131. (C)	132. (A)	133. (A)	134. (B)	135. (C)	136. (B)	137. (A)	138. (A)	139. (B)	140. (D)
141. (C)	142. (D)	143. (A)	144. (A)	145. (A)	146. (C)	147. (B)	148. (C)	149. (D)	150. (B)
151. (C)	152. (D)	153. (A)	154. (C)	155. (A)	156. (C)	157. (C)	158. (D)	159. (A)	160. (A)
161. (B)	162. (A)	163. (C)	164. (A)	165. (A)	166. (C)	167. (D)	168. (D)	169. (D)	170. (B)
171. (C)	172. (B)	173. (C)	174. (D)	175. (B)	176. (B)	177. (A)	178. (D)	179. (C)	180. (D)
181. (C)	182. (B)	183. (C)	184. (B)	185. (D)	186. (A)	187. (D)	188. (B)	189. (B)	190. (C)
191. (D)	192. (C)	193. (B)	194. (A)	195. (B)	196. (A)	197. (C)	198. (A)	199. (C)	200. (B)

---

101 The new production at Royal City Theatre in Tokyo is already ------- sold out. [부사]

(A) complete　　(B) completed　　(C) completely　　(D) completion

해석 도쿄 로얄 시티 극장에서 공연되는 새로운 작품은 이미 완전히 매진되었다.

구조분석 The new production (at Royal City Theatre) (in Tokyo) / is / (already) (-------) sold out.
주어　　동사　　보어

해설 빈칸에 적절한 품사를 선택하는 구조 분석 문제이다. 빈칸 앞에는 be동사 is와 부사 already가 위치했고, 뒤에는 형용사 sold out이 있으므로 빈칸은 형용사를 수식하는 부사 자리이다. 따라서 정답은 부사 completely이다. 형용사 혹은 동사로 쓰이는 complete, 형용사 completed, 명사 completion은 품사가 적절하지 않으므로 오답이다.

어휘 production (영화, 연극 등의) 작품　theatre 공연장, 극장　already 이미, 벌써　sold out 매진된, 품절의

---

102 After ------- examine the documents, please sign the approval form. [대명사]

(A) you　　(B) your　　(C) yours　　(D) yourself

해석 서류들을 검토하고 난 후에 승인서에 서명해주세요.

구조분석 After ------- / examine / the documents, // (please) sign / the approval form.
접속사　주어　　동사1　　목적어1　　동사2(명령문)　　목적어2

해설 빈칸에 적절한 대명사를 넣는 문제이다. 빈칸 앞에는 접속사 after가 위치했고, 뒤에는 동사 examine이 왔으므로 빈칸은 주어 자리라는 것을 알 수 있다. 따라서 보기 중 주어로 쓰일 수 있는 주격대명사 you가 정답이다. 소유격 your는 명사 앞에 형용사처럼 위치하여 뒤에 있는 명사에 대한 소유의 의미를 나타내므로 뒤에 명사가 와야 한다. 소유대명사 yours는 '너의 것'이라는 의미로 쓰이며 명사 역할을 해서 주어 자리에 올 수 있으나 문맥상 적절하지 않으므로 오답이다. 재귀대명사 yourself는 재귀용법, 강조용법 두 가지로 쓰인다. 주어와 목적어가 일치할 때는 재귀용법으로 목적어 자리에 위치하고, 강조용법의 경우에는 완전한 문장의 부사어로 위치하므로 주어 자리에 들어갈 수 없다.

어휘 after 뒤에, 후에　examine 검토하다　document 서류, 문서　sign 서명하다　approval 승인　form 서식

---

103 The Central Park will be ------- to the public from early summer to late winter. [형용사]

(A) open　　(B) grown　　(C) noticed　　(D) entered

해석 센트럴 파크는 초여름부터 늦겨울까지 대중들에게 개방될 것이다.

구조분석 The Central Park / will be / ------- (to the public) (from early summer to late winter).
주어　　동사　　보어

346

해설 빈칸에 문맥상 적절한 어휘를 고르는 문제이다. 빈칸 앞의 be. 뒤의 to the public이 키워드이다. be open to the public은 '대중에게 개방되다'라는 의미의 숙어이다. 즉 공원은 초여름부터 늦겨울까지 대중에게 개방된다는 문맥을 이루고 있다.

어휘 central 중앙의   park 공원   public 대중   late winter 늦겨울

---

104 Home Depot is looking for an ------- to coordinate high-rise residential building projects. [명사]
(A) architecture   (B) architect   (C) architectural   (D) architecturally

해석 홈 디포 사는 고층 주택 단지 프로젝트를 조정할 건축가를 찾고 있다.

구조분석 Home Depot / is looking for / an ------- (to coordinate high-rise residential building projects).
주어   동사   목적어

해설 빈칸에 알맞은 품사를 고르는 구조 문제이다. 빈칸 앞에 관사 an. 뒤에 to부정사가 위치해 있으므로 빈칸은 명사 자리임을 알 수 있다. 따라서 형용사 architectural과 부사 architecturally는 탈락한다. 보기 중 명사 architecture(건축학)와 architect(건축가) 중 architecture는 불가산명사로 관사 an과 함께 사용할 수 없으므로 정답은 가산명사인 architect(건축가)이다.

어휘 look for 찾다   coordinate 조직화하다. 편성하다   residential 주택지의   project 계획. 프로젝트

---

105 During your presentation, you should speak ------- into the microphone. [부사]
(A) directly   (B) briefly   (C) probably   (D) finally

해석 프레젠테이션을 할 때는 마이크에 직접 대고 말해야 합니다.

구조분석 (During your presentation), you / should speak (-------) (into the microphone).
주어   동사

해설 빈칸에 적절한 의미의 부사를 고르는 어휘 문제이다. speak into[at] a microphone은 '마이크에 대고 말하다'는 의미이므로 speak 다음에 올 수 있는 부사 중에서 가장 잘 어울리는 것은 directly(곧장, 똑바로)이다. speak directly into a microphone은 '마이크에 직접 대고 말하라'는 뜻이다. briefly(잠시, 간단히)는 발표하는 내내 간단히 말하라는 것은 어색하므로 오답. probably(아마도), finally(마침내) 도 문맥상 적절하지 않다.

어휘 during ~동안   presentation 발표. 프레젠테이션   speak 말하다   microphone 마이크

---

106 Next December, Mr. Brown, our graphic designer, ------- his new designs for the company logo. [동사]   (A) exhibiting   (B) exhibited   (C) will exhibit   (D) has exhibited

해석 내년 12월에 우리 그래픽 디자이너인 브라운 씨가 회사 로고에 사용하게 될 새로운 디자인을 전시할 것이다.

구조분석 (Next December), Mr. Brown, (our graphic designer), / ------- / (his) (new) designs
주어   동사   목적어

(for the company logo).

해설 빈칸에 알맞은 형태의 동사를 넣는 문법 문제이다. 빈칸은 주어 Mr. Brown과 목적어 his new designs 사이에 위치한 본동사 자리이다. 따라서 본동사 자리에 쓰일 수 없는 준동사 exhibiting은 소거한다. 문두에 Next December라고 명확한 미래 시점을 언급하고 있으므로 과거시제인 exhibited와 has exhibited는 정답이 될 수 없다. 따라서 미래 능동시제 will exhibit가 정답이다.

어휘 December 12월   exhibit 전시하다

---

107 Prospective customers have expressed great ------- in the new line of sedans from Honda Motors. [명사]   (A) interest   (B) benefit   (C) attention   (D) advantage

해석 잠재 고객들은 혼다 자동차의 새로운 세단 제품군에 큰 관심을 표했다.

구조분석 (Prospective) customers / have expressed / (great) ------ (in the new line of sedans) (from Honda Motors).
주어 　　　　　　　　동사　　　　　　　　　목적어

해설 빈칸에 적절한 의미의 명사를 고르는 어휘 문제이다. 빈칸은 문장의 주어 customers와 동사 have expressed 뒤에 오는 목적어 자리이고, 빈칸 뒤로 전치사 in이 위치해 있다. 전치사 in과 잘 어울리면서 문맥상 자연스러운 것은 interest이다. interest in은 '~에 대한 관심'을 의미하므로 잠재 고객들이 새롭게 선보인 세단 제품군에 큰 관심을 보였다는 문맥을 완성한다.

어휘 prospective 장래의　customer 고객　express 나타내다, 표현하다　great 큰, 많은

---

108 Eating and drinking are ------ forbidden in the classroom. [부사]

(A) strict　(B) stricter　(C) strictest　(D) strictly

해석 교실에서 먹고 마시는 것은 엄격히 금지된다.

구조분석 Eating and drinking / are (------) forbidden (in the classroom).
주어　　　　　　　　　동사

해설 빈칸에 알맞은 품사를 고르는 구조 문제이다. 빈칸은 수동태 동사구 are forbidden의 사이이므로 부사 자리라는 것을 알 수 있다. 따라서 부사 strictly가 들어가 교실에서 먹는 것과 마시는 것은 엄격히 금지된다는 뜻이 되어야 한다. 동사구 사이의 빈칸은 부사 자리라는 것을 기억해 두자.

어휘 forbid 금지하다　classroom 교실

---

109 Construction will not begin on the third floor in the main factory ------ next month. [전치사]

(A) behind　(B) since　(C) until　(D) in

해석 주 공장 3층의 공사는 다음 달에나 시작될 것이다.

구조분석 Construction / will not begin (on the third floor) (in the main factory) (------ next month).
주어　　　　　동사

해설 빈칸 뒤의 next month라는 명사와 앞의 내용을 연결해 줄 수 있는 알맞은 전치사를 고르는 문제이다. behind는 시간이나 공간의 '뒤에'라는 의미이므로 정답으로 적절하지 않다. since는 전치사로 사용될 때 '~이래로'라는 의미로 과거의 특정 시점을 받아 그 이후부터 현재까지를 의미하여 현재완료 시제와 함께 잘 쓰이므로 적절하지 않다. in은 기간 명사와 함께 쓰일 때는 '~후에, ~이 지나면'을 의미하므로 알맞지 않다. until은 '~까지'라는 의미로 특정 행위나 동작, 상태가 특정 시점까지 지속됨을 의미하는 전치사로 not begin, 즉 시작되지 않는다는 상태를 나타내는 본동사와 어울려 공장 3층의 공사가 다음 달까지 시작되지 않을 것이라는 문맥을 형성하므로 정답이다.

어휘 construction 건설, 공사　begin 시작하다　third 셋째의　floor 층　main 주된, 주　factory 공장

---

110 Anderson Consulting & Investments, an ------ U.K.-based company, assists its new employees with relocation expenses. [분사]

(A) establishes　(B) establish　(C) establishing　(D) established

해석 영국에 본사가 있는, 명망 있는 앤더슨 투자 자문 회사는 신입직원들의 이사 비용을 지원한다.

구조분석 Anderson Consulting & Investments, (an ------ U.K.-based company), / assists / (its) (new) employees
주어　　　　　　　　　　　　　　　　　　　　　　　　동사　　　　　　목적어
(with relocation expenses).

해설 빈칸에 알맞은 품사를 고르는 구조 문제이다. 빈칸 앞에 관사 an이 위치해 있고, 뒤에는 U.K.-based company라는 명사가 왔으므로 빈칸은 형용사 자리임을 알 수 있다. 보기 중 동사인 establish와 establishes를 소거하면 형용사로 쓰일 수 있는 것은 establishing과 established이다. established는 '인정받는, 확실히 자리를 잡은'이라는 의미의 분사형용사이므로 정답이다. establishing이 들어가면 '설립하는 회사'가 되어 어색하므로 오답이다.

어휘 consulting 자문의　investment 투자　based (~에) 기반을 둔　assist 돕다　relocation 이사　expense 비용

111 The Argos Store offers various services for ------- full range service and do-it-yourself projects. [접속사]　(A) few　(B) both　(C) many　(D) neither

해석 아르고스 상점은 모든 것을 다 해주는 서비스와 소비자가 직접 제작하는 프로젝트 둘 다 취급한다.

구조분석 The Argos Store / offers / (various) services (for ------- full range service and do-it-yourself projects).
　　　　　　주어　　　　동사　　　　　　목적어

해설 빈칸에 알맞은 상관접속사를 넣는 문제이다. 키워드는 빈칸 뒤의 and로 both A and B(A와 B 둘 다) 표현을 묻고 있다. 복수명사나 복수동사와 함께 쓰이는 few와 many는 정답이 될 수 없고, neither는 neither A nor B(A도 아니고 B도 아니다)라는 의미로 nor와 함께 쓰이므로 오답이다.

어휘 offer 제공하다　various 다양한　do-it-yourself 손수 제작하는

---

112 Gray Cooper, general manager of Hyundai Car Center, is overseeing ------- with all the suppliers in the northern area. [명사]

(A) negotiate　(B) negotiates　(C) negotiations　(D) negotiated

해석 현대 카 센터의 총지배인인 그레이 쿠퍼는 북부 지역의 모든 공급자들과의 협상을 감독하고 있다.

구조분석 Gray Cooper, (general manager of Hyundai Car Center), / is overseeing / ------- (with all the suppliers)
　　　　　　주어　　　　　　　　　　　　　　　　　　　　　　　　동사　　　　　　목적어

(in the northern area).

해설 빈칸에 알맞은 품사를 넣는 구조 분석 문제이다. 빈칸 앞에 동사 is overseeing이 위치하고, 뒤에 전치사 with가 있으므로 빈칸은 is overseeing의 목적어 자리임을 알 수 있다. 따라서 동사 negotiate와 negotiates는 탈락, 형용사 혹은 과거동사로 쓰일 수 있는 negotiated 역시 오답이다. 목적어 자리에 적절한 정답은 명사 negotiations이다. 참고로 negotiation은 가산, 불가산 둘 다 사용될 수 있고, 전치사 with/between/on/over와 함께 '협상, 교섭'이라는 의미로 쓰인다는 것을 기억해 두자.

어휘 general manager 총지배인　oversee 감독하다　negotiation 협상, 교섭　supplier 공급자

---

113 Due to unfavorable weather conditions, the outdoor event for this year's best employee award has been ------- until next weekend. [동사]

(A) programmed　(B) defined　(C) classified　(D) postponed

해석 악천후 때문에 올해의 최우수 직원 시상을 위한 야외행사는 다음 주말까지 미뤄졌다.

구조분석 (Due to unfavorable weather conditions), the outdoor event (for this year's best employee award) /
　　　　　　　　　　　　　　　　　　　　　　　　　　　주어

has been ------- (until next weekend).
동사

해설 빈칸에 문맥상 적절한 동사를 고르는 어휘 문제이다. 빈칸 앞에는 has been이라는 동사가 위치하고, 뒤로는 전치사 until과 미래 시점이 나와 있다. 악천후로 인해 야외 행사가 다음 주까지 연기되었다는 문맥이므로 빈칸에 알맞은 동사는 postponed(연기하다, 미루다)이다. programmed는 계획된 일의 일부로 '계획하다'는 의미이고, defined는 '정의하다, 규정하다'는 의미, classified는 '분류하다, 구분하다'라는 의미로 문맥상 적절하지 않다.

어휘 due to ~때문에　unfavorable 호의적이 아닌　weather 날씨　condition 상태　outdoor 옥외의　event 행사　define 정의하다　classify 분류하다　postpone 연기하다

---

114 Although the project team had a preliminary meeting last week, it is still not ------- clear how it will be funded. [부사]　(A) perfect　(B) perfected　(C) perfectly　(D) perfection

해석 프로젝트 팀이 지난 주 예비 회의를 가졌지만, 어떻게 자금을 받을 것인지는 여전히 완전히 분명하지는 않다.

구조분석 **Although** the project team / had / a (preliminary) meeting (last week), // it / is (still) not / (-------)
　　　　　　접속사　　　　주어1　　동사1　　　목적어　　　　　　　　　　　가주어　동사2

　　주어'　　동사'

clear / **how** it will be funded.
보어　명사절 접속사　진주어2

해설 빈칸에 적절한 품사를 선택하는 구조 분석 문제이다. 빈칸 앞엔 be동사와 부사, 부정어 not이 위치했고, 뒤에는 clear가 주격보어로 위치했으므로 빈칸은 부사 자리이다. 따라서 정답은 보기 중 부사 perfectly이다.

어휘 although ~이긴 하지만　preliminary 예비의　clear 분명한　fund 자금을 대다

---

115 The survey of ABC Supermarket customers shows that a ------- of customers would like to see more variety in their outlets. [명사]

(A) majority　(B) complaint　(C) point　(D) summary

해석 ABC 슈퍼마켓 고객들의 설문조사에 따르면 대다수의 고객들은 상점에 상품들이 더 다양한 것을 좋아한다고 밝혀졌다.

구조분석 The survey (of ABC Supermarket customers) / shows / **that** (a ------- of) customers / would like to see /
　　　　주어　　　　　　　　　　　　　　　　동사　명사절 접속사　　　　주어'　　　동사'

목적어'
more variety (in their outlets).

해설 빈칸에 문맥상 적절한 명사를 고르는 어휘 문제이다. 빈칸은 that절 이하에 관사 a와 of customers라는 [전치사 + 복수명사] 사이 자리이므로 '다수의 고객들'이라는 의미를 만들어주는 a majority of(다수의)의 majority가 정답이다. complaint(불평), point(의견, 요점), summary(요약)는 적절하지 않다.

어휘 survey 설문조사　customer 손님, 고객　show 보여주다　variety 다양성

---

116 ------- of the road work on the main bridges will be performed at night to minimize traffic congestion. [대명사]　(A) Already　(B) Usually　(C) Most　(D) Almost

해석 주요 다리의 도로 공사는 대부분 교통 혼잡을 최소화하기 위해 야간에 이루어질 것이다.

구조분석 ------- (of the road work) (on the main bridges) / will be performed (at night)
　　　　주어　　　　　　　　　　　　　　　　　　　　　　동사

(to minimize / traffic congestion).

해설 빈칸에 알맞은 품사를 넣는 구조 문제이다. 빈칸은 문두에 있고, 뒤에 of the road work가 왔으므로 대명사 자리임을 알 수 있다. 우선 부사 already, usually, almost는 소거된다. most는 [most of the + 복수 가산명사/불가산명사]의 형태로 쓰인다. 참고로 almost는 almost all of the~의 형태로 사용된다.

어휘 road 도로　main 주된, 주　bridge 다리　perform 수행하다　minimize 최소화하다　traffic 차량들　congestion 혼잡　already 이미, 벌써　usually 보통, 대개　almost 거의

---

117 Exxon Mobile is supposed to ------- the planned expansion of its mobile phone lines during the press briefing on Friday. [동사]

(A) organize　(B) announce　(C) reflect　(D) suppose

해석 엑손 모바일 사는 금요일에 기자회견 동안 계획하고 있는 휴대전화 제품군 확장을 발표할 예정이다.

구조분석 Exxon Mobile / is supposed / to ------- the planned expansion (of its mobile phone lines)
　　　　주어　　　　동사　　　　보어(to부정사구)

(during the press briefing) (on Friday).

해설 문맥상 적절한 동사를 고르는 어휘 문제이다. 빈칸 앞에 동사 is supposed와 to부정사의 to가 위치했고, 뒤에 the planned expansion이 목적어로 위치하고 있다. 이 문제의 키워드는 during the press briefing on Friday로 기자회견 동안 하기로 예정된 것은 발표하거나 알리는 것이므로 announce가 정답이다. organize(준비하다, 조직하다), reflect(비추다, 반영하다)는 적절하지 않다.

어휘 be supposed to + 동사원형 ~하기로 되어 있다　planned 계획된　expansion 확대, 확장　during ~동안　press briefing 기자회견　organize 조직하다　announce 발표하다, 알리다　reflect 반영하다

---

118 Failure to follow the regulations ------- in this document will result in a fine and penalty. [분사]
(A) outline　(B) outlines　(C) outlining　(D) outlined

해석 이 문서에 대략적으로 기록되어 있는 규정들을 따르지 않으면 벌금을 내야 하고 처벌을 받을 것이다.

구조분석 Failure (to follow the regulations) [------- (in this document)] / will result (in a fine and penalty).
주어　　　　　　　　　　　　　　　　　　　　　　　　　　　　　　　　동사

해설 빈칸에 적절한 품사를 넣는 구조 분석 문제이다. 빈칸 앞에 the regulations라는 명사가 있고, 뒤에 [전치사 + 명사]의 수식어구 in this document. 그 뒤에 본동사가 위치해 있다. 즉 [빈칸 + in this document]가 명사 regulations를 뒤에서 수식하고 있으므로 regulations 뒤에 which are가 생략되어 있다는 것을 알 수 있다. 우선 이미 문장에 본동사가 있으므로 빈칸 자리에 들어갈 수 없는 동사 outline과 outlines를 소거한다. the regulations (which are) outlined in this document가 되어야 문맥이 성립하므로 정답은 현재분사 outlining이 아닌 과거분사 outlined이다.

어휘 failure 불이행　follow 따르다　regulation 규정　outline 개요를 서술하다　document 서류, 문서　result in ~의 결과가 발생하다　fine 벌금　penalty 처벌, 형벌

---

119 General Electronics is the most reliable brand with a ------- for developing innovative products and providing excellent customer service. [명사]
(A) reputation　(B) caption　(C) confirmation　(D) recognition

해석 제너럴 일렉트로닉스는 혁신적인 제품들을 개발하고 훌륭한 고객 서비스를 제공하는 것으로 명성이 높은 가장 믿을 만한 브랜드이다.

구조분석 General Electronics / is / the (most reliable) brand (with a -------) (for developing innovative products
주어　　　　　　　　　동사　　　　　　　보어

and providing excellent customer service).

해설 빈칸에 적절한 의미의 명사를 넣는 어휘 문제이다. 빈칸 앞에 관사 a 있고 뒤에 전치사 for가 위치해 있으므로 전치사 for와 잘 어울리는 명사를 선택한다. 보기 중 전치사 for와 함께 잘 쓰이는 명사는 reputation(평판, 명성)으로 reputation as sth. reputation for sth / for doing sth과 같은 형태로 쓰인다. recognition(알아봄, 인식)은 불가산명사로 관사 a와 함께 쓰일 수 없고, caption(캡션, 사진 삽화에 붙인 설명)과 confirmation(확인)은 문맥상 적절하지 않으므로 오답이다.

어휘 reliable 믿을 수 있는　reputation 평판, 명성　develop 개발하다　innovative 혁신적인　product 제품　provide 제공하다, 공급하다　excellent 훌륭한, 탁월한　customer 손님, 고객　caption 캡션(사진, 삽화 등에 붙인 설명)　confirmation 확인　recognition 알아봄, 인식

---

120 In the annual meeting, the board of directors claimed that creating the partnership with local suppliers is our ------- accomplishment. [분사]
(A) gratify　(B) more gratified　(C) most gratifying　(D) gratifyingly

해석 연례 회의에서 이사회는 지역 공급자와 동업 관계를 형성한 것은 우리의 가장 뿌듯한 업적이라고 주장했다.

　　　　　　　　　　　　　　　　　　　　　　　　　　　　　명사절 접속사　주어'
구조분석 (In the annual meeting), the board (of directors) / claimed / **that** creating the partnership (with local
　　　　　　　　　　　　　　　　주어　　　　　　　　　동사　　　　　　목적어

　　　　　　　　　동사'　　　　　　　보어'
suppliers) / is / (our) ------- accomplishment.

해설 빈칸에 알맞은 품사를 넣는 구조 분석 문제이다. 빈칸 앞에 소유격 our가 있고, 뒤에는 명사 accomplishment가 있다. 소유격과 명사 사이에 들어갈 수 있는 품사는 형용사이다. 따라서 우선 동사 gratify와 부사 gratifyingly를 소거한다. more gratified는 비교 대상이 필요

하므로 정답이 될 수 없다. 참고로 more는 주로 than과 함께 나온다는 것을 기억해두자. 정답은 most gratifying으로 이 문제에서는 정관사 the 대신에 한정사로 소유격 our가 와서 '우리가 가장 만족해하는 업적'이라는 문맥을 완성하고 있다.

어휘 annual 매년의, 연례의 meeting 회의 director 임원, 이사 claim 주장하다 create 창조하다, 창출하다 partnership 동업 관계 local 지역의, 현지의 supplier 공급자, 공급 회사 accomplishment 업적, 공적 gratify 기쁘게 하다

---

121 The city council is currently ------- bids from a number of companies to build new picnic tables in the downtown area. [동사]

(A) proceeding　(B) competing　(C) electing　(D) accepting

해석 시 의회는 시내에 새로 피크닉용 탁자를 만들기 위해 현재 여러 회사로부터 입찰을 받고 있다.

구조분석 The city council / is (currently) ------- / bids (from a number of companies) (to build new picnic
　　　　　주어　　　　　　　　　　　동사　　　　목적어

tables) (in the downtown area).

해설 빈칸에 적절한 의미의 동사를 넣는 어휘 문제이다. 시 의회가 시내에 새로 피크닉용 탁자를 만들기 위해 최근 다수의 회사들로부터 bids(입찰)를 받고 있다는 문맥이므로 적절한 어휘는 accepting이다. proceeding은 자동사로 '나아가다, 진행하다'라는 의미로 목적어를 받을 수 없으므로 정답이 될 수 없다. competing 또한 자동사로 [compete with/against + 명사]와 같은 형태로 쓰여서 '~와 경쟁하다, 맞서다'라는 의미로 사용되고, electing은 '선출하다, 선거하다'라는 의미이므로 정답이 될 수 없다.

어휘 city 도시 council 의회 currently 현재, 지금 bid 입찰 a number of 다수의 build 짓다, 건설하다 picnic 소풍, 피크닉 downtown 시내의 proceed 진행하다

---

122 Mr. Ron Haward has requested that ------- related to the relocation for the expansion project be reported separately. [명사]

(A) expensed　(B) expensively　(C) expensive　(D) expenses

해석 론 하워드 씨는 확장 프로젝트를 위한 재배치와 관련된 비용은 따로 보고되어야 한다고 요청했다.

구조분석
　　　　　　　　　　　　　　　　명사절 접속사 주어'
Mr. Ron Haward / has requested / that ------- [related (to the relocation) (for the expansion project) /
　　　주어　　　　　　동사　　　　　　　　　　　　　　　　　　　　　목적어

동사'
be reported (separately).

해설 빈칸에 알맞은 품사를 고르는 구조 분석 문제이다. 빈칸 앞에 접속사 that이 위치해 있고, 뒤에 related to the relocation, 그리고 그 뒤에 본동사 be reported가 있다. 즉 빈칸은 that절의 주어 자리로 related to the relocation이 뒤에서 주어를 수식해주고 있는 구조로 related 앞에 which are가 생략되어 있다. 보기 중 expensed는 expense라는 명사 뒤에 ed가 붙은 형태로 존재하지 않는 표현이므로 소거한다. 그리고 부사 expensively(비싸게), 형용사 expensive(비싼) 또한 주어 자리에 올 수 없으므로 탈락한다. 따라서 정답은 복수 명사 expenses(비용, 지출, 소요 경비)이다. 참고로 주절에 request와 같이 주장, 명령, 제안, 요구의 동사(insist, demand, require, order, command, suggest, propose 등) 다음 that절의 동사는 should가 생략된 원형으로 온다는 사실도 기억해두자.

어휘 request 요청하다 expense 돈, 비용 relate 관련시키다 relocation 재배치 expansion 확대, 확장, 팽창 report 보고하다 separately 따로따로, 별도로

---

123 Wal-market stores have agreed to buy a couple of domestic manufacturers in a deal ------ up to two million dollars. [형용사]

(A) except　(B) worth　(C) together with　(D) on account of

해석 월 마켓 상점들은 국내 생산업체 두 곳을 합병하기로 했는데, 금액은 2백만 달러에 달한다.

구조분석
　　　　　　　　　　　　　　　　　　　　　동사'　　　　　　　　　　　　　　　　　목적어'
Wal-market stores / have agreed / to buy / (a couple of) (domestic) manufacturers (in a deal)
　　　주어　　　　　　　동사　　　　　　　　　　　　　　　　　　목적어(to부정사구)
(------- up to two million dollars).

빈칸 앞뒤로 [전치사 + 명사] 즉 전명구가 위치하였으므로(in a deal / up to two million dollars) 빈칸은 수식어구이다. 따라서 명사 deal을 후치 수식하는 형용사인 worth가 정답이다. 여기에서 deal만 보고 전치사 with가 들어있는 together with를 선택하지 않도록 주의해야 한다. except(~을 제외하고), together with(~와 함께), on account of(~때문에)는 문맥상 적절하지 않다.

어휘   store 가게, 상점   agree 동의하다   a couple of 두 개의   domestic 국내의   manufacturer 제조업체   except 제외하고는   worth ~의 가치가 있는   together with ~을 포함하여   on account of ~때문에

---

124 As head editor, Tomas Gray ensures that technical descriptions are written in ------- language that everyone can understand. [형용사]

(A) plain   (B) plainest   (C) plainly   (D) plainness

해석   편집장인 토마스 그레이는 기술적 서술은 반드시 모두가 이해할 수 있는 쉬운 말로 기술되게 한다.

구조분석   (As head editor), Tomas Gray / ensures / that (technical) descriptions / are written (in ------- language) (that everyone / can understand).

해설   빈칸에 알맞은 품사를 넣는 구조 분석 문제이다. 빈칸 앞은 are written in으로 동사와 전치사가 위치했고, 뒤에는 language라는 명사가 왔으므로 빈칸은 형용사 자리 혹은 복합명사일 경우엔 명사 자리임을 알 수 있다. 우선 부사 plainly는 탈락한다. 그리고 명사 plainness(명백, 솔직, 검소)는 language와 복합명사를 이룰 수 없으므로 오답, 그리고 plainest는 형용사 plain의 최상급으로 품사는 형용사이지만 현재 문맥이 최상급이 나올 문맥이 아닐 뿐더러 앞에 the와 같은 한정사도 나오지 않았으므로 정답이 될 수 없다. 따라서 정답은 형용사 plain(소박한, 꾸미지 않은, 있는 그대로의)이다. be written in plain language는 '쉬운 말로 쓰이다'라는 의미라는 것도 기억해두자.

어휘   head editor 편집장   ensure 반드시 ~하게 하다   technical 과학 기술의, 기술적인   description 서술, 기술   plain 쉬운, 평범한

---

125 ------- employee benefits, ING Group offers a competitive compensation package such as paid vacations. [전치사]

(A) For example   (B) In terms of   (C) Because   (D) Whereas

해석   사원 복지에 관하여 ING 그룹은 유급 휴가와 같은 경쟁력 있는 복지 혜택을 제공한다.

구조분석   (------- employee benefits), ING Group / offers / a (competitive) compensation package (such as paid vacations).

해설   빈칸에 알맞은 품사를 넣는 구조 분석 문제이다. 빈칸 뒤에 명사와 콤마가 있는 것으로 보아 빈칸은 전치사 자리라는 것을 알 수 있다. For example은 접속부사로 바로 뒤에 콤마와 함께 나와야 하므로 탈락, Because와 Whereas는 접속사로 뒤에 [주어 + 동사]가 나와야 하므로 탈락, 따라서 정답은 보기 중 유일하게 전치사로 쓰이는 In terms of(~면에서, ~에 관하여)이다.

어휘   in terms of ~면에서, ~에 관하여   employee 직원   benefit 혜택, 이득   offer 제공하다   competitive 경쟁력 있는, 뒤지지 않는   compensation 보상   package 세트   such 그런, 그러한   paid vacation 유급 휴가

---

126 The audience must refrain ------- using mobile phones and flash photography during a performance in the theater. [전치사]

(A) from   (B) among   (C) through   (D) with

해석   청중은 극장에서 공연이 진행되는 동안 휴대전화와 플래시를 사용하는 사진 촬영을 삼가야 한다.

구조분석   The audience / must refrain (------- using / mobile phones and flash photography) (during a performance) (in the theater).

해설   빈칸에 적절한 전치사를 고르는 어휘 문제이다. 빈칸 앞에는 must refrain이라는 동사가 있고, 뒤에는 목적어로 using mobile phones and flash photography가 있다. 자동사 refrain과 함께 쓰이는 적절한 전치사는 from이다. refrain from sth/doing sth의 형태로 쓰여서 '삼가다'라는 의미를 나타내기 때문에 from이 정답이다. 참고로 금지, 방해의 의미를 갖는 동사들은 목적어 뒤에 전치사 from을 사

용하여 무엇을 금지하는지 나타낸다.

audience 청중, 관중 **refrain** 삼가다 **photography** 사진 촬영 **performance** 공연 **theater** 극장

---

127 Consumer advocates in Korea have ------- concern about the proposed real-name verification system for Internet services. [동사]

(A) focused　(B) appeared　(C) applied　(D) expressed

해석 한국의 소비자 단체는 인터넷 실명제 제안에 대해 우려를 표했다.

구조 분석 Consumer advocates (in Korea) / have ------- / concern (about the proposed real-name verification
　　　　　주어　　　　　　　　　　　동사　　　　　목적어

system for Internet services).

해설 concern을 목적어로 받는 동사 자리에 들어갈 적절한 어휘를 고르는 문제이다. appear는 자동사로 목적어를 취할 수 없으므로 탈락. focus(집중하다, 집중시키다)는 focus on 또는 [focus + 목적어 + on]의 형태로 쓰이며, apply는 '적용하다'의 의미로 concern(걱정, 염려)을 목적어로 취하기에 적절하지 않다. 따라서 걱정을 '표현하다, 나타내다'라는 의미의 express가 정답이다.

어휘 **consumer** 소비자 **advocate** 옹호자, 지지자 **express** 나타내다 **concern** 우려 **proposed** 제안된 **real-name** 실명의 **verification** 확인

---

128 ------- five years, State Grid Co. conducts a customer-satisfaction survey to determine how their services can be improved. [한정사]

(A) During　(B) Every　(C) About　(D) Only

해석 5년마다 스테이트 그리드 사는 어떻게 그들의 서비스가 개선될 수 있는지 알아내기 위해 고객 만족 설문조사를 실시한다.

구조 분석 (------- five years), State Grid Co. / conducts / a (customer-satisfaction) survey [to determine /
　　　　　　　　　　　　　　　　주어　　　　　동사　　　　　　　　　　　　　목적어
명사절 접속사　　주어'　　　　동사'

how (their) services / can be improved].

해설 빈칸은 [숫자 + 기간 명사] 앞이다. 또한 명사 뒤에 콤마가 있고 그 이후에 문장이 시작되므로 수식어구나 부사구를 만들 수 있는 올바른 보기를 선택해야 한다. only는 부사이므로 탈락. about은 부사일 때는 '대략, 약'의 의미가 있지만, 전치사일 때는 '~에 대하여'의 의미로 쓰이므로 기간 명사를 목적어로 받을 수 없다. 전치사 during은 뒤에 특정한 기간 명사, 예를 들어 vacation 등이 와야 하므로 답이 될 수 없다. 한정사인 every는 주로 단수명사를 수식하지만, [숫자 + 복수명사]의 형태로 '매~, ~마다'의 의미로 쓰인다. 여기서는 five years를 한정하여 부사구를 만들 수 있다. 따라서 '5년마다'라는 의미의 every five years가 되어야 한다.

어휘 **every** (빈도를 나타내어) 매~, ~마다 **conduct** (특정한 활동을) 하다 **customer-satisfaction** 고객 만족의 **survey** (설문)조사 **determine** 알아내다, 밝히다 **improve** 개선시키다

---

129 Fruits and vegetables must be shipped in a ------- that does not expose them to extreme temperatures. [명사]　(A) type　(B) manner　(C) behavior　(D) purpose

해석 과일과 야채들은 극심한 기온에 노출되지 않는 방식으로 운송되어야 한다.

구조 분석 　　　　　　　　　　　　　　　　　　　　　　　　　　　관계대명사　　동사'　　　　목적어
Fruits and vegetables / must be shipped (in a -------) [that / does not expose / them (to extreme
　　　　주어　　　　　　　　동사　　　　　　　　　　　　　　　　　　　[관계사절]

temperatures)].

해설 빈칸에 적절한 명사 어휘를 고르는 문제이다. behavior(행동)는 불가산명사이므로 탈락. in a manner는 '~한 방법으로'라는 의미의 표현으로 뒤에 관계 대명사절이나 [of + 명사]의 수식을 받는 형태로 쓰인다. 따라서 '극한 온도에 노출되지 않는 방식으로 배송되어야 한다'는 의미가 적절하므로 정답은 manner이다.

---

130 More ------- calory information about our food products is available on our web site. [형용사]

(A) detailing   (B) details   (C) detail   (D) detailed

해석 저희 식품에 대한 보다 상세한 칼로리 정보는 저희 웹사이트에서 볼 수 있습니다.

구조
분석 (More -------) calory information (about our food products) / is / available (on our web site).
　　　　　　　　　　　　　　주어　　　　　　　　　　　　　　　　　　　동사　　보어

해설 빈칸은 calory information을 수식해주는 형용사 자리이므로, 명사 또는 동사로 쓰이는 details와 detail은 오답이다. detailed는 분사
에서 형용사로 굳어진 형태로 '상세한'이라는 의미의 형용사이므로 정답이다.

어휘 detailed 상세한 calory 칼로리 information 정보 product 상품, 제품 available 이용할 수 있는

---

131 Of more than 100 consulting firms in the conference, Griffin Analysts is a ------- busy
market research firm. [부사]

(A) formerly   (B) promptly   (C) particularly   (D) popularly

해석 회의에 참석한 100개가 넘는 컨설팅 회사 중에서 그리핀 애널리스츠사는 특히 (일이 많아) 바쁜 시장 조사 회사이다.

구조
분석 (Of more than 100 consulting firms) (in the conference), Griffin Analysts / is / a (-------) (busy)
　　　　　　　　　　　　　　　　　　　　　　　　　　　　　　　　　주어　　　　동사

market research firm.
　　　　보어

해설 형용사 busy를 수식해 줄 수 있는 올바른 부사를 고르는 문제이다. 앞의 부사구에서 전치사 of를 이용하여 '~중에서'라는 말로 시작하였
으므로 '특히' 바쁜 회사라는 의미가 되는 particularly가 적절하므로 정답은 (C)이다.

어휘 consulting 상담역의, 자문의, 고문의 firm 회사 conference 회의, 학회 busy (할 일이 많아) 바쁜 formerly 이전에 promptly
신속하게 particularly 특히 popularly 일반적으로

---

132 HSBC bank, ------- already offers nearly twice as many financial services as its
competitors, will soon be expanding its service range. [관계대명사]

(A) which   (B) they   (C) whose   (D) these

해석 이미 그 경쟁자들보다 거의 두 배나 많은 금융 서비스를 제공하는 HSBC 은행은 곧 서비스 범위를 확장할 것이다.

구조
분석
　　　　　　　　　　　　　　　　　동사'　　　　　　　　　　　　　　　　　　　목적어
HSBC bank, [------- (already) offers / (nearly) (twice) (as) (many financial) services (as its competitors)], /
　　　주어

will (soon) be expanding / (its) service range.
　　　동사　　　　　　　　　목적어

해설 본문에 접속사나 관계사 없이 동사가 두 번 등장하였으므로 빈칸은 접속사 혹은 관계사 자리이다. 보기 중 (B)와 (D)는 동사를 추가시킬
수 있는 기능이 없으므로 우선 소거한다. 빈칸 뒤에 동사 offer가 등장하므로 빈칸은 주어 자리라는 것을 알 수 있으므로 주격 관계대명사
which가 정답이다. whose는 명사를 수식해야 한다.

어휘 bank 은행 already 이미, 벌써 offer 제안하다, 제공하다 nearly 거의 twice 두 배 soon 곧 expand 확장하다 range 범위

---

133 ------- removing any device from your computer, always refer to the safety instructions carefully. [접속사] (A) When (B) Yet (C) Provided that (D) In case

해석 컴퓨터에서 어떤 장치든 제거할 때에는 항상 주의를 기울여 안전 지침을 참고하세요.

구조분석 [------- removing / (any) device (from your computer)], // (always) refer (to the safety instructions) (carefully).
동사′ 목적어′
[분사구문] 동사(명령문)

해설 콤마 이후에 주절인 명령문이 시작된다. 따라서 빈칸은 접속사 자리이며 주어가 생략되면서 현재분사 removing이 등장했음을 알 수 있다. 보기는 모두 접속사로 사용이 가능하므로 주절과 종속절을 자연스럽게 연결시켜 줄 수 있는 보기를 골라야 한다. 역접의 의미를 갖는 yet은 문맥상 어울리지 않으며 provided that 은 '만약 ~라면'이라는 가정의 의미로 이 역시 오답이다. in case는 '~할 경우를 대비하여'라는 의미로 컴퓨터에서 장비를 제거할 것을 대비하여 항상 안전 지침을 참고하라는 말은 논리에 맞지 않다. '(언제든지) ~할 때에'라는 의미의 when이 오류도 없으며 의미상 적절하므로 정답이다.

어휘 remove 제거하다 device 장치 always 항상 refer to ~을 보다, 참고하다 safety instruction 안전 지침, 안전 수칙 carefully 신중히, 조심스럽게

---

134 It has been brought to my attention that ------- issues noted in the technical support reports are still not settled. [형용사]

(A) able (B) common (C) considerate (D) approximate

해석 기술 지원 보고서에 적혀 있는 흔한 문제들이 아직 해결되지 않았다는 사실이 내 주의를 끌었다.

구조분석 It / has been brought (to my attention) / that (-------) issues [noted (in the technical support reports)]
가주어 동사 명사절 접속사 주어′
진주어
are (still) not settled.
동사′

해설 that절의 주어 issues를 수식해주는 알맞은 형용사를 고르는 문제이다. issue는 '문제, 안건'을 의미하는 명사로 보기 중 가장 적절한 것은 common이다. common issues는 '흔한 문제들'이라는 의미이다. able은 한정적으로 쓰일 때는 보통 사람을 수식해서 '유능한' 사람이라는 의미가 되므로 오답. considerate는 서술적 용법으로 사용된다. approximate는 '근사치의'라는 뜻이므로 정답이 될 수 없다.

어휘 be brought to one's attention ~의 주의를 끌다 issue 문제, 안건 technical support report 기술 지원 보고서 still 아직도 settle (논쟁 등을) 해결하다, 합의를 보다 able ~할 수 있는, 재능 있는 common 흔한, 일반적인 considerate 사려 깊은 approximate 근사치인

---

135 Recent retail growth ------- in part by marketing strategies that reached a wider audience. [동사]

(A) was promoting (B) has promoted (C) has been promoted (D) has been promoting

해석 최근에 소매 실적이 성장한 이유 중에는 홍보 캠페인 전략이 들어맞았다는 것도 들 수 있는데, 이 전략이 보다 폭넓은 고객층에 먹혔다.

구조분석 (Recent) retail growth / ------- (in part) (by marketing strategies) [that reached / a (wider) audience].
주어 동사 관계대명사 동사′ 목적어′
[관계사절]

해설 빈칸에 알맞은 동사의 형태를 고르는 문제이다. 동사 문제는 [수 → 태 → 시제]의 순서로 확인하는 것이 일반적인데, 보기가 모두 단수형으로 시작하였으므로 다음으로 태를 확인한다. promote는 타동사인데 빈칸 뒤에 목적어가 없으므로 보기 중 유일한 수동태인 (C)가 정답이다.

어휘 recent 최근의 retail 소매 growth 성장 in part 부분적으로 strategy 전략 audience 잠재고객층

136 The press release was written by McKessen ------- the Royal Bank of Scotland. [전치사]
(A) even if   (B) on behalf of   (C) for this reason   (D) on the other hand

해석 그 보도 자료는 스코틀랜드 로얄 은행을 대표하여 멕케슨이 쓴 것이다.

구조분석 The press release / was written (by McKessen) (------- the Royal Bank of Scotland).
　　　　　　　주어　　　　　　　동사

해설 빈칸 앞쪽으로 완전한 문장이 형성되었고, 뒤에는 명사가 홀로 위치했으므로, 빈칸에는 전치사가 와야 한다. even if는 접속사이므로 오답. for this reason과 on the other hand는 접속부사로 명사가 덩그러니 남게 되어 정답이 될 수 없다. 따라서 보기 중 유일한 전치사인 on behalf of가 정답이다.

어휘 press release 보도 자료

---

137 The CEO's final decision on promoting the new Kannete video game will be based on ------- many units are sold by the end of this week. [접속사]
(A) how   (B) so   (C) very   (D) as

해석 새로운 캐네트 비디오 게임을 홍보하는 것에 관한 최고경영자의 최종 결정은 이번 주말까지 얼마나 많은 상품이 팔리는가에 따라 결정될 것이다.

구조분석 (The CEO's) (final) decision (on promoting the new Kannete video game) / will be based (on [(-------
　　　　　　　　　　　　　　　　　　　　주어　　　　　　　　　　　　　　　　　　　　　　동사　　　　전치사구(전치사+명사절)
　　　　　주어'　　　동사'
many) units / are sold (by the end) (of this week)].

해설 빈칸에는 many와 어울려, on의 목적어가 되는 명사절의 주어 units를 꾸며주면서, 동시에 명사절을 이끄는 접속사 역할까지 할 수 있는 말이 와야 한다. how에 딱 맞는 자리이다. as는 부사절 접속사이다.

어휘 CEO 최고경영자(Chief Executive Officer)   promote 홍보하다, 승진시키다

---

138 All renovation projects must meet strict standards set ------- by the government. [부사]
(A) forth   (B) along   (C) further   (D) away

해석 모든 보수 프로젝트는 정부에 의해 제시된 엄격한 규칙을 충족시켜야 한다.

구조분석 (All) renovation projects / must meet / (strict) standards [set ------- (by the government)].
　　　　　　　　　　주어　　　　　　　동사　　　　　　목적어

해설 동사 set과 구를 이루는 적절한 부사 어휘를 고르는 문제이다. set 이하는 strict standards를 수식하는 형용사절로, 주격 관계대명사 which are가 생략된 구조이다. 능동의 문장으로 바꾸어보면, the government set ------- strict standards(정부가 엄격한 기준을 제시했다)가 되므로 '제시[발표]하다'라는 의미의 동사구 set forth의 forth가 정답이다.

어휘 renovation 보수   meet (필요, 요구 등을) 충족시키다   set something forth ~을 제시하다, 발표하다   government 정부

---

139 Asiana Airlines consumers are surveyed every year to ensure that they ------- with the company's customer service. [동사]
(A) will have satisfied   (B) are satisfied   (C) were satisfying   (D) will satisfy

해석 아시아나 항공사는 고객들이 회사의 고객 서비스에 만족하는지 알아보기 위해 매년 설문조사를 실시한다.

구조분석
　　　　　　　　　　　　　　　　　　　　　　　　　　　　　　동사' / 목적어절 [명사절 접속사 / 주어 / 동사 (전치사구)]
Asiana Airlines consumers / are surveyed (every year) to ensure / that they / ------- (with the
　　　　　　주어　　　　　　　　　동사
company's customer service)].

357

보기가 모두 동사이므로 [수 → 태 → 시제]의 순서로 정답을 고르도록 한다. 복수주어인 they와 수는 모두 일치하므로 태를 살펴보면, 빈칸 뒤에 목적어가 없으므로 동사는 수동태가 되어야 함을 알 수 있다. will have satisfied는 능동의 미래완료 시제, were satisfying은 능동의 과거진행 시제, will satisfy는 능동의 미래시제로, 보기 중 수동태는 are satisfied뿐이므로 정답이 된다.

어휘 consumer 소비자, 고객 survey (설문)조사하다 satisfy 만족시키다 customer service 고객 서비스

---

140 The National Environment Association, a nonprofit organization that plants trees in deforested areas, follows guidelines that support the ------- of sustainable forestry. [명사]

(A) hesitation (B) recruiting (C) discrepancy (D) concept

해석 벌거숭이산에 나무를 심는 비영리 단체인 전국 환경 연합은 (환경 파괴 없이) 지속 가능한 임업의 개념을 지지하는 지침을 따른다.

구조분석 The National Environment Association, [a nonprofit organization **that** plants trees (in deforested
　　　　　　　주어　　　　　　　　　　　　　　　　　　　관계대명사/동사ʹ/목적어ʹ
areas)], / follows / guidelines [**that** support / the ------- (of sustainable forestry)].
　　　　　　　　동사　　목적어　　　　관계대명사 동사ʹ　　목적어ʹ
　　　　　　　　　　　　　　　　　　　　[관계사절]

해설 빈칸에 적절한 명사 어휘를 고르는 문제이다. 빈칸은 guidelines(지침)를 수식하는 관계사절의 목적어로, '지속 가능한 산림에 대한 관념, 계획을 지지하는 지침'이 적절한 내용이므로 정답은 concept이다.

어휘 nonprofit 비영리적인 organization 단체 follow 따르다 support 지지하다 sustainable 지속 가능한 forestry 임업 hesitation 주저, 망설임 recruiting 구인 활동 discrepancy 차이, 불일치 concept 개념, 관념

문제 141~143은 다음 편지를 참조하시오.

Dear Evergreen Store shopper,

Thank you for your interest in joining Evergreen Store's Rewarding Loyalty program. Membership in this program 141. (C) will allow you to enjoy many exciting rewards. Your enrollment entitles you to early 142. (D) information about sales, and special passes to private in-store events.

Enrolling in the program is easy. Simply bring the enclosed application to your local store. One of our customer service representatives in the store will be happy to process your application and issue a membership card for you.

143. (A) Within four weeks of the first purchase you make with your membership card, you will receive monthly statements detailing the points you have accumulated and the reward certifications you have earned. Membership is free of charge and can be canceled at any time. Visit an Evergreen Store today to start earning your rewards!

Sincerely,

Ann Doyle
Director of Customer Service Department
Enclosure

해석
에버그린 상점을 이용하시는 고객님에게,

에버그린 상점의 단골 고객 혜택 프로그램 가입에 관심을 가져주셔서 감사합니다. 이 프로그램의 회원이 되시면 고객님은 많은 흥미로운 혜택을 즐길 수 있을 것입니다. 회원 등록을 하시면 고객님은 세일에 관한 정보를 미리 알 수 있고 매장 내 비공개 행사에 대한 특별 출입증을 얻을 수 있습니다.

이 프로그램에 등록하는 것은 쉽습니다. 동봉된 신청서를 고객님의 지역에 있는 매장으로 가져오세요. 매장에 있는 저희 고객 서비스 직원이 기꺼이 고객님의 신청을 받아서 회원카드를 발급해 드릴 것입니다.

회원카드로 처음 구매하신 후 4주 이내에 적립된 포인트와 이용하실 수 있는 혜택을 상세히 보여주는 월간 명세서를 받아보실 수 있습니다. 회원 가입은 무료이며 언제든지 취소하실 수 있습니다. 오늘 에버그린 상점에 오셔서 혜택을 받으시기 바랍니다!

충심으로,

앤 도일
고객 서비스 부장
동봉

어휘 membership 회원　allow A to B A에게 B하는 것을 허락하다　reward 보상　enrollment 등록, 기재　entitle 자격을 주다　private 개인 소유의, 사적인　in-store 매장 내의　enclosed 동봉된　application 지원(서), 적용　representative 담당직원　purchase 구매　statement 명세서　earn (돈 등을) 벌다　accumulate 모으다. 축적하다　charge 요금　cancel 취소하다　at any time 언제든지

---

141 Membership in this program ------- you to enjoy many exciting rewards. [동사]
(A) has allowed　(B) is allowing　(C) will allow　(D) allowed

구조분석 Membership (in this program) / ---------- / you / to enjoy / (many exciting) rewards.
　　주어　　　　　　　　　　　　동사　　목적어　목적보어 (to부정사구)
　　　　　　　　　　　　　　　　　　　　　　　　동사'　　　　　　목적어'

해설 빈칸에 적절한 동사 형태를 고르는 문제이다. 동사는 [수 → 태 → 시제]의 순서로 검토해야 하는데, 보기 모두 3인칭 단수 주어인 membership과 수일치가 되며 능동태이므로 시제를 검토해야 한다. 첫 번째 문장의 Thank you for your interest in joining ~ program에서 관심을 가져줘서 고맙다고 언급하고 있으므로, 아직 가입하지 않았으며 가입할 경우 받을 혜택에 대하여 설명해 주고 있는 내용임을 유추할 수 있다. 아직 가입하지 않았으므로 many exciting rewards를 즐길 수 있게 되는 것도 발생하지 않은 미래 사건이므로 미래시제인 (C) will allow가 정답이다.

---

142 Your enrollment entitles you to early ------- about sales, and special passes to private in-store events. [명사]
(A) performance　(B) evaluation　(C) referral　(D) information

구조분석 (Your) enrollment / entitles / you (to early --------- about sales, and special passes to private in-store
　　　　　　주어　　　　　동사　　목적어　　　　　　　　　　　수식어(전치사구)
events).

해설 전치사 to의 목적어이자 early의 수식을 받는 적절한 명사 어휘를 고르는 문제이다. '등록하면 ~에 대한 자격이 주어진다'는 내용으로, 빈칸의 명사는 등록 시 주어지는 혜택이 되는 목적어이며, 주제, 대상을 나타내는 전치사 [about + 명사]의 수식을 받고 있다. 회원 가입 혜택으로 받을 수 있는 것은 '미리 알 수 있는 세일에 관한 정보'가 의미상 적절하므로 정답은 (D) information이다.

---

143 ------- four weeks of the first purchase you make with your membership card, you will receive monthly statements detailing the points you have accumulated and the reward certifications you have earned. [전치사]
(A) Within　(B) Until　(C) Since　(D) Due to

구조분석 (------- four weeks) (of the first purchase) (you make) (with your membership card), you / will receive /
　　　주어　　　동사
monthly statements [detailing / the points (you / have accumulated) and the reward certifications (you
　　　　　　목적어
/ have earned)].

해설 빈칸에 적절한 전치사를 고르는 문제이다. 빈칸의 목적어인 four weeks는 기간을 나타내는 명사이므로 기간 명사를 취하는 전치사를 찾아야 한다. until과 since는 뒤에 특정 시점을 나타내는 명사를 취하는 전치사이므로 오답이며, due to는 이유를 나타내는 전치사이므로 시간명사를 받기에 적절하지 않다. 따라서 기간 전치사인 (A) Within이 정답이다.

4th Annual Fox Book Fair

The 4th Annual Fox Book Fair begins on Monday, March 20, and it will last until Sunday, March 26. More than 100 famous authors and celebrities have been invited to **144. (A) participate**. Readings, book signing, and panel discussions are scheduled, and over 3,000 attendees are expected.

The event will kick off on Monday at 10 A.M. with a keynote discussion between best-selling novelist, Tamara Francis and the president of the Karl Culture Publishing Company, Melvin Dean, on the topic of recent trends in the publishing industry. **145. (B) Both** of the speakers are Fox Town natives and have made a name for themselves in the industry.

For details regarding the fair, including a **146. (C) complete** list of events and author appearances, consult the Fox Book Fair website (www.foxbookfair.com).

해석

제4회 연례 폭스 도서 박람회

제4회 연례 폭스 도서 박람회가 3월 20일 월요일에 시작해서 3월 26일 일요일까지 계속됩니다. 100명이 넘는 유명 작가와 유명인사가 참가하도록 초대되었습니다. 낭독, 저자 사인회와 도서 패널 토론회가 예정되어 있고 3,000명이 넘는 관람객이 올 것으로 예상됩니다.

행사는 베스트셀러 소설가 태머러 프랜시스와 칼 컬처 출판사의 사장 멜빈 딘이 출판 산업의 최근 경향을 주제로 한 기조 토론으로 월요일 오전 10시에 시작될 것입니다. 두 발표자 모두 폭스 출신으로, 출판계에 그 이름을 드높인 사람들입니다.

행사와 출연 작가를 모두 기재한 목록을 포함한 박람회에 관한 세부사항은 폭스 도서 박람회 웹사이트(www.foxbookfair.com)를 참고하세요.

어휘 annual 매년의, 연례의 fair 박람회, 전시회 author 작가 celebrity 유명인사 participate 참가하다 discussion 논의, 토론 kick off 시작되다 keynote 기조의 novelist 소설가 president 사장, 대통령 publishing 출판 regarding ~에 관하여 complete 완벽한 appearance 출연, 모습 consult 참조하다

---

144 More than 100 famous authors and celebrities have been invited to -------. [동사]

(A) participate (B) donate (C) publish (D) succeed

구조분석 (More than 100 famous) authors and celebrities / have been invited / to ---------.
주어　　　　　　　　동사　　　　　　to부정사구

해설 빈칸에 적절한 동사 어휘를 고르는 문제이다. 빈칸은 to부정사의 동사원형 자리인데, 빈칸 뒤에 목적어가 없이 문장이 끝나고 있으므로 빈칸은 자동사임을 알 수 있다. (A) participate은 자동사이고 (B) donate, (C) publish, (D) succeed 모두 자동사, 타동사의 용법을 모두 가지고 있으므로 앞뒤 문맥상 적절한 의미의 동사를 찾아야 한다. 다음 문장에서 행사 내용과 참여자 수 등이 언급되고 있으므로 유명 작가와 유명인사가 행사에 '참여'하도록 초대받았다는 내용이 의미상 적절하므로 정답은 (A) participate이다.

---

145 ------- of the speakers are Fox Town natives and have made a name for themselves in the industry. [대명사]

(A) Few (B) Both (C) Another (D) Any

구조분석 ------- (of the speakers) / are / Fox Town natives // **and** have made / a name (for themselves)(in the
주어　　　　　　　　동사1　　보어　　　접속사　동사2　　목적어
industry).

해설 문장의 주어가 되는 적절한 대명사를 고르는 문제이다. 우선 문장의 동사가 복수동사인 are이므로 단수를 나타내는 (C) Another은 탈락한다. 빈칸의 대명사는 전치사 of the speakers의 수식을 받고 있는데, the speakers가 가리키는 것이 이전 문장에서 언급된 Tamara Francis와 Melvin Dean 두 사람이므로 '두 사람 모두'를 의미하는 (B) Both가 정답이다.

146 For details regarding the fair, including a ------- list of events and author appearances, consult the Fox Book Fair website (www.foxbookfair.com). [형용사]

(A) completing　(B) completion　(C) complete　(D) completely

구조 분석 (For details) (regarding the fair), (including / a ----- list) (of events and author appearances), consult /
　　　　　　　　　　　　　　　　　　　　수식어구 (전치사구)　　　　　　　　　　　　　　　　　　동사(명령문)

the Fox Book Fair website (www.foxbookfair.com).
　　목적어

해설 빈칸은 전치사 including의 목적어인 명사 list를 앞에서 수식하는 형용사 자리이다. 따라서 명사 (B) completion을 쓸 경우 명사가 중복되어 답이 될 수 없고, 부사 (D) completely는 명사를 수식하지 않으므로 오답이다. 현재분사 (A) completing은 동사 complete(완료하다, 끝마치다)에서 파생된 능동 의미의 분사로 list를 완료한다는 의미가 되어 정답이 될 수 없다. 따라서 형용사로 쓰인 (C) complete(완전한)가 정답이다.

문제 147-149는 다음 설명을 참조하시오.

S-color extension telephone set

III. Usage for Voice Dialing

The telephone set allows you to store **147. (B) up to** 100 recorded name entries. You can then use voice dialing by speaking the name of the person or the department you want to call. The phone will recognize the name and automatically dial the number.

Tips: Be sure that the person who will be using the telephone records the entries. The phone will not recognize **148. (C) more than one** voice. When recording, speak clearly and do not record in a noisy place.

And be careful of names that sound very similar. If the recorded sounds are not **149. (D) distinct**, the feature will not function properly.

해석

S-칼라 내선 전화기

III. 음성 다이얼링 사용법

본 내선 전화기는 녹음된 이름을 100개까지 저장할 수 있습니다. 그 다음에 귀하는 통화하길 원하는 사람이나 부서명을 말해서 음성 다이얼링을 사용할 수 있습니다. 전화는 이름을 인식하고 자동적으로 그 번호로 전화를 걸 것입니다.

주의사항: 반드시 전화를 사용할 사람이 이름을 녹음해야 합니다. 전화는 한 사람의 음성만 인식할 수 있습니다. 녹음을 할 때는 분명하게 말하고 시끄러운 곳에서 녹음하지 마십시오.

그리고 매우 유사하게 발음되는 이름들은 주의해주십시오. 만약 녹음된 소리가 뚜렷이 구별되지 않으면 그 기능은 제대로 작동하지 않을 것입니다.

어휘 extension telephone set 내선 전화기　usage 사용법　allow 가능하게 하다　store 저장하다　without ~없이　up to ~까지　except ~외에는　recorded 녹음된　name entry 녹음된 이름　recognize 인식하다　automatically 자동으로　be sure 꼭 ~해라　clearly 또렷하게　noisy 시끄러운　similar 비슷한, 유사한　distinct 뚜렷이 구별되는　feature 기능　function 작동하다　properly 제대로, 적절히

147 The telephone set allows you to store ------- 100 recorded name entries. [전치사]

(A) without　(B) up to　(C) except　(D) as for

구조 분석 The telephone set / allows / you / to store (------- 100 recorded name entries).
　　　　　　주어　　　　　동사　목적어　목적보어

해설 빈칸에 적절한 전치사를 선택하는 어휘 문제이다. 녹음된 이름들을 100개까지 저장 가능하다는 문맥이므로 정답은 특정한 수, 정도와 함께 쓰여서 '~까지'라는 의미를 가진 전치사 up to이다. without(~없이)은 부족이나 결핍을 나타내며, except(~외에는)는 전체 중 일부를 나타내고, as for는 '~에 관해 말하면'이라는 의미이기 때문에 문맥상 적절하지 않으므로 오답이다.

148 The phone will not recognize ------- voice. [형용사]

(A) your　(B) apart　(C) more than one　(D) in spite of this

구조분석 The phone / will not recognize / ------- voice.
　　　　　주어　　　　동사　　　　　목적어

해설 빈칸 뒤의 명사를 수식하는 알맞은 형용사를 선택하는 어휘 문제이다. 보기 중 부사인 apart는 우선 소거한다. 또한 in spite of this는 [전치사 + 명사]의 수식어구로 목적어를 필요로 하는 타동사 recognize 바로 뒤에 올 수 없으므로 오답이다. 뒤에 이어지는 문장에서 녹음을 할 때는 분명하게 말하고, 소음이 없는 곳에서 하라고 언급하고 있으므로 문맥상 한 사람의 음성만 인식할 수 있다는 흐름이 적절하므로 정답은 more than one이다. '너의 목소리를 인식할 수 없을 것'이라는 내용은 문맥상 적절하지 않으므로 your는 오답이다.

---

149 If the recorded sounds are not -------, the feature will not function properly. [형용사]

(A) melodic　(B) perceptive　(C) technical　(D) distinct

구조분석 If the recorded sounds / are not / -------, // the feature / will not function (properly).
　　　　　접속사　　　주어1　　　　동사1　　보어　　　　주어2　　　　동사2

해설 be동사 뒤의 빈칸에 보어로 적절한 형용사를 선택하는 어휘 문제이다. 앞 문장에서 유사하게 발음되는 이름에 주의하라고 언급하고 있고, 본 문장에서 만약 녹음된 소리가 뚜렷이 구별되지 않으면 그 기능은 제대로 작동하지 않을 것이라는 문맥이 적절하므로 정답은 distinct(뚜렷이 다른, 구별되는)이다.

문제 150–152는 다음 정보를 참조하시오.

A to Z Superstore for your household

At A to Z Superstore, we sell most major appliances from all over the world. We're also the only authorized store in the region that stocks replacement parts for all of our appliances. Replacement parts 150. (B) may be ordered by phone on 405-578-1234 or online.

Registration is not 151. (C) required for online orders. However, it will make the process faster when shopping with us again.

In order to expedite the delivery of your order, parts are sent directly from the supplier. 152. (D) As a result, your order might arrive in several shipments. Don't worry about the shipping charges. It's free of charge.

Please don't hesitate to call if you have any inquiries.

해석
귀하의 가정에 찾아가는 A to Z 대형 슈퍼

우리 A to Z 대형 슈퍼는 전 세계의 주요 가전제품을 대부분 판매합니다. 또한 우리가 보유한 모든 가전제품의 부품은 이 지역에서는 우리 상점에서만 판매할 수 있도록 공인되어 있습니다. 부품은 전화 405-578-1234 또는 온라인으로 주문하실 수 있습니다.

온라인 주문 시에 회원 가입은 필수사항은 아니지만, 가입하시면 다음번 주문 시에 처리가 더 빨리 이루어집니다.

주문 사항을 신속하게 배송하기 위해 부품은 공급자로부터 직접 배송됩니다. 따라서 귀하의 주문품은 몇 번에 나누어 도착할 수 있습니다. 배송비에 대해서는 걱정하지 마세요. 무료입니다.

문의사항이 있으면 주저하지 마시고 연락해 주시기 바랍니다.

어휘 major 주요한　appliance 가전제품　authorized 인정받은　region 지방, 지역　stock 갖추다　replacement part 교체 부품　registration 등록　expedite 더 신속히 처리하다　delivery 배달　supplier 공급자　as a result 결과적으로　shipment 배송　hesitate 망설이다　inquiry 문의

150 Replacement parts ------- by phone on 405-578-1234 or online.

(A) should have ordered　(B) may be ordered　(C) were ordered　(D) to order

구조분석 Replacement parts / ------- (by phone on 405-578-1234 or online).
주어   동사

해설 빈칸에 적절한 동사의 형태를 고르는 문제이다. 따라서 동사가 아닌 to부정사 (D) to order는 우선 탈락된다. order는 타동사인데 빈칸 뒤에 목적어가 없이 전치사 by가 이끄는 수식어구가 바로 오고 있으므로 목적어가 없는 수동태임을 알 수 있다. 따라서 능동태인 (A) should have ordered는 태가 맞지 않아 오답이다. 부품은 전화나 온라인으로 주문을 하라는 내용이므로, 아직 주문이 이루어지지 않은 것을 알 수 있다. 따라서 이미 발생한 사실에 대해 쓰는 과거시제 (C) were ordered는 오답이다. 따라서 '허가, 가능'의 의미를 나타내는 조동사 may를 쓴 (B) may be ordered가 정답이다.

---

151 Registration is not ------- for online orders. However, it will make the process faster when shopping with us again. [분사]

(A) advisable   (B) available   (C) required   (D) renewed

구조분석 Registration / is not ------- (for online orders). // (However), it / will make / the process / faster //
주어   동사   (접속부사) 주어   동사   목적어   목적보어

[when shopping (with us) (again)].
        [분사구문]

해설 빈칸에 적절한 어휘를 고르는 문제이다. 접속부사 However를 통해 앞뒤 문장의 관계가 역접임을 알 수 있다. 뒷 문장에서 그것, 즉 Registration이 다음번 주문을 더 신속하게 처리해 줄 것이라는 내용이 나오고 있으므로 문맥상 앞의 내용으로 적절한 것은 '등록이 필수 사항은 아니지만'이 된다. 따라서 정답은 (C) required가 된다.

---

152 In order to expedite the delivery of your order, parts are sent directly from the supplier. -------, your order might arrive in several shipments. [접속부사]

(A) Instead   (B) For example   (C) In contrast   (D) As a result

---

구조분석 [In order to expedite / the delivery (of your order)], parts / are sent (directly) (from the supplier).
                  수식어(to부정사구)   주어   동사

// (-------) (your) order / might arrive (in several shipments).
    (접속부사)   주어   동사

해설 보기가 모두 접속부사로 구성되어 있으므로 앞뒤 문장의 의미 관계를 파악하여 적절한 의미의 접속부사를 고르는 문제이다. 주문이 공급자로부터 직접 보내지는 것과, 주문품이 몇 번에 나뉘어 도착하는 것은 원인과 결과의 관계이므로 결과를 나타내는 (D) As a result(결과적으로)가 정답이다. (A) Instead(대신에)는 대체되는 내용, (B) For example(예를 들어)은 예시, (C) In contrast(대조적으로)는 반대 내용을 나타내므로 의미상 적절하지 않아 오답이다.

문제 153-154는 다음 카드를 참조하시오.

The Cumberbatch 221 Baker Street, East London 086 188 1885 – www.cumberbatch.co.uk	**더 컴버배치** 이스트 런던, 베이커 가 221번지 086 188 1885 ● www.cumberbatch.co.uk
Take 35% off the price of any sweater or jeans on your next purchase!	다음 구매 시 모든 스웨터와 청바지 가격의 35% 할인
Take 30% off the price of any handbag or fashion accessories on your next purchase!	다음 구매 시 모든 가방과 패션 악세사리 가격의 30% 할인
Both offers are good until September 30. * This discount cannot be applied to the price of services such as clothing alternations or repairs.	이 할인은 9월 30일까지 유효합니다. 이 할인가는 의복을 고치거나 수선하는 것 같은 서비스의 가격에는 해당되지 않습니다.

153 What type of business is The Cumberbatch most likely?

(A) A clothing store

(B) A laundry facility

(C) A fabric manufacturer

(D) A luggage store

컴버배치는 어떤 종류의 회사인가?

(A) 옷 가게

(B) 세탁소

(C) 섬유 제조업체

(D) 가방 가게

154 What is stated about the discounts?

(A) They are only for new customers.

(B) They can be used at many different Cumberbatch locations.

(C) They are available for a limited time.

(D) They can be applied to the price of any product or service.

할인에 대해 언급된 것은 무엇인가?

(A) 신규 고객들에게만 해당된다.

(B) 다른 컴버배치 지점에서도 할인이 적용된다.

(C) 할인의 기간이 정해져 있다.

(D) 모든 제품이나 서비스 가격에 할인이 적용된다.

문제 155-156은 다음 기사를 참조하시오.

Increase in Sales: Redline Motors

Detroit, MI, March 5 - Redline Motors released its annual sales figures for its automobile lines. Compared to last year, the report showed that sales for this year increased by 4.5 percent. This increase is almost more than double the rate which industry experts had expected (2.2 percent). However, it is still not high enough for a company that showed a steady 7.0 percent increase in sales merely four years ago. Company directors remain positive; they showed their confidence by announcing that Redline Motors is in preparation to increase its production of automobiles during the next four years.

레드라인 자동차사의 매출 증가

미시간주 디트로이트시, 3월 5일—레드라인 자동차사는 자동차 제품군의 연간 판매액을 발표했다. 보고서에 의하면 작년과 비교해서 올해의 판매량이 4.5% 증가했다고 한다. 이 증가율은 업계 전문가들이 예상했던 2.2%보다 거의 두 배 이상의 수치이다. 그러나 4년 전만 해도 7.0%씩 꾸준히 증가했던 회사였기 때문에 이 증가율은 그렇게 높은 수치는 아니다. 하지만 회사의 임원들은 여전히 긍정적인 시각으로 바라보고 있다. 임원들은 레드라인 자동차사가 앞으로 4년 동안 자동차 생산량을 늘릴 준비를 하고 있다고 발표하면서 자신감을 나타냈다.

155 How much were sales expected to increase for the year?

(A) 2.2 percent

(B) 4.5 percent

(C) 6.7 percent

(D) 7.0 percent

올해 판매액이 얼마나 증가할 것이라고 예상했는가?

(A) 2.2%

(B) 4.5%

(C) 6.7%

(D) 7.0%

해설 구체적으로 올해 판매액이 얼마나 증가할 것으로 예상했는지를 묻는 문제이다. 지문의 중간 부분인 This increase is almost more than double the rate which industry experts had expected (2.2 percent)에서 증가율이 전문가들이 예상했던 2.2%보다 두 배 이상의 높은 수치라고 했으므로 정답은 (A)가 된다.

어휘 be expected to ~으로 예상되다

156 What is stated about the company directors?

(A) They are disappointed with the size of the increase.

(B) They are confident about the accuracy of the report.

(C) They want to make more automobiles over a four-year period.

(D) They plan to build a new manufacturing plant in Detroit.

회사의 임원들에 대해 언급된 것은 무엇인가?

(A) 그들은 증가율에 대해 실망했다.

(B) 그들은 보고서의 정확성에 대해 자신이 있다.

(C) 그들은 앞으로 4년 동안 더 많은 자동차를 만들기를 원한다.

(D) 그들은 디트로이트에 새로운 제조 공장을 건설할 계획이다.

해설 회사의 임원들에 대해 언급된 것을 묻는 문제이다. company directors를 키워드로 지문에서 검색해 보면 하단 부분에 Company directors라는 키워드가 제시되면서 Redline Motors is in preparation to increase its production of automobiles during the next four years라는 말이 나온다. 즉 앞으로 4년 동안 자동차 생산을 늘릴 준비를 하고 있다고 말하고 있으므로 정답은 (C)이다.

어휘 be disappointed with ~에 실망하다 confident 자신감 있는, 확신하는 accuracy 정확성 period 기간 manufacturing plant 제조 공장

문제 157-159는 다음 편지를 참조하시오.

FR Kanon 8 Spring Gardens London SW1A 2BN May 12 Allie Bowen 24 Sussex Place London NW1 4SA Dear Ms. Bowen, Please find enclosed the MP3 Player you returned to us for repair under the terms of your warranty. We were unable to proceed with the repairs because of a violation of the terms of your warranty (attached). Our technicians have found that the player has been disassembled by an unauthorized party to change its inner battery. Although the warranty covers incidental damage, wear and tear, and manufacturing defects, it does not cover "defects caused by modification or replacement of an item by any party other than a licensed manufacturer or authorized agent." A detailed report of these findings is also enclosed. We recommend that you take your player to an FR Kanon shop nearest you, where the repairs can be made at a flat cost of $25.	FR 캐넌 런던 시, 스프링 가든즈 가 8번지 우편번호 SW1A 2BN 5월 12일 앨리 보웬 런던 시, 서섹스 플레이스 가 24번지 우편번호 NW1 4SA 보웬 씨께, 고객님께서 보증서에 의거하여 수리를 요청하신 MP3 플레이어를 동봉하였습니다. 고객님께서는 (첨부된) 보증서 조항을 위반하셨기 때문에 수리를 진행할 수 없었습니다. 내부 배터리 교체를 위해 권한 없는 자가 플레이어를 분해했다는 사실을 저희 쪽 기술자가 알아냈습니다. 사고로 인한 파손이나 일상적 사용에 의한 마모, 제조상의 결함은 보증서에 의해 보상되지만, 자격이 있는 제조업체나 공식 인증 센터가 아닌 자에 의한 제품 변경이나 교체에 의한 손상은 보상하지 않습니다. 이러한 조사 결과에 관한 자세한 보고사항 또한 첨부하였습니다. 고정 요금 25달러로 수리 받을 수 있는 가까운 FR 캐넌 매장으로 귀하의 플레이어를 가져가시기를 권해드립니다.

Thank you for your understanding and for choosing an MP3 player from FR Kanon.

Sincerely,

Evan Williams
Service Manager

Enclosures

양해해 주셔서 감사드리며, FR 캐넌 MP3 플레이어를 선택해 주셔서 감사드립니다.

충심으로,

에번 윌리엄스
서비스 부장

동봉

어휘 enclosed 동봉된 find 찾다. 알다 return 되돌려 주다. 반환하다 repair 수리 term 조항 warranty 보증서 proceed 진행하다 violation 위반. 침해 attached 첨부된 technician 기술자 disassemble 분해하다. 해체하다 unauthorized 공인되지 않은 party 당사자 change 변경하다. 바꾸다 inner 내부의 battery 배터리 cover 다루다. 포함하다 wear and tear (일상적 사용에 의한) 마모 defect 결함 caused 야기된 modification 수정. 변경 replacement 교체 item 물품. 품목 other than ~외에 licensed 면허를 소지한. 허가를 받은 manufacturer 제조업체. 제조업자 authorized 공인된 agent 기관. 대리인 detailed 세부적인 report 보고(서) findings 조사 결과 recommend 추천하다. 권장하다 take 가지고 가다 nearest 가장 가까운 flat cost 고정 요금 understanding 이해 choose 선택하다

---

157 What is the main purpose of the letter?
(A) To give an estimate for a repair job
(B) To thank a customer for a recent purchase
(C) To explain why a request was not fulfilled
(D) To request information about an MP3 player

편지의 주요 목적은 무엇인가?
(A) 수리 견적서를 보내기 위해
(B) 고객의 최근 구매에 대해 감사하기 위해
(C) 요구사항이 실행되지 않은 이유를 설명하기 위해
(D) MP3 플레이어에 관한 정보를 요청하기 위해

해설 목적을 묻는 문제는 주로 문서의 상단부에서 단서를 찾을 수 있다. 도입부에서 수리를 요청한 MP3 플레이어를 반송한다는 내용과 수리를 진행하지 못한 이유로 보증서 조항 위반을 들고 있으므로 정답은 (C)가 된다.

어휘 main 주요한 purpose 목적 estimate 견적서 purchase 구매 explain 설명하다 request 요청 fulfill 이행하다

---

158 What is NOT included with the letter?
(A) A warranty
(B) A findings report
(C) An MP3 player
(D) A refund

편지에 포함되지 않은 것은 무엇인가?
(A) 보증서
(B) 결과 보고서
(C) MP3 플레이어
(D) 환불금

해설 NOT 추론 유형은 보기의 내용을 지문에서 하나씩 찾아서 언급된 내용을 제거하는 소거법으로 문제를 풀도록 한다. 첫 번째 문장 Please find enclosed the MP3 player에서 (C) An MP3 player를 동봉하였음을 확인할 수 있고, 두 번째 문장에서 보증서 조항을 위반하였기 때문이라고 설명하면서 보증서를 첨부하였다는 내용을 찾을 수 있으므로 (A) A warranty도 오답이다. 두 번째 문단 마지막 문장 A detailed report of these findings is also enclosed에서 결과에 대한 보고사항도 동봉하였다는 내용이 나오고 있으므로 (B) A findings report도 오답이다. 따라서 언급되지 않은 것은 (D) A refund이다.

어휘 include 포함하다 refund 환불금

---

159 What is Ms. Bowen advised to do?
(A) Visit a local store
(B) Purchase a new model
(C) Register for an extended warranty
(D) Call an FR Kanon representative

보웬 씨에게 어떻게 하라고 조언하는가?
(A) 지역 매장에 간다
(B) 새로운 모델을 구매한다
(C) 보증 연장을 신청한다
(D) FR 캐넌 상담원에게 전화한다

해설 요청사항을 묻는 질문은 지문의 하단부에서 근거를 찾을 수 있다. 세 번째 문단의 We recommend 이하가 질문에서 묻고 있는 advised에 관한 내용임을 확인할 수 있다. MP3 플레이어를 가까운 FR Kanon 매장으로 가지고 가라는 내용이 이어지고 있으므로 정답은 (A)이다.

어휘 be advised to + 동사원형 ~하라는 조언을 받다 visit 방문하다 local 지역의 register 등록하다. 신청하다 extended 연장된 call 전화하다 representative 상담직원

문제 160-161은 다음 기사를 참조하시오.

Five Effective Ways to Energize Your Team by Frank Young Even though offering financial incentives and other benefits may be the ideal way to recognize staff members' good performance, supervisors are not always in a position to offer such rewards. Small tokens of appreciation can keep them motivated throughout the year and you can expect better performance. Here are some tips on doing that. 1. Share the achievements and awards employees have received through the company newsletter. The newsletter is also a great way to recognize staff members for their volunteer work in the community. 2. Give employees a flexible work environment when operational demands permit. 3. Offer staff members with opportunities to grow through additional training. 4. Bring in doughnuts, chocolate, or other treats to celebrate the completion of a project. 5. Arrange employee birthday parties every month; You can designate tasks like preparing snacks, decorations, and other matters to different departments.	**팀의 열정을 돋우는 5가지 효과적인 방법** 프랭크 영 작성 금전 및 기타 혜택을 주는 것이 직원들의 훌륭한 성과를 인정하는 이상적인 방법일 수는 있지만 관리자들이 항상 그런 보상들을 줄 수 있는 자리에 있지는 않습니다. 작은 감사 표시로 직원들을 1년 내내 일을 열심히 하도록 만들 수 있어서 보다 나은 성과를 기대할 수 있습니다. 그렇게 할 수 있는 방법을 여기에서 소개해 드리겠습니다. 1. 직원들이 거둔 성과와 상들을 사보를 통해 공유하십시오. 사보는 또한 직원들의 지역 사회 자원봉사 활동을 인정해주는 좋은 방법입니다. 2. 업무 환경이 허용하는 범위 내에서 직원들에게 탄력적인 근무 환경을 주십시오. 3. 직원들에게 추가 교육을 통해 성장할 수 있는 기회를 제공하십시오. 4. 프로젝트 완수를 축하하는 도넛, 초콜릿, 다른 먹을 것을 갖고 오십시오. 5. 매 달 직원 생일 파티를 마련하십시오. 간식을 마련하고 장식을 하는 등 파티와 관련된 일을 다른 부서에게 맡겨도 됩니다.

어휘 effective 효과적인 way 방법 energize 열정을 돋우다 even though 비록 ~일지라도 offer 제공하다 financial 금융의 incentive 장려책 benefit 혜택, 이득 ideal 이상적인 recognize 인정하다 supervisor 관리자 reward 보상 token 표시, 징표 appreciation 감사 motivated 동기가 부여된 throughout ~동안 죽, 내내 expect 기대하다 performance 실적, 성과 share 공유하다, 나누다 achievement 업적, 성취한 것 receive 받다 volunteer work 자원봉사 community 지역 사회 flexible 융통성 있는 environment 환경 operational 운영상의 demand 요구 permit 허락하다, 가능하게 하다 opportunity 기회 grow 성장하다 additional 추가의 bring in 가져오다 treat 선물, 대접 celebrate 축하하다 completion 완성 arrange 마련하다 designate 지정하다 task 일 prepare 준비하다 decoration 장식

160 What is the purpose of the article?

(A) To give managers ideas for motivating staff members

(B) To explain how to find work as a management consultant

(C) To list methods for recruiting volunteers

(D) To describe the best way to schedule employee work hours

기사의 목적은 무엇인가?

(A) 직원에게 동기를 부여하는 아이디어를 관리자들에게 주기 위해

(B) 경영 컨설턴트 일을 찾는 방법을 설명하기 위해

(C) 자원봉사자 모집 방법을 나열하기 위해

(D) 직원 업무 일정을 잡는 가장 좋은 방법을 설명하기 위해

해설 목적은 주로 지문의 상반부에서 단서를 찾을 수 있다. 기사의 제목 Five Effective Ways to Energize Your Team에서 기사의 주제가 직원들에 대한 동기 부여와 관련된 내용이라는 사실을 알 수 있다. 또한 첫 번째 단락에서 전반적으로 금전적인 보상 외에 작은 감사의 표시로 직원들에게 동기 부여하고 더 좋은 성과를 기대할 수 있다며 직원들의 동기 부여 아이디어에 대한 내용을 언급하고 있으므로 정답은 (A)이다.

어휘 purpose 목적 article 기사 motivate 동기를 부여하다 explain 설명하다 management consultant 경영 컨설턴트 recruit 모집하다 volunteer 자원 봉사자

161 What activity is NOT mentioned in the article?

(A) Offering learning opportunities

(B) Providing free tickets to a community event

(C) Acknowledging special occasions

(D) Mentioning employees' achievements in a newsletter

기사에서 언급되지 않은 활동은 무엇인가?

(A) 학습 기회를 제공하기

(B) 지역 사회 행사 무료 티켓 제공하기

(C) 특별한 날 챙기기

(D) 회보에 직원들의 업적을 언급하기

해설 기사에서 언급되지 않은 활동을 묻는 Not-question 문제이다. 이러한 유형의 문제는 차근차근 지문에 나타난 내용들을 하나씩 소거해 나가며 문제를 해결한다. 본문에서 5가지 동기 부여 방법들이 나열되어 있는 것을 보면, 1번에서 사보를 통한 직원들의 성과 공유를 언급하고 있으므로 (D)를 소거한다. 그리고 3번에서 추가 교육을 통해 성장할 기회를 제공하라고 언급하고 있으므로 (A)도 소거한다. 마지막으로 5번에서 매달 직원들의 생일 파티를 마련하라고 말하고 있으므로 (C) 또한 소거되므로 정답은 (B)이다. 지역 행사 이벤트 무료 티켓 제공과 관련된 내용은 본문에서 언급되지 않은 것이다.

어휘 learn 배우다 opportunity 기회 provide 제공하다 acknowledge 인정하다 achievement 업적 newsletter 소식지, 회보

문제 162-164는 다음 이메일을 참조하시오.

Date:	Thursday, December 20
To:	Jimmy Raynor <jimraynor@stcpractice.co.uk>
From:	Sam Duran <duranduran@stcpractice.co.uk>
Subject:	My holiday

Hi, Jimmy,

I appreciate your decision to take over my responsibilities for a week until I return from my holidays next week. Let me fill you in with some details of the duties which need to be taken care of.

First, as you know, there is a fax machine just outside our office. I would like to ask you to pick up all files from the fax machine every morning and afternoon. Please do not forget to hand them out promptly. Making and confirming appointments for the managing partners is one of my duties as well. Their schedules for next week have been already set up, but just in case, I left a copy of their schedule on your desk.

In case you haven't noticed, there is a case-review meeting in Room 101 on Wednesday, 10:30 AM. Be sure to take notes during this meeting, type them up, and please e-mail them to everyone in the department before your lunch break.

Lastly, make sure you mail all the invoices to our clients by Friday afternoon. If you need any help, contact me or Sarah.

Thank you for helping!

Sincerely,

Sam Duran
Administrative Assistant

날짜:	12월 20일 목요일
수신인:	지미 레이노르 <jimraynor@stcpractice.co.uk>
발신인:	샘 듀란 <duranduran@stcpractice.co.uk>
제목:	휴가

안녕하세요, 지미.

다음 주에 휴가에서 돌아올 때까지 일주일 동안 저의 업무를 담당해 주시기로 한 것에 대해 감사드립니다. 귀하께서 처리해야 할 업무들에 대한 세부사항을 알려드리도록 하겠습니다.

우선, 아시다시피 저희 사무실 밖에 팩스가 있습니다. 매일 오전과 오후에 팩스기에서 모든 서류들을 가져오시길 바랍니다. 서류들을 즉시 나누어 주어야 하는 것을 잊지 마십시오. 또한 공동 경영자들을 위해 일정을 잡아주고 확인해 주는 것이 제 업무 중 하나입니다. 다음 주 그들의 일정이 이미 잡혀 있습니다만, 만약에 대비해서, 제가 그들의 일정표를 당신의 책상 위에 올려 놓았습니다.

혹시 모르고 계실까봐 말씀드립니다만, 수요일 오전 10시 30분에 101호실에서 사례 검토 회의가 있습니다. 회의를 하는 동안 노트 필기를 한 후, 타이핑을 해서 점심 식사 전에 부서에 있는 모든 사람들에게 이메일로 보내주시길 바랍니다.

마지막으로, 금요일 오후까지는 우리의 고객들에게 모두 송장을 보내주셔야 합니다. 도움이 필요하시다면 저나 새러에게 연락해 주십시오.

도와주셔서 감사합니다!

충심으로,

샘 듀란
행정 담당 비서

어휘 appreciate 고마워하다 decision 결정 responsibility 책임 holiday 휴일, 휴가 fill somebody in ~에게 지금까지 있은 일을 알려주다 detail 세부사항 duty 의무, 직무 take care of 돌보다, 신경을 쓰다 hand out 나누어 주다 promptly 즉시 confirm

확인하다 **appointment** 약속 **as well** ~도 **schedule** 일정 **set up** 마련하다, 설치하다 **just in case** 만약을 위해서 **type up** 타이핑하다 **department** 부서 **make sure** 반드시 ~하도록 하다, 확실히 하다 **invoice** 송장, 청구서 **client** 고객 **contact** 연락하다

162 What is the purpose of the e-mail?

(A) To provide a set of instructions

(B) To describe the responsibilities of a new employee

(C) To formally request time away from work

(D) To finalize a meeting agenda

이메일의 목적이 무엇인가?
(A) 지시사항을 전달하기 위해
(B) 신입직원의 업무를 설명하기 위해
(C) 공식적으로 휴가를 요청하기 위해
(D) 회의 안건을 마무리 짓기 위해

해설 목적은 기본적인 정보에 해당하므로 주로 지문 초반부에서 그 근거를 찾을 수 있다. 지문의 첫 번째 단락에서 업무들에 대한 세부사항을 알려준다고 하고 있으므로 정답은 (A)가 된다.

어휘 **purpose** 목적 **provide** 제공하다 **a set of** 일련의 **instruction** 지시 **describe** 묘사하다, 서술하다 **formally** 정식으로 **request** 요구하다 **finalize** 마무리 짓다, 완결하다 **agenda** 의제

163 What is suggested about Mr. Raynor and Mr. Duran?

(A) They were hired around the same time.

(B) They work on different days.

(C) They share office space.

(D) They have never met in person.

레이노르 씨와 듀란 씨에 대해 암시된 것은 무엇인가?
(A) 그들은 비슷한 시기에 채용되었다.
(B) 그들은 다른 날에 일한다.
(C) 그들은 사무실 공간을 함께 쓴다.
(D) 그들은 직접 만난 적이 없다.

해설 Mr. Raynor와 Mr. Duran이 누구인지를 먼저 이메일에서 알아보자. Mr. Raynor는 수신인, Mr. Duran은 발신인이라는 것을 지문 상단부에서 알 수 있고, 지문의 두 번째 단락 첫 번째 문장에 our office라는 말이 언급되어 있으므로 정답은 (C)이다.

어휘 **hire** 고용하다 **different** 다른 **share** 공유하다 **office space** 사무실 공간 **in person** 직접, 몸소

164 According to the e-mail, what is one task Mr. Duran usually performs every day?

(A) Distributing faxes

(B) Sending bills to clients

(C) Taking notes at meetings

(D) Scheduling holidays

이메일에 의하면, 듀란 씨가 매일 수행하는 업무는 무엇인가?
(A) 팩스 문서 나누어 주기
(B) 고객에게 청구서 보내기
(C) 회의에서 노트 필기하기
(D) 휴일 일정 잡기

해설 Mr. Duran이 매일 수행하는 업무에 대한 구체적인 사항을 묻는 문제이다. 키워드는 every day가 되겠다. 두 번째 단락의 두 번째와 세 번째 문장(I would like to ask you to pick up all files from the fax machine every morning and afternoon. Please do not forget to hand them out promptly)에서 매일 오전과 오후에 팩스를 사람들에게 나누어 주라고 하고 있으므로 정답은 (A)이다.

어휘 **perform** 수행하다 **distribute** 배포하다 **bill** 청구서 **take notes** 메모하다, 기록하다 **schedule** 일정을 잡다

문제 165-167은 다음 정보를 참조하시오.

Holly Seinfield	홀리 사인필드
Temporary Exhibit: **The Lifework of Holly Seinfield** October 15 - December 7 First Floor Gallery	비정기 전시회: **홀리 사인필드의 필생의 작품전** 10월 15일 – 12월 7일 1층 갤러리
The Bohemian Culture Museum is holding an exhibition this fall which includes the Lifework of Holly Seinfield, a well respected photographer and writer of the twentieth century. The exhibit will be featuring the background of Seinfield's life and illustrates the development of her	보헤미안 문화 박물관은 이번 가을에 20세기의 유명한 사진작가이자 작가인 홀리 사인필드의 필생의 작품 전시회를 개최합니다. 전시회는 사인필드의 삶의 배경을 집중 조명하고, 지금까지의 그녀의 경력에 대해 보여줄 것입니다. 그녀의 어린 시절과 현재의 삶을 그린 사진과 일기

career. Photographs and diaries which depict her childhood up to her present years will be on display. This upcoming exhibition has gathered some of her finest works from her old house in California and her present housing located in the center of Southern California. These collections of her writings and photographs will be placed both on the first and second floor of the gallery. In addition, a short documentary and past interview clips of Seinfield will be shown throughout the exhibition dates on the basement floor of Vanessa Tunney Gallery Room.

Advance registration for this wonderful exhibit is required. Tickets will be on sale starting September 2 and may only be purchased by visiting the Bohemian Culture Museum website at www.bohemianmuseum.com. All ticket buyers are allowed to view the exhibit only on the date and time printed on their tickets. All ticket sales and reservations are final. For more information regarding the exhibit, call the Bohemian Culture Museum on (764) 188-1888.

가 전시될 것입니다. 이번 전시회에서는 그녀가 과거에 살았던 캘리포니아에 있는 집과 남 캘리포니아의 중심부에 위치한 현재의 집에서 우수한 작품들을 모았습니다. 그녀의 글과 사진 모음은 갤러리의 1층과 2층 두 곳에 전시될 것입니다. 게다가, 지하에 있는 바네사 터니 갤러리실에서 사인필드의 짧은 다큐멘터리와 과거 인터뷰 영상을 전시 기간 내내 보여 줄 것입니다.

이 경이로운 전시회의 사전 예약이 필수적입니다. 티켓은 9월 2일부터 보헤미안 문화 박물관의 웹사이트인 www.bohemianmuseum.com에서만 구입이 가능합니다. 모든 티켓 구매자는 티켓에 인쇄된 날짜와 시간에만 전시회 관람이 가능합니다. 모든 티켓 판매와 예약은 취소하거나 변경할 수 없습니다. 전시회와 관련해서 더 많은 정보를 원하신다면 보헤미안 문화 박물관의 연락처인 (764) 188-1888번으로 연락해 주시길 바랍니다.

어휘 temporary 일시적인, 임시의 exhibit 전시회 lifework 필생의 작품 hold 개최하다 exhibition 전시회 respected 훌륭한 photographer 사진작가 writer 작가 feature 특징으로 삼다 background 배경 illustrate 분명히 보여주다 development 발전 career 경력 depict (그림으로) 그리다, 묘사하다 childhood 어린 시절 be on display 전시하다 upcoming 다가오는, 곧 있을 gather 모이다, 모으다 housing 주택 collection 수집품 in addition 게다가 documentary 다큐멘터리 throughout 내내 basement floor 지하층 gallery 미술관, 화랑 registration 등록 be on sale 발매하다 purchase 구입하다 be allowed to ~하는 것이 허용되다 reservation 예약 final 변경할 수 없는 regarding ~에 대해서

165 What is the purpose of the information?

(A) To announce an upcoming event

(B) To publicize the opening of a new museum

(C) To advertise a recently published play

(D) To promote newly released films

이 정보의 목적은 무엇인가?

(A) 다가오는 행사에 대해 알리기 위해

(B) 새 박물관의 개관을 알리기 위해

(C) 최근에 발표된 연극을 광고하기 위해

(D) 새로 개봉된 영화를 홍보하기 위해

해설 목적은 주로 지문의 상단부에 단서가 제시된다. 첫 번째 단락에서 이번 가을에 전시회가 열릴 것이라고 하고 있으므로 정답은 (A)이다.

어휘 publicize 알리다, 홍보하다 recently 최근에 opening 개관 advertise 광고하다 publish 출판하다, 발표하다 promote 홍보하다 release 공개하다, 발표하다 newly 새로

166 What is mentioned about Ms. Seinfield?

(A) She hosted tours of her childhood home.

(B) She painted scenes of the English countryside.

(C) She lived in two different locations.

(D) She made a film with Ms. Tunney.

사인필드 씨에 대해 언급된 것은 무엇인가?

(A) 그녀의 어린 시절에 살던 집을 관람시켜 주었다.

(B) 그녀는 잉글랜드 시골 지역의 장면들을 그렸다.

(C) 그녀는 두 곳의 다른 장소에서 살았다.

(D) 그녀는 터니 씨와 함께 영화를 만들었다.

해설 Ms. Seinfield에 대한 구체적인 정보를 묻는 문제이다. 첫째 단락의 중간 부분(~ from her old house in California and her present housing located in the center of Southern California)에서 캘리포니아와 남 캘리포니아 두 곳에서 살았다는 것을 알 수 있으므로 정답은 (C)이다.

어휘 host 주최하다 scene 현장, 장면 countryside 시골 지역 location 위치, 장소 film 영화

167 What is stated about tickets?

(A) They will not be available before October 15.

티켓에 대해 언급된 것은 무엇인가?

(A) 10월 15일 전에는 입장권을 구매할 수 없다.

(B) They can't be purchased online.

(C) They must be used on a specific date.

(D) They may be canceled at any time.

(B) 온라인으로는 구매할 수 없다.

(C) 특정한 날에만 사용되어야 한다.

(D) 언제든지 취소가 가능하다.

해설 티켓에 대한 구체적인 사항을 묻는 문제이다. 키워드가 tickets이므로 지문에서 키워드를 찾아 관련 내용을 확인해야 한다. 두 번째 단락의 중간 부분(All ticket buyers are allowed to view the exhibit only on the date and time printed on their tickets)에서 관람은 티켓에 인쇄된 날짜와 시간에만 가능하다고 말하고 있으므로 정답은 (C)이다.

어휘 available 이용 가능한   specific 구체적인, 분명한   cancel 취소하다   at any time 언제라도

문제 168–171은 다음 기사를 참조하시오.

Become the best Pack-Man!

by Mario Pipe

Having a hard time packing for tomorrow's trip? Let us give you some tips that we gathered from traveling experts.

Unless you have to carry heavy items, it is always best not to exceed one carry-on bag during trips. Just be sure to take a bag that will fit in the overhead bins in all aircraft. Also make sure that your luggage does not weigh more than 10 kilograms. Some people may find such limits are pointless, but experts say that you could avoid the stress from carrying heavy bags while traveling. Also, now that most airlines do charge for checked bags, you could save some money by avoiding such extra fees and rest assured from the risk of losing your luggage. Not to mention that you could also save time from skipping the process of picking up your luggage from the baggage-claim area upon arrival.

Of course, there still remains the ultimate question. How could we possibly fit everything into a single bag? Well, here's our answer to it. First, you would want to make a list and lay out the items you are considering on taking for your trip. And then, ask yourself whether some of these items will be worth being carried around for your entire trip. When doing this, think about what you can do without rather than about what might be convenient to have. Practically, it is always recommended to pack less. So if your travel is expected to last a month, you would pack for an amount which will last you for about two weeks. When you run out of essentials, like tissues, visit the nearest convenience store.

As for clothing, most people pack way more than necessary. To pack your clothes wisely, choose clothing that dries quickly and plan to handwash them each night. You might also want to minimize the number of shoes you will be taking, and at the same time, wear the biggest and the heaviest pair when you board the airplane.

For more tips on how to pack smartly, please visit www. packingwizards.com.

짐 꾸리기 분야에서 최고가 되세요!

마리오 파이프 작성

내일 여행을 떠나는데, 짐을 꾸리는 게 힘이 드나요? 여행 전문가들로부터 수집한 몇 가지 요령을 알려드리도록 하겠습니다.

무거운 물건들을 가져갈 필요가 없으시다면 여행 중에는 기내 휴대용 가방 하나를 초과하지 않는 것이 제일 좋습니다. 비행기 머리 위 짐칸에 들어갈 수 있는 가방을 가져가세요. 또한 짐의 무게가 10킬로그램을 넘으면 안 됩니다. 어떤 사람들은 그러한 제한이 무의미하다고 생각할 수도 있으나, 전문가들은 여행 중에 무거운 가방을 가지고 다녀야 하는 스트레스를 피할 수 있다고 말합니다. 또한, 대부분의 항공사들은 수하물에 대해 요금을 부과하는데 그러한 추가 요금을 내지 않아도 되므로 돈을 절약할 수 있고, 짐을 잃어버릴 걱정을 하지 않으셔도 됩니다. 도착 시 수하물 찾는 곳에서 짐을 찾을 필요가 없으므로 시간 또한 절약을 할 수 있다는 것은 말할 것도 없습니다.

물론 궁극적인 질문이 여전히 남았습니다. 그러면 어떻게 모든 짐들을 단 하나의 가방에 모두 넣을 수 있을까요? 자, 여기에 대답이 있습니다. 첫 번째, 목록을 작성하시고, 여행에 가져가고 싶은 물건들을 펼쳐 놓으십시오. 그리고 나서, 그 물건들이 여행 내내 가지고 다녀도 될 만큼 가치가 있는지를 당신 자신에게 물어보십시오. 이때, 가져가면 편리할지도 모른다는 생각보다는 어떤 것이 없어도 된다고 생각해 보십시오. 사실상, 항상 짐을 적게 꾸리는 것이 좋습니다. 그래서 당신이 한 달 동안 여행을 해야 한다면 약 2주 동안 머무를 양의 짐을 꾸리셔야 합니다. 휴지와 같은 필수품이 바닥나면 가까운 편의점을 가십시오.

옷에 대해서는, 대부분의 사람들을 필요 이상의 옷을 쌉니다. 옷을 현명하게 싸기 위해서는 빨리 마르는 옷을 선택하시고 매일 밤 손세탁을 하십시오. 가지고 갈 신발의 개수를 최소한도로 줄이십시오. 그리고 비행기에 탑승하실 때는 가장 크고 무거운 신발을 신으십시오.

현명한 짐 꾸리기에 대한 요령을 더 원하신다면 www. packingwizards.com을 방문해 주십시오.

어휘 pack 짐을 꾸리다, 싸다 gather 모으다 expert 전문가 unless ~하지 않는다면 item 물건 exceed 초과하다 carry-on bag (기내) 휴대용 가방 be sure to 반드시 ~하다 overhead bin (여객기 객석 위에 있는) 짐 넣는 곳 aircraft 항공기 make sure 반드시 ~하도록 하다 luggage 짐 weigh 무게가 나가다 more than ~이 넘는 pointless 무의미한 limit 제한 avoid 피하다 airline 항공사 charge 청구하다 extra 추가의 fee 요금 rest assured 안심하다 risk 위험 not to mention ~은 말할 것도 없고 process 처리하다 baggage-claim area 짐 찾는 곳 upon arrival 도착하자마자 ultimate 궁극적인 lay sth out 펼치다 practically 실제로 entire 전체의 rather than ~라기 보다 convenient 편리한 recommend 추천하다 last 지속하다 run out of ~을 다써버리다 as for ~대해서 clothing 옷 minimize 최소화하다 board 탑승하다

168 What does Mr. Pipe suggest is important when choosing luggage?

(A) That the handles are easy to access
(B) That the bag can be easily identified at the baggage-claim area
(C) That the price is not too high
(D) That the bag is small enough to carry onto an airplane

파이프 씨가 가방을 선택할 때 중요하다고 하는 것은 무엇인가?
(A) 손잡이가 들기 쉬운 것
(B) 수하물 찾는 곳에서 쉽게 식별 가능한 가방
(C) 가격이 비싸지 않은 것
(D) 비행기에 들고 타기에 적당한 것

해설 Mr. Pipe가 가방을 선택할 때 중요하다고 하는 것이 무엇인지 구체적인 사항을 묻는 질문의 형태이다.
두 번째 단락의 상단부(Just be sure to take a bag that will fit in the overhead bins in all aircraft)에서 가방이 비행기 머리 위 짐칸에 들어갈 수 있는 크기여야 한다고 말하고 있으므로 정답은 (D)이다.

어휘 handle 손잡이 access 이용하다 identify 확인하다

169 What is one thing Mr. Pipe implies is difficult for some people?

(A) Packing fragile items properly
(B) Traveling for several weeks
(C) Carrying heavy packages
(D) Taking only one bag on a trip

파이프 씨는 사람들에게 어려운 한 가지가 무엇이라고 하는가?
(A) 깨지기 쉬운 물건을 제대로 포장하는 것
(B) 몇 주 동안 여행하기
(C) 무거운 짐들을 가지고 다니는 것
(D) 여행 시 하나의 가방을 가져가는 것

해설 Mr. Pipe가 말하는, 사람들에게 어려운 것 한 가지가 무엇인지, 구체적인 사항을 묻는 질문의 형태이다. 세 번째 단락의 두 번째 문장 (How could we possibly fit everything in to a single bag?)에서 어떻게 짐들을 가방 하나에 모두 넣을 수 있는지 묻고 있으므로 정답은 (D)이다.

어휘 fragile 깨지기 쉬운 properly 적절하게

170 The word "like" in paragraph 3, line 14, is closest in meaning to:

(A) Enjoy
(B) Such as
(C) Identical to
(D) Approximately

세 번째 단락 14번째 줄의 like와 가장 가까운 의미는?
(A) 즐기다
(B) ~같은
(C) ~와 동일한
(D) 대략

해설 유의어 질문은 보기만 보고 유의어를 고르는 것이 아니라 해당 단어가 들어간 문장에서의 쓰임을 파악해야 한다. 해당 문장에서 like의 의미는 '티슈와 같은' 즉, '~와 같은'이라는 뜻이므로 정답은 (B)이다.

171 According to Mr. Pipe, what is a common mistake travelers make?

(A) They forget to pack essential items.
(B) They pack clothes that require hand washing.
(C) They take more clothes than necessary.
(D) They wear bulky clothing while traveling.

파이프 씨에 의하면, 여행자들이 흔히 하는 실수는 무엇인가?
(A) 그들은 필수품을 가져가야 하는 것을 잊는다.
(B) 그들은 손세탁을 해야 하는 옷을 가져간다.
(C) 그들은 필요 이상의 옷을 가져간다.
(D) 그들은 여행 중 부피가 큰 옷을 입는다.

문제 172-175는 다음 정보를 참조하시오.

IMPORTANT: TIPS ON USING YOUR GRIDDLE

The Kitchentime griddle is your number one choice to make crepes, pancakes, and other dishes you would normally cook in a saute pan. To extend the life span of your Kitchentime griddle and to ensure its proper and safe functioning, please follow these guidelines listed below for using and cleaning your electric griddle.

- Before use, make sure the unit is placed securely on a flat, level surface like a countertop.
- To prevent food from sticking, apply a small amount of cooking oil to the griddle surface immediately before each use. This also helps you to clean the griddle's surface much easier.
- Do not leave the unit unattended while in use. Make sure that the unit is turned off and unplugged after each use as it could create a safety hazard and cause a fire.
- Before cleaning its surface, be sure to check that the griddle has cooled entirely. It is recommended to use a wet cloth and dish soap to wash the griddle's surface. Never use metal utensils or abrasive brushes to remove leftover foods, as it could damage the griddle's surface. Do not immerse the product in water and disassemble the unit without the instructions of our experts.

All our products come with a three-year limited warranty from the date of purchase. For repairs or replacements, please visit your nearest Kitchentime Stores. All damages that are not compliant with the instructions above will not be covered by the warranty.

중요사항: 그리들을 사용하는 방법

키친타임 사의 그리들은 크레페와 팬케익 그리고 귀하가 소테 팬에서 일반적으로 요리하는 음식들을 만들 수 있는 최고의 선택입니다. 키친타임 그리들의 수명을 연장하기 위해서, 그리고 적절하고 안전하게 사용하기 위해서는 전기 그리들을 사용하고 청소할 때 아래의 지침을 따라주시길 바랍니다.

- 사용하시기 전에, 그리들을 조리대와 같이 평평한 면에 안전하게 놓으십시오.
- 음식이 달라붙는 것을 방지하기 위해 매번 사용하시기 전에 그리들의 표면에 기름을 조금 바르십시오. 이렇게 하면 훨씬 더 쉽게 그리들의 표면을 닦을 수 있습니다.
- 사용 중에 그리들을 방치한 채로 놓아두지 마십시오. 안전 사고와 화재의 원인이 될 수 있기 때문에 사용 후에는 그리들이 꺼져 있고, 플러그가 뽑혀 있는지 반드시 확인하십시오.
- 그리들의 표면을 닦기 전에 완전히 식었는지를 확인하십시오. 그리들의 표면을 닦으실 때는 주방세제와 젖은 행주를 이용하시길 바랍니다. 음식찌꺼기를 제거하기 위해서 금속기구나 연마용 브러시를 절대 사용하지 마십시오. 그리들의 표면을 상하게 할 수 있습니다. 제품을 물속에 담그지 마시고, 저희 전문가의 지시 없이는 분해하지 마십시오.

당사의 모든 제품에는 구입일로부터 3년간 품질을 보장해주는 품질보증서가 첨부되어 있습니다. 수리나 교체를 위해서는 가장 가까운 키친타임 상점에 가십시오. 위에 명시된 지시사항을 따르지 않아 발생한 피해에 대해서는 품질보증서에 의해 보장받으실 수 없습니다.

172 Where would the information most likely be found?

(A) On a box of pancake mix

(B) In the package of a kitchen appliance

(C) In a cookbook

(D) On the label of a cleaning product

이 정보는 어디에서 볼 수 있는가?

(A) 팬케이크 가루 상자에서

(B) 주방용품 포장지에서

(C) 요리책에서

(D) 세제 라벨에서

해설 이 글을 어디에서 볼 수 있느냐는 질문은 이 글의 목적을 묻는 질문으로도 볼 수 있다. 목적과 관련된 문제는 지문의 상단부에 단서가 제시된다. 글의 제목과(IMPORTANT: TIPS ON USING YOUR GRIDDLE) 첫 번째 단락의 내용에서 Kitchentime griddle을 이용할 때 아래의 가이드라인을 따라 달라고 말하고 있으므로 정답은 (B)이다.

어휘 kitchen appliance 주방용품

173 What is mentioned as something that will ruin the product?

(A) Cooking oil

(B) Scented soaps

(C) Metal utensils

(D) Hot water

제품을 망가트리는 요인으로 언급된 것은 무엇인가?

(A) 식용유

(B) 향이 나는 비누

(C) 금속 기구

(D) 뜨거운 물

해설 제품을 망가트리는 구체적인 요인을 묻고 있다. 네 번째 가이드라인 중반부(Never use metal utensils or abrasive brushes to remove leftover foods, as it could damage the griddle's surface)에서 금속 기구를 사용하면 그리들의 표면을 망가트릴 수 있다고 말하고 있으므로 정답은 (C)이다.

어휘 ruin 망치다

174 What is indicated about the product?

(A) It must be disassembled before being stored.

(B) It can cool down in less than three minutes.

(C) It is not intended for outdoor use.

(D) It should not be left alone while it is on.

제품에 대해 암시된 것은 무엇인가?

(A) 분해를 해서 보관해야 한다.

(B) 식는 데 3분이 걸리지 않는다.

(C) 야외에서 사용할 수 없다.

(D) 켜져 있을 때는 옆에서 지켜보고 있어야 한다.

해설 제품에 관한 문제이다. 선택지의 내용이 제품의 가이드라인과 관련된 내용이므로 가이드라인이 제시된 곳의 내용을 확인해 보아야 하겠다. 세 번째 가이드라인의 첫 번째 문장(Do not leave the unit unattended while in use)에서 사용 중에 그리들을 방치한 채로 놓아두지 말라고 말하고 있으므로 정답은 (D)이다.

어휘 store 저장하다, 보관하다   outdoor 야외의

175 What is mentioned about Kitchentime?

(A) It sells a variety of rare cooking ingredients.

(B) It provides warranties on all of its products.

(C) It has been in business for two years.

(D) Its products are available only online.

키친타임 사에 대해 언급된 것은 무엇인가?

(A) 희귀하고 다양한 요리 재료들을 판매한다.

(B) 모든 제품에 품질보증서가 제공된다.

(C) 영업한 지 2년이 됐다.

(D) 온라인에서만 제품을 구매할 수 있다.

해설 Kitchentime에 대해 언급된 것이 무엇인지 찾는 내용이다. 마지막 단락(All our products come with a three-year limited warranty from the date of purchase)에서 모든 제품에는 구입일로부터 3년간 보장을 해주는 품질보증서가 첨부되어 있다고 말하고 있으므로 정답은 (B)이다.

어휘 a variety of 다양한   rare 희귀한   ingredient 재료   provide 제공하다   in business 사업을 하는

문제 176-180은 다음 편지를 참조하시오.

Blackwall Constructions & Designs 2207 Paramount St. Toledo MI, 48122 October 7 Ray Pine 45 Cornerstone Rd. Chicago IL, 60601	블랙월 시공 및 건축설계 社 우편번호 48122 미시간 주 톨레도 시 파라마운트가 2207번지 10월 7일 레이 파인 우편번호 60601 일리노이 주 시카고 시 코너스토운가 45번지

Dear Mr. Pine,

We would first like to give our thanks for displaying your satisfaction for our teams which have worked on your property for the last two months. We also consider that having served such a wonderful customer like yourself was an honor. I have passed your kind words onto our finest Blackwall crew members who had worked on your property. It is indeed always great to hear our work is appreciated.

I wanted to follow up with you about the other matter we discussed when you stopped by our office last Wednesday. I mentioned that every year, Blackwall selects some of its recently completed projects to be photographed for our annual calendar. These calenders feature the various types of jobs our company does. Of course, your house was selected because its exterior stonework has been gaining more and more popularity among Blackwall customers, so we were wondering if you would allow us to take photographs of your recently renovated house.

The enclosed photo-release form contains the specifications we had discussed earlier but with one change. I forgot to tell you last Wednesday, but we have recently decided to use this year's photos in our brochures and website as well. Therefore, by agreeing to allow us to take photographs of your house, you give consent for the images to be used in Blackwall promotional materials. As with previous years, the photos will be the property of Blackwall, and you waive any right to monetary compensation stemming from Blackwall's use of the photographs. In return for your kindness and as a token of our appreciation, Blackwall will give you one original copy of the photograph of your choice in a gold frame.

Please carefully review the details and sign the form upon agreeing to the terms. It would be best if you could return it to us by November 2. Once we receive the signed form, I will personally contact you to set up a time for the photo shoot. Thank you for your patronage with Blackwall Constructions & Designs and your willingness to participate.

Sincerely,

Lindsay Lauren

Lindsay Lauren
Blackwall Constructions & Designs

Enclosure

친애하는 파인 씨께,

우리 팀이 지난 두 달 동안 귀하의 건물에서 작업한 일에 대해 만족해주셔서 감사드립니다. 귀하와 같은 훌륭한 고객을 위해 일을 할 수 있었던 것이 저희의 영광이라고 생각합니다. 저는 귀하의 건물에서 작업한 우리의 블랙월 직원들에게 귀하의 칭찬의 말을 전했습니다. 저희가 한 일에 대해 칭찬을 받는 것은 언제나 큰 영광이라고 생각합니다.

지난 주 수요일에 귀하께서 사무실에 오셨을 때 저희가 이야기했던 문제에 대해 더 얘기해보고 싶었습니다. 말씀드렸듯이 저희는 매년 최근에 완성했던 프로젝트 몇 개를 선정해서 그 사진을 블랙월사에서 발행하는 달력에 싣습니다. 이 달력은 저희 회사가 작업한 다양한 형태의 일을 특징으로 다룹니다. 블랙월사의 고객들 사이에서 귀하의 집의 외부 석조 부분이 점점 더 많은 인기를 얻고 있기 때문에 귀하의 집이 선택되었습니다. 그래서 저희는 최근에 리모델링한 귀하의 집 사진을 찍어도 되는지 궁금합니다.

동봉된 사진 공개 서류에는 얘기했던 세부사항들이 포함되어져 있는데 한 가지 사항이 바뀌었습니다. 제가 지난 주 수요일에 귀하께 말씀드리는 것을 잊었습니다. 저희는 소책자와 웹사이트에도 올해의 사진을 싣기로 최근에 결정했습니다. 그러므로 사진 찍는 것을 허락하시면, 사진들이 블랙월 홍보물에 실리는 것에 대해서도 동의하게 되는 것입니다. 지난해들과 같이 사진은 블랙월사의 자산이 될 것입니다. 따라서 귀하는 블랙월사가 그 사진을 사용하는 것에 대한 금전적 보상을 요구할 수 없습니다. 귀하의 친절함에 보답하고 우리의 감사 표시로서 블랙월사는 금액자에 귀하께서 원하시는 사진의 원본을 넣어드릴 것입니다.

세부사항들을 자세히 검토하시고, 계약 조건에 동의하시면 서류에 서명해 주시길 바랍니다. 11월 2일까지 보내주신다면 좋을 것 같습니다. 서명된 서류를 받으면 사진 촬영을 위한 일정을 잡기 위해 연락드릴 것입니다. 블랙월 시공 및 건축설계사를 이용해 주시고 기꺼이 참여해 주셔서 감사합니다.

진심으로,

린제이 로렌
블랙월 시공 및 건축설계사

동봉

어휘 display 드러내다　satisfaction 만족　property 부지, 건물, 주택　honor 명예, 영광　consider 고려하다　appreciate 감사해 하다　matter 문제　stop by 잠깐 들르다　mention 언급하다　select 고르다, 선택하다　recently 최근에　annual calendar 달력　various 다양한　exterior 외부의　gain 얻다　popularity 인기　among ~사이에　renovate 개조하다　wonder 궁금해 하다　enclosed 동봉된　contain 포함하다　specification 구체적인 사항　brochure 소책자　as well ~도 또한, 역시　consent 동의

375

promotional 홍보의   material 자료   previous 이전의   waive (권리 등을) 포기하다   monetary 금전적인   compensation 보상
in return for ~의 답례로서   kindness 친절   as a token of ~의 표시로   original copy 원본   photograph 사진   frame 액자
personally 개인적으로   photo shoot 사진 촬영   patronage 이용, 거래   willingness 기꺼이 하는 마음   participate 참석하다

176 What is implied about Mr. Pine?

(A) He recently purchased a new house.

(B) He was pleased with the quality of Blackwall's work.

(C) He will participate in a customer survey.

(D) He will appear in a television commercial for Blackwall.

파인 씨에 대해 알 수 있는 것은 무엇인가?

(A) 그는 최근에 새 주택을 구입하였다.

(B) 그는 블랙월사가 시공한 공사에 만족했다.

(C) 그는 고객 여론조사에 참여할 것이다.

(D) 그는 블랙월사의 텔레비전 광고에 출연할 것이다.

[해설]   Mr. Pine에 대해 언급된 내용을 찾는 문제이다. 지문의 첫 번째 단락, 첫 번째 문장에서 작업한 일에 대해 만족해 주셔서 감사하다고 말하고 있으므로 정답은 (B)이다.

[어휘]   recently 최근에   purchase 구입하다   be pleased with ~에 만족하다   quality 질   customer survey 고객 여론조사   appear 출연하다   television commercial TV 광고

177 When Ms. Lauren and Mr. Pine spoke on Wednesday, where did she tell him that photos of his house would appear?

(A) In a promotional calendar

(B) On the company's website

(C) In an advertising pamphlet

(D) With an article in a newspaper

로렌 씨와 파인 씨가 수요일에 이야기를 했을 때, 그녀는 그의 주택 사진이 어디에 실리게 될 것이라고 말했는가?

(A) 홍보용 달력에

(B) 회사의 웹사이트에

(C) 광고 팜플렛에

(D) 신문에 기사와 함께

[해설]   키워드는 수요일로, 질문의 spoke on Wednesday가 지문의 두 번째 단락의 we discussed when you stopped by our office last Wednesday로 패러프레이징된 것을 확인할 수 있다. 따라서 해당 위치에서 질문에서 묻고 있는 정보를 확인하면, Blackwall selects some of its recently completed projects to be photographed for our annual calendar에서 달력에 사진으로 싣기 위해 완성된 프로젝트를 선정한다는 내용을 확인할 수 있으므로 정답은 (A) 홍보용 달력이다.

[어휘]   promotional 홍보의   article 기사

178 What is suggested about Blackwall's residential stonework?

(A) It comes with a lifetime warranty.

(B) It takes longer to complete than most other Blackwall projects.

(C) The cost of installing it has increased.

(D) A growing number of Blackwall customers are requesting it.

블랙월사가 시공한 주택의 석조 부분에 대해 언급된 것은 무엇인가?

(A) 평생 품질 보증서가 제공된다.

(B) 다른 대부분의 블랙월사 프로젝트보다 완공하는 데 시간이 더 오래 걸린다.

(C) 설치 비용이 올랐다.

(D) 그렇게 해주기를 바라는 블랙월사의 고객들이 늘고 있다.

[해설]   Blackwall의 주택 석조 부분에 대해 언급된 것을 묻는 문제이다. 두 번째 단락의 마지막 문장(because its exterior stonework has been gaining more and more popularity among Blackwall customers)에서 Blackwall 고객들 사이에서 주택 외부 석조 부분이 점점 더 많은 인기를 얻고 있다고 말하고 있으므로 정답은 (D)이다.

[어휘]   residential 주택지의   come with ~이 딸려 있다   lifetime warranty 평생 품질 보증   install 설치하다   a growing number of 점점 더 많은

179 The word "stemming" in paragraph 3, line 6, is closest in meaning to:

(A) stopping

(B) differing

(C) resulting

(D) withdrawing

세 번째 단락 여섯 번째 줄의 stemming과 가장 가까운 의미는?

(A) 멈추는

(B) 다른

(C) 그로 인한

(D) 중단하는

stemming과 같은 문맥으로 쓰이는 유의어를 찾는 문제이다. 블랙월사가 그 사진을 사용하는 것에 대한 금전적 보상을 요구할 수 없다는 문맥이므로 정답은 (C)가 된다.

closest 가장 가까운

180 What does Ms. Lauren ask Mr. Pine to do?
(A) Send a payment by November 2
(B) Recommend Blackwall to a friend
(C) Call a photographer to set up an appointment
(D) Give written consent to a proposal

로렌 씨는 파인 씨에게 어떻게 해달라고 말하는가?
(A) 11월 2일까지 지불하기
(B) 블랙월사를 친구에게 추천해 주기
(C) 일정을 잡기 위해 사진사에게 전화하기
(D) 제안에 대해 서면으로 동의해주기

요구와 제안과 관련된 질문의 대답은 주로 지문의 하단부에 제시된다. 마지막 단락의 첫 번째 문장(Please carefully review the details and sign the form upon agreeing to the terms)에서 서류에 서명해 달라고 했으므로 정답은 (D)이다.

payment 지불 recommend 추천하다 consent 동의 proposal 제안, 제안서

문제 181-185는 다음 이메일들을 참조하시오.

To: Edward Myers <edmyers@qwayne.com>
From: Janet Charles <jcharles@qwayne.com>
Date: February 17
Subject: Draft Schedule

Hi Edward,

I have just completed making a draft of our schedule for March and April. I am including it below and I will put it in the event section on our website.

Please let me know if you have any questions or need to make any changes in the schedule.

Best regards,

Janet

Q-Wayne Enterprise Association
March~April Events

All events will be held in Park Resort Hotel.

March 14: 11:00 A.M. – 3:00 P.M.
Event: Business Strategies Course
Location: Main Hall 1F
Cost: $50 at the door
Notes: Advanced registration available ($40)

April 16: 11:30 A.M. – 12:45 P.M
Event: Networking Lunch (Buffet)
Location: Seafood Gardens
Cost: $20 in advance or $30 at the door
Notes: Limited to 200 participants
Advanced registration recommended

수신: 에드워드 마이어스 〈edmyers@qwayne.com〉
발신: 재닛 찰스 〈jcharles@qwayne.com〉
날짜: 2월 17일
제목: 일정표 초안

안녕하세요, 에드워드,

3~4월의 일정표 초안을 완성하였습니다. 아래에 일정표를 첨부했으며 저희 웹사이트 행사란에도 올릴 것입니다.

질문이나 스케줄 변경을 원하신다면 저에게 알려주세요.

충심으로,

재닛

Q-웨인 엔터프라이즈 협회
3~4월 행사

행사는 모두 파크 리조트 호텔에서 열립니다.

3월 14일: 오전 11시 – 오후 3시
행사: 사업 전략 과정
장소: 1층 대강당
가격: 현장 등록 50달러
참고: 사전 등록 가능 (40달러)

4월 16일: 오전 11시 30분 – 오후 12시 45분
행사: 인맥 형성 오찬 (뷔페)
장소: 해산물 가든
가격: 20달러(사전 등록) 또는 30달러(현장 등록)
참고: 참석 가능 인원 200명 사전 등록이 권장됨

March 20: 9:00 A.M. – 3:00 P.M.

Event: International Job Fair

Location: Jordan Hall

Cost: $30

Notes: Advanced registration only

April 28: 5:00 P.M. – 7:30 P.M.

Event: Real Estate Investment Seminar

Location: Main Hall 1F

Cost: $40

Notes: Advanced registration not available

3월 20일: 오전 9시 – 오후 3시

행사: 국제 직업 박람회

장소: 조던 연회장

가격: 30달러

참고: 사전 등록만 가능

4월 28일: 오후 5시 – 오후 7시 30분

행사: 부동산 투자 세미나

장소: 1층 대강당

가격: 40달러

참고: 사전 등록 불가능

To: Janet Charles <jcharles@qwayne.com>
From: Edward Myers <edmyers@qwayne.com>
Date: March 3
Subject: Meeting updates

Janet,

As you are already aware, we hold an events committee meeting on the first day of every month. Our most recent meeting took place two days ago from 11:00 A.M. to 12:00 P.M.

Let me fill you in with some updates. Carmen Sanders said that she wouldn't be available to lead the investment seminar in April. Could you contact Donald Dickson and find out whether he could replace her? I already mentioned this to him earlier, and I'm almost certain that he will most likely say yes. If he can't do it, please let me know right away.

Also, we decided to extend the networking lunch, so it will now end at 1:00 P.M. The start time will remain the same. These changes are final, so please make the necessary changes on our website. By the way, if it's all right with you, would you mind working at the registration desk for the April 16 event? Thanks.

Edward

수신: 재닛 찰스 <jcharles@qwayne.com>
발신: 에드워드 마이어스 <edmyers@qwayne.com>
날짜: 3월 3일
제목: 회의 관련 추가 정보

재닛에게,

이미 알고 계시듯이 매달 1일에 행사 위원회 회의를 개최합니다. 가장 최근 회의는 이틀 전에 오전 11시부터 12시까지 열렸습니다.

몇 가지 추가된 정보들을 알려드리도록 하겠습니다. 카르멘 샌더스는 4월에 있는 투자 세미나를 진행할 수 없을 것 같다고 했습니다. 도널드 딕슨에게 연락해서 대신 진행해 줄 수 있는지 물어봐 주시겠습니까? 제가 이미 그에게 말을 해 놓았는데 아마도 승낙할 것으로 보입니다. 만약 그가 할 수 없다고 하면 저에게 바로 알려주시길 바랍니다.

또한, 저희는 인맥 형성 오찬을 연장하기로 결정했습니다. 그래서 1시에 행사가 끝날 것입니다. 시작 시간은 동일합니다. 이것들은 최종 변경사항입니다. 그러므로 웹사이트에 게재된 내용도 변경해 주시길 바랍니다. 그런데 혹시 괜찮으시다면 4월 16일 행사 때 접수처에서 업무를 좀 해 주실 수 있으시겠습니까? 감사합니다.

에드워드

어휘 complete 완성하다 draft 초안 include 포함하다 be held 열리다 in advance 사전에, 미리 registration 등록 hold 개최하다 committee 위원회 recent 최근의 investment 투자 lead 이끌다 replace 대신하다 extend 연장하다

181 What event requires advanced registration?
(A) The real estate investment seminar
(B) The networking lunch
(C) The international job fair
(D) The business strategies course

반드시 사전 등록이 필요한 행사는 무엇인가?
(A) 부동산 투자 세미나
(B) 인맥 형성 오찬
(C) 국제 직업 박람회
(D) 사업 전략 과정

해설 사전 등록을 해야 하는 행사를 묻는 문제이다. 첫 번째 지문에서 3월 20일 행사를 보면 참고에 사전 등록만 가능하다고 말하고 있으므로 정답은 (C)이다.

어휘 advanced registration 사전 등록 real estate 부동산 international 국제적인 job fair 직업 박람회 course 강좌, 과정

182 When will the networking event take place?
(A) From 11:30 am to 12:45 pm
(B) From 11:30 am to 1:00 pm
(C) From 11:45 am to 12:45 pm
(D) From 11:45 am to 1:00 pm

인맥형성 행사는 언제 열릴 것인가?
(A) 오전 11시 30분부터 오후 12시 45분까지
(B) 오전 11시 30분부터 오후 1시까지
(C) 오전 11시 45분부터 오후 12시 45분까지
(D) 오전 11시 45분부터 오후 1시까지

해설 인맥 형성 행사에 관련된 문제이므로 4월 16일의 행사 부분을 보면 된다. 4월 16일 오전 11시 30분부터 12시 45분까지 행사가 진행된다고 하였으나 두 번째 지문의 마지막 단락의 첫 번째 문장(Also, we decided to extend the networking lunch, so it will now end at 1:00 P.M.)에서 인맥 형성 행사의 시간을 연장하여 오후 1시에 끝난다고 하였으며 이어서 The start time will remain the same.(시작 시간은 동일하게 유지된다)이라고 하였으므로 11시 30분부터 1시로 대답한 (B)가 정답이다.

어휘 take place 열리다, 개최되다

183 When will the next events committee meeting most likely be held?
(A) On March 1
(B) On March 3
(C) On April 1
(D) On April 16

다음 행사 위원회 회의는 언제 열릴 것인가?
(A) 3월 1일
(B) 3월 3일
(C) 4월 1일
(D) 4월 16일

해설 행사 위원회 회의에 대한 구체적인 사항을 묻는 문제이므로 키워드는 committee meeting이 되겠다. 두 번째 지문의 첫 번째 문장(we hold an events committee meeting on the first day of every month)에서 매달 1일에 위원회 회의가 있다 하였고, 그 위에 이 메일을 보낸 날짜가 3월 3일이라고 언급되어 있으므로 다음 위원회 회의는 4월 1일인 것을 알 수 있다. 따라서 정답은 (C)이다.

어휘 committee 위원회 be held 열리다

184 According to the e-mail, who will probably lead a seminar on investments?
(A) Janet Charles
(B) Donald Dickson
(C) Carmen Sanders
(D) Edward Myers

이메일에 의하면, 누가 투자 세미나를 진행할 것인가?
(A) 재닛 찰스
(B) 도날드 딕슨
(C) 카르멘 샌더스
(D) 에드워드 마이어스

해설 누가 투자 세미나를 진행할 것인가를 묻는 문제이다. 키워드는 투자 세미나가 되겠다. 두 번째 지문의 두 번째 단락에서 Carmen Sanders가 진행하기로 되어 있었는데 할 수 없을 것 같아 Donald Dickson에게 부탁을 해놓았다고 하는 것으로 보아 정답은 (B)이다.

어휘 according to ~에 의하면, 따르면

185 What has Mr. Myers NOT asked Ms. Charles to do?
(A) Work at the networking lunch
(B) Contact a potential worker
(C) Update a website
(D) Change the date of a seminar

마이어스 씨가 찰스 씨에게 요구하지 않은 것은 무엇인가?
(A) 인맥 형성 오찬에서 일하기
(B) 대신 일할 수 있는 사람에게 연락하기
(C) 웹사이트 업데이트하기
(D) 세미나 날짜 변경하기

해설 요구사항과 관련된 질문은 주로 지문의 하단부에 단서가 제시된다. 또한 NOT question의 문제이므로 보기와 지문의 내용을 대조해 가면서 오답을 제거해 나가야 하겠다. 두 번째 지문의 하단부(so please make the necessary changes on our website. By the way, if it's all right with you, would you mind working at the registration desk for the April 16 event?)에서 (A)와 (C)의 내용을 확인할 수 있고, 두 번째 지문의 두 번째 단락 세 번째 문장(Could you contact Donald Dickson and find out whether he could replace her?)에서 (B)의 내용을 확인할 수 있다. 그러므로 정답은 언급이 되지 않은 (D)이다.

어휘 potential 잠재적인

문제 186-190은 다음 기사와 메뉴를 참조하시오.

July 5 – The downtown Old Tappan has always received good ratings for its restaurants which provide both great taste and quality service to our neighbors. Besides, most restaurants in Old Tappan offer seating in gardens and patios, and we get to enjoy the warm evenings every summer. If you are craving for seafood, put Dancing Shrimp on your list. Its shrimp appetizers are very good and the view of the city skyline from its garden is even better. You might also want to check out Good Old Tappans. Not only are their pasta dishes great, but they also offer outdoor seating for larger parties as well. If you happen to be a fan of pizza, then I recommend Pizza Romana. Now, if you're planning a special night out with your loved ones, consider spending your time in Bien Venue. Their menu may be a little pricy, but you could enjoy some of the finest French dishes from the riverside patio. Thanks to its romantic ambiance, the patios are always full, so be sure to reserve a table at least a month in advance for your special night.

Amongst all these competitors, however, the winner is June's Cuisine. Located at the top of Clemont Hills, the view which overlooks the entire city from its outdoor section is in one word, breathtaking. Driving up this hill is definitely worth the time. Aside from the outstanding view this place offers, June's Cuisine deserves its nearly perfect rating from its well-defined menus. June's is the only and the best fusion restaurant in the downtown area. So if you still haven't tasted exotic food, now would be a good chance to visit June's Cuisine and give them a try. Earlier last week, I tried an appetizer and one of its popular entrees. The appetizer which contains avocado and sirloin steak topped with oyster sauce definitely tasted better than it sounds. Overall, June's Cuisine is a 'must go' for all of you who wish to explore new food this summer.

by Jake Sully

7월 5일—올드 태판 시내에 있는 식당들은 우수한 서비스를 제공하는 맛좋은 식당으로 항상 시민들에게 좋은 평가를 받아왔습니다. 게다가 올드 태판에 있는 대부분의 식당은 정원과 파티오에 앉을 수 있어서 매년 여름마다 훈훈한 저녁시간을 즐기실 수 있습니다. 해산물을 드시고 싶으시다면 댄싱 쉬림프 식당에 가보세요. 새우 에피타이저 맛은 아주 훌륭하며, 이곳 정원에서 보이는 도시 스카이라인의 전망은 정말 좋습니다. 당신은 또한 굿 올드 태판스에도 가고 싶어 질지 모릅니다. 이곳의 파스타는 훌륭할 뿐 아니라 대규모 행사를 위한 야외석 또한 마련되어 있습니다. 만약 당신이 피자를 좋아하신다면 저는 피자 로마나를 추천해 드리고 싶습니다. 만약 당신이 사랑하는 사람과 함께 특별한 저녁을 계획하고 계신다면, 비엥 브뉴에서 시간을 보내십시오. 이곳의 메뉴는 약간 비싸기는 하지만 강가에서 훌륭한 프랑스 음식들을 즐기실 수 있으실 겁니다. 로맨틱한 분위기로 인하여 파티오는 항상 만석이니 당신의 특별한 밤을 위하여 적어도 한 달 전에 미리 예약을 하시길 바랍니다.

이러한 경쟁자들 중에서도 우승자는 쥰스 퀴진입니다. 클레몽 힐스 정상에 위치하여, 이곳의 야외에서 내려다보는 전체 도시의 전망은 한마디로 말해 숨이 막힐 정도로 아름답습니다. 이 언덕은 꼭 드라이브해 보셔야 합니다. 이곳이 주는 멋진 전망 외에도, 쥰스 퀴진은 잘 설명되어 있는 메뉴로 최고의 등급을 받을 만한 가치가 있습니다. 쥰스 퀴진은 시내에서 유일한 최고의 퓨전 식당입니다. 아직 이국적인 음식을 드셔 보지 않으셨다면 지금이 쥰스 퀴진을 방문해 볼 좋은 기회입니다. 한 번 드셔보세요. 지난주 초에, 저는 에피타이저 한 가지와 이곳에서 인기 있는 앙트레 (전식) 중 하나를 먹어보았습니다. 아보카도가 든 에피타이저와 굴 소스를 얹은 등심 스테이크는 들리는 것(이름에서 느껴지는 것)보다 맛있었습니다. 전반적으로, 쥰스 퀴진은 이번 여름에 새로운 음식을 경험하고자 하는 사람들이 꼭 가봐야 하는 장소입니다.

제이크 설리 작성

June's Cuisine	Menu for July

Appetizers

Tomato seafood soup $4.99	**Desserts***
Pumpkin & eggplant Caesar salad.........................$9.99	Gelato
Chunked veggie egg roll with cream sauce............................$7.99	Shikhye (rice drink)
Mini avocado roll canape.........$8.99	

쥰스 퀴진	7월 메뉴

애피타이저

토마토 해산물 스프 4.99달러	**디저트***
호박 & 가지 시저 샐러드..................9.99달러	젤라또
크림 소스를 얹은 도톰하게 썬 채소 에그롤....7.99달러	식혜 (쌀음료)
미니 아보카도 롤 카나페................................8.99달러	

Main Dishes & Entrees

Tuna fettuccine with olive oil sauce $12.99

Barbecued shrimp and smoked
salmon salad with lime dressing.................$21.99

Sirloin steak topped with oyster sauce........$25.99

* All of our rice drinks and gelatos are made with fresh ingredients that we purchase daily from the Simmons Food Market; gelato flavors vary depending on availability of fruits. Prices may vary. Please ask your server which gelato flavors are being served today.

메인 요리 & 앙트레

올리브 오일 소스 참치 페투치네..........12.99달러

라임 드레싱을 얹은 바비큐 새우와 훈제 연어
샐러드....................................21.99달러

굴소스를 곁들인 등심 스테이크..........25.99달러

* 모든 쌀음료와 젤라또는 사이몬스 식품 마켓에서 매일 구입하는 신선한 재료로 만들어집니다. 젤라또의 맛은 그 날의 과일이 무엇이 있느냐에 따라 달라집니다. 가격 또한 변합니다. 웨이터에게 오늘은 어떤 젤라또가 제공되는지 물어보세요.

어휘 downtown 시내의 rating 순위 besides 게다가 seating 좌석, 자리 be craving for ~하고 싶은 생각이 간절하다 loved one 사랑하는 사람, 연인 riverside 강가 ambiance 환경, 분위기 at least 적어도 competitor 경쟁자 overlook 내려다보다 breathtaking 숨이 막히는 outstanding 우수한 deserve ~을 받을 만하다 entree 앙트레 (전식, 메인 요리 전의 요리) oyster 굴 definitely 확실히, 분명히 explore 탐험하다

---

186 What is the purpose of the article ?

(A) To feature restaurants that offer outdoor dining

(B) To describe the best location for viewing the city skyline

(C) To list all of the pizza shops in Griggsville

(D) To report on the opening of a French restaurant

기사의 목적은 무엇인가?

(A) 야외에서 식사를 제공하는 식당들을 특별히 보여주기 위해

(B) 도시의 스카이라인이 보이는 최적의 장소를 알려주기 위해

(C) 그릭스빌에 있는 모든 피자 가게를 나열하기 위해

(D) 프랑스 레스토랑의 개점을 알리기 위해

해설 목적을 묻는 문제는 주로 지문의 상단부에 단서가 제시된다. 첫 번째 단락의 두 번째 문장(Besides, most restaurants in Old Tappan offer seating in gardens and patios, and we get to enjoy the warm evenings every summer)에서 정답이 (A)라는 것을 알 수 있다.

어휘 feature 특징으로 삼다 offer 제공하다 outdoor 야외의 dining 식사 report 보고하다 opening 개점

---

187 Where does Mr. Sully suggest making reservations ?

(A) At Dancing Shrimp

(B) At Good Old Tappans

(C) At Pizza Romana

(D) At Bien Venue

설리 씨가 예약하라고 말하는 곳은 어디인가?

(A) 댄싱 슈림프

(B) 굿 올드 태판스

(C) 피자 로마나

(D) 비엥 브뉘

해설 예약을 해야 하는 식당을 묻고 있다. 첫 번째 단락의 마지막 문장(so be sure to reserve a table at least a month in advance for your special night)에서 Bien Venue는 한 달 전에 예약을 해야 한다고 말하고 있으므로 정답은 (D)이다.

어휘 make a reservation 예약하다

---

188 What is not indicated about June's Cuisine?

(A) It has a fine view.

(B) Its menus are easy to see.

(C) It will close at the end of the summer.

(D) It serves unusual dishes.

쥰스 퀴진에 대해 암시되지 않은 것은 무엇인가?

(A) 전망이 좋다.

(B) 메뉴들은 알아보기 쉽다.

(C) 여름이 끝날 때 문을 닫는다.

(D) 그것은 흔치 않은 음식들을 제공한다.

해설 키워드가 June's Cuisine이므로 지문에서 키워드를 찾아 관련 내용을 확인하자. 첫 번째 지문의 두 번째 단락 전체가 June's Cuisine에 관한 내용이므로 이 부분을 유심히 확인해야 한다. 두 번째 문장(the view which overlooks the entire city from its outdoor section is in one word, breathtaking)에서 (A)의 근거를, 중반부(from its well-defined menus)에서 (B)의 근거를, 그 다음 문장(June's is the only and the best fusion restaurant in the downtown area. So if you still haven't tasted exotic food, now would be a good chance to visit June's Cuisine)에서 (D)의 근거를 각각 찾을 수 있으므로 그 근거가 존재하지 않는 (C)가 정답이다.

어휘 fine view 멋진 전망 **easy to see** 알아보기 쉬운 **unusual** 흔치 않은, 독특한

189 What item from the menu did Mr. Sully try?

(A) The seafood soup

(B) The roll canape

(C) The egg roll with sauce

(D) The Caesar salad

설리 씨는 메뉴에서 어떤 음식을 먹어보았는가?

(A) 해산물 스프

(B) 롤 카나페

(C) 소스를 얹은 에그롤

(D) 시저 샐러드

해설 Mr. Sully가 먹은 음식을 묻는 문제로 두 번째 단락 하단부(I tried an appetizer and one of its popular entrees. The appetizer which contains avocado and sirloin steak topped with oyster sauce definitely tasted better than it sounds)에서 애피타이저와 앙트레를 하나씩 먹었는데, 보기는 전부 애피타이저로 제시되었으므로 애피타이저의 구체적인 내용을 확인하자. avocado를 함유한 애피타이저는 메뉴 중 Mini avocado roll canape이므로 보기 중 롤 카나페라고 답변한 (B)가 정답이다.

어휘 item 항목, 물품

190 What is mentioned about the desserts at June's Cuisine?

(A) Mr. Sully sampled two of them on his recent visit.

(B) All of them are based on classic French recipes.

(C) They contain ingredients bought from a local market.

(D) They are priced at $4.99 each.

준스 퀴진의 디저트에 대해서 언급된 것은 무엇인가?

(A) 설리 씨는 최근에 방문을 했을 때 두 개의 디저트를 시식해 보았다.

(B) 모든 음식들이 전통적인 프랑스 요리법을 따르고 있다.

(C) 지역 시장으로부터 구입한 재료를 쓴다.

(D) 가격이 각각 4.99달러이다.

해설 두 번째 지문의 하단부(All of our rice drinks and gelatos are made with fresh ingredients that we purchase daily from the Simmons Food Market)에서 디저트 메뉴인 rice drinks와 gelato는 Simmons Food Market에서 매일 구입하는 신선한 재료로 만든다고 하였으므로 정답은 (C)가 된다.

어휘 sample 맛보다, 시식하다 **be based on** ~에 근거하다, 기초를 두다 **recipe** 요리법 **contain** 포함하다 **local market** 지역 시장

문제 191-195는 다음 이메일과 설문지를 참조하시오.

From: Ronald Stevens <ronstevens@elitehuntinghotels.com> To: Dan Inosanto <dinosanto@flipmail.com> Date: January 3 Subject: Your stay at Elite Hunting Hotel Confirmation Number: 20700650050532 VIP Membership Number: 100382MWL Dear Mr. Inosanto, Thank you for choosing to stay at Elite Hunting Hotel! The details of your hotel reservation are shown below. Please e-mail us at reservations@elitehuntinghotels.com if you need to make any necessary changes to your reservation. Please note that cancellations must be made at least one week in advance to avoid losing your deposit.	발신: 로널드 스티븐스 〈ronstevens@elitehuntinghotels.com〉 수신: 댄 이노산토 〈dinosanto@flipmail.com〉 날짜: 1월 3일 제목: 엘리트 헌팅 호텔에서의 투숙 예약 확인번호: 20700650050532 VIP 회원 번호: 100382MWL 친애하는 이노산토 씨께, 엘리트 헌팅 호텔을 선택해 주셔서 감사합니다. 호텔 예약에 관한 세부사항들은 아래에 제시되어 있습니다. 고객님께서 예약과 관련하여 변경사항이 생기시면 reservations@elitehuntinghotels.com으로 이메일을 보내주시길 바랍니다. 보증금을 잃지 않으시려면 적어도 일주일 전에 취소를 해주셔야 합니다.

Hotel location: 2005 Hoover St., Pheonix, NY 89014
Room: 2 double beds, 12th floor
Check-in: After 3:00 P.M., Saturday, January 17
Check-out: By 11:00 A.M., Monday, January 19
Number of people in room: 2
Room rates for members: $199/night

Please contact our front desk at services@elitehuntinghotels.com for services such as ordering tickets, booking tours, or transportation services.

호텔 위치: 우편번호 89014, 뉴욕 주 피닉스 시, 후버가 2005번지

객실: 12층, 더블 베드가 2개인 침실

체크인: 1월 17일 토요일 오후 3시 이후

체크아웃: 1월 19일 월요일 오전 11시까지

객실의 인원 수: 2

회원 가격: 1박당 199달러

티켓 주문, 관광 예약, 교통 서비스 같은 서비스를 위해서는 services@elitehuntinghotels.com으로 프런트데스크에 연락해 주십시오.

We hope you enjoyed your stay! To better serve you in the future, we would appreciate it if you could spend a moment in completing this survey. Thank you!

1. How did you hear about Elite Hunting Hotels?
   TV __ Magazine √ Travel agent __ Internet __
   Other __

2. What was the purpose of your trip? Vacation

3. Have you dined at Cozy Sky? If so, how would you rate our food?
   Outstanding __ Good __ Fair √ Unsatisfactory __

4. How would you rate the quality of the housekeeping service?
   Outstanding √ Good __ Fair __ Unsatisfactory __

5. Name and e-mail address (optional)
   Dan Inosanto dinosanto@flipmail.com

If you are not a VIP member, join today! All our VIP members receive 15% off their room rates and are eligible for exclusive benefits only for VIP members. For more information, call us on 818-9909-1255 or visit our website at www.elitehuntinghotels.com

호텔에 머무르시는 동안 즐거우셨기를 바랍니다. 앞으로 고객님께 더 나은 서비스를 제공하기 위하여, 잠깐 동안만 이 설문지를 작성해 주시면 감사하겠습니다.

1. 엘리트 헌팅 호텔을 어떻게 알게 되었나요?
   TV __ 잡지 √ 여행사 __ 인터넷 __ 기타 __

2. 여행의 목적은 무엇인가요? 휴가

3. 코지 스카이에서 식사를 해보셨나요? 그러시다면 음식은 어떠셨나요?
   우수함 __ 좋음 __ 보통 √ 불만족 __

4. 객실 서비스의 질은 어땠나요?
   우수함 √ 좋음 __ 보통 __ 불만족 __

5. 이름과 이메일 주소 (선택)
   댄 이노산토 dinosanto@flipmail.com

귀하께서 VIP 회원이 아니라면 오늘 가입 하십시오! 우리의 모든 VIP 회원들은 방을 예약할 때 15% 할인을 받으실 수 있고, VIP 회원에게만 드리는 혜택을 받으실 수 있습니다. 궁금하신 점이 있으시면, 818-9909-1255로 전화를 주시거나 저희 웹사이트 www.elitehuntinghotels.com를 방문해 주세요.

어휘 detail 세부사항 reservation 예약 necessary 필요한 cancellation 취소 at least 적어도 in advance 미리 avoid 피하다 deposit 보증금 such as ~같은 transportation 교통 order 주문하다 book 예약하다 contact 연락하다 appreciate 고마워하다 survey 설문조사 rate 등급을 매기다 housekeeping 객실 서비스 be eligible for ~에 대한 자격이 있다 exclusive 독점적인 benefit 혜택

191 What is the purpose of the e-mail?
   (A) To promote a travel-rewards program
   (B) To offer a larger room to a hotel guest
   (C) To request participation in a survey
   (D) To confirm accommodation arrangements

이메일의 목적은 무엇인가?
(A) 여행 보상 프로그램을 홍보하기 위해
(B) 호텔 투숙객에게 더 큰 객실을 제공하기 위해
(C) 설문지 참여를 요구하기 위해
(D) 숙박 예약 확인을 위해

192 On what date did Mr. Inosanto most likely arrive at Elite Hunting Hotel?

(A) January 3

(B) January 10

(C) January 17

(D) January 19

이노산토 씨는 언제 엘리트 헌팅 호텔에 도착했을 것 같은가?

(A) 1월 3일

(B) 1월 10일

(C) 1월 17일

(D) 1월 19일

193 What is suggested about Mr. Inosanto?

(A) He ordered theater tickets.

(B) He paid a reduced room rate.

(C) He used the services of a travel agency.

(D) He changed his departure date.

이노산토 씨에 대해 암시된 것은 무엇인가?

(A) 그는 영화 티켓을 주문했다.

(B) 그는 숙박료 할인을 받았다.

(C) 그는 여행사 서비스를 이용했다.

(D) 그는 출발 날짜를 변경했다.

194 What is indicated about Elite Hunting Hotel?

(A) It has a restaurant.

(B) It opened in January.

(C) It primarily serves business travelers.

(D) It advertises on the radio.

엘리트 헌팅 호텔에 대해 언급된 것은 무엇인가?

(A) 식당이 있다.

(B) 1월에 오픈했다.

(C) 주로 출장객들이 손님이다.

(D) 라디오에서 광고한다.

195 What does the survey indicate about Mr. Inosanto?

(A) He received helpful information from the concierge.

(B) He was very happy with the cleanliness of his room.

(C) He appreciated having free Internet access.

(D) He is a frequent visitor to Holland.

설문지에서 이노산토 씨에 대해 알 수 있는 것은 무엇인가?

(A) 그는 안내원으로부터 유용한 정보를 얻었다.

(B) 그는 객실이 깨끗한 것에 대해 매우 만족했다.

(C) 무료 인터넷 서비스에 대해 감사해했다.

(D) 그는 네덜란드에 자주 오는 방문객이다.

* Editor-in-chief / Korean Perspectives

Seoul, Korea

While the editor-in-chief reports directly to the management of Global Publishing, he or she is also responsible for coming up with budgets, final formatting, content approval, and recruiting for Korean Perspectives magazine. Applicants for this position need at least seven years of experience in the editing field. Supervisory experience is highly desirable. For those who are interested, please send your resume and writing samples to Steve Bobson, human resources manager.

* Manager of Art Designs / Korean Perspectives

Seoul, Korea

The role of manager of art designs is to come out with ideas to develop Korean Perspectives magazine and thus review them and apply our unique methods. Decisions upon which graphic designs and photographs to use are considered one of the major responsibilities of the manager. Applicants should have extensive knowledge of graphic design and leadership experience is also necessary. Please send your resume and portfolio samples to Linda Silverman, managing curator.

* Circulation Director / The Japan Herald

Osaka, Japan

The circulation director's main priority is to oversee monthly delivery to more than 25,000 subscribers. A circulation director will have to gather both customer service and marketing teams and lead conferences to develop strategies to increase the number of active subscribers. A minimum of five years of experience in marketing is required to apply for this position. Please send your resume to Vani Kumar, editor-in-chief.

Please visit www.globalpublishing.com/jobhiring for more information.

* 편집장 / 코리안 퍼스펙티브스

한국, 서울

편집장은 글로벌 출판사의 경영진에게 직접 보고하는 일 뿐 아니라 예산을 짜고, 최종적으로 포맷을 결정하고, 내용을 승인하고, 코리안 퍼스펙티브스 잡지사에 근무할 인원을 채용하는 일을 하게 됩니다. 이 자리에 지원하려면 편집 분야에 적어도 7년간의 경력이 있어야 합니다. 관리 경력이 있으면 상당히 유리합니다. 관심이 있으신 분들은 인사부 부장님 스티브 밥슨에게 이력서와 작문 샘플을 보내주시기 바랍니다.

* 디자인 팀장 / 코리안 퍼스펙티브스

한국, 서울

디자인 팀장의 역할은 코리안 퍼스펙티브스 잡지를 개발하는 아이디어를 제안하여 논의하고, 우리의 독특한 방법을 적용하는 것입니다. 어떤 그래픽 디자인과 사진들을 사용할지에 대한 결정은 관리자의 가장 주요한 역할이라 할 수 있습니다. 지원자들은 그래픽 디자인에 대한 광범위한 지식과 리더십 경험이 필수적입니다. 이력서와 포트폴리오 샘플을 큐레이터 관리자인 린다 실버맨에게 보내주시길 바랍니다.

* 유통 책임자 / 더 저팬 헤럴드

일본, 오사카

유통 책임자의 주요 업무는 25,000명이 넘는 구독자들에게 매달 배달하는 것을 관리하는 것입니다. 유통 책임자는 고객 서비스 및 마케팅 팀과 함께 구독자의 수를 늘리는 전략에 대해 토론하는 회의를 이끌어야 합니다. 이 자리에 지원하기 위해서는 마케팅에서 최소 5년간의 경력이 요구됩니다. 이력서를 편집장인 바니 쿠마르에게 제출해 주세요.

더 많은 정보를 원하신다면 www.global publishing.com/jobhiring을 방문해 주시기 바랍니다.

MEMO

TO: All Global Publishing staff
FROM: Regina Chambers
DATE: June 11

I am pleased to announce some exciting changes made by Global Publishing. For more than ten years, Global Publishing has won its title as one of the most influential publishers which has developed and distributed high-quality English-language contents across Asia. The

회람

수신: 글로벌 출판사 전직원
발신: 레지나 체임버스
날짜: 6월 11일

글로벌 출판사에 생긴 몇 가지 흥미진진한 변화들에 대해 알려드리게 되어 기쁩니다. 10년 이상, 글로벌 출판사는 아시아 전역에서 수준 높은 영어 콘텐츠를 개발하고 배포하는 가장 영향력 있는 출판사라는 명성을 얻어왔습니다. 더 저팬 헤럴드의 최근 성공은 우리가 다양한 영어 시장에서

Actual Test

recent success of The Japan Herald once again proves that we could further increase our influence in diverse English-language markets. Now, to maintain and further develop our prominence in the Japanese market, Mr. Ikari has been hired as our new circulation director of The Japan Herald. Mr. Ikari has already briefed us on his ambitious plans to maximize the readership of this publication, and we are pleased to have him with us.

As for Korean Perspectives magazine, we assigned William Lee as the editor-in-chief, and it will start to go into production next month. After weeks of reviews, Mr. Lee was selected from among hundreds of candidates for this position. One of his earlier tasks included selecting a suitable candidate for the managerial position of art designs, and Kim Hyosun has been recently selected to fill this role. Although Korean Perspectives magazine will be our first challenge in targeting the tough Korean market, we believe that we will eventually result in success by implementing our expertise combined with Mr. Lee's vast experience and knowledge in the Korean market.

우리의 영향력을 더 높일 수 있는 것을 다시 한 번 증명해 주었습니다. 이제 일본 시장에서 우리의 명성을 유지하고 더 발전해 나아가기 위해서 이카리 씨가 더 저팬 헤럴드의 새로운 유통 책임자로 고용되었습니다. 구독자 수를 최대화하기 위해 이카리 씨는 이미 우리에게 야심찬 계획들을 알려주었습니다. 그가 우리와 함께 일하게 되어 기쁩니다.

코리안 퍼스펙티브스 잡지에 관해서는, 우리는 윌리엄 리를 편집장으로 임명하였고, 다음 달에 생산을 시작할 것입니다. 몇 주간의 검토 후에, 리 씨는 수백 명의 지원자들 사이에서 이 자리에 적합한 사람으로 선택됐습니다. 그의 업무 중 하나는 디자인 팀장에 적합한 지원자를 선출하는 것이었습니다. 그리고 김효선 씨가 최근에 이 자리에 적합한 인재로 선출되었습니다. 우리는 코리안 퍼스펙티브스 잡지로 경쟁이 치열한 한국 시장에 처음 도전하지만, 리 씨의 한국 시장에서의 폭넓은 경험 및 지식과 우리 회사의 전문성이 결합되어 결국 한국 시장에서 성공을 거두게 될 것이라고 믿습니다.

어휘 while ~반면에 editor-in-chief 편집장 report 보고하다 directly 직접적으로 management 경영진 be responsible for ~에 책임이 있다 come up with 제안하다 budget 예산 approval 승인 recruit 채용하다 applicant 지원자 at least 적어도 field 분야 human resources 인사부 circulation director 유통 책임자 subscriber 구독자 minimum 최소한의 apply 지원하다 be pleased to ~해서 기쁘다 influential 영향력 있는 publisher 출판사 distribute 배부하다 maintain 유지하다 prominence 명성, 유명함, 중요함 maximize 최대화하다 publication 출판 ambitious 야심 있는 assign 맡기다, 배정하다 candidate 후보자 task 업무, 일 challenge 도전 eventually 결국 expertise 전문 지식 vast 막대한 knowledge 지식 readership 독자 수

196 What is mentioned about The Japan Herald?

(A) It currently has more than 25,000 subscribers.

(B) It has existed for ten years.

(C) It is published weekly.

(D) It has a new editor-in-chief.

저팬 헤럴드에 대하여 언급된 것은 무엇인가?

(A) 현재 25,000명이 넘는 구독자가 있다.

(B) 10년 동안 존재해 왔다.

(C) 매주 발행된다.

(D) 편집장이 새로 왔다.

해설 키워드인 The Japan Herald가 제시된 곳은 첫 번째 지문의 세 번째 단락이다. 첫 번째 문장(more than 25,000 subscribers)에서 25,000명이 넘는 구독자가 있다고 하였으므로 정답은 (A)이다.

어휘 currently 현재 exist 존재하다 publish 출판하다 editor-in-chief 편집장

197 What is the purpose of the memo?

(A) To describe the history of a company

(B) To discuss the success of a recent publication

(C) To announce additions to the company's staff

(D) To give details of a new editor's qualifications

회람의 목적은 무엇인가?

(A) 회사의 역사를 설명하기 위해

(B) 최근 출판물에 대한 성공을 논의하기 위해

(C) 직원을 새로 채용했다는 것을 알리기 위해

(D) 새로운 편집자 자격에 대한 세부사항을 알려주기 위해

어휘 success 성공 recent 최근의 publication 출판 announce 알리다 addition 추가 staff 직원 detail 세부사항 qualification 자격

해설 목적을 묻는 문제는 주로 지문의 상반부에 정답이 제시되는데 이 문제에서는 목적이 앞부분에 제시되기보다는 나중에 전반전으로 제시가 된 예외적인 문제로 볼 수 있다. 첫 번째 단락의 하단부(Mr. Ikari has been hired as our new circulation director of The Japan Herald)에서 이카리 씨가 채용되었다고 말했고, 두 번째 단락은 William Lee와 Kim Hyosun의 채용에 관한 이야기가 주를 이루고 있으므로 정답은 (C)이다.

198 What is indicated about Global Publishing?

(A) It has publications in multiple countries.

(B) It publishes materials in many different languages.

(C) It owns several magazines in Korea.

(D) It operates a daily newspaper in Europe.

글로벌 출판사에 대하여 암시된 것은 무엇인가?

(A) 여러 국가에서 출판하고 있다.

(B) 여러 언어로 출판이 된다.

(C) 한국에 여러 잡지사를 소유하고 있다.

(D) 유럽에서 일간지를 운영한다.

해설 회람의 두 번째 문장(For more than ten years. Global Publishing has won its title as one of the most influential publishers which has developed and distributed high-quality English-language contents across Asia.)에서 아시아 전역에서 영어 출판물을 개발하고 유통시키고 있다고 말하고 있으므로 정답은 여러 국가에서 출판을 하고 있다는 (A)이다.

어휘 publication 출판물   multiple 다수의   several 몇 개의   operate 운영하다   publish 출판하다

199 To whom did Kim Hyosun most likely send her application?

(A) Vani Kumar

(B) Regina Chambers

(C) Linda Silverman

(D) Steve Bobson

김효선은 누구에게 그녀의 지원서를 보냈는가?

(A) 바니 쿠마르

(B) 레지나 체임버스

(C) 린다 실버맨

(D) 스티브 밥슨

해설 키워드인 Kim Hyosun이 언급된 곳은 두 번째 지문인 회람의 두 번째 단락. 후반부(the managerial position of art designs. and Kim Hyosun has been recently selected to fill this role)이다. 김효선 씨가 manager of art designs(디자인 팀장)에 채용되었다고 하였고, 첫 번째 지문에서 manager of art designs를 채용한다는 내용이 담긴 두 번째 단락을 보면 마지막 문장(Please send your resume and portfolio samples to Linda Silverman. managing curator.)에서 이력서를 Linda Silverman에게 보내 달라고 하고 있으므로 정답은 (C)이다.

어휘 application 지원서

200 What is stated about William Lee?

(A) He will be working as an editor for the first time.

(B) He helped choose the art director for Korean Perspectives.

(C) He will edit articles for the Mumbai Herald.

(D) He has experience with graphic design.

윌리엄 리에 대해 언급된 것은 무엇인가?

(A) 그는 처음으로 편집자로 일을 하게 될 것이다.

(B) 그는 코리안 퍼스펙티브스지의 디자인 팀장을 채용하는 일을 도왔다.

(C) 그는 뭄바이 헤럴드에서 기사를 편집하게 될 것이다.

(D) 그는 그래픽 디자인 경력이 있다.

해설 키워드인 William Lee가 언급된 곳은 회람의 두 번째 단락의 첫 번째 문장이다. 첫 번째 문장과 그 뒤에 이어지는 문장(we assigned William Lee as the editor-in-chief ~. After weeks of reviews. Mr. Lee was selected from among hundreds of candidates for this position. One of his earlier tasks included selecting a suitable candidate for the managerial position of art designs.)에서 Mr. Lee가 manager of art designs에 적합한 지원자를 선출하는 일을 했다고 하는 것으로 보아 정답은 (B)이다.

어휘 for the first time 처음으로   edit 편집하다   article 기사